"十二五"国家重点图书出版规划项目

经济法学

（第五版）

◆ 主　编　王卫国　李东方

◆ 撰　稿　人
（按撰写章节先后排序）

李东方　邱　本　应飞虎

薛克鹏　金福海　刘继峰

张钦昱　孙　颖

中国政法大学出版社

2023·北京

图书在版编目（ＣＩＰ）数据

经济法学/王卫国，李东方主编. —5版. —北京：中国政法大学出版社，2023.9
ISBN 978-7-5764-1000-6

Ⅰ.①经…　Ⅱ.①王…②李…　Ⅲ.经济法－法的理论－中国　Ⅳ.①D922.290.1

中国版本图书馆CIP数据核字(2023)第130371号

出　版　者	中国政法大学出版社
地　　　址	北京市海淀区西土城路 25 号
邮　　　箱	fadapress@163.com
网　　　址	http://www.cuplpress.com (网络实名：中国政法大学出版社)
电　　　话	010-58908435(第一编辑部) 58908334(邮购部)
承　　　印	北京鑫海金澳胶印有限公司
开　　　本	787mm×1092mm　1/16
印　　　张	34
字　　　数	914 千字
版　　　次	2023 年 9 月第 5 版
印　　　次	2023 年 9 月第 1 次印刷
印　　　数	1~4000 册
定　　　价	98.00 元

作者简介

王卫国　本书主编，法学博士，中国政法大学教授，博士生导师，国家级教学名师。曾任中国政法大学校长助理兼民商经济法学院院长。中国法学会理事，中国法学会银行法学研究会会长，中国法学会民法学研究会学术委员会副主任，中国法学会民法典编纂项目领导小组成员。国家法律职业资格考试资深命题专家，中国贸促会联合国贸法会观察员专家团成员。国际破产学会创始会员，东亚企业破产重组协会中方主席。

1999年为中共中央政治局主讲法制讲座"依法保障和促进国有企业改革"，2008年为全国人大常委会主讲专题讲座"我国的保险法律制度"。1994-2004年担任全国人大财经委破产法起草工作小组成员。2001-2003年担任国家经贸委《企业债务重组》项目首席专家。2002-2005年担任联合国国际贸易法委员会《反商业欺诈》专家组成员。1994年以来参加民法典、民法总则、物权法、合同法、侵权责任法、担保法、信托法、合伙企业法、独资企业法、中小企业促进法、证券法、商业银行法、银行业监督管理法、投资基金法、电信法、价格法、反垄断法、反不正当竞争法、不动产登记暂行条例等许多重要民事经济立法、经济法规和司法解释制定、修订的专家论证工作。

李东方　本书主编，西南政法大学首届经济法博士，北京大学金融证券法博士后，美国哥伦比亚大学高级研究学者，中央党校哲学社会科学骨干研修班学员。中国政法大学教授，博士生导师。曾任中国政法大学经济法研究所所长，院学术委员会委员，经济法研究生导师组组长，法商系副主任。主要社会兼职有：中国法学会经济法学研究会常务理事，中国证券法学研究会副会长，中证中小投资者服务中心调解员，中国上市公司协会第三届独立董事委员会委员，全国律协环境与资源法律委员会委员，中国侨联法律顾问委员会委员，司法部国家司法考试命题专家组成员，北京市金融服务法学研究会副会长，北京市经济法学会常务理事，北京市律师协会资本与证券市场专业委员会委员，成都市委、市政府法律顾问，北京、南京、广州、重庆、成都仲裁委员会仲裁员，中豪（北京）律师事务所主任，担任多家股份有限公司和上市公司独立董事，曾任北京房地集团有限公司、北京市政路桥集团有限责任公司外部董事，现任中国北京同仁堂（集团）有限责任公司外部董事。

长期以来从事经济法、民商法和文化遗产保护法的实践和理论研究。代表性的学术著作有《上市公司监管法论》《证券监管法律制度研究》《公民的物权》《社会保障法律制度研究》《公司法学》《人文资源法律保护论》《经济法学》《证券法学》等。出版国家社科基金后期资助项目《证券监管法论》。

邱 本 法学博士，1989年7月毕业于吉林大学法学院，2000年7月毕业于中国社会科学院研究生院。曾任吉林大学法学院副教授、中国社会科学院法学研究所研究员。现为温州大学法政学院教授。代表性论著有《从平权到身份》《从契约到人权》《无偿人权和凡人主义》《形中法学论纲》《商土中国及其法治建设》《经济的法律分析》《论"看不清的手"——社会协调》《经济法总论》《经济法通论》《经济法专论》《经济法的权利本位论》《经济法研究》《人权论集》《法的澄明》《部门法哲学研究》等。

应飞虎 法学博士，广州大学法学院教授。主要研究方向为经济法学、法律经济学等。在《中国社会科学》《中国法学》等杂志和《人民日报》《光明日报》等报纸发表论文九十多篇，代表作有《权利倾斜性配置研究》《信息、权利与交易安全》等。主持国家社科基金重大项目等各类项目十多项；获教育部、司法部、中国法学会等各类机构颁发的学术奖励二十多项；获国务院特殊津贴专家、深圳市"鹏城杰出人才奖"等荣誉多项。

薛克鹏 法学博士，中国政法大学民商经济法学院教授，经济法研究所副所长，博士研究生导师，中国法学会经济法学研究会常务理事，中国商业法研究会常务理事兼学术委员会主席，中国地质矿产经济学学会矿产资源法学分会副秘书长，北京市经济法学会常务理事，民盟中央法制委员会委员，北京市华城律师事务所合伙人。长期从事经济法总论、竞争法和房地产法的教学和研究。主要代表性著作有《经济法的定义研究——社会公共利益论》《经济法基本范畴研究》《经济法理念研究》《经济法学》《竞争法》。

金福海 法学博士，教授，硕士研究生导师，中国法学会经济法学研究会常务理事，消费保护法专业委员会副主任委员。长期从事经济法学、劳动法学、环境资源法学等法学教学和研究工作。出版法学学术著作、教材二十余部，发表论文五十余篇。主持参与国家及省部级以上课题十余项，获得国家及省部级以上教学科研奖励十余项。曾获山东省十大中青年法学家、山东省优秀研究生指导教师等荣誉称号。

刘继峰 教授，博士生导师，中国政法大学民商经济法学院副院长。兼任中国商业法研究会副会长、中国法学会经济法研究会副秘书长、北京市法学会经济法研究会监事。北京法学会互联网研究会副会长。最高人民检察院民事行政诉讼监督案件专家委员会委员。商务部培训中心兼职教授。

主要研究方向为经济法、竞争法。代表著作有《竞争法学原理》《价格卡特尔法律规制研究》《竞争法》等。主编《竞争法：规则与案例》《反垄断法案例分析》《反不正当竞争法案例分析》《经济法》等。在《中国法学》《政法论坛》等法学期刊发表论文四十余篇。

张钦昱　法学博士，教授，博士生导师，美国纽约大学（NYU）法学院 LL. M. 。中国政法大学经济法研究所所长，破产法与企业重组研究中心副主任兼秘书长、法律专家咨询委员会委员。兼任北京市经济法研究会理事，中国商业法研究会理事，北京市食品药品安全法治研究会理事。北京市法学会"首都法学法律高级人才库"入库专家，中国中小企业法治人才库入库专家，浙江省检察院"检校合作专家"，北京市第一中级人民法院"专家智库"委员，北交所专家，中证资本市场法律服务中心公益调解员，"海南法治传媒智库"入库专家。入选北京市法学会"百名法学英才"培养计划，连续获得中国政法大学第七届、第八届"最受本科生欢迎的十位老师"称号，获得"青年教学名师奖""教学优秀奖"。

出版《回顾与展望：市场经济立法的范式转向》等 3 本专著，主持"改革开放 40 年来中国重要经济立法的方法论研究"等 2 项国家社会科学基金项目、"数字经济法治的理论基础与体系构建研究"等 4 项省部级课题，发表 60 余篇文章。

孙　颖　法学博士，中国政法大学民商经济法学院教授。兼任中国经济法学研究会理事、中国商业法学研究会常务理事，中国消费者权益保护法学研究会副秘书长、学术委员会委员，北京市食品药品安全法治研究会副会长。

主要研究领域为经济法基本理论、消费者法、食品安全法、产品质量法、知识产权法等。参与《消费者权益保护法》《食品安全法》《电子商务法》等的立法修改工作。在《中国法学》《法学》《政法论坛》《法学评论》《现代法学》等期刊发表学术论文数十万字；著有《消费者保护法律体系研究》《食品安全风险交流的法律制度研究》等。

出版说明

"十二五"国家重点图书出版规划项目是由国家新闻出版总署组织出版的国家级重点图书。列入该规划项目的各类选题，是经严格审查选定的，代表了当今中国图书出版的最高水平。

中国政法大学出版社作为国家良好出版社，有幸入选承担规划项目中系列法学教材的出版，这是一项光荣而艰巨的时代任务。

本系列教材的出版，凝结了众多知名法学家多年来的理论研究成果，全面系统地反映了现今法学教学研究的最高水准。它以法学"基本概念、基本原理、基本知识"为主要内容，既注重本学科领域的基础理论和发展动态，又注重理论联系实际满足读者对象的多层次需要；既追求教材的理论深度与学术价值，又追求教材在体系、风格、逻辑上的一致性；它以灵活多样的体例形式阐释教材内容，既加强了法学教材的多样化发展，又加强了教材对读者学习方法与兴趣的正确引导。它的出版也是中国政法大学出版社多年来对法学教材深入研究与探索的职业体现。

中国政法大学出版社长期以来始终以法学教材的品质建设为首任，我们坚信"十二五"国家重点图书出版规划项目的出版，定能以其独具特色的高文化含量与创新性意识成为法学教材的权威品牌。

中国政法大学出版社

第五版说明

自本书 2019 年 3 月第四次修订版面世以来，我国经济法的理论与实践均有所发展。特别是，2022 年召开了中共二十大，习近平总书记在二十大报告中明确指出，我们要"构建高水平社会主义市场经济体制。坚持和完善社会主义基本经济制度，毫不动摇巩固和发展公有制经济，毫不动摇鼓励、支持、引导非公有制经济发展，充分发挥市场在资源配置中的决定性作用，更好发挥政府作用"。同时提出，"网络强国、数字中国"。以上论述，不仅使本书修订具有了迫切性，而且也为本书的修订提供了理论遵循。我国与许多国家一样已经或正在步入数字经济时代[1]，数字化转型成为社会经济发展的重要驱动力之一。面临这样的新时代，无论是经济立法，还是经济法理论，都要及时照应。正是基于这样的社会背景，为了规范数据处理活动，保障数据安全，促进数据开发利用，保护个人、组织的合法权益，维护国家主权、安全和发展利益，我国于 2021 年 8 月颁布了《中华人民共和国数据安全法》；同时，为了进一步保护个人信息权益，规范个人信息处理活动，促进个人信息合理利用，我国于 2021 年 8 月颁布了《中华人民共和国个人信息保护法》。本书基于数字经济的社会实践和立法，在本次修订中增加了数字经济法律制度与电子商务法律制度，作为本书的第十四、十五章。另外，自 2020 年 5 月全国人民代表大会表决通过《中华人民共和国民法典》以来，众多部门法都在讨论法典化的问题，经济法学界也不例外，许多学者主张制定"经济法典"。对此，本书明确表达了"经济法立法不宜法典化"的观点（见本书绪论"四、经济法立法不宜法典化的基本理由与经济法的立法模式"）。

同时，本书自第四版修订以来，《中华人民共和国土地管理法》《中华人民共和国城市房地产管理法》《中华人民共和国证券法》《中华人民共和国反不正当竞争法》《中华人民共和国反垄断法》等重要的经济法律都进行了修订，本书相关章节就其修法理念和新制度均进行了新的论述；2023 年 3 月 10 日，十四届全国人大一次会议表决通过了关于《关于国务院机构改革方案的决定》，这意味着经济法的国家干预主体，特别是市场监管中的执法主体发生了变化，对此，本书也进行了相应的修订。

这次修订，我们一如既往，除了上述根据社会与法治实践变化而进行相关内容更新之外，还将全书从学理到文字表述均进行了进一步的打磨，力求精益求精。同时，

---

〔1〕 由工业领域提出的"工业4.0"，到全面实施数字经济，通常也被称为"第四次产业革命"，即利用信息化技术、大数据、云计算、物联网、区块链、人工智能等新兴技术促进产业变革的时代，或称智能化时代。

我们也深知，无论如何努力，书中的不足甚至错误一定依然存在，因而敬请读者们批评指正！

全书由李东方统稿。参编人员的分工情况如下（按撰写章节先后排序）：

李东方（中国政法大学民商经济法学院教授）：绪论，第十一、十九至二十五、三十章；

邱本（温州大学法政学院教授）：第一至四、二十六至二十九章第一、二节；

应飞虎（广州大学法学院教授）：第五至六、八章；

薛克鹏（中国政法大学民商经济法学院教授）：第七章；

金福海（烟台大学法学院教授）：第九至十章；

刘继峰（中国政法大学民商经济法学院教授）：第十二至十三章；

张钦昱（中国政法大学民商经济法学院教授）：第十四至十五章、第二十九章第三节；

孙颖（中国政法大学民商经济法学院教授）：第十六至十八章。

中国政法大学经济法专业的博士和硕士研究生李耕坤、陈培希、刘博洋、巩宇晴、周可颖、陈帅奇、林雨欣参与了本书第五版的资料整理和校对工作。

李东方　字修远　号德元

2023 年 6 月末于北京-法大

第四版说明

自本书 2016 年 5 月第三次修订版面世以来，我国的社会和法治实践均有所发展，中共十九大报告第五部分关于"贯彻新发展理念，建设现代化经济体系"，对我国新时期经济体制改革的顶层设计提出了方案。这期间《反不正当竞争法》《会计法》《标准化法》等多部经济法律均作了重要修订，特别是其中《反不正当竞争法》的修订及时回应了互联网背景下市场竞争对法律的需求。2018 年 3 月中共中央发布《深化党和国家机构改革方案》，十三届全国人大一次会议表决通过了《关于国务院机构改革方案的决定》。国家机构改革的实施，意味着经济法的国家干预主体，特别是市场监管中的执法主体发生了变化。对以上种种，经济法的研究视野必须跟上。本着这一精神，我们对本书进行了修订。本书作者均为我国经济法学各研究方向的资深教授，各自将自己多年积累和最新研究出的学术成果再次汇集于此。

俗话说，"文章是改出来的"，其实，一部高质量的教材也是改出来的，除了上述根据社会与法治实践变化而进行相关内容更新之外，这次修订我们一如既往，将全书从学理到文字表述均进行了进一步的打磨，力求精益求精。同时，我们也深知，无论如何努力，书中的不足甚至错误一定依然存在，因而敬请读者们批评指正！

第四版作者的内部分工进行了局部调整，原由刘继峰承担的第十八章，由孙颖全部更新完成；原由刘继峰承担的第十九至二十章，由李东方在原文基础上大幅度修订完成。全书由李东方统稿。参编人员的分工情况如下（按撰写章节先后排序）：

李东方（中国政法大学民商经济法学院教授）：绪论，第十三、十九至二十五、三十章；

邱本（温州大学法政学院教授）：第一至四、二十六至二十九章；

应飞虎（广州大学法学院教授）：第五至六、八章；

薛克鹏（中国政法大学民商经济法学院教授）：第七章；

金福海（烟台大学法学院教授）：第九至十二章；

刘继峰（中国政法大学民商经济法学院教授）：第十四至十五章；

孙颖（中国政法大学民商经济法学院教授）：第十六至十八章。

中国政法大学经济法专业的研究生吴一凡、孙沁、吕叶、刘昊、尹馨、汪旭东、韩月、张靖等参与了本书第四版的资料整理和校对工作。

李东方 字修远 号德元

2019 年 1 月于北京-法大

第三版说明

　　本书第二版自 2013 年 8 月面世以来，经历了 2013 年 11 月 9 日~12 日举行的中共十八届三中全会，这次会议在《关于全面深化改革若干重大问题的决定》中提出，"处理好政府和市场的关系，使市场在资源配置中起决定性作用和更好发挥政府作用"是经济体制改革的核心问题，我们要着力解决市场体系不完善、政府干预过多和监管不到位的问题。这也给经济法学研究提出了新的挑战。此外，这期间许多经济法律也进行了修订，比较典型的有《消费者权益保护法》《食品安全法》和《广告法》等，为使本书能够始终保持理论联系实际和理论研究的前沿性，我们对本书进行了此次修订。

　　除了进行修订，第三版还新增加了：致学生——如何学好经济法，绪论，经济法责任和食品安全法等内容。同时，将第二版的第一、二章的内容，即"经济法学说史"和"经济法的基础"作为学习资料以二维码的形式标注在绪论部分，便于读者拓展阅读。

　　本书主要由中国政法大学民商经济法学院、温州大学法政学院、深圳大学法学院、烟台大学法学院等学术机构中长期从事经济法学研究和教学的教授撰写而成。全书由主编王卫国和李东方拟定大纲和统稿。参编人员分工情况如下（按撰写章节先后排序）：

　　李东方（中国政法大学民商经济法学院教授）：绪论，第十三、二十一至二十五、三十章；

　　邱本（温州大学法政学院教授）：第一至四、二十六至二十九章；

　　应飞虎（深圳大学法学院教授）：第五至六、八章；

　　薛克鹏（中国政法大学民商经济法学院教授）：第七章；

　　金福海（烟台大学法学院教授）：第九至十二章；

　　刘继峰（中国政法大学民商经济法学院教授）：第十四至十五、十八至二十章；

　　孙颖（中国政法大学民商经济法学院教授）：第十六至十七章。

　　中国政法大学经济法专业的研究生冯睿、陈邹、胡晓萌、朱媛媛、杨锡慧、王雅琪、王帅文等参与了本书第三版的资料整理和校对工作。

李东方　字修远　号德元

2016 年 5 月于北京-法大

第二版说明

　　本书自 2008 年 9 月出版以来，受到广大教师和学生的认可与欢迎，不仅为全国高校广泛使用，也为社会上的广大读者使用。然而，自 2008 年以来，经济法领域的理论探讨出现了许多新成果，我国在经济立法上也进行了诸多修改、完善和创新。为使本书能够始终保持其理论观点的前沿性以及与国内经济法教育现状的契合性，我们对本书进行了修订，以满足高校本科生和研究生教学以及广大社会读者的需求。

　　本书主要由中国政法大学民商经济法学院、中国社会科学院法学研究所、深圳大学法学院、烟台大学法学院等学术机构中长期从事经济法学研究和教学的专家学者撰写而成。全书由主编王卫国和李东方拟定大纲和统稿。参编人员分工情况如下（按撰写章节先后排序）：

　　邱本（中国社会科学院法学研究所）：第一至六、二十六至二十九章；

　　应飞虎（深圳大学法学院）：第七至九章；

　　金福海（烟台大学法学院）：第十至十三章；

　　李东方（中国政法大学经济法学研究所）：第十四、二十一至二十五、三十章；

　　刘继峰（中国政法大学经济法学研究所）：第十五至二十章。

　　中国政法大学经济法专业的研究生蒋海瑞、傅雪松、李汉蒙、祝骞、李冠颖、于瑞辰等参加了本书第二版的资料整理和校对工作。

李东方 字修远 号德元

2013 年 5 月于北京－法大

第一版说明

　　本书主要由中国政法大学民商经济法学院、中国社会科学院法学研究所、深圳大学法学院、烟台大学法学院等学术机构中长期从事经济法学研究和教学的专家学者撰写而成。全书由主编王卫国和李东方拟定大纲和统稿。参编人员分工情况如下（按撰写章节先后排序）：

　　邱本（中国社会科学院法学研究所）：第一至六、二十五至二十八章；

　　应飞虎（深圳大学法学院）：第七至九章；

　　金福海（烟台大学法学院）：第十至十三章；

　　李东方（中国政法大学民商经济法学院）：第十四、二十至二十四、二十九章；

　　刘继峰（中国政法大学民商经济法学院）：第十五至十九章；

　　王爱宾、马洪刚、王榕嵘等参加了本书的资料整理和校对工作。

李东方 字修远 号德元

2008 年 4 月于北京-法大

致学生

——如何学好经济法[1]

经济法是一门年轻而又博大精深的学科。说其年轻，是因为较之民法上千年的发展史，经济法仅有两百多年的历史[2]；说其博大精深，是因为经济法产生于政府与市场互动的复杂背景之下，它的体系庞大而复杂，它的具体制度涉及国民经济的方方面面，它是有异于传统法的现代法。因此，面对经济法，学生往往会觉得比学习其他法律学科难度要大。那么，在这种情况下，如何学好经济法呢？我认为，应当从以下五个方面着手：

一、学术兴趣是学好经济法的前提

法科学生对于经济法有无兴趣，取决于其对经济法核心价值的了解状况。经济法的核心价值乃在于"经世济民""治国理政"，或者说"经济法"就是"经世济民之法"的简称。要说明这一核心价值，得从经济法与民法的关系说起。经济法与民法共同构成调整社会经济关系的基本法律部门，其中，民法是对社会经济要求的记载和表述，它将社会经济关系的基本遵循表现为法律准则。在市场经济条件下，民法包含着市场经济的基本原则和基本制度（如独立、平等、自由和权利等原则；物权、债权以及民事责任等制度）。民法是主体平等法、私人本位法、意思自治法。然而，民法的这些特征只适应了市场经济的部分需求，即"看不见的手"自我调节市场的需求。社会实践反复告诉我们：

第一，民法的主体平等是对任何主体不作强弱区分的抽象平等，其结果可能是强胜弱汰、社会生产形成垄断，垄断反过来限制契约自由，从而导致社会丧失平等的基础，而民法自身对调整这种状况却无能为力。在这种情况下就需要经济法对市场主体进行具体识别，优胜弱保，消除有害垄断，追求实质公平。

第二，民法的意思自治是单个主体相互之间的意思自治，相对于整个社会化大生产而言，这只是一种微观自治。这种微观自治从总体上讲，离不开以社会为本位的经济法的宏观调控，否则，整个社会就会发生经济危机，进而走向全面瘫痪。由此单个主体之间的意思自治也将失去意义。

第三，民法相对性的局限性。民法相对性的局限性是指民事权利义务、侵权责任的相对性。民法相对性是民事权利义务得以实现，违约责任、侵权责任得以追究的前

---

〔1〕　本文原题为"如何学好经济法"，此次部分内容有修改，原文载高等政法院校必修课程学习指导丛书编写组编：《经济法学习指导》，中国政法大学出版社 2007 年版。

〔2〕　从 1775 年法国著名的空想社会主义者摩莱里（Morelly）在他的《自然法典》中首先使用"经济法"这一概念时起算。

提，这一特征，在合同法中尤其突出，这也是民法机制的巨大魅力之一。但是，这种相对性也有其局限性，比如，在证券市场的虚假陈述、操纵市场、内幕交易等，这类侵权行为不仅侵害了有相对关系的直接利害关系人，而且对非利害关系人，包括对潜在投资者，也会造成损害。此时，按照民法相对性的原则根本无法保护非利害关系人和潜在投资者，完成这一使命的只有靠具有经济法属性的证券监管法，通过证券监管立法的强制性规范在整个证券市场禁止上述各种违法行为，通过公法主体的单方意志性，克服民法意思达成相对性的局限，才能够对各类不特定投资者的合法权益进行保护。

民法自身现代化，也只能够在利害关系人中尽可能扩大相关责任人的范围，而对于潜在的受害人，一般是无法通过民法自身而获得救济的。比如《民法典》第1188~1201条，"责任主体的特殊规定"，只能够通过在一定范围内扩大责任主体，略微突破民法原有过度的相对性，但是，这依然没有从根本上克服民法相对性的局限性。而且，社会越向前发展，科学技术越发达，人与人之间的关联度就越高，社会连带性就越强，民法相对性的局限性也就越凸显。

可见，经济法是从社会整体利益出发，通过追求实质公正，去确立每个人作为人的主体地位，保护每个人应有的权利，从而真正解放人、解放全社会，实现其经世济民的核心价值。经济法的这一核心价值，不正契合了一个法律人应有的人生志向和学术兴趣吗？

二、要奠定扎实的民法、行政法学基础

从上述经济法与民法的关系可以看出，经济法是基于克服民法的局限性而产生的，是为了维护民法的持续进步而存在的，这二者在市场经济的条件下相辅相成、缺一不可。可以说，不懂民法便无法真正理解经济法的精髓，因此，学好经济法必须首先要奠定民法的知识基础。

行政法之所以对于学好经济法具有重要意义，那是因为二者均具有公法属性，作为均有公法属性的两个部门法，这二者的关系最为紧密。经济法的运行离不开行政机关的行政权力，行政法即是规范这种行政权力的法律。如果说，经济法是国家干预之法，则国家干预行为一出动，行政法即相随，二者如影随形，这使经济法的国家干预行为须臾离不开行政法的程序性规范。从控权行政法[1]的角度来看，行政法主要是程序法，而不是实体法。[2] 比如，现行的《行政许可法》《行政强制法》《行政处罚法》等均属于程序法。相反，经济法则主要是实体法。从这个角度看，经济法与行政法比较易于区分。然而，从"管理行政法"的角度来看，经济法基本上属于"经济行政法"[3]，这不仅使经济法与行政法混为一体，而且部分学者进而由此否定经济法部门

---

〔1〕 受不同国家和不同时期行政法理论的影响，从20世纪80年代以来，我国对行政法的认识先后出现了"管理论""控权论"和"平衡论"三种理论。与之相对应人们称之为："管理行政法""控权行政法"和"平衡论行政法"。相关论述参见应松年主编：《行政法学新论》，中国方正出版社2004年版，第7~8页。

〔2〕 [美]伯纳德·施瓦茨著，徐炳译：《行政法》，群众出版社1986年版，第3页。

〔3〕 关于"经济行政法"的相关论述，参见梁慧星、王利明：《经济法的理论问题》，中国政法大学出版社1986年版；王克稳：《经济行政法基本论》，北京大学出版社2004年版。

的存在。其实，经济法与行政法在调整对象、权力行使、法律本位上均有根本性的区别，它们之间是并列关系，而不是交叉或从属关系。可见，有了较为深厚的行政法知识基础才能够真正体会同具公法属性的经济法的独立性。

三、尽早在脑海里构建经济法学科的知识体系

经济法知识体系的构建对初学者至关重要，它有助于学生把握本学科的边界，初步形成轮廓性的认识，使日后经济法知识的积累有所归类、有所吸附。我曾经在课堂上把知识体系或知识框架的建立比作获取"海绵"，将日常的点滴知识积累比作"水滴"。有了"海绵"，"水滴"就不会干掉，只会越积越多；否则，知识无所归类、无所依附，过目易忘。经济法体系庞大，知识点繁多，尤其需要尽早在脑海里建立这种有如"海绵"的知识体系。

学生可通过阅读教科书等，提炼出经济法的基本范畴和基本论题，将其归入经济法总论和分论的学科体系中，构筑经济法知识的完整体系。在构建经济法知识体系时，有两个方法值得提及：①反复阅读并分析教科书的目录。教科书的目录实质就是作者呈现给读者的该学科的学科体系，只不过这个体系是作者所认同的一家之言。②面对不同教科书所展现出的不同经济法学说，同学们不必无所适从，此时需要进行比较，归纳出各学说的异同点，在比较中充实自己的经济法知识体系。

四、掌握经济法三个标志性的关键词

学生在学习经济法时，通过掌握经济法若干标志性的关键词，可以更简捷地把握经济法学科的特点，并且能够更深切地体会经济法的特质，将经济法与民法、行政法等相邻学科区分开来。

经济法标志性的关键词至少包括以下三个：

第一个关键词是"国家介入"。[1] 它体现出国家利用公权力对经济活动的干预、调整，不同于民法"私法自治"的调整范式。虽然我国经济法各学说的表述不尽相同，有"干预""协调""调节""管理"等，但均可理解为对市场失灵进行校正的描述，只不过角度不同而已。当然，这里要避免误认为国家始终是经济法律关系的主体一方，因为在许多经济法律中国家并不一定就是法律关系的主体，[2] 比如消费者权益保护法中经营者与消费者之间的经济法律关系。

第二个关键词是"实质正义"。它体现出经济法不同于民法"形式正义"的价值追求。形式正义是将主体抽象为具有同质的"人"，不注重各主体的差异性，强调的是市场活动主体的起点公平。因而，在传统合同法的视野中，"消费者—经营者"的强弱区分并不是民法所要关注的。质言之，民法是以平等而求得形式正义，经济法是以不平等而求得实质正义。

第三个关键词是"社会本位"。它体现出经济法不同于民法"个人本位"的基本立足点。民法彰显和肯认个体的"人"所享有的私权神圣，鼓励作为社会个体的

---

[1] 对"国家介入"的全面认识，参见本书第10~11页。
[2] 具体理由详见本书绪论第五部分关于经济法的定义。

"人"去实现自我价值。而经济法是在行政法和民法渗透程度很高的基础上产生的，它旨在校正私权膨胀和公权恣意侵扰私权的弊端，保护社会公共利益，为社会个体与国家提供发展与进步的平台和基点。因此，经济法旗帜鲜明地反对市场垄断，通过有效竞争使消费者和社会公众获益，为市场主体提供有序的竞争秩序。

五、自觉运用经济法总论中的基本理念来分析分论中的具体制度

法律制度在法学的学习和研究中居于重要地位，具体的法律制度是法律概念和法律规范的总结、提升，也是法律体系的组成单位。因此，对于学生而言，一定要了解和掌握经济法的具体制度。要深刻理解和认识具体制度，必须结合经济法的基本理念，将经济法的基础理论融入具体制度中。换言之，学生学习经济法时，要有机地在总论的基本原理和分论的具体制度之间建立关联；在了解和把握经济法的学科体系及基本理念的基础上，自觉思考各具体制度如何体现经济法的基本理念以及如何运用经济法的基本理念来指导具体制度的构建。例如，学习总论中"社会本位"的理念时，要学会用消费者权益保护法、证券监管法等分论的具体制度来佐证；在学习反垄断法时，要自觉思考诸如限制竞争协议等制度是如何贯彻经济法的相关理念的。唯有如此，才能将经济法的总论和分论有机地联系起来，避免"空对空"地只讲理念而没有制度基础或者"只见树木不见森林"地只谈制度而没有理念支撑。这样才能在学习中灵活运用、触类旁通，避免浅尝辄止或是将经济法"束之高阁"，才能真正体会和把握经济法的真谛。

当然，学生要能有机地展开对经济法基本理念的理解，尤其是能将总论和分论有机联系起来，这是在经济法学习方面已进入自觉阶段的表现，是经济法学习的深化。这需要学生在阅读教材和相关专著的基础上，勤加思考并且举一反三。

最后需要说明的是，学习方法的探寻并非只有一种答案，经济法的学习也并非仅能遵循某一种思路。以上我主要是从学生的学习特点和经济法的学科特征出发，重在探究学生如何运用科学、有效的方法来推进经济法的学习。除此之外，学生学好经济法还需要诸多外部因素的作用，特别是教师的有效指导，所以，学生还要善于利用外部条件来帮助自己取得理想的学习效果。

李东方 字修远（号德元）
2007年5月6日原稿
2016年6月6日修订
2019年1月6日再修
2023年3月6日第三次修改

目　录

第二编　经济法主体

第三编 市场监管法

第四编 宏观调控法

绪 论

一、现代经济法产生的历史前提

20世纪人类社会在各个方面都发生了巨大的变化，其中，众多社会主义国家的诞生，可谓影响最大，从此，社会主义和资本主义从热战（指战争）到冷战，再到当今的相互对话与协作，各自克服自身在政治制度（法律制度亦不例外）、经济制度上的不足，以求共同发展社会经济。资本主义国家的"私法公法化"，社会主义国家的"公法私法化"，[1] 二者殊途同归，都是根据社会经济生活的客观要求，在法律制度的演变中造就了现代意义上的经济法。关于经济法产生的社会、经济、政治基础详见右侧二维码。

在资本主义国家，当市场经济的自由发展出现了它的副产品——垄断，从而危及资本主义本身的存在时，资本主义国家的主要任务便从解放生产力和充分发展市场经济转为保障市场经济的良性发展和社会公平秩序的建立，因而，国家以更积极的姿态进行法制建设以加强对市场经济的宏观调控与干预。与这种要求相伴随的法制变革，一方面是20世纪以来民法的三大原则受到挑战，即首先是无限制的契约自由转变为契约自由限制原则；其次是私有财产神圣不可侵犯原则转变为"所有权负有义务，于其行使应同时有益于社会公益"[2]以及"私权必须遵守公共福祉"原则；最后是过错责任原则转变为无过错亦可能承担责任的原则（即严格责任原则）。从而，人们在法的权利理念上，极端的个人主义观念受到限制，面临社会公共利益观念的洗礼。与此相应，国家介入经济，不仅要充分尊重个人权利，而且必须考虑公共利益；不仅注重效率，而且力求公平。资本主义国家法治演进的另一方面便是经济法的产生。在垄断资本主义时期，资产阶级法律制度中传统的民商法已无力解决垄断与竞争这对矛盾，因而，只有通过国家出面对经济生活进行广泛而深入的介入，限制垄断，保护竞争，才能够缓解这个矛盾。但是，在国家介入经济的过程中，经济手段和行政手段均存在一定的局限性，因为经济手段往往会造成社会经济在追求效益的同时难顾公平，在注重私人利益的同时又难保证社会公共利益；而行政手段则在保证公平的同时难保效益。并且，行政手段往往主观随意性较大，容易导致朝令夕改，甚至权力滥用，从而使人们缺乏安全感，不利于经济秩序的稳定。因此，必须采用越来越多的法律手段，因为只有法律手段才能一方面保障权力的合法行使，使其不被滥用；另一方面，掌握政权的统治阶级，也只有通过制定严谨的法律，才能保障个人利益和社会公共利益的平衡。因此，20世纪初，资本主义各国普遍加强国家对经济干预的立法，其结果是经济法规的数量急剧增长，达到了与民商法并驾齐驱的地步，经济法就此脱颖而出并且一往直前，成为一个人们公认的独立的法律部门。

当年与资本主义国家相对立而存在的社会主义国家，其经济法产生的基础与资本主义国家

---

[1] 我们认为，资本主义国家既存在"私法公法化"也存在"公法私法化"，但相对于社会主义国家而言，其经济法产生的背景主要是"私法公法化"；而多数社会主义国家长期奉行国家意志无处不在、无孔不入的公法一元化法律结构，则其经济法产生的背景主要是"公法私法化"或者说是公权力开始走向法治化，并日益注重对公民私权利的保护。

[2] 见1919年德国《魏玛宪法》第153条第3项。

有着天壤之别。我们认为，它是通过"从身份到契约"，从国家本位到社会本位，这两个根本性转变的完成才得以建立今天的社会主义市场经济条件下的经济法。

"从身份到契约"，这一观点是由梅因在其名著《古代法》中首先提出的，梅因认为罗马自然法对人类文明所作的最大贡献就在于它把个人从古代社会的权威中解放出来，从而实现了个人"从身份到契约"的社会进步。[1]我们十分赞同江平教授的下列观点："随着中国社会主义市场经济改革的发展，中国的法律制度和法律观念也发生了重大变化。从某种意义上可以说是罗马法精神在中国的复兴，私法精神在中国的复兴，人文主义在中国的复兴。从另一个角度来看，也可以说市场经济的建立和发展也必然要求罗马法精神的复兴，当然绝不可能是两千年前西方古典法律制度在中国的重现和恢复。"[2]因此，我们借用梅因"从身份到契约"这一概括罗马自然法对人类社会所作重大贡献的概念来表达这样一个观点：在计划经济体制下，不同的社会生产者或企业，它们的地位是不平等的，不同所有制的企业由不同的法律调整。我国在经济体制改革的初期以及改革后很长一段时期内还有导致"官倒"得以大量产生的所谓"双轨制"，同是生产者和企业却享有不同的权利和义务，承受着不同的政策待遇和社会负担，这无异于存在新的"身份"和"等级"制度。而市场经济立法必须体现"身份"平等的精神，只有实现"从身份到契约"的转变，才会真正出现平等主体之间的契约精神，才会有私法生存的基础，而只有在存在私法领域的条件下，才可能产生建立在公、私法相融合基础之上的社会主义市场经济条件下的经济法。

在市场经济条件下，我们不仅要"使市场在资源配置中起决定性作用"，[3]而且还要追求资源的优化配置。竞争是经济领域不可或缺的基本要素，只有通过公平竞争，才能实现社会资源的优化配置，才能最终实现社会的总体经济目标，因此，保护竞争、限制垄断（包括行政垄断）成为国家在经济领域的基本任务，这一基本任务，在法律上则是由民商法和经济法来共同完成的：首先，竞争存在的前提必须是竞争主体有独立的"身份"或者说具有独立的法律人格，但是如果企业不摆脱政府部门的行政干预和控制，不改变从属于上级行政主管部门的地位，企业就没有独立的身份可言。因此，市场竞争要求人们树立权利观念，要求以权利自主、企业自治、契约自由为它的法律基石，要求有民商法的充分发展。其次，由于自由放任的竞争必然会导致垄断和不正当竞争，因此，在现代市场经济条件下还必须"更好发挥政府作用"，通过政府适度干预：一方面保护和促进竞争，以提高经济运行效率；另一方面则限制、禁止垄断和不正当竞争行为，以实现公平竞争，维护社会公共利益。而解决效率与公平的矛盾，维护公共利益，正是经济法所承担的首要任务。经济法是以社会为本位，从社会发展的客观经济目标出发，创造公平竞争的市场环境，限制市场主体盲目的逐利行为。可见，在国家本位的前提下，不论是民商法，还是经济法均无生存空间，在市场经济条件下的社会主义国家，其经济法的成长必须以实现从国家本位到社会本位的转变为必要条件。

通过对资本主义国家和社会主义国家经济法产生的比较，我们看到：尽管两类不同国家经

---

[1] 参见［英］梅因著，沈景一译：《古代法》，商务印书馆1959年版，第五章"原始社会与古代法"，第65~97页。

[2] 江平：《罗马法精神在中国的复兴》，载杨振山、［意］斯奇巴尼主编：《罗马法·中国法与民法法典化》，中国政法大学出版社1995年版，第1页。

[3] 这是中共十八届三中全会在《中共中央关于全面深化改革若干重大问题的决定》中提出的新思想，具体内容是："经济体制改革是全面深化改革的重点，核心问题是处理好政府和市场的关系，使市场在资源配置中起决定性作用和更好发挥政府作用。市场决定资源配置是市场经济的一般规律，健全社会主义市场经济体制必须遵循这条规律，着力解决市场体系不完善、政府干预过多和监管不到位问题。"

济法产生的历史前提迥异，但是两类经济法的根本特征却是基本相同的，即它们都是国家为了克服市场调节的盲目性和局限性，从社会公共利益出发而对各类主体的意志、行为和利益进行平衡、协调和干预，以实现社会经济良性运行和发展的法律形式。

二、经济法的公私法属性

将法律体系看成是由公法和私法组成的二元结构，起源于罗马时代，而真正实现于自由资本主义时期。自由资本主义时期的二元法律结构论是对中世纪权力—义务一元法律结构的否定。它的实质和功能，在于维护市民权利和限制国家权力，因为权力具有扩张和滥用的本性，即"一切有权力的人都容易滥用权力，这是万古不变的经验"〔1〕"权力旨在实现对人类的绝对统治，一个拥有绝对权力的人试图将其意志毫无拘束地强加于那些为他所控制的人。这种统治形式所具有的一个显著因素乃是出于一时的好恶或为了应急，而非根据被统治者的长远需要所产生的原则性行动而发出的高压命令"，并且，这些拥有权力的人"总是面临着权力的诱惑，面临着逾越正义与道德界限的诱惑""不受限制的权力乃是世界上最有力的、最肆无忌惮的力量之一，而且滥用这种权力的危险也是始终存在的"。〔2〕因此，资产阶级要发展自由资本主义，就必须制约"威猛无比"的国家权力，"资产者不允许国家干预他们的私人利益，资产者赋予国家权力的多少只限于为保证他的自身的安全和维护竞争所必需的范围之内"。而公法与私法相分立的"二元"划分正是顺应自由市场经济的历史潮流，以法律的形式在国家权力与市民社会利益之间设置了一层"隔离带"，使权力和权利各得其位，从而有效地防止了国家公权力对市民社会私权利的肆意侵扰。二元法律结构在限制公权力、保护私权利方面的价值，在自由资本主义阶段由于自由放任经济政策的实行而得到了充分的发挥与运用。

然而，公私法划分的法律结构二元论在人类历史的进程发展到垄断资本主义阶段后，便遇到了严重的危机。〔3〕我们认为，公私法二元论面临危机的根本原因在于当时的经济背景：自由放任的市场经济和高度自治私法原则的实施，导致了在社会经济生活中权利滥用、社会不公、贫富悬殊的现象，垄断经济严重破坏了自由竞争的市场秩序。垄断寡头完全可以在"平等""自愿""等价"等名义下，操纵市场，垄断价格，其结果是既不平等又不自愿，导致契约自由只是经济强者的自由。由此，有的西方学者面对已成幻影的契约自由发出"契约和上帝一样，已经死了"的惊呼。因此，限制垄断、保护竞争是资本主义生产方式自身的需要。这在客观上就要求国家的"有形之手"来干预社会经济生活、禁止私权滥用、调和社会矛盾。根据马克思主义关于经济基础决定上层建筑的基本原理，作为上层建筑的法律制度和法律文化必然随着经济基础的变化而有所变化，在这种情况下"大陆法系正在掀起一股相当猛烈的潮流，试图赋予公、私法以新的含义"〔4〕，其突出的表现就是在世界范围内出现了"私法公法化"和"公法私法化"，即公、私法的相互渗透与交融。

所谓"私法公法化"，是指公法对私人活动干预的增强，从而限制了私法原则的效力，并导致私权自治范围的缩小。私法公法化的实质是要求国家从社会的整体利益出发，干预、协调并参与社会经济生活，对权利滥用、契约绝对自由等所产生的弊端给予矫正，以谋求社会的公平与正义。正如我国学者郑玉波先生所指出的："正视个人与社会的差异，认为法律应支援社

〔1〕 ［法］孟德斯鸠著，张雁深译：《论法的精神》（上册），商务印书馆1961年版，第154页。

〔2〕 ［美］E.博登海默著，邓正来、姬敬武译：《法理学——法哲学及其方法》，华夏出版社1987年版，第341~342、346、347页。

〔3〕 美国学者梅利曼将二元论面临危机的原因归结为十个方面，这对我们有较大的学术参考价值，详见［美］约翰·亨利·梅利曼著，顾培东、禄正平译：《大陆法系》，西南政法学院1983年版，第108~112页。

〔4〕 ［美］约翰·亨利·梅利曼著，顾培东、禄正平译：《大陆法系》，西南政法学院1983年版，第112页。

会弱者，而牵制社会的强者，使之达于真正的平等。因此，国家的权力，始得介入个人间法律关系之中，于是私法乃有公法之倾向。"[1] 而"公法私法化"则是指由于国家职能的扩大，国家直接作为私法主体的身份出现或者通过国家控制的企业按私法的原则来执行公共职能。例如，国家为兴办公共工程而通过政府机构与建设承包商、供货商等签订建设承包合同、订货合同就是国家对经济活动的直接参与。又如，政府发行债券以及中央银行参与证券市场的业务时与证券投资者的关系。由于政府以私法主体的身份介入这些本属私法领域的关系，从而使得政府在这里再也不是发号施令的统治者，而是以平等主体出现的经济关系的一方当事人。

公法与私法相互渗透和融合，是现代法律发展的一大特征。公、私法相交融的结果，使得一些法学家将公法和私法结合后的法律规范，解释为出现了经济法、社会保障法、劳动法、环境法等独立于公法和私法的第三法域，此即社会法。[2] 日本学者美浓部达吉认为，社会法实乃规范国家干预的法律，是连通公法与私法的桥梁。可见，由公、私法结合而成的，以社会利益为本位的社会法，实为公私综合法。学者们将在承认公法和私法分类基础上，尚存在第三法域——社会法的学说，称为法律结构分类三元说。正如有的法学家所指出的，"经济法的性质既不属于传统公法，也不属于传统私法的范畴，而是带有两种法律的混合形态特征的法。经济法这个新的法律部门已经处于社会法的一部分的地位"。[3] 因此，固守传统的公、私法法律结构二元论，显然与现实的经济生活和现实的法律存在不相吻合。

当然，我们在强调经济法的公、私法融合的特征时，丝毫不意味着可由此而否认公、私法的划分，相反，我们更加强调在我国尤其应当注意公法与私法的区分，这不仅因为中国在几千年的历史文明中始终是以刑法为本，私法精神严重缺失，从而市民权利有史以来长期得不到应有的保护；还因为我国在实现社会主义制度之后，长期否定公法和私法的划分，公有制和高度集中的计划经济体制，"抽空了市民社会的两个基础——个人所有权和契约制度""市民法已失去了其存在的大部分基础"[4]，从而形成了事实上的公法一元化的法律结构（在"一大二公"的基础上，国家计划即法律），这在很大程度上侵害了社会个体的经济权利。因此，经历过这种历史背景的中国，特别注重公、私法的区分，这对发展我国市场经济有十分重要的意义。这种意义主要体现在三个方面：①有利于规范政府这只"看得见的手"的运作，使其在市场经济中有所为，又有所不为，这样就可以抑制政府公权力的过度膨胀，同时将政府公权力的行使关进制度的笼子里；②有利于确认和保护经济个体的合法权益，可以改变对经济个体权益重视不够的现状，同时，也有利于禁止经济个体滥用权利的行为；③有利于公法与私法在市场经济中各司其职，各尽其责，各循其律，从而提高整个法律制度运行的效益。

值得庆幸的是，中共十八届三中全会在处理市场和政府的关系问题上，总结历史经验，终于作出了"使市场在资源配置中起决定性作用，更好发挥政府作用"的正确论断，而这一论断在中共二十大得到进一步确认。其在本质上，体现了公法与私法的有机结合。"市场在资源配置中起决定性作用"，从法律的角度而言，是指市场主体之间的经济活动通过意思自治，靠民商法规范，是一种私法的运行。"更好发挥政府作用"，从经济法的角度而言，是指国家干预，干预市场在配置资源作用过程中发生失灵的情形，是一种纵向管理，靠经济法规范，是一种公法的运行。上述私法与公法的两种运行，不是等量齐观的，其中，私法运行为根本、为基

〔1〕　郑玉波：《民法总则》，三民书局1979年版，第5页。

〔2〕　［日］金泽良雄著，刘瑞复译：《当代经济法》，辽宁人民出版社1988年版，第22页。

〔3〕　［日］丹宗昭信、厚谷襄儿编，谢次昌译：《现代经济法入门》，群众出版社1985年版，第48页。

〔4〕　徐国栋：《市民社会与市民法——民法的调整对象研究》，载《法学研究》1994年第4期。

础，从而维护市场在资源配置中起决定性作用。而公法运行是次要的、派生的，仅仅在市场失灵的时候，规范政府的有效干预。政府干预始终应当审慎，政府应当敬畏市场，充分尊重市场自身的规律，尊重市场主体之间的意思自治，尊重市场主体和全社会人员的私权利。

三、经济法社会公共利益的本位性

法律本位是指国家权力机关在制定法律的时候，必须首先确立法律的基本目的、基本任务或基本功能，它反映了法律的基本观念和价值取向。法律本位是一个法律部门区别于另一个法律部门的重要标志，它是法的本质的集中体现。就调整社会经济关系的法律部门的本位思想而言，大致有两种情况，一是以民法为代表的个体权利本位法，二是以经济法为代表的社会公共利益本位法。

传统民法的主旨思想是"个体权利本位"，这一思想贯穿于民法的全部理论和实践之中，在传统民法理论中总是以个体为本位，以权利为主导，义务只是从属于权利，只是被动地、消极地去适应权利的需要。这是自由资本主义阶段西方法律思想和经济政策的产物。那时以亚当·斯密为代表的经济思想家主张："每一个人，在他不违反正义的法律时，都听任其完全自由，让他采用自己的方法，追求自己的利益，以其劳动及资本和任何其他人或其他阶级相竞争。这样，君主们（代表国家或政府——引者注）就被完全解除了监督私人产业、指导私人产业、使之最适合于社会利益的义务。要履行这种义务，君主们极易陷于错误；要行之得当，恐不是人间智慧或知识所能做到的。"[1] 这种思想体现在经济政策上就是政府不干预的自由放任的市场经济，而表现在法律制度上就是契约绝对自由、私人所有权绝对神圣、无过错不承担责任的三大传统民法原则。这表明自由资本主义时期的法律对个体权利的极度尊崇，对个人人格的绝对尊重，实行高度的私法自治，即允许当事人"意思自治"，私人之间的法律关系依当事人的合意而设定。这种在反对封建专制、反特权过程中所形成的"个体权利本位"思想，不仅在17、18世纪的西方国家作用甚巨，就是在当前我国也仍具有重要意义：它对于保护企业的合法权益，确立企业的自主地位以及调动其积极性，当有重大作用。但是，就国民经济和社会利益整体而言，这一主旨思想却有其相当的局限性。这是因为，个体权利本位思想不仅会片面地强调个体的意志和利益，从而忽视或抵制社会的整体利益；而且还会片面地强调权利、自由、自愿，而忽视对国家、对社会承担的责任。"所以，尽管这种思想在微观经济领域内有巨大的激励、动员作用和保护社会个体权益的功能，但却无法对整个社会生活进行全面、系统地调整。"[2]

法的社会本位思潮是伴随着19世纪末资产阶级法适应资本主义社会从自由竞争走向垄断这一变化的需要而兴起的。由于社会法学理论的盛行，资产阶级法由早期的个人本位主义开始向社会本位主义转变，资产阶级法由此便出现了"社会化"的倾向。社会法学派认为，人们相互有连带关系，即他们有共同需要，只能共同地加以满足；他们有不同的才能和需要，只有通过相互服务才能使自己得到满足。因而，人们如果想要生存，就必须遵循连带关系的社会法则。[3] 而早期资产阶级的个人本位主义，由于过分强调个人权利从而导致了社会的无政府主义和经济发展的无序状态，这使资本主义遭到极大的危害。因此，法律不仅要保护个人权利，而且更应强调维护社会公共利益，以实现"以最小限度的阻碍或浪费来尽可能地满足人们的要

---

〔1〕 ［英］亚当·斯密著，郭大力、王亚南译：《国民财富的性质和原因的研究》（下卷）（简称《国富论》），商务印书馆1997年版，第252页。

〔2〕 刘文华主编：《新编经济法学》，高等教育出版社1995年版，第16页。

〔3〕 沈宗灵：《现代西方法律哲学》，法律出版社1983年版，第44页。

求"这一法律目的,于是法的精神也就应当从"个人本位"转向"社会本位"。作为法律社会化的体现,各种社会立法应运而生,形成了若干新的法律部门。比如反不正当竞争法、反垄断法、产品责任法、消费者权益保护法、劳动法、社会保障法等,它们主要着眼于全社会的利益,并很快在各主要资本主义国家盛行起来。特别是1919年德国《魏玛宪法》的颁布,更推动了德国社会立法的蓬勃发展。这些新的法律部门不同于以个体权利为本位的民商法,而是在以社会公共利益为本位的指导思想下共同构成了一个新兴的、相对独立的法域,这就是主要由经济法、劳动法和社会保障法组成的社会法。社会法的产生,使传统的、严格划分的公法与私法体系渐渐失去意义,其固有的缺陷和局限性亦更加暴露无遗。

虽然,从根本上说,上述社会立法的阶级实质仍然是垄断资产阶级的意志和利益的体现,是被垄断资产阶级用来缓和阶级矛盾,从而使自己的统治更加稳定。但是,不论是在资本主义国家,还是在社会主义国家,社会化所带来的新的利益内容,诸如社会公德、群体利益(如消费者利益、劳动者利益)、自然资源与生态、环境与卫生保健、城乡公共设施、社会保险与社会救济、社会福利与优抚安置以及社会互助等,则是当今全人类都共同面临的问题。这些问题表明社会公共利益作为一种独立的利益形态已经形成,并且日益为各国立法所重视。但是对于社会公共关系利益的确切定义,各国立法的表述和学者的意见则不尽相同。

从各种学派观点以及各国立法体例来看,社会公共利益基本上都涉及经济秩序和社会公德两方面的内容。例如,日本的《垄断禁止法》就明确规定,社会公共利益是"指以自由竞争为基础的经济秩序本身。妨碍这种经济秩序的事态,就是直接违反公共的利益"。同时日本学者还认为,"公共利益是指包括产业利益在内的国民经济的健康发展,或者指保护经济上的弱者"。[1] 而我国学者则将社会公共利益与社会公德相提并论,认为它们在性质和作用上与"公序良俗"原则相当。

我们认为,一个社会在其利益的分类中应当有四类,即个人利益、集体利益、国家利益和社会公共利益。其中,社会公共利益,正如当代社会法学派的代表人物庞德所指出的,是社会公众在文明社会生活中并基于这种生活的地位而提出的各种要求、需要或愿望。其基本内容主要由以下几项构成:①公共安全。这主要是指公众不受外部和内部侵犯的安全(如杀人、伤害等)。②经济秩序的健康、安全及效率化。这包括合同的履行以及法院民事判决的有效执行。③自然资源的严格保护与合理利用。由于人的愿望是无限的,而用以满足这些愿望的自然资源却是有限的,因此,社会公共利益要求对于维持社会生存的一切财富和资源进行严格的保护与合理的利用,将毁坏这些财富和资源的行为绳之以法。④对社会弱者利益的保障。在市场经济中,消费者、一般劳动者等,相对于生产厂家和用工单位,他们是弱者,法律应切实保障他们的利益。⑤公共道德的维护。即文明社会生活要求制止违反道德准则的行为,例如制止某些非诚实信用的行为、性关系方面的不道德行为等。⑥人类朝文明方向发展的条件。如公共教育、卫生事业的发展。有必要指出的是,社会公共利益具有整体性的特点,也就是说,社会公共利益的主体是社会公众整体,而不是某一个人,也不是某一部分人(即集体),同样,也不是国家。可见,这种利益是整体的而不是个别的或局部的。

为了科学地认识社会公共利益,还有必要进一步研讨它与个人利益、国家利益以及国家权力之间的关系。运用马克思主义的哲学理论来分析社会公共利益与个人利益的关系,我们可以得出这样的结论,即这二者的关系是普遍性与特殊性的辩证统一关系,其辩证统一关系正如我国学者所指出的:"作为一般的、普遍的和具有共性特点的社会利益,寓于作为个别的、特殊

---

〔1〕 〔日〕丹宗昭信、厚谷襄儿编,谢次昌译:《现代经济法入门》,群众出版社1985年版,第91~92页。

的和具有个性特点的个人利益之中，而个人利益则体现着社会利益的要求，是社会利益在各个个别人身上的利益表现，并且受到社会利益的制约。社会利益是反映在个人利益之中的一般的、相对稳定的、不断重复的东西，是人的最强大的利益基础。社会利益不是简单地存在于个人利益之中，而是借助于个人利益以不同的形式和不同的强度表现出来。"[1] 个人利益与社会公共利益虽然是辩证统一的关系，但是，如果处理不当，二者的关系就可能对立起来，这主要表现在两个方面：一是任何个人当其作为利益主体时，一般都具有"经济人"的特征，因此具有追求自身利益最大化的内心冲动，这种冲动在没有制约的情况下，就会出现损公肥私、损人利己的现象，若人人如此，则社会公共利益也就无以存在，个人利益也将失去依托。二是当不适当地强调"社会公共利益高于个人利益"时，往往会造成一些监管者假借"社会公共利益"之名来否定甚至损害个人利益。因此，在社会的经济关系中通过经济法来协调个人利益与社会公共利益的冲突，实现二者的平衡，是经济法的社会公共利益本位性的必然体现。

社会公共利益与国家利益、国家权力也有着密不可分的内在联系，当然，它们的区别也是不容混淆的。一方面，从法律上讲，国家亦有其自身的特殊利益，比如国家政权的稳定与安全，这是其政治统治的利益需要；又如在国际法上的国家主权意义上的利益；再如在民事法律上的国家财产所有权的利益（即国家在私法上的权利）。正是由于国家有自己的独立的利益形态，因此，社会公共利益就不应当等于国家利益。但是，另一方面，国家又常常是社会公共利益的代表，无论是从近代资产阶级启蒙思想家的有关论述中，还是从马克思主义经典作家的论述中，都可以体现这一点。例如，洛克认为"任何共同体既然只能根据它的各个个人的同意而行动，而它作为一个整体又必须行动一致，这就有必要使整体的行动以较大的力量的意向为转移，这个较大的力量就是大多数人的同意""根据自然和理性的法则，大多数具有全体的权力。因而大多数的行为被认为是全体的行为，也当然有决定权了。"[2] 所以，从性质上讲，国家的权力乃是来自人民的一种委托权力。因此，这种权力必须代表人民的利益即社会公共利益。而在卢梭看来，"主权在本质上是由公意所构成的"。[3] 因此，国家权力只是人民公意（或社会公共利益）的实现手段而已。康德则把国家权力说成是人民的普遍联合意志。马克思主义的经典作家恩格斯在总结前人智慧的基础上，更深刻地指出："国家是表示：这个社会陷入了不可解决的自我矛盾，分裂为不可调和的对立面而又无力摆脱这些对立面。而为了使这些对立面，这些经济利益互相冲突的阶级，不致在无谓的斗争中把自己和社会消灭，就需要有一种表面上驾于社会之上的力量，这种力量应当缓和冲突，把冲突保持在'秩序'的范围以内；这种从社会中产生但又自居于社会之上并且日益同社会脱离的力量，就是国家。"[4] 可见，国家除了执行阶级统治这个主要职能之外，还必须担负起全社会的公共职能，以使各种社会冲突"保持在'秩序'的范围之内"。正是从这个意义上讲，国家应该是站在各个阶级之上的代表全社会利益的一个管理机关。特别是在现代市场经济条件下，强大的垄断组织的出现，加上高科技现代化手段，使少数强者更容易侵害社会公众的利益，于是这就更需要国家站在全社会的立场上，通过行使国家权力来维护社会公共利益。

在经济领域，国家权力对社会公共利益的维护需要借助于行政权的行使，由此发生的法律

---

[1] 公丕祥：《马克思法哲学思想述论》，河南人民出版社 1992 年版，第 283~284 页。

[2] ［英］洛克著，瞿菊农、叶启芳译：《政府论》（下篇），商务印书馆 1982 年版，第 60 页。

[3] ［法］卢梭著，何兆武译：《社会契约论》，商务印书馆 1982 年版，第 125 页。

[4] ［德］恩格斯著，中共中央马克思 恩格斯 列宁 斯大林著作编译局译：《家庭、私有制和国家的起源》，人民出版社 1972 年版，第 167~168 页。

关系的主体，往往有一方是政府或政府部门，其非平等性在绝大多数情况下是显而易见的。当然，在许多情况下政府并不是法律关系主体的一方。例如，消费者与经营者之间的交易具有非对等性，消费者权益保护法通过加重经营者的义务，赋予消费者法定的权利，扶弱抑强使二者的关系具有非平等性。这是通过经济立法实现了国家干预。对此，以调整平等主体之间的经济关系为己任的民商法，对于政府干预所产生的社会关系是无法调整的。另外，考虑到社会公共利益是广大民众所能享有的利益，这部分利益关系，同样不适用以"控制政府权力的法"[1]，且主要以程序法为特征的行政法进行调整，而最适当的则是由以政府和谐介入为己任的经济法对其进行调整。考察经济法的市场监管法、宏观调控法，无一不体现出其社会公共利益的本位性。

四、经济法立法不宜法典化的基本理由与经济法的立法模式

（一）经济法立法不宜法典化的基本理由

在民法法典化的背景下，经济法学界众多学者也发出了经济法法典化的声音，认为"只有经济法典和民法典并举才能真正做到推动经济社会持续健康发展"。我们不赞成这类观点，我们认为民法宜法典化，而经济法不宜法典化，其基本理由如下：[2]

1. 民法与经济法的内涵与功能不同，决定了经济法不宜法典化。民法是确立民事权利的基本法律制度，是基于对社会关系自然状态的法律写照而成就；而经济法则主要是公权对私权的干预，是对已有私法状态的一种干预。可以说，民法是一种对天赋人权的法律描述，正如马克思所说"立法者应该把自己看做一个自然科学家。他不是在制造法律，不是在发明法律，而仅仅是在表述法律。"马克思的这个论述用来说明民法的产生及其特征再恰当不过了。

相对而言，民法整体上是一种确认型的法律，这种确认更多的只是赋予自发秩序一种强制力而已。而经济法则是一种矫正型的法律，经济法并不是对民法的矫正，而是对民法所确认和保障的权利及其运行结果在特定情况下的一种矫正，是特定情形下对特定社会关系的公权干预，经济法因此可以说是一种"治病"的法律，不同的市场病症使经济法需要具有多种不同的功能，并且时刻需要对各种市场新症作出反应，这是经济法与民法在体系上的完整性和严密性方面存在差异的主要原因。这也是民法适宜法典化，经济法不适宜法典化的根本原因。

2. 民法与经济法在调整对象上的差异性，决定了经济法不宜法典化。

（1）民法调整对象相对确定。其一，民法调整平等主体之间的财产关系和人身关系，具有高度的概括性和抽象性。其二，经济社会化和社会连带性的增强所导致的立法社会化对民法制度变迁的要求相对较小。最近一百多年的历史正是市场经济自身激烈变迁的过程，这一过程可以称之为经济社会化。社会分工的细化，导致社会连带性的增强，经济社会化对制度的要求导致立法的社会化，民法也经历了社会化的过程，整体而言，在经济社会化的情势下，民法当然必须作出反应，即民法的现代化。但这种反应在量上相对较小，民法私法的本质不可能改变。因为经济社会化对制度的需求主要不是对私法变迁的要求，而更多的是对一种与民法完全不同的新的法律的需求。这也是《法国民法典》（1804年）等民法在市场体制下可以历经二百年而只有较小变迁的主要原因。以上两点为制定民法典奠定了基础。

（2）经济法调整对象具有开放性的特征。经济法与民法不同，经济法是经济社会化到一定程度的产物，也是民法和行政法调整出现缺失情况下应运而生的产物，是满足经济社会化对

---

〔1〕 ［英］威廉·韦德著，徐炳等译：《行政法》，中国大百科全书出版社1997年版，第5页。

〔2〕 参见李东方在2022年7月17日，由中国法学会经济法学研究会主办的第31期"经济法30人论坛"："法典化背景下的经济立法"会议上的主题发言。

制度进一步进化需求的主要法律。经济社会化和社会连带性表现形式及程度的变迁必然导致经济法产生及其内容的不断变迁。

经济法是公权对市场失灵进行干预的产物，实质上经济法是经济社会化至一定程度而产生的。考察美国、法国、英国、德国等国一百多年的经济法史，可以看到两种现象：①经济法各部门法并非同时出现，这说明市场经济各种病症的出现并非同时，换言之，公权作出的反应并非同时。很显然，在已经过去的一百多年里，对经济法的外延作出精确界定是不可能的。②经济法的总量一直在增加，并且增加的趋势并未消减。

在实践中，经济法调整对象的易变特性及其相对的不确定性，使精确界定经济法的调整对象既不可能，也不必要。说其不可能，是因为需要公权干预的社会情势的变迁导致干预的必要性、方式、范围、程度等也在不断变化，历史上在短时间内对某种私权进行规制、放松规制、取消规制以及再规制的例子并不少见。另外，与相邻部门法的功能协调和衔接也使经济法调整对象的精确界定成为不可能。此外，经济法是公权干预市场的法律，干预主体的现实状况直接决定了对特定事项的干预绩效，其在能力与公益性程度等方面的变化也会直接影响到经济法的实然边界。因此，试图一劳永逸地精确界定经济法调整对象外延的想法根本就是错误的。说其不必要，是因为这种精确界定本身不仅没有理论和实践价值，反而可能成为良性干预的障碍。从经济法的本质及其历史来看，精确界定其调整对象的外延仅在某个时点是可能的，但这种界定的结果将使经济法成为静态法。与私法、刑法、行政法等相比，经济法的静态化十分不可取。因此，在经济法调整对象的精确界定的问题上追求尽善尽美不仅不必要，甚至是有害的。经济法调整对象上的适度模糊反而是必要的。

3. 对经济法法典实例的考察，证明经济法不宜法典化。从世界范围的经济立法史来看，迄今除了德国于 1919 年制定了《煤炭经济法》、《钾盐经济法》，以及 1964 年捷克斯洛伐克制定的《捷克斯洛伐克社会主义共和国经济法典》之外，世界上其他国家都没有制定过以"经济法典"命名的法律，而上述法律也早已成为历史。特别要说明的是，上述捷克斯洛伐克社会主义共和国《经济法典》只不过是"前苏联法学家拉普杰夫纵横统一的经济法观点在捷克斯洛伐克的实践"，其本质是计划经济的产物，该经济法典和计划经济一样，已经走到了其自身历史的尽头。

4. 经济法是一个随着经济发展而不断扩张和变化的法律部门，法典化极易导致其体系的封闭，削弱其适应日益复杂的市场经济的能力。经济法能否法典化取决于市场经济需要，而不是法律本身。市场是随着科技进步不断发育和扩张的体系。科技越发达，市场分工越细，市场规模也就越大，市场运行就越复杂，人类面临的经济问题也就越多。层出不穷的市场问题引发了不同程度的社会问题，而每次问题和危机的爆发，经济法都需要及时回应，不断产生新的立法。当下正进行的以网络为基础的大数据、人工智能而引发的第四次产业革命预示着未来的经济活动和市场将更加复杂，法律特别是经济法必须时刻做好应对准备。

但是，法典化的目的之一是意图通过一套逻辑严密的概念体系，将各种法律现象有条不紊地纳入法律制度的调整范围。这种类似固态的立法模式，显然不符合经济法的本性，也不符合经济发展对法律的持续需求。

（二）经济法的立法模式

1. 单行法，或者经济法的子部门法法典化是经济法立法的基本模式。针对克服市场失灵而产生的经济法是一个不宜也难以法典化的法律部门。单行法，或者经济法的子部门法法典化是经济法存在的基本形式。与民法典同位的法典相比，单行法有其自身不足，但是，这种以实用主义为目的、以实际需要为出发点和归宿的单行法立法模式，克服了理性主义的法典法和经验主义判例法的不足，代表了世界法律的发展方向。

2. 以经济法通则的形式统合单行法与经济法的子部门法典，以克服单行法和子部门法典的不足。单行法和子部门法典的立法模式，并不意味着经济法没有自己的体系，其实，众多单行法之间有着共同的理念。例如，竞争法、金融法、房地产管理法、消费者权益保护法、产品质量法、价格法、广告法等法律看似功能各异，内容差别很大，但这些法律之间却有功能上的内在关联。他们都统领在实质公平、社会本位、政府干预，这三大理念的精神之下。可见，经济法"形散而神不散"。经济法作为因应市场失灵而立法的产物，其单行法由于过于分散存在许多弊端。所以，有必要对分散的单行法进行必要的整合和体系化，使之形成若干子部门，比如，将反垄断法、反不正当竞争法等统合为竞争法，将银行法、证券法、信托法等等统合为金融法，将消费者权益保护法、产品质量法、价格法、广告法等等统合为消费者法，由此，分别制定"竞争法典""金融法典""消费者法典"等。克服单行法局限的方式是以子部门法典为基础，同时，在此之上制定一部"经济法通则"。"经济法通则"，的主要内容可以考虑包括：①基本规定：调整对象、基本原则、适用范围；②经济法主体；③经济法主体基本权利、义务；④经济法律行为；⑤政府干预经济程序法；⑥经济法责任。

（三）结论

民法是"自然法"，民法作为"自然法"，较为稳定，伦理性较强（如天赋人权、人人平等、意思自治等），能够提取最大公约数，即民事权利。将其法典化，更有利于保护上述伦理和民事权利。而经济法是"人设法"或"人造法"，是市场经济中的"应急管理法"或"矫正法"。经济法的人设性，使其变动不居，具有开放性，而法典化极易导致其封闭，经济法子部门法比较容易提取最大公约数的领域，但是，经济法总体则很难提取最大公约数，如果有最大公约数，那么，这个最大公约数乃程序法，即"政府干预经济程序法"。

可见，不是"经济法目前尚不具备法典化条件"，更不是"只有经济法典和民法典并举才能真正做到推动经济社会持续健康发展"。而是经济法的功能决定了其自身不宜法典化、也不能够法典化。这是由经济法与民法的功能差异所决定的。试图制定与《民法典》同位的"经济法典"，不仅是徒劳的，也是无益的，甚至是有害的。

五、经济法的定义和本书的基本结构

（一）经济法的定义

关于经济法的定义，中外学者众说纷纭。仅就我国而言，经济法学就有"旧诸论"和"新诸论"之分。通常以1992年党的十四大确立建立社会主义市场经济的方针为界限，将此时间点以前的各种经济法观点合称为"旧诸论"，而将1992年以后的各种经济法观点合称为"新诸论"。近几年经济法学界对"新诸论"又有所创新和发展。有关经济法的中外学说史，详见右侧二维码。

"旧诸论"主要包括：①纵横经济法论，这是当时经济法学界广为主张的一种理论，这种理论的基本内容是，经济法既要调整一定范围的纵向经济管理关系，也要调整一定范围内的横向经济协作关系。②纵向经济法论，认为经济法是调整宏观国民经济管理关系和微观企业管理关系的法律规范的总和。③综合经济法论，认为经济法是国家认可或制定的以经济民法方法、经济行政法方法、经济劳动法方法分别调整平等的、行政管理性的、劳动的社会经济关系的法律规范的总和。④学科经济法论，认为经济法是综合运用各个基本法的方法和原则对经济关系进行综合调整的法律规范的总和。⑤经济行政法论，认为经济行政法是国家行政权力深入经济领域，对国民经济实行组织、管理、监督、调节的法律规范的总称。[1]

"新诸论"主要包括：①国家干预经济法论，认为经济法是国家为了克服市场调节的盲目性和局限性而制定的调整需要由国家干预的具有全局性和社会公共性的经济关系的法律规范的总称，或者说，经济法是调整需要由国家干预的经济关系的法律规范的总称。②国家协调经济法论，认为经济运行需要国家协调；在国家协调本国经济运行过程中发生的经济关系应该由经济法调整；经济法是调整在国家协调本国经济运行过程中发生的经济关系的法律规范的总称。③国家调节经济法论，认为经济法是调整在国家调节社会经济过程中发生的各种社会关系，以保障国家调节，促进社会经济协调、稳定和发展的法律规范的总称。④经济管理经济法论，认为经济法是调整以社会公共性为根本特征的经济管理关系的法律规范的总称。⑤经济管理和市场运行经济法论，认为经济法是国家为了保证社会主义市场经济的协调发展而制定的，有关调整经济管理关系和市场运行关系的法律规范的统一体系。[2]

在我国确立市场经济体制以后，上述经济法理论尽管表述各异，但有一个本质特征却是相同的，这就是认为经济法与国家介入经济密不可分。同时，上述"新诸论"经济法的各种理论均可分别用一个关键词来表达，即"干预""协调""调节""管理"等。在我们看来，上述任何一个关键词在表述经济法的定义时都有一定的片面性，未能准确表述经济法对社会经济生活的本质作用。有鉴于此，本书作者之一曾经将经济法定义为，经济法是调整国家从社会公共利益出发和谐介入本国经济运行过程中所发生的经济关系的法律规范总称。或者简而言之，经济法是调整国家和谐介入社会经济关系的法律规范的总称。之所以如此定义，是因为，一方面"介入"包含了"干预""协调""调节"和"管理"等的全部内容；另一方面，"介入"既能体现经济法以公权为主的公法属性，又能体现经济法在一定程度上和一定范围内的私法性，"介入"在此可谓以刚为主，以柔为辅，刚柔相济。此外，前缀"和谐"则表明国家介入社会经济生活的方式不是任意的，而是和谐有度的；对经济法律关系主体的权利（或职权）和义务（或职责）的配置不是畸轻畸重，而是和谐均衡的。[3]

上述所有关于经济法的定义主要是从经济法调整手段的角度来定义经济法的，这种定义方法在很大程度上揭示了经济法调整手段的特征，对深刻认识经济法具有十分重要的意义。

然而，上述对经济法的定义，给人的印象是：国家似乎始终是经济法律关系的主体一方，并且始终处于干预者、协调者、管理者、调控者或介入者的权利（权力）主体地位，而与之相对的经济法律关系的另一方主体则是处于被干预者、被管理者的义务主体地位。但是，在经济法的实践中，政府并不一定就是法律关系的主体。比如，在微观市场调节上，消费者保护法、产品质量法调整的市场关系是强势的经营者与弱势的消费者之间的利益关系；竞争法调整的市场竞争关系是垄断强者与竞争弱者之间的结构关系。又如，在宏观经济运行中，财税法、区域经济法和产业法调整的也是在国民经济整体中强质与弱质主体之间的利益协调与平衡关系。直接体现国家介入的"市场监管法"，其实也主要是通过法律制度的设计和推行，约束、限制并监督管理相关市场强势主体的行为，以达到市场和谐、健康发展的目的。[4]

由此看来，上述"新诸论"从经济法调整手段的角度来定义经济法的确有不足之处。为

---

[1] 参见李昌麒主编：《经济法学》，中国政法大学出版社1999年版，第51~52页。

[2] 参见杨紫烜主编：《经济法研究》（第1卷），北京大学出版社2000年版，第3~5页。

[3] 李东方主编：《经济法案例教程》，知识产权出版社2006年版，第4页。

[4] 参见陈婉玲：《经济法调整：从"权力干预"到"法律治理"》，载《政法论坛（中国政法大学学报）》2014年第1期。

了避免上述不足，本书在第一章通过对经济法调整对象的研究，认为经济法的调整对象是市场监管关系和宏观调控关系，进而将经济法定义为，经济法是调整市场监管关系和宏观调控关系的法律规范的总称。

毕竟，经济法是一门年轻而又博大精深的法律部门。无论是对其调整对象的界定，还是对其进行准确的定义，都存在许多争论。对于经济法的诸多问题不能按照传统的观点去评判，正因为如此，本书总论部分专设一章来讨论经济法的非传统性（见第八章），值得关注。

（二）本书的基本结构

本书的基本结构安排建立在我们对经济法结构体系认识的基础之上。经济法应当有怎样的结构体系，这取决于作为经济法调整对象的特定经济关系的结构。由于在经济法学界人们对经济法的调整对象有不同的认识，对经济法结构体系的含义又存有不同的理解，例如，有的学者将经济法的结构体系分为：市场主体规制法律制度、市场秩序规制法律制度、宏观调控和可持续发展保障法律制度、社会分配调控法律制度四个部分；〔1〕而另一些学者则认为经济法的结构体系只包括：市场竞争法和宏观调控法两个部分〔2〕。

我们认为在市场经济条件下，经济法的结构体系应当取决于国家所要介入的社会经济关系领域，即市场监管关系和宏观调控关系领域。相应地，经济法的结构体系应当是：市场监管法和宏观调控法两大组成部分。同时，在市场经济运行中，经济法主体制度不可或缺。故本书共由以下四部分组成：经济法总论、经济法主体、市场监管法和宏观调控法。

---

〔1〕　参见李昌麒主编：《经济法学》，中国政法大学出版社 1999 年版，第 17 页。

〔2〕　参见邱本：《经济法通论》，高等教育出版社 2004 年版，第 30 页。

第一编　经济法总论

第 一 章

经济法的调整对象和体系

第一节　经济法的调整对象

研究法律的调整对象，主要就是研究该法律所调整的特定社会关系。只有深入研究该社会关系，知晓其内容，把握其本质，明确其要求，才能确立与之相因应的法律。研究法律的调整对象是一项基础性的工作，是其他一切法学研究工作的前提或基础。

一、经济法调整对象的立足点

法律是社会关系的记载和表述。有什么样的社会关系就相应地有什么样的法律，不同的社会关系构成了不同法律的调整对象。要研究经济法的调整对象，关键是要研究经济法所立足的特定社会关系。

（一）自然经济时期不存在真正的现代意义上的经济法

经济法到底源于何时？一些人认为，有经济活动和经济关系就有经济法，因而从自然经济时期起就有经济法。我们认为，尽管在自然经济条件下也有一些经济法的因素，如在《盐铁论》《食货志》《秦律》《唐律》等中就有一些经济法内容、经济法规范等，但并没有真正的现代意义上的经济法。这是因为：

1. 自然经济是一种十分落后的经济。自然经济是人类最原始的经济形式之一，也是人类最落后的经济形式之一。社会生产力十分落后，社会财富极其匮乏是自然经济时期的基本事实。根据制度经济学派关于社会财富的丰歉程度与法律控制强度关系之理论，社会财富越匮乏，法律控制就越严厉。因为少得可怜的财富就是人们安身立命的根本，它们弥足珍贵，必须严加保护。所以，古代法盛行"重刑主义"，其中规定有许多严厉的刑罚制裁措施。如《秦律》规定："伍人盗，赃一钱以上，斩左止，又黥为城旦"；国君祭祀未完毕，盗窃了祭品，虽然这个祭品的价值不值一钱，也要"耐为隶臣"；《秦律》还规定："盗马者死，盗牛者加"。再如《唐律》中的《贼盗律》规定："诸山野之物，已加人力，刈伐积聚，而辄取者，各以盗论。"《杂律》规定："诸于官私田园，辄食瓜果之类，坐赃论；弃毁者，亦如之；即持去者，准盗论。"翻检《汉穆拉比法典》，亦不难发现其中许多条文都规定有"应处死"的刑罚制裁措施。另外，建立在自然经济基础之上的国家，"官冗之患，所从来尚矣！"[1] 为了维持庞大

---

[1]《续〈资治通鉴〉·卷第八十一》。

的国家官僚机构的运行和统治者的奢侈生活，又必须占有大量的社会财富，这就形成了在自然经济时期社会生产发展不足而又"超前高消费"的矛盾。在社会财富极端匮乏时期，法律的控制只能是通过最大限度的暴力强制。[1] 也就是说，解决自然经济时期的这一矛盾，主要是统治者依仗国家暴力、通过严刑峻法向社会搜刮民脂民膏来实现的。"苛政猛于虎"正是这种情况的形象写照。

2. 自然经济是一种封闭的自给自足的经济。每个生产者"都是直接生产自己的大部分消费品，因而他们取得生活资料多半是靠与自然交换而不是靠与社会交往"。[2] 这种经济要求国家"听民自便""无为而治"，它在本质上是排斥国家干预的。国家对社会经济生活的干预往往仅局限于社会财富的分配领域而不太关心或深入物质财富的生产过程。因此，它并不具有多少组织管理社会生产的职能而只是一种"超经济的强制"，其实质是依仗国家暴力掠夺社会财富。这正如马克思在分析自然经济时所指出的："与资本主义关系不同，在这里，对这种剩余劳动的占有不是以交换为中介，而是以社会的一部分人对另一部分人的暴力统治为基础。"[3]

3. 自然经济是一种小农经济。由于一家一户的小农之间只有地域联系，没有或者少有经济联系，他们之间形成不了统一的力量，从而无法抵抗国家掠夺社会财富的暴力进攻，也构成不了对统治者的威胁，因此统治者总是把自然经济视为立国之本来加以维护。但社会生产力的发展，促使自然经济日益崩溃，商品经济萌芽成长，在这一社会经济形式转轨之际，当时的统治者由于本阶级的局限性，认识不到商品经济代替自然经济是一个必然的历史进程，他们为了维持自己的统治，竭力保护自然经济，视商品经济如洪水猛兽，"以刑止商""以刑治商"又成为其国家干预社会经济生活的主要手段。

以上三个方面表明，在自然经济时期，无论是国家掠夺社会财富的手段，还是国家干预社会经济生活的方法，大都是严刑峻法。统治者为了维护其经济利益和经济秩序，几乎把一切破坏经济秩序、损害其经济利益的行为，都视为违法犯罪行为，处之以严刑峻法，从而使经济关系的法律调整泛刑化、极刑化。自然经济的落后性、封闭性以及历史性导致了此时的社会关系主要是"社会的一部分人对另一部分人的暴力统治"，这种社会关系的本质决定了规制这种社会关系的法律只能是刑法或以刑法为主。

4. 自然经济是一种分工简陋的经济。自然经济时期的社会生产主要就是农业生产和辅之以简单的手工业生产。各生产者彼此之间进行着相同的生产，他们这种相同的生产方式，"不是使他们互相交往，而是使他们互相隔离。这种隔离状态由于……交通不便和……贫困而更为加强了"[4]，从而决定了自然经济条件下"没有丰富的社会关系"。[5] 这种社会关系的简陋性决定了调整这种社会关系的法律的单一性，同时由于当时法制建设的局限性又强化了这种法律的单一性，几乎把所有的社会关系纳入其中，形成诸法合体。

我们认为，上述理论分析与历史实证是一致的。中国的历代法典从《秦律》《唐律》《宋刑统》《大元通制》一直到《大明律》和《大清律例》，尽管它们名称不一，但究其实质，都是以刑为主、诸法合体。为了进一步说明此问题，不妨以在我国法制史上具有承前启后典范作

〔1〕 ［美］康芒斯著，于树生译：《制度经济学》（下册），商务印书馆1981年版，第449页。

〔2〕 《马克思恩格斯选集》（第一卷），人民出版社2012年版，第762页。

〔3〕 《马克思恩格斯全集》（第二卷），人民出版社1974年版，第440页。

〔4〕 《马克思恩格斯选集》（第一卷），人民出版社2012年版，第762页。

〔5〕 《马克思恩格斯选集》（第一卷），人民出版社2012年版，第762页。

用的《唐律》为例。对于《唐律》的内容及其属性，《唐六典》言简意赅地作了认定，"凡律以正刑定罪"，意为《唐律》是有关犯罪和刑罚的法律规定。对这一点，我国著名学者陈寅恪在《隋唐制度渊源略论稿》刑律章中更是直接指出，《唐律》"成为二千年东亚之刑律准则"。[1] 在此，我们要申明的是，在划分法律部门的两个标准即调整对象和调整方法中，在不同的历史时期是有所侧重的。如上所述，在自然经济条件下，社会关系是简陋纯朴但同时又是杂然一体的，因此，在这一时期划分法律部门的标准在很大程度上不可能是依据各种社会关系而只能以调整方法为主。而在我国古代，法律的调整方法主要就是刑罚，以规定各种残酷的刑罚来调整各种社会关系，包括经济关系。即使被誉为"得古今之平"的《唐律》，也在《名例篇》中首列五刑（笞、杖、徒、流、死），并解释说："名者，五刑之罪名；例者，五刑之体例。"这充分地说明，《唐律》主要就是以刑罚的方法（而又限于五刑）来调整当时的社会关系，这种调整方法决定了《唐律》只能是一部典型的刑法化了的法典。唐代以后的历代法典直至《大清律例》，都是以《唐律》为蓝本而制定的，其属性也一准乎《唐律》。因此，我国的古代法主要就是刑法以及刑法化了的其他法。

西方古代法的发展与我国有所不同，但西方古代法同样体现出"诸法合体、以刑为主"的特点。这正如梅因所指出的："大体而论，所有已知的古代法的杂集都有一个共同的特点使它们和成熟的法律学制度显然不同。最显著的差别在于刑法和民法所占的比重……可以这样说，法典愈古老，它的刑事立法就愈详细、愈完备。这种现象常常可以看到，并且这样解释无疑在很大程度上是正确的。"[2] 这说明西方古代法在诸法合体中占主导地位的也是刑法而不是其他法。

通观国内外自然经济时期的法律制度，由于社会关系较为简单纯朴，法律条文也不甚丰富，法律划分不甚必要，加之法律被视作暴力统治的工具，以刑罚方法为主，这些因素决定了这个时期的法律制度几乎都是"诸法合体、以刑为主"的。而作为真正的现代意义上的独立法律部门的经济法在这个时期是不存在的。

（二）市场经济前期也不存在真正的现代意义上的经济法

市场经济的发展经历了资本原始积累时期、自由竞争时期和垄断时期三个阶段。

在资本原始积累时期，由于受重商主义的影响，新兴的资本主义国家干预达到了登峰造极的地步。但由于资本原始积累"不是资本主义生产方式的结果，而是它的起点"[3]。因此这种国家干预仅限于积累原始资本，为建立资本主义生产方式创造条件，还未介入商品生产的整个领域和市场经济的各个环节，因而它并不具有多少管理社会生产的职能。此外，由于资本原始积累一方面受到自然经济日益崩溃而商品经济尚未发展起来这种青黄不接所带来的社会财富十分匮乏的制约；另一方面又受到来自反动落后的旧势力的极力抵抗和人们旧的生产生活方式的阻扰，因而难以一蹴而就。为了"大力促进从封建生产方式向资本主义的生产方式的转变过程，缩短过渡时间"[4]，只能"利用集中的、有组织的社会暴力"[5] 来掠夺社会财富。历史也表明，资本原始积累"在真正的历史上，征服、奴役、劫掠、杀戮，总之，暴力起着巨大的

---

〔1〕　陈寅恪：《隋唐制度渊源略论稿》，载刘梦溪主编：《中国现代学术经典·陈寅恪卷》，河北教育出版社2002年版，第116页。

〔2〕　[英]梅因著，沈景一译：《古代法》，商务印书馆2009年版，第235页。

〔3〕　《马克思恩格斯文集》（第五卷），人民出版社2009年版，第820页。

〔4〕　《马克思恩格斯全集》（第五卷），人民出版社2009年版，第861页。

〔5〕　《马克思恩格斯文集》（第五卷），人民出版社2009年版，第861页。

作用"。[1] 资本原始积累时期的国家干预的突出特征就是暴力的滥用,它同自然经济时期的暴力干预并无二致,其实质都是依仗严刑峻法掠夺社会财富,迫使人们服从和适应资本主义的生产方式。这时的经济立法依然是刑法或变相刑法,如"15 世纪末和整个 16 世纪,整个西欧都颁布了惩治流浪者的血腥法律",这些古怪的恐怖的法律,通过鞭打、烙印、酷刑,来迫使他们习惯雇佣劳动制度所必要的纪律。[2] 这时的许多经济立法依然是刑法或变相刑法,而真正的现代意义上的经济法并未产生。

在自由竞争时期,当时的社会生产条件已经基本符合商品经济发展的客观要求,推动了社会生产力的发展。资产阶级深明此理,国家不干预成为"重商"的经济政策,"私法自治"成为"治商"的法制原则。国家的经济职能仅仅是充当"守夜人""仲裁员",维护市场经济自由竞争的外部秩序,这时的国家干预不再介入社会生产的全过程而只是凌驾于社会生产之上,这时的社会经济关系主要就是各经济主体在自由竞争中形成的平等的经济协作关系。这种社会关系的本质必然要求把"自由贸易宣布为立法的指路明灯",[3] 因此调整这种经济关系的"专利"法——民法应运而生了。1804 年《法国民法典》即是适时的产物,而真正的现代意义上的经济法的产生还为时尚早。

(三) 市场经济后期才产生真正的现代意义上的经济法

这是由市场经济的属性决定的。

1. 市场经济的本质属性。市场经济的本质属性是自由竞争,这正如艾哈德所指出的,保持自由竞争,乃是任何市场经济的基础,只要哪里的自由竞争不受任何限制,哪里的自由竞争得到法律保障,哪里的市场经济基础就能存在,也会受到社会上的极端重视。[4] 市场经济的自由竞争这一本质属性也是市场经济的主要优越之处。为什么世界上的发达国家多是市场经济国家?为什么市场经济成为不可逾越的迄今为止最为先进的经济形式?为什么社会主义国家搞了几十年的计划经济还要回过头来搞过去他们一直否定的市场经济?根本原因就在于市场经济本质上是一种自由竞争经济,市场经济内含着激发出自由竞争这一经济发展、社会进步和人类文明的基本动力。正如马克思所言:自由竞争是"资产阶级经济的重要推动力"[5]。列宁说:资本主义只能"使竞争在稍微广阔的范围内培植进取心、毅力和大胆首创精神"[6]。实践也证明,发展市场经济的根本原因就是要基于此促进自由竞争,而促进自由竞争又是发展市场经济的基本策略。

2. 市场经济的派生属性之一。市场主体在天赋因素、能力努力、经济条件、社会环境、信息状况、市场机会、竞争实力等方面均存在着千差万别,这些千差万别的市场主体被一同推向市场,在形式平等的同一规则下去自由竞争,必然导致优胜劣汰,生产不断集中,最终形成垄断,垄断是市场自由竞争的必然结果。这正如列宁所言:"集中发展到一定阶段,可以说就自然而然地走到垄断"[7],"从竞争到垄断的转变,不说是最新资本主义经济中最重要的现象,

---

〔1〕《马克思恩格斯文集》(第五卷),人民出版社 2009 年版,第 821 页。

〔2〕《马克思恩格斯文集》(第五卷),人民出版社 2009 年版,第 843、846 页。

〔3〕《马克思恩格斯文集》(第五卷),人民出版社 2009 年版,第 327 页。

〔4〕[德] 路德维希·艾哈德著,祝世康、穆家骥译:《来自竞争的繁荣》,商务印书馆 1983 年版,第 101 页。

〔5〕《马克思恩格斯全集》[第四十六卷(下册)],人民出版社 1980 年版,第 47 页。

〔6〕《列宁专题文集》(论社会主义),人民出版社 2009 年版,第 53 页。

〔7〕《列宁选集》(第二卷),人民出版社 1995 年版,第 585 页。

也是最重要的现象之一"[1]，是"现阶段资本主义发展的一般的和基本的规律"[2]。

垄断者排挤弱小者，消灭竞争对手，他们相互勾结，合众为一，使本来相互独立、自由竞争的市场主体大为减少甚至不复存在，这是对市场自由竞争的釜底抽薪；垄断是一种市场霸权，由于仅凭垄断优势就能获得超额利润，因而通过发明创造和科技进步去赢得市场的动力和压力就大大减少了，故而阻碍科技进步；垄断是对市场的独占、支配，消费者没有选购自由，不存在讨价还价的余地，导致消费者的合法权益受到损害；垄断是经济专制，经济基础决定上层建筑，经济垄断必然导致政治专制，从而妨碍政治民主和社会自由。这些都说明，垄断具有严重的弊害，所以恩格斯指出："任何一个民族都不会容忍由托拉斯领导的生产。"[3] 反垄断是必须的，只有反垄断才能促进市场经济自由竞争地发展。但由于垄断者本人不会自己反对自己，而其他非垄断者大多属于弱小者，私人力量，势单力薄，无力反垄断，因此反垄断只能也必须由国家介入，实行国家干预，以强权对强权，这对于维护市场自由竞争意义重大。

由于市场竞争过于激烈，有人为了追求自身利益的极大化，为了在竞争中胜出，难免违反诚实信用、破坏公序良俗而进行不正当竞争，如假冒仿冒、商业贿赂、虚假宣传、侵犯商业秘密、非法倾销、强制搭售、不当有奖销售、商业诽谤、串通招投标等行为。这些不正当竞争行为不但损害其他经营者的合法权益，也会侵害消费者的合法权益，还会扰乱市场秩序，破坏社会公益，因而必须加以反对。但这些不正当竞争行为，不是市场自身所能完全消除的，也不是市场经营者所能自觉修正的，更不是消费者所能自力抵制的。因此，反不正当竞争也必须由国家进行干预，通过国家干预以维护正当的市场竞争秩序。

3. 市场经济的派生属性之二。市场经济是一种社会化的大经济。在这种社会化背景下，"各个业主自由竞争，他们是分散的，彼此毫不了解，他们进行生产都是为了在情况不明的市场上去销售"[4]，这就使得市场自由竞争是在一种无法总体预见和控制的环境下进行，只能听命于那只"看不见的手"的支配，必然具有盲目无序性。实践证明，市场经济越是社会化，信息不充分、不对称的状况就越严重，市场自由竞争的盲目无序性也就越大。虽然随着互联网、云计算、区块链和数字经济等的不断发展，这种状况大有改观，但仍然无法彻底改变。

市场自由竞争的盲目无序性，使得社会总供给与社会总需求时常脱节，要么供大于求，要么供不应求，供求严重失衡时，还会引起经济波动甚或经济危机；市场自由竞争的盲目无序性，导致市场经济不能平稳顺畅有序地进行，而是大起大落，忽冷忽热，形成经济周期，具有严重的不稳定性；市场自由竞争的盲目无序性，表现为个别规划，盲目投资，重复建设，顾此失彼，造成遗漏，产业结构混乱，产业盲目无序地发展；市场自由竞争的盲目无序性，还体现为地方主义，各自为政，在对外贸易中，不能统一对外，自相残杀，结果鹬蚌相争，渔翁得利，等等。这些都说明，市场自由竞争的盲目无序性具有严重的弊端，必须加以克服。但由于市场主体散居社会各隅，信息有限，仅有私权，力所不及，不可能克服市场自由竞争的盲目无序性。因此，这一任务只能由处于社会中央、信息丰富而集中、享有公共权力、拥有足够权威的国家机构尤其是中央国家机构来完成。实践证明，只有国家通过宏观调控才能完成这一任务。

从上述市场经济的本质属性和派生属性可以看出，市场经济的自由竞争导致市场的垄断、

[1]《列宁选集》（第二卷），人民出版社 1995 年版，第 585 页。
[2]《列宁选集》（第二卷），人民出版社 1995 年版，第 588 页。
[3]《马克思恩格斯选集》（第三卷），人民出版社 2012 年版，第 809 页。
[4]《列宁选集》（第二卷），人民出版社 1995 年版，第 592 页。

不正当竞争等限制竞争性和盲目无序性，无论是限制竞争性还是盲目无序性都会严重地影响市场经济社会有效、有序、健康、稳定、协调地发展，因此必须加以反对和克服，而这又只有通过国家干预进行市场监管（规制）和宏观调控才能达成，这样就形成了一种特定的社会关系，即由国家干预而形成的市场监管（规制）关系和宏观调控关系。

二、经济法调整对象的界定

市场监管关系和宏观调控关系是市场经济条件下客观而普遍存在的一种重大社会关系，必须依法加以调整。但具体应该由哪个法律部门来调整呢？这还需要进行深入分析。

（一）先看民（商）法能否调整这种社会关系

民法能否调整这种社会关系，取决于民法自身的规定性。

1. 民法是主体平等法。但这种平等是形式平等、抽象平等，它不论市场主体之间的千差万别，把其置于同一起点上和同一规则下去实现契约自由和自由竞争，结果优胜劣汰，生产集中，导致垄断。这是民法规则的必然结果，并且在民法看来也是合法的。但合法的过程导致非法的结果。垄断表明市场主体不平等、不自由，并反过来限制契约自由，阻碍市场自由竞争。这是民法本身的异化，而这在民法的固有框架内又难以解决。可以说，民法滋生垄断但又无力反垄断。

2. 民法是私人本位法。民法的主体是私人，民法的权利是私权，民法的法益是私利，民法的宗旨是保障私权。但在私利的诱惑下，在利益竞争面前，许多人难免自私自利，损人利己，损公肥私。特别是在激烈的市场竞争中，在利益的得失变更面前，人们会滥用私权，而置诚实信用和公序良俗于不顾，从事各种不正当行为，其重要表现之一就是不正当竞争。不正当竞争妨害其他经营者的正当竞争，损害消费者的合法权益，扰乱市场竞争秩序，必须加以反对。但要反对不正当竞争，仅靠民法的私人自治和私人自律以及私力自救是远远不够的，还需要国家介入和公力干预。

3. 民法是意思自治法。但这种意思自治只能是从私人角度就私人事务进行自治，而且深受私人地位、私人信息和私人能力等的限制，难免一叶障目不见泰山，小打小闹无关宏旨，因而只能是微观自治，不可能是宏观调控。民法是微观自治法而不是宏观调控法。

上述三点说明，民法不宜调整这种社会关系。

（二）再看行政法能否调整这种社会关系

行政法能否调整这种社会关系取决于对行政法的科学理解。要理解什么是行政法，首先要理解什么是行政以及行政的对象是什么。对此，曾有许多杰出的思想家作过论述。如亚里士多德指出："执行人员和公民团体只应在法律（通则）所不及的'个别'事例上有所抉择，两者都不该侵犯法律……命令永不能成为通则。"[1] 洛克认为："在某种场合，法律本身应该让位于执行权……因为世间常能发生许多偶然的事情。"[2] 卢梭说："行政权力并不能具有像立法者或主权者那样的普遍性，因为这一权力仅包括个别的行动。这些个别行动根本不属于法律的能力。"[3] 孟德斯鸠指出："行政权的行使总是以需要迅速处理的事情为对象。"[4] 归纳上述种种论述可见，行政的对象具有特殊性，是一种特殊性的社会关系。而特殊性的社会关系，不宜由法律调整，因为"法律始终是一种一般的陈述""立法者并不关注那些只发生过一两次的

---

〔1〕［古希腊］亚里士多德著，吴寿彭译：《政治学》，商务印书馆 2011 年版，第 195 页。

〔2〕［英］洛克著，瞿菊农、叶启芳译：《政府论》（下篇），商务印书馆 1993 年版，第 99 页。

〔3〕［法］卢梭著，何兆武译：《社会契约论》，商务印书馆 2011 年版，第 72 页。

〔4〕［法］孟德斯鸠著，张雁深译：《论法的精神》，商务印书馆 1961 年版，第 192 页。

情形""法律不理琐事""法律的对象永远是普遍的"〔1〕"法对于特殊性始终是漠不关心的"〔2〕。所以，那种认为行政法就是调整行政关系的说法不仅望文生义，而且过于笼统，不及根本，是不准确的。

由于行政在管理特殊性的社会关系时无法可依，享有广泛的自由裁量权，对公民权利和社会自由构成巨大的威胁，这在一个自由、民主、法治的社会中是必须加以规制的。尽管不能以立法规制具有特殊性的行政对象，但行政机关行政人员运用行政权力管理行政对象有一定的规律、有一套程式、有共同的内容，如都要涉及行政主体、行政权限、行政程序、行政诉讼、行政责任等问题，这些方面具有普遍性，可以立法，也有立法，如形成行政组织法、行政程序法、行政诉讼法、国家赔偿法等，这些法律构成所谓的行政法。由此也可以看出，行政法的核心是程序法而不是实体法，这正如伯纳德·施瓦茨所指出的："行政法的要害不是实体法，而是程序法。"〔3〕因为行政法的宗旨不是行政管理而是管理行政，即限制行政权力、规范行政行为和明确行政责任。

长期以来，西方资本主义国家深受洛克、卢梭、孟德斯鸠和汉密尔顿等先贤的影响，坚持立法权属于全体人民，法律是社会公意的表示，立法是专属议会的权力。如《美国宪法》第1条规定："本宪法所授予的各项立法权，均属于由参议院与众议院所组成的合众国国会。"但自19世纪末20世纪初以来，资本主义国家出现了许多社会经济问题，这些问题仅靠市场机制自发调节已无能为力，而要求国家干预予以解决，从而引发政府权力的扩大，它们依据种种理由扩大其立法权。行政立法也是立法，同样是规制具有普遍性的社会关系，但是否可以因此否定我们对行政法的上述界定呢？

其实不然。资本主义国家的民主自由分权体制决定了议会立法是基本的、主要的，凡是涉及人身、自由和财产方面的立法仍由议会控制，行政立法只是在次要方面拾遗补阙。即使这样，行政立法也必须由议会授权，授权法严格限制授权的内容、目的和范围；行政立法还要接受议会监督和司法审查，议会依法有权纠正或废弃不正当的行政立法。随着时间的推移，行政立法的弊端已日益暴露，如行政专权、行政滥权、程序松懈等，使得行政立法的理由日欠充分。美国的一项研究表明，1977年，48家公司仅为遵守联邦政府关于环境方面的规定就花费了26亿美元。1994年，美国国会选举期间，共和党宣称美国企业当年为遵守各项政府规定而支出的费用达5000亿美元。除此以外，人们还发现，某些领域政府干预越多，企业发展就越慢，由此造成的社会供给减少，商品服务价格上升，损害消费者合法权益。〔4〕实践证明，行政立法成本远远大于收益，政府干预的失灵，促使人们对行政立法进行反思，并要求行政权和行政法的回归。人们重新认为，行政法"它通常专指规定政府官员和机构权限的法律，而不是指诸如'联邦通信委员会'这样的独立机构所发布的各种技术规则和规章"〔5〕或如施瓦茨所指出的："行政法是管理行政机关的法，而不是由行政机关制定的法。"〔6〕随着法治国家、法治政府、法治社会、法治政党的建设，政府的职权越来越小（少），在不断地进行"放管服"改革，小政府、大市场和大社会已经成为普遍趋势。

---

〔1〕 [美] E. 博登海默著，邓正来、姬敬武译：《法理学——法哲学及其方法》，华夏出版社1987年版，第225~226页。

〔2〕 [德] 黑格尔著，范扬、张企泰译：《法哲学原理》，商务印书馆2011年版，第67页。

〔3〕 [美] 伯纳德·施瓦茨著，徐炳译：《行政法》，群众出版社1986年版，第2页。

〔4〕 周汉华：《现实主义法律运动与中国法制改革》，山东人民出版社2002年版，第145~146页。

〔5〕 南开大学历史系美国史研究室译：《美国百科全书》（第一卷），天津人民出版社1980年版，第172页。

〔6〕 [美] 伯纳德·施瓦茨著，徐炳译：《行政法》，群众出版社1986年版，第3页。

在一个社会中,社会关系大致可以划分为具有特殊性的社会关系和具有普遍性的社会关系,其中前者由行政管理,但行政管理应依照行政法进行;后者由法律调整,根据不同社会关系的性质由不同法律部门来调整。市场监管关系和宏观调控关系是具有普遍性的社会关系,不应由行政管理,而应由法律调整,但基于上述行政法的性质,也不应当由行政法来调整,而应由别的法律来调整。

综上所述,由于传统法律部门如民(商)法、行政法的规定性与这种新关系的内在要求不尽吻合,因而它们难以完全调整这种社会关系。在立法需要如此强烈而相关立法又如此不足的情况下,必然产生一个新兴的法律部门,这个新兴的法律部门就是经济法。根据上述对经济法调整对象的界定,我们认为,经济法就是调整市场监管(规制)关系和宏观调控关系的法律规范的总称。从历史上看,真正的现代意义上的经济法肇端于反垄断法。从 1890 年美国《谢尔曼法》至今,"所有先进国家的立法里,禁止垄断法制的意味一点也没有的很少"[1]。美国继 1890 年《谢尔曼法》以后,于 1914 年颁布了《克莱顿法》《联邦贸易委员会法》;1934 年有《罗宾逊—根特曼法案》;1937 年有《米勒—泰丁法案》;1938 年有《惠勒—李法案》;1950 年有《塞勒—凯浮尔法案》;1976 年有《反托拉斯修正法案》。日本于 1934 年颁布《不正当竞争防止法》,1947 年制定了《关于禁止私人垄断和确保公正交易的法律》。西德于 1957 年颁布了《反对限制竞争法》。欧洲共同体其他各国都依据《罗马条约》制定了各自的反垄断法。"在发展中国家,从以色列始,印度和韩国也制定了禁止垄断法,其他一些国家的立法准备也在进行。"[2]在东欧各国,罗马尼亚早在 1932 年就颁布了《反不正当竞争法》,南斯拉夫 1974 年通过了《反对不正当竞争和垄断法》(1986 年修订),匈牙利 1984 年第 4 号法对关于禁止不正当竞争、禁止限制竞争和保护消费者利益作了规定。波兰于 1987 年通过了《反国民经济垄断法》。[3] 我国也于 1993 年颁布了《中华人民共和国反不正当竞争法》(以下简称《反不正当竞争法》),2007 年制定了《中华人民共和国反垄断法》(以下简称《反垄断法》)。与此同时,人们也日益认识到,"计划必须具有经济法调整的基准的性质""把经济法的调整放在对整个经济(或经济部门)实行计划调整的地位是必须的"。[4] 在这种认识的指导下,世界各国也纷纷开始了包括计(规)划等方面在内的宏观调控立法。德国于 1957 年通过了《德意志联邦银行法》,1967 年通过了《经济稳定与增长促进法》,1969 年通过了《联邦预算法》,等等。我国于 1992 年颁布了《中华人民共和国税收征收管理法》(以下简称《税收征收管理法》),1994 年颁布了《中华人民共和国预算法》(以下简称《预算法》),1995 年颁布《中华人民共和国中国人民银行法》(以下简称《中国人民银行法》)。2022 年 10 月召开的中国共产党第二十次全国代表大会,通过了《高举中国特色社会主义伟大旗帜,为全面建设社会主义现代化国家而团结奋斗》的报告,报告提出构建高水平社会主义市场经济体制,充分发挥市场在资源配置中的决定性作用,更好发挥政府作用;构建全国统一大市场,深化要素市场化改革,建设高标准市场体系;完善产权保护、市场准入、公平竞争、社会信用等市场经济基础制度,优化营商环境;健全宏观经济治理体系,发挥国家发展规划的战略导向作用,加强财政政策和货币政策协调配合,着力扩大内需,增强消费对经济发展的基础性作用和投资对优化供给结构的关键作用;健全现代预算制度,优化税制结构,完善财政转移支付体系;深化金

---

〔1〕　参见《世界法学》1989 年第 1~6 期。

〔2〕　[日] 金泽良雄著,刘瑞复译:《当代经济法》,辽宁人民出版社 1988 年版,第 121 页。

〔3〕　参见《世界法学》1989 年第 1~6 期。

〔4〕　[日] 金泽良雄著,刘瑞复译:《当代经济法》,辽宁人民出版社 1988 年版,第 49 页。

融体制改革，建设现代中央银行制度，加强和完善现代金融监管，强化金融稳定保障体系，依法将各类金融活动全部纳入监管，守住不发生系统性风险底线；加强反垄断和反不正当竞争，破除地方保护和行政性垄断，依法规范和引导资本健康发展；建设现代化产业体系，促进区域协调发展，推进高水平对外开放；等等。这些内容与十八大以来的精神和要求既一脉相承，又有所发展，它们一直是经济法的核心内容，已经且还将在经济法中得到进一步的具体贯彻和充分体现，并予以规则化、制度化和体系化。可见，把这种新关系视为经济法的调整对象，为了对其实行调整而出现的以市场监管法和宏观调控法为核心的经济法是世界性的大同趋势。

第二节　经济法的体系

经济法的体系是指由经济法的法律法规所构成的一个有机系统。研究经济法的体系，对于深化对经济法的认识，概览经济法的外在全貌，明了经济法的内在构成要素，理清经济法与相关法律部门的关系，确立经济法的独立法律部门地位，完善整个法律体系，等等，都具有十分重要的意义。

一、构建的根据

法律体系的构建根据只能是法律的调整对象，即法律所调整的特定社会关系。一个法律部门的体系实质上就是其所调整的社会关系的具体展开及其规则化、逻辑化、系统化。经济法体系的构建根据也只能是经济法的调整对象，即如前所述的市场监管关系和宏观调控关系，经济法的体系就是调整市场监管关系和宏观调控关系的具体法律法规的逻辑化、系统化。概括而言，经济法的体系由调整市场监管关系的市场监管法和调整宏观调控关系的宏观调控法所共同构成。

二、经济法体系的构成

如上所述，经济法的体系由市场监管法和宏观调控法所共同构成。

1. 市场监管法主要由以下法律法规所构成：

（1）反垄断法。市场竞争相当激烈，结果优胜劣汰，不断集中，最终形成垄断，这是市场经济的一个普遍规律和重要特征。垄断反过来限制市场竞争，阻碍经济自由，破坏经济民主，扰乱经济秩序，妨碍社会正义，桎梏社会进步，必须加以反对或监管。反垄断是恢复和保证市场竞争的根本措施，反垄断关系是市场监管关系的基本内容之一，调整反垄断关系的法律即反垄断法，是保证市场自由竞争所必需的，这正如艾哈德所指出的："在一个以自由社会制度为基础的国家里，最重要的一件工作是保证自由竞争……一项反垄断的法案是非常重要的，应当把它看作一条不可缺乏的'经济原则'。"[1]反垄断法是关于反垄断方面法律规范的总称，应具体规定反垄断法的立法目的和基本原则、反垄断法的调整对象或垄断的表现形式、反垄断法的执行机构及其权限与程序、反垄断法的法律责任及其适用除外等内容。反垄断法是市场监管法的基本构成要素之一。

（2）反不正当竞争法。市场竞争，利害相关，残酷激烈，事关生死存亡，加之市场中的人们大都是经济人，有些人为了保护自己的私利，牟取不当利益，难免进行不正当竞争。不正当竞争侵害其他经营者的正当权益，损害消费者的合法权益，破坏市场竞争秩序，妨碍社会公平，因而必须加以反对或监管。反不正当竞争是维护市场公平竞争的根本措施之一，反不正当

---

〔1〕　〔德〕路德维希·艾哈德著，祝世康、穆家骥译：《来自竞争的繁荣》，商务印书馆1983年版，第11~12页。

竞争关系是市场监管关系的基本内容之一，调整这种关系的反不正当竞争法是关于反不正当竞争方面的主要法律，应具体规定反不正当竞争法的立法目的和基本原则，不正当竞争行为的种类，反不正当竞争法的执行机构和权限、程序以及法律责任等。反不正当竞争法是市场监管法的基本构成要素之一。

（3）其他法律。除了反垄断法和反不正当竞争法之外，市场监管法还包括消费者权益保护法、产品质量法、食品安全法、广告法、价格法、土地和房地产管理法、会计法和审计法以及其他市场监管法等。

2. 宏观调控法主要由以下法律构成：

（1）发展规（计）划法。市场经济作为一种社会化的宏观经济，应当保持比例协调、结构优化、目标明确、供求平衡、秩序稳定，保证宏观经济持续、稳定、协调、健康、高效地发展，这就要求政府对市场经济进行宏观规（计）划调控，具体就是要作出科学的发展规（计）划。发展规（计）划作为对未来的预测和未来的行动方案，作为一种资源配置措施，作为对市场经济的国家总体调节，关系国计民生，影响国泰民安，意义十分重大。发展规（计）划是宏观调控的重要措施，发展规（计）划关系是宏观调控关系的基本内容之一，必须依法调整，形成发展规（计）划法。发展规（计）划法应规定发展规（计）划的目标、发展规（计）划的性质、发展规（计）划的原则、发展规（计）划的方法、发展规（计）划的体制、发展规（计）划的主体、权限和程序以及发展规（计）划的责任等内容。发展规（计）划法是宏观调控法的基本构成要素之一。

（2）财政法。有国家存在就有财政，财政关系到社会财富的分配和再分配，关系到个人、集体和国家之间的利益协调，关系到社会的公平与效益，影响着国民经济和社会发展。财政政策是宏观调控的重要措施，财政关系是宏观调控关系的基本内容之一，必须依法调整，形成财政法。财政法应规定预算收支、税收征管和国债管理等方面的具体内容。财政法是宏观调控法的基本构成要素之一。

（3）金融法。货币是市场经济的"血液"，它在整个国民经济中流通，渗透到社会的各个领域，无所不至，无所不在，是市场经济的"神经中枢"，至关重要，甚至有"唯货币重要"的说法。要发展市场经济，必须抓住货币、管好货币。货币政策是宏观调控的重要措施，货币关系是宏观调控关系的基本内容之一，必须依法调整，形成金融法。金融法应规定中央银行的地位和权限、货币政策、金融监管等方面的内容。金融法是宏观调控法的基本构成要素之一。

（4）产业政策法。市场经济健康发展的根本条件之一就是要产业规划科学、产业组织有效、产业结构优化、产业布局合理、产业技术先进。但这些条件并不能也不必完全通过市场而自发形成，可以也需要依靠产业政策的科学干预。产业政策是宏观调控的重要措施，产业关系是宏观调控关系的基本内容之一，必须依法调整，形成产业政策法。产业政策法应规定产业政策的主要目标、基本原则、基本政策、制定实施等方面的内容。产业政策法是宏观调控法的基本构成要素之一。

三、市场监管法与宏观调控法的关系

市场监管法和宏观调控法作为经济法体系的两个构成要素，二者具有密切的内在关系。

（一）市场监管法必须以宏观调控法为条件

1. 宏观调控法作为一种国家干预市场经济的法律形式，创造和维护市场主体的独立、平等、自由、民主和秩序，这就为市场监管法追求和维持市场自由竞争提供了基础和环境。

2. 宏观调控法是国民经济和社会发展的法律文献，是国计民生的行动纲领，为市场主体提供着最权威的政策和信息，市场监管法的制定和执行都应以此为指南。

3. 宏观调控法规定着国民经济和社会发展的目标，这为市场监管法维持市场自由竞争指明了方向，以避免盲目的、无序的、无谓的竞争，使自由竞争在指明的方向上、在预期的领域内、在有序的基础上、在更高的层次上进行。

4. 宏观调控法作为一种宏观调控规范，保证着社会总供求的平衡，消除了外部不经济，稳定货币，控制通货膨胀，这些是市场监管法维持市场自由竞争所必需的条件。

5. 宏观调控法中的财税法，起着收拾市场竞争残局的作用，为市场竞争失败者提供了社会保障。一方面，这有利于维护社会稳定，因为没有稳定的社会环境，市场监管法所维持的市场自由竞争就不可能真正实现；另一方面，它使市场竞争失败者有机会重整旗鼓，东山再起，重新参与市场竞争，否则，就不会有持续不断的市场竞争。

6. 宏观调控法中的产业政策法，规定国家产业结构的总体布局和发展战略，保证产业结构优化，要求产业组织合理，促进产业技术进步，这为反垄断法提供了指导和条件，因为反垄断法在本质上也是一种产业政策法。

7. 宏观调控法中的外贸管理法，对于保持国内外贸易平衡，协调国内外竞争，提高国内企业的国际竞争力，扶持民族经济，维护国家经济主权和经济安全，都具有重大意义。反垄断法要真正维持市场自由竞争，必须透彻领悟并准确把握上述重大意义。

（二）宏观调控法必须以市场监管法为依归

1. 宏观调控法所确立的国民经济和社会发展目标，必须依靠市场监管法所维持的市场自由竞争来实现，市场在资源配置中起决定作用，市场自由竞争是促进国民经济和社会发展的主要内驱力，没有市场自由竞争就没有发展进步，一切再好的发展目标都可能是纸上谈兵。

2. 宏观调控法要真正实现、创造和维护市场主体的独立、平等，要真正维护市场的自由、民主和秩序，离不开市场竞争法，因为市场监管法通过反垄断尤其是反行政垄断为宏观调控法的宏观调控提供了缓冲制约机制，使宏观调控不至于变成经济集权和经济专制。

3. 宏观调控法作为国民经济和社会发展的总体纲领，一个核心内容就是组织、指导、促进和维护市场自由竞争，这一核心内容需要市场监管法将其具体化和现实化。

4. 宏观调控法作为国民经济和社会发展的政策纲领，它的制定需要根据市场监管法所维持的市场自由竞争所反馈回来的客观信息来进行。市场自由竞争是市场优胜劣汰的维护者和裁判者，是市场信息的发现者和传导者，脱离市场自由竞争所制定的任何政策往往都是主观臆断的。

5. 宏观调控法要实现产业规划科学、产业结构优化、产业组织有效、产业布局合理、产业技术进步，离不开市场监管法，尤其是反垄断法。因为反垄断法所反对的垄断就是一种不合理的非法的产业规划、产业结构、产业组织、产业布局、产业技术，反垄断法所维持的市场自由竞争是实现产业政策的根本措施之一。

6. 宏观调控法的外贸管理法必须同反垄断法结合起来，因为对外贸易管理不是封锁国内市场、不参与国际竞争，而是要维持国内外市场的自由竞争。为此，必须依靠反垄断法对关税壁垒等垄断行为进行规制，同时为了加强国内企业的国际竞争力，又要对其予以必要的反垄断法适用除外。

四、经济法的地位

所谓经济法的地位，主要是指经济法的独立性，与之密切相关的问题是经济法与民（商）法、行政法的关系。经济法所调整的市场监管关系和宏观调控关系与民法所调整的平等主体间的财产关系和行政法所调整的经济行政管理关系有密切的联系，可以说，经济法是在民法和行政法的"夹缝"和"漏洞"中挤出来的，因而也就一直备受民法和行政法的排斥和非议。在建立经济法的体系方面，一直存在一个重要问题，即在经济法律体系中，经济法是不是一个独立的法律部门。

（一）经济法与民法的关系

经济法与民法都是调整社会经济关系的基本法律部门，它们两者的关系可以概括为：

1. 经济法独立于民法。这是由经济法和民法的区别所决定的。

（1）两者的调整对象不同。民法调整的是平等主体之间的财产关系和人身关系，这种社会关系具有平等性、私人性和自治性等特点；而经济法调整的是市场监管关系和宏观调控关系，这种社会关系具有管理性、公共性和干预性等特点。

（2）两者的主体不同。民法的主体主要是公民和法人，这两者都是私人；而经济法的主体是与市场监管和宏观调控有关的当事人，主要是市场监管机构和宏观调控机构，这两者都是社会公共管理机构。

（3）两者的权利（力）不同。民法的权利是一种私权利，可以约定，自由行使，也可以放弃或转让；而经济法的权力是一种社会公共性权力，依法规定，依法行使，不可放弃或转让。

（4）两者的构成要素不同。民法包括物权法、债权法、侵权法、知识产权法等；而经济法主要由市场监管法和宏观调控法构成。

（5）两者的法律属性不同。民法是一种典型的私法，以私人为主体，以私权为本位，以意思自治为圭臬，是一种自主性调整机制的法；而经济法是一种社会法，以社会为主体，以公益为本位，以社会协调为宗旨，是一种社会整体调整机制的法。

尽管民法与经济法是两个独立的法律部门，但这并不意味着两者互不相关，它们共同扎根于市场经济。现代市场经济既不是纯粹的市场调节经济，也不是片面的国家干预经济，而是市场调节与国家干预或有效的市场与有为的政府有机结合的混合经济。民法与经济法分别是这种混合经济的两种调节手段的必然产物和法律表现，而混合经济的内在统一性要求民法与经济法必须相互配合，缺一不可。

2. 经济法以民法为依归。这是由民法的性质所决定的。

（1）民法是生活中的法。在所有的法律部门当中，民法最关乎人们的日用常行。民法来源于生活，民法本身即生活，民法是生活的百科全书，是生活的范式。相比较而言，经济法似乎是一种"官法"，只涉及"官家"、国计、而不直接关切"民生"。实际上，这是一种错觉。经济法既涉及"国计"又关切"民生"，只不过，它是通过涉及"国计"而关切"民生"，通过服务民法而服务民生。

（2）民法是市场经济的基础法。民法是对市场经济关系的记载和表述，是将市场经济关系的内在要求转化为法律准则，民法与市场经济共衰荣、同命运。民法涵摄市场经济的基本制度和基本原则，如主体制度、物权制度、债权制度、责任制度，以及平等原则、自由原则和权利原则，这是人们从事市场经济活动最基本的法律准则，市场经济的生存和发展必然要求民法的生存和发展，没有市场经济就没有民法，同样没有民法也没有市场经济。在市场体制下，必须把市场调节和国家干预有机结合起来，但这种结合必须以市场调节为基础，由于市场调节在资源配置中起决定作用，国家干预应依存于、服务于市场调节。这就决定了根源于市场调节的民法与根源于国家干预的经济法的关系，即经济法应依存于且服务于民法。

（3）民法是一种进步的法。民法体现着人类社会发展进步的永恒的基本理念，如独立、平等、自由、权利、责任等。民法只能存在于具备上述基本理念的社会，民法是上述基本理念的法律化。上述民法的基本理念也是经济法的基本理念。民法视意思自治为圭臬，所谓意思自治，就是人们在法定范围内，自己为自己作主，自己为自己谋利，自己对自己负责，这是一种进步的法律观和人生观。但民法仅凭自己并不能自始至终贯彻实现上述理念、保持其先进性，因而需要经济法予以辅助。经济法的根本任务之一就是为民法贯彻实现上述理念、保持其先进性创造条件、提供保障。

民法蕴含自由竞争机制，这是人类社会发展进步不可或缺的基本动力，民法把自由竞争贯彻到现实生活的各个领域，使人类社会充满生机和活力，使人们焕发出主动性、积极性和创造性，促使人类社会步入繁荣之途。而经济法之所以要维护市场竞争和进行宏观调控，核心目的也在于创造和维护民法的自由竞争。

在历史上，民法是促进社会进步的有力杠杆，它对于社会从自然经济到商品（市场）经济、从团体本位到个人本位、从身份到契约、从人治到法治的历史演进都起着十分重要的促进作用。民法是对时代精神尤其是对独立、平等、自由、权利、责任等时代精神的不懈追求。但民法存在着异化的可能，需要经济法予以消除，以让民法始终体现时代精神、促进社会进步，这是经济法的职责所在。

民法作为一种生活中的法，具有强大的实践力，它把独立、平等、自由、权利、责任等人类永恒的基本理念规则化、大众化、通俗化，赋予其现实内容和生活要素，从而使它们走进生活、深入人心、变为行动。在这方面，经济法的基本理念和主要制度也必须以民法为中介，通过民法，服务民法，才能走向生活化、现实化。

（4）民法在整个法律体系中处于基础地位。民法是生活中的"宪法"，在现实生活中，人们主要与民法打交道，人们通过民法而认识法、践行法，其他法律也通过民法而为人们所认识、所践行，因此，没有民法，就阻塞了其他法律走向现实生活的通道，丧失了为人们所践行的途径。人们对民法的认识关系到人们对整个法律的认识，没有民法，其他法律就会成为与人们的生活不甚相关、可有可无的东西，甚至是强加的东西，一句话，没有民法甚或就没有其他法律，包括经济法。就此而言，可以说，民法是经济法之渊源和经济法之基础。

3. 民法以经济法为条件。这是由经济法的性质所决定的：

（1）民法的基础需要经济法去奠定。民法是建立在平等自由基础之上的，没有平等自由就没有民法。但作为民法基础的平等自由并不是天然存在的，民法只能存在于千差万别的人们之间。如果说起初人们之间的千差万别由于没有充分拉大（开）从而没有动摇民法平等自由之基础的话，那么，在社会发展的进程中，人们之间的千差万别就会不断被拉大（开），从而使得作为民法基础的平等自由几乎化为乌有。而且，民法即使建立在平等自由的基础之上，但由于民法是一种竞争法则，优胜劣汰，最终也会导致人们之间的不平等、不自由，同样会破坏民法自身存在的基础。正是由于民法存在的基础并不是天然存在的，民法又会破坏自身存在的基础，因而必须依靠经济法，经济法通过市场监管法和宏观调控法维护人们之间的平等自由，从而为民法奠定存在的基础。

（2）民法的进步性需要经济法去维持。民法信奉独立、平等、自由、权利、责任等理念，体现社会进步的要求，在历史上也促进过社会进步。但民法的独立、平等、自由、权利、责任等理念建立在个人主义基础之上，这种个人主义实质上是一种社会达尔文主义，任凭优胜劣汰，适者生存，这样民法本质上就成了一种"丛林法则"，它只能保护市场优胜者，而市场失败者不在民法视野之内，它不能考虑市场失败者所遭受的苦难，民法最终会变成极少数人的特权法，而不能同情兼济绝大多数市场失败者、社会弱者。为了扶持市场失败者，救济社会弱者，必须实行一套与民法有所不同的法律，其中之一就是经济法。经济法通过扶持市场失败者，培植他们的竞争力，救济社会弱者，维护他们的基本权利，让他们重新获得均等的机会参与市场自由竞争。经济法是一种社会本位法，经济法要确立每个人作为人的主体地位，保护每个人作为人的应有权利，从而真正解放人、解放社会，这有利于民法。因此，民法需要经济法以维持它的进步性。

（3）民法的意思自治需要经济法去创造条件。民法视意思自治为圭臬，但每个民法主体都只能从自己的利益、自己的知识和自己的境遇出发进行意思自治。由于真正的意思自治只能建立在完全平等自由的主体之间和充分信息的基础之上，但在现实生活中，人们的先天禀赋、社会地位、经济实力、市场信息和竞争机会等均不相同，因此，意思自治只能存在于意思自治能力不同的主体之间，这种意思自治并不是真正平等自由的，其含有局部地放弃平等自由的因素。特别是到了垄断阶段，意思自治的性质发生了根本性的转变，意思自治已蜕变成了经济强者支配经济弱者的单方面的恣意自由——"要么接受，要么离开"，没有了讨价还价的余地。为了抑制这种现象，真正实现人人意思自治，一个重要的措施就是依靠经济法进行国家干预以创造和维护人们之间的平等自由，进行反垄断以抑制经济强者的市场支配权，通过规定标准合同以保护社会弱者的合法权益。在经济法所创造的平等自由的基础上，才有民法的意思自治，所以在很大程度上可以说，没有经济法就没有民法的意思自治。民法是一种微观自治法，就每个民法主体自身来说，也许是有计划、有秩序的，但个体选择不会自动加总形成社会秩序，就整个宏观社会来说，难免处于无计划、无秩序状态，在这种宏观失控的盲目无序的社会中，民法的意思自治犹如在巨浪翻腾的大海中驾驶的无舵小船，凶多吉少，是没有多大意义的。要真正实现民法的意思自治，必须依靠经济法，经济法是一种宏观调控法，它由作为整个社会总代表的国家站在全社会的高度进行总体规划、宏观调控，为在无知世界中的市场主体提供各种科学的权威的信息以供参考，只有在这种情况下，民法的意思自治才有意义。

（4）民法的自由竞争要以经济法为基础。民法是一种竞争法则，必然导致优胜劣汰，不断集中，最后形成垄断，垄断反过来抑制市场竞争。垄断是民法异化的产物，是一个依从民法规则所导致的非法后果，而民法自身又无法克服。要重新恢复市场竞争，就必须依靠反垄断法。资本主义国家之所以把反垄断法看作是"自由企业大宪章""市场经济的基本法""经济宪法"，原因就在于反垄断法通过反垄断所创造和维持的自由竞争之于民法的自由竞争具有根本性的先决性的意义。

综上所述，民法与经济法的关系可以打个比方：如果说民法是红花的话，那么经济法就是绿叶；如果说民法是发动机的话，那么经济法就是方向盘。经济法就是要为民法机制发挥作用奠定基础和创造条件。

（二）经济法与行政法的关系

如何理解经济法与行政法的关系？这取决于能否正确理解行政法。我们过去对行政法的理解是照搬照抄苏联的"管理论"行政法观点，此观点错误地认为："行政法作为一种概念范畴就是管理法，更确切一点说，就是国家管理法……苏维埃行政法是苏维埃社会主义法的一个部门，行政法规范调整苏维埃国家管理范围内的社会关系，即社会主义和共产主义建设中为完成国家任务行使国家职能而进行组织工作的过程中产生的关系。"[1] 或者认为："总的说来，苏维埃行政法可以认为是调整国家管理范围内的社会关系——苏维埃国家机关在组织与实施执行和指挥活动过程中发生的社会关系的一个法律部门。"[2] 以及认为："行政法调整的是组织国

---

〔1〕 ［苏］B. M. 马诺辛等著，黄道秀译：《苏维埃行政法》，群众出版社 1983 年版，第 29 页。

〔2〕 ［苏］П. T. 瓦西林科夫主编，姜明安、武树臣译：《苏维埃行政法总论》，北京大学出版社 1985 年版，第 1 页。

民经济、社会文化、行政政治活动管理的广泛的社会关系，所以它的规范即国家用以进行管理的必要的和非常重要的法律工具。"〔1〕 总之，这些观点都是笼统地认为行政法是调整行政管理关系的法律规范的总称。如此认识行政法，就不可能正确理解经济法与行政法的关系。于此，在前面已有论述的基础上，我们试图再从下述角度去阐述经济法与行政法的关系。

1. 经济法分离于行政法。经济社会的演进以及由此导致的法律变迁大体上呈现以下发展趋势：在自然经济阶段，"行政权支配社会"〔2〕，法制是"诸法合体，以行为主"。这是法制不发达、不完善的阶段。在商品（市场）经济（自由竞争）阶段，由于私权利与公权力的划分，市民社会与政治国家的分离，特别是资本主义国家三权分立的确立，立法权、司法权从行政权中分离出来，行政权的范围日益缩小，行政权的行使不断受到制约。在这种情况下，行政法由于行政权的缩小而缩小，许多法律部门从行政法中分离出来，如宪法、民法、商法等。这在法律进化史上就是公私法的划分。在市场经济的垄断阶段，由于在市场经济自由竞争基础上形成了市场监管关系和宏观调控关系，提出了维护市场竞争和进行宏观调控的普遍要求，要满足这种普遍要求，仅靠过去那种临时性、个别性、行政性的管理是远远不够的，也是不尽适当的，必须进行经常性、普遍性、法治化的调整，在这种情况下，一个新的法律部门从行政法中分离出来了，这个法律部门就是经济法。

2. 经济法独立于行政法。经济法从行政法中分离出来以后就独立于行政法，这是由经济法和行政法的区别所决定的。

（1）两者的调整对象不同。行政法调整的是行政机关和行政人员在管理各种特殊性的社会关系的过程中所形成的行政关系，行政关系本身具有特殊性。而经济法的调整对象是市场经济在自由竞争基础上形成的市场监管关系和宏观调控关系，这种社会关系不是行政管理的产物，而是市场自由竞争的结果，具有普遍性。

（2）两者的主体不同。行政法的主体是行政机关和行政人员。而经济法的主体主要是与进行市场监管和宏观调控有关的当事人，如市场监管者和宏观调控者，介入其中的国家机关也不尽是行政机关、行政人员，甚至也不是行政机关和行政人员，在理想状态下，他（它）们与行政机关应是相互独立的，不存在行政隶属关系。

（3）两者的权力不同。行政法规定的权力是一种行政权，这种权力所管理的社会关系具有特殊性，法律要么无从规定，要么只能原则规定，因而行政权的行使不能恪守严格规则，可以自由裁量，行政权本质上是一种自由裁量权。在行政法律关系中，行政权是一种主导性权力，它决定支配其他行政相对人的权利。而经济法的权力不尽是行政权，这种权力作用的社会关系具有普遍性，法律可以作出较为详尽的规定，经济法权力必须依法行使，要尽量减少自由裁量。在经济法关系中，经济法权力不是本位性的权力，这种权力依存于、服务于其他经济法主体的权利，如市场主体或经营者的自由竞争权、经营自由权等。

（4）两者的构成要素不同。为了防止行政权力的自由裁量侵犯人们的合法权益，必须对其加以规范和约束，规定行政主体的资格，规范行政权力行使的程序，维护行政受害人的诉权，保障行政受害人获得赔偿，等等，因此，行政组织法、行政程序法、行政诉讼法和国家赔偿法就构成了行政法的基本构成要素。而经济法调整的对象是市场监管关系和宏观调控关系，其构成要素主要是市场监管法和宏观调控法。

---

〔1〕 ［苏］Π. Т. 瓦西林科夫主编，姜明安、武树臣译：《苏维埃行政法总论》，北京大学出版社 1985 年版，第 17 页。

〔2〕 《马克思恩格斯文集》（第二卷），人民出版社 2009 年版，第 567 页。

（5）两者的法律属性不同。众所周知，行政法是公法。而经济法，其主体主要不是国家行政机关，而是与进行市场监管和宏观调控有关的当事人，是普遍的社会性主体、公共管理机构；其体现的意志不是行政机关的意志，而是社会公共意志；其追求和保护的利益不是行政机关的利益，或者行政机关所宣称的国家利益，而是社会公共利益；其法规不是公法的强制性规范，不完全实行"凡是法律未允许的都是禁止的"公法原则，经济法规范具有一定的灵活性，是一种弹性规范；其干预的方式和程度不是直接的、微观的，而是间接的、宏观的；其调整机制不是行政管理的强制命令，也不是公法的他律调整，而是法律化的经济手段，一种社会整体调整机制，因而经济法是社会法或具有社会法的一些特征。

（6）两者的本位和宗旨不同。行政法是政府本位法。为了启动行政管理，必须赋予政府权力，树立政府权威，在行政管理关系中，政府是管理主体，相对方是管理受体，两者是一种命令与服从的关系。在行政管理过程中，政府可能侵吞相对方的主体资格。为了避免这种现象，作为行政法主要构成部分的行政组织法、行政程序法、行政诉讼法和国家赔偿法，从许多方面界定政府权力、规范政府行为、明确政府责任。行政法关注的核心和重心是政府本身，其宗旨是限制政府权力、管理行政机关。这正如《美国百科全书》所指出的："行政法是指以限制政府官员和机构在与私人和私人组织关系中的权力为目的的法。"[1] 著名行政法学家威廉·韦德更是明确地指出："行政法定义的第一个含义就是它是关于控制政府权力的法。无论如何，这是此学科的核心。"[2] 而经济法通过依法设立市场监管机构和宏观调控机构并赋予它们相应的市场监管权和宏观调控权，进行市场监管和宏观调控，克服市场的盲目性和无序性，其关注的核心和重心是市场秩序和社会公益，其宗旨是进行市场监管和宏观调控以保障市场经济稳定、有序、协调、健康地发展。

（7）两者追求利益的方式不同。在社会市场体制下，利益格局多元化，既有私人利益，也有国家利益，还有社会公共利益。私人利益是由私人所享有的利益；国家利益要兼顾全社会的利益，理论上应与社会公共利益一致；对于社会公共利益，李普曼的定义是："当人们能看得清楚，想得合理，行不偏私且乐善好施时，他们所选择的就是公共利益。"[3] 这是一种与全社会成员密切相关且为他们所共同享有的利益。严格说来，行政法和经济法都应追求社会公共利益。但两者追求社会公共利益的方式、途径和着力点有所不同。由于行政管理针对特殊性的社会关系，自由裁量，会受到权力机构、私人利益集团的影响，难免成为追求权力机构、私人利益集团利益的政治行动，加之国家利益与社会公共利益实际上并不完全一致，因而行政管理不一定能真正实现社会公共利益。为了防止这种现象，行政法要通过限制行政权力、规范行政行为和明确行政责任的方式去实现社会公共利益。市场经济是一种社会化大经济，能把所有社会成员卷入其中，市场秩序与每一个社会成员息息相关，因此在市场经济条件下，市场秩序即重要的社会公共利益。要真正实现此种社会公共利益，应当依靠一种既反映市场规律又克服市场缺陷的法律制度，即经济法。经济法通过市场监管反垄断和反不正当竞争等，通过宏观调控克服市场的盲目无序性以保证市场公平自由竞争，维护社会整体秩序，促进社会共同利益。

3. 经济法与行政法是相互配合的。尽管经济法分离于、独立于行政法，但这并不等于说经济法与行政法不再相关，实际上两者仍然是相互配合的。这是由社会经济关系的性质所决定的。社会经济关系大致可以分为两类：一类是具有普遍性的经济关系；另一类是具有特殊性的

〔1〕 南开大学历史系美国史研究室译：《美国百科全书》（第一卷），天津人民出版社 1980 年版，第 172 页。
〔2〕 ［英］威廉·韦德著，徐炳等译：《行政法》，中国大百科全书出版社 1997 年版，第 6 页。
〔3〕 Lippmann, *The Public Philosophy*, Boston：Little Brown, 1955, p. 42.

经济关系，前者中的市场监管关系和宏观调控关系由经济法调整，后者主要由行政管理并需对这种行政管理进行行政法调整。基于社会经济关系的上述双重性质以及法律调整和行政管理的属性，欲实现社会经济关系的法治化，经济法和行政法必须并立共存，携手同行，取长补短，相互配合，相得益彰，为共同促进社会经济的发展而努力合作。

第 二 章

经济法的基本原则

经济法的基本原则，要而言之，就是经济法的精神实质和实践纲领。所谓精神实质，是指在认识上要以经济法的基本原则为指导思想，经济法的基本原则，应该能够概括经济法的具体制度、表现经济法的总体面貌、体现国家的主导经济意志、反映国家的基本经济政策、表明经济法的根本宗旨；所谓的实践纲领，是指在实践中要以经济法的基本原则为行为准则，经济法的基本原则，应该能够表明经济法的基本路径、指示经济法的根本方法，规划经济法立法、监督经济法执法、规范经济法司法、指导经济法守法。

经济法的基本原则主要有两个：一是市场竞争原则；二是宏观调控原则。

第一节 市场竞争原则

一、市场竞争原则确立的根据

1. 从根本上说，法律的基本原则是由法律所调整的特定社会关系的本质属性决定的。经济法的调整对象之一是市场监管关系，经济法调整市场监管关系的根本目的，经济法进行市场监管的基本原则，市场监管的核心对象和内容，就是促进市场自由竞争。市场监管关系本质上是一种市场经济关系，既然经济法所调整的特定社会关系是市场经济关系，那么经济法就应抓住市场经济的本质属性，并从中概括自己的基本原则，只有这样才能切合、因应市场经济的本质属性并对市场经济关系加以有效地调整。如前所述，市场经济的本质属性是自由竞争，那么很显然，经济法的基本原则之一就是市场竞争原则。

2. 法律的基本原则应表明法律的根本宗旨。经济法的根本宗旨就是通过调整特定市场经济关系，最终促进市场经济发展。而历史反复证明，"竞争是提高生产率的最理想的手段"，[1]"竞争是获致繁荣和保证繁荣最有效的手段"，[2] 要促进市场经济发展，最理想、最有效的手段就是促进市场竞争，因此，经济法的根本宗旨要求把市场竞争确立为经济法的基本原则。

3. 法律的基本原则应体现人类的价值理念，任何法律都不过是实现人类价值理念的一种特殊方法，经济法亦然。自由是人类的重大价值，人人自由是人类追求的基本理念。但自由并不是天赋的，而是人赋的、自赋的，是人们自己通过主动争取、积极努力、不懈奋斗得来的。实现自由的根本途径之一在于自由竞争，只有通过自由竞争，战胜各种必然束缚，从必然王国走向自由王国，人们才有自由。自由具体表现为自由竞争，是"万类霜天竞自由"。经过长期的探索，人们又发现，实现自由竞争必须通过市场竞争，因为市场孕育、激发、维持着自由竞争，没有市场竞争就没有自由竞争。在市场自由竞争的基础之上，才会有经济自由和政治自由，自由竞争才会成为经济发展、社会进步和人类文明的基本动力。基于市场竞争对于人类价值理念的重大意义，经济法有必要把它确立为自己的基本原则。

---

〔1〕［德］路德维希·艾哈德著，祝世康、穆家骥译：《来自竞争的繁荣》，商务印书馆 1983 年版，第 154 页。

〔2〕［德］路德维希·艾哈德著，祝世康、穆家骥译：《来自竞争的繁荣》，商务印书馆 1983 年版，第 11 页。

4. 法律的基本原则应是具体法律原则和规则的概括和统率，具体法律原则和规则是法律基本原则的具体化，受法律基本原则的统率和指导。市场竞争是对经济法具体原则和规则的概括，也能统率和指导经济法具体原则和规则。如后面所要论述的反垄断法的具体原则和反不正当竞争法的具体原则就是如此。又如反垄断法的本身违法原则和合理原则，是否合乎本身违法原则，就看是否违反了市场竞争，只要完全违反了市场竞争就构成了本身违法；如果某种行为既有限制市场竞争的情况，又有促进市场竞争的情况，两相比较，后一种情况大于前一种情况，也就是说总体上还是没有违反市场竞争，有其合理性，因而适用合理原则。所以，本身违法原则和合理原则由市场竞争原则所统率和指导。再如反不正当竞争法所凸显的诚实信用和公序良俗原则，但究竟何谓诚实信用和公序良俗，应由市场竞争去具体界定和详加阐释，有无市场竞争的本意和善意是认定是否诚实信用的基准；在市场经济社会，市场竞争就是公序良俗，公序良俗应以市场竞争为基础并通过市场竞争而形成。这些都说明，经济法应该把市场竞争确立为自己的基本原则。

二、市场竞争原则的内涵

市场竞争原则的内涵十分丰富，主要包括以下四个方面的内容：

1. 市场竞争是以市场为前提的竞争。市场是一种竞争机制，市场是竞争的发源地，在没有市场之前，只有偶然的、零星的、不正规的竞争，没有真正的全面的竞争；只有市场形成以后，才有了普遍的、大量的、正规的竞争，才有了真正的竞争。市场内含竞争基因，生发竞争机理，营造竞争环境，从这个角度看，市场是竞争之母，竞争是市场的派生物。市场是竞争的存续地，竞争伴随市场而出现，依赖市场而存续，随着市场进化而发展，市场激发竞争、振兴竞争、维持竞争，市场是竞争的守护神和助长灵。从这里可以看出，有市场就有竞争，市场与竞争同义，市场是孕育、激发、振兴、维护竞争最有效的东西，没有市场就没有竞争。竞争不可能存在于市场之外，脱离市场、否弃市场就是从根本上阻碍竞争、排除竞争；企图绕过市场在市场之外实行竞争或竞赛，实践证明是行不通的。市场竞争作为经济法的基本原则就是要始终从市场去看待竞争，立足市场去促进竞争，通过市场去发展竞争，本着市场去监管或规制竞争。

2. 市场竞争是自由竞争。市场经济是最尊重人的自由的经济形式，[1] 市场竞争必然是自由竞争。市场竞争意味着社会资源按照市场优胜劣汰的客观法则配置，而不是依从权力命令的人为指定分配，是一种自由竞争。也只有在自由的情况下，人们才能主动地、积极地、创造性地进行竞争，才会有真正的市场竞争。市场竞争从来不可能在专制情况下，依照命令、言听计从地进行。没有自由就没有竞争，所以艾哈德认为："自由的原则与竞争的原则是同生共死的"，[2] 既没有无自由的竞争，也没有无竞争的自由。市场竞争作为经济法的基本原则就是要把自由竞争奉为圭臬，反对一切限制自由竞争的行为，尤其是行政垄断和经济垄断，反垄断以恢复自由为神圣使命，这正如艾哈德在论及德国卡特尔局时所指出的："自由是每个公民的权利，任何人都不能侵犯……卡特尔局并不想束缚自由，而完全相反，它唯一的宗旨就是保障自由。"[3]

3. 市场竞争是公平竞争。市场竞争是让市场规律去比较人们的优劣，然后优胜劣汰。这种规律是"看不见的手"，正因为它是看不见的，也是摸不着的，因而它不能为任何人所控

---

〔1〕 ［德］路德维希·艾哈德著，丁安新译：《社会市场经济之路》，武汉大学出版社1998年版，第271页。
〔2〕 ［德］路德维希·艾哈德著，丁安新译：《社会市场经济之路》，武汉大学出版社1998年版，第88页。
〔3〕 ［德］路德维希·艾哈德著，丁安新译：《社会市场经济之路》，武汉大学出版社1998年版，第102页。

制，不受任何人主观意志的左右；加上市场竞争是由享有最后"主权"的消费者去评判的，消费者的钞票是最权威的选票，广大的消费者作出的评判是客观公正的，这决定了市场竞争是公平竞争。所谓公平竞争，包含两个方面：一是平等竞争。竞争只能存在于平等主体之间，平等主体之间才能开展平等竞争，为此必须打破隶属，消除等级；抑制强权，扶助弱者；反对歧视，一视同仁；缔造和维持市场主体的平等，并在这个基础上促进和维护市场竞争，这是经济法的根本宗旨之一。二是公正竞争。市场竞争不是弱肉强食，自相残杀；不是提升优胜者，淘汰劣弱者；不是导致两极分化，社会不公，而是为了以强扶弱，相互促进；优胜劣存，共同发展；各得其所，共同富裕。公平竞争要求文明竞争、人道竞争、正义竞争，这正是经济法的奋斗目标之一。

4. 市场竞争是有序竞争。竞争只能在有秩序的地方存在和进行，市场作为一种制度安排，具有秩序，因而市场竞争也是一种有序竞争。所谓有序竞争，包括四个方面：一是有范围的竞争。竞争不是漫无边际的，只能存在于一定范围之内，主要是经济领域，有的领域不允许市场竞争，如人权就不允许市场竞争，人人享有人权，人权不能按优胜劣汰的法则来分配或享有。二是有调控的竞争。竞争不是盲目的、无序的，它要受必要的调控，使竞争在预定的正确方向上、在期望的高水平层次上进行，避免不必要的、无谓的、低层次的竞争。三是有节制的竞争。竞争不是越激烈越好，竞争过于激烈，导致物事频仍，昙花一现，快速折旧，不能人尽其才、物尽其用，造成很大的浪费，凡事皆有度，竞争亦然。四是稳定竞争。竞争不能导致严重的社会冲突，引发社会动荡，没有稳定的社会环境，就不会有真正的竞争，为此，必须为竞争提供和确保稳定的社会环境。经济法的根本任务在于实现有序竞争。

三、市场竞争原则的贯彻

1. 市场竞争原则贯彻经济法的始终。真正现代意义上的经济法肇始于 1890 年美国的《谢尔曼法》，该法的全名是《保护贸易与商业不受非法限制与垄断侵害法案》，该法的倡议者美国俄亥俄州参议员谢尔曼指出，如果我们不能容忍政治上的专制国王，我们也同样不能容忍控制生产、运输、销售生活必需品的专制国王。[1] 不难看出，该法的宗旨就是反对垄断限制市场竞争，市场竞争是该法的基本原则。这一基本原则不断得到继承和光大，已成为人们的根本理念之一，这就是进步繁荣来自竞争，"凡没有竞争的地方，就没有进步，久而久之就会陷入呆滞状态"。[2] 这一根本理念已贯彻到经济法的立法和司法之中，美国联邦最高法院布莱克大法官认为："无限制的竞争力的相互作用将产生最佳的经济资源配置、最低的价格、最高的质量和最大的物质进步。由此所提供的环境将有助于保持我们民主的政治和社会制度。"[3] 时至今日，世界上绝大多数国家都把市场竞争奉为基本原则，并依此制定和实施反垄断法和反不正当竞争法。

2. 市场竞争原则贯彻经济法的所有规则。如前所述，经济法的调整对象之一就是市场监管关系，市场监管的目的在于反对垄断、促进竞争，经济法的构成要素之一就是市场监管法，主要包括反垄断法和反不正当竞争法，它们是市场竞争原则的具体化和系统化，市场竞争原则贯彻其中自不待言。不仅如此，由于市场竞争是市场经济的本质属性，是发展市场经济的根本举措，因此其他一切发展市场经济的举措都必须与之相适应并服务于它。如宏观调控，要以市

---

〔1〕 A. D. Neale & D. G. Goyder, *The Antitrust Laws of the U. S. A*, Cambridge University Press, 1980, p. 16.

〔2〕 ［德］路德维希·艾哈德著，祝世康、穆家骥译：《来自竞争的繁荣》，商务印书馆 1983 年版，第 153 页。

〔3〕 ［美］马歇尔·C. 霍华德著，孙南申译：《美国反托拉斯法与贸易法规》，中国社会科学出版社 1991 年版，第 1 页。

场竞争为依归，宏观调控的目的是更好地维护和促进市场竞争。经济法调整宏观调控关系，宏观调控法作为经济法的另一核心构成要素，同样必须贯彻市场竞争原则。如果宏观调控与市场竞争相冲突，限制市场竞争，那么就有违市场经济的本质属性，会阻碍市场经济发展，这正如艾哈德所指出的："一旦竞争受到排斥，市场经济便丧失了维持经济秩序和保障自由的力量。"[1]

3. 由于市场竞争是市场经济的本质属性，是发展市场经济的根本举措，因此，许多立足市场经济并调整特定市场经济关系的法律，都必然同样要把市场竞争奉为自己的基本原则。但这并不影响经济法把市场竞争奉为自己的基本原则，因为经济法贯彻市场竞争原则有自己的特点。如民法的平等原则、契约自由原则等，本质上也是为了促进和维护市场竞争，也可以概称为市场竞争原则。但民法的市场竞争，更多的是顺其自然、意思自治、放任自流，是内在调整、正面规制；而经济法的市场竞争，主要是因势利导、国家干预、限制修正，是外在监管、反面规制。市场竞争本来就有内外、正反两个方面，要内外并举、正反结合，双管齐下，而民法和经济法的市场竞争正是各就各位，各有侧重，相互配合，相得益彰，共同促进市场竞争和市场经济的发展。

4. 当市场经济发展到垄断阶段以后，垄断先是由极少数人支配市场，控制国计民生，继而把持政治，操纵上层建筑，破坏了人从经济到政治的平等，限制人的自由。这时人们不再是平等的，也不再是自由的，自由竞争已不复存在。由于垄断造成最大的不平等，垄断者与非垄断者之间存在着天壤之别，根本无法平起平坐，没有一点平等可言；垄断导致严重的不自由，垄断者主宰非垄断者，非垄断者处于被支配状态。因此要平等、要自由，就必须反垄断，有无平等自由系于是否反垄断以及反垄断是否成功。反对垄断，具体说来，就是区分作为强者的垄断者和作为弱者的非垄断者，给予区别对待，一方面依法反对垄断者，限制其自由，规制其竞争，削弱其势力；另一方面依法扶助非垄断者，保障其权利，提升其能力，扩大其机会，从而真正实现人的平等，保障人的自由，促进自由竞争。可见，依法反垄断成为实现人的平等，保障人的自由，促进自由竞争的根本前提和首要任务，反垄断法成为平等奠定法、自由保障法、人权维护法，成为自由竞争的根本法。正是在这个意义上，反垄断法被称为"自由企业的大宪章"和"经济宪法"。因此，必然要求把市场竞争确立为经济法的基本原则。

第二节　宏观调控原则

一、宏观调控原则确立的根据

1. 由于法律的基本原则是由法律所调整的特定社会关系的本质要求决定的，经济法在确立自己的基本原则时即应准确地把握其所调整的特定社会关系的本质要求是什么。如前所述，经济法的调整对象之一是一种对市场经济的宏观调控关系，市场经济是一种社会化的大经济，是一种宏观经济，它内在地要求宏观调控。经济法要有效地调整宏观调控关系，使其稳定协调、健康有序、安全持续地发展，就必然要把这种本质要求奉为自己的基本原则。

2. 由于法律的基本原则由其根本宗旨所决定，所以在确立经济法的基本原则时应深刻地认识经济法的根本宗旨。经济法调整的是特定的市场经济关系，根本目的是促进市场经济稳定协调、健康有序、安全持续地发展。实践证明，这就要求必须大局稳定，规划科学，结构合

---

[1]　[德] 路德维希·艾哈德著，丁安新译：《社会市场经济之路》，武汉大学出版社1998年版，第232页。

理，比例协调，安全可控，总之就是要求宏观调控。布坎南指出："假想的自由市场情形并非真能在没有政府的情况下实现。事实上，没有理由相信市场能够以'无政府经济'中的假设的方式运行；也许可以用'混乱'这个词来概括对这样一种社会秩序的描述，而且，这很可能是一种非常真实的描述。"[1] 没有宏观调控，动荡不安，盲目无序，混乱不堪，不可能促进市场经济发展。经济法的根本宗旨之一就是要构建一套宏观调控法律制度，对市场经济进行宏观调控，进而促进市场经济稳定协调、健康有序、安全持续地发展，经济法的这一根本宗旨要求经济法把宏观调控确立为自己的基本原则。

3. 由于法律的基本原则应体现人类的价值理念，所以经济法在确立自己的基本原则时也应真切地把握人类的价值理念。经过人类的长期实践和理论总结，人们终于认识到："自由放任并不能使我们自动地得到完全竞争。为了减少竞争的不完全性，国家必须保持警惕"[2]；"当人们虔诚地笃信自由放任可以解决一切问题时，又必须强调社会控制在什么情况下仍然是必要的"[3]。国家必须对市场竞争进行宏观调控，构建市场竞争的环境，划出市场竞争的范围，引导市场竞争的方向，维护市场竞争的秩序，保障市场竞争的性质，使市场竞争走向公平自由，合乎社会正义，带来共同富裕，实现全面发展，促进社会进步。这是人类的价值理念，实现它离不开宏观调控，为此，经济法应把宏观调控确立为自己的基本原则。此外，社会本位、社会公益、经济安全等也是人类的价值理念。但仅有或仅是价值理念是不够的，还要指明实现它们的切实可行的基本路径和根本方法。这种基本路径和根本方法之一就是宏观调控。宏观调控不仅包括了上述价值理念，而且旨在且能够实现上述价值理念。如果上述价值理念不落实到宏观调控、不通过宏观调控，就会沦为空谈空想。因此，与其笼统地将上述价值理念确立为经济法的基本原则，不如直接明确宏观调控为经济法的基本原则。这也是我们不将社会本位、社会公益、经济安全等确立为经济法基本原则的根本原因。

4. 经济法调整宏观调控关系形成宏观调控法，宏观调控法是经济法体系的核心构成要素之一，具体包括发展规（计）划法、财政法、金融法、产业政策法等，它们都要贯彻实施宏观调控，并围绕宏观调控而展开，是宏观调控的具体化、法律化，并服务于宏观调控。如发展规（计）划法，是通过对未来的预测和规划，确立国民经济和社会发展的基本目标、核心理念、指导方针、战略步骤、主要措施，以实现宏观调控；财政法，是通过控制预算收支，运用税收杠杆，保障财政收支平衡，以实现宏观调控；金融法，通过控制货币，调节货币流量，稳定币值，抑制通货膨胀，加强金融监管，保障金融安全，以实现宏观调控；产业政策法，是通过科学规划产业结构，优化产业组织，合理产业布局，提升产业技术，进而保障供求结构平衡，以实现宏观调控。可见，宏观调控是它们的概括和统率，是它们的基本原则和根本宗旨，因而可以将宏观调控确立为经济法的基本原则。

二、宏观调控原则的内涵

1. 宏观调控是对市场的宏观调控。只有在市场经济体制下，才能提出宏观调控的客观要求，才会有真正的宏观调控。市场机制与宏观调控是相互依存、相得益彰的。市场经济内在地要求宏观调控，宏观调控是立足于市场的宏观调控，没有市场，宏观调控就没有了对象和基

---

〔1〕 ［英］安东尼·B. 阿特金森、［美］约瑟夫·E. 斯蒂格里茨著，蔡江南等译：《公共经济学》，上海三联书店、上海人民出版社 1994 年版，第 10 页。

〔2〕 ［美］萨缪尔森著，高鸿业译：《经济学》（中册），商务印书馆 1981 年版，第 213 页。

〔3〕 ［英］詹姆士·E. 米德著，欧晓理、罗青译：《明智的激进派经济政策指南：混合经济》，上海三联书店 1989 年版，第 4~5 页。

础；市场失灵的地方往往就是宏观调控的领域，没有市场，就谈不上市场失灵，因而也就不知道宏观调控的范围；宏观调控只有结合市场、通过市场、利用市场，才能有所成就，没有市场，宏观调控就失去了运作的机制和生效的媒介，没有市场的宏观调控往往不能因应市场经济客观规律的要求而变得主观任性；市场是宏观调控的目标，没有市场，宏观调控就失去了服务的目标，不服务于市场的宏观调控往往蜕变为粗暴拙劣的行政干预。总之，宏观调控必须也只能立足市场，利用市场，服务市场，从根本上说，所谓的宏观调控，实质上就是对市场的宏观调控。

2. 宏观调控是宏观领域的调控。这里所谓的宏观领域尽管无法明确厘定，但可以概其要者如下：一是宏观领域不是私人领域。凡是私人能够自治的地方无需也不应进行宏观调控。依法划定私人自治领域，尊重私人自治领域，宏观调控不能僭越侵吞私人自治领域，这是进行宏观调控所应坚守的界线。二是宏观领域是私人力量所不及的领域。这是因为：①私人在私域尚能应付自如，但对宏观调控无能为力，这就需要国家出面担当此任。李斯特指出："关于国民个人知道得更清楚、更加擅长的那些事，国家并没有越俎代庖；相反地，它所做的是，即使个人有所了解，单靠他自己力量也无法进行的那些事。"[1] ②私人是经济人，计较投入产出，追求私人利益极大化，一般不愿从事无利可图的事业，尤其是公益事业，在这方面只能由国家负起责来。这一点，即使是对那只"看不见的手"顶礼膜拜的亚当·斯密也承认，"建设并维持某些公共事业及某些公共设施"，是国家的重要职能。[2] 主张折中主义国家干预的约翰·穆勒更是明确指出："在某一时期或某一国家的特殊情况下，那些真正关系到全体利益的事情，只要私人不愿意做（而并非不能高效地做），就应该而且也必须由政府来做。"[3] 三是宏观领域是市场失灵的领域。市场机制是资源配置极为有效的机制，创造了许多经济奇迹，但市场机制并非完美无缺，"看不见的手"有时会引导经济走上错误的道路，市场机制有时会出现种种失灵的情况，在这些情况下，会导致生产或消费的无效率，引发经济波动，甚或经济危机，从而要求国家具有治疗这些市场失灵的职能。国家的职能之一就是通过宏观调控防止和纠正市场失灵。四是宏观领域是关系国计民生的领域。"宏观经济运行的表现对国家兴衰极为重要""我们不能影响天气，但是公共经济政策的明智与否却可以对我们未来的生活水平产生重大的影响"。[4] 因此，任何一个负责任的国家都义不容辞地要对关系国计民生的领域进行宏观调控。宏观领域作为关系国计民生的领域，具体说来主要是国内生产总值、供求结构、保障就业、产业优化、通货膨胀和国际收支平衡等领域，这些领域的宏观调控被认为是宏观经济分析与政策的中心目标或目的。

3. 宏观调控是有限调控。广泛无限的宏观调控必然管得太多太死，很有可能会蜕变成高度集权的行政管理，扼制经济民主和经济自由，这不是宏观调控，而是全面管制。宏观调控到底应是全面调控还是有限调控，从根本上取决于人们所能够掌握的国民经济的信息。宏观调控关涉国民经济的方方面面，要全面地实施宏观调控必须掌握全面而详尽的信息，但要做到这一点，是不可能的，这已经远远超过了人类的能力。面对国民经济的方方面面，人类只能掌握有

---

〔1〕［德］弗里德里希·李斯特著，陈万煦译：《政治经济学的国民体系》，商务印书馆 2011 年版，第 165 页。

〔2〕［英］亚当·斯密著，郭大力、王亚南译：《国民财富的性质和原因的研究》（下卷），商务印书馆 1974 年版，第 253 页。

〔3〕［英］约翰·穆勒著，胡企林、朱泱译：《政治经济学原理及其在社会哲学上的若干应用》（下卷），商务印书馆 1991 年版，第 570 页。

〔4〕［美］保罗·A. 萨缪尔森、威廉·D. 诺德豪斯著，高鸿业等译：《经济学》（上册），中国发展出版社 1992 年版，第 130 页。

限的信息，在这种情况下，宏观调控就只能是有限调控，把宏观调控限制在掌握了较为全面、详尽、准确信息的国民经济方面，而把其余方面让与私人或市场。因为私人涉及面小，处在当地的位置，关切私人利益，所需信息更少，决策更快，因而由私人自治更为适当。因此，真正的宏观调控是有限调控，应把宏观调控限制到不可克减的程度。这正如马尔萨斯所指出的："管制过多的倾向肯定是无知的、鲁莽的标志，最能干的医师最能节约药物的使用，最相信自然的治疗力量。同样，最了解自己的工作的政治家最不愿意干涉企业与资本的自然趋向。"[1]

4. 宏观调控是民主调控。宏观调控涉及国民经济全局，关系国计民生，影响国泰民安，是一项十分庞杂、极为繁复、相当艰巨的事情，必须发动群众、群策群力、集思广益，宏观调控是大众的事业，需要大众的智慧，必须贯彻民主、保障民主，宏观调控的目标在于促进经济民主，宏观调控的实现也必须贯彻经济民主，其中最重要的一条就是激发、尊重和维持私人的主动性、积极性和创造性，只有建立在这一基础上的宏观调控才能有所作为、有所成就。实践证明，能否贯彻经济民主、保障经济民主关系到宏观调控的成败。经济民主是社会经济增长的根本前提，只有贯彻经济民主、保障经济民主的宏观调控才能取得成功，促进经济增长。否则，宏观调控必然失败。是否贯彻经济民主、保障经济民主，也是检验是否为真正宏观调控的重要标准。只有贯彻经济民主、保障经济民主的宏观调控才是真正的宏观调控，否则只能是残暴的经济管制或统制。

5. 宏观调控主要是法律调控。宏观调控措施多种多样，主要包括经济、行政和法律三种，其中应以法律措施为主。因为只有建立在法律基础上的宏观调控才能像法律制定一样由大众参与，集思广益，富有理性，从而更能认识和反映客观经济规律的要求，更好地进行宏观调控。仅靠个人智慧、个人专断从来不可能较好地进行宏观调控。只有依据法律的宏观调控才能依据严格的法定权限和法定程序进行宏观调控，从根本上杜绝盲目调控、任意调控，不依法定权限和法定程序的宏观调控只能是滥加干预甚或瞎指挥。只有法律化的宏观调控才是制度化的宏观调控，持续稳定，具有可预见性，不因领导人的改变而改变，不因领导人的看法和注意力的改变而改变，不会因人而异、朝令夕改，避免引起经济社会的动荡和混乱。只有通过法律，宏观调控的内容尤其是国家宏观调控的权力范围才能明确化，不能依法界定宏观调控的权力、义务和责任，就不能调控好调控者。调控好了调控者，才有好的宏观调控。从不依法宏观调控到依法宏观调控，这是宏观调控的根本变革和重大进步，至此，才谈得上是真正的宏观调控，才会有真正的法治政府和法治经济。现代宏观调控大都是依法宏观调控、法律调控，其他宏观调控手段如发展规划、财政政策、货币政策、产业政策、就业政策、区域政策等也要法治化，并依法进行。

三、宏观调控原则的贯彻

1. 宏观调控原则贯彻经济法的始终。在资本主义自由放任时期，市场受一只"看不见的手"指引，奇妙地运行着。以亚当·斯密为代表的古典自由主义经济学家据此指出："在可自由而安全地向前努力时，每个人改善自己境遇的自然努力，是一种多么强大的力量，以致没有任何帮助，亦能单独地使社会富裕繁荣。"[2] 并且认为："个人的利害关系与情欲，自然会引

---

〔1〕 ［英］马尔萨斯著，厦门大学经济学系翻译组译：《政治经济学原理》，商务印书馆1962年版，第20页。

〔2〕 ［英］亚当·斯密著，郭大力、王亚南译：《国民财富的性质和原因的研究》（下卷），商务印书馆1974年版，第112页。

导人们把社会的资本，尽可能按照最适合于全社会利害关系的比例，分配到国内一切不同用途。"[1] 他还认为，如果国家"禁止人民大众制造他们所能制造的全部物品，不能按照自己的判断，把自己的资财与劳动，投在自己认为最有利的用途上，这显然是侵犯了最神圣的人权"[2]。基于此，他断言："法律应该让人民自己照应各自的利益。人民是当家人，定然比立法者更能了解自己的利益。"[3] 在这种情况下，宏观调控无从谈起。但随着资本主义社会频频发生经济危机，暴露出市场自发调节的局限性，也显示了国家干预的必要性，引发了"凯恩斯革命"。凯恩斯于1926年发表了《自由放任主义的终结》一文，并于1936年出版了《就业、利息和货币通论》一书，提出了一套以国家干预为中心的完整的宏观经济理论和政策体系。他从经济体系中找出了几个关键变（因）数，认为："可以由中央当局来加以统制或管理"，为此，"政府机能不能不扩大"。[4] 哈耶克认为："从长远观点看，凯恩斯《通论》的主要意义是它比任何其他单独的著作都更加决定性地促进宏观经济学的优势增长和微观经济理论的暂时衰退。"[5] 在凯恩斯理论的推动下，德国、美国等资本主义国家开始推行"新政"，加强国家干预。在这种情况下，宏观调控才渐次出现。以此为指导，一些国家先后制定了许多新的法律法规，如财政税收法、中央银行法、产业调整法、社会保障法等，这才有了宏观调控法。这些宏观调控法从一开始就以宏观调控为基本原则并贯彻始终。

2. 宏观调控原则体现了经济法的主要特征。如前所述，一切立足市场经济、调整市场经济关系的法律都应顺应市场经济市场竞争的本质属性，因而都要把市场竞争奉为自己的原则并加以贯彻。市场竞争作为经济法的基本原则只是更为基本、更为显著，但毕竟不为经济法所独有，而宏观调控原则则不然。宏观调控原则的确立，大大拓宽了国家干预的范围，国家干预从过去仅限于维护市场竞争秩序拓宽到对国民经济进行宏观调控，由此所形成的宏观调控法，针对国民经济整体，以社会公共利益为本位，从宏观全局着眼，凭借国家权力，运用经济杠杆，对国民经济进行调控，保证国民经济稳定协调、健康有序、安全持续地发展。这些法律不同于私法，也不同于行政法，作为一组新兴的法律，其主要特点就是通过国家干预实现宏观调控。这正如施瓦茨所指出的，立法随经济潮汐的涨落起伏而变化，过去的立法是把亚当·斯密、赫伯特·斯宾塞的学说当作主导思想，而现在新政是把凯恩斯的学说当作主导思想，"新政计划否定了不干预主义"[6]。宏观调控法的形成，为经济法注入了新的内容，加强了经济法的基础，凸显了经济法的特征。宏观调控原则几乎为经济法所独有，最能体现经济法的精神实质和实践纲领。

3. 宏观调控原则实现着经济法的精神实质和实践纲领。经济法的精神实质和实践纲领具体表现在以下方面：一是宏观为本。宏观调控要从宏观着眼，为全局着想，进行战略考虑，不要深陷细小，而要本着抓大放小，大的方面管住管好、小的方面放开放活的精神而进行。二是

---

〔1〕［英］亚当·斯密著，郭大力、王亚南译：《国民财富的性质和原因的研究》（下卷），商务印书馆1974年版，第199页。

〔2〕［英］亚当·斯密著，郭大力、王亚南译：《国民财富的性质和原因的研究》（下卷），商务印书馆1974年版，第153页。

〔3〕［英］亚当·斯密著，郭大力、王亚南译：《国民财富的性质和原因的研究》（下卷），商务印书馆1974年版，第102页。

〔4〕［英］凯恩斯著，徐毓枬译：《就业利息和货币通论》，商务印书馆1983年版，第323页。

〔5〕Hayek, *New Studies in Philosophy, Politics, Economics and the History of Ldens*, Routledge & Kegan Paul Plc, 1978, p.284.

〔6〕［美］伯纳德·施瓦茨著，王军等译：《美国法律史》，中国政法大学出版社1997年版，第178页。

秩序为重。宏观调控的重点在于为市场经济稳定协调、健康有序、安全持续地发展创造和维护良好的宏观秩序，即市场竞争，使之要素齐全，比例协调，结构合理，经济安全，金融稳定，分配公平，社会和谐，等等。很显然，这种秩序不能仅由市场调节自发形成，还需倚重国家干预。三是国家干预。宏观经济虽由微观经济构成，但宏观经济异质于微观经济。如果说，对于微观经济，每个人都是当事人，自知利害、自会判断、自能控制的话，那么对于宏观经济，超出私人的控制范围，任何私人都不可能知悉全情、通盘规划、整体把握。私人力所不及，市场也无能为力，必须由国家出面，实行国家干预进行宏观调控。因此，国家干预是宏观调控所必需的。四是有效调控。上述国家干预有其特点，即通过有效调控进行。所谓调控，首先是调，指调节、协调，具有相当的灵活性和应变力；其次是控，指控制、监控，具有一定的原则性和拘束力，调控是有调有控，是灵活性和原则性、应变力和拘束力的内在统一，具体就是主观意志与客观规律、私人权利与国家权力、自由与秩序、自律与他律的密切结合，是运用经济杠杆，通过市场媒介，作用于宏观经济，达到微观灵活而宏观调控的目标。综观上述四点，可以看出，宏观调控原则充分体现了经济法的精神实质和实践纲领。

第三节　市场竞争原则与宏观调控原则的关系

作为经济法基本原则的市场竞争原则与宏观调控原则，它们是有所分工、各有侧重的。市场竞争原则主要存在并作用于私人的微观自治领域，宏观调控原则主要立足并作用于政府的宏观调控领域。但两者又是密切相关、内在统一的，因为世上并没有纯粹的市场经济或绝对的计划经济，有的只是市场与政府如何结合的经济或自由与秩序如何结合的经济。亚当·斯密在倡导市场这只"看不见的手"的时候，并没有完全忽视政府这只"看得见的手"，而仍然认为它有"三个应尽的义务"："①保护社会，使不受其他独立社会的侵犯。②尽可能保护社会上的每个人，使每个人不受社会上任何其他人的侵犯或压迫，这就是说，要设立严正的司法机关。③建设并维护某些公共事务及某些公共设施。"[1] 约翰·穆勒鼓吹"社会事务最好是由私人自愿去做"，[2] 但他同时又指出："其行政首脑，无论是永久性的还是暂时性的，都应对其管辖范围内的各种利害关系具有总的、全局性的调节控制权。"[3] 弗里德曼坚决捍卫自由市场经济，但并不排斥政府作用的必要性，他对政府职责的观点与亚当·斯密惊人地相似，他认为："政府的主要职能是防御外来敌人的侵略，确保我们的每一个同胞不受其他人的强迫，调解我们内部的纠纷，以及使我们能一致同意我们应遵循的准则。"[4]

这些都说明了市场竞争原则与宏观调控原则是密切相关、内在统一、缺一不可的。具体表现为：

一、宏观调控是市场竞争的条件

市场竞争不是无条件的，它必须有一定的条件，这些条件不是市场竞争自身能够具备的，而需要宏观调控来造就。

〔1〕 [英] 亚当·斯密著，郭大力、王亚南译：《国民财富的性质和原因的研究》（下卷），商务印书馆 1974 年版，第 252～253 页。

〔2〕 [英] 约翰·穆勒著，胡企林、朱泱译：《政治经济学原理》（下卷），商务印书馆 1991 年版，第 570 页。

〔3〕 [英] 约翰·穆勒著，胡企林、朱泱译：《政治经济学原理》（下卷），商务印书馆 1991 年版，第 535 页。

〔4〕 [美] 米尔顿·弗里德曼、罗斯·弗里德曼著，张瑞玉译：《自由选择 个人声明》，商务印书馆 1982 年版，第 13 页。

1. 宏观调控是对国家大政方针的调控。它是对国家任务的调控，而"国家的特别与首要任务是确定国民可以在其中自由活动的秩序框架"，[1] 宏观调控所确定的这一自由秩序框架，赋予了公民神圣不可侵犯的自由权利，划定了国家权力运作的界线，使个人自由与社会秩序、私人权利与国家权力分立制衡，在这个基础上才会有市场竞争。市场竞争不可能在无权利、不自由的情况下进行，宏观调控所确定的自由秩序框架是市场竞争的基础。

2. 宏观调控是对市场运行的调控。宏观调控通过运用发展规（计）划、财政政策、货币政策、产业政策、就业政策、区域政策等，克服市场波动，防止大起大落，保持经济稳定，从而使市场中的人们能够合理预期、有计划地安排和部署自己的经济活动，有目的地进行市场竞争。宏观经济稳定是市场竞争的重要环境，只有在稳定的宏观环境中才能进行有意义的市场竞争。

3. 宏观调控是对市场竞争范围的调控。宏观调控划定了市场竞争的范围，在哪些范围内应当实行市场竞争，在哪些范围内不允许市场竞争。市场竞争不是漫无边际的，不是支配一切的。否则，市场竞争不仅会导致优胜劣汰，还会导致弱肉强食、社会不公。

4. 宏观调控是对市场竞争目标的调控。由于市场主体信息有限、个人本位盛行、倾向于各自为政，因而市场竞争难免具有盲目性、无序性；这种盲目无序的竞争是无益的，必须减少或根除，因此就需要宏观调控。宏观调控的核心内容之一就是对市场竞争目标的调控，为市场竞争指明方向，把市场竞争引向真正需要的地方，把市场竞争目标确定在促使各市场主体相互激励、相互促进、共同发展、全面进步上，使市场竞争目标合理合法、崇高伟大。

5. 宏观调控是对市场竞争规则的调控。市场竞争必须遵循规则。如果要在统一的大市场中进行竞争，就必须统一市场竞争规则，而要统一市场竞争规则就必须宏观调控。弗里德曼指出："自由市场的存在当然并不排除对政府的需要。相反地，政府的必要性在于：它是'竞争规则'的制定者，又是解释和强制执行这些已被决定的规则的裁判者。"[2] 如果没有宏观调控，不是政府统一制定、解释和执行市场竞争规则，那么就会出现诸侯林立、地区封锁、行业壁垒、规则不一、界限森严的局面，也就不会有真正的市场竞争。

6. 宏观调控是对市场竞争的保障。市场竞争，优胜劣汰，会导致两极分化、社会不公，要解决这些问题，必须进行宏观调控。就此而言，宏观调控是收拾市场竞争的残局，收拾好了市场竞争的残局，市场竞争才能重新展开和持续进行。艾哈德指出："单靠竞争的秩序力在绝对的意义上肯定还不能保证有合适的并且满足不同利益而进行平衡的社会与经济秩序。社会公正和确保政治局势稳定都要求并且验证了市场经济需要国家干预。"[3]

二、市场竞争是宏观调控的依归

宏观调控不是主观任意的，而是必须尊重市场竞争的规律以及为市场竞争服务。

1. 宏观调控受市场竞争的制约。这是由市场调节与政府干预的关系决定的。在市场体制下，市场调节是第一次的、决定性的调节，而政府干预是第二次的、辅助性的调节。而市场调节之所以是第一次的、决定性的调节机制，是因为市场调节能够有效地把市场经济的许多方面都自动调节好。这就决定了宏观调控与市场竞争的关系。凡是市场竞争能够调节的，就没有必要宏观调控，宏观调控的目的在于促进市场竞争，它应以促进市场竞争为指导，服务于市场竞争，为市场竞争创造条件。条件一旦成就，它就大功告成，就应急流勇退，而不应陷入其中，

〔1〕　［德］路德维希·艾哈德著，丁安新译：《社会市场经济之路》，武汉大学出版社 1998 年版，第 257 页。

〔2〕　［美］米尔顿·弗里德曼著，张瑞玉译：《资本主义与自由》，商务印书馆 1986 年版，第 16 页。

〔3〕　［德］路德维希·艾哈德著，丁安新译：《社会市场经济之路》，武汉大学出版社 1998 年版，第 232 页。

继续宏观调控或乱加干预。否则，就会像布阿吉尔贝尔所认为的："局外人的插手干预，不管来自何方，没有不坏事的。"[1]

2. 宏观调控要顺应市场的必然趋势、合乎市场的竞争规律。市场竞争作为一种客观存在，有其固有的自然属性和发展的必然趋势，对市场竞争进行宏观调控要适应市场竞争的必然属性、顺应市场竞争的必然趋势。布阿吉尔贝尔强调，人们的经济活动"只有大自然而绝不是政府能够恰如其分地加以必要的整顿""整顿经济秩序的权力只属于大自然"，[2] 宏观调控是政府权力的运作，具有主观性，要合理地对市场竞争进行宏观调控，必须保证宏观调控合乎市场竞争规律。否则，"破坏经济秩序规律一定要受到惩罚"[3]，"文明国家要想将自命不凡的明智来取代自然规律，会招来野蛮民族还未尝过的那种痛苦"[4]。面对市场竞争，宏观调控者不要自以为是，滥加干涉，而应有自知之明，能自觉自律，要谨慎节制，有所不为。萨伊指出："如果政府当局出来干涉，阻碍事态的必然趋势，告诉生产者说，你正要生产的那种生利最厚，是人们最需要的东西，却不十分适合你的环境，你们须生产别的东西。政府的这种行为显然将把国家的一部分生产力引到次要东西的生产，使人们所更迫切需要的东西的生产大吃其亏。"[5]

3. 宏观调控的目标要通过市场竞争来实现。市场竞争是经济发展、社会进步和人类文明的基本动力，也是促进社会经济发展、促使国民财富增长的基本途径，因此宏观调控要辅助、服务于市场竞争。宏观调控的目标，从根本上说就是通过组织、促进市场竞争来完成的，也只有如此才能实现。自由竞争最适合市场事物的自然性质，宏观调控必须尊重它、因应它。魁奈指出："我们对于各种事物，必须采取自然的过程，一切我们的原则，都必须根据事物本来的秩序来使它实现。在这个场合，容易发现这些原理实现的道路，把路上的石块除去，以使竞争者们都能够没有顾虑地自由行动，因为使国民财富得到保证的正是这些竞争者们。"[6] 由于宏观调控是由站在整个社会之上、作为整个社会总代表的政府来进行的，因此其是一种上层调控、局外调控，正因为如此，与直面市场、参与市场竞争的当事人相比，难免主观臆断、脱离实际，在这种情况下就要求宏观调控以市场竞争为本、为师，通过市场竞争有所作为，而不能僭越市场竞争胡作非为。"如果处在静寂的办公室，单凭幻想，来管理事物运行，取缔人民的经济行动，那就会以错误代替真理，结果必然会使整个秩序崩溃，因而很快地走上破灭的道路。从那时起，错误的规章完全代替了事物的自然过程。"[7]

总之，市场竞争原则与宏观调控原则作为经济法的基本原则，是经济法的"大纲"，它们构成了经济法的"经"和"纬"。

---

〔1〕 〔法〕布阿吉尔贝尔著，伍纯武、梁守锵译：《布阿吉尔贝尔选集》，商务印书馆 1984 年版，第 166 页。

〔2〕 〔法〕布阿吉尔贝尔著，伍纯武、梁守锵译：《布阿吉尔贝尔选集》，商务印书馆 1984 年版，第 269 页。

〔3〕 〔法〕布阿吉尔贝尔著，伍纯武、梁守锵译：《布阿吉尔贝尔选集》，商务印书馆 1984 年版，第 87 页。

〔4〕 〔法〕布阿吉尔贝尔著，伍纯武、梁守锵译：《布阿吉尔贝尔选集》，商务印书馆 1984 年版，第 263 页。

〔5〕 〔法〕萨伊著，陈福生、陈振骅译：《政治经济学概论》，商务印书馆 1982 年版，第 155 页。

〔6〕 〔法〕弗朗斯瓦·魁奈著，吴斐丹、张草纫选译：《魁奈经济著作选集》，商务印书馆 1979 年版，第 287 页。

〔7〕 〔法〕弗朗斯瓦·魁奈著，吴斐丹、张草纫选译：《魁奈经济著作选集》，商务印书馆 1979 年版，第 288 页。

第 三 章

经济法的属性

事物的属性是指事物所具有的性质和特征，认识事物应分析事物的属性。经济法作为一个重要而独立的法律部门，具有一些独特的属性，深入地分析这些属性，有利于更全面深入地认识经济法。

第一节　经济法以社会公共性为本位

一、社会公共性的提出

人是一种社会存在者，即人必须组成社会并生活在社会中，社会由个人所组成但又超越个人私人性而具有社会公共性。

社会公共性是由人的社会本性决定的，自有人类社会以来就有社会公共性问题，只是在人类社会的不同历史时期，由于受经济、政治、社会和文化差异的影响而有所不同而已。但社会公共性的真正凸显主要还是随着个人本位（主义）的发展而对应地发展起来。

在个人本位时期，社会的基本单位是个人，个人彻底解放、高度自治、完全自由、私利至上，社会依归于个人、统属于个人、服务于个人、让位于个人。个人本位时期是人类社会发展的一个重大变革时期。个人本位作为一种关于个人与社会的根本性的制度安排，是对过去那种把个人囿守于群体、束缚于社会的制度安排的重大革命，是对个体的确认和个人的解放，它发展了社会生产力，促进了经济增长。对此，刘易斯明确指出，个人本位（主义）在过去五百年中对经济增长是有价值的，具有解放性的影响。[1]但任何事物一旦走向极端就会异化，这种个人主义就在逐渐异化，以至于后来表现出一种"贪婪摄取性"[2]，蜕变成一种"占有性个体主义"[3]，"个人主义在过去五百年中的增长有其罪恶的一面"[4]。个人主义在引起经济增长的同时所带来的社会罪恶是全方位的，包括经济危机、政治动荡、社会异化和文化亵渎。这已是人所共知的社会罪恶现象。面对上述个人主义罪恶的一面，许多有识之士开始了对个人主义的反思，并开出了诊治它的药方。如圣西门、傅立叶和欧文提出的空想社会主义，马克思、恩格斯提出的科学社会主义，李普曼提出的"公共哲学"，丹尼尔·贝尔提出的"公共家庭"等，[5]这些都表明：从个人本位转向社会本位是人类社会历史发展的必然趋势。在社会

---

〔1〕　［美］W. 阿瑟·刘易斯著，梁小民译：《经济增长理论》，上海三联书店、上海人民出版社 1994 年版，第538 页。

〔2〕　参见 ［美］丹尼尔·贝尔著，赵一凡、蒲隆、任晓晋译：《资本主义文化矛盾》，生活·读书·新知三联书店 1989 年版，第 27 页。

〔3〕　参见 ［美］弗莱德·R. 多尔迈著，万俊人、朱国钧、吴海年译：《主体性的黄昏》，上海人民出版社 1992 年版，第一章。

〔4〕　［美］W. 阿瑟·刘易斯著，梁小民译：《经济增长理论》，上海三联书店、上海人民出版社 1994 年版，第538 页。

〔5〕　参见 ［美］丹尼尔·贝尔著，赵一凡、蒲隆、任晓晋译：《资本主义文化矛盾》，生活·读书·新知三联书店 1989 年版，第 276 页。

本位时期，社会应着眼于社会整体，制度安排应立足于社会全局，国家应维护社会公益。这样，社会公共性问题就凸显了，并迫切地要求人们加以解决。

二、社会公共性的内涵

何谓"社会公共性"？目前尚无定论。我们认为，社会公共性应当具有以下内涵：

1. 社会性。这是就社会公共性的范围来说的。这里所谓的社会性，指的是一种普遍性而非特殊性，一种全局性而非局部性，一种大众性而非个人性。例如，社会全体、社会稳定、制度选择、基础设施、市场监管、宏观调控、环境保护、资源利用、公共服务等。只有具有社会性的东西才是社会公共性的东西。

2. 公共性。这是就社会公共性的属性来说的。这里所谓的公共性，指的是一种公有性而非私有性，一种共享性而非排他性，一种共同性而非差异性。例如，在社会公共性领域内活动的主体不仅有纯粹的私人主体还有公共主体，运作的权利（力）不是纯粹的私人权利还有公共权力，所作的决策不是纯粹的私人自治还有公共决策，生产的物品不是纯粹的私人物品还有公共物品。只有具有公共性的东西才是社会公共性的东西。

3. 公益性。这是就社会公共性的宗旨来说的。这里的公益性，指的是一种利益所属的公众性而非私人性，一种利益分配的公平性而非独享性，一种利益本位的社会性而非个人性。例如，公共财产、国有资产、国民收支、社会分配、社会福利、社会救济、环境保护、社会秩序、公共信息等。只有公益性的东西才是社会公共性的东西。

4. 干预性。这是就社会公共性的实现手段来说的。社会公共性的实现必须依靠必要的国家干预。这里的干预性，指的不是纯粹的内在自发性还有外在强制性，不是纯粹的市场机制调节性还有国家权力干预性，不是纯粹的私人自治性还有公共管理性。例如，立法干预、司法干预和行政干预，以及行政干预中的发展规划、财政政策、货币政策、产业政策等。只有借助必要的国家干预才能保证社会公共性的实现。

社会公共性是上述四个方面的有机统一。

三、社会公共性的内在要求

社会公共性的凸显，标志着社会奏响了新的基调，展示了新的转向，提出了新的要求。20世纪以来，社会公共性已经成为时代精神的体现和社会要求的反映。

1. 社会公共性的凸显，标志着社会从个人本位转向社会本位。以前的社会以个人为本位，但个人是千差万别的，这些千差万别的个人被一同推向个人本位所支持的自由竞争之中，让他们优胜劣汰，结果只有极少数优者才能作为胜者幸存下来，而绝大多数劣者作为败者被淘汰了。因此这种个人本位的社会实际上是极少数人本位的社会，而绝大多数人却经济困窘、政治无权，被社会抛弃，社会已成为绝大多数人的羁绊，社会并不是他们的社会，他们已不是社会的主人。这是对平等、自由、民主和人权的背弃，也是对社会发展、文明进步的反动。社会正义的力量必然要求国家出面纠正这种异化了的个人本位，让社会真正以每个人为本位，恢复每个人作为人的社会主体资格，捍卫每个人作为人所应享有的平等、自由、民主和人权，让每个人都成为社会的主人，有人格尊严地生存和发展，这就要求社会从个人本位转向社会本位。

2. 社会公共性的凸显，要求保护社会公共利益。市场是一种资源配置的有效机制，促使这一机制有效运转的内驱力是利己主义。亚当·斯密曾断言，一只"看不见的手"能成功地引导着自私自利地追求自己私利的个人去促进社会公共利益。[1] 但"斯密对此完全没有证

---

〔1〕 参见 ［英］亚当·斯密著，郭大力、王亚南译：《国民财富的性质和原因的研究》（下卷），商务印书馆1974年版，第27页。

明，自 1776 年以来，也没有任何一位经济学家给予证明"。[1] 实践倒是证明，追求自己私利的人们并不能自发地直接地先决地促进社会公共利益，反而往往损害社会公共利益。此外，生活在市场中的人是一种"经济人"，他追求自己私利的极大化。为此，他必须节约成本，而投机的方法是使成本外在化，成本外在化主要有两种途径：一是转嫁给私人，二是转嫁给社会。第一种途径，由于侵害他人的私利，会遭到他人的反对。而第二种途径，由于社会公共利益权属不清，不为人们所关注，结果，公有财产常常被私人盗用，公共资源常常被私人贪婪攫取，社会环境常常被私人任意破坏，造成所谓的"公地悲剧"。这种损人利己、损公肥私的做法已经破坏了社会的共同基础，危及人类社会的健康生存。社会必须向追求自己私利的人们表明：私有财产神圣不可侵犯，但公共财产同样神圣不可侵犯，公共利益只能归公众所共有而不得由私人攫取，必须对社会公共利益确实加以保护。

3. 社会公共性的凸显，表明人们要求国家提供社会福利。随着社会生产力的发展，经济的不断增长，与此同时，人们对生活水平提高的习惯性期待也在增长。但在市场体制下，社会财富主要通过市场调节进行，市场法则是一套竞争规则，它只会把社会财富奖赏给极少数的市场竞争优胜者，而不会同情和兼济绝大多数的市场竞争失败者。因此，"没有理由认为收入分配应该产生于自由放任，达尔文式的竞争会被认为是一个对国民收入这张饼作出公正或平等分割的方式"。[2] 市场分配会导致严重的贫富悬殊、两极分化、社会不公，这已经危及绝大多数人的生存和发展。面对一方面社会经济不断增长，另一方面社会贫困却日益加剧的状况，人们开始强调自己的"应享"（entitlements），从而导致愈来愈高涨的"应享革命"。[3] 人们诉诸国家，要求国家提供社会福利、社会救济以维持人们与社会生产力发展水平相当的生活水平，帮助那些社会不幸者也能过上有人格尊严的生活。

4. 社会公共性的凸显，要求国家对市场经济进行干预。市场调节作为一种经济调节机制，确能使经济有效地运转，并创造了许多经济奇迹。但市场不是万能的，市场也会失灵，它无法从根本上解决宏观经济的困境，如通货膨胀、社会失业和分配不公以及垄断现象、外部效应和公共物品供给困境等。这些都是社会公共性问题，它们的解决要求国家干预，国家干预是市场经济健康发展的内在要求和外在保证，对于社会经济发展来说，与市场调节一样，国家干预也是必不可缺的。随着国家干预的加强，社会结构发生了变化，从此社会由自由放任状态进入了国家管理的社会（state managed societies）。[4] 国家干预是社会公共性的本质所在和根本要求，无论是实现社会从个人本位转向社会本位、维护社会公共利益还是提供社会福利，都有赖于国家干预，没有国家干预，社会公共性的要求就不能实现。

四、社会公共性是经济法的根本属性

法律是社会的调整器，法律要有效地调整社会，必须因应时代精神和社会要求。那么，对于上述社会公共性的凸显所体现的时代精神和所反映的社会要求，传统法律部门如民（商）法和行政法能否因应呢？我们认为，对于上述时代精神和社会要求，民（商）法和行政法当

---

〔1〕　［美］保罗·A. 萨缪尔森、威廉·D. 诺德豪斯著，高鸿业等译：《经济学》（下册），中国发展出版社 1992 年版，第 1138 页。

〔2〕　［美］保罗·A. 萨缪尔森、威廉·D. 诺德豪斯著，高鸿业等译：《经济学》（下册），中国发展出版社 1992 年版，第 1173～1174 页。

〔3〕　参见［美］丹尼尔·贝尔著，赵一凡、蒲隆、任晓晋译：《资本主义文化矛盾》，生活·读书·新知三联书店 1989 年版，第 69 页。

〔4〕　参见［美］丹尼尔·贝尔著，赵一凡、蒲隆、任晓晋译：《资本主义文化矛盾》，生活·读书·新知三联书店 1989 年版，第 70 页。

然也在力求因应并作出过自己的变革，但民商法和行政法所固有的属性使得它们并不能完全做到这一点。

1. 民（商）法不能完全因应社会公共性凸显所体现的时代精神和社会需要。这是因为：

（1）民（商）法是个人本位法。民（商）法主体一律平等，但这种平等是抽象平等、形式平等，它改变不了具体主体之间的千差万别，这些具有千差万别的主体被置于同一规则下去自由缔约、自由竞争，在优胜劣汰法则的支配下，结果，只有极少数优胜者能作为民（商）法主体而存在，而绝大多数劣汰者将失去民（商）法主体资格。在生产集中、形成垄断的情况下，尤其如此，许多非垄断者为垄断者所支配，他们丧失了独立平等、自主自治的资格和能力。从主体来看，民（商）法是"能人法"而不是"平民法"，那些劣汰者往往不在民（商）法的视野之内，有时甚至不配充当民（商）法的主体。民（商）法是少数人的法，而不是多数人的法，更不是每个人的法。民（商）法不足以维持每一个人作为人的主体资格，因而也就不可能充分反映社会本位的要求。

（2）民（商）法是私权本位法。民（商）事权利本质上是私权，私权神圣是民（商）法的基本原则，私权享有是民（商）法的根本宗旨。在民（商）法看来，是先己后人，立己立人，利己利人。但就像市场调节这只"看不见的手"不能保证人们在追逐私利的同时一定能够促进社会公共利益一样，记载和表述这种市场法则的民（商）法，也同样不能保证人们在追逐私利的同时一定能够促进社会公共利益。私人利益和社会公共利益未必相互一致，同步实现，两者之间存在着相当的差距，有时还存在着严重的冲突。其实，民（商）法只要求人们消极地不侵害社会公共利益，并不要求人们积极地去促进社会公共利益。在民（商）法那里，社会公共利益是人们追逐私利的附带结果和溢出效应，不可能得到优先考虑和突出强调。而社会公共利益对于一个社会共同体来说又是必需的甚至是先决的。而且民（商）法以私权界定为运作基础，但对于社会公共利益来说，要界定为私权，成本很高甚至不可能，"哪里资源测量成本高于收益，哪里就会存在公共产权"。[1] 在社会公共利益领域通常实行公共产权，因此，民（商）法在社会公共利益领域内几乎没有运作的基础，也很难促进社会公共利益的实现。

（3）民（商）法是自我救济法。民（商）法要求人们自己为自己做主，自己为自己谋利，自己对自己负责。自力更生，自我救济，这也是民（商）法所崇尚的一种人生观和法律观。但民（商）法作为一种市场竞争法则，也是一种"丛林法则"，实质上只能保障优胜者自力更生，自我救济，而对于劣汰者则无法兼顾，无力救济。民（商）法规则促使社会财富日益集中到优胜者那里，导致两极分化，社会不公。民（商）法成为少数优胜者的特权法，而不是多数劣汰者的保护伞。

2. 行政法也不能完全适应社会公共性凸显所体现的时代精神和社会要求。这是因为：

（1）行政法是政府本位法。为了启动行政管理，必须赋予政府权力，树立政府权威，在行政管理关系中，政府为主为本，相对方为辅为末，政府是管理主体，相对方是管理受体，两者之间是一种命令与服从的关系。在行政管理过程中，政府有可能侵吞相对方的主体资格。尤其是在极权政府面前，相对方几乎无主体资格可言。美国联邦最高法院大法官道格拉斯在评论因福利国家所导致的政府权力集中时曾尖锐地指出："这种权力的集中在前所未有的程度上完

---

〔1〕 ［美］道格拉斯·C. 诺斯著，陈郁等译：《经济史中的结构与变迁》，上海三联书店、上海人民出版社1994年版，第26页。

全压倒和深深威胁着渺小的个人，在这样一个紧身毛线衫似的政体中，人们还能寻找到自由吗？"[1] 施瓦茨也指出："那时的行政机构企图取代私人企业，取得对经济的领导地位，它像幽魂一样，使私人工业坐卧不安。"[2] 政府本位侵吞个人本位、企业本位，限制了主体的广泛性，抑制了主体的独立性，因而也就排斥了社会公共性。

（2）行政法的宗旨是限制政府权力、规范政府行为、明确政府责任，其性质是管理政府的法。它通过管理好政府，进而由管理好的政府去管理好行政事务，最终促进社会公共利益。从这里可以看出，行政法的直接对象和关注重心是政府本身，而社会公共利益是其间接目标和事后结果。这跟民（商）法通过追逐私人利益进而促进社会公共利益相似，正如民（商）法未必能有效地通过追逐私人利益进而促进社会公共利益一样，行政法也未必能有效地通过管理好政府进而促进社会公共利益。

（3）行政法的最终目标也是促进社会公共利益，但由于一切权力都易于被滥用，行政权作为一种自由裁量权尤其如此。政府机构的不断膨胀，官僚主义的长期盛行，政府干预的频频失灵，往往导致促进社会公共利益事与愿违。新自由主义经济学派的证明令人信服："国家为医治贫困干涉得越多，贫困问题越严重""真正的穷人从福利国家社会活动的巨大发展中只得到了少得可怜的好处"[3] 美国前总统里根也曾指出："过去半个世纪中，人们得到的只是新政、伟大社会以及产生了一个拿走45%的国民财富的政府，人们已经受够了。官员们在那些使人民生活更加拮据的项目上花掉了数十亿美元"[4]，政府吞噬了大量的国民财富，成为争食社会福利的大军，它能否促进社会公共利益的实现，令人深感怀疑。

正是因为民（商）法、行政法都不能完全因应社会公共性的凸显所体现的时代精神和所反映的社会要求，因而必然导致法律变革，即"法律社会化"，并要求产生新的法律部门。这正如丹尼尔·贝尔所指出的："'国家与社会'的关系问题，涉及公共利益和私人要求的冲突。很明显，它将是未来政治的潜在问题。资产阶级社会的法律、经济和政府部门一直用来为个人服务并调节人际交换关系——这种倾向表现为：它在思想上把理性和法规当作是初级程序而不是为了解决本质问题。未来法学理论的一个主要任务将是运用'公共性'原则去优先考虑群体的要求，而不再以个人需要为出发点。"[5] 这样，因应上述社会公共性的凸显所体现的时代精神和所反映的社会要求，调整上述社会公共性社会关系的经济法就应运而生了。社会公共性是经济法的核心范畴之一，是经济法的本质特征之一，社会公共性表现在经济法的各个方面，包括市场监管法和宏观调控法，经济法从本质上说是一种社会公共性的法。

---

〔1〕 ［美］伯纳德·施瓦茨著，王军等译：《美国法律史》，中国政法大学出版社1997年版，第261页。

〔2〕 ［美］伯纳德·施瓦茨著，王军等译：《美国法律史》，中国政法大学出版社1997年版，第229页。

〔3〕 ［法］亨利·勒帕日著，李燕生译：《美国新自由主义经济学》，北京大学出版社1985年版，第177、180页。

〔4〕 ［美］罗纳德·里根著，本书翻译组译：《里根自传——一个美国人的生活》，东方出版社1991年版，第167、178页。

〔5〕 ［美］丹尼尔·贝尔著，赵一凡、蒲隆、任晓晋译：《资本主义文化矛盾》，生活·读书·新知三联书店1989年版，第70~71页。

第二节 经济法以确认和规范国家干预为特征

一、经济法是确认国家干预经济社会之法

恩格斯曾经指出:"一切政治权力起先总是以某种经济的、社会的职能为基础的"[1],而且,"只有在它执行了它的这种职能时才能持续下去"[2]。考察人类经济社会活动史,可以发现一个十分普遍的现象:不论在什么历史阶段中,不论在什么社会环境里,不论在什么经济形式下,国家作为重要的政治权力享有者,自产生以来几乎一直处于整个人类社会经济活动的中心。

1. 市场经济建基于社会化大分工和社会化大生产,哪里存在社会化大分工和社会化大生产,哪里就要求存在社会公共管理机构。因为社会分工越深细,市场主体所从事的行业就越专业,所活动的领域就越狭小,所受的局限性就越严重,从而市场行为的盲目性、无序性也就越大。在这种情况下,就越需要超越社会分工、通晓社会各行各业的社会公共管理机构来收集、处理和发布各行各业的信息,从而对处于社会分工各领域的市场主体加以必要而适当的引导、协调和管理。社会分工越深细,市场主体的生产就越片面化,越难以自给自足而产生内在的外向交易的要求,但交易方只有通过互通有无、利用专业优势,方能生存发展。因此,社会分工越深细,社会交易就越强劲,专业化生产就日益紧密相联、环环相扣而成为社会化大生产。社会化大生产呈整体发展态势,这种整体化的社会化大生产必须有所预测、把握方向、调控态势、保持稳定,如果放任不羁、盲目发展、无所调控,可能会导致社会生产整体动荡,后果不堪设想。因此,越是社会化大分工和社会化大生产,就越是要求由一个公共部门进行宏观调控,这正如恩格斯所指出的:"从分工的观点来看问题最容易理解。社会产生它所不能缺少的某些共同职能。被指定执行这种职能的人,形成社会内部分工的一个新部门。"[3] 而国家是最适合担当此任的公共部门。国家或政府的存在是社会化分工和社会化生产的内在要求和必然产物,它们本身也是社会化分工和社会化生产的一种体现。

2. 市场经济是一种逐利经济,一种谋求利润"最大化"的经济。在市场中,"无论是所有者还是经理、实业家,唯一的最重要的意图是必须为他们自己的企业谋求'最大限度'的利润"。[4] 但在市场经济条件下,人们首先追逐的是私利,谋求的"最大限度"的利润首先是私人或企业的利润,而社会资源财富在特定条件下总是有限的,因而这种"最大化"的本能欲望就会成为导致人们利益冲突的最内在的根由。由于"利益冲突无法继续在私人领域内部得以解决,于是,冲突向政治层面转移,干预主义便由此产生""公共权力在介入私人交往过程中也把私人领域中间接产生出来的各种冲突调和了起来"。[5] 国家的必要而恰当的干预是对人们追逐私利和企业谋求"最大限度"利润的合理节制和正当矫正,使得人们能够最有效地追逐私利,企业能够最大化地谋求利润,而同时把由此所导致的人们之间的利益冲突最小化甚或予以根除,国家干预成为人们追逐私利和企业谋求利润的必要条件。这正如马克斯·韦伯所

---

[1] 《马克思恩格斯选集》(第三卷),人民出版社 1995 年版,第 526 页。

[2] 《马克思恩格斯选集》(第三卷),人民出版社 1995 年版,第 523 页。

[3] 《马克思恩格斯选集》(第四卷),人民出版社 2012 年版,第 609 页。

[4] [英] 拉尔夫·密里本德著,沈汉、陈祖洲、蔡玲译:《资本主义社会的国家》,商务印书馆 1997 年版,第 38 页。

[5] [德] 哈贝马斯著,曹卫东等译:《公共领域的结构转型》,学林出版社 1999 年版,第 171 页。

指出的：“在当代，谋求利润的企业的合理资本核算变得越来越依靠可依赖的可预测的国家行政管理机构”，[1]“官僚主义国家的行政管理越来越成为企业有条不紊地谋求利润的绝对必要条件”。[2]

3. 市场经济是一种信息有限的经济。每一个市场主体都是微观主体，它所掌握的信息总是微观有限的，它只能根据自己有限的信息去决策，这也许对于市场主体本身的微观决策来说是有效的。但市场主体毕竟处于宏观社会中，不掌握整个社会宏观领域的经济信息，很可能“一叶障目，不见泰山”，因小失大。即使有些（常常是少数）市场主体不仅掌握了本行业本领域的信息，而且掌握了整个社会宏观领域的经济信息，也许这些市场主体能够依据充分信息进行科学决策，但由于“每一个人都在为自己盘算，而且不与其他人通气”，[3] 有时甚至将某些信息视为重要的商业秘密，不肯泄露，因而不可能为所有市场主体所知悉和分享，难以让所有市场主体都能依据充分信息进行决策。“有限的信息意味着失误是会出现的。”[4] 为了减少失误，根本的方法之一就是获取充分信息，这就要求有一个机构能够超越各市场主体，为社会整体着想，及时地公布各种信息。很显然，这个机构只能是国家。斯蒂格利茨指出：“信息是一公共物品，政府有责任提供必要的信息，降低组织（或个人）获得相关信息的费用。”[5] 只有这样，才能克服市场经济的盲目性、无序性，使市场经济不至于成为一种无意识的制度安排，如历史上的资本主义一样，“是一种抽象的和专为自己打算的为交换而进行生产的制度，是一种满足人类众多具体需要的能力不稳定的和至多无意的制度”，[6] 而成为一种合理规划、宏观调控、可以预期、稳定有序的社会生产制度。

4. 市场经济是一种竞争经济。市场竞争激烈必然导致优胜劣汰，生产集中，形成垄断，结果，“数量不多的大公司在我们的经济中具有压倒性的不相称的重要性，特别是在它的某些关键的部门中”。[7] 垄断导致私人经济力量集中，私人间经济力量不均衡，完全改变了过去的自由主义模式。如哈贝马斯所言：“自由主义模式，其实也就是小商品经济模式，只拟定了个体商品所有者之间的平等交换关系。在自由竞争和独立价格的前提之下，应当没有任何人能够取得足够的权力用以控制他人。如今，事与愿违，竞争并不完全，价格也不独立，于是，社会权力集中到了私人手中。”[8] 相对于社会权力集中到国家手中并为之垄断是社会进步来说，社会权力集中到私人手中无疑是社会倒退，少数垄断者凭借所集中的社会权力可以支配、控制多数非垄断者，甚或支配控制整个社会，无法实行市场自由竞争。而要改变这种状况，国家就不能保持权力中立，甘当“守夜人”，而应当担负起社会责任。“社会作为强制组织的特征表

---

〔1〕 ［英］约翰·基恩著，马音、刘利圭、丁耀琳译：《公共生活与晚期资本主义》，社会科学文献出版社 1999 年版，第 43 页。

〔2〕 ［英］约翰·基恩著，马音、刘利圭、丁耀琳译：《公共生活与晚期资本主义》，社会科学文献出版社 1999 年版，第 44 页。

〔3〕 ［德］哈贝马斯著，曹卫东等译：《公共领域的结构转型》，学林出版社 1999 年版，第 95 页。

〔4〕 ［美］斯蒂格利茨著，郑秉文译：《政府为什么干预经济——政府在市场经济中的角色》，中国物资出版社 1998 年版，第 94 页。

〔5〕 ［美］斯蒂格利茨著，郑秉文译：《政府为什么干预经济——政府在市场经济中的角色》，中国物资出版社 1998 年版，第 104 页。

〔6〕 ［英］约翰·基恩著，马音、刘利圭、丁耀琳译：《公共生活与晚期资本主义》，社会科学文献出版社 1999 年版，第 47 页。

〔7〕 ［英］拉尔夫·密里本德著，沈汉、陈祖洲、蔡玲译：《资本主义社会的国家》，商务印书馆 1997 年版，第 16 页。

〔8〕 ［德］哈贝马斯著，曹卫东等译：《公共领域的结构转型》，学林出版社 1999 年版，第 173 页。

现越明显，也就越需要一个强有力的国家。"〔1〕 对集中到私人手中的社会权力加以抑制并使之分散，反垄断对于国家来说是责无旁贷的，因为"政府拥有其他经济组织所不具备的强制力"，〔2〕垄断是一种强权，只有以国家强权反对垄断强权才是有力、有效的。

5. 市场经济是一种按"力"分配的经济。所谓按"力"分配，包括按能力分配和按财力分配。在市场体制下，要参与市场分配的前提条件是要参与市场，但市场是赛场，参与市场要有准入证明，要有能力资格，"只有那些具有市场所需能力的人才能参与进去，病人、老人或者太年轻还不能提供市场服务的人，从市场上得不到收入。失业者、破产者或其他丧失能力的人也同样如此。由此必须思考，市场秩序虽然能给所有参与者带来很大好处，但它也需要一个社会网络，以便在紧急情况下救助那些没有能力参与市场的人，使他们也能过上符合人的尊严的生活"。〔3〕 在市场体制下，竞争激烈，优胜劣汰，经济集中，形成垄断，社会财富的分配严重失衡，少数人占有多数人的巨大财富，社会分配有失正义。在这种情况下，国家必须出面干预以满足大多数贫困者的合理要求。"在很大程度上，国家对私人领域的干预不得不屈从于下层的压力""力求从政治上补偿经济领域中受损害的机会均等"〔4〕"凭借对私人领域的公共干预（从而抵制资本集中和寡头垄断的趋向），作为非财产所有者的大众能够实现在国民收入中所占的比例在长时段中不至于减少"〔5〕。而要实现这一点，"几乎不可避免的是……对大公司的'控制'将发展成为一种纯中立的专家政治，它平衡社会各种团体不同的要求，按公共政策而不以私人贪欲，在总收入中给每人一份"〔6〕。这实质上是要求国家对社会财富进行社会再分配，"再分配为政府行为提供了一个主要的理论基础"。由于"再分配要求向人们施加一定的强制力以使他们让出一部分收入而给予其他人。这就是在再分配中政府的作用之所以重要的原因——政府是一个拥有强制力进行有效再分配的经济组织"。〔7〕

基于此，我们有充分的理由认为，国家（政府）在经济社会活动中应该享有足够的权力，树立必要的权威，应当确立国家干预。"无论是资产阶级还是相信私人经营优越性的人，没有一个严肃的政治家今天希望或是能够拆除国家干涉的主要机构。"〔8〕 因为"毫无疑问，国家干预经济生活的重要措施现在已是不可避免甚至是必不可少的了"〔9〕。但国家干预的必要性、正当性必须以法律的形式确立下来，而经济法就是确认国家对经济社会干预的权威性与正当性的法律。

二、经济法是规范国家干预经济社会之法

我们在认识到国家干预经济社会的必要性、正当性的同时，也应该认识到必须规范国家对经济社会的干预。这是因为：

〔1〕 ［德］哈贝马斯著，曹卫东等译：《公共领域的结构转型》，学林出版社1999年版，第173页。

〔2〕 ［美］斯蒂格利茨著，郑秉文译：《政府为什么干预经济》，中国物资出版社1998年版，第45页。

〔3〕 ［德］彼得·科斯洛夫斯基、陈筠泉主编：《经济秩序理论和伦理学——中德比较研究》，中国社会科学出版社1997年版，第52页。

〔4〕 ［德］哈贝马斯著，曹卫东等译：《公共领域的结构转型》，学林出版社1999年版，第174页。

〔5〕 ［德］哈贝马斯著，曹卫东等译：《公共领域的结构转型》，学林出版社1999年版，第176页。

〔6〕 ［英］拉尔夫·密里本德著，沈汉、陈祖洲、蔡玲译：《资本主义社会的国家》，商务印书馆1997年版，第37页。

〔7〕 ［美］斯蒂格利茨著，郑秉文译：《政府为什么干预经济》，中国物资出版社1998年版，第81页。

〔8〕 ［英］拉尔夫·密里本德著，沈汉、陈祖洲、蔡玲译：《资本主义社会的国家》，商务印书馆1997年版，第76页。

〔9〕 ［英］拉尔夫·密里本德著，沈汉、陈祖洲、蔡玲译：《资本主义社会的国家》，商务印书馆1997年版，第36页。

1. 权力既可能是促进经济发展的动力，也可能是阻碍经济发展的阻力。这正如恩格斯所指出的：“国家权力对于经济发展的反作用可以有三种：它可以沿着同一方向起作用，在这种情况下就会发展得比较快；它可以沿着相反方向起作用，在这种情况下像现在每个大民族的情况那样，它经过一定的时期都要崩溃；或者是它可以阻碍经济发展沿着既定的方向走，而给它规定另外的方向，这种情况归根到底还是归结为前两种情况中的一种。但是很明显，在第二和第三种情况下，政治权力能给经济发展造成巨大的损害，并造成大量的人力和物力的浪费。”[1] 恩格斯指出的是一条普遍规律，即如何尽可能地引导国家权力从正面促进经济发展的同时，尽可能地减少乃至杜绝国家权力从反方向阻碍经济发展，这是一切经济发展首先要解决的核心问题之一。实践证明，这个问题的解决在很大程度上取决于国家权力必须依法先界定后享有、先规范后行使。这其实指出了规范国家干预的必要性。

2. 规范国家干预是由国家权力的性质所决定的。在西方资本主义国家，由于根深蒂固的自由主义传统，人们对国家权力的性质有着清醒的认识。比如，霍布斯把国家比作“利维坦”，一种《圣经》中所述及的力大无穷的最凶恶的巨兽，这既表明了建立强大国家的必要，但也暗含着控制国家权力的深义。洛克把国家看作是“必要的恶”。潘恩对社会与政府作了区分，认为“社会在各种情况下都是受人欢迎的，可是政府呢，即使在其最好的情况下，也不过是一件免不了的祸害；在其最坏的情况下，就成了不可容忍的祸害”。[2] 马克思、恩格斯把国家称为社会的“累赘”和“肿瘤”，“国家再好也不过是在争取阶级统治的斗争中获胜的无产阶级所继承下来的一个祸害”，胜利了的无产阶级“不得不立即尽量除去这个祸害的最坏方面，直到在新的自由的社会条件下成长起来的一代有能力把这全部国家废物完全抛掉”。[3] 这些认识指出了一个深刻的共识：在任何一个社会，国家都掌握着实权，具有任何他人无可比拟的力量。由于“一切权力都易于滥用”“绝对的权力会导致绝对的腐败”，因此它是侵犯公民权利、破坏社会自由的最大根源和最大危险。如果国家不受法律规范，那么国家往往就是“利维坦”，就是“恶”，就是“祸害”，这种国家必然会侵犯公民权利、破坏社会自由。这里有必要指出的是，这一规律同样适用于社会主义国家。尽管我们的国家是人民的国家，有全心全意为人民服务的优良传统，但现实也一再告诫人们，好的动机不一定走向好的结果，善的愿望难免被不法之徒伺机歪曲利用以祸害社会，好心人干的坏事有时一点也不亚于坏人干的坏事。我们不能寄希望于好人政治，而应投之于制度建设，没有完善的法律制度，好人是靠不住的，有了完善的法律制度，坏人想干坏事也干不了。历史和现实向人们昭示：一个人民的国家、一个民主的国家、一个法治的国家必然是、也只能是一个受法律规范的国家，是一个依法进行国家干预的国家。

3. 规范国家干预也是建立和发展市场经济体制的要求。从认识论的角度看，市场经济是一种“无知经济”，也就是说，在市场经济条件下，社会关系极其纷繁复杂，任何人、任何机构都不可能对它们全面认识、详尽规划、科学管理，每个市场主体只能认识、规划和管理与自己活动领域相关的局部的、有限的社会关系，因此，作为社会总代表的国家对某些问题的认识可能还不如各个微观市场主体的认识正确。这正如亚当·斯密所指出的：“关于可以把资本用在什么种类的国内产业上，其生产物能有最大价值这一问题，每个人处在当地的地位，显然能

---

〔1〕 《马克思恩格斯选集》（第四卷），人民出版社 2012 年版，第 610 页。

〔2〕 [英] 潘恩著，马清槐等译：《潘恩选集》，商务印书馆 1981 年版，第 3 页。

〔3〕 《马克思恩格斯选集》（第三卷），人民出版社 2012 年版，第 55 页。

判断得比政治家或立法家好得多。"〔1〕"君主们"要履行"监督私人产业、指导私人产业、使之最适合于社会利益这种义务，极易陷于错误；要行之得当，恐不是人间智慧或知识所能做到的"。〔2〕信息的不充分决定了决策失误在所难免，和分散化决策相比，国家的集中（权）决策所需要的信息量更大，收集处理信息更难，因而失误也会更多、更大，"和分散化决策所造成的错误相比，集权所导致的错误更为严重"。〔3〕正因为如此，人们才打破了对国家全知全能的迷信，认识到国家也会处于"无知"状态，国家干预也未必总是正确的，国家干预也会失灵。这样，人们对国家干预就不再盲目信从而是谨慎警惕甚至怀疑批判了。这种观念精神的物质化、规则化就要求对国家干预进行法律规范。

市场经济是一种法治经济。这一共识指的不仅是基本的经济社会关系都有法可依，法律成为调整经济社会关系的主要手段，而且主要是指国家干预有法可依、有法必依。这正如哈耶克所指出的："法治意味着政府的全部活动应受预先确定并加以宣布的规则的制约——这些规则能够使人们明确地预见到在特定情况下当局将如何行使强制力，以便根据这种认知规划个人的事务。"〔4〕政府守法是法治的核心和关键，市场经济作为一种法治经济，必须对国家的全部行动用预先确定并加以宣布的规则加以制约，即依法规范国家干预，这样才能杜绝国家干预的突发性、随意性和无制约性，彻底改变经济活动中的长官意志、行政命令、乱加干预的人治现象。法治的市场经济与人治的计划经济的重大区别就在于前者国家依法干预，后者国家干预无法律约束。没有法治化的国家干预就没有法治化的市场经济，法治化的国家是建立法治化的市场经济的根本前提。国家在经济社会生活中的地位具体地表征着经济制度的性质以及国家的性质，"生产活动根据于个人的决定，与通过中央当局管理经济活动之间的区别，实际上是法治与专制政府之间的更具普遍性的区别的一种具体现象"。〔5〕依法规范国家干预是市场经济作为法治经济的根本要求和实质内容。

4. 国家是一个庞杂的官僚机构，它容易滋生助长官僚主义。这种官僚主义具有两种表现：

（1）循规蹈矩，奉命行事。"官僚主义是一种客观的权力矩阵，各级官员（和受他们保护的人）都被纳入这个矩阵，他们的活动由这个矩阵安排，而且按照这个矩阵，他们将被当作'需要命令和只需要命令'的人那样无名无姓地受到非政治化和管理。在官僚主义体制的一切领域里，下属被要求依靠他们的上级的首创精神和解决问题的能力。因此，官僚主义体制作为一种有组织的不平等制度，是靠下属停止一切个人批评、被动地服从、信任权威和注意命令而兴旺发达起来的。个人如果脱离他们的组织就会感到忐忑不安和无依无靠，他们变成了组织的人，他们一生中的理想就是服从。"〔6〕国家是一种典型的官僚机构，难免被官僚主义化，被官僚主义化的国家把干预经济社会的权力集中到官僚尤其是最高一级的官僚手中，权力高度集中，将下属机械化，使其没有相应的自主权。这样，经济社会发展就只有一个发展中心，这与市场经济发展所要求的权力（利）多元、中心多元、动力多元是不相吻合的。官僚主义国家

〔1〕［英］亚当·斯密著，郭大力、王亚南译：《国民财富的性质和原因的研究》（下卷），商务印书馆1974年版，第27页。

〔2〕［英］亚当·斯密著，郭大力、王亚南译：《国民财富的性质和原因的研究》（下卷），商务印书馆1974年版，第252页。

〔3〕［美］斯蒂格利茨著，郑秉文译：《政府为什么干预经济》，中国物资出版社1998年版，第94页。

〔4〕［奥］哈耶克著，滕维藻、朱宗风译：《通向奴役的道路》，商务印书馆1962年版，第71页。

〔5〕［奥］哈耶克著，滕维藻、朱宗风译：《通向奴役的道路》，商务印书馆1962年版，第72页。

〔6〕［英］约翰·基恩著，马音、刘利圭、丁耀琳译：《公共生活与晚期资本主义》，社会科学文献出版社1999年版，第29页。

的运行机制是上令下从，下级官僚对上负责而不对下负责，这与市场经济的民主要求、消费者主权相去较远。这会严重地制约市场经济的发展，必须改革和完善国家干预，实行合理的分权。世界银行发展报告指出，国家实现有效的分权对于该地区的持续经济成功是至关重要的。[1]

（2）教条主义，机械刻板。"各种形式的官僚主义机构都表现出某种明确的非人格性。'不考虑特定的人和情况'是官僚主义的格言。官僚主义的各种权力关系都是刻板的，非个性化、合理化的体系，受抽象的一般规则的指导，这些规则百分之百地和始终如一地适应于每一种情况。一切官僚主义的管理（无论是对内部的工作人员还是对外部的受保护者）都属于受规则约束的照章办事，原则上拒绝根据不同的情况作出不同的处理。"[2] 官僚主义的国家难以做到具体问题具体分析，区别对待不同情况的特殊性事情，缺乏必要的灵活性，这与市场经济瞬息万变、高度灵活的本性几乎格格不入。"官僚主义的统治是特殊性和急躁情绪的敌人"[3]，不能及时地对市场信息作出反应以便及时决策，国家对经济社会的干预也就难以真正到位、有效。这就要求必须改革完善国家干预，增强其灵活性、应变力，这对于市场经济的发展来说是至关重要的。这又如世界银行发展报告所指出的："政府对新的重大挑战作出反应的应变能力对于该地区的持续经济成功是至关重要的。"[4] 为此，必须消除国家的官僚主义习气，增加和扩大社会和国家机构的自由裁量权，"自由就在于把国家由一个高踞社会之上的机关变成完全服从这个社会的机关"。[5] 要实现这一转变，特别是在国家机构自由裁量权扩大的情况下，就必须加强对国家干预的规范。

5. 国家是一种排他性组织，一个地区、一个社会只能有一个国家，国家的这种绝对排他性表明，国家天生就是一种垄断组织。这正如斯蒂格利茨所指出的："政府是唯一的对其成员拥有强制力且有权征收义务税的组织。在此意义上，政府是名副其实的自然性垄断。"[6] 而且，"由于某种原因，政府在从事经济活动时，它似乎对成为垄断者怀有强烈的偏好，即使这种垄断并无必要"。[7] 竞争的缺乏是"政府经济活动的一个普遍的但并不是必然的特征"，[8] 也是国家干预失灵的主要原因。因为缺乏竞争，从而没有了比较优劣的基础，没有了激励约束的机制，没有了提高效益的压力，没有了关注服务对象的动力，没有了创新的精神，这与市场经济所要求和依凭的市场竞争是严重对峙的。因此，发展市场经济不仅要反经济垄断，而且要反国家（行政）垄断，如果只反对经济垄断而不同等地反对国家垄断，就不是真正彻底的反垄断，是自相矛盾的。正如有人所指出的："我们如此猛烈地抨击私人垄断，而如此热情地接受公共垄断，这正是美国意识形态中持久不衰的自相矛盾之一。"[9] 要真正改革和完善国家干预必须反国家垄断，引入竞争。为此，斯蒂格利茨认为："如果有可能的话，政府应鼓励在

〔1〕　世界银行：《1997 年世界发展报告：变革世界中的政府》，中国财政经济出版社 1997 年版，第 163 页。

〔2〕　［英］约翰·基恩著，马音、刘利圭、丁耀琳译：《公共生活与晚期资本主义》，社会科学文献出版社 1999 年版，第 30 页。

〔3〕　［英］约翰·基恩著，马音、刘利圭、丁耀琳译：《公共生活与晚期资本主义》，社会科学文献出版社 1999 年版，第 31 页。

〔4〕　世界银行：《1997 年世界发展报告：变革世界中的政府》，中国财政经济出版社 1997 年版，第 163 页。

〔5〕　《马克思恩格斯选集》（第三卷），人民出版社 1995 年版，第 313 页。

〔6〕　［美］斯蒂格利茨等著，郑秉文译：《政府为什么干预经济》，中国物资出版社 1998 年版，第 88 页。

〔7〕　［美］斯蒂格利茨等著，郑秉文译：《政府为什么干预经济》，中国物资出版社 1998 年版，第 80 页。

〔8〕　［美］斯蒂格利茨等著，郑秉文译：《政府为什么干预经济》，中国物资出版社 1998 年版，第 80 页。

〔9〕　［美］戴维·奥斯本、特德·盖布勒著，周敦仁等译：《改革政府》，上海译文出版社 2006 年版，第 86 页。

公共部门中开展竞争。"〔1〕 奥斯本和盖布勒主张："不管我们的政府做什么，竞争要继续保持下去。"〔2〕 把竞争机制引入国家内部，建立竞争性国家机构，已经成为促进市场竞争从而发展市场经济的基本共识和重要举措。而要做到这一点，就必须依法反对国家垄断，依法规制国家的垄断行为。

6. 国家作为一个社会的总代表，在某种意义上，应是所有人的"衣食父母"，让社会上所有人过上有人格尊严的生活，享受社会福利，保障基本权利，尤其是"对受到歧视或处于不利地位的劳动者的特别需求作出反应"，〔3〕 这应是国家的道义和责任，这样，建立福利国家正是社会民众的强烈呼声。而要实现这一点，必然要加强和扩大国家职能和国家干预。但结果，"福利国家计划已经加快了官僚主义农奴制时代的到来。从家庭到工作和闲暇，日常生活的几乎任何一方面都不能避免国家行政官员和计划制订者试图实行的'有意识控制'。福利国家'已经产生了一个宏大的官僚机构，这个机构表现出通过扶植它的福利国家逐步成长和把它的影响从我们生活的一个领域扩大到另一个领域的倾向'"。〔4〕 在自由主义者看来，"官僚主义的福利国家肯定在妨碍和限制着自由的私人企业。尽管出于好意，福利主义者还是被说成在个人周围建立了一个国家高压统治制度——一种官僚主义制度，在这种制度下，'一个人的行为必须为另一个人的意识服务，不是为了他自己的目的，而是为了别人的目的'"。〔5〕 新自由主义者甚至径称"滥施福利"为自由的敌人，"骗取福利者"为对公共秩序构成威胁的人。〔6〕由于"社会福利国家从根本上讲还是税收国家"，〔7〕 它"可以通过高税收来干预收入和财产""对有些财产加以没收，从而引起补偿要求"，〔8〕 征税能够成为控制挪用私人财产的合法工具，直接限制了宪法所保护的私有财产权，道格拉斯·诺思认为："国家更像是一台重新分配财富和收入的机器"。〔9〕 在当代，有些福利国家已引发严重的债务危机，频遭批判，有的甚至瓦解了。在美国，里根早在任加州州长时就开始了福利体制的改革。里根认为，国家有必要照顾不是因为自己的过失而无法供养自己的人们。但是无限制的福利制度促成一代又一代有潜在生产能力的人们靠施舍救济过活，诱使有工作能力的人不去工作，要求那些进行工作的人养活其他体力和脑力都能胜任工作的人，同时又助长了无止境的依赖意识，这也就意味着剥夺了这些人们的自尊。因而决心"把这种人从富兰克林·D. 罗斯福所称的那种'麻醉的'福利中解脱出来"。〔10〕 世界银行比较了当代世界发展中国家劳动力市场上政府与市场抉择的两种格局后总结道："过去政府通过国家行为来改善人民福利都失败了"，并就如何提高劳动者福利的政策问题指出："政策问题并不是自由放任与政府干预的问题；政策问题是指如何采取有效的公

〔1〕 ［美］斯蒂格利茨等著，郑秉文译：《政府为什么干预经济》，中国物资出版社 1998 年版，第 99 页。

〔2〕 ［美］戴维·奥斯本、特德·盖布勒著，周敦仁等译：《改革政府》，上海译文出版社 2006 年版，第 86 页。

〔3〕 世界银行：《1995 年世界发展报告：一体化世界中的劳动者》，中国财政经济出版社 1995 年版，第 14 页。

〔4〕 ［英］约翰·基恩著，马音、刘利圭、丁耀琳译：《公共生活与晚期资本主义》，社会科学文献出版社 1999 年版，第 16 页。

〔5〕 ［英］约翰·基恩著，马音、刘利圭、丁耀琳译：《公共生活与晚期资本主义》，社会科学文献出版社 1999 年版，第 15 页。

〔6〕 ［英］约翰·基恩著，马音、刘利圭、丁耀琳译：《公共生活与晚期资本主义》，社会科学文献出版社 1999 年版，第 17 页。

〔7〕 ［德］哈贝马斯著，曹卫东等译：《公共领域的结构转型》，学林出版社 1999 年版，第 262 页。

〔8〕 参见 ［德］哈贝马斯著，曹卫东等译：《公共领域的结构转型》，学林出版社 1999 年版，第 262 页。

〔9〕 参见 ［美］斯蒂格利茨等著，郑秉文译：《政府为什么干预经济》，中国物资出版社 1998 年版，第 166 页。

〔10〕 参见 ［美］罗纳德·里根著，本书翻译组译：《里根自传——一个美国人的生活》，东方出版社 1991 年版，第 164 页。

共行动来支持市场的有效运转，鼓励生产性投资，对受到歧视或处于不利地位的劳动者的特别需求作出反应。"[1] 这些都说明规范国家福利行为的必要性和紧迫性。

正是基于上述种种理由，我们认为必须约束国家权力，限制国家权威，规制国家行为，明确国家责任，这就要通过法律尤其是经济法去规范国家干预。经济法是实现国家治理体系和治理能力现代化和法治化的重要法律部门。

第三节　经济法主要属于社会法

一、经济法不符合公私法的划分标准

在传统的法律分类中，公私法的划分是法律最基本的分类。关于公私法的划分标准主要有三种学说：

1. 利益说。此说的最早定义是："公法涉及罗马帝国的政体，私法则涉及个人利益。"[2] 这也是人们广泛引用的一种公私法的划分标准。但人们不曾注意的是，为什么罗马先贤们违背基本的常规逻辑，在认为"私法涉及个人利益"时，并不对应地认为"公法涉及公共利益"，而是认为"公法涉及罗马帝国的政体"？难道"罗马帝国的政体"与"公共利益"是一回事？还是两者有区别？历史表明，由于当时的罗马皇帝实行专制政治，"君主不受法律管辖"，因此涉及罗马帝国政体的公法主要是皇帝的敕令，其首要目的是"巩固皇帝的威严光荣""将国家治理得很好""排除违法分子的非法行径""征服敌人"。[3] 如果说罗马私法是留传后世的宝贵遗产，"以至一切后来的法律都不能对它做任何实质性的修改"[4] 的话，那么罗马公法仅仅是与罗马私法相对应的一个观念。勒内·达维德就说："在公法方面，罗马法从未提供过范例""在罗马既不曾有公法，也不曾有行政法。"[5] 理由何在？艾伦·沃森指出："缺乏任何真正公法学的真实理由，只能到专制主义时代的政体结构里去寻找，警察国家的行政不可能为一种系统的公法理论孕育材料，公法理论需要法治国家的诞生。"[6] 所以，罗马公法与真正意义上的现代公法大相径庭，未必就是以"公共利益"为本。后人把"公法涉及罗马帝国的政体"擅自修改为"公法涉及公共利益"虽然是一种改进，但也是一种篡改，有悖于罗马公法的初衷，也模糊了现代公法的本质，还抽掉了促进"公共利益"的根本方法。因为罗马公法的初衷是涉及国家政体，通过国家政体实现公共利益，现代公法的本质是限制国家权力，其基本宗旨首先是限制国家权力，进而促进社会公共利益。从上述"利益说"的原初本义，不难看出，经济法不是私法但也不是公法，因为经济法不是直接针对国家政体，不仅仅是限制国家权力。

2. 主体说。此说认为公法至少有一方主体是公主体，如国家或国家授权者；私法主体为私主体，如公民、法人等私人。但由于并没有孤立存在的法律主体，法律主体总是存在于各种法律关系之中，所以要具体考察法律主体之间的相互关系，仅仅从主体的角度是说明不了问题的。如果主体都是公主体，如主体都是国有企业或国有控股公司，那么它们之间是一种什么样

---

〔1〕 世界银行：《1995年世界发展报告：一体化世界中劳动者》，中国财政经济出版社1995年版，第13~14页。

〔2〕 参见［古罗马］查士丁尼著，张企泰译：《法学总论》，商务印书馆1993年版，第5~6页。

〔3〕 参见［古罗马］查士丁尼著，张企泰译：《法学总论》，商务印书馆1993年版，序言。

〔4〕 《马克思恩格斯全集》（第二十一卷），人民出版社1974年版，第454页。

〔5〕 ［法］勒内·达维德著，漆竹生译：《当代主要法律体系》，上海译文出版社1984年版，第45、74页。

〔6〕 ［美］艾伦·沃森著，李静冰、姚新华译：《民法法系的演变及形成》，中国政法大学出版社1992年版，第198页。

的社会关系，应由哪个法律部门来调整呢？如果主体有一方是公主体，其他一方或各方是私主体，如政府采购合同、供用电、水、气、热力合同等，那么他们之间又是一种什么样的社会关系，应由哪个法律部门来调整呢？这里存在着多种可能性，前一种社会关系未必就只能由公法调整，后一种社会关系也未必就只能由私法调整。而在经济法关系中，既有公主体又有私主体，那么按此"主体说"，经济法则既不能划入公法，也不能划入私法。

3. 关系说。此说认为，公法是规范隶属与服从关系的法，私法是规范平等协作关系的法。但社会关系是非常复杂多变的，并非就此两种，非此即彼。如在经济法关系中，反垄断机构与垄断者之间、宏观调控机构与经营者之间的关系，就既不是隶属服从关系，也不是平等协作关系，因而规范它们的经济法，就既不是公法，也不是私法。

正是因为按照公私法划分的各种标准都难以把经济法划归为公法或私法，在这种情况下，人们对经济法的法域提出了种种观点。有人认为经济法横跨公法、私法两个领域，是公私法相互交错渗透的领域；有人认为经济法是区别于公法、私法的"第三法域"；有人认为经济法是社会法。[1] 但"公私法相互交错渗透的法域"毕竟不同于"公法领域"和"私法领域"，区别于公法、私法的第三法域是什么法域？又怎样区别于公法、私法领域？社会法如何体现？虽然这些问题尚需进一步地说明，但我们认为，经济法肯定不属于公法或私法法域，而是一个具有社会法特征的法律部门，主要属于社会法。

二、经济法主要属于社会法

(一) 社会公共性是经济法产生的根本原因

从词源上考察，"经济法"一词最早是 1755 年法国空想共产主义者摩莱里在其名著《自然法典》中提出的。该书第四篇第二部分为"分配法或经济法"。摩莱里把"分配法或经济法"视为作者所拟制的"合乎自然意图的法制蓝本"的一个重要组成部分。从其所包括的 12 个条文的内容来看，所谓"分配法或经济法"，是指在作者所构想的未来理想的公有制社会中，用以调整自然产品或人工产品的分配的法律。嗣后，1842 年法国空想共产主义者德萨米出版其名著《公有法典》，该书第三章亦为"分配法和经济法"，德萨米把"分配法和经济法"视为《公有法典》的一个重要组成部分，其含义与摩莱里的大致相同。当然，他们著作中的"经济法"还不是一个完全科学的概念，如同他们的整个思想体系一样具有空想性。但令人深思的是：为什么经济法会由空想共产主义者首先提出？为什么经济法会与分配法相提并论？为什么经济法会被视为空想共产主义者所构想的理想社会的重要法律？为什么经济法会被视为合乎自然的法律或公有的法律？只要认真分析一下摩莱里、德萨米他们的思想理论，就能发现，这绝非偶然。摩莱里根据自己的空想共产主义理论，拟就了"三条可以从根本上消除社会的恶习和不幸的、基本的、神圣的法律"："第一条，社会上的任何东西都不得单独地或作为私有财产属于任何一个人，但每个人用来满足生活需要、用来享乐或用来进行日常劳动的物品除外；第二条，每个公民都将是有工作和依靠社会供养的公务人员；第三条，每个公民都要根据自己的力量、才能和年龄促进公益的增长。"[2] 这三条"神圣的法律"，实质上，第一条是废除生产资料私有制；第二条是保证公民的"劳动权和生存权"；第三条是促进公益的增长。而摩莱里所谓的"分配法或经济法"，是渊源于上述三条"神圣的法律"，并据其管理社会生产和调节产品分配的法律。从这里，我们不难看出，摩莱里在很大程度上可以说是准确地把握了经济法的

---

[1] 参见 [日] 金泽良雄著，满达人译：《经济法概论》，甘肃人民出版社 1985 年版，第 30~33 页。
[2] [法] 摩莱里著，黄建华、姜亚洲译：《自然法典》，商务印书馆 1982 年版，第 123 页。

本质，经济法从源头上就与社会公共利益紧密相关，是实现社会公共性的法律手段。

众所周知，真正意义上的经济法产生于垄断资本主义阶段，根源于国家对经济社会生活的干预。因为，当资本主义进入垄断阶段以后，一方面，垄断企业几乎主宰了全部经济领域，并已形成一些巨大的、不受控制的和不负责任的"国中之国"。社会走向了经济寡头制，极少数人所掌握的极少数公司控制国民经济生产，占据社会主要财富，支配国民经济生活。另一方面，在垄断阶段，市场固有的自发性、盲目性和局限性变本加厉，经济社会秩序混乱、无序、失衡、动荡、不公，偏离社会发展目标，经济危机频频发生，而自由放任的市场机制又无法解决经济社会运行中产生的上述矛盾和困难。这些都充分表明市场的限制竞争性和盲目无序性妨碍经济自由，破坏经济民主，扰乱经济秩序，损害社会公益，它们已经成为社会公共利益的大敌。在这种情况下，代表经济自由、经济民主、经济秩序和社会公益的社会公共性要求就形成了，为了满足社会公共性的要求，国家干预就出现了，作为国家干预的法律根据的市场监管法和宏观调控法就诞生了，从而经济法也就产生了。可见，社会公共性要求是经济法产生的终极原因。没有社会公共性的要求就没有经济法的产生。

（二）社会公共性决定并表现在经济法的价值上

社会公共性所内含的经济自由、经济民主和经济秩序以及社会公益，自经济法产生以来就一直是经济法的价值所在。这里，我们完全可以罗斯福"新政"时期的经济法为例来加以具体说明，因为事物的基因对事物的发展起着决定性的作用，罗斯福"新政"对于经济法来说就具有基因的性质。

经济自由作为经济法的价值，集中表现在作为经济法核心之一的反垄断法上。垄断是一种经济奴役，它的存在阻碍了经济自由，"少数人的手里已经几乎全面掌握着别人的财产，别人的金钱，别人的劳动……别人的生命。对我们许多人来说，生活已不再是自由的；自由已不再是现实的"[1]。反垄断法就是要反对这种经济奴役，恢复经济自由并保持之。这一点，1938年罗斯福在《就限制垄断和经济力量的集中向国会提出的建议》中指出："我们奉行的生活方式要求政治民主和以赢利为目的的私人自由经营应该互相服务、互相保护……以保证全体而不是少数人的最大程度的自由。"[2] 作为经济法价值的经济自由包括企业自由、经营自由、投资自由、贸易自由、就业自由、竞争自由、消费自由等内容和要求。

经济民主作为经济法的价值，一方面表现在反垄断法上。"垄断形式是不民主的，因为它们在冲击着较小的竞争者，冲击着它们所服务的人民。"[3] 为此，必须反垄断以恢复经济民主。另一方面表现在宏观调控法上，罗斯福指出："在我们国家的公共生活和私人生活中，自由政体的本质要求商人、工厂主、农场主有一条自己的防线。我指的不是那些巨头们，而是一些小人物，一般的商人、工厂主和农场主——他们拥有企业的所有权和责任心，从而保持生活稳定。任何经济方面或政治方面的基本政策，如果倾向于消灭这些民主制度的可靠保卫者，把控制权集中在少数强大的小部分集团手里，那么，这样的政策就是与政治上的稳定和民主政体本身背道而驰的。"[4] 作为经济法价值的经济民主包括个人民主、企业民主、职工民主、决策民主、管理民主等内容和要求。

经济秩序作为经济法的价值，集中体现在经济法的宏观调控法上。处于市场中的各个主体

---

〔1〕 关在汉编译:《罗斯福选集》，商务印书馆 1982 年版，第 126 页。

〔2〕 关在汉编译:《罗斯福选集》，商务印书馆 1982 年版，第 188~189 页。

〔3〕 关在汉编译:《罗斯福选集》，商务印书馆 1982 年版，第 121 页。

〔4〕 关在汉编译:《罗斯福选集》，商务印书馆 1982 年版，第 114~115 页。

都只能从自己的角度而不能从整个社会的立场开展经济活动，纯粹的市场秩序是自发的、脆弱的、分割的和动荡的。罗斯福在"新政"期间，就痛感今不如昔。他说："一个世纪以前，我国在经济上是被当成一个统一体的，可是，随着时间的推移，情况起了变化。我们这个国家已逐渐被分割得支离破碎。我们越来越多地听到关于某些特殊地区的问题，某些特殊集团的问题。越来越多的人一叶障目，他们所看到的只是他们自己的利益，或者只看到他们的企业碰巧所在的那个别的居民点。"[1] 他要求人们从全国出发看待经济问题，并认为"全国性的思考，全国性的计划和全国性的行动是防止未来几代人再经历全国性危机的三大要素"[2]。体现经济法价值的经济秩序是一种自由秩序、竞争秩序、民主秩序、公平秩序、公共秩序和调控秩序等。

社会公共利益作为经济法所追求的价值，是经济法的终极目的所在。追逐私人利益是人的本性，这种本性不应根除但必须有所约束，否则，就会蜕变为损人利己、损公肥私，破坏社会公共利益。罗斯福在探究"到底是什么东西使我们在 1929 年遭受挫折"时，明确指出，是"十年的放荡不羁，十年的集团的利己主义——所追求的唯一目标表现在这种思想上——'人不为己，天诛地灭'。其结果是，98%的美国人口都遭受到'天诛地灭'"[3]。对于罗斯福实施的"新政"，他指出："任何这种制度都必须提供有效的方法去分配国家资源和为在这种制度下生活的一切人的幸福康乐去服务"[4]。尤其是"我们千万不要忘记，我们的目标是改善而不是降低现在吃不好、穿不好、住不好的人的生活水准"[5]。作为经济法价值的社会公共利益，是一种整体利益、公众利益、公平利益和社会福利等。

（三）社会公共性决定并表现在经济法的主体上

经济法主体既有经营主体又有国家机构，但无论是经营主体还是国家机构，都必须符合社会公共性的要求。不难理解，经济法之所以反垄断，就是因为经营主体蜕变成垄断者以后违反了社会公共性要求这一经济法主体的本质。反垄断法就是关于防止经营主体蜕变成为垄断者所作的法律规定。但是，需要特别说明的是，作为经济法主体的国家机构的性质。我们认为，作为经济法主体的国家机构只能是公共机构而不可能是私人或私人机构，必须具有公共性质。因为私人或私人机构没有像国家机构那样的权力和权威，没有足够的力量去实施市场监管和宏观调控，而且私人或私人机构易于被违法者所拉拢腐蚀，难以做到独立公平公正，因此市场监管法和宏观调控法执行机构的设立宗旨与司法机关的设立宗旨是一样的，都旨在以独立的权威机构维持社会的公平公正。社会公共性是作为经济法主体的国家机构的本质特征。为此，作为经济法主体的国家机构必须满足以下要求：

1. 主体设立的合法性。法律是社会公意的表示，作为反映社会公共性要求的国家机构，必须在设立上具有合法性。这里的合法性，一是指设立要符合相关法律的规定；二是指设立要符合法定程序。这里的法不是私人成为某些法律主体所依据的法律，如某些登记条例，而是国家机构组织法；设立经济法主体必须实行"审批主义"，而不能像设立私人法律主体那样奉行"准则主义"。

2. 主体构成的代表性。作为经济法主体的国家机构是一种具有社会公共性质的公共机构，

〔1〕 关在汉编译：《罗斯福选集》，商务印书馆 1982 年版，第 117 页。

〔2〕 关在汉编译：《罗斯福选集》，商务印书馆 1982 年版，第 115～116 页。

〔3〕 关在汉编译：《罗斯福选集》，商务印书馆 1982 年版，第 219 页。

〔4〕 关在汉编译：《罗斯福选集》，商务印书馆 1982 年版，第 14～15 页。

〔5〕 关在汉编译：《罗斯福选集》，商务印书馆 1982 年版，第 144～145 页。

为了保证这一点，国家机构在成员构成上就应具有广泛的社会代表性，在这里应该有来自各方的代表，能听到不同的声音，只有广泛的社会代表性才有社会公共性。尤其像编制发展规（计）划这样的机构，它们是重要的经济法主体，缪尔达尔之所以把计划称为"民主计划"，就是因为在他看来，"寻求大众的参与是'民主计划'的中心原则"。[1]

3. 主体成员的公务性。任何机构作为主体从终极意义上来说都是由人构成的，人的工作性质最终决定了机构的性质。国家机构作为一种公共机构，其成员应是公务员，他们按照国家有关公务员的法律规定加以考核、录用和选拔、任免，他们应当克己奉公、恪尽职守，他们只能依法从事公务，而不能像私人那样从事私人业务或赢利活动。

4. 主体地位的非本位性。前已提及，经济法的主体主要有两类，一类是从事经营活动的经营主体（者），一类是从事管理活动的国家机构，如市场监管机构和宏观调控机构。在市场体制下，这两类主体都不可或缺，但并非等量齐观。尽管国家机构在社会经济生活中的作用与日俱增，甚至达到了没有国家机构的积极支持，便没有成功的经济增长的地步，但市场经济发展的根本动力来自经营主体而不是国家机构，因此，两相比较，经济法是经营主体本位而不是国家机构本位。作为经济法主体的国家机构，尽管在经济社会生活中居于管理地位，但并不能处于本位地位。国家机构地位的非本位性，要求国家机构在市场监管和宏观调控时，不得侵犯各经营主体的资格，不得侵犯各经营主体的合法权益，只有全心全意为所有经营主体服务的国家机构才是真正的社会公共性机构，那种以本位地位自居的国家机构必然是官僚机构，官僚机构难以体现社会公共性。

5. 主体宗旨的公益性。社会公共性的根本要求之一就是提供和维护社会公共利益，但社会公共利益不可能仅由私人来维护，因而必须设立各种社会公共机构，作为经济法主体的国家机构就是其中之一。作为经济法主体的国家机构的宗旨应合乎林肯所界定的政府宗旨："为人民群众去做他们需要做、但做不到，或者依靠他们分散的个别的力量所无法自己做好的事，这就是政府的合理的宗旨。"[2] 经济法主体的宗旨在于提供和维护社会公共利益，经济法主体的终极目的在于使社会上每个人都成为社会主体，所有社会成员都成为社会主体正是社会公共性的重要表现。

（四）社会公共性决定并表现在经济法的权力上

经济法权力包括经营主体的经济法权利和国家机构的经济法权力。经营主体的经济法权利尽管在本质上依然是私权，但这种权利的行使不得违反社会公共性的要求，要受到社会公共性的限制，必要时还得服从于社会公共性的要求。国家机构的经济法权力在本质上是一种社会公共性权力，应符合社会公共性的要求，具体表现如下：

1. 权力本质的公共性。经济法权力，如市场监管权和宏观调控权，是一种公权力，它体现的是社会公意，由公共机构所享有，它必须依法行使而不能像私权那样可以自由地放弃或转让，它具有直接的国家强制力。

2. 权力行使的程序性。经济法权力作为一种公权力，像任何国家公权力一样对经济社会生活有正负两方面的作用，这正如道格拉斯·诺斯所指出的："国家的存在是经济增长的关键，然而国家又是人为经济衰退的根源。"[3] 为了保证国家机构的经济法权力尽可能从正面促进

〔1〕 ［瑞典］冈纳·缪尔达尔著，谭力文、张卫东译：《亚洲的戏剧——对一些国家贫困问题的研究》，北京经济学院出版社 1992 年版，第 120 页。

〔2〕 关在汉编译：《罗斯福选集》，商务印书馆 1982 年版，第 75 页。

〔3〕 ［美］道格拉斯·C. 诺斯著，陈郁等译：《经济史中的结构与变迁》，上海三联书店 1994 年版，第 20 页。

经济增长而不从反面导致经济衰退，经济法权力的行使就必须具有程序性，"公共部门从事的任何经济活动以及对私营经济活动的管理方法只有在下列条件下才能实行，即在政策内容及其手段清晰的前提下，存在一套论证政策可行性的详细程序与准则"[1]。程序是经济法权力正当行使的规程、标准和制约，没有程序，经济法权力就会被滥用，就会蜕变成一种暴力，就是对经济强权的公开认可，那么这种权力就丧失了社会公共性。

3. 权力范围的合理性。经济法权力是国家干预经济社会生活时所享有和行使的权力，因此国家干预的范围直接决定着经济法权力的范围。但国家干预的"最佳范围在哪里的问题永远也不会解决"[2]，国家干预的范围不能确定，从而经济法权力的范围也就不能确定。在这种情况下，经济法权力的范围，一方面要实行法定原则，即"凡是法律未允许的都是禁止的"，防止经济法权力滥用；另一方面又必须根据经济社会的具体情况而有一定的灵活性。罗斯福在"新政"期间就曾要求扩大其权力，他说："我们的宪法是简明扼要的，总是可以根据特殊的需要而在重点和安排上有所改变，而无需动摇其基本形式。"[3]"史无前例的要求和迅即行动的需要也可能使我们有必要暂时背离正常分权的公开程序"[4]，"我准备根据宪法赋予我的职责提出灾难深重的世界中所需要采取的措施"[5]，据此他签署了许多新的法律。确定经济法权力的范围应根据社会公共性的要求，把法定性和灵活性结合起来，寻求其最合理的界限。

4. 权力地位的非本位性。这是由经济法主体的国家机构的非本位性地位所决定的。经济法权力地位的非本位性表明，在配置经济法公权力与经营主体的私权利时应坚持私权利本位而不是公权力本位，公权力应服务私权利、保障私权利，在既可以授予公权力也可以授予私权利的情况下，授予私权利；在既可以授予公权力也可以不授予公权力的情况下，不授予公权力；在既可以授予私权利也可以不授予私权利的情况下，授予私权利。公权力本身并没有独立存在的价值，它之所以存在，就是为了保护每个人的私权利。以本位自居、藐视私权利的公权力本质上是反社会公共性的暴力。

5. 权力宗旨的公益性。人们享有私权利，追求的是自己的私人利益。亚当·斯密认为，人们在追求私人利益的时候受一只"看不见的手"引导去促进公共利益。但这需要人们受互利的自愿性的限制。布坎南认为："要想象在许多人环境里对行为施加此种自愿性的限制在科学上可能是天真的，因为人们认为，把自己的行为纳入这样预计的自愿性限制，将带来个人灾难性的后果。"[6]"在人数众多的复杂的社会里，有必要把成员看作好像他们都不自愿将其行为限制在互利的限度内。"[7]因此，"赋予统治者权力的规模与范围绝对决定于对相互作用模式的结构的分析结果"[8]也就是说，只有使追求私利的人们受到互利的强制性限制，才有可能促进社会公共利益。作为国家公权力的经济法权力的存在和介入就是这种强制性限制之一，它们的宗旨就是强制追求私人利益的人们同时去促进公共利益。经济法权力不是用来谋求

---

〔1〕 ［美］A. O. 克鲁格著，邵建云译：《发展过程中的"政府失效"》，载《经济社会体制比较》1991 年第 3 期。

〔2〕 ［美］保罗·A. 萨缪尔森、威廉·D. 诺德豪斯著，高鸿业等译：《经济学》（上册），中国发展出版社 1992 年版，第 82 页。

〔3〕 关在汉编译：《罗斯福选集》，商务印书馆 1982 年版，第 17~18 页。

〔4〕 关在汉编译：《罗斯福选集》，商务印书馆 1982 年版，第 17~18 页。

〔5〕 关在汉编译：《罗斯福选集》，商务印书馆 1982 年版，第 17~18 页。

〔6〕 ［美］布坎南著，吴良健、桑伍、曾获译：《自由市场和国家》，北京经济学院出版社 1988 年版，第 36 页。

〔7〕 ［美］布坎南著，吴良健、桑伍、曾获译：《自由市场和国家》，北京经济学院出版社 1988 年版，第 36 页。

〔8〕 ［美］布坎南著，吴良健、桑伍、曾获译：《自由市场和国家》，北京经济学院出版社 1988 年版，第 36 页。

私人利益的强权和特权，经济法权利（力）的终极目的在于使社会上每一个人都享有权利，这正是其社会公共性的重要表现。

（五）社会公共性决定并表现在经济法的义务上

经济法义务是一种社会公共性义务，由社会公共性决定并充分体现了社会公共性的要求。

1. 经济法义务具有社会性。生活在市场体制下的人们是一种"经济人"，在通常情况下，他们自己为自己服务，或者为了为自己服务才为他人服务，而往往不能或不愿提供社会服务，但许多社会服务如维护秩序、举办学校、基础建设、公共卫生、环境保护、社会福利等，又是一个社会正常生存和发展所必需的。在这种情况下，为了满足社会服务要求，经济法义务就产生了。经济法义务关涉社会的每一个人，经济法义务从根本上不是由某个人承担，而是由每个人即由社会来承担。

2. 经济法义务具有公共性。经济法义务尽管最终要由每个人即社会承担，但也必须借助公共机构行使公共权力，通过公共决策，生产公共物品，提供公共服务来完成。

3. 经济法义务具有无偿性。国家机构履行经济法义务是无偿的，如国家机构在履行市场监管、宏观调控，具体如反垄断和反不正当竞争、抑制通货膨胀、控制经济波动、保障社会就业等经济法义务时即是如此，在这里，不允许讨价还价，也无对价可言。经营主体履行经济法义务大多也是无偿的，如经营主体履行纳税的经济法义务等。

4. 经济法义务具有公益性。履行经济法义务从根本上说是为了社会公共利益，是为了给全社会的每一个人提供他们作为人所必需的各种社会生活条件。但社会中的人各不相同，既有地位有利的，也有地位不利的。那么，在进行制度安排时应如何选择呢？是地位有利的优先还是地位不利的优先呢？罗斯福指出："我们进步的检验标准，不是看我们是否锦上添花，而是看我们是否雪里送炭。"[1] 因为对于那些地位有利者来说，他们自会照顾自己，自谋生路，立足社会；而对于那些地位不利者来说，他们举步维艰，无力更生，难以自立，而他们又是社会的绝大多数。在任何一个文明、进步、人道、正义的社会，都应该优先考虑地位不利者，尽社会的力量救济、帮助他们。从根本上说，社会公共性问题主要就是指绝大多数地位不利者的生存和发展的问题，社会公共性要求主要就是指绝大多数地位不利者的生存和发展的要求。这也正是罗尔斯所提出的正义原则的主旨所在。在罗尔斯看来，正义原则有"两个原则"：第一个是"平等原则"，即人们在基本自由权利方面一律平等，"不允许在基本自由权利与经济和社会利益之间进行交换"[2]，禁止金钱对权利的侵蚀；第二个是"差别原则"，即人们在经济和社会利益方面允许存在差别，但这种差别应"符合地位最不利的人的最大利益"[3]，即地位最不利的人优先。但无论是"平等原则"，还是"差别原则"，都是为了"最大限度地提高地位最不利的人的期望"。经济法作为调整社会公共性问题、因应社会公共性要求的法律，与罗尔斯的正义原则是一致的。其中，经济法义务是"最大限度地提高地位最不利的人期望"的最根本的方法之一。经济法义务关系社会上每个人尤其是地位不利者的生存和发展，经济法义务是保证社会上每一个人成为人所必需的，经济法义务是对每个人的终极关怀，经济法义务是崇高的、博爱的、人道的和正义的，具有社会公共性。

（六）社会公共性决定着并表现在经济法的属性上

1. 经济法主体既不是纯粹的私人，也不是纯粹的国家机构，而是国家机构与私人。前两

---

〔1〕　关在汉编译：《罗斯福选集》，商务印书馆1982年版，第139页。

〔2〕　[美] 约翰·罗尔斯著，谢延光译：《正义论》，上海译文出版社1991年版，第68~69页。

〔3〕　[美] 约翰·罗尔斯著，谢延光译：《正义论》，上海译文出版社1991年版，第92页。

点不难理解，后一点需要说明。经济法主体既有国家机构，如市场监管机构和宏观调控机构，又有私人，如经营主体（者），但不能根据通常所依据的公私法划分标准，即主体有一方是国家机构的，就认为是公法。经济法主体不能这样简单化，它自身的特殊性决定了经济法不是公法。比如在反垄断法中，主体有垄断者和非垄断者，为了规制这两者的关系，介入其中的国家机构如反垄断机构也成了经济法主体，但垄断者、非垄断者和国家机构三者的主体地位是不同的。很显然，垄断者和非垄断者是经营主体，是本位性的主体，国家机构是为了规制它们两者之间的关系而介入其中的，它只是一个服务于上述两者的辅助性主体，其所监管或规制的内容，主要是垄断者与非垄断者之间的权利义务关系，而不是或主要不是国家机构与垄断者或与非垄断者之间的权力（利）义务关系，垄断者和非垄断者所具有的权利义务才是本位性的权利义务，而国家机构所具有的权力义务是因监管或规制它们的权利义务而产生的辅助性权力义务，这犹如体育竞赛一样，真正的主体是运动员而不是裁判员。

2. 经济法体现的不是私人与私人间的平等自由意志，因为在经济法中，如在反垄断法中，私人不再是平等的，意志不再是自由的；经济法体现的也不是国家的意志，规制的也不是权力者与服从者之间的关系，因为在经济法中，如宏观调控法中，国家进行宏观调控，但国家并不直接控制企业，企业也不隶属于国家机构。经济法体现的是客观社会经济规律，反映的是社会公共意志。

3. 经济法保护的不是私法意义上的私人利益，因为那种私人利益是一种特殊性的、利己性的私人利益，归根到底是极少数人的利益；经济法保护的也不是国家利益，因为国家利益是一种抽象性的、中介性的、再分配的、政治性的、未必公共性的利益，国家利益可能主要是统治集团的利益；经济法保护的是社会公共利益，这种利益是普遍性的、终极性的、个人性的、全民性的、经济性的、公共性的利益，社会公共利益本质上就是普遍的、每个人的、全民的利益。

4. 经济法规范不是私法规范，私法规范比较概括从而有利于私权推定和私权保护，私法规范的任意性有利于保障私人意思自治；经济法规范也不是公法规范，公法规范比较具体从而有利于权力制约，公法规范的强制性有利于保障国家意志的贯彻和对国家权力的制约。经济法规范介于两者之间，它寻求基本原理与具体法规的最佳结合，经济法规范比较适中从而便于社会私权利与国家公权力的合理使用。经济法规范是一种弹性规范，能够以少胜多，有利于国家公权力根据具体情况自由裁量。比如反垄断法，萨缪尔森在评论美国反垄断法时就曾指出："反托拉斯法像一个大森林那样，是由几粒种子发展起来的。法律所依据的法规是如此简单，以至于用表 24-2 就可以表示（指《谢尔曼法》第 1、2 条，《克莱顿法》第 2、3、7 条，《联邦贸易委员会法》第 5 条）：从如此之少的字句能发展出如此之多的法律条文是令人惊讶的。"[1]

5. 私法的调整机制是意思自治，私法本质上是一种自律调整的法律，是市场调节在私法中的反映；公法的调整机制是命令服从，公法本质上是一种他律调整的法律，这是由权力支配的本性所决定的。经济法的调整机制是干预协调，经济法本质上是一种社会整体调整机制的法律，是市场调节与国家干预相结合的产物。具体而言，这种调整机制具有以下特点：一是经济法调整机制必须着眼于社会整体，体现社会公意，维护社会公益，经济法的根本目的之一就在于促使和保证市场调节机制沿着社会整体要求的方向进行，使市场调节优化成有国家干预的市

---

[1] [美] 保罗·A. 萨缪尔森、威廉·D. 诺德豪斯著，高鸿业等译：《经济学》（下册），中国发展出版社 1992 年版，第 902 页。

场调节，那种着眼于个人局部的调节必然是微观的、盲目的、失控的。二是经济法调整机制必须立足于市场，在市场体制下，真正的社会整体只能是市场社会整体，经济法的另一根本目的就在于督促和保证国家干预通过市场调节进行，使国家干预完善为以市场调节为基础的国家干预，那种僭越市场调节的国家干预必然是具体的、直接的、强制的。比如，宏观调控法的一个核心内容是保证产业结构优化，但国家并不能直接指令某个企业从事什么产业或不从事什么产业，也不能完全放任企业自由从事各种产业，而只能通过发展规（计）划、财政政策、货币政策、产业政策等宏观调控政策法律去加以引导。总之，经济法的社会整体调整机制是宏观的、杠杆的、间接的调整机制。

总括以上论述，不难看出，经济法既不是私法，也不是公法，而主要是一种社会法，至少具有社会法的基本属性和主要特征。

第 四 章

经济法的权力

经济法的权力，是经济法的核心内容之一。科学地认识经济法的权力，对于正确认识国家的经济职能，恰当地界定政府权力，有效地保障经营者的权利都具有至关重要的意义。

确立经济法权力的根据是经济法的调整对象。如前所述，经济法的调整对象是市场监管关系和宏观调控关系，根据这两种关系所确立的经济法权力主要是市场监管权和宏观调控权。

第一节　市场监管权

一、市场监管权的性质

1. 市场监管权是自由竞争保障权。自由竞争是市场经济的本质属性，也是市场经济的主要优势，市场监管旨在让自由竞争成为市场经济的基本法则。市场监管要监管限制人们自由竞争的各种行为或现象，让人们享有自由竞争的权利。每一个市场主体有权也只能通过自由竞争去追求自己的合法权益，禁止任何人采用不正当竞争或垄断手段去谋求非法权益。自由竞争是人们从事市场经济活动必须遵循的基本行为准则。市场监管就是要把自由竞争树立为评价人们市场经济活动的最权威的裁判，在自由竞争法则下，优胜劣汰，胜者光荣体面，败者心服口服，让自由竞争成为化解人们利益冲突最公开、公平、公正的方法。市场监管就是要反对垄断者凭借垄断地位固守所得，坐享其成。否则，人类社会进步所需要的才能、智慧和雄心以及其他美德就不能被充分地激发出来。如果说垄断企业过去的成就是通过自由竞争取得的，是市场社会颁给成功的革新者的奖励，那么垄断企业的这种成就也只能通过自由竞争去维持。市场监管就是为了摆脱垄断这只"看得见的手"的支配，而让人们受市场自由竞争这只"看不见的手"的支配，正因为它看不见，所以它也摸不着，不能为任何人所控制，只有这样，每个人的命运才不会由别人来决定而可以由自己去主宰，从而人们才会有自由。市场监管权就是为了保障人们享有自由竞争这一基本权利以及由此所带来的人类发展进步权和追求幸福权，因为自由竞争"是达到这个目标的唯一可能的途径"。[1]

2. 市场监管权是消费者保障权。人类的一切经济活动最终都是为了满足人类自身的需要。在现代市场体制下，由于分工的高度社会化、精细化、特定化，任何人都不能自给自足，都只能以消费者的身份通过市场机制来获得满足。每个人都是消费者，保护消费者合法权益也是从根本上保护所有人的合法权益。"消费者是上帝，一切为了消费者"是市场经济的基本道德和法律准则。保护消费者的合法权益必须采取种种有力措施，其中通过市场监管反垄断和反不正当竞争等就是最根本的一种。因为，垄断是一种市场霸权，它可以通过这种市场霸权而无需自由竞争去控制市场，因而市场主体讲求效率和节约成本的动力就大大减少了，结果导致成本提高，服务下降，价格上涨，最终必然损害消费者的合法权益。实践证明，垄断利润的攫取总是以直接或间接减少消费者"篮子里的东西"为代价的，因此艾哈德指出："每种垄断的形式都

---

〔1〕　［西德］路德维希·艾哈德著，祝世康、穆家骥译：《来自竞争的繁荣》，商务印书馆1983年版，第15页。

隐藏着欺骗消费者的危险性，使经济停滞不前。"〔1〕 而不正当竞争是一些经营者用不正当竞争手段如假冒仿冒、商业贿赂、商业诽谤、侵犯商业秘密等损害排挤其他经营者，会恶化市场竞争环境，扰乱市场竞争秩序，导致优汰劣胜，"劣币驱逐良币"，打击挤垮优秀经营者。没有了优秀的经营者，就没有了优质的商品和服务，最终会损害消费者的合法权益。因此，市场监管权要反对不正当竞争行为，捍卫正当竞争，因为"只有正当竞争才能使作为消费者的人们从经济发展中受到实惠"。〔2〕 所以，市场监管权是一种反对侵害消费者合法权益的权力。

3. 市场监管权是公平竞争保障权。长期以来，市场竞争是形式平等的竞争，即它把千差万别的市场主体抽象为一律平等的主体，并把他们置于同一规则下去竞争，至于结果如何则概不过问。实践证明，这是不公平竞争，是垄断的根源和起点，最终会限制市场公平竞争。通过总结历史经验教训，市场竞争应是公平竞争，应该正视市场主体之间存在的差别，并且针对市场主体之间的差别给予适当的区别对待，在这个基础上才会有公平的市场竞争。市场监管就是要监管市场的不公平竞争行为和现象并予以取缔，创造一种公平竞争的环境，赋予每一个市场主体以公平竞争的权利。没有公平也就没有竞争，如果市场主体力量对比悬殊，那么力量强大者战胜力量弱小者毫不费力，根本无需竞争。只有在公平的基础上，市场主体势均力敌，为了战胜对手，必须充分发挥自己的主动性、积极性和创造性，努力去节约成本，降低价格，改进质量，提高服务，超越对手，这才是真正的竞争。有关国家机构，如各级国家市场监督管理局行使市场监管权就是要维护和扩大市场主体之间的平等，坚实市场主体平等的基础，组织平等主体之间开展竞争。具体说来就是，要反对垄断，抑制强权，扶助弱小，创造平等；反对不正当竞争，维护正当竞争。

4. 市场监管权是经济民主保障权。市场监管权包括反垄断权，反垄断权是针对垄断而产生的一项经济法权力。相对于垄断的独占与经济专制而言，反垄断权就是一项经济民主权。由于经济集中是导致经济垄断的重要原因，所以反垄断就是要反对经济集中以及由此所导致的大企业，因为在现实生活中，享有经济集中权、具有巨大规模、处于市场支配地位的大企业而不从事垄断是少见的。反垄断权要求解散滥用这种市场支配地位的大企业，使之成为分散的适度规模的竞争性企业，实现经济民主，这正如著名经济学家舒马赫所告诫人们的，不要过分崇拜大规模，"今天我们尝到了普遍盲目崇拜巨大规模的苦头，所以必须强调在可能采用小规模的情况下小规模的优越性" "尽可能从小规模的灵便、人性化与易于管理等特点中得益"。〔3〕 他明确主张"小的是美好的"。不过，需要指出的是，反垄断权作为一种经济民主权并不是一概反对经济集中和大企业，适当的经济集中也是必要的，因为大企业之所以能够成为大企业，往往有其自身的优势，是经济竞争的必然产物，而且大企业人才荟萃、资金雄厚、技术先进，易于进行技术革新，采用新生产方法，生产出新商品，这对于避免重复生产，节约资源，优化产业结构以及提高和改善人们的生活水平都具有重要意义。此外，为了提高本国企业的国际竞争力，也要求适度的经济集中和大企业。正是在这个意义上，熊彼特认为，"大企业已经成为经济进步的最有力的发动机，尤其是已成为总产量长期扩张的最有力的发动机"〔4〕。这也是我国鼓励企业联合和企业兼并的原因。因此反垄断权要反对的是与经济民主权相对立的那种滥用市场支配地位的大企业，防止它们可能形成市场霸权和阻碍自由竞争。同时，反垄断权又要求

---

〔1〕 ［西德］路德维希·艾哈德著，祝世康、穆家骥译：《来自竞争的繁荣》，商务印书馆1983年版，第121页。

〔2〕 ［西德］路德维希·艾哈德著，祝世康、穆家骥译：《来自竞争的繁荣》，商务印书馆1983年版，第11页。

〔3〕 ［英］E. F. 舒马赫著，虞鸿钧、郑关林译：《小的是美好的》，商务印书馆1984年版，第39~40页。

〔4〕 ［美］熊彼特著，绛枫译：《资本主义、社会主义和民主主义》，商务印书馆1979年版，第134页。

国家通过恰当而有效的法律或政策大力扶持中小企业，培植它们的竞争力，只有当大多数中小企业享有自由竞争权时，才真正实现了经济民主权。但是，扶持中小企业也不是盲目的，而是有选择性的，也就是说，只是扶持那些值得扶持的企业。总之，反垄断权作为一种经济民主权，要求妥善处理经济民主与经济集中、大企业与中小企业的关系，正如萨缪尔森所指出的："创新与市场力量之间的关系是复杂的。许多大厂商对研究与创新作出了重大贡献，这使得那些想彻底摧毁大厂商的人或宣称大就是绝对坏的人举棋不定。同时，小企业或个人也作出某些最富有革命性的突破。为了促进迅速的创新，一个国家应该允许各种不同的方法与组织并存，要实行百家争鸣。"[1]

5. 市场监管权是一项经济职权。市场监管权主要是针对并作用于垄断和不正当竞争等的，而垄断本身就表明市场主体地位不平等，力量不均衡。反垄断确实是弱者对强者的抗争。弱者要求享有市场竞争权，但由于它们势单力薄，要真正反垄断以保护自己的合法权益就必须向国家寻求帮助和保护，借助国家公权力的干预，"以强权对强权"。所以，反垄断权主要是一项经济职权，在世界各国的实践中，它主要是由国家机构所享有，如美国的反托拉斯局，德国的卡特尔局，日本的公正交易委员会，我国的市场监督管理局，等等。再如不正当竞争，它不仅损害特定经营者和消费者的合法权益，而且恶化市场竞争环境，扭曲市场竞争机制，扰乱市场竞争秩序，关乎社会全局，非私力所能及，非私力所能为，必须由国家机构介入，以公权力进行干预。事实上，从国家经济职能来说，市场监管权的行使也是国家干预经济社会生活的原因和本义之一。

二、市场监管权的内容

市场监管权主要包括反垄断权和反不正当竞争权，以及其他市场监管权。

1. 反垄断权。垄断包括经济垄断和行政垄断，其中经济垄断主要有经营者达成垄断协议、经营者滥用市场支配地位和经营者垄断集中等情形；行政垄断主要有行业垄断、地区垄断和其他行政限制竞争行为等情形。不论是经济垄断还是行政垄断都会限制市场自由竞争，阻碍市场经济有效发展，给国家和社会带来严重损害，必须依法加以反对，为此要确立反垄断权，反垄断权就是市场监管者（机构）为反对上述种种垄断情形或行为所必须享有和行使的权力。

2. 反不正当竞争权。不正当竞争是以不正当的方式进行竞争，如假冒仿冒他人的商业标志（如注册商标，商品的名称、包装、装潢，企业的名称，认证标志，名优标志，产地标志，域名、网名、网页）；商业贿赂；引人误解的虚假宣传；侵犯商业秘密；不正当有奖销售；商业诋毁；以及利用网络进行不正当竞争；等等。这些行为侵害其他经营者的正当权益，破坏市场公平竞争秩序，损害消费者合法权益，危害社会公共利益，必须依法加以反对。为此，必须确立反不正当竞争权，反不正当竞争权是市场监管者为反对上述种种不正当竞争行为所必须享有和行使的权力。

3. 其他市场监管权。市场监管的对象除了垄断和不正当竞争以外，还包括消费者权益保护、广告、产品质量、食品安全以及其他市场行为或市场秩序，因此，市场监管权还应包括这些方面的权力。

---

〔1〕 〔美〕保罗·A. 萨缪尔森、威廉·D. 诺德豪斯著，高鸿业等译：《经济学》（下册），中国发展出版社 1992年版，第 900 页。

第二节　宏观调控权

市场经济不是放任自流的无政府主义经济，它内在地要求宏观调控，以矫正市场经济的发展方向、协调市场经济的总体平衡、调节市场经济的发展态势、维系市场经济的宏观秩序。因此，要发展市场经济就必须进行宏观调控，而要进行宏观调控就必须确立宏观调控权。

一、宏观调控权的性质

1. 宏观调控权是一种宏观性权力。这是就其作用的领域来说的。宏观调控权不作用于私人领域，凡是私人能够自治的领域，应当尊重私人自治权，无需宏观调控；宏观调控权不作用于局部领域，如欲对其进行调控，势必面面俱到，从而导致全面经济统制；宏观调控权不作用于微观领域，细枝末节，无关宏旨，可以放手给市场，无需宏观调控。宏观调控权从宏观着眼、大处着手，作用于宏观领域，这种领域往往是私力所不及、私权所不能、市场失灵的领域，而又是关系国计民生、影响国泰民安的领域，如国民经济和社会发展规（计）划、财政收支平衡、保持币值稳定、产业结构优化等。宏观调控权就是对上述宏观领域进行调控的权力。

2. 宏观调控权是一种间接性权力。这是就其作用的方式来说的。宏观调控权是对宏观领域的调控，因而不直接针对微观领域的某个对象，对某个具体对象没有直接的针对性、贯穿力和强制力。宏观调控遵循市场规律、利用经济参数、运用经济杠杆，发挥对市场经济的宏观调控作用，即通过市场进行宏观调控，如宏观调控市场，市场引导企业。这样就为宏观调控权的运行设置了一个中介环节，提供了一个缓冲机制，使宏观调控权"市场化""软化"，不会构成对市场的粗暴、强力干预。所以，宏观调控权是一种被市场软化了的硬权力，是一种被市场中介化了的公权力，是一种被市场中和化了的强制力，是一种间接性的权力。

3. 宏观调控权是一种调控性的权力。这是就其作用的程度来说的。宏观调控权以市场为中介，是对市场的宏观调控权力。一方面，市场是瞬息万变的，这就要求宏观调控因应市场的这种本性，要具有灵活性、可调性。所谓的调控性，不同于强力的控制，也不同于强硬的控制，而是通过"调"（调整、调适、协调）而达到"控"（控制、限制、约束）的目的，"调"是"控"的限定词，是"控"的必经途径，只有通过"调"的"控"才能适应市场本性，才是真正的宏观调控。也就是说，宏观调控权应具有灵活性、可调性、弹力性。另一方面，市场又必须是可预期的、相对稳定的、富有秩序的，这就要求宏观调控因应市场的这种要求，具有确定性、可控性。"控"是"调"的目的，只有达到"控"的目的的"调"才是可预期的"调"，有原则的"调"，也就是说，宏观调控权应具有原则性、可控性、约束性。宏观调控权是一种可调可控的权力，是一种灵活性和原则性相统一的权力，是一种弹力性和约束性相结合的权力。

4. 宏观调控权是一种公共性权力。这是就其作用的性质来说的。宏观调控权只能由公共机构如国家市场监管机构和宏观调控机构所享有和行使，因为只有它们才能代表社会、统领市场、着眼宏观，进行宏观调控。宏观调控权是一种由公共机构而不是由私人享有和行使的权力。宏观调控权代表国家的经济意志，旨在维系宏观市场秩序，具有干预力、强制力、管控力，宏观调控权是一种权力而不是权利。宏观调控权作用于国民经济全局、关系国计民生、影响国泰民安，一般依照公法原则行使，准用"凡是法律未允许的都是禁止的"，宏观调控权是一种主要依公法或社会法而不是依私法行使的权力。

二、宏观调控权的内容

由于宏观调控的工具种类主要包括发展规（计）划、财政政策、货币政策、产业政策等，所以，宏观调控权主要包括发展规（计）划权、财政政策权、金融监管权、产业调控权等。

1. 发展规（计）划权。发展规（计）划根源于人的本性。人具有理性思维的本性，是一种有理性会思维的动物。人作为一种理性思维的动物，总是在理性思维的指导下行动，即所谓的"先思后行""三思而后行"。对人来说，行成于思，思施于行，思行合一。这里的"思"，如果具体化、系统化就表现为发展规（计）划。发展规（计）划是人类经济活动的基本特征。随着我国经济体制改革的不断深化，我国经济体制已从计划体制走向了市场体制，计划已失去了往日的荣光并招致种种非议。因此，这就引出了一个重要的问题，即在社会主义市场经济体制下还要不要发展规（计）划，如果要的话，又应当要什么样的发展规（计）划。不可否认，确有不少人对在社会主义市场经济体制下发展规（计）划持否定和排斥态度。然而，否认和排斥社会主义市场经济体制下的发展规（计）划与过去在社会主义计划经济体制下计划至上、唯计划是从一样是不可取的。这一点，即使是西方学者也不否认。著名经济学家詹姆斯·米德认为："在现代世界里，政府完全可以很好地从事广泛的经济活动，包括调整收入和财产的分配，处理外部经济和外部不经济，对付结构上的不可分性，维持经济的普遍稳定。要达到所有这些目标，政府就应该，其实也必须预先作好计划。同样地，私人经济活动者，不管是巨大的现代产业公司，还是一个普通的家庭主妇，也必须恰当地计划他们的未来活动。"[1] 著名社会发展专家弗朗索瓦·佩鲁也认为："很少看到真正有作为的经济学家或观察家至今还坚持无控制的市场力量自身能产生出一种具有完备功能的经济。"[2] "在整个西方，市场经济的逻辑受到了计划经济逻辑的修正。"[3] 刘易斯更是明确地宣布："听任市场自由放任发展，这在不发达国家毫无疑问是一个错误的答案。"[4] 即使是一贯反对计划（准确地说是反对某种计划方法）的哈耶克也承认："在普通语言中，我们把关于分配现有资源的相互关联的决策的综合称作'计划'。在此意义上，所有的经济活动都是计划。"[5] 因此，"存有争议的并不是要不要计划，而是应该怎样制订计划：是由一个权威机构为整个经济体系集中地制定？还是由许多个人分散地制定？"[6] 可见，发展规（计）划"这种按一定比例分配社会劳动的必要性，绝不可能被社会生产的一定形式所取消，而可能改变的只是它的表现形式"[7]。发展规（计）划是重要的宏观调控政策工具，确立发展规（计）划权是应当的和必要的。迄今为止，我国已经制订了十四个五年发展规划纲要，每年全国人民代表大会都要审议上一年的国民经济和社会发展计划执行情况和新一年国民经济和社会发展计划草案。这是我国经济发展的重要法宝。

2. 财政政策权。有国家就有财政，任何国家都存在财政问题，这正如列宁所指出的："任何一种社会制度，只有在一定阶级的财政支持下才会产生。"[8] 萨缪尔森明确指出："由于现

---

〔1〕 ［英］詹姆斯·E. 米德著，施仁译：《效率、公平与产权》，北京经济学院出版社 1992 年版，第 301 页。

〔2〕 ［法］弗朗索瓦·佩鲁著，张宁、丰子义译：《新发展观》，华夏出版社 1987 年版，第 112 页。

〔3〕 ［法］弗朗索瓦·佩鲁著，张宁、丰子义译：《新发展观》，华夏出版社 1987 年版，第 112 页。

〔4〕 ［美］威廉·刘易斯著，何宝玉译：《发展计划——经济政策的本质》，北京经济学院出版社 1988 年版，第 6 页。

〔5〕 ［奥］A. 哈耶克编著，贾湛等译：《个人主义与经济秩序》，北京经济学院出版社 1989 年版，第 75 页。

〔6〕 ［奥］A. 哈耶克编著，贾湛等译：《个人主义与经济秩序》，北京经济学院出版社 1989 年版，第 76 页。

〔7〕 中共中央马克思 恩格斯 列宁 斯大林著作编译局编：《马克思恩格斯〈资本论〉书信集》，人民出版社 1976 年版，第 282 页。

〔8〕 《列宁选集》（第四卷），人民出版社 1995 年版，第 769 页。

代政府的巨大规模，没有财政政策就等于宣布死亡。"[1] 熊彼特也特别指出："一个民族的精神，它的文化水平、它的社会结构、它的政策所部署的行动，所有这些以及更多的东西都被写进它的财政史之中……谁懂得如何倾听它的信使的声音，谁就能在这里比其他任何地方更加明了地识别世界历史的雷鸣。"[2] 财政政策权之所以是宏观调控权，是由财政政策的性质所决定的。财政政策直接关系到国家资源的配置、国民财富的分配、社会的公平效益，其影响广泛而深远，是重要的公共选择，财政政策是重要的宏观调控政策工具，有助于实现和保障国民经济的宏观调控。财政和财政政策如此重要，必须依法调控，依法确立财政政策权。财政政策权具体包括预算权和征税权以及国债管理权等。

（1）预算权。任何国家都不能没有预算，国家预算规定了国家在一定时期内的财政收支计划，反映国家介入经济社会生活的范围和程度，是国家在一定时期内的总体蓝图和基本纲领。正因为如此，所以著名经济学家葛德雪（Goldscheid）认为："只有预算才是国家的骨骼。"[3] 预算的宗旨在于力求预算平衡，早在 1775 年，亚当·斯密就指出，"唯一的好预算是一个平衡的预算"。尔后长期以来，"平衡预算——事实上是略有盈余可以用于还债的预算——依然是财政上的基本信条"[4]，"大体说来，赤字预算仍然被鄙薄为儿戏，是受人尊敬的政府所不屑为之的"[5]。"一切听任自然，预算肯定不会平衡。"[6] 而要保证预算平衡，就必须依法筹划预算、控制预算、公开预算、监督预算，预算权是财政政策权的核心内容之一。在我国，审议上一年度预算执行情况和本年度预算草案是每年全国人民代表大会的法定的重要议事日程。

（2）征税权。征税权是财政权的核心。有国家存在就有税收问题，这正如马克思所指出的："赋税是政府机器的经济基础，而不是其他任何东西。"[7] "捐税体现着表现在经济上的国家存在。"[8] 税收性质的一个重要方面就是"国家向居民无偿地索取"。[9] 因此，人们一般都认为征税权具有强制性、无偿性和固定性。但我们还应进一步认识到，征税权也具有宏观调控性，因为税收是国家主要的财政收入，它直接决定着财政支出和财政收支平衡，它对于财产权利保护、减少财政赤字、抑制通货膨胀、调整产业结构、解决社会就业、平衡社会财富分配等都具有特别重要的意义，征税权应当具有宏观调控性、纳入宏观调控权，税种、税率和税收增减等都必须由法律预先规定，只有征税权具有宏观调控性才能保证财政收支平衡，保证国民经济和社会协调发展。征税权的宏观调控性是其强制性、无偿性和固定性的目的，征税权的强制性、无偿性和固定性是其宏观调控性的保障，只有这样，征税权才"不仅仅是破坏性权力，也是培育性权力"。没有征税权的宏观调控性，征税权的强制性、无偿性和固定性就失去了重大意义。征税权是宏观调控权的核心内容之一，也是实现宏观调控权的根本手段之一。

---

〔1〕 ［美］萨缪尔森，高鸿业译：《经济学》（上册），商务印书馆 1979 年版，第 215 页。

〔2〕 参见［美］保罗·A.萨缪尔森、威廉·D.诺德豪斯著，高鸿业等译：《经济学》（下册），中国发展出版社 1992 年版，第 1214 页。

〔3〕 葛德雪：《国家、公共家计与社会》，载姜雄壮主编：《当代财政学主要论点》，中国财政经济出版社 1987 年版，第 465 页。

〔4〕 ［美］约瑟夫·熊彼特著，杨敬年译：《经济分析史》，商务印书馆 1992 年版，第 27 页。

〔5〕 ［美］约瑟夫·熊彼特著，杨敬年译：《经济分析史》，商务印书馆 1992 年版，第 28 页。

〔6〕 ［美］萨缪尔森，高鸿业译：《经济学》（上册），商务印书馆 1979 年版，第 215 页。

〔7〕 《马克思恩格斯选集》（第三卷），人民出版社 1995 年版，第 22 页。

〔8〕 《马克思恩格斯选集》（第一卷），人民出版社 1995 年版，第 131 页。

〔9〕 《列宁全集》（第四十一卷），人民出版社 1986 年版，第 140 页。

3. 金融监管权。现代经济是一种以货币为媒介的经济，货币是商品服务的神经，是现代市场经济的血液。正是因为货币之于市场经济的重要性，从而决定了发行并经营管理货币的银行在经济社会生活中的重要性。"银行已经被证明是推动贸易而问世的最巧妙的运转工具。"[1] 银行尤其是中央银行作为重要的金融机构在国民经济中处于核心地位，它在制定货币政策、管好基础货币、保持币值稳定、控制信贷规模、加强对商业银行的监管、保持国际收支平衡等方面都起着不可替代的作用。货币政策和金融监管是宏观调控的重要政策工具，因此，宏观调控权不包括金融监管权或者说金融监管权不具有宏观调控性、不纳入宏观调控权是不可想象的，因为"银行的生命是谨慎"[2]。事实上，无论是货币发行、法定存款准备金比例的确定，还是基准利率、再贴现率的确定、公开市场业务、汇率调节等货币政策和金融监管都是服务于宏观调控的。而货币发行权、法定存款准备金比例确定权、基准利率确定权、再贴现率确定权、公开市场业务权、汇率调节权等以及对于它们的金融监管权，正是宏观调控权的主要内容。

4. 产业调控权。产业是国民经济的基础，产业从根本上决定着国民经济，可以说，有什么样的产业就有什么样的国民经济。产业政策是重要的宏观调控政策工具，对产业的调控直接影响到国民经济，对产业的调控实质上是对国民经济的调控，是宏观调控。由于产业政策本质上是国家干预经济的重要手段，它体现贯彻的是国家作为一个社会总代表所集中起来的关于产业方面的国家意志，旨在对构成国民经济基础的众多产业进行宏观调控，使各产业沿着正确的方向、保持科学的比例、成为有效的组织、拥有先进的技术、形成合理的布局，进而促进国民经济持续、稳定、协调、健康地发展。所以，产业政策是一种宏观调控政策。在市场体制下，产业政策必须立足市场、通过市场、利用市场，产业政策不同于指令性计划，它不是以高度集权、排斥市场机制、具体而微、具有强制力的指令性计划去命令和安排国家各产业，而是以适当分权、注重市场机制、立足宏观、具有指导力的产业政策纲领去引导、指导国家各产业发展，是大的方面管住管好，小的方面放开放活，产业政策只是对产业的宏观方面进行调控，至于产业的中观方面，尤其是微观方面，则由产业和企业自主决策。所有这些都说明以产业政策为内容的产业政策法是一种宏观调控法。产业政策法的核心是产业调控权，产业调控权是一种宏观调控权。具体包括产业规划、产业组织、产业结构、产业技术和产业布局政策等方面的调控权。

---

〔1〕 参见 ［英］ 安·桑普森著，钱曾慰译：《金融巨子》，世界知识出版社 1989 年版，第 47 页。

〔2〕 参见 ［英］ 安·桑普森著，钱曾慰译：《金融巨子》，世界知识出版社 1989 年版，第 121 页。

第 五 章

经济法与私权

　　私权是私人主体对其财产、人身及其行为所享有的一种权利，它是相对于公权而言的，其形成与运作与公权有着明显的区别。本章所称的私权主要侧重于财产权及其派生的一些权利。它并不仅仅指私有财产，也包括国有公司的法人财产权等，但不包括国有财产本身。私权与市场制度有着天然的关联，它是市场效率的源泉，也是市场秩序的基础，但它同时也是市场低效和无序的主要促进因素。这就需要政府进行干预，政府的干预主要包括对私权的合理界定与配置、对私权的保障、对私权的服务以及对私权的减损等。但这种干预绩效并不是必然的，因为作为干预主体的政府既是经济增长的关键，又可能是经济衰退的根源。[1]

　　进而言之，私权的界定、配置、保障及服务，有赖于政府的集体行为；但私权的减损、私权行使障碍的设定，也往往是由政府为之。政府既是保障私权的最佳主体，也可能是侵犯私权的最大力量。政府在干预私权的过程中是表现出最大的"善"，还是显露出最大的"恶"，完全取决于相关的制度。因此，制度的设计直接关系到政府干预的绩效。此外，虽然市场制度本身是一种相当强的激励机制，但对私人主体而言，最强的激励莫过于行为人的贡献与所得的报酬相一致以及拥有充分估价的追寻利润的机会，这需要各种制度体系对市场的激励机制进行确认和进一步强化。而通过运用公权手段，政府干预既有强化市场激励机制的能力，也有减弱市场激励机制的可能。这也需要法律对干预行为进行规制和优化。所以，本章主要对国家干预如何与私权发生关联、经济法如何规范与强化市场的激励机制、如何提高私权效率以及如何引导私权形成公共秩序等问题进行探索与分析。

第一节　私权与市场制度

一、市场制度的私权前提

　　纯粹的计划体制造就了一种短缺经济，使人们陷于物质匮乏的困扰之中。而市场制度基本解决了计划体制下不能解决的资源配置难题，使人类走向物质充裕的时代。市场促进了财富增长，财富的增长一方面可以满足民众的需求，另一方面，也是实现共同富裕的必要保障；虽然这种增长有可能是没有发展的增长，对增长财富的分配也可能是不公平的，增长的过程也可能会产生巨大的代价，但毕竟实现了财富增长，从而促进社会发展。市场的这一功能与私权有必然的关联。市场体系是由有权利的主体、价格机制以及有权利的主体在价格机制的引导下对利润的追求等构成的。市场体系中的私权主体既是权利主体，又是利益核算主体，也是独立的责任主体。在市场体系中，私权主体有权运用法律赋予的权利寻求更大的利益，同时也独立承担相应的责任，他们在最大化自身利益的同时也增加了社会财富。市场是一种分散化的决策体系，在这一体系中，每个主体都可以决策，法律也赋予了每个主体相应的决策权。与计划体制

---

　　〔1〕　〔美〕道格拉斯·C.诺斯著，陈郁等译：《经济史中的结构与变迁》，上海三联书店、上海人民出版社1991年版，第20页。

中的决策权充分集中相比，这样的权利配置既能使私权主体更有效地运用私人信息，又能激励其作出更多的寻利性行为，从而在最大限度内激发出每个主体的潜能。在计划体制中，各微观主体虽在形式上是独立的，但在实质上最终层层附属于政府机关直至中央政府，这些微观主体没有独立的决策权，其行为后果也不归属于行为人本人，由此导致低效率、浪费和产出不足。在市场体系中，由于权、责、利的统一，私权主体更有良好行为的动力和压力，从而在整体上促进社会财富的增加。总之，没有私权就没有市场，对私权的不法侵犯会破坏市场机制的正常运行。

二、私权对市场效率与秩序的影响

（一）私权对市场效率的影响

私权对市场效率的影响比较复杂。它对市场效率存在正面和负面两种效应。也就是说，私权既会使市场高效运作，也会给市场带来非效率。私权对市场效率的积极影响有以下三方面：①私权主体拥有自主的决策权。自主的决策权是私权最重要的内容，是任何主体最大化自身利益的前提。②私权主体必须承受决策后果。与没有权利的状态相比，私权及其运作能最大限度地减少外部性，从而增强对权利人生产性寻利行为的激励。③私权具有最优决策的可能性。最优决策主要受到决策的信息、进行最优决策的压力和动力以及决策的方法等三方面因素的影响。其中，前两种因素直接促成私权主体作出最佳决策。由私权主体进行决策能够确保其拥有的私人信息得到最大限度的利用，从而提高决策的准确程度；私权主体对其私权作出决策时面对竞争的压力往往会趋于谨慎。正是基于这样的视角，我们才说私权是有效率的。

如果基于另外的视角进行分析，我们也会发现私权的非效率。私权的非效率主要由私权的成本、私权的冲突以及私权的微观性所致。私权的成本，是指私权的界定、保护及行使的成本，这种成本在质上是非生产性的，它的过度占用会直接导致可用于生产的资源减少；私权的冲突，是指众多私权主体在最大化自身利益时，其权利会产生冲突，这种冲突可能是因私权界定不明晰而产生，也可能缘于权利人的权利滥用等，这种冲突在耗费资源的同时会弱化权利的激励功能；私权的微观性，是私权主体只关注私权范围内的利益，而一般对私权外的利益尤其是宏观利益极少关注，这会使众多私权主体的个人理性不能汇集成集体理性，市场也就因此呈现出宏观性的失灵。

（二）私权对市场秩序的影响

私权对市场秩序也具有正面和负面两种效应。它既能促成市场的良好秩序，也会使市场陷入无序状态。私权促成市场良好秩序，缘于众多私权主体有一个相同的目标，即最大化自身利益。在市场体制中，私权的行使无需任何权威进行指挥和协调，每个主体在法律限度内追求自身利益会造就市场秩序，这种因权利而形成的秩序比计划体制下因强制而形成的秩序具有更大的价值；前者的秩序是与效率相一致的，而后者的秩序可能以效率的丧失为代价。然而，值得注意的是，私权虽然可以形成一定的市场秩序，但也不可将私权形成市场秩序的作用推向极端，因为众多私权的行使可能也会造成市场的无序，这在市场体制中被称为"有序的混乱"，即微观的有序与宏观的无序并存的现象，这种现象存在的原因与上述私权导致市场效率损失的原因有相同之处，主要有二：①私权主体可能通过损人利己而实现自身利益最大化，市场因此会出现无序状态；②私权的微观性会使市场无序发展。

由此可见，政府对私权进行有限的规制、有力的保障以及有效的服务是必要的。政府对私权进行规制、保障、服务及减损的过程也是经济法产生和发展的过程，其目的就在于市场效率的提升和市场秩序的优化。

第二节 对私权的制度激励

私权主体既是市场的动力主体，又是造成市场失灵的主体，因此对私权主体进行干预有其必要，但这给缓解或消除市场失灵的法律带来了一个难题，因为私权主体的自利动力是经济和社会发展不可或缺的强大动力，但却不是发展的最好动力，而最好的动力往往不是最强的动力。因此要使市场获得资源配置的高效率，必须运用各种制度激励私权主体的自利动机和行为，无制度激励，则人的行为动力将会不足；而为了改变市场的非效率状况，又必须对私权主体的极端自利行为进行抑制，促使私权主体的行为趋向于与其他私权主体之间的合作。由于激励与约束在功能上存在一定程度的此消彼长关系，这常会使干预者陷入两难困境。为了克服这个难题，干预的制度应该在激励与约束之间进行协调，通过制度激励使私权主体获得更强大的动力，通过制度约束使私权主体作出良好的行为，进而使私权主体的利益最大化成为受约束的最大化和受激励的最大化，从而最终使市场真正成为既自利又利他的良性机制，成为提高民众福利、促进社会发展的机制。

对私权主体的激励是制度的基本功能之一。通过激励，使私权主体可能获得其应该获得的利益，从而促进私权主体良性行为的形成。制度对私权主体的激励主要可以通过对利益的激励性配置、对财产权的有效保护以及对有限理性的克服等方式实现。

一、对利益的激励性配置

对利益的激励性配置要求制度在确认利益归属时，确保任何主体能够获得其应该获得的利益，这包括他应该得到的劳动成果或应该得到的财产收益。这是私权主体行为动力的基础。对利益配置的激励功能，诺斯得出如下结论："有效率的经济组织是经济增长的关键，一个有效率的经济组织在西欧的发展正是西方兴起的原因所在。有效率的组织需要在制度上作出安排和确立所有权以便造成一种激励，将个人的经济努力变成私人收益率接近社会收益率的活动。"[1] 如果私人收益率大大低于社会收益率，将很少有人会乐意从事对社会有益的事，因此这需要我们设计一种制度，对私权主体的利益进行激励性配置，其主要路径有二：

1. 行为人的贡献与报酬相一致。行为人贡献与报酬相一致是一种最基本和最强形式的制度激励，它既符合社会正义，又会产生最优的投入产出关系，从而使资源配置最优。在计划体制下，普遍实施的"固定工资制是一种抑制劳动者的工作努力，鼓励劳动者增加闲暇特别是在职闲暇，减少有效劳动供给的养懒人的收入分配机制"[2]。其原因就在于制度设计上的平均主义思想，使贡献与报酬严重不一致，最终导致行为人贡献不足。邓小平曾经十分精辟地指出："不讲多劳多得，不重视物质利益，对少数先进分子可以，对广大群众不行；一段时期可以，长期不行。革命精神是非常宝贵的，没有革命精神就没有革命行动。但是，革命是在物质利益的基础上产生的，如果只讲牺牲精神，不讲物质利益，那就是唯心论。"[3] 贡献与报酬相一致的制度设计应该注重两点：①贡献的有效测度问题。因为私权主体有着使私人成本最小化

〔1〕 ［美］道格拉斯·诺斯、罗伯特·托马斯著，厉以平、蔡磊译：《西方世界的兴起》，华夏出版社 1989 年版，第 5 页。

〔2〕 胡汝银：《低效率经济学：集权体制理论的重新思考》，上海三联书店、上海人民出版社 1995 年版，第 100页。

〔3〕 《邓小平文选》（第二卷），人民出版社 1983 年版，第 246 页。

和私人收益最大化的倾向，如果不解决贡献的有效测度问题，就会产生诸如"滥竽充数"的现象，人的良性行为就无从谈起。②报酬的性质问题。报酬应该以经济性为主，超经济性为辅。之所以提出这个问题，是由于在我国传统体制下，对物质激励的废置和对精神激励的过度依赖构成了最基本的激励机制，而这种激励机制不能大规模地、实质性地改变人的利益结构，从而不能对众多人的行为产生大的影响。在市场体制下，由于市场失灵和政府失灵的存在，分配体制容易出现偏差，从而出现较多的贡献与报酬不相一致的情形，这有赖于经济法矫正功能的有效发挥。

2. 财产权合理配置并且界定明晰。财产权初始配置合理与否会直接影响到私权主体的生产动力和产出。财产权的配置主要指各种资源在公有和非公有之间的分配，即公有资产与非公有资产在社会总资产中所占的比例及分布区域问题。我们不能简单地把所有产权配置给自然人，也不能把所有产权配置给企业法人和政府机构，而应该根据不同产权的效率和功能进行合理的配置，创设一种有效率的产权体系。因为"一种有效的产权安排能够抑制人们通过分配性努力来实现利益最大化的行为倾向，激励人们通过生产性努力来增加收益，从而有效地调整与协调人们之间的相互关系，增强合作，减少争夺，达到行为规范化和经济运行高效化的统一"。[1]

由于公共产权的排他成本和运行成本相对较高，一般来说，应该适用在它能够发挥最大综合效率的领域，特别是公共产品提供不足的领域。至于财产权的明确界定主要是指确定产权的合理边界，赋予产权更强的排他性，从而使产权的收益有一个明确的归属。我国古代思想家荀子认为："群而无分则争，争则乱，乱则离，离则弱，弱则不能胜物。"其表述的思想就涉及产权明确界定的必要性和功能。事实上，利益界定和赋予是法律的最主要功能之一。财产权在表象上是一种人对物的统治，实质上却涉及人与人之间的利益界定，这种利益界定对私权主体而言是必不可少的。它有助于减少人与人之间的利益纠纷，促进人与人之间的合作。良好的利益界定还有助于促进资源的更高效率的使用。因为利益的界定可以明确利益的归属，从而也明确因使用这种利益而产生的新的利益的归属，这使行为人能够充分享受因努力和勤奋而产生的利益，从而激励技术的创新和更高效率的生产。

二、划定公权与私权的合理边界

制度除了应对产权进行激励性配置外，最基本的还应做到不对私权进行侵犯。制度对私权的侵犯主要有以下表现：①规定过高的税收。经济增长与税率之间的关系可以用拉弗曲线来描述，过高的税率会减弱对私权主体的激励，从而影响产出及经济增长。②征收过多的费用。过多的费用收取还会降低被征收者对利益预期的稳定性，从而使被征收者产生非良性行为。③过度地限制或剥夺权利的权能，如强迫农民种植特定的农作物，剥夺农民的生产决策权，这种限制或剥夺会大大降低行使权利所能产生的效益。④在体现政府干预的许可、审批、登记等制度中规定过于繁杂的程序，收取过高的规费等。这些行为或降低私权主体的收益预期，或剥夺私权的部分权能，或复杂化私权的行使环境，进而导致私权的成本过高。这都是私权发挥其效能的障碍。因此应该有良好的制度划定公权与私权之间的合理边界，使私权主体及其利益不受公权机关的侵犯。

三、对有限理性的克服

私权主体的有限理性往往使其在行为时无法选择最佳的手段去最大化自身利益，因此对政府的干预会产生一定需求。制度对私权主体有限理性的克服主要通过三个途径：①增加市场信

---

[1]　陈惠雄：《人本经济学原理》，上海财经大学出版社1999年版，第295页。

息总量。政府具有不可替代的信息优势，可以把拥有的信息资源进行处理后发布，以增加市场中有效的信息总量。②对信息不对称问题进行干预，使信息量的分布趋于均匀。如运用广告法、消费者权益保护法、产品质量法等法律工具，规定生产者和经营者向消费者提供有关产品信息的义务等。③抑制或清除市场上有影响力的错误信息。如通过对错误信息的直接禁止、促使政府及有关公益性机构直接提供正确信息以及设置错误信息提供的障碍以增大错误信息提供的难度，减少市场上的错误信息总量。政府的上述干预措施会增加市场主体的有效信息拥有量，增强市场主体的理性程度，有助于降低私权主体的决策风险，提高私权主体正确决策的能力。

第三节 经济法与私权减损

私权减损是指私权被侵损或减少。从与公权是否相关的视角进行考察，我们可以把它分为非由公权引起的减损和由公权引起的减损。非由公权引起的减损，是指由公权以外的因素导致的私权减损，例如，因通货膨胀而导致的货币贬值等。由公权引起的减损，是指因公权对私权的限制或剥夺而导致的私权减损。本节所称的私权减损，主要指由公权引起的减损。私权减损有质上的减损和量上的减损之分，前者指私权因权利范围受到限制而减损价值，例如，法律限制某种财产的使用目的从而导致其价值下降；后者指权利的对象在量上的直接减少，例如，税的征收使被征收主体的财产份额或利润减少。质上的减损实质上是对私权的限制；量上的减损实质上是对私权的整体权能在量上的获取。在实践中，公权对私权的减损可能会整体提升私权的价值，也可能会导致私权效率和社会整体效率的降低。所以，根据绩效的不同，私权减损可以分为良性减损和恶性减损。良性的私权减损，是指减损会导致效率的提升和秩序的优化的情形；恶性的私权减损，是指减损会导致效率的下降或市场秩序的恶化的情形。经济法正是规范公权减损私权的法律，应然的经济法是抑制恶性的私权减损，并确保私权减损趋向于良性的最主要的制度。

一、对私权的制度限制

（一）限制私权的原因和目的

市场体制的运行动力来自于私权主体的自利动机和行为，这种自利行为对公共福利的形成必不可少，但在一定程度上又会阻碍公共福利的形成。如前所述，如果没有制度的有效规制，私权主体在最大化自身利益的过程中，可能会不择手段，在收入的最大化和成本的最小化间进行各种选择，并可能作出"搭便车"、转嫁成本、侵权等行为；在没有制度约束的情形下，他们并不会完全追求生产性努力，也会追求分配性努力；私权主体对私利的追逐还会导致宏观环境的恶化。这就需要制度对这种自利的动力进行匡正，使这种动力不仅在量上是强大的，而且在质上也是好的。"如果不对这些由人类的需要所引发的有害于他人利益的行为加以约束，对人的理性不加张扬，对非理性不加鞭笞，没有善恶是非标准，人类理性就会像'劣币驱逐良币'一样被非理性驱赶，人类就会陷于无休止的混乱状态，社会也就无法有序地组织起来并按一定的行为规则运行。"[1]

对私权进行制度限制也正来源于对各种损人利己行为的刚性约束的需要，来源于对人们的合法权益加以保护的需要，亦来源于对各私权主体行为的宏观结果进行反应的需要。制度通过

---

〔1〕 陈惠雄：《人本经济学原理》，上海财经大学出版社 1999 年版，第 284 页。

对私权主体的行为进行约束，使各私权主体对利益追逐的权利互不抵触，促使他们互相合作，从而形成秩序，也就是说，制度的存在使私权主体的自利行为和动机在一定程度上受到限制，把私权主体追求利益最大化的行为限于互利的基础之上，也使行为既符合自身利益，又符合公共利益。具体言之，对私权进行限制，主要基于以下几点考虑：

1. 私权主体在时空上的短视。没有制度的约束，私权的权利结构会导致私权主体追求自身利益时在时空上的短视。私权主体在时间上的短视，可以表现为不顾及子孙后代对资源和环境的需求，甚至不顾及自身在未来的利益而通过滥用资源或破坏环境的方式最大化自身利益。当然这种短视并不必然是个体的问题，有时由于信息不足等原因，私权主体个人很难判断其行为对资源与环境的影响程度，在此情形下个人对私利的追求很容易发展为群体性短视。私权主体在空间上的短视，则表现为对自身利益的过度关注而忽视甚至漠视其他主体的利益。这种时空上的短视会导致私权主体对利益的错误理解，其最大化自身利益的行为可能以损害他人的利益和将来所有人的利益为代价。市场失灵的一些表征就源于私权主体对利益的错误、狭隘的理解及其相应的行为。这就需要对私权主体在时空上的短视进行必要的公权规制。如《中华人民共和国渔业法》（以下简称《渔业法》）第22条设定的限额捕捞制度。

2. 权利的平等性。私权主体在地位上是平等的。任何主体如果拥有同样的权利就应该有同样的权能，如果允许一方侵犯另一方的利益，则不仅不公平，还可能导致私权的丧失。正是基于私权主体在地位上的平等，我们有必要限制私权。当然，这种限制的目的并不在于限制本身，而是为了使私权主体获得更多的自由。如洛克所说，"自由意味着不受他人的束缚和强暴，哪里没有法律，哪里就没有自由""法律的目的不是废除或限制自由，而是保护和扩大自由"。[1]

科斯在《社会成本问题》一文中也指出："对个人权利无限制的制度，必将是无权利可以获取的制度。"[2]

实践中，不受限制的自由不是自由，它的结果不是产生特权和奴役，就是导致冲突和纷争。所以，必须对私权进行限制，把权利的冲突限制在最小的范围之内，从而实质上扩展权利的范围。此外，更重要的是，平等虽是市场经济的运行前提，但私法中的平等是一种形式上的平等，是相对于等级社会中的绝对不平等而言的。实质平等虽然在实践中不可能也无必要彻底实现，但对于交易双方力量强弱对比明显的情形，公权通过对权利的限制等实现一定水准的实质平等也有必要。

3. 权利所面对的物质空间的有限性。在其他条件相同的情形下，私权所面对的物质空间越小，私权间产生冲突的可能性就越大。在市场经济的早期，各种权利处于成长和发展的进程中，较多情形下，权利的物质边界要大于使用该权利而产生的外部性范围，因此，冲突发生的可能性相对较小。市场经济发展到今天，权利所面对的物质空间大大缩小，同时也出现权利拥挤的现象，权利冲突的可能性就大为增加，这使对某些权利进行公权规制成为必要。

4. 某些情形下权利界定的困难。权利界定越不明晰，冲突产生的可能性就越大。因此，必须尽可能地明确权利的边界，但这会面临两个困境：①权利的界定和明晰化受到资源耗费的限制，一般而言，权利越明晰，其耗费的资源就越多，因此，权利的明晰化存在一个资源耗费的上限。②某些领域（如某些自然资源领域和环境领域）存在权利界定的困难。因此，在这些领域，对其他形式的公权干预产生一定需求。

---

〔1〕　［英］洛克著，瞿菊农、叶启芳译：《政府论》（下篇），商务印书馆1964年版，第36页。

〔2〕　R. H. Coase, "The Problem of Social Cost", *Journal of Law and Economics*, Vol. 3（Oct., 1960）, p. 44.

5. 民事途径的有限性。一般而言，私权冲突所表现的负外部性越大，由民事途径解决的整体效果就越差，由政府对私权进行规制的必要性也就越大。虽然对侵权这种负外部性可以以协商、诉讼等途径解决，但这必须具备相当严格的前提条件才可行：①负外部性必须有确定的受害人；②负外部性的存在必须是明显的，受害人对这一信息的获知必须是及时、充分的；③负外部性的受害人的利益受损必须达到一定程度；④负外部性的受害人之间不存在"搭便车"的现象；⑤取得补偿等交易结果的交易成本必须足够小；⑥交易结果必须具有可预期性。但事实上，这些前提条件全部符合并不可能，主要基于以下原因：①并不是所有的负外部性都有确定的受害人。如偏僻地区的环境污染。②并不是所有的负外部性的存在都是明显的，在现实中，相当多的负外部性并不能立即被受害人感知。③如果负外部性对社会整体利益损害很大，但对每个受害人的利益损害很小，或者，虽然对受害人或社会整体的远期利益损害很大，而当下利益受损很小时，受害人有相当的可能不会采取维权行为。④如果负外部性的受害人足够多以至于他们之间产生"搭便车"的现象，也可能使负外部性得不到解决。⑤如果受害人认为取得补偿的交易成本过高，或者由于司法程序上的问题而使结果具有不可预期性，则受害人也有可能不选择协商或诉讼的方式解决负外部性。因此需要对私权进行干预，以在新制度框架下有效预防纠纷，或有效解决纠纷。

（二）公权限制私权的界限

对私权主体的制度约束有其必要，但在市场经济体制下，如果对私权主体的权利及其行使进行过度约束，那制度的合理性就需要受到质疑。虽然对私权主体的约束有助于良好秩序的形成，但良好秩序并不是我们追求的唯一目标，在市场体制下，自由和秩序应该是社会追求的两大目标，所有制度都不应偏废于任何一方。因为最强的自由导致社会的无序，最强的秩序导致自由的彻底剥夺。所以对私权的约束应该有其限度，界定其限度时至少应该考虑三个因素：①制度不能要求较多的人在较长时期内牺牲较重要的个人利益；②良好社会秩序的形成并不能以绝大多数人的较重要的自由的丧失为代价；③对公共利益的界定必须坚持科学的态度，并且还应该受到程序上的制约，不能动辄以公共利益为名而对私权进行限制，尤其应该禁止为了少数人的利益而限制私权。

（三）对私权进行限制的有效性

对私权的限制有效与否，取决于多个因素，择其要者简述如下：①制度被内部化的程度，即制度被民众认同的程度。制度的内部化是指制度被内生为人的基本行为准则，此时，"规范的遵循不再需要外部的约束（当然约束还是存在的），规范的维持依赖于个人的自我价值意识，个人违反规范可能使其产生负罪感或良心上的不安"[1]。当制度被内部化时，它就成为人的个性的一部分，成为人的当然的行为准则和目标。影响制度被内部化的因素很多，其中一个不可忽视的问题是该制度是否考虑了被规制对象的利益，如果制度完全忽略被规制对象的利益和需求，则制度就不可能内化为人的行为规范，制度对人的约束也可能趋于无效。②制度执行的信息问题。这是一个经常被忽视的问题，以至于各种制度中常常预设执行信息的充分性及信息获取的无代价而很少对执行信息问题作出专门规定。这是目前我国的某些法律不能得到有效执行的主要因素之一。执法者信息拥有量的多少会直接影响法律规则的有效实施，如果执法者的执法信息不足，则该法的有效实施就会存在前提障碍和过程障碍，该法被行为人遵守的可能性就会降低。

---

〔1〕〔英〕马尔科姆·卢瑟福著，陈建波、郁仲莉译：《经济学中的制度 老制度主义和新制度主义》，中国社会科学出版社1999年版，第64页。

二、经济法与量上的私权减损

（一）量上的私权减损的必要性

量上的私权减损，是由公权对收入和财富进行强制性分配引起的，这种分配的早期目的在于维持国家的需要。这也是目前进行强制性分配的主要目的。由于国家在产权保护、法律制定以及治安和国防的提供等方面有着其他主体所不具有的优势，而国家自身又不是一个生产性组织，所以，有赖于各种生产性组织的经济支持，通过它们的资源支持维持自身存在。在历史发展进程中，支持的方式不断变迁，最终形成公权对私权主体利益的强制性征收。所以，只要存在国家，这种性质的强制性分配就会存在，并且强制性分配的方式和限度也随着国家的性质、职能的不同而不同。至于通过强制性分配的方式实现一定程度的公平，则是最近几个世纪逐渐发展起来的国家功能。

（二）量上减损私权的路径

1. 税。税是一种强制性的征收，它不仅能维持国家的存在，同时也是转移支付能够实现的前提。如果一个国家不能获得必要的税收收入甚至出现"税收危机"，那么，国家的存在和发展也将面临危机。

2. 费。除税之外，国家还使用费的形式和渠道取得收入。如许可收费、证照收费、资源使用费等。

3. 政府征用。政府征用实质上是一种强迫交易行为，为防止权力滥用，这种强迫交易必须以公共利益为目的，必须履行法定的程序，作为交易，应该给予合理的对价。

（三）量上减损私权的限度

政府应当促进私权主体的生产性活动，不能只着眼于通过归集私人财产而过度进行纯粹的财产分配。当一个社会的私人财产大部分变成公共财产，或公共财产大部分变成私人财产之时，财产权的效率就会丧失，社会的发展就会停滞。西方福利国家的危机就缘于福利国家过度参与了资源的分配和使用，因此减损了私权的效率。作为强制性分配的量上的私权减损，其对市场机制的消极影响，除了强制性分配自身会存在成本、强制性分配可能被利益集团所利用外，还可能弱化对被分配主体的激励，因此政府在决策时必须重视私权减损的限度，重视运用经济法降低私权减损对市场经济的消极影响。如税收虽然是国家得以存在的资源前提，但也会直接减少民众能够支配的财富，弱化对民众生产行为的激励，降低其生产行为的动力。很显然，适度的税收是产权得到保障的前提，而过度的税收则会侵犯产权，从而影响社会资源的产出，问题的关键在于税收的度。这需要作出制度安排，确保一种最优的税制，在这种税制下，公平与效率能够得到平衡。

第四节 经济法对私权的保障和服务

一、经济法与私权保障

公权对私权的保障有多种含义。经济法意义上的保障主要指的是公权对弱者（包括自然人和企业）的保护。这种保护主要缘于社会上存在的较严重的实质不公平，经济法通过对强者的抑制或对弱者的扶持来保护弱者利益。这种保护主要包括但不限于以下几类：

1. 通过对垄断的抑制以保护中小企业。垄断者经由力量的合法积聚而达到垄断，虽然这是自由竞争的结果，但垄断行为会限制潜在的竞争者，侵犯其他私权主体的利益，还会减少消费者的福利，增加非生产性的资源耗费（如建立和维持垄断地位的支出），降低资源的配置和运用的效率。这种行为靠市场的力量不能排除，所以公权的干预成为必要，这是一种限权性的干预，一方面是为了保障私权，另一方面也是为了提升整体的市场效率。

2. 对消费者群体的保护。消费者权益保护法是一种保护弱者的法律，其对弱者的保护主要通过对强者的权利限制和义务规定以及对弱者的服务而实现，它是对作为交易基本法的合同法的必要补充，也是社会法的重要表现。

3. 对劳动者的保护。企业与劳动者间的公正分配的实现主要有赖于交易双方的讨价还价行为。与消费者和经营者的关系类似，在现实中不同的情势之下，交易双方的讨价还价能力有差异，这种差异的原因是多方面的。如交易弱势者因交易的信息不足而不能讨价还价；因力量相对薄弱而不敢讨价还价；因安于现状而不想讨价还价。对弱者而言，讨价还价的能力和欲望越强，则分配公正性实现的可能性就越大。但既为弱者，其与强者之间在实质上不可能处于同一地位之上，其自身正当权利的实现也就会有障碍，作为弱者的劳动者不一定能获得其应当取得的报酬。这种因实质上的地位差异而导致的分配不公平是讲求形式公平的私法无力克服的。这使公权的直接干预成为必要。实践中的最低工资制度是主要的干预方式之一。《中华人民共和国劳动法》（以下简称《劳动法》）第48条规定，国家实行最低工资保障制度。用人单位支付劳动者的工资不得低于当地最低工资标准。最低工资制度的设置使作为弱者的劳动者在讨价还价能力很弱的情形下，也能获得不低于最低工资的报酬。这种制度通过给企业设置义务的方式保障了劳动者获取合理报酬的权利。

二、经济法与私权服务

公权干预如何改善私权的行使环境？如何降低私权的行使成本？这有赖于公权对私权的服务。广义上看，必要的宏观调控、市场准入以及政府对竞争秩序的维持都属于对私权的服务，它们都能改善私权的行使环境，提升私权的效率与价值。这在本书的其他章节会有论及，此处的服务指政府协助市场主体作出决策的服务，主要是提供信息的服务。

（一）决策主体的信息不足及其原因

信息不足是指决策所依赖的信息在量上不充分，主要表现为市场主体对其他主体拥有的私人信息及由众多私人信息汇集而成的宏观方面的信息了解不够，从而影响其决策。导致信息不足的原因主要有三：①信息具有公共产品的特性。信息的这一特性，提高了信息产品的风险性，可能使以信息为投资对象的投资者对其望而却步。②信息收集、处理存在成本，并且存在着边际成本递增的现象。斯蒂格勒认为，信息成本是从一无所知变为无所不知的成本，极少有交易者能负担得起。③信息收集、处理者的信息能力有限。在现实中，各主体在收集、处理信息时会受到自身各种因素的限制，从而使信息变得不完全；对各市场主体而言，各人都可能拥有垄断性的私人信息，很难了解其他主体的有关信息，对在私人信息基础上汇集而成的宏观信息的了解更是极难实现。例如，投资主体在进行投资时，要了解所投资行业的发展前景、市场的饱和程度、受国际市场的影响程度、市场竞争的激烈程度、政府对其支持程度等信息，对一个个体而言，全面地收集到这些信息确有难度。就连对大蒜这种农产品的市场价格变化都很难把握。如在经历2016年的"蒜你狠"后，2018年大蒜价格开始出现"蒜你跌得狠"。原农业部2018年4月23日数据显示，4月大蒜批发均价为5.53元/公斤，与2017年同期相比下降幅度达59.28%。受此影响，河南中牟县等地蒜农每亩地亏损1700多元，山东省存蒜商出现每斤0.45~1.25元的亏损，而北京新发地大蒜批发商也面临销路不畅、"卖一斤亏一块钱"的困境。这是由于2016年大蒜价格上涨引发蒜农种植热情高涨，种植面积连续增加，导致市场供大于求，进而引发大蒜价格持续下跌。[1]

（二）公权服务的路径

市场体制中存在的信息不足对市场效率有极大的消极影响，主要表现为以下三点：①直接增加市场主体的信息成本，从而减少其行为收益；②有可能导致决策失误，众多的失误会导致整体资源配置的低效率甚至错误；③信息不足使决策主体不敢进行决策，从而减少进行资源配置的机会，较多的"物"不能尽其用。这些消极影响的存在会导致市场对政府干预的需求。通过政府干预增加市场信息总量的路径主要有以下两种：

1. 政府部门直接提供信息。这种路径是较多的，如政府利用其信息优势对所拥有的信息进行处理，并使其成为一种无偿的公共信息。这能够优化市场主体的决策，并激励其作出各种投资、交易的决策。又如，执法机构直接、及时向民众提供各类执法信息，以提升民众的交易能力。再如，由政府主导的消费者教育。1985 年联合国大会通过并在 1999 年和 2015 年进行了较大修改的《联合国消费者保护准则》对消费者教育作了详尽规定，要求会员国应该发展或鼓励发展一般性消费者教育和信息项目。虽然我国实践中存在消费者教育，但《中华人民共和国消费者权益保护法》（以下简称《消费者权益保护法》）中没有明确规定消费者教育制度。因此需要基于我国国情和现有制度，借鉴国外的成熟经验，构建由政府主导、多主体参与、多层次的消费者教育制度体系，并切实实施，以增强消费者的决策能力。[2]

2. 由其他单位和个人提供信息。主要也有两种路径：①通过强制性说明义务的设置让私人主体提供一些私人信息，使其成为公共信息，从而增加市场中的信息总量。②国家对信息生产主体和交易主体进行公力支持，以尽可能减少信息的生产成本和排他成本，增加其收益，从而激励其作出更多的市场所必需的信息产出。具体言之，通过对信息生产和交易的制度支持，使信息生产者有一个良好的信息生产和交易的环境，从而使信息生产和交易者有利可图。其中，对信息生产的制度支持是通过降低信息生产的难度、增加原始信息获取的途径和加强对信息生产企业的组织支持等方式实现的。对信息交易的制度支持是通过确保信息交易的安全性、降低信息交易的成本、降低公权对信息交易的利益获取比例以及加强对非法获取、使用和披露信息的主体的惩处等方式实现的。

---

[1] 夏丹：《"蒜你跌得狠"价格拦腰斩——今年以来蒜价持续走低，蒜农、存蒜商、批发商面临亏损压力，专家分析称年内蒜价难反弹》，载《新京报》2018 年 4 月 24 日，第 B10 版。

[2] 应飞虎：《我国食品消费者教育制度的构建》，载《现代法学》2016 年第 4 期。

经济法的适度干预

经济法的本质在于公权干预。任何干预都需要有理由，都需要有法律上和非法律上的依据。适度干预是指公权对市场的干预要有限度，要考虑公权的能力以及市场的需求等。考虑到适度干预对经济立法的重要性，本章将对适度干预的基本问题作较为系统的阐述。

第一节　适度干预的原因

多年的规制实践表明，经济法对市场的规制也必须有一个界限。凡是市场能有效运行之处，就没有经济法存在之空间；凡是有经济法不能克服市场缺陷之情形，就没有经济法运作之余地；凡是存在经济法克服市场缺陷不经济之情形，可能也没有经济法存在之必要。这是经济法应有的界限，经济法如果超越了这些界限，社会上将只会多一些法律和矛盾而少一些秩序和效率。本节从干预对象、干预者、干预成本、制度的综合功能等角度，较系统地探究公权适度干预的原因。

一、基于对干预对象的考察

（一）市场是最基本的资源配置方式

实践中存在市场和计划两种资源配置的方式。经典的计划机制在 20 世纪的发展史上已被宣告失败，这种机制在理论上相当富有效率，似乎是一种相当先进的制度，但实质上，这种制度对资源配置的贡献有赖于特殊的人的支持，主要表现在两方面：①计划的制订有赖于如超级电脑般超强的完全理性人在信息收集、甄别、处理等方面的支持；②计划的实施有赖于大公无私而非小公大私的超现代人的支持。计划机制如果得不到这两种人的有效支持，其资源配置功能的发挥将会受到抑制，资源配置的低效率甚至负效率将在所难免。事实证明，经典的计划机制对完全理性人和完全道德人的认识和假定是不现实的，这导致资源配置效率发挥受到限制；与此相反，在资源有效利用这一问题上，与现行生产力相适应的现实的人是有限理性人，市场机制正是遵循了这一类人的认知假定和人性假定而进行的制度设计，从而产生了比经典计划机制更高的资源利用效率。正是基于这样的认识和假设，市场机制有一种与计划机制不同的制度设计：①基于对个人利益实现会促进公共利益实现的认识，市场机制尊重个人权利，积极引导个人实现其自身利益。②基于对有限理性人的认识，市场机制为克服有限理性人在信息收集和处理上的局限性，形成了价格机制，节约了人的信息成本；市场机制也没有如计划机制一样创设一种负责全社会资源配置的机构。正是这些与计划不同的制度结构，创造了经济奇迹，相对而言，这种被称为"没有心脏和大脑的东西"比"有心脏和大脑的东西"有着更强的资源配置能力和更高的资源配置效率。

（二）作为非效率表征的市场失灵

市场体制的动力来源于人对利益的追求，这是人性在现有生产力条件下的最集中体现，而计划体制的动力则来自于人的公利心以及对权威和权力的服从。与计划体制相比，市场体制具有更高的效率，可以说，没有市场就不会有现今人类的文明，但是市场并不是最优而是次优的资源配置形式，市场在运行过程中也会存在一些不尽人意之处，这被称为市场失灵，主要表现有：①垄断。市场依赖竞争而得以繁荣，但竞争具有否定自身的倾向，因为自由竞争必然会导致垄断，而垄断行为不仅会抑制竞争，减损市场的效率，还可能会抑制创新，损害消费者的福利。②市场的不普遍。市场通过价格机制发挥其配置资源的功能，凡是价格机制不存在之处，都是市场不普遍之处，市场功能的发挥也就无从谈起。如自然资源领域和环境领域由于得不到市场的"关怀"，一些自然资源处于低价状态，经济发展的资源代价和环境代价因而没有被纳入或充分纳入利润计算的范围，由此引发了对资源的滥用和对环境的破坏。③信息在量上的不充分和在分布上的不均匀。虽然价格信号是一种有效的信息，但对每一个市场主体而言，信息总是不充分的，从而影响其作出经济决策；在各主体之间，信息还存在着分布上的不均匀，因为信息的初始分布就不均匀，而信息优势主体为了使信息劣势主体作出有利于其的选择和决策，可能会进行不同形式的信息垄断，从而使不均匀的状态很难得到改变。④外部性。外部性是指市场主体不需承担其行为的某些不良后果，或不能获得其行为所导致的某些利益的情形，前者被称为负外部性，如环境公害；后者被称为正外部性，如发明创造。负外部性的存在往往会强化对不良行为的激励，而正外部性的存在则会导致对良好行为的激励不足。⑤交易成本。交易成本主要是指搜寻交易对象的费用、进行交易谈判的费用以及执行交易契约的费用等，这些费用都是非生产性的资源耗费，在企业的费用结构中占较高的比例。过高的交易费用会阻碍交易的正常进行，弱化对市场主体主动寻求交易的激励，从而成为资源有效配置的障碍。⑥分配问题。市场虽然会促成财富的增长，但在劳动关系中的微观分配可能会不公平，基于各种原因，宏观层面的财富分配可能也会存在问题，这也是需要公权干预的原因所在。⑦经济周期。经济周期会带来生产力的巨大破坏和资源的严重浪费，使资源的整体利用效率降低，从而对市场的效率造成严重的破坏。

除了传统的市场失灵外，经营者对人的心理弱点的利用而导致的行为市场失灵（behavioral market failure）在近些年被发现。在影响消费者决策的层次、信息呈现的方式以及损害结果的隐蔽程度等方面，行为市场失灵与传统市场失灵完全不同，这也在经济法相关制度方面形成了新的立法需求。[1]

（三）经济法及其本源界限

通过对市场失灵内在机理的分析，我们可以得出一个结论，即虽然各种市场失灵形式的出现有时间上的先后，但市场失灵源于市场机制，与市场机制共存亡。所以，让市场机制自身来对市场失灵加以全面、彻底地克服并不现实，克服市场失灵有赖于独立于市场机制的外力，在诸多外力形式中，国家以其独有的强制性、权威性而成为最主要的干预主体。国家运用公权力以经济法的法律形式对市场失灵进行干预，使市场获得理想的资源配置效率。具体言之，国家运用反不正当竞争法对不正当竞争行为加以禁止；运用反垄断法对垄断行为加以矫正，以在市场中恢复有效竞争，进而确立良好的市场竞争秩序；运用自然资源法、环境法等法律，确立有效的所有权，在资源领域和环境领域引入市场机制等，以期改变资源被滥用和环境被破坏的现象；通过政府投资，提供市场所不能或不愿提供的公共产品；通过提供有效信息，弥补市场提供信息不足的缺陷；在广告法、消费者权益保护法等法律中规定广告主、经营者提供产品信息的义务，以改变信息不对称状况；运用多种形式的分配法，以尽可能实现分配中公平与效率的平衡；运用税法、金融法及其他宏观调控法律，引导个人理性与集体理性相一致，使市场在微观和宏观领域均有序的基础上运行。经济法对市场的干预，源于市场失灵的存在，所以经济法

---

〔1〕　应飞虎：《行为市场失灵及其法律应对》，载《中国法学》2022 年第 6 期。

的干预范围应该严格限定在市场失灵的范围之内，对不存在失灵的市场进行干预，只会侵犯人的权利而无有效益的干预产出，只会减弱人良性的自利动力，同时激化人自利动机中的非理性成分，从而破坏市场机制的正常运行。因此，我们应该首先确立经济法的本源界限，即从经济法的起源来界定其应有的界限，相对于从政府的角度确立的经济法的政府界限，我们还可以称其为经济法的市场界限。经济法的本源界限就是市场失灵的界限。

从制度替代的角度看，政府对市场进行干预的实质是一种制度替代。自由资本主义时期，政府的职能仅限于市场体制的创建和维护，政府很少介入市场内部；近一个多世纪以来，政府不仅需要创建和维护市场，还需要对市场制度进行替代。政府的这种制度替代功能决定了政府地位的派生性，即如市场能良好运行，则无需政府干预，只有市场自身出现问题而不能自行解决之时，才需要政府的制度替代，亦即，这种替代是有前提的，并不是所有的市场制度都需要由政府替代，否则就不称其为市场了。一般而言，市场失灵的范围就是政府进行制度替代的范围，但实践中具体界定时，既需要基于各种因素对上述范围进行修正，又需要基于干预效率的视角对其进行分析，如果政府干预并不能使市场效率得到提升，则政府的这种制度替代可能就不必要。但实践中运用这种经济分析有较大的难度，因为有相当多的干预行为所涉及的利益很难量化，因此也就很难进行利益比较和权衡，这有待于各学科学者进一步探索和研究。

二、基于对干预者的考察

在克服市场失灵的诸多方案中，政府是最可能被首先考虑的。如斯蒂格利茨所言，政府在克服市场失灵的过程中具有征税权、禁止权、处罚权和较低的交易费用等优势。[1]

（一）经济法的政府能力界限

在克服市场失灵的过程中，政府并非万能，它也有自身的能力边界。如果把政府设想为无所不能的组织，那将非常危险。正如英国经济学家亨利·西格维克所说："并非在任何时候自由放任的不足都是能够由政府的干涉弥补的，因为在任何特别的情况中，后者不可避免的弊端都可能比私人企业的缺点显得更加糟糕。"[2]事实上，市场失灵只是公权干预的必要前提，但我们并不能据此推导出公权能解决所有的问题。无所不能的政府必然是无能政府，最后必将是一无所能。政府并非是具有完全理性的"超人"，而是具有有限理性的"常人"，它也会面临信息不足的问题，从而影响干预决策；在进行干预决策时，也会面临如何进行最佳选择的难题，犹如医生治病，在了解患者的病情后，医生面临着治疗方案的选择：是保守治疗还是手术治疗，是用中医还是西医治疗，抑或中西医结合治疗，等等。如果治疗手段选择错误，就不会有好的治疗效果。这种选择在实践中是相当复杂的。

（二）经济法的政府经济人界限

政府虽然是为实现公共利益而存在，但由于政府也是由自然人组成的，作为自然人也可能会追求自身利益的最大化，所以政府也很难摆脱经济人特性，只不过由于制度的约束，这种特性并没有市场中的经济人那么明显。但如果没有良好制度的规制，政府的经济人特性就会凸显，为了实现其最大化利益，在进行立法时，公共利益可能被忽视，部门立法也可能成为争权夺利的工具。执法过程中问题会更多，主要表现有：执法中的地方保护主义；执行中把执法手

---

〔1〕[美]斯蒂格利茨著，郑秉文译：《政府为什么干预经济——政府在市场经济中的角色》，中国物资出版社1998年版，第74页。

〔2〕[美]查尔斯·沃尔夫著，谢旭译：《市场或政府——权衡两种不完善选择》，中国发展出版社1994年版，第15页。

段当作目的，某些行政机关只关心收费、罚款，而不对被收费的对象进行管理、引导；当某区域自发出现一种新兴市场时，只顾收费而不对市场进行服务，也不对市场主体的机会主义行为进行规制，最终可能导致市场萎缩；功利地选择法律进行执法，导致法律在适用上支离破碎；不对市场及其主体进行有效管理、服务，只着眼于自身利益而对市场主体进行骚扰式的"管理"；等等。政府的经济人特性可以通过政府体制改革和对政府官员的有效约束与激励等制度创新来加以弱化，但不可能彻底根除。恩格斯说过："人来源于动物的事实已经决定了人永远不能摆脱兽性，所以问题永远只能在于摆脱得多一些或少一些，在于兽性与人性的差异程度。"[1] 与此类似，政府对自身经济人特性的摆脱也只是程度问题。所以，在干预问题上应该设定政府经济人界限，对市场的干预与否须考虑政府及其官员最大化自身利益的行为是否可以得到有效抑制，如果不能，则干预的选择需要谨慎。

三、基于对干预成本的考察

干预成本的存在需要政府在作出干预决策时，进行干预成本与干预收益的权衡，如果总收益大于总成本，则这种干预在经济上是可行的；如果总成本大于总收益，则这种干预的合理性就值得怀疑。所以，在干预问题上应该设定干预成本界限，杜绝不经济的干预行为。这在实践中已经较为普遍。如美国 1993 年发布的 12866 号总统行政令规定，在决定是否规制和如何规制时，政府机构应该评估包括不规制在内的各种规制方案的所有成本和收益。除非法律有明确要求，否则政府机构应该选择净收益最大的规制方案。[2] 我国国务院在 2004 年 3 月印发的《全面推进依法行政实施纲要》中要求："积极探索对政府立法项目尤其是经济立法项目的成本效益分析制度。政府立法不仅要考虑立法过程成本，还要研究其实施后的执法成本和社会成本。"

经济法的干预成本界限可以用市场与企业的关系问题来加以说明。企业的起源与市场运行存在交易费用有直接的联系，由于市场的有效运行需要交易费用的支持，而巨额交易费用构成了交易主体的沉重负担，为节约交易费用，企业，这种与市场完全异质的科层组织就出现了。如科斯所言："建立企业有利可图的原因似乎是利用价格机制是有代价的，通过价格机制组织生产的最明显的成本就是所有发现相对价格的工作……市场上每一笔交易的谈判和签约的费用也必须考虑在内。"[3] 当存在企业时，契约大大减少，一系列的契约被一个契约替代，因而减少了交易次数，从而节约了交易费用。但是随着企业规模的扩大，当企业的内部运行成本超过了同等资源由市场配置的市场交易费用时，企业的扩张应该停止，否则企业对交易费用的节约将没有任何贡献，企业应该在内部运行成本与市场交易费用相等这一点上设置自己的规模界限。与此相类似，经济法中的干预也应该有干预成本界限。政府对市场的干预需要资金的支持，除了公共物品的提供需要直接的资金投入，对市场失灵的干预则需要干预主体人、财、物及时间的投入，这是狭义上的干预成本；广义的干预成本还包括被干预者因政府干预而增加的支出和减少的收入、被干预者应对性行为的成本，以及被干预者的交易对象可能承受的利益损失等。

公权对市场进行干预时应该充分考虑制度在实施过程中产生的成本和收益，尤其需要考量执法机构的能力、公益性程度，以及被规制者的对策行为等因素，并把这些因素提前反映在具

〔1〕《马克思恩格斯选集》（第四卷），人民出版社 1972 年版，第 140 页。

〔2〕 *Executive Order* 12866（*Regulatory Planning and Review*），https：//www. archives. gov/files/federal-register/executive-orders/pdf/12866. pdf.

〔3〕［美］罗纳德·哈里·科斯著，盛洪、陈郁译：《论生产的制度结构》，上海三联书店 1994 年版，第 6 页。

体的制度中，以尽可能地降低制度的实施成本，提高制度收益。但经济法的干预成本界限的有效确定有较大难度，因为对政府行为的成本与收益的比较需要量化的数据支持，而这种数据在我国比较缺乏，在经济法研究中也少有这样的实证性资料支持，这种状况有待改变。

四、基于对制度综合功能的考察

（一）经济法克服市场失灵的优势

1. 直接限制市场主体私权。作为限权法，经济法对私权的限制比民法对私权的限制的范围更广、规模更大，这是克服市场失灵所必需的。经济法之所以能够实现对私权的限制，完全源于公权的运用。国家是能够合法运用强制力的唯一组织，它能够合法地取走市场主体的财产而不侵犯其财产权，从而拥有干预财力；它能够规定生产者和经营者对消费者的说明义务而不侵犯其商业秘密，从而强制性地实现信息分布的均衡；它能够对垄断企业进行强制性解散而不侵犯其经营权，从而确保竞争的市场态势；等等。这一切都是民法规范所不具备的。

2. 直接改变市场主体的利益结构。理性经济人会追求自身利益的最大化，公权在对私权进行干预时，不应彻底改变人的这种特性，对人偏好结构进行根本性改变是不可能的，但经济法可以通过改变人行为的成本构成或利益归属从而使人在进行成本—收益核算时作出既有利于其自身又有利于社会的选择。

（二）部门法之间的互动与经济法的干预

在对市场失灵进行干预的过程中，经济法具有独特优势，但这些优势并不能彻底替代其他制度的功能。法律在渐进的演变过程中，形成并发展了各部门法，但各部门法之间并不存在想象中的鸿沟。民法、经济法、行政法、刑法等之间的界限没有我们想象得那么清晰。它们虽都有其专有的作用领域，但它们之间的边界绝非固定，边界移动是常有的事。如对侵犯财产权的法律对策、侵权的负面影响的大小、侵权的频繁程度、受害人实现赔偿的方便程度及实现比例等因素都可以决定各法律边界的位置及其走向。事实上，部门法学的划分是研究的需要，各法律之间存在互动与功能上的衔接问题。一般而言，法律功能的互动与衔接是双向或多向的，但在经济法和与其关系最为密切的民法和行政法之间的互动与衔接问题上，经济法占有主导地位并承担主要职责。若经济法不履行这一职责，其与民法、行政法之间的衔接就不能实现，三法整体的功能最优就无法实现，这主要是因为经济法是后起的法律。既然是后起，就需要主动考虑与前法的衔接问题。如私法，它自身有良好的体系，而且是市场体制下最基础的法律，与经济法相比，绝大多数私法制度由自发演进而产生，这种制度是一种最基本的制度创造，而经济法作为一种人为设计的制度，其产生是对私法制度的替代和弥补，虽然百余年来随着经济社会化的发展，私法出现较多的变迁，如绝对所有权演变为受限制的所有权等，但可以肯定地说，私法的这种变迁无需考虑经济法的存在，私法制度的创立和变迁对经济法制度现状和可能的发展走向的依赖性极小；而经济法制度的创立和变迁却必须首先考虑私法现状及其可能的发展走向，具体包括私法的作用机理、功能优势、功能界限及不同时期的绩效。再以合同法和消费者权益保护法为例，众所周知，合同法以赋予交易双方形式公平的方式促进和保障交易公平，而消费者权益保护法则通过一定程度上制造交易双方之间实质公平的方式保障交易公平。消费者权益保护法产生的目的，主要在于解决追求形式公平的合同法在某些地位严重不对等的交易双方之间适用时出现的消极后果问题，通过强制性要求经营者提供优势信息以尽可能地使交易双方拥有相当的交易信息量，保障交易公平。这种制度使信息提供从合同法上的附随义务成为经济法上的基本义务。但重要的是，在讨论此种经济法上的基本义务是否需要确立以及确立到何种程度时，首先应该分析信息提供的附随义务的适用绩效，如果适用绩效好或较好，则无需考虑在经济法上确立一种新的制度。至于经济法与行政法的互动与衔接的问题，与经济法和私法的互动与衔接有着较大的不同，后者主要要求经济法及其学者关注私法在经济社会化过程中的适用困境及两法之间的功能协调，而前者则主要要求经济法及其学者关注行政法与行政机构在权力配置、公益性程度以及能力大小等方面的现状及其短期内可能的走向。这些现状及其可能的走向决定了是否能够进行公权干预及如何干预。总之，民法、行政法与经济法之间需要互动，也存在着互动，但在互动中，唱主角的是经济法。作为后起之法，经济法需要主动关注与民法功能的衔接，经济法应该主动适应社会的变迁以及民法的绩效变化；作为治病之法，经济法需要关注行政机构及行政法的现状。这些决定了经济法中的干预不是先验的、恒定的，而是受制于但并不仅仅受制于民法的绩效变化以及行政法与行政机构的现状，并随之不断变迁。这也是变化之所以成为经济法的一个明显的形式特征的原因所在。

民法与经济法虽然本质不同，但在较大范围内，经济法与民法的功能与作用范围存在此消彼长的关系，民法的实施效果及其变化成为决定经济法进退的主要因素之一。推而广之，其他部门法，如行政法甚至刑法，对同一问题的作用方式及程度都可能影响经济法的边界，从而决定干预是否必要。

近百年来，经济法中产生了多种公权对私权的介入方式，如在民事责任的基础上通过罚款等方式增加违法者的违法成本，与此类似的还有对违法者（如排污者）的收费、征税等；通过限权的方式对某些主体的利益进行限制甚至剥夺；等等。这些制度的确立和变迁前都需要考虑其对应的私法的功能与效率。如对环境侵权，在适用政府干预的经济法路径之时，首先需要考虑侵权之诉的私法解决路径的效率及其界限，毕竟私法路径也能解决较多的环境侵权问题，并且侵权之诉的私法解决路径的效率也是不断变化的，经济法在这一问题上的进退必以需要为限。再以经济法保障交易公平为例，在私法保障交易公平之外，是否需要经济法保障交易公平（即是否需要干预及干预的方式、限度等）必须考虑两点：①交易前交易双方地位实质差异的群体分布及合同法的适用绩效，这是决定是否需要制定某种保障交易公平的法律的主要因素。随着社会的变迁，在现行法律之外出现某某（指消费者以外的某一特定群体）权益保障法或某某（指某种特定的交易情形）交易公平促进法等也并非不可能。这些法律虽然源于交易双方在特定情形下地位的不对等，却并非因此可以不顾及合同法，因为合同法虽仅确认形式公平，但合同法中的诸多制度（如显失公平制度）也在较大程度上促进并保障实质公平。因此，确立这些制度时考虑合同法的绩效及可能的绩效是必需的。②交易前交易双方地位实质差异的动态变迁及合同法的适用绩效。影响合同法适用绩效的因素之一是交易双方地位的实质差异。一般而言，在其他条件相同的情形下，因信息、财产、社会资源等拥有量的不同而导致的地位差异越大，交易就越趋于不公平，合同法的适用绩效也就越小，类似于消费者权益保护法的法律就越必需。但较长时期内在社会整体或某一交易双方或交易种类中，交易双方的地位差异完全可能变迁，或差异更大，或差异大大缩小。对差异缩小的情形而言，交易公平会在更大程度上得到保障，并因此导致合同法的适用绩效大大提高，这可能使经济法形式的干预成为不必要或使其干预范围缩小。这种对私法绩效的关注和考量是经济法所必需的。

（三）非法律制度的功能

市场是资源配置的手段，它在表面上是一种经济现象，但由于它是由具体文化背景下的人操作的，其实质也是一种文化现象。由此可知，市场体系及政府干预并不能确保市场获得最高效率，市场的运行还需要与之相适应的强有力的道德框架来支撑。诺斯认为："一个有效率的自由市场制度除了需要一个有效的产权和法律制度相配合之外，还需要在诚实、正直、合作、公平、正义等方面有良好道德的人去操作这个市场。"〔1〕 从市场主体的角度看，市场的效率与非效率源于人对最大化利益的追求，这给克服市场失灵的经济法带来了一个难题，因为要使市场获得资源配置的高效率，必须激励经济人的自利动机和行为，而为了克服市场失灵，则必须对经济人的自利动机和行为进行抑制，这使干预者陷入了两难困境，单纯运用干预手段很难走出这种困境。因此，运用道德规范来支撑市场的运行是必要的。

从功能的角度看，道德与法律有着不同的作用机理和功能，它们在一定程度上可以互补。法律是一种外在性规范，而道德是一种已被内部化的规范；法律规范不可能也不应该覆盖人的行为的方方面面，而道德则可能影响人的所有行为；法律着重于抑制人的负面行为，而道德则更多地倾向于激发人的良性行为；法律依靠强制性命令运作，道德则依靠个人内心服从运作；法律的实施存在着被抗拒的可能，而道德则会被主动遵循；法律预期目标的实现是以监督成本和执行成本为代价的，而道德对秩序和效率的贡献往往是代价极低甚至无代价的，因为"个人良心与上帝之眼一直都是最有效的警察，而国家被迫逐步接管原来在很大程度上由宗教制裁以及个人道德良心所扮演的角色，它只能通过加强监督权力来达到目的，而这样做只会越来越侵入和妨碍我们的日常生活"〔2〕。"道之以政，齐之以刑，民免而无耻；道之以德，齐之以礼，有耻且格。"对于法律功能的局限和道德的特殊功能，孔子在两千多年前就已经作了精辟的阐述。鉴于此，我们应该重视道德等伦理规范在预防和克服市场失灵中的特殊功能。具体言之，首先，道德资源可以预防市场失灵。如德国学者彼得·科斯洛夫斯基所言："道德行为降低了交易支出费用，所以提高了市场的能力，减少了市场失灵的概率，减少了对国家强制合作的刺激。"〔3〕 其次，道德资源可以促进经济法的实施。当相互信任尚未成为一种商业道德时，法律虽可以制定，但由于缺乏道德基础，其作用和约束力极其有限，虽然也可以依赖国家的强制力来实施，但成本相当高昂，还会严重侵损民众的福利。而道德伦理是一种内部化的规范，它主要利用传统文化沉淀中的善恶标准而非强制力来调整人的行为，从而在一定程度上实现人的行为交往的规范化和经济运行的有序化，因此道德可以降低政府的制裁和监督费用，降低法律的运作成本，从而促进了克服市场失灵的法律的实施。

虽然如此，相对于法律而言，道德的作用还是比较有限的。其原因主要有四点：①利他并不是一种取之不尽、用之不竭的资源，而只是人的一种"有限度的慷慨"；②道德的强制力相对较弱；③道德存在多元化及相对主义；④存在传统道德是否与现代社会相匹配的问题。因此，如果我们在是否需要公权干预的问题上过度强调道德的作用而忽视法律的作用，也会相当危险。

综上，从市场失灵的角度看，并不是所有市场失灵的存在都必然需要公权干预。对绝大多数轻微的市场失灵而言，私法本身也有克服的能力，并能取得较好效果；如果公权的能力较小，公益性程度较低，那它对市场失灵的干预可能会带来更多问题；如果干预的成本极大，超过了干预收益，那这种干预也需要考量；经济法并非是解决市场失灵的唯一工具，在较多情形中，也需要考虑非法律因素。

---

〔1〕 转引自张军：《经济、社会与文化：张军经济随笔集》，复旦大学出版社1998年版，第86页。

〔2〕 ［美］理查德·布隆克著，林季红译：《质疑自由市场经济》，江苏人民出版社2000年版，第274页。

〔3〕 ［德］彼得·科斯洛夫斯基著，孙瑜译：《伦理经济学原理》，中国社会科学出版社1997年版，第25页。

第二节 适度干预的反面

适度干预的反面指的是干预过度和干预不足两种情形。在我国，更多地表现为干预过度。公权对市场及其主体的过度干预不仅不能解决问题，反而会对市场的良性运行造成损害，这需要从制度上予以防范。

一、过度干预的表现及原因的初步分析

政府的干预应该维护市场的有序和有效运行，改善市场主体的权利行使环境，而不能过度地限制私权，尤其不能剥夺市场主体的决策权，更不能直接替市场主体作出决策。这些干预行为都是反市场的，最终都会带来不幸。在实践中，过度干预主要有三种表现：①剥夺市场主体的决策权。市场体制是一种决策充分分散的体制，这是市场体制优于计划体制的最主要表现。剥夺市场主体的决策权，不但侵犯市场主体的权利，还会直接降低市场运行的效率。以前某些地方政府强迫农民种植特定作物就是一种最为典型的剥夺决策权的例子。与此相反，某些地方也存在政府及其官员通过提供信息和其他种种利益吸引农民种植特定作物的现象。两者相比，前者是政府替代农民决策，这是一种恶的干预；而后者是政府协助农民决策，使农民作出既有利于其自身又有利于社会的决策，这是一种良性的干预。②过度剥夺市场主体的财产权。包括设定过高的收费和处罚，对财产的征收征用没有进行合理补偿。③过度限制市场主体的权利范围。基于市场秩序的考虑，对市场主体进行行为限制是必要的，但应该有限度。行政审批、行政许可过多，会使市场主体缺乏应有的行为自由，一方面导致资源的错误配置，降低市场的运行效率，另一方面也会提高政府权力的"含金量"，增加腐败的可能性。

政府进行过度干预主要有四方面的原因：①基于收入方面的考虑。筹集收入是我国地方政府对市场进行过度干预的重要原因。②基于政绩方面的考虑。前些年在全国某些地方出现的政府强迫农民种植特定经济作物而造就"形象工程"的事，主要是由政府的某些官员出于政绩和升迁的考虑所造成。③基于对某些主体的过度保护的需要。如山东某地曾经成立过的经济环境保护委员会就是一种地方保护的工具。④某些情形下的出于良好动机而帮助民众。这四方面都是故意的过度干预，此外还存在较多的由于错误信息或不充分信息而导致的决策错误而形成的过度干预。

二、对两种情形的专门分析

（一）公权万能假设对过度干预的影响

公权机关是一个拟制性的组织，由自然人组成，必然具有自然人的一些特性。因此公权机关既不可能是时刻都普度众生的神，也不可能是没有任何利益追求的机器人，所以才需要我们对公权机关进行塑造，使之形成有能力、有公益的性格，但我们不可能把公权机关塑造得完美无缺，公权机关总会有些缺陷，只是程度不同而已。在实践中，公权万能的假设一方面会导致对公权自身的过度信赖而忽视对公权能力的提高，另一方面会导致公权对私权的过度干预，从而造成好心办坏事的局面。具体言之，公权万能假设会产生以下三大弊端：

1. 过度使用公权使问题复杂化。

（1）在市场与政府之间进行一种非此即彼的选择。市场与政府都会存在失灵，这成为一种共识，但在实践中，由于公权万能的假设，政府失灵往往不被充分认识甚至被忽视，这就导致在市场与政府之间会进行一种非此即彼的选择，当存在市场失灵时必然会寻求政府帮助，而不管政府的实际能力如何，市场失灵成了公权干预的充分必要条件。但事实上，并不是所有的

市场失灵都能由政府解决，政府行为的设定应该充分考虑其自身能力的大小，量力而行，在有些情形之下，政府面对市场失灵只能望洋兴叹。公权万能假设会导致在制度设计和选择时忽视实证层面的政府能力问题，从而导致政府对市场的过度干预和不当干预。

（2）忽视私权的制度安排。当市场存在失灵时，目前较多的选择是"有问题，找市长"，而不是"有问题，找市场"，这可能使问题更复杂化。如对某些负外部性问题的解决，在理论上存在着"政府干预"和"侵权之诉"两种路径，这两种路径各自有着对方所没有的优势和劣势，因此在实践中，就存在"政府干预"和"侵权之诉"的最佳路径的选择问题，而公权万能假设则往往在负外部性矫正问题上过多地选择政府干预，从而使某些负外部性问题的解决变得更加困难。

2. 忽视非政府组织的应有功能。在市场体制下，有些领域中的事（如行业标准的起草和制定、行业信息的处理和传递、行业自律的实施等），行业协会能够比政府做得更好，由行业协会处理这些事情能使政府摆脱繁琐的事务，更好地进行监管。在市场经济成熟的美国、日本等发达国家，行业协会和中介机构制度相当发达，它们在较大程度上做着原来由政府直接做的事，而政府则仅仅承担对行业协会和中介机构的监管职责。这种在特定领域中由"中介机构具体为事、政府进行监管"在市场体制中是一种有效的模式。公权万能假设往往使政府事事亲为，忽视非政府组织的独特功能，从而轻视有关行业协会和中介机构的制度建立。

3. 对公权机关缺陷的克服产生偏差。由于认为公权万能，并进一步认为层级越高的公权机关能力越强，因此在构建自上而下的监督体系时，认为监督效率与监督层级的多少成正比，监督层级越多，监督就越有效，从而导致监督层层加码，制度也被层层加码，但实质上监督的效率并没有获得多大的提高，被监督主体并没有受到有效的、充分的监督。这种监督体制还会因监督层级过多而产生极大的负面影响，如河南省郑州市为了更好地打击劣质馒头，使市民吃上放心馒头，曾成立过市馒头办和区馒头办。这些部门拥有馒头企业开办许可证审批权、面粉指定购买权以及处罚权等。其运行结果不仅没有达到预期目的，反而增加了企业的运营成本，扰乱了市场的正常运转，还引发了政府各部门之间的利益冲突和执法权的冲突。我们认为，要保证馒头质量并不是非成立馒头办不可，如果充分发挥已有的市场监管部门的职能，馒头的质量应该能够得到保证。这些机构的成立完全源于对监督路径与监督效率的关系、监督层级与监督效率关系的错误理解，而这种错误理解则来自于对公权万能的错误认识。

（二）一种被忽视的引起过度干预的因素：媒体与社会心理的共同作用

第三节　如何保障干预的适度

从立法的角度看，适度干预的保障以对立法行为的规制和优化为必要条件和前提。评价立法行为是否被有效规制和优化的首要标准是立法过程"在多大程度上趋向于产生良好的公共政策"。[1]之所以使用"趋向于"一词，是因为绝大多数法律都不可能完全符合社会公共利益，

---

〔1〕　［美］史蒂文·凯尔曼著，商正译：《制定公共政策》，商务印书馆1990年版，第179页。

其原因主要在于国家也可能存在失灵。早在 1861 年 J. S. 密尔就提出:"代议制政府的积极的缺陷和危险可以概括为两条:①议会中的普遍无知和无能,或者说得温和一点,智力条件不充分;②有受到和社会普遍福利不同的利益影响的危险。"〔1〕密尔所说的第一点主要指立法机构决策能力的缺乏;第二点主要指利益集团等因素影响反映社会普遍福利的法的产生。除了上述两种因素外,影响经济法完全符合社会公共利益的因素还有信息问题、决策程序问题、决策者的效率观念问题及公共利益的不确定性问题。正是此类因素的存在使得经济法上的干预会偏离公共利益。

一、决策程序问题及克服

1. 决策程序的法定。我国虽已颁布《中华人民共和国立法法》(以下简称《立法法》),但该法的主要内容是关于立法权限的配置,具体规制决策程序较多由内部规定或效力较低的制度设定。有必要进一步提高规制决策程序的法律阶位,使各种规制决策程序法定化,在约束决策机构的同时,提升规制决策的质量。

2. 决策程序的科学化与明确化。在决策程序法定的同时,必须有一套有效的、科学的、明确的程序,否则决策程序的法定会成为纯粹的形式。在制定科学的程序时,我们必须转变一种观念,即只要立法者具有纯粹的公益精神,就必然会有良好法律产生。这种观念是错误的。首先,想做好事和真正做成了好事,两者之间存在巨大差异。其次,"立法者具有纯粹的公益心"这个假定不具有完全的现实性。因此,不能因为对立法者高度公益心的期望而减少制度供给。"设计政府机构,不应使机构(运行)依靠利他主义",〔2〕凯尔曼的这句话在中国人看来说得有点偏激,但它使我们清醒地认识到,利他是一种稀缺资源,不可能取之不尽、用之不竭;相反,利己则是一种非稀缺资源,期望立法者人人都利他是不现实的。所以,在制定决策程序时,应该正视这一现象。"我们如能寄希望于热心公益的精神,固然非常好,如果不能,就该把我们的机构设计好。"〔3〕

对经济法立法程序的制度设计应着重于完善以下两种制度:①改变经济法立法草案的起草机构。在我国,绝大部分的经济法立法草案由各职能部门起草,草案常会附带一些部门利益和短期利益,从而偏离社会公共利益。有必要改变立法草案起草机构,由专门机构起草草案。专门机构可以是常设的,也可以是非常设的,但必须具有相当的独立性。其成员除了相关部门的代表外,还应吸收专家和相关利益的代表参与。②有效确立立法机构"议"和"辩"的程序。我国绝大部分经济法在表决通过时,反对票占的比重相当小,这并不一定是好的现象。我国各级立法机构中,一些代表或委员对法律了解不够,现行制度也没有激励代表或委员去深入了解待表决的议案可能带给社会的正面效应和负面效应,因此,很难进行有效的"议"和"辩",事实上,"各种意见的争雄斗胜是能够导致良好的政策决定的"。〔4〕

二、信息问题及克服

良好的制度设计有赖于充分的信息。规制决策中的信息问题主要包括信息不足和信息错误,这两者都有可能导致规制的过度或不足。

1. 信息不足。立法机构在决策时会面临信息不足问题,主要有两个方面的原因:①立法机构在收集信息时存在能力限制,不可能对所有信息都加以搜

---

〔1〕 [英] J. S. 密尔著,汪瑄译:《代议制政府》,商务印书馆 1982 年版,第 85 页。

〔2〕 [美] 史蒂文·凯尔曼著,商正译:《制定公共政策》,商务印书馆 1990 年版,第 191 页。

〔3〕 [美] 史蒂文·凯尔曼著,商正译:《制定公共政策》,商务印书馆 1990 年版,第 184 页。

〔4〕 [美] 史蒂文·凯尔曼著,商正译:《制定公共政策》,商务印书馆 1990 年版,第 185 页。

集，并且存在巨大的信息搜集成本。在市场经济体制下，由于信息是横向分散流动，与计划体制下的信息纵向流动相比，市场体制下的立法机构承担更大的收集信息的负担。②信息在一定程度上具有公共产品的性质，因此导致市场总体信息量不足。实践中许多决策失误都可归因于信息不足。如对法律的移植与本土化的选择最终可归结为信息问题。因为法律是一种文化现象，法律可以轻易地移植，而文化不可能移植。所以，对移植与本土化进行选择的科学性取决于立法者对两国文化和相关制度的了解程度。因为"社会中各种制度安排是彼此关联的。不参照社会中其他相关的制度安排，就无法估计某个特定制度安排的效率"。席勒曾经报道过，缅甸政府曾经派遣一些人去以色列农庄接受实践训练，一年后这些受训者得出一个结论，即这种集体主义极端形式对他们来说是不能接受的，因为它需要那么多的公共精神和自我约束，而这正是缅甸人所缺乏的。[1] 此案例说明，如果不对相关文化和相关制度进行深入了解而只进行简单的制度移植，这种移植肯定是失败的。信息不足的问题在立法中必须加以有效解决以优化决策，这可以有多个解决途径，如强化立法机构信息收集、分析的职能；又如，改革国民经济统计体系，增加与国家干预经济相关的信息的统计。

2. 信息错误。产生信息错误的原因主要有两种：①信息在被收集、处理过程中出现失误，如计算错误、分析方法错误等；②由于某种目的，如为了获得某种资格而故意制造虚假信息。大量的数据失真，最终导致规制决策者决策失误。对错误信息的克服途径主要有优化信息的收集、传递、处理程序，并严格执行会计法、统计法和刑法，对制造虚假信息者依法严厉处罚等。

三、经济分析方法的恰当运用

法经济学分析是一种以人、制度、制度环境为分析对象，以利益为分析中介，以人的行为及制度绩效为分析目标的方法。作为一种工具，它相当务实。用它可以评判制度的优劣，测量制度的绩效，预测制度是否被遵循及遵循程度。这主要是通过对人的行为及可能的行为、对制度的实施环境等进行分析而实现的。因为制度和制度环境直接界定了人的可能的收益和成本，从而决定了众人作出各种行为的可能性，而众人的行为又直接决定了相关制度被遵循的程度及其绩效。

与其他部门法制度的变迁相比，经济法制度创立和变迁对法经济学工具的依赖性最强，原因如下：①包括经济法在内的绝大部分的法律都会追求公平、效率、安全等价值，但与其他规范相比，经济法的规范相对更侧重于对效率的追求。虽然效率不能涵盖发展，发展也不能完全替代效率，但有一点可以肯定，发展是一种有质量的增长，是对效率基于更长时间、更大范围的空间以及人文等因素作出的评价，发展的前提还是效率，很长时期的效率就是发展。正因如此，对经济法制度进行法经济学分析更有其必要性和针对性。②与私法不同，经济法是一种人为设计的制度，而私法主要是一种演进的制度。在私法演进的过程中，各利益主体之间经历多次冲突、多次博弈，从而形成利益处于均衡状态的法律。例如，有关交易的法律在长时间的演进过程中，各种利益因素和人文因素都随着博弈双方汇入博弈过程之中，各种因素都能直接或间接地反映在演进的法律里。虽然在形成时没有对这些制度进行专门的经济学分析和检视，但这些制度往往都能很好反映出公平和效率等价值，因此制度的绩效也较高。而人为设计的经济法制度并非演进形成，各利益主体以及各利益主体与公权机关之间相对缺乏多次博弈的过程，除非进行小范围的试点，否则运用法经济学的工具对待创立和待变迁的经济法制度进行主动的

---

〔1〕　林毅夫：《关于制度变迁的经济学理论：诱致性变迁与强制性变迁》，载〔美〕R. 科斯等著，刘守英等译：《财产权利与制度变迁——产权学派与新制度学派译文集》，上海三联书店、上海人民出版社 1994 年版，第 385 页。

分析和检视必不可少，这是对其缺乏多次博弈过程的一种补救。

经济分析在经济法制度形成过程中虽然不是万能的，但却不可或缺，如前所述，经济分析可以评判制度的优劣，测量制度的绩效，预测制度是否被遵循及遵循程度。更值得关注的是，对经济分析的恰当和准确运用，还可以防止干预决策过程中的幼稚错误。经济分析的这种功能在当前我国需要得到更大的发挥。这是因为实践中出现的较多的过度干预就是一些幼稚错误，如果干预决策在形成过程中，能够从经济学视角加以考量，尤其是进行"成本—收益"的分析，过度干预的不当制度形成的可能性就会大大减小。因此要把经济分析作为公权干预私权制度形成过程中的必经程序。

通过对制度对现实世界所产生的效果的测定，包括对目标群体或现状、目标以外的群体或状况、近期及未来情况的作用以及短期的和远期的直接成本和间接成本的估量，探寻法律通过后会发生什么。[1] 只有这样，才能防止错误的、幼稚的干预决策。

---

〔1〕 ［美］托马斯·R. 戴伊著，彭勃等译：《理解公共政策》，华夏出版社 2004 年版，第 281 页。

第 七 章

经济法责任

　　法律责任是法律的必要组成部分，缺少责任制度的法律不具有法律的完整功能。因为实现权利依赖于义务的履行，但如果缺乏有效的威慑和惩罚措施，义务人必然会寻找各种理由逃避义务，从而导致权利落空。这就要求立法者在设定权利和义务的同时还必须设置法律责任以及追责机制，对侵犯权利或不履行义务行为实行必要的强制。因此，法律责任是权利和义务的必然要求和逻辑结果，有权利，必有义务，有义务，必有责任，三者缺一不可。不同的权利和利益需要不同的义务和责任形式以及追责机制，这是各个部门法法律责任差异之所在。经济法维护社会公共利益的本性决定了其应当也必须有自己独特的责任形式和追责机制。

第一节　经济法责任概述

一、经济法责任的含义和特征

　　经济法责任是因违反经济法规定的义务，由国家专门机关认定并强制执行的法律责任。它有以下特征：

　　1. 经济性，即经济法责任是行为人在从事经济活动中因违反经济法规定，侵犯或可能侵犯经济法所保护的法益而承担的责任。此外，经济法责任通常采用增加违法成本或减少收益等经济方法，如罚款和没收违法所得。

　　2. 社会性，即经济法责任的目的是维护社会公共利益和社会经济秩序。违法者无论是缴纳罚款还是赔偿损失，都是向社会而非国家机关承担责任，是企业社会责任的基本法律形式。在维护社会公共利益的同时，经济法责任对个体权利也发挥一定的保护作用，这是一种反射性保护，是经济法的附带而非直接目的。

　　3. 惩罚性，即经济法责任不是根据受害人实际损失确定赔偿额，而是在实际损失之外额外对行为人进行惩罚。即使没有造成损失，行为人也需要承担责任，如经营者之间达成垄断协议但尚未实施，依法可以处以 300 万元以下罚款。因为违反经济法义务往往是对社会公共利益的侵犯或者实质威胁，通过惩罚能最大限度地减少和杜绝违法行为，避免实际损害的发生。

　　4. 预防性，即经济法责任是主要为了预防危害社会公共利益后果的发生，而不是为了事后补偿，由此决定了经济法责任是一种行为责任，不以危害后果的实际发生为要件。

　　5. 强制性，即经济法责任是行为人违法后必须承担的责任，执法机关必须严格根据法定的责任形式和幅度进行执法，不能随意变更和免除，更无权放弃追究。

　　6. 法定性，即经济法责任是由法律明确规定的责任，无法律规定则无责任。具体责任形式也是由法律明确规定，当事人和执法者无权通过协商进行变更。

　　7. 行政处罚性，即经济法责任在我国和欧盟国家主要是通过追究行政机关认定和追究，通常表现为行政处罚。正是基于行政处罚性特点，有学者将经济法责任与行政法中的行政责任混为一谈。但是，在以美国为代表的英美法系，违反经济法则一般是由司法机关进行处罚。

二、经济法责任的分类

（一）经营者责任和政府责任

与经济法义务主体相一致，经济法责任主体可以分为经营者和政府两类。经营者是经济法义务的主要承担者，也是经济法责任的主要承担者。

除经营者外，政府也是经济法责任的承担者。政府在经济法中的责任包括三类：①违反市场监管法的责任，如监管失职的责任；②违反宏观调控法的责任，如擅自改变预算或擅自增加或减少税收；③滥用行政权力妨碍公平竞争的责任。政府在经济法中的责任关系着整个经济秩序和社会公共利益，是经营者能否自觉履行义务的关键。经济法既应当重视经营者的责任，更应当注重政府责任，二者不可偏废。

（二）财产责任、人身责任和行为责任

财产责任的责任形式表现为减损财产，如罚款、没收非法财产、没收违法所得、惩罚性赔偿、滞纳金、征收反倾销和反补贴税等。资格责任是以限制或剥夺责任从事经营的资格为内容，如暂扣许可证或营业执照、吊销许可证或营业执照等。行为责任是强制责任人必须或不得从事某种行为，包括责令停止违法行为、责令改正、停业整顿、强制召回、限期治理、禁止集中、限期处分股份或资产、限期转让营业等。

（三）一般责任和特殊责任

一般责任是指适用于所有经营者的责任，如罚款、暂扣许可证、暂扣营业执照、吊销许可证、吊销营业执照、没收非法财物和没收违法所得等责任。特殊责任是适用于特殊经营者的责任，如停止实施集中、限期处分股份或者资产、限期转让营业等责任，只适用于违法实施集中的经营者，撤销登记只适用于行业协会。

此外，根据责任的保护对象和具体法律依据，经济法责任还可以分为竞争法责任、消费者法责任、金融法责任和财税法责任等。

三、经济法责任与其他法律责任比较

作为整个法律责任体系的组成部分，经济法责任与民事责任、行政责任和刑事责任既有区别也有联系。

（一）经济法责任与民事责任

民事责任是一种最基础、最久远的法律责任，经济法责任是 19 世纪末才出现的一种新型法律责任，二者有着显著区别，同时也不乏联系。

1. 责任主体范围不同。民事责任作为基础性的法律责任，涵盖了自然人、法人和非法人组织等所有社会成员。经济法责任主体通常只限于从事经济活动的人，即经营者和从事市场监管和承担宏观调控职能的行政机关。

2. 法律依据不同。民事责任的依据主要是民事法律规范，经济法责任的法律依据则是反垄断法等经济法律法规。由于个体利益和社会公共利益的交叉和相容，许多经营行为（如垄断、不正当竞争和制售伪劣产品）具有双重危害性，在侵犯社会公益的同时也可能侵犯个体权益，从而产生两种法律责任。所以，经营者在承担经济法责任的同时，受害人还可以另行要求民事赔偿。为此，经济法通常设定专门条款进行指引，如《反垄断法》第 60 条规定，经营者实施垄断行为，给他人造成损失的，依法承担民事责任。受害者据此可以请求民事赔偿。

3. 责任目的不同。民事责任的目的是救济和保护自然人或法人等个体权利，救济受害者；经济法责任则是通过规制违法行为，维护社会公共利益和社会公众的权益。民事责任在救济个体权利的同时，客观上虽然也有利于社会公共利益，但这是一种反射性效应。同理，经济法在维护社会公共利益的同时对个体利益也具有一定的保护作用。

4. 在责任限度方面，民事责任通常以弥补损失为限。经济法则是根据违法者的违法性质、违法所得和危害程度等确定责任惩罚的额度，而不是赔偿实际损失。例如，经营者滥用市场支配地位的，除责令停止违法行为和没收违法所得外，并处上一年度销售额 1% 以上 10% 以下的罚款，上一年度没有销售额的，处 500 万元以下的罚款。受害者因此遭受损失，是否要求赔偿，由受害者选择决定。

5. 在责任对象方面，民事责任是民事权利人与义务人直接的责任，即个体对个体的责任。经济法责任则是经营者等个体向社会公众承担的法律责任，即社会责任。

6. 在承担责任时间方面，民事责任主要是一种事后责任，即通常是在侵权或违约行为正在发生或者已经完成时才能提出追责请求，不但要求造成实际损害，而且在行为和损害后果之间存在因果联系。经济法责任主要是一种行为责任，不以实际损失为要件，即只要行为人实施了违法行为就应当承担责任。因为经济违法行为危害的对象是不特定的，一旦行为完成将会造成严重的危害后果。这种方式弥补了民事责任的不足和缺陷，有利于保护社会公众利益。

7. 在处分权方面，民事受害人既可以减轻行为人的责任，也可以放弃不究。经济法责任则不然，作为一种社会责任，执法机关不仅应当主动追究，而且不得随意减轻或免除，否则属于玩忽职守。

8. 在追责主体方面，民事责任是人民法院或者仲裁机构。经济法的追责主体必须是国家专门机关，其中，经营者违法的追责主体是市场监管机构和金融监管机构等行政执法部门，就政府违法追责主体而言，目前我国法律主要规定有上级行政机关、审计机关等，人民法院在行政公益诉讼中也可以依法责令违法的行政机关承担责任。

（二）经济法责任与行政责任

行政责任是行政法责任的简称。作为行政法律制度的重要组成部分，行政责任与行政法的宗旨相一致，应当是行政主体违反行政法而承担的不利后果。不过，管理论、控权论等不同意义的行政法，因为理念和宗旨不同，对行政责任的解释也不相同。管理行政法是将公民作为行政管理的对象，责任主体自然就是公民等行政相对人；控权论以维护公民权利和规范行政权为宗旨，行政责任也就是行政机关及其工作人员的责任。法治社会的行政法是为了防止行政权力滥用，保护个人权利，管理行政机关之法，而不是管理公民之法。

1. 与此相适应的行政法责任具有以下特点：

（1）作为控制行政权力和保护公民权利的一种手段，行政责任的目的是制裁行政机关的违法行为，而不是制裁公民，即"行政法的任务从某种意义上说，旨在控制和制裁行政违法和行政不当。行政违法和行政不当的法律后果便是由违法主体承担行政责任"。[1]

（2）承担行政责任的是行政机关及其工作人员，不包括行政相对人。即行政责任是一种单向的责任，行政相对人不向行政机关承担责任，例如，《中华人民共和国行政处罚法》（以下简称《行政处罚法》）和《中华人民共和国行政强制法》（以下简称《行政强制法》）只规定行政机关的法律责任，而未要求行政相对人承担责任。

（3）行政责任是一种外部责任，即行政机关因侵犯行政相对人合法权益向行政相对人承担的责任，包括承认错误、赔礼道歉、恢复名誉、消除影响、履行职务、撤销违法、纠正不当、返还权益、恢复原状和行政赔偿等形式。[2] 行政机关向行政相对人承担责任后，可以给

---

〔1〕　应松年主编：《行政法学新论》，中国方正出版社 2004 年版，第 414 页。
〔2〕　参见《行政诉讼法》《中华人民共和国国家赔偿法》（以下简称《国家赔偿法》）和《行政处罚法》的相关规定。

予工作人员行政处分。

（4）行政责任是由司法机关认定并执行的一种国家责任。因为"行政法的原初目标就是通过依赖于司法机关对法律授予行政机关的权力进行限制，以控制政府对私人自由和财产利益的侵犯"。[1]

2. 行政法责任与经济法责任有如下联系和区别：

（1）行政责任的依据是行政法，包括行政处罚法、行政许可法、行政强制法和国家赔偿法等。经济法责任的依据则是竞争法、消费者法、财税法等，其中多为实体法。

（2）行政责任的目的是制裁行政违法行为，维护和救济行政相对人的权利。经济法责任的目的则是规制经济行为、维护社会公共利益和公众权利，这是二者的根本区别。

（3）行政责任的主体是行政机关及其工作人员。经济法的义务主体和责任主体是经营者以及承担市场监管和宏观调控职责的行政机关。

（4）行政责任包括行政行为无效、限期履行、返还财产、恢复原状、赔偿损失、赔礼道歉和恢复名誉等，并以赔偿受害人损失为限，不具有惩罚性。[2] 经济法责任则是以惩罚和预防为目的。

（5）追责机制不同。行政责任的确认和追究机构是人民法院，行政相对人向人民法院提起行政诉讼或国家赔偿请求，由人民法院认定和执行。经济法责任的归责机构主要是市场监管等执法机构，司法机关仅起辅助和监督作用。

（6）追责程序不同。行政责任的程序是行政复议和行政诉讼程序，相应的程序法是《中华人民共和国行政复议法》（以下简称《行政复议法》）和《中华人民共和国行政诉讼法》（以下简称《行政诉讼法》），且采取不诉不理原则。经济法的程序则是行政执法部门依据《行政处罚法》和《行政强制法》追责经营者的责任。经济法和行政法相辅相成，在实施中存在着衔接关系，即"经济法与行政法两者在现代法律关系中的分工关系类似于实体法与程序法的分工关系"。[3]

（三）经济法责任与刑事责任

刑事责任是历史最为悠久的法律责任形式，自从有了法律，也就有了刑事责任。经济法责任的历史则十分短暂，迄今不过一百多年。虽然产生时代不同，但是经济法责任和刑事责任却有着非常密切的联系。

首先，经济法责任和刑事责任的目的都是维护社会公共利益，都将经济秩序作为其价值目标。经济法规制的经济行为和刑法规制的犯罪行为，都具有危害社会的性质，对象常常重叠，如商业贿赂、虚假宣传、侵犯商业秘密、非法生产和销售伪劣产品等。[4] 区别在于，刑法规制的是危害较为严重的经济行为，经济法规制的行为未达到犯罪程度。其次，经济法责任和刑事责任都是以遏制违法行为为目的，都具有惩罚性，责任形式也极为相似。如经济法中的罚款、没收违法所得与刑法的罚金、没收财产，名称虽然有所不同，但内容实质上相同，都是强制剥夺行为人财产和对责任人的惩罚。区别在于前者是由行政

---

〔1〕　[美]史蒂芬·布雷耶著，李洪雷等译：《规制及其改革》，北京大学出版社2008年版，第527页。

〔2〕　参见《国家赔偿法》第32~36条。

〔3〕　孙笑侠：《法律对行政的控制——现代行政法的法理解释》，山东人民出版社1999年版，第90页。

〔4〕　由于经济法和刑法具有共同的价值，因此经济法所规制的许多经济行为在刑法中也规定为犯罪。刑法关于经济犯罪的内容主要规定在《中华人民共和国刑法》（以下简称《刑法》）分则第三章"破坏社会主义市场经济秩序罪"和第六章第六节"破坏环境资源保护罪"中。此外，近年来随着经济犯罪的增多，全国人大常委会在历次刑法修正案中都有关于经济犯罪的内容。

机关认定，后者则是司法机关。再次，经济法责任和刑事责任的社会基础、规制对象和功能基本相同，是法律责任体系中最为相似的两种责任形式。历史证明，一个健康的市场，既离不开经济法和经济法责任，也离不开刑法和刑事责任。经济法通过快捷和简便的程序，能及时制止危害社会公共利益和破坏市场秩序的行为；刑事责任则运用其严厉和权威的惩罚手段，对违法经济活动产生威慑和惩罚作用。二者相互分工，相互衔接，轻重有别，共同维护市场秩序和经济安全。

第二节　经济法责任形式

一、经营者责任形式

（一）财产责任

财产责任是最基本的法律责任形式，它通过增加经营者的违法成本或减少其收益，以遏制经营者的违法动机，惩罚经营者的违法行为。经济法常用的财产责任形式有罚款、没收非法财物、没收违法所得、惩罚性赔偿和赔偿损失。

1. 罚款。罚款是由监管机关强制违法经营者向国家缴纳一定数量的金钱的责任形式，是惩罚违法行为的基本手段。罚款与刑法中的罚金相似，是普遍适用的一种责任形式。在大陆法系，罚款一般由行政机关直接作出；英美法系国家一般必须通过法院裁决。罚款是经济法中最基本和最常见的责任形式，任何一个单行法都离不开罚款。罚款不仅会影响经营者的市场声誉和交易机会，而且提高了其违法成本，从而起到强制其履行义务的作用。罚款能否达到制止违法行为和保护社会公共利益的目的，一方面取决于能否科学地设置罚款的计算方法或额度，另一方面取决于执法者的态度和能力。

2. 没收非法财物。没收非法财物是指将经营者从事非法经营活动的工具、设备、原材料或产品收归国家所有。非法财产是违法经营活动得以进行的物质条件，没收非法财物则是釜底抽薪，使经营者无法继续从事非法生产经营活动，因而是规制违法活动的有力手段。

3. 没收违法所得。没收违法所得是将从事非法经营活动中所获得的利益收归国家，通过使违法经营者无法获取收益的方法来制止违法经营活动。违法经营的目的是获取不当利益，而通过没收其违法所得，不但使其获取不当利益的企图落空，而且使其已付出的成本也无法收回，从而起到惩戒作用。

4. 惩罚性赔偿。惩罚性赔偿是强制经营者在实际损失之外向受害人再支付一定的金钱作为赔偿，也被称为示范性赔偿或报复性赔偿。这种责任形式产生于19世纪末，是立法机关为了惩罚那些主观上存在恶意，而且危害社会公共利益的经营行为设置的一种法律责任。最早规定惩罚性赔偿的是1890年美国《谢尔曼法》第7条，即"任何因反托拉斯法所禁止的事项而遭受财产或营业损害的人，可在被告居住的、被发现或有代理机构的区向美国地区法院提起诉讼，不论损害大小，一律给予其损害额的3倍赔偿及诉讼费和合理的律师费"。后来这种责任被引入消费者保护法和环境保护法中。惩罚性赔偿产生于19世纪末的美国有其特殊国情，因为彼时相应的行政监管机构尚未建立，除刑罚外没有其他惩罚措施。所以，为了鼓励消费者和经营者提起诉讼，立法者通过规定惩罚性赔偿来遏制垄断行为。惩罚性赔偿制度同时具有激励作用，因此也可以称为奖励性赔偿。这种责任的功能是多方面的，一方面它能加重违法者的成本，遏制其违法行为，另一方面又能激发受害者维权的积极性，鼓励其在维护个人利益的同时维护社会公共利益，此外还能弥补监管机关监管不力的局面。

5. 赔偿损失。这是因经营者违反经济法义务，给社会公共利益造成损失而向社会承担的一种责任。《中国人民银行法》第 48 条规定，中国人民银行违规提供贷款、对单位和个人提供担保或者擅自动用发行基金造成损失的，负有直接责任的主管人员和其他直接责任人员应当承担部分或者全部赔偿责任。《中华人民共和国企业国有资产法》（以下简称《企业国有资产法》）第 70 条规定，履行出资人职责的机构委派的股东代表未按照委派机构的指示履行职责，造成国有资产损失的，依法承担赔偿责任；属于国家工作人员的，并依法给予处分。与民事赔偿不同，经济法上的赔偿损失并非向受害者个人赔偿，而是向社会共同体赔偿。这种责任形式弥补了罚款、没收财产和没收违法所得等财产责任的不足，能够更好地制裁违法行为和弥补社会公共利益损失。

此外，财产责任还有征收滞纳金、征收反倾销税和反补贴税等形式。

（二）行为责任

行为责任是限制、强制或禁止从事经营活动的一种法律责任形式。常见的有以下几种形式：

1. 责令停止违法经营活动。这是对从事违法活动的经营者设置的一种最低限度的责任，简称禁令或禁止令，它只是要求违法者停止违法行为，并没有涉及其实质利益，因而不具有惩罚性。从维护社会公共利益目的看，这种责任只能作为一种临时性措施，不宜单独使用，不过，却是一种十分必要的责任，能够避免损失的进一步扩大，所以在经济法中经常使用。

2. 责令停产停业。这种责任要求经营者在一定期限内不得从事经营活动，简称停止令，其前提一般是经营者的经营活动存在违法情形，如不停止，将对社会公共利益产生更大危害。这也是一种临时措施，需要与罚款、限期整顿或限期整改等责任同时适用。停产停业虽不具有惩罚性，但它使经营者在投入大量资本和人力后却无法收回成本，而且还必须支付必要的维护费用，所以无形中增加了其违法成本。

3. 强制召回。强制召回是当经营者发现其生产或销售的产品存在缺陷，未按照规定履行其主动召回缺陷产品义务时，由监管机关强制其召回的一种法律责任。它在保护消费者、劳动者权益和社会公共安全方面有着重要的作用。强制召回既是一项法律义务，又是一项法律责任，当经营者拒绝召回时，除了强制其召回，还可附加其他责任形式。我国目前已对汽车、儿童玩具、药品和食品等产品建立了强制召回制度。

4. 其他行为类责任。如《反垄断法》第 58 条规定的责令停止实施集中、限期处分股份或者资产、限期转让营业以及采取其他必要措施恢复到集中前的状态。各国针对经营者设计的行为责任都有自己的特色，如欧盟对滥用市场支配为限制或排除竞争的经营者，可以强制其公布技术信息。

（三）人身责任

人身责任是通过影响经营者的声誉或限制、剥夺经营者的人身权利或经营资格来惩罚其违法行为的一种方法，常见形式有：

1. 警告。警告是对轻微违法的经营者设置的一种责任，其目的是使经营者认识和自行纠正其违法行为，自觉履行经济法义务。对经营者的社会声誉而言，警告是一种否定性评价。

2. 通报批评。通报批评是通过媒体公开对违法经营者进行谴责，目的是使违法者的人格受到否定性评价，影响其商誉，从而对其产生社会压力，使其纠正自己的违法行为。

3. 暂扣许可证或暂扣营业执照。暂扣许可证和暂扣营业执照是在一定期限内取消经营者从事法律所限制的生产或销售产品的资格。这是针对违法情节较为严重的经营者设置的一种责任。暂扣许可证和暂扣营业执照等于在一定期限内中止了经营资格，暂扣期间经营者不能从事相关的经营活动。

4. 吊销许可证或吊销营业执照。这是经济法中最为严厉的法律责任，等于剥夺了经营者从事经营的资格和权利。许可证和营业执照被吊销后，经营者应当依法进入解散清算程序，直至被注销。这种责任一般只适用于违法行为特别严重、给社会公共利益造成巨大损失的经营者，如原石家庄三鹿集团股份有限公司因三聚氰胺事件被吊销食品生产许可证。

5. 市场禁入。市场禁入是指在一定期限内直至终身不得进入某一行业担任管理人员或从事经营工作。例如，《中华人民共和国证券法》（以下简称《证券法》）第 221 条规定，违反法律、行政法规或者国务院证券监督管理机构的有关规定，情节严重的，国务院证券监督管理机构可以对有关责任人员采取证券市场禁入的措施，包括一定期限内直至终身不得从事证券业务、证券服务业务，不得担任证券发行人的董事、监事、高级管理人员，或者一定期限内不得在证券交易所、国务院批准的其他全国性证券交易场所交易证券。《中华人民共和国食品安全法》（以下简称《食品安全法》）第 135 条第 2 款规定，因食品安全犯罪被判处有期徒刑以上刑罚的，终身不得从事食品生产经营管理工作，也不得担任食品生产经营企业食品安全管理人员。

此外，经济法上还有其他具有人身性质的责任形式，例如，对滥用市场支配地位的经营者，反垄断法可以强制拆分，或者强制转让营业。

二、政府违反经济法的责任

除了经营者，因为政府在经济法中承担许多义务或职责，如不认真履行，将会损及社会公共利益，所以，政府也是经济法的责任主体。政府在经济法和行政法上的责任完全不同。行政法中，政府承担责任是因为在行使职权过程中侵犯了行政相对人的权益，目的是救济行政相对人。在经济法中，政府的责任并非因为侵犯了行政相对人权益，而是损害了社会公共利益，例如违法拒不征收税款、违规发行债券、拒绝履行市场监管职责等。虽然政府的基本目标是促进和维护社会公共利益，但实践证明，只有在适当的法律责任威慑和规制之下，政府才能认真履行其职责。当前经济法关于政府责任的规定还不尽完善，有的法律法规虽然规定了政府的职责，但却没有规定法律责任；有的虽然规定了责任，但却非常轻微，对政府可能出现的违法行为没有产生必要的压力和威慑；有的甚至不规定责任。这是当前经济法难以对政府进行有效规制的重要原因。经济法要实现维护社会公共利益的目标，不仅要重视经营者的责任的设置，更要重视政府违法责任的设置。

政府在经济法中的责任源于其在市场监管、宏观调控方面的职责或义务，其责任也相应由两类责任构成。

（一）市场监管机构的责任

市场监管是政府在经济法中的基本职责，也是政府承担法律责任的依据。监管机构如不积极和正确履行监管职责，造成社会公共利益损害后果的，必须承担法律责任。代表国家履行市场监管职能的是具有监管职能的行政机关，即监管机构。当前的法律法规主要将监管责任归咎于公务人员个人，没有针对监管机构设置必要的责任，这既不利于监管机构认真履行职责，也不利于保护和救济受害者。除了公务员承担个人责任外，监管机构应当承担下列责任：

1. 公开道歉。这是政府监管机构未认真履行监管职责，给国家或社会造成一定损害后果时应当承担的一种责任。这种责任虽然轻微，但它能够督促政府认识自己的错误，同时对社会公众也有一定的安抚作用。目前个别地方政府因监管失职曾主动向社会道歉，但法律尚无明确规定。从法治政府的要求看，有必要将公开道歉明确规定为政府监管机构的一项责任形式。

2. 先行赔付或赔偿损失。这是指因经营者严重违法导致发生重大伤亡事故的情况下，政府应当先行向受害人支付抢救费和医疗费等费用，并代替经营者赔偿其他损失。这既是出于维护社会公共利益的需要，也是对政府渎职行为的一种惩罚。市场监管机构失职行为造成的损失可能非常巨大，如矿山安全事故、重大环境污染事故和消费者群体伤害事故等，而肇事经营者的赔偿能力都非常有限。如果政府不承担赔偿责任，只是让经营者承担民事责任，漫长的诉讼程序不仅使受害者难以及时得到救济，甚至会因企业破产使得受害人根本无法获得赔偿。

（二）宏观调控的责任

与市场监管责任相比，政府因宏观调控而承担的责任较为复杂。因为市场的复杂性和多变性，需要法律授予政府一定的自主决定权，使其能根据市场变化和未来发展趋势相机抉择，采取适当的调控措施，因此，为政府宏观调控决策行为设计精确的法律责任几乎不可能。不过，这并不代表政府在宏观调控方面不承担任何法律责任，相反，因为政府在《预算法》《中央银行法》和《税收征收管理法》等法律中都负有法律义务和职责，这些义务或职责如得不到遵守，将直接威胁到宏观经济的安全运行，因此，必须为宏观调控机构设置恰当的法律责任。下列法律都规定了政府的违法责任：

1. 《预算法》。《预算法》为政府和有关部门规定了多项法律责任，包括：①各级政府及有关部门有下列行为之一的，责令改正，对负有直接责任的主管人员和其他直接责任人员追究行政责任：未按照法律规定编制、报送预算草案、预算调整方案、决算草案和部门预算、决算以及批复预算、决算的；违法进行预算调整的；未依照《预算法》规定对有关预算事项进行公开和说明的；违反规定设立政府性基金项目和其他财政收入项目的；违反法律、法规规定使用预算预备费、预算周转金、预算稳定调节基金、超收收入的；违法开设财政专户的。②各级政府及有关部门、单位有下列行为之一的，责令改正，对负有直接责任的主管人员和其他直接责任人员依法给予降级、撤职、开除的处分：未将所有政府收入和支出列入预算或者虚列收入和支出的；违反法律、行政法规的规定，多征、提前征收或者减征、免征、缓征应征预算收入的；截留、占用、挪用或者拖欠应当上缴国库的预算收入的；违法改变预算支出用途的；擅自改变上级政府专项转移支付资金用途的；违法拨付预算支出资金，办理预算收入收纳、划分、留解、退付，或者违法冻结、动用国库库款或者以其他方式支配已入国库库款的。③各级政府、各部门、各单位有下列行为的，责令改正，对负有直接责任的主管人员和其他直接责任人员给予撤职、开除的处分：违法举借债务或者为他人债务提供担保，或者挪用重点支出资金，或者在预算之外及超预算标准建设楼堂馆所。④各级政府有关部门、单位及其工作人员有下列行为之一的，责令改正，追回骗取、使用的资金，有违法所得的没收违法所得，对单位给予警告或者通报批评；对负有直接责任的主管人员和其他直接责任人员依法给予处分：违反法律、法规的规定，改变预算收入上缴方式的；以虚报、冒领等手段骗取预算资金的；违反规定扩大开支范围、提高开支标准的行为和其他违反财政管理规定的行为。

2. 《中国人民银行法》。根据规定，中国人民银行向地方政府、各级政府部门、非银行金融机构以及其他单位和个人提供贷款，或者对单位和个人提供担保以及擅自动用发行基金的，对负有直接责任的主管人员和其他直接责任人员，依法给予行政处分；构成犯罪的，依法追究刑事责任，造成损失的，负有直接责任的主管人员和其他直接责任人员应当承担部分或者全部赔偿责任。地方政府、各级政府部门、社会团体和个人强令中国人民银行及其工作人员违反规定提供贷款或者担保，对负有直接责任的主管人员和其他直接责任人员，依法给予行政处分；构成犯罪的，依法追究刑事责任；造成损失的，应当承担部分或者全部赔偿责任。

3.《中华人民共和国价格法》（以下简称《价格法》）。根据规定，地方各级人民政府或有关部门，超越定价权限和范围擅自制定、调整价格或者不执行法定的价格干预措施、紧急措施的，责令改正，通报批评，对直接负责的主管人员和其他直接责任人员依法给予行政处分。

4.《税收征收管理法》。根据规定，税务机关违反规定擅自改变税收征收管理范围和税款入库预算级次的，责令限期改正，对直接负责的主管人员和其他直接责任人员依法给予降级或者撤职的行政处分；违反法律、行政法规的规定提前征收、延缓征收或者摊派税款，由其上级机关或者行政监察机关责令改正，对直接负责的主管人员和其他直接责任人员依法给予行政处分；违反法律、行政法规的规定擅自作出税收的开征、停征或者减税、免税、退税、补税；税务人员徇私舞弊，不征或者少征应征税款，致使多征或者少征税款或者与纳税人、扣缴义务人勾结，唆使或者协助纳税人、扣缴义务人偷税或骗税，除依法撤销其擅自作出的决定外，补征应征未征税款，退还不应征收而征收的税款，并由上级机关追究直接负责的主管人员和其他直接责任人员的行政责任；构成犯罪的，依法追究刑事责任。

（三）政府从事市场交易的责任

除了市场监管和宏观调控，政府还经常以买方或卖方身份参与市场交易，有时还以生产者身份向市场直接提供产品。政府这些经济活动，既关系到国有财产的安全，也关系到市场公平竞争秩序。因此，经济法既要为政府规定交易规则，还要规定违反规定应当承担的责任。纵观近年来政府在土地使用权出让、国有企业改制、政府采购和经济适用房销售方面出现的大量违法违规现象，一个重要原因就是没有为政府规定严格的责任进而缺少有效的追责机制。

根据在市场交易中的角色，政府应当承担以下几种法律责任：

1. 违法处分国有资源的责任。这是代表国家对自然资源行使所有权的政府或部门，因违反法律规定，擅自处分国家资源而承担的责任。现有法律仍然只规定了直接责任人的责任，没有规定政府的集体责任，使政府有权却无责，不利于遏制政府的违法处分行为。

2. 违法处分国家财产的责任。这是行使国有财产所有权的机构应当承担的责任。目前法律仍然是只规定直接责任人的责任，而没有规定政府机关的责任。

3. 违法采购的责任，包括责令限期改正、警告、罚款、没收违法所得、赔偿损失和停止按预算向其支付资金等责任形式。[1] 不过，关于政府采购监管机构的责任，法律只规定了个人责任，没有规定单位责任。

总之，经营者责任和政府责任都直接关系到社会公共利益，二者等量齐观，不可偏废。经营者的责任是基础性的或第一性责任，政府责任是派生性的或第二性责任。政府责任虽然是第二性责任，但它却是经济法责任的制高点和最后的保障。

第三节　经济法责任追究机制

一部完整的法律，不仅需要有严密的法律责任制度，而且必须有科学合理的追责机制，即认定责任的机构和程序。法律的强制性最终表现为法律责任，但如果法律责任不能及时地用于惩罚违法行为，所有权利或利益都将毫无意义，法律将成为"一把不燃烧的火，一缕不亮的光"[2]。为此，追责机制就成为所有法律不可或缺的组成部分。宪法、民法、刑法和行政法不

---

〔1〕　参见《中华人民共和国政府采购法》（以下简称《政府采购法》）第71~83条的规定。

〔2〕　参见孙文恺：《社会学法学》，法律出版社2005年版，第33页。

但有自己的责任体系，而且还有各自的追责主体和程序。经济法也不例外。

一、经济法责任追究机制的特殊性

追责是国家专门机关认定违法责任并强制执行的过程，它要求追责机关独立公正，严格执法，因而，追责机制与责任主体有着直接关系，不同的责任主体应当设置不同的追责机构和程序。

（一）经济法对追责主体的要求

1. 经济法的追责主体应当具有维护社会经济秩序和社会公共利益的能力。追究法律责任的过程就是保障权利、监督义务人履行的过程，执法者应当具有相应的能力。因为经济法针对的是各种破坏经济秩序和危害社会公益的行为，如垄断、不正当竞争、损害众多消费者权益等行为，因此追责主体无疑应当具有发现这些违法行为、收集违法证据和认定违法事实的能力。

2. 追责主体应当具有预防危害社会公共利益行为的能力，能防患于未然。因为垄断、不正当竞争、生产销售伪劣食品、非法吸收公众存款或非法建筑活动等违反经济法的行为一旦实施，常常会导致巨大损失或者严重的社会危机。这就需要追责主体对违法行为提前作出准确预判，及时采取相应的措施。

3. 经济法追责主体应当具有及时和主动制止损害社会公共利益行为的权力，当经济活动威胁到社会秩序和所有人的利益时，能够及时进行遏制，防止违法行为和危害后果继续进行。

4. 经济法追责主体应当既有相关的专业知识和能力，又有一定的法律知识。经济法规制的对象通常是经济领域中具有相关专业技术和专门知识的经营者，每个领域的违法行为都利用了相关技术手段，如食品、电信、建筑、银行、证券等。所以，追责主体只有具备相应的专业技术和法律知识，才能识别和判断违法行为，依据经济法确定责任。

5. 经济法追责主体既要有规制经营者的能力，还要有规制政府的能力。由于经济法责任既包括经营者等普通市场主体的责任，也包括政府相关机构的责任。所以，作为执法者，还需要具备规制政府违法行为和追究政府的违法责任的能力，才能保证经济法的实施。

经济法对追责主体的特殊要求，决定了司法权难以成为实施经济法的主要主体，必须根据经济法的宗旨、规制的对象特殊性和专业性特点，建立适合经济法的追责体制。

（二）经济法追责的程序特点

除追责主体外，追究经济法责任还离不开相应的法律程序。司法权的特点决定了其难以独自承担起实施经济法的任务，传统的刑事诉讼、民事诉讼和行政诉讼三大诉讼程序也难以满足追究经济法责任的需要。

1. 民事诉讼是根据民商法审理平等的民商事主体之间的人身或财产纠纷的程序，根据传统民事诉讼法的规定，原告应当是与个人利益受到侵害和案件有直接利害关系的公民、法人或其他组织。但违反反垄断法、反不正当竞争法、广告法、食品安全法等经济法的行为，往往侵犯了不特定多数人的利益，破坏的是市场秩序。如果遵循传统民事诉讼法的规定，几乎无人符合起诉条件。因此，如果不改变民事诉讼法的私益诉讼性质，经济法就很难通过民事诉讼程序得到实施。

2. 行政诉讼原告是行政行为相对人以及与行政行为有利害关系的公民、法人或其他组织。从诉讼目的看，行政诉讼也属于私益诉讼。但是，经济法规范的政府滥用权力限制竞争、违法预算、任意发行地方债、秘密采购、任意出让土地使用权或转让国有资产等行为，直接危害的是社会公共利益，而不是具体行政相对人的利益。况且在多数情况下并没有行政相对人。如果只允许有直接利害关系的相对人对政府提起维护个人权益的诉讼，则经济法不可能通过行政诉讼得到实施。2006 年，常宁市财政局超出年度财政预算购买了 2 台小轿车，常宁市农民蒋某以一名普通纳税人的身份将财政局诉至法院，要求法院认定财政局的行为违法，将违法购置的车辆收归国库。但是，法院审查后认为不属于受案范围而未予受理。[1] 这充分说明传统的行政诉讼在实施经济法方面的局限性。

3. 刑事诉讼虽然是一种公益诉讼，但需要以行为人构成犯罪为条件。经济违法行为如果构成犯罪，适用刑事诉讼无疑是一种有效途径。然而，多数违反经济法的行为虽有社会危害性，但却未达到犯罪程度，不能通过刑事诉讼程序追究违法责任。

可见，经济法规范的主体、规范的行为、维护的利益和法律责任形式等因素，都决定了它不但要在追责主体方面创新，而且要在程序上创新，但是，传统的三大诉讼程序难以成为追究经济法责任的程序法。程序要创新，前提是要正确认识法律程序和诉讼程序的关系。由于司法机关曾经是唯一的法律适用机关，传统法学对法律程序的理解也存在一些片面性，普遍将法律程序等同于诉讼程序，将程序法等同于诉讼法。[2] 实际上，诉讼程序只是法律程序的一种，法律程序还应当包括立法程序、行政程序、诉讼程序、国家赔偿程序和仲裁程序等。法律实施需要何种程序，取决于实施主体。法院实施，自然适用的是诉讼程序法；仲裁机构实施，则适用仲裁程序法；行政机关实施，必然要适用行政程序。与经济法实施相匹配的程序法，也是由实施主体决定的。

二、经营者责任追究机制

经济法的责任主体包括经营者和政府机构，责任主体身份上的差异，决定了经济法必须采取两种不同的追责机制。经济法产生之前，法律责任都是由法院按照不同程序进行认定和归结。其特点是：①被动性，即不告不理；②程序的严格性；③独立性；④权威性，即所有社会成员都必须认可和服从法院的裁判。这是近代以司法权为中心的、与个人权利本位理念相一致的归责机制。这种体制奠定了西方法治社会的基础，在维护个人权利和制约权力方面发挥了重要作用。不过，随着经济的快速发展，其不足和缺陷也就日益显现，在实施经济法方面力不从心。例如，1890 年，为遏制垄断，保护消费者和中小企业免受盘剥和压榨，《谢尔曼法》授权美国联邦法院追究垄断者的责任，然而，当时的联邦法院不但没有为弱者提供任何救济，反而以保护契约自由为由为垄断者辩护，即使受理了受害人的起诉，也因冗长繁琐的审理程序使受害者难以获得救济。鉴于法院在执行反托拉斯法方面的乏力，美国国会只得另起炉灶，在传统司法体制之外建立了独立的归责体制，开启了一个新的法律责任追究模式。[3] 此后，大陆法系国家也纷纷效仿，同时又建立了公益诉讼制度，形成了 20 世纪的行政监管和公益诉讼双重追责机制。

（一）行政监管

行政监管是指赋予行政监管机关执法者身份，将法律适用到社会生活中的活动。它是 19 世纪末随着经济法的出现而产生的一种新的法律实施模式，是行政权的一种扩张，习惯上称之为行政执法机构。我国吸收了欧美国家的立法经验，建立了具有自身特点的市场监管机构，包括国家和地方市场监督管理部门、中国证券监督管理委员会、国家金融监督管理总局、住房和城乡建设部门、文化旅游部门、交通运输部门以及自然资源监督管理部门。

---

〔1〕　参见《蒋石林》，载百度百科，https：//baike. baidu. com/item/% E8% 92% 8B% E7% 9F% B3% E6% 9E% 97/12762114？fr=ge_ala，2023 年 7 月 2 日访问。

〔2〕　例如《中国大百科全书·法学》对法律程序的解释是："凡规定实体法有关诉讼手续的法为程序法或诉讼法。"参见张文显主编：《法理学》，高等教育出版社、北京大学出版社 1999 年版，第 336 页。

〔3〕　参见孔祥俊：《反垄断法原理》，中国法制出版社 2001 年版，第 710 页。

行政监管扩大了行政机关追究和认定法律责任的权力，通过行政监管机构，监督、检查或调查经营者是否存在违法行为。确认违法后，行政监管机关有权直接对经营者进行处罚，追究其法律责任。与行政监管所匹配的是行政程序法，包括行政许可法、行政强制法和行政处罚法，这些程序法发挥着规范行政监管权力和保护经营者权益的双重作用。

（二）民事公益诉讼

公益诉讼是对传统私益诉讼的一场革命，是社会公共利益对司法权的要求。它赋予检察机关、社会团体或适格公民以起诉权，抛弃原告必须是直接利害关系人的传统教条，为法院维护社会公共利益提供了一条重要通道。1999 年，经济法学者提出在我国建立经济公益诉讼制度。[1] 此后，不断有个人以自己的名义向人民法院提起公益诉讼，在实践上推动了公益诉讼制度在我国的建立。经过经济法学人多年的呼吁和努力，特别是随着环境污染和侵犯众多消费者权益等社会公共利益问题频现，2012 年 8 月，全国人大常委会修改了《中华人民共和国民事诉讼法》（以下简称《民事诉讼法》），修订后的《民事诉讼法》第 55 条第 1 款（2021 年最新修正后为第 58 条第 1 款）规定："对污染环境、侵害众多消费者合法权益等损害社会公共利益的行为，法律规定的机关和有关组织可以向人民法院提起诉讼。"虽然这一规定还远不能满足经济法实施的需要，而且其作用很可能因依附在充满私益诉讼思维习惯的《民事诉讼法》中而被淡化，但是它毕竟开启了公益诉讼的先河，为追究污染环境和侵害消费者利益经营者的责任提供了机会，为经济法在司法环节的适用开辟了一条通道。2014 年 4 月 24 日，全国人大常委会修订了《中华人民共和国环境保护法》（以下简称《环境保护法》），规定对污染环境、破坏生态，损害社会公共利益的行为，符合条件的社会组织可以向人民法院提起诉讼。2015 年 7 月 1 日，全国人民代表大会常务委员会通过《全国人民代表大会常务委员会关于授权最高人民检察院在部分地区开展公益诉讼试点工作的决定》，授权最高人民检察院开展提起公益诉讼试点。2017 年 6 月 27 日，第十二届全国人民代表大会常务委员会通过了《全国人民代表大会常务委员会关于修改〈中华人民共和国民事诉讼法〉和〈中华人民共和国行政诉讼法〉的决定》，规定人民检察院在一定范围内可以提起公益诉讼。

根据经营者承担责任的依据，民事公益诉讼可分为反垄断诉讼、反不正当竞争诉讼、消费者公益诉讼和环境公益诉讼等。

1. 反垄断公益诉讼。根据《反垄断法》第 60 条第 2 款的规定，经营者实施垄断行为，损害社会公共利益的，设区的市级以上人民检察院可以依法向人民法院提起民事公益诉讼。

2. 环境公益诉讼。根据《环境保护法》规定，在设区的市级以上人民政府民政部门登记的社会团体、民办非企业单位以及基金会等法律规定的机关和有关组织，对已经损害社会公共利益或者具有损害社会公共利益重大风险的污染环境、破坏生态的行为可以提起环境公益诉讼。人民检察院在履行职责中发现破坏生态环境和资源保护等损害社会公共利益的行为，在没有规定的机关和组织或者规定的机关和组织不提起诉讼的情况下，可以向人民法院提起诉讼。法律规定的其他机关或者组织提起诉讼的，人民检察院可以支持起诉。

3. 消费公益诉讼。根据《消费者权益保护法》的规定，中国消费者协会以及在省、自治区、直辖市设立的消费者协会，对经营者侵害众多不特定消费者合法权益或者具有危及消费者人身、财产安全危险等损害社会公共利益的行为可以提起消费民事公益诉讼，起诉范围包括：

（1）经营者提供的商品或者服务存在缺陷，侵害众多不特定消费者合法权益的；

（2）经营者提供的商品或者服务可能危及消费者人身、财产安全，未作出真实的说明和

---

〔1〕 参见韩志红、阮大强：《新型诉讼——经济公益诉讼的理论与实践》，法律出版社 1999 年版，第 3~25 页。

明确的警示，未标明正确使用商品或者接受服务的方法以及防止危害发生方法的；

（3）经营者对提供的商品或者服务质量、性能、用途、有效期限等信息作虚假或引人误解宣传的；宾馆、商场、餐馆、银行、机场、车站、港口、影剧院、景区、娱乐场所等经营场所存在危及消费者人身、财产安全危险的；

（4）经营者以格式条款、通知、声明、店堂告示等方式，作出排除或者限制消费者权利、减轻或者免除经营者责任、加重消费者责任等对消费者不公平、不合理规定的；

（5）其他侵害众多不特定消费者合法权益或者具有危及消费者人身、财产安全危险等损害社会公共利益的行为。

人民检察院在履行职责中发现食品药品安全领域侵害众多消费者合法权益等损害社会公共利益的行为，在没有规定的机关和组织或者规定的机关和组织不提起诉讼的情况下，可以向人民法院提起诉讼。法律规定的其他机关或者组织提起诉讼的，人民检察院可以支持起诉。

由此可见，行政和司法共同追责是经济法追责制度的一个特色。只是各国的法律传统不同，行政和司法的作用也有所不同。英美法系坚守司法中心主义传统，以司法权为主，行政权为辅，大陆法系国家则是以行政权为中心，司法机关仅保留审查权。我国秉承了大陆法系传统，坚持行政中心主义，行政监管机构不仅有监督检查、调查和采取强制措施的权力，而且具有处罚权，法院则只能在经营者起诉后进行形式审查。经济法之所以形成一种独特的追责机制，是由其维护社会公共利益的目标和传统司法权的不足以及行政权的优点等因素所决定的。近代由司法机关垄断法律追责权的体制是出于限制权力和保护个人权利的目的，它是原始积累时期而不是现代工业社会和都市化社会的产物，是以个人权利本位为基础，而不是以社会本位为基础。以被动消极方式和严格的程序进行追责是对个人权利的尊重和最好保护，也是能最大限度保障司法公正的归责体制。但是，当人类的经济活动不断威胁社会秩序和所有人的共同利益，需要法律以其特有的强制力对其进行遏制时，司法权的缺陷就开始暴露。一方面，法官的固有的法律知识已难以满足专业化程度越来越高的法律需要；另一方面，被动消极的态度和冗长复杂的程序，难以及时遏制危害社会公共利益行为以及对众多受害人进行救济。我国曾先后发生过有毒奶粉、苏丹红、瘦肉精、塑化剂和染色馒头等事件，当时消费者亟需的是获知相关信息、查封有害食品和对受害人开展救治。但是，面对消费者的急切需要，法院既不能主动要求违法者停止生产销售，也无法直接制裁经营者，更无法在大量受害人亟需治疗时直接进行救济。相反，行政权可以发挥其主动、快捷和直接强制的优势，一方面及时有效制止违法行为，防止损失和危机的扩大，另一方面对受害人及时进行救助。所以，在加强控权力度的前提下，为了维护社会公共利益，需要重新定位行政权的边界，适当发挥行政权的优势。行政权在20世纪不断扩张，行政机关不仅获得了委任立法的权力，而且拥有了执行法律的权力，并获得良好的社会评价。"19世纪对行政权力的低估，被20世纪初以人们对行政权力在诸多方面带来的好处的高度赞扬代替"。[1] 所以，"尽管有三权分立的迂腐教条，向行政机关授予审判权却一直没有中断过。复杂的现代社会需要行政机关具有司法职权，使这种授权不可避免"。[2] 可见，经济法的追责方式并非凭空产生，也并非一国独有，而是有着现实的合理性和一定的普适性。究其根源，仍未离开维护社会公共利益这一宗旨。

---

〔1〕 ［美］E. 博登海默著，邓正来译：《法理学：法律哲学与法律方法》，中国政法大学出版社1999年版，第369页。

〔2〕 ［美］伯纳德·施瓦茨著，徐炳译：《行政法》，群众出版社1986年版，第55页。

三、政府责任追究机制

法律责任主体不仅仅是个人和普通的社会组织，在法治社会中，所有国家机关和国家权力都是法律约束的对象。法律不但要为政府规定责任，还必须建立追责机制。当然，政府在市场中有多重角色，有时是监管者，有时是宏观调控者，有时又是生产者，所以，针对政府经济行为的追责机制要复杂得多。各国的政治、文化和法律传统不同，其追究政府责任的机制也不同，有的是以议会为主，有的是以司法为主，且各具特色。

（一）政府内部追责

我国法律追究政府违反经济法的责任采取的是以行政为中心的追责机制，包括上级行政机关、审计机关、财政部门。

1. 上级行政机关追责，即当行政机关不履行经济法义务或职责时，由该机关的上级行政机关负责追究责任。例如，《中华人民共和国城市房地产管理法》（以下简称《城市房地产管理法》）规定，县级以上地方人民政府擅自批准出让或者擅自出让土地使用权用于房地产开发的，由上级机关或者所在单位给予有关责任人员行政处分；《反垄断法》规定，行政机关和法律、法规授权的具有管理公共事务职能的组织滥用行政权力，实施排除、限制竞争行为的，由上级机关责令改正；对直接负责的主管人员和其他直接责任人员依法给予处分。

2. 审计机关追责，即由审计机关对行政机关的财政收支行为以及国有企业事业组织的财务支出行为进行监督并依法追究责任。审计是对被审计单位的财政、财务收支及其他经济活动的真实性、合法性和效益性进行审查和评价的独立性经济监督活动。由于政府经济活动都直接或间接地涉及财政，因此，审计机关在发现和确认政府违法行为以及追究法律责任方面发挥着越来越重要的作用。审计机关不仅以审计方式对政府的经济活动进行监督，而且负责追究被审计单位的违法行为。例如，《中华人民共和国审计法》（以下简称《审计法》）第49条规定，对本级各部门（含直属单位）和下级政府违反预算的行为或者其他违反国家规定的财政收支行为，审计机关、人民政府或者有关主管机关、单位在法定职权范围内，依照法律、行政法规的规定，区别情况采取下列处理措施：责令限期缴纳应当上缴的款项、限期退还被侵占的国有资产、限期退还违法所得、按照国家统一的财务会计制度的有关规定进行处理。

3. 财政部门追责，即由财政部门对其他行政机关违反财政法的行为加以认定和追究责任。财政部门作为归责机关主要是针对财政违法行为。根据《政府采购法》第13、71条的规定，采购人、采购代理机构存在应当采用公开招标方式而擅自采用其他方式采购等违法采购行为的，财政部门有权责令改正，给予警告，可以并处罚款。

除行政内部追责外，《预算法》规定同级人大及其常委会对政府预算行为进行监督，对于同级政府关于预算、决算的不适当的决定和命令，人大常委会只有撤销权。

可见，我国追究政府违反经济法的责任，仍然采用行政自我监督模式。这种模式具有一定的震慑作用，但局限性不言而喻。

（1）由上级行政机关追究下级行政机关的违法责任，很难保证其独立性和公正性。因为我国是单一制国家，根据《中华人民共和国宪法》（以下简称《宪法》）规定，地方各级人民政府对上一级国家行政机关负责并报告工作，上下级行政机关是一种领导和被领导关系，相互合作和依赖关系，有的甚至是垂直管理或双重管理关系。下级行政机关与上级行政机关经常保持着联系和沟通，甚至下级机关负责人由上级机关委派。在这种体制下，要求上级行政机关依法、独立地追究下级机关的责任，从理论上和实践上都不可能。

（2）不论是财政部门，还是审计部门，由它们追究其他行政机关的责任，也不符合法理。因为财政、审计部门与违法的行政机关都归属于同一个政府，受同一个政府领导，这就决定了其很难真正独立公正地追究本级政府其他部门的责任，这是目前尽管有审计机关监督，但财政违法行为屡禁不止的一个体制方面的原因。

总之，在单一制国家，由政府来追究政府责任的机制，不符合自然公正原则，不可能起到监督政府和追究政府违法责任的目的。要让政府忠实地履行社会义务和社会责任，做到有法必依，违法必究，必须放弃从行政内部追究政府责任的模式，建立完全独立的追责体制。显然，在现行宪法体制下，各级人大及其常委会、监察委员会、检察机关和人民法院理论上都具备追究政府责任的条件。不过，人大及其常委会主要是对政府的重大决策行为进行监督和归责的机构，确切地讲，是对违宪行为追究责任的机构，只有涉及重大公共利益（如擅自增加或减少预算、增加或减少税收），才能进行监督和追责。政府违反经济法是一种普通违法行为，由权力机构追究其责任，不仅成本较高，而且会弱化其职能。监察委员会通过对各类公务人员涉嫌贪污贿赂、滥用职权、玩忽职守、权力寻租、利益输送、徇私舞弊以及浪费国家资财等职务违法和职务犯罪进行监督、调查和处置，克服了以往行政机关内部监督的弊端，对促进经济法的实施，维护社会公共利益具有一定的作用，但尚不能作为追究经济法责任的机构。

（二）行政公益诉讼

从维护社会公共利益角度对政府违反经济法的行为进行追责，检察机关和法院是两个必须依赖的对象。检察机关作为监督法律实施机关，维护社会公共利益是其基本职责，这与经济法的目标完全契合，与规制政府的目的也完全一致。而且，检察机关独立于政府，不受政府的制约，符合公正执法的基本条件。因为追究政府违法行为的前提是获得政府违法证据，而政府身份的特殊性决定了个人和一般社会组织很难进行取证，而检察机关无疑具有这种能力和条件。检察机关在获得政府违法的证据后，可以依法启动相应的诉讼程序。当然，针对政府违反法律侵犯社会公共利益的行为，检察机关只是进行调查和提起公益诉讼的主体之一，而不能垄断这种权力，否则，一旦其怠于行使权力，则追究政府违法责任的目的将会落空。因此，还应当鼓励社会团体或适格公民参与维护社会公共利益，赋予其监督政府提起公益诉讼的权利。例如，针对行政机关违反程序，私下向开发商出让土地使用权、采购商品和转让国有资产等损害社会公共利益的行为，如果沿用传统行政诉讼的思路，只允许行政相对人提起诉讼，无疑限制了其他公民和社会组织维护社会公共利益的积极性。因此，在制约政府滥用权力和维护社会公共利益方面，传统的行政诉讼具有历史的局限性，必须通过公益诉讼制度遏制政府违法行为，维护社会公共利益。2017年，我国的行政公益诉讼制度有了实质性突破，根据《行政诉讼法》规定，人民检察院在履行职责中发现生态环境和资源保护、食品药品安全、国有财产保护、国有土地使用权出让等领域负有监督管理职责的行政机关违法行使职权或者不作为，致使国家利益或者社会公共利益受到侵害的，应当向行政机关提出检察建议，督促其依法履行职责。行政机关不依法履行职责的，人民检察院依法向人民法院提起诉讼。[1]

---

〔1〕 参见《行政诉讼法》第25条第4款。

第八章

经济法的非传统性

　　基于前面章节的论述，本章在考察经济法学研究中现有的"问题及其主义"的基础上展开。前面的章节对经济法体系、调整对象、经济法责任等问题作过系统论述，本章以专门的视角，通过对经济法体系、调整对象、程序法、法律责任、经济法理论等问题的初步研究，展示经济法的非传统性，指出在经济法学研究过程中需要关注经济法的非传统性。其中，有些观点可能与前面的论述不完全一致，甚至有一定的冲突（如对经济法责任的论述），但这丝毫不影响本书前后逻辑的统一性，因为本章仅仅是就经济法的"非传统性"进行某一角度的创新性探讨。

　　经济法作为部门法的产生与发展是近一百余年的事，经济法学的历史则更短。经济法作为医治市场经济现代病的一种制度，与传统法律有相当大的差异。这就要求经济法学的研究方法、视角及思路体现这种差异。如果一味遵循传统法律的研究方法和思路，研究可能就会出问题，甚至可能产生对类似于"农夫用扁担挑水，皇帝用什么挑水"这样的伪命题进行不懈研究的现象。自我国改革开放以来，经济法学的产生与发展一直是法学研究中的热点。四十多年来，经济法学门下逐渐聚集了庞大的研究群体，经过众多经济法学人的努力，经济法的独立性得以确立，经济法学体系基本形成，经济法学对经济法立法和执法的指导作用逐渐增强，但在经济法学研究成果和理论创新不断涌现的同时，还存在较多难题。因此对经济法学方法和视野的检视、反思等研究显得尤为必要。需要检视的是，我们怎样研究了经济法？需要思考的是，我们应该怎样研究经济法？我们认为，经济法的功能决定了经济法学研究具有区别于其他部门法学研究的非传统性，经济法学研究群体对此应该充分关注。非传统性要求经济法学研究改变思维定势，即不能绝对地以研究民法、刑法、行政法的思路、方法和视角来研究经济法，不能绝对地以民法、刑法、行政法的研究经验来发现和评判经济法中存在的问题。经济法的问题不应该从民商法等影子中去发现并基于这种影子进行解析，而应该从市场经济与公权干预的实践中去找寻并解析。

第一节　经济法是否有民法般严密的体系

　　目前，学界对经济法学的主要批评之一是经济法学没能建立起如民法般严密的体系。我们认为，这种批评是盲目的，经济法学本身既不可能也不应该建立起如民法般严密的理论和逻辑体系。试图建立起如民法般严密的经济法理论体系本身就是徒劳的，这是由经济法与民法的功能差异决定的。从民法与经济法的产生看，一般而言，民法制度是确权的基本制度，是基于对自然状态的介入而产生；而经济法制度则是公权对权利的干预，是对已有法律状态的一种干预。可以说，民法是一种制度创造，而经济法则是一种制度替代。正是这种确认行为给民法带来了体系完善、逻辑严密的可能。"立法者应该把自己看作一个自然科学家。他不是在制造法律，不是在发明法律，而仅仅是在表述法律。"[1]

马克思的这个论述虽然指向所有法律，但以之来说明民法的产生比说明经济法的产生更为典型、更具有针对性，查《马克思恩格斯全集》（第一卷）得知，该论述是马克思在 1842 年 12 月 18 日所写并发表于 1842 年 12 月 19 日《莱茵报》第 353 号上的《论离婚法草案》一文中作出的，那时离现代经济法的产生还有半个世纪，离现代经济法的大规模出现也还有近一个世纪。因为相对而言，民法整体上是一种确认型的法律，这种确认更多的是赋予自发秩序一种强制力。从历史上看，绝大多数的民法制度是在长期的社会进化过程中，通过不断的试错、博弈和演变而产生，其内容核心是社会进化的产物，民事立法一定程度上只是使其具有法律的外形。因此，作为进化产物的民法，具有内在和谐的体系是必然的。而经济法则是一种矫正型的法律，经济法并不是对民法的矫正，而是对民法所确认和保障的权利及其运行结果在特定情况下的一种矫正，是特定情形下对特定事物的公权干预，因此可以说经济法是一种"治病"的法律，不同的市场病症使经济法需要具有多种不同的功能，并且时刻需要对各种市场新病症作出反应，这是经济法与民法在体系上的完整性和严密性方面存在差异的根源。

虽然没有如民法般严密的理论和逻辑结构体系，经济法也并非杂乱无章，在似乎杂乱的表面背后，经济法是"形散而神不散"。反不正当竞争法、消费者权益保护法、产品质量法、价格法、广告法等法律看似功能各异，内容差别很大，但这些法律之间却有功能上的内在关联。我们可从对交易的促进这一视角进行考察。交易一般涉及交易主体、交易标的、交易价格、交易信息等，社会对交易结果的要求一般涉及是否公平、是否经济等。而上述法律正是在作为交易基本法的合同法对交易的适用持续出现低绩效后，才陆续产生的对交易标的、交易价格、交易信息等进行规制的结果。这些法律对交易的促进功能相当明显，如价格法对特定情形下的交易价格进行规制以保障价格的公平性，广告法对交易前的信息提供进行规制以保障交易信息的真实性，产品质量法对交易标的进行规制以保障交易标的的质量，消费者保护法就地位实质不平等的特定交易主体之间的交易进行规制以保障交易的公平性，反不正当竞争法虽然其主要功能是促进公平竞争，但也直接涉及对交易公平的规制，因为不正当竞争的主要目的在于获取更多的交易机会，对不正当获取交易机会的规制也会与交易公平有直接或间接的关联。由此可见，经济法的这些部门法之间的关联是存在的，并非松散无关联或弱关联。我们还可以从经济法各部门法的起源着手去探寻其功能上的内在关联。对经济法起源和功能进行研究的最好范本是美国经济法，因为美国的经济法是在私法的适用出现问题的基础上发展起来的，其市场经济从早期、发展到成熟，从未中断，公权对市场及其私权的干预实践丰富，对经济法学研究具有极大的价值。对市场经济及政府干预史的深入研究有助于找到经济法各部门法之间的关联并进而找到经济法内在的、独特的逻辑体系。我们认为，经济法学界在了解和掌握发达国家经济法的同时，应该重视美国、英国、德国、日本等国二百多年来的经济史和社会史，对这些制度背后的历史的了解和研究，有助于更深刻地理解竞争法、消费者保护法、广告法、金融法等众多经济法，从而有助于推进我们对经济法体系理论化的认知。

---

[1] 《马克思恩格斯全集》（第一卷），人民出版社 1956 年版，第 183 页。

第二节　经济法是否有民法般精确的调整对象

一、与经济法调整对象相关的学术史

二、民法与经济法在调整对象精确化问题上的比较

1. 民法学可以精确界定民法调整对象的原因。我们以为，民法制度体系的相对稳定性使民法学理论可以界定相对精确的民法调整对象。民法体系具有相对稳定性的主要原因有两个：①民法和民法学的相对成熟。民法和民法学历经两千多年的发展至今已经相当成熟和发达，因此不会出现法律因处于发展进程之中的理论化困境。②经济社会化所导致的立法社会化对民法制度变迁的要求相对较低。最近一百多年市场经济自身变迁激烈，这一过程也可以称为经济社会化。经济社会化对制度的需求导致立法的社会化，民法也经历了社会化的过程，整体而言，在经济社会化的情势下，民法必须作出反应，但这种反应在量上相对较小。因为经济社会化对制度的需求虽有对私法变迁的需求，但更多的是对一种与民法完全不同的新的法律的需求。这也是《法国民法典》等民法在市场体制下可以历经数百年而只有较小变迁的主要原因。经济法与民法不同，经济法是经济社会化发展到一定程度的产物，也是民法和行政法调整社会经济现象不能达到预期效果的情形下应运而生的产物，是满足经济社会化对制度进一步演化需求的主要法律。经济社会化表现形式及程度的变迁必然导致经济法构成及其内容的变迁。

2. 经济法调整对象不能被精确确定的原因。经济法的调整对象是否可以被经济法学精确界定？要回答这个问题，需要先看看经济法史。经济法是公权对市场失灵进行干预的产物，实质上经济法是经济社会化发展至一定程度而产生的。考察美国、法国、英国、德国等国一百多年的经济法史，可以看到两种现象：①经济法各部门法并非同时出现，这说明市场经济各种病症的出现并非同时或公权作出的反应并非同时。很显然，在已经过去的一百多年里，对经济法的外延作出精确界定是不可能的。②经济法的总量一直在增加，并且增加的趋势并未消减。因此可以得出一个结论，即一百余年来，经济法一直处于发展之中，并且还在发展。[1] 这种发展使精确界定经济法调整对象的外延成为不可能。有人认为，人类目前的智慧肯定具有预测经济法新内容的能力。我们认为，某种看似简单的市场失灵形式往往由多种因素共同促成，而这些因素有的当然能被认识，有的则很难被认识，有的虽然在理论上可以被认识，但考虑到巨大的认识成本，这种认识可能是不经济的。并且看似简单的影响因素在促成新的市场失灵形式时的作用机制非常复杂，没有谁能精确预测到市场在将来比较长的一段时间内究竟会得什么新病，这使对市场失灵进行公权干预的预测变得相当有风险。实践中，经济法的易变特性及相对的不确定性使精确界定经济法的调整对象既不可能，也不必要。说其不可能，是因为需要公权

---

[1]　在我国，由于对经济法本质认识的偏差等多种因素，早期的经济法体系相当庞杂，但近年来，很多在本质上不属于经济法的法律或被经济法学者挤出经济法体系，或被其他部门法学者"拉走"，因此经济法给人以一种正在衰弱的表象。我们曾经指出，近年来，本身不属于经济法的一些法律不断被剥离，这并不能说明经济法的衰弱，只不过是使法学的体系划分进入正常轨道而已。

干预的社会情势的变迁导致干预的必要性、方式、范围、程度等也在不断变迁，历史上在短时间内对某种私权进行规制、放松规制、取消规制以及再规制的例子并不少见。另外，与相邻部门法的功能协调和衔接也使经济法调整对象的精确界定成为不可能。此外，经济法是公权干预市场的法律，干预主体的现实状况直接决定了对特定事项的干预绩效，其在能力与公益性程度等方面的变迁也会直接影响到经济法的实然边界。因此，试图一劳永逸地精确界定经济法调整对象外延的想法根本就是错误的。说其不必要，是因为这种精确界定本身不仅没有学术价值，反而可能成为良性干预的障碍。从经济法的本质及其历史看，精确界定其调整对象的外延仅在某个时点是可能的，但这种界定的结果将使经济法成为静态法。与私法、刑法、行政法等相比，学术上静态经济法更为危险。[1] 因此，在经济法调整对象的精确界定问题上追求尽善尽美是危险的，经济法调整对象的适度模糊是必要的。

三、我国经济法处于发展之中的社会原因分析

如前所述，从经济法发展的历史、市场失灵的发展情形及我国的国情看，经济法并非正在衰弱，而是处于发展之中。在我国，一方面，计划经济特征的经济法不断减少；另一方面，在市场经济体制下，需要公权干预的社会关系并不会大量减少，其原因主要在于：①我国人口众多与资源稀缺的现实矛盾。这种冲突会加剧原有的市场失灵的程度，也会导致新的市场失灵的产生。为解决这种冲突而产生的经济法在量上会很大，相当一部分会成为我国独有的法律。②较严重的城乡差距、贫富差距以及东部沿海与中西部之间的区域差距。③现代高科技的发展。高科技的发展可能会使某种形式的市场失灵消亡，也可能会改变某种市场失灵原有的产生机制从而产生新的干预要求，还会产生或诱发新的市场失灵形式。近些年，高科技促进了经济和社会运行数字化，这对市场失灵及经济法的影响也是深刻的。④全球化进程的影响。一般认为，我国的全球化进程也是减少政府干预的过程，这是一种误解，事实上减少的这些干预一部分是本来就不应该有的干预，另一部分则是为 WTO 规则所否定的干预。但全球化进程的背后是国与国之间经济上竞争的加剧，市场失灵因此会有所变化。上述四种因素都会对市场失灵产生重大影响，从而对微观干预和宏观干预提出新的要求，一些新的经济法或经济法规则会不断出现。[2] 经济法学界对这些影响因素进行深入调研是相当必要的。

第三节 经济法是否应该有专门的经济诉讼法

实体法必须得到程序法的帮助才能得以有效实施，这是法理学的一般道理。民法、刑法、行政法都有其各自的诉讼法，经济法作为独立的部门法也应该有专门的经济诉讼法。这种基于其他法律经验的推导是否正确？认为其他法律有诉讼法，经济法也必须有，若没有，就不是独立的部门法，这种判断是否符合经济法的事实？我们的问题是，经济法作为一种实体法，支持它的程序法究竟应该是什么？诉讼法只不过是程序法中的一种，它是否是支持经济法的主要程

---

〔1〕 应飞虎：《为什么"需要"干预？》，载《法律科学—西北政法学院学报》2005 年第 2 期。

〔2〕 如在能源供给趋于紧张的情形下，对建筑物的节能要求也越来越高，公权对节能的态度可能从最初的放任演变到鼓励，最终发展到一定形式的强制。如 2006 年 11 月 1 日起施行的《深圳经济特区建筑节能条例》（已失效）第 23 条第 2 款规定："建筑节能专项验收合格的，由主管部门颁发建筑节能专项验收合格证明文件；验收不合格的，主管部门不得办理竣工验收备案手续。"该条例第 34 条规定："具备太阳能集热条件的新建十二层以下住宅以及采用集中热水管理的酒店、宿舍、医院建筑，应当配置太阳能热水系统或者结合项目实际情况采用其他太阳能应用形式。具体办法由市主管部门另行制定。"这种强制在以前能源供需矛盾不明显的情形下是不会出现的。

序法？对这些问题的回答应该从经济法的实践入手，还应从经济法与上述三大实体法之间存在重大差异的角度进行考察。

我们认为，经济法的程序法主要包括经济法立法的程序法、行政机构执行经济法的程序法和经济法纠纷解决的程序法三类。其中，经济法立法的程序法主要指的是一种促进并保障良性经济法形成的程序；行政机构执行经济法的程序法主要是行政处罚法、行政强制法以及行政机构对市场失灵进行干预的程序规范等；经济法纠纷解决的程序法主要指行政复议法、行政诉讼法以及某些情形下的民事诉讼法等。与民法等法律不同，前两类程序法是经济法中程序法的主体，纠纷解决的程序法在经济法的程序法中是相对次要的，这是由经济法的功能和本质决定的。因此经济法学对经济法程序法的关注不能仅限于经济法纠纷解决的程序，这会导致忽视经济法中的其他重要程序法；经济法学更不能把解决经济法纠纷的诉讼程序当作与三大诉讼法并列的经济诉讼法，并进而又把它作为经济法程序法的全部。对上述观点，我们作如下初步阐释。

一、有关经济法立法的程序法

民事诉讼法作为程序法可以直接与民法相对应，而经济法的程序法除了需要有诉讼法等，还必须包括促成经济法形成的程序法，这是为什么呢？我们认为，这一问题的答案由以下四个因素决定：①经济法的相对复杂性。与民法相比，由于涉及公权、私权与市场，涉及公权的能力与公益性程度等，涉及私权主体相对灵活的行为，经济法的形成需要考虑更多的因素。因此需要有适当的程序应对这种复杂性。②私权主体的利益表达和利益实现。民法所确认或规制的是平等的私权主体之间的关系，虽然存在实质上地位不平等的事实，但私权主体的利益表达和利益实现并不存在大的障碍。与民法不同，经济法是公权对私权进行干预的法律，干预主体与干预对象事实上是不平等的，因此需要考虑私权主体的利益表达机制以及防止公权自由裁量权过度膨胀的机制，同时在考虑公共利益的同时也要考虑私权主体的利益实现机制。这种机制本身就是一种程序。③主观行为的客观化。作为一种确权法，民法创设了很多权利，其所确认的权利大多在确认之前已经以习惯或惯例等方式存在，民法中大部分制度也并非是立法机构发明的，因此在一定程度上，可以说民法是一种客观的法律。而经济法则明显不同，经济法中的很多干预制度并非事先存在，很多制度事实上就是干预机构创立的，因此经济法在形成过程中具有较强的主观性，经济法的内容也更具有主观性。因此，设立适当程序以消减干预的主观性并使干预尽可能地符合市场和社会的需求相当必要。④经济法的数量。经济法的数量非常庞大，全国的各种法律、法规及地方性法规，大多数属于经济法，这更使对经济法的形成在程序上进行干预成为必要。

二、有关经济法执行的程序法

民法的实施在没有纠纷的情况下是各私人主体之间的事，不存在如经济法中的行政机构执法现象，因此也不需要民法执法的程序法。而经济法在实施过程中，存在私权主体的守法或违法行为，也存在行政机构的执法行为，因此需要有经济法执行的程序法。如前所述，这种程序法既包括行政处罚法等，也包括具体的干预程序规范。

（一）作为执法程序的行政处罚法等

把行政处罚法、行政强制法等在经济法学者看来明显属于传统行政法的法律作为经济法执行的程序法，会导致有人担忧经济法的地位及其独立性问题，甚至担忧因此更不能划清经济法与行政法的界限。其实，这种担忧是不必要的。因为我国经济法产生至今，其执行一直主要依赖行政机构，因此将行政处罚法等作为经济法执法的程序法很自然。我国《行政处罚法》对行政机构实施的行政处罚作出了程序上的规定。该法第9条规定的行政处罚的种类，除立法技术性的规定，共有 6 种，分别为：警告、通报批评；罚款；没收违法所得、没收非法财物；责令停产停业；暂扣或者吊销许可证、暂扣或者吊销执照；行政拘留。其中，罚款，没收违法所得、没收非法财物，责令停产停业，暂扣或者吊销许可证、暂扣或者吊销执照都是经济法上重要的责任形式。这些责任形式都可以从经济法的各部门法的法律责任一章中找到。如《中华人民共和国产品质量法》（以下简称《产品质量法》）第 50 条规定，在产品中掺杂、掺假，以假充真，以次充好，或者以不合格产品冒充合格产品的，责令停止生产、销售，没收违法生产、销售的产品，并处违法生产、销售产品货值金额 50% 以上 3 倍以下的罚款；有违法所得的，并处没收违法所得；情节严重的，吊销营业执照；构成犯罪的，依法追究刑事责任。《中华人民共和国商业银行法》（以下简称《商业银行法》）第 74 条规定，商业银行有下列情形之一，由国务院银行业监督管理机构责令改正，有违法所得的，没收违法所得，违法所得 50 万元以上的，并处违法所得 1 倍以上 5 倍以下的罚款……情节特别严重或者逾期不改正的，可以责令停业整顿或者吊销其经营许可证……因此，没有理由否定《行政处罚法》作为经济法执行方面的程序法，也无需再证明《行政处罚法》作为经济法的程序法的地位和功能。当然，需要指出的是，《行政处罚法》等不是经济法专有的执行程序法，也不是经济法唯一的执行程序法。

（二）干预程序法

干预程序并非是一种执法程序，而是行政机构在干预过程中为确保干预目的实现而设定的程序。为什么必须有行政机构对市场进行干预的程序规范？我们认为，设定干预程序规范的目的主要有两个：①限制公权力被滥用并保障私权。②促使私权主体遵循干预规范并最终达到干预目的。如市场准入制度是一种对私权的干预，其目的主要在于保障市场秩序，而如何实施市场准入制度则更大程度上是一个程序问题，如申请入市者需要递交的材料、批准或不批准的时间、不批准的救济等。经济法学对干预程序的系统研究比较缺乏，目前的研究可以考虑从以下两方面展开：①从是否有利于干预目的的实现的角度去找寻与每一种干预制度最相适应的干预程序；②干预程序成本最小化问题。干预程序的存在虽有助于干预目的的实现，但也都会增加干预者和被干预者的支出，这种支出的过度增加会有损干预的整体绩效，因此需要权衡。

三、有关经济法纠纷解决的程序法

《行政复议法》和《行政诉讼法》是经济法纠纷解决的程序法，当然它们并不是经济法专有的程序法，它们是经济法极为重要的争议解决法。我们先考察《行政复议法》的功能和地位，该法第 6 条详细规定了行政复议的范围，其中绝大部分事项涉及行政机关的经济执法行为，即行政机关在执行经济法的过程中的处罚或强制措施等行为。如行政机关作出的警告、罚款、没收违法所得、责令停产停业、暂扣或者吊销许可证、暂扣或者吊销执照等行政处罚行为；行政机关作出查封、扣押、冻结财产等行政强制措施；行政机关作出的有关许可证、执照、资格证等证书变更、中止、撤销的决定；认为符合法定条件，申请行政机关颁发许可证、执照、资质证、资格证等证书，或者申请行政机关审批、登记有关事项，行政机关没有依法办理等。行政机关的这些行为在各经济法中都有所涉及，这说明《行政复议法》作为经济法争议解决的程序法是相当明显的，不能因为其名称中有"行政"两字就认为其与经济法无关。从受案范围上看，能够被起诉的行政行为绝大多数能在经济法中找到。我们对法院行政庭的受案数量和范围进行考察，如湖南省衡阳市中级人民法院行政庭 2004 年受理的一审和二审行政诉讼案件共 88 件，其中被告（或上诉人、被上诉人）为工商局、质量技术监督局、土地管理局等经济执法部门的案件共 29 件，占 33%。[1] 这说明行政庭和行政诉讼法很大程度上也是为解决经济法上的纠纷服务的。

四、有关法院经济庭的撤销及经济诉讼法的必要性问题

五、有关公益诉讼

多年来，部分经济法学者对公益诉讼问题进行了深入研究，取得了丰硕成果。这种研究本身当然是有价值的。但对公益诉讼、经济庭以及经济诉讼法之间的关系问题的研究则须谨慎。我们认为，公益诉讼制度的存在自然有其必要，但并非是经济庭存在和制定经济诉讼法的充分必要条件。在现有的三种诉讼法框架下，通过某些制度的变迁，公益诉讼也并非不能实现。所以，用公益诉讼制度的必要性来证明经济诉讼法制定的必要性，值得商榷。

第四节　经济法是否应该有独特的法律责任体系

对经济法责任的研究一直是经济法学的薄弱环节，最近几年来，经济法学界对涉及经济法的法律责任进行了系统、深入的研究，取得了一些创新性成果，但也存在一些问题。应该如何更好地开展有关经济法法律责任的研究？这是我们必须思考的。对经济法的法律责任的研究，首先需要区分经济法责任和经济法规则的责任，这种区分是深入研究的前提。对经济法责任的研究需要关注经济法的特殊性，也需要考虑经济法与行政法、民法等在责任问题上可能存在的重合；对经济法规则中的责任的研究需要关注多种责任的最佳配置和最高效率，这也是经济法学的任务。

一、有关经济法责任

经济法责任是指经济法作为一种部门法的责任，这种责任的理论及其体系是经济法学界一直在研究建立的，通过近些年的研究，其成果已经颇具规模。研究表明，具有相对独立性和独特性的经济法责任是存在的，它是三种传统的责任形式之外的一种新型的责任。与民法责任的功能不尽相同，经济法责任的功能主要通过加重违法者的违法成本等实现。如惩罚性赔偿、罚款、剥夺某种资格、责令停产停业、吊销许可证照等都会使违法者的违法成本大大增加，由此来抑制违法者或潜在违法者的违反经济法的行为。作为声誉罚的企业负面信息发布制度，由特定主体通过适当的渠道和方式发布市场主体的违法信息，从而强化法律威慑，抑制其违法行为。[2] 就目前的研究来看，对惩罚性赔偿和罚款等经济法责任还需作出一些解释，否则会引起理论上的混乱。

（一）惩罚性赔偿

目前，对惩罚性赔偿责任法律属性的界定多有争议。经济法学界认为惩罚性赔偿属于经济

---

[1]　该资料由衡阳市中级人民法院行政庭法官贺清生提供，在此感谢。

[2]　段礼乐：《羞辱性执法的信息经济学阐释——以企业负面信息发布制度为分析对象》，载《政法论丛》2018年第 1 期。

法的责任，民法学界则认为属于民法的责任。我们认为，两种判断都对。惩罚性赔偿既具有经济上的补偿功能，又因赔偿金额一般超过实际损失而具有惩罚性，还因其惩罚性而具有对不良行为的阻遏功能，从而最终通过实现赔偿和惩罚的微观功能达到促进良好市场秩序形成的宏观功能。就惩罚性赔偿制度的功能结构来看，阻遏功能的实现有赖于民事赔偿的实现，而民事赔偿责任本身则具有私法属性，虽然这种赔偿并不顾及损失额，但这是社会化的要求。亦即，惩罚性赔偿的最终目的具有经济法属性，而其实现的路径则具有明显的私法属性。这就使惩罚性赔偿责任的定性出现争议。可以肯定的是，阻遏是惩罚性赔偿的最终目的，这种目的具有很强的公共性。在惩罚性赔偿制度出现初期，制度的阻遏功能和维护公共利益的目的就被重点强调。如 1851 年美国联邦最高法院在一判决中指出："陪审团在侵权案件中对被告处以惩罚性赔偿，这是考虑到被告行为的恶意，而不是衡量对原告的赔偿。这已经是一个广为接受的普通法原则。"[1] 1864 年，在 *Hawk v. Ridgway* 一案中，美国伊利诺伊州最高法院认为："对故意的侵权行为，陪审团可以在实际的损害之外增加赔偿，作为一种惩罚的同时，也维护公共的安宁（Public Tranquility）。"[2] 这种观点一直延续到现在。1981 年，美国联邦最高法院在 *City of Newport v. Fact Concerts, Inc.* 案中认为，惩罚性赔偿并不意在赔偿受害者，更多的是在惩罚故意或恶意的侵权者，惩罚遏制他和其他人作出类似的极端行为。[3] 2000 年，在 *Nakamura v. Superior Court（Orona）* 案中，美国法院认为："如我们所讨论的，与其说惩罚性赔偿是一种赔偿，还不如说是一种对过错者的惩罚以及对以后不良行为的遏制。"[4] 纵观历史，惩罚性赔偿责任制度是经济社会化达到一定程度后基于特定原因而产生的，主要有私法层面和公法层面两种原因。私法层面的原因，如受害者对损失举证的困难；受害者基于多种利益考量而放弃赔偿要求，从而事实上对加害行为造成激励；等等。公法层面的原因，如对违法行为进行公法惩治可能存在的能力不足、过度的资源耗费以及公权机构及其官员可能存在的经济人特性等。这两种因素的共同作用使惩罚性赔偿制度产生，并自产生起其功能就具有多元性。因此可以说，惩罚性赔偿是经济社会化在民法中的表现，是传统赔偿责任制度对经济社会化作出的反应，这种反应已经超出传统民法的范围，而属于现代民法的范围，类似如民法的所有权理论基于经济社会化的现实从绝对所有权向有限所有权变迁。因此，可以认定惩罚性赔偿的民法属性。但由于其功能的多元性，尤其是其宏观功能具有现代经济法的属性，因此，也可以认定惩罚性赔偿的经济法属性。可以说，这种制度是两种不同的部门法对经济社会化共同作出的反应，是民法和经济法在经济社会化背景下的制度衔接点之一。

（二）罚款

---

〔1〕　*Day v. Woodworth*，54 U. S. 363，371（1851）. https：//supreme. justia. com/cases/federal/us/54/363/case. html（last visited on Jan. 19，2018）.

〔2〕　*Hawk v. Ridgway*，33 Ill. 473，Ill. Supreme Court（1864）. https：//www. ravellaw. com/opinions/0fb1793d674d7b46ecf 28d721497089e（last visited on Jan. 19，2018）.

〔3〕　https：//supreme. justia. com/cases/federal/us/453/247/case. html（last visited on Jan. 19，2018）.

〔4〕　http：//law. justia. com/cases/california/court-of-appeal/4th/83/825. html（last visited on Jan. 19，2018）.

二、有关经济法规则中的责任

经济法规则责任指在经济法具体规则中设定的责任。在经济法规则中，除了设定经济法责任外，还常有民事责任、刑事责任等。如在反不正当竞争法、消费者权益保护法、产品质量法、广告法等法中都有这种方式的责任配置。这种在一部法律中进行综合性责任配置的目的有两个：①考虑多种责任配置的整体效率。②考虑一部法律以某种功能为主的综合功能。这对经济法学的研究提出了新的要求。

（一）研究现状述评及原因分析

最近几年来，经济法学界在关注经济法责任的同时，一定程度上忽略了对经济法规则中的责任的整体研究、功能研究和绩效研究。这可能缘于经济法学界更多地从经济法的视角考量问题。我们认为，经济法责任、民事责任、刑事责任虽存在本质上的差异，但这种差异并非不可逾越，关键看研究者进行的是一种怎样的研究。如果要用法律责任的视角来证明法律的独立性，则需要强调并发掘所研究法律责任的特质；但如果进行的是一种对制度功能和绩效的整体研究，则应对各法律责任的本质差异"熟视无睹"，谁做到"熟视无睹"，谁就有深入研究的可能，否则，研究就无法深入进行。其实，在制度经济学的视野中，民法、刑法、经济法并无大的差别，民事责任、刑事责任、经济法责任也无差异。从实施效果看，国务院的行政法规中的经济法责任与最高人民法院对私权进行干预的司法解释中的某些民事责任可能也无差异。最近几年来，经济法学界经过多年努力成功地论证了经济法的独立性，在目前独立的经济法已经得到学界、立法部门、法律实务界等广泛认同的情势下，再去多谈经济法独立性的问题似无必要。因为在目前的情势下，再过多地谈经济法的独立性可能会给人以误解，可能还会导致就经济法而研究经济法，这种研究路径和方法只是经济法研究的一部分，而不是全部。如果深入考虑到经济法自身的特点，我们应该对经济法、民法、刑法等法中的相关问题的整体功能和绩效进行研究和分析，在研究中应该淡化经济法与其他部门法的界限，尤其应该淡化经济法与行政法的界限。

（二）以经济法责任为主导的多种责任形式的互动与互补

就经济法规则中的多种责任而言，经济法责任处于中心地位，并不是因为这是经济法的规定，而是因为经济法责任自身的特点。以负外部性的内部化为例，负外部性的内部化一般需要制度的支持，而负外部性基于其强弱的差异对制度的需求是不同的。最弱的负外部性由私法通过民事责任的方式内部化足矣；强的负外部性由经济法通过经济法责任的方式内部化；部分最强的负外部性的内部化还可以由刑法通过刑事责任的方式参与其中。因此存在多种责任形式的互补与互动。在互动与互补中，经济法责任占最主导的地位。因为民法作为前法，其责任的设定可以不考虑后法；刑法对部分最强的负外部性的内部化则需要考虑经济法责任的功效；经济法责任的设定则既需要考虑民事责任的绩效，又需要考虑在刑法上进行操作的必要性和可能性。所以有关多种责任形式的互补与互动，应该是经济法学的重要课题。实践中，经济法责任与民事责任甚至刑事责任的互补与互动的例子较多，其原因是多方面的。如现实中基于多种原因而可能出现民事责任不能实现的情形，这种情形不能在私法层面得到改善时，对弱负外部性的行为行使公权处以罚款等干预也是可能的。经济法与刑法之间的互动也会存在，当然这种互动是在立法层面，执法层面的互动应该是一个错误。如招致批评的对经济犯罪行为的"以罚代刑"，一般指的是基于多种原因而不执行刑法的规定，但"以罚代刑"并非绝对不可行，从功能的视角看，在立法层面"以罚代刑"在某些情形下也是可行的。在特定情形下，是选择经济法上的罚款还是选择刑法上的刑事责任，都存在一个考量，并非必须选择刑事责任，或必须选择罚款。因此经济法学对经济法责任的研究应该考虑多种责任形式互动与互补的因素。

第五节　经济法学理论的所缺与所需

一、对目前经济法学理论的一个不成熟评价

四十多年来逐步形成的经济法学理论已趋成熟，对促进我国经济法发展起到了重要作用，在看到成绩的同时，我们更应该看到的是理论的不足，这是促进经济法学理论更趋于科学化的前提。所以需要对目前的经济法学理论进行检视。由于我们能力有限，很难对其作出一个客观而科学的评价，但我们可以基于某些事实和现象对目前的经济法理论作一个一鳞半爪的评价。首先，经济法学理论对实践的指导力并没有充分展现。理论指导实践，与民法、刑法等相比，我国经济法学理论对经济立法的指导并没有达到预期。其次，经济法总论的研究未获得足够的部门法支撑。四十多年来，经济法学试图构建一种庞大的理论体系，至目前已初步建立。但问题显然也是存在的。如进行总论研究时对经济法各部门法的重视不够，较少采取从经济法分论到总论的水到渠成的研究路径，而较多采用从总论到分论的研究路径，这会大大降低经济法学理论指导实践的价值。为什么学界对经济法学理论存在一些消极评价？如前所述，消极评价的存在有历史原因，也有评价者基于民法的经验和事实而作出的不公正评价。但这种消极评价多年来并未彻底消减，这是否从一个角度说明经济法学的理论自身确实存在一些不足？

二、我们还需要一种怎样的经济法学理论

（一）经济法学理论的所缺与所需

我们还需要一种怎样的经济法学理论？经济法毕竟是一种法律，经济法学也应该是一种法学的理论，所以运用传统法学研究的方法对经济法进行研究并构建经济法学理论非常必要，但这对经济法学理论而言远远不够。因为经济法与民法等不同，它涉及多个主体、多种权利（力）、多方利益，是一种高度复杂的现象，很多表面看来简单的问题却不能基于纯粹的经验进行评判，而需要精细的专业分析。另外，经济法虽然解决的是经济和社会问题，但都直接或间接涉及人的行为。这使经济法学需要把对人行为的研究或各学科已有研究成果纳入研究视野。影响人作出行为选择的因素非常复杂，众多学科都在对其进行研究，但可能都基于自身的视野而把问题简单化。因此在进行对人行为的研究时综合考虑人的利益、制度、道德、传统、心理等因素是必要的，经济法学在研究干预制度时也需要考虑这些因素。如近些年来，Herbert Simon、Daniel Kahneman、Richard H. Thaler 等心理学家因在行为经济学方面的创新性研究而获诺贝尔经济学奖。这种心理学和经济学方面的成果使我们对人在认知和决策过程的认识更接近于真实世界。由于成果涉及真实世界的探究，因此具有很强的政策意义。行为经济学家 Colin Camerer 等指出："人脑机制如何加工奖赏，抑制或激发冲动，以及这一机制的进化意义上的起源，或许可以帮助解释一些事实，并塑造合理的政策和规则。"[1] 我们有必要深入了解这种影响人决策和选择的心理机制，从而使政策的制定有更坚实的基础。我们应该把对经济法具体制度的研究置于社会科学的整体背景下进行，充分考虑社会科学的已有知识存量，充分运用法学、社会学、经济学、心理学等工具，对经济法制度进行跨学科、多视角的研究，以使经济法制度的功能更强、绩效更高，更有针对性。因此经济法学理论中的工具体系既应该有传统工具，更应该有现代工具，如法经济学、法社会学、规制理论等。制度经济学中的规制理论是可

---

〔1〕 Colin Camerer, George Loewenstein and Drazen Prelec, "Neuroeconomics: How Neuroscience Can Inform Economics", *Journal of Economic Literature*, Vol. 43, No. 1 (Mar., 2005), p. 54.

用于经济法研究的一个成熟的、切实可行的理论框架。这种理论框架关注的是规制绩效，包括是否需要规制、是否应该规制、是否能够规制等。在这种理论框架内，既有规制者的维度，又有被规制者的维度；既有公共利益的维度，又有私人利益的维度；既有权力的维度，又有权利的维度；既有规制对象的维度，又有规制背景的维度。采用这种理论框架分析经济法的问题，既需要研究干预主体，又需要研究被干预主体；既需要研究规制的原因，又需要研究规制的绩效；既需要研究规范层面的绩效，又需要研究实证层面的绩效。对经济法而言，这应该是一种良好的理论框架。总之，经济法学研究中传统方法和现代工具的有机结合是认知复杂的经济法现象所必需的，只有如此，经济法学理论才可能成为一种可行、有效的分析框架和工具，从而对现实问题具有较强的分析和解决的能力，否则经济法学理论可能会蜕变或"升华"成一种高深莫测的玄学，这对经济法而言是相当危险的事，因为经济法毕竟是用来解决世俗问题的。

（二）一个例子的简单分析

第二编　经济法主体

第 九 章
经济法主体的基础理论

第一节　经济法主体概述

一、经济法主体的含义

经济法主体的含义，从不同的角度可以作不同的理解。

1. 从经济法律关系的角度理解。经济法主体一般是指经济法律关系的主体，指经济法律关系的参加者，能够依经济法规定享受权利（力）和承担义务的人（组织）。这是多数学者对经济法主体含义的理解，也是主流的观点。从这种意义上理解的经济法主体，应当是参与了经济法所调整的社会关系，并能够根据经济法的规定享受权利（力）和承担义务、责任的人，其范围与经济法调整对象的范围相一致。对经济法主体的这种理解，优点在于能够与法理学中的法律关系理论、经济法学中的经济法律关系理论相一致，具有理论上的自洽性。但是，其缺点是缺少实践性，在经济立法、司法和执法过程中往往不具有实践意义。无论在经济立法还是在经济司法和执法过程中，经济法律关系理论几乎从未被运用过，相应的经济法主体的理论也很少被运用。

2. 从"主体—行为—责任"的角度理解，经济法主体是指其行为受经济法规范的人或组织，即凡是从事应受经济法规范的行为的自然人或组织，均为经济法主体。从这种意义上理解的经济法主体，其范围与从经济法律关系角度理解的经济法主体的范围基本一致，而且其兼有与经济法的理论和实践相一致的优点，既能实现与法学理论、经济法学理论的自洽性，也能用于指导经济立法、执法和司法的实践，因而是一种较好的选择，以下我们主要采取这一观点，对经济法主体的有关问题进行阐述。

二、经济法主体的特征

经济法主体的特征，是指经济法主体相对于其他部门法主体所具有的特殊性。对于经济法主体的特征，学界有不同的概括，我们认为经济法主体主要具有以下特征：

（一）经济行为性

经济行为性，是指经济法主体都必然参与相应的经济法规范的经济活动，从事相应的经济法规范的经济行为。作为经济法主体，只有参与经济法所规范的经济活动，从事相应的经济法规范的经济行为时，才能成为真正的经济法主体。作为法律主体的人，无论是自然人还是法人或组织，都有可能成为经济法主体，也可能成为民法或行政法等的主体，但是只有其从事经济法规范的行为时，才会成为实在的经济法主体。例如，对于企业而言，只有其从事市场竞争活动时，才成为经济法主体；对于一些政府机构，只有其从事市场监管活动或宏观调控活动时，才成为经济法主体。可以说，经济行为性是经济法主体区分于民法主体、行政法主体等的主要特征。

（二）地位的不平等性

从事的经济活动的性质不同，决定了经济法主体法律地位的不平等性。在经济法主体中，按其从事的经济活动的性质，主要可以分为两种类型：一是在市场上从事竞争和消费活动的主体，二是代表国家或社会从事市场干预和调控活动的主体。两类主体行为的性质不同，决定了经济法必然赋予其不同的法律地位，并按其不同法律地位为其配置权利（力）和义务。而民法主体，由于从事的活动的性质相同，都属于私人为其自身利益的民事活动，因此，其法律地位平等，权利义务对等，平等性是其基本特征。

（三）身份的相对固定性和不可互换性

经济法的主体更多是适应市场经济分工而形成的相对固定的具有特定身份性的类型化主体，这些不同类型的主体，往往在经济活动中扮演不同类型的角色，承担不同的经济职能，这些角色往往是较为固定的，不能互换。例如，政府的经济管理机构，作为代表国家对市场活动进行调控的机构，承担的经济职能就是经济管理职能，一般不具有开展生产经营活动的职能；而企业作为生产经营者，其经济职能就是商品的生产经营活动，一般不具有经济管理的职能。这种身份和职能是相对固定的，一般不能互换。而作为民事主体，无论自然人还是法人，其基本的职能是相同或相似的，在市场中的角色也并非固定，可以是市场交易中的买方，也可是市场交易中的卖方，因而其身份并不固定，角色可以互换。

三、经济法主体的分类

（一）分类的意义

经济法主体在实践中是多种多样的，在不同的经济法律法规中，具体的经济法主体往往各有不同。例如，在《反不正当竞争法》中，该法的主体包括经营者、不正当竞争管理机构、消费者等；在《反垄断法》中，主体则包括经营者、消费者、反垄断委员会、反垄断法行政执法机构等。对经济法主体进行分类研究，既有重要的理论意义，也有重要的实践意义。其理论意义主要在于，通过对经济法主体进行分类研究，有助于经济法主体理论的进一步完善，进一步明确经济法主体的范围、特征、权利（力）义务、责任等；其实践意义主要在于，通过经济法主体分类，使经济法在制定过程中能够更好地分类配置权责，更好地规范主体行为，并在经济执法和司法过程中，更容易区分不同经济法主体行为的合法性，从而更好地执行和实施经济法律。

（二）分类的标准及类型

基于不同的标准对经济法主体进行分类，类型会有所不同。

1. 以基本经济职能作为分类标准。在现代市场体制中，参与市场经济活动的各类当事人，一般都有较为明确的专业分工，各自承担不同的基本经济职能，形成不同的专业群体。经济法对参与经济活动的当事人行为的规范，主要是根据其在经济活动中所承担的经济职能赋予与其职能相适应的权责，因此，参与经济活动的各类当事人在市场经济活动中的基本职能不同，是经济法主体的主要分类标准之一。依据这一标准，经济法主体主要可以分为以下三种类型：

（1）市场主体。市场主体是指从事市场经营活动和消费活动的当事人。这类主体的基本职能是依据市场的基本规则，根据其自身利益的需要，从事商品或服务的生产经营活动或者消费活动，是市场经济的基本细胞。市场主体是经济法的基本主体类型之一，这类主体的活动都要受到经济法的规范，因而都属于经济法主体的范围。这类主体包括各类企业、个体经营者、消费者等。

市场主体根据其在市场经济活动中职能的不同，又可以作进一步的细分，主要可以分为两大类：经营主体和消费主体。经营主体是指以营利为目的从事商品生产经营活动的企业、其他经济组织和个人。消费主体是指为生活需要而购买、使用经营主体所提供的商品或服务的个人和组织。

（2）国家干预主体。国家干预主体，也称管理主体、调制主体等，是指在市场经济活动中，主要代表国家整体利益，对市场主体活动进行规范和对市场进行宏观调控的主体。这类主体的基本经济职能与市场主体不同，它主要是对市场经济进行干预，以保证市场经济健康、稳定和持续发展。这类主体自身一般不从事商品的生产经营活动，其职能主要是对市场竞争和宏观经济进行规划、指导、监督、协调，保证市场竞争有序、公平地进行，保证宏观经济的健康、稳定和持续发展。

国家干预主体，根据其具体干预职能的不同，还可以作不同的分类，主要可以分为市场监管主体和宏观调控主体两类。市场监管主体，主要承担对市场竞争进行干预的职责，通过其干预行为，引导市场主体从事公平、有序的有效竞争，建立和维护公平合理的市场竞争秩序，保护市场竞争中消费者和中小企业等弱势群体的利益。宏观调控主体，主要承担对市场进行宏观调控的职责，通过其调控活动，减少市场体制本身所产生的盲目性、波动性等，维护宏观经济的持续、健康和稳定发展。

（3）混合类主体。混合类主体，亦称"社会中间层组织""社会中介组织"等，这类主体属于经济法主体中较为特殊的一类。之所以称其为混合类主体，是因为这类主体在经济活动中的职能往往兼有市场主体和国家干预主体的双重职能或双重角色，不是单纯的市场主体，也不是单纯的干预主体。以中央银行为例，中央银行虽然从总体职能上可以被界定为经济法的干预类主体，因为《中国人民银行法》赋予我国的中央银行（即中国人民银行）的基本职能是对金融活动进行宏观调控，保证金融业稳定发展。但是，《中国人民银行法》同样赋予中央银行在金融市场上可以以市场主体的身份开展金融业务，例如在公开市场业务中的买卖国债行为等，虽然央行的这种公开市场业务是为实现其货币政策即对金融进行宏观调控而进行的，与作为典型市场主体的普通商业银行开展的金融业务不同，但是不可否认的是，当央行在开展此项业务时，它只能以与普通市场主体同等的身份与其他市场主体进行交易，不可能享受任何交易特权。因此，中央银行本身作为经济法主体，兼有干预主体和市场主体的职能，不过是以干预主体的职能为主而已。

这种混合类主体，在经济法主体中占有相当的数量，例如，各种行业协会或团体、会计师事务所、律师事务所、职业介绍机构、证券交易所、国有资产经营公司、公用事业机构等。对该类主体，依据其主要性质、地位和职能的不同，可以进一步区分为两类：以市场主体的地位和职能为主的主体与以干预主体的地位和职能为主的主体。国有商业银行、国有控股企业、公用事业单位、证券交易所、律师事务所、会计师事务所等属于前者；中央银行、各行业协会和社会团体属于后者。

2. 以主体所代表和维护的利益不同作为分类标准。法益是法律所承认、确定、实现和保障的利益，法律从某种意义上讲就是对不同主体所代表的不同法益的协调。经济法作为法律的一个部门也不例外。法益本身从不同的角度，也可以作不同的分类，这种分类同样影响法律主体的分类，因为法益总是归属于一定的主体并通过一定主体的行为得以实现。在法益的分类上，这里主要以归属于个体利益还是归属于一定的社会群体利益或国家利益作为划分标准，划分为私人利益、社会利益和国家利益三类。以此为标准，经济法主体主要可以划分为国家利益主体、私人利益主体和社会利益主体等类型。

（1）国家利益主体。国家利益主体，是指其参与经济活动时，所从事的经济活动主要是代表和维护国家整体利益而非其本身的利益。作为经济法主体的国家主体，主要指代表国家进行经济干预活动的各政府部门，也包括法律、法规或国家机关授权代表国家利益从事经济干预活动的社会团体、行业协会等机构和个人。以《反垄断法》的规定为例，反垄断法规定的国务院反垄断委员会和政府反垄断法的行政执法机构，其对垄断行为的监督、制裁等行为，主要代表国家整体利益去维护竞争秩序，制止竞争者出于私利而实施的有损国家和社会公共利益的垄断行为。

（2）私人利益主体。私人利益主体，是指其参与经济活动时，主要是为实现和维护其自身的利益，其代表的是主体本身的利益而非国家利益或社会利益。作为经济法主体的私人利益主体，主要包括市场主体中的经营者和消费者等。经营者在市场经济活动中开展商品的生产经营活动，主要目的是实现自身营利，是基于自身利益的需要而参与市场竞争、从事经济活动的。消费者购买、使用经营者提供的商品或服务，也主要是满足其自身生活消费的需要，属于私益主体。

（3）社会利益主体。社会利益主体，是指其参与经济活动主要是代表和维护特定的社会群体的利益，其从事相应的经济社会活动，既不是为其自身的利益，也不是代表和维护国家的利益，而是为了某些特定的社会公共利益，如行业利益或消费者的群众利益等。社会利益主体，主要包括各种社会团体、事业单位等。

3. 以经济法基本制度作为分类标准。经济法基本制度，是经济法体系中的基本构成部分，它是由一系列相同或相类似的经济法律规范或法律、法规所组成的一个相对独立的经济法子部门法。作为经济法的基本制度，学界通说认为其主要包括市场监管制度和宏观调控制度，或称市场监管法和宏观调控法。经济法主体的分类，也可以经济法基本制度作为划分标准。按此标准进行分类，经济法主体可以分为市场监管法主体和宏观调控法主体两类。

（1）市场监管法主体，是指行为受市场监管法调整的主体，包括监管主体和监管受体两类。监管主体，是指代表国家和社会对市场秩序和市场运行进行管理、指导、监督、协调的主体，主要包括承担市场监管职能的各级政府以及政府有关部门、行业协会和社会团体等，如国务院反垄断委员会、反垄断行政执法部门、反不正当竞争机构、产品质量监督管理机关、银行业监督管理委员会、保险业监督管理委员会、证券业监督管理委员会等。监管受体，主要是指基于自身利益需要而参与市场活动的主体，包括从事市场竞争活动的各类企业、组织和个人，即经营者，也包括从事市场消费活动的消费者等。

（2）宏观调控法主体，是指行为受宏观调控法规范的主体，包括调控主体和调控受体两类。调控主体，是指代表国家和社会行使宏观调控权，对经济活动进行宏观调控的主体，主要包括具有宏观调控权的各级政府及政府有关经济部门，如国务院、国家发展和改革委员会、中国人民银行、财政部等。调控受体，是指受国家宏观调控活动影响的各种类型的企业、事业单位、社会组织和个人等。

4. 以经济法主体所具有的权力（利）不同作为分类标准。经济法主体因其在经济活动中所具有的基本职能不同，所代表和追求的利益不同，经济法赋予其主体权力（利）的性质也有所不同。经济法规定的权力（利）主要划分为三种：公权力、私权利和自治权，相应的主体也可以划分为三类：公权主体、私权主体、社会自治权主体。

（1）公权主体。公权主体，是指在经济活动中代表国家行使公共权力，对经济活动进行干预，以实现和维护社会整体利益为目的的主体。主要包括各级政府及政府部门、受政府或政府部门委托行使公权力的社会团体和组织等。公权主体，是经济法的基本主体，其设立、主体资格取得、拥有的公权力通常由经济法专门规定。

（2）私权主体。私权主体，是指在经济活动中基于自身利益而享有、为实现和保护自身利益而拥有法律赋予的民事权利的主体。主要包括参与市场竞争的各类企业、组织和个人，也包括从事消费活动的自然人，即通常意义上的市场主体。私权主体也是经济法主体，但与公权主体有所不同，其设立、私权主体资格、私人权利等主要不是由经济法而是由民商法等法律所赋予的。

（3）社会自治权主体。社会自治权主体，是指在社会经济活动中，基于特定的社会公共利益目的而享有和行使社会自治权的主体。社会自治权，既不同于私权，也与国家公权力相区别，是介于这两者之间的一种混合性权利。社会自治权从本质上讲，是同类私权主体对其部分私权加以让渡而形成的公共权利，是同类私权主体为了其共同利益，而将其部分权利让渡给特定的社会组织，如行业协会、消费者协会等社会团体。

四、经济法主体资格

（一）经济法主体资格的含义和特征

经济法主体资格，是指作为经济法主体能以自己的名义享有经济法规定的权力（利）、承担经济法规定的义务的资格。经济法主体资格，从理论和实践层面上分析，我们认为应当包括两部分：①作为抽象意义上的经济法主体所应具备的资格；②作为具体意义上的经济法主体所应具备的资格。所谓抽象意义上的经济法主体，是指参与抽象意义的经济法所调整的社会关系而非某一类或某一种具体的经济关系的主体，这种意义上的经济法主体的资格，即一般法律主体的资格，只要是法律上所认可的"人"，即能够以自己的名义享受权利、承担义务的自然人或组织，都属于法律主体，具有法律上的人格，自然也都具有抽象意义上经济法主体的资格。例如，作为社会实体的自然人和作为组织体的法人，在一般的法律上都赋予其抽象的法律人格，都是法律主体，同样也都是经济法的主体。换言之，作为经济法主体，必须要先成为法律主体，成为法律主体是成为经济法主体的首要条件。作为具体意义上的经济法主体资格，则是指参与具体的某一种或某一类经济活动所应具有的特殊资格。例如，在宏观调控经济关系中，作为调控主体所应具有的调控经济活动资格；在竞争监管关系中，作为竞争监管主体所具有的竞争监管活动的资格等。具体意义上的经济法主体资格条件，因具体的经济法主体不同而各不相同，由各个具体的经济法律法规分别加以规定。

经济法主体资格与其他法律主体资格相比，具有以下特征：

1. 经济法主体资格主要侧重于具体资格的规定，而其他法律主体则侧重抽象资格的规定。例如，民事主体的资格侧重于自然人和法人一般条件的规定；经济法主体资格的规定，则往往是对自然人或组织体在参与不同的经济活动中所扮演角色的进一步具体规定。在经济法主体的界定中，自然人需要进一步界定为劳动者、消费者、经营者、纳税人等；组织体则需要进一步界定为经营组织（企业）、管理组织（国家机关）或者社会组织（行业协会）等。

2. 经济法主体资格与经济法主体的经济职能密切相关。自然人作为经济法主体，必然与自然人从事的相应经济活动相关联。自然人从事消费活动时，方成为经济法中"消费者"这一主体；在企业中从事职业劳动时，才成为经济法上"劳动者"这一主体。同样，组织体成为经济法上的主体，也与组织体本身的经济职能密切相关。政府作为经济法主体，也与政府具有相应的经济管理职能密切相关，政府只有在履行其经济职能时才成为经济法上的主体。企业作为一种组织体，只是在从事商品生产活动过程中，才成为经济法主体。其他法律主体的资格，往往并不与主体的特定职能相联系。例如，作为民事主体的自然人或法人，无论其从事的是经济活动还是其他社会活动，均不影响其作为民事主体的资格。

3. 经济法主体资格的多样性。经济法主体资格侧重于其具体的资格，而具体的资格在要求上则表现为多样性。例如，作为经济法管理主体的国家机关的资格要求，与作为市场主体的企业的资格要求、作为社会中间层的社会组织的资格要求完全不同，即使同属于管理主体的国家机关，也区分为立法机关、行政机关和司法机关，同属于行政机关的主体还可区分为专门的经济管理机关和非专门的经济管理机关，对其资格的要求也各不相同。

（二）经济法主体资格的取得

经济法主体资格取得的法律依据，包括两种类型：①宪法和其他部门法规定。抽象意义上的经济法主体资格，主要是由宪法和其他部门法的法律法规等确定的。例如，政府作为经济法主体，首先是由宪法和有关的国家机关组织法规定了政府这一组织体的设立和基本地位，并规定了政府具有经济管理的基本职能，才使政府成为抽象意义上的经济法主体具有了依据。②经济法规定。具体意义上的经济法主体资格，主要是通过专门的经济法法律、法规和规范性文件确立的。例如，中国人民银行作为经济法上的宏观调控主体，主要是依据中国人民银行法取得宏观调控主体这一经济法主体资格；商业银行、证券公司、保险公司等作为金融业的经营主体，其作为经济法主体的具体资格主要是依据商业银行法、证券法、保险法等经济法律的规定而取得的。

因经济法主体资格的多样性，经济法主体资格的取得方式也各有不同。概括而言，主要有以下取得方式：①法定取得，即依据法律规定，直接取得某种经济法主体资格。例如，国务院和地方各级人民政府依据宪法和国家机关组织法的规定直接取得经济管理主体的资格；中国人民银行依据中国人民银行法的规定直接取得金融调控主体资格等。②授权取得，即依据法律规定，由享有法定职权的机构，授权有关的机构或组织行使一定的经济职能，被授权的机构或组织因此而取得某种经济法主体资格。③批准或许可取得，是指有关机构或组织经有权机构批准或许可，享有一定的经济管理或经营活动的资格，因此而取得相应的经济法主体资格。例如，经银行业监管机构批准设立的商业银行方能取得从事商业银行业务的资格，即取得该类型经济法主体资格。④依法设立取得，是指有关组织或机构，依法律规定的条件和程序设立后，即取得相应的经济法主体资格。例如，从事一般工商业生产经营活动的企业依公司法、合伙企业法或个人独资企业法规定的条件和程序设立，即取得相应的公司企业、合伙企业或个人独资企业的资格，可以参与市场竞争活动，成为市场竞争的主体。⑤依主体参与一定行为或符合一定条件自然取得，是指自然人或组织体因实施了经济法规范的某种行为或达到经济法规定的某些条件，自然取得某种经济法主体资格。例如，自然人因购买企业出售商品的行为而自动取得"消费者"的资格，出售商品的企业自动取得"经营者"的资格等。

第二节　国家干预主体

一、国家干预主体的概念和特征

国家干预主体，是指代表国家履行经济管理职能，对经济活动进行组织、指挥、监督、协调的国家机构和国家授权组织的统称。

对国家干预主体这一概念的理解，应当注意以下几方面内容：

1. 国家干预主体是指代表国家履行经济职能的各种机构和组织的一种类型化的名称，包括国家立法机关、行政机关、司法机关以及经国家授权代表国家履行国家经济职能的社会组织等，而不是将国家作为一个独立的经济法主体看待。

对于国家是否是一个独立的经济法主体，理论上有不同的认识。

2. 国家干预主体是代表国家履行国家经济干预职能的机构或组织，并不是指履行国家其他职能的机构或组织。作为经济法主体的国家干预主体，必须是履行国家经济职能的机构或组织，如果这些机构或组织履行的不是国家的经济职能，而是国家的其他职能，如政治、军事、文化、外交等职能，则其不属于国家经济干预主体，因此，国家干预主体在很多的著作中被称为"经济管理主体"。尽管我们认为"经济管理主体"这一用语未必妥当，但是，如果从履行国家的经济职能角度看，国家干预主体与很多经济法著作中所称的"经济管理主体"具有基本相同的含义。

3. 国家干预主体是与市场主体、社会协调主体相对应的概念，主要是依据其在经济活动中所代表利益的不同而进行的区分。国家干预主体履行的是国家的经济职能，代表和维护的是国家的经济利益而不是国家机构或组织本身的利益；市场主体，代表和维护的是其主体自己的经济利益；社会协调主体，代表和维护的是社会部分人的经济利益，也不是主体自己的利益。例如，作为国家干预主体之一的中国人民银行，其制定和执行货币政策，只能从国家的经济利益，即我国全体人民的经济利益出发，而不能从中国人民银行本身的经济利益出发制定和执行货币政策；作为市场主体的商业银行，其从事银行业务时是从商业银行自身的营利目的出发，而不能要求其同中国人民银行一样从国家的经济利益出发开展业务；作为社会协调主体的银行业协会，代表和维护的是银行业利益，而不是银行业协会自身的经济利益。

国家干预主体与市场主体、社会协调主体相比，主要具有以下特征：

（1）代表国家履行经济职能，维护国家的经济利益。这里的国家利益是指我国全体人民利益。国家干预主体参与经济活动，履行国家经济职能，是从国家的经济利益出发，维护国家的经济利益。国家干预主体是由一系列的机构和组织组成，这些机构和组织本身虽然具有自己的利益，例如，国家机关有相应的经费和财产，有自己的办公场所，这些机构的工作人员也有相应的工资和福利待遇等，但是，这些机构的利益应由国家财政统一考虑和安排，不能由这些机构通过履行国家的经济职能而直接获得相应的利益。这些国家机关在代表国家履行经济职能时，无论是对市场实施监管还是对经济活动进行宏观调控，都只能从最有利于国家整体的经济利益角度开展活动、行使职权，不得从机构自身利益或部门利益角度出发，对经济活动进行干预或滥用职权。

（2）国家干预主体享有的是公权力。国家干预主体是代表国家管理经济，维护的是国家的经济利益，因此，法律赋予国家干预主体干预经济的权力，从本质上讲属于公权力范畴，即全民所有的权力让渡给国家，国家又分别授权给相应的国家机构或组织行使，这种权力是基于全民利益的需要而被赋予的，也必须基于全民的利益行使。它与社会主体所享有的社会自治权，与市场主体所享有的私权利是不同的。

二、国家干预主体的类型

国家干预主体是由一系列履行国家经济职能的国家机关和社会组织等组成的一个主体体

系，包括国家机关、社会组织等。

（一）国家机关

国家机关，是指直接代表国家履行国家职能、行使国家权力的国家机构的统称。国家机关，从横向上可以分为权力机关、行政机关和司法机关三种类型；从纵向上可以区分为中央国家机关和地方国家机关两种类型。

1. 权力机关。权力机关，在我国法律上是指全国人民代表大会及其常务委员会和地方各级人民代表大会及其常务委员会。权力机关是否属于经济法主体，理论上有不同的认识。

2. 行政机关。行政机关，是指中央人民政府和地方各级人民政府及其所属各部门。行政机关作为经济法中的国家干预主体类型之一，得到了理论上的广泛认同，而且被认为是国家干预主体最常见的类型。"行政机关是最为常见的经济法主体。行政机关是权力机关的执行者，国家干预经济总是通过行政机关的行为得以实现的，因此，行政机关是重要的经济法主体。"〔1〕"尽管立法机关、行政机关、司法机关都是执行国家经济职能的主体，但在研究执行国家经济职能的主体时，应当着重研究行政机关。"〔2〕

行政机关作为经济法主体，从我国行政机关的构成和体系上看，主要包括国务院及其部门和所属机构、地方各级人民政府及其有关部门等。

（1）国务院及其各部门。根据我国《宪法》的规定，国务院即中央人民政府，是最高权力机关的执行机关，是最高国家行政机关。国务院作为最高国家行政机关，在宪法和法律的规定下，根据最高权力机关的决定和授权，履行国家政治、经济、军事、文化、外交、国防等国家各项事务的管理职能，其中履行国家的经济职能是其重要职能之一。根据《宪法》的规定，国务院的经济职责是负责领导和管理全国的经济工作和城乡建设，编制、执行国民经济和社会发展计划以及国家预算等。

从《宪法》的规定可以看出：①国务院具有代表国家领导和管理经济的职能，因此，它属于经济法上的国家干预主体。②国务院是所有行政机关中地位最高的机构，国务院各部委和地方各级人民政府及其部门都受国务院的领导，在国务院领导下履行相应的职能。因此，在行政机关作为经济法的国家干预主体类型中，国务院是地位最高的经济行政主体。③国务院作为国家经济干预主体，对经济活动的干预除受宪法和法律的约束，也受全国人大及其常委会的监督。因此，它并非国家经济干预主体中地位最高的主体，而仅仅是行政机关类经济干预主体中地位最高的经济法主体。

国务院根据需要依法设置有关职能部门和直属机构，分别承担国务院的各项职能。国务院各部门和机构，从一般意义上讲，都属于经济法的主体，因为国务院各部门和机构都直接或间接拥有一定的经济干预职能。但从主要职能划分的角度看，有些部门主要履行国务院的经济职能，如发展和改革委员会、财政部、商务部等；有些则主要履行国务院其他社会职能，如外交部、文化和旅游部等。前者属于较为典型的经济法主体，后者则仅限于在其依法或依国务院授权履行一定经济职能时才属于经济法主体。通常而言，作为经济法主体，主要指前一类部门或机构。

国务院各部门或机构是否属于独立的经济法主体，理论上有不同的认识。有观点认为，国务院各部门或直属机构代表国务院履行相应的职责，这些部门或机构本身不是独立的经济法主

〔1〕 李昌麒主编：《经济法学》，法律出版社2007年版，第122页。

〔2〕 王全兴：《经济法基础理论专题研究》，中国检察出版社2002年版，第472页。

体。我们认为，国务院各部门和直属机构是否属于独立的经济法主体应当区分两种不同的情况：①各部门或机构经国务院授权或批准，以国务院名义制定规章、发布命令时，各部门或机构本身只是国务院的代表机构，不是独立的经济法主体；②各部门或机构在法定职权或日常职责范围内以自己的名义从事相应的经济干预活动时，这些部门或机构即属于独立的经济法主体。如国务院各部委以部委名义发布的规章、命令等，即以相应的部委作为独立的干预主体而存在。

（2）地方政府及有关部门。我国地方政府分为省、市、县和乡（镇）四级。根据《宪法》和《中华人民共和国地方各级人民代表大会和地方各级人民政府组织法》（以下简称《人大和政府组织法》）的规定，县级以上地方各级人民政府依照法律规定的权限，管理本行政区域内的经济、教育、科学、文化、卫生、体育事业、城乡建设事业和财政、民政、公安、民族事务、司法行政、监察、计划生育等行政工作，发布决定和命令，任免、培训、考核和奖惩行政工作人员。乡、民族乡、镇的人民政府执行本级人民代表大会的决议和上级国家行政机关的决定和命令，管理本行政区域内的行政工作。地方各级人民政府是地方各级人民代表大会的执行机关，是地方各级国家行政机关。地方各级人民政府对本级人民代表大会和上一级国家行政机关负责并报告工作。县级以上的地方各级人民政府在本级人民代表大会闭会期间，对本级人民代表大会常务委员会负责并报告工作。全国地方各级人民政府都是国务院统一领导下的国家行政机关，都服从国务院。根据上述规定，县级以上的地方人民政府都有权管理本区域范围内的经济，即具有国家的经济职能，因此属于经济法主体。

地方各级人民政府在履行其职能时也需要通过相应的政府部门或机构来实现，因此，地方政府的各部门或机构也可以成为经济法主体。地方各级政府部门中一些主要代表各级政府履行经济职能的部门或机构是经济法主要主体；那些非履行经济职能的部门或机构，通常情况下不是经济法主体，但是它们在法律或政府授权其履行一定经济职能时也可以成为经济法主体。

3. 司法机关。司法机关，指人民法院和人民检察院。如同权力机构是否属于经济法上的主体一样，对于司法机关是否属于经济法主体，理论上也有不同的认识。我们认为，司法机关也属于经济法主体。

（二）社会组织

社会组织，是指各种依法设立的事业单位、社会团体等。社会组织是否可以成为经济法上的国家干预主体，理论很少有探讨。我们认为，社会组织不仅可以成为经济法主体，而且可以成为经济法主体中的国家干预主体类型。从其职能上讲，社会组织本身虽然不同于国家机关，不能直接代表国家履行职能，即不能以国家的名义干预经济活动，但可以通过法律、法规的规定或国家行政机关的授权，代表国家履行一定的经济职能。当其代表国家履行经济职能时便可以作为经济法主体，即经济法上的国家干预主体。

社会组织本身类型很多，有些是国家直接设立的，也有些是民间性质的组织，但是，无论是国家直接设立还是民间性质的组织，只要对经济活动的干预是基于法律法规的规定或政府的授权，代表国家履行经济职能而不是基于其自身的社会协调职能，其作为经济法主体即应被视为国家干预主体，而非经济法上的社会协调主体。

应当特别明确的是，社会组织作为经济法主体，既可能是作为国家干预类主体，也可能是作为社会协调类主体，这种不同的经济法主体身份对社会组织而言都可能存在。当其以国家干预主体身份出现时，其代表的是国家利益，行使的是国家的权力，必须以国家利益作为其权力行使的基础，并且必须有法律、法规或国家行政机关的明确授权或委托；当其以社会协调主体的身份出现时，其代表的是社会特定阶层或群体的利益，其行使的权力是社会自治权，其权力的行使应当以社会特定的利益为基础，并应通过章程等形式获得所代表的社会群体的同意。例如，行业协会制定行业规则如果是由法律或国务院授权制定，则其是以国家干预主体的身份制定的，对行业内的所有成员都具有约束力；如果其制定规则是基于行业协会本身的章程等，则其是以社会协调主体的身份制定的，只对成员有直接约束力，对该行业的非成员单位则不具有约束力，非成员单位可以自愿适用其规则，也可拒绝适用。

三、国家干预主体的资格取得

国家干预主体，因其类型的不同，取得国家干预主体资格的依据和方式也不同。

（一）国家机关的干预主体资格取得

国家机关的经济法主体资格取得区分两种类型：①综合性国家机关，主要指各级权力机关、各级政府机关和各级司法机关；②部门性或职能性国家机关，主要指政府各部门或机构等。

综合性国家机关的经济法主体资格，主要是依据宪法和相应的国家机构组织法取得。首先，《宪法》分别规定了全国人大及其常务委员会、国务院、人民法院和人民检察院、地方各级人大和政府的基本职责和地位，这是综合性国家机关取得经济法主体资格的直接依据。其次，相应的专门组织法，如《中华人民共和国国务院组织法》（以下简称《国务院组织法》）、《中华人民共和国人民法院组织法》（以下简称《人民法院组织法》）、《中华人民共和国人民检察院组织法》（以下简称《人民检察院组织法》）、《人大和政府组织法》等，分别规定了这些国家机构的设立和具体职责，也是其取得经济法主体地位的直接法律依据。

这类机构的经济法主体资格取得具有以下特征：①其经济法主体资格是一种综合性的经济法主体资格，即其代表国家履行经济职能是综合性的，不限于某些特定经济职能或经济部门。例如，全国人大的经济立法权包括任何干预经济活动的法律，不限于某些方面的经济立法权。国务院的经济管理职能，既包括市场管理职能，也包括宏观调控的职能等。②其经济法主体资格的取得依据国家最基本的法律，法律地位位于国家干预主体的最高层次。这些国家机构的经济法主体资格直接依据国家宪法，在所有的国家干预主体中居于最高层次；其他国家干预主体资格的取得往往依赖于它们的授权或批准，法律地位也低于这些国家机关。

部门性国家机关的经济法主体资格取得，主要指中央政府及地方政府各部门的国家干预主体资格的取得，资格取得的依据是行政机构组织法和单行的经济性法律或法规。行政机构组织法一般规定这些部门或机构的设置和基本职能，确立其一般法律主体资格和地位。单行的经济法律则往往确定其具体的经济法主体资格。例如，国务院的各部门和直属机构一般由国务院根据《国务院组织法》等设立并确定其基本的职责，从而确定其作为法律主体的基本资格，但是，是否具有从事特定的市场监管或宏观调控资格，则往往由单行的经济法律直接规定或授权国务院决定。例如，《反垄断法》（2022年修订）第12条规定，国务院设立反垄断委员会，负责组织、协调、指导反垄断工作，履行下列职责：研究拟订有关竞争政策；组织调查、评估市场总体竞争状况，发布评估报告；制定、发布反垄断指南；协调反垄断行政执法工作；国务院规定的其他职责。国务院反垄断委员会的组成和工作规则由国务院规定。第13条规定，国务院反垄断执法机构负责反垄断统一执法工作。国务院反垄断执法机构根据工作需要，可以授权省、自治区、直辖市人民政府相应的机构，依照该法规定负责有关反垄断执法工作。根据上述规定，作为垄断监管机构的国务院反垄断委员会是由该法的规定直接赋予其垄断监管主体资格和具体职责的；国务院其他哪些部门作为垄断监管主体，即反垄断执法机构，则由国务院决定。

这类机构作为国家干预主体，其主体资格一般具有以下特征：①主体资格限于某些特定的经济职能。这类主体的经济职能一般不属于综合性的经济职能，而只是经济职能的某些方面。例如，市场监管部门主要承担市场监管职能；宏观调控部门主要负责宏观经济运行的调节；等等。②主体地位低于综合性国家机关。国务院的各部门和直属机构，其地位低于国务院，受国务院的领导和管理；地方各级人民政府的部门，受地方各级人民政府的领导和管理；等等。

（二）社会组织的干预主体资格的取得

与国家机关的干预主体资格的取得不同，社会组织的国家干预主体资格通常依据法律法规的规定和有关国家行政机关授权或委托而产生，否则其一般不具有国家干预主体的资格。相对于国家机关的国家干预主体资格的固定性特征，社会组织的国家干预主体资格则具有临时性的特征，一般只限于在有关国家机关临时委托或授权的情况下，才具有国家干预主体的资格。社会组织作为经济法主体较为固定的角色是社会协调主体的角色，即履行其作为社会组织的本职。

第三节　市场主体

一、市场主体的概念和特征

市场主体可以有广义和狭义两种不同理解。广义的市场主体，是指所有参与市场活动的各种组织体和个人的统称，即不论其在市场中从事的是经营活动还是经济干预或社会协调活动，只要参与了相应的市场活动，即属于市场主体。这种意义上的市场主体，包括从事市场交易活动的经营者、消费者等，也包括代表国家对经济活动进行干预的国家机关等国家干预主体，还包括代表特定社会利益对市场活动进行协调的社会协调主体等。狭义的市场主体，是指在市场中以平等主体的身份，参与市场交易的各种组织体和个人。这里仅指从事市场交易活动的经营者、消费者等，不包括从事市场管理和协调的国家机关、社会团体等组织。这里讲的市场主体采用狭义市场主体的含义，是作为与国家干预主体、市场协调主体相对应的概念加以使用的。

市场主体与其他两类主体相比具有以下特征：

1. 市场主体的基本经济职能是从事市场交易活动。市场交易，即通过市场实现商品的生产、流通、交换、分配等活动。市场主体根据市场的要求和自身利益的需要，从事商品的生产经营活动或消费活动，经营者通过市场组织商品的生产、销售，消费者则通过市场获得其生活所需要的商品和服务，从而使市场得以运转，经济得以发展。它与国家干预主体、社会协调主体的基本职能有明显的不同。国家干预主体，主要代表国家对市场活动进行必要的干预，通过这种干预让市场机制发挥正常作用，纠正市场机制的内在缺陷，从而实现市场与国家两方经济职能的有效发挥。社会协调主体，主要是代表社会利益，对国家干预主体和市场主体的某些活动进行协调，弥补市场机制和国家干预可能存在的缺陷，实现国家、社会和市场的良性互动。

2. 市场主体主要是基于自身利益从事活动，属于私益主体。市场主体在经济活动中，主要是基于自身经济利益的需要，根据自己的选择和爱好从事相应的市场活动。企业从事生产经营的目的在于通过商品生产经营获得利润，消费者参与市场活动，与经营者进行交易，主要是为了实现自身消费的需要。它与国家干预主体主要是代表国家利益，社会协调主体主要是代表社会公共利益，从而对经济活动进行的干预和协调具有本质上的不同。

3. 市场主体在经济活动中主要享有和运用的是私权利。市场主体从事市场竞争或消费活动，主要是行使法律赋予主体本身的私权利（民事权利），通过私权的行使和运用，实现其自身的利益。企业的生产经营活动，主要是通过对其所拥有的财产权的行使来实现营利的目的；

消费者通过其拥有的货币和其他财产权，实现其消费的目的。它与国家干预主体对经济活动的干预主要行使的是公权力，社会干预主体对经济活动的协调主要行使的是社会自治权是有所不同的。

4. 市场主体具有不确定性。与国家干预主体和社会协调主体的相对确定性不同，市场主体具有不确定性，主要表现在市场主体的种类、范围和数量等处于不断变化之中。在种类上，随着市场经济的不断发展和社会的不断进步，传统的经济组织逐渐淡出市场经济的舞台，而被新型的经济组织取代，市场主体在具体种类上不断进行着新陈代谢。在范围和数量上，每天都有各种各样的经济组织进入或者退出市场，市场主体数量的范围也在不断地发生变化。而国家干预主体和社会协调主体的种类、范围和数量，则是相对确定的。国家不可能经常性地更换市场监管和宏观调控部门，行业协会等社会团体也不可能如市场主体一样经常变换。

5. 市场主体与其他主体法律地位的不同。市场主体与国家干预主体、社会协调主体虽然同属于经济法主体，但主体法律地位不同。市场主体在与国家干预主体的关系中，主要是作为受干预的对象，其行为受国家干预主体的制约和影响，对国家干预主体依法实施的行为，市场主体只有接受和服从的义务。国家干预主体可以单方面实施影响市场主体利益的行为，可以限制、取消、改变市场主体的权利或行为。市场主体与社会协调主体的关系，则既有独立性的一面，也有受社会协调主体约束的一面。市场主体可以根据自己的意愿，决定是否加入或退出某一社会团体，在加入特定社会团体之前或退出特定社会团体之后是完全独立于该社会团体的，其行为不受该团体约束。但是，当加入这一团体后，其行为就要受到该团体章程或该团体制定的相应规则的约束。

二、市场主体的类型

市场主体的类型，从不同的角度可以作不同的划分。

（一）根据市场主体在经济活动中的职能分工不同，可以划分为经营者、消费者等类型

经营者是指在市场中以自己的名义从事商品生产经营和服务的组织或个人。经营者在市场中的基本职能是从事商品生产经营和提供服务。在现代市场经济中，商品生产经营职能主要是由各种类型的企业来承担，个体虽然作为经营者仍然存在，但是作为经营活动主体的地位已经基本为企业等组织体所取代，因而，企业是经营者这一主体类型中的核心组成部分。

消费者是指在生产、交换、分配和消费环节中，主要承担消费职能的组织和个人。在经济学意义上，消费可分为生产消费和生活消费等不同的消费类型，相应的消费者也区分为生产消费者和生活消费者等。法学意义上的消费者，则主要是指与经营者相对应的生活消费者。这种意义上的消费者，主要是指自然人。

（二）根据市场主体在经济法上的不同地位，可以分为强势主体和弱势主体等类型

市场主体在民商法上被视为平等的、无差别的民事主体，法律赋予其平等的权利和义务。民商法赋予市场主体平等地位，是市场经济发展的基本要求，符合市场经济发展规律，有其必然性。市场主体作为经济法主体虽然具有平等性的一面，但是，在现实的社会中也存在差异性，这种差异性往往表现在经济活动中，一方处于强势地位，另一方则处于弱势地位。处于强势地位的一方当事人，往往利用自己的强势地位，支配或损害处于弱势地位的一方当事人的利益，形成经济活动中的形式上平等而事实上不平等的状况。对于这种不合理的状况，当事人自身是无力加以改变的，需要依靠国家和社会通过法律对当事人的法律地位作出调整，根据当事人在市场经济中的实际地位，在赋予市场主体平等法律地位的同时，对强势主体的权利予以适当限制，对弱势主体的利益给予特别保护。经济法作为国家和社会干预经济活动之法，对于市场主体之间的活动基于实质平等和正义的要求进行必要的干预，是经济法不同于民商法的重要

区别。因此，作为经济法主体的市场主体，基于其在市场经济活动中实际地位的差异，应当进行强势主体与弱势主体的区分，并对强势主体与弱势主体的权利义务在民商法规定的基础上作出符合经济法要求的适当调整。

强势主体是指在市场经济活动中能够利用自身所具有的经济优势，通过损害他人应得利益而为自己谋取不适当利益的主体。强势主体在经济法的市场主体中主要属于受监管的主体，其行为往往受经济法的限制。经济法通过限制其权利、增加其义务和责任的模式，限制其强势地位的滥用。市场主体中的强势主体，主要是指与消费者、劳动者相对应的企业经营者；在同为企业经营者的市场竞争主体中，主要是与中小企业相对应的大企业、企业集团。

弱势主体是指在市场经济活动中，与强势主体相对应的，由于自己的弱势地位而无法获得和维护自己应有利益的主体。弱势主体在经济法的市场主体中，主要是作为受保护的主体，其行为往往受到经济法的特殊保护。经济法往往保障和扩充其权利，减轻其义务和责任，给予其特殊的照顾和保护。市场主体中的弱势主体，主要指与经营者相对应的消费者和劳动者等。

三、市场主体的经济法地位

市场主体的经济法地位，是指市场主体在与国家干预主体、社会协调主体之间的关系中所处的位置。对于市场主体的经济法地位，传统的经济法理论往往简单认为它与其他主体，特别是国家干预主体之间是一种不平等的隶属关系，国家干预主体是管理主体，市场主体是被管理主体。我们认为，市场主体与国家干预主体之间并非单纯的不平等关系，而是一种兼有平等性和不平等性的特殊经济关系。市场主体与干预主体之间既有平等性也有不平等性。

（一）市场主体与干预主体具有平等性

市场主体与干预主体的平等性在经济法上主要体现为两个方面：

1. 二者同为经济法基本主体类型，其行为都受经济法的规范，任何一方违反经济法的规定，都要受到经济法的制裁，任何一方的权益（利）受到损害时都应受到经济法的救济。这种意义上的平等是法律面前人人平等原则的体现。在经济法的干预主体中，具有代表性的往往是政府或政府机构，在市场主体中，具有代表性的是作为经营者的企业和作为消费者的个人，虽然他们的身份和职责不同，经济法赋予他们各自的权利（力）也不同，但是，他们的法律地位是平等的，都受经济法的约束和保护，任何一方并不享有法律规定之外的特权。明确经济法主体地位的这种平等性，对于经济法立法、执法和司法等具有特别重要的意义。以往人们对于经济法主体之间地位的认识，往往只强调作为干预主体的政府与作为市场主体的企业之间的地位不平等性，带来的直接后果是认为政府可以任意干预和限制企业的经营活动，企业的市场经营活动必须听命于政府或政府机构的指挥，也造成经济立法中只注重规定政府或政府机构的权力而不规定政府或政府机构的义务和责任。对于作为市场主体的企业，立法也重点规定企业的义务和责任，不重视企业基本权益的保护，因而造成干预主体对市场主体随意干预和支配的现象，这是极不利于市场经济健康发展的。

2. 市场主体与干预主体的平等性也体现在某些具体的经济干预活动中，特别是当法律要求干预主体以市场化的方式对经济活动进行干预时，干预主体和市场主体在形式上表现为一种平等的市场主体关系。例如，人民银行为实施货币政策进行公开市场操作时，无论是买卖政府债券或者是进行其他市场业务，它与商业银行或其他金融机构之间只能以平等主体的身份进行交易，不享有交易上的任何特权。明确作为干预主体的政府与作为市场主体的企业在干预过程中的平等性，对于我国经济法的立法、执法和司法也具有非常重要的意义。因为在现代市场经济中，政府对经济活动的干预更多地已从直接干预转向间接干预，从行政化干预转向市场化干预，这要求调整经济干预关系的经济法，也要更加重视市场主体与干预主体的地位平等性问题，在权利（力）义务的配置上，不应单纯地为干预主体配置行政权力，而应适当限制政府行政权力，更多地考虑市场化干预中政府权力与市场主体权利的合理配置。

（二）市场主体与干预主体也具有不平等性

市场主体与干预主体的不平等性，主要表现为干预主体具有法律赋予的干预经济所必要的公权力，市场主体对干预主体依法行使公权力而进行的干预活动，有服从和接受的义务。这种不平等性源于经济干预活动的公共性特征，源于公权力对私权利的必要限制，是保证干预活动有效进行的不可缺少的因素。对于市场主体与干预主体之间的这种不平等性，无论是经济法理论还是经济法实践都已有充分的认识和运用，此不多述。

第四节　社会协调主体

一、社会协调主体的含义和特征

社会协调主体，也称社会中间性主体或社会中介组织，是指代表和维护特定的社会经济利益、对社会经济活动进行协调的组织或者机构的统称。

对这一概念的理解，应当注意以下几方面内容：

1. 社会协调主体是指承担一定社会经济协调职能的组织或机构的统称，它是与国家干预主体、市场主体等相对应的一种经济法主体类型，并非指一个独立的主体，包括各种行业协会、消费者保护组织、其他社会团体等。

2. 社会协调主体是代表和维护特定的社会利益的主体，其存在的目的主要是代表和维护某些特定的社会利益，而非国家利益或其本身利益。特定的社会利益，可能表现为社会中某一阶层或群体的利益，例如，消费者保护组织，代表和维护的是消费者利益；证券业协会，代表和维护的主要是证券行业经营组织的利益；等等。

3. 社会协调主体主要是指参与经济协调活动，履行经济协调职能的组织。社会协调主体类型很多，基本职能也各不相同，作为经济法上的社会协调主体，主要是指具有经济协调职能的社会组织，如各种行业协会、消费者保护组织等。其他一些社会团体，如各种学会、慈善机构等，也属于社会协调组织，但不属于经济法上的社会协调主体。

社会协调主体与国家干预主体、市场主体相比，主要有以下特征：

（1）社会协调主体主要代表和维护社会利益。与国家干预主体主要代表和维护国家利益、市场主体主要代表和维护自身利益不同，社会协调主体主要代表和维护的是社会利益。代表和维护社会利益是社会协调主体存在的目的和理由。因为在市场中，消费者作为一个群体，它们有共同的利益所在，而每一个单独的消费者个体，往往只是考虑作为个体的消费者自身的利益，无法考虑和维护消费者的整体利益，因此，才有消费者协会这种组织存在的理由和基础。消费者协会作为社会协调主体，它只有代表和维护消费者的共同利益才有存在的价值和基础。其他的社会协调主体，如行业协会、雇主协会、工会等，都是社会某些特定群体或阶层利益的代言人，它们的存在就是代表和维护特定社会群众或阶层的利益，如果不存在这种特定社会群体的共同利益，也就不存在这种社会协调主体存在的基础。

（2）社会协调主体所行使的主要是社会自治权。国家干预主体在对经济活动的干预中，因其代表和维护的是国家的经济利益，因此主要行使国家公权力。社会协调主体是代表特定社会利益的组织或机构，其权力的本质是一种社会自治权。社会自治权源于特定社会成员自愿让渡而形成的权力，它既有公权力的特征，又不同于国家的公权力。如果说国家的公权力从本源上是全体公民让渡给国家的权力，社会自治权力则是特定社会成员让渡给特定社会组织的权力，二者都是服务于一定公共利益的权力，区别在于服务的公共利益范围不同。

二、社会协调主体的地位

社会协调主体作为经济法主体的一种类型，其地位取决于其在经济活动中扮演的角色，即所承担的基本经济职能。虽然各种具体的社会协调主体都有不同的具体经济职能，但他们也有共同职能，即协调国家干预与市场机制之间的矛盾，一方面协助国家克服市场机制的缺陷，另一方面协助市场主体克服国家干预的缺陷，使经济得以健康、和谐发展。社会协调主体的这种基本职能，决定了其在国家干预主体与市场主体之间的基本定位是协调人（中介）角色，是国家干预主体与市场主体之间的媒介。

（一）社会协调主体与国家干预主体的关系

社会协调主体与国家干预主体之间，总体上讲属于各自独立、分工配合、相互制约的关系。

1. 社会协调主体与国家干预主体属于各自独立、互不隶属的两类法律主体。作为社会协调主体的社会团体或其他组织，主要代表特定的社会利益，设立上主要取决于其代表的社会成员的共同意志，经费来源主要为会员会费或社会捐助，其目的主要是为特定的社会群体或成员提供服务或进行约束等。而作为国家干预主体的国家机关等，代表的是国家利益，其设立取决于国家的意志，经费来源于国家财政，其目的是代表国家对经济活动进行干预等。因此，两类主体属于法律上各自独立的主体，社会协调主体并非国家干预主体的附属物。明确社会协调主体的独立地位，在我国现实的社会生活中具有特别重要的意义。一方面，在现实社会生活中，由于某些社会协调主体是从政府部门转制而来或主要由国家出资设立，这些主体往往无法准确为自己定位，仍然视自己为国家机关，习惯于按政府部门的思路开展工作；另一方面，政府和一些政府部门也习惯于将它们视为政府的附属机构，要求其按政府的意志行事，这势必会影响这些社会协调主体的健康发育和本身职能的发挥。因此，在现实经济立法中应当特别重视社会协调主体的独立主体地位的确立。

2. 社会协调主体与国家干预主体分工配合。社会协调主体与国家干预主体相对于市场主体而言，都具有对市场主体行为进行干预的职能，目的都在于克服市场机制本身的缺陷，但是，这两者之间对市场主体的干预是一种分工配合关系。总体而言，在未来社会趋向的"小政府、大社会"这一治理模式中，能够由社会协调主体承担的职能，应当首先让社会协调主体承担，只有社会协调主体难以承担或不适宜承担的市场干预职能才由国家干预主体承担。但是，考虑到我国社会协调主体发育的现状，理论上应当由社会协调主体承担的一些职能，在现实中还难以实现，因此，国家干预主体在很多情况下仍然要承担应当由社会协调主体承担的职能。在现实的经济立法中，我们赞成一些学者的观点，即法律在界定二者之间的分工配合关系时，应当遵循以下原则：①优势互补原则。国家干预主体和社会协调主体各有优势和劣势，分工应当充分发挥各自的优势，避免各自的劣势，以提高效率。②承受力原则。政府职能转化是与社会自治化（个人或组织的自主）相辅相成的，哪些政府职能可向社会协调主体让渡，是部分让渡还是完全让渡，均取决于社会协调主体在既定的社会经济结构中所具有的承受能力。我国应当在深化改革过程中，加强培育社会协调主体，为其介入公共管理创造条件，这样才能加快政府职能转化的进程。③非均衡原则，又称差别原则或多样性原则。在不同领域，政府职能转化的需求和社会协调主体的发育程度都不尽相同，国家干预主体与社会协调主体之间的分工内容和分权程度，应当有所差别。[1]

3. 社会协调主体与国家干预主体互相制约。社会协调主体与国家干预主体虽然都具有对市场的干预职能，但是由于两者的干预都有可能对市场造成损害，因此，需要二者之间相互制约。这种制约一方面表现为社会协调主体要受国家干预主体的监管，社会协调主体虽然在一定程度上能弥补政府和市场的缺陷，但其自身也有缺陷，它所代表和维护的主要是一定群体或集团的利益，其行为中蕴含不正当竞争、垄断的因素，这就需要政府把握全局，对社会协调主体进行监管；另一方面表现为社会协调主体制约国家干预主体对市场的干预，在社会公共干预系统中，社会协调主体干预与国家干预之间存在着互动关系，构成国家干预的一种重要的制约力量，这种制约有助于防止国家干预主体对市场主体的单向控制。这种制约的主要方式有：对国家的立法和公共政策提出异议；参加政府决策过程中的听证；对政府行为提起行政复议或行政诉讼；支持市场主体提起行政诉讼；等等。

（二）社会协调主体与市场主体之间的关系

社会协调主体与市场主体的关系，分为两种类型：成员关系和非成员关系。成员关系，是指市场主体作为社会协调主体的成员，与社会协调主体之间本身具有一定的密切联系，会员作为市场主体开展活动时要受到所在社会团体的约束。各种社会团体与其会员之间即属于这一类。非成员关系，是指市场主体不属于社会协调主体的成员，与社会协调主体之间无直接的联系，当作为市场主体开展活动时不受社会协调团体的直接约束。各种非社会团体类的社会协调主体，如律师事务所、会计师事务所等，与其他市场主体的关系等属于这一类。

非成员关系的社会协调主体与市场主体，是完全独立的两个民事主体，它们之间是一种平等关系，例如，律师事务所、会计师事务所与其所服务的企业之间，只能是在双方平等自愿的情况下建立法律、会计服务关系。企业完全可以根据自己的需要聘请或不聘请律师、会计师为其服务。简言之，非成员关系的社会协调主体与市场主体之间本质上是一种民事服务关系。当然，这类社会协调主体与市场主体之间也可能发生监督和制约关系，例如，审计事务所接受政府委托，对某些企业的财务会计情况进行审计监督，在此情况下，审计事务所实际上是为政府服务，代表政府对企业的活动进行监督。这类关系属于这类社会协调主体与市场主体之间的非常态的关系，而其常态的关系仍然是与市场主体的平等自愿的民事服务关系。

成员关系的社会协调主体与作为其成员的市场主体之间的关系，主要是服务与约束关系。①二者之间是服务关系。市场主体自愿加入作为社会协调主体的某一社会团体，成为其会员，目的在于获得仅凭个体无法实现的权益；作为社会协调主体的社会团体，其存在的首要目的和价值也是代表和维护其成员合法权益。因此，社会协调主体与其成员之间首先是一种服务和接受服务的关系。作为社会协调主体的社会团体，通过对会员提供的服务，使成员在市场竞争中获得更有利的地位和更好的利益。②二者之间是约束关系。作为会员的市场主体，一方面接受来自其团体提供的利益和服务，另一方面也必须接受来自其所在社会团体的约束。社会团体在章程（业务规则、专业标准等）规定的范围内，按照章程规定的情形与方式，约束其成员的行为，如对违反自律规则或不执行团体决议的成员，采取市场禁入、撤回团体授予的专业资格或取消成员资格等措施以惩戒。

三、社会协调主体的类型

社会协调主体，包括除国家机关和企业之外的各种社会组织，在我国现实社会生活中主要分为两类：社会团体和事业单位。

---

[1]　杨紫烜主编：《经济法》，北京大学出版社、高等教育出版社 2006 年版，第 117~123 页。

（一）社会团体

根据《社会团体登记管理条例》第 2 条的规定，社会团体是指中国公民自愿组成，为实现会员共同意愿，按照其章程开展活动的非营利性社会组织。国家机关之外的组织可以作为单位会员加入社会团体。社会团体，根据其开办的具体目的和从事社会活动的范围不同，又可以分为政治类、宗教类、经济类、科技类、文化艺术类等社会团体类型。作为经济法主体的社会团体，主要是指经济类的社会团体，如工商业者团体（包括商会、企业家协会、同业公会、外商投资企业协会、乡镇企业协会、个体工商户协会、证券业协会等）、消费者团体、劳动者团体、雇主团体、农民团体、科技工作者团体等。社会团体作为社会协调主体主要是通过行使对团体成员的自律、维护和组织以及与相关利益团体的交涉等职能来体现的。

社会团体具有以下主要特征：

1. 非营利性。社会团体为非营利性组织，不得以营利为目的从事相应的经营活动，这是社会团体区别于作为市场主体的企业的主要特征之一。社会团体作为社会协调主体可以有利润，但利润不是用于组织内部的分配而是用于扩大服务的规模、降低服务成本或价格，或者是用于弥补亏损项目的成本。社会团体作为一种非营利性组织，是从社会团体的宗旨及存在的目标出发而言。社会团体在存在过程中必然会同外界发生一定的经济联系，进行一些必要的经济活动，但这些经济联系和经济活动，应当围绕社会团体的宗旨而开展，不应当以营利为目的从事经营性活动。换言之，社会团体为维系存续而收取费用，为弥补活动成本而收取费用，以及以法律允许的方式从事某些投资活动，只要其收益不是为了向成员分配，而是为了维系团体存续，就不应认定为营利性行为。

2. 民主性。社会团体作为会员自愿建立的、为会员服务的非营利组织，其设立和管理都以民主为基础。社会团体的民主性主要表现在以下三个方面：①社团成员的平等性，即社会团体的成员不论是单位会员还是个人会员，也不论作为单位会员本身组织规模、资本数额、经营能力的差异，对社会团体承担的义务的不同（如缴纳会费多少），在社团内部都是权利平等的成员。②成员加入或退出的自由性。社会团体以其成员自由加入或退出为原则，但是，为了实现对某类特殊行业或市场领域的有效管理，法律或法规也可以对这些特定行业或市场领域的社会团体规定强制入会制度。③内部管理的民主性，即社会团体的内部管理以会员的民主管理为其基本特征。社会团体通常以会员大会为最高权力机构，在制定社团章程、规约、作出重大决定时，由其成员通过会员大会等形式，在民主协商的前提下，根据少数服从多数的原则决定。

3. 自律性。自律最一般性的含义是，由同一行业的从业组织或人员组织起来，共同制定规则，以此约束自己的行为，实现行业内部的自我监管，保护自己的利益。[1] 其基本要素有二：一是自律规则须由同一行业的从业组织或人员共同制定，即规则的制定者也是实践者；二是自律源于同一行业各组织的共同利益。社团的自律性主要表现在：[2] 自我约束、自我规范、自我管理、自我控制。自我约束，是指社团通过其组织机制约束其成员的行为，使之符合法律规定和社会其他方面的合理要求。自我规范，是指社团通过制定和实施自律规则，规范成员的业务活动，提高交易效率，规范交易秩序。自我管理，是指社会团体对团体事务和成员间的公共事务进行自我管理，提高管理效果，促进团体及其成员的发展。自我控制，是指社会团体通过制定和实施团体内公共政策，规定团体及其成员的业务发展方向和发展步骤，并将团体及其

---

〔1〕 徐雅萍：《证券业自律研究》，载上海证券报专题部编：《野兽之美——世界股市重大事件启示录》，学林出版社 1996 年版。

〔2〕 王保树主编：《经济法原理》，社会科学文献出版社 1999 年版，第 162~163 页。

成员利益与社会整体利益以及相关团体利益合理地协调起来，自觉将团体及其成员对自我利益的追求限制在社会许可的合理限度内。值得指出的是，由于商人团体具有脱离国家并管理自己事务的充分独立性，而商人活动往往集中在他们自己的社圈内进行。因此，他们实在没有理由为一个由政府官僚和法院所发展起来的法律作辩护。相反，他们更加依赖于那些在商人团体内部确立的规则、法庭和非正式的控制措施。[1] 实践证明，与政府的干预与他律相比，社团自律更为有效。它一方面加强了社团的权威，避免了政府的过分介入；另一方面使得自律机制与他律机制（政府干预）相协调，将社团所实现的自律秩序纳入既定的法律秩序特别是经济法律秩序中去。

4. 互益性。社团的互益性，主要表现在以下几个方面：[2] 首先，成员间互益，即社团的宗旨及实现宗旨的活动，必须是为了增进全体成员的利益，使其成员在社团的活动中得以相互促进各自的合理利益。其次，团体性互益，即社团在追求本团体利益的过程中必须协调与相关社会团体之间的利益关系，使本团体的利益能在不同社会团体利益均衡发展的前提下得以实现。最后，与消费者互益，即社团必须注重维护其所在行业或经济领域的消费者的利益，社团的宗旨及实现其宗旨的活动，必须既有利于本团体及其成员，也有利于消费者。

5. 公约性。社团在一定意义上是一种公众性契约组织，是以会员共同制定或认可的社团章程作为其设立和活动的法律基础。各市场主体加入社团都必须以承诺接受章程约束为前提。社团的组织机构和基本制度都由章程设定。社团制定的规章制度都必须以章程为依据，不得与其抵触。社团的一切活动必须以章程为准则，社团必须在章程规定的范围内活动。总之，章程的重要性之于社会团体，类似于宪法之于国家。"社团之章程为社团之宪章，系社团组织与实现其目的之准则。"[3] 章程虽然具有契约性，但它不同于一般的契约，它是经社团成员大会通过的、对全体社团成员都有约束力的规范性文件，是全体社团成员共同合意的产物，具有"公约性"。

（二）事业单位

事业单位，依《事业单位登记管理暂行条例》的规定，是指国家为了社会公益目的，由国家机关举办或者其他组织利用国有资产举办的，从事教育、科技、文化、卫生等活动的社会服务组织。这一定义将事业单位限定于以国有资产投资兴办的非营利性的社会服务组织。但是，随着我国社会经济体制改革的推进，以社会公益为目的设立的、非由国有资产投资形成的社会服务组织也得到广泛的发展，主要表现为很多民办的非企业单位的设立，如民办学校、医院等组织的广泛存在。这些组织除了在投资来源上区别于国家投资的事业单位，在设立目的、职能等方面与官办事业单位无异，这一类组织在我国现行的法规和政策上被称为"民办非企业单位"。例如，国务院《民办非企业单位登记管理暂行条例》规定，民办非企业单位是指企业事业单位、社会团体和其他社会力量以及公民个人利用非国有资产举办的，从事非营利性社会服务活动的社会组织。由于这两类组织本身并无本质的差别，都是以社会公共利益为目的设立的、非营利性的社会服务组织，因此，我们认为应统一称其为事业单位，或为了与原有事业单位相区分统一称其为"事业组织"较为妥当。作为社会协调主体的事业单位或事业组织，应是指为了社会公益性目的，由各级政府、企事业单位、社会团体、公民个人单独或合作投资举办的、依法自主管理和运作，从事社会服务活动的组织，不应仅限于国有投资的事业单位。作

---

〔1〕 ［美］昂格尔著，吴玉章、周汉华译：《现代社会中的法律》，中国政法大学出版社 1994 年版，第 65~66 页。

〔2〕 王保树主编：《经济法原理》，社会科学文献出版社 1999 年版，第 156 页。

〔3〕 刘清波：《民法概论》，台湾开明书店 1979 年版，第 58 页。

为社会协调主体的事业单位，范围非常广泛，包括医疗服务机构、教育服务机构、市场交易中介机构、资产评估机构、产品质量检验机构、公证机构、仲裁机构、职业技能鉴定机构、职业介绍所、证券交易所、期货交易所、会计师事务所、律师事务所等。

事业单位作为经济法上的社会协调主体，主要具有以下特征：

1. 公益性。事业单位以社会公益为主要价值目标，以提供准公共物品为基本职能。它虽然也从事有偿性或营利性活动，但营利不是其存在的主要目的，而是为其实现基本职能创造条件。如《证券法》第96条第1款规定，证券交易所是为证券集中交易提供场所和设施，组织和监督证券交易，实行自律管理的法人。

2. 独立性。①事业单位是独立于政府之外、依法自主运作的独立法人，可以按合同接受政府的委托任务，但不应成为政府的附属机构，更不应成为政府安排其精减人员的场所。②事业单位相对于作为其服务对象的各方当事人而言，处于独立地位，其行为服务于各方当事人，而不是服务某一方当事人，应当具有公正性。如《中华人民共和国仲裁法》（以下简称《仲裁法》）第7条规定，仲裁应当根据事实，符合法律规定，公平合理地解决纠纷。

3. 专业性。事业单位一般拥有专业技术或管理人员，专门从事政府许可的特定专业服务。尽管同一主体可能同时提供多种专业服务，但一般由不同的专业人员进行操作。如《职业技能鉴定规定》第9条规定，职业技能鉴定站（所）是具体承担对待业人员、从业人员、军地两用人才、各级各类职业技术院校和其他职业培训机构的毕（结）业生，进行职业技能鉴定的事业性机构。又如《基层法律服务所管理办法》第3条规定，基层法律服务所应当依照司法部规定的业务范围和执业要求，面向基层的政府机关、群众自治组织、企业事业单位、社会团体和承包经营户、个体工商户、合伙组织以及公民提供法律服务。

第十章

经济法主体制度

第一节　政府主体制度

一、政府主体制度概述

（一）政府在经济法主体中的定位

政府及政府有关部门在经济法主体中的定位，是指政府作为经济法主体，在与其他经济法主体之间的关系中所处的地位。主要包括两个方面：①政府作为国家干预主体与其他国家干预主体之间的关系；②政府作为国家干预主体之一与社会协调主体、市场主体之间的关系。

1. 政府与其他国家干预主体的关系。政府是代表国家和社会对经济活动进行干预的最基本主体。国家对经济活动的干预是通过相应的国家机构和社会组织来完成的，这些国家机构和社会组织虽然从范围上讲非常广泛，既包括权力机关、行政机关和司法机关，也包括事业单位和社会团体等，但是，在所有这些代表国家对经济活动进行干预的主体中，最基本的主体是政府及政府部门。这是因为政府是国家实现其职能的最主要的组成部分，从某种意义上讲，研究和规范国家对经济活动的干预，主要是研究和规范政府及政府部门的经济干预活动。政府既然是代表国家和社会干预经济活动的最基本的主体，经济法对干预主体的规范，也主要在于对政府及政府部门干预资格和干预行为的规范。

2. 政府与市场主体、社会协调主体的关系。政府与市场主体的关系，即政府作为国家干预主体的代表与市场主体的关系，也就是国家与市场的关系，取决于对政府与市场关系的认识。对于政府与市场的关系，在不同国家和不同的历史时期，存在不同的认识和实践。概括而言，主要有以下两种模式：政府主导模式和市场主导模式。政府主导模式强调政府在经济发展中的作用，市场在政府的调控和指导下进行资源的配置。政府主导模式下的政府与市场主体的关系，必然要求以政府为本位，市场主体主要受政府的控制和指挥。市场主导模式强调市场在资源配置中的基础性地位和作用，政府仅在必要的情况下，对市场经济活动进行一定限度的调控和干预。市场主导模式下的政府与市场主体的关系，要求以市场主体为本位，政府对经济活动的干预，必须以尊重市场主体的权利和选择为基础。人类社会的历史发展证明，市场主导模式是较为理想的经济发展模式，因而我国社会主义市场经济应当选择市场主导模式。[1] 在这种模式下，经济法在处理政府与市场主体的关系时，必须以市场主体为本位，要求政府尊重和保障市场主体的基本权利和自由，政府对经济活动的干预必须受到严格的限制和制约。

---

[1] 处理好政府和市场关系是我国经济体制改革的主线。党的十一届三中全会之后，我们党开始探索把计划和市场有机结合起来的体制机制。党的十四大提出我国经济体制改革的目标是建立社会主义市场经济体制，使市场在国家宏观调控下对资源配置起基础性作用。这是一次重大理论突破，对我国改革开放和经济社会发展发挥了极为重要的作用。党的十四大以来的二十多年，对政府和市场关系，我们党一直在根据实践拓展和认识深化寻找新的科学定位。党的十八届三中全会提出使市场在资源配置中起决定性作用和更好发挥政府作用，实现了我们党在理论和实践上的又一次重大突破，市场的主导性地位在我国得到进一步确立。

政府与社会协调主体的关系，也就是政府作为国家干预主体代表与社会协调主体所代表的社会之间的关系，即国家与社会的关系。国家与社会的关系，根据现代政治学、经济学和社会学的理论，属于既合作又相互制约的关系。其合作关系主要体现为政府与社会协调主体通过分工合作，共同克服市场失灵。在解决市场失灵的问题上，现代经济学已证明，单纯的政府干预并不能完全解决市场失灵，例如，在公共物品的供给上，政府并不总是有效率的；非政府组织在某些公共物品的提供上，较之政府更有效率。因此，为克服市场失灵，需要政府与非政府组织之间进行分工合作。同样，由于政府的干预与社会的干预都有缺陷，为克服各自对市场的不当干预，又需要双方之间互相制约。政府需要对社会协调主体的行为进行监督，以克服社会协调主体可能基于行业利益形成的对竞争秩序的损害等缺陷；同样，社会协调主体也需要通过提供行业建议等方式，反映市场主体的合理要求，约束政府可能出现的过分干预。

（二）政府干预主体资格的设定

1. 政府干预主体资格的设定原则。

（1）资格法定原则。政府干预主体资格法定原则，是指作为经济法主体的政府或政府部门，其对经济活动的干预资格应当由法律加以规定或依法定职责设定，而不得由政府或政府部门自行创设。

（2）资格设定合理原则。政府干预主体资格合理原则，是指对政府干预主体资格的授予应当符合市场经济发展的要求，符合政府及政府部门的分工合作的要求，以实现对经济活动的适度的干预，达成经济法预设的经济干预目的。

（3）资格设定权责统一原则。政府干预主体的资格，首先意味着法律对政府干预职权的赋予和设定，但是，政府干预主体资格设定，并不仅仅是权力的赋予，也是义务和责任的设定，是权力、义务和责任的统一。在法治社会中，没有只享受权利而不承担义务的主体，也没有只承担义务而无权利的主体，权利与义务的统一是任何法律主体设定都应当遵循的原则，在政府干预主体的设定上也不例外。因此，在经济立法中对政府干预主体的资格设定也须遵守权利、义务和责任相统一的原则。

2. 政府干预主体资格的设定方式。政府干预主体资格的设定须依法进行，这里的"依法"包括直接依据法律规定设立和依法定职权设立两种类型。

（1）依法直接设立。所谓依法直接设立，是指作为干预主体的政府或政府机构的设立及其基本职权由法律直接规定。包括两种情况：①依据宪法和行政组织法设立。例如，国务院及地方各级人民政府，直接依据《宪法》《国务院组织法》和《人大和政府组织法》的规定设立，并依据这些法律规定行使基本职权。②依据特别法的规定设立。例如，中国人民银行作为我国的中央银行，其设立、地位和基本职责由《中国人民银行法》专门加以规定。比如，《中国人民银行法》第 1 条规定："为了确立中国人民银行的地位，明确其职责，保证国家货币政策的正确制定和执行，建立和完善中央银行宏观调控体系，维护金融稳定，制定本法。"

（2）依法定职权设立。所谓依法定职权设立，是指依法设立的政府或政府机构，在法律规定的职权范围内，根据履行职责需要，而决定设立的机构或组织。例如，国务院各部委和国务院直属机构由国务院根据其履行职责的需要而设立；地方各级人民政府的有关部门或机构，由地方各级人民政府在其职权范围内，根据其履行职责的需要而设立。这些机构的职责及其分工也由设立的机构决定。

二、市场监管主体

市场监管主体，是指依法享有市场监管职权，履行市场监管职责的机构和组织。广义上的市场监管主体，包括国家立法机关、行政机关、司法机关和依法或依授权具有一定监管职能的社会组织等。狭义上的市场监管主体，仅指具有市场监管权的政府行政机关。从各国的理论和实践看，市场监管主体主要是指政府行政机关。

在我国，政府市场监管主体主要分为以下两类：

（一）综合性的市场监管主体

综合性的市场监管主体，是指享有综合性的市场监管职权的国务院及地方各级人民政府。

国务院，作为我国的中央人民政府，享有代表国家管理全国经济的全部职能，因此，从经济职权角度看，国务院享有的经济管理职权无疑是综合性的经济职权，既包括宏观调控的职权，也包括市场监管的职权。从这个意义上讲，国务院既是宏观调控的主体，也是市场监管的主体，而且从行政机关的层级和体系看，国务院是地位最高也是最主要的宏观调控主体和市场监管主体。

地方各级人民政府也属于综合性的市场监管主体，其市场监管职能与国务院类似，也是综合性的市场监管职能，涉及各类市场的监管，其对市场的监管，也主要是通过制定有关地方性法规、规章、政策，并通过相应的政府部门，实现其市场监管的职能。与国务院作为综合性的市场监管主体不同的是：①其市场监管的职能范围一般限于所辖行政区范围，而不同于国务院的全国性市场监管职能。②其市场监管职能履行，除依法律、法规规定执行，还受上一级政府直接监督和指导，地方各级政府都必须服从中央政府的领导。③地方各级政府的市场监管职能范围受到一定的限制。一些特殊市场监管职能属于中央政府的职权范围，地方政府往往不具有相应的市场监管职能。例如，我国金融市场的监管权，是专属于中央政府的职权，国务院通过金融监督管理总局、证监会等机构行使职权，地方各级政府不享有金融市场的监管权。

（二）部门性的市场监管主体

部门性的市场监管主体，是指国务院和地方各级人民政府中具有部分市场监管职能的机构或部门。这些机构和部门是市场监管主体的核心组成部分，政府的市场监管职能主要是通过这些机构和部门来实施的，他们也是大量的市场监管活动行为的主要实施者。

部门性市场监管主体，与综合性市场监管主体相比，其主要特征是：①仅具有部分市场监管职能，不具有综合性的市场监管功能。例如，市场监督管理总局、证监会、金融监督管理总局等机构，分别只是具有普通市场、证券市场、其他金融业监管职能，不同于国务院具有综合性的经济监管职能。②在市场监管主体的体系中，主要属于执行主体而非决策主体。国务院、地方各级人民政府作为综合性市场监管主体，主要属于决策主体，制定宏观的市场监管的一般规则，包括行政法规、地方性法规等，一般不直接参与市场监管中的具体执法活动。部门性市场监管主体，特别是基层部门市场监管主体，主要属于市场监管的执行主体，根据法律和国务院所制定的法规等，实施具体的市场监管活动。部门性市场监管主体，如中央政府各部门和机构，虽然也有规章等的制定权，但其主要是指导下一级政府部门的市场监管工作，通常情况下也并不直接针对市场主体从事直接的市场监管活动，因此，具有类似于国务院等综合性市场监管主体的决策主体的特征。但是作为决策主体，从范围上讲，仅限于其职责范围的市场监管决策活动，例如，证监会仅能就证券市场监管制定相应的证券市场监管规章等，不具有其他市场监管规则的决策权，而且其决策活动要受到国务院这一综合性的市场监管主体的制约。

三、宏观调控主体

宏观调控主体，是指承担国家宏观调控职能的政府机构或组织。宏观调控主体一般分为决策主体和执行主体两种类型。

（一）宏观调控决策主体

宏观调控决策主体，是指在宏观调控过程中制定有关宏观调控的法规和规章，发布有关宏观调控的政策，以及对国民经济中的重大事项进行决策的政府机构，简言之，是具有宏观调控决策职能或决策权的机构。宏观调控决策主体，是宏观调控主体中最基本、最重要的主体。

我国政府宏观调控决策主体主要包括以下两类：

1. 国务院。国务院即中央人民政府，作为宏观调控的决策主体，是最重要的、地位仅次于全国人大及其常委会的综合性宏观调控的决策主体。国务院的决策属于法规型、命令决定型和综合型决策。主要表现为：①制定关于国家宏观调控的行政法规，如 1999 年 9 月发布的《对储蓄存款利息所得征收个人所得税的实施办法》，2003 年 8 月公布的《中央储备粮管理条例》等；②作出并发布有关国家宏观调控的决定，如 1993 年 12 月公布实施的《国务院关于实行分税制财政管理体制的决定》等；③公布并实施有关国家宏观调控的综合性政策和措施，如 2000 年发布的《国务院关于实施西部大开发若干政策措施的通知》等。

2. 国务院有关部门和直属机构。国务院各部委和直属机构，是在国务院领导下从事宏观调控决策和执行的机构。属于宏观调控的决策主体中最低层次的主体，主要负责综合性和行业性的宏观调控政策的制定和实施，受国务院的领导和监督。国务院部委、直属机构的决策属于规章性、专门性和执行性的决策，如 1999 年 10 月国家税务总局发布实施的《储蓄存款利息所得个人所得税征收管理办法》就属于行政规章，体现了专门性；2001 年 8 月国务院西部开发办会同有关部门制定的《关于西部大开发若干政策措施的实施意见》反映了其执行性。

在国务院各部委和直属机构中，行使国家宏观调控职能的机构，可以分为两类：一类是主要属于综合性宏观调控决策主体的部门，或者以宏观调控决策为主要职能的部门，主要有国家发展和改革委员会、财政部、中国人民银行三个部门。另一类属于具有行业性的宏观调控决策权的部门和机构，例如商务部、住建部、工信部等部门。这两类部门和机构虽然在行政地位上属于平级单位，都属于正部级部门或机构，但是，在宏观调控职能上是有差别的，前一类属于国务院行使宏观调控职能的主要部门，后一类则属于具有部分宏观职能的部门，其作为宏观调控主体，主要属于执行主体而非决策主体，通过对所属行业的调控活动，执行国务院和国务院主要宏观调控部门制定的宏观调控政策。关于这两类调控主体地位的不同，2008 年 3 月 11 日国务委员华建敏代表国务院在第十一届全国人民代表大会第一次会议上所作的《关于国务院机构改革方案的说明》中，强调要合理配置宏观调控部门职能，形成科学、权威、高效的宏观调控体系，其中指出国务院主要宏观调控部门是国家发展和改革委员会、财政部、中国人民银行，并强调"国家发展和改革委员会、财政部、中国人民银行等部门要建立健全协调机制，各司其职，相互配合，发挥国家发展规划、计划、产业政策在宏观调控中的导向作用，综合运用财税、货币政策，形成更加完善的宏观调控体系，提高宏观调控水平"。2013 年制定的《中共中央关于全面深化改革若干重大问题的决定》提出"健全以国家发展战略和规划为导向、以财政政策和货币政策为主要手段的宏观调控体系，推进宏观调控目标制定和政策手段运用机制化，加强财政政策、货币政策与产业、价格等政策手段协调配合，提高相机抉择水平，增强宏观调控前瞻性、针对性、协同性"。2018 年《中共中央关于深化党和国家机构改革的决定》第四部分"优化政府机构设置和职能配置"的规定中，首先强调的是合理配置宏观管理部门职能。科学设定宏观管理部门职责和权限，强化制定国家发展战略、统一规划体系的职能，更好发挥国家战略、规划导向作用。完善宏观调控体系，创新调控方式，构建发展规划、财政、金融等政策协调和工作协同机制。由此可以看出，在国务院各部门中主要承担宏观调控的职能部门即是这三个部门，其他专业经济管理部门在宏观调控活动中主要是配合和执行宏观调控部门的宏观调控决策。

（二）宏观调控执行主体

宏观调控执行主体，是指在宏观调控过程中对宏观调控法律、法规、规章和政策进行具体实施的政府及政府机构。对于宏观调控的执行主体，可以作广义和狭义的两种不同理解。广义的执行主体，是指所有负有遵守调控法律、法规和政策义务的国家机构、企业、事业单位和社会团体等。这种意义上的执行主体，类似于通常意义上所讲的宏观调控的受体，其范围非常广泛，可以说适用于宏观调控法律、法规、政策所涉及的所有单位和个人。狭义上的执行主体，仅指与决策主体相对应的，负有将决策主体的宏观调控决策通过自己的活动，主动加以贯彻实施义务的政府和政府机构。不包括在面对国家的宏观调控政策时可以有选择权的企业、事业单位等。这里所讲的执行主体采狭义理解，仅指负有主动执行国家宏观调控政策义务的政府和政府机构。

宏观调控的执行主体，也是由不同层次、不同地位的政府和政府部门组成。作为宏观调控的执行主体，主要可以分为两类：中央政府执行主体和地方政府执行主体。

1. 中央政府执行主体。作为中央政府执行主体这一层次的宏观调控执行主体，主要包括国务院及其部委和直属机构，如国务院的发展和改革委员会、商务部、财政部、国家税务总局、中国人民银行等。调控执行主体的主要职能就是负责国家宏观调控法律、法规、规章和政策措施的具体落实。当然这一层次的执行主体，其地位和职责也有所不同。国务院在执行主体中地位最高，负责执行全国人大及其常委会制定的法律和有关宏观调控的决定，国务院各部门作为宏观调控的执行主体，受国务院领导，对国务院负责，主要职责是执行国务院所制定的宏观调控法规、政策、决定、命令等。

这一层次的宏观调控执行主体，相对于其他执行主体具有一个突出特征，即本身具有宏观调控决策和执行双重职能，是决策主体和执行主体的统一。而地方政府在宏观调控中仅有执行职能，仅是宏观调控的执行主体。中央调控执行主体的这一特征应当加以明确，但应注意的是，其作为决策主体和作为执行主体的地位和职责是不同的，作为宏观调控的执行主体，通常是其上一级决策主体的执行主体。例如，国务院作为宏观调控的执行主体，对应上一级的决策主体是全国人大及其常委会，是作为全国人大及其常委会这一决策主体的执行主体；而其本身作为决策主体，其对应的执行主体是国务院各部门和地方各级人民政府。从这种意义上讲，国务院作为宏观调控的执行主体是最高执行主体，但其作为宏观调控的决策主体却不是最高决策主体，最高决策主体是全国人大及其常委会。

对于同时具有宏观调控决策主体和宏观调控执行主体双重身份的中央宏观调控主体，区分其不同的主体身份是必要的，这是正确配置职权、责任的重要前提，也是判断其是否正确履行职责的基础。例如，对国务院而言，作为宏观调控的决策主体，其职权范围仅限于法律规定或全国人大及其常委会授权由其决定的事项，对于属于由全国人大或其常委会决定的事项，国务院没有决定权，而仅有建议权。例如，《中华人民共和国企业所得税法》（以下简称《企业所得税法》）等规定所得税税率的调整属于全国人大的权力，而且必须通过修改法律的方式决定调整，国务院如果认为需要调整企业所得税税率，可以建议全国人大修改所得税法的规定，国务院没有权力自行调整企业所得税税率。但是，有些企业税收优惠事项，法律明确规定国务院可以自行决定的，国务院则可以根据宏观调控的需要自行决定。例如，《企业所得税法》第36条规定："根据国民经济和社会发展的需要，或者由于突发事件等原因对企业经营活动产生重大影响的，国务院可以制定企业所得税专项优惠政策，报全国人民代表大会常务委员会备案。"该条规定的所得税优惠专项政策，即属于国务院作为决策主体所享有的决策权的范围。国务院作为宏观调控的执行主体，必须履行全国人大或其常委会制定的有关宏观调控的各项法律、决定，为执行这些规定，可以制定行政法规、发布命令等。对于国务院各部门而言，必须执行国务院所制定或批准的宏观调控政策和措施；但是，作为宏观调控的决策主体时，仅限于法律、行政法规和国务院授权其可以决策的事项范围。例如，《中国人民银行法》第5条规定："中国人民银行就年度货币供应量、利率、汇率和国务院规定的其他重要事项作出的决定，报国务院批准后执行。中国人民银行就前款规定以外的其他有关货币政策事项作出决定后，即予执行，并报国务院备案。"对于第1款规定的事项，人民银行没有决定权，可以根据宏观调控的需要提出建议，决策权在国务院。对于第2款规定的事项，人民银行有决定权，属于人民银行宏观调控决策主体的决策权。

2. 地方政府执行主体。地方各级政府及政府部门属于宏观调控的执行主体，而且是单纯的执行主体，不是宏观调控的决策主体。它们作为宏观调控的执行主体，根据其政府级别不同，地位和职责也有所不同。各级政府领导和监督本级政府有关部门和下级政府，在各自行政区域和职权范围内执行国家宏观调控的法律、法规和政策，保证国家宏观调控政策在全国得以执行。

第二节　企业制度

一、企业与企业法概述

（一）企业概述

企业，通常是指从事商品生产经营或提供营利性服务的经济组织。企业是最主要的市场主体，相比其他市场主体，其主要特征是：

1. 企业是组织体。所谓组织体，是指具有一定的人员、机构和财产，能够以自己的名义从事一定活动的实体。企业作为一种组织体，是把一定的财产和人员组织起来，从事商品经营活动的单位，它不同于以自己的财产和名义从事经济活动的自然人和个体工商户，这是企业不同于个人经营的主要特征。

2. 企业是经济组织。所谓经济组织，是指从事商品的生产经营或提供营利性服务的组织。企业作为一种组织体，经济性是其区别于其他社会组织（如国家机关、社会团体等组织）的主要特征，即从事经济活动的组织。任何组织的设立都有其目的，也都有各自的职能。企业作为一种组织，其设立的目的主要在于通过商品的生产经营和提供服务取得利润，即营利性，其职能在于从事经济活动。这是企业与其他社会组织的主要区别所在。

3. 企业具有独立性。所谓独立性，是指企业能够以自己的名义享受权利、承担义务，即具有法律上的人格。这是企业区别于企业的内部机构（如企业的班组、车间、分厂等）的重要特征。但是企业具有独立性，不等于企业都具有法人资格，都是法人。如独资企业、合伙企业等，虽然不能取得法人资格，但是具有独立性，是企业。

4. 企业是依法设立的经济组织。所谓依法设立，是指依照有关企业法的规定成立的经济组织。现代社会中，企业都必须依法设立。历史上那种企业可以自由设立、不受法律调整的现象已经不复存在。只有依法设立的企业，才能取得独立或相对独立的法律人格，享受法律所赋予的权利，承担法律规定的义务，并在法律许可和企业目的范围内从事活动。

（二）企业法

企业法，有广义和狭义不同的理解。广义的企业法，是指调整企业组织关系和经营关系的法律规范的总称。这种意义上的企业法，其范围非常广泛，包括规范企业组织关系的《中华人民共和国公司法》（以下简称《公司法》）、《中华人民共和国合伙企业法》（以下简称《合伙企业法》）等专门的企业法规范，也包括规范企业各种行为的法律规范，如《反不正当竞争法》、《中华人民共和国会计法》（以下简称《会计法》）等法律规范。这种意义上的企业法，实际上等同于以企业为核心的经济法。狭义的企业法，是指调整企业组织关系的法律规范的总称。这种意义上的企业法，其范围仅限于调整企业组织关系的法律规范，不包括调整企业经营活动关系的法律规范。如企业订立合同、纳税、市场竞争等行为所适用的合同法、税法、竞争法等，不属于企业法的范围。

企业法主要有以下特征：

1. 企业法主要是组织法。组织法，是指规定某种社会组织的设立、变更、解散、内部组织机构、内部成员的权利和义务的法律规范的总称。企业是一种不同于自然人的组织体，是将人、财、物等因素结合在一起组成的从事经营活动的实体，因而企业不是自然存在的，不能成为当然的法律主体。企业要成为法律主体，享有法律所规定的权利和承担法律规定的义务，必须首先按法律的规定将人、财、物等各种生产要素组合起来，形成一个有机整体，符合法律主体的要求，才能开展相应的活动。企业法主要就是规定企业的设立、变更、解散及内部组织机构的设置等组织问题的法律规范，因此，企业法主要体现为组织法。

2. 企业法是公法与私法相结合的法。公法与私法的划分是西方国家法学理论对法律最基本的分类，也广泛地为我国法学理论所采纳。虽然对于公法与私法的划分标准存在不同的认识，但是，一般认为私法以维护个体的意思自治、权利自由为价值核心，而公法则以维护社会安全和交易秩序为核心。在传统的法律理论中，企业法被归于私法的范畴，如《中华人民共和国独资企业法》（以下简称《独资企业法》）《合伙企业法》以及《公司法》，在西方大陆法系国家一向被视为民商法的组成部分。企业法的规范也重在强调营业自由、体现私法的特征。但是，随着资本主义从自由竞争向垄断阶段过渡，国家对社会活动的干预加强，以个人为本位的私法模式的企业法逐渐过渡到以社会为本位的公、私结合的企业法，企业法中强调社会安全和交易秩序及国家干预的内容大大增加了，即私法"公法化"了。因此，现代社会中，各国的企业法一方面强调企业设立经营过程中的意思自治、营业自由；另一方面，为维护社会安全和交易秩序，强调国家的干预和对当事人意思自治、营业自由的限制，企业法成为公法与私法结合的法律。

3. 企业法是实体法与程序法相结合的法。法律分为实体法与程序法。实体法，是指规定当事人之间的权利和义务的法律。程序法，是为保证实体法规定的权利和义务的实现而规定相应的程序的法律。企业法中既有大量的实体法规范，如规定企业、企业投资人、企业内部机构等的权利义务的法律规范；也有大量的程序法规范，如规定企业的设立、变更、解散、清算等事项的法律规范。企业法是实体法和程序法相结合的法律。

4. 企业法是强制性规范和任意性规范相结合的法。法律规范依其效力特征分为强制性规范和任意性规范。凡要求当事人必须遵守，不允许变更或选择适用的为强制性规范；凡可依当事人意思自由变更或选择适用的为任意性规范。私法中多任意性规范，而公法中多强制性规范。企业法，由于其公私法相结合的特征，既有任意性规范，也有强制性规范，是由强制性规范和任意性规范结合而成的法。

二、企业社会责任制度

（一）企业社会责任的含义和特征

企业社会责任，就是指企业对股东所负的利益最大化责任之外的，对其他利益相关者、国家和社会所负的利益增进的责任。

企业社会责任具有以下特征：

1. 企业社会责任中的"责任"，指的是一种抽象的义务或职责，而非通常法律责任中的"责任"。通常法律责任中的责任，指的是法律规定应当承担的不利的法律后果，是第二性的义务，即违反法律规定的义务应受到的制裁。例如，刑事法律责任、民事法律责任等均是这种含义。之所以需要对此特别加以区分，是因为：首先，企业社会责任不同于企业法规定的企业的法律责任。在企业法中，企业社会责任和企业的法律责任都有规定，但二者所指含义显然不同，故而有区分的必要。其次，在企业社会责任的讨论中，很多学者在对企业社会责任的定性上存在分歧，有的认为企业社会责任是一种道德责任而非法律责任，有的认为企业社会责任是道德责任与法律责任的统一。这里道德责任与法律责任的理解均是将责任理解为义务，而非指通常法律责任中的"制裁"。因此，"企业社会责任"这一概念，从法学理论角度看，称为"企业社会义务"最为恰当，最不容易引起误解。

2. 企业社会责任是与企业的经济责任相对应的责任类型。企业的经济责任，也称企业对股东的责任，是指企业以股东的利益最大化为目标的一种义务。在传统的企业观念里，企业存在的目的就是营利，使投资人获得最大的投资利润，因此，企业的各项经营决策管理活动都以是否有利于股东利益最大化作为企业行为正当与否的标准。企业社会责任正是针对传统企业单一的经济责任所存在的问题而发展起来的，是与企业的经济责任相对应的责任类型。传统的企业单一的经济责任观念，使企业的经营活动往往为了股东利益而不惜损害劳动者、消费者、国家和社会利益。企业社会责任的出现要求企业在承担传统的经济责任之外，还要关注和增进劳动者、消费者、国家和社会的利益，实现股东利益与社会利益的有机结合。企业社会责任的出现本质上是对企业角色的重新定位，即要求企业从传统的单一"经济人"角色转变成兼顾"经济人"与"社会人"的角色。

3. 企业社会责任既包括法律责任，也包括道德责任。企业社会责任中属于法律强制性要求的社会是一种法律责任。例如，法律关于企业对劳动者、消费者、环境保护方面的强制性要求，属于企业社会责任中的法律责任。企业社会责任中属于企业自愿履行的而非法律强制性要求的社会责任，是企业社会责任中的道德责任。例如，实际高于法律规定的环境保护、消费者权益保护标准的行为等。简言之，企业社会责任应当区分为两部分：企业强制性社会责任，属于法律责任；企业自愿性社会责任，属于道德责任。

（二）企业社会责任的内容

1. 对消费者的责任。消费者作为企业产品的购买者，是企业的重要利益相关者。社会成员购买了企业的产品就成了企业的消费者，从广泛的意义上说，整个社会成员都是企业的消费者。因此，企业与消费者的关系问题是有关企业与所处社会的关系、企业对社会承担责任的基本问题。企业对消费者所负的社会责任，核心内容是企业应当依据"消费者主权"理念，向消费者提供最优产品和服务，使其商品和服务能够最大限度地满足消费者的消费需要。企业对消费者所负最低限度的社会责任则是符合消费者保护相关法律法规规定的经营者的最低义务要求。例如，在产品质量标准上，必须达到国家强制性标准的要求，在此基础上，作为经营者的企业应当力求提供的产品和服务的质量优于国家规定的标准。

2. 对劳动者的责任。在传统企业理论中，劳动者只是企业的雇员，而非企业的成员。近年来，随着企业理论的变化，企业被界定为一个由物质资本的提供者、人力资本的提供者等多方利益相关者组成的契约组织，劳动者作为企业的雇员也就相应地被视为企业的内部成员。但无论是否把劳动者作为企业的成员，劳动者的利益和命运与企业的运营都是休戚相关的。劳动者作为参与企业契约的一方，直接参与企业的生产与经营，卡罗尔将其视为企业的内部利益相关者。他们不仅向企业提供了人力资本，成为企业的合作伙伴；同时，他们又是基本的社会成员，故他们不仅拥有从企业获得合理的劳动报酬的权利，而且拥有作为社会交往主体的自由平等权和作为人之个体的其他一些理应具有的权利。因此，企业对劳动者的责任不仅来自于劳动者参与契约的主体利益权利要求，也来自于企业与社会之间所具有的宏观契约义务。鉴于企业与劳动者的特殊关系，企业有义务帮助劳动者实现他们的基本权利。企业对劳动者上述权利的维护与增进构成了企业对劳动者应该承担的主要社会责任，企业对劳动者的社会责任也就构成了企业承担社会责任的重要内容。

3. 对债权人的责任。企业的债权人与企业的债务人均是企业的交易相对人，但与企业的债务人对企业负有债务责任不同，企业的债权人对企业享有权利（即债权），或言之，企业对其债权人负有债务责任。这一责任是否被切实履行，关系到企业的债权人的预期经济利益能否得以实现的重大问题，因此，企业的债权人是企业重要利益相关者。企业对于其债权人所负的社会责任，主要是指企业对作为整体的债权人群体负有确保交易安全的责任。这一责任要求企业在生产经营活动过程中，不能仅仅基于股东利益最大化的要求，有意去从事危害债权人利益的行为，如转移资产、逃避债务等。这是与基于具体的法律关系所生之特定债务有所不同的一种抽象的、一般的责任。

4. 保护资源环境责任。自然环境资源不仅仅是为人类生产、生活提供资源或影响人类发展的外在条件，地球及任何物种也不是独立于人类文明的外在客体，相反，它们是构成人类文明不可缺少的生态因子。企业作为从事生产活动的人类组织，在传统经济理论中是典型的"理性经济人"，然而现代文明的际遇和"理性生态人"的觉悟已越来越不能容忍企业逐利行为对自然环境的威胁与破坏。现代社会和当代的企业理论都强烈反对企业逐利行为造成的人类与自然的分离，强烈呼吁企业关怀自然、保护环境、合理利用资源。对自然资源环境的合理利用、保护不仅仅关系到当代人的切身利益和人类社会自身的可持续发展，更是对他者存在的尊重，是与他者的相与之道，是对整个人类文明的负责。因此，企业合理利用资源、保护自然环境是企业的一项典型的社会责任，它在更宏大、更深远的意义上是对人类社会公益的增进与维护。

5. 促进社会福利和公益的责任。企业对社会福利和社会公益事业的责任系传统的企业社会责任，它主要是指企业本着自由、自愿的原则主动向社会捐款、捐物，帮助弱势群体，兴建公共基础设施，兴办学校、医院、养老院以及设立奖学金、慈善资金等义务行为。故此项责任实质上是企业对社会的捐赠，它不仅是企业的社会表现，也是对公众寄于企业期望的回应。需要强调的是，此项责任决不能仅仅视为企业的乐善好施，而是企业承担社会责任的一个重要方面。当然，这项企业社会责任主要属于道德责任的范畴，在任何时候都不应作为一种强制性的法律责任。法律可以对企业履行这种社会责任的行为予以倡导和鼓励，给予税收等方面的优惠。

（三）企业社会责任的立法

企业社会责任制度作为一项法律制度，需要立法的支撑，企业社会责任的推行和落实也需要立法的保障和支持。目前，我国已经有大量企业社会责任的立法，初步建立起较为完善的企业社会责任制度体系。主要分为以下两种类型：

1. 企业法有关企业社会责任的规定。企业法关于企业社会责任的规定，包括以下两个方面的内容：

（1）关于企业社会责任的综合性规定。《公司法》第 5 条第 1 款规定："公司从事经营活动，必须遵守法律、行政法规，遵守社会公德、商业道德，诚实信用，接受政府和社会公众的监督，承担社会责任。"这是我国企业立法首次对企业社会责任作出确认，是我国企业承担社会责任立法的重大突破。此外，《合伙企业法》第 7 条规定："合伙企业及其合伙人必须遵守法律、行政法规，遵守社会公德、商业道德，承担社会责任。"

（2）关于企业社会责任的专项规定。现行的企业法针对企业社会责任中对消费者、劳动者、债权人、环境资源保护等方面的社会责任作了一般性规定。

在劳动者的社会责任方面，各种企业法主要规定了企业职工民主管理制度和保护劳动者的劳动权益制度。例如，在企业职工民主管理方面，《中华人民共和国全民所有制工业企业法》（以下简称《全民所有制工业企业法》）规定，企业通过职工代表大会和其他形式实行民主管理；职工代表大会是企业实行民主管理的基本形式，是职工行使民主管理的权力机构；职工代表大会不仅对依法应由厂长决定的事项享有审议并提出意见和建议的职权，而且对事关职工切身利益的事项享有审查同意或者否决的权力甚至审议决定的职权。在集体所有制企业中，除职工的民主管理得到确认，职工大会或职工代表大会还被规定为企业的权力机构。私营企业法和外商投资企业法则规定，企业通过工会等形式实行民主管理。在《公司法》中，"职工参与"相对而言规定得更为充分。《公司法》第 18 条第 3 款规定："公司研究决定改制以及经营方面的重大问题、制定重要的规章制度时，应当听取公司工会的意见，并通过职工代表大会或者其他形式听取职工的意见和建议。"除此之外，《公司法》还规定了职工监事制度、国有独资公司的职工董事制度，并明确规定了公司监事会职工代表比例的下限。《中华人民共和国劳动合同法》（以下简称《劳动合同法》）第 4 条第 2、3 款规定："用人单位在制定、修改或决定有关劳动报酬、工作时间、休息休假、劳动安全卫生、保险福利、职工培训、劳动纪律以及劳动定额管理等直接涉及劳动者切身利益的规章制度或者重大事项时，应当经职工代表大会或者全体职工讨论，提出方案和意见，与工会或者职工代表平等协商确定。在规章制度和重大事项决定实施过程中，工会或者职工认为不适当的，有权向用人单位提出，通过协商予以修改完善。"在企业职工的劳动权益保护方面，我国现行企业法律、法规对此作了明文规定。例如，《公司法》第 17 条以及《劳动合同法》第 17 条，均要求企业执行国家有关劳动保护的规定，建立必要的规章制度和劳动安全卫生设施，保障职工的安全和健康等。

环境保护作为企业对社会应尽的一项社会责任，在《全民所有制工业企业法》（第 41 条）、《中华人民共和国城镇集体所有制企业条例》（以下简称《城镇集体所有制企业条例》）（第 22 条）等企业法律、法规中作了规定。按照这些规定，企业应落实环境保护措施，做到文明生产。

企业对债权人的责任，最重要的是切实履行依法订立的合同，确保交易安全；对用户和消费者的责任，主要体现为保证产品和服务的质量。对此，《全民所有制工业企业法》（第 35、38 条）、《城镇集体所有制企业条例》（第 22 条）等企业法律、法规作了明确规定。此外，《公司法》《合伙企业法》《个人独资企业法》等均将保护债权人的合法权益规定为立法的宗旨之一。

2. 其他社会责任的专项立法。现有的某些单行法律，从企业社会责任的角度看，属于企业社会责任的专项立法。尽管这些法律并没有使用企业社会责任的概念，也并非专门规定企业社会责任的法律，但是从法律的实质内容看却可以视其为针对企业社会责任的立法，且这种类型的法律法规有很多。例如，规定企业对消费者责任的《消费者权益保护法》，规定企业对劳动者社会责任的《劳动法》《劳动合同法》，规定企业对环境资源保护责任的《环境保护法》、各种污染防治法律、自然资源保护的法律等。这些法律的特征是集中规定了企业社会责任的某一方面，并进行具体细致的规定。

第三节　行业协会制度

一、行业协会制度概述

（一）行业协会的概念和特征

行业协会，是指以同一行业的企业为主体设立的，以服务于会员企业为目的的非营利性组织。行业协会是经济法社会协调主体中最具有代表性的主体类型。

行业协会主要具有以下特征：

1. 行业协会具有社会性。行业协会兴起的理论基础之一就是当代西方的"市民社会理论"。按照传统社会学的理论，人类社会是"市民社会与政治国家"的二元结构。而现代西方社会学则将行业协会从传统的"市民社会"中分离出来，形成了一个独立于传统"市民社会"与"政治国家"之间的中间层结构，并将整个社会改造为"市场—社会—国家"的三元架构。

2. 行业协会具有中介性。[1] 因为行业协会的活动领域只能是"市场主体"和"国家"双重认可的交叉地带，所以它在行为上表现出"双向性"特征：同时履行"对社会"和"对组织内部成员"的双向义务，同时受"私法的意思自治"和"行政法管制"原则的双向支配等。

3. 行业协会具有非营利性。它成立的主要目的不是资金收益，而是为一定范围的社会主体提供公益服务。行业协会行为中主要体现出来的是服务的公益性。

4. 行业协会具有自治性。自治性是行业协会最本质的特性，它是指行业协会的成员通过章程等社会契约赋予行业协会治理协会成员的权力。

（二）行业协会的功能

行业协会，作为经济法社会协调主体中的主要组成部分，在市场经济中的主要功能有两点：协助国家纠正市场失灵的功能；协助企业克服国家干预缺陷的功能。

1. 协助国家纠正市场失灵。传统经济学理论认为，市场失灵的纠正主要应通过国家干预来实现。但是，现代经济学的研究已表明，对市场缺陷的矫正，单纯依靠国家干预是难以实现的，因为国家干预本身也存在缺陷，国家对市场失灵的纠正也并非总是有效或高效的。因此，对市场失灵的克服，一是要依靠国家的有形之手，通过国家干预来实现国家范围内的社会公共利益；二是运用市场主体的自律性组织，通过自我管理来实现行业内的公共利益。国家干预和自治组织的自我管理是矫正市场缺陷不可或缺的两大手段，二者须相互配合，密切协作，方可建立发达、成熟和高效的市场经济模式。

行业协会对市场缺陷的弥补主要表现在：①矫正不完全竞争市场，排除市场障碍。行业协会是自律性组织，其主要功能和任务均通过自律得以实现。②加强信息的交流和服务，克服市场调节的被动性和滞后性。行业协会是中介性组织，向行业协会内的成员提供信息、咨询服务是其章程所载明的重要内容。行业协会通过其拥有的专业优势调查研究本行业在国内外市场的发展趋势，在行业发展战略、产业政策、技术进步、市场开拓等方面开展咨询服务工作。③提供公共产品，满足行业协会成员内特殊的公共需求。行业协会是公共性组织，它不以营利为目的，而以维护行业内的公共利益为宗旨。行业协会将自身的非营利性与行业协会成员自愿缴纳

---

〔1〕　李亚平、于海编选：《第三域的兴起——西方志愿工作及志愿工作组织理论文选》，复旦大学出版社 1998 年版，第 75 页。

会费的行为进行有机结合，从而提供协会成员所需要的特殊公共产品，解决不同行业对于公共产品的不同需要。

2. 协助企业克服国家干预缺陷。在现代市场经济条件下，政府是公共利益的主要代表者和维护者，但不是唯一的代表者和维护者。由于内部性、寻租行为等原因，政府干预并不总是为了社会公共利益，由于信息偏差等原因，政府的行为决策也并不总是能够维护好社会公共利益。可以说，在政府失灵的领域，行业协会发挥了重要的监督和矫正作用，在一定程度上弥补了政府作为社会公共利益的主要代表的不足。

行业协会在协助会员企业克服国家干预缺陷上的功能主要表现在以下几个方面：①防止政府权力的异化，维护行业企业的共同利益。社会公众在授予政府公共权力后，对公共事务不可能不闻不问。作为同行业企业组织的行业协会，一方面可以代表本行业成员向政府提出不同的建议、意见和要求，维护本行业的公共利益；另一方面，行业协会代表会员企业所提出的相关建议和要求又能够进一步地推进政府决策公开化、科学化、民主化和规范化，使得政府决策朝着更加有利于维护同行业会员企业的公共利益的方向发展。②矫正政府信息偏差，协助政府正确决策。向政府反映情况、提出建议是行业协会的宗旨之一。行业协会将本行业的相关信息提供给政府，可以在一定程度上克服政府的信息偏差，帮助政府作出正确决策。③提高公共产品供给效率。行业协会凭借其专业性、中介性、公共性和民间性等优势，在向会员企业提供特殊公共产品方面，某种程度上较政府更有效率。例如，行业内某些企业纠纷的解决，通过行业协会的调解或仲裁，较之司法解决可能更及时、有效。④提高政府政策效应。政府在制定经济政策过程中会遇到内部时滞，在执行过程中会遇到外部时滞。行业协会处于政府与市场之间，可以迅速地进行双向信息交流，缩短双重时滞。在一个成熟而健全的市场经济体制中，国家经济政策通过行业协会等社会中介组织可以更有效地实现政策的应然效果，减少政策的运行成本和实施障碍。

（三）我国行业协会立法概况

我国目前尚无全国性的行业协会专门立法，也没有专门的商会法等法律，有关行业协会的法律规范主要体现在相关法律法规及政府规章中。涉及行业协会的立法主要有以下三类：①单行法律中有关行业协会的规定。例如，《证券法》第十一章专章规定了证券业协会的性质、地位、职责等；《中华人民共和国对外贸易法》（以下简称《对外贸易法》）中关于对外贸易的"有关协会、商会"的规定；《中华人民共和国银行业监督管理法》（以下简称《银行业监督管理法》）关于"银行业自律组织"的规定；《中华人民共和国农业法》（以下简称《农业法》）关于"农民专业合作经济组织"和"农产品行业协会"的规定；《中华人民共和国中小企业促进法》（以下简称《中小企业促进法》）关于鼓励各类"社会中介机构""自律性组织"的规定；等等。②相关行政法规和部门规章。这主要有《社会团体登记管理条例》（1998年制定，2016年修订）、《国务院办公厅关于加快推进行业协会商会改革和发展的若干意见》（2007年）、中共中央办公厅、国务院办公厅印发《行业协会商会与行政机关脱钩总体方案》（2015年）、《国务院办公厅关于进一步规范行业协会商会收费的通知》（2020年）、《国家发展改革委、民政部、中央组织部等关于全面推开行业协会商会与行政机关脱钩改革的实施意见》（2019年）等。③地方性法规和规章。一些地方立法机关还制定了一些关于行业协会的地方性法规，如《上海市促进行业协会发展规定》（2002年制定，2010年修订）、《深圳经济特区行业协会条例》（1999年制定，2019年最新修订）、《湖南省行业协会管理办法》（2005年制定，2022年最新修订）等。总体上讲，目前我国有关行业协会的立法还不健全，缺少一部综合性、层次较高的行业协会法，这与我国行业协会改革发展的要求、市场经济条件下加强行业协会等社会协调主体的地位要求是不相符的。因此，加快制定统一的、完善的行业协会法应当纳入立法的规划中。

二、行业协会自治制度

行业协会是会员企业在自愿基础上建立起来的，以服务会员企业为目的的行业性非营利性组织，具有不同于国家机构的特点，主要表现在通过其自治活动而非国家的强制活动，吸引会员加入协会，自愿接受协会提供的服务，并接受和服从协会的约束。也只有通过协会自治，协会才能实现其作为行业共同体公共利益的代表者和维护者的角色，因此，行业协会自治往往被视为行业协会的本质特征。而行业协会自治的实现则依赖于通过立法和司法等建立以行业协会自治权为核心的行业协会运行机制和制度，从而确立和保障行业协会自治权。

（一）行业协会自治权

行业协会自治权，是指行业协会根据成员的授权或国家的授权，制定规则并将其规则在协会内或行业内强制实施的权利。行业协会自治权，从性质上讲，既有公权的性质，也有私权的性质，是一种公权与私权相结合的社会性权利。就其私权性质而言，行业协会自治权实际是会员私权利的部分让渡，即会员为了获得行业协会所能够实现其作为个体成员难以实现的利益，自愿将其一部分权利让渡给行业协会。基于全体会员的同意而制定的协会章程是这种私权利让渡的典型体现。就其公权力性质而言，行业协会的部分自治权由国家直接授予，行业协会是代表国家行使权力。例如，国家授权行业协会制定有关行业标准、认定行业资质等都是公权力性质的自治权。另外，即使是行业协会的自治权作为私权利性质的部分也需要获得国家法律认可，如行业协会基于章程对其会员所拥有的惩罚权等，因而这部分权利也就具有了公权力的特性。因此，行业协会自治权是一种公权与私权相结合的社会性权利。

行业协会的自治权，概括而言，主要包括以下五类权利：[1]

1. 规章制定权。行业协会为通过正常的活动实现其组建宗旨就必须制定一定的规章制度，以此保证其运作规范化和有序化，并对成员企业行为产生约束力。规章制定权是行业协会最基本的经济干预权，正因为可以行使规章制定权，行业协会才可能团结成为一个有机的组织体，而协会成员才可以根据制定的规章进行有效的集体行动。

2. 监管权。行业协会的监管权主要指行业协会监督和管理成员企业的权力。行业协会的监管权主要包括以下几种权力：①许可权。许可权是指允许企业享有在某行业或某产品上从事某项活动之资格的权力。②认证权。认证权是指行业协会对本行业产品的质量规格、产地等方面进行认定鉴别的权力。③日常管理权。日常管理权是行业协会对协会成员具有进行日常经营管理的职能。④标准制定和实施权。

3. 惩罚权。行业协会欲制定相应的规章来指导协会成员的集体行为，则必须建构相应的惩罚机制作为支持。惩罚的具体方式如下：①罚款。罚款是行业协会对违规者进行的金钱惩罚，它是最常用的行业处罚手段。②名誉惩罚。名誉惩罚是指行业协会对违规成员所采取的一种使违规成员在行业内部或社会公众面前的形象受到损害的惩罚措施。③集体抵制。集体抵制是指行业协会组织会员拒绝与某些违规的会员进行交易的行为。④开除。开除是指行业协会单方面剥夺成员企业资格的处罚。⑤市场禁入。市场禁入是指行业协会对违规者宣告其不得在该行业从事执业的处罚。

4. 争端解决权。争端解决权是指行业协会对有关协会内部事务或行业事务进行仲裁裁决或调解的权力。争端解决权是行业协会一个非常重要的权力，其实质是自决权，而自决权是自

---

[1] 参见鲁篱：《行业协会的经济自治权研究》，西南政法大学 2002 年博士学位论文。

治权不可或缺的内容。

5. 起诉权。行业协会享有以自己的名义提起诉讼的权利，表现在：①当行业协会的利益受到直接损害时，行业协会有权直接提起诉讼；②当行业协会的成员企业利益受损而不便出面诉讼时，行业协会应当享有诉讼权；③当行业协会所代表的行业利益受到侵害时，行业协会应当享有基于行业利益之维护而产生的诉讼权。

（二）行业协会自治权实现机制

1. 立法确认行业协会的自治权。行业协会自治机制的建立，首先需要通过立法确认行业协会自治性质、自治地位和职责、行业协会的自治权等。这为行业协会规范行使自治权提供了制度基础。我国现行的《社会团体登记管理条例》作为规范行业协会的主要法规，不仅层次低，而且内容极不适应行业协会自治的要求，应当通过制定专门的行业协会法，对行业协会的上述基本问题作出规范。

2. 规范行业协会自治权的行使。解决行业协会自治权的合法性之后，需要规范行业协会自治权的行使，调整现有行业协会的布局结构。对行业特点明确、符合市场经济要求的行业协会应予以保留、充实和提高，依法赋予其自治权；对名称相近似、业务交叉重复的行业协会进行归并、重组；对行业特点不明确的行业协会进行分立、细化；对缺乏行业代表性、不能为企业提供服务、内部管理混乱的行业协会，应依法注销或撤销登记。

3. 明确行业协会自治权与政府管理权的分界。作为两种既独立又并存的治理主体，政府与行业协会之间的关系，既不是上下级关系，也不是指导与被指导、领导与被领导的关系，而是基于权力分割而形成的相互依赖、相互合作的关系。这种关系定位决定了它们在管理行业公共事务职能上的适度分工，即行业协会具有向企业和政府提供双向服务的职能；而政府工作的重心应转移到经济调节、市场监管、社会管理和公共服务上来。行业协会与政府的关系，可以概括为八个字，即"政府放开，市场管住"。政府负责社会管理和公共服务事务，遇到其他与企业、行业、广大消费者有关的问题需要决策时，必须要和企业、消费者、社区代表、行业协会组织共同研究，这也是市场经济意识的表现之一。行业协会是以自治为基础的，应强调其在法律上的独立地位。虽然它承担一定的社会公共事务的管理职能，但它不是国家行政机关，与行政机关不存在隶属关系和依附关系。

4. 行业协会与其会员的关系。行业协会与其成员的关系表现在三个方面：①服务关系。行业协会存在的主要目的就是为其成员提供服务。这些服务职能主要包括：提供信息咨询，发布统计资料；培养本行业所需要的专业人才；促进和协调各成员以及成员与外部的交往；等等。②利益代表关系。行业组织是为了维护特定的群体利益而存在的。它是其成员的利益代言人，处于政府与公民之间，作为成员的代表与政府沟通对话，表达行业或成员的利益要求和意见，对政府的管理施加影响，同时也将政府的意图转达给成员。③管理关系。行业协会对其成员的管理是建立在自愿、自治的基础上的。和政府的外部管理相比，这种自治性的内部管理能够切中要害，容易得到其成员的配合，从而降低成本，有利于管理目标的实现。同时，这种管理还具有专业技术方面的优势。行业协会通常具有行业自治规章制定权、行业标准制定权、从业资格或项目批准权、产品质量认证权、产品价格确定权、制裁权等。其管理权力主要来源于以下三个方面：一是法律授予的权力；二是政府委托的权力；三是通过契约形成的权力。

5. 行业协会的经费来源及其监督。经费的筹措途径主要为会员缴纳的会费，从事政府委托事务而获得的政府资助，从事培训、咨询、举办展览等服务项目的收入，以及其他合法收入。无论是体制内生成的行业协会还是自发形成的行业协会，其经费的使用和监督是行业协会法律制度完善的重要问题。首先，政府对行业协会的资助资金应当纳入国家审计的范围；对于行业协会的其他收入和使用可通过立法强制行业协会进行财务披露，接受会员和社会的监督。其次，从体制上强化行业协会的内部监督。切实落实管理权限审批制度、内部牵制制度、稽核制度等完整配套的内部控制制度，严肃预算纪律和经济责任的考核、追究，使会计监督达到法定要求，在协会内部真正形成全过程、全方位的经费使用监督体系。

三、行业协会监管制度

（一）我国行业协会的监管制度存在的问题

目前，我国对行业协会的监督管理在全国范围内的主要依据是《社会团体登记管理条例》，在地方的主要依据是有关行业协会管理的地方性法规或规章。从现有的法律、法规、政策的规定，结合目前我国行业协会管理的实际情况看，我国对行业协会的监督管理制度主要存在以下问题：

1. 监督管理体制不合理。现行的对行业协会的监督管理体制，实行的是业务主管部门和登记管理部门的双重管理体制。无论是行业协会的设立、变更、解散、终止，还是对行业协会的日常活动的监督管理，都要由业务主管部门和登记管理部门共同进行管理。在行业协会的设立、变更、终止等问题上，首先需要经过业务主管部门审批同意，然后由登记管理机关进行登记审核，行业协会才能设立、变更、解散。对于行业协会的日常管理，《社会团体登记管理条例》规定，业务主管部门负责协会的筹备申请、成立登记、变更登记、注销登记前的审查；监督、指导行业协会遵守宪法、法律、法规和国家政策，依据其章程开展活动；负责行业协会年度检查的初审；协助登记管理机关和其他有关部门查处行业协会的违法行为；会同有关机关指导行业协会的清算事宜；等等。登记管理机关履行下列监督管理职责：负责行业协会的成立、变更、注销的登记；对行业协会实施年度检查；对行业协会违反《社会团体登记管理条例》的问题进行监督检查、给予行政处罚；等等。这种双重管理体制是极其不合理的。首先，它与行业协会自治性团体的基本性质相违背。行业协会在本质上是一种建立在会员自愿基础上成立的，为会员服务的自治性组织。这种双重管理体制，实际是把行业协会作为政府部门的附属物，完全将其纳入政府部门的控制和管理之下，使行业协会失去了自治组织应有的基本性质和地位。其次，很难使协会保持独立于政府的品质。行业协会作为代表和维护行业集体利益的组织，在这种双重管理体制之下，实际上变成了政府的附属物，很难发挥行业协会应有的职能。最后，增加了行业协会运作的成本。行业协会的成立和运作在双重体制之下必然会增加成本，使行业协会成立和退出都变得非常困难。

2. 政会不分现象较为突出。所谓政会不分，就是指政府部门和行业协会之间的地位关系不明确，政府主管部门往往把行业协会作为自己的附属机构，对行业协会内部事务和对外活动进行直接的控制和指挥；行业协会在实际运作中往往把自己等同于政府部门对待，没有真正体现政会分开的特点，行业协会的自治往往流于形式。政会不分，政府转变职能不到位，多数协会受政府部门干预过多，"行政化"色彩较浓。造成这一现象的原因很多，但主要原因是我国很多协会是在政府机构改革中由政府部门转制而成，或主要是由官方设立，而非民间自愿创办。

3. 社会监督制度尚未建立。目前，我国对行业协会的监督主要还是依靠政府部门的行政监督，而应有的社会监督机制尚未有效建立。事实上，在坚持行业协会自治制度的前提下，对行业协会的监督既要重视政府的监督，更要重视社会监督。社会监督包括必要信息公示制度，让会员和社会公众对行业协会的运作和有关信息有所了解，从而监督行业协会的有效运作。社会监督也包括建立独立的第三方评估制度，让中立的第三方根据一定的评估标准，对行业协会的信誉、运作情况等进行独立的评估，借以促进行业协会更好地发展等。

4. 司法监督重视不够。对于行业协会的监管制度，我国传统上更注重行政机关对行业协会事前和事中的监管，即对于行业协会的设立采取严格的行政审批制度，对于行业协会的日常事务采用行政管理制度等。通过司法机构的司法活动克服行业协会可能会出现的自治缺陷，可能更符合行业协会的自治品格。

（二）我国行业协会管理制度的完善

1. 加快立法规范的步伐，制定专门的行业协会法。目前我国对行业协会的立法相当不完善，《社团登记管理条例》作为行业协会组织和管理的主要法规，不是专门针对行业协会的立法，难以考虑到行业协会不同于其他社会团体的特殊性要求。必须加快行业协会立法步伐，制定专门的行业协会法。通过立法不仅要规定行业协会的性质、权力的授予以及义务的限定等基本内容，还要对行业协会的成立、变更、注销、组织机构的设立、具体职能、经费的来源和财务管理等有关行业协会规范运行的内容进行法律监管，形成一套系统、完善的行业协会法律制度。

2. 取消对行业协会的双重管理体制。双重管理体制在我国行业协会发展初期，即新旧管理体制交替的过渡阶段，或许有其一定的合理性，但是，从行业协会发展的现状和行业协会自治制度的本质性特征出发，行业协会实行政府双重管理体制不仅没有必要，而且会妨碍行业协会健康发展，应当予以取消。取消行业协会的双重管理体制，不是要全部取消业务主管部门和登记管理部门对行业协会的管理，而是要取消其中的业务主管部门管理，变双重管理为单一的登记部门管理。登记部门的登记管理，是行业协会建立和发展所不可缺少的。登记管理部门的职责仅限于按法律法规的规定，对行业协会的设立是否符合法律规定的条件进行审核，对符合设立条件的行业协会予以登记，确认其具有合法地位。登记管理部门对行业协会的管理，仅限于与登记有关事项的管理，对于行业协会的运作和业务活动，登记机关不应予以干涉。

3. 理顺行业协会与政府的关系。首先，在行业协会与政府的关系上，应当明确行业协会是独立于政府的行业自律性组织，不是政府机构，也不是政府机构的附属物。行业协会应当依法实行自治，政府不能直接管理和干预行业协会自治事项和内部事务，行业协会也应当主要作为行业会员利益的代表，维护行业和会员的共同利益。在我国，特别应当改变把行业协会作为履行政府职能的工具的观念，建立起行业协会是体现和维护行业利益自律性的组织的观念，还行业协会应有的地位和职能。其次，在行业协会与政府的关系上，政府对行业协会具有从法律和政策上扶持的义务。《国务院办公厅关于加快推进行业协会商会改革和发展的若干意见》第5项规定，要完善促进行业协会发展的政策措施，主要包括落实行业协会工作人员的社会保障制度，应按照国家有关规定和属地管理原则，参加当地养老、医疗、失业、工伤和生育等社会保险，履行缴费义务，享受相应的社会保障待遇；完善税收政策，财政等部门要根据税制和行业协会改革进展情况，适时研究制定税收优惠政策，鼓励、支持协会加快发展等。最后，在行业协会与政府的关系中，政府对行业协会应当依法进行监管。政府对行业协会的监管，主要应当是登记管理和对行业协会执行法律法规规定、政策的情况进行监督管理。除了登记管理部门依照法律法规对行业协会进行登记管理，政府没有必要设立专门的针对行业协会的主管部门，行业协会的日常管理由行业协会自主进行，行业协会的活动如果违反法律法规的规定，根据其行为违反法律法规规定的情况，分别由法律规定的相应政府部门调查处理。例如，如果行业协会的行为违反财务、税收管理方面的规定，由国家财务、税收管理部门依法调查处理；如果行业协会的行为违反反垄断法的规定，则由反垄断执法机关调查处理即可。

4. 对行业协会行政监管的重点是其垄断行为。对行业协会的行政监管体现在两个方面：一是行业协会登记事项的管理，主要由登记管理机关负责。二是对行业协会执行国家法律、法规规定情况的监管。这类监管在将来取消业务主管部门这一管理机构后,分别由法律、法规规定的行政执法部门监管。例如,纳税由税务机关监管,垄断行为由反垄断执法机构监管等。对行业协会上述两方面进行行政监管,重点应放在对其行为合法性的行政监管上,而行为合法性监管,又应当以对行业协会垄断行为的监管最为重要。这主要是因为行业协会具有天然的垄断性倾向。行业协会作为同行业的企业自愿成立的服务于会员企业的非营利性组织,维护同行业企业的利益是其基本宗旨,这就决定了行业协会天然具有成为同行业企业垄断工具的可能性。从某种意义上说,行业协会"是为了防止竞争、排除异己、保护同业的既得垄断利益而建立的组织"[1]。行业协会的行为天然地接近于联合行为,蕴含不正当竞争、垄断的风险。特别是当特定行业的共同利益与社会公共利益发生矛盾时,行业协会往往会为维护其成员的利益而损害社会公共利益,行业协会天然具有的限制竞争的自利性暴露无遗。

目前,世界各国基本都将行业协会的反竞争行为纳入反垄断法中,作为对行业协会监管的重点。例如,德国《反对限制竞争法》第1条第1款规定:"企业或企业协会为共同的目的所订立的合同以及企业协会的决议,其目的如果是限制竞争,且影响了商品或劳务的生产或市场情况,则无效。本法另有规定者不适用上述原则。"该法一方面允许经济联合会和职业协会建立其业务范围内的竞争规则,另一方面则加强对竞争规则的管理。该法第28条第2款规定:"本法规定的竞争规则是指,规定企业在竞争中的行为规则,其目的是反对竞争中的违反公正原则的,或违反适合商品和劳务有效竞争原则的竞争行为,鼓励竞争中符合这些原则的行为。"第3款规定:"经济联合会和职业联合会可向卡特尔当局申请,将竞争规则在登记簿上登记。已登记的竞争规则的修改和补充均向卡特尔当局备案。"美国《谢尔曼法》第1条主要对联合限制竞争行为进行了监管:任何契约,以托拉斯形式或其他形式的联合、共谋,用来限制州际或与外国之间的贸易或商业,是非法的。任何人签订上述契约或从事上述联合或共谋,是严重犯罪。波斯纳指出,所有的反托拉斯案例中有43%~46%涉及商会。[2]

我国《反垄断法》(2007年制定,2022年修订)也明确将行业协会的垄断行为纳入该法的监管范围。该法第14条规定,行业协会应当加强行业自律,引导本行业的经营者依法竞争,合规经营,维护市场竞争秩序。第21条规定,行业协会不得组织本行业的经营者从事本章禁止的垄断行为。第56条第4款规定,行业协会违反本法规定,组织本行业的经营者达成垄断协议的,由反垄断执法机构责令改正,可以处300万元以下的罚款;情节严重的,社会团体登记管理机关可以依法撤销登记。

---

[1] 朱英:《转型时期的社会与国家:以近代中国商会为主体的历史透视》,华中师范大学出版社1997年版,第26页。

[2] [美]丹尼斯·卡尔顿、杰弗里·佩罗夫,黄亚钧等译:《现代产业组织》(上册),上海三联书店、上海人民出版社1998年版,第270页。

第三编　市场监管法

第十一章
市场监管法的基础理论

第一节　市场监管与市场监管法的概念与特征

一、市场与市场监管

（一）市场

1. 市场的概念。关于市场，我们可以从以下三个方面来理解其含义：①市场是进行交易的场所，是商品交换发生的空间或地域。这是从空间意义上来理解市场的概念。②市场是商品和劳务交换关系的总和。市场是某个时期，在一定经济范围内，一切商品和劳务交换关系的总和，它包括整个社会一切交易行为在内的商品流通活动。大到全球性的国际市场，小到某地区的集贸市场，各种商品的市场不可分割地联结在一起，形成了有机的市场整体。③市场是一种资源配置的手段和方式。也就是说，市场是一种机制。正如著名经济学家保罗·萨缪尔森所言："市场是买者和卖者相互作用并共同决定商品或劳务价格和交易数量的机制。"[1]

2. 市场需要秩序。经验和理性告诉我们，人们对任何一种社会存在或社会现象都渴望一种确定性或者说一种秩序，正如博登海默所言："凡是在人类建立了政治或者社会组织单位的地方，他们都曾力图防止出现不可控制的混乱现象，也曾试图确立某种适于生存的秩序形式。这种要求确立社会生活有序模式的倾向，绝不是人类所作的一种任意专断的或'违背自然'的努力。"[2] 无论是作为场所、交易关系的总和，还是作为一种机制，市场都是一种社会存在或社会现象。市场当然也需要秩序。市场秩序是指各经济主体在市场经济活动中共同遵循的规则，以及由此而形成的市场运行状态和格局。[3]

市场发展本身会形成一些规则，也就是说，市场会自发形成一定的秩序。关于市场可以自发形成秩序的观点，主要体现在自由主义和新自由主义经济学家的著作中。亚当·斯密在其著作《国富论》中就提出了著名的"看不见的手"的理论。他认为，市场中的每个人为了追求自己的私利，必然尽最大可能提高自己产品的质量和数量，增进自己对他人的服务与对社会的

---

〔1〕　[美]保罗·萨缪尔森、威廉·诺德豪斯著，萧琛等译：《经济学》，华夏出版社1999年版，第21页。

〔2〕　[美]E. 博登海默著，邓正来译：《法理学：法律哲学与法律方法》，中国政法大学出版社1999年版，第228页。

〔3〕　叶敦平等：《经济伦理的嬗变与适应》，上海教育出版社1998年版，第80页。

贡献。这样在客观上就会形成一种对社会利益的增进，从而自发地形成秩序。哈耶克也明确提出了"自生自发秩序"的概念。所谓自生自发秩序，就是指那些追求自己目的的个人之间自发生成的一种秩序，它是人类行动的结果，但不是人类有意识设计的结果。在他看来，文明于偶然之中获致的种种成就，实乃人的行动的非意图的结果，而非一般人所想象的条理井然的智识或设计的产物。

但是，如果完全任由市场自生自灭，是很难保证市场的良性发展和资源的合理有效配置的。在不考虑道德因素的前提下，微观市场主体的逐利性和有限理性，如果失去了正确的方向，就会造成对社会整体利益的损害。尤其在某些集体非理性的情况下，危害更大。所以，市场秩序不仅来源于自身的形成，同时也来源于外部力量的约束。外部力量的约束有很多方式，其中很重要的一种就是市场监管。

（二）市场监管

1. 市场监管的概念。所谓监管，从一般意义上理解，就是某一主体对其他主体的行为的监督、管理与控制。与监管相对应的英文是"regulation"，但是关于这个单词的翻译，却有不同理解，有人认为翻译为"规制"最为恰当，其意为有规则的管理；也有人认为应当翻译为"管制"。其实，从语言学上来理解，两种不同语言的词汇不可能完全一一对应，某种语言里的某个词语，可能在另一种语言里有很多词汇都可以对应，也可能找不到一个词汇能很好地表达该词在原来语言中的那种含义。从语义上来理解，管制强调直接控制的意义更强烈些，更为刚性。提到"管制"，人们更多想到的是高度计划体制下的束缚，所以，在理解对市场经济的管理与控制上，人们并不倾向于使用"管制"一词。而"规制"并不是一个常用词汇，在实践中，无论是官方还是大众，更习惯于"监管"的用法。胡锦涛在《党的第十七次全国代表大会上的报告》中有三处提到"监管"，江泽民在《党的第十六次全国代表大会上的报告》中有两处提到"监管"。在对市场进行管理和控制的意义上，用"监管"更容易被人理解，同时在意义上也不会有所缺失，因为无论是"市场监管"还是"市场规制"，都要依据一定的规则，不可能任意行事。

所谓市场监管，是指市场监管主体对市场主体及其市场行为进行限制、约束等直接干预活动的总和。市场监管不同于宏观调控，前者是对微观市场行为的管理，后者是对整个经济运行势态的监测与引导，两者的区别主要体现在：虽然微观市场的监管对于市场整体也有示范和促进作用，但毕竟不是直接作用于整体；同时，市场监管是直接对市场主体的行为进行约束，而宏观调控更多的是运用经济杠杆；市场监管的约束力是确定的、不容置疑的，而宏观调控的效力到底如何，还要看调控政策实施后市场的反映，有时能达到政策想要达到的效果，有时却达不到。

2. 市场监管的理论基础。市场监管是建立在"市场失灵"和"政府失灵"理论基础之上的。

（1）"市场失灵"理论。以亚当·斯密为代表的古典经济学家认为，有一只"看不见的手"作用于市场，这只手使市场能够自动良性地配置资源。然而实践证明，由于市场自身存在着诸如垄断、信息不对称、外部性等缺陷，因而"看不见的手"的作用就会大大降低，市场就会失灵。所谓的市场失灵，是指在某些对市场发展具有破坏作用的情况出现时，市场机制丧失了有效配置资源的功能。萨缪尔森在《经济学》一书中把它定义为："在一个价格体系中阻碍资源有效配置的不完全性。"导致市场失灵的主要因素有：

第一，垄断。所谓垄断，通常是指市场上的经营者为谋取更大的利益或实现某种共同目的而采取各种途径和措施以排除竞争或限制竞争的行为或状态。人类社会经济发展的历史和实践已经证明，市场经济体制是目前最理想的经济体制，市场经济体制之所以作用巨大并被各国奉为经济发展和增强国力的至宝，其根本原因在于市场经济体制是以自由、公平的有效竞争机制为其灵魂的，市场经济在某种意义上就是竞争经济。而垄断的形成和不断发展就会阻碍自由竞争，那种通过"看不见的手"来调节资源，从而有效率地满足需求的机制便不复存在，市场就会失灵。

第二，信息不对称。只有在完全的市场经济条件下，市场的资源配置作用才能得到充分的发挥而不至于导致扭曲的配置。完全的市场经济需要的条件之一便是有关产品的信息是免费的和完全可以获知的，然而，要求交易双方所掌握的信息对称是不现实的。信息不对称是指交易的双方之间，其中一方掌握了另一方所没有掌握的关于交易方面的信息。也就是说，交易的一方相对于另一方来说具有信息优势，这样就会造成交易困难。也正是因为有了信息的不对称才有了各种市场欺诈和不正当行为。信息不对称的另一种影响就是导致市场上的逆向选择。[1] 2001 年诺贝尔经济学奖得主、美国经济学家乔治·阿克诺夫用二手车交易市场模型说明了信息不对称的存在会导致逆向选择的发生，而逆向选择会导致一些市场消失，使市场经济不再是充分有效的，即市场失灵。在二手车市场上，既定的卖者和关心二手车质量的买者之间存在着信息的非对称性。卖者知道车的真实质量，买者不知道。在买者不能确知所购车辆的内在质量的前提下，他愿意接受的价格也只能是所有二手车价值按概率加权计算的一个平均值，也就是好车坏车一个价。这就使得质量较好的二手车主出售的意愿大大降低，因为这种统一价格相对其较好的车况是偏低的；同时，质量差的二手车却充斥市场，最终造成低质量二手车将高质量二手车挤出交易市场的结果。这一过程不断持续，最后市场上只剩下损坏最严重的二手车，所有质量较好的二手车都会从市场上消失。

第三，外部性。所谓外部性，是指市场上的一个主体的行为对其他主体的行为所产生的影响。外部性有正面和负面两种，正面的外部性是指主体的行为对他人产生的积极影响，负面的外部性是指主体的行为对他人产生的消极影响。前者常见于经济生活中的"搭便车"现象，后者体现于对自然资源的掠夺性开采和对生态环境的严重破坏等现象。由于外部效应和"搭便车"一般不可能通过市场价格表现出来，因而也就无法通过市场交换的途径加以纠正。

针对上述市场失灵的现象，有学者提出了公共利益理论（public interest theory）。该理论主张政府从公共利益出发对市场进行规制，哪里有市场失灵，就应在哪里实施相应的政府干预，以纠正在市场失灵下发生的资源配置的非效率和分配的不公正，维护社会秩序和社会稳定。公共利益理论得到了很多经济学者的认可和支持。[2]

但是，公共利益理论的重大缺陷在于，它只是提出了政府应当对市场进行监管的假设，却没有提出明确的机制来具体实施市场监管，从而实现公共利益。实证的研究更是表明监管常常不能纠正这些市场失灵，并不是总能够很有效地保护公众利益和消费者利益。监管过程也存在着大量的直接成本和社会经济净损失，许多国家的监管实践也证明，监管替代市场机制的效率是较低的。[3] 由此可见，公共利益理论并没有深入研究政府监管和市场机制的相互关系，因而是不彻底的。

（2）"政府失灵"理论。市场会失灵，政府同样也会失灵。政府失灵的情况主要可以从两

---

[1] 所谓逆向选择，是指在信息不对称的情况下，由于交易的一方无法观察到另一方重要的外在特征，交易市场上出现的"劣币驱逐良币"或劣质品驱逐优质品的现象。

[2] ［日］植草益著，朱绍文等译：《微观规制经济学》，中国发展出版社 1992 年版，第 19 页。

[3] 王万山等：《市场规制理论的演进轨迹》，载《商业研究》2003 年第 14 期。

个视角来考察：一是政府监管的能力；二是政府监管的动力。市场不能解决的问题，政府就一定有能力解决吗？这不一定。其实如果政府监管水平低下，那么问题只会更糟，"人祸"有时比"天灾"带来的危害更大。迷信政府比迷信市场更加危险，这提醒我们要保持对政府监管有效性的关注与思考。

再从监管的动力来看，问题更加突出。这里有必要提及的是监管理论中的"俘获理论"。所谓"俘获理论"，是指行业监管机构出于自身利益的考量很可能会偏离机构设立的原来目的而转变为被监管行业的利益代言人。通俗点说，就是监管者和被监管者勾结串通、沆瀣一气。从利益的角度来衡量，监管机构有其本身的利益，监管机构的工作人员也有其个体利益，而这些利益和整个社会从市场监管中所获得的利益，在很多情况下是相互冲突的。如果监管机构及其工作人员有理由确信自己可以凭借手中的权力，按照自身利益最大化的原则而非从市场整体利益考量的角度出发来进行监管，并且不会招致不利的法律后果，或者这种法律后果完全在其可承担范围之内，那么他们利用手中的权力进行"寻租"的可能性就很大。

所以，市场监管要通过法律的手段，一方面规范市场本身以避免或减少市场失灵；另一方面要规范监管机构及其工作人员的监管行为，以杜绝权力寻租和各种假公济私的行为。

3. 市场监管的特征。市场监管的特征主要包括以下三个方面的内容：

（1）公共性。首先是主体公共性。也就是说，并不是任意主体都可以对市场进行监管，有权监管的主体主要是政府及其他非政府的公共机构；其次是目标公共性。也就是说，市场监管虽然针对的是微观的市场行为，但其主要目的是维护整个市场的交易秩序和公正，而不是为了在个案中袒护哪一方的利益。即使是对于一般意义上处于弱势的个体消费者，市场监管也不可能提供无原则的保护。事实上，这种目标的公共性，在实际的市场监管行为中是否能得到贯彻，是一个值得怀疑的命题。实践中有太多的市场监管行为，其背后推手更多的不是对公共利益、整体利益的考量，而是利益集团的相互较量。无论是在西方发达国家，还是在我国，这都是经常出现的现象。但是无论如何，市场监管的公共利益导向还是必须坚持的。

（2）微观性。市场监管是和宏观调控相对而言的，虽然市场监管也会对宏观经济产生影响，但其直接作用对象仍然是微观经济活动本身。宏观调控通过把宏观经济大的方面管住管好来调节宏观经济的运行方向，而市场监管通过微观检修市场机制、排除市场障碍来维护市场秩序。[1]

（3）应时而变性，或者称政策性。市场不会停滞不动，它总处在永不停息的发展状态中。由于市场发展的状态不同，所应当采取的市场监管措施也不同。市场低迷时，需要采取措施让市场活跃起来；市场过热时就要让市场"冷静"下来。不同情况下采取的市场监管措施不同，这会影响当时市场监管的立法和执法。比如说，19世纪末20世纪初，美国的工业垄断状态导致美国经济发展受阻，于是美国开始了反垄断的立法工作；而在20世纪前半期，德国和日本却出于促进本国经济发展和实力提升的考虑，不但没有进行反垄断的立法和司法工作，反而在某些阶段通过立法促进了国内垄断的发展。对于这种迥异的制度安排，我们不能简单地用好或坏来进行判断：美国的反垄断立法自然有它的价值，这不容抹杀，但这并不意味着德日的放任乃至促进垄断发展的法就是"恶法"，只能说在不同阶段的市场监管法的发展有不同的要求，是应时而变的。为什么市场监管会呈现一种政策性的特征呢？因为对市场进行监管的松紧是根据经济发展状况来决定的。并非一味地对市场加紧或放松监管就是有益的，监管本身不是目的，不能为了监管而监管，监管不是破坏市场机制的发挥，而是给市场机制发挥作用营造更好

---

[1] 邱本：《论市场监管法的基本问题》，载《社会科学研究》2012年第3期。

的条件。

4. 市场监管的分类。按监管主体的不同，可以分为政府监管和非政府机构监管。前者由行政机关进行，后者由根据法律规定或政府机构授权而具有市场监管权的社会团体或民间机构等非政府组织进行。按监管的来源不同，可以分为外部监管和内部监管。其中，外部监管是指来自被监管对象之外的其他主体的监管，内部监管是指来自组织内部的自我监管，也就是自律。按监管活动的领域范围，可以分为境内监管和跨境监管。其中，境内监管是指仅在一国之内进行的监管，跨境监管是指需要同时在多个国家范围内进行的监管。境内监管是市场监管的基本形式，但是随着全球化进程的不断发展，各国经济联系不断紧密，跨境监管的重要性越来越大。例如，我国《反垄断法》第 2 条规定："中华人民共和国境内经济活动中的垄断行为，适用本法；中华人民共和国境外的垄断行为，对境内市场竞争产生排除、限制影响的，适用本法。"本条后段即为域外适用制度，或称跨境监管制度。

二、市场监管法概述

（一）市场监管法的概念

理论界对于市场监管法有多种称谓，如"市场规制法"[1]"市场秩序规制法"[2]"市场障碍排除法"[3]"市场管理法"[4] 等。我们认为，"市场秩序规制法"的称谓混淆了作为市场监管目标的"秩序"和作为市场规制对象的"市场行为"；"市场障碍排除法"的称谓反映了市场监管的实质内容，但是表达略显繁琐；"市场管理法"的称谓忽视了"监管"与"管理"的区别，事实上监管更强调作为外部的监督，而管理是直接的控制；关于"市场规制法"的称谓，如同前面分析监管概念时所提到的，"规制"与"监管"并无实质区别，只是使用"市场监管法"用语更为准确，也更符合中国人的用语习惯。

所谓市场监管法，是指调整在市场运行过程中监管主体对市场主体及市场活动的监督管理而形成的社会关系的法律规范的总称。

（二）市场监管法的调整对象及其法律渊源

1. 市场监管法调整市场监管关系。所谓市场监管关系，是指市场监管主体依据法定职权或者有权主体的授权而对市场主体的具体市场活动进行监管而形成的社会关系。

2. 市场监管法还调整被监管的市场关系，[5] 这也是市场监管法的一个特殊之处。被监管的市场关系主要包括经营者之间的竞争关系以及经营者与消费者之间的交易关系，这些关系不仅受到民商事法律的调整，也要受到市场监管法的规范。比如说，在我国，经营者提供商品或者服务有欺诈行为的，消费者可以直接依据《消费者权益保护法》第 55 条的规定，向经营者主张 3 倍商品价款的惩罚性赔偿。此外，在《反垄断法》《反不正当竞争法》等市场监管法律规范中，均有直接赋予私主体权利救济的规定。这些都说明，市场监管法的着眼点不仅仅在监管关系，也包括市场关系本身。当然，市场监管法调整交易关系，这并不否认民商法对交易关系调整的基础性作用，也不否认市场交易关系主要由民商法来调整。

从法律渊源来看，我国目前尚无一部"市场监管法"法典，我们对市场监管的立法是从市场监管的实体内容上进行分别立法，主要包括：《反垄断法》《反不正当竞争法》《消费者权

---

〔1〕　潘静成、刘文华主编：《经济法》，中国人民大学出版社 2005 年版，第 230 页。

〔2〕　李昌麒主编：《经济法学》，法律出版社 2007 年版，第 227 页。

〔3〕　漆多俊主编：《经济法学》，武汉大学出版社 1998 年版，第 109 页。

〔4〕　王保树主编：《经济法原理》，社会科学文献出版社 2004 年版，第 187 页。

〔5〕　王全兴：《经济法基础理论专题研究》，中国检察出版社 2002 年版，第 586~588 页。

益保护法》《产品质量法》《食品安全法》，以及《中华人民共和国广告法》（以下简称《广告法》）、《价格法》、《银行业监督管理法》、《中华人民共和国保险法》（以下简称《保险法》）、《证券法》、《中华人民共和国土地管理法》（以下简称《土地管理法》）、《城市房地产管理法》、《中华人民共和国建筑法》（以下简称《建筑法》）、《会计法》、《审计法》等法律，以及更多的法规、规章和其他规范性法律文件。

（三）市场监管法的体系

所谓市场监管法的体系，就是所有市场监管法律规范相互联系而构成的一个有机的整体。这个有机整体由两部分组成：①基础性的市场监管法（或者称为功能性的市场监管法），包括竞争法、消费者权益保护法、产品质量法、食品安全法、价格法。这些法律是从某个角度通过一般性地确保市场功能有效发挥出来而进行市场监管的法律规范。②行业性的市场监管法，包括银行业监督管理法、证券业监管法、保险业监管法、广告法、会计法、审计法、房地产管理法、自然垄断市场监管法、食品药品市场监管法、医疗卫生市场监管法等。这些法律都是对某些特定的市场进行监管的法律规范。

1. 基础性的市场监管法。

（1）竞争法。市场监管法的首要内容就是要确保市场竞争的活跃与有序，因而竞争法构成市场监管法的首要部分。竞争法就是国家对市场上经营者的竞争行为进行监管以确保市场竞争的充分和有序而形成的法律规范的总称。竞争法包含两个部分：反垄断法和反不正当竞争法。

（2）消费者权益保护法。消费者权益保护法最重要的主体就是消费者，其核心精神是保护消费者利益，使其免遭侵害。消费者权益保护法与民商法有密切的联系，但是前者的规定多为强制性规范，而后者多为任意性规范，前者强调给予作为弱者的消费者以实质上的公平保护，而后者则强调主体间的平等。

（3）产品质量法。产品质量法的核心在于确保产品的质量；宗旨在于加强对产品质量的监督管理，提高产品质量水平，明确产品质量责任，保护消费者的合法权益，维护市场经济秩序。

（4）食品安全法。食品安全法应是一部包含全部食品安全问题的综合性法律。但在实践中，作为新部门法，食品安全法也存在广义与狭义之分。广义的食品安全法指的是与食品安全有关的全部法律制度的总和，是以保障食品安全、保护个人生命健康为目的的法律规范和法律原则的总称。狭义的食品安全法指的则是基本法形式的专门立法。

（5）价格法。价格法是经济法的重要组成部分，但是关于价格法应属于宏观调控法还是市场监管法，学界尚有争议。从总体上看，市场经济体制已经在我国得以确立，商品和服务的价格主要是由市场决定，政府定价、政府指导价只适用于很小的范围。虽然我国的价格法也规定国家对价格总水平有调控的职责，但是这不是常规手段。价格法主要的功能还是对市场微观价格形成过程和价格违法行为进行规范，宏观调控功能则是居于次要地位。

2. 行业性的市场监管法。

（1）金融监管法。金融业是个高风险的行业，而且金融业的风险往往会导致整个经济的危机，所以，各国为确保金融和经济整体的平稳发展，无不对金融采取特殊的监管措施。而调整国家金融监管机构对金融机构及其活动的监管所形成的经济关系的法律规范的总和，便构成了金融监管法。本书论述的金融监管法主要包括：银行业监管法、保险业监管法和证券业监管法等。这里需要说明的是，有关货币和中央银行的法律规范属于宏观调控法的范围，故本书专列第二十九章"金融法"论述相关内容。当然，从本质上讲，金融监管法也属于金融法。

（2）广告法。广告，特别是商业广告，是市场经营主体宣传自己产品和服务的一个重要手段，广告对于消费者了解产品从而作出购买决定具有重大影响。正因为如此，广告市场上的虚假宣传等损害消费者利益的情况也非常普遍。为规范广告市场的秩序，各国纷纷制定广告法。

（3）房地产管理法。在任何时代，土地都是最重要的资源之一，房地产更是构成现代中产阶级财产的重要内容，所以土地和房地产市场秩序的维护，对于整个市场经济的有序发展非常重要。

（4）会计法和审计法。企业的真实财务信息，不仅对于企业自身的经营决策具有重大参考价值，而且对于股东、债权人、税务机关及其他利益相关者都具有重要意义。但在实践活动中，许多企业出于种种不正当目的，经常向外界提供虚假的财务数据，这对市场的秩序当然是一种扰乱。为保证财务信息的真实性，就需要会计法和审计法。

第二节　市场监管法的地位与作用

一、市场监管法的地位

所谓市场监管法的地位，是指市场监管法在整个法律体系和经济法部门中所处的位置。目前，学界对市场监管法地位较为一致的看法是：它属于经济法，并且和宏观调控法共同构成经济法的两个部分。

（一）市场监管法与宏观调控法

市场监管法和宏观调控法同为经济法分论中的两个重要组成部分，两者的关系是平行的。两者的相同之处在于同属于经济法，都是以社会整体利益为本位，在法律调整的内容和方法上存在紧密联系，它们在实际运行中互为条件、互相促进。

两者的不同之处在于：市场监管法是从微观角度来监管市场行为，宏观调控法是对宏观经济的运行起调节作用；市场监管法律规范主要是以义务性规范和禁止性规范为主，而宏观调控法更多的是授权性规范。

（二）市场监管法与民商法

市场监管法与民商法的共同之处在于：两者所调整的都是市场主体在财产占有、交易等活动中所形成的一定的财产性关系。也就是说，两者都对微观市场主体的利益产生影响。

两者的区别在于：①民商法以"意思自治"为原则，是私法；市场监管法从社会整体利益着眼，是公法。②民商法多为任意性规范，市场监管法多为强行性规范。以下具体分析市场监管法与合同法、侵权行为法、商法的关系。

1. 市场监管法与合同法。民法的意思自治原则反映在合同法上就是合同自由原则，这种自由原则建立在平等原则的基础之上。但是，合同法的平等原则的内涵更多的是一种抽象的平等，不论合同当事人的具体差异有多大，其在法律上都应当被视为是平等的。现代合同法也规定了很多当事人实质不平等的补救制度，如格式合同的纠正、因当事人地位显失公平而签订的合同可撤销等规定。即便如此，合同法上的对交易双方不平等的救济仍是不够的，还需要市场监管法的公力救济。总之，合同法的作用更多地在于调整交易双方的利益关系，而市场监管法的作用则在于对市场秩序的维护。同时，市场监管法一般是以限制性或禁止性的规范为主，即对交易和竞争中的不正当行为予以限制或禁止，这一点上不同于合同法。

2. 市场监管法与侵权行为法。侵权行为法作为私法，其首要功能是补偿受到不法侵害的个体的合法权益；而市场监管法的主要功能是通过对市场微观行为的规制来维护市场的秩序，其着眼点在于市场的秩序。比如，反垄断法以维护竞争为目标，而不是保护竞争者在竞争中不受损失，否则反垄断法就会成为消除市场竞争的法律。当然，从内容上来看，市场监管法的某些内容与侵权行为法有相同之处。比如，一般的反垄断法、反不正当竞争法、产品质量法、消费者权益保护法均规定了权利受侵害的私人主体通过诉讼救济受侵害的权利，但是这些内容毕竟只是这些法律的次要性内容。市场监管法在规定私人诉讼之外，更多的是规定监管机构对市场主体的活动的监管，以及市场主体做出侵害市场秩序的行为后监管机构对其的制裁措施。即便是市场监管法允许受害的当事人提起私诉，但私法手段的这种运用是服从于公法目的的，在立法目的上与一般侵权之诉中当事人所提起的诉讼有很大不同。例如，美国的《谢尔曼法》允许受害的当事人提起3倍损害赔偿之诉，其目的主要是以私诉来弥补公诉力量的不足，并以私人对损害的3倍求偿权作为威慑，以实现反垄断的公益目标。

3. 市场监管法与商法。商法是调整商人从事商事活动过程中所发生的社会关系的法律规范的总称，其本质是私法，并不涉及公权力对个体经济活动的干预问题。是否以社会公共利益为本位，是市场监管法与商法相区别的重要界限。虽然商法也有维护社会公共利益和交易安全的功能，但其出发点是保护商人利益，与经济法以维护社会整体利益和市场整体安全为出发点有所不同。

二、市场监管法的作用

随着经济的不断市场化和专业化，市场监管逐渐为人们所注意和重视，市场监管已经成为现代国家的首要经济职能。[1] 市场监管法又是监管得以有效实施的保障，其主要有如下作用：

(一) 促进市场经济的进一步发展

在经济全球化、网络化的今天，市场面临的机遇和风险日益扩大，各国都在不断加强市场监管，建立和健全监管立法，完善监管体系和制度。我国还处于市场经济发展的初期，市场经济体系还不健全，这更需要加强市场监管立法。市场监管法的完善势必会加强市场主体的自律管理，促进公平竞争，进一步完善我国市场经济体制，促进我国与世界市场经济国家的交流。

(二) 完善市场监管体制，维护市场安全

市场经济是法治经济，对市场的监管同样必须纳入法治轨道。无论是市场监管主体的确定、监管权限的划分、监管程序的设计，还是被监管主体的权利救济和对监管主体的其他相关制约机制，都必须纳入法治轨道，以法律的形式加以明确。在计划经济条件下，政企不分，监管大都采取行政命令的形式，也不存在系统的监管规范来监督制约监管行为，市场监管具有很大的随意性，缺乏相应的制度约束。现代市场监管是一种以法律规范为基础的监管，具有极强的权威性、强制性和规范性。市场监管法是市场监管体制建立的前提，也是监管行为合法、有效、适度的保障。完善的市场监管体制的形成，有助于及时、有效地防范和化解市场风险，维护市场安全，实现市场监管的最终目标。

(三) 维护市场主体的合法权益

市场经济是实现资源优化配置的有效手段，但其也会出现"市场失灵"，出现不完全竞争、信息不对称和外部性等现象。这些现象严重损害了经营者、消费者、中小投资者等市场主体的合法权益，特别是作为弱者的消费者、投资者等的合法权益。目前，我国市场经济还不完善，消费者、中小投资者等市场主体的自我保护意识不强，保护市场主体的相关法律制度十分欠缺，因此，加强对市场主体合法权益保护的要求就显得更为迫切。我国《消费者权益保护法》《产品质量法》明确了经营者的相关责任和消费者的广泛权利，规定设立消费者权益保护

---

〔1〕　顾功耘主编：《经济法》，高等教育出版社、上海社会科学院出版社2000年版，第129页。

组织，扩展了消费者权益保护的途径。《证券法》创设了投资者保护基金制度，加大了对中小投资者保护的力度。市场监管法的不断完善，促进了对相关市场主体的保护，维护了其合法权益，提高了其经营、消费和投资的积极性，促进了市场经济健康、有序的发展。

第三节　市场监管法的原则

市场监管法的原则是体现在市场监管法律规范中的基本准则，是对市场监管立法、司法、执法有普遍意义的指导性原则。市场监管法的原则在市场监管中具有普遍适用性和抽象性的特点。市场监管法的原则主要有：

一、"三公"原则

"三公"原则指公开原则、公平原则和公正原则。公开原则要求市场监管公开进行，具有充分的透明度，要实现监管信息的公开化。公平原则要求消除歧视，确保被监管主体具有完全平等的权利，营造市场公平竞争的环境。公正原则要求监管主体在公开、公平原则的基础上，对一切被监管对象给予公正待遇。"三公"原则是市场监管的一项基本原则，是社会正义精神在市场监管中的体现，也是市场监管中的基本要求，适用于市场的各方当事人。[1] "三公"原则是解决市场竞争信息不对称的一项重要举措，也是对市场监管主体进行监管和维护市场主体合法权益的重要手段。为此，我国市场监管相关法律法规对"三公"原则作出了具体规定。例如，我国《证券法》第3条规定："证券的发行、交易活动，必须遵循公开、公平、公正的原则。"《银行业监督管理法》第4条规定："银行业监督管理机构对银行业实施监督管理，应当遵循依法、公开、公正和效率的原则。"《反不正当竞争法》第2条第1款规定："经营者在生产经营活动中，应当遵循自愿、平等、公平、诚信的原则，遵守法律和商业道德。"《反垄断法》第1条规定："为了预防和制止垄断行为，保护市场公平竞争，鼓励创新，提高经济运行效率，维护消费者利益和社会公共利益，促进社会主义市场经济健康发展，制定本法。""三公"原则不仅体现在各个市场监管相关法律的原则性规定部分，同时也体现在其具体规范和制度当中，具有普遍的适用性。

二、合法原则

市场经济是法治经济，必须以法律为支撑，维护市场经济的良好秩序。同样，市场监管必须坚持合法原则，以实现对市场的良性监管。市场监管的合法原则，是指市场监管要符合相关监管法律规定，监管主体资格的取得、监管权的行使都要以现有法律为基础，即市场监管权要由符合法律规定的主体在法律规定的权限范围内，依照法定程序行使，不得违反法律规定。对于监管主体与被监管主体，合法原则具有不同的含义。对于市场监管主体来说，其必须在法律规定的权限范围内行使权力，超出这一范围即为违法。对被监管主体来说，由于其行为多种多样、千变万化，不可能将其合法行为逐一规定，法律可以做到的是将被监管主体不可为的行为规定下来，只要法律不禁止的，就是允许的。市场监管行为是一个公法行为，故依公法原则，应将违法行为法定原则作为合法原则的一个核心内容。[2] 为了保证市场监管主体监管行为的合法性，法律还必须对监管权进行必要的限制。法律通过明确监管权的内涵与外延、监管权的

〔1〕　吴弘、胡伟：《市场监管法论——市场监管法的基础理论与基本制度》，北京大学出版社2006年版，第17页。

〔2〕　杨紫烜主编：《经济法》，北京大学出版社、高等教育出版社1999年版，第167页。

行使程序和赋予被监管主体以相应的救济权（如行政复议和行政诉讼）实现对监管者的"再监管"，以确保监管权行使的合法性。

三、协调监管原则

世界市场监管发展的历史告诉我们，对市场实施正确适度的监管是市场经济稳健发展所必需的。特别是我国正处于市场转型、体制转轨的关键时期，市场的发展和完善都是以政府为导向的，政府在监管中的地位和作用不容低估，社会各界对监管工作的支持与配合也不可或缺，各监管主体必须协调配合，单纯强调任何一种监管主体的作用都有失偏颇。[1] 监管之所以会出现交叉与真空，一方面是立法思路和技术的问题，另一方面是市场自身发展的结果。[2] 我国的市场监管立法以部门为主导，各个立法主体之间缺乏有效的沟通与协调。同时，我国市场监管又以分业监管为原则，监管立法的交叉与真空在所难免。

2018年3月17日，《第十三届全国人民代表大会第一次会议关于国务院机构改革方案的决定》经表决通过。根据改革方案，组建国家市场监督管理总局，将国家工商行政管理总局的职责、国家质量监督检验检疫总局的职责、国家食品药品监督管理总局的职责、国家发展和改革委员会的价格监督检查与反垄断执法职责、商务部的经营者集中反垄断执法以及国务院反垄断委员会办公室等职责整合，组建成为国家市场监督管理总局，作为国务院直属机构。同时，将中国银行业监督管理委员会和中国保险监督管理委员会的职责整合，组建成为中国银行保险监督管理委员会，作为国务院直属事业单位。此次机构改革，改革市场监管体系是一大重点，改革后有利于实行统一的市场监管，这是建立统一开放、竞争有序的现代市场体系的关键环节。2023年3月10日，《第十四届全国人民代表大会第一次会议关于国务院机构改革方案的决定》经表决通过。在中国银行保险监督管理委员会基础上组建国家金融监督管理总局，作为国务院直属机构，统一负责除证券业之外的金融业监管，将中国人民银行对金融控股公司等金融集团的日常监管职责、有关金融消费者保护职责、中国证券监督管理委员会的投资者保护职责划入国家金融监督管理总局，不再保留中国银行保险监督管理委员会。同时，中国证券监督管理委员会由国务院直属事业单位调整为国务院直属机构，强化其资本市场监管职责，划入国家发展和改革委员会的企业债券发行审核职责，由中国证券监督管理委员会统一负责公司（企业）债券发行审核工作。此外，组建国家数据局，负责协调推进数据基础制度建设，统筹数据资源整合共享和开发利用，统筹推进数字中国、数字经济、数字社会规划和建设等，由国家发展和改革委员会管理。

另外，由于市场的不断发展，新领域和新事物层出不穷，认定其归属于哪个领域存在困难，这就需要监管主体之间具有灵活的协调机制。协调监管包含多层次的内容：①不同行业监管主体间的协调，如在机构改革之前证监会、保监会、银监会之间的协调。《银行业监督管理法》第6条规定："国务院银行业监督管理机构应当和中国人民银行、国务院其他金融监督管理机构建立监督管理信息共享机制。"对此，应当加强部门间的沟通协调，增强监管效果。所以，2018年机构改革后，中国银行业监督管理委员会和中国保险监督管理委员会的职责整合，组建为中国银行保险监督管理委员会。这在一定程度上有利于解决现行体制存在的监管职责不清晰、交叉监管和监管空白等问题，强化综合监管，优化监管资源配置，更好地统筹系统重要

---

〔1〕 顾功耘主编：《经济法教程》，上海人民出版社、北京大学出版社2006年版，第30页。

〔2〕 吴弘、胡伟：《市场监管法论——市场监管法的基础理论与基本制度》，北京大学出版社2006年版，第49页。

性金融机构监管，逐步建立符合现代金融特点、统筹协调监管、有力有效的现代金融监管框架。[1] 2023 年新一轮机构改革为解决金融领域长期存在的突出矛盾和问题，在中国银行保险监督管理委员会基础上组建国家金融监督管理总局，统一负责除证券业之外的金融业监管，强化机构监管、行为监管、功能监管、穿透式监管、持续监管，统筹负责金融消费者权益保护，加强风险管理和防范处置，依法查处违法违规行为。[2] ②同一监管系统上下级之间的协调。由于我国实行"集中、统一监管、分级管理"的监管体系，这就要求加强监管系统内上下级之间的协调，既要发挥下级的积极性，又要强化对下级的监督指导，合理划分职权，避免权力交叉，形成监管合力。2023 年机构改革针对地方金融监管部门存在的监管手段缺乏、专业人才不足等问题，强化金融管理中央事权，建立以中央金融管理部门地方派出机构为主的地方金融监管体制，统筹优化中央金融管理部门地方派出机构设置和力量配备。同时，压实地方金融监管主体责任，地方政府设立的金融监管机构专司监管职责，不再加挂金融工作局、金融办公室等牌子。[3] ③监管主体与自律组织之间的协调。自律组织具有贴近市场、地位超脱等特点，在促进监管主体实施有效监管方面起着不可替代的作用。我国的消费者权益保护协会、证券业协会等自律性组织在市场监管中发挥着越来越重要的作用。④国内监管主体与国外监管主体之间的协调。由于世界经济的全球化、一体化，一国的市场波动会直接影响到其他国家，这就要求各国加强监管合作，共同化解市场危机。例如，《银行业监督管理法》第 7 条规定："国务院银行业监督管理机构可以和其他国家或者地区的银行业监督管理机构建立监督管理合作机制，实施跨境监督管理。"

四、适度监管原则

市场监管的适度原则是指市场监管要适当，市场监管法的制定和实施都应在法定的范围内，以实现绩效的最大化和公平均衡作为制约规制手段选择、节制规制权力运行力度的基准。[4] 现代监管经济理论之一的公共选择理论认为，用政府来解决经济问题的这种设想只有在其他一切手段都证明无效后才能加以考虑，只有当事实证明市场比官僚主义解决方法所付出的代价更大时才能不得已而为之，进而采用官僚主义的解决办法。监管是有成本的，它包括道德成本、守法成本、经济福利损失和保护无效率、阻碍改革的损失。美国管理与预算办公室（OMB）1997 年报告估算得出：美国环境监管的收益是 1620 亿美元，其他的"社会性收益"是 1360 亿美元（以 1996 年美元的汇率为准），而上述两项的成本分别是 1440 亿美元和 540 亿美元。因此，对社会监管来说，每年总收益是 3000 亿美元，总成本是 2000 亿美元。[5] 另外，政府是代表社会公共利益进行监管的，不能借管理之机谋取物质利益，要确保竞争主体在平等的基础之上进行竞争。在由计划经济向市场经济转型的过程中，政府监管部门既是市场管理者又是经营者，容易造成角色混乱，这样就造成政府因利益驱使利用手中的权力实行行政垄断，同时也无法对市场经济进行正常的监管。由于监管具有高成本和易受俘获性，这就要求在实施

〔1〕　见国务委员王勇：《关于国务院机构改革方案的说明 ——2018 年 3 月 13 日在第十三届全国人民代表大会第一次会议上》。

〔2〕　见国务委员肖捷：《关于国务院机构改革方案的说明——2023 年 3 月 7 日在第十四届全国人民代表大会第一次会议上》。

〔3〕　见国务委员肖捷：《关于国务院机构改革方案的说明——2023 年 3 月 7 日在第十四届全国人民代表大会第一次会议上》。

〔4〕　张守文主编：《经济法学》，北京大学出版社 2006 年版，第 281 页。

〔5〕　［美］罗伯特·W. 哈恩，骆梅英译：《政府监管的成本收益分析》，载吴敬琏、江平主编：《洪范评论》第 2 卷第 3 辑，中国政法大学出版社 2006 年版。

监管的同时坚持适度原则,将监管限制在一个合理的范围之内。

五、审慎原则

市场监管的首要目的是建立公平、自由的市场秩序,维护交易安全,防范和化解市场风险。审慎原则源于会计制度,要求会计核算应尽可能地建立在稳妥的基础上,尽可能减少经营风险。主要办法是对资产和收益的估算要有所保留,而对可能的损失与费用要有充分预计。[1]现代市场经济的发展使得不同行业之间的联系更加紧密,市场危机爆发具有强烈的冲击性、波及性和破坏性。这就要求加强对经营的审慎监管,把安全、稳定放在第一位,建立风险控制制度,设置风险控制阀,及时预警,妥善处置,将市场风险控制在一个合理的范围之内。

第四节 市场监管法律关系的主体和内容

一、市场监管法律关系的主体

市场监管法律关系的主体,是指参与市场监管法律关系,享有权利(力)、承担义务的主体。根据其地位与作用,又可分为市场监管主体、社会中间层主体与被监管主体。[2]

1. 市场监管主体,是指依据法律的规定或授权而享有市场监管权的主体,它包括相关国家机关和相关机构(主要是一些带有国家机关性质的事业单位)。前者依照法律的规定直接享有市场监管权,后者依照法律的授权而具有市场监管权。关于市场监管主体的其他详细内容,请参见本书"经济法主体"一编,在此不再赘述。

2. 社会中间层主体,[3]是指独立于市场监管主体与被监管主体之外,为政府干预市场、市场影响政府和市场间的相互联系起中介作用的主体。在现代社会中,利益关系是多元整合的,社会权力分散制衡,组织形态多样,社会中间层作为一个特殊的群体出现在市场监管之中,发挥着越来越重要的作用。活跃于市民社会舞台上的大量自治性、多元性、社会性和开放性的社会团体,成为抗衡专权、暴政的"堤坝"和监督权力的"社会的独立之眼"。[4]社会中间层主体的存在对于发挥市场有效监管的作用以及弥补政府监管与市场调节的不足具有不可替代的作用。它承担着辅助政府对经济进行监管的职责,特别是市场一线监管的职责。这类团体、机构的监管权来源于其成员的共同约定或普遍认可,实施监管也是其履行法定自律义务的体现。[5]

3. 被监管主体,是指接受市场监管的主体,主要是市场经营参与者。在特殊情况下,政府机构、行业协会也会成为被监管主体。被监管主体主要包括以下几种:①经营者。他们向市场提供产品或服务,向社会筹集资金,可以是各种企事业单位或个人。②消费者。他们是产品或服务的接受者。③投资者。④政府机构或行业协会。其中,第四类主体只有在特殊的情况下才会成为被监管主体。例如,在反不正当竞争法和反垄断法中,二者都是被监管的主体。尤其

---

〔1〕 张忠军:《金融监管法论:以银行法为中心的研究》,法律出版社 1998 年版,第 204 页。

〔2〕 王全兴:《经济法基础理论专题研究》,中国检察出版社 2002 年版,第 51~53 页。

〔3〕 也有人对将行业协会等中间层主体组织作为市场监管主体持反对意见。反对者认为,行业协会对成员市场竞争行为发挥着规制作用,是基于政府的授权代政府行使市场规制权,行业协会本身不是市场规制主体。相反,行业协会在多种情况下是被规制主体,如在反垄断法中,行业协会就是反垄断法的被规制主体。关于行业协会的具体论述见本书第二编的相关章节。

〔4〕 [法]托克维尔著,董果良译:《论美国的民主》(上卷),商务印书馆 1988 年版,第 217 页。

〔5〕 李昌麒、刘瑞复主编:《经济法》,法律出版社 2004 年版,第 388 页。

是在我国行业垄断、地区垄断普遍存在的情况下，将二者作为被监管的主体具有重要的意义。

二、市场监管法律关系的内容

市场监管法律关系的主体具有多样性，同时与民事法律关系主体、行政法律关系主体存在一定的交叉，但"在经济法的视野中，只要进入了经济法调整的社会关系领域，从事与经济运行有关的活动，这些形形色色的民事主体又演化成了经济法主体，分别转变为经济法视野中的经营者、消费者或者政府，按照经济法的规定分别享有相应的权利，承担相应的义务"〔1〕。根据市场监管法律关系主体的不同，其权利（力）义务关系的具体内容包括市场监管主体的监管职权和职责、社会中间层主体的监管自治权和被监管主体的权利和义务。

1. 市场监管主体的职权和职责。市场监管主体的监管职权是指市场监管主体在实施监管过程中所享有的具有命令与服从性的权力。监管主体的职权按照权力的性质不同可以分为准立法性权力、行政性权力和准司法性权力。准立法性权力是指市场监管主体在法律规定的权限内进行监管立法，制定相关规章制度的权力。行政性权力是指市场监管主体在日常监管中行使审查、许可、调查、处罚等的权力。准司法性权力则是指市场监管主体在监管过程中对被监管主体的实体权利进行一定程度上的处置的权力。例如，《证券法》第170条规定，国务院证券监督管理机构依法履行职责，有权查询当事人和与被调查事件有关的单位和个人的资金账户、证券账户和银行账户；对有证据证明已经或者可能转移或者隐匿违法资金、证券等涉案财产或者隐匿、伪造、毁损重要证据的，经国务院证券监督管理机构主要负责人批准，可以冻结或者查封。根据市场监管权实施的方式不同，可以将市场监管权分为调查权、许可权、制裁权、规则制定权、起诉权等。市场监管主体在享有监管职权的同时，也必须按照法律的规定履行这些职权，接受监督，不得滥用职权、玩忽职守。

市场监管主体的职责是指监管主体在履行监管的过程中所负有的为一定行为和不为一定行为的责任。职权与职责是一个问题的两个方面，市场监管主体所享有的监管职权，从责任方面来看也是其所负有的监管职责。

2. 社会中间层主体的监管自治权。由于社会中间层的特殊性，其监管权并不是来源于法律的直接规定或法律的授权，而是基于其所属成员的授权，是为了实施行业自治、维护行业的整体利益而享有的自治性的权力。具体而言，社会中间层主体的自治权限，一方面，包括社会中间层主体享有的规章制定权、监管权、惩罚权、争端解决权、起诉权；另一方面，还包括对社会中间层上述自治权的限制。〔2〕这种限制包括两层含义：一是社会中间层主体必须按照自治规章的规定进行监管；二是其在监管的过程中不得违反法律的规定，不得妨碍或限制竞争。

3. 被监管主体的权利和义务。由于被监管主体的多样性，其权利义务也多种多样，被监管主体的权利主要包括申请许可权、申请设立权、自主经营权、提出异议权、监督权、请求赔偿权等；被监管主体的义务主要包括依法行使权利、接受监管和处罚等。

第五节　市场监管法的法律责任

市场监管法的法律责任是指监管法律关系主体因违反市场监管法而依法应承担的法律后果。它是监管法律关系主体因不履行法定的义务或违反法律的禁止性规定而应承担的责任。对

---

〔1〕　李友根：《论经济法主体》，载《当代法学》2004年第1期。

〔2〕　鲁篱：《行业协会经济自治权研究》，法律出版社2003年版，第73页。

被监管主体责任的追究是市场监管得以有效实施的手段。

一、市场监管法的责任类型

根据性质不同，市场监管法律责任可以分为经济责任、行政责任和刑事责任。经济责任，是指市场监管法律关系主体因经济民事违法行为所应承担的赔偿损失、名誉贬损或行为资格受限（如因违法被记入诚信档案，而无法申请贷款）等方面的责任；行政责任，是指市场监管法律关系主体因经济行政违法行为所应承担的行政方面的制裁，如罚款、吊销营业执照或资格等；刑事责任，是指市场监管法律关系主体因经济刑事违法行为所应承担的刑事方面的制裁。这三种责任形式既可同时适用，也可单独适用。但有些情况下，同一类型责任之间或三种不同类型的责任之间存在冲突关系，如《消费者权益保护法》规定的经营者的"三包"责任，消费者可以要求修理、更换或退货；再如，经营者违法行为严重到一定程度并触犯刑法就构成犯罪，要承担刑事责任而不再承担行政责任（如销售伪劣产品的行为，如果销售金额达到一定数额，就构成犯罪，要承担自由刑和罚金财产型刑罚，这时就不用承担罚款等行政责任）。如果违法行为没有达到这一程度就不构成犯罪，而要承担相应的行政责任。

从监管法的法律责任类型可以看出，监管法律责任具有明显的复杂性和综合性。这是由市场监管法客体的复杂性和主体的多样性决定的，同时这也是由保护公共利益和弱者利益的需要决定的。[1]

二、市场监管法律责任的实现

由于市场监管主体的特殊性和多样性，市场监管的对象不仅包括国家机关，而且包括大量的社会组织，同时，一些特殊组织内部的部门监管或个人监管也被纳入市场监管的范畴，因此，市场监管法律责任的实施方式也具有多样性。

1. 国家实施的制裁，也称法律制裁，是指国家机关依法向法律责任承担者追究法律责任的强制措施，包括司法制裁和行政制裁。国家制裁是市场监管法律责任得以实现的有效方式。

2. 社会组织实施的制裁，是指特定的社会公共机构或者社会团体依法自行决定对与其没有组织隶属关系的违法行为人追究其应当承担的法律责任的行为。社会组织只能是法律法规明确授权的特定公共机构或社会团体，如银行同业公会、证券业协会等；制裁的对象是与其没有组织隶属关系，但又往往归其自律管理的成员；可以通过社会组织制裁方式予以追究的法律责任，只能是刑事责任、行政责任以外的法律责任。[2]

3. 组织内部实施的制裁，是指国家机关、企事业单位、社会团体自行决定对与其有组织隶属关系的违法行为人追究其应当承担的法律责任的行为。其中，包括国家行政机关、企事业单位、社会团体作为用人单位对其工作人员的制裁，国家机关对在其从事管理权限之内的企事业单位、社会团体的制裁，社会团体对其成员的制裁等。可用组织内部制裁方式予以追究的法律责任，只限于法律法规和组织内部规章所规定的纪律责任。[3]

---

〔1〕　李昌麒、刘瑞复主编：《经济法》，法律出版社 2004 年版，第 110 页。

〔2〕　杨紫烜主编：《经济法》，北京大学出版社、高等教育出版社 1999 年版，第 94 页。

〔3〕　杨紫烜主编：《经济法》，北京大学出版社、高等教育出版社 1999 年版，第 95 页。

第十二章

反垄断法律制度

第一节 反垄断法的产生与价值

一、反垄断法的产生

资本主义发展到垄断阶段，经济力集中形成的垄断增加了经济关系的复杂性，并产生了新的矛盾。这些矛盾表现在：垄断企业限制产量、抬高价格，损害消费者的利益；企业通过合并分割市场挤压中小企业的发展空间；企业通过滥用市场支配地位损害下游主体的利益；等等。为解决上述矛盾，政府开始运用法律手段调整垄断行为。

从反垄断法产生的历史及其对后来垄断立法的影响来看，美国、德国、日本的反垄断立法更具有代表性。

美国反垄断法产生基于两个主要原因：①垄断组织大量存在，联合限制竞争；②州立法调控能力不足。

19世纪末期的美国，新技术得以广泛的应用，加之铁路事业的发展，促使美国出现了一些大规模的企业，垄断组织形式得以显现。在势力日益强大的托拉斯面前，已有的法律对托拉斯的控制显得力不从心。当时，美国已有的对托拉斯进行调整的法律主要包括各州立法和普通法。19世纪80年代，美国有13个州通过了反托拉斯法，但由于托拉斯组织的经营活动超出了州法管辖的范围，州法难以适用。美国早期的普通法主要是限制贸易的合同规范，但在运用过程中由于不具有直接的针对性，只能以违反"公共政策"宣布托拉斯行为无效，无法对该行为进行制裁。此外，中小企业主深受托拉斯之害，联合起来反对托拉斯控制价格和垄断市场，进而掀起反托拉斯运动。面对公众的反托拉斯愿望和州法控制能力的不足，联邦政府在参议员谢尔曼的提议下于1890年通过了美国第一部也是世界上第一部反垄断法——《谢尔曼法》。

由于《谢尔曼法》主要规制协议行为，企业间的合作更多以合并形式控制市场，并在美国出现了第一次合并浪潮。为防止法律规避，1914年美国国会制定了《克莱顿法》和《联邦贸易委员会法》，增加了对企业合并的限制，也确定了联邦贸易委员会为反托拉斯的专门行政执法机关。由此，形成了美国反托拉斯法的基本结构。

德国对垄断的态度经历了从扶持垄断到反垄断的立法过程。德国的资本主义发展过程就是垄断组织不断建立和强化的过程。第一次世界大战前，以统一规定价格、划分地域市场为特征的卡特尔在德国的经济生活中具有举足轻重的地位。为了应付战争的需要，政府于1915年颁布《强制卡特尔法令》，在各行各业中强行组建卡特尔垄断组织。战后成立的魏玛共和国意识到卡特尔的危害，在1923年制定了《反滥用经济力量法令》（也称《卡特尔条例》）。不过，该法令有保留地对滥用卡特尔行为予以制止：原则上卡特尔是合法的，但滥用卡特尔则将受到管制。1933年希特勒上台后，制定了《强制卡特尔法》，德国再次走上了一战时期的政府扶持卡特尔的道路。战后，德国开始推行自由经济政策。为了保障竞争性的经济秩序，1949年7月德国开始起草《反垄断法》，但由于长久以来形成的势力庞大的垄断势力，该法历经近十年才得以通过——1958 年德国《反对限制竞争法》颁布。

日本与德国同为战败国，日本也有近似于德国的为应付战争扶持行业垄断的经历。二战后，为了消灭为战争提供支持的日本经济垄断势力，美国对日本进行民主化改革，其中，包括帮助日本政府制定了《禁止垄断法》（1947 年）。该法体现了美国反托拉斯法的基本精神，即预防保护。尽管该法并不完全符合日本的经济状况，但在美国占领期间还是得到切实的执行。[1] 以美国为主导的盟军总部撤销后，1953 年日本对该法进行自主化的修改，删除了原法第四节"禁止卡特尔"的规定，许可萧条卡特尔和合理化卡特尔的存在，从而缩小了经济垄断的控制范围。

20 世纪 60 年代后，日本物价上涨，主要原因是价格卡特尔和维持协议的广泛存在。为了抑制通货膨胀，保护消费者利益，1977 年日本《禁止垄断法》进行第二次修改，加强了对价格卡特尔的处罚力度和非金融公司最高持股额的限制。由于经济全球化趋势的增强，各国经济之间的依赖性加深，美国、欧洲各国强烈要求日本开放市场。1991 年，日本第三次修改《禁止垄断法》，对垄断状态、卡特尔和不公平交易作出了新规定。这次修改确立了日本禁止垄断法规范的垄断行为的基本类型，即三个支柱：私人垄断、卡特尔和其他不合理的贸易限制、不公平交易行为。

上述国家的立法历程表明，曾经将自由竞争奉为圭臬的资本主义国家在 19 世纪末期 20 世纪初期相继走向了垄断，垄断阻碍了自由竞争，国家为维护竞争秩序需要采取反垄断措施。由自由放任到放弃自由放任，实行国家积极干预经济是资本主义政治经济发展规律性的运动。反垄断法是这一规律性运动凝结的独特的法律文化成果。

二、反垄断法的价值

反垄断法的价值不同于反垄断的价值，前者在于法学范畴，后者在于经济学范畴。法的价值体现为秩序、公平、自由、效率等。反垄断法除体现法的一般价值外，还体现了本法的特有价值，表现为：

（一）维护竞争秩序

竞争是一种理想的资源配置方式，维护竞争秩序是竞争法（包括反垄断法和反不正当竞争法）的特有价值。在反垄断法中，维护竞争秩序体现在如下方面：首先，维护竞争秩序是各国或地区反垄断法所共同宣示的立法目标。美国《克莱顿法》公开宣示：任何实质上损害竞争或者可能妨碍、破坏、阻止竞争的行为均为非法。德国《反限制竞争法》第 1 条规定，企业或企业协会为共同的目的所签订的合同以及企业协会的决议，其目的如果是限制竞争……则无效。日本《禁止垄断法》第 1 条规定，本法的目的是……促进公正而自由的竞争。我国台湾地区"公平交易法"第 1 条规定，为维护交易秩序与消费者利益，确保公平竞争……特制定本法。其次，维护有效竞争是反垄断法规范对象的标尺。竞争是自由企业的核心。竞争所产生的效果有两个方面：一是那些效益好的企业将获得利润，效益差的企业将面临亏损与破产；二是竞争将为消费者提供更多消费福利。上述两个效果将同时存在，有效竞争就是经营者利益和消费者利益均享受其益，或者在利益比较中，后者利益大于前者的利益。

---

[1] 1952 年 4 月，旧金山合约生效，盟军总部撤销。1947~1952 年，日本公平交易委员会平均每年反垄断执法判决为 18 件。1950 年是反垄断执法最严厉的时期，该年的判决达 59 件。美国自《谢尔曼法》颁布后至 1925 年平均每年判决只为 8 件。

（二）维护实质正义

正义与公平、公正所表达的意思基本相同，都是人类所追求的一种理想，[1] 也是社会制度的首要价值。法律必须体现正义，一项法律制度如果不能体现正义，就必须加以改造和废除。[2] 法律制度体现的正义包括实质正义与形式正义。形式正义所遵循的是公开原则、合法原则、民主集中原则等；实质正义遵循公平分配、机会均等、缩小差距、公共福利高于一切等原则。反垄断法的价值体现是实质正义，申言之，反垄断法的实施目标是创造机会相对均等的竞争环境。当中小企业因大企业的垄断行为在竞争中遭受失败、消费者因垄断市场不得不支付更高的代价或丧失更多的选择机会时，反垄断法通过对垄断状态的控制、对垄断行为的禁止、对行政垄断的限制等方法来防止不法经营者掠夺或独占经营机会、削弱消费者的福利。

（三）实现社会整体效率

社会整体效率和私人个体效率是一对矛盾统一体。社会整体效率的实现需要承认和尊重私人个体效率，没有个体效率，不可能存在社会整体效率；但不能过分推崇个体效率，尤其不能以牺牲社会整体效率为代价实现个体效率。例如，价格卡特尔所固定的价格为垄断价格，成员企业因垄断价格可以获取垄断利润，对所有成员企业来说是有效率的。而下游的购买者只能被迫接受垄断高价，其利益受到侵害。更为重要的是，价格卡特尔扭曲价格信号，垄断价格不能真实地反映资源的稀缺程度，国家无法据此实施有效的宏观调控措施。因此，价格卡特尔是以损害社会整体效率为代价追求个体经济效率的典型形式，各国反垄断法无一例外地严厉禁止价格卡特尔。

第二节　垄断协议

一、垄断协议的概念和特征

垄断协议，又称限制竞争协议，是指经营者以排除、限制竞争为目的而达成的协议、决定或者其他协同行为。垄断协议就本质而言，并不是一种民事合同，其具有以下几个特征：

1. 垄断协议的目的是限制竞争。垄断协议实际上是限制协议各方之间的竞争或与第三方之间的竞争，从而避免竞争风险，共同谋取超额利润。对于横向垄断协议，比如通过限制产品数量、分割市场、联合抵制交易等，可以明显地减轻具有直接竞争关系的协议各方的竞争压力。对于纵向垄断协议，虽然各方并不具有直接的竞争关系，但是通过垄断协议，可以使联合主体增强自身的竞争能力，在与第三方竞争时取得一定的优势地位。

2. 实施垄断协议行为的主体必须是两个或两个以上的行为人，且他们须共同采取措施。垄断协议的主体是两个或两个以上的独立经营者，包括一切从事商品经营或者营利性服务的法人、其他经济组织或个人。经营者通过共同行为以限制彼此之间的或与第三人之间的竞争，而不是单个的经营者滥用市场支配地位，限制他人与之竞争。这正是垄断协议行为与滥用市场支配地位行为的区别。

3. 垄断协议的表现形式是协议、决定或其他协同行为。从合同法角度讲，协议是合同的特殊形式，其特殊之处在于更鲜明地显现行为的共益性。除了协议以外，垄断协议还可以采取其他的形式，决议是垄断协议的特殊形式，它针对的是行业协会。我国《反垄断法》第 21 条

---

[1]　孙国华主编：《法理学教程》，中国人民大学出版社 1994 年版，第 106 页。

[2]　[美] 约翰·罗尔斯著，何怀宏等译：《正义论》，中国社会科学出版社 1988 年版，第 2 页。

规定，行业协会不得组织本行业的经营者从事本章禁止的垄断行为。一般而言，当事人知道自己的行为不合法，会想方设法隐藏自己的行为痕迹，协同行为是垄断协议的隐身化产物。即竞争者不使用书面文件或口头说明，而是通过行为心照不宣地表现某种协同的意思。

二、垄断协议的种类

根据不同的标准，垄断协议可以有不同的分类。

（一）横向垄断协议、纵向垄断协议和轴辐协议

横向垄断协议与纵向垄断协议的划分是竞争法对垄断协议最基本的分类，这是基于协议的签订者或主体之间的关系所进行的划分。

横向垄断协议，又称水平垄断协议或卡特尔，是指在生产或销售中，处于同一经济环节的、具有相互竞争关系的经营者之间签订的共同控制价格、产量、技术、产品、设备、交易对象、交易地区等内容的协议，或虽没有协议但共谋采取协同一致的行为。根据限制协议内容不同，可以分为限制价格协议、限制产量协议、技术标准协议、限定或划分市场协议、共同购买协议、联合抵制协议等。

纵向垄断协议，又称垂直垄断协议，是指处于不同经济环节的、相互不具有直接竞争关系的经营者之间为了限制竞争而订立的协议。根据是否以价格为中心，纵向限制竞争协议又分为纵向价格限制协议和纵向非价格限制协议。

轴辐协议，是一种不同于一般横向垄断协议和纵向垄断协议的特殊垄断协议。其特性有很多，如关系的双重性。轴辐协议既包含横向经济关系，也包含纵向经济关系，具有双重性。并且，它首先体现的是纵向经济关系：建立在上游主体和下游主体之间的交易关系的基础上。但不同于纵向垄断协议，它的危害不是经营同一品牌产品的经营者之间在价格、地域等项目上的竞争秩序，而是不同品牌产品之间的竞争关系。另外，它也不同于滥用市场支配地位或滥用相对优势地位[1]，拥有支配地位或优势地位的经营者不对与其交易的经营者施以统一的价格、其他同一的交易条件，不会形成以统一条件为基础的群体一致行为。同样，轴辐协议偏离于一般卡特尔之处在于横向主体之间不存在共益性的协议。而之所以将其认定为卡特尔，是因为其以"中心"为基础"辐射"一定的主体范围，形成了被辐射主体间不竞争的"扇面"。横向垄断协议与纵向垄断协议不仅仅反映向性关系不同，它们之间的主要区别还在于：

1. 签订协议的主体不同。前者一个是处于同一经济环节的竞争者之间的协议，后者是不同经济环节层次的上下游企业之间的协议。轴辐协议所依据的交易具有真实性，即以实际产品的流转为基础，这一点更接近于纵向垄断协议。

2. 对竞争所产生的影响不同。一般，横向垄断协议对市场的影响比较严重，尤其是价格协议、限产协议和地域限制协议，其可能产生某一行业的不竞争状况，即市场失灵的情况。而纵向垄断协议对竞争的影响一般限于某品牌的下游主体，直至形成对该品牌的消费者利益的侵害，但该品牌外的同类产品间的竞争仍然存在。换言之，横向垄断协议涉及的往往是某个产业（多个替代品）的整体控制，而纵向垄断协议涉及的往往只是某个品牌的上下游控制。轴辐协议的影响更接近于横向垄断协议。

3. 法律对它们的规制态度不一样。横向垄断协议多适用本身违法原则，而纵向垄断协议一般采用合理原则或原则禁止加例外。通常，对于后者要考察行为的目的和行为的后果，只有行为的目的是反竞争的，并且对竞争产生恶劣的后果时，纵向垄断协议才被反垄断法规制。目

---

〔1〕　在我国，主要体现在《零售商供应商公平交易管理办法》中规定的行为，目前也体现在《反不正当竞争法修订草案（送审稿）》第6条上。

前，对轴辐协议没有明确的规制原则。

（二）豁免的垄断协议与禁止的垄断协议

这是根据法律对垄断协议所持的不同态度所作的分类。反垄断法并非把所有的垄断协议都视为违法行为而一律禁止。有些竞争者之间的协议并不损害竞争，或者对竞争的危害较小。对于此类协议，反垄断法会予以特殊处理，给予豁免待遇。例如，同一类型产品的生产厂商之间订立的关于产品标准的协议，这种协议在产品的规格、型号、对潜在的竞争对手进入市场的障碍等方面有着一定的限制竞争的消极影响，但是，另一方面又可以推动有关企业加入这个标准，让参加的企业在产品的质量、服务、价格等方面展开竞争，也会提升产品质量和提高消费者福利。各国反垄断法中都有垄断协议豁免的规定，甚至还明确列举了哪些垄断协议可以被豁免。即便没有明确列举，法律也会规定一个概括性标准确定符合哪些条件的垄断协议可以被豁免。

（三）互联网领域的垄断协议和非互联网领域的垄断协议

互联网的发展带动了传统经济的转型，也预示着平台经济和数字经济的到来。自 2018 年开始，各主要经济体都着手制定或颁布有关平台经济领域垄断的新制度。我国也于 2021 年发布《国务院反垄断委员会关于平台经济领域的反垄断指南》，为解决平台垄断问题提供基本原则和标准。

平台经济改变了垄断协议的实施方式，即通过数据、算法、平台规则实施垄断协议。如果说平台规则还保有传统协议的方式——书面或口头方式，那么，以数据和算法为工具从事的垄断协议则是对传统法的全新挑战。挑战体现为数据或算法的中性将使垄断协议更加隐蔽，同时，大平台的优势地位也使轴辐协议的形成更容易。

就利用算法从事卡特尔而言，主要涉及协同行为的认定标准是否可以从容应对。基于算法的中性，一种价格算法被用作卡特尔的工具，可能不存在于主观故意条件或表达主观要件（意思联络或信息交流）的情形，更多地应该是以客观行为表达实施者的目的。这样，传统协同行为认定的标准在适用于算法共谋时，主观条件无法适用。换言之，行为条件或环境条件将被倚重。在路径和方法上，要么其在认定中承担更重的说理功能，要么细化这两个条件的内涵。

总之，应对利用算法实施卡特尔需要对行为进行更细致的拆分。行为来自于技术，解决是否违法的问题也需要依靠技术。因此，互联网中垄断协议问题的挑战，在于如何让事实（包括数据）"说话"，这可能需要借助互联网垄断协议认定的定量—定性分析模式。

三、横向垄断协议

常见的横向垄断协议是依据协议建立的基础构建的。按照我国《反垄断法》第 17 条的规定，横向垄断协议包括以下类型：

（一）固定或者变更商品价格的协议

固定或者变更商品价格的协议，又称价格卡特尔。实践中，价格卡特尔最简单的形式是，协议当事人向某些或者全部客户收取高于市场价格的价格。此外，参与人还会采取一些比较隐蔽的价格垄断协议，如关于计算价格的标准公式的协议；关于提价的协议；关于在具有竞争关系但又非相同商品之间维持固定比率的协议；关于消除价格折扣或者确定统一折扣的协议；关于取消市场上以低价供应商品以限制供应和保持高价的协议；关于未经其他成员同意不得减价的协议；关于遵守公布价格的协议；关于除非满足商定的价格条款，否则不予出售的协议；关于使用统一的价格作为谈判的出发点的协议；等等。

由于价格在竞争机制中处于核心的地位，消除或者限制价格竞争的联合行为也就是最为严重的反竞争行为。它成为各国反垄断法首要的规制对象。各国法律一般都规定价格卡特尔是本身违法行为，少有例外。

（二）限制商品的生产数量或者销售数量的协议

数量卡特尔与价格卡特尔有着密切的联系，单纯限制数量并不构成一个独立的目的，其如果不与利润联系起来则会变得毫无意义，而价格又正是利润的直接影响因素。另外，价格卡特尔的最大不稳定因素来自于内部成员的不忠，在不限制生产数量或者销售数量的情况下，价格上涨所带来的高额利润就会诱使经营者为了追求利润的最大化而扩大生产或销售规模，从而获取比遵守协议更多的利润。随着供给的增加，产品的垄断高价将难以维持下去。为了防止成员背叛，维持价格卡特尔的高利润，企业联合限制价格的同时也往往限制它的产量或销售数量。限制生产数量或销售数量可能会外在地呈现产品价格不同的一面，在数量限制之下的产品价格总体上会高于市场自由定价，这与固定或变更价格协议实施的效果是一样的。

（三）分割销售市场或者原材料采购市场的协议

分割销售市场或者原材料采购市场的协议，又称地域卡特尔。同价格、数量卡特尔一样，地域卡特尔也是赤裸裸的限制竞争。地域卡特尔的表现形式也是多种多样的：

1. 地理市场的划分。即参与协议的企业各自分得一块地域，在这一特定的地域内独家享有生产或者销售的权利，参加协议的其他企业不得在该地域范围内生产或者销售特定的商品。这是最基本的表现形式。

2. 客户的划分，即通过协议将特定的客户分给协议企业，如串通招标投标协议。在公开招标时，当事人通过协议只安排一家企业做中标的准备，其他的协议企业根本不参加投标，或者做虚假的投标，从而使所安排的企业很轻松地中标。当出现其他的招标时，便可以用同样的手段安排另外的协议企业中标。

我国《反垄断法》中，对地域卡特尔进行的是另类划分，即按照销售环节进行的划分，分为原材料市场和销售市场。其实，分割原材料采购市场，旨在打压原材料的采购价格，可以包括两种情况：①约定从不同的地理区域采购原材料；②约定分别从不同的供应商采购原材料。分割销售市场也可分为两种情况：①经营者通过垄断协议划定销售某种产品的地域市场；②经营者约定分别将产品销售给不同的对象。例如，约定部分经营者只能将产品销售给指定的经销商。

地域卡特尔的危害也是明显的。在某些方面，地域卡特尔的危害比价格卡特尔还要大。通过划分地理位置、客户或者产品，消除竞争者，剩下唯一的竞争者。尽管可能市场有限，但其毕竟获得了一定区域的垄断地位，这样不仅对价格方面产生不利影响，而且在服务、质量和创新方面也会产生不利影响。

（四）限制购买新技术、新设备或者限制开发新技术、新产品的协议

在技术转让合同中，让与人通常会要求受让人接受一定的限制性商业条款，以保障让与人在技术上的优势地位，同时减少或避免技术转让所带来的潜在竞争。在这些限制性商业条款中，最常见的是限制受让人购买新技术、新设备或者限制受让人进一步开发新技术、新产品。

一般而言，知识产权人对其知识产权拥有合法的垄断权，但权利人不能滥用这种垄断地位限制或排除竞争，否则就要受到反垄断法的规制。我国除了在《反垄断法》中明确限制购买新技术、新设备或者限制开发新技术、新产品协议构成违法垄断行为外，《中华人民共和国民法典》（以下简称《民法典》）合同编也规定，订立技术合同应当有利于科学技术的进步，促进科学技术成果的研发、转化、应用和推广（第844条）；非法垄断技术或者侵害他人技术成果的技术合同无效（第850条）。

（五）联合抵制交易的协议

联合抵制，又称集体抵制、共同拒绝交易，或集体拒绝交易等，是经营者联合起来以损害特定竞争者利益为目的，联合起来对该竞争者拒绝供给、拒绝购买或促使经营者的交易人拒绝供给或拒绝购买，以使竞争者陷入不利经营地位的行为。

联合抵制可以有三种类型：①联合拒绝向特定经营者供货或者销售商品；②联合拒绝采购或者销售特定经营者的商品；③联合限定特定经营者不得与其具有竞争关系的经营者进行交易。

联合抵制可以是三方主体，也可以是两方主体。在三方主体的情况下，经营者联合起来对竞争者的上下游主体施加不正当影响，要求上下游主体拒绝与竞争者交易（不供给或拒绝购买），这种抵制是间接联合抵制。在两方主体的情况下，经营者（联合）与合作者进行直接的利益对抗，其目标是实现（经营者或合作者的）群体利益，这种抵制是直接联合抵制。

四、纵向垄断协议

纵向垄断协议，又称垂直限制竞争协议，是指两个以上处于不同经济阶段的市场主体之间达成的限制或排除竞争的协议。

纵向垄断协议又可以分为限制价格的协议和非限制价格的协议。限制价格的纵向垄断协议一般表现为维持转售价格协议。在非价格的限制协议中，常用的手段是独家交易、搭售、使用限制、销售约束、知识产权中的许可证等。

（一）纵向垄断协议的经济效果

纵向垄断协议对竞争结果既可能有积极的影响，也可能有消极的影响。

1. 积极效果。

（1）提升非价格竞争和提高服务质量，增加不同品牌产品间竞争和同一品牌内部的服务竞争。纵向垄断协议对竞争的影响包括对内和对外两个方面，一般被限制的是经营某一品牌产品主体范围内的竞争。在对外部品牌的竞争关系上，美国芝加哥经济学派的经济学家认为，纵向限制竞争行为虽然限制了同一品牌内部的竞争，但是促进了不同品牌产品之间的竞争。

（2）解决"搭便车"问题。一个分销商可以搭上另一个分销商在推广方面的便车。这种问题在批发和零售环节最为普遍。例如，当一个供应商在分销商的经营场所（零售环节）投资进行推广时，该推广活动也会为其竞争者吸引客户。这种搭便车现象的存在使提供售前服务的零售商要么降低售前服务的内容和质量，要么决定取消售前服务。长此以往，会降低产品的形象，使商品的总销量下降，对生产商造成不利影响。为防止出现不利影响，生产商可以规定一个最低销售价，并对提供售前服务的销售商给予特殊补贴。另外，搭便车行为多发生在售前服务中，在售后服务中一般不会发生，因为分销商能够对其客户分别收费。排他性分销有助于避免这种搭便车现象。欧盟《纵向限制指南》（2010年）还进一步细化了"搭便车问题"的类型，包括解决"搭乘他人资质的便车"（certification free-rider issue）的问题和解决套牢问题。

（3）有利于打开新市场。如果生产商想要进入一个新的地域市场，如首次向一个国家出口，需要分销商为在该市场树立品牌而进行专门的"初始投资"。为了说服当地分销商进行这种投资，可能有必要为其提供地域保护，以使其能够通过暂时收取高价而收回投资。在有限期间内，其他市场的分销商将会被禁止在该新市场上进行销售。

（4）节约交易成本。为了实现规模经济而降低产品的零售价格，生产商可能希望将产品的转售集中于有限数量的经销商。在销售商可以自由定价的交易中，销售商报出的价格往往有一定的伸缩性。为了达成交易，销售商与购买者通常要花费大量的时间来讨价还价，这就造成交易成本的增加。如果生产商限制了转售商的转售价格或者限制销售数量，则会省去讨价还价这一交易环节，节约交易成本。

（5）推动新企业进入市场。企业要进入一个新的市场，必然面临一定的风险和市场进入障碍，如现行厂商成本优势（如经济规模）、品牌忠诚度、客户转移成本、政府管制政策等。如果新企业采取独家销售方式，则有利于销售商迅速获得规模经济，缩短成本回收期限，从而鼓励有能力和有进取心的销售商为推销新产品而投入资金和劳动力。

2. 消极效果。和横向垄断协议一样，纵向垄断协议也是通过限制产品或服务的价格、限制生产销售数量和地域、限制交易对手等方式进行限制竞争，所以纵向垄断协议对竞争的一些不良影响也可能出现。具体来说，消极影响主要有如下方面：

（1）形成对其他供应商或购买商的反竞争性排斥（foreclosure）。这种消极效果一般是通过限制产品品牌或销售渠道、提高竞争对手的准入障碍或扩张障碍形成的。"单一品牌"协议、独家销售协议等都可能产生这种效果。

（2）减少同一品牌间竞争。品牌间竞争就是品牌生产经营者间的竞争。因签订纵向垄断协议的市场力量不同，主体间的竞争弱化可分为减少供应商和其竞争者之间的竞争和减少购买商和其竞争者之间的竞争。

在存在纵向条件约束的情况下，不同品牌的供应商在价格、地域、渠道等方面更容易进行主动协调或被动协调。所以，特殊情况下，纵向垄断协议可以促进卡特尔的形成或事实上已促成了卡特尔。如果供应商具有市场力量，其可以"起到卡特尔协调者和实施者的作用"[1]。

（3）侵害消费者的利益。以生产商为中心的排斥、削弱竞争和共谋可能损害消费者，尤其是通过提高产品批发价、限制产品的选择、降低质量、减少产品的创新度等。以销售商（分销商）为中心的排斥、削弱竞争和共谋也可能损害消费者利益，特别是通过提高产品零售价、限制价格/服务组合和分销模式的选择，减少零售服务或降低零售服务的质量，减少分销的创新度等。

相比较，固定或限制最低转售价格对消费者的侵害更加明显。这种价格是"以一种隐晦的方式对公众掠夺的行为，固定价格中更高的价格最终将成为消费大众的费用"[2]甚至有人认为："强化售前服务、提供消费资讯等，基本上乃系强加在蒙受高价不利益之消费者身上，消费者之福祉并未增加。何况，即使高价格伴随着较好的服务，但消费者对于低价格商品之选择权益不应被剥夺"[3]此外，独家销售协议对竞争的危害也比较大。其导致一方仅从另一方购买其全部或事实上全部的需求，消费者选择的品种、地域或价格可能都会受到明显不利的影响。

（4）限制交易相对人的营业自由。营业自由包括营业地点的选择、经营产品的选择、产品的自由定价等方面。限制转售价格主要侵害了交易相对人的自由定价权，选择性分销限制了销售对象（渠道）等。经营权属于经营者的私权，对其限制依来源不同一般可分为源于权力

〔1〕 ［美］基斯·N.希尔顿著，赵玲译：《反垄断法：经济学原理和普通法演进》，北京大学出版社 2009 年版，第 205 页。

〔2〕 ［美］马歇尔·C.霍华德著，孙南申译：《美国反托拉斯法与贸易法规——典型问题与案例分析》，中国社会科学出版社 1991 年版，第 81 页。

〔3〕 赖源河编审：《公平交易法新论》，元照出版有限公司 2005 年版，第 275 页。

的限制和源于权利的限制。前者通常为法定的限制，后者一般为约定的限制。约定的权利限制只有在不违反公共利益的情况下才有效。长期限制交易相对人的营业自由会使交易主体之间产生依附性，违背平等、自由的交易规则，破坏市场秩序得以建立的基础。

（二）纵向垄断协议的适用原则

反托拉斯法试图通过保持企业的独立性和创新性来加强竞争。但是，独立性和创新性受到多大程度的危害才构成垄断违法则是个难以度量的问题。对纵向垄断协议而言，协议双方有协商、自主、独立和企业管理创新的一面，同时供应商的支配性——非自主性的一面也存在。这影响到此类协议适用原则的稳定性。

1. 美国法中的纵向垄断协议适用原则。在美国，对于一种垄断行为何时是合法的、何时是违法的，几乎没有哪一个像转售价格协议那样经历了如此漫长和反复变动的过程。

1911 年的 *Dr. Miles Medical Co. v. John D. Park & Sons Co.* 案[1]（以下简称 Miles 案）具有划时代的意义，它借用卡特尔理论替代了普通法的契约理论，第一次将纵向限制低价的关系纳入《谢尔曼法》所谴责的范畴——应被禁止的协议。主要理由是，限制转售价格协议的计划被设计为有利于一组交易者，而供应商作为一个协调者和实施者发挥作用，本质上它是一个卡特尔（因供应商的协调作用也被称为"间接卡特尔"），因而是违法的。

Miles 案以后，法官们逐渐发现，国会议员们希望的"在每一个隐蔽的经济角落或者裂缝中都促进竞争"的理想很难实现。Miles 案引出的"间接卡特尔"的结论渐变为阻碍自由交易的危险来源，因为毕竟纵向垄断协议和纯粹的竞争者之间协议在主体和目标同一性上还存在一定的差异，完全漠视交易关系的自主性而以放大了的协同性为出发点来管窥蠡测很容易伤害合同自由。在批评和指责中作为本身违法原则的替代物——合理分析原则的适用场合逐渐扩大并奠定了此类案件的主调。1919 年的 Colgate 案推翻了 Miles 案的阐释依据，确立了"Colgate 原则"——允许一个不拥有或者企图拥有垄断力量的制造商与其所希望的任何人作交易或不作交易。2007 年的丽晶（Leegin Case）案中，美国最高法院推翻了适用近一个世纪的禁止生产商限制转售低价的判决先例，确立了该行为适用"合理分析原则"[2]。这一修正对美国，甚至对其他各主要市场国家的反垄断立法与司法实践都产生了重要影响。

2. 欧盟法中纵向垄断协议的适用原则。与美国通过法院判例确立分析原则的做法不同，欧盟对限制转售价格的成文规定相当细致。[3] 细致的规则本身就意味着案件的处理不是"一刀切"。根据欧盟《纵向协议成批豁免条例》和《纵向限制指南》的相关规定，纵向垄断协议

---

〔1〕　迈尔斯博士制造药品，使用一个秘密配方，他与诸多批发商和零售商签订了合同，他们都被要求遵守最低价格。后某批发商引诱其他人违反价格协议而以"减价"销售药品，迈尔斯博士起诉了该批发商。220 U. S. 373（1911）.

〔2〕　2007 年 6 月 28 日，在丽晶（Leegin）时尚皮具公司（以下简称丽晶公司）诉凯凯劳赛德公司案中，美国最高法院 9 名大法官最后以 5∶4 通过决定，对纵向垄断协议行为适用合理分析原则。法官肯尼迪撰写的判决书中表述判决理由时特别提及：根据反垄断法，本身违法原则应当仅限于审查明显严重降低了产量的限制价格行为，但维持转售价格协议对市场竞争的影响是双重的。在"丽晶案"之前，加州等十余个州都通过法律禁止最低限价或固定价格的 RPM。在"丽晶案"审理期间，美国 37 个州曾向最高法院递交陈词，要求维持对最低限价或固定价格的 RPM 协议适用本身违法原则。在"丽晶案"后，只有少数如马里兰州还以立法的方式明确禁止了最低限价的 RPM。

〔3〕　例如，2010 年 4 月 20 日欧盟委员会公布的第 330/2010 号《关于对几类纵向协议和协同行为适用〈里斯本条约〉第 101（3）条的条例》，取代了 1999 年 12 月 22 日公布的《委员会第 2790/1999 号关于对几类纵向协议和协同行为的规定》。同年 5 月，还颁布了《纵向协议集体豁免条例适用指南》，取代了 2000 年 5 月通过的旧指南。此外，欧盟还有专门针对汽车行业、某些类型的研发协议、某些类型的专业分工等方面适用《里斯本条约》第 101 条第 3 款的规定。

分为核心限制和非核心限制；豁免事项分为集体豁免和个别豁免。按照《纵向协议成批豁免条例》第 4 条，核心限制包括价格限制、地域限制、对象限制、交叉供应、搭售。核心限制不适用集体豁免。因此，欧盟对纵向限制协议采取的基本态度是原则上禁止，当事人提出相关抗辩理由（后文将述）且成立的，予以个案的豁免，可以称之为原则禁止的例外。

3. 我国反垄断法中纵向垄断协议的适用原则。我国《反垄断法》第 20 条第 2 款规定了举证责任倒置制度："属于前款第一项至第五项情形，不适用本法第十七条、第十八条第一款、第十九条规定的，经营者还应当证明所达成的协议不会严重限制相关市场的竞争，并且能够使消费者分享由此产生的利益"。显然，立法者将横向垄断协议和纵向垄断协议的证明规则"一刀切"了：一律适用合理分析原则。这意味着，对垄断协议的规制重心不是协议类型，而是效果的评估。而这将大大增加规制的难度。

一种理解是，我国反垄断法规制限制转售价格协议坚持的是合理分析原则，即符合第 18 条规定的，构成垄断协议的豁免。另一种理解是，第 20 条的规定是另外类型的垄断协议，如此则第 18 条属于一种独立的垄断协议形式，即适用本身违法原则。

五、垄断协议的豁免

反垄断法意义上的豁免制度是指对于形式上符合反垄断法禁止规定的行为，但是总体上有利于社会的整体利益，从而被从反垄断法规定的适用范围中排除出去的法律制度。豁免制度是利益衡量的结果，即从经济效果上对于限制竞争行为的性质和影响进行利弊分析，在利大于弊时将其排除适用反垄断法的禁止规定。

我国《反垄断法》第 20 条规定了 7 种豁免情形。经营者能够证明所达成的协议属于下列情形之一的，可以获得豁免：

1. 为改进技术、研究开发新产品的。改进技术、研究开发新产品，可以提高生产率，有利于经济发展和消费者利益，因此可以得到豁免。

2. 为提高产品质量、降低成本、增进效率，统一产品规格、标准或者实行专业化分工的。这是关于标准化卡特尔和专业化卡特尔的规定。统一产品的规格、标准，主要是指经营者对各种原材料、半成品或者成品在性能、规格、质量、等级等方面规定统一要求，使商品之间具有可替代性和兼容性；实行专业化分工，是指经营者发挥各自专长，分工协作，使他们从生产多种商品的全能型企业转变为专门化企业。标准化卡特尔和专业化卡特尔并不必然能够获得豁免，只有当它能够提高产品质量、降低成本、增进效率时，才可以获得豁免。

3. 为提高中小经营者经营效率，增强中小经营者竞争力的。这是有关中小经营者卡特尔的规定。在与大企业的竞争中，中小经营者往往处于劣势。如果中小经营者之间的联合能够提高效率，增强竞争力，则会促进市场竞争，因此可以获得豁免。

4. 为实现节约能源、保护环境、救灾救助等社会公共利益的。我国《反垄断法》的立法目的之一就是维护社会公共利益，促进社会主义市场经济健康发展，因此，诸如有利于实现节约能源、保护环境、救灾救助等社会公共利益的垄断协议，应得到豁免。

5. 因经济不景气，为缓解销售量严重下降或者生产明显过剩的。这是有关不景气卡特尔的规定。在经济不景气的情况下，市场会严重供大于求，造成销售量大幅度下降，出现生产大量过剩现象。在这种特定情况下，对经营者达成的限制产量或者销量等垄断协议予以豁免，有利于避免社会资源的更大浪费，有利于避免造成大量失业，更有利于经济的恢复。因此，不景气卡特尔应得到豁免。

6. 为保障对外贸易和对外经济合作中的正当利益的。对外贸易垄断协议包括两种：进口商之间的垄断协议和出口商之间的垄断协议，其中最常见的是出口商之间的垄断协议，即出口卡特尔。垄断协议可以避免出口商之间的恶性价格竞争，提高对外谈判能力，但在实践中容易引起国际贸易摩擦，对未参加的其他厂商也可能构成进入障碍，还可能影响国内市场。然而，基于国家整体经济利益，我国对其中保障对外贸易和对外经济合作中正当利益的协议依法予以豁免，从而保障和促进我国经济的对外发展，提高国际竞争力。

7. 法律和国务院规定的其他情形。这是一个兜底条款，以顺应国内和国际经济形势的变化。值得注意的是，对该项的解释应当以法律和国务院的规定为准，而不是由反垄断执法机构来认定。

对上述豁免情形的认定，应进行合理性分析，以确定其对市场竞争的影响是利大于弊。对此应由经营者负举证责任。对于属于前述第 1~5 项豁免情形的，经营者除了证明协议本身的目的正当之外，还应当证明协议的实施具有两个效果：①所达成的协议不会严重限制相关市场的竞争。这是对协议实施的消极效果的限制，要求不会对相关市场的竞争构成"严重"限制。②能够使消费者分享由此产生的利益。这是对协议实施的积极效果的要求，消费者应能从协议的实施中获得好处。

第三节　滥用市场支配地位

滥用市场支配地位是一个组合概念，由市场、市场支配地位两个概念组成。这里的市场是特定语境下的概念，指相关市场。

一、相关市场的含义、分类及认定

（一）相关市场的含义

竞争虽然存在于整个市场经济中，但并不是所有的企业和所有的产品之间都存在竞争关系。一个企业总是在一个特定的市场上从事经营和开展竞争。这个特定市场在反垄断法上称为"相关市场"。我国《反垄断法》第 15 条第 2 款规定："本法所称相关市场，是指经营者在一定时期内就特定商品或者服务（以下统称商品）进行竞争的商品范围和地域范围。"

界定相关市场的目的就是确定经营者之间有无竞争以及竞争的范围，它是判断经营者是否具有市场支配地位的前提。按照 2009 年 7 月 6 日国务院反垄断委员会颁布的《关于相关市场界定的指南》第 2 条的规定，界定相关市场的作用主要体现在：①界定相关市场就是明确经营者竞争的市场范围。在禁止经营者达成垄断协议、禁止经营者滥用市场支配地位、控制具有或者可能具有排除、限制竞争效果的经营者集中等反垄断执法工作中，均可能涉及相关市场的界定问题。②科学合理地界定相关市场，对识别竞争者和潜在竞争者、判定经营者市场份额和市场集中度、认定经营者的市场地位、分析经营者的行为对市场竞争的影响、判断经营者行为是否违法以及在违法情况下需承担的法律责任等关键问题，具有重要的作用。

（二）相关市场的分类及认定

总体上，各国和地区立法都认为相关市场包括商品市场和地域市场。欧洲法院在相关判决中认为相关市场包括三个因素：相关产品市场、相关地域市场、相关时间市场。[1] 美国联邦贸易委员和司法部联合发布的《竞争者协同行为反托拉斯指南》还提出了技术市场（technology markets）和创新市场（innovation markets）的概念。尽管如此，案件中涉及的相关市场主要是相关产品市场和地域市场。时间市场只是对于某些特定案件的分析具有重要意义，而技术市

---

〔1〕　阮方民：《欧盟竞争法》，中国政法大学出版社 1998 年版，第 114 页。

场和创新市场的分析主要是保护潜在竞争者。

1. 相关商品市场。相关商品市场，是根据商品的特性、用途及价格等因素，由需求者认为具有较为紧密替代关系的一组或一类商品所构成的市场。这些商品表现出较强的竞争关系，在反垄断执法中可以作为经营者进行竞争的商品范围。

各个商品之间之所以构成竞争，是因为这些商品都能满足需求者相同或近似的需求和偏好，因此，相关商品市场就是指具有替代关系的商品的范围。商品的替代性包括两个方面：需求的替代性和供给的替代性。

需求替代是根据需求者对商品功能用途的需求、质量的认可、价格的接受以及获取的难易程度等因素，从需求者的角度确定不同商品之间的替代程度。原则上，从需求者角度来看，商品之间的替代程度越高，竞争关系就越强，就越可能属于同一相关市场。[1]

2. 相关地域市场。相关地域市场是指相互具有替代性的商品展开竞争的地理范围。

从需求替代角度界定相关地域市场，可以考虑的因素包括但不限于以下各方面：①需求者因商品价格或其他竞争因素变化，转向或考虑转向其他地域购买商品的证据。②商品的运输成本和运输特征。相对于商品价格来说，运输成本越高，相关地域市场的范围越小，如水泥等商品；商品的运输特征也决定了商品的销售地域，如需要管道运输的工业气体等商品。③多数需求者选择商品的实际区域和主要经营者商品的销售分布。④地域间的贸易壁垒，包括关税、地方性法规、环保因素、技术因素等。例如，关税相对商品的价格来说比较高时，则相关地域市场很可能是一个区域性市场。⑤其他重要因素。例如，特定区域需求者的偏好；商品运进和运出该地域的数量。

从供给角度界定相关地域市场时，一般考虑的因素包括：其他地域的经营者对商品价格等竞争因素的变化作出反应的证据；其他地域的经营者供应或销售相关商品的即时性和可行性，如将订单转向其他地域经营者的转换成本等。

3. 相关时间市场。相关时间市场是指相关市场存在的时间期限。当生产周期、使用期限、季节性、流行时尚性或知识产权保护期限等已构成商品不可忽视的特征时，界定相关市场还应考虑时间性。相对于商品市场和地域市场而言，时间因素在界定相关市场中的意义有限。美国司法判例对时间市场没有明确的界定。欧共体委员会和欧洲法院、德国法院判例表明其将时间市场（temporal market）作为与商品市场、地域市场并列的因素。[2] 现有的有关时间市场的判例主要集中在世界杯球票的销售和展览会两个领域，其更多强调的是，该市场只在特定时间出现，一定周期内不会重复，且商品和服务的数量有限（如门票和展位）。在一般案件中，时间性仅是作为对产品市场和地域市场界定的补充和修正。

4. 相关技术市场和创新市场。在技术贸易、许可协议等涉及知识产权的反垄断执法工作中，可能还需要界定相关技术市场，考虑知识产权、创新等因素的影响。美国《竞争者协同行为反托拉斯指南》指出，当知识产权与使用它的产品被分别划分在不同市场时，执法部门在评估包括知识产权许可的竞争者协同行为后将界定技术市场。技术市场包含被许可的知识产权和它的近似替代品。近似替代品是指与被许可使用的知识产权相比，在限制市场力量方面足够相似的技术或商品。执法机关根据《关于知识产权许可行为的反托拉斯指南》的相关规定确定

---

〔1〕 阮方民：《欧盟竞争法》，中国政法大学出版社 1998 年版，第 120 页。

〔2〕 阮方民：《欧盟竞争法》，中国政法大学出版社 1998 年版，第 114 页。

技术市场的范围和市场份额。

创新市场（innovation markets）包括针对特定新的产品和方法或者其改进的研究和开发，或者与该研发相似的替代性工作。这只有在竞争者的协同行为在创新方面产生的竞争效果，在产品市场和技术市场中没有得到充分的考虑的情况下，而且只有当相关的研发与特定企业的特有财产或者特征有关时，才会界定创新市场。

二、市场支配地位的认定

我国《反垄断法》第 22 条第 3 款规定："本法所称市场支配地位，是指经营者在相关市场内具有能够控制商品价格、数量或者其他交易条件，或者能够阻碍、影响其他经营者进入相关市场能力的市场地位。"可见，我国立法规定了两种情形：①经营者在相关市场内具有能够控制商品价格、数量或者其他交易条件；②经营者在相关市场内具有能够阻碍、影响其他经营者进入相关市场的能力。实际上，上述两种情形往往共生共存。经营者在相关市场内能够控制商品价格、数量或者其他交易条件时，也就具有阻碍、影响其他经营者进入相关市场的能力，反之亦然。

（一）市场支配地位的认定

对于市场支配地位的认定，需要综合考虑各种因素。我国《反垄断法》第 23 条规定，认定经营者的市场支配地位，依据下列因素：

1. 经营者在相关市场的市场份额，以及相关市场的竞争状况。市场份额是指特定经营者的总产量、销售量或者生产能力在特定的相关市场中所占的比例，故又称市场占有率。

市场份额在确定市场支配地位中一般具有决定性意义。除利润外，企业经常追求的经营目标就是增加市场份额。在市场经济中，市场份额、利润和规模经济是密切相关的。高市场份额本身就是一种市场力量。在通常情况下，小的市场份额不会构成市场支配力。

2. 经营者控制销售市场或者原材料采购市场的能力。一般来说，一个经营者能够控制产品销售或原材料采购，就能对其他经营者的行为产生间接控制。如果一个经营者与其上下游经营者订立的合同是排他性的，这种合同涉及的市场份额越大，市场被控制的程度就越大。

认定经营者控制销售市场或者原材料采购市场的能力，应当考虑该经营者影响或者决定价格、数量、合同期限或者其他交易条件的能力，以及优先获得企业生产经营所必需的原料、半成品、零部件及相关设备等原材料的能力。

3. 经营者的财力和技术条件。经营者的财力是竞争的后盾，如果经营者的财力悬殊，那么它们之间往往难以公平竞争。经营者财力越大，对其在相关市场中的地位就越有利。技术条件主要是指企业对知识产权的占有情况。在知识经济时代，经营者间的竞争很多时候是技术竞争，一种新技术不仅可以迅速改变企业的市场份额，而且可以给整个产业带来新的竞争和革新。[1]

认定经营者的财力和技术条件，应当考虑该经营者的资产规模、财务能力、盈利能力、融资能力、研发能力、技术装备、技术创新和应用能力、拥有的知识产权等。对于经营者的财力和技术条件的分析认定，应当同时考虑其关联方的财力和技术条件。

4. 其他经营者对该经营者在交易上的依赖程度。认定滥用相对市场优势地位除了考察需方对供方的依赖外，也要考察供方对需方的依赖。前者又可以分为四类：对名牌产品的依赖；因物资短缺产生的依赖；因长期合同关系产生的依赖；关键设施依赖。后者主要是指中小生产企业对大型零售商的依赖。认定其他经营者对该经营者在交易上的依赖程度，应当考虑其他经

---

〔1〕　时建中主编：《反垄断法——法典释评与学理探源》，中国人民大学出版社 2008 年版，第 228 页。

营者与该经营者之间的交易量、交易关系的持续时间、转向其他交易相对人的难易程度等。

综合而言，依赖关系来源于以下方面：名牌产品、物资短缺、长期合同关系、关键设施等。

5. 其他经营者进入相关市场的难易程度。一个相关市场上的竞争格局不仅仅是现实竞争的结果，还要受到潜在竞争者的影响。认定其他经营者进入相关市场的难易程度，应当考虑市场准入制度、拥有必需设施的情况、销售渠道、资金和技术要求以及成本等。从理论上讲，一个具有市场支配地位的经营者如果在相关市场上索取垄断高价，其利润率超过了市场平均利润率，通常会吸引新的经营者进入该市场。随着市场供给的增加，价格将回到平均利润率的水平。

6. 与认定该经营者市场支配地位有关的其他因素。除了上述通常的因素外，认定经营者是否具有市场支配地位有时还要考虑一些其他因素。例如，当市场上的购买者力量很强时，即使高市场份额的销售者也难以获得垄断利益。

(二) 市场支配地位的推定

如前所述，认定经营者是否具有市场支配地位需要考虑众多因素，认定工作纷繁复杂，任务艰巨，耗时冗长。为了降低反垄断执法机关和司法机关的评估难度，减少工作量，提高执法和司法效率，法律规定了可以推定经营者具有市场支配地位的情形。

根据我国《反垄断法》第24条第1款的规定，有下列情形之一的，可以推定经营者具有市场支配地位：①一个经营者在相关市场的市场份额达到1/2的；②两个经营者在相关市场的市场份额合计达到2/3的；③三个经营者在相关市场的市场份额合计达到3/4的。但是其中，有的经营者的市场份额不足1/10的，不应当推定该经营者具有市场支配地位。这是为了保护中小经营者的利益，避免将其与大企业一起处理。

当然，所谓推定，是依照法律规定，从已知的基础事实推断结果的存在，至于所得出的结论是否正确，并没有确实充分的证据支持。因此，为了避免出现错误的推定，被推定具有市场支配地位的经营者，能够证明其在相关市场内不具有控制商品价格、数量或者其他交易条件，或者不具有能够阻碍、影响其他经营者进入相关市场的能力的，则不应当认定其具有市场支配地位。

(三) 互联网平台市场支配地位的认定

涉及垄断问题的互联网企业主要是网络平台。以平台为中心，两面活跃着两类以上的群体提供的服务，且一边用户的交易会影响另一边交易（也被描述为网络外部性）。这种市场被称为双边市场或多边市场。

双边市场对界定相关产品市场时的影响不会像企业价格策略那样明显，换言之，界定相关市场时，如何进行倾向性选择？倾向性选择以哪一边为主，哪一边为辅？对此，《国务院反垄断委员会关于平台经济领域的反垄断指南》中明确，可以根据平台一边的商品界定相关商品市场；也可以根据平台所涉及的多边商品，分别界定多个相关商品市场，并考虑各相关商品市场之间的相互关系和影响。当该平台存在的跨平台网络效应能够给平台经营者施加足够的竞争约束时，可以根据该平台整体界定相关商品市场。

在一个具体案件中，到底以一边还是两边或多边来界定相关市场，主要取决于平台运用中的网络效应。网络效应，一般可以分为单边网络效应和跨边网络效应（双边或多边）。单边网络效应，是一边市场群体的用户规模的增长，影响同一边群体的规模效应。例如，微信等社交平台是典型的单边网络效应的产品。对一个用户来说，使用微信的朋友越多，他对微信的依赖越大。朋友圈越大，会越有吸引力，让更多的人来使用。跨边网络效应，是由两个或两个以上独立用户群体组成的交易场所，因双边（或多边）相关资源的高效匹配，一边用户获取的市场价值取决于另一边用户的数量。两（多）边会相互影响、相互促进。销售平台大都属于跨边网络效应。

我国《反垄断法》第 23 条确立了诸多认定经营者具有市场支配地位的因素。这也是平台市场支配地位的认定标准，只是内容有所不同。

1. 市场份额和市场竞争状况。平台经济中，商品被服务替代。互联网服务中市场份额的认定基础变得多元，平台服务收入、平台商品交易额、用户数量、点击量等都可能成为认定的标准。

2. 控制商品价格、数量或其他交易条件的能力。基于平台模式，免费向用户提供的产品，用户不愿意为平台服务支付任何费用，即使平台的用户数额巨大，也难以使其拥有超越其他竞争者的产品定价权。互联网上的同类软件种类众多，即使创新产品进入市场之初替代品较少，但技术的跟进会很快打破创新产品短暂的垄断，因此，互联网市场同类产品的用户选择余地较大。

3. 经营者的财力和技术条件。任何一个经营者的财力和技术条件都不具有实质性地排除新的竞争者进入互联网市场的能力。例如，字节跳动、阿里巴巴、百度等都后于腾讯进入即时通讯领域，这些竞争者的财力和技术能力都很雄厚，而且这些大型企业都有足够实力对腾讯公司在该领域的领先地位造成冲击。此外，在互联网领域存在大量的风险投资基金，只要有好的产品和用户，风险投资机构会积极进入市场为经营者提供强有力的资金支持，大多数互联网公司均依靠风险投资基金迅速扩大经营规模。

4. 其他主体对经营者在交易上的依赖程度上的挑战。用户具有较为充分的选择，这意味着交易相对方可以轻易地选择与其他竞争者进行交易，对特定经营者的依赖程度较弱。互联网服务具有明显的网络效应。在用户多归属和跨边网络效应的前提下，即使用户使用时间很长，换用到其他同类产品的信息转换成本也并非不可逾越的壁垒。在数字化发展中，数据可携带权、互操作的实现将进一步降低这种转换成本。

5. 阻碍、影响其他经营者进入相关市场的能力。技术的成熟使得互联网市场不但进入门槛低，经营者进入市场的途径也具有多样化的特点。每年都有大量经营者进入该领域。此外，在位企业（包括刚进入市场的主体）的市场扩张阻力不大。当然，如果狭义地理解进入市场——创建一个普通的网络平台，那确实不存在市场壁垒。如此，互联网领域垄断行为难以持久。如果将进入市场或市场壁垒作广义理解——不但开创一个平台，还能够积累维持平台运用的基本用户数量，则并不是一件容易的事情。如何理解互联网背景下的市场壁垒？应该采取广义，否则，也就意味着不存在垄断问题。

三、滥用市场支配地位行为

（一）滥用市场支配地位行为的分类

滥用市场支配地位行为，是指具有市场支配地位的经营者利用其市场支配地位实施的反竞争行为。

在理论上，滥用市场支配地位行为可以分为两类：一类是剥削性的滥用，另一类是妨碍性的滥用。

剥削性的滥用指的是占市场支配地位的经营者因为不受市场竞争的制约，而对其他竞争对手提出不合理的交易条件，特别是不合理的价格等。现实中，具有市场支配地位的经营者往往通过降低产量和将价格提高到竞争水平以上，损害供应商、客户或者消费者的正当利益，获取垄断利润或竞争优势。这类滥用行为主要有垄断高价或低价、歧视、搭售或者强加不合理条件等行为。

妨碍性的滥用指的是占市场支配地位的经营者为了维护自己的市场支配地位，或者为了进一步加强这个地位，或者为了将其市场支配地位扩大到相邻的市场上，凭借已经取得的市场支配地位，妨碍公平竞争，排挤竞争对手，或者阻止潜在的竞争者进入市场。这一类行为常见的表现形式有掠夺性定价、拒绝交易、歧视等。

上述只是对滥用市场支配地位行为进行一个大体的分类，两者之间并没有泾渭分明的区别。事实上，剥削性滥用行为能够加强经营者的市场实力和支配力，也就会妨碍潜在竞争者的进入；而妨碍了潜在竞争者的进入，就为其更加肆无忌惮地实施剥削性滥用行为创造了条件。不过，传统的法律规制总是以妨碍性的滥用为重点，因为这种行为对市场竞争结构损害更大。

（二）滥用市场支配地位行为的表现形式

按照我国《反垄断法》第22条的规定，滥用市场支配地位的行为有以下情形：

1. 不公平价格。在垄断市场中，占市场支配地位的经营者可以控制市场供求，从而扭曲市场价格，排斥市场对社会资源的优化配置，损害消费者的利益。在卖方支配地位条件下，占市场支配地位的经营者通常向购买者索取高价，即垄断高价；在买方支配地位条件下，占市场支配地位的经营者通常强制销售者按低价进行交易，即垄断低价。

在对占市场支配地位经营者的垄断高价或垄断低价行为的认定上，最重要的也是最困难的，就是确定不公平价格的认定标准。公平价格应该是合理价格。理论上，所谓合理价格，是指在一个正常和有效竞争市场条件下所应有的价格水平。但对于一个具体商品或服务来讲，什么样的价格是合理的价格呢？针对这个问题，理论界和实务界有不同的观念。

（1）成本加合理利润。商品价格由成本加合理利润构成。在竞争性的市场中，一个商品的合理价格应该同它的成本大体相符。然而这里的问题是：一方面，经营者的生产或服务成本往往难以准确计算。特别是现代大工业企业，同时生产几十种甚至上百种产品，一般仅在个别、甚至偶然的条件下，才能准确地确定某种产品的生产成本。另一方面，合理的利润率难以确定。不同行业的利润率可能存在较大的差距，若由反垄断执法机构来确定商品的利润率本身就是不合理的，也难以操作。

（2）替代性商品间的横向比较。该方法是将争议商品或服务与其他具有可比性的商品或服务进行价格比较，如果它们的价格差异很大，即可说明该价格不合理。例如，在1975年联合商标案中，欧共体委员会和欧共体法院就使用商品比较的方式，即将联合商标公司销售的香蕉与同一市场上的其他香蕉进行比较，认定联合商标公司在德国、丹麦等国销售的香蕉中存在价格滥用行为。当然，采用商品比较的方法时，必须考虑不同商品的不同成本。

（3）空间比较。这种方式是将一个占市场支配地位的经营者的商品或者服务的价格与非相关地域市场（主要是指外国）上的同类商品或服务的价格进行比较。欧共体法院曾在一个判决中指出："一个拥有市场支配地位的企业，如果其服务的价格明显高于这种服务在其他成员国的价格，并且这种价格水平的比较结果不是偶然的，这种价格差异应被视为是滥用市场支配地位的表现。"[1] 采用这种方法时，应注意不同地域市场条件的相似性，只有在地域市场条件相同或相似的情况下，市场价格才具有可比性。

（4）同一产品的纵向比较。对于那些商品上或者空间上不存在可比性的商品或者服务，可以考虑把这个占市场支配地位的经营者的商品或服务价格与其过去某一个时期的价格做一个比较，从而评价其涨价或杀价行为是否存在滥用。例如，对于我国铁路局的春节涨价行为，在

---

〔1〕　Lucazeau v. SACEM（110/88），13 July 1989，（1989）E. C. R. 2521.

其成本没有提高的情况下，该涨价行为就难免有滥用市场支配地位之嫌。

上述种种认定垄断价格的方法，实践运用时会遇到诸多因素的制约，因为市场条件十分复杂，反垄断执法机构几乎不可能确定什么价格是"太高"或"太低"。甚至有人怀疑，强迫占市场支配地位的企业按照竞争条件下的水平制定价格是否是一个正确的方案。因为在这种情况下，反垄断法不是在保护竞争，而是在进行价格管制。美国《反垄断法》就不认为垄断性高价属于滥用市场支配地位行为。

2. 掠夺性定价。掠夺性定价是指占市场支配地位的经营者为排挤竞争对手，谋求未来的利润而确定的低于成本的价格，也称为策略性低价倾销。掠夺性定价以低于成本的价格销售，也是有代价的。掠夺者期待将来实现的利润超过现在的损失，并得到更多的回报。掠夺性定价行为的构成要件包括以下几个方面：

（1）行为人是具有市场支配地位的经营者。如果经营者没有市场支配地位，其掠夺性定价行为不可能威胁市场竞争。

（2）低于成本销售。生产企业销售商品的出厂价格低于其生产成本，经销企业的销售价格低于其进货成本。如何认定成本？我国《关于制止低价倾销行为的规定》（原国家计划委员会1999年8月3日发布）第5条规定，低于成本是指经营者低于其所经营商品的合理的个别成本；在个别成本无法确认时，由政府价格主管部门按该商品行业平均成本及其下浮幅度认定。可见，我国规章将"低于成本"界定为低于经营者的个别生产经营成本。但对于行业平均成本，只能作为参考而不能作为界定的依据，以免在实际执行中将原本属于市场调节价格的商品变相地转变为实行政府指导价，违背《价格法》的有关规定。[1]

（3）排挤竞争对手的可能性。掠夺性定价行为一般是持续性地低于成本销售，直至将竞争对手排挤出市场。如果一个低价销售行为是临时的、偶然的。例如，低价销售了两天后，第三天又把价格恢复到原位，这种低价销售行为不会对市场造成不利影响。

（4）获取垄断利润的可能性。经营者实施掠夺性定价，不但需要有强大的经济实力支撑低于成本价销售的损失，还要在达到目的后有能力维持垄断市场结构，以垄断高价回收低价销售中的损失，并谋取更多的垄断利润，否则在其目的达到后提价时，就会吸引其他的经营者进入市场，使掠夺性定价行为的目标不能实现。

（5）低价销售没有合理理由。低价销售行为并不总是出于排挤竞争对手的目的。例如，当一个企业试销新产品时，为了能够迅速打开销路，也可能低于成本价销售，其目的显然不是排挤竞争对手，而是进入市场。

总之，认定掠夺性定价行为时当谨慎而为，以免将本来合理的低价销售行为认定为违法行为，毕竟物美价廉是市场竞争的常态。正因为如此，许多国家虽然法律上禁止掠夺性定价，但事实上对经营者的定价行为较少管制，甚至原则上允许经营者以低于成本的价格销售。[2]

3. 拒绝交易。拒绝交易，又称抵制，是指占市场支配地位的经营者拒绝向其购买者销售或供应商品的行为。一般来讲，市场经济尊重意思自治、契约自由，每个市场主体有权选择交易对象，包括有权拒绝与某一市场主体进行交易而不需要特别理由。但对于占市场支配地位的经营者来讲，拒绝交易有可能损害市场竞争。

由于占市场支配地位的经营者对市场竞争和其他相关经营者的利益具有重大影响甚至具有控制力，被拒绝的经营者受制于占市场支配地位的经营者，无法像在有效竞争市场条件下那

---

〔1〕　赵小平主编：《〈价格违法行为行政处罚规定〉释义》，中国物价出版社1999年版，第17页。

〔2〕　王晓晔：《竞争法学》，社会科学文献出版社2007年版，第306页。

样，选择其他经营者，这决定了反垄断法对其规制的必要性。出于社会整体经济利益考虑，占市场支配地位的经营者所谓的"契约自由"应当受到一定程度的限制。占市场支配地位的经营者拒绝与其他经营者交易，应当有正当理由。

在实践中，判断一个拒绝交易行为是否具有合理性，通常有两个方面：①通过认定拒绝交易方主观上是否具有维持或者扩张垄断地位的目的。②通过客观的利益比较。将拒绝的理由及后果和不拒绝的后果进行比较，要是被拒绝方不具有销售的资质，或者仅仅是为了便利或节省费用而要求交易，那么这种拒绝就是合理的，不构成滥用行为。如果因为其拒绝，导致被拒绝方被排挤出市场，那么这种行为就构成滥用。美国就此发展出了著名的"关键设施原则"，即一个独占者控制了对于其他竞争者进入市场来说是关键的设施，假如该进入是可行的，那么该独占者必须准许他人合理地进入该设施，否则就构成滥用。[1]

4. 强制交易。所谓强制交易，是指占市场支配地位的经营者没有正当理由，限定交易相对人只能与其进行交易或者只能与其指定的经营者进行交易的情形。强制交易通常发生在上下游经营者之间，占市场支配地位的经营者利用其市场优势，通过与交易相对人订立排他性交易协议，限制交易相对人与其竞争对手进行交易，达到抑制竞争对手甚至将其逐出市场的目的。

强制交易的反竞争性是明显的，不但是对意思自治和契约自由的限制，而且排斥了竞争对手，为各国反垄断法所禁止。例如，美国《克莱顿法》第3条规定："商人在其商业过程中，不管商品是否被授予专利，若商品是为了在美国内、准州内、哥伦比亚区及美国司法管辖权下的属地及其他地域内使用、消费或零售、出租、销售或签订销售合同，是以承租人、买方不使用其竞争者的商品作为条件，则可予以固定价格、给予回扣、折扣，如果该行为实质上减少竞争或旨在形成商业垄断，是非法的。"

强制交易如果具有正当理由，则不构成滥用。例如，强制交易是为了改善商品的生产或销售，或者是为了推动技术和经济进步，或者是为了更好地服务于消费者，则可以得到豁免。

5. 搭售或者附加不合理的交易条件。搭售以及附加不合理条件，是指经营者利用其市场支配地位，在销售某种商品或服务时强迫交易相对人购买其不需要、不愿购买的商品或服务，或者接受其他不合理的条件。搭售或者附加不合理的交易条件的行为同样违背了意思自治和契约自由原则，妨碍了市场的自由竞争。美国《克莱顿法》第3条、《谢尔曼法》第1条和《联邦贸易委员会法》第5条对搭售行为进行了明确的规制。《欧共体条约》第82条特别禁止"在订立合同时要求对方接受附带义务，而根据其性质和商业惯例，该附带义务与主合同并无联系"的行为。

实务中常见的搭售情形主要是一揽子强制销售。所谓一揽子强制销售，指的是销售商迫使或者强制购买者购买一揽子产品或技术，而购买者只想购买其中的某个或某些商品。在转让技术时搭售其他的技术或产品，如搭售购买方不需要的技术、设备、原材料及零部件。

当然，搭售和附条件销售也并不总是违法的，因为在市场交易中搭售和附条件销售的原因是多种多样的，如果有正当理由，则属于合法的搭售和附条件销售。通常的合理理由有：①符合交易习惯。例如，出于商品的完整性，将鞋子和鞋带之类的关联商品一起出售。这可以节约消费者的购买时间，对消费者是有利的。②有利于商品的性能或者使用价值的发挥。例如，出售高科技的产品时，生产商或者销售商要求购买者一并购买它们的零部件或者辅助材料，因为这样有利于产品的安全使用，或者提高产品的使用寿命。

6. 差别待遇。差别待遇，又称歧视，是指占市场支配地位的经营者没有正当理由而对条

---

〔1〕　U. S. v. Terminal Railroad Association，224 U. S. 383（1912）.

件相同的交易相对人实行不同的价格或者其他交易条件，由此使某些交易相对人处于不利的竞争地位。差别待遇中最常见的是价格歧视行为。价格歧视是指卖方对购买相同等级、相同质量货物的买方要求支付不同的价格，或者买方对于提供相同等级、相同质量货物要求支付不同价格，从而使相同产品的卖方因不同销售价格或买方因不同进货价格而获得不同的交易机会，直接影响他们之间的公平竞争。由于存在价格歧视，同一商品不同的批发价会直接影响到批发商之间的公平竞争，并进而影响到零售商之间的公平竞争，再进而影响到消费者的利益。

占市场支配地位的经营者实行差别待遇，如果有正当理由则是合法的。常见的理由包括：①情势变迁，即市场情况发生了变化，如销售不景气，以至于之前的价格已不现实；②成本差别，即不同销售合同之间的成本存在差异，如批量供应、宽裕的交货时间或者其他合理理由，以致客户的最终价格存在差异。

第四节　经营者集中

一、经营者集中的含义

"经营者集中"是反垄断法上特有的概念，是指经营者合并，经营者通过取得其他经营者的股份、资产以及通过合同等方式取得对其他经营者的控制权，或者能够对其他经营者施加决定性影响的情形。

反垄断法意义上的经营者集中，具有以下特征：

1. 参与集中的主体是独立的经营者。参与集中的主体可以是各种形式的企业或其他类型的经营者，如公司、合伙企业、个人独资企业等，即参与集中的经营者之间不但在法律上相互独立，而且在经济上相互独立，彼此之间没有控制关系。例如，根据我国《反垄断法》第27条的规定，具有控制和从属关系的经营者的集中以及被同一经营者控制的经营者的集中可以免予申报。

2. 经营者集中的后果是一个经营者能够直接或者间接控制另一个经营者或对其施加决定性影响。也就是说，经营者之间通过上述的经营者合并、取得股份、取得财产、交叉任职或者其他方式，实现了一个经营者直接或者间接控制另一个经营者或能够施加决定性影响的后果。反垄断法关注的不是经营者集中的方式，而是经营者集中后对市场竞争的影响。

反垄断法意义上的经营者集中与企业法意义上的企业合并不同：①两者的外延不同。企业法意义上的企业合并是指两个或者两个以上的独立的企业依法达成合意，合并为一个企业的法律行为。反垄断法意义上的经营者集中的含义要比企业法意义上的企业合并的含义丰富和广泛，它不仅包括企业法意义上的企业合并（狭义的企业合并），而且还包括企业之间通过取得股份、取得财产、交叉任职以及其他方式，使一个企业能够直接或者间接控制另一个企业的生产经营的情形。②主体资格的变化不同。在企业法意义上的企业合并中，不论是新设合并还是吸收合并，都涉及现有企业的主体资格的变化，即被合并的企业不复存在，甚至合并各方都不复存在而共同组成一个新设的企业。而反垄断法意义上的经营者集中则不一定需要导致主体资格的变化，因为经营者集中关注的是实质意义上的经济力量的集中，至于参与集中的经营者主体资格是否变化并不重要。③两种制度设计的目的不同。企业法对企业合并行为进行调整，其目的是促使企业在合并时遵循一定的行为准则和程序，以维护企业债权人和股东的合法权益，确保交易的安全稳定。而反垄断法对经营者集中行为进行规制，其目的是规范经营者集中对市场竞争关系的影响。

二、经营者集中的类型

按照当事人是否处于相同的生产经营阶段，可以将经营者集中分为横向经营者集中、纵向经营者集中和混合经营者集中。不同类型的集中对竞争的影响也不同。

（一）横向经营者集中

横向经营者集中是指在同一市场区域内、同一生产经营阶段上，从事同样生产经营活动的经营者之间的集中。换言之，横向经营者集中是指处于相同经营环节上的或者说具有竞争关系的经营者之间的集中。[1]

横向经营者集中一般是为了取得规模经济效益和占有更大的市场份额，但是，由于参与横向集中的经营者相互之间是竞争关系，其对竞争的消极作用是显而易见的。集中后的经营者可能具有市场支配地位。即使最终没有出现一家经营者独占市场的情形，可也能出现几家经营者通过联合行动而消除市场竞争的局面。因此，横向经营者集中会比较明显地减少市场竞争者的数目，它是各国反垄断执法机关严格监管的类型。美国、日本、欧盟等国家和地区规制经营者集中的重点就是横向经营者集中。

（二）纵向经营者集中

纵向经营者集中是指从事同一产业、处于不同市场层次的经营者集中，即同一产业中处于不同阶段而实际上相互间有买卖关系的各个经营者之间的集中。例如，某种产品的生产商与该产品的销售商或者使用商之间的集中。

纵向经营者集中一般并不导致竞争对手的直接减少，其对竞争的消极作用不如横向经营者集中明显。但是，纵向经营者集中可能使某些未参与集中的竞争者处于不利地位，削弱其竞争能力。例如，参与集中的生产商将可能不再与没有参与集中的销售商进行交易。如果参与集中的生产商已经在该种商品的市场上取得了市场支配地位，那么未参与集中的销售商将处于更加不利的地位。纵向经营者集中还可能会导致价格差别安排、市场进入障碍，从而限制正常的市场竞争。

（三）混合经营者集中

混合经营者集中是指横向经营者集中和纵向经营者集中以外的其他经营者集中方式，是处于不同市场上的经营者之间的集中，参与集中的经营者既不存在竞争关系，也不存在商品买卖关系。

混合经营者集中主要有三种形式：①市场扩张型经营者集中，即从事同一阶段的同样经营活动，但在不同市场区域的经营者之间的集中；②产品扩张型经营者集中，即产品功能相互联系的经营者之间的集中；③纯粹的经营者集中，即那些生产和经营彼此毫不相干的产品或者服务的经营者之间的集中。

混合集中因为不会导致市场上竞争对手的减少，也不会使得一部分市场对另外一些竞争者关闭，所以其对市场竞争所产生的消极影响是有限的。混合集中可能带来的反竞争后果是，混合后的公司利用其跨行业的雄厚资金，集中对行业内产品进行短期掠夺性定价压迫竞争对手或将其挤出市场。其也会增加潜在竞争者进入市场的障碍，或者通过经营者之间的交叉补贴等使集中后的经营者易于排挤竞争对手。混合经营者集中会使弱小的竞争对手在与集中后所形成的大经营者之间的竞争中充满忧虑，当达到一定程度时，会削弱这些弱小的竞争对手与大经营者之间的竞争，这就是所谓的"阻却竞争理论"（dissuading competition）。

总体而言，在横向经营者集中、纵向经营者集中以及混合经营者集中三种集中形式中，反

---

[1]　孔祥俊：《反垄断法原理》，中国法制出版社 2001 年版，第 606 页。

垄断法最为关注的是横向经营者集中。相比之下，纵向经营者集中和混合经营者集中一般不会导致市场上竞争对手的减少，所以各国的反垄断法对二者采取了较为宽容的态度。

三、经营者集中的方式

"经营者集中"的表现形式多种多样，但并不是所有形式的经营者集中都要纳入反垄断法规制的范围。对经营者集中应当规制到什么程度，往往受到各国历史、文化、经济发展程度、竞争政策等多种因素的影响。因此，各国反垄断法一般都对经营者集中的表现形态作出明确的规定。

根据我国《反垄断法》第25条的规定，经营者集中的方式包括下列情形：①经营者合并；②经营者通过取得股权或者资产的方式取得对其他经营者的控制权；③经营者通过合同等方式取得对其他经营者的控制权或者能够对其他经营者施加决定性影响。具体分述如下：

（一）经营者合并

这里的经营者合并指的是狭义上的合并，即相互独立的两个或两个以上的经营者合并为一个经营者。这种合并可以是新设合并，即两个或两个以上的经营者合并为一个新的经营者，原经营者主体资格均消灭；也可以是吸收合并，即一个经营者兼并其他经营者，其他经营者主体资格消灭。

（二）取得股份

取得股份是现代经营者集中的重要形式。股份是公司控制权的载体，通过取得另一公司足够数量的有表决权的股份，即可控制该公司，实现经济集中的目的。美国《克莱顿法》第7条规定，如果占有实质上减少竞争或旨在形成垄断的话，从事商业或从事影响商业活动的任何人，不能直接间接占有其他从事商业或影响商业活动的人的全部或部分股票或其他资本份额。

至于取得多少有表决权的股份才算"足够数量"，这要看被集中的经营者的股份分散程度。如果被集中的经营者的股份很集中，则必须取得51%的股份才能掌握控制权；但如果股份很分散，则可能只要20%~30%的股份就可以获得控制权。德国《反对限制竞争法》第37条规定，一个企业取得另一个企业的股份，如果这些股份或者它们与该企业以往所持有的股份共同达到被取得企业25%或者50%的资本或者表决权，这两个企业便可被视为实现了集中。

（三）取得资产

资产是经营者存在的物质基础，一旦一个经营者的资产（特别是核心资产）被其他经营者所控制，该经营者的市场经营活动和市场影响力也就被控制，资产购买方的市场影响力或控制力也自然增强。这里的"资产"，可以是厂房、设备等有形物体，也可以是商标、专利、销售指标、租借权以及其他制约决策的事项。

实践中，取得资产的方式主要有资产信托、资产租赁、资产收购等。资产信托是指委托人基于对受托人的信任，将其资产委托给受托人，由受托人按照一定的目的进行管理和处分的行为。此时，委托人及其资产都处于受托人的实际控制之下，受托人的市场影响力得到显著增强。资产租赁是指出租人以收取租金为条件，在一定期限内将资产交付承租人使用的行为。在租赁期限内，承租人以支付租金为代价获得出租人的资产经营权和控制权，增强了自身的市场影响力。资产收购是指收购方为取得目标经营者的经营控制权而购买该目标经营者的全部或主要资产的行为。这是最为常见的取得资产方式。资产收购一般采取现金收购和股份收购两种方式，也可以同时

用现金和股份来支付收购对价。[1]

（四）其他形式

实践中，除了经营者合并、取得股份和资产等方式外，经营者还可以通过其他方式取得对其他经营者的控制权或者产生决定性影响力。常见的主要有控制权转让合同、合营、董事连锁、间接控股等方式。

四、经营者集中申报制度

申报制度是国家对市场主体行为进行监管的方式之一。在申报制度下，监管机构一般不事先介入审查，而是由被监管者主动向监管机构申报，监管机构对其申报事项进行审查并作出决定；当被监管者不履行申报义务，监管机构会主动启动审查和制裁程序。从一些国家的立法及司法实践来看，经营者集中的申报制度主要有两种：事前申报制度和事后申报制度。

（一）事前申报制度的意义

大多数国家都采用事前申报制度。事前申报制度便于反垄断执法机构对市场行为进行及时有效的监管。事后申报制度可以避免事后监管给经营者造成的经济损失——使经营者恢复到集中前的状态。同时，对反垄断执法机构来说，禁止已经实施了的经营者集中远远要比禁止正在准备实施的经营者集中要困难得多。当然，事前申报制度也有一些不足，即经营者有可能错过集中的最佳市场时机，特别是对于中小企业和濒临破产的企业重组来说。

我国《反垄断法》实行的经营者集中事先申报制度体现在该法第 26 条第 1 款的规定上：经营者集中达到国务院规定的申报标准的，经营者应当事先向国务院反垄断执法机构申报，未申报的不得实施集中。

（二）申报标准

申报标准是经营者集中是否需要进行事先申报的门槛，是对经营者集中进行管制的界限。申报标准应当与一国的经济发展水平相适应，不能太高或太低。申报标准太高，不利于防止过度集中导致的垄断；申报标准太低，不利于经营者形成规模效益，也会加大反垄断执法机构的负担和监管成本。

目前，大多数国家的申报标准都以当事人本身的规模和交易的规模来确定。当事人本身的规模主要是以当事人的资产总额和年度销售总额作为基准，择一或合并适用。交易规模则主要以当事人准备实施的集中计划中作为最终结果所核定的金额数作为基准。具体做法各国并不相同。

我国《国务院关于经营者集中申报标准的规定》确定的是以经营者的营业额为计算标准的申报制度，具体为：①参与集中的所有经营者上一会计年度在全球范围内的营业额合计超过 100 亿元人民币，并且其中至少 2 个经营者上一会计年度在中国境内的营业额均超过 4 亿元人民币；②参与集中的所有经营者上一会计年度在中国境内的营业额合计超过 20 亿元人民币，并且其中至少 2 个经营者上一会计年度在中国境内的营业额均超过 4 亿元人民币。经营者集中达到其中一项标准的，即应当事先向国务院反垄断执法机构申报。

由于经济生活非常复杂，在有些情况下，经营者集中虽然没有达到规定的申报标准，但仍

---

[1] 例如，2005 年，联想以 17.5 亿美元（其中，6.5 亿美元现金，6 亿美元联想普通股，5 亿美元净债务）的价格收购 IBM 的个人电脑事业部，组建世界第三大 PC 领导厂商。以双方 2003 年的销售业绩合并计算，此次收购意味着联想的 PC 年出货量将达到 1190 万台，销售额将达到 120 亿美元，从而使得联想 PC 业务规模增长 4 倍。参见时建中主编：《反垄断法——法典释评与学理探源》，中国人民大学出版社 2008 年版，第 253~254 页。

有可能产生排除、限制竞争的效果。比如，有的行业经营者的营业额普遍较低，达不到申报标准，但参与集中的经营者的市场份额却相对较大，其集中行为就很有可能排除、限制竞争。对这类经营者集中，也需要有相应的控制措施。为此，《国务院关于经营者集中申报标准的规定》第4条规定，经营者集中没有达到规定的申报标准，但按照规定程序收集的事实和证据表明该经营者集中具有或者可能具有排除、限制竞争效果的，国务院反垄断执法机构应当依法进行调查。

值得注意的是，互联网领域的经营者集中问题，其申报门槛、评价标准等都遇到了新的挑战。

我国企业并购的申报标准采取的是以参与集中的经营者的双重营业额为量化的标准。互联网行业的并购出现了一种奇特的现象：规模较小，成立时间较短的科技型初创企业成为并购的热门对象。大部分初创企业被收购时尚未有稳定的、成熟的盈利模式，因而营业额较低。按照并购的申报标准，初创企业可能达不到申报的条件。如此，则不需要申报。

按照《国务院反垄断委员会关于平台经济领域的反垄断指南》第18条的规定，营业额的计算根据行业惯例、收费方式、商业模式、平台经营者的作用等不同可能有所区别。对于仅提供信息匹配、收取佣金等服务费的平台经营者，可以按照平台所收取的服务费及平台其他收入计算营业额；平台经营者具体参与平台一侧市场竞争或者发挥主导作用的，还可以计算平台所涉交易金额。

五、对经营者集中的审查

反垄断执法机构收到经营者的申报材料后，就进入审查程序。对经营者集中的审查一般分为两个阶段：初步审查和进一步审查。

（一）初步审查

初步审查主要是对经营者集中是否影响市场竞争进行初步判断，以排除那些对市场竞争没有影响的经营者集中，对于那些可能影响市场竞争的经营者集中，则还要进一步审查。从申报被受理之日至反垄断执法机构作出审查决定之日，原则上不得实施集中，该期限被称为"等待期间"。

我国《反垄断法》第30条规定，国务院反垄断执法机构应当自收到经营者提交的符合规定的文件、资料之日起30日内，对申报的经营者集中进行初步审查，作出是否实施进一步审查的决定，并书面通知经营者。国务院反垄断执法机构作出决定前，经营者不得实施集中。国务院反垄断执法机构作出不实施进一步审查的决定或者逾期未作出决定的，经营者可以实施集中。

（二）进一步审查

反垄断执法机构经初步审查，认为经营者集中可能对市场竞争造成影响时，应该对经营者集中进一步审查。进一步审查主要是在综合考虑各种因素的基础上，就经营者集中是否影响市场竞争进行具体分析，从而得出是否准许集中的最终决定。

我国《反垄断法》第31条规定，国务院反垄断执法机构决定实施进一步审查的，应当自决定之日起90日内审查完毕。有下列情形之一的，国务院反垄断执法机构经书面通知经营者，可以延长审查期限，但最长不得超过60日：①经营者同意延长审查期限的；②经营者提交的文件、资料不准确，需要进一步核实的；③经营者申报后有关情况发生重大变化的。进一步审查完毕后，反垄断执法机构应作出是否禁止经营者集中的决定，并书面通知经营者。作出禁止经营者集中的决定，应当说明理由。国务院反垄断执法机构逾期未作出决定的，经营者可以实施集中。在进一步审查期间，经营者不得实施集中。经营者违反规定实施集中的，由国务院反垄断执法机构责令停止实施集中、限期处分股份或者资产、限期转让营业以及采取其他必要措施恢复到集中前的状态，可以处 50 万元以下的罚款。

（三）审查时的考虑因素

在我国，审查经营者集中，应当考虑下列因素：

1. 参与集中的经营者在相关市场的市场份额及其对市场的控制力。经营者的市场份额在很大程度上表现了该经营者的经济实力和竞争力，是市场控制力的集中体现，因此，各国或地区的反垄断法一般都将市场份额作为判断经营者市场地位的一个重要指标。

2. 相关市场的市场集中度。市场集中度是指在一个相关市场上，市场份额被少数经营者控制的程度。考察市场集中度主要有两种方法：一是大企业集中率；另一种是赫尔芬达尔—赫希曼指数（Herfindahl-Horschman Index，HHI，以下简称赫氏指数）。其中，大企业集中率方法是计算相关市场上最大的几家经营者的市场份额之和，方法比较简单，数据易得，易于操作。赫氏指数方法相对较复杂。

赫氏指数是市场上所有企业的市场份额的百分比数进行平方后相加的数额。在独家垄断的市场条件下，由于该企业的市场份额是 100%，赫氏指数就等于 10 000；而在完全竞争的市场条件下，因为市场上的企业数目众多，每个企业所占的市场份额就极其有限，赫氏指数则仅仅是大于零的一个数目。例如，如果市场上有 4 个企业，市场份额分别为 40%、30%、20%、10%，这个市场上的 HHI＝40×40＋30×30＋20×20＋10×10＝3000。可见，赫氏指数是一个大于 0 小于等于 10 000 的一个数。赫氏指数越大，表明市场集中度越高，反之则越小。

世界上许多国家都采用赫氏指数作为初步审查的标准。这里仅以欧美为例。欧美虽然都采用赫氏指数，但具体运用上有所不同。

在美国，如果集中后的赫氏指数在 1500 以下，则属于安全港。如果赫氏指数在 1500～2500，属于中度集中市场。企业合并导致赫氏指数提高 100 点以上的，一般会被禁止。集中后市场赫氏指数超过 2500，属于高度集中市场。如果企业合并导致赫氏指数提高 50～100 点的，则需要进一步分析。如果集中使赫氏指数提高了 100 个点以上，便可以推断集中可能产生或者加强市场势力，或者推动行使市场势力，该集中则会被禁止。

在欧盟，集中后的赫氏指数在 1000～2000，并且赫氏指数提高程度小于 250；或赫氏指数虽然大于 2000，但提高程度小于 150，委员会也不认为存在竞争问题。除非存在特殊情况，赫氏指数不能反映当事人的市场力量。

日本认为，企业并购后市场上赫氏指数超过 2500 个点，且并购后较并购前的赫氏指数提高低于 250 个点，一般不具有反竞争效果；但若赫希曼指数提高了 250 个点以上，则可能具有反竞争效果，需要进一步分析。

3. 经营者集中对市场进入、技术进步的影响。经营者集中可能会产生或者加强市场势力，导致一些反竞争的行为。这一点可以从经营者集中后，新经营者能否及时、充分地进入市场得到判断。如果新经营者能够及时、充分地进入市场，那么这种集中通常不具有反竞争的效果；而如果集中阻碍了新经营者进入市场，那么这种集中就具有反竞争的效果。

考察经营者集中对市场进入的障碍，需要考虑以下几个因素：①进入的可能性。如果按照集中前的价格水平销售产品依然可以获得利润，新的经营者就具有进入市场的可能性，反之，新的经营者就不会进入市场。②进入的及时性。新的经营者能够及时进入，消费者就不至于因为集中导致商品价格上涨而遭受福利减损。如果新的经营者需要在相当长的时间才能进入到这个市场，那么他们就不能阻止或者抵销集中的反竞争效果。美国反托拉斯当局一般只考虑能够在 2 年内对市场发生显著影响的进入。③进入的充分性。新的经营者可能而及时的进入能够使市场价格回落到集中前的水平，即是充分的进入。这就要求新经营者的进入必须要达到相当的规模，否则其无力弥补集中后所产生的竞争损失。

在当代市场经济条件下，技术进步是企业核心竞争力的关键因素，是社会经济增长的基础。如果经营者集中导致集中后的经营者只凭提高商品价格即可获取垄断利润，而不需通过技术进步和创新来提高生产力和市场竞争力，则该经营者集中就是反竞争的。

4. 经营者集中对消费者和其他有关经营者的影响。保护消费者的利益是反垄断法的立法目的之一。经营者集中可能会增加消费者的福利，如因规模效益提高了生产效率而向社会提供更为物美价廉的商品。但是，经营者集中也可能减损消费者的福利，因为经营者集中减少了市场竞争者的数量，提高了集中后的经营者的市场支配力，集中后的经营者可能滥用其市场支配力而向消费者索取更高的价格或提出不合理的交易条件。

同样，经营者集中也可能损害其他有关经营者的利益。例如，利用集中后形成的市场支配地位排挤相关市场上其他经营者，封锁相关市场，阻碍新的竞争者进入。

5. 经营者集中对国民经济发展的影响。一般来讲，保护竞争防止垄断有利于国民经济发展，但在特殊情况下，一个损害竞争的经营者集中有可能有利于国民经济的发展，有利于社会公共利益，这样的经营者集中应当得到豁免。例如，外贸领域的经营者集中虽然会减损国内市场的竞争，但有助于提高经营者的国际竞争力，促进本国国际贸易的发展，这样的经营者集中一般会得到豁免。例如，1997 年美国联邦贸易委员会出于国家整体经济利益的考虑，在波音和麦道合并后占据世界飞机制造市场 64% 的份额的情况下，仍然不顾欧共体的强烈反对，批准该合并。

6. 国务院反垄断执法机构认为应当考虑的影响市场竞争的其他因素。除了上述因素外，经济发展周期、国内外经济形势、国家宏观调控政策和市场竞争政策等都对市场竞争产生直接或间接的影响，在审查经营者集中的竞争效果时，应当酌量考虑。此外，对外资并购境内企业或者以其他方式参与经营者集中，涉及国家安全的，除依法进行经营者集中审查外，还应当按照国家有关规定进行国家安全审查。

同样值得关注的是，互联网领域的经营者集中的审查标准进一步得到细化。基于互联网平台的去中心化特性，平台之间的并购很难对应到传统的横向、纵向和混合集中的类型上。由此，难以适用并购的反竞争效应评估分析框架。因此，对涉及双边或者多边平台的经营者集中，需要综合考虑平台的双边或者多边业务，以及经营者从事的其他业务，并对直接和间接网络外部性进行评估。

数字经济时代，数字的资源价值凸显，平台并购通过不断的资源整合，借助平台内数据在不同市场间的传导和多功能适用，可能获得垄断地位。《国务院反垄断委员会关于平台经济领域的反垄断指南》第 11 条规定的评估考量要素基本是传统并购分析的框架和要素。在此基础上，平台拥有的数字、算法、算力等要素应该是评价平台优势的核心。

（四）决定

对申报的经营者集中经过初步审查和进一步审查后，反垄断机构应当作出最后决定，具体有以下几种：

1. 禁止经营者集中的决定。经营者集中具有或者可能具有排除、限制竞争效果的，国务院反垄断执法机构应当作出禁止经营者集中的决定。

2. 不予禁止经营者集中的决定。经营者能够证明该集中对竞争产生的有利影响明显大于不利影响，或者符合社会公共利益的，国务院反垄断执法机构可以作出对经营者集中不予禁止的决定。

3. 附限制条件的不予禁止决定。对不予禁止的经营者集中，国务院反垄断执法机构可以决定附加减少集中对竞争产生不利影响的限制性条件。国务院反垄断执法机构应当将禁止经营者集中的决定或者对经营者集中附加限制性条件的决定，及时向社会公布。

对反垄断执法机构作出的上述决定不服的，可以先依法申请行政复议；对行政复议决定不服的，可以依法提起行政诉讼。

六、经营者集中的豁免

经营者集中是市场经济的一把"双刃剑"，一方面，经营者经济力量过度集中将导致垄断，从而破坏市场的有效竞争，损害消费者的合法权益；另一方面，经营者集中有利于优化资源配置，提高企业经济效益，增强企业国际竞争力。因此，经营者集中的豁免制度作为反垄断法的一项重要制度被各国、各地区立法和司法实践普遍接受。

我国《反垄断法》第34条对经营者集中的豁免理由仅笼统地规定了两种情形：一是"经营者能够证明该集中对竞争产生的有利影响明显大于不利影响"；二是"符合社会公共利益"。参考各国和各地区的立法例，对经营者集中的豁免理由主要有以下几种：

（一）提高效率

如果某项集中对竞争有危害，但只要能证明集中的最终结果在改进生产和服务以及降低价格方面的"效率"能抵销上述危害，则这种集中一般能被豁免。

美国的司法部和联邦贸易委员会认可了这一观点，1997年《横向合并指南》认为，企业合并能够促进企业获得内部效率。由于企业合并可以使企业更好地利用现有资产，合并后的企业同合并前相比可以降低生产成本，有提高效率的潜在可能性。指南同时强调，当局仅考虑通过合并产生的效率，该效率是在没有合并或不采取类似反竞争效果的其他方式时不能获得的效率，即"合并特有的效率"（merger-specific efficiencies）。指南要求，参与合并的企业必须具体说明其关于效率的主张，以便当局能够通过合理的方式证明该效率的可能性和重要性。如果有关效率的主张含糊不清、具有投机性或不能通过合理方式予以证明，则不予考虑提高效率的主张。

与美国相比，欧盟对企业合并的控制虽然也考虑效率因素，但对此持相当谨慎的态度。当成本节约、技术进步以及提高国际竞争力等产业政策方面的目标与维护市场的有效竞争发生冲突的时候，欧盟委员会和法院一般都选择首先维护市场的有效竞争。

（二）破产

经营者破产是市场竞争的结果，一般来讲，破产会导致该经营者业的资产从相关市场上退出，此时的合并不可能产生或扩大市场势力。因此，当参与集中的一方濒临破产时，这个经营者集中将可以获得豁免，这不但有利于拯救破产经营者，保护利益相关人的利益，而且可以避免破产带来的社会财富的浪费、失业率的上升、技术的流失以及市场供给减少等一系列问题。

在美国，"破产公司原则"（Failing Company Doctrine）是美国经营者集中豁免制度中的一项重要原则。根据1997年《横向合并指南》的规定，濒临破产的企业合并豁免需要具备以下条件：①该企业在可预见的期限内资不抵债；②该企业没有能力成功地进行企业重组；③该企业虽不成功但曾真诚地努力寻找其财产的买家，以使其资产能够继续留在相关市场上，并使竞争受到比合并更小的损失；④如果没有这个合并，该企业的资产将退出相关市场。

（三）提高国际竞争力

随着经济全球化和世界经济一体化的发展，每个国家都希望自己的企业在国际竞争中处于优势地位，而集中是经营者提高国际竞争力的一个很好的捷径。因此，如果一个经营者主要从事进出口商品的生产和经营，通过集中可以提升该经营者的国际竞争力而不影响国内市场的有效竞争，那么这类经营者集中行为通常会得到反垄断法的豁免，波音—麦道合并案即是其例。

（四）中小企业的集中

中小企业属于市场上的弱小者，它们的集中一般不会过多地影响市场竞争，相反还可能促进竞争，是抵制大企业垄断的有效途径，因此，反垄断法一般给予豁免。德国 1998 年修订的《反对限制竞争法》提高了干预中小经营者集中的门槛，这就意味着豁免中小企业集中的范围扩大了，有利于实现规模经济。

第五节　行政性垄断

一、行政性垄断的概念和特征

所谓行政性垄断，是指行政机关和法律、法规授权的具有管理公共事务职能的组织滥用行政权力，限制或者排除竞争的行为。基于上述定义，行政性垄断具有以下法律特征：

1. 行政性垄断的行为主体是行政机关和法律、法规授权的具有管理公共事务职能的组织。这点与经济性垄断不同。这里的"行政机关"包括国务院部委、各级地方政府及其所属部门，但不包括作为中央政府的国务院，因为国务院是代表国家的主权机构，其行为不受反垄断调查。这里的"法律、法规授权的具有管理公共事务职能的组织"，简称公共组织，其虽然不是行政机关，但经法律、法规授权行使管理公共事务职能，在其授权范围内行使的是行政权力，具有行政机关的性质。以下为行文方便，除非另有所指，统称"行政机关和法律、法规授权的具有管理公共事务职能的组织"为"行政机关"。

2. 行政性垄断是行政机关滥用行政权力的结果。所谓滥用行政权力，是指行政机关违反宪法或法律赋予其的职权和程序，不正当地行使行政权力的违法行为。行政性垄断所凭借的不是一种经济优势，而是一种行政权力优势，是"超经济"的力量，并且这种优势是通过行政权力的滥用表现出来的。

3. 行政性垄断具有排除、限制竞争的危害效果。行政性垄断与经济性垄断一样，都具有排除、限制竞争的效果。不同的是，滥用行政权力不一定都要产生排除、限制竞争的后果，具有排除、限制竞争效果的滥用行政权力的行为才属于垄断行为。另外，由于分析行政性垄断的主观动机是十分困难的，因此，通常只进行排除、限制竞争的效果分析。

二、行政性垄断的分类

根据不同的分类标准，可以对行政性垄断作如下分类：

（一）地区垄断和部门垄断

根据行政性垄断的作用范围，可以分为地区垄断和部门垄断。地区垄断，又称地区封锁，是指地方政府及其所属部门为保护本地区利益，滥用行政权力而实施的排除、限制竞争的行为。地区垄断的基本形式有两种：限制外地商品（包括服务，下同）进入本地市场和限制本地商品流向外地市场。地区垄断实质为地方保护主义。部门垄断，是指政府的各部门为保护本部门的企业和经济利益，滥用行政权力而实施的排除、限制竞争的行为。由于历史上我国管理经济的行政机关是根据行业对口设置的，行业管理行政机关与特定行业的利益胶着在一起，从而形成了部门垄断的驱动力。部门垄断的行业多是自然垄断行业和法定垄断行业，如电信、铁路、自来水、石油、电力、烟草等。

地区垄断与部门垄断有以下主要区别：①部门垄断的目的在于保护本部门的利益，而地区垄断的目的是保护本地区的利益；②部门垄断的结果是导致部门封锁即"条条垄断"，而地区垄断的结果是导致地区封锁即"块块垄断";③部门垄断排斥的是不同部门之间的竞争,而地区垄断排斥的是不同地区之间的竞争;④部门垄断的实施者主要是各级政府所属的各管理部门,而地区垄断的实施者则主要是地方各级政府。[1]

（二）抽象行政性垄断和具体行政性垄断

根据滥用行政行为的方式不同,可以分为抽象行政性垄断和具体行政性垄断。

抽象行政性垄断是指行政机关采取制定行政规章和规范性文件的方式实施的垄断。抽象行政性垄断针对的是不特定的经营者,具有较大的危害。

具体行政性垄断是指行政机关通过具体行政行为进行的垄断。具体行政性垄断针对的是特定的经营者。

（三）作为型行政性垄断和不作为型行政性垄断

根据滥用行政行为的方式不同,还可以将行政性垄断分为作为型行政性垄断和不作为型行政性垄断。

作为型行政性垄断是指行政机关以作为的方式积极主动地排斥、限制竞争。例如,地方政府通过发布政府命令对外地生产的汽车在税费缴纳、牌照管理上采取歧视性政策。

不作为型行政性垄断是指行政机关以不作为的方式消极地排斥、限制竞争。有关行政机关本负有维护和促进市场公平自由竞争的法定义务,但为了保护本地本部门经营者的利益,采取不作为的方式排斥、限制外地外部门的经营者。例如,对本地本部门经营者的排斥、限制竞争行为予以放纵,应查而不查;对于外地经营者申请许可的行为不依法办理。

三、行政性垄断的具体行为类型

我国《反垄断法》共规定了六类典型的行政性垄断行为,具体分述如下:

（一）强制限定交易行为

所谓强制限定交易行为,是指行政机关和法律、法规授权的具有管理公共事务职能的组织滥用行政权力,限定或者变相限定单位或者个人经营、购买、使用其指定的经营者提供的商品的行政性垄断行为。强制限定交易行为主要是为了维护特定经营者的利益,强制"缔约"并强制"履行"。该类行为长期存在于我国政企不分的政治经济环境中,极大地损害了同类商品的其他经营者的竞争利益。

现实中,强制限定交易行为主要表现为:①限定单位和个人只能经营、购买、使用本辖区范围内的经营者提供的商品;②要求单位和个人必须经营、购买、使用行政机关挂靠企业的商品;③限定客户和消费者购买行政机关的关系户提供的商品;④限定客户和消费者购买行政机关指定单位提供的有偿服务。

（二）地区封锁行为

地区封锁行为主要是为了本地区的利益而实施的行政性垄断行为,妨碍商品在地区之间的自由流通。该行为与强制限定交易行为一样,曾经在我国各地大量存在。1993年《反不正当竞争法》（已被修改）第7条第2款对此作了规定:"政府及其所属部门不得滥用行政权力,限制外地商品进入本地市场,或者本地商品流向外地市场。"2001年《国务院关于禁止在市场经济活动中实行地区封锁的规定》（已被修改）对地区封锁行为作了进一步的细化规定,2007年《反垄断法》（已被修改）第33条将地区封锁行为纳入反垄断法的规制范围。

根据2007年《反垄断法》（已被修改）第33条的规定,地区封锁行为的表现形式主要有:①对外地商品设定歧视性收费项目、实行歧视性收费标准,或者规定歧视性价格;②对外地商

---

〔1〕 种明钊主编:《竞争法学》,高等教育出版社 2002 年版,第 300 页。

品规定与本地同类商品不同的技术要求、检验标准，或者对外地商品采取重复检验、重复认证等歧视性技术措施，限制外地商品进入本地市场；③采取专门针对外地商品的行政许可，限制外地商品进入本地市场；④设置关卡或者采取其他手段，阻碍外地商品进入或者本地商品运出；⑤妨碍商品在地区之间自由流通的其他行为。

（三）排斥或限制外地经营者参加招投标的行为

所谓排斥或限制外地经营者参加招投标的行为，是指行政机关和法律、法规授权的具有管理公共事务职能的组织滥用行政权力，以设定歧视性资质要求、评审标准或者不依法发布信息等方式，排斥或者限制外地经营者参加本地的招标投标活动的行政性垄断行为。

排斥或限制外地经营者参加招投标行为的主要表现形式有：

1. 设定歧视性的资质要求。这是指对外地经营者设定高于本地经营者的资质方面要求。例如，要求参与投标的外地经营者具有高于本地经营者的注册资本、业务资格、既往业绩等。对此，《中华人民共和国招标投标法》（以下简称《招标投标法》）也有规定，即招标人不得以不合理的条件限制或者排斥潜在投标人，不得对潜在投标人实行歧视待遇（第18条第2款）。招标文件不得要求或者标明特定的生产供应者以及含有倾向或者排斥潜在投标人的其他内容（第20条）。

2. 设定歧视性的评审标准。这是指在对投标进行评审时，对外地经营者的评审标准高于或严于本地经营者，由此得出的招投标结果自然也不公平。对此，我国《招标投标法》第44条第1款明确规定，评标委员会成员应当客观、公正地履行职务，遵守职业道德，对所提出的评审意见承担个人责任。

3. 不依法发布招投标信息。我国《招标投标法》规定，招标人采用公开招标方式的，应当发布招标公告。依法必须进行招标的项目的招标公告，应当通过国家指定的报刊、信息网络或者其他媒介发布。招标公告应当载明招标人的名称和地址、招标项目的性质、数量、实施地点和时间以及获取招标文件的办法等事项（第16条）。招标人采用邀请招标方式的，应当向3个以上具备承担招标项目的能力、资信良好的特定的法人或者其他组织发出投标邀请书（第17条第1款）。行政机关如不依照《招标投标法》以及其他法律法规的规定对外发布招投标信息，将阻碍外地经营者参与投标。

（四）排斥或限制外地经营者在本地投资或者设立分支机构的行为

经营者在某地进行投资或设立分支机构，一般是为了获取原材料、相对廉价的劳动力或者占领某地区的商品和服务市场，实现对当地市场的分享或控制。对于外来投资，本地政府一般是欢迎的，但出于狭隘的地方保护主义和小团体利益，有些地方行政机关也会直接或间接地阻挠外地经营者进入本地市场。实务中，常见的排斥或限制外地经营者的手段主要有两类：一是直接限制外地经营者；二是为本地经营者提供特殊扶持而间接限制外地经营者。前一类手段如要求外地投资者具有与投资无关的资质条件、设定最低资本要求、提供不必要的高额担保、强制征收额外税费、限定投资项目和资金使用方向、设置繁琐的审批程序和条件等。后一类手段如要求银行只给予本地经营者贷款支持、给予本地经营者税收优惠、在行政程序上给予本地经营者特殊关照等。[1]

（五）强制从事垄断的行为

所谓强制从事经济性垄断的行为，是指行政机关和法律、法规授权的具有管理公共事务职能的组织滥用行政权力，强制经营者从事反垄断法规定的垄断行为的一种行政性垄断行为。现

---

〔1〕　时建中主编：《反垄断法——法典释评与学理探源》，中国人民大学出版社2008年版，第359页。

实中，行政机关往往利用手中市场管理方面的行政权力（如税收、工商、物价、卫生等行政管理权），强制经营者达成垄断协议、滥用市场支配地位或实施经营者集中，不但干预和限制了经营者的经营自主权，而且损害了正常的市场竞争秩序。例如，有些地方政府以"将企业做大、做强"的名义，强迫经营者进行集中，组建大型企业集团。

（六）抽象限制竞争行为

所谓抽象限制竞争行为，是指行政机关滥用行政权力，制定含有排除、限制竞争内容的规定的一种行政性垄断行为。抽象限制竞争行为往往针对的是不确定的经营者和经营活动，效力具有普遍性，其比具体的限制竞争行政行为危害更大，影响更广。

与前面几种行政性垄断行为相比，抽象限制竞争行为的主体比较特殊，仅限于行政机关，不包括法律、法规授权的具有管理公共事务职能的组织。对于地方各级人大及其常务委员会制定的抽象限制竞争行为，则应按照《立法法》《地方各级人民代表大会和地方各级人民政府组织法》的规定处理。

行政机关制定的含有排除、限制竞争内容的规定，可以是专门的排除、限制竞争的规范性文件，也可以是其他规范性文件中的排除、限制竞争条款。至于这里的"规定"是否包括"规章"，还有待于澄清。我国《行政复议法》第7条就明确规定，在对具体行政行为申请行政复议时，可以附带申请审查的"规定"不包括规章。[1] 从立法用语统一性来看，这里的"规定"也不包括规章。对规章的审查应依据法律和行政法规办理。

---

[1]《行政复议法》第7条规定："公民、法人或者其他组织认为行政机关的具体行政行为所依据的下列规定不合法，在对具体行政行为申请行政复议时，可以一并向行政复议机关提出对该规定的审查申请：（一）国务院部门的规定；（二）县级以上地方各级人民政府及其工作部门的规定；（三）乡、镇人民政府的规定。前款所列规定不含国务院部、委员会规章和地方人民政府规章。规章的审查依照法律、行政法规办理。"

第十三章

反不正当竞争法律制度

第一节　反不正当竞争法概述

一、反不正当竞争法的含义

反不正当竞争法是市场经济中的重要法律制度，是国家规范市场经济，完善市场经济体制的重要手段。反不正当竞争法有广义和狭义之分。狭义的反不正当竞争法是指我国现行的《反不正当竞争法》；广义的反不正当竞争法还包括反不正当竞争的行政法规、反不正当竞争的地方性法规、反不正当竞争的部门规章等。

反不正当竞争法限制和禁止不正当竞争行为。不正当竞争行为具有下列特征：

1. 实施主体主要是经营者。所谓经营者，是指从事商品经营或营利性服务的法人、其他经济组织和个人。一般非经营者不能单独成为不正当竞争行为的主体。在有些情况下，非经营者的某些行为会妨害经营者的正当经营活动，侵害经营者的合法权益，这种行为也是反不正当竞争法的规制对象。比如，事业单位在交易中从事的商业贿赂行为。

2. 损害经营者合法利益和（或）侵害消费者的利益。不正当竞争直接损害了其他合法经营者的利益，尤其是与不正当竞争者有直接竞争关系的经营者（即竞争者）的利益。有些不正当竞争行为，如虚假广告和欺骗性有奖销售，还可能损害广大消费者的合法权益。不正当竞争会增加市场交易成本，阻碍技术进步和社会生产力的发展，危害公平竞争的市场秩序。

世界上最早的反不正当竞争法是德国 1896 年颁布的。在我国，第一部《反不正当竞争法》是 1993 年颁布的，该法于 2017 年进行第一次修改，2019 年进行了第二次修改。

二、我国反不正当竞争法的基本原则

我国《反不正当竞争法》第 2 条第 1 款规定："经营者在生产经营活动中，应当遵循自愿、平等、公平、诚信的原则，遵守法律和商业道德。"该款规定与《民法典》第 5~7 条所规定的自愿、公平、等价有偿、诚实信用原则大致相同。

（一）自愿原则

所谓自愿原则，是指经营者和消费者在法律许可的范围内，完全以自己的意愿决定自己的交易行为，不受任何干扰。反不正当竞争法除对自愿原则作出规定外，还在许多具体条款中作了具体的规定。第二章所规定的七种不正当竞争行为几乎都违背了自愿原则，特别是假冒仿冒行为、误导宣传行为、侵犯商业秘密行为。

（二）平等原则

所谓平等原则，是指经营者在市场交易活动中的法律地位都是平等的，在市场交易中应自觉自愿、平等协商，任何一方都不得将自己的意志强加于另一方，特别是实力强大或具有独占经营地位的经营者，更不能利用自己的优势地位迫使对方服从自己的意志，即法律面前一律平等。如果承认特权和强制，市场的竞争性和效率必然会受到损害。

（三）公平原则

所谓公平原则，是指在市场交易中应当公平合理、权利义务一致。市场中的公平包括交易条件的公平和交易结果的公平。交易条件的公平是指交易条件的真实和交易机会的平等。例如，虚假广告就违反了交易条件的真实，商业贿赂、串通招标投标就违反了交易机会的平等。交易结果的公平是指交易双方交易以后的权利义务大致相当。暴利宰客显然违背了公平原则。

（四）诚信原则和公认的商业道德

诚信原则，是指市场交易的参与者应该诚实待人，恪守信用，不得弄虚作假、欺诈对手、损人利己。诚实守信被称为民法中的帝王条款，可见其重要性。公认的商业道德在《反不正当竞争法》的基本原则中是一个兜底条款，即使前四项原则中不能涵盖的内容也都被其概括进去了。

第二节　假冒或仿冒行为

在市场经济条件下，商品交易遵循自愿原则。生产者或经营者在激烈的市场竞争中，通过改善产品品质、提高服务质量来赢得市场对其产品的认可，并以名称、包装、装潢、原产地标志等外在表征来标表商品，使自己的商品特定化。这些外在的表征蕴涵了特定声誉或商誉，是生产者或经营者长期智慧劳动的结晶，是诚实经营的结果，同时也是取得并保持其竞争优势、占据市场份额的有力手段。假冒或仿冒行为违背了奉公守法、诚实经营的宗旨，借助别人已有的商业信誉，通过搭别人的"便车"销售自己的商品，巧取豪夺别人的劳动成果，特别是智力劳动成果，造成市场的混淆，妨碍市场交易，侵害了其他生产者和经营者的合法权益，最终伤及消费者。正因为假冒或仿冒行为有如此巨大的社会危害性，世界各国的反不正当竞争法均将其作为不正当竞争行为而予以禁止。

一、前提条件："一定影响"

"一定影响"来自于《中华人民共和国商标法》（以下简称《商标法》）第 32 条的规定，是为确立先用权而设定的。在《商标法》中，认定商标是否有"一定影响"，应综合考虑下列因素：相关公众对该商标的知晓程度；该商标使用的持续时间和地理范围；该商标广告宣传的时间、方式、程度、地理范围；等等。事实上，在商标法中，"一定影响"是在一个扩展命题语境下发挥作用的，即"已经使用并有一定影响"。在《商标审查及审理标准》（已废止）中，"一定影响"被解释为："在中国已经使用并为一定地域范围内相关公众所知晓的未注册商标。"换言之，这个命题是由两个语词构成的：已经使用、一定影响。商标法的表述是"已经使用并有一定影响"，这是一个不可分割的统一概念，换言之，"使用""一定影响"是两个并行的条件。

按照 2022 年《最高人民法院关于适用〈中华人民共和国反不正当竞争法〉若干问题的解释》第 4 条第 2 款的规定，"人民法院认定反不正当竞争法第六条规定的标识是否具有一定的市场知名度，应当综合考虑中国境内相关公众的知悉程度，商品销售的时间、区域、数额和对象，宣传的持续时间、程度和地域范围，标识受保护的情况等因素"。原法中的"知名"被"一定影响"代替。

中国古语有："橘生淮南则为橘，生于淮北则为枳"，它揭示了因地域环境变化产生的事物性质的改变。同样，因语境不同，"一定影响"从《商标法》转用到《反不正当竞争法》也会产生类似的效果。那么，在反不正当竞争法的理解和运用上，应补足"一定影响"的基础条件——"使用"。即明确商业标识的"一定影响"应来自于"使用"，而不是单纯的广告宣传。不仅要增加"使用"这个前提条件，还需要满足：涉嫌违法主体"使用"的相同或类似的商业标识与商业标识权利人使用的地点有交叉。地点不交叉不会产生搭便车的反竞争性后果。需要创建不正当竞争行为的相关地域市场分析方法。

二、假冒或仿冒知名商品特有的名称、包装和装潢的行为

同商标一样，商品的名称、包装、装潢也是商品的外部特征，尤其是知名商品所特有的名称、包装、装潢更是具有区别商品来源、标表不同商品的作用，与商标相辅相成，以增强消费者所要识别的商品的显著性。在一定程度上，商品的名称、包装、装潢也是生产者或经营者声誉或商誉的反映，同样凝聚着生产者或经营者智力劳动的结晶。

（一）假冒或仿冒行为所侵害的客体

《反不正当竞争法》列举了市场中主要的商业标识，不可能也没有必要将所有的商业标识一一列举。

1. 名称。商品的名称，有通用名称与特有名称之分。通用名称是某类商品所共同具有或使用的名称，它可以将一类商品与另一类商品区分开来。例如，"葡萄"酒，"水果"糖等这些已经成为本行业的通用名称。特有名称是指某一个体商品所独自具有的名称，它可以将彼此不同的两个商品予以区分。《关于禁止仿冒知名商品特有的名称、包装、装潢的不正当竞争行为的若干规定》第3条第3款规定："本规定所称知名商品特有的名称，是指知名商品独有的与通用名称有显著区别的商品名称。但该名称已经作为商标注册的除外。"

2. 包装。包装，是为识别商品以及方便携带、储运而使用在商品上的辅助物和容器。在日常生活中，我们对于包装的理解非常宽泛，泛指一切盛装和保护产品的容器和包装物，而《反不正当竞争法》中所表明的包装的范围要窄于此，只有那些在一定程度上显现了商品的特征、为消费者识别商品提供了一定参照标准的包装，才是《反不正当竞争法》保护的对象。

3. 装潢。装潢是为识别与美化商品而在商品或者其包装上附加的文字、图案、色彩及其排列组合。一般而言，装潢附加于商品包装之上，成为商品的组成部分或者与包装一起成为商品的附着物。另外，由经营者营业场所的装饰、营业用具的式样、营业人员的服饰等构成的具有独特风格的整体营业形象，可以认定属于"装潢"。在大多数情况下，商品装潢所含载的信息量要远远大于商标，因此，其更易吸引消费者的注意力，仿冒商品装潢给消费者造成混淆的严重性不容低估。

（二）对"近似使用"的判定

依据《反不正当竞争法》的规定，仿冒人对他人商品的名称、包装、装潢作相同或近似使用时，才构成不正当竞争行为。对于仿冒人对他人商品的名称、包装、装潢作相同使用的认定比较容易，而对近似使用的认定则较为抽象。判断的基本方法是，根据主要部分和整体印象相近，以一般购买者施以普通注意力进行分析和认定。一般购买者已经发生误认或者混淆的，可以认定为近似。具体而言，判断近似时，可以从以下几个方面把握：

首先，就仿冒商品与被仿冒商品名称、包装、装潢的主要部分和整体设计、整体构图进行比较，只要主要部分和整体形象雷同，即使细枝末节有所差异，也不影响对近似的认定。其次，对仿冒商品与被仿冒商品名称、包装、装潢作隔时、异地比较。近似与相同的根本区别在于，其含载的信息或内容有局部的差异，将名称、包装、装潢雷同的两个商品放在一起对比，这种差异尚属明显。但若将仿冒商品与被仿冒商品在不同的时间、不同的地点进行观察，这种差异即很难发现，此时即可判定为近似。最后，购买者只要尽到一个普通购买者应有的注意义务即可。这里的购买者非指某个购买者或所有购买者，因而这种认识能力不是以某个购买者基

于其自身的智力、身体状况、技能、物质条件等所具有的认识能力作为标准，同样也不是以所有购买者都能识别为标准，而是依据与某种商品有特定购买关系的一个消费群体普遍具有的认识能力或称之为中等认识能力为判断标准。

三、冒用他人的企业名称或者姓名的行为

（一）企业名称（简称）

企业名称，是用来区别不同的厂商，即区别不同的生产者和经营者的符号。一个驰名企业名称是企业的无形资产，它一旦在公众中树立了良好的商业信誉，就会对公众产生极大的吸引力，并且不因经营者的更迭而受影响。商号与企业共存亡，如"同仁堂""冠生园"等老商号深深地根植于公众心中，历经数载而不衰，显示了企业名称标表商品时的巨大的潜在功能。企业名称由四部分构成，即行政区划名称、字号、行业和组织形式。通常情况下，这四部分不可分割。企业名称与商标、包装、装潢相比较，其表现方式单一，只能用文字表示，不能使用图案。

（二）社会组织的名称（简称）

社会组织，一般是指经县级以上人民政府民政部门依法登记的社会团体、民办非企业单位、基金会、城乡社区服务组织等。社会组织是非营利性组织。但不意味着其不可以从事带有经营性质的活动。

社会组织的活动依章程确定。从事这些活动的目标虽然是追求社会效益，但其中包含有利益关系，如收取经批准的管理费、咨询费、评估费等。这些活动可能涉及和外部经营者的合作。这样，其行为便扩展到具有经营性的范围。另外，由于其设立采取核准原则，行业中的社会组织在数量上、行业分布上都具有"垄断"性质。这使得社会组织可能成为经营者冒用、获取利益的一个对象。

（三）姓名

姓名是自然人称谓的设定、变更和专用的人格化标志，是法律赋予自然人的权利。在我国，自然人姓名虽然是一项基本的人身权利，但某些公众人物的姓名潜藏着不可忽视的商业价值。在姓名允许重名的情况下，作为商业标识的姓名的混淆问题就产生了。此类纠纷也难依《民法典》来处理。

对于假冒他人姓名的行为，民法规定了自然人有姓名权，权利人有权制止假冒其姓名的行为；著作权法规定了作者享有署名权；反不正当竞争法规定了禁止经营者擅自使用他人的姓名。其中，姓名权侧重于保护权利人的人身利益。民法上的姓名是一种身份权，侵害姓名权触犯的主要是人身利益，如干涉他人使用姓名、侮辱他人姓名等。当然，在某些情况下，也可能基于姓名权的侵害而产生财产利益，如盗用、冒用他人姓名获取（骗取）财产。著作权法中的署名来自于独立创作，侵害署名权一方面表现为掠夺他人的独立创作成果，如不给予作者署名；另一方面也可能对自己的劳动成果冒署他人之名，如制作、出售赝品等。禁止假冒署名既保护人身利益也保护财产利益。反不正当竞争法中禁止经营者擅自使用他人姓名，保护的主要是财产利益。换言之，对他人姓名的假冒，当冒用者的目的不在于损害基于姓名的人格权益，而是在于利用自然人姓名的商业潜力或作品署名的影响力推销自己的作品时，其损害的是姓名中的财产权益。

（四）构成要件

1. 被冒用的客体是企业的名称，社会组织名称或者姓名。企业的名称包括法人的名称、社会组织的名称以及自然人的姓名，这些客体之所以被冒用，是因为他们与为其标表的商品之间存在着特定的联系，一定程度上标示了商品的质量和信誉，能够带来经济利益。

三种不同的名称，各自法律的法律要求不同，但权利属性基本相同。相关法律规范，如《企业名称登记管理实施办法》等也保护经营者的名称。不同于此，反不正当竞争法保护的不是名称的私权，而是防止名称被仿冒，故这里的名称需要具备品质条件——"一定影响"。

2. 冒用行为引起或可能引起购买者的误认。被冒用的名称或姓名已经具有了一定的市场知名度，在公众心目中已享有了较高的信誉和商誉，这意味着，由其所标表的商品因此得到了市场的认可，该商品的价值和声誉由此得以提高。对于拥有这样名称的企业、社会组织和自然人来说，这是一笔无形资产，它可以给其拥有者带来丰厚的利益回报。也正是因为如此，冒用者对这样的名称或姓名趋之若鹜，其动机不过是将自己的商品与他人的商品相混同，张冠李戴，引起市场混淆，使公众将其商品误认为是标有一定影响的名称或姓名的他人的商品，搭他人的"便车"，推销自己的商品。

四、假冒或仿冒域名主体部分、网站名称、网页

网站名称包括网站英文名称（域名）以及网站中文名称，两种名称均可能发生混淆。网站名称是一扇门，点击进入后可能仍无法识别是否属于自己的目标主体，此时发生网页混淆。

（一）假冒或仿冒域名

域名，又称网址，是连接到因特网上的计算机的数字化地址，在互联网上代表着入网申请者的身份。域名具有三种特性：①识别性，其产生的基础是为了在因特网上区别各个不同的计算机用户。②唯一性，由于域名的命名具有一定的规范性，同时它又与 IP 地址等价，具有高度的精确性。从技术保障上，域名具有唯一性，且不仅是全国唯一，而且是全球唯一。每个域名在全球范围内都是独一无二的，这是域名标识性的根本保障。③排他性，因为具有唯一性，相应地就产生了排他性，包括技术上和法律上的排他。一旦获得注册，就排斥此后其他相同域名的注册。

域名可以分为不同的级别，常见的是顶级域名、二级域名。顶级域名又分为两类：一是国家顶级域名，如中国的国家顶级域名是".cn"、俄罗斯的国家顶级域名是".ru"。二是国际顶级域名，包括".com"".net"等，还包括表示行业类别的符号，如".gov"".org"等。我国的域名注册管理机构是国务院信息化办公室，中国互联网信息中心（CNNIC）作为其日常办事机构，负责管理和运行中国顶级域名 CN。按照我国相关法律规范，域名注册申请人必须是依法登记并能够独立承担责任的组织，公民个人不能申请域名。二级域名是指顶级域名之下的域名，或子域名（也称中心域名），是在国际顶级域名下，由域名使用者自己设计的，能够体现其特殊性，并据以同其他人域名相区别的字符串。域名混淆意义上的域名指二级域名。

由于域名注册实行"先申请先注册"的原则，可由企业自行办理，也可委托其他代理机构办理或 ISP 办理。注册机关在受理网络域名注册申请的过程中并不进行实质的审查，仅进行形式上的审查，这为搭借域名声誉的不正当竞争埋下隐患。《最高人民法院关于审理涉及计算机网络域名民事纠纷案件适用法律若干问题的解释》第 4 条规定："人民法院审理域名纠纷案件，对符合以下各项条件的，应当认定被告注册、使用域名等行为构成侵权或者不正当竞争：……（二）被告域名或其主要部分构成对原告驰名商标的复制、模仿、翻译或音译；或者与原告的注册商标、域名等相同或近似，足以造成相关公众的误认。"

（二）假冒或仿冒网站名称

网站名称是基于网页内容的高度概括而形成的称谓，一般来说，网站首页的标题就是网站的正式名称。在国外，网站名称有时与域名重合。在中国，由于域名只能用英文或数字组合，网站的名称和域名大都不重合。网站名称一般是中文，而域名不能使用汉字，这样，在我国常见的网站名称是中文命名的。

之所以在域名外还需要网站名称，是因为营销的需要。搜索时，以网站名称为关键词可以迅速检索到相关结果，并快速到达目的地。从经营角度，网站名称是对外形成并展示品牌形象的窗口。知名度高的网站名称，也可能被他人仿冒以搭便车。

涉及域名的典型案件是"北京开心人信息技术有限公司诉千橡互联科技发展有限公司、千橡网景科技发展有限公司案"。北京开心人信息技术有限公司通过"开心网"（kaixin001.com）提供的社会性网络服务在其创立后较短期间已形成较高知名度，该网站名称是网络用户识别该服务的最重要途径。千橡互联科技发展有限公司作为互联网业界具有一定影响力的公司，在明知北京开心人信息技术有限公司通过"开心网"（kaixin001.com）提供的社会性网络服务已构成知名服务的情况下，也使用"开心网"作为自己的网站名称，并在相同行业和领域中向公众提供社会性网络服务，这使网络用户对二者提供的服务产生混淆，千橡互联科技发展有限公司的上述行为违反了诚实信用原则，构成了不正当竞争。

（三）假冒或仿冒网页

互联网上的单一信息和如网页在内的系统信息均能够被复制。未经许可复制他人的信息涉嫌违反《著作权法》。一般用户复制并为学习之用并不违法。如果是经营者复制并以此作为经营的一部分，则构成违法，且还可能涉及反不正当竞争法。

复制是著作权法中最基本和判定是否侵权的最核心的概念，其直接结果是一份或多份复制品的产生。网络空间上的复制的概念并不完全与传统的著作权法中的复制概念相同。其复制行为可以是临时的（或称暂时复制）。互联网用户在因特网上访问或浏览他人的网页或主页时，首先是通过数字传输将网页以数字方式从该网页所在的远程计算机或服务器下载到用户的计算机上，尔后暂时存储在用户计算机的随机存储器内，再通过用户计算机的显示器和相应的浏览器显示出来。这种复制是技术运用的基本程序，不是人为控制的结果。

构成此类不正当竞争行为需满足如下条件：①对他人网页内容进行了复制；②复制的内容置于复制者的终端计算机；③通过互联网网页再现了其复制的主要内容；④足以误导其他访问者访问该网页。

第三节　商业贿赂行为

一、商业贿赂行为的概念和特征

美国《布莱克法律词典》认为，商业贿赂是指竞争者通过腐败收买预期交易对方的雇员或代理人的方式，获取优于其他竞争对手的优势。2003 年通过的《联合国反腐败公约》第 21 条规定，私营部门内的受贿犯罪是指：以任何身份领导私营部门实体或者为该实体工作的任何人为其本人或其他人员直接或间接索取或者收受不正当好处，以作为其违背职责作为或不作为的条件。我国《国家工商行政管理局关于禁止商业贿赂行为的暂行规定》第 2 条第 2 款对商业贿赂所作的定义是："本规定所称商业贿赂，是指经营者为销售或者购买商品采用财物或者其他手段贿赂对方单位或者个人的行为。"

商业贿赂与其他不正当竞争行为相比较，有以下几方面的特征：

1. 行为具有普遍性和隐蔽性。在我国，商业贿赂渗透了商业活动的各个领域，不必说各种产品销售，很多服务行业如广告、保险、旅游，甚至教育也充斥着各种名目的非法回扣、折扣、佣金、介绍费等。同时，商业贿赂一般都是以秘密方式进行，具有很大的隐蔽性。不过，有些贿赂方式与合法的商品促销行为又具有很大的相似性。

2. 行为具有多重违法性及社会危害性。所谓多重违法性，是指某一行为的实施将触犯不同领域的法律规定。商业贿赂行为除了违反反不正当竞争法外，还可能涉及对会计法、税法、刑法的违反。商业贿赂行为的社会危害性因其多重违法性得以体现。具体而言，商业贿赂行为不仅损害公平竞争，破坏竞争秩序，侵害竞争对手和消费者的合法权益，破坏商业诚信，而且侵害国家廉政制度，为不良公务员的"权力寻租"提供机会。

3. 贿赂手段的多样性。我国法律对经营者贿赂对方单位或者个人的手段规定为两类：一类是给付财产性利益，包括现金和实物。另一类是给付非财产性利益。例如，为对方单位中的有关人员提供国内外各种名义的旅游、考察，甚至性贿赂等。《联合国反腐败公约》中对此使用的是给予或者索取、收受"不正当好处"。从字面理解，其涵盖面非常广，上述财产性利益和非财产性利益，甚至其他类型的各种贿赂方式都包括在内。

二、商业贿赂行为的构成要件及种类

（一）构成要件

1. 主体。商业贿赂包括商业行贿和商业受贿。商业贿赂发生在拟交易环节，因供需不平衡导致交易双方地位不同，很难形成稳定的对应关系：行贿人就是卖方，受贿人就是买方。此外，由于交易之外的第三人的加入，更不能从行贿人或受贿人是合同的哪方当事人的角度去认定。从贿赂主体的身份上分析，是否可以确定哪一方恒定为企业（即营利为目的的经营者）呢？亦不能。同样，商业贿赂生成的环境——拟交易过程，也不能固化一方主体的身份。

商业贿赂行为的隐蔽性、关系复杂性等决定了行为类型的多样化，进一步决定了主体难以像刑法中的贿赂罪那样以一方的特殊性（国家工作人员）来确定行为的本质。在很大程度上，正是因为商业贿赂的主体泛化的特点，需要扩大《反不正当竞争法》第2条规定的经营者概念的内涵。

修订后的法律不强调经营者是以营利为目的。这使得《反不正当竞争法》中的经营者概念不同于《消费者权益保护法》中的经营者概念。

2. 目的。商业贿赂行为危害的对象是商业贿赂行为所侵害的且受法律保护的有序经济社会关系。这种社会关系指向的客体具有双重性：对外部而言，是市场竞争秩序，对内部而言，是企业内部管理秩序。

（1）市场竞争秩序。从外部环境上看，商业贿赂行为侵犯的客体是公平、有序的竞争秩序。公平竞争是市场经济的灵魂，也是竞争法所维护的核心价值。商业贿赂的不公平之处在于，以个体（单位和个人）利益为基础改变市场的合理资源配置，使资源流向具有随意性，且因为利益的不当输送，可能使财力较小的企业被挤出市场；即使在输送出的"财物"可以转嫁的情况下，也将导致下游购买者的消费福利减少。另外，因交易的获取依赖于交易之外的"财物"，会诱使企业在管理上偏离质量、价格、技术、服务等基本竞争要素。长远看，危害的是企业的生存和发展。

（2）企业内部管理秩序。从企业管理的角度，企业员工为了个人的私利可能会出卖企业的利益。反商业贿赂之外部强制性规定优于内部管理性规定，要求企业内部建立相关管理规范，以保障企业员工忠实守信，实现企业健康发展，展现诚信守法的社会现象。这种由外而内的约束促发大型企业建立内在稽核制度——合规性管制。合规性管制包括建立约束员工行为的"行为准则"——在与供应商、客户或者政府官员打交道时，禁止员工索要或接受现金、礼品或其他有价回报等；对员工进行合规培训和建立合规性监督制度等。

3. 手段。商业贿赂手段的具体形式多种多样，无法完全列举，只能例示部分主要形式。我国《反不正当竞争法》将商业贿赂的手段划分为"财物"和"其他"两大类。财物，是指现金和实物。其他手段，包括提供国内外各种名义的旅游、考察、调动工作、性服务等直接给付财物以外的其他利益的方式。显然，这里以给付财物作为划分标准，从手段的类型上，商业贿赂（罪）和刑法的贿赂罪不同。后者不包括"其他手段"，不同于我国法的上述规定。《联合国反腐败公约》用一个更大的概念——"不正当好处"，来概括"财物"或"其他手段"。

（二）种类

在法律上，对商业贿赂主体的表述有如下三种：

1. 交易相对方的工作人员。这里的交易相对方是相互的。合同主体互为交易相对方。在只有"两人"的情况下——合同一方与另一方，作为商业贿赂的主体是交易一方或双方内部职务人员。这两个人均可能采取代理人机会主义的方法签订合同。且这里设定的前提是不存在代理人和合同主体身份混同。如果存在身份混同，如有个人独资企业的企业主对外签订合同，其身份不属于"工作人员"，由此，其获取的财物也不应视为商业贿赂。

2. 受交易相对方委托办理相关事务的单位或者个人。受委托办理交易事务的人，不论是单位还是个人，均存在业务中的"自己利益"和受委托方利益的冲突，由此，这里将单位列入贿赂主体。在旅游行为中，导游将游客带入特定的购物店消费。在这个交易中，交易双方是商店和游客，委托方是旅行社或导游。如果导游收取商店的人头费或购物后的返利，不论将这种财物上交给旅行社单位还是由其个人留用，也不论给予或收受这种利益是否入账，均构成商业贿赂。

3. 利用职权或者影响力影响交易的单位或者个人。交易人之外的第三人能够对交易签订或交易数量施加影响力，这里的影响，应当理解为"直接影响"，即对交易有决定权或决定性影响。作为斡旋贿赂的第三人（单位或者个人），可能是政府管理部门的工作人员，也可能是事业单位、社会团体、中介机构及其工作人员；可能是交易人的关联企业及其人员，也可能是非关联企业但占据重要交易环节的主体。甚至还可能是已经离退休但仍有"余力"的人。在"宿州新华书店有限公司不服宿州市工商行政管理局工商管理处罚案"中，宿州新华书店有限公司与宿州市教育局签订《协议书》，约定宿州新华书店有限公司每年春季和秋季书款基本收齐后一次性拨付给宿州市教育局发行代办费，课本按全市发行书总码洋的 2.5% 支付，教辅用书按全市发行书总码洋的 29% 支付。春季应在 3 月底支付到位，秋季应在 10 月底支付到位。协议还规定，学校、乡镇教办室不得从个体书商、批发市场为学生订购教学用书，宿州市教育局将全市的课本和教辅用书统一交给宿州新华书店有限公司发行，严禁其他渠道供书。这里，宿州市教育局便是有决定性影响的人。为此，原国家工商行政管理总局已经发布了多个指令或以"答复"的形式对此作出明确的解释。总之，只要能够对交易的达成产生直接影响的单位和个人，收取了财物或取得其他利益的，都可以成为商业贿赂的主体。

三、商业贿赂行为与相关概念的区别

（一）商业贿赂与折扣

《关于禁止商业贿赂行为的暂行规定》第 6 条第 1 款规定："经营者销售商品，可以以明示方式给予对方折扣。经营者给予对方折扣的，必须如实入账；经营者或者其他单位接受折扣的，必须如实入账。"这一规定划出了商业贿赂与折扣的界限，在商业贿赂中排除了折扣，对给予和接受折扣的行为进行了规范。

上述规定第 6 条第 2 款对折扣的概念作了如下表述："本规定所称折扣，即商品购销中的让利，是指经营者在销售商品时，以明示并如实入账的方式给予对方的价格优惠，包括支付价款时对价款总额按一定比例即时予以扣除和支付价款总额后再按一定比例予以退还两种形式。"

折扣与商业贿赂的区别在于，折扣发生在购销双方当事人之间，能够用来平衡交易价格和

成本。商业贿赂不能用以平衡双方的交易价格和成本，只是一方付出的交易之外的成本。

（二）商业贿赂与附赠

附赠即附带赠送，是指在商品交易和商业服务关系中，经营者向对方附带无偿赠与一定数量的金钱或实物的行为。根据《关于禁止商业贿赂行为的暂行规定》第 8 条的规定，经营者在商品交易中不得向对方单位或者其个人附赠现金或者物品。但按照商业惯例赠送小额广告礼品的除外。违反上述规定的，视为商业贿赂行为。

附赠的法律特征：①附赠属于从法律关系。即附赠基于交易关系或服务关系的存在，不能单独发生法律效力。②附赠行为的对象是经营者或者消费者。③附赠行为一般具有公开性。④附赠物品的价值不能超过合理金额。

商业贿赂行为与附赠的区别在于：①所有的商业贿赂行为都是违法行为，而附赠不一定都是违法行为。有两种附赠行为是合法的，一是经营者向消费者的附赠，二是经营者之间按照商业惯例赠送小额广告礼品。②作为违法行为的附赠的对象一定是对方经营者。而商业贿赂的对象不仅包括对方经营者，还包括对方单位的个人或与交易相关的第三人。③附赠的表现形式是现金或实物。而商业贿赂的表现形式除了上述两种方式外，还包括其他手段。④经营者之间的附赠对交易对方一般是一视同仁的。附赠的赠品是向不特定的交易相对人提供的，不管是谁，只要与其进行交易，就能得到赠品。而且同等条件的交易者得到的赠品性质与数量一样，没有差别。而商业贿赂一般只对其少数客户进行贿赂，而且每个客户贿赂的金额一般也是不同的。

（三）商业贿赂与佣金

《关于禁止商业贿赂行为的暂行规定》第 7 条第 2 款规定，本规定所称佣金，是指经营者在市场交易中给予为其提供服务的具有合法经营资格的中间人的劳务报酬。

佣金的法律特征可以概括为以下方面：①佣金支付关系发生在经营者与中间人之间；②中间人具有合法的中介资格；③佣金的支付方式必须是公开的；④佣金是合法的劳务报酬。

商业贿赂与佣金的区别表现在：①性质不同。佣金是商业活动中中间人所得的合法劳务报酬，受到法律保护。商业贿赂是违法的。这是二者的根本区别。②对象不同。佣金的给付对象只能是中间人。这是佣金与回扣、折扣的重要区别。这里的中间人泛指为促成交易为交易双方从事信息介绍、代理服务等活动的单位和个人。而商业贿赂的对象主要是交易对方或其负责人。

第四节　虚假宣传行为

虚假宣传，是指在商业活动中经营者利用广告或者其他方法对商品或者服务作出与实际内容不相符的信息，导致客户或消费者误解的行为。

一、虚假宣传行为的法律特征

1. 宣传所提供的信息是虚假的信息。在现代社会，对商品和服务进行宣传是最普通的营销战略。通过宣传，一方面使消费者迅捷地了解有关商品或服务的信息，并依此作出是否购买的判断。另一方面可以树立企业的品牌形象，增加企业的知名度，使企业在生产经营中获取更大的竞争优势。如果经营者向社会提供虚假信息，必然会误导消费者，侵害消费者的合法权益。

2. 虚假宣传的性质既是广告违法行为，也是不正当竞争行为。竞争是市场经济有效运行的前提和基础，也是决定市场主体命运的重要因素。正当的竞争是通过不断改进技术、降低成本、开发新产品和新市场等方式实现的。合法的竞争要求每一个竞争参与者都必须按照市场规则，以诚实守信的原则行事，偏离了这些原则和规则，必然走向不正当竞争。

3. 虚假宣传的直接受害者是消费者或者同业竞争者。经营者在宣传产品方面进行不正当竞争是很容易实现的。因为随着科技的现代化，生产工艺日益复杂，产品的种类纷繁多样，消费者对产品的性能、质量等不可能有足够的知识，消费者有关产品信息的来源主要依靠商品上的标注、广告等，经营者提供虚假的信息，会使消费者作出错误的判断。在既定的市场容量的前提下，依靠虚假信息赢得竞争优势或获取利润，势必会使其他竞争者的竞争态势减弱或利润减少，损害其他竞争者的合法权益。

4. 虚假宣传是通过广告或者其他形式实现的。广告的基本功能是传递信息，同时广告所传递的信息不同于一般的商品信息，它带有劝诱性，诱导人们的思想和行为接近其推销的目标。通过广告宣传，可以引起人们的注意和兴趣，使人们处于潜在状态的需求被唤醒形成显现的需求，因此，广告还有诱导和说服的功能。为了追求诱导和说服的效果，广告主或广告经营者就可能采用夸大宣传的方式发放信息，欺诈消费者，这样就形成了虚假宣传广告。当然，虚假宣传还可以通过其他媒介形式进行，如有偿新闻等。

二、虚假宣传认定的条件

（一）宣传内容与商品（或服务）的实际状况不符

虚假宣传说明应当与商品或服务的内容相一致，虚假广告的判定标准之一就是看两者是否一致。如果经检验证明说明与商品（或服务）的实际状况不符，就可以将认定为虚假宣传。例如，在发布商品销售信息中，声称"本商场所有某某类商品××元起价"，但是当消费者实际去购买商品时，却被告知这样的商品已经售完（实际没有以这个价格销售过商品）。

当说明与事实不符时，要有充分的证据。有些宣传内容有明显的不实或违法之处，有些宣传说明则不能通过直观判定出来。例如，宣传内容含有不科学的表示功效的保证，这种保证是否科学，需要经过鉴定。在一般情况下，应由请求停止侵害或损害赔偿的起诉人举证。

（二）引起相关公众的误解

按照《最高人民法院关于适用〈中华人民共和国反不正当竞争法〉若干问题的解释》第8条的规定，经营者具有下列行为之一，足以造成相关公众误解的，可以认定为《反不正当竞争法》第8条第1款规定的"引人误解的虚假宣传"行为：①对商品作片面的宣传或者对比的；②将科学上未定论的观点、现象等当作定论的事实用于商品宣传的；③以歧义性语言或者其他引人误解的方式进行商品宣传的。

人民法院应当根据日常生活经验、相关公众一般注意力、发生误解的事实和被宣传对象的实际情况等因素，对引人误解的虚假宣传行为进行认定。

三、虚假宣传的形式

从法律规定看，基于宣传手段的不同，这种行为的规制路径也不同。

（一）经营者利用广告进行的虚假宣传

如果将不正当宣传的手段限定为广告方式，广告违法和不正当宣传是种属关系。从主体、内容、限制条件、程序上看，广告违法行为宽于不正当宣传行为。一般情况下，广告主体不限于经营者，政府部门、社会团体等可以发布公益性广告。从违法行为上看，广告法不仅包括引人误解或虚假的广告，还包括广告主体不合法，内容违法或不健康、超出载体限制等许多广告违法类型。广告法不仅要求相关内容合法，在特殊情况下，还要求程序合法，但反不正当竞争法一般仅关注内容违法。例如，依法应当经过行政审查的广告而未经过行政审查就予以发布的，属于违反发布程序的违法广告，依广告法来处理。现行制度将广告宣传进行了剥离，这意味着，如果宣传的手段是广告，且宣传的内容存在虚假，则此种情况下违法行为按照广告法来处理，而不构成反不正当竞争法上的虚假宣传行为。

（二）经营者利用其他方法进行的虚假宣传

其他方法是指广告以外的方法。其他方法有哪些，竞争法中未作明确规定，一些地方性法规作了具体的解释，概括起来，包括以下几种：

1. 由合伙人或雇佣的他人冒充顾客进行欺骗性诱导。就是俗称的"托儿"，由合伙人或雇佣他人充当"托儿"，假造购买气氛或劝诱其他购买者购买商品。它利用了人们习惯中的从众心理，骗取信任，从而实现宣传商品的目的。

2. 作引人误解的虚假的现场演示和说明。作为范例的实物多是经过特殊加工的，在演示期间能够反映出商品的特质，消费者购买后则不能物尽其用。

四、虚假宣传和虚假标示的区别

值得注意的是，根据《反不正当竞争法》第 6 条与第 8 条的规定，"标识假冒行为"与"虚假宣传行为"两者之间存在一定的关联关系和差别。

从法条的规定上看，它们的区别在于两点：①两者的行为主体范围不同。虚假标示行为的主体是商品经营者和服务者；而虚假宣传的行为主体，除商品经营者和服务者外，还包括广告的经营者。②导致引人误解后果的载体不同。虚假标示是直接表示在商品上或者商品的包装上；而虚假宣传则是通过广告或其他形式实现的。但是，相比之下，两者的相同之处更为明显：①两者的法律性质相同，都是为了禁止对商品质量等作引人误解的虚假表示。无论是广告的形式，还是商品本身所承载的有关内容，都是表明商品的有关信息，其目的均是使消费者了解商品，激发购买欲望。②表示的内容相同。两者都是对商品的质量、制作成分、性能用途、生产者、有效期限、产地等方面进行表示。按照相同性质的行为应当作相同的归纳的逻辑规则，两者应当合并在一起，也确有很多国家在法律制度的安排上，将两者合并在一起。例如，《保护工业产权巴黎公约》第 10 条之二（3）采用概括的方式规定有关引人误解的商品表示，"在经营商业中使用会使公众对商品的性质、制造方法、特点、使用目的或数量发生混乱的表示或说法"。

第五节　侵犯商业秘密的行为

一、商业秘密保护的法律保护

产业革命以来，知识和信息成为社会生产的最重要的因素。商业秘密作为信息的一个组成部分，在工业竞争中发挥的作用日益彰显，其价值性不断得到提升。商业秘密已经成为一种无形的财富，一种经济发展不可缺少的重要资源。

虽然商业秘密在世界各国未取得像专利技术、商标权、著作权那样的优越地位，但很多国家都承认商业秘密的合法持有人享有一定的排他权利，并以合同法、反不正当竞争法或专门的技术秘密法等对商业秘密加以保护。

对商业秘密的法律保护，一种方式是采取多部法律综合保护。例如，美国以《合同法》《侵权行为法》《统一商业秘密法》及《刑法》对商业秘密持有人所掌握的有关信息进行保护。另一些国家（地区）是通过制定《反不正当竞争法》来保护。20 世纪中后期，商业秘密的保护已成为国际性的问题，有关国际组织相继制定了一些国际公约对商业秘密进行国际保护。

二、我国商业秘密的法律认定

我国《反不正当竞争法》对商业秘密的界定是围绕秘密性、商业价值、可保密性来设计的。该法第9条第4款规定："本法所称的商业秘密，是指不为公众所知悉、具有商业价值并经权利人采取相应保密措施的技术信息、经营信息等。"

"不为公众所知悉"包含了信息的秘密性，即某一种信息只为特定的少数人所知悉或使用。这一含义区别于世所公知信息，也区别于公开信息的权利人直接以合法手段就可以得到的信息，如专利信息。按照《最高人民法院关于审理侵犯商业秘密民事案件适用法律若干问题的规定》第4条的规定，具有下列情形之一的，人民法院可以认定有关信息为公众所知悉：①该信息在所属领域属于一般常识或者行业惯例的；②该信息仅涉及产品的尺寸、结构、材料、部件的简单组合等内容，所属领域的相关人员通过观察上市产品即可直接获得的；③该信息已经在公开出版物或者其他媒体上公开披露的；④该信息已通过公开的报告会、展览等方式公开的；⑤所属领域的相关人员从其他公开渠道可以获得该信息的。

按照《最高人民法院关于审理侵犯商业秘密民事案件适用法律若干问题的规定》（2020年）第6条的规定，具有下列情形之一，在正常情况下足以防止商业秘密泄露的，人民法院应当认定权利人采取了相应保密措施：①签订保密协议或者在合同中约定保密义务的；②通过章程、培训、规章制度、书面告知等方式，对能够接触、获取商业秘密的员工、前员工、供应商、客户、来访者等提出保密要求的；③对涉密的厂房、车间等生产经营场所限制来访者或者进行区分管理的；④以标记、分类、隔离、加密、封存、限制能够接触或者获取的人员范围等方式，对商业秘密及其载体进行区分和管理的；⑤对能够接触、获取商业秘密的计算机设备、电子设备、网络设备、存储设备、软件等，采取禁止或者限制使用、访问、存储、复制等措施的；⑥要求离职员工登记、返还、清除、销毁其接触或者获取的商业秘密及其载体，继续承担保密义务的；⑦采取其他合理保密措施的。

关于"技术信息和经营信息"，《关于禁止侵犯商业秘密行为的若干规定》第2条第5款规定："本规定所称技术信息和经营信息，包括设计、程序、产品配方、制作工艺、制作方法、管理诀窍、客户名单、货源情报、产销策略、招投标中的标底及标书内容等信息。"商业秘密中的客户名单，一般是指客户的名称、地址、联系方式以及交易的习惯、意向、内容等构成的区别于相关公知信息的特殊客户信息，包括汇集众多客户的客户名册，以及保持长期稳定交易关系的特定客户。

对作为商业秘密的技术信息和经营信息的理解，只能按照商业秘密的全部构成要素去把握，而不能断章取义。上述列举的形式只是商业秘密的表现形式，具体到某一配方是否构成商业秘密，还要看是否具备商业秘密的其他构成要件。

三、侵犯商业秘密行为的表现形式

我国《反不正当竞争法》第9条第1款和第2款列举了侵犯商业秘密行为的类型。由此归纳如下：

（一）不当获取商业秘密的行为

"以盗窃、贿赂、欺诈、胁迫或者其他不正当手段获取权利人的商业秘密"，可以将这一种情况概括为不当获取商业秘密的侵权行为。商业秘密具有财产性，获取商业秘密在一定意义上使获取者拥有了竞争机会或财产增值的可能性，商业秘密的权利人面临市场份额下降、营业客户减少、产品销量不足等威胁，即依据应用商业秘密而形成的正常的财产增加或潜在的财产价值增长。另外，商业秘密具有易获取性和实用性，获取的商业秘密可以马上在生产、经营中得到应用，而无须再添加新的设备、培训新的工作人员，亦即获取者将商业秘密转手再用于生产经营的成本很小。因此，违反权利人的意志获取商业秘密的行为，尽管获取者可能并未实际将之用于生产经营，但行为本身已经构成反不正当竞争法意义上的侵害行为。商业秘密的易获取性源于商业秘密传播的无形性，一旦被他人不正当获取，其将迅速扩散且不留痕迹。在某种情况下，仅仅掌握他人的商业秘密成果，就可以使侵权人的科研、生产、经营少走大量的弯路，获取巨大的竞争优势。[1]

不正当手段包括以下方面：

1. 盗窃手段。所谓盗窃手段，是指秘密窃取权利人的商业秘密的方法，占有他人的商业秘密。秘密窃取到的是商业秘密的实质内容，其表现形式既可以是将载有商业秘密的文件窃取，也可以是将原件复制，还可以是将商业秘密的内容以其他方式记录下来。不采取什么方式，只要实施了秘密窃取他人商业秘密的行为，都属于盗窃商业秘密。

2. 贿赂手段。所谓贿赂手段，是指以给付物质利益或其他好处的手段诱使他人告知其商业秘密的行为。贿赂手段的特点要求，是以一定的物资利益或其他手段为对价，使商业秘密的掌握者泄露秘密给行贿者。贿赂手段强调获得商业秘密这一结果，仅仅以贿赂方式提出获取商业秘密的表示，并不能视为竞争法上的以利诱方式的不正当获取。

3. 欺诈手段。欺诈手段是以故意制造假象或隐瞒真相的方法骗取商业秘密等。例如，假借洽谈合作要求对方展示商业秘密，实则为获取商业秘密。

4. 胁迫手段。所谓胁迫手段，是指以损害他人财产或伤害其人身，以及带来精神损害相要挟，迫使他人违反其真实意思表示而告知商业秘密。胁迫手段要求用以作为胁迫手段的内容必须在事实上能够成立，即具有可实施性。如若商业秘密的权利人不告知其商业秘密，胁迫人实现其所言，会给权利人带来相应的损害结果。

5. 其他手段。其他手段是指采取上述手段以外的不正当方法获取他人商业秘密的行为。例如，偷偷地下迷药或通过灌酒而知悉商业秘密。

（二）不当披露、使用商业秘密行为

"披露、使用或者允许他人使用以前项手段获取的权利人的商业秘密"，这是在上述行为的基础上进一步延伸的违法行为。

1. 不当披露行为。不当披露行为，是指商业秘密的获取人将商业秘密向他人扩散，从而使商业秘密公开。向他人扩散有多种形式，包括向特定的人泄露，以及向不特定的人（社会公众）泄露。不管这些特定的人是否为商业秘密权利人的竞争对象，以及不论这些人是否将得到的秘密用于生产经营，构成不当披露行为的要件主要是非法获取并披露。之所以不考虑是否给权利人造成损害或形成潜在的危害，原因在于该商业秘密本来就是通过不正当的手段获取的，披露行为当然违背了权利人的意思。

2. 不当使用行为。这里的不当使用行为，是指以不正当手段获取商业秘密的人，直接将商业秘密用于自己的生产经营或自己参与的生产经营中。允许他人使用的行为，是指获取商业秘密的人以一定的方式将商业秘密提供给第三人使用，包括有偿方式和无偿方式。

（三）合法持有但违反义务或要求的不正当行为

《反不正当竞争法》第9条第1款第3项规定，"违反保密义务或者违反权利人有关保守商业秘密的要求，披露、使用或者允许他人使用其所掌握的商业秘密"，这种行为的特点是：①此种侵权行为的主体是权利人以外的人。②侵权人所掌握的商业秘密是通过正当的手段或者途径合法取得的。商业秘密不可能是绝对秘密，只能是相对秘密。权利人因生产经营的需要，

---

〔1〕 郑成思主编：《知识产权研究》，中国方正出版社1999年版，第116页。

将商业秘密交付给技术人员、销售人员或其他人员，这些人员取得商业秘密便是通过合法的手段取得。权利人对商业秘密的自我保护，是通过一系列内部管理措施进行的。例如，对知悉商业秘密的人员设定合同义务来约束；对不知悉商业秘密的人员采取防范措施，如内部监控、信息管理措施、职工训练及离职处理等。③商业秘密的持有人负有约定的保密义务或承受保密的要求。约定保密义务的确定是通过技术合同的方式进行的，保密要求是非书面的单方口头形式。④违反约定的义务或者权利人的在前保密要求使用或披露商业秘密。

（四）第三人恶意获取、使用或披露行为

《反不正当竞争法》第9条第3款规定："第三人明知或者应知商业秘密权利人的员工、前员工或者其他单位、个人实施本条第一款所列违法行为，仍获取、披露、使用或者允许他人使用该商业秘密的，视为侵犯商业秘密。"恶意在民法上应当包括明知或应知。在我国法律中多使用故意和过失。明知表明的主观状态应是故意；应知表明的主观状态是应当知道而不知道，即过失。应知，指一个有理智的人从其掌握的信息可以推论出该事实；或一个有理智的人在特定情势下会产生疑问，根据疑问以合理的智力和注意力，将会知道该事实。[1] 修订的法律采取了一种推定的方法，即明知或者应知商业秘密权利人的员工、前员工或者其他单位、个人实施前款所列违法行为。推定的理由是这些特殊人员有机会"接触"商业秘密，由此而获取商业秘密，构成第三人违法行为。

在反不正当竞争法上，通过自行开发研制或者反向工程等方式获得的商业秘密，不认定为侵犯商业秘密行为。"反向工程"，是指通过技术手段对从公开渠道取得的产品进行拆卸、测绘、分析等而获得该产品的有关技术信息的过程和方法。当事人以不正当手段知悉了他人的商业秘密之后，又以反向工程为由主张获取行为合法的，不予支持。

第六节　不正当有奖销售行为

一、不正当有奖销售行为的概念和特征

（一）有奖销售行为的概念和特征

有奖销售，是指经营者销售商品或者提供服务，附带性地向消费者提供物品、金钱或者其他经济上的利益的行为。竞争是推动市场发展的动力，在日趋激烈的市场竞争中，经营者为达到赢得消费者的目的，会采取各种方法。有奖销售成为商家在竞争中取得优势的一种手段。商家通过给予消费者附带利益，吸引更多人购买自己的产品或服务。有奖销售本质上并不违法，根本目的是促销产品，并一定程度上惠及消费者。

有奖销售的特征有：

1. 有奖销售活动是公开进行的。它通常以广告的形式让一定范围内的消费者周知，针对的对象不特定，是一种促销活动。这与有些隐蔽的促销活动相区别，如回扣。

2. 有奖销售存在两重法律关系。经营者与消费者之间的购销活动形成了买卖合同关系，同时经营者向消费者提供赠品又形成赠与合同关系。这种赠与是附条件的，只有在买卖关系成立的条件下才得以实现。这与折扣、回扣等促销手段不同，它们本身只是买卖合同的条款之一，不能构成一种新的法律关系。

3. 有奖销售分为附赠式有奖销售和抽奖式有奖销售。前者指对满足一定条件的消费者，

〔1〕　张玉瑞：《商业秘密法学》，中国法制出版社1999年版，第543页。

一视同仁地提供赠品。其特点是，赠品的获得具有确定性。后者指以抽号、摇奖、对号码的方式决定购买者是否中奖。这种有奖销售方式的特点是，只向部分而不是全部购买者提供奖品，决定中奖的方式是射幸的，具有任意性和偶然性。

4. 有奖销售行为的双重性。有奖销售作为一种促销售手段，具有积极的意义。它可以增加产品的销售量，加速经营者的资金周转，提高经济效益，巩固经营者的市场地位。同时，也激发了消费者的消费欲望，活跃市场，促进消费增长。但有奖销售往往被滥用，产生诸多危害。不正当有奖销售会助长不公平竞争，成为经营者排挤竞争对手的工具，严重扰乱市场秩序。同时，它助长了消费者的投机心理，刺激消费者盲目消费，并易忽略产品的质量和实际功能。因此，不正当有奖销售被纳入反不正当竞争法的规制范围，由国家公权力进行干预。

（二）不正当有奖销售行为的特征

不正当有奖销售的特征可以概括如下：

1. 经营者实施的不正当有奖销售行为违背了公平竞争原则和诚实信用原则。公平竞争原则是指经营者在争取交易机会方面平等，不受其他经营者不正当的干扰和限制。诚实信用是指行使民事权利，与他人之间设立、变更或消灭民事法律关系时均应诚实，不损害他人利益和社会利益。经营者有权通过给予消费者额外的利益争取交易机会，但如果经营者的这种行为扰乱了竞争秩序，妨害了其他经营者的正常营业活动，就应该认定其行为是不正当的，应受反不正当竞争法的规制。

2. 不正当有奖销售行为的行为实施者是经营者。经营者是参与市场经济活动，以营利为目的，自主经营、自负盈亏的商事主体。不正当有奖销售发生在经营者提供商品和服务的过程中。

3. 经营者实施不正当有奖销售的手段多样化。根据我国《关于禁止有奖销售活动中不正当竞争行为的若干规定》（已失效），不正当有奖销售包括欺骗式有奖销售、利用有奖销售推销质次价高的产品和设置高额奖项。

4. 不正当有奖销售应当以营利为目的。因此，有奖募捐和其他彩票发售活动不同于有奖销售。根据《关于禁止有奖销售活动中不正当竞争行为的若干规定》第2条第3款的规定，经政府或有关部门依法批准的有奖募捐及其他彩票发售活动，不适用本规定。有奖募捐和彩票发售具有公益性质，不以营利为目的，也不在销售商品和提供服务的过程中进行。因此，它不属于不正当有奖销售的范围。

5. 不正当有奖销售行为导致正常竞争秩序被破坏。市场中存在优胜劣汰的法则，高质量的产品、服务以及良好的营销战略是经营者站稳脚跟的法宝。不正当有奖销售是一种畸形的竞争，它使经营者的注意力转移到不择手段地吸引消费主体达到取得竞争优势的目的上来，而不是通过改良技术、改进服务来争取消费者。

二、不正当有奖销售的类型

我国《反不正当竞争法》第10条列举了不正当有奖销售行为，概括如下：

（一）欺骗性有奖销售行为

欺骗性有奖销售是指经营者隐瞒事实真相或者发布有奖的虚假信息，引诱消费者与其交易，但无法得到所称"奖励"的活动。经营者从事欺骗性有奖销售是违背诚信原则的行为，破坏了市场的信用体系。我国规定的欺骗性有奖销售行为包括以下几种：

1. 条件不明确的有奖销售。即对设奖的种类、中奖概率、最高奖金额、总金额、品种、种类、数量、质量、提供方法等作不明确的表述。这种行为的主要特点是经营者对外宣称有奖，而事实上奖品并不存在；或者谎称中奖概率高，对中奖金额作夸大的描述等。

2. 采取不正当手段有奖销售。即采用谎称有奖或者故意让内定人员中奖的欺骗方式进行有奖销售。这种不正当销售的行为适用于抽奖式有奖销售，形式比较隐蔽。通常经营者会在设奖商品上作出某种标记，告知内定人员抽取，或者在摇奖过程中弄虚作假，让内定人员中奖。这种有奖销售表面上看实际设有奖项，是让利于消费者的行为。但由于经营者操纵了抽奖的过程，消费者根本不可能中奖，因此，这种有奖销售与谎称有奖没有实质的区别。

3. 故意将设有中奖标志的商品、奖券不投放市场或者不与商品奖券同时投放市场；故意将带有不同奖金金额或者奖品标志的商品、奖券按不同时间投放市场。这种情况下，奖品与奖券是属实的，但消费者的中奖概率却不平等。经营者为了防止大奖被抽走后，消费者失去继续交易的热情，往往将奖品、奖券分批投放或留置到最后投放。这使得某一时段的消费者丧失了中奖机会，而其他时段的消费者中奖尤其是中大奖的概率很高。商家的这种有奖销售手段也是愚弄消费者的行为。

（二）最高奖金额超过 5 万元的抽奖式有奖销售

抽奖式的有奖销售，最高奖的金额超过 5 万元。抽奖式有奖销售具有偶然性和随机性。它在很多国家被禁止，有的国家虽然允许但严格限制。我国允许小额的抽奖式销售，限制高额的有奖销售。高额有奖销售已经偏离了正常竞争的范畴，它刺激了消费者的投机心理，使消费者不再关心商品的质量、性价比、实用性，而是为了大奖而购买商品，导致消费购买意向的扭曲，甚至导致市场反映出的供需信息虚假化。同时，这种行为挫伤了依靠提高产品和服务质量取得竞争优势的商家的积极性，助长了不诚信之风气。高额有奖销售往往是大商家的促销手段，中小商家无力也无法与之抗衡，这可能导致中小商家最终被排挤出市场，形成大商家的市场垄断。高额有奖销售破坏了竞争秩序，甚至可能成为商家推销劣质商品的手段，最终受损的仍然是消费者。

三、不正当有奖销售和相关概念的区别

（一）不正当有奖销售与商业贿赂行为的区别

不正当有奖销售和商业贿赂都是经营者获取竞争优势、获得更多商业利益的手段，都违背了诚实信用的原则和公平竞争的秩序。

商业贿赂与不正当有奖销售的相同点表现在：①目的相同，都是为了促成交易相对方与自己达成交易。②手段相同，都是通过给与对方额外的好处。有奖销售中，经营者提供的利益是附带性的，商业贿赂提供的财物也是从属的，是为了达到一定的目的。③后果相同，都限制了其他经营者的竞争，危害社会秩序，损害了消费者的利益。

商业贿赂与不正当有奖销售的区别在于：

1. 主体不同。商业贿赂的主体基于交易地位的不同可以是交易的双方，包括为了销售商品而提供贿赂和购买商品进行贿赂，双方分别成为行贿人和受贿人。不正当有奖销售的行为主体只能是经营者，不正当有奖销售是经营者为了促销而单方面采取的措施。

2. 给付额外利益的形式不同。商业贿赂的手段主要是财物手段和其他手段。即直接以现金行贿，或者向对方提供旅游机会、为对方调动工作等。不正当有奖销售中经营者通常采用提供赠品或奖品的方式，较少直接向消费者提供现金。

3. 行为发生的时间不同。商业贿赂发生在经营者销售和购买商品的过程中，不正当有奖销售发生在经营者销售商品和提供服务的过程中。

4. 行为的方式不同。商业贿赂最主要的特点是账外暗中进行。它是秘密无偿地向交易对方或相关当事人提供额外的利益，收买交易对方或相关当事人，获得交易机会。不正当有奖销售都是公开地进行，作出向满足一定条件的所有消费者提供额外利益的表示。

（二）不正当有奖销售与折扣行为的区别

折扣是经营者通过对商品和服务打折，消减商品或服务的正常价格，吸引消费者优先选择购买其商品或服务的正常促销行为。折扣后的商品或服务比原来价格低，易使消费者产生物超所值之感，从而优先选择有折扣的商品或服务。目前的折扣形式很多，包括现金折扣、数量折扣、现金返还等。折扣也是通过给予消费者一定的利益而吸引消费者，这与不正当有奖销售的目的相同。但两者的区别在于：

1. 行为性质不同。折扣只要在法律允许的限度之内即是合法的，通常是一种正常促销的行为。不正当有奖销售是不正当竞争行为，为法律所禁止。

2. 给付额外利益的形式不同。折扣是通过消减商品的正常价格让利于消费者。不正当有奖销售通过向全部消费者提供赠品或抽奖方式让部分消费者获利，以实现促销。

第七节　商业诋毁行为

商业诋毁行为，又被称为商业诽谤行为，是指从事生产、经营活动的市场主体为了占领市场，针对同类竞争对手，故意捏造和散布有损其商业信誉和商品声誉的虚假信息，以削弱其市场竞争能力，使其无法正常参与市场交易活动，从而使自己在市场竞争中取得优势地位的行为。

一、商业诋毁侵害的客体

商业诋毁侵害的是经营者的商誉。商誉的内容以财产性利益为主，兼具有人格属性。经营者在市场竞争中通过长期的诚实经营和创造性劳动逐步获得消费者信任、投资者认可和社会认同，从而形成了商誉这种无形资产。良好的商誉使企业能够长期稳定健康发展，为企业开拓市场和巩固市场优势地位奠定基础，使经营者在竞争中处于有利地位。不良的商誉往往会使企业经营活动受阻、产品销售不畅、失去交易伙伴、丧失交易机会，甚至使企业陷入瘫痪、倒闭破产。

商誉的载体种类丰富。商誉本身没有实体形态，它依附于特定经营者并通过其生产经营的产品和服务的商标、商品名称、包装、装潢、企业名称、商业道德、商品质量、服务质量、资信、价格以及其他商业性标记，显示出经营者的整体素质，为社会公众的客观评价提供指引。这些商誉的表现形态相互配合，密切联系，处于一个完整的、动态的统一体中，共同反映和构筑经济主体的商誉，同时，它们也各自单独发挥作用。

法律上对商业诋毁侵害客体的表述并不完全相同。我国法律将商业诋毁的客体表述为商业信誉和商品声誉；《保护工业产权巴黎公约》表述为工业活动的信誉；德国《反不正当竞争法》第4条的规定涉及的客体除了商誉外，还包括企业主或领导人的信誉，即领导人的名誉。

之所以突破传统的侵权行为法，将商业中的信誉或名誉诋毁纳入反不正当竞争法，是因为其对市场竞争机制的破坏性作用。竞争是相同或相似产品（服务）的提供者利益上的一种对峙行为。这种利益对峙以市场为场所，以客户为媒介而展开。客户是商业活动的根本要素，竞争者的一切经济活动都是以发展和保持对客户的注意力和吸引力为取向的。客户具有检验竞争优劣的价值，竞争者赢得了客户就是赢得了竞争优胜。商业诋毁引发的各种效应，会侵蚀人们的信任心理，降低消费者与经营者的亲密关系和信任感。

商业诋毁在本质上是一种欺骗性的信息行为。由于信息的不对称，不法商人可以通过对信息的干扰去影响顾客的注意力。在商业诋毁的情形中，诋毁者的欺骗性信息干扰了客户获得信息的全面性和真实性。这些经过诋毁者主观筛选，赋予特定"意义"的信息，客户尤其是消费者是不可能进行全面甄别的，在此基础上的评价，必然会产生偏向性及其他消极的结果。

二、商业诋毁行为和虚假宣传行为的关系

《保护工业产权巴黎公约》第10条之二和我国《反不正当竞争法》都将虚假宣传、虚假标示和商业诋毁分开列明，各自作为单独的不正当竞争行为。

在竞争法上，商业诋毁和虚假宣传的性质实质上是一样的，即"通过传播某种信息影响消费者的决定"。从《反不正当竞争法》第8条第1款规定内容的字面含义来看，本款要求经营者必须对自己的商品进行引人误解的虚假宣传。该法第11条规定："经营者不得编造、传播虚假信息或者误导性信息，损害竞争对手的商业信誉、商品声誉。"可见，两者宣传的对象有差异，即虚假宣传是"对自己的产品或服务进行虚假的或欺骗性的陈述"，商业诋毁则是"对他人的企业、产品、服务或工商业活动传播虚假的信息"。

如果为了宣传或突出自己的商品或服务而捏造或者散布虚假的事实，其行为首先构成引人误解的或者虚假的宣传，并进一步构成商业诋毁，此时，虚假宣传和商业诋毁发生竞合。法律对虚假宣传与商业诋毁分开规定，可以理解为，虚假宣传是针对公众的宣传，直接侵害的是社会公众；商业诋毁直接侵害了特定竞争者的商品声誉或者商业信誉，但在贬低不特定竞争对手之外，还同时对公众构成与虚假宣传相同的侵害。

为此，二者关系的具体界限可以大致划定为：①只虚假宣传自己的商品而不涉及他人的商品声誉和商业信誉的，只构成虚假宣传行为，而与商业诋毁行为无关；②损害特定竞争对手的商业信誉和商品声誉的行为，构成商业诋毁行为，而不再构成虚假宣传行为；③损害不特定竞争对手的商业信誉和商品声誉的行为，既构成虚假宣传行为，又构成商业诋毁行为，产生法律竞合。

三、商业诋毁行为的构成要件

商业诋毁行为的构成要件包括客观行为和主观状态两个方面。

客观上，主体实施了捏造并散布虚伪事实的行为。"编造、传播"是两个条件。编造强调无中生有，传播强调公开。至于编造的事实是否广为人知、知悉者的识别状态等无关紧要。《保护工业产权巴黎公约》的表述是"利用谎言"，德国《反不正当竞争法》第4条规定的是"声称或散布事实"。不管使用什么样的表述，其实强调两个要件：①信息的公开性。非公开的信息即使是捏造的，也不构成商业诋毁。②信息所言事实的虚假性。真实的事实描述或性能对比得出"×不如×"的结论也不属于商业诋毁。

商业诋毁侵害的客体是竞争对手的利益。对手包括特定的主体，也包括不特定的主体。一家生产新型无内胆饮水机的企业通过媒体公开宣称：传统饮水机内的水是反复加热的，饮水机内胆会产生重金属、砷化物等有害物质。原国家质检总局经过权威机构检测证实：传统热胆饮水机不会产生有害的"千滚水"。中国家用电器协会同时指出，部分厂家将桶装水自身污染、长时间不清洗饮水机可能产生的问题扩大化为全部饮水机问题，是偷换概念、误导消费者的行为，消费者不应轻信。这里的竞争对手包括所有生产有内胆的饮水机生产厂家。

商业诋毁行为必须是行为人主观上存在故意，其目的是占领市场，排挤竞争对手，而且侵权人与受害者之间应具有竞争关系。商业诋毁行为可以针对一个特定竞争对手进行，也可以损害同行业几个商业经营者。有时，虽然侵权人没有指明诋毁对象，但一般同业人员或者消费者可以轻易推知。

经营者常用的商业诋毁方式有：自我宣传中的贬低他人、虚假投诉、比较广告和利用新闻诋毁对手。其中，自我宣传中的贬低他人，是指无限夸大自己商品的质量，同时贬低同类产品的质量，构成一种商业诋毁行为。

第八节　互联网新型不正当竞争行为

互联网自身的功能、特点及现代经济条件下互联网所发挥的特殊作用，使得互联网成为竞争的新战场。经营者以商业目的为中心，以侵害竞争者利益、消费者利益为标准，运用的手段不同于传统实体经济关系的情形，产生了新型不正当竞争行为。

按照《反不正当竞争法》第12条的规定，新型不正当竞争行为包括如下几种：

一、插入链接、强行跳转

未经其他经营者同意，在其合法提供的网络产品或者服务中，插入链接、强制进行目标跳转。

插入链接是常见的便捷浏览方式，以方便浏览内容相近的网站。这种插入是以显化的方式提示插入链接之处，正常情况下，"选项"默认的程序是"点击链接打开新标签时，总是切换到新标签页"。这意味着，不点击链接，不会切换到新标签。

从关系上看，插入链接和强制目标跳转是递进关系，而不是如下文"误导、欺骗、强迫用户修改……"中每个行为单独构成违法行为。换言之，插入链接是强行跳转的前提，强行跳转是结果。

插入链接并强制进行目标跳转则不是用户的主动行为和预期结果。页面跳转就是利用技术对打开的页面进行跳转，例如，用户欲打开的是A页面，通过设置的脚本会自动跳转到B页面。因此，在理解这一行为时，核心要素是"强制"。因为强制给用户端浏览器呈现的结果不是其目标指向。如果跳转到的页面提供的内容能够满足用户的需求，则跳转页面搭借了他人的便车。如果不能提供用户需要的相关内容致客户离开，则劫持了流量。流量劫持行为至少有三种：客户端劫持、DNS劫持和运营商劫持。

（一）客户端劫持

客户端（Client）也称用户端，是指和服务器（Server）相对应，为客户提供本地服务的程序，如浏览器、安全软件等。客户端劫持主要表现为通过恶意插件、木马、病毒或正常软件的恶意功能来实施，又包括两种行为：一是劫持用户对网站的正常访问；二是在用户正常访问网站时弹出各种广告或信息。

第一种行为是劫持用户正常访问网站。这种劫持是将本应由被访问网站获得的流量劫持至他处。他处包括自己的或他人的特定服务器中，通常是劫持至实施主体自身提供的产品或服务处。在"北京百度网讯科技有限公司、百度在线网络技术（北京）有限公司诉北京奇虎科技有限公司、奇智软件（北京）有限公司案"中，被告通过其浏览器捆绑网址导航站，擅自在原告的搜索框中插入被告设置的搜索提示词，导致用户通过搜索提示词不但无法正常访问原告的网站，而且被引导至非用户搜索目的的被告的影视、游戏等网站频道中，从而本应由原告网站获得的访问流量，均被劫持至被告的产品、服务中。北京市第一中级人民法院在判决中认定："被告行为属明显的搭便车行为，不仅不正当地获取了相关利益，亦有可能因为引导用户更多的访问与其搜索目的完全不同的页面，从而挫伤用户继续使用原告服务的积极性，或使用户对原告服务产生负面评价。"从而认定"被告劫持流量的行为违反了《反不正当竞争法》第2条规定的诚实信用原则，构成不正当竞争"。

第二种行为是在用户正常访问网站时弹出劫持者设置的相关广告或信息。一般情况下，广告弹出并不违法。但需要和互联网信息服务提供者约定并设定相关回避措施。按照《规范互联网信息服务市场秩序若干规定》第 10 条的规定，互联网信息服务提供者在用户终端弹出广告或者其他与终端软件功能无关的信息窗口的，应当以显著的方式向用户提供关闭或者退出窗口的功能标识。

（二）DNS 劫持

DNS 即域名系统（Domain Name System）的缩写，其由解析器和域名服务器两部分组成，功能在于实现域名与 IP 地址间的转换。所谓 DNS 劫持，即域名解析劫持，是指通过技术手段修改域名解析，使对特定域名的访问由原 IP 地址转入到被篡改后的指定 IP 地址，导致用户无法访问原 IP 地址对应的网站或访问的是虚假网站，从而实现窃取资料或者破坏网站原有正常服务的目的。

此类流量劫持一般可通过三种途径之一实现：入侵运营商的 DNS 服务器；攻击网站 DNS；攻击上游域名注册商。例如，2010 年 1 月 12 日爆发的百度遭 DNS 劫持事件，即属于国际黑客通过攻击上游域名注册商 Register.com, Inc.，恶意篡改百度的域名解析的行为，导致全球多处用户不能访问百度网站，给百度造成了不可挽回的流量损失。

此外，由于 DNS 服务器往往掌握在运营商手中，提供宽带服务的运营商可自行通过掌控 DNS 来推送广告，这类现象也屡见不鲜。这种行为类似运营商劫持流量，若给第三方网站造成损失，同样涉嫌违反反不正当竞争法的规定，具体情况将在下面运营商劫持部分一并探讨。

（三）运营商劫持

运营商劫持，主要指电信、网通等基础电信服务商及互联网服务提供商利用其负责基础网络设施运营、网络数据传输、网络数据接入等便利，将用户访问第三方网站的流量劫持到己方或己方指定的网站，或在第三方网站页面弹出己方或己方指定的广告或其他信息的行为。此类劫持行为不但无偿利用了第三方网站的流量，亦会导致用户产生混淆，误认为推送广告、信息或有意误导用户的行为是第三方网站所为，从而严重影响第三方网站的运营和用户评价。

在理解上，强制进行跳转危害的结果首先是针对其他经营者而言的，即目标网页不能顺利到达，进而影响其正常运营和企业形象。其次是用户的利益，致其不能顺利获取信息。由于修订后的法律条文将征求意见稿中的"干扰行为"去掉，后文的"误读、欺骗等"主要针对的是用户，故这里在行为的类型上宜作广义的解释，既包括跳转后对原有页面的全覆盖，也包括部分遮盖。

这样，未经经营者许可的弹出页面构成违法。在最高人民法院 2015 年发布的指导案例 45 号——"北京百度网讯科技有限公司诉青岛奥商网络技术有限公司等不正当竞争纠纷案"中，明确了弹出广告行为的不正当竞争性质和构成要件。在用户登录百度搜索引擎网站进行关键词搜索时，正常出现的应该是搜索引擎网站搜索结果页面，不应弹出与搜索引擎网站无关的其他页面，但是，在联通青岛公司所提供的网络接入服务网络区域内，却出现了与搜索结果无关的广告页面强行弹出的现象。在联通青岛公司提供互联网接入服务的区域内，对网络服务对象针对百度网站所发出的搜索请求进行了人为干预，使干预者想要发布的广告页面在正常搜索结果页面出现前强行弹出。该行为既没有征得百度公司同意，也违背了使用其互联网接入服务用户的意志，容易导致上网用户误以为弹出的广告页面系百度公司所为，会使上网用户对百度公司提供服务的评价降低，对百度公司的商业信誉产生不利影响，损害了百度公司的合法权益，同时也违背了诚实信用和公认的商业道德。

二、恶意干扰客户端软件行为

恶意干扰客户端指客户端软件利用其控制用户端的优势地位，通过误导、欺骗、强迫等手段由用户修改、拦截、屏蔽、卸载竞争对手的产品或服务，以达到打击竞争对手目的的行为。这类行为主要依赖于客户端软件的底层优势和控制力，因此，也最多见于处于最底层的安全软件服务领域。

这类行为的特点如下：

1. 利用软件技术优势或综合性业务扩张能力制约其他软件的运行。一般而言，平台上业务的综合性越强，外部制约能力越大；技术越强，制约性越强。此外，在软件关系上，评价性软件往往更具有优势地位，其控制能力相对更强。"3Q案件"判决中曾指出，安全软件的经营者必须负有与其权力和技术能力相匹配的谨慎责任。被告在兼备裁判者和经营者双重角色的前提下，更加应该谨慎、理性行事，依照《规范互联网信息服务市场秩序若干规定》和《互联网终端软件服务行业自律公约》的相关行为规范，以公开、透明的方式公平、公正地判断其他软件的性质。

2. 被干扰的产品或服务应具有合法性。如果被干扰的产品或服务属于病毒、木马程序、流氓软件等，相关下游软件提供者有权采取（义务）进行查杀、删除等控制手段。而被干扰的信息是公认的商业模式辅助信息，如平台上发布的广告、游戏及增值服务等则不属于侵入其他网络服务提供者违法信息。

3. 利用用户的非专业特性，以欺骗、误导或者强迫等手段使用户做出违反其本意的行为。比如，使用或者不使用其他互联网信息服务提供者的服务或者产品、修改（删除）其他互联网信息服务提供者的服务或者产品参数等。

三、恶意不兼容

软件不兼容行为本身具有双面性。一方面，在某些情况下，不兼容的软件设计是处于互联网市场竞争环境中的开发者的一种自我保护的方式。例如，苹果开发的软件是闭源码，其他软件需要经过苹果的安全性审查，这有利于防止下载软件时被无意间捆绑其他软件，保障用户安全。另一方面，不兼容行为也会成为一些竞争者为牟取不法利益的违法手段，排斥相关软件的适用。如果经营者单独实施，相当于是一种单独抵制，抵制的对象是特定的。如果将用户策动起来，本质上构成了一种联合抵制，但不是反垄断法的垄断协议之联合抵制，因为这不是竞争者之间的联合行为。

软件的恶意不兼容行为，是经营者利用自身的技术性优势排斥其他辅助性软件加载和适用的行为。在若干年前的微软案中，微软公司就是将视窗和浏览器捆绑并排斥其他浏览器在微软视窗上的使用。

互联网恶意不兼容行为内容具有违法性的关键在于"恶意"的认定，微软案属于初期的恶意不兼容，且属于直接实施的不兼容。互联网发展到今天，恶意不兼容更多的是间接方式，即利用软件明示告知互联网用户拒绝其排斥软件的安装。利用用户普遍存在的互联网安全意识较强，但自身能力无法预测风险的心理，通过警示、弹窗或其他带有安全风险提示的方式引诱用户抵触其所针对的目标软件。故恶意应当从两个方面理解：①无技术性证据证明使用软件将产生危险性后果，但提示存在危险；②预知用户从事某种行为的结果直接或间接损害其他经营者软件适用及其权益。

如果不兼容软件不被认定为一个单一市场，相关主体就很难达到相应的市场力量，恶意不兼容行为也难以按照反垄断法中滥用支配地位之拒绝交易来规制。由于互联网技术的高度创新性和开阔性，不兼容本身具有爆发的迅速性，恢复过程也没有那么大的障碍，恶意不兼容只是一种特殊情况下的非技术力量的矫正。

实施恶意不兼容行为的本质在于扩大自身的利益，遏制恶意不兼容这种互联网不正当竞争行为的目的也旨在回复由不兼容的软件所造成的软件之间的恶意冲突，从而恢复互联网的秩序。软件的不兼容性的合法与否的主要区分在于软件冲突。软件冲突是常见的现象，通常指两个或多个软件在同时运行时，程序可能存在不能兼容的现象，导致两个或多个软件无法同时存续或运行。合理的不兼容并不违背竞争法的宗旨，也就不具有违法性。反之则构成了互联网恶意不兼容行为，构成不正当竞争。

判断一个不兼容行为是否是合理的，可以有如下三个标准：软件互斥的不可避免性；排斥代码嵌入的非针对性；因干扰而产生的对技术的破坏性。由于非针对性，即很难判定不兼容行为存在恶意。

四、其他行为

《反不正当竞争法》第 12 条第 2 款第 4 项设定了一个兜底条款："其他妨碍、破坏其他经营者合法提供的网络产品或者服务正常运行的行为。"认定其他互联网不正当竞争行为有哪些判断标准，需要结合本法和本条的基本条款得出。

（一）其他行为的判断标准

上述兜底条款还应受到本条中的概括性条款的约束，同时，还应当受到《反不正当竞争法》第 2 条的约束。于是，形成了判断标准的系统性条件。

在总则中，除了原则的指导性作用外，立法还规定了遵守商业道德。但实体经济下的商业道德与互联网领域的商业道德存在较为明显的内涵差异性，并且后者的内涵变动性较快。实体经济下的商业道德相对稳定，其大都来自于（商业）人文精神的认同，是商业习惯的沉淀。互联网产业以技术为中心，以创新为特征，这使得互联网商业道德的基础不是人文精神，而是技术的更替。商业道德更多地以商业模式形式体现出来，但商业模式会随着技术的发展而不断被打破。

事实上，我们会看到，包括确定列举之外的互联网不正当竞争行为在内的其他行为，存在二元评价结构。形而上的标准是原则+商业道德+竞争秩序。在《反不正当竞争法》第 2 条规定的"自愿、平等、公平、诚信的原则"中，四个原则是同序位的。但在一定情况下原则之间是有冲突的，如"自愿"和"公平"。同样，互联网中的商业道德具有易变性，竞争秩序是一种立法价值，其实现需要落实到具体的关系中。于是，就有了形而下的判断工具。在第 2 条中，强调"其他经营者或者消费者的合法权益"，在第 12 条第 2 款中，规定的是"影响用户选择或者其他方式""其他经营者合法提供的网络产品或者服务正常运行"。可见，真正用来判断的实体化的标准是以其他经营者和消费者为中心构建起来的。但这两者应该有一个相对稳定的关系结构。"其他经营者"可能是一个特定对象，也可能是不特定的对象。如果是前者则侵害了经营者的权利，如果是后者则侵害了经营者的权益。相比较，本法语境下，某种涉嫌违法的行为所针对的用户（消费者），不会是特定消费者，只能是消费者群体，即行为危害的是消费者利益。所以，相对稳定的结构应当是消费者利益具有优位地位，发挥核心功能。

另外，在第 12 条的概括性条款中，还规定了"利用技术手段"。但事实上，互联网上的不正当竞争行为不仅仅是利用技术手段，其他的一些手段也是有的，如现在的一些大平台会通过服务协议的办法附加不合理的交易条件。所以，手段问题只是一个辅助的判断标准，不是核心标准。

（二）典型行为

从已有的案件看，其他互联网不正当竞争行为类型很多，也将会出现更多的新类型。现列举两类典型的形式加以说明。

1. 数据的不当利用、获取行为。大数据时代，合法使用用户信息、注重用户信息保护是衡量经营者行为正当性的重要依据，也是反不正当竞争法保护消费者合法权益这一立法宗旨和目的的重要内容。

一般情况下，数据对数据占有者而言是一个私产，特殊情况下，在数据的联合应用涉及第三人利益的情况下，数据具有公益属性。数据的交易或不交易将受到限制，如菜鸟和蜂巢之间的数据纠纷。强制或诱导用户提供信息违反了消费者权益保护法律关系，违反单个消费者的知悉真情权，即消费者有权在充分表达自由意志的情况下向他人提供自己的信息或不提供信息，也有权充分了解他人使用自己信息的方式、范围，并对不合理的用户信息使用行为予以拒绝。

2. 软件捆绑行为。捆绑，亦即搭售。在互联网产业中软件捆绑是非常常见的现象，但在现行制度中没有明确的列举。对于互联网产业中的这部分行为，我们可以将其纳入到传统的不正当竞争行为中进行规制。比如，微软在操作系统上锁定 IE 浏览器，导致网景公司衰败，是互联网行业中非常知名的案例。另外，判断是否构成搭售，关键看其是否违背消费者意愿、搭售或者附加的条件是否合理。有的捆绑搭售带来了便捷，但有的捆绑搭售带来的是竞争机会的不平等。从产品性质而言，即时通信产品与互联网安全软件产品满足用户的不同需求。两者的捆绑，仅为简单叠加，并无任何集成效益。但是，被告捆绑销售行为违反了消费者意愿，在软件安装及升级过程中，用户如不接受被告的强制捆绑，软件直接退出，即时通讯以及互联网安全软件皆无法使用。

第十四章

数据法律制度

2022 年，中共中央、国务院印发《关于构建数据基础制度更好发挥数据要素作用的意见》，提出数据基础制度建设事关国家发展和安全大局，应当激活数据要素潜能，做强做优做大数字经济，增强经济发展新动能，构筑国家竞争新优势。构建适应数据特征、符合数字经济发展规律、保障数据安全、彰显创新引领的数据基础制度，能够充分实现数据要素价值、促进全体人民共享数字经济发展红利，为深化创新驱动、推动高质量发展、推进国家治理体系和治理能力现代化提供有力支撑，完成二十大报告提出的建设"网络强国、数字中国"的目标。

第一节　数据法概述

一、数据的含义

（一）数据的概念

数据，是指任何以电子或者其他方式对信息的记录。以记录下的数字为依据，分析和传达背后的信息意涵，是数据的主要功能。

1. 数据的传播介质。数据的传播介质是多元的，不仅包括电子形式，还以其他方式传播。放眼过去，纸张、胶卷、唱片等传统介质尚未退出我们的生活，纸质书籍、横幅标语等仍是当前数据的重要呈现方式，它们所承载的数据同样蕴含巨量信息。预期未来，信息技术的迭代升级或将改变数据主要的介质样态，以"电子"作为数据界定标尺的做法将被颠覆。"其他方式"能够为新技术发展给数据表现形态带来变化预留空间。

2. 数据的外在表现。数字集形式性、物理性和功能性于一身，是符号，也是传递信息的媒介。数字是数据的主要外在表现形式。简言之，数据是可以被计算机程序储存、处理、分析和利用的代码或者数字集合体。不能直接被计算机处理和存储的数字集合体也可能是数据，但因其处理和传播范围十分有限，已不是数据发展的主要表现形式。

3. 数据的实质内容。数据的本质是信息。通过电子化和数字化的分析手段，数字能够传达信息，为人类所感知。单一的数字传递信息的功能是有限的，因此数据更多地通过集合和汇聚，进而整理、比对，推测和分析出背后的信息意蕴。

（二）数据与相关概念的区分

1. 数据与大数据。大数据是指存在价值关联的海量数据。当数据积累到一定程度，能够形成规模效应、分析得出更多信息时，即将这些积累的数据称为"大数据"。具体而言，大数据是指无法在一定时间范围内用常规软件工具进行捕捉、管理和处理的数据集合，是需要新处理模式才能具有更强的决策力、洞察发现力和流程优化能力的海量、高增长率和多样化的信息资产。相较于零散的数据，利用新的处理模式得到的大数据更加体系化、规模化，由此可反映更多客体微观及详细的状况。[1]

---

〔1〕 李有星等：《数据资源权益保护法立法研究》，浙江大学出版社 2019 年版，第 46 页。

大数据突出数据量的大，其本质依然是数据。数据是大数据的构成要素，是大数据技术的作用对象，是大数据应用的基础条件。[1]

2. 数据与隐私。隐私是自然人的私人生活安宁和不愿为他人知晓的私密空间、私密活动、私密信息。其中，若隐私能够帮助识别自然人，则构成个人信息，例如隐私中的"私密信息"属于个人信息。

隐私与数据存在重叠关系，区分如下：其一，范围不同。隐私强调"私密"，隐私权保护的范畴必然属于私人领域，属于未向公众公开的部分；数据不仅包括私密数据，还包括公共数据，私密数据中仅有"秘密"部分构成隐私。其二，特性不同。隐私重在"隐匿"，隐私权建立在信息封锁之上；数据作为一种生产要素，重在交易、流通与合理利用。其三，保护方法不同。私密数据优先适用《民法典》有关隐私权的规定，没有规定的，适用有关个人信息保护的规定。个人数据一般直接适用个人信息保护的相关规定，如《民法典》《中华人民共和国个人信息保护法》（以下简称《个人信息保护法》）等。

二、数据的特点[2]

（一）主体的集合泛化

数据处理者实施的数据行为往往不会造成单一个体受损，还会波及牵连到其他不特定主体，即产生所谓的"社会连带"效应。[3] 每个人均有依据所处的位置维持社会连带并不去实施损害社会连带的义务。[4] 当诸如互联网平台等大型数据处理者违规处理海量数据时，其将无差别对众多个体造成侵害，他们由此有了共同归属与利益关联，即令数据处理者停止侵害、排除妨碍、损害赔偿。例如，发生数据泄漏时，所有被处理的信息均处于危险状态，有可能被不当利用，以致人格尊严、人身财产受损。值得注意的是，与私法中个体自由选择形成人的"合"不同，这些个人成为"群"的成员不是他们自由选择的结果。[5] 数据处理者实施的违法行为，是对不特定个人形成的群体权益造成一致性的侵害。此时，所有数据个体紧密结合为一个特定群体，与数据处理者形成"群对一"的利益对抗关系。在"社会唯实论"下，个体形成特定群体的利益，即社会公共利益不能被分配至单一个人，单一个人利益的简单集成也无法等同于社会公共利益。[6] 群体里的单一个体可以寻求私力救济，却没有能力、更不是适格主体以代表群体利益发声。数据群体的形成及群体内部个体虚化的事实，要求数据个体权益的维护另辟蹊径。

（二）客体的公共性

数据是准公共物品，具有公共物品典型的非排他性与非竞争性特征。[7] 非排他性是指，无论提供者意愿如何，均无法阻止其他个体消费该产品。个人只要生存，每时每刻都会产生数据，经过时间的流逝便形成"数据流"。特别是在互联网产生后，人们完全浸入其中，数据成

〔1〕　文禹衡：《数据产权的私法构造》，中国社会科学出版社 2020 年版，第 85~86 页。

〔2〕　张钦昱：《数据立法范式的转型：从确权赋权到社会本位》，载《经贸法律评论》2023 年第 1 期。

〔3〕　刘继峰、李世佳：《论经济法调整对象中的社会连带关系》，载《南开学报（哲学社会科学版）》2021 年第 1 期，第 163 页。

〔4〕　[法] 莱昂·狄骥著，郑戈、冷静译：《公法的变迁·法律与国家》，辽海出版社、春风文艺出版社 1999 年版，第 443~444 页。

〔5〕　赵红梅：《个体之人与集体之人——私法与社会法的人像区别之解析》，载《法商研究》2009 年第 2 期。

〔6〕　赵红梅：《经济法的私人实施与社会实施》，载《中国法学》2014 年第 1 期。

〔7〕　[美] 埃莉诺·奥斯特罗姆、罗伊·加德纳、詹姆斯·沃克著，王巧玲、任睿译：《规则、博弈与公共池塘资源》，陕西人民出版社 2011 年版，第 6 页。

为人们能够连接彼此的"对价",个人排除他人获得数据较为困难。即使立法者可通过法律赋予个人或企业对特定数据的垄断权利以人为制造稀缺性,[1] 但这显然与促进数据流转、使用的社会期望不符。数据先天的弱排他性,使得为个人赋予排他性的数据权利在技术上不可行,也违背了数据使用、流转的现实。非竞争性是指,多一人消费至少不会降低其他个体的消费水平,即多分配公共物品给一名消费者的边际成本近乎为零。数据被一个人使用时,不会产生剥夺其他人使用的效果。在大数据时代,人们希冀数据可反复使用,借以创造出适合人们便利生活的产品。[2] 公共物品一般会产生"公地悲剧",依据市场自身难以调节,须由体现公益色彩的政府施加干预。

公共数据在个人数据外,更加鲜活地验证了数据的公共物品特质。政府促进政务信息向公众免费开放,能够最大限度地提升公共数据使用效率,使得公共数据较为便捷地为全体公众分享,避免出现数据由私人提供时产生的高收费、搭便车等问题。美国等许多国家和地方政府已经实施了新的政策,来发布他们的数据或鼓励人们获得、使用、再利用政府数据。[3] 此外,数字基础设施、认证数据等,无一不昭示着数据的公共特性。[4]

（三）内容的生产性

《中共中央、国务院关于构建更加完善的要素市场化配置体制机制的意见》明确了数据的生产要素地位,指出应当促进要素自主有序流动,提高要素配置效率。数据主体的保护应当以有利于数据要素生产为导向,在私人权益基础上,更为注重提升数据资源的社会价值。

数据在漫长的历史阶段中一直处于"自给自足"状态,人们产生、保存的目的仅仅是为了记录与其有关的事物,以免遗忘。随着人们产生的数据成倍增长,如何储存、归类、利用这些庞杂无章数据变成棘手问题,数据的储存、整理、分析等服务渐成气候。随着人类进入工业化社会,商业交往日益频繁,交易、信用等数据资源变得愈发珍贵。数据资源从个人分散运用转变为数人共用,从单个数据处理者能轻松应付转变为需要社会协作,处置过的数据产品从专供数据个人使用到可经由交易供应于社会。由此,零星的数据服务被不断整合,零散的数据服务演化为数据产业,数据实现社会化生产。

社会化分工不仅提升了数据的生产效率,更令数据社会的诞生成为现实。"事实上,劳动分工所产生的道德影响,要比它的经济作用显得更重要些;在两人或多人之间建立一种团结感,才是它真正的功能。"[5] 数据经生产加工后,便于被数据轰炸、淹没在数据海洋、对如何获取数据无所适从的个体接收;会促进企业依据消费者喜好研发产品,吻合用户快捷舒适便利生活的需要。公共数据经共享后,会方便个人与企业依此作出有效决策。

三、数据的分类

（一）个人数据

个人数据,指个人拥有或者管理的一切数据,包括个人信息、数据财产和由个人获得并控制的公共数据。[6] 其中的个人信息,由《个人信息保护法》保护;涉及敏感个人信息的,还受《个人信息保护法》的特殊保护。

〔1〕 Kenneth Arrow, Economic Welfare and the Allocation of Resources for Invention, 617 (Princeton University Press 2015).

〔2〕 Ian Rowlands, Understanding Information Policy, K. G. Saur, pp. 3-16 (1997).

〔3〕 Jyh-An Lee, Licensing Open Government Data, 13 Hastings Bus. L. J. 208 n. 6 (2017).

〔4〕 胡凌:《功能视角下个人信息的公共性及其实现》,载《法制与社会发展》2021 年第 5 期。

〔5〕 [法] 埃米尔·涂尔干著,渠东译:《社会分工论》,生活·读书·新知三联书店 2000 年版,第 24 页。

〔6〕 齐爱民:《数据法原理》,高等教育出版社 2022 年版,第 143 页。

（二）企业数据

企业数据，指企业拥有或者管理的一切数据，包括企业名称、经营范围等登记数据，供应商、客户信息等运营数据，以及通过运营获得的消费者个人信息和企业获得并控制的公共数据。其中，企业在"通过运营获得的消费者的个人信息"时，被称为个人信息处理者。当企业处理个人信息时，应当符合《个人信息保护法》《中华人民共和国数据安全法》（以下简称《数据安全法》）等法律法规要求。

（三）国家公共数据

国家公共数据，指国家机关或法律、法规授权的具有管理公共事务职能的组织，在履行公共管理职责或提供公共服务过程中，处理的各类公共数据资源，包括依托政务网络形成的数据、直接处理的数据、通过第三方处理的数据。其中，行政机关处理的数据被称为政府数据。

国家公共数据主体的范围较广，不仅包括行政机关，还包括立法机关、审判机关、检察机关、监察机关等国家机关，以及行业协会、图书馆、档案馆等法律、法规授权的具有管理公共事务职能的组织。国家公共数据旨在发挥数据作为生产要素的作用，通过开放大量数据，实现数据资源共享，促进数据在全社会的利用。

四、数据的立法体系

（一）法律

数据法由如下四部基础性的法律构成：

2015 年 7 月，《中华人民共和国国家安全法》（以下简称《国家安全法》）通过，成为统领数据法的基石，该法在第 25 条指出，"国家……实现网络和信息核心技术、关键基础设施和重要领域信息系统及数据的安全可控"。

2016 年 11 月，《中华人民共和国网络安全法》（以下简称《网络安全法》）通过，该法旨在保障网络安全，维护网络空间主权和国家安全、社会公共利益，重点关注"网络自身的安全"。

2021 年 6 月，《数据安全法》通过，该法旨在保障数据安全，同时关注数据处理活动与数据开发利用。《数据安全法》与《网络安全法》是交叉关系。一方面，当网络服务提供者也是数据处理者时，可将《数据安全法》视为《网络安全法》的特别法。另一方面，《网络安全法》的调整对象局限于"网络数据"范围，而《数据安全法》中的数据还包括电子数据外以其他方式记录的信息。

2021 年 8 月，《个人信息保护法》通过，旨在寻求个人信息安全的基础上，促进信息的合理流通与利用。与《数据安全法》为了维护国家安全和社会公共利益不同，《个人信息保护法》更侧重于私人权益，即公民个人的隐私、人格、财产等利益的维护。

此外，在四部基础性法律之外，《中华人民共和国电子商务法》（以下简称《电子商务法》）、《中华人民共和国电子签名法》（以下简称《电子签名法》）、《中华人民共和国反电信网络诈骗法》等法律通过规范网络交易行为，为数字交易创造良好环境。

（二）行政法规

国务院制定的行政法规，主要有《征信业管理条例》《关键信息基础设施安全保护条例》。此外，《网络数据安全管理条例》《网络安全等级保护条例》正在起草过程中。

（三）部委规章

工信部的规章，比如《电信和互联网用户个人信息保护规定》《工业数据分类分级指南（试行）》。网信办的规章，比如《儿童个人信息保护规定》《网络安全审查办法》正在征求意见中。相关部委联合发布的规章，比如《互联网信息服务算法推荐管理规定》《互联网信息服务深度合成管理规定》《App 违法违规收集使用个人信息行为认定方法》《常见类型移动互联网应用程序必要个人信息范围规定》《汽车数据安全管理若干规定（试行）》。

（四）标准、指南

数据领域存在大量的标准和指南。这些标准和指南在制定程序上相对灵活，更贴近不断发展变化的数据实践需要。制定标准与指南的主体有全国信息安全标准化技术委员会（又称"TC260"）、国家标准化管理委员会、国家认证认可监督管理委员会、中国信息通信研究院等。

（五）地方立法

我国一些省市制定了地方立法。比如，《深圳经济特区数据条例》（2021年 6 月 29 日通过）、《上海市数据条例》（2021 年 11 月 25 日通过）、《重庆市数据条例》（2022 年 3 月 30 日通过）。截至 2023 年 6 月 1 日，已有贵州、天津、海南、山西等 20 个省市公布了相关数据条例。以贵州省为例，作为全国首个大数据综合试验区，贵州省先后制定了《贵州省大数据发展应用促进条例》《贵州省大数据安全保障条例》《贵州省政府数据共享开放条例》等相关条例。

五、数据的调制机构

作为社会公共利益的典型代表，行政机关有能力强令义务人履行法律设定的负担，完成保护数据个人的使命。立法者应当结合数据的公共性特点，结合互联网发展规律、技术与商业的演进、数据安全与个人自由发展等因素，运用带有强制色彩的公法，确立数据流通、共享、存储与操作的基本规则。[1] 可以通过设立数据调制机构贯彻数据立法的社会本位观。

数据调制机构是各国数据立法中不可或缺的重要部分。《一般数据保护条例》在第六章利用专章规定调制机构，明确各国应建立调制机构保障个人的基本权利。为防范政府的不当干预，确保数据的自由流动，调制机构必须具备独立性，免受外部直接或间接的影响，也不应寻求或听从他人指令。除规定调制机构的设立规制、成员任职的一般条件、管辖权、任务外，《一般数据保护条例》特别规定了调制机构的权力，比如数据审计、认证审核等调查职权，警示、惩戒等纠正职权，授权与意见职权。

根据《个人信息保护法》《数据安全法》，网信部门或安全领导机构具有协调权限，工信、金融、教科文卫等有关部门各司其职、相互协调。2023 年，我国组建国家数据局。国家数据局负责协调推进数据基础制度建设，统筹数据资源整合共享和开发利用，统筹推进数字中国、数字经济、数字社会规划和建设等。国家数据局由国家发展和改革委员会管理。将中央网络安全和信息化委员会办公室承担的研究拟订数字中国建设方案、协调推动公共服务和社会治理信息化、协调促进智慧城市建设、协调国家重要信息资源开发利用与共享、推动信息资源跨行业跨部门互联互通等职责，国家发展和改革委员会承担的统筹推进数字经济发展、组织实施国家大数据战略、推进数据要素基础制度建设、推进数字基础设施布局建设等职责划入国家数据局。

---

[1] 梅夏英：《数据的法律属性及其民法定位》，载《中国社会科学》2016 年第 9 期。

第二节　数据权基本理论[1]

一、数据权的类型

数据权的结构由权利主体、客体、内容三个要素组成，这三个要素相互交叉、联结，组成了不同的数据权利束。以主体为脉络，辅以客体与内容，数据权涵盖如下图景。

1. 国家的数据主权。数据主权是指一国拥有、控制、管辖、使用该国数据及国民数据的权利。[2] 对内，数据主权表现为管辖权；对外，数据主权表现为协调合作权与自主独立权。[3] 数据主权的权利主体是国家；客体是一国辖区内产生、流动的个人、企业、政府的整体数据以及国家作为主体产生、存储的数据；以国家主权理论包含的平等权、管辖权、独立权、自卫权为标准，数据主权的内容相应被划分为数据平等权、数据管辖权、数据自主发展权、数据自卫权。基于数据信息网络的特征和跨境数据流动的日益普遍，管辖权冲突的情况愈发常见，国家数据主权的明确和维护将显得更加重要。

2. 政府的数据调制权。数据调制权分为数据调控权与数据规制权。数据调控权是指政府为实现数字政府的宏观目标，具有对数据调节与控制等干预活动的职权，具体包括数据获取权、数据共享权、许可使用权。政府享有数据获取权，可以为公共利益或公共职责，获取相关数据。为履行法定职责、应对突发公共卫生事件或紧急情况下保护自然人生命健康和财产安全，可以不经过当事人同意，处理相关数据和个人信息。政府对在履职过程中形成的数据资源，即公共数据，享有数据共享权，以打破数据条块分割的局面，回应公众获取与使用公共数据这种公共资源的需要。[4] 当数据使用关联社会公共利益时，政府可设置数据许可使用权，并无偿或有偿地获得诸如与生态环保、经济文化等相关的数据资源。[5] 例如，在大数据智能应用领域走在前沿的迪拜通过《迪拜数据法》规定，与阿联酋有关的数据作为"迪拜数据"被视为政府拥有的资产。[6] 数据规制权是指，政府为保护数据安全，促进数据市场公平竞争，对相关主体实施的直接限制或禁止等干预活动。国家、企业、个人的数据可能出现被篡改、遗失、损毁、泄露的情况，需要政府履行数据保护的职权，确保数据安全。此外，企业可能存在非法获得他人数据，利用非法采集的数据提供产品或服务，利用数据分析歧视交易相对人，在数据市场上实施垄断协议、滥用市场支配地位、经营者集中等行为，需要政府及时管理与规制，亦即政府享有数据规制权。

3. 企业的数据控制权。企业基于经营需求，有权控制其收集的数据，以使用、传播、交易，这被称为企业的数据控制权。数据控制权的主体是企业，一般以数据处理者的面目出现。企业数据处理的结果，也可被称为生产者数据。企业数据控制权的客体是经过其处理的数据生成的数据产品或服务。数据控制权的实质是财产权，企业对其处理过的数据产品或结果享有排他的使用和控制权利。依据企业生产链条，企业控制权的内容保护数据收集权、数据使用权、

---

〔1〕　张钦昱：《数据立法范式的转型：从确权赋权到社会本位》，载《经贸法律评论》2023 年第 1 期。

〔2〕　杜雁芸：《大数据时代国家数据主权问题研究》，载《国际观察》2016 年第 3 期。

〔3〕　张晓君：《数据主权规则建设的模式与借鉴——兼论中国数据主权的规则构建》，载《现代法学》2020 年第 6 期。

〔4〕　张亚楠：《政府数据共享：内在要义、法治壁垒及其破解之道》，载《理论探索》2019 年第 5 期。

〔5〕　吕廷君：《数据权体系及其法治意义》，载《中共中央党校学报》2017 年第 5 期。

〔6〕　Dubai Data Law, 2017.

数据收益权和数据流转权。

4. 个人的数据私权束。个人数据范围广泛,《通用数据保护条例》将其定义为"与已识别或可识别身份的自然人有关的任何信息"[1]。数据与链条般的处理场景休戚相关。据此,可将个人数据权划分为采集确认权、汇集介入权、处理保障权。数据采集确认权包括一般知情权、查阅权、复制权、对原始数据的更正权、特殊情况下的访问权;数据汇集介入权包括特殊知情权、数据处理后的更正权、基于自身原因或数据不当处理的反对权、数据携带权;数据处理保障权包括限制处理权、异议权、获得算法解释的权利、被遗忘权。[2]

二、数据权的属性

1. 数据私权属性辨别之惑。关于企业数据控制权与个人数据私权束的性质,存在财产权、人格权说、知识产权说等理论分歧,这些理论都难以自洽。美国曾有学者提出,"无论是财产理论还是侵权理论都不承认个体对其个人信息的权利"[3]。

数据权因遵循社会效益原则,难以被划归为财产权。有学者认为数据权富有经济价值,能被转移,在《民法典》中与"虚拟财产"并列,具有物权属性,且将数据权划定为物权有利于数据权边界的明晰。[4] 美国理论界亦有观点认为,个人数据是一种财产,个人有权控制其个人信息的任何使用,[5] 并基于这种认识主张加强对个人数据的保护[6]。然而,数据权不符合物权法定原则,难以被登记与公示。更为重要的是,物权的绝对权特质意味着数据权利人可得排除任何人的侵犯,这与促进数据流转与利用的社会效率原则相悖。有学者提出,将数据产权化将扭曲欧盟的竞争自由和服务自由。[7] 同样,债权由当事人通过契约约定,契约因无须公示,第三人难以明晰契约内容,会"无心之失"地侵犯当事人的数据权。数据产权不清晰,致使数据权利确认、流转、保护的成本攀升。

数据权因难以解决权利的冲突问题,难以被划归为人格权。有学者指出,隐私权旨在防范个人隐私免遭泄露,数据权还有数据搜集、加工与利用的积极权能,故数据权是一种人格权。[8] 人格权理论一般针对个人数据权而言,旨在对抗企业滥用个人数据的大环境。但是,人身专属性是人格权的特征之一,无法随意放弃或转让,这是与数据权中的被遗忘权等产生冲突。民法要求权利主体具有平等性,但企业、政府、国家的数据权很难同个人一样,亦具有人格权属性。特别地,深圳市人大常委会发布的《深圳经济特区数据条例(征求意见稿)》曾规定,自然人对个人数据享有人格权益,自然人、法人和非法人组织对其处理形成的数据产品和服务享有财产权益。那么,当同时占有一个数据的主体彼此利益出现矛盾时、个人数据的人格权与财产权出现竞合时、个人生产数据的人格权与企业控制数据的财产权相互冲突时,人格权原理难以协调不同主体之间的利益冲突,也不能指明何种权利应当该得到优先尊重。

数据权因不符知识产权的基本特征,难以被划归为知识产权。有学者认为数据权类似于知

---

[1] General Data Protection Regulation, Ariticle 4 (1).

[2] 张钦昱:《数据权利的归集:逻辑与进路》,载《上海政法学院学报(法治论丛)》2021 年第 4 期。

[3] Vera Bergelson, It's Personal but Is It Mine – Toward Property Rights in Personal Information, 37 U. C. Davis L. Rev., 379 (2003).

[4] 周林彬:《数据权利配置的立法思路》,载《人民论坛》2021 年第 10 期。

[5] Jerry Kang, "Information Privacy in Cyberspace Transactions", 50 Stan. L. Rev., 1193 (1998).

[6] Alan F. Westin, *Privacy and Freedom*, New York: Atheneum, 1967, p. 7.

[7] P. Bernt Hugenholtz, *Against Data Property*, in Kritika, Hanns Ullrich et al. eds.: Essays on Intellectual Property, 2018, p. 50.

[8] 叶名怡:《论个人信息权的基本范畴》,载《清华法学》2018 年第 5 期。

识产权，也有学者指出建立一种全面的数据产权将严重损害目前的知识产权法体系。[1] 2016年《中华人民共和国民法总则（草案）》（一审稿）曾明确"数据信息"是知识产权的客体之一。但是，在《中华人民共和国民法总则》及《民法典》的后续立法过程中，数据的知识产权特性被移除，改为"法律对数据、网络虚拟财产的保护有规定的，依照其规定"。《民法典》将数据权排除出知识产权范畴可谓正本清源。一般认为，知识产权具有非物质性、专有性、地域性、时间性的基本特征。[2] "数据"由"数"与"据"组成，前者指计数，后者指凭据，数据是指对事实记录和描述的凭据。当前，数字化是数据主要表现形态，数据以二进制形式存储于电脑会占用一定的物理空间，数据具有物质性。数据作为推理和计算基础的已知或假定为事实的实物的观点不足为奇。[3] 数据可被轻易复制，副本数据具有高保真度，数据可被多人同时拥有，不具有排他性。数字化数据可在互联网上方便传递，轻易地突破了地域的限制。数据无法自行消灭，寿命无限，可对抗时间的流逝。数据兼具物质性、非排他性、非地域性、非时间性，其无法被归为知识产权。

数据权不是单纯的财产权、人格权、知识产权，诸多学者倾向于将其认定为是一种新兴权利。[4] 尚不论创设一种新兴权利能否在理论上得到承认，其能否经受起立法者的审慎推敲，能否经受起实践的重重关卡，能否有利于立法对不同类别当事人彼此交织的数据纠纷定纷止争，才是首当其冲的难点。《深圳市经济特区数据条例（征求意见稿）》制定时明确使用"数据权"的表述，引发了极大的争议，后来在一审稿中使用"数据权益"的替代表述。但最终《深圳经济特区数据条例》通过时，采用了"个人数据处理"的表述，回避了数据权利和数据权益的争议。[5] 与其在立法中引入极易引发学理争议、对具体问题指导意义不大、宣示意义大于实际意义的数据权，不如改弦易张地转换数据立法思路，采取行为立法表达模式。放弃将数据权纳入现有的权利体系或者创设一种新兴的权利范式，更多将重点放在优化数据交易结构、促进数字要素的公平有效分配、培育壮大数字市场上，或许是更明智的选择。

2. 数据公法义务的伸张。数据主权一般通过国际公约或条约规定，在国内法中则以数据跨境规则的面目出现。互联网诞生早期，约翰·巴洛曾在《网络空间独立宣言》中提出"互联网独立主权"的主张，要求互联网拥有不受主权国家控制的、完全独立的主权。该理论认为互联网超越传统的地理边界，屏幕和代码隔绝产生了新的"领域"，传统的以特定交易地点为锚点的主权理论已经令人不满意。[6] 随着互联网领域的国际争端频发，尤其是斯诺登事件之后，各国均开始重视互联网领域的网络主权。例如，2017 年《网络行动国际法塔林手册 2.0》由北约智库完成，指出主权原则作为一般原则，适用于网络空间，各国拥有网络的对内和对外主权。各国对其领土内的网络基础设施、人员和网络活动具有主权权威，能够独立对外开展网络活动。[7] 2019 年俄罗斯出台《网络主权法》，可以在出现紧急情况或外国威胁时，利用国家域名系统，自主运行本国的内部网络，使得俄罗斯具有独立于其他国家网络系统的能力。2020 年美国国防部发布了首部《数据战略》，提出了以国防安全为导向、以数据为核心的网络

〔1〕　吕炳斌：《个人信息权作为民事权利之证成：以知识产权为参照》，载《中国法学》2019 年第 4 期。

〔2〕　王迁：《知识产权法教程》，中国人民大学出版社 2016 年版，第 4~10 页。

〔3〕　赵刚：《数据要素：全球经济社会发展的新动力》，人民邮电出版社 2021 年版，第 2 页。

〔4〕　比如，钱继磊：《个人信息权作为新兴权利之法理反思与证成》，载《北京行政学院学报》2020 年第 4 期。

〔5〕　张钦昱：《数据立法范式的转型：从确权赋权到社会本位》，载《经贸法律评论》2023 年第 1 期。

〔6〕　David Johnson & David Post，"Law and Borders：The Rise of Law in Cyberspace" 48 Stanford Law Review 1378 (1996).

〔7〕　余建川：《美国在网络主权问题上的立场变化及启示》，载《情报杂志》2021 年第 2 期。

安全体系要求。我国 2015 年《国家安全法》第 25 条规定，"维护国家网络空间主权、安全和发展利益"，重视网络主权在网络空间治理中的重要作用。外交部印发《中国关于全球数字治理有关问题的立场》，提出了 7 项具体建议，包括确保所有人接入互联网、避免互联网碎片化、保护数据、保护线上人权、制定针对歧视和误导性内容的问责标准、加强人工智能治理以及数字公共产品等内容。

承认网络主权的基础上，各国互相尊重他国的网络主权利益。无论是国际公约、条约抑或国内法，均主要关注数据的跨境流动。数据跨境流动会影响国家安全及国家数据战略等方面，数据跨境流动日益成为国家安全的重要内容。[1] 例如，欧盟曾与美国商业部达成《安全港协议》，限制美国公司在欧盟的数据传输行为。[2] 全球首个数据跨境规则是经合组织于 1980 年发布的《隐私保护与个人数据跨境流动的指导方针》，该方针第三章要求成员国须保障数据跨境流动不受干扰。[3] 20 世纪七八十年代，欧洲各国形成授权型监管、合规型监管、保护型监管三种模式，要求数据跨境流动时得到数据保护监管机构或数据所有人的同意。[4] 伴随 1995年《欧盟数据保护指令》及 2018 年《通用数据保护条例》的颁布，欧盟跨境数据流动监管得以强化。[5] 从欧盟数据主权严格立法可知，欧盟一直以监管视角，通过对成员国施加跨境数据保护的义务，保护跨境数据流动。二十大报告中指出，国家安全是民族复兴的根基，必须坚定不移贯彻总体国家安全观，把维护国家安全贯穿党和国家工作各方面全过程，确保国家安全和社会稳定。在数据流动的过程中，应当注意维护数据安全，特别是加强重要专项协调指挥体系，强化数据基础设施的安全保障体系。

政府数据共享须遵循自我约束理念。该理念是数据共享这辆车的中枢控制系统，决策约束是方向控制装置，控制约束是安全装置，预警约束是报警装置。[6] 深圳市司法局发布的《深圳经济特区数据条例（征求意见稿）》认为，公共数据的本质是国有资产。我国对国有资产一直采取监督管理的思路，而非权利赋予的逻辑，比如《企业国有资产法》规定了履行出资人职责的机构、国有资产监督等内容。相应地，《深圳经济特区数据条例》规定了公共数据分类管理、目录管理等制度，要求公共数据以无偿开放共享为原则，以有偿不共享为例外。在管理行政法理论失势、控权行政法理论成为主流学说的背景下，法律对数据规制权的态度不是一味鼓励赞赏，反倒是处处设限，防范政府对数据规制权的滥用。[7] 行政法律关系的双方主体恒定为行政相对人与行政机关。行政法并不会彰显行政机关的职权，而是以限缩行政机关的职权为使命，维护行政相对人权益。因此，数据规制权仅是一种学理主张，法条中难以出现与之相关的表述。

第三节　数据发展法律制度

二十大报告中指出，"高质量发展是全面建设社会主义现代化国家的首要任务"。在现代

〔1〕 王金照等：《跨境数据流动：战略与政策》，中国发展出版社 2020 年版，第 7 页。

〔2〕 Export. gov, U. S. -EU Safe Harbor Overview, http: //export. gov/safeharbor/eu/eg_main_018476. asp.

〔3〕 Guidelines on the Protection of Privacy and Trans-Border Flows of Personal Data.

〔4〕 姚旭：《欧盟跨境数据流动治理：平衡自由流动与规制保护》，上海人民出版社 2019 年版，第 92 页。

〔5〕 Steven M. Puiszis, "Unlocking the EU General Data Protection Regulation", 2018 J. Prof. L., 1 (2018).

〔6〕 吴昊：《大数据时代中国政府信息共享机制研究》，中国社会科学出版社 2020 年版，第 121 页。

〔7〕 姜明安主编：《行政法与行政诉讼法》，北京大学出版社、高等教育出版社 2011 年版，第 24 页。

化产业体系建设中，要推动战略性新兴产业融合集群发展，构建新一代信息技术、人工智能、生物技术等一批新的增长引擎；要加快发展数字经济，促进数字经济和实体经济深度融合，打造具有国际竞争力的数字产业集群。现代化产业的建设，离不开良好的数据法律制度的推动和促进。

数据安全和保护固然重要，但绝不能因噎废食，禁止从事各类数据利用活动。新公共服务理论强调，政府的角色是服务者而不是"掌舵人"。政府不仅是经济竞争理念下顾客利益最大化的执行人，要以积极的身份扩宽公民参与的途径和民主；政府不仅需要以企业家的身份满足顾客的公共偏好，还需要作为公共利益的引导者和服务员，与公民互动，倾听公民的声音。[1]政府在数据活动中，应引导各方主体积极、规范地参与数据活动，促进数据的价值创造和价值生产，更多地承担起推动数字市场发展的积极责任。

应当坚持安全、保护与发展并重，提升数据安全治理和数据开发利用水平，支持促进数据发展的措施，促进以数据为关键要素的数字经济发展。

一、数字经济发展措施

（一）实施国家大数据战略

信息技术与经济社会的交汇融合引发了数据迅猛增长，数据已成为国家基础性战略资源，大数据正日益对全球生产、流通、分配、消费活动以及经济运行机制、社会生活方式和国家治理能力产生重要影响。大数据是以容量大、类型多、存取速度快、应用价值高为主要特征的数据集合，正快速发展为对数量巨大、来源分散、格式多样的数据进行采集、存储和关联分析，从中发现新知识、创造新价值、提升新能力的新一代信息技术和服务业态。目前，我国在大数据发展和应用方面已具备一定基础，拥有市场优势和发展潜力，但也存在政府数据开放共享不足、产业基础薄弱、缺乏顶层设计和统筹规划、法律法规建设滞后、创新应用领域不广等问题亟待解决。为全面推进我国大数据发展和应用，加快建设数据强国，国务院于2015年印发《促进大数据发展行动纲要》。国家大数据战略的主要任务包括：

1. 加快政府数据开放共享，推动资源整合，提升治理能力。推动政府部门数据共享，推动公共数据资源开放，规划大数据基础设施建设，宏观调控科学化，推动政府治理精准化，推进商事服务便捷化，促进安全保障高效化，加快民生服务普惠化。深入推进5G网络规模化部署和应用，加快健全数据管理体制机制，构建数据基础制度体系，推动数据资源跨地区跨部门跨层级整合归集、共享利用。

2. 推动产业创新发展，培育新兴业态，助力经济转型。发展工业大数据，发展新兴产业大数据，发展农业农村大数据，发展万众创新大数据，推进基础研究和核心技术攻关，形成大数据产品体系，完善大数据产业链。

国家提升社会数据资源价值。培育数字经济新产业、新业态和新模式，支持构建农业、工业、交通、教育、安防、城市管理、公共资源交易等领域规范化数据开发利用的场景。

推动网络安全法律法规和政策体系持续完善，不断增强网络安全保障能力。建立健全数据分类分级保护基础制度，持续完善网络数据监测预警和应急处置工作体系，切实保障数据安全。

3. 强化安全保障，提高管理水平，促进健康发展。健全大数据安全保障体系，强化安全支撑。加强大数据安全评估体系，对网络设施划分安全等级，分级分类管理，切实做好大数据

---

〔1〕〔美〕珍妮特·V.登哈特、罗伯特·B.登哈特著，丁煌译：《新公共服务：服务，而不是掌舵》，中国人民大学出版社2016年版，第96~101页。

平台的可靠性及安全性测评。明确数据采集、传输、存储、使用和开放等各环节的安全边界，加强对国家安全、公共安全、商业秘密和个人隐私的保护。

及时调整不适应数字化发展的法律制度，持续完善数字领域法律法规体系；深入推进"清朗""净网""剑网"系列专项行动，强化网络内容治理，加强网络空间行为规范。

（二）推进数据基础设施建设

关键信息基础设施，指公共通信和信息服务、能源、交通、水利、金融、公共服务、电子政务、国防科技工业等重要行业和领域的，以及其他一旦遭到破坏、丧失功能或者数据泄露，可能严重危害国家安全、国计民生、公共利益的重要网络设施、信息系统等。[1] 2021年，国务院颁布《关键信息基础设施安全保护条例》，保障关键信息基础设施安全，维护网络安全。国家对关键信息基础设施实行重点保护，采取措施，监测、防御、处置来源于中华人民共和国境内外的网络安全风险和威胁，保护关键信息基础设施免受攻击、侵入、干扰和破坏，依法惩治危害关键信息基础设施安全的违法犯罪活动。关键信息基础设施运营者，将收到认定通知，在网络设施安全等级保护制度的基础上，承担更重的保护义务，满足更严苛的合规要求。[2]

推进数据基础设施建设，应当结合国家政务信息化工程建设规划，统筹政务数据资源和社会数据资源，布局国家大数据平台、数据中心等基础设施。加快完善国家人口基础信息库、法人单位信息资源库、自然资源和空间地理基础信息库等基础信息资源和健康、就业、社保、能源、信用、统计、质量、国土、农业、城乡建设、企业登记监管等重要领域信息资源，加强与社会大数据的汇聚整合和关联分析。推动国民经济动员大数据应用。加强军民信息资源共享。充分利用现有企业、政府等数据资源和平台设施，注重对现有数据中心及服务器资源的改造和利用，建设绿色环保、低成本、高效率、基于云计算的大数据基础设施和区域性、行业性数据汇聚平台，避免盲目建设和重复投资。加强对互联网重要数据资源的备份及保护。

（三）鼓励支持数据创新应用

为鼓励和支持数据在各行业、各领域的创新应用，应当大力培育互联网金融、数据服务、数据探矿、数据化学、数据材料、数据制药等新业态，提升相关产业大数据资源的采集获取和分析利用能力，充分发掘数据资源支撑创新的潜力，带动技术研发体系创新、管理方式变革、商业模式创新和产业价值链体系重构，推动跨领域、跨行业的数据融合和协同创新，促进战略性新兴产业发展、服务业创新发展和信息消费扩大，探索形成协同发展的新业态、新模式，培育新的经济增长点。

（四）制定数字经济发展规划

省级以上人民政府应当将数字经济发展纳入本级国民经济和社会发展规划，并根据需要制定数字经济发展规划，完善数据要素治理体系，探索数据制度体系创新，推动数据要素市场建设。

二、公共服务智能化

国家支持开发利用数据提升公共服务的智能化水平。

信息化社会带来"数字鸿沟"（digital divide）或"数字排斥"（digital exclusion）问题，数字弱势群体的权利保障捉襟见肘。在智能化社会变革的背景中，以老年人、残疾人为典型代表的数字弱势群体，因为教育和经济等原因，不能共享数字社会的红利，被数字社会边缘化，

---

［1］《网络安全法》第31条。
［2］《关键信息基础设施安全保护条例》第10条。

无法运用互联网和数字信息获益。[1] 一些手机程序、网站等智能化设备与应用没有充分照顾老年用户，无法享受智能化服务带来的便利，甚至无法使用社会公共服务。例如，在医疗系统大规模智能化、数字化的情况下，有些老年人因为没有智能手机、不会操作相关 APP 等原因，就医过程举步维艰。因此，提供智能化公共服务，应当充分考虑老年人、残疾人等数字弱势群体的需求，避免对老年人、残疾人的日常生活造成障碍。

三、数据技术和产品创新

国家支持数据开发利用和数据安全技术研究，鼓励数据开发利用和数据安全等领域的技术推广和商业创新，培育、发展数据开发利用和数据安全产品、产业体系。坚持数字经济与实体经济相结合，坚持把经济发展的着力点放在实体经济上，推动新型工业化，提高数字技术应用的产业空间和市场范围，推动各行各业的数字化转型。推进教育数字化，建设全民终身学习的学习型社会、学习型大国。

四、数据标准体系建设

数据标准，指数据领域需要统一的技术要求。标准包括国家标准、行业标准、地方标准和团体标准、企业标准。其中，国家标准分为强制性标准、推荐性标准，行业标准、地方标准是推荐性标准。国家推动人工智能、可穿戴设备、车联网、物联网等领域数据采集标准化。

鉴于网络数据资源与传统资源不同，需要切实加强网络数据全生命周期的各个环节的安全保护，针对各应用领域和业务场景下的不同特点，形成闭环安全管理模式，有效保护用户合法权益，切实维护国家重要数据安全，国家推进数据开发利用技术和数据安全标准体系建设。国务院标准化行政主管部门和国务院有关部门根据各自的职责，组织制定并适时修订有关数据开发利用技术、产品和数据安全相关标准。国家支持企业、社会团体和教育、科研机构等参与标准制定。

2020 年，《网络数据安全标准体系建设指南（征求意见稿）》发布，旨在搭建网络数据安全标准体系框架。网络数据安全标准体系包括基础共性、关键技术、安全管理、重点领域四大类标准。

五、数据发展教育培训

国家支持教育、科研机构和企业等开展数据开发利用技术和数据安全相关教育和培训，采取多种方式培养数据开发利用技术和数据安全专业人才，促进人才交流。

第四节　个人数据保护法律制度

数据是对信息的记录。信息的着眼点在于其作用于人的大脑形成的认识，数据则侧重于客观的形式，强调可被机器设备处理等记录。关于数据与信息的概念区分，有不同争议。第一种观点是"数据＝信息"。比如《电子商务法》便使用"数据信息"的表述。第二种观点是"数据＞信息"。比如，《快递暂行条例》规定，"经营快递业务的企业应当……妥善保管用户信息等电子数据"。第三种观点是"数据＜信息"。根据数据的概念，应采此种观点，即只有记录的信息才能成为数据。在网络法的讨论中，数据和信息有时可以即时转换。在部分语境中也存在

---

[1]　宋保振：《"数字弱势群体"权利及其法治化保障》，载《法律科学（西北政法大学学报）》2020 年第 6 期。

混用，比如信息与数据并用、信息包含数据、数据包含信息。[1] 数据和信息的概念区分变得困难，有时需要运用相关的理论抽丝剥茧，具体问题具体分析。[2] 无论数据和信息的关系多么纷繁复杂，不管坚持数据形式说、数据内容说还是数据分层说，对于数据的价值在于是信息的传递这一观点，至少能够达成一定共识。[3]

一、个人信息立法保护的历史沿革

党的十八大以来，网络与个人信息保障体系达到了前所未有的高度。从《网络安全法》的实施到《民法典》，再到《数据安全法》《个人信息保护法》，有关个人信息保护法的体系日臻完善。

（一）初识阶段

2012 年，全国人大常务委员会通过《关于加强网络信息保护的决定》，以法律形式明确保护能够识别公民个人身份和涉及公民个人隐私的电子信息，确立网络身份管理制度，明确网络服务提供者的义务和责任，并赋予政府主管部门必要的监管手段，重点解决了我国网络信息安全立法滞后的问题，为互联网时代的个人信息保护装上"法律的盾牌"。2013 年，《消费者权益保护法》新增了个人信息保护权，并规定了个人信息的收集与使用规则、保密规则、垃圾短信禁止规则。工业和信息化部出台《电信和互联网用户个人信息保护规定》，是国内第一部针对个人信息保护的部门规章。最高人民法院、最高人民检察院、公安部印发《关于依法惩处侵害公民个人信息犯罪活动的通知》，以遏制、惩治侵害公民个人信息犯罪。2014 年，国家市场监督管理总局印发《网络交易管理办法》，国家邮政局印发《寄递服务用户个人信息安全管理规定》，最高人民法院通过《关于审理利用信息网络侵害人身权益民事纠纷案件适用法律若干问题的规定》。2015 年，《国家安全法》颁布，在第四章国家安全制度中，专设第二节情报信息。《刑法修正案（九）》增加侵犯公民个人信息罪、拒不履行信息网络安全管理义务罪。

（二）发展阶段

2016 年，《网络安全法》颁布。网络必然离不开个人参与，网络在经营过程会涉及个人信息。因此，《网络安全法》涉及个人信息安全的规定。国家互联网信息办公室印发《移动互联网应用程序信息服务管理规定》，该规定于 2022 年修订。2017 年，最高人民法院、最高人民检察院通过《关于办理侵犯公民个人信息刑事案件适用法律若干问题的解释》。2018 年，最高人民检察院印发《检察机关办理侵犯公民个人信息案件指引》。2019 年，国家互联网信息办公室、工业和信息化部、公安部、市场监管总局联合制定了《App 违法违规收集使用个人信息行为认定方法》。国家互联网信息办公室通过《儿童个人信息网络保护规定》。

2020 年，《民法典》颁布，在第四编人格权第六章规定了隐私权和个人信息保护，在第1034-1039 条，对个人信息保护问题作了系统规定。此前，《民法总则》通过，将受到法律保护的个人信息作为一项重要民事权利予以规定。

2021 年 6 月 10 日，《数据安全法》通过，规制与保障公开个人信息的数据处理活动以及保障数据安全。国家互联网信息办公室、工业和信息化部、公安部、国家市场监督管理总局制定《常见类型移动互联网应用程序必要个人信息范围规定》，明确移动互联网应用程序运营者不得因用户不同意收集非必要个人信息，而拒绝用户使用其基本功能服务。最高人民法院通过

---

[1] 韩旭至：《信息权利范畴的模糊性使用及其后果——基于对信息、数据混用的分析》，载《华东政法大学学报》2020 年第 1 期。

[2] 梅夏英：《信息和数据概念区分的法律意义》，载《比较法研究》2020 年第 6 期。

[3] 郑佳宁：《数据信息财产法律属性探究》，载《东方法学》2021 年第 5 期。

《关于审理使用人脸识别技术处理个人信息相关民事案件适用法律若干问题的规定》为公众维护人脸信息这一重要敏感个人信息提供参照，也对人脸信息处理者行为的合法合规性提出了更高要求。

（三）成熟阶段

2021 年 8 月 20 日，《个人信息保护法》通过，于 2021 年 11 月 1 日施行。此前，《个人信息保护法》于 2018 年被列为十三届全国人大常委会立法规划第一类项目，并于 2020 年 10 月、2021 年 4 月、2021 年 8 月历经三次审议。

《个人信息保护法》细化完善个人信息保护原则和个人信息处理规则，依法规范国家机关处理个人信息的活动，赋予个人信息主体多项权利，强化个人信息处理者义务，健全个人信息保护工作机制，设置严格的法律责任，个人信息保护水平得到全面提升。《个人信息保护法》统领其他法律法规对个人信息的保护，是我国第一部系统、全方位保护个人信息的专门性和基础性法律。

二、个人信息保护法的适用范围

（一）属地原则

在我国境内处理自然人个人信息的活动，适用本法。也就是说，无论处理者是否在境内设立，或者处理的是否为境内自然人信息，只要处理行为发生在境内，便受《个人信息保护法》调整。

（二）域外效力

在我国境外处理我国境内自然人个人信息的活动，有下列情形之一的，也适用《个人信息保护法》：以向境内自然人提供产品或者服务为目的；分析、评估境内自然人的行为；法律、行政法规规定的其他情形。

《个人信息保护法》借鉴了欧盟《通用数据保护条例》有关规定，在属地原则的基础上，赋予其必要的域外适用效力，产生了"长臂管辖"的效果。换言之，《个人信息保护法》是否适用，不受个人信息主体国籍和个人信息处理者国籍的影响，而与以下因素相关：处理个人信息行为是否发生在中国境内；如个人信息处理行为发生在境外，该处理行为是否针对境内自然人；法律、行政法规有无特别规定。

（三）适用除外

自然人因个人或者家庭事务处理个人信息的，不适用《个人信息保护法》。

法人或者非法人组织，以及匿名化的个人信息，不属于《个人信息保护法》的适用范围。

统计、档案管理活动中的个人信息处理的规定，优先于《个人信息保护法》适用。

三、个人信息保护的原则

个人信息保护的原则是收集、使用个人信息的基本遵循，是构建个人信息保护具体规则的基础。

（一）合法、正当、必要和诚信原则

合法原则要求个人信息处理不得违反法律强制性规定，应当根据法律法规的规定处理个人信息。

正当原则要求个人信息处理的目的与手段正当，不得违背公序良俗。

必要原则包括目的必要、方式必要、范围必要。仅在开展业务或履行法定职责所必需时，信息处理者方可处理个人信息。信息处理者应当采取风险最小的方式处理个人信息。

诚信原则要求信息处理者应当善意处理个人信息，不得故意损害信息主体的合法权益。信息处理者不得通过误导、欺诈、胁迫等方式处理个人信息。

（二）目的限制原则

1. 目的明确原则。处理个人信息应当具有明确、合理的目的，使得个人明了个人信息处理的目的，进而有能力判断是否允许个人信息处理者处理其个人信息或知道其个人信息权益是否遭到侵害。处理个人信息的目的不能笼统或宽泛，应当清晰明了。处理个人信息的行为应当与处理目的直接相关，个人信息的处理能够实现该目的，否则不应当进行处理。

2. 最小化处理原则。

（1）处理个人信息应当采取对个人权益影响最小的方式。在可以选择多种处理方式时，应当避免选择对个人权益影响较大的方式。当个人信息处理可能对个人权益影响有较大影响时，应当采取调整处理行为或处理方式等必要措施，减小对个人权益的影响。

（2）收集个人信息，应当限于实现处理目的的最小范围，不得过度收集个人信息。最小范围指若缺少该个人信息，个人信息处理无法开展，个人信息处理目的无法达成。《常见类型移动互联网应用程序必要个人信息范围规定》明确了39类常见类型移动互联网应用程序的必要个人信息范围。

（三）公开透明原则

为了保障个人的知情权，令个人信息处理行为处于监管部门和社会的监督之下，确保个人信息处理者守法，处理个人信息应当遵循公开、透明原则。公开透明原则有两项具体要求。

1. 公开个人信息处理规则。个人信息处理规则包括必须公开与选择公开两类。前者如《个人信息保护法》第17条，后者则由信息处理者在必须公开范围外自主决定。"隐私政策""个人信息保护政策"是常见的公开个人信息处理规则。国家推荐性标准《信息安全技术 个人信息安全规范》（GB/T 35273-2020）列出了个人信息处理规则的推荐性模板。

2. 明示处理的目的、方式和范围。公开透明原则的关键是个人信息处理者明示个人信息处理的有关情况，履行告知义务。其中，处理个人信息的目的、方式和范围最为重要，必须明示。

（四）信息质量原则

大数据时代，诸多决策建立在个人信息分析基础之上。倘若个人信息不准确、不完整，决策将产生偏差，影响个人的根本利益。因此，处理个人信息应当保证个人信息的质量，避免因个人信息不准确、不完整对个人权益造成不利影响。当个人发现个人信息存在错误、未及时更新等问题时，可以通知个人信息处理者，要求更正或者删除，共同提高个人信息的处理质量。

（五）社会共治原则

企业、政府、相关社会组织、公众共同应当共同保护个人信息。

1. 个人信息处理者的主体责任。个人信息处理者应当对其个人信息处理活动负责，并采取必要措施保障所处理的个人信息的安全。这是"谁处理，谁保护；谁处理，谁负责"理念的贯彻。

2. 政府的行政监管责任。履行个人信息保护职责的部门应当开展个人信息保护宣传教育，指导、监督个人信息处理者开展个人信息保护工作；接受、处理与个人信息保护有关的投诉、举报；组织对应用程序等个人信息保护情况进行测评，并公布测评结果；调查、处理违法个人信息处理活动。

3. 组织、公众的社会监督权利。任何组织、个人有权对违法个人信息处理活动向履行个人信息保护职责的部门进行投诉、举报。收到投诉、举报的部门应当依法及时处理，并将处理结果告知投诉、举报人。履行个人信息保护职责的部门应当公布接受投诉、举报的联系方式。

四、个人信息法律关系

（一）主体

1. 个人信息处理者。个人信息处理者，指在个人信息处理活动中自主决定处理目的、处理方式的组织、个人。欧盟《通用数据保护条例》区分了控制者与处理者，并认为处理者只是按照控制者的指示处理个人信息，因而控制者是违反信息保护责任的首要承担者。[1]《民法典》与《个人信息保护法》对两者不作区分，仅使用了"个人信息处理者"的概念。

判断个人信息处理者有处理目的与处理方式两个标准，决定这两点的组织和个人即为个人信息处理者。前者说明了个人信息处理为何发生，即处理者为何要处理个人信息；后者说明了个人信息处理如何发生，即处理者将如何处理个人信息。

2. 个人信息保护负责人。

（1）需指定的情形。为避免加重小规模个人信息处理者的负担，只有处理个人信息达到国家网信部门规定数量的个人信息处理者，才应指定个人信息保护负责人。

（2）职责。个人信息保护负责人对个人信息处理活动以及采取的保护措施等进行监督。考虑到个人信息保护负责人的专业性和独立性，公司内部的个人信息保护负责人应当与其他部门相互隔离，设立专门的部门或者岗位。也就是说，个人信息保护负责人不负责处理个人信息处理，只是确保处理行为的合规性。这样，有助于降低信息处理过程中公司经济利益和用户利益的冲突，也促进了个人信息的合理利用与流通。

（3）履职信息公开。个人信息处理者应当公开个人信息保护负责人的联系方式，并将个人信息保护负责人的姓名、联系方式等报送履行个人信息保护职责的部门。

3. 个人信息权人。个人信息权人，又称"信息主体"，指与信息有关的已识别或可识别的自然人。对于个人信息处理者处理的个人信息，个人信息权人仍享个人信息权益。特别是，涉及个人隐私或者商业秘密的个人信息，个人信息权人有权要求信息处理者模糊化处理或者不处理该部分信息。

4. 履行个人信息保护职责的部门。

（1）部门框架。国家网信部门负责统筹协调个人信息保护工作和相关监督管理工作。国务院有关部门在各自职责范围内负责个人信息保护和监督管理工作。县级以上地方人民政府有关部门的个人信息保护和监督管理职责，按照国家有关规定确定。其中，国家网信部门的具体职权为：制定个人信息保护具体规则、标准；针对小型个人信息处理者、处理敏感个人信息以及人脸识别、人工智能等新技术、新应用，制定专门的个人信息保护规则、标准；支持研究开发和推广应用安全、方便的电子身份认证技术，推进网络身份认证公共服务建设；推进个人信息保护社会化服务体系建设，支持有关机构开展个人信息保护评估、认证服务；完善个人信息保护投诉、举报工作机制。

（2）履职措施。履行个人信息保护职责的部门履行个人信息保护职责，可以采取下列措施：询问有关当事人，调查与个人信息处理活动有关的情况；查阅、复制当事人与个人信息处理活动有关的合同、记录、账簿以及其他有关资料；实施现场检查，对涉嫌违法的个人信息处理活动进行调查；检查与个人信息处理活动有关的设备、物品；对有证据证明是用于违法个人信息处理活动的设备、物品，向本部门主要负责人书面报告并经批准，可以查封或者扣押。

履行个人信息保护职责的部门在履行职责中，发现个人信息处理活动存在较大风险或者发生个人信息安全事件的，可以按照规定的权限和程序对该个人信息处理者的法定代表人或者主

---

〔1〕　参见程啸：《个人信息保护法理解与适用》，中国法制出版社2021年版，第541页。

要负责人进行约谈，或者要求个人信息处理者委托专业机构对其个人信息处理活动进行合规审计。个人信息处理者应当按照要求采取措施，进行整改，消除隐患。履行个人信息保护职责的部门在履行职责中，发现违法处理个人信息涉嫌犯罪的，应当及时移送公安机关依法处理。

（二）客体

按照信息内容是否直接涉及个人的人格尊严和人身、财产安全，个人信息可划分为一般个人信息与敏感个人信息。所谓"敏感"，是指造成侵害或危害后果上的容易性。敏感个人信息指一旦泄露或者非法使用，容易导致自然人的人格尊严受到侵害或者人身、财产安全受到危害的个人信息。敏感个人信息包括生物识别、宗教信仰、特定身份、医疗健康、金融账户、行踪轨迹等信息，以及不满14周岁未成年人的个人信息。

敏感个人信息之外的个人信息则是一般个人信息。对于敏感个人信息的保护应高于一般个人信息。

（三）内容

个人信息法律关系的内容指在个人信息处理过程中，相关主体所享有的权利和承担的义务。所谓个人信息处理，包括个人信息的收集、存储、使用、加工、传输、提供、公开、删除等。

《个人信息保护法》特设专章，规定了个人信息权人的权利与个人信息处理者的义务。前者包括知情权与决定权，具体又分为查阅复制权、可携带权、更正补充权、删除权、解释说明权、代行使权。后者包括个人信息处理者的基本义务，以及境外个人信息处理者、大型互联网平台、受托人的特别义务。

五、个人信息处理规则

（一）个人信息处理的一般规则

个人信息处理以"告知—同意"规则为核心，以无须"告知-同意"的法定许可规则为例外。"告知—同意"框架是一种基于合同法的意思自治框架，通过赋予用户知情权和决定权，为企业个人信息的使用和合规提供了途径。[1] 一般情况下，"告知-同意"是个人信息处理的前置条件，个人信息处理者应当履行合理的告知义务，并经个人信息权人同意后，方可处理个人信息。其中，"告知"乃为保护个人信息权人的知情权，"同意"乃为保护决定权。2023年5月，国家标准化管理委员会和国家市场监督管理总局联合发布了《信息安全技术 个人信息处理中告知和同意的实施指南》（国标GB/T 42574—2023），为个人权益维护以及相关监管、检查、评估等活动提供参考。

1. 告知。个人信息处理者在处理个人信息前，应当以显著方式、清晰易懂的语言真实、准确、完整地向个人告知个人信息处理者的名称或者姓名和联系方式；个人信息的处理目的、处理方式，处理的个人信息种类、保存期限；个人行使本法规定权利的方式和程序等事项。如果上述事项发生变更，则应将变更部分告知个人。个人信息处理者通过制定个人信息处理规则的方式告知的，处理规则应当公开，并且便于查阅和保存。

告知要求存在两种例外情形。其一，法定保密或豁免告知。有法律、行政法规规定应当保密或者不需要告知的情形的，个人信息处理者可以不履行告知义务。比如，《反恐怖主义法》规定"公安机关调查恐怖活动嫌疑，有权向有关单位和个人收集、调取相关信息和材料。有关单位和个人应当如实提供。"这意味着公安机关在调查恐怖活动案件时，获得事先告知豁免。其二，紧急情况事后告知。紧急情况下为保护自然人的生命健康和财产安全无法及时向个人告

---

〔1〕 丁晓东：《个人信息保护：原理与实践》，法律出版社2021年版，第89~90页。

知的，个人信息处理者应当在紧急情况消除后及时告知。比如，突发自然灾害，需要收集、使用个人信息搜寻失联人员、救助伤员。

2. 同意。一般情况下，个人信息处理者处理个人信息应当取得个人同意。

（1）同意的实质要件。基于个人同意处理个人信息的，该同意应当由个人在充分知情的前提下自愿、明确作出。由此，同意需要同时具备"充分知情""自愿""明确"三个要件。

（2）同意的类型。

第一，单独同意。针对实践中大量出现的捆绑授权、概括性同意等问题，处理者在处理敏感个人信息、向他人提供或公开个人信息、跨境提供个人信息时，应取得个人的单独同意，不得与一般个人信息、其他类型的处理行为一并取得个人同意。

第二，书面同意。对于涉及个人重大利益的个人信息，应取得个人的书面同意。比如，《征信业管理条例》要求征信机构查询个人信息的，应当取得个人本人的书面同意并约定用途。

第三，一般同意。除单独同意与书面同意外，其他情形下处理个人信息仅需取得一般同意即可，无须"单独"或"书面"的形式要求。

（3）同意的重新取得。个人信息的处理目的、处理方式和处理的个人信息种类发生变更的，应当重新取得个人同意。将原始或处理过的个人信息委托处理或者转让给其他信息处理者时，需要重新取得个人同意。

（4）同意的撤回。基于个人同意处理个人信息的，个人有权撤回其同意。个人信息处理者应当提供便捷的撤回同意的方式。个人撤回同意，不影响撤回前基于个人同意已进行的个人信息处理活动的效力。

（5）强迫同意的无效。个人信息处理者不得以个人不同意处理其个人信息或者撤回同意为由，拒绝提供产品或者服务；处理个人信息属于提供产品或者服务所必需的除外。

具体到人脸信息，信息处理者不得强迫或者变相强迫自然人同意处理其人脸信息。比如，除非处理人脸信息属于提供产品或者服务所必需的之外，信息处理者不得要求自然人同意处理其人脸信息才提供产品或者服务，也不得以与其他授权捆绑等方式要求自然人同意处理其人脸信息。

3. 法定许可规则。在特殊情况下，个人信息处理者无须遵从"告知—同意"规则，即不需取得个人同意，仅履行合理的告知义务，即可处理个人信息。

法定许可的情形如下：为订立、履行个人作为一方当事人的合同所必需，或者按照依法制定的劳动规章制度和依法签订的集体合同实施人力资源管理所必需；为履行法定职责或者法定义务所必需；为应对突发公共卫生事件，或者紧急情况下为保护自然人的生命健康和财产安全所必需；为公共利益实施新闻报道、舆论监督等行为，在合理的范围内处理个人信息；在合理的范围内处理个人自行公开或者其他已经合法公开的个人信息。其中，对于最后一种情形，在个人明确拒绝公开或对个人权益有重大影响的，仍应取得个人同意。

4. 个人信息保存期限。一般而言，个人信息保存没有法定固定期限，但应在满足处理目的后，在最短时间内尽快删除。一些法律则限定了个人信息的保存期限，比如《电子商务法》要求商品和服务信息、交易信息保存时间自交易完成之日起不少于3年；《证券法》要求证券公司应当保存客户开户资料、委托记录、交易记录和与内部管理、业务经营有关的各项资料不少于20年。

（二）典型场景下个人信息的特殊处理规则

1. 共同处理。

（1）共同处理者内部的权利义务。两个以上的个人信息处理者共同决定个人信息的处理目的和处理方式的，应当约定各自的权利和义务。

（2）共同处理者对外的连带责任。个人信息处理者之间的内部约定不得对抗第三人，因此个人可向其中任何一个个人信息处理者主张权利。个人信息处理者共同处理个人信息，侵害个人信息权益造成损害的，应当依法承担连带责任。

2. 委托处理。个人信息处理者往往会将收集到的个人信息委托数据服务公司等专业服务企业处理，由服务公司提供数据分析等专业服务。

（1）个人处理者的义务。个人信息处理者委托处理个人信息的，应当与受托人约定委托处理的目的、期限、处理方式、个人信息的种类、保护措施以及双方的权利和义务等，并监督受托人的个人信息处理活动进程。

（2）受托人的义务。受托人应当按照约定处理个人信息，不得超出约定的处理目的、处理方式等处理个人信息。委托合同不生效、无效、被撤销或者终止的，受托人应当将个人信息返还个人信息处理者或者予以删除，不得保留。未经个人信息处理者同意，受托人不得转委托他人处理个人信息。

3. 组织变更。个人信息处理者因合并、分立、解散、被宣告破产等原因需要转移个人信息的，转移方应当向个人告知接收方的名称或者姓名和联系方式。

接收方应当继续履行个人信息处理者的义务。接收方变更原先的处理目的、处理方式的，应当重新取得个人同意。

4. 信息共享。个人信息处理者向其他个人信息处理者提供其处理的个人信息的，提供方应当向个人告知接收方的名称或者姓名、联系方式、处理目的、处理方式和个人信息的种类，并取得个人的单独同意。

其他个人信息处理者应当在上述处理目的、处理方式和个人信息的种类等范围内处理个人信息。其他个人信息处理者变更原先的处理目的、处理方式的，应当依照本法规定重新取得个人同意。

5. 自动化决策。自动化决策，是指通过计算机程序自动分析、评估个人的行为习惯、兴趣爱好或者经济、健康、信用状况等，并进行决策的活动。自动化决策被广泛用于广告推荐、信用评价等领域。比如，经营者根据个人购物记录判断其购物频率和偏好，有针对性地推送广告和商品；银行更具个人存款和工作，判断个人偿债能力。自动化决策包括用户画像与决策两个环节：个人信息处理者利用计算机程序记录、加工自然人的各类信息，分析个人的行为习惯、兴趣爱好或者经济、健康、信用状况，然后利用上述信息对个人作出广告推荐、信息推送、信用评价等决策。[1] 2023 年，国家标准《信息安全技术 基于个人信息的自动化决策安全要求》已形成标准征求意见稿。

个人信息处理者利用个人信息进行自动化决策，应当保证决策的透明度，也应当保证结果公平、公正，不得对个人在交易价格等交易条件上实行不合理的差别待遇。

通过自动化决策方式向个人进行信息推送、商业营销，应当同时提供不针对其个人特征的选项，或者向个人提供便捷的拒绝方式。

通过自动化决策方式作出对个人权益有重大影响的决定，个人有权要求个人信息处理者予

---

〔1〕 杨合庆主编：《中华人民共和国个人信息保护法释义》，法律出版社 2022 年版，第 74 页。

以说明，并有权拒绝个人信息处理者仅通过自动化决策的方式作出决定。

6. 公共采集。在公共场所安装图像采集、个人身份识别设备的前提条件：为维护公共安全所必需、遵守国家有关规定、设置显著的提示标识。物业将人脸识别，作为出入服务区域的唯一验证方式时，物业使用人可拒绝。

在公共场所收集个人信息的用途限制：在公共场所安装图像采集、个人身份识别设备所收集的个人信息只能用于维护公共安全的目的；取得个人单独同意的，可将相关信息用于维护公共安全外的其他合法用途。格式条款中，授权信息处理者无限、不可撤销使用人脸信息等约定无效。违约处理人脸信息的，信息处理者应承担违约责任，并根据请求删除人脸信息。

2023 年，国家互联网信息办公室起草《人脸识别技术应用安全管理规定（试行）（征求意见稿）》，向社会公开征求意见。

（三）敏感个人信息的特殊处理规则

1. 敏感个人信息处理的条件。除了遵循目的明确、最小化处理的目的限制原则外，处理敏感个人信息还遵循更高要求：处理行为与特定的目的密切相关，以非必要不处理为准则，并采取严格保护措施。比如，只有诊疗、体检、保险机构为特定目的方可处理个人的医疗健康信息，个人信息处理者应采取比处理一般个人信息更为严格的保护措施。

2. 特别告知规则。除一般告知要求外，个人信息处理者在处理敏感个人信息时，还应向个人告知处理敏感个人信息的必要性以及对个人权益的影响。

个人信息处理者处理不满 14 周岁未成年人个人信息的，应当取得未成年人的父母或者其他监护人的同意。个人信息处理者处理不满 14 周岁未成年人个人信息的，应当制定专门的个人信息处理规则。

3. 特别同意规则。处理敏感个人信息应当取得个人的单独同意，即独立且明确的专项同意。法律法规规定处理敏感个人信息应当取得书面同意的，从其规定。比如，《征信业管理条例》便规定处理涉及金融类个人敏感信息时须取得书面同意。

2023 年，国家标准《信息安全技术 敏感个人信息处理安全要求》已形成标准征求意见稿。

六、个人权利与个人信息处理者义务

（一）个人在个人信息处理活动中的权利

1. 基本权利。

（1）知情权。知情权指个人有权知晓其个人信息被处理的情况。知情权通过个人信息处理者的告知义务实现。只要信息处理者充分履行法定告知义务，且个人信息权人有机会获知其告知事项，即可认定其知情。[1] 知情权具体包括查阅复制权、解释说明权。

（2）决定权。决定权指个人有权决定其个人信息处理的主体、目的、方式、范围等。决定权通过个人信息权人行使"同意"实现，即个人有权选择同意或拒绝，也有权限制他人对其个人信息进行处理。决定权包括可携带权、更正补充权、删除权、代行使权。

2. 具体权利。

（1）查阅复制权。除法律规定外，个人有权向个人信息处理者查阅、复制其个人信息。个人请求查阅、复制其个人信息的，个人信息处理者应当及时提供。

（2）可携带权。可携带权，又称转移权。为了增强个人对其信息的控制权，减少大型互联网企业利用市场优势地位对用户产生"锁定效应"，应当允许个人有权将个人信息转移至其指定的个人信息处理者。符合国家网信部门规定条件的，个人信息处理者应当提供转移的

---

〔1〕 孙莹主编：《个人信息保护法条文解读与适用要点》，法律出版社 2021 年版，第 133 页。

途径。

（3）更正补充权。个人发现其个人信息不准确或者不完整的，有权请求个人信息处理者更正、补充。个人请求更正、补充其个人信息的，个人信息处理者应当对其个人信息予以核实，并及时更正、补充。

（4）删除权。删除权是指个人在法定或约定事由出现时，请求信息处理者删除其个人信息的权利。

第一，法定情形下信息处理者的主动删除义务与个人信息权主体的删除权。当处理目的已实现、无法实现或为实现处理目的不再必要；个人信息处理者停止提供产品或者服务，或者保存期限已届满；个人撤回同意；个人信息处理者违法或违约处理个人信息等情形出现时，个人信息处理者应主动删除个人信息。个人信息处理者未删除的，个人有权请求删除。

第二，删除权的例外。在法律、行政法规规定的保存期限未届满，或者删除个人信息从技术上难以实现两种情形出现时，个人信息处理者应当停止除存储和采取必要的安全保护措施之外的处理，即以停止处理行为代替删除义务，可不删除个人信息，但应妥善保存个人信息，采取相应的安全保护措施，不得再对个人信息作利用等处理。

与删除权相近的权利是被遗忘权。被遗忘权指个人信息权主体对已通过合法形式发布在网络上（无论是自己发布还是他人发布），有关自身的不充分、不相关（或不再相关）、过分、过时的信息或者收集处理的目的已失去的信息，请求信息控制者或信息处理者予以删除的权利，除非信息的保留有合法的理由。[1] 被遗忘权由欧盟法院于2014年在冈萨雷斯与谷歌公司之间的纠纷案中确立。[2] 我国出于既有法律足以保护个人免受网络负面信息不利影响、不符合我国社会发展实际情况、其制度不利于消解我国信息产业后发优势等原因，并未规定被遗忘权。[3]

（5）解释说明权。个人有权要求个人信息处理者对其个人信息处理规则进行解释说明。一般的解释权说明权要求告知个人信息处理者基本情况、处理目的和个人行权方式等基本情况。在自动化决策过程中，还衍生出了"算法获解释权"，用户可以在自动化决策对其权益产生重大影响时，进一步要求决策者说明决策过程。

（6）代行使权。自然人的人格权随死亡而消亡，但逝者的身后声誉等会对近亲属产生影响，因而有必要在自然人死后继续对其人格利益给予一定保护。因此，除死者生前另有安排外，自然人死亡的，其近亲属为了自身的合法、正当利益，可以对死者的相关个人信息行使查阅复制权、更正权、删除权。需要注意的是，为维护自然人本人的人格尊严和个人自由以及出于权利的性质与目的等原因，近亲属仅能行使复制权、更正权、删除权。

（二）个人信息处理者义务

1. 基本义务。

（1）个人信息处理者履行义务的目的。个人信息处理者履行义务，旨在确保个人信息处理活动符合法律、行政法规的规定，并防止未经授权的访问以及个人信息泄露、篡改、丢失。

（2）个人信息处理者履行义务的依据。个人信息处理者应当根据个人信息的处理目的、处理方式、个人信息的种类以及对个人权益的影响、可能存在的安全风险等，采取不同的措施

〔1〕 薛丽：《GDPR生效背景下我国被遗忘权确立研究》，载《法学论坛》2019年第2期。
〔2〕 案情详见周辉：《欧盟"被遗忘权"第一案概要》，载《网络法律评论》2015年第2期。
〔3〕 江必新、郭锋主编：《〈中华人民共和国个人信息保护法〉条文理解与适用》，人民法院出版社2021年版，第437~438页。

履行义务。

（3）履行义务的具体措施。个人信息处理者履行义务的措施分为技术措施与管理措施。除"采取相应的加密、去标识化等安全技术措施"外，其他为管理措施。

第一，采取相应的加密、去标识化等安全技术措施。加密，指对数据进行密码变换以产生密文的过程。去标识化，是指个人信息经过处理，使其在不借助额外信息的情况下无法识别特定自然人的过程。采取这些措施，可以降低或消除个人信息的可识别性，减少个人信息在处理过程中未经授权的访问及滥用的风险。

第二，制定内部管理制度和操作规程。内部管理制度是个人信息处理者制定的，有关个人信息保护组织架构、行为规范、责任承担等规则。操作规程是相关人员在个人信息处理活动中应当遵守的程序和步骤。

第三，对个人信息实行分类管理。个人信息分类管理旨在根据信息类别确立对个人信息处理者不同的管控义务。

第四，内部人员管理。个人信息处理者应合理确定个人信息处理的操作权限，并定期对从业人员进行安全教育和培训。

第五，制定并组织实施个人信息安全事件应急预案。

2. 合规审计义务。个人信息处理者应当定期对其处理个人信息遵守法律、行政法规的情况进行合规审计。个人信息处理者既可由内部机构进行合规审计，也可委托外部专业机构开展合规审计。合规审计有利于个人信息处理者发现其合规风险，改进问题漏洞。

除自我合规审计外，履行个人信息保护职责的部门在履行职责中，发现个人信息处理活动存在较大风险或者发生个人信息安全事件的，除采取约谈措施外，也可要求个人信息处理者委托专业机构对其个人信息处理活动进行合规审计。

2023年，国家互联网信息办公室起草《个人信息保护合规审计管理办法（征求意见稿）》，向社会公开征求意见。

3. 事前影响评估义务。

（1）缘由。事前影响评估义务，又称数据保护影响评估或隐私保护影响评估，是一种侧重事前防范的个人信息保护措施，针对具有较高风险的特定个人信息处理行为进行动态风险管理。前移保护关口，能够及早发现个人信息处理中的风险，设计业务流程提前应对防范。事前影响评估义务也展现了个人信息处理者负责的社会影响，有力地证明其履行了合规义务。[1]

（2）适用情形。个人信息处理者在处理对个人权益有重大影响的个人信息处理活动时，应当事前进行个人信息保护影响评估，并对处理情况进行记录。对个人权益有重大影响的个人信息处理活动具体包括：处理敏感个人信息；利用个人信息进行自动化决策；委托处理个人信息、向其他个人信息处理者提供个人信息、公开个人信息；向境外提供个人信息。

（3）评估内容。个人信息保护影响评估应当包括个人信息的处理目的、处理方式等是否合法、正当、必要；对个人权益的影响及安全风险；所采取的保护措施是否合法、有效并与风险程度相适应。

个人信息保护影响评估报告和处理情况记录应当至少保存3年。

4. 事后补救与通知义务。发生或者可能发生个人信息泄露、篡改、丢失的，个人信息处理者应当履行采取补救措施，以及通知履行个人信息保护职责的部门和个人两项义务。需要注意的是，履行事后补救与通知义务的前提无须个人信息权益发生实际损害的结果，仅需有危害

---

〔1〕　杨合庆主编：《中华人民共和国个人信息保护法释义》，法律出版社2022年版，第139页。

即可。

（1）事后补救义务。事后补救义务的目的是防止损失扩大。补救措施诸如启动安全事件应急预案、提出并组织实施防止危害扩大的措施。

（2）事后通知义务。

第一，通知事项。通知应当包括发生或者可能发生个人信息泄露、篡改、丢失的信息种类、原因和可能造成的危害；个人信息处理者采取的补救措施和个人可以采取的减轻危害的措施；个人信息处理者的联系方式。

第二，通知义务的豁免。个人信息处理者采取措施能够有效避免信息泄露、篡改、丢失造成危害的，个人信息处理者可以不通知个人。但是，履行个人信息保护职责的部门认为可能造成危害的，有权要求个人信息处理者通知个人。

5. "守门人"的特殊义务。根据控制人理论，经营者对其控制的场所具有安全保障义务。随着"守门人"的崛起，它们对平台内的交易与个人信息活动具有强大的控制力和支配力，"公共性"更为突出，应承担与其控制力与影响力相当的义务与社会责任。此外，根据第三方义务理论，拥有技术、经营、管理上优势的"守门人"采取防止有害行为发生的措施，能够更好发现与阻却违法行为，缓解执法压力。[1]

数字时代的"守门人"，更为形象的表述是"数字守卫"，指控制移动互联网生态关键环节（技术环境和运营环境）、有资源或有能力影响其他个人信息处理者处理个人信息能力的互联网运营者，其积累的海量数据使得它成为其他企业接入用户的主要通路，掌控着其他企业进入虚拟世界的生杀予夺大权。[2] "守门人"具有提供重要互联网平台服务、用户数量巨大、业务类型复杂的特征。

"守门人"应当履行如下四项义务：①按照国家规定建立健全个人信息保护合规制度体系，成立主要由外部成员组成的独立机构对个人信息保护情况进行监督；②遵循公开、公平、公正的原则，制定平台规则，明确平台内产品或者服务提供者处理个人信息的规范和保护个人信息的义务；③对严重违反法律、行政法规处理个人信息的平台内的产品或者服务提供者，停止提供服务；④定期发布个人信息保护社会责任报告，接受社会监督。

6. 受托人的特殊义务。接受委托处理个人信息的受托人，应当采取必要措施保障所处理的个人信息的安全，并协助个人信息处理者履行《个人信息保护法》规定的义务。

七、法律责任

（一）侵权责任

1. 推定过错责任与举证责任倒置。处理个人信息侵害个人信息权益造成损害，个人信息处理者不能证明自己没有过错的，应当承担损害赔偿等侵权责任。在个人信息保护制度中，侵害风险的预防超越个人过错的认定，最能有效预防个人信息风险的主体应当承担责任。[3]

2. 赔偿数额的确定。损害赔偿责任按照个人因此受到的损失或者个人信息处理者因此获得的利益确定。个人因此受到的损失和个人信息处理者因此获得的利益难以确定的，由法院根据实际情况确定赔偿数额。

〔1〕 江必新、郭锋主编：《〈中华人民共和国个人信息保护法〉条文理解与适用》，人民法院出版社 2021 年版，第 518~519 页。

〔2〕 张钦昱：《数字经济反垄断规制的嬗变——"守门人"制度的突破》，载《社会科学》2021 年第 10 期。

〔3〕 王利明、丁晓东：《数字时代民法的发展与完善》，载《华东政法大学学报》2023 年第 2 期。

（二）公益诉讼

1. 启动条件。个人信息保护公益诉讼判断的核心标准是，侵犯个人信息的行为具有"外溢效应"，即以个人信息为载体的公共利益受到贬损。简言之，个人信息公益诉讼有两个条件：条件一，个人信息处理者违反本法规定处理个人信息；条件二，侵害众多个人的权益，至少是大规模侵害信息主体的知情权或信息安全的行为。

2. 提起主体。人民检察院、法律规定的消费者组织和由国家网信部门确定的组织。法律规定的消费者组织，根据《消费者权益保护法》及相关司法解释，指的是中国消费者协会以及在省、自治区、直辖市设立的消费者协会。《个人信息保护法》在一审和二审起草的过程中，曾经将履行个人信息保护职责的部门纳入提起主体的范围，但在三审稿中，最终替换为法律规定的消费者组织。要求行政机关充当公益诉讼原告，容易造成行政机关角色的错位，混淆国家作为公法主体和私法主体的定位，造成行政权和司法权的职能交叉。最高人民检察院副检察长童建明在二十大中介绍道，以个人信息保护、未成年人保护为代表的公益诉讼制度，在不断地完善。

第五节　企业数据要素法律制度

随着数字经济不断发展，如"石油资源"般的数据价值凸显。数据成为继土地、劳动力、资本、技术之后的第五大生产要素，并对前四大生产要素具有放大、叠加、倍增的功效，正在推动生产方式、生活方式和治理方式的深刻变革。

2020 年，中共中央、国务院印发《关于构建更加完善的要素市场化配置体制机制的意见》，提出加快要素价格市场化改革。2022 年，中共中央、国务院印发《关于构建数据基础制度更好发挥数据要素作用的意见》，指出数据作为新型生产要素，是数字化、网络化、智能化的基础，已快速融入生产、分配、流通、消费和社会服务管理等各环节，深刻改变着生产方式、生活方式和社会治理方式。应当充分发挥我国海量数据规模和丰富应用场景优势，激活数据要素潜能，做强做优做大数字经济，增强经济发展新动能，构筑国家竞争新优势。

一、数据产权

（一）数据产权结构性分置

个人、企业、政府对数据有着不同的利益诉求，呈现出复杂共生、相互依赖、动态变化的特点。数据的公共性致使以支配和排他为核心的私法确权模式难以适用于数据保护，无法清晰确定数据所有权的归属，会阻碍后续数据的流通、交易、权益分配等环节。应当淡化数据所有权的探讨，强调使用权，以促进数据使用权流通为核心目标，同时维护数据来源方、数据处理方、数据使用方的权益。

数据产权的结构性分置是指根据数据来源和数据生成特征，分别界定数据生产、流通、使用过程中各参与方享有的合法权利，实现数据资源持有权、数据加工使用权、数据产品经营权的权利运行机制。推进非公共数据按市场化方式"共同使用、共享收益"的新模式，为激活数据要素价值创造和价值实现提供基础性制度保障。其中，对于数据处理者的加工使用权，应当在保障安全前提下，推动数据处理者依法依规对原始数据进行开发利用，支持数据处理者依法依规行使数据应用相关权利，促进数据使用价值复用与充分利用，促进数据使用权交换和市场化流通。审慎对待原始数据的流转交易行为。

充分保护数据来源者合法权益，推动基于知情同意或存在法定事由的数据流通使用模式，保障数据来源者享有获取或复制转移由其促成产生数据的权益。合理保护数据处理者对依法依规持有的数据进行自主管控的权益。在保护公共利益、数据安全、数据来源者合法权益的前提下，承认和保护依照法律规定或合同约定获取的数据加工使用权，尊重数据采集、加工等数据处理者的劳动和其他要素贡献，充分保障数据处理者使用数据和获得收益的权利。保护经加工、分析等形成数据或数据衍生产品的经营权，依法依规范数据处理者许可他人使用数据或数据衍生产品的权利，促进数据要素流通复用。建立健全基于法律规定或合同约定流转数据相关财产性权益的机制。在数据处理者发生合并、分立、解散、被宣告破产时，推动相关权利和义务依法依规同步转移。

（二）分类分级确权授权

对各类市场主体在生产经营活动中采集加工的不涉及个人信息和公共利益的数据，市场主体享有依法依规持有、使用、获取收益的权益，保障其投入的劳动和其他要素贡献获得合理回报，加强数据要素供给激励。鼓励探索企业数据授权使用新模式，发挥国有企业带头作用，引导行业龙头企业、互联网平台企业发挥带动作用，促进与中小微企业双向公平授权，共同合理使用数据，赋能中小微企业数字化转型。支持第三方机构、中介服务组织加强数据采集和质量评估标准制定，推动数据产品标准化，发展数据分析、数据服务等产业。政府部门履职可依法依规获取相关企业和机构数据，但须约定并严格遵守使用限制要求。

对承载个人信息的数据，推动数据处理者按照个人授权范围依法依规采集、持有、托管和使用数据，规范对个人信息的处理活动，不得采取"一揽子授权"、强制同意等方式过度收集个人信息，促进个人信息合理利用。探索由受托者代表个人利益，监督市场主体对个人信息数据进行采集、加工、使用的机制。对涉及国家安全的特殊个人信息数据，可依法依规授权有关单位使用。加大个人信息保护力度，推动重点行业建立完善长效保护机制，强化企业主体责任，规范企业采集使用个人信息行为。创新技术手段，推动个人信息匿名化处理，保障使用个人信息数据时的信息安全和个人隐私。

（三）数据产权登记

数据要素登记是支撑数据要素确权、流通、分配、治理各环节工作有效开展的基础，应当构建全国一体化数据要素登记体系。2023年，深圳发布《深圳市数据产权登记管理暂行办法》，率先以政府规范性文件形式提出对数据产权登记行为进行规范管理。

1. 考量因素。数据要素产权登记应当兼顾数据要素的三重属性。

（1）权益属性。应当在数据产权的结构性分置框架下，通过登记界定数据权益归属或事实确认。

（2）资产属性。企业在生产经营活动中产生的或从外部渠道获取的、产权明晰并预期能够在一定时期内为企业带来经济利益的数据具备资产属性，可通过登记确认资产，打开数据资产融资抵押等链路开端。

（3）流通属性。数据交易流通是释放数据价值的动力源泉，数据要素登记体系应服务于数据要素流通交易体系，破解"确权难、定价难、入场难、互信难、监管难"的核心问题。

2. 登记环节。数据要素登记具体涵盖数据价值链中数据形态和产权变更的三个关键环节：从原始数据到数据资源的环节；数据资源加工使用权流通环节；数据资源变成数据产品的环节。

3. 具体制度。适时制订全国数据要素登记管理办法，设立全国性数据登记机构，建设统一的数据要素登记平台。明确登记的目的、功能、主体、登记机构、内容、流程以及登记各参与方权利义务，确保依法登记的数据要素产权受法律保护，数据产权登记具有公示力、证据力和对抗力。

二、数据要素流通和交易

数据生产要素价值的实现依靠流通和交易。数据流通和交易存在定价难、互信难、支撑机构不足、监管难等挑战。应当建立健全数据交易管理制度，构建多层次数据交易市场法律体系。

（一）数据定价

支持探索多样化、符合数据要素特性的定价模式和价格形成机制，推动用于数字化发展的公共数据按政府指导定价有偿使用，企业与个人信息数据市场自主定价。

（二）企业数据资源会计处理

关于数据资源会计处理适用的准则企业应当按照企业会计准则相关规定，根据数据资源的持有目的、形成方式、业务模式，以及与数据资源有关的经济利益的预期消耗方式等，对数据资源相关交易和事项进行会计确认、计量和报告。企业应当按照相关企业会计准则及本规定等，在会计报表附注中对数据资源相关会计信息进行披露。

2023 年，为规范企业数据资源相关会计处理，强化相关会计信息披露，财政部印发《企业数据资源相关会计处理暂行规定》。

（三）数据交易场所

为了克服数据交易中的不对称，提高数据流转的效率，应当建立数据交易场所。多层次的数据交易场所由场内交易场所与场外分散交易组成。

1. 场内交易场所。场内交易场所包括国家级数据交易场所、区域性数据交易场所和行业性数据交易平台。应当制定全国统一的数据交易、安全等标准体系，突出国家级数据交易场所合规监管和基础服务功能，强化其公共属性和公益定位。促进区域性数据交易场所和行业性数据交易平台与国家级数据交易场所互联互通。

应当严控交易场所数量。数据交易场所与数据商的功能应当分离。

2. 场外分散交易。直接交易的点对点模式与间接交易的数据商模式，增加了一道供需匹配的环节。因此，短期内，我国应将重点放在支持场外分散交易的规范发展，等条件成熟后再鼓励数据商进场交易。

应当构建集约高效的数据流通基础设施体系，为场内集中交易和场外分散交易提供低成本、高效率、可信赖的流通环境。

（四）数据要素流通和交易服务生态体系

围绕促进数据要素合规高效、安全有序流通和交易需要，培育一批数据商和第三方专业服务机构。

1. 数据商。数据商，指为数据交易双方提供数据产品开发、发布、承销和数据资产的合规化、标准化、增值化服务，提高数据交易效率的机构。包括数据产品供应商、中介增值服务商等。既可以是行业性的数据商，也可以是专业化的数据商。

应当在智能制造、节能降碳、绿色建造、新能源、智慧城市等重点领域，大力培育贴近业务需求的行业性、产业化数据商，鼓励多种所有制数据商共同发展、平等竞争。

2. 第三方专业服务机构。第三方专业服务机构，指在数据生产、流通、交易等各环节，提供数据集成、数据经纪、合规认证、安全审计、数据公证、数据保险、数据托管、资产评估、争议仲裁、风险评估、人才培训等服务，旨在提升数据流通和交易全流程服务能力的第三方机构。

（五）数据合规

建立数据流通准入标准规则，强化市场主体数据全流程合规治理，确保流通数据来源合法、隐私保护到位、流通和交易规范。结合数据流通范围、影响程度、潜在风险，区分使用场景和用途用量，建立数据分类分级授权使用规范，探索开展数据质量标准化体系建设，加快推进数据采集和接口标准化，促进数据整合互通和互操作。支持数据处理者依法依规在场内和场外采取开放、共享、交换、交易等方式流通数据。鼓励探索数据流通安全保障技术、标准、方案。加强企业数据合规体系建设和监管，严厉打击黑市交易，取缔数据流通非法产业。建立实施数据安全管理认证制度，引导企业通过认证提升数据安全管理水平。

三、数据要素权益分配

（一）初次分配

健全数据要素由市场评价贡献、按贡献决定报酬机制。结合数据要素特征，优化分配结构，构建公平、高效、激励与规范相结合的数据价值分配机制。

坚持"两个毫不动摇"，按照"谁投入、谁贡献、谁受益"原则，着重保护数据要素各参与方的投入产出收益，依法依规维护数据资源资产权益，探索个人、企业、公共数据分享价值收益的方式，建立健全更加合理的市场评价机制，促进劳动者贡献和劳动报酬相匹配。

推动数据要素收益向数据价值和使用价值的创造者合理倾斜，确保在开发挖掘数据价值各环节的投入有相应回报，强化基于数据价值创造和价值实现的激励导向。

通过分红、提成等多种收益共享方式，平衡兼顾数据内容采集、加工、流通、应用等不同环节相关主体之间的利益分配。

（二）二次分配与三次分配

发挥政府在数据要素收益分配中的引导调节作用，建立保障公平的数据要素收益分配体制机制。

1. 发挥政府作用。政府发挥在数据收益分配中的积极作用，加大政府引导调节的力度，探索建立公共数据资源的共建共治共享，引导、鼓励各类企业依托公共数据开展公共服务。例如，从财政收入和支出两端，设计兼具监管力度和激励机制的分配制度：征收针对数字流通环节和数字服务平台的数字服务税；加大转移支付的力度，支持面向数字市场的公共服务支出机制。

2. 保障公共利益。推动大型数据企业积极承担社会责任，应对数字化转型过程中的各类风险挑战。健全数据要素市场体系和制度规则，防止和规制资本在数据领域无序扩张形成市场垄断等问题。强化数字市场监管，加强对违法违规数据处理行为的惩处力度，提高数字违法违规行为成本，保护和促进数字市场公平有序交易。

3. 提高数字素养。统筹使用多渠道资金资源，引导数据要素市场参与主体承担社会责任，例如税前列支捐赠、提供数字便民服务、向社会弱势群体开展知识普及教育等，提高社会整体数字素养。

4. 消除数字鸿沟。鼓励数据加工企业的西部迁移，支持农村地区的数字产业发展，消除不同区域间、人群间数字鸿沟，增进社会公平、保障民生福祉、促进共同富裕。

四、数据要素治理

（一）政府监管

发挥政府有序引导和规范发展的作用，守住安全底线，明确监管红线，打造安全可信、包容创新、公平开放、监管有效的数据要素市场环境。强化分行业监管和跨行业协同监管，建立数据联管联治机制，建立健全鼓励创新、包容创新的容错纠错机制。建立数据要素生产流通使用全过程的合规公证、安全审查、算法审查、监测预警等制度，指导各方履行数据要素流通安全责任和义务。建立健全数据流通监管制度，制定数据流通和交易负面清单，明确不能交易或严格限制交易的数据项。强化反垄断和反不正当竞争，加强重点领域执法司法，依法依规加强经营者集中审查，依法依规查处垄断协议、滥用市场支配地位和违法实施经营者集中行为，营造公平竞争、规范有序的市场环境。在落实网络安全等级保护制度的基础上全面加强数据安全保护工作，健全网络和数据安全保护体系，提升纵深防护与综合防御能力。

（二）企业社会责任

坚持"宽进严管"原则，牢固树立企业的责任意识和自律意识。鼓励企业积极参与数据要素市场建设，围绕数据来源、数据产权、数据质量、数据使用等，推行面向数据商及第三方专业服务机构的数据流通交易声明和承诺制。严格落实相关法律规定，在数据采集汇聚、加工处理、流通交易、共享利用等各环节，推动企业依法依规承担相应责任。企业应严格遵守反垄断法等相关法律规定，不得利用数据、算法等优势和技术手段排除、限制竞争，实施不正当竞争。规范企业参与政府信息化建设中的政务数据安全管理，确保有规可循、有序发展、安全可控。建立健全数据要素登记及披露机制，增强企业社会责任，打破"数据垄断"，促进公平竞争。

（三）社会共治

发挥社会力量多方参与的协同治理作用。鼓励行业协会等社会力量积极参与数据要素市场建设，支持开展数据流通相关安全技术研发和服务，促进不同场景下数据要素安全可信流通。建立数据要素市场信用体系，逐步完善数据交易失信行为认定、守信激励、失信惩戒、信用修复、异议处理等机制。畅通举报投诉和争议仲裁渠道，维护数据要素市场良好秩序。加快推进数据管理能力成熟度国家标准及数据要素管理规范贯彻执行工作，推动各部门各行业完善元数据管理、数据脱敏、数据质量、价值评估等标准体系。

第六节　国家公共数据法律制度

一、总体要求

国家大力推进电子政务建设，提高政务数据的科学性、准确性、时效性，提升运用数据服务经济社会发展的能力。

2020年6月，市场监管总局办公厅、中共中央办公厅机要局、国务院办公厅电子政务办公室、中央网信办秘书局、国家发展改革委办公厅、工业和信息化部办公厅等六部门印发《国家电子政务标准体系建设指南》，构建了由总体标准、基础设施标准、数据标准、业务标准、服务标准、管理标准、安全标准七部分组成的国家电子政务标准体系。

二、国家公共数据处理要求

（一）收集与使用

国家机关为履行法定职责的需要收集、使用数据，应当在其履行法定职责的范围内依照法律、行政法规规定的条件和程序进行；对在履行职责中知悉的个人隐私、个人信息、商业秘密、保密商务信息等数据应当依法予以保密，不得泄露或者非法向他人提供。

（二）管理

国家机关应当依照法律、行政法规的规定，建立健全数据安全管理制度，落实数据安全保护责任，保障公共数据安全。

（三）存储与加工

国家机关委托他人建设、维护电子政务系统，存储、加工政务数据，应当经过严格的批准程序，并应当监督受托方履行相应的数据安全保护义务。受托方应当依照法律、法规的规定和合同约定履行数据安全保护义务，不得擅自留存、使用、泄露或者向他人提供政务数据。

（四）开放与共享

1. 开放。国家机关应当遵循公正、公平、便民的原则，按照规定及时、准确地公开政务数据。国家建立促进企业登记、交通运输、气象等公共数据开放和数据资源有效流动的制度规范。需要注意的是，依法依规予以保密的公共数据不予开放，严格管控未依法依规公开的原始公共数据直接进入市场，保障公共数据供给使用的公共利益。

2. 共享。国家制定政务数据开放目录，构建统一规范、互联互通、安全可控的政务数据开放平台，推动政务数据开放利用。国家优化经济治理基础数据库，推动各地区各部门间数据共享交换，制定出台新一批数据共享责任清单。

国家加强公共数据的汇聚共享和开放开发，强化统筹授权使用和管理，推进互联互通，打破"数据孤岛"。国家鼓励公共数据在保护个人隐私和确保公共安全的前提下，按照"原始数据不出域、数据可用不可见"的要求，以模型、核验等产品和服务等形式向社会提供，对不承载个人信息和不影响公共安全的公共数据，推动按用途加大供给使用范围。推动用于公共治理、公益事业的公共数据有条件无偿使用，探索用于产业发展、行业发展的公共数据有条件有偿使用。

第七节　数据安全法律制度

一、立法沿革

2015年，《国家安全法》通过，提出了总体国家安全观。第25条规定，国家建设网络与信息安全保障体系，提升网络与信息安全保护能力，加强网络和信息技术的创新研究和开发应用，实现网络和信息核心技术、关键基础设施和重要领域信息系统及数据的安全可控，对网络安全提出了总体要求。这里的"网络"和"信息"泛指网络空间和各种类型信息。数据安全是总体安全观的子内容之一。2016年，《网络安全法》通过，规定了网络空间安全治理的综合性法律框架。2018年，《数据安全法》被列入第十三届全国人大常委会立法规划的第一类项目，并于2021年6月10日表决通过，2021年9月1日实施。期间，《密码法》于2019年通过，为数据保护的技术手段提供法律支撑。《数据安全法》是网络安全在数据治理层面的具体体现。

《数据安全法》是数据安全领域的基础性法律。加强数据安全保护，能够提升国家数据安全保障能力，有效应对数据这一非传统领域的国家安全风险与挑战，切实维护国家主权、安全和发展利益。由于各类数据的拥有主体多样、处理活动复杂、安全风险加大，《数据安全法》建立健全数据安全保护体系，有利于适应电子政务发展的需要，提升政府决策、管理、服务的科学性和效率，维护公民、组织的合法权益，同时以安全保发展、以发展促安全，加快形成以创新为主要引领和支撑的数字经济，更好地服务我国经济社会发展。

二、适用范围

（一）对象范围

《数据安全法》的调整对象是数据处理活动及其安全监管。其中，数据处理，包括数据的收集、存储、使用、加工、传输、提供、公开等，通过规范数据处理活动，能够实现数据利用过程中的数据安全；数据安全，是指通过采取必要措施，确保数据处于有效保护和合法利用的状态，以及具备保障持续安全状态的能力。

（二）　域外管辖

《数据安全法》的域外管辖采用保护原则。在我国境外开展数据处理活动，损害中华人民共和国国家安全、公共利益或者公民、组织合法权益的，依法追究法律责任。

（三）　主体范围

除规定个人、组织的安全保护义务，政府的政务数据安全与开放外，《数据安全法》还规定了数据安全的主管机关及其职责分工。

中央国家安全领导机构负责国家数据安全工作的决策和议事协调，研究制定、指导实施国家数据安全战略和有关重大方针政策，统筹协调国家数据安全的重大事项和重要工作，建立国家数据安全工作协调机制。

各地区、各部门对本地区、本部门工作中收集和产生的数据及数据安全负责。工业、电信、交通、金融、自然资源、卫生健康、教育、科技等主管部门承担本行业、本领域数据安全监管职责。公安机关、国家安全机关等依照本法和有关法律、行政法规的规定，在各自职责范围内承担数据安全监管职责。国家网信部门负责统筹协调网络数据安全和相关监管工作。

三、数据安全保护义务

（一）　国家义务

为有效应对境内外数据安全风险，有必要建立健全国家数据安全管理制度，完善国家数据安全治理体系。

1. 分类分级。国家建立数据分类分级保护制度。数据分类，是把相同属性或特征的数据归集在一起，形成不同类别，方便人们通过类别查询、识别、管理、保护和使用数据。数据分类多从业务角度或数据管理角度出发，旨在管理数据资产。数据分类一般是数据分级的前置步骤。数据分级，即数据敏感度分级，是从安全合规性要求、数据保护要求的角度出发，对数据敏感不同程度的分级。[1] 分类分级的依据是数据在经济社会发展中的重要程度，以及一旦遭到篡改、破坏、泄露或者非法获取、非法利用，对国家安全、公共利益或者个人、组织合法权益造成的危害程度。

数据分为"一般数据""重要数据""国家核心数据"。其一，重要数据。根据数据的种类与类别，国家数据安全工作协调机制统筹协调有关部门制定重要数据目录，加强对重要数据的保护。各地区、各部门应当按照数据分类分级保护制度，确定本地区、本部门以及相关行业、领域的重要数据具体目录，对列入目录的数据进行重点保护。其二，国家核心数据。在数据分级中，关系国家安全、国民经济命脉、重要民生、重大公共利益等数据属于国家核心数据，实行更加严格的管理制度。

2021 年，全国信息安全标准化技术委员会发布了《网络安全标准实践指南——网络数据分类分级指引》，给出了网络数据分类分级的原则、框架和方法。

2. 风险管理。国家建立集中统一、高效权威的数据安全风险评估、报告、信息共享、监测预警机制。国家数据安全工作协调机制统筹协调有关部门加强数据安全风险信息的获取、分析、研判、预警工作。

---

〔1〕　垦丁·网络社·学社编著：《〈中华人民共和国数据安全法〉理解与实施：律师视角来看数据要素国家战略的基本法》，电子工业出版社 2022 年版，第 91~92 页。

3. 应急响应。国家建立数据安全应急处置机制。发生数据安全事件，有关主管部门应当依法启动应急预案，采取相应的应急处置措施，防止危害扩大，消除安全隐患，并及时向社会发布与公众有关的警示信息。

4. 安全审查。国家建立数据安全审查制度，对影响或者可能影响国家安全的数据处理活动进行国家安全审查。依法作出的安全审查决定为最终决定。

2021年，我国通过《网络安全审查办法》，聚焦关键信息基础设施运营者采购网络产品和服务，网络平台运营者开展数据处理活动，影响或者可能影响国家安全的情形。该办法也将数据处理作为网络审查的重要内容。比如，网络安全审查工作机制成员单位认为影响或者可能影响国家安全的网络产品和服务以及数据处理活动，由网络安全审查办公室按程序报中央网络安全和信息化委员会批准后，进行审查。

（二）数据处理者的安全保护义务

1. 处理原则。开展数据处理活动以及研究开发数据新技术，应当有利于促进经济社会发展，增进人民福祉，符合社会公德和伦理。

2. 一般义务。数据处理者需要履行如下义务：

（1）建立健全全流程数据安全管理制度。

（2）组织开展数据安全教育培训。

（3）采取相应的技术措施和其他必要措施，保障数据安全。

（4）风险管理。开展数据处理活动应当加强风险监测，发现数据安全缺陷、漏洞等风险时，应当立即采取补救措施；发生数据安全事件时，应当立即采取处置措施，按照规定及时告知用户并向有关主管部门报告。

3. 重要数据处理者的特殊义务。

（1）重要数据的处理者应当明确数据安全负责人和管理机构，落实数据安全保护责任。

（2）重要数据的处理者应当按照规定对其数据处理活动定期开展风险评估，并向有关主管部门报送风险评估报告。风险评估报告应当包括处理的重要数据的种类、数量，开展数据处理活动的情况，面临的数据安全风险及其应对措施等。

（三）数据交易中介服务机构的义务

从事数据交易中介服务的机构提供服务，应当要求：①数据提供方说明数据来源，②审核交易双方的身份，③留存审核、交易记录。

关键信息基础设施运营者在遵循安全等级保护制度一般要求的基础上，要履行更严格的安全维护义务。例如，设置专门管理机构和负责人，对负责人和关键岗位人员的安全审查，定期对从业人员的教育培训和技能考核，对重要系统和数据库备份，制定网络安全事件应急预案并定期组织演练等。

四、数据跨境传输法律制度

全球化、数字化促进数据跨境流动日趋频繁，因不同国家保护数据水平存在差异，数据跨境面临风险。对数据跨境传输施以限制，能够确保数据安全。

《网络安全法》《数据安全法》在立法层面对个人信息和重要数据的出境作了限制，但仅适用于关键信息基础设施运营者。《个人信息保护法》对个人信息出境作了全面限制。

（一）国际立法模式

1. 欧盟严格管控模式。欧盟认为无序的数据跨境流动会导致数据安全得不到有效保护，威胁个人隐私与国家安全，遂采取严格管控模式。《通用数据保护条例》限定了向欧盟以外传输个人信息的情形。其一，白名单制度。如果一国被欧盟认定为对个人信息提供充分保护，则数据可向该国传输。目前仅有日本、新西兰、瑞士等十余个国家被列入"白名单"。其二，受到适当保护的传输。未列入"白名单"的国家，在满足该国与欧盟达成数据传输协议，采用欧盟委员会通过的标准数据保护条款，或遵守经欧盟监管机构批准的行为准则及相关承诺时，也可进行数据跨境传输。其三，通过"有约束力的公司规则"传输。该情形仅适用于数据在企业集团或跨国公司内部进行跨境传输。"有约束力的公司规则"由企业集团或跨国公司制定，经监管机构批准生效。此外，《通用数据保护条例》也规定了特定情况下的例外与其他可以跨境传输的情形。

2. 美国自由流动模式。美国因具有数字竞争优势，为获得商业利益极力推动数字服务贸易发展，因此美国提倡数据能够在全球自由传输。在跨境数据流动过程中，美国属于典型的"长臂管辖"，允许其国内部门根据国内法律程序调取美国公民储存在境外的数据。作为交换，美国也允许其认可的"适格外国政府"向美国调取相应的数据。美国尚未制定统一的针对数据保护的专项法律，实践中多将数据隐私更多作为一项财产性权利进行保护，并打击针对数据安全的网络犯罪。

3. 美国与欧盟数据跨境传输模式的协调。为弥合数据跨境传输模式的巨大差异，美国与欧盟于 2000 年达成"安全港协议"（Safe Harbor）。美国企业在承诺遵守相关原则和履行相关义务后，可自愿加入"安全港协议"，以换取欧盟数据监管机构不再对这些企业实行事前审批限制，以确保这些企业能够进行数据跨境传输。

2013 年，斯诺登事件引发欧盟对美国数据安全的担忧。彼时是奥地利法学院学生的马克·施雷姆斯（Max·Schrems）因其在脸书（Facebook）上的个人数据转移至美国服务器时未受到充分保护，提起诉讼。案件（被称为"Schrems I"）几经周转被移交至欧盟法院。2015 年，欧盟法院最终裁决宣布"安全港"协议无效。

2016 年，美国和欧盟达成"隐私盾协议"（Privacy Shield）。"隐私盾协议"保留了大量"安全港协议"的大部分条款，但强化了在美国救济措施、处罚等方面义务，并规定美国应向欧盟提交确保限制行政获取个人信息等书面声明。5000 余家美国公司加入"隐私盾协议"。[1]

马克·施雷姆斯再次就脸书将个人数据传输至美国的问题，提起诉讼。该案件（被称为"Schrems II"）于 2018 年 4 月被移交至欧盟法院。2020 年，欧盟法院再次认定"隐私盾协议"无效。

2023 年 7 月，欧盟委员会通过《关于欧盟-美国数据隐私框架的充分性决定》。自始，对于经美国商务部认证被列入《数据隐私框架》（Transatlantic Data Privacy Framework）名单的美国企业，欧盟认为这些企业能够提供与欧盟相当的数据保护水平。据此，欧盟个人数据无需额外数据保护措施，便可自由安全地传输至上述名单上的美国企业。

（二）原则

1. 数据主权原则。数据安全与国家安全息息相关，需要对数据跨境传输予以适度限制。

（1）数据存储地点。关键信息基础设施运营者和处理个人信息达到国家网信部门规定数量的个人信息处理者，应当将在中华人民共和国境内收集和产生的个人信息存储在境内。

（2）向境外公权力机关提供数据。我国主管机关在处理外国司法或者执法机构关于提供存储于境内个人信息的请求时，应当根据有关法律和中华人民共和国缔结或者参加的国际条约、协定，或者按照平等互惠原则。非经我国主管机关批准，个人信息处理者不得向外国司法或者执法机构提供存储于中华人民共和国境内的个人信息。

---

〔1〕　姚旭：《欧盟跨境数据流动治理：平衡自由流动与规制保护》，上海人民出版社 2019 年版，第 127～133 页。

（3）黑名单。境外的组织、个人从事侵害我国公民的个人信息权益，或者危害我国国家安全、公共利益的个人信息处理活动的，国家网信部门可以将其列入限制或者禁止个人信息提供清单，予以公告，并采取限制或者禁止向其提供个人信息等措施。

2. 对等原则。任何国家或者地区在个人信息保护方面对我国采取歧视性的禁止、限制或者其他类似措施的，我国可以根据实际情况对该国家或者地区对等采取措施。

3. 同等保护水平原则。个人信息跨境传输一般应秉持同等水平保护要求，即个人信息处理者应当采取必要措施，保障境外接收方处理个人信息的活动达到本法规定的个人信息保护标准。

（三）出境路径

个人信息处理者因业务等需要，确需向境外提供个人信息的，可通过如下五种途径，择一实现。

1. 安全评估。一些个人信息处理者控制着数量较大且与国计民生息息相关的个人信息，由国家网信部门组织安全评估，能够强化国家对国民安全与国家安全的把控。2022 年，国家互联网信息办公室主任通过《数据出境安全评估办法》，为数据出境安全评估工作提供了具体指引。

（1）适用主体。关键信息基础设施运营者、处理个人信息达到国家网信部门规定数量的个人信息处理者、国家机关向境外提供个人信息，应当通过安全评估，其他个人信息处理者选择适用。其中，国家网信部门规定的个人信息数量标准，可参见《数据出境安全评估办法》的要求。

（2）评估类型。数据出境安全评估应当坚持风险自评估与安全评估相结合。数据处理者在申报数据出境安全评估前，应当开展数据出境风险自评估。国家网信部门受理数据出境安全评估申报后，根据申报情况组织国务院有关部门、省级网信部门、专门机构等进行安全评估。

（3）评估内容。数据出境安全评估重点评估数据出境活动可能对国家安全、公共利益、个人或者组织合法权益带来的风险，主要包括以下事项：数据出境的目的、范围、方式等的合法性、正当性、必要性；境外接收方所在国家或者地区的数据安全保护政策法规和网络安全环境对出境数据安全的影响；境外接收方的数据保护水平是否达到中华人民共和国法律、行政法规的规定和强制性国家标准的要求；跨境数据的规模、范围、种类、敏感程度，出境中和出境后遭到篡改、破坏、泄露、丢失、转移或者被非法获取、非法利用等的风险；数据安全和个人信息权益是否能够得到充分有效保障；数据处理者与境外接收方拟订立的法律文件中是否充分约定了数据安全保护责任义务；遵守中国法律、行政法规、部门规章情况。

2. 保护认证。保护认证由专业机构进行。由专业机构认证个人信息保护，能够通过其专业性为个人信息出境安全背书。2022 年 11 月，国家市场监督管理总局、国家互联网信息办公室发布《个人信息保护认证实施规则》，规定了个人信息处理的基本原则和要求。数据跨境传输，也应遵循该规则。个人信息保护认证的认证模式为："技术验证 + 现场审核 + 获证后监督"。

（1）技术验证。技术验证机构应当按照认证方案实施技术验证，并向认证机构和认证委托人出具技术验证报告。

（2）现场审核。认证机构实施现场审核，并向认证委托人出具现场审核报告。认证机构根据认证委托资料、技术验证报告、现场审核报告和其他相关资料信息进行综合评价，作出认证决定。对符合认证要求的，颁发认证证书；对暂不符合认证要求的，可要求认证委托人限期整改，整改后仍不符合的，以书面形式通知认证委托人终止认证。认证证书有效期为 3 年。在有效期内，通过认证机构的获证后监督，保持认证证书的有效性。

（3）获证后监督。认证机构应当在认证有效期内，对获得认证的个人信息处理者进行持续监督，并合理确定监督频次。认证机构应当采取适当的方式实施获证后监督，确保获得认证的个人信息处理者持续符合认证要求。认证机构对获证后监督结论和其他相关资料信息进行综合评价，评价通过的，可继续保持认证证书；不通过的，认证机构应当根据相应情形作出暂停直至撤销认证证书的处理。

3. 标准合同。标准合同因其适用成本较少、难度较低、较为便捷，是应用最广的个人信息出境路径。个人信息处理者可按照国家网信部门制定的标准合同与境外接收方订立合同，约定双方的权利和义务，实现个人信息出境。标准合同通道旨在通过合同的权利义务安排，弥补跨境传输后对个人信息保护的不足，通过合同设定个人信息处理者对个人信息权人的义务与对监管机关的义务。如果个人信息处理者违反合同条款，将承担民事赔偿责任与行政处罚责任。[1] 标准合同生效后方可开展个人信息出境活动。2023 年，国家互联网信息办公室通过《个人信息出境标准合同办法》，并据此编制了《个人信息出境标准合同备案指南（第一版）》，对个人信息出境标准合同备案方式、备案流程、备案材料等具体要求作出了说明。

（1）适用情形。个人信息处理者通过订立标准合同的方式向境外提供个人信息的，应当同时符合非关键信息基础设施运营者；处理个人信息不满 100 万人；自上年 1 月 1 日起累计向境外提供个人信息不满 10 万人的；自上年 1 月 1 日起累计向境外提供敏感个人信息不满 1 万人的。个人信息处理者不得采取数量拆分等手段，将依法应当通过出境安全评估的个人信息通过订立标准合同的方式向境外提供。此外，需要注意的是：标准合同仅适用于个人信息处理者的数据出境，不适用于受托处理数据的第三方。

（2）标准合同的内容。标准合同的正文包括：相关术语定义；个人信息处理者的义务；境外接收方的义务；境外接收方所在国家或地区个人信息保护政策和法规对合同履行的影响；个人信息主体的权利；救济措施；合同解除；违约责任；争议解决等其他条款。附录包括：个人信息出境说明；双方约定的其他条款。个人信息处理者可以与境外接收方约定其他条款，但不得与标准合同相冲突。

（3）标准合同的效力。标准合同是一个完整的合同，因此在签署标准合同时，缔约方仅可以通过附录二，增加与正文内容不相冲突的约定，而不得更改正文条款。

（4）备案。个人信息处理者应当在标准合同生效之日起 10 个工作日内向所在地省级网信部门备案。备案应当提交标准合同、个人信息保护影响评估报告。个人信息处理者应当对所备案材料的真实性负责。

（5）标准合同的修改。当出现向境外提供个人信息的目的、范围、种类、敏感程度、方式、保存地点或者境外接收方处理个人信息的用途、方式发生变化，或者延长个人信息境外保存期限，或者境外接收方所在国家或者地区的个人信息保护政策和法规发生变化等可能影响个人信息权益时，个人信息处理者应当重新开展个人信息保护影响评估，补充或者重新订立标准合同，并履行相应备案手续。

4. 其他条件。法律法规或者国家网信部门可在上述三种路径之外，结合个人信息的种类、出境具体情形等规定其他通道。比如，《人类遗传资源管理条例》规定，人类遗传资源出境的，应当符合具有法人资格、通过伦理审查等一系列条件，并取得国务院科学技术行政部门出具的人类遗传资源材料出境证明。

---

〔1〕　张新宝主编：《〈中华人民共和国个人信息保护法〉释义》，人民出版社 2021 年版，第 306 页。

5. 国际条约、协定。我国缔结或者参加的国际条约、协定，可以作为向境外提供个人信息行为的合法性基础。

（四）特殊的告知同意规则

1. 告知。个人信息处理者应当向个人告知境外接收方的名称或者姓名、联系方式、处理目的、处理方式、个人信息的种类以及个人向境外接收方行使个人信息权利的方式和程序等事项。

2. 同意。个人信息处理者应当取得个人的单独同意。

（五）设立专门机构或指定代表

以向境内自然人提供产品或者服务为目的，或者分析、评估境内自然人行为的境外个人信息处理者，应当在中华人民共和国境内设立专门机构或者指定代表，负责处理个人信息保护相关事务。由此，在发生境外信息处理者侵害我国个人信息权益时，确保境内专门机构或指定代表的住所地法院有管辖权。

境外个人信息处理者将有关机构的名称或者代表的姓名、联系方式等报送履行个人信息保护职责的部门。

（六）出口管制

国家对与维护国家安全和利益、履行国际义务相关的属于管制物项的数据依法实施出口管制。

第十五章

电子商务法律制度

二十大报告指出"着力扩大内需，增强消费对经济发展的基础性作用和投资对优化供给结构的关键作用""营造市场化、法治化、国际化一流营商环境"。作为"构建现代化基础设施体系"的中流砥柱，《电子商务法》有利于激发电商活力，推动电商行业高质量发展，为经济高质量发展注入新动能，优化营商环境。

第一节　电子商务法概述

一、电子商务法的适用

（一）电子商务法的调整对象

电子商务法的调整对象是电子商务。电子商务，指通过互联网等信息网络销售商品或者提供服务的经营活动。

1. 电子商务的介质。电子商务应当通过互联网等信息网络实施。"互联网等信息网络"采狭义解释，包括互联网、移动互联网、电信网、物联网，但不泛指电报、电传、传真等一切数据电文形式。

2. 电子商务的行为。

（1）正面规定。电子商务的行为指销售商品或者提供服务，包括商品、服务，以及对商品、服务进行支撑的相关服务。其中，商品包括有形物和计算机软件等无形物；服务如打车、外卖等；支撑的相关服务包括电子支付、物流快递、信用评价、网店装潢设计等。

（2）反面排除。金融类产品和服务，利用信息网络提供新闻信息、音视频节目、出版以及文化产品等内容方面的服务，不属于电子商务。

其中，金融类产品因涉及主体多、交易金额大、风险高，影响国家金融安全，除电子支付因属于支撑的相关服务外，诸如网络借贷、股权众筹融资、互联网基金销售、互联网保险、互联网信托和互联网消费金融等互联网金融均不属于电子商务法管辖。

新闻信息、音视频节目，出版以及网络游戏、网络艺术品、网络动漫等文化产品，因属于国家意识形态建设、文化安全范畴，被排除出电子商务法管辖。

3. 电子商务的本质。电子商务的本质是经营活动，即以营利为目的的持续性业务活动。因而，自然人临时、偶尔出售二手物品、闲置物品或者单纯的公司内部管理行为均不适用于电子商务法。前者由合同法管辖，后者适用生产管理、质量控制、人力资源管理、财务管理等方面的法律法规。

一般而言，一项完整的电子商务活动同传统的商务活动一样，可以分为前期准备阶段、订立合同阶段、支付和履行阶段。但在电子商务活动中，其交易发生的环境、方式、手段已发生了根本性变化，传统合同法已经难以适用。

（二）电子商务法的空间范围

电子商务法仅适用于我国境内的电子商务活动。境内电子商务活动要求交易主体与交易行为全部在我国境内。对于跨境电子商务活动，即使有我国主体参与，也不适用电子商务法。需要说明的是，跨境电子商务活动不适用电子商务法，但不意味着不受我国其他法律的规范。

二、电子商务法的原则

(一) 鼓励创新原则

国家鼓励发展电子商务新业态，创新商业模式，促进电子商务技术研发和推广应用，推进电子商务诚信体系建设，营造有利于电子商务创新发展的市场环境，充分发挥电子商务在推动高质量发展、满足人民日益增长的美好生活需要、构建开放型经济方面的重要作用。

(二) 线上线下一致原则

1. 技术中立。技术中立指法律不对技术进行评价，而是平等地对待各种技术，并保障技术按照自身的逻辑和规律进行发展。技术中立的核心要求是国家平等对待线上线下商务活动，具体表现为：国家制定法律、政策和标准，应对各种技术同等对待；国家给予各种电子商务技术公平竞争的机会；由电子商务经营者自主选择各种电子商务技术。

技术中立在电子商务法的各项制度中都有所体现。比如，电子商务经营者应当依法办理市场主体登记；电子商务经营者应当依法履行纳税义务，并依法享受税收优惠；电子商务经营者销售的商品或者提供的服务应当符合保障人身、财产安全的要求和环境保护要求，不得销售或者提供法律、行政法规禁止交易的商品或者服务；电子发票与纸质发票具有同等法律效力。

2. 线上线下融合发展。电子商务经营者应与线下门店实现"用户、门店、库存"三者互通。商务平台在线下交易应当遵守的法律法规，在线上交易也应当遵守；反之亦然。

3. 行政垄断的禁止。各级人民政府和有关部门不得采取歧视性的政策措施，不得滥用行政权力排除、限制市场竞争。

(三) 社会共治原则

国家建立符合电子商务特点的协同管理体系，推动形成有关部门、电子商务行业组织、电子商务经营者、消费者等共同参与的电子商务市场治理体系。

1. 有关部门的职责。国务院有关部门按照职责分工负责电子商务发展促进、监督管理等工作。县级以上地方各级人民政府可以根据本行政区域的实际情况，确定本行政区域内电子商务的部门职责划分。

2016年，我国成立由国家发展改革委、中央网信办、商务部等部门组成的电子商务发展部际综合协调组，统筹协调解决我国电子商务发展过程中出现的重大问题。

2. 电子商务行业组织的自律管理。电子商务行业组织按照本组织章程开展行业自律，建立健全行业规范，推动行业诚信建设，监督、引导本行业经营者公平参与市场竞争。

3. 电子商务经营者的义务。电子商务经营者从事经营活动，应当遵循自愿、平等、公平、诚信的原则，遵守法律和商业道德，公平参与市场竞争，履行消费者权益保护、环境保护、知识产权保护、网络安全与个人信息保护等方面的义务，承担产品和服务质量责任，接受政府和社会的监督。

4. 消费者的监督。电子商务经营者应当建立便捷、有效的投诉、举报机制，公开投诉、举报方式等信息，及时受理并处理投诉、举报。消费者也可通过电子商务争议解决，实现对电子商务经营者的监督。

三、电子商务法的属性

电子商务法是我国领域立法的典型代表，具有一定综合性。

（一）电子商务法不仅是经济法

《电子商务法》中有大量民法的规定，体现了一定的私法属性。具体而言，《电子商务法》在第三章规定了"电子商务合同的订立与履行"，包括电子交易法、物流快递法、电子支付法三个部分。

（二）电子商务法不仅是市场监管法

电子商务法中不仅有对电子商务竞争者监管的法律规范，更有宏观调控法律规范，集中体现在"电子商务促进"一章。《电子商务法》的立法宗旨，即明确了其"促进电子商务持续健康发展"的立法导向。

（三）电子商务法不仅是消费者保护法

《电子商务法》中因有竞争税收、知识产权等法律规范，不完全是消费者保护法。

第二节　电子商务经营者及其共有义务

一、电子商务经营者的含义

电子商务经营者是通过互联网等信息网络从事销售商品或者提供服务的经营活动的自然人、法人和非法人组织。

电子商务经营者包括电子商务平台经营者、平台内经营者以及通过自建网站、其他网络服务销售商品或者提供服务的电子商务经营者。其中，平台内经营者指通过电子商务平台销售商品或者提供服务的电子商务经营者；自建网站经营者指自己搭建网站，然后在自建的网络上从事销售商品或者提供服务的经营者；其他网络经营者如利用社交平台、公众号等社交网络销售商品或提供服务的经营者。

二、电子商务经营者的全生命周期监管

（一）准入

1. 一般规定。电子商务经营者应当办理市场主体登记。但是，个人销售自产农副产品、家庭手工业产品，个人利用自己的技能从事依法无须取得许可的便民劳务活动和零星小额交易活动，以及法律法规规定不需要登记的活动的，可不办理登记。

2. 电子商务平台内的自然人经营者应当登记。一些人认为，自然人开设的网店无须登记，理由是这些网店多属于兼职或偶然经营，登记后产生的合规费用较高，但国家的税收流失并不严重。另一些人认为，自然人开设的网店必须登记，理由是根据线上线下一致原则，线下经营主体一般应登记，线上经营主体不能享受特权，且方便交易相对方依据全国企业信用信息公示系统等识别经营者资质，促进经营者提升电子商务品质，也有利于执法机关依据登记信息查找违法网点，减少违法行为，保护消费者权益。

2014 年施行的《网络交易管理办法》（现已废止）并不要求自然人经营者强制登记，他们仅需向所在平台实名登记即可。《电子商务法》规定，无论网店是否由自然人经营，均应登记，但在例外情况下豁免。《市场主体登记管理条例》第 11 条第 2 款通过"电子商务平台内的自然人经营者可……将电子商务平台提供的网络经营场所作为经营场所"的规定，切实降低自然人开设网店的难度和成本。

（二）经营

电子商务经营者应当在其首页显著位置，持续公示营业执照信息、与其经营业务有关的行

政许可信息、属于依法不需要办理市场主体登记情形等信息，或者上述信息的链接标识。上述信息发生变更时，电子商务经营者应当及时更新公示信息。

（三）退出

电子商务经营者自行终止从事电子商务的，应当提前30日在首页显著位置持续公示有关信息。

三、电子商务经营者的义务

各个类型的电子商务经营者应当共同遵守的主要义务如下：

（一）信息披露义务

1. 积极的信息披露义务。电子商务经营者应当全面、真实、准确、及时地披露商品或者服务信息，保障消费者的知情权和选择权。其中，对于知情权和选择权，《消费者权益保护法》中也有规定。

2. 消极的信息披露义务。电子商务经营者不得以虚构交易、编造用户评价等方式进行虚假或者引人误解的商业宣传，欺骗、误导消费者。其中，"虚构交易"即"刷单""刷流量"，"编造用户评价"即"刷好评"。《反不正当竞争法》关于禁止虚假陈述的规定与上述要求基本相同。

（二）大数据营销时的义务

电子商务经营者可以根据消费者的兴趣爱好、消费习惯等特征，向其提供商品或者服务的搜索结果。也就是说，电子商务经营者投放精准广告等大数据营销行为是合法的。

但是，电子商务经营者在大数据营销时，应当同时向该消费者提供不针对其个人特征的选项，并尊重和平等保护消费者合法权益。其中，关于"同时向该消费者提供不针对其个人特征的选项"，是指电子商务经营者在提供搜索结果时，必须提供另外一个选项，所展示的结果是不针对个人特征的自然搜索结果，即任何人来进行搜索都得到相同的结果，否则就侵犯了消费者的选择权与知情权；关于"尊重和平等保护消费者合法权益"，指不得侵犯消费者的人格尊严和个人隐私，也不得依据消费能力、消费习惯划分消费者群体，进行不同营销，否则就侵犯了消费者的公平交易权与受尊重权。

（三）押金退还义务

押金的性质是履约保证金。电子商务经营者按照约定向消费者收取押金的，应当明示押金退还的方式、程序，不得对押金退还设置不合理条件。消费者申请退还押金，符合押金退还条件的，电子商务经营者应当及时退还。

第三节　电子商务平台经营者及其特有义务

一、电子商务平台经营者的概念

平台，指具有两个或两个以上不同的客户群体，不同的客户群体之间具有交叉网络外部效应的多边市场（Multi-Sited Platform Market）。平台的主要类型有媒介型平台与交易型平台。其中，媒介型平台旨在通过提供服务吸引消费者，再由消费者吸引广告商投放广告，即"以流量换广告"，如搜索引擎、社交网络、社交媒体、即时通讯、操作系统、云计算、数字地图等平台。交易型平台旨在撮合交易双方（通常将交易双方称为"买家"和"卖家"），如App商店、在线支付与金融、在线出行平台、外卖平台等。电子商务平台经营者就是交易型平台的一种。

电子商务平台经营者，指在电子商务中为交易双方或者多方提供网络经营场所、交易撮合、信息发布等服务，供交易双方或者多方独立开展交易活动的法人或者非法人组织。对于该概念，应掌握如下要点：

1. 服务对象。电子商务平台经营者服务的对象是交易双方或者多方。电子商务平台应有经营者入驻，成为稳定的平台内经营者。电子商务平台须与电子商务平台内经营者通过服务协议等方式，建立稳定的联系。

2. 服务内容。电子商务平台经营者提供网络经营场所、交易撮合、信息发布等服务。其中，"交易撮合"是最为重要的服务环节。提供"网络经营场所"与"信息发布服务"的目的均为达成交易撮合。

3. 经营行为。电子商务平台经营者仅提供服务，不直接从事交易，不是交易的直接主体。在这个意义上，电子商务平台经营者又称为"第三方平台"。当电子商务平台经营者直接从事交易时，其仅是普通的经营者，不是电子商务平台经营者。

4. 组织形式。由于起到关键作用，需要一定资本支撑，电子商务平台经营者仅能是法人或者非法人组织，不能是个人工商户等自然人。

二、服务范围

（一）正面列举

电子商务平台经营者可以按照平台服务协议和交易规则，为经营者之间的电子商务提供仓储、物流、支付结算、交收等服务。

（二）反面排除

电子商务平台经营者不得采取集中竞价、做市商等集中交易方式进行交易，不得进行标准化合约交易。这是因为，集中竞价、做市商等集中交易方式是金融交易场所的典型特征。电子商务平台经营者不应从事金融服务，以防止其成为金融交易场所，产生金融风险。

三、电子商务平台经营者的特点

（一）双边市场

有别于买卖双方直接进行交易的单边市场，在双边市场中，平台同时向双边用户销售具有相互依赖性和互补性的产品或服务，并且将双边用户吸引到市场中来，促使双方达成交易。

在双边市场中，平台会采用非对称定价结构。平台会对价格弹性高（对价格敏感，因价格变化而改变购买决策的可能性大）的市场主体，如消费者不收取或收取较低价格，以获取客户数据及注意力，拓展或者巩固一边市场；对价格弹性低的市场主体，如平台内经营者收取较高价格，并用对平台内经营者收取的较高价格补贴另一边的获客成本，这种策略被称为"交叉补贴"。

由此，平台具有了交叉网络外部性（cross—group network externalities）。网络外部性，是指某个产品或服务的价值随着消费该产品或服务的消费者数量的增加而增加。例如，某种即时通讯软件的用户越多，该软件对每个用户的价值也越大。具体到电子商务平台经营者的交叉网络外部性，指电子商务平台经营者所服务的多边市场主体之间可能相互依存、相互影响，一边市场主体的数量对另一边市场的价值有着重要影响。比如，电子商务平台经营者上的卖家越多，商品越丰富，对消费者的吸引力就越大；消费者越多，商品越容易卖出去，对卖家的吸引力也就越大。

（二）数据霸权

1. 电子商务平台经营者因处理数据而拥有数据霸权。电子商务平台经营者不断集聚用户数据，占据海量数据资源，甚至形成数据壁垒，阻碍竞争者成长，并运用数据霸权，收取高额数据使用费。

2. 电子商务平台经营者因使用算法而拥有数据霸权。电子商务平台经营者会利用算法等技术手段不断挖掘数据价值，强化其数据控制力或流量入口。通过追踪、分析竞争对手的交易数据和算法逻辑，提高市场进入壁垒及排除市场竞争；通过追踪、预测和影响用户决策，提高用户黏性、巩固市场地位，或者进行"大数据杀熟"；通过获取、运用平台内经营者的交易数据、控制平台内的算法，对平台内经营者实行歧视待遇，实现"自我优待"。

（三）准公共性

在电子商务平台经营者与平台内经营者签署服务协议后，平台内经营者受到平台的管理。由此，电子商务平台经营者兼具私益属性与准公共属性，除向平台内经营者与消费者提供服务以获取私人利益外，还因其是网络交易空间的搭建者，理应对网络交易空间进行有效治理。因而平台应当"以网治网"，承担一定的社会责任。

四、电子商务平台经营者的特有义务

根据数据霸权的特点，电子商务平台经营者应当承担的义务有：自营身份时的义务，信用评价义务，竞价排名业务的广告标注义务；根据准公共性的特点，电子商务平台经营者应当承担的义务有：身份核验义务，协助监管义务，监控义务，安全保障义务，交易信息保存义务，服务协议、交易规则的制定、公示、修改义务，不得滥用相对优势地位，违规处罚公示义务，作为义务。以下仅介绍电子商务平台经营者在不履行或不充分履行作为义务时，应当承担的民事责任。

1. 电子商务平台经营者的一般责任。电子商务平台经营者知道或者应当知道平台内经营者销售的商品或者提供的服务不符合保障人身、财产安全的要求，或者有其他侵害消费者合法权益行为，未采取必要措施的，依法与该平台内经营者承担连带责任。

对上述一般责任加以解释：一般责任通常是事后责任，即对于平台内经营者的有关违法行为，未采取必要措施。一般责任的类型是承担连带责任，一般责任的构成要件为"过错+侵权事实+不作为"。其中，相较于《消费者权益保护法》将侵权事实的构成要件局限为"销售者或者服务者利用其平台侵害消费者合法权益"，《电子商务法》增加了"平台内经营者销售的商品或者提供的服务不符合保障人身、财产安全的要求"的情形，这一规定更全面也应优先适用。"不作为"指未采取删除、屏蔽、断开链接、暂时中止提供服务等必要措施。

2. 电子商务平台经营者的特殊责任。对关系消费者生命健康的商品或者服务，电子商务平台经营者对平台内经营者的资质资格未尽到审核义务，或者对消费者未尽到安全保障义务，造成消费者损害的，依法承担相应的责任。

对上述特殊责任加以解释：特殊责任通常是事前责任，即电子商务平台经营者在平台内经营者实施有关违法行为前，未尽审核或安全保障义务。之所以是特殊责任，是因为该责任发生在关系到消费者生命健康的商品或者服务的情形下，这体现了立法者对关系消费者生命健康的商品或者服务的重视。由此，特殊责任的类型是相应的责任，特殊责任的构成要件为"生命健康产品或服务+资质审查漏洞或未尽到安全保障+侵权损害"。

（1）规定"相应的责任"的合理性。对于平台应承担何种类型的责任，《电子商务法》在立法过程中历经反复。草案三审稿规定，电子商务平台经营者应承担"连带责任"，草案四审稿改为"相应的补充责任"，直至最终正式文本的"相应的责任"，立法态度也由对平台苛责，到包容审慎，直至现在的具体问题具体分析。规定"相应的责任"具有较强的合理性：

第一，连带责任在一些情况下对于平台显失公平。承担连带责任的法理是责任人彼此的过错相当。如果平台内经营者是故意侵权，而平台只是没有尽到审核义务，那么判定平台承担连带责任不符合法理。在用户遭到第三方侵害的场合，平台毕竟不是真正的加害人，要求其承担与加害人同种责任有悖常理。此外，对平台苛责过重，也不利于我国电子商务行业的长远发展。对于平台正常市场行为的过度规范，将加重平台运行难度，扼杀创新潜力。尤其是初创平台，过高的责任意味着一起侵权责任赔偿就可以让他们倒闭。从长远来看，对平台施以过于严苛的责任将抑制电商行业的多元发展，管制造成的壁垒会加强技术导致的市场地位，间接造成对中小型平台的抑制，容易导致行业生态的阶级固化，对于增加消费选择、提高消费质量有弊无益。

第二，相应的补充责任建立在平台仅提供服务，不实际参与交易的理由之上，却忽略了平台因具有准公共性所应承担的管理功能，对平台而言过于轻微。因此，"相应的责任"有利于具体问题具体分析，依据个案判断平台应承担的具体责任内容。

（2）"相应的责任"的具体确定。

第一，有特别法律规定的，依照法律规定。比如，《广告法》第56条第2款规定，"关系消费者生命健康的商品或者服务的虚假广告，造成消费者损害的，其广告经营者、广告发布者、广告代言人应当与广告主承担连带责任。"因此，"相应的责任"在上述情况下，就被特定化为连带责任。

第二，没有特别法律规定的，依照下列因素，综合考虑将"相应的责任"确定为连带责任或相应的补充责任。其一，控制损失的能力。控制风险的能力越强，其应当承担的责任，相应越大。其二，收益与责任相当的原则。风险与收益相伴相生，这体现了法律的公平性。获益能力越强，应承担的责任当然越多。其三，过错程度。如果具有严重过错就承担连带责任，如果轻微过错就承担补充责任。其四，因果关系。即考虑平台对造成的损害结果发挥了多大作用：如果比较重要，意味着因果关系较强，平台应承担连带责任，否则平台应承担相应的补充责任。其五，受害者的实际需要。一些情况下，考虑到须对受害者强化救济，确保他们能够及时、充分地获偿，可令平台承担连带责任。

第四节　电子商务争议的解决

一、电子商务争议解决机制

（一）质量担保机制

国家鼓励电子商务平台经营者建立有利于电子商务发展和消费者权益保护的商品、服务质量担保机制。

（二）消费者权益保证金机制

消费者权益保证金，指电子商务平台经营者与平台内经营者之间达成协议，缴纳的用于保障消费者合法权益的专用款项。

（三）投诉举报机制

电子商务经营者应当建立便捷、有效的投诉、举报机制，公开投诉、举报方式等信息，及时受理并处理投诉、举报。

二、电子商务争议解决方式

《电子商务法》对电子商务争议解决方式与《消费者权益保护法》的规定基本相同，包括：通过协商和解，请求消费者组织、行业协会或者其他依法成立的调解组织调解，向有关部门投诉，提请仲裁，或者提起诉讼等方式解决。

三、电子商务平台经营者的协助维权义务

消费者在电子商务平台购买商品或者接受服务，与平台内经营者发生争议时，电子商务平台经营者应当积极协助消费者维护合法权益。这是因为，其一，平台具有准公共性，在平台与平台内经营者签约注册之后，平台内经营者受到平台监管；其二，平台经营者掌握交易各方历次交易信息，也有平台内经营者的名称、地址、联系方式、被投诉及评价等记录，可以综合评定各方的履约能力和诚信度；其三，平台对发生纠纷的实际情况更容易从第三方角度作出判断；其四，平台相对于平台内经营者处于相对优势地位，而消费者相对于平台内经营者处于弱势地位。

四、电子商务平台经营者的原始合同和交易记录的提供义务

在电子商务争议处理中，电子商务经营者应当提供原始合同和交易记录。因电子商务经营者丢失、伪造、篡改、销毁、隐匿或者拒绝提供前述资料，致使人民法院、仲裁机构或者有关机关无法查明事实的，电子商务经营者应当承担相应的法律责任。因此，无论平台是过失还是故意，其均应提供原始合同和交易记录。

五、在线争议解决机制

电子商务平台经营者可以建立争议在线解决机制，制定并公示争议解决规则，根据自愿原则，公平、公正地解决当事人的争议。

1. 非终局性。即使当事人接受了在线解决机制提供的方案，他们仍然可以通过诉讼或仲裁等机制解决争议。

2. 自愿性。在线争议解决机制由平台自愿建立，当事人自愿选择适用。

3. 公平公正性。当平台提供自营服务而非中介服务时，其丧失了公平性和公正性，应被排除。

4. 公示性。在线争议解决机制的规则及规则修改应由平台公示，以保障知情权。

第十六章

消费者权益保护法律制度

第一节　消费者权益保护法基本理论

一、消费者权益保护法的概念与特征

广义的消费者保护法是指所有直接或间接地保护消费者权益的法律规范的总和。目前，各国关于消费者保护的教材或论著一般均是从这个意义上加以考察和论述。狭义上的消费者保护法，是指国家有关消费者保护的专门立法。具体讲，即被冠以"××国消费者保护法"字样的单行法，如英国《消费者保护法》、日本《消费者保护基本法》、西班牙《消费者和使用者利益保护法》、中国《消费者权益保护法》。本书在两种意义上均有使用。概括而言，消费者保护法具有以下基本特征：①保护对象具有特定性，即以消费者权益作为保护对象。②调整方式具有不对称性，即对弱者一方的消费者予以倾斜保护，对强者一方的经营者予以适当限制。③法律关系具有社会性。消费者作为一种社会角色，消费法律关系并不是一种单纯的私法关系，消费者保护法保护的是作为消费者的全体公民的权利与利益，这些权利与利益看似是一种"私人权利"或"私人利益"，实际上从消费者权益的整体来看已经变成一种"社会权利"，而不是单纯的"私人权利"，是"公共利益"，而不是单纯的"私人利益"。④法律规范具有半强制性，即一方面表现在它对以私法自治为主干的私法体系的批判，另一方面表现在它不能完全放弃市场经济个体自主性的要求。因此，和劳动法、社会保险法类似，消费者保护法也具有半强制法的特性。⑤法律效力具有复合性或综合性。消费者保护的法律法规极其广泛，在构成上十分复杂，不受民事、行政、刑事实体及程序固有分类的拘束，往往视时空环境的不同需要而采取各种制裁或保护方法，以达到保护消费者的目的。因此，在效力上呈现出复合法域或综合法域的特征。⑥纠纷的解决具有非讼性。消费者保护法在执行上倾向于非讼的解决方式，强调直接与经营者和解或由第三方调解，绝大部分案件都是以非讼的方式解决的。

二、消费者权益保护法的理念与基本原则

（一）消费者权益保护法的理念

1. 消费者主权。"消费者主权"是指消费者拥有最终决定权。最早提出并系统阐述消费者主权理论的是 20 世纪著名的自由主义经济学家哈耶克（Friedich · A. Von · Hayek），他在《通往奴役的道路》（1944）、《自由宪章》（1960）和《法律、立法和自由》（1973）等著作中，全面论证了消费者在决定商品生产的种类和数量上怎样起着"至高无上"的决定作用。[1]

实际上，在现代社会条件下，消费者和经营者常常是一种交互主权的关系，不存在绝对的"主权"。所以，在经济学领域，简单地以消费者主权或经营者主权来概括整个社会经济是有失偏颇的。但应该说，以哈耶克的理论为代表的消费者主权思想的确立，是西方市场经济学的一个重大成果。这一理论的直接后果是确立了消费者在市场经济中的真正地位。因此，世界各

---

〔1〕　张严方：《消费者保护法研究》，法律出版社 2003 年版，第 19 页。

国消费者团体把"消费者主权"作为一个理论原则或口号。

产生于经济学的"消费者主权"概念，在被引入消费者保护的法律体系过程中，其经济学方面的分析并非原原本本地被全部保留，而是留取了消费者主权的基本思想，并把它上升为基本理念。这一理念的基本含义是：任何生产者的决定乃至整个国民经济无非都是由消费者全体来引导的，不考虑消费者意愿的生产者不但无法得到利润，还会遭到淘汰。[1] 只有最能符合消费者大众利益需要的生产结构才是适当的，生产者的利润也才是正当的。

2. 可持续消费。随着当代高新科技和经济的迅猛发展与不可持续消费和生产模式的大面积蔓延，全球性的生态形势急剧恶化。尤其是当生态环境的破坏已经转化为沉重的经济负担时，人们不得不对破坏自然的行为乃至价值观念作出反思。[2] 人类已经清醒地认识到"环境危机"严重威胁人类的生存、制约经济发展和影响社会稳定，并在全球范围内提倡和发动一场旨在变革人类现行消费方式和生产模式的可持续发展运动。

"可持续消费"概念的前身是联合国环境规划署于1989年实施的"清洁生产"计划，该计划针对的是产品的提供方，它在国际消费者联会关于可持续消费的讨论中起着关键性作用。1992年，在国际消费者联会全球峰会中，可持续消费作为重要的挑战问题被提出。与会代表认为，世界上最富有人群的过度消费和贫困人群的不足消费导致了环境的恶化和低质量的生活。向可持续消费的转变不仅仅是因为人类和环境所付出的代价引发的，它也是消费者所要求的。可持续消费就是多样性的消费，它更为有效，并且是出于经济的、节约的需要。在可持续消费的前提下，厂商和商家提供服务以及相关的产品以满足消费者的基本需求，旨在提高生活质量，同时使自然资源和有毒材料的使用量达到最低程度，使服务或产品在使用过程中产生的废物和污染物达到最低程度，从而不危及后代需求。

（二）消费者权益保护法的基本原则

消费者权益保护法的基本原则是指对消费者保护立法、执法和司法具有指导意义并贯穿于消费者保护各项法律制度当中的根本性准则。消费者保护的基本原则不仅应体现于《消费者权益保护法》这一集中保护消费者利益的基本法律之中，还应当体现在与消费者利益密切相关的各类法律、法规、制度当中。例如，《民法典》合同编关于格式合同条款的法律规定应当特别考虑对消费者保护的需求性，侵权责任编在产品责任方面应有针对消费者保护的特别制度；产品标准的制定应当有利于消费者的健康和安全等。明确消费者保护的基本原则，有利于消费者保护法律体系的建立和完善，有利于消费者保护的立法、执法和司法水平的提高。根据建立和完善我国消费者保护法律体系的需要，我国消费者保护的基本原则应当包括：

1. 对消费者的权益特殊保护的原则。对消费者权益给予特殊保护是消费者利益的特殊性所要求的。消费者购买商品或服务是以满足其个人或家庭的生活需要为目的的，因此，其在消费过程中涉及的利益既有经济利益，又有生存、生命安全与健康等利益。从消费者经济利益上来说，虽然消费者与经营者从事交易，在法律地位上是平等的，但这种平等只是一种形式上的平等，并不代表实质上的平等。由于信息的不对称，消费者不仅对商品或服务的了解、选择、判断需要依赖于经营者，而且关于商品的正确使用、售后服务也要依赖于经营者。消费者实现消费目的大多是以格式合同的形式实现，合同条款一般均由经营者事先拟好，从而使消费者失去了自由选择经营者并与其讨价还价的机会。消费者在与经营者的交易中总是处于弱势地位，因而消费者的利益极易受到来自经营者的侵害，因此，需要对消费者给予特殊保护。

---

〔1〕　苏永钦：《消费者保护法——一个新法域的诞生?》，载《政大法学评论》1981年第23期。

〔2〕　参见陈泉生：《可持续发展与法律变革：21世纪法制研究》，法律出版社2000年版，第200页。

正是基于上述原因，许多国家都通过立法从涉及消费者利益的各个方面对消费者予以倾斜保护，对经营者予以严格要求和限制。

2. 国家干预与社会监督的原则。消费者权益受到损害，不是简单的个人问题，而是市场经济体系中内在的问题，必须以国家和社会力量来解决。市场经济体系中对消费者造成危害的事实主要可归结为以下三类：①劣质商品；②虚假广告及不合理的销售方法造成的消费者信息错误；③市场垄断价格的形成。这三个目前严重困扰中国消费者的问题，从 19 世纪中后期开始，也曾严重困扰过西方各国。19 世纪中叶，英国劳动者在以增加工资为目的的劳工运动过程中发现，虽然增加了工资，但生活仍不安定，这是因为消费方面也存在问题。消费者开始意识到，要保证安定的生活，必须消灭劣质商品，必须对生活物资的生产、销售进行监控。消费者作为个体社会成员，其经济力量及掌握各种信息的能力都非常有限，因而无力与经营者抗衡，这就需要国家与社会站在消费者一边，对涉及消费者利益的各个领域进行适当干预，在消费者利益受到侵害的情况下，为消费者提供各种帮助。

国家不仅要通过立法加强对消费者的保护，而且要通过执法和司法活动，使消费者的权益得到切实的维护。通过政府的力量，加强消费者教育，培养消费者的权利意识，提高消费者的自我保护能力等。

同时，保护消费者的合法权益也是全社会的职责，各种社会组织，特别是以保护消费者权益为目的的消费者组织和各种社会团体，应当明确地站在消费者的立场上，对与消费者利益有关的企业活动和社会经济活动进行社会监督。大众传媒在实现社会监督和消费者教育方面也起着重要作用，对侵害消费者权益的行为进行及时揭露、曝光，使其受到社会的普遍谴责。同时，要通过各种宣传媒介宣传法律和消费知识，提高消费者的自我保护能力，促进经营者的产品质量意识和诚信意识。

三、消费者权益保护的法律体系

（一）消费者保护的立法模式

不同国家由于历史传统、法律文化背景、经济发展状况等方面的差异，对消费者及其权益保护的立法模式有很大的不同。例如美国，综合运用判例法和制定法加以调整，在传统的判例法原则难以调整新型交易关系和消费形式的时候，通过制定成文法来弥补这一不足。[1]

其判例法对经营者欺诈行为的调整主要是运用民事侵权法和合同法理论；制定法有联邦和州立法机构制定的法律，根据不同时期消费者保护的侧重点的不同，分别制定相应的单行法规，但却始终没有一部统一的消费者保护法典。美国是从广义上解释消费者保护法的，因此，反不正当竞争法和反垄断法也被认为属于这一范畴，早期的立法通过对垄断行为的规制体现对消费者的保护。1890 年的《谢尔曼法》及 1914 年的《克莱顿反托拉斯法》和《联邦贸易委员会法》就体现了这一宗旨。此外，在消费品的安全、卫生等方面的问题日益凸显的时候，一系列相应的单行法规应运而生。1906 年的《联邦食品和药品法》（后经多次修改）、1967 年的《肉类食品卫生法》、1973 年的《化妆品真实法》、1966 年的《国家交通和机动车安全法》《汽车信息披露法》等都是这一时期的代表性法规。随着消费者信贷的逐渐普及，联邦议会在这方面又制定了大量的法律法规，如 1968 年的《消费者信贷保护法》、1970 年的《公平信用报告法》、1974 年的《公平信贷结账法》和《信贷机会均等法》等。随着电子商务的兴起，美国又相继出台了 1999 年的《统一电子交易法》、2000 年的《电子签名法》。及至 2011 年的《食品安全现代化法》，美国重新修改整合了之前的食品、药品、化妆品法。此外，为保护消费者利

---

〔1〕　参见王卫国、李东方主编：《经济法学》，中国政法大学出版社 2008 年版，第 339~340 页。

益，联邦贸易委员会还颁布了一系列交易规则，如《商品广告规则》《上门推销规则》《邮购规则》等。

有的国家在"消费者基本政策法"的统帅下，辅之以具体的单行法规。例如，日本于1968年颁布实施的《消费者保护基本法》（2004年修订时更名为《消费者基本法》）是一部宣言性的消费者保护法律总纲，其意义在于确立了日本消费者保护的基本方针。该法典的内容规定得比较原则、简单，不能直接适用于具体的消费法律关系。为此，日本政府就具体的消费领域制定了有针对性的法律法规，如1961年的《分期付款销售法》、1970年的《国民生活中心法》、1976年的《关于访问销售的法律》、1994年的《制造物责任法》、2001年的《消费者合同法》、2005年的《个人信息保护法》、2006年的《金融商品交易法》、2009年的《特定商业交易法》等。

还有的国家或地区以"基本法模式"制定专门的消费者保护法或消费法典，并且该法或法典本身就直接适用于消费法律关系，其原则和具体制度规定可以直接用于解决相关纠纷。许多国家或地区均采用这种直接立法模式，如英国、印度、巴西、泰国、俄罗斯的《消费者保护法》，我国采用的也是这种模式。法国、意大利还将消费者保护的法律汇编为《消费法典》。

（二）消费者保护的法律体系

消费者保护法律体系是指涉及消费者保护的各种法律规范所组成的有机整体，如消费者保护基本法和其他专门的消费者保护单行法律、法规，以及其他法律、法规中的有关消费者保护的法律规范共同组成的有机整体。作为其组成部分的各种法律规范都具有相同的功能，即具有保护消费者利益的特定法律功能，基于此，才有这些调整不同性质社会关系的法律规范集合起来，构成法律体系中的一个类别——消费者保护法律体系。它包括民法、经济法、刑法、行政法以及程序法等诸多领域，涉及的内容极为广泛。组成消费者保护法律体系的各部分之间必须按照系统学的原理，遵循整体性、互相联系性、有序性和动态性原则建立，成为一个由法律渊源体系、法律规范体系和实施体系所构成的互相联系的、有序的、动态的有机整体，其总体功能大于部分功能的简单相加。

第二节 消费者及其权利

一、关于消费者概念及范围的界定

消费者是人格形象时代变迁的产物，对这一问题的认识必须从人的历史演进中寻求答案。[1] 在资本主义发展之初，自然人和法人的分化，使自然人主体的正统地位第一次遭到法人的挑战。而随着法人这一虚拟人格的发展壮大，法律主体的实力日趋悬殊，消费者在垄断时代和消费社会中作为独立的群体形象出现了。消费者概念的出现，是把消费者作为社会角色，与生产者、经营者区分开来，是弱者与强者之间的一种不对称的力量对比和抗衡。因此，在这种力量对比不平衡的情况下，必须借助外力对弱者一边的支持，达到基本平衡的状态。消费者概念的基本价值在于：确立个体的身份认同与归属；启动个人涉入社会的参与和抗衡机制，确保个体性的不容消逝；聚积集体行动的社会自发力。

关于消费者的概念，一般认为，消费者是指从事生活消费的自然人。例如，日本学者竹内昭夫认为，所谓消费者，就是为生活消费而购入和利用他人所供应的物资和劳务的人，是一种

---

[1] 谢晓尧：《消费者：人的法律形塑与制度价值》，载《中国法学》2003年第3期。

与供应者相对应的概念。[1]　国内学者王利明认为："消费者是指非以盈利为目的购买商品或者接受服务的人。"[2]　美国权威的《布莱克法律词典》对消费者的定义是："消费者是与制造者、批发商、零售商相区别的人，是指购买、使用、保存和处分商品和服务的个人或最终产品的使用者。"[3]

国际标准化组织（ISO）消费者政策委员会 1978 年 5 月 10 日在日内瓦召开的第一届年会上，把消费者定义为"为个人目的购买或使用商品或服务的个体社会成员"。我国台湾地区 1994 年修订的"消费者保护法"第 2 条第 1 款明确规定："消费者：指以消费为目的而为交易、使用商品或接受服务者。"

我国最早对消费者概念的明确规定是在国家标准计量局 1985 年 6 月 29 日颁布的国家标准《消费品使用说明》中，其中规定"消费者为满足个人或家庭的生活需要而购买、使用商品或服务的个体社会成员。"[4]　我国《消费者权益保护法》对什么是消费者并无明确定义，只是在该法第 2 条作了一个抽象而模糊的规定："消费者为生活消费需要购买、使用商品或接受服务，其权益受本法保护；本法未作规定的，受其他有关法律、法规保护。"我国学界对消费者的定义也是众说纷纭，而围绕着"王海"知假买假的职业索赔行为的争论更是将消费者概念的争论引向了更深的层次。

从理论体系角度出发，消费者概念的混乱使同一法律概念在不同的法律中可能具有不同的内涵与特征。例如，在《消费者权益保护法》中，学界多认为消费者是为生活消费需要购买、使用商品或者接受服务的自然人；而在《反不正当竞争法》与《反垄断法》中，有学者认为，竞争法中的消费者包括"单位"，如目标企业的上下游企业在其向目标企业提供或购买原材料等时，上下游企业间会形成消费关系，出现消费者概念。一般认为，法律概念是"对各种法律事实进行概括，抽象出它们的共同特征而形成的权威性范畴"。[5]　它是通过对法律事实要素的列举与抽象，进而高度抽象概括而成。理想中的法律概念，应该是定义清楚、概念内涵与外延都比较明晰，仅仅依靠简单的逻辑推理即可进行操作的。[6]　虽然现实中这样理想的法律概念较难实现，但至少法律概念应具有相对稳定的内涵与外延。上述学者关于消费者概念在不同法律中的不同内涵，会破坏"消费者"这一法律概念在整个法律体系中的稳定性与统一性，造成"消费者"概念的混乱与模糊。

而"消费者"概念在实践中，特别是在司法实务中存在更多困惑与混乱。职业索赔人是否属于消费者；金融服务、医疗服务中哪些属于消费者权益保护法的调整范围等问题，由于"消费者"概念的不明确，在司法实务相类似的案件中会出现完全不同的解释。

从比较法角度看，国际上通行的对"消费者"概念的定义主要有三种：第一种是通过反向排除的方式来加以规定，代表国家如德国、日本、英国。以德国为例，德国于 2000 年修订债法，于《德国民法典》中第 13 条明确规定了"消费者"的概念，这个概念主要是通过两个否定性要件"非以其营利活动为目的""非以其独立的职业活动为目的"来对"消费者"加以

---

〔1〕　［日］金泽良雄著，满达人译：《经济法概论》，中国法制出版社 2005 年版，第 460 页。

〔2〕　王利明：《消费者的概念及消费者权益保护法的调整范围》，载《政治与法律》2002 年第 2 期。

〔3〕　Bryan A. Garner Editor in Chief, *Black's Law Dictionary*, Seventh Edition, West Group, 1999, p. 311.

〔4〕　王牧、刘树莉主编：《经济法》，重庆大学出版社 2004 年版，第 277 页。

〔5〕　张文显：《法哲学范畴研究》，中国政法大学出版社 2001 年版，第 57 页。

〔6〕　马一德：《解构与重构："消费者"概念再出发》，载《法学评论》2015 年第 6 期。

界定。[1] 第二种是正面表述消费者的概念。例如,《美国商法典》规定,消费者是为了个人、家庭成员或者家庭目的而购买商品的个人。第三种方式为正面表述与反面排除的混合立法模式。例如,法国民法认为,"消费者"主要是指"在从事职业行为之外,为满足个人需要而订立有关财产或服务的合同的一切自然人"。[2] 我国《消费者权益保护法》第 2 条正面表述了《消费者权益保护法》的调整范围,同时对消费者的概念进行了间接规定。笔者认为,《消费者权益保护法》第 2 条可以借鉴国外对消费者的规定,通过适当增加反向排除的方式来完善消费者的概念,对于将购买的商品投入生产经营这样的行为排除出消费者权益保护法的调整范围;此外,进行持续营利的职业行为亦不可以受到消费者权益保护法的保护,其他行为原则上均应受到《消费者权益保护法》的保护,这样在很大程度上明晰了消费者的概念,能更大范围地发挥消费者权益保护法的保护功能,更好地保护消费者权益,对于消费者保护法理论的完善及实务纠纷的处理都有更好的指导作用。

根据上述关于消费者概念的若干界定,可以将消费者概念的内涵归纳如下:①消费者首先是与制造者相区别的概念,而在商品交易领域,消费者则是与销售者相区别的概念。②消费者购买或者接受某种商品或服务不是为了交易,而是为了自己使用,即为生活消费。③消费者的"生活消费"包括物质性生活消费和精神性消费。④消费者不完全限于直接的交易人,也包括最终的消费者或使用者。事实上,消费者购买或接受商品或服务以后,用于自己消费还是保存、送人或者由他人消费则不必考虑。⑤消费者通常是指个体社会成员,即自然人。

需要特别说明的是,《消费者权益保护法》第 62 条明确规定:"农民购买、使用直接用于农业生产的生产资料,参照本法执行。"该条将农民的生产行为与普通消费行为同样对待,体现了对农民的特别保护。其他国家中也有类似立法,如日本。

关于消费者的范围,理论与实践中讨论最多的是"知假买假者"是否属于消费者。消费者范围的探讨是以消费者概念的界定为基础的。因此,对消费者概念的法律界定是整个消费者保护法律制度的关键之处,也是消费者保护基础理论当中的难点。曾经围绕"王海现象"引发的关于"知假买假者"能否成为"消费者"的大讨论,在理论上和实践中意见分歧之大、争议之多和影响之广,实属罕见。准确地把握消费者概念的内涵,有利于解决立法和司法实践中关于消费者身份的认定,不至于因界定范围过窄而遗漏保护,也不会因范围过宽而无所适从。

为配合《消费者权益保护法》的实施,统一裁判尺度和对相关法律条文的理解,最高人民法院在认真总结审判实践经验的基础上,经过反复调研论证和广泛征求意见,于 2013 年 12 月制定出台了《最高人民法院关于审理食品药品纠纷案件适用法律若干问题的规定》(已被修改),该规定第 3 条规定:"因食品、药品质量问题发生纠纷,购买者向生产者、销售者主张权利,生产者、销售者以购买者明知食品、药品存在质量问题而仍然购买为由进行抗辩的,人民法院不予支持。"明确了在食品、药品领域中"知假买假"不影响消费者主张权利。

最高人民法院的司法解释出台后,职业打假与索赔有泛滥之势,引起了社会的普遍关注。职业打假本身是一把双刃剑,一方面能够净化市场,对假冒伪劣行为起到制约、遏制作用;另一方面也可能产生道德风险或者市场秩序上的问题。对此,应通过不断的制度创新,对不诚信的消费者或职业索赔人的行为加以约束和规范,从而消解这一制度带来的负面作用。

---

[1] 《德国民法典》第 13 条规定:"消费者是指既非以其营利活动为目的,也非以其独立的职业活动为目的而缔结法律行为的任何自然人。"参见陈卫佐译注:《德国民法典》,法律出版社 2006 年版,第 5~6 页。

[2] 马一德:《解构与重构:"消费者"概念再出发》,载《法学评论》2015 年第 6 期。

二、消费者的权利

对"消费者权利"的明确概括，是在 20 世纪 60 年代美国消费者运动再度兴起的背景下，美国总统肯尼迪于 1962 年 3 月 15 日向国会提出的"消费者权利咨文"（Consumer's Bill of Rights）中首次出现的。肯尼迪在该咨文中强调"每一个人都是消费者"，并指出了消费者的四项基本权利：①安全权（the right to safety）；②知情权（the right to be informed）；③选择权（the right to choose）；④受尊重权（the right to be heard）。

1969 年，尼克松总统补充了"方便救济的权利"（the right to redress）。[1] 1975 年，福特总统添加了"消费者受教育权"（the right to consumer education）。

1985 年 4 月 9 日，联合国大会通过了《保护消费者准则》。随着消费者运动的不断深入，国际消费者联盟提出了消费者的八项权利：①得到必需的物资和服务借以生存的权利；②享有公平的价格待遇和选择的权利；③安全保障权；④获得足够资料的权利；⑤寻求咨询的权利；⑥获得公平赔偿和法律帮助的权利；⑦获得教育的权利；⑧享有健康环境的权利。这些权利被称为"消费者的人权"。

我国《消费者权益保护法》在第二章第 7~15 条对消费者权利进行了专门规定，共设定了九项权利。这些权利包括：①安全权。消费者在购买、使用商品或接受服务时享有人身和财产安全不受侵害的权利。②知情权。消费者在购买、使用商品或接受服务时，享有知悉其购买、使用的商品或者接受服务的真实情况的权利。③选择权。消费者享有根据自己的意愿自主地选择其购买的商品及接受的服务的权利。④公平交易权。消费者在购买商品或者接受服务时，有权获得质量保障、价格合理、计量正确等公平交易条件，有权拒绝经营者的强制交易行为。⑤索赔权。消费者因购买、使用商品或者接受服务受到人身、财产损害的，享有依法获得赔偿的权利。⑥结社权。消费者享有依法成立维护自身合法权益的社会组织的权利。⑦受教育权。消费者享有获得有关消费和消费者权益保护方面的知识的权利。⑧受尊重权。消费者在购买、使用商品和接受服务时，享有人格尊严、民族风俗习惯得到尊重的权利，享有个人信息依法得到保护的权利。⑨监督权。消费者享有对商品和服务以及保护消费者权益工作进行监督的权利。

消费者的权利是消费者保护的法律依据。我国消费者权益保护法以法律的形式赋予消费者九项权利。但是，随着市场经济的发展，营销方式的变化，特别是网络经济的出现，原有的九项权利已经不能满足保护消费者的需要，或者说，消费者的权利已经超出了九项权利的范围，消费者个人信息受保护权、反悔权等也属于消费者的权利范畴。

三、消费者权利的性质

消费者权利是消费者利益在法律上的体现。消费者的权利内容丰富，其权利性质具有人权属性。人权是所有人都应当具有的基本权利，它关注的是人这一主体的生存和发展。消费者权利的基本性质是生存权、发展权和其他基本人权，是包含财产权、人身权等多种民事、经济、社会权利在内的综合权利。如果说第一代人权观念确立的是人与人之间平等的自由关系，第二代人权涉及的是个人要求政府作出有利于个人的积极干预的权利，主要指经济、社会和文化权利，而第三代人权是关涉人类生存条件的集体权利，如和平权、发展权、环境权等。"人权概念的扩张趋势使我们能够将消费者权利囊括其中。"[2] 消费者权利的人权性质主要表现为：

---

〔1〕　朱柏松：《消费者保护法论》，翰芦图书出版有限公司 1999 年版，第 3 页。

〔2〕　［以色列］西奈·多伊奇著，钟瑞华译：《消费者权利是人权吗?》，载《公法研究》2005 年第 1 期。

权利的普遍性、基础性和内容的广泛性。[1] 与此相同的是，消费者所享有的权利，均来源于公民应该享有的安全、公平地获得基本的食物、衣物、住宅、医疗和教育的权利以及结社、批评监督等社会参与权和获得救济的权利。这些权利作为人权的一部分，具有普遍性和基础性，内容涉及经济、社会和文化权利等各个方面。它是消费者在"生活消费"这一与人的生存息息相关的活动中所体现出的物质和精神利益。但是，消费者权利并非完全是基本人权在消费社会中的简单再现，它最初脱胎于民事权利，体现出私权性，关注点在于个体利益的维护和实现。但随着消费者运动的深入，消费者权利主要表现为经济社会权利，它注重实质平等与可持续发展，强调国家和社会对作为弱者的消费者提供积极扶助和帮助的责任。[2]

时至今日，消费者权利早已超出民事权利的私权性，而成为经济法主体的权利范畴。因为，作为经济法主体的消费者既是个体性概念，也是群体性概念，具有社会属性；消费者权利不仅对应经营者义务，还对应着国家、政府责任，这是一种新型权利义务关系，"不再有传统私法领域中权利与义务的守恒关系"。[3] 在消费者权利实现机制上，我国也不仅限于消费者个人提起民事诉讼，更强调对消费者整体利益的立法保护、行政保护及公益诉讼等。对于消费者权利性质的分析，应当从消费者权利的整体来看，而非孤立地、个别地看待某些消费者权利所具有的私权性。对于消费者利益的保护，已经不单使违法者产生私法上的损害赔偿，且可能进一步产生公法上的制裁，并通过赋予消费者结社权、批评监督权等方式使其参与经济社会治理。由此可见，消费者权利是经由国家对契约自由名存实亡后所产生的不平等合同关系的权利义务强制性地重新调整，是从原先的民事主体权利所演变出来的新的权利类型，属于经济法的权利范畴。

第三节 经营者及其义务

一、经营者的概念界定

我国《消费者权益保护法》对经营者的概念没有直接规定，只是在第3条规定："经营者为消费者提供其生产、销售的商品或者提供服务，应当遵守本法；本法未作规定的，应当遵守其他有关法律、法规。"反倒是我国《反不正当竞争法》第2条第3款对经营者给出了明确定义："本法所称的经营者，是指从事商品生产、经营或者提供服务（以下所称商品包括服务）的自然人、法人和非法人组织。"这一定义准确反映了经营者的本质特征。其含义如下：①经营者包括生产者、销售者和服务者。②经营者是与消费者相对应的另一方主体，可以是法人、非法人组织，也可以是个人。③经营者提供商品和服务以交易为目的。以交易为目的，不一定必须是有偿的或营利性的。免费试用产品、免费提供服务、附赠式销售等商品和服务的提供者也是经营者。判断商品或服务的提供者是否是经营者，应当以经营者的本质特征为标准，而不应以有偿无偿为标准。从事商品生产经营，不一定都是有偿，相反，无偿也不一定不是以经营为目的。交易形式上的有偿无偿不是决定经营者构成要件的标准。以无偿方式向消费者提供商品或服务的同样是经营者，给消费者造成损害的，也要按照相关法律承担责任。对此，2021年最高人民法院《关于审理食品药品纠纷案件适用法律若干问题的规定》第4条规定："食品、

〔1〕 参见王卫国、李东方主编：《经济法学》，中国政法大学出版社2013年版，第360~361页。
〔2〕 参见钱玉文：《消费者权利变迁的实证研究》，法律出版社2011年版，第181页。
〔3〕 董保华：《社会法原论》，中国政法大学出版社2001年版，第281页。

药品生产者、销售者提供给消费者的食品或者药品的赠品发生质量安全问题，造成消费者损害，消费者主张权利，生产者、销售者以消费者未对赠品支付对价为由进行免责抗辩的，人民法院不予支持。"

二、经营者的义务

经营者的义务是与消费者的权利相对应的，消费者的权利在相当程度上是通过经营者的义务履行来实现的。《消费者权益保护法》第三章对经营者的义务作了集中规定，增加了关于举证责任、网络购物、个人信息保护等方面的新规定。《消费者权益保护法》所规定的经营者的义务并不是经营者义务的全部内容。由于消费种类繁多，经营者义务的规定散见于各法律、法规中，不可能全部集中在一部《消费者权益保护法》中。这就需要在一系列有关消费者保护的法律当中，规定经营者的具体义务及违反义务的法律责任；更需要在政府的监督指导下，实行广泛的经营者自律。

我国《消费者权益保护法》规定的经营者的义务包括：①必须履行法定的义务和约定的义务。②接受消费者监督的义务。③保证商品和服务安全的义务。④对缺陷产品与服务停止销售、警示、召回的义务。⑤提供商品和服务真实信息的义务。⑥标明真实名称和标记的义务。⑦出具购货凭证和服务单据的义务。⑧保证商品和服务质量的义务及瑕疵举证的义务。⑨履行退货、更换、修理等责任的义务。⑩网络销售等 7 日无理由退货的义务。⑪不以格式合同等方式损害消费者权益的义务。⑫不得侵犯消费者的人格尊严和人身自由的义务。⑬远程购物、金融服务经营者的信息披露义务。⑭不得非法收集、使用消费者个人信息并确保其安全、不得泄露的义务，以及未经同意或请求不得向其发送商业性信息的义务。

第四节　消费者权益保护及消费争议的解决

一、消费者权益的保护方式

消费者问题是当今社会普遍存在的问题，消费者的概念不是单个自然人的简单叠加，而是对消费关系中的每个购买者进行概括，去除个性抽出共性所形成的一个抽象概念，消费者的利益既是个人利益也是社会公共利益。

按照《消费者权益保护法》第 5 条第 1、2 款的规定，国家保护消费者的合法权益不受侵害。国家采取措施，保障消费者依法行使权利，维护消费者的合法权益。我国对消费者利益保护的途径主要有行政保护、司法保护、消费者组织保护、消费者自我保护等。

（一）行政保护

按照《消费者权益保护法》第 31、32 条第 1 款的规定，各级人民政府应当加强领导，组织、协调、督促有关行政部门做好保护消费者合法权益的工作，落实保护消费者合法权益的职责。各级人民政府应当加强监督，预防危害消费者人身、财产安全行为的发生，及时制止危害消费者人身、财产安全的行为。各级人民政府工商行政管理部门和其他有关行政部门应当依照法律、法规的规定，在各自的职责范围内，采取措施，保护消费者的合法权益。

行政保护是由行政机关通过行政执法和监督活动对消费者进行的保护。行政保护的特点是专业性、及时性和灵活性。一方面，行政机关通过抽象行政行为将有关消费者保护的法律予以实施，制定实施细则和具体办法，使其条文更加清晰明确，更具可操作性，其自身也可以通过制定行政法规、行政规章、行政解释等为消费者保护提供法律渊源；另一方面，行政机关具有一定范围的执法权，可通过行政处罚等措施制裁侵害消费者利益的行为，通过行政调解等解决消费纠纷，以此维护交易双方的利益平衡。

消费者行政保护以防止消费者受害为具体工作目标。消费者行政保护的内容主要包括：①对企业的活动进行规制。即对企业的活动进行直接的监督，具体来说，就是使企业不生产、不销售有害产品、缺陷产品，不做虚假广告等，保护消费者的生命健康和安全，确保消费生活的合理化。②对消费者进行支援。对消费者的支援，是指消费者保护行政机关向消费者提供商品检验信息、进行消费者教育、提供咨询、查处案件、受理消费者投诉等向消费者提供服务的活动。

（二）司法保护

诉讼是解决争议最有力的方式。消费者通过诉讼请求人民法院解决争议，法院代表国家行使审判权，其判决具有强制力。法院可以依自身职权强制执行生效判决。诉讼虽然是解决纠纷最有力的途径，但诉讼并非是最佳途径。一是司法程序解决一般消费纠纷，不仅司法成本过高，而且司法机关也不堪重负；二是消费者在诉讼中要支出各种成本，获得的赔偿相对于诉讼金额及获得的赔偿额，有时显得得不偿失，高额的诉讼成本阻碍了消费者通过诉讼途径解决纠纷。上述原因导致消费者维权被动，无形之中放纵了经营者的违法行为。为了及时化解纠纷、减轻当事人的经济负担、提高诉讼效率，应尽量避免此类消极后果的产生。

2013 年我国《民事诉讼法》修订时，增加了小额诉讼和公益诉讼的规定；最高人民法院在 2014 年 12 月 18 日通过了《最高人民法院关于适用〈中华人民共和国民事诉讼法〉的解释》（以下简称《民事诉讼法解释》）；2016 年，《最高人民法院关于审理消费民事公益诉讼案件适用法律若干问题的解释》（以下简称《消费民事公益诉讼解释》）通过并公布；2017 年，在检察院参与环境、食品领域公益诉讼试点的基础上，《民事诉讼法》《行政诉讼法》同时修订，增加了检察机关提起消费公益诉讼的内容。自此，消费者争议解决的诉讼制度更加完善。

1. 小额诉讼。小额诉讼最早起源于 19 世纪，被英国和加拿大等国用于解决小额债权债务纠纷，20 世纪初期被美国引入，并在其他国家迅速得到普及。该制度的基本原理是设立专门的小额法庭，适用简便灵活的审理方式和程序，用以解决争议金额很小的纠纷。该司法途径非常适用于争议标的较小、案发又比较多的消费者权益纠纷。

小额诉讼程序是现代民事诉讼程序体系中较为特殊的一种程序，2017 年修订的《民事诉讼法》第 162 条规定："基层人民法院和它派出的法庭审理符合本法第一百五十七条第一款规定的简单的民事案件，标的额为各省、自治区、直辖市上年度就业人员年平均工资百分之三十以下的，实行一审终审。"这意味着小额诉讼程序在我国的正式确立。2022 年 1 月 1 日开始施行的《民事诉讼法》第 165 条，将使用小额诉讼程序的标的额调整为"各省、自治区、直辖市上年度就业人员年平均工资百分之五十以下"。小额诉讼有广义和狭义两种理解，广义的小额诉讼与传统的简易程序并无严格区别，二者仅仅是诉讼标的额和简易程序有所不同而已。狭义的小额诉讼，是指基层法院的小额诉讼法庭或专门的小额法院适用比普通简易程序更加简易化的诉讼程序，在审理数额甚小的案件过程中所进行的各种诉讼活动。

根据我国《民事诉讼法》和最高人民法院公布的《民事诉讼法解释》的规定，我国的小额诉讼仍属于简易程序中的小额诉讼，实行一审终审，程序上比普通简易程序更为简化。虽然它不是专为解决消费者纠纷设立的制度，但是，由于多数小额案件都是由消费者向企业提起的，它实际上可以作为解决消费者纠纷的制度发挥作用。

2. 公益诉讼。公益诉讼是指法律授权的组织或者个人就侵犯国家利益、社会公共利益的行为提起诉讼，由法院依法追究其责任的司法活动。"公益诉讼"（Public Interest Litigation）一词的渊源，可以追溯至古罗马时期对公益诉讼和私益诉讼的划分。但是，公益诉讼引起关注还是在 20 世纪，这一时期社会各类公害问题凸显，使公益诉讼得到重视。[1] 依据提起诉讼的组织和个人的性质和地位，可以将公益诉讼分为广义的公益诉讼和狭义的公益诉讼。狭义的公益诉讼仅指国家机关代表国家，以国家的名义提起的公益诉讼；广义的公益诉讼既包括前者，又包括任何个人、组织对侵害社会公共利益的行为，以自己的名义提起的诉讼。按照上述标准，在我国由民事诉讼、行政诉讼、刑事诉讼三大诉讼制度构成的现行诉讼体系中，检察机关代表国家提起的刑事诉讼和民事、行政公益诉讼属于公益诉讼的范畴，刑事自诉、传统民事诉讼、行政诉讼均属于私益诉讼。传统诉讼法理论将原告资格限制在申诉人须与本案有直接利害关系。对于社会公益，公民被认为不具有直接的利害关系的，其原告资格不被承认。为此，西方国家对民事公益诉讼、行政公益诉讼进行了大胆的探索，并形成了一些制度。美国的集团诉讼和德国的团体诉讼便具有公益诉讼的性质。"公益诉讼"概念的提出，是对传统诉讼法理论，尤其是民事诉讼理论的理念性更新和突破。公益诉讼的典型适用范围包括：①环境与资源保护诉讼；②消费者权益保护诉讼；③反垄断和反不正当竞争诉讼；④股东派生诉讼；⑤其他对反公益违法行为的诉讼，如反欺诈公益诉讼、国有资产保护公益诉讼等。[2] 其中，多数都与消费者保护有密切关系。需要指出的是，公益诉讼并非一种独立的诉讼类型和程序，而只是一种与原告资格认定相关的诉讼方式和手段。这种诉讼方式和手段的高明之处就在于利用公益诉讼的公益性质，使得那些负有经济管理职责的机关或者其他对争议标的无直接关系，但出于对公共利益的维护而自愿投诉的个人、社会团体，也能够作为原告向法院提起诉讼。这意味着，在消费者保护领域，原告资格享有者范围扩大，这应当成为消费者保护诉讼内容的一个重要部分。

消费公益诉讼是公益诉讼在消费者保护领域的应用。在消费者组织的各项职能中，代表消费者提起诉讼是法律赋予消费者组织的一项重要的职能。它发源于诉讼信托。诉讼信托的最大特点是，当事人不仅享有法律规定的实体利益，而且享有为实体利益提起诉讼的权利，并且诉讼信托的实体利益是一种公共利益，诉讼权利由法律规定的团体如消费者保护组织、环境保护协会等组织来行使。[3] 这些机构提起民事诉讼的权利由一国的民事诉讼法或有关的单行法律专门加以规定。我国《民事诉讼法》第 58 条第 1 款规定："对环境污染、侵害众多消费者合法权益等损害社会公共利益的行为，法律规定的机关和有关组织可以向人民法院提起诉讼。"根据《民事诉讼法》的规定，我国《消费者权益保护法》第 47 条对消费者公益诉讼的主体资格作出了具体规定："对侵害众多消费者合法权益的行为，中国消费者协会以及在省、自治区、直辖市设立的消费者协会，可以向人民法院提起诉讼。"此外，《民事诉讼法》第 58 条第 2 款赋予了人民检察院公益诉讼的主体资格，规定检察院在履行职责中发现食品药品安全领域侵害众多消费者合法权益等损害社会公共利益的行为，在没有前款规定的机关和组织或者前款规定的机关和组织不提起诉讼的情况下，可以向人民法院提起诉讼。前款规定的机关或者组织提起诉讼的，人民检察院可以支持起诉。同时，为了督促行政机关积极履行消费者权益保护职责，《行政诉讼法》第 25 条规定了人民检察院在履行职责中发现食品药品安全领域负有监管职责的行政机关违法行使职权或者不作为的，应当向行政机关提出检察建议，督促其依法履行职责。行政机关不依法履行职责的，人民检察院依法向人民法院提起诉讼。

---

〔1〕　周枏：《罗马法原论》（下册），商务印书馆 1996 年版，第 887 页。

〔2〕　参见颜运秋：《公益诉讼理念研究》，中国检察出版社 2002 年版，第 209 页。

〔3〕　齐树洁：《我国公益诉讼主体之界定——兼论公益诉讼当事人适格之扩张》，载《河南财经政法大学学报》2013 年第 1 期。

提起公益诉讼的条件及诉讼请求的规定详见二维码。

（三）消费者组织对消费者权益的维护

消费者组织是消费者为了维护自身合法权益而自发组织起来的或者由政府设立的与经营者抗衡的社会组织，是消费者行使结社权的产物。消费者组织是伴随着消费者运动的发展而产生发展的。如果没有广泛存在的消费者组织及其开展的消费者运动，就不会有今天消费者保护的成就。世界上第一个消费者组织"纽约市消费者协会"于 1891 年在美国纽约成立。第二次世界大战结束之后，发展中国家也普遍建立了各类消费者组织，除消费者自身成立的消费者团体外，也有政府推动建立的组织，如中国消费者协会、香港消费者委员会等，形成了以自发设立的民间组织为主体，官方消费者组织同时存在的格局。国际消费者联会[1] 中也同时存在着三类会员：正式会员、附属会员和政府机构会员，这里面包括了纯民间自发成立的消费者组织、官方发起设立的消费者组织和政府部门中具有消费者保护职能的机构，但 2/3 以上是具有独立性的民间团体。

消费者组织产生的社会基础是市民社会的形成与发展。近几十年来，全球出现了公共行政的浪潮，让我们有机会重新审视国家与社会的关系的新空间，即市场和国家以外大范围的社会机构发挥的重要作用。随着经济的迅速发展，公民社会在国家中所扮演的角色越来越重要，作为公民社会的基础——社会组织，可以起到社会与国家之间的桥梁作用，部分地分担政府职能。但消费者组织发挥作用离不开立法、司法、执法机关的支持。

消费者组织作为社会团体的一种，在消费者保护方面担负着广泛的公益性职能。

二、消费者争议解决的途径

消费者纠纷具有小额、多发、分散的特点，不可能通过大量的诉讼来解决。因此，解决消费争议必须根据消费者纠纷的特点，坚持多元化的纠纷解决途径。

为了有效化解消费者纠纷，解决消费争议，《消费者权益保护法》第 39 条规定了五种争议解决途径：①与经营者协商和解；②请求消费者协会或者依法成立的其他调解组织调解；③向有关行政部门投诉；④根据与经营者达成的仲裁协议提请仲裁机构仲裁；⑤向人民法院提起诉讼。其中，"依法成立的其他调解组织"是指人民调解委员会等依法成立的民间调解组织。

在纠纷发生后，提倡消费者与经营者协商解决是必要的。大部分经营者为了维护企业的形象，对于消费者提出的一般性的要求还是可以给予满足的，如退货、换货、修理等。这样就在

---

[1]　国际消费者联会（Consumers International，以下简称 CI）的前身是国际消费者联盟组织（International Organization of Consumer Unions，以下简称 IOCU），是一个独立的、非营利的、非政治性的组织，1960 年，由美国、英国、澳大利亚、比利时和荷兰五个国家的消费者组织发起成立，1995 年 1 月 23 日改为"国际消费者联会"，总部设在英国伦敦，四个分部分别设在马来西亚的首都吉隆坡、智利的首都圣地亚哥、加纳的首都阿克拉和英国首都伦敦。

纠纷外部化以前，在当事人内部化解了部分问题，从而避免了纠纷过多地进入外部领域。因此，首先应提倡经营者与消费者的协商和解。但是，能够通过与经营者协商解决的纠纷毕竟只是一部分，而且能否解决完全依赖于经营者的态度。因此，在双方分歧较大，无法协商和解的情况下，纠纷必然会外部化，需要动员主体以外的力量来解决问题。这个时候，有两条途径可以选择，一是向消费者协会或者基层人民调解组织投诉，二是向行政机关投诉。这两个途径对于金额不大、分歧也不严重的纠纷最为适宜。由于纠纷已经外部化，由第三者介入双方的协商过程，对企业会形成一定的压力，有助于纠纷的解决。加之消协和行政机关均有一些手段，如通过"全国企业信用信息公示系统"公布消费投诉信息、企业处罚信息等，一些较有责任意识的企业会向消费者作出让步，从而解决掉相当一部分纠纷。可以说，在化解纠纷、维护社会安定方面，消协的调解和行政机关对投诉的处理是目前解决消费者纠纷的重要途径。但是，我们也应当看到，在消费者惧怕打官司的心理下，为求纠纷的迅速解决，消费者无奈被迫作出较大利益牺牲的情况还是普遍存在的。但是无论如何，经过多年的发展和培育，目前消协的调解和向行政机关（主要是 12315、12345 投诉系统）的投诉已经成为消费者维权的重要途径。此外，通过调解和投诉的方式无法解决纠纷或者纠纷双方一开始便严重对立的，消费者只能采取诉讼的方式或者根据事先达成的仲裁协议采取仲裁的方式解决。但由于达成仲裁协议十分困难，能够提交仲裁的消费者纠纷案件极少。诉讼也因为时间和费用问题，会让许多消费者在感觉得不偿失的情况下选择放弃。因此，真正提起诉讼的案件是极少数的。

随着网络购物的普及，网络消费争议急剧增加，现有的线下纠纷解决模式不适合解决网络购物产生的纠纷。因此，急需建立和完善 ODR 在线调解、在线仲裁、在线司法等纠纷解决和争议处理规则，坚持司法途径与非司法途径相结合的多元纠纷处理机制，并以最具权威的司法途径作为最终的机制，以适应消费者权益保护的需要。只有广大民众对法律的亲身感受才能真正构成一个国家的法治经验。

三、侵害消费者权益的法律责任

侵害消费者权益的法律责任，是指经营者侵犯消费者的权利或者经营者违反自己的法定义务所应当承担的法律后果。除了《消费者权益保护法》的规定之外，在保护消费者的理念之下，侵害消费者权益的法律责任被分散规定于具体的法律规范所确认的法律关系之中，体现为民事责任、行政法律责任和刑事责任。通过实现每一种具体的违法行为所引起的法律责任，来达到这种一般意义上的保护。其中，惩罚性赔偿和产品召回的责任规定为维护广大消费者的利益发挥了独特作用。

侵害消费者权益的民事、行政与刑事责任的具体内容见二维码。

第十七章

食品安全监管法律制度

第一节 食品安全与食品安全法

一、食品安全的内涵及属性

（一）食品的概念界定

一般意义上的食品是指具有人类所需的营养要素、可供人食用的物品，是人类赖以生存和发展的最基本的物质。作为法律上的食品概念，是指"用于人食用或者饮用的经加工、半加工或者未经加工的物质，包括饮料、口香糖和已经用于制造、制备或处理食品的物质，但不包括化妆品、烟草或者只作为药品使用的物质"。[1] 欧盟《通用食品法》[2] 第 2 条对"食品"的定义如下："食品是指供人类食用或者根据合理预期用以食用的任何加工、半加工或未加工的物质或产品。食品包括饮料、口香糖和已经用于制造、制备或处理食品时所用到的任何物质，包括水。"二者对食品的概念界定基本相同，是一种广义的食品概念，包括来源于农业的可食用产品。我国《食品安全法》附则第 150 条第 1 款对食品的定义是"各种供人食用或者饮用的成品和原料以及按照传统既是食品又是中药材的物品，但是不包括以治疗为目的的物品"。根据此种解释，我国食品概念应是广义的，既包括可以直接食用或经简单加工后即可食用的各种天然和人工食品，还应该包括用于加工各种食品的食物原料，如大米、面粉、生肉、杂粮、薯类等，以及酒类和其他各种饮料。对于一些虽然具有一定的医疗价值，但是通过人们口服食用的方式发挥作用的滋补品、保健品，也属于食品的范畴；至于其他以治疗为目的的物品，则属于药品的范畴。我国在《食品安全法》之外还有一部《中华人民共和国农产品质量安全法》（以下简称《农产品质量安全法》），生活中的蔬菜、水果、水产品、蛋禽、牛奶等大量可以直接进入家庭消费的食品，在种植养殖阶段应遵守《农产品质量安全法》，而食用农产品进入生产、流通、餐饮和消费领域时应遵守《食品安全法》。《食品安全法》第 2 条第 2 款规定："供食用的源于农业的初级产品（以下称食用农产品）的质量安全管理，遵守《中华人民共和国农产品质量安全法》的规定。但是，食品农产品的市场销售、有关质量安全标准的制定、有关安全信息的公布和本法对农业投入品作出规定的，应当遵守本法的规定。"可见，对食用农产品安全问题的调控，《食品安全法》与《农产品质量安全法》之间是一般法与特别法的关系。

（二）食品安全的概念界定

"食品安全"，指食品无毒、无害，符合应当有的营养要求，对人体健康不造成任何急性、

---

〔1〕 此为国际食品法典委员会（CAC）对食品的定义。

〔2〕 该通用食品法的全称为欧洲议会和欧盟理事会 2002 年 1 月 28 日第 178/2002/EC 号有关食品法基本原则和基本规定、建立欧洲食品安全局以及与食品安全事务相关程序的法规，简称欧盟《通用食品法》。

亚急性或者慢性危害。[1] 食品安全是相对于"食品卫生"[2] 提出的一个概念。食品安全相对于食品卫生，是一个内涵和外延都较为模糊的概念，基于不同的角度可以作出不同的理解。[3]

1. 食品安全是个科学概念。食品安全与科学技术的发展与进步密切相关。食品安全离不开生物、化学、医学、农业、食品、营养等学科，以及公共卫生科学。每一次食品安全方面的重大进步，都与科学技术进步带来的对新的病菌和危害的确认有关。对食源性疾病的预防和控制也有赖于科学的食品加工和处理方法。生物技术的发展，转基因食品的出现，使得食品安全更多地转变为一个科学技术问题。与此同时，科技发展本身又促生了一些新的危险，许多危害或危险的解决又依赖于更有效的科学方法和路径。因此，食品安全法律规制必须基于科学的结论已成为世界公认的一项原则。

2. 食品安全是个社会概念。与卫生学、营养学、生物学等学科概念不同，食品安全是个社会治理概念。不同国家以及不同时期，食品安全所面临的突出问题和治理要求有所不同。在发达国家，食品安全所关注的主要是因科学技术发展所引发的风险问题；而在发展中国家，食品安全所侧重的则是市场经济发育不成熟所引发的问题，如假冒伪劣、有毒有害食品的非法生产经营。

3. 食品安全是个经济概念。食品作为一种必需品，有着巨大的市场。无论是国内市场还是国际市场，随着富裕程度的增加，特别是物流的便捷，食品贸易量比以前大大增加。但是，各种食源性疾病和食品安全事件的不断发生对经济产生了巨大的负面影响。例如，英国的疯牛病、比利时的二噁英、中国的三聚氰胺事件都造成了严重的经济损失，引发了消费者食品安全的信任危机，导致需求和出口下降，抑制了生产和销售，最终导致行业生存与发展危机。

4. 食品安全是个政治概念。无论是发达国家还是发展中国家，食品安全都是企业和政府对社会最基本的责任和必须作出的承诺。食品安全与生存权、健康权紧密相连，通常属于政府保障或者政府强制的范畴。国际社会以食品安全的概念替代食品卫生的概念，更加突出了食品安全的政治责任。

5. 食品安全是个法学概念。自20世纪80年代以来，一些国家以及有关国际组织从社会系统工程建设的角度，逐步以食品安全的综合立法替代卫生、质量、营养等要素立法。1990年，英国颁布了《食品安全法》。2000年，欧盟发表了具有指导意义的《食品安全白皮书》。2002年，欧盟颁布了《通用食品法》。2003年，日本制定了《食品安全基本法》。部分发展中国家也制定了食品安全法，例如，印度于2006年制定了《食品安全与标准法》，我国于2009年也制定了第一部《食品安全法》（于2015年修订、2018年修正、2021年修正），反映了时代发展的要求。

（三）食品安全的属性

食品安全概念的模糊性以及食品安全内涵的多样性，都是建立在食品安全自身所具有的风险性、相对性、社会性和公共性的特征之上的。换句话说，正是因为食品安全具有如下的一些属性，才导致了食品安全概念和内涵的上述特点。[4]

---

〔1〕 参见我国《食品安全法》第150条第2款对"食品安全"的定义。

〔2〕 1995年，世界卫生组织（WHO）对"食品卫生"的界定是"为了确保从栽培（或者养殖）、生产、制造到最终消费的全过程中食品的安全性、完整性和健康性而采取所有的必要手段方法"。

〔3〕 参见张涛：《食品安全法律规制研究》，厦门大学出版社2006年版，第26页。

〔4〕 参见汪江连、彭飞荣编著：《食品安全法教程》，厦门大学出版社2011年版，第10页。

1. 风险性。食品安全的风险性指的是任何食品都存在一定的风险，亦即食品中存在的危害因素对健康产生不良影响的可能性及其程度。世界上不存在"零风险"的食品。然而，由于食品安全对人们健康的影响性，普通大众并不会以这种模式看待食品安全的风险性。在他们眼里，零风险才是安全的食品，不能存在任何可能危及健康的危害因素。近年来，随着风险分析概念的提出，人们已经逐渐认识到食品安全"零风险"的不可能性。只有以风险的存在为前提，对其作出科学的评估，并降低风险，才是食品安全监管的主要方向。

2. 相对性。正因为食品安全具有风险性，因而其具有相对性。食品安全的相对性是说不存在绝对安全的食品。食品的安全性受到土壤、环境、加工条件、加工方法、饮食习惯、科学技术、疾病构造等各种因素的影响，并随着时间、地点和消费群体的不同产生不同的安全评价标准。其相对性表现为：一方面，食品安全作为食品质量的一个组成部分，在一定程度上取决于消费者的主观评价。每个消费者身体状况和饮食习惯的不同会造成相同食品安全的差异性。例如，鱼虾等海鲜产品对绝大多数人是安全的食品，但是对于少数海鲜过敏的人就有可能带来危险。因此，不存在也不可能存在一个绝对的安全标准。另一方面，食品的安全性难以被完全界定。例如，许多被宣布为有害或者有毒的化学性、物理性或微生物性的食品安全问题都是以人眼难以发现的形态而存在的，且有些难以被检测。

3. 社会性。食品安全问题的社会性主要体现为：①社会关系复杂性和利益多元性。食品安全涉及多方利益主体，如何平衡和保障食品安全利益相关者之间的利益关系，即国家与企业、个人之间的利益关系，食品生产、经营者与消费者之间的利益关系，食品生产经营者之间以及他们内部的利益关系，是保障食品安全的核心问题。②食品安全治理需要调动社会各方力量，要求包括政府监管部门、食品生产经营者、行业协会、科学家、消费者组织、媒体、消费者个人等多方利益主体的共同参与，形成食品安全社会共治的格局。

4. 公共性。食品安全不仅关系到每一位国民的生命健康，同时还与经济发展、国际贸易以及环境污染等问题密切相关。食品安全在其发展过程中除了体现对每一位国民个人利益的关切和保护之外，还必须体现出对公共利益的考量。一方面，食品安全是全人类都应该享有的一项基本权利，食品安全的权利本质就是人权；另一方面，食品安全的政治取向，决定了政府作为公共利益的代表主体在制定法律、法规和食品安全标准时，必须考虑其对社会公共利益、伦理道德、文化传统等的影响。例如，各国对转基因食品的态度并不是单纯从产品质量本身考虑，更多的还是基于人们对该种产品的忧虑以及消费者组织的影响力。

（四）食品安全的内涵

"食品安全"是1974年由联合国粮农组织提出的概念。从广义上讲，主要包括三个方面的内容：一是从数量角度，要求国家能够提供给公众足够的食物，满足社会稳定的基本需要；二是从卫生安全角度，要求食品对人体健康不造成任何危害，并提供充足的营养；三是从发展角度，要求食品的获得要注重生态环境的良好保护和资源利用的可持续性。[1]《食品安全法》规定的"食品安全"是一个狭义概念，即从食品安全的性能出发，食品安全的内涵应当包括：[2]①食品应当无毒无害。所谓无毒无害，是指不造成食用者的急性、慢性疾病，不会对人的身体健康和生命安全带来危险或威胁，或者是食品中虽含有极少量有毒有害物质，但是在正常的食用情况下，不至于危害人的健康。②食品应达到一定营养要求。食品中的营养成分是维持人类生存的基础，所以食品应达到一定营养要求。这种营养要求不仅包括蛋白质、脂肪、

---

〔1〕 参见信春鹰主编：《中华人民共和国食品安全法解读》，中国法制出版社2015年版，第2页。

〔2〕 参见赵福江、罗承炳、孙明：《食品安全法律保护热点问题研究》，中国检察出版社2012年版，第9～12页。

维生素等营养素的含量，还应包括该种食物的消化吸收率及对人体维持正常生理功能应发挥的作用。③食品应达到一定的卫生标准。所谓食品安全卫生标准，是指为保护人体健康，政府主管部门为控制与消除食品及其生产过程中与食源性疾病相关的各种因素所作出的技术规定。④食品本身不会具有不安全的物理因素。这是指某些食品存在着本身设计不合理而使人无法食用或在食用中发生危险的问题。例如，某些果冻的形状设计像一个塞子，幼儿和老人在吸食时很容易堵住气管，造成窒息。

二、食品安全法的概念及工作原则

从 20 世纪 80 年代开始，一连串备受瞩目的食品安全问题唤起了全球消费者对于食品安全的重视，进而推动了食品安全规制的发展。[1]在各国加强食品安全监管的过程中，一个典型的做法就是制定一部基本法，如欧盟的《通用食品法》和中国的《食品安全法》。作为一部基本法，应就食品安全监管的基本原则、基本要求和基本制度进行规范，确保其在食品领域内的"宪法"地位。

（一）食品安全法的概念和调整范围

就理论层面而言，食品安全法应是一部包含全部食品安全问题的综合性法律。但在实践中，作为新部门法，食品安全法也存在广义与狭义之分。广义的食品安全法指的是与食品安全有关的全部法律制度的总和，是以保障食品安全、保护个人生命健康为目的的法律规范和法律原则的总称。就我国而言，广义的食品安全法是包括《食品安全法》《产品质量法》《农产品质量安全法》《中华人民共和国计量法》《中华人民共和国标准化法》《中华人民共和国进出口商品检验法》及大量食品安全管理条例、规章制度、地方性法规等在内的食品安全法律体系。狭义的食品安全法指的则是基本法形式的专门立法。

从《食品安全法》及其实施条例的内容看，食品安全法是指调整食品安全监管部门在食品安全监管过程中所发生的社会关系的法律规范的总称。它是经济法的重要部门法，是市场规制法的重要组成部分。其调整的对象主要是食品安全监管关系。它可以分成两大类：一类是食品安全监管体制关系，另一类是食品安全监管管理关系。前者是指各食品安全监管部门因食品安全监管方面的权限划分而发生的社会关系，实质上是一种监管权的分配关系；后者是指在食品安全监管过程中所发生的社会关系，主要体现为食品安全监管部门与食品生产经营者双方之间的关系，包括食品安全风险监测和评估关系、食品安全标准制定与公布关系、狭义的食品生产经营管理关系、食品检验关系、食品进出口关系、食品安全事故处理关系、狭义的食品安全监督管理关系等。

（二）食品安全法的工作原则

食品安全法的工作原则也是食品安全立法、执法须遵循的基本原则，是根据多年来食品安全工作的实践经验，并充分考虑食品安全的国际动向总结概括出来的。

1. 预防为主。预防为主是指各项工作要关口前移，不要等到问题发生再查处、追责，要通过加强日常的监管工作，消除隐患，防患于未然，确保从农田到餐桌全过程的食品安全。

2. 风险管理。风险管理是国际上通行的食品安全管理制度。狭义的风险管理是指监管部门根据食品安全风险监测和风险评估所取得的信息、结论有针对性地采取监督管理措施。广义的风险管理是指包括食品安全风险监测、风险评估、风险监督管理和风险交流在内的所有与风险有关的制度。我国食品安全法中所说的风险管理是广义的概念。这一原则类似于国际上公认

---

〔1〕　参见杜钢建：《关于制定食品安全法的若干问题》，载《太平洋学报》2008 年第 2 期。

的对"风险分析"[1]的定义。风险分析指的是对食品中可能存在的风险进行评估，进而根据风险程度来采取相应的风险管理措施以控制或者降低风险，并且在风险评估和管理的全过程中，保证风险相关各方保持良好的风险交流状态。《食品安全法》修改时，在很多方面强化了风险管理原则。

3. 全程控制。食品安全治理的先进理念就是建立从农田到餐桌的"全程控制"。《食品安全法》鲜明地体现了全程控制的理念和思想，既包括了全过程的所有环节监管，还包括了食品、食品添加剂、食品相关产品的所有对象监管。涵盖了食用农产品的种植、养殖、生产加工、储存、运输、流通、销售、餐饮消费等多个环节。食品安全链条中的每一个环节对食品质量与安全都是非常重要的，任何一个环节出问题都会产生食品安全连锁反应。为了最大限度保护消费者利益，最基本的就是从食用农产品的源头抓起，如对土壤、水质、空气污染程度的监测，农药、兽药、化肥等农业投入品使用的监管等。例如，保证乳品质量安全，就要抓好奶牛饲养这个源头，严格管理牧场或奶牛养殖场的饲料、饲草、抗生素、重金属、疫病防治，以及做好乳品生产加工的生鲜乳进场检验、生产过程的危害分析和关键点控制。对食品链上的一些潜在的风险和危害可以通过应用良好操作规范和危害分析与关键控制点加以控制，如良好农业规范（GAP）、良好生产操作规范（GMP）、良好卫生规范（GHP）。危害分析与关键控制点（HACCP）可应用于食品生产、加工的各个环节，HACCP已成为全世界公认的提高食品安全性的一个最重要的管理工具。目前，美国已建立了有效的食品安全全程控制体系，最典型的就是在食品企业中广泛实施的《通用良好生产规范》（GMP）和危害分析与关键控制点体系（HACCP）。欧盟《食品安全白皮书》明确提出，要加强和巩固从农田到餐桌的控制能力，全面完善全程监管体制。通过全程监管，对可能给食品安全造成威胁的潜在风险预先加以防范，避免重要环节的监管缺失，并以此为基础实行问题食品的追溯制度。

4. 社会共治。食品安全社会共治，是指调动社会各方力量，包括政府监管部门、食品生产经营者、行业协会、消费者组织，以及每一个社会成员，共同参与食品安全工作，形成食品安全社会共管共治的格局。食品安全的高度社会性、公共性、复杂性决定了食品安全治理需要从单一的政府监管体制向社会共治方式转变。食品安全社会共治是在我国食品安全监管的严峻形势下，对政府治理理念的一次调整和重大转变，是《食品安全法》增加的一个重要理念和工作原则。立法中凸显"社会共治"有四方面的背景因素：①现阶段食品企业呈现数量多、规模小、分布散、集约化程度低的样态；②我国食品安全监管能力明显不足；③世界范围公共管理理论深化：社会系统的运作除了公共权力、私人权力之外，还有一种社会权力，这种权力是采用分享、共治的方式运作的；④十八大以来，党和政府对社会共治提出了明确要求。

在"社会共治"被提出之前，"公众参与""社会协同"等词也被用来解释食品安全管理工作的内涵。面对复杂而艰巨的食品安全监管形势，世界卫生组织于1999年首次提出了"责任分担"的理念，强调保证食品安全需要政府、企业和消费者的合作与参与。但从内涵上讲，既往提到的公众参与、多方协作、社会管理等无疑属于社会共治的范畴，是实现社会共治的重要手段和形式。

---

[1]　"风险分析"是近20年间发展起来的一种为食品安全决策提供参考的系统化、规范化方法。根据世界卫生组织（WHO）和世界粮农组织（FAO）的分类，它主要包括三个部分：风险评估、风险管理和风险交流。这里的"风险管理"指的是狭义的风险管理。

第二节　食品安全监管模式

发达国家经过几十年的摸索和改革，大多形成了一套高效的食品安全监管模式，主要包括政府监管和社会监管，同时，在信息公开方面和食品安全事故处理方面也都有成熟的经验。

一、域外国家食品安全政府监管模式

由于科学技术的发展，食品生产技术和组成成分越来越复杂，食品生产者和消费者之间信息不对称，导致食品安全风险及食品掺假、造假情况严重，引发食品安全政府管理危机。各国政府为了应对监管的需要，不断调整和完善食品安全的监管模式。从不同的角度，政府监管模式可以有不同的划分，例如，从政府主体数量和权利配置的角度，可以把食品安全监管划分为多部门联合兼管模式和独立监管模式；从监管主体分工方式的角度，可以划分为分段监管模式和品种监管模式。

（一）多部门联合监管模式与独立监管模式

1. 多部门联合监管模式。多部门联合监管模式的代表是美国，美国联邦政府职能机构有56个之多，近15万名职员为其工作，投入到食品安全方面的经费预算多达几千亿美元。其职能部门主要有五个：卫生部的食品药品管理局（FDA）、农业部的食品安全检验局（FSIS）、动物植物健康检验局（APHIS）、环境保护局（EPS）、海关与边境保护局（CBP）。食品药品管理局主要负责肉类和家禽产品以外的美国国内和进口的食品安全；食品安全检验局主要负责肉类、水产、家禽产品和蛋类加工产品的监管；动植物健康检验局主要负责保护和促进美国种植、养殖业的健康发展，执行动物福利法案以及处理伤害野生动植物案件；环境保护局主要监管饮用水和杀虫剂；海关与边境保护局主要与联邦管制机构合作执法，确保货物在进入美国时都符合美国法律的要求。但为加强各机构之间的协调和配合，美国先后成立了"食品传染疾病发生反映协调组"和"总统食品安全委员会"。[1]

2. 独立监管模式。独立监管模式最典型的代表是英国、德国和欧盟。英国从1984年开始分别制定了《食品法》《食品安全法》和《食品标准法》。2000年，英国对原有的食品安全监管体系进行改革，成立食品标准局（Food Standards Agency，FSA），由其全面负责食品安全的监管。德国于2001年初将原由卫生部负责的食品安全监管职能交由新成立的联邦食品、农业和消费者保护部负责，其他有关部门（主要是卫生部门）依法在自己的职责范围内配合农业部门的农产品质量安全管理工作。欧盟的食品安全由独立的"欧洲食品安全局"负责。

食品安全监管的政府管理模式有一个发展的历程，20世纪中期的食品监管多采取多部门联合监管的模式，但这种模式易产生职能交叉、职责不清、权威不够等弊端。近年来，各国为适应新的食品安全形势，纷纷改革食品安全监管体制，食品安全监管机构有从分散到统一的趋势。即使是多部门联合监管的体制也建立权威机构，以加强对各机构的协调。独立监管有权威性、高效能等优点，但也有权力过于集中的缺点。美国初期采取单部门即由农业部监管的模式，但是收效甚微。20世纪30年代以后，美国又通过立法逐步实现了单一部门监管向多部门监管的过渡。但这种多部门共同监管的模式又导致了职能的分散和冲突的局面，所以美国想了很多办法来协调、加强各部门的合作。这恰恰见证了食品安全监管机构"统→分→统"的发

---

〔1〕　参见曾祥华主编：《食品安全法导论》，法律出版社2013年版，第73页。

展趋势。[1] 同时，其也有与农业部门、卫生部门脱钩，成立独立监管部门的趋势。

（二）品种监管模式与分段监管模式

美国食品监管机构的多部门职能划分是按照监管的对象即按品种进行分工。印度的食品安全监管机构是按照食品的分类以及生产包装的不同环节，由不同的部门监管：农业部负责农产品生产过程中的安全问题；食品安全与消费者事务部负责处理国内消费品标准事宜；食品加工产业部负责协调有关食品加工的各项政策及各政府食品安全管理机构之间的综合协调。法国的模式是按品种的三部门监管：农业、食品、渔业、农村事务和土地使用规划部负责农业政策、动物源性或植物源性食品的安全和动物饲料的安全，对于食品质量安全肩负着从生产到销售各环节的技术质量安全管理的全程监控职责；经济、财政和工业部负责所有非动物源性食品的国家食品监察，工作范围包括食品补充剂、新型食品、矿泉水、植物保护产品残留和非动物源性食品中的转基因食品（GMO）；卫生和社会事务部负责卫生政策、国家饮用水监察、食源性疾病的调查。日本食品监管机构的分工则有分段监管和品种监管的双重性质：农林水产省主要负责生鲜农产品及其粗加工产品的安全性，侧重在农产品的生产和加工阶段；厚生劳动省负责其他食品及进口食品的安全性，侧重在食品的进口和流通阶段；农药、兽药残留限量标准则由两个部门共同制定。2013 年，我国在国家食品药品监督管理局总局成立之前，是典型的按照各部门监管工作环节分段监管的模式。

二、社会监管（内容详见二维码）

三、我国的食品安全监管模式

从《食品卫生法》到 2009 年的《食品安全法》，再到 2015 年、2018 年、2021 年的《食品安全法》，围绕加强监管，我国食品安全监管体系经历了重大的调整。在 2009 年《食品安全法》颁布前，主要按照一个监管环节由一个部门监管的原则，采取分段监管为主、品种监管为辅的方式：农业部负责初级农产品生产环节的监管；质检部门负责食品生产加工环节的监管；工商部门负责食品流通环节的监管；卫生部门负责餐饮业和食堂等消费环节的监管；食品药品监管部门负责对食品安全的综合监督、组织协调和依法组织查处重大事故。

这一分散的多部门分段监管体系广受诟病，到 2009 年《食品安全法》颁布后有所调整：国务院设立食品安全委员会，并且将其常设机构设在原卫生部，确立了由原卫生部牵头承担食品安全综合协调职责的监管体系。2009～2013 年，原卫生部全面承担了食品安全风险评估、食品安全标准制定、食品安全信息公布、食品检验机构的资质认定条件和检验规范制定，以及组织查处食品安全重大事故等任务，朝着食品安全统一监管迈出了重要的一步。但国务院质量监督、工商行政管理和食品药品监督管理部门依然按照分段监管的职责规定，分别对食品生产、食品流通、餐饮服务活动实施监督管理。这次调整虽未能打破原有的分段监管体制，但由卫生行政部门统一协调的食品安全监管体系，切实强化了我国的食品安全监管工作。食品安全评估、标准制定等重要基础性制度得以建立，与《食品安全法》配套的法规、规章的制定也得到了有效推进，取得了丰富的成果。在食品安全信息公布方面，食品安全风险交流被逐渐认

---

[1] 徐楠轩：《外国食品安全监管机构体系的发展与启示》，载《行政与法》2007 年第 6 期。

识，并用于指导卫生部新闻发布工作。[1]

2013 年，新一届政府职能调整，国务院机构改革方案对食品安全监督管理体系作出的重大调整，成为政府职能改革的最大亮点，内容详见二维码。

2018 年，新一届政府大力推进政府机构改革，在国务院设置"国家市场监督管理总局"，在各级地方人民政府统一设置"市场监督管理局"，将原工商行政管理部门、质量监督管理部门、食品药品监督管理部门的职能合并到了一起，结束了央地之间监管机构设置不一致的混乱状态，以统一市场监管代替过去的工商、食药、质监各自为政、分散监管的局面，是一次监管理念的重大突破和飞跃。改革后的食品监管模式仍属于多部门联合监管，在农产品的监管方面仍是按环节分段式监管，但在其他食品上则实现了按品种监管。

第三节　食品安全风险监测与评估

"风险"一词是指一个事件产生我们所不希望的后果的可能性。[2] 现代汉语词典中风险指可能发生的危险。[3] 其核心含义是：未来结果或损失的不确定性。风险不等于危险。风险是发生事故的可能性与后果的结合。食品安全风险是指由食品中的危害物产生的不良作用的可能性及强度。它涉及那些能够长期或短期影响人体健康的各个方面，包括物理的、化学的和生物的。为了满足国内日益增长和复杂的安全需要，各国都需要对风险进行相应的评估与管理。

一、食品安全风险分析

风险分析是在最近 20 年间国际上发展起来的一种为食品安全决策提供参考的系统化、规范化方法，它主要包括三个部分：风险管理[4]、风险评估以及风险交流。风险分析是进行以科学为基础的分析，是合理有效地解决食品安全问题的强有力的手段。它通过对影响食品安全质量的各种风险进行评估，定性或定量地描述风险的特征，并在参考有关因素的前提下，提出和实施风险管理措施，以控制或者降低食品安全风险，同时在风险评估和风险管理的全过程中保证风险相关各方保持良好交流状态的规程。目前，风险分析已被认为是制定食品安全标准的基础，其根本目的在于保护消费者的健康和促进公平的食品交易。食品安全风险分析可以由国家、地方及国际食品安全机构开展，不同层面的风险分析过程有明显的区别。

二、风险监测

食品安全风险监测，是指系统和持续地收集食源性疾病、食品污染以及食品中有害因素的监测数据及相关信息，并进行综合分析和及时通报的活动。[5] 食品安全监测主要有三项内容：①食源性疾病，包括常见的食物中毒、人畜共患传染病、肠道传染病、寄生虫病等。②食品污染，分为生物性污染和化学性污染两大类。生物性污染是指有害细菌、真菌、病毒以及寄生虫对食品造成的污染，化学性污染是指有毒有害的化学物质对食品造成的污染。③食品中的有害

---

〔1〕　参见毛群安主编：《食品安全风险交流概论》，人民卫生出版社 2013 年版，第 30 页。

〔2〕　参见孙立新编著：《风险管理：原理、方法与应用》，经济管理出版社 2014 年版，第 7~8 页。

〔3〕　中国社会科学院语言研究所词典编辑室编：《现代汉语词典》，商务印书馆 2010 年版，第 409 页。

〔4〕　这里的"风险管理"是狭义的风险管理概念。

〔5〕　曾祥华主编：《食品安全法导论》，法律出版社 2013 年版，第 115 页。

因素，主要包括食品污染物、食品添加剂，食品中天然存在的有害物质，以及食品加工、保存过程中产生的有害物质。

食品安全风险监测的职责主要是发现食品中的安全风险，确认不安全食品和风险因子。监测项目主要包括致病性微生物、农药残留、兽药残留、重金属、过敏原物质以及其他危害人体健康的物质，重点针对婴幼或儿童食品、消费者关注和反映问题较多的食品，以及使用范围广、消费量大的食品。

食品安全风险监测的目标是了解和掌握食品安全状况，以便有针对性地对食品安全进行监管，并将监测与风险评估的结果作为制定食品安全标准、确定检查对象和检查频次的科学依据。

我国引入食品安全风险监测工作始于 20 世纪末和 21 世纪初。2000 年，原卫生部开始在全国试点建设食品污染物监测网，并参加全球环境监测规划/食品污染监测与评估计划（GEMS/FOOD），在 17 个省（区、市）设立食品污染物监测点，在 22 个省（区、市）建立食源性疾病致病因素监测点，对消费量较大的 60 余种食品、常见的 79 种化学污染物和致病菌进行常规监测。同时，组织开展了 4 次全国膳食与营养调查和 4 次总膳食调查。[1] 但是，在法律规范中明确建立并依法规范食品安全风险监测制度，始于 2009 年的《食品安全法》及其实施条例，该制度在《食品安全法》修订中进行了调整和完善。

三、风险评估

（一）食品安全风险评估的概念界定

国际上对食品安全风险评估的定义大致可以分为两种类型：一类是世界贸易组织（WTO）在《实施卫生和动植物检疫措施的协议》（以下简称《SPS 协议》）中所界定的风险评估概念；另一类是联合国粮农组织、世界卫生组织以及其共同建立的食品法典委员会（CAC）所定义的风险评估概念。《SPS 协议》附录里对风险评估下了这样一个定义："进口国根据可能采用的 SPS 措施，对其领土上某种害虫或者疾病的进入、存在或传播的可能性，以及对潜在的生物学和经济影响进行评价，或对食品、饮料和饲料中的添加剂、污染物、毒素或致病菌的存在对人体和动物的健康可能造成的不良作用等进行评估。"[2] 现有的描述风险评估的法律上的定义来自于联合国粮农组织和世界卫生组织共同建立的食品法典委员会（CAC）、动物健康的世界组织（世界动物卫生组织）以及在国际植物保护公约框架内运行的相关国际和地区组织。这些分别是食品安全、动物健康和植物健康标准的制定组织。但一般认为，食品安全风险评估是指对食品，食品添加剂，食品中生物性、化学性和物理性危害因素对人体健康可能造成的不良影响所进行的科学评估，具体包括危害识别、危害特征描述、暴露评估、风险特征描述等四个阶段。（具体详见二维码）

我国引入食品安全风险评估最早的根据是 2009 年《食品安全法》，2015 年修法作了更为详细的规定。即《食品安全法》第 17 条第 1 款规定："国家建立食品安全风险评估制度，运用科

---

〔1〕 苏志：《认真贯彻〈食品安全法〉切实加强食品安全风险管理》，载《中国食品卫生杂志》2011 年第 1 期。

〔2〕 杨小敏：《食品安全风险评估法律制度研究》，北京大学出版社 2015 年版，第 4 页。

学方法，根据食品安全风险监测信息、科学数据以及有关信息，对食品、食品添加剂、食品相关产品中生物性、化学性和物理性危害因素进行风险评估。"2010年1月，由原卫生部牵头，制定颁布了《食品安全风险评估管理规定（试行）》。2011年10月13日，国家食品安全风险评估中心正式成立，它是中国目前唯一一个国家级食品安全风险评估专业技术机构。该中心开展工作以来，承担了食品安全管理的重要基础性工作，有效提升了中国食品安全管理的科学水平。

（二）食品安全风险评估专家委员会（详见二维码）

风险评估的美国模式和欧盟模式的内容见二维码。

四、风险管理

所谓风险管理，就是指对影响组织目标实现的各种不确定性事件进行识别和评估，并采取应对措施，将其影响控制在可接受范围内的过程。它通过风险识别、风险评估、风险预测、风险监控等一系列活动来实现，是解决食品安全的重要途径，也是涉及监管部门、消费者、生产经营者、行业组织、研究机构等众多利益相关者，并贯穿于食品供应链管理全过程的庞大管理系统。

我国《食品安全法》采用的是广义"风险管理"概念，其是指将从农田到餐桌整个食品供应链各环节的物理性、化学性、生物性、食源性危害均列入风险管理的范围，权衡风险与管理措施的成本效益，不断评估管理措施的效果，及时利用发现的各种信息进行交流，对管理措施作出相应调整的过程。狭义的风险管理与风险监测和评估并列，是指根据风险评估的结果，对备选政策进行权衡，并且在需要时选择和实施适当管理措施，尽可能有效地控制风险的过程。食品安全治理实践中面临的风险主要有两种：一种是客观性风险，也叫物质性风险，即由于食品有毒、有害或者不符合营养要求而对公众身体健康和生命安全造成的急性、亚急性或慢性危害。另一种是主观性风险，也叫建构性风险，它在相当程度上是由社会定义和建构的，它不是从食品安全风险现象本身，而是从食品安全风险感知者的角度，从道德的维度、政治的维度、心理的维度来判断食品安全风险的否定性后果。例如，食品本身无毒、无害，也符合营养要求，不会对公众身体健康和生命安全造成任何不利影响，但是，由于公众的食品安全知识和价值偏好，某些食品会导致群体性的食品安全恐慌，并对社会治理造成不利影响。2015年1月发生的"金箔入酒"风波就属于此类风险。

1997年在罗马召开的国际食品安全专家座谈会上，FAO/WHO提出了食品安全风险管理的八项基本原则[1]。根据这些基本原则，我国《食品安全法》将风险管理具体化为食品安全风险监测、风险评估、风险交流、风险分级等具体制度。

---

〔1〕风险管理的八项原则，即风险管理应当遵循方法的总体框架；风险管理以保护人体健康为基本出发点；风险管理措施的决策过程应当公开透明；风险评估政策应作为风险管理的一项特设制度；应当明确风险管理与风险评估的职责与分工；风险管理决策应当考虑风险评估的不确定性；风险管理过程应与有关方面建立良好的沟通；重视风险管理措施的效果分析与评价过程中形成的各种资料。

五、风险交流

风险交流（risk communication），是指"在风险分析全过程中，就危害、风险、风险相关因素和风险认知在风险评估人员、风险管理人员、消费者、产业界、学术界和其他感兴趣各方中对信息和看法进行互动式交流"。[1] 风险交流是一门涉及传播学、心理学、社会学等多学科的综合性新兴研究领域，是食品安全风险分析框架的重要组成部分。其相关理论在环境风险、公共卫生、食品安全等各类风险领域的应用逐渐广泛，也对政府、专家与媒体和公众的沟通方式产生了长足的影响，并带来了良好的效果。风险交流是一项非常重要，同时也是非常困难的知识沟通方式，其特殊的挑战在于：专家和外行之间往往对同一风险的严重性作出截然不同的理解和认识。因此，风险交流试图在专家的视角和外行的认识之间搭建一座桥梁。风险交流可以使风险管理和管控取得不同的效果，为保护消费者利益以及公共安全作出巨大贡献。因此，成功的风险交流也是一项保护消费者健康的重要措施。

第四节　食品安全标准

食品安全标准是保障食品安全的重要技术手段，是食品安全法律法规体系的重要组成部分，是进行食品安全监管的基本依据。

一、食品安全标准的含义

食品安全标准，是指国家为了保证食品安全、保障公众身体健康而制定的食品、食品添加剂以及食品相关产品的生产经营者在其经营活动中必须遵守的强制执行标准。

（一）国际社会对食品安全标准的界定（详见二维码）

（二）我国食品安全标准

根据我国《食品安全法》的规定，食品安全标准可以分为国家标准和地方标准。食品安全标准应当包括下列内容：①食品、食品添加剂、食品相关产品中的致病性微生物、农药残留、兽药残留、生物毒素、重金属等污染物质以及其他危害人体健康物质的限量规定；②食品添加剂的品种、使用范围、用量；③专供婴幼儿和其他特定人群的主辅食品的营养成分要求；④对与食品卫生、营养等食品安全要求有关的标签、标志、说明书的要求；⑤食品生产经营过程的卫生要求；⑥与食品安全有关的质量要求；⑦食品检验方法与规程；⑧其他需要制定为食品安全标准的内容。

没有食品安全国家标准的，省、自治区、直辖市人民政府卫生行政部门可以制定并公布食品安全地方标准，并报国务院卫生行政部门备案。国家鼓励食品生产企业制定严于食品安全国家标准或者地方标准的企业标准，在本企业适用，并报省级卫生行政部门备案。

---

〔1〕　定义来自食品法典委员会（CAC）《程序手册》，第 15 版。参见联合国粮农组织、世界卫生组织著，樊永祥等译：《食品安全风险分析：国家食品安全管理机构应用指南》，人民卫生出版社 2008 年版，第 50 页。

二、食品安全国家标准的制定和审查

食品安全国家标准由国务院卫生行政部门会同国务院食品药品监督管理部门制定、公布，国务院标准化行政部门提供国家标准编号。

食品中农药残留、兽药残留的限量规定及其检验方法与规程由国务院卫生行政部门、国务院农业行政部门会同国务院食品药品监督管理部门制定。屠宰畜、禽的检验规程由国务院农业行政部门会同国务院卫生行政部门制定。

制定食品安全国家标准，应当依据食品安全风险评估结果，并充分考虑食用农产品质量安全风险评估结果，参照相关的国际标准和国际食品安全风险评估结果，并将食品安全国家标准草案向社会公布。广泛听取食品生产经营者、消费者、有关部门等方面的意见。

食品安全国家标准应当经食品安全国家标准审评委员会审查通过。食品安全国家标准审评委员会由医学、农业、食品、营养、生物、环境等方面的专家以及国务院有关部门、食品行业协会、消费者协会的代表组成，对食品安全国家标准草案的科学性和实用性等进行审查。经审查通过的食品安全国家标准，公众可以在省级以上人民政府卫生行政部门的网站免费查阅、下载。

第五节　食品安全控制制度

一、生产经营中的食品安全控制制度

（一）行业许可制度

1. 食品生产经营许可制度。国家对食品生产经营实行许可制度，即市场准入制度。从事食品生产、食品销售、餐饮服务，应当依法取得许可。但是，销售食用农产品不需要取得许可。食品加工小作坊、食品摊贩的综合治理由县级以上地方人民政府负责。

2. 食品添加剂生产许可制度。国家对食品添加剂的生产实行许可制度。食品添加剂应当在技术上确有必要且经过风险评估证明安全可靠，方可列入允许使用的范围。有关食品添加剂安全国家标准应当根据技术必要性和食品安全风险评估结果及时修订。

3. "三新"产品许可制度。利用新的食品原料生产食品，或者生产食品添加剂新品种、食品相关产品新品种，应当向国务院卫生行政部门提交相关产品的安全性评估材料。国务院卫生行政部门应当自收到申请之日起 60 日内组织审查，对符合食品安全要求的，准予许可并公布；对不符合食品安全要求的，不予许可并书面说明理由。

（二）安全卫生制度

国家不仅对食品、食品添加剂和"三新"产品的生产经营实行许可制度，而且还要求企业建立健全本单位的食品安全和卫生管理制度、自查制度，加强对职工食品安全知识的培训，对从业人员加强健康管理，配备专职或者兼职食品安全管理人员，做好对所生产经营食品的检验工作，鼓励食品生产企业遵从良好生产规范，依法从事食品生产经营活动。加强农业投入品的使用管理。

（三）食品安全全程追溯制度

这是 2015 年修改《食品安全法》增加的内容。建立食品安全追溯体系，保证食品可追溯是食品生产经营企业的义务。国家鼓励食品生产经营者采用信息化手段，采集、留存生产经营信息，建立食品安全追溯体系。并且由国务院食品药品监督管理部门会同国务院农业行政部门，建立食品安全全程追溯协作机制。

二、食品进出口管理

（一）进出口管理机构及其职权

食品进出口的管理机构主要是国家出入境检验检疫部门，其主要职责包括：①对进出口的食品进行检验。②受理向我国境内出口食品的出口商或者代理商的备案以及向我国境内出口食品的境外食品生产企业的注册，并定期公布已经备案的出口商、代理商和已经注册的境外食品生产企业名单。③国家出入境检验检疫部门应当收集、汇总进出口食品安全信息，并及时通报相关部门、机构和企业，并应当建立进出口食品的进口商、出口商和出口食品生产企业的信用记录，并予以公布。对有不良记录的进口商、出口商和出口食品生产企业，加强对其进出口食品的检验检疫。④境外发生的食品安全事件可能对我国境内造成影响，或者在进口食品、食品添加剂、食品相关产品中发现严重食品安全问题的，应当及时采取风险预警或者控制措施，并向国务院有关部门通报。

（二）食品进口管理制度

进口的食品、食品添加剂以及食品相关产品应当符合我国食品安全国家标准。进口的食品应当经出入境检验检疫机构检验合格后，海关凭出入境检验检疫机构签发的通关证明放行。

进口的预包装食品应当有中文标签、中文说明书。进口商应当建立食品进口和销售记录制度，如实记录食品的名称、规格、数量、生产日期、生产或者进口批号、保质期、出口商和购货者名称及联系方式、交货日期等内容。

（三）食品出口管理制度

出口的食品由出入境检验检疫机构进行监督、抽检，海关凭出入境检验检疫机构签发的通关证明放行。出口食品生产企业和出口食品原料种植、养殖场应当向国家出入境检验检疫部门备案。

三、食品召回制度

（一）食品召回的概念和类型

食品召回制度最早出现在美国，是在汽车等缺陷产品召回制度的基础上发展起来的。我国的食品召回制度建立得较晚，以 2007 年 8 月原国家质检总局发布的《食品召回管理规定》为标志，建立了我国的食品安全召回制度，并在 2009 年《食品安全法》中正式确立了该制度。由于食品药品监管体系的改革和监管部门职能的合并、调整，以及《食品安全法》的修订，2015 年 3 月 11 日，原国家食品药品监督管理总局第 12 号令重新制定发布了新的《食品召回管理办法》。食品召回，是指按照《食品安全法》的规定，由食品生产者自己主动或者经国家有关部门责令，对已经上市销售的不符合食品安全标准的食品，由生产者公开回收，并采取相应措施及时消除或者减少食品安全危害的制度。

食品召回可以分为主动召回和责令召回两种。

1. 主动召回。主动召回包括：①生产者召回。食品生产者发现其生产的食品不符合食品安全标准或者有证据证明可能危害人体健康的，应当立即停止生产，召回已经上市销售的食品，通知相关经营者和消费者，并记录召回和通知情况。②经营者召回。食品经营者发现其经营的食品不符合食品安全标准或者有证据证明可能危害人体健康的，应当立即停止经营，通知相关生产者和消费者，并记录停止经营和通知情况。食品生产者接到经营者的通知后，认为应当召回的，应当立即召回。由于经营者的原因，如贮存不当，造成其经营的食品有前述情况的，应当由经营者，而非生产者进行召回。

2. 责令召回。责令召回是指食品生产经营者未依照法律规定召回或者停止经营不符合食品安全标准的食品的，县级以上人民政府食品药品监督管理部门可以责令其召回或者停止经营。

（二）食品召回级别

依据《食品召回管理办法》，根据食品安全风险的严重和紧急程度，食品召回分为三级，内容详见二维码。对召回食品的处理以及召回情况报告也请一并在二维码中了解。

第六节　食品安全法律责任

食品安全相关法律制度能否得到有效的实施，在很大程度上取决于能否建立一个完善的食品安全法律责任体系，从而对违法行为进行有效的制裁。食品安全法律责任是指从事食品生产经营的企业、个人或者其他组织以及政府部门及其工作人员，因违反国家有关食品安全的法律、法规的禁止性规定，而应当承担的不利后果。

《食品安全法》第九章及其实施条例第九章对食品安全领域的相关法律责任作出了明确规定，此外，《民法典》《消费者权益保护法》《产品质量法》《农产品质量安全法》《广告法》《刑法》等都对食品安全法律责任有所涉及。

根据法律责任所依据的法律部门的不同对法律责任进行划分，食品安全法律责任可以分为行政、民事和刑事法律责任。具体内容见二维码。

第十八章

产品质量法律制度

第一节 产品和产品质量

一、产品的定义

关于"产品"的定义，现代汉语词典解释为"生产出来的物品"。经济学意义上的"产品"，是指能够提供给市场，被人们使用和消费，并能够满足人们某种需求的任何东西，包括有形和无形的物品、服务、组织、观念或它们的组合。法学意义上的"产品"则强调由生产者生产，可用于交换，具有使用价值的物，不包括服务。[1]

我国《产品质量法》第2条所称的产品，是指经过加工、制作，用于销售的产品。因此，天然的物品、非用于销售的物品，不属于该法所说的产品。另外，由于建设工程、军工产品在质量监督管理方面的特殊性，它们被排除在该法所称的产品范围之外，另由专门的法律予以调整；但建设工程所用的建筑材料、建筑构配件和设备、军工企业生产的民用产品，适用该法的规定。因核设施、核产品造成损害的赔偿责任，法律、行政法规另有规定的，依照其规定。

产品的范围，各国法律中的界定有宽有窄，并不统一。美国和欧盟立法中关于产品的定义及变迁详见二维码。

我国《产品质量法》对产品范围的界定较窄，产品必须符合两个要件：一是经过加工、制作；二是用于销售目的。未经加工的天然物品，如原矿、原煤、原油等，以及初级农产品，不属于该法所称的产品；建设工程以及军工产品也不属于该法所称的产品。但是，在理论和实践中对某些概念和用语一直存在理解上的争议：①《产品质量法》上的产品是否仅限于加工过的产品，天然产品如果存在加工过程、存在生产者，并且进入市场的，是否也应界定为产品；初级农产品虽然只是进行了简单的加工，但同样进入市场，且与人类的健康、安全密切相关，欧盟已将其纳入产品范畴，我国仍然排除在产品之外是否恰当。如果将其归入产品范畴，是否适用严格责任。②"建设工程"不适用该法规定，还是"建设工程产品"不适用该法规定。有学者认为，《产品质量法》上的"建设工程"是指"建设工程产品"。建设工程产品（不动产）与动产本质上都属于财产，二者只有价值大小、销售及使用情形等形式上的差别，因此也有学者建议应将其纳入产品的范围，适用严格责任，这样能够更好地保护不动产购买

---

[1] 参见冉克平：《产品责任理论与判例研究》，北京大学出版社2014年版，第41页。

者、使用者的合法权益。③输血用血液来源于提供者体内，是天然形成的，不是"制造"出来的，但输血用血液也是供人消费的，血液质量也是需要控制和可以控制的，经过化验、检验、血型分类、采集、存储等严格的过程，可以避免因输血而感染疾病，因此，将输血用血液纳入产品，有利于保护患者的利益，严格责任的适用也将促使医院、血液中心加强管理和承担责任。④无形产品中的"电"，很多国家认为其属于产品，但其他无形产品如声、光、波、热、磁等都没有得到承认。但是从社会经济发展和居民生活上看，电、管道燃气、油品、热能以及血液制品应界定为《产品质量法》意义上的产品。

二、产品质量

国际标准化组织（ISO）规定的产品质量的定义是，产品能满足规定的或者潜在需要的特性和特性的总和，所谓总和，是指在标准中规定的产品的安全性、适用性、可靠性、维修性、有效性、经济性等质量指标，[1] 它反映、代表了产品的质量状况。

质量概念可以分为三种：①符合性质量概念：以"符合"现行标准的程度作为衡量依据。根据产品标准进行检验，符合标准的即合格产品，方可认为达到了质量要求。②适用性质量概念：以适合顾客需要的程度作为衡量依据。③广义质量概念：质量是一组固有特性满足要求的程度。

质量本质上是一种社会关系，包含着符合社会需要的技术要求和价值判断，可以通过技术规范和标准表现，也可以通过法律、合同、惯例等形式表现。从生产者的角度，质量可以概括为"产品符合规定要求的程度"；从顾客角度，质量就是产品的安全性、适用性，即产品是否安全以及产品满足顾客需要的程度。

我国《产品质量法》对产品质量的界定主要包括三个方面：①安全性，即产品不存在危及人身、财产安全的不合理的危险，有保证人身、财产安全国家标准、行业标准的，应当符合该标准。②适用性，即产品"具备应当具备的使用性能"。③担保性，即产品质量应当符合在产品或者其包装上注明采用的产品标准，符合以产品说明、实物样品等方式表明的质量状况。

三、产品质量法

产品质量法是调整产品质量监督管理关系和产品质量责任关系的法律规范的总称。[2] 广义的产品质量法包括所有调整产品质量及产品责任关系的法律、法规，包括《标准化法》《计量法》及其配套法规、规章以及质量标准、安全标准，检验规程和方法、认证体系等。

我们通常所说的产品质量法是指狭义的产品质量法，即1993年2月22日通过、同年9月1日施行的《产品质量法》。根据《产品质量法》第1条的规定，该法的立法目的包括以下几个方面：

1. 加强质量监督管理，提高产品质量水平。为了全社会的利益，加强对产品质量的监督管理，提高产品质量水平，是政府的责任。运用法律手段，规范产品质量，是现代社会的要求。《产品质量法》为此做了不懈努力，尤其是几经修改强化了政府对产品质量监督管理的职权。

2. 明确产品质量责任。要提高产品质量水平，必须明确研制、生产、销售的各个环节对产品质量所担负的责任；对产品质量进行管理监督，则必须分清政府有关部门、质量检验中介机构及各个企业的产品质量责任。《产品质量法》对各种主体的义务和责任作了明确的划分。

3. 保护消费者的合法权益，维护社会经济秩序。加强管理，明确责任，其根本目的在于

---

〔1〕 参见张卫国、刘斌主编：《经济法概论》，天津大学出版社2013年版，第156页。

〔2〕 参见《经济法学》编写组：《经济法学》，高等教育出版社2016年版，第387页。

保护消费者的合法权益，促使生产、消费、再生产的良性循环，保障社会经济的正常秩序。《产品质量法》通过建立质量监督、质量检验、产品质量责任分配、违法制裁等规则，较好地体现了这一目的。

第二节　产品质量监督管理制度

我国《产品质量法》确立了产品质量监管体制，明确了产品质量监督的具体措施。按照该法规定，我国产品质量监督管理机构的构成是：①国务院产品质量监督部门，目前机构调整后是国家市场监督管理总局；②县级以上地方产品质量监督部门，即县级以上地方人民政府市场监督管理部门；③县级以上各级人民政府有关部门，即产品质量监督部门之外的其他依法对产品质量监督负有责任的各级人民政府有关部门，如公安部门、海关等。产品质量监督机构主要行使以下职权：

1. 产品质量宏观监督。《产品质量法》第7条明确规定，各级人民政府应当把提高产品质量纳入国民经济和社会发展规划，加强对产品质量工作的统筹规划和组织领导，引导、督促生产者、销售者加强产品质量管理，提高产品质量，组织各有关部门依法采取措施，制止产品生产、销售中的违法行为，保障法律的施行；第8条规定，国务院市场监督管理部门主管全国产品质量监督工作，国务院有关部门在各自的职责范围内负责产品质量监督工作，县级以上地方市场监督管理部门主管本行政区域内的产品质量监督工作，县级以上地方人民政府有关部门在各自的职责范围内负责产品质量监督工作。

2. 产品质量违法案件查处。县级以上产品质量监督管理部门根据已经取得的违法嫌疑证据或者举报，对涉嫌违法行为进行查处时，可以行使下列职权：①对当事人涉嫌从事违反《产品质量法》的生产、销售活动的场所实施现场检查；②向当事人的法定代表人、主要负责人和其他有关人员调查、了解与涉嫌从事违反本法的生产、销售活动有关的情况；③查阅、复制当事人有关的合同、发票、账簿以及其他有关资料；④对有根据认为不符合保障人体健康和人身、财产安全的国家标准、行业标准的产品或者有其他严重质量问题的产品，以及直接用于生产、销售该项产品的原辅材料、包装物、生产工具，予以查封或者扣押。

产品质量监督管理主要是一种行政行为，是行政机关依法行使职权的行为，是保障市场有序运行的重要手段。除了行政机关对产品质量进行监管以外，任何单位和个人均有权进行监督，对违法行为有权向有关部门进行举报。

随着20世纪60年代国外对产品质量管理从质量控制到质量保证的阶段转变，发达国家开始进入全面质量管理和质量管理国际化阶段，依托国际标准化组织，陆续制定颁布了国际通用的质量管理和质量保证的系列标准，其目的是帮助企业建立有效运行质量体系，从而确保产品的质量。在此背景下，我国《产品质量法》立法参照国际上先进的做法，确立了产品生产许可证制度、标准化制度、企业质量体系认证制度、产品质量认证制度、产品质量检验制度，并通过相关行政法规确立了产品召回制度、产品监督抽查制度。

一、产品生产许可证制度

在市场经济条件下，公平竞争、自由贸易是基本的市场规则，但并非任何产品都能够自由地进入市场，对涉及生命、健康、财产安全的产品以及需要控制的其他产品，国家实行产品生产许可证制度，以便于从源头上对产品质量进行监控。我国实行生产许可证管理的产品目录，由国务院有关产品的行业管理部门提出，国务院技术监督行政部门审批公布。对实行生产许可证管理的产品，未经取得许可证而擅自生产的，定为无证产品，其生产者应承担相应的法律责任。对实行生产许可证的产品的监督管理包括：①对产品质量的监督抽查；②对企业使用生产许可证的行为进行监管。

二、标准化制度

标准化是指在经济、技术、科学和管理等社会实践中，对重复性的事物和概念，通过统一制订、发布和实施标准，以获得最佳秩序和社会效益。因此，在产品质量监督管理过程中，推行标准化制度是提高产品质量，保障人体健康和人身、财产安全的基本工作方法。我国《产品质量法》第13条规定，可能危及人体健康和人身、财产安全的工业产品，必须符合保障人体健康和人身、财产安全的国家标准、行业标准；未制定国家标准、行业标准的，必须符合保障人体健康和人身、财产安全的要求。禁止生产、销售不符合保障人体健康和人身、财产安全的标准和要求的工业产品。

2017年新修订的《标准化法》调整了标准的分类，规定标准包括国家标准、行业标准、地方标准、团体标准和企业标准。国家标准分为强制性标准与推荐性标准，强制性标准必须执行。取消了行业标准、地方标准中的强制性标准，行业标准、地方标准均是推荐性标准。对保障人身健康和生命财产安全、国家安全、生态环境安全以及满足经济社会管理基本需要的技术要求，应当制定强制性国家标准。对满足基础通用、与强制性国家标准配套、对各有关行业起引领作用等需要的技术要求，可以制定推荐性国家标准。对没有推荐性国家标准、需要在全国某个行业范围内统一的技术要求，可以制定行业标准。为满足地方自然条件、风俗习惯等特殊技术要求，可以制定地方标准。国家鼓励学会、协会、商会、联合会、产业技术联盟等社会团体协调相关市场主体共同制定满足市场和创新需要的团体标准，由团体成员约定采用或者按照团体的规定供社会自愿采用。企业可以根据需要自行制定企业标准，或者与其他企业联合制定企业标准。推荐性国家标准、行业标准、地方标准、团体标准、企业标准的技术要求不得低于强制性国家标准的相关技术要求。国家鼓励社会团体、企业制定高于推荐性标准相关技术要求的团体标准、企业标准。

三、企业质量体系认证制度

企业质量体系认证是由独立的认证机构对企业的质量保证和质量管理能力所作的综合评定，它是由企业自愿申请，由独立的第三方社会认证机构依据国家颁布的标准依法进行的活动。企业质量体系认证起源于西方发达国家，已经有一百多年的历史。目前，国际上通行的企业质量管理和质量保证标准主要是ISO9000系列。ISO9000质量管理体系是国际标准化组织（ISO）制定的国际标准之一，是由国际标准化组织质量管理和质量保证技术委员会制定的国际标准。它包括六项标准：ISO8402《质量——术语》标准，ISO9000《质量管理和质量保证标准——选择和使用指南》，ISO9001《质量管理体系要求》，ISO9002《质量体系——生产和安装的质量保证模式》，ISO9003《质量体系——最终检验和试验的质量保证模式》，ISO9004《质量管理和质量体系要素——指南》。我国在20世纪90年代将ISO9000系列标准转化为国家标准，随后，各行业也将ISO9000系列标准转化为行业标准。企业质量认证可以为普通消费者、社会提供可信赖的质量信息。而通过企业质量体系认证的企业则能因此获得消费者和社会的信任。

我国《产品质量法》第14条第1款规定："国家根据国际通用的质量管理标准，推行企业质量体系认证制度。企业根据自愿原则可以向国务院市场监督管理部门认可的或者国务院市场监督管理部门授权的部门认可的认证机构申请企业质量体系认证。经认证合格的，由认证机构颁发企业质量体系认证证书。"

质量体系由组织机构、职责、程序、过程、资源五个方面组成，每个方面又包含着相互关联、相互作用的要素，质量认证体系通过对这些要素进行评审，以证明这些要素是否符合保证能力的要求。

企业质量体系认证以企业为对象，反映企业的技术实力、质量管理、质量保证能力等在内的整体水平，是一种独立的社会认证，并非政府的行政行为。政府只能对认证机构及其认证活动进行引导和规范，而不能干预。

四、产品质量认证制度

产品质量认证是依据产品标准和相应的技术要求，由独立的认证机构确定某一产品是否符合相应标准和相应技术要求的活动。国际标准化组织对产品质量认证的定义是："由可以充分信任的第三方证实某一产品或服务符合特定标准或其他技术规范的活动。"[1] 我国《产品质量法》第 14 条第 2 款规定："国家参照国际先进的产品标准和技术要求，推行产品质量认证制度。企业根据自愿原则可以向国务院市场监督管理部门认可的或者国务院市场监督管理部门授权的部门认可的认证机构申请产品质量认证。经认证合格的，由认证机构颁发产品质量认证证书，准许企业在产品或者其包装上使用产品质量认证标志。"像绿色食品标志、有机食品标志、纯羊毛标志即是产品质量认证标志，同时又是证明商标。

产品质量认证始于英国。1903 年，英国工程标准委员会首创了世界第一个用于证明符合标准的产品质量认证标志"BS"，又称"风筝标志"，标识在钢轨上。实行产品质量认证的目的是保证产品质量，提高产品信誉，保护用户和消费者的利益，促进国际贸易和发展国际质量认证合作。经过一个多世纪的发展，实行产品质量认证已经是国际上一种通行的做法。

产品质量认证的对象是产品，即产品的质量技术水平。质量认证机构必须是独立于生产者和经营者之外的第三方机构，能够对产品质量的可信度作出客观的评价，由此才能体现市场的公平竞争机制，提高产品的信誉，对产品实行优胜劣汰。

按照认证性质的不同，产品质量认证分为安全认证和合格认证。产品质量认证根据内容的不同分为强制认证和自愿认证。一般来说，对有关人身安全、健康和其他法律法规有特殊规定者实行强制性认证，其他产品实行自愿认证制度。

（一）安全认证

凡根据安全标准进行认证或只对产品标准中有关安全的项目进行认证的，称为安全认证。它是对商品在生产、储运、使用过程中是否具备保证人身安全与避免环境遭受危害等基本性能的认证，属于强制性认证。实行安全认证的产品，必须符合《标准化法》中有关强制性标准的要求。

强制认证一般涉及保护国家安全、防止欺诈行为、保护人体健康或者安全、保护动植物生命或者健康、保护环境等方面。我国按照 WTO 有关协议和国际通行规则，对涉及人类健康安全、动植物生命安全和健康，以及环境保护和公共安全的产品依法实行统一的强制性产品认证制度。国家对强制性产品认证使用统一的"3C"标志（China Compulsory Certification，中国强制认证）。我国强制认证产品的范围由《实施强制性产品认证的产品目录》来确定、调整。对列入目录的产品，必须经国家指定的认证机构认证，取得相关证书并添加实施认证标志后，方能出厂、进口、销售和在经营场所使用。国家认证认可管理委员会统一负责管理和组织实施。强制认证制度有利于推动国家各种技术法规和标准的贯彻实施，有利于规范市场经济秩序、打击假冒伪劣，在提高产品的质量管理水平和保护消费者权益方面，具有不可替代的作用。

---

[1] 熊明华主编：《质量认证》，浙江大学出版社 2011 年版，第 4 页。

（二）合格认证

合格认证是依据产品标准的要求，对产品的全部性能进行的综合性质量认证，一般属于自愿性认证。实行合格认证的产品，必须符合《标准化法》规定的国家标准或者行业标准的要求。

五、产品质量检验制度

产品质量检验制度是指产品的经营者、消费者、管理者或者其他相关方在一定的条件下借助技术手段和方法，按照特定的标准或者法律、法规的规定或者合同约定，对产品的规格、性能等进行检验，以确定其是否达到特定标准的制度。《产品质量法》第 12 条规定："产品质量应当检验合格，不得以不合格产品冒充合格产品。" 根据检验主体的不同，产品质量检验分为生产者检验、销售者检验、消费者检验、管理者检验等。

（一）生产者检验

生产者检验是指生产商为了达到保证产品质量的目的，针对产品及其原料的一项或多项质量特性进行测量、检查、试验，并将结果与规定的质量要求进行比较，以判断每项质量特性合格与否的一种活动，属于企业的自我监督。我国《产品质量法》明确规定生产者必须对其生产的产品质量负责，产品或者其包装上的标识要有产品质量检验合格证明，且必须真实，否则应承担相应的法律后果。

（二）销售者检验

销售者检验是指经销商（包括进口商、批发商、零售商）为了维护企业的经营，保证所经销商品符合产品质量的要求而进行的检验。

（三）消费者检验

消费者检验是指在产品进入消费领域之后，消费者为了维护自身的利益对商品所进行的检验，既包括消费者个人委托专业的检验机构对所购商品进行的检验，也包括消费者组织等机构为给消费者提供资讯所进行的商品检验。

（四）管理者检验

管理者检验主要是指有关行政机关为了维护社会公共利益，依职权对产品进行的检验。管理者检验属于对产品质量的监督抽查。我国《产品质量法》第 15 条第 3 款规定，"根据监督抽查的需要，可以对产品进行检验"。

六、缺陷产品召回制度

缺陷产品召回制度，是指产品的生产商、销售商、进口商在得知其生产、销售或进口的产品存在可能引发消费者健康、安全问题的缺陷时，依法向政府部门报告，及时通知消费者，并从市场上和消费者手中收回缺陷产品，采取更换、赔偿等积极有效的补救措施，以消除危害风险的制度。缺陷产品召回制度最早产生于美国，1966 年美国的《国家交通与机动车安全法》规定了汽车召回制度，开创了现代产品召回制度的先河。此后各国相继建立了产品召回制度。2004 年，原国家质检总局根据《产品质量法》等相关法律制定发布了《缺陷汽车产品召回管理规定》（已失效，由 2012 年的《缺陷汽车产品召回管理条例》所替代）。之后，产品召回的范围不断扩大，从最初的汽车到儿童玩具、药品、食品再到所有商品和服务，逐步建立和完善了产品召回制度。

（一）产品召回的法律性质

产品召回是一种法律责任，是生产者没有履行提供安全、合格产品的义务而应承担的预防性法律责任。召回制度的基础是产品跟踪观察义务，即为了更好地提高产品的安全性、维护消费者的合法权益，法律上给生产者、销售者施加的对产品安全的持续性关注义务。[1] 设立召回制度的目的是消除在某类、某批已经投入流通的产品中的制造缺陷或设计缺陷，避免缺陷产品致害或防止损害扩大，其维护的是不特定消费者的利益和公共安全。

（二）缺陷产品召回的条件

从制度本意而言，由于产品是生产者制造提供的，因此生产者是召回的主体。销售者是以召回辅助人的身份参与召回，并不具有召回主体的意义和地位。召回的对象是已经投入流通的缺陷产品。生产者召回缺陷产品，应当同时具备以下条件：

1. 产品已进入市场。已进入市场的缺陷产品，才会对消费者和公共安全构成威胁，才有必要召回。

2. 产品存在缺陷。即由于设计、制造等方面的原因，而在某一批次、型号或类别的产品中普遍存在的具有同一性的危及人身、财产安全的"不合理的危险"。该产品缺陷不是个别的，而是批量的。通常来说，产品召回适用于产品进入流通领域之后才发现的制造缺陷与设计缺陷，产品警示与说明缺陷可以通过售后警示予以救济。

3. 该缺陷对公共安全或公共利益已构成急迫危险。通常来说，召回的对象是缺陷产品，但并不是任何存在缺陷的产品都必须被召回。有必要召回的标准应当是以产品的缺陷是否可能对消费者造成人身或者财产上的损害，以及是否可能对公共安全造成损害为主要依据。

根据我国《产品质量法》第 46 条的规定，缺陷是指产品存在危及人身、他人财产安全的不合理的危险；产品有保障人体健康和人身、财产安全的国家标准、行业标准的，是指不符合该标准。可见，我国对产品缺陷的界定确立了两个标准：不合理危险标准和国家与行业标准。但这一规定存在不合理之处，即企业进入流通的产品只要符合国家强制性标准，就不认为有缺陷。事实上，这些强制性标准不一定涵盖所有的安全性指标，实践中经常会出现产品虽然符合强制性标准，但仍然具有不合理危险的情况。

（三）召回的类型

召回分为主动召回和责令召回两种方式，例如《缺陷汽车产品召回管理条例》第 8 条第 1款规定："对缺陷汽车产品，生产者应当依照本条例全部召回；生产者未实施召回的，国务院产品质量监督管理部门应当依照本条例责令其召回。"主动召回与责令召回在具体程序上存在差异。

1. 主动召回，又称自愿召回，是指生产者一旦发现其生产的某类产品具有可能导致消费者人身和财产损害的缺陷，应当主动将该类产品召回并进行修理、换货、退货等，主动召回实质上体现了企业的社会责任。

2. 责令召回，又称强制召回，是指在企业不主动召回缺陷产品时，由行政主管机关依法监督企业实施召回。责令召回是在企业应当召回而没有召回的情况下，由主管机关强制企业进行的召回，其实际上是主管机关采取的一种行政措施。

七、产品监督抽查制度

产品监督抽查制度是指产品质量监督管理部门为监督产品质量，依法对在我国境内生产、销售的产品进行有计划的随机抽样、检验，并对检查结果公布和处理的活动。该制度是国家对产品质量监管的基本制度之一。监督的主要方式是抽查，根据监督抽查的需要，可对产品进行检验。抽查的重点，是可能危及人体健康和人身、财产安全的产品，影响国计民生的重要工业产品以及消费者、有关组织反映有质量问题的产品。为保证检验的公正，抽查的样品应当在市

---

[1] 参见冉克平：《产品责任理论与判例研究》，北京大学出版社 2014 年版，第 163 页。

场上或者企业成品仓库内的待销产品中随机抽取。为防止增加企业负担，监督抽查所需检验费用按照国务院规定列支，不得向被检查的企业收取，抽取样品的数量也不得超过检验的合理需要。生产者、销售者对抽查结果有异议的，可以在规定的时间内向监督抽查部门或者上级产品质量监督部门申请复检。

第三节 生产者、销售者的产品质量义务

我国《产品质量法》对生产者、销售者所提出的产品质量义务是强制性的义务，包括作为的义务和不作为的义务。

一、生产者的产品质量义务

（一）作为义务

1. 生产者应当对其生产的产品质量负责。生产者对产品本身的质量所应当承担的义务包括：①不存在危及人身、财产安全的不合理危险，有国家标准、行业标准的应当符合该标准。②具备产品应当具备的使用性能，但是对产品存在使用性能的瑕疵作出说明的除外。③符合在产品或者其包装上注明采用的产品标准，符合以产品说明、实物样品的方式表明的质量状况。

2. 包装及产品标识应当符合要求。按照《产品质量法》的规定，产品或者其包装上的标识必须真实，并符合下列要求：①特殊产品（如易碎、易燃、易爆的物品，有毒、有腐蚀性、有放射性的物品，其他危险物品，储运中不能倒置和有其他特殊要求的产品）的标识、包装质量必须符合相应的要求，依照规定作出警示标志或者中文警示说明。②普通产品，应有产品质量检验的合格证明，有中文标明的产品名称、生产厂的厂名和地址；根据需要标明产品规格、等级、主要成分；限期使用的产品，应标明生产日期和安全使用期或者失效日期；产品本身易坏或者可能危及人身、财产安全的产品，有警示标志或者中文警示说明。

（二）不作为义务

不作为的义务包括：不得生产国家明令淘汰的产品；不得伪造产地，不得伪造或者冒用他人的厂名、厂址；不得伪造或者冒用认证标志、名优标志等质量标志；不得掺杂、掺假，不得以假充真、以次充好，不得以不合格产品冒充合格产品。

二、销售者的产品质量义务

（一）作为义务

1. 进货验收义务。销售者应当建立并执行进货检查验收制度，该制度相对消费者及国家市场管理秩序而言是销售者的义务，相对供货商而言则是销售者的权利。严格执行进货验收制度，可以防止不合格产品进入市场，可以为准确判断和区分生产者及销售者的产品质量责任提供依据。

2. 保持产品质量的义务。销售者进货后应对保持产品质量负责，以防止产品变质、腐烂，降低或丧失使用性能，产生危害人身、财产的瑕疵等。如果进货时的产品符合质量要求，销售时发生质量问题的，销售者应当承担相应的责任。

3. 有关产品标识的义务。销售者在销售产品时，应保证产品标识符合《产品质量法》对产品标识的要求，符合进货时验收的状态，不得更改、覆盖、涂抹产品标识，以保证产品标识的真实性。

（二）不作为义务

法律规定的销售者不作为义务，除了不得销售国家明令淘汰并停止销售的产品和失效、变

质的产品以外，其他与生产者的不作为义务相同。

第四节　产品责任与产品质量责任

产品责任是一种特殊的侵权责任，侵权人致人损害的原因是产品存在缺陷。自 20 世纪以来，产品缺陷问题逐渐成为举世关切的重大问题，因此产品责任得以在各主要发达国家兴起，并成为侵权法中重要的法律制度。[1] 产品责任的立法，在一国法律体系中的安排主要有四种：①规定在民法中，如法国、荷兰、比利时、澳大利亚等。②规定在相关的专门立法中，如英国、韩国、泰国、加拿大等国所颁布的《消费者保护法》以及我国的《产品质量法》和《消费者权益保护法》，均涉及产品责任方面的规定。③制定单行法，专就产品责任予以规定，如德国、挪威、丹麦、日本等国均颁布了单行的产品责任法。④由判例来确立产品责任法律规则，如美国。美国也同时制定产品责任法，如 1979 年的《统一产品责任示范法》，作为专家建议文本，供各州立法时选用。[2] 我国产品责任立法基本上采取的是第二种立法模式。但在早期的《民法通则》及后来的《侵权责任法》《民法典》中亦规定了产品责任的有关原则和规则。

产品质量责任是指产品的生产者和销售者因产品质量不符合国家的有关法规、质量标准以及合同规定的产品适用、安全和其他特性的要求，所应承担的法律后果。它与产品责任的区别主要表现在：①责任性质不同。产品质量责任是一种综合责任，不仅包括民事赔偿责任，还包括行政责任和刑事责任，产品责任仅是一种特殊侵权的民事责任。②构成要件不同。产品质量责任的承担不以发生损害后果为要件，而产品责任必须是生产者生产的产品具有缺陷，并且实际发生了损害后果时，生产者才承担。③责任产生的时间不同。产品质量责任可能产生于生产、销售、使用等任何一个环节，在这些环节中，只要经营者违反了产品质量担保责任，就应当承担产品质量责任。而产品责任只能发生在消费使用环节，当产品的使用导致人身损害或者财产损害时，经营者才承担产品责任。

一、产品责任

产品责任，又称缺陷产品侵权损害赔偿责任，是指产品存在可能危及人身、财产安全的不合理危险，造成消费者人身或者财产损失后，缺陷产品的生产者、销售者应当承担的特殊侵权的民事责任。

（一）产品责任的归责原则

关于产品责任的归责原则，过去一般采取主观主义标准，以主观过错作为承担责任的依据；现代多采取客观主义标准，只要因产品缺陷造成人身、财产损害的，不论有无过错，均应负赔偿责任。归责原则由过错责任原则发展为严格责任原则，反映了经营者与消费者在社会经济领域里力量消长的变化轨迹。我国《产品质量法》对生产者、销售者的产品责任分别作了不同的规定：

1. 生产者的严格责任。因产品存在缺陷造成人身、财产损害的，生产者应当承担赔偿责任。也就是说，无论生产者处于什么样的主观心理状态，都应承担赔偿责任。因此，这是一种严格责任。但严格责任不同于绝对责任，它仍然是一种有条件的责任。《产品质量法》同时规

---

〔1〕　参见冉克平：《产品责任理论与判例研究》，北京大学出版社 2014 年版，第 1 页。

〔2〕　参见刘静：《产品责任论》，中国政法大学出版社 2000 年版，第 279 页。

定了法定免责条件，即生产者能够证明有下列情形之一的，不承担赔偿责任：①未将产品投入流通的；②产品投入流通时，引起损害的缺陷尚不存在的；③将产品投入流通时的科学技术水平尚不能发现缺陷的存在的。

2. 销售者的过错责任。由于销售者的过错使产品存在缺陷，造成人身、财产损害的，销售者应当承担赔偿责任。但销售者如果能够证明自己没有过错，则不必承担赔偿责任。销售者不能指明缺陷产品的生产者也不能指明缺陷产品的供货者的，应当承担赔偿责任。可见，这里的过错是一种推定过错，销售者负有举证责任，否则不能免除赔偿责任。

（二）产品责任的基础

产品责任的基础是产品缺陷。产品缺陷理论是产品责任的核心理论，对产品缺陷的认定是一切产品责任案件的最基本要求。现代产品责任在严格责任的影响下，其注意力已经从"被告的主观态度和行为"转移到产品本身有无缺陷上，产品缺陷成为承担产品责任的基础，从而形成了以"缺陷"为中心的产品责任体系。[1] 对于何谓"缺陷"，比较法上有不同的解释和定义。美国 1965 年《侵权法第二次重述：产品责任》第 402A 节规定："销售含有不合理危险的缺陷状态产品的人对因此给最终使用者或消费者造成的人身伤害或实际伤害承担责任。"该节评注 g 对"缺陷状态"的阐释是："一种不为最终消费者所期待的、对他会具有不合理危险的状况。"构建了"消费者期待"标准。[2] 1997 年《第三次侵权法重述：产品责任》并未规定缺陷产品的含义，而是将产品缺陷分为制造缺陷、设计缺陷以及警示缺陷。1985 年《欧洲经济共同体产品责任指令》第 6 条规定："若某产品不能具备人们对产品合理预期的安全性能，该产品即存在缺陷。"[3] 从上述美国和欧盟的立法规定看，均是从产品缺乏消费者所期待的安全性，因而对消费者人身或财产具有不合理危险的角度来衡量的。我国《产品质量法》第 46 条规定："本法所称缺陷，是指产品存在危及人身、他人财产安全的不合理的危险；产品有保障人体健康和人身、财产安全的国家标准、行业标准的，是指不符合该标准。"关于缺陷的认定和产品标准之间的关系，可以这样理解：产品质量符合标准并不代表其一定没有缺陷。"不合理的危险"是按照消费者合理的期待进行认定的，不能因为产品质量达到标准要求就认为其没有缺陷。基于《标准化法》对我国标准体系的重新界定，行业标准中不再保留强制性标准，因此，判断产品是否存在缺陷，首先要看产品是否违反保障人体健康和人身、财产安全的强制性国家标准，如果产品没有达到强制性国家标准，即可认定为产品存在缺陷。其次，产品虽然达到强制性国家标准，但只要存在危及人身、财产安全的不合理危险，并给消费者造成损害的，也应当认定为其存在缺陷。

（三）产品责任请求权期限

产品责任请求权是一种实体权利，是因产品存在缺陷造成损害要求赔偿的请求权。产品责任造成的损害后果往往具有严重性，有时还具有隐藏性和延后发生性，故《产品质量法》对该权利行使的有效期限，即除斥期间，规定了较长的期限。该法第 45 条第 2 款规定："因产品存在缺陷造成损害要求赔偿的请求权，在造成损害的缺陷产品交付最初消费者满十年丧失；但是，尚未超过明示的安全使用期的除外。"给受害人行使权利留出了充分的时间。

二、产品质量责任

产品质量责任，是指对产品质量负有义务的市场主体及行使监督管理职责的地方政府、行

---

〔1〕 参见冉克平：《产品责任理论与判例研究》，北京大学出版社 2014 年版，第 77 页。

〔2〕 参见［美］戴维·G. 欧文著，董春华译：《产品责任法》，中国政法大学出版社 2012 年版，第 95~106 页。

〔3〕 吴越、李兆玉、李立宏编译：《欧盟债法条例与指令全集》，法律出版社 2004 年版，第 271 页。

政监督管理部门违反《产品质量法》所应承担的法律责任，以及与产品质量有关的其他社会组织的法律责任。

（一）产品质量责任的基础

产品质量责任的基础是产品瑕疵。产品瑕疵是指产品不具有其应当具备的使用性能。主要是指其不符合自己声称的或者国家要求的产品质量标准。产品瑕疵不同于产品缺陷，产品瑕疵是不具有危险的质量问题，而产品缺陷是指产品存在不合理的危险。产品瑕疵责任是指因生产或销售的产品存在瑕疵，违反法律规定和合同规定，即产品质量不符合明示或默示的质量要求，生产者或销售者所要承担的责任。狭义的产品质量责任即指产品瑕疵责任，包括民事责任、行政处罚责任、刑事责任，是综合的法律责任。生产经营者除了应当承担民事责任外，还应当接受行政机关的处罚，如缴纳罚款等。情节严重的还会被判处刑罚。

（二）产品瑕疵的民事责任

1. 销售者的先行赔付义务。我国《产品质量法》同时又是一部产品质量责任法，该法规定，售出的产品有下列情形之一的，销售者应当负责修理、更换、退货；给购买产品的消费者造成损失的，销售者应当赔偿损失：①不具备产品应当具备的使用性能而事先未作说明的；②不符合在产品或者其包装上注明采用的产品标准的；③不符合以产品说明、实物样品等方式表明的质量状况的。

2. 销售者的追偿权。依照规定负责修理、更换、退货、赔偿损失后，属于生产者的责任或者属于向销售者提供产品的其他供货商的责任的，销售者有权向生产者、供货商追偿。

由于在绝大多数情况下，用户、消费者只知销售者为何人，且双方存在着买卖合同关系，法律规定首先由销售者承担赔偿责任是非常明智的。同时，为了充分尊重合同当事人的定约自由权，法律规定，生产者之间、销售者之间、生产者与销售者之间订立的买卖合同、承揽合同对责任承担顺序有不同约定的，按照合同约定执行。

（三）产品瑕疵的行政处罚

为了加强对产品质量的监督管理，杜绝产品事故隐患，《产品质量法》第49~56条明确了生产者、销售者违反《产品质量法》应承担的行政处罚责任。

1. 生产者、销售者违反《产品质量法》的行为。生产者、销售者有下列行为之一的，由产品质量监督部门或工商行政管理部门给予行政处罚：①生产、销售不符合保障人体健康，人身、财产安全的国家标准、行业标准的产品的；②在产品中掺杂、掺假，以假充真，以次充好，或者以不合格产品冒充合格产品的；③生产国家明令淘汰的产品、销售国家明令淘汰并停止销售的产品的；④销售失效、变质产品的，伪造产地，冒用他人厂名、厂址，伪造或者冒用各种质量标志的；⑤使用的产品标识不符合该法规定的；⑥拒绝接受依法进行的产品质量监督检查的；⑦隐匿、转移、变卖、损毁被依法查封、扣押的物品的。

2. 行政处罚的种类。行政处罚的种类包括责令停止违法行为、没收违法所得、罚款、吊销营业执照。拥有行政处罚权的质量监督部门、其他行政管理部门应根据具体情节决定处罚的种类及单处还是并处。此外，没收的对象除违法生产、销售的产品和违法所得外，对生产者专门用于生产假冒伪劣产品、不合格产品的原辅材料、包装物、生产工具也应予没收。罚款的幅度最高可达违法生产、销售产品货值金额的3倍。应当承担民事赔偿责任和缴纳罚款、罚金的，其财产不足以同时支付时，先承担民事赔偿责任。

（四）产品瑕疵的刑事责任

《产品质量法》中有多个条文规定了严重的产品质量问题应承担刑事责任：①生产、销售不符合保障人体健康和人身、财产安全的国家标准、行业标准的产品的；②在产品中掺杂、掺假，以假充真，以次充好，或者以不合格产品冒充合格产品的；③销售失效、变质的产品的；④产品质量检验机构、认证机构伪造检验结果或者出具虚假证明。以上行为构成犯罪的，依法追究刑事责任。具体罪名涉及生产、销售伪劣产品罪；生产、销售、提供假药罪；生产、销售、提供劣药罪；生产、销售不符合安全标准的食品罪；生产、销售有毒、有害食品罪等。

第十九章

广告法律制度

第一节　广告法概述

广告业对于引导消费、扩大内需具有十分重要的积极作用，它是现代服务业和文化产业的有机组成部分。将广告业纳入法治的轨道，是广告法的历史使命。

一、广告概述

广告，即广而告之，是指通过媒体向公众介绍商品、劳务和企业信息等的一种宣传方式，一般指商业广告。从广义来说，凡是向公众传播社会人事动态、文化娱乐、宣传观念的都属于广告范畴。根据不同的标准，可将广告作以下分类：

1. 按广告性质，可以分为商业广告与非商业广告。商业广告，是指特定主体以营利为目的设计、制作、发布的广告。特定主体包括商品经营者、生产者、销售者、服务者。非商业广告，主要包括公益广告及其他社会类广告，这类广告具有非营利性，一般由公益组织发布的公益广告、政府公告、企事业单位启事和个人广告等构成。

2. 按发布广告所采用的媒体不同分类，分为报纸广告，广播，电视广告，书刊广告，路牌广告，霓虹灯广告，印刷广告，橱窗广告以及互联网广告等。

二、我国广告法产生的历史背景及其制度沿革

在市场经济条件下，广告业必须纳入法治的轨道。此前，广告业存在的主要问题来自两个方面：一是有人利用广告推销假冒伪劣产品，贬低竞争对手，进行不正当竞争；二是广告主、广告经营者、广告发布者的权利、义务责任不够明确，行为不够规范。在此历史背景下，1994年10月27日第八届全国人大常委会第十次会议审议通过了《中华人民共和国广告法》（以下简称《广告法》），主要内容如下：

1. 广告的定义及其调整对象。《广告法》中规定的广告，是指商品经营者或者服务提供者承担费用，通过一定媒介和形式直接或者间接地介绍自己所推销的商品或者所提供的服务的商业广告。广告主、广告经营者、广告发布者和广告代言人在中华人民共和国境内从事广告活动，应当遵守《广告法》。《广告法》的调整对象限于商业广告，而且只调整以广告形式发布经济信息的活动，不调整通过新闻或者其他非广告形式传播经济信息的行为。

2. 广告准则。《广告法》对广告的一般标准和特殊商品广告的特殊要求，作了比较明确、具体的规定。关于广告的一般标准，主要要求：广告应当真实、合法；广告不得含有虚假的内容；广告主、广告经营者、广告发布者应当守法，遵循公平诚实信用原则；广告应当清楚、明白，具有可识别性。关于对特殊商品广告的特殊要求，《广告法》对药品、医疗器械、农药、化妆品、食品、烟酒等涉及人体健康以及人身、财产安全的商品广告的特殊要求作了规定。

3. 建立较为完备的广告监督管理制度。《广告法》制定了一套比较系统完整的广告监督管理制度，主要体现在以下四个方面：①明确县级以上市场监督管理部门是广告监督管理机关。②明确广告主自行或者委托他人设计、制作、发布广告，应当具有或者提供真实、合法、有效

的证明文件。③明确了广告主、广告经营者、广告发布者遵守广告准则、依法进行广告活动的义务。④确定了广告审查制度。

4. 广告法律责任。《广告法》规定，广告主、广告经营者、广告发布者发布违法广告、非法从事广告活动以及广告审查者不依法履行审查义务的，均应当承担相应的法律责任，责任形式包括民事责任、行政责任以及刑事责任。

随着我国广告业的快速发展，广告业的经营环境发生了很大变化，广告监管执法工作也面临许多新情况、新问题，因此，有必要对《广告法》进行及时修改。2021 年 4 月 29 日第十三届全国人民代表大会常务委员会第二十八次会议对《广告法》进行了修订。此次修订，主要是豁免了广播电台、电视台、报刊出版单位从事广告发布业务的登记要求，同时取消了对前述主体未经登记从事广告发布业务的处罚。

三、广告法的作用

广告活动是市场经济活动的一个重要方面，是商品的生产者和服务的提供者参与市场活动以及市场竞争的方式之一。通过制定《广告法》，把广告主、广告经营者、广告发布者的权利、义务和责任确定下来。

我国《广告法》第 1 条规定，为了规范广告活动，保护消费者的合法权益，促进广告业的健康发展，维护社会经济秩序，制定本法。从立法目的而言，广告法维护市场秩序的作用主要包括以下三个方面：

1. 规范广告活动，促进广告业的健康发展。广告是一种正当的竞争手段，但广告常被不当利用，如发布虚假广告、从事不正当的竞争、破坏市场的经济秩序。我国的广告业起步晚、历史短，但是发展势头强劲。其中不规范、违法的广告行为大量存在。"制定广告法律法规的目的并不是为了惩治违法广告，更重要的是为了营造一个健康从业生态环境，使广告在这个和谐的法治环境中实现可持续的发展。"

2. 保护消费者的合法权益。广告是连接商品的生产者、服务的提供者和消费者之间最有效的桥梁之一。广告的首要功能就是商品的生产者和服务的提供者通过广告向消费者传递商品或服务的信息，引导消费者购买其商品或接受其服务，所以广告的真实性与消费者的利益直接相关。如果商品的生产者、服务的提供者向消费者提供的信息是虚假的，必将对消费者产生错误的引导，使得消费者的需求得不到满足，财产和人身利益受到损害。《广告法》对违反法定义务的广告主体进行惩罚，以达到防止违法行为再次发生，保护消费者的利益，维护社会经济秩序的目的。

3. 发挥广告在市场经济中的积极作用。广告是一种社会生产力，也是市场经济的催化剂。市场经济的持续发展、大规模工业化给我们的社会带来了丰富多彩的商品，满足我们的不同需要。从宏观的角度看，纵观世界各国的情况，凡是市场经济发达的国家，广告业也比较发达，在社会经济中的地位也比较重要。从微观的角度讲，一个企业的经济效益、商誉的建立和市场占有率与同期展开的广告活动是成正比的，广告宣传是否成功关系到企业的盛衰存亡。

第二节　广告法的基本制度

一、广告法律制度的核心目的

广告法是调整广告主、广告经营者、广告发布者从事广告活动的法律规范的总称。广告主，是指为推销商品或者提供服务，自行或者委托他人设计、制作、发布广告的法人、其他组织或者个人。广告经营者，是指受委托提供广告设计、制作、代理服务的法人、其他组织或者个人。广告发布者，是指为广告主或者广告主委托的广告经营者发布广告的自然人、法人或者其他组织。实际上，广告关系除了上述主体的关系外，还存在其他主体关系，如广告形象代言人和广告主的关系、消费者关系、国家广告监管关系等。

广告法不是设立广告主体权利的法律，而是约束广告主体的法律，或者说是为了规范广告活动，保护消费者的合法权益，维护社会经济秩序的法律。由于广告这种信息传播模式具有"一对多"的特殊性，"多"即广告的受众，在商家以追求利益为目标的前提下，广告很可能被利用而侵害消费者利益。在广告法律关系中，消费者利益保护的程度是广告社会效应的直接体现。因此，消费者利益保护是广告法律制度的核心目的。具体表现在以下几个方面：

（一）广告管理的目的是维护消费者利益和经济秩序

目前，我国广告管理集中在两个层次上：①广告业务资质管理，主要是对广播电台、电视台、报刊出版单位的资质要求。从事广告经营的广播电台、电视台、报刊出版单位从事广告发布业务的，应当设有专门从事广告业务的机构，配备必要的人员，具有与广告发布相适应的场所、设备。②广告内容审查。利用广播、电影、电视、报纸、期刊以及其他媒介发布药品、医疗器械、农药、兽药和保健食品广告的广告和法律、行政法规规定应当进行审查的其他广告，必须在发布前依照有关法律、行政法规由有关行政主管部门对广告内容进行审查；未经审查，不得发布。

（二）广告主、广告经营者和广告发布者之间关系的制约性

广告主和广告经营者、广告发布者是委托关系，但这种委托关系是附条件的，所附限制条件的目的是防止出现虚假广告，即广告发布之前广告经营者、广告发布者负有审查义务，广告经营者和广告发布者依据法律、行政法规查验有关证明文件，核对广告内容；对内容不实或者证明文件不全的广告，广告经营者不得提供设计、制作、代理服务，广告发布者不得发布。

（三）广告关系人对消费者的责任制度

《广告法》第 38 条规定，广告代言人在广告中对商品、服务作推荐、证明，应当依据事实，符合本法和有关法律、行政法规规定，并不得为其未使用过的商品或者未接受过的服务作推荐、证明。不得利用不满 10 周岁的未成年人作为广告代言人。对在虚假广告中作推荐、证明受到行政处罚未满 3 年的自然人、法人或者其他组织，不得利用其作为广告代言人。第 56 条规定，广告经营者、广告发布者不能提供广告主的真实名称、地址和有效联系方式的，消费者可以要求广告经营者、广告发布者先行赔偿。关系消费者生命健康的商品或者服务的虚假广告，造成消费者损害的，其广告经营者、广告发布者、广告代言人应当与广告主承担连带责任；其他商品或者服务的虚假广告，造成消费者损害的，其广告经营者、广告发布者、广告代言人，明知或者应知广告虚假仍设计、制作、代理、发布或者作推荐、证明的，应当与广告主承担连带责任。

二、虚假广告的认定条件

虚假广告是指经营者通过使用内容与事实不符合或用语模糊的广告，误导消费者以推销其商品或服务的行为。关于虚假广告的定义，我国《广告法》第 28 条第 1 款有明确规定，"广告以虚假或者引人误解的内容欺骗、误导消费者的，构成虚假广告"。此外还明确了虚假广告的四种典型情形，具体包括：①商品或者服务不存在的；②商品的性能、功能、产地、用途、质量、规格、成分、价格、生产者、有效期限、销售状况、曾获荣誉等信息，或者服务的内容、提供者、形式、质量、价格、销售状况、曾获荣誉等信息，以及与商品或者服务有关的允诺等信息与实际情况不符，对购买行为有实质性影响的；③使用虚构、伪造或者无法验证的科研成

果、统计资料、调查结果、文摘、引用语等信息作证明材料的；④虚构使用商品或者接受服务的效果的。虚假广告的中心内容"虚假或引人误解"的认定可以归纳为以下三个方面：

（一）宣传的内容与客观事实相悖

已有的科研成果证明了某种事实或现象，但由于知识普及不够或消费者认识上的原因，无法识别宣传中违背科学知识的虚假内容。另外，缺乏研究数据和统计支持的结论的宣传也属于虚假宣传。一些宣传表述的突出性特点往往很难为同行业者证实，消费者更难以确证，当然这也给执法者认定这种宣传的合法性带来一定的难度。

各种形式的广告实际上要表明的是经营者的一种主张。《广告法》严格要求广告说明应当真实、准确、清楚、明白。广告传达的信息应当与商品或服务的内容相一致，虚假广告的判定标准之一就是看两者是否一致。如果经检验证明广告说明与商品（或服务）的实际状况不符，就可以将该广告认定为虚假广告。

常见的广告说明与商品实际不符的情形包括：①广告说明中的商品实际不能出售；②广告说明中的商品仅仅限于少数几件，即限量供应而未言明；③有一定的销售期限而未言明。

（二）将科学上未定论的观点、现象等当作定论的事实用于商品宣传

这是对宣传进行"质"上的评价。往往新的技术标准出台之前，一些新概念容易被商家炒作，并以此作为销售产品的卖点。

（三）以歧义性语言或者其他引人误解的方式进行商品宣传

广告依靠的是双重的信息——语言和图像，初级广告只是口号加示意图，是从广告发布者的角度来散发信息的，现代广告发生的最大变化就是，强调信息接受者对语言和画面的感知，正如有学者所言，"20世纪初，广告是高喊着口号、展开了战旗冲向市场的"。在这个过程中，一方面，传统口号变成了幽默和发人深省的语句；另一方面，广告的语言经常被夸大到引人误解的程度。歧义性语言传导的信息容易使消费者产生认识错误。

三、广告法律制度的主要内容

广告内容应当有利于人民的身心健康，促进商品和服务质量的提高，保护消费者的合法权益，遵守社会公德和职业道德，维护国家的尊严和利益。

（一）广告的限制

1. 内容上的限制。广告不得出现下列情形：使用或者变相使用中华人民共和国国旗、国徽、国歌、军旗、军歌、军徽；使用或者变相使用国家机关和国家机关工作人员的名义或形象；使用"国家级""最高级""最佳"等用语；损害国家的尊严或者利益，泄漏国家秘密；妨碍社会安定，损害社会公共利益；危害人身、财产安全，泄漏个人隐私；妨碍社会公共秩序和违背社会良好风尚；含有淫秽、色情、赌博、迷信、恐怖、暴力的内容；含有民族、种族、宗教、性别歧视的内容；妨碍环境和自然资源保护；以及法律、行政法规禁止的其他情形。

2. 效果要求与限制。广告应当具有可识别性，能够使消费者辨明其为广告，大众传播媒介不得以新闻报道形式发布广告，通过大众传播媒介发布的广告应当有广告标记，与其他非广告信息相区别，不得使消费者产生误解。广告不得贬低其他生产经营者的商品或者服务。

3. 类别限制。不同类型产品（服务）的广告要求也有所不同，例如，药品、医疗器械广告不得有下列内容：表示功效、安全性的断言或者保证；说明治愈率或者有效率的；与其他药品、医疗器械的功效和安全性比较的；利用医药科研单位、学术机构、医疗机构或者专家、医生、患者的名义和形象作证明的。除此之外，《广告法》增加了烟草类、酒类、教育培训类、房地产类、招商投资回报类等特殊类型商品（服务）广告的禁止性规定。

（二）广告法律责任主体

《广告法》确立了如下主体的法律责任：广告主、广告经营者和广告发布者、广告代言人、社会团体。

1. 广告主的虚假广告法律责任。广告主是广告的发起者和最主要的决定者，承担主要责任。广告业发展初期，广告内容和形式都很简单，广告作用有限，由此产生的责任一般由广告主自己承担。现在广告主仍是虚假广告的初始动力，没有广告主，就不可能有其后的一系列广告违法行为。

2. 广告经营者和广告发布者的虚假广告责任。发布虚假广告，欺骗和误导消费者，使购买商品或者接受服务的消费者的合法权益受到损害的，由广告主依法承担民事责任；广告经营者、广告发布者明知或者应知广告虚假仍设计、制作、发布的，应当依法承担连带责任。广告经营者、广告发布者不能提供广告主的真实名称、地址的，消费者可以要求广告经营者、广告发布者先行赔偿。

广告经营者是联结广告主与广告发布者之间的纽带，其承担法律责任的法理基础是，广告经营者熟悉广告业务、清楚相关的法律规定。广告发布者承担法律责任的基础是，其掌握着最终的决定步骤——广告的发布权。广告一经发布即会对社会产生重大影响，因而，广告发布者应当也有义务对发布的广告在职责范围内进行全面的审核。但是，相比广告主，广告经营者和广告发布者承担责任是有条件的。法律规定两类条件：①主观条件，即明知或者应知；②客观条件，即"不能提供广告主真实名称、地址"。一般情况下，这个有位序的责任仅适用于司法机关的民事裁决，不作为行政处罚的依据。

3. 广告代言人的法律责任。广告代言人多为家喻户晓的明星，在激烈的市场竞争中，明星代言对消费者购买的影响日益增大，消费者出于对明星的信任和喜爱而购买某种商品或服务的现象普遍存在，因此法律对广告代言人的行为也进行了限制，广告代言人在广告中对商品、服务作推荐、证明，应当符合事实和法律规定，并不得为其未使用过的商品或者未接受过的服务作推荐、证明。此外，法律还规定了不得作为广告代言人的情形：①不得利用不满 10 周岁的未成年人作为广告代言人；②不得利用在虚假广告中作推荐、证明受到行政处罚未满 3 年的自然人、法人或者其他组织作为广告代言人。

4. 社会团体或者其他组织，在虚假广告中向消费者推荐商品或者服务，使消费者的合法权益受到损害的，应当依法承担连带责任。

如果广告主发布虚假广告，广告经营者、广告发布者非明知，亦非应知，能提供广告主的真实名称、地址，而广告主逃之夭夭，且有关社会团体没有推荐商品或服务，那么，按现行法律就没有谁为消费者利益"埋单"了。由此，这些责任主体在接续承担消费者利益损失时，因条件的差异致使排列宽松而造成的责任缝隙，这个漏洞应该弥补。

第二十章

价格法律制度

第一节　价格概述

一、价格的概念及其相关理论

所谓价格，它是商品价值的货币表现。价格的基础是商品的价值。根据马克思主义政治经济学的解释，商品的市场价格由于供求关系的影响，经常围绕着价值自发地上下波动。当供过于求时，它降低到价值以下；反之，则上升。在社会主义市场经济条件下，大部分商品实行自由价格，受价值规律自发调节；少数或个别商品实行计划价格，由国家依据商品的价值和供求情况有计划地制定。[1]

在市场经济的诸要素中，价格作为生产者之间以及生产者与消费者之间互通信息的媒介，是促进和调节生产最重要的因素。一旦产品的价格被固定下来，价格的激励功能即丧失殆尽，生产要素不能被合理分配，劣质产品和企业则不能被淘汰。这种被人为扭曲了的价格不能客观真实地反映商品或资源的稀缺程度和市场供求关系，会给商品生产经营者提供虚假的市场信息，对生产和消费产生误导，以致造成社会资源的浪费。

价格是经济运行的客观反映，是市场机制的核心内容，是调整经济结构和产业结构的重要杠杆，它关系着千家万户的切身利益，与人民群众的生活息息相关。价格水平关系着国计民生，价格稳定则民心安定，价格波动则民心浮动。因此，充分了解价格运行机制，根据其运行规律监管价格，既是对广大人民群众切身利益的保护，又是国家安定的基础。

二、价格运行的规律及其例外

价格运行机制，就是价格通过其与市场内部各要素如供求、竞争等要素的相互作用，建立起社会供需动态平衡的自我协调过程。它包括供求机制、竞争机制、风险机制。它是指市场通过价格运行对供求关系产生影响的一系列机制的总和，是市场经济供求与价格的有机联系和运动。在市场经济中，市场供求与市场价格的有机联系和运动不仅影响企业的经营决策和消费决策，而且也是实现国家宏观调控的主要手段之一。价格机制所显示的信号系统，不断调节社会资源的配置方向，促进总供给与总需求的平衡，推动社会生产力发展。而价格的运行始终要坚持价格运行规律，因为价格由价值决定，受价值规律的影响。商品的价格是在商品交换中形成的，价格是价值的反映，围绕商品价值上下波动，主要由供给和需求两方面的力量决定，但通常不会偏离太远。

尽管价格的运行始终围绕着价值上下波动，并时刻反映着供求关系的变化，但是随着人们生活水平的提高，人们的生活质量也在日益提高，因此，以往对人们购买商品起重要作用的价格，也出现了一些例外。这主要表现在以下方面：

1. 受消费者偏好的影响。尽管价格和质量在消费者购买商品中起着很大的作用，但是一

---

〔1〕　夏征农编：《辞海》，上海辞书出版社 2002 年版，第 787 页。

且消费者在长期消费过程中锁定了某一产品，对某一产品产生偏好心理——可能是由于它的包装也可能是由于它的装潢或者是其他某一方面独具特色吸引着消费者——使消费者在购买中忽略了其他因素的影响，而径直选购其所偏好的商品。这种消费者偏好就排斥了市场经济中的价值规律和供求关系的作用，使得各经营者之间的竞争不仅仅局限于价格竞争，还扩展到包装、装潢的设计、广告、商标等各个领域。消费者偏好心理的产生，一个很重要的原因就是随着市场经济的发展，产品的替代性不断增大，消费者的选择空间也不断增大，由此进一步产生了消费者偏好。

2. 品牌的影响。一个好的品牌不仅可以为企业带来丰厚的利润，而且将锁定一部分顾客群，带来超出其产品本身价值的利益，这就是所谓的品牌效应。它是商业社会中企业价值的延续，在当前由品牌先导的商业模式中，品牌即意味着商品定位、经营模式、消费族群和利润回报。因此，一个知名的品牌，尽管其价格高出其他同类产品很多，但还是会吸引消费者，而且这部分消费者往往是固定的，只要该产品本身没有发生重大变化，致使消费者对其丧失信心，它的这部分顾客源就是稳定的，不会受市场价格变化的影响。而树立企业品牌并不是一件容易的事，它需要企业拥有很强的资源统合能力，将企业本质的一面通过品牌展示给世人，而且树立一个品牌的前期投资也是很重要的，往往广告、公关、日常行销、售前售后服务等都会对品牌的树立产生直接影响。这也是知名品牌商品的价格为何高于其他产品的原因所在。

3. 国家政策的干预。国家的干预也可能造成价格变化不能反映价值规律的情况。按理说，市场经济条件下，产品的交易价格是企业与消费者之间依据合同自由即私法自治原则进行的，属于企业与消费者的选择自由，法律不应干预，而经营者自主定价才应是价格的主要存在方式，然而对某些关系着国计民生的产品，国家公权力则有必要介入，使价格能够保持稳定，不至于扰乱市场经济的正常秩序，危害国民生活。美国实行的市场经济素以自由放任而著称，但是美国政府也把农产品包括大米、小麦、玉米、棉花、高粱、食糖、花生、牛奶，以及公用事业、电力、自来水、煤气、地铁、出租汽车、电话电讯、有线电视、公有住房、博物馆等列为政府管理价格的对象。我国主要对粮食价格实行管制，以避免在丰收之年，某些投机倒把的不法商人借故压低粮食价格，损害农民的利益，而在粮食价格上涨时也能有效控制，保证人民的基本生活水平。除此之外，应坚持市场决定价格，政府不进行不正当干预。虽然在与人们日常生活关系密切的水、电、油、盐等领域政府开始推进价格改革，放开竞争性环节价格，充分发挥市场决定价格的作用；但是价格机制仍要坚持放管结合，建立健全政府定价制度，使政府定价项目清单化。因此，被国家干预的商品也就很难真正反映价值规律的变化了。

4. 某些行业的特殊性决定了其价格具有稳定性。由于农林渔业对自然条件有很强的依赖性，生产者不便适应市场供求和价格的变化而迅速转产，同时这些行业在国民经济中居于基础地位，时时刻刻影响着人们的基本生活需求，因此许多国家允许该类行业的限制竞争，而且国家往往还规定最低保护价，或由国家给予补贴。这样该类行业的实际价格就很难反映价格运行的规律，因此，成为例外之一。

第二节　价格法概述

一、价格法的概念及其调整对象

价格法，是调整价格社会关系的法律规范的总称。价格法所调整的社会关系主要包括因价格的制定、执行、监督等行为而形成的各种经济社会关系。具体的或者狭义的价格法，是指

1998 年 5 月 1 日施行的《价格法》。价格法调整的价格社会关系，具体包括：①各级价格主管部门、其他有关部门的内部价格权限划分关系，即各级价格主管部门、其他有关部门在制定、调整和执行商品价格和服务价格中所发生的价格关系；②各级价格主管部门及其他有关部门与经营者之间在制定、调整和执行商品价格或非商品收费中发生的价格关系或者违反价格法律、法规和政策而发生的价格关系；③经营者在自主定价过程中与政府价格主管部门、其他有关部门、行业组织在价格指导、监督和检查过程中所发生的价格关系；④经营者相互之间以及经营者与消费者之间因提供商品或服务而发生的价格关系。

二、价格法的地位及其作用

(一) 价格法的地位

这里所谓价格法的地位，是指价格法作为经济法的组成部分，它是居于市场监管法，还是宏观调控法的范围。总体上看，价格法既有宏观调控法的功能，又具有市场监管法的功能。因为从全社会的角度而言，价格问题是关乎国民经济全局性的宏观问题，价格是重要的调控手段之一，国家通过价格法可以依法对社会经济进行宏观调控，而且一个社会的物价稳定也是宏观调控的一个重要目标。与此同时，我们更应该看到经营者的价格行为是重要的市场行为，对价格行为进行规制，是市场监管法的重要使命，反不正当竞争法、反垄断法、消费者权益保护法、广告法以及房地产管理法等市场监管法的部门法中均有对经营者价格行为规范的内容，因此，将价格法定位在市场监管法这一范围较为合理。

(二) 价格法的作用

价格法作为规范价格关系的法律，是我国经济法体系中市场监管法的重要组成部分，是国家运用法律手段，加强价格管理、保护消费者和经营者的合法利益、维护市场经济秩序的重要法律制度。其基本作用如下：

1. 营造公平竞争的市场环境，优化价格形成机制。市场在配置资源中起决定作用，主要是通过市场调节来实现的。而市场调节就其本质而言就是价格调节，由价值规律通过价格自发地调节经济的运行，或者说，由市场供求变化引起价格涨落，调节社会劳动力和生产资料在各个部门的分配，调节生产和流通。在此背景下，就需要营造一个能使价格有序、合理运行的市场竞争环境。但是，这种市场竞争环境不是自发形成的，必须依靠价格法去尽可能排除垄断、行政权力和其他非经济因素的干扰。通过价格法规范市场中的各种价格行为，规范价格形成的原则、方式和程序，明令禁止不正当价格行为，优化价格形成机制。

2. 加强和改善宏观经济调控，稳定市场价格总水平。市场调节具有自发性、盲目性和滞后性等先天不足，由此往往造成经济宏观层面的不稳定状态。这就需要价格法规范政府的价格行为，明确宏观调控的模式和手段，使政府在价格法的规制下使用经济手段协调国民经济运行，从而保持总供给和总需求基本平衡，避免经济过热与通货膨胀，稳定市场价格总水平。

3. 规范市场主体的价格行为。在市场经济条件下，除极少数重要商品和服务的价格直接由政府主管部门定价外，其余价格一般均由企业自主定价并在市场竞争中形成，这样价格决策和决定主体就呈现出了多元化、分散化的特征。这就需要有统一规范来规制各市场主体的价格行为，使之有法可依、有章可循。因此，价格法明确规定了各价格主体的权利义务，并禁止各种违法价格行为。

4. 协调生产和消费的关系，维护经营者和消费者的合法权益。价格是联结生产和消费的纽带，其与经营者和消费者的关系均非常密切。价格法通过限制或禁止非法价格行为，使价格合理化，协调生产与消费的关系，同时保护消费者和经营者的合法权益。

第三节　价格法的基本制度

一、价格法基本制度概述

根据《价格法》的规定，我国价格法的基本制度主要包括：价格管理体制、经营者价格行为、政府定价行为、价格总体水平调控、价格监督检查和违反《价格法》的法律责任等内容。本节将着重讨论上述制度中所包含的价格违法行为规制、价格储备制度以及违反《价格法》的法律责任，而对于这三项制度之外的价格制度只作以下简要介绍。

（一）我国的价格管理体制[1]

我国价格管理体制，是指我国价格管理机构的设置、权限划分及职能的规定。我国的价格管理机构是各级政府物价主管部门和其他有关部门。《价格法》对其分工作出了明确规定：国务院价格主管部门统一负责全国的价格工作；国务院其他有关部门在各自的职责范围内，负责有关的价格工作；县级以上地方各级人民政府价格主管部门负责本行政区域内的价格工作；县级以上地方各级人民政府其他有关部门在各自的职责范围内，负责有关的价格工作。

（二）经营者的价格行为[2]

经营者的价格行为，是指经营者从事价格行为所享有的权利和承担的义务。经营者依法享有下列价格权利：①自主定价权，即自主制定属于市场调节的价格，在政府指导价规定的幅度内制定价格以及制定属于政府指导价、政府定价产品范围内的新产品的试销价格，但特定产品除外。②检举、控告权，即经营者对侵犯其自主定价权的行为有权提出检举、控告。③建议权，即经营者有权对政府指导价和政府定价提出意见或建议。④陈述、申辩权，即价格主管部门作出行政处罚决定之前，应当告知当事人依法享有的权利，当事人要求陈述、申辩的，价格主管部门应及时受理并充分听取当事人的意见，对当事人提出的事实、理由和证据进行复核。

经营者依法承担下列价格义务：①经营者应力求为消费者提供合格的商品及服务，以合法手段赚取利润。②经营者负有使其核定生产经营成本的记录真实准确的义务。③经营者应依法执行政府指导价、政府定价和法定的价格干预措施、紧急措施。④经营者应遵守政府价格主管部门有关商品和服务价码和其他标示的规定。⑤经营者不得收取任何标价之外的费用。

（三）政府的定价行为[3]

政府定价行为，是指政府价格主管部门或其他有关部门，依照定价权限和范围制定政府定价和政府指导价的活动。为了规范政府定价行为，《价格法》及相关法对其范围、内容、程序等内容作了具体规定。

（四）价格总水平调控[4]

为满足对价格监管的需要，增强国家宏观调控的能力，《价格法》对价格总水平的调控作了规定：①规定了价格宏观调控的目标和手段，如《价格法》第26条规定："……国家根据国民经济发展的需要和社会承受能力，确定市场价格总水平调控目标，列入国民经济和社会发展计划，并综合运用货币、财政、投资、进出口等方面的政策和措施，予以实现。"②规定了紧

---

[1]　参见《价格法》第5条的规定。

[2]　参见《价格法》第二章的规定。

[3]　参见《价格法》第三章的规定。

[4]　参见《价格法》第四章的规定。

急情况下的价格干预措施，调控价格主要运用经济手段，但在特殊情况下，也不排斥必要的行政干预手段。为此，《价格法》第 30 条规定："当重要商品和服务价格显著上涨或者有可能显著上涨，国务院和省、自治区、直辖市人民政府可以对部分价格采取限定差价率或者利润率、规定限价、实行提价申报制度和调价备案制度等干预措施。省、自治区、直辖市人民政府采取前款规定的干预措施，应当报国务院备案。"

在价格总水平调控的制度中，价格储备制度是一项特别需要关注的制度，为此在本节第三目中专门进行讨论。

（五）价格监督检查[1]

价格监督检查，是价格主管部门或其他有关部门、社会团体和人民群众等主体对价格违法行为所进行的监督和检查、审理与处置等一系列活动的总称。内容主要包括：①县级以上各级人民政府价格主管部门，依法对价格活动进行监督检查，并依《价格法》的规定对价格违法行为实施行政处罚。②社会监督与舆论监督，根据《价格法》的规定，消费者组织、职工价格监督组织、居民委员会、村民委员会等组织以及消费者，有权对价格行为进行社会监督。政府价格主管部门应当充分发挥群众的价格监督作用。新闻单位有权进行价格舆论监督。③价格违法行为举报制度。任何单位和个人均有权对价格违法行为进行举报，政府价格主管部门应当对举报者给予鼓励，并负责为举报者保密。

价格监督检查是《价格法》的一项重要内容，它对规范价格行为、保护经营者及消费者权益等均具有重大意义。

二、市场价格违法行为规制

（一）市场价格违法行为的内涵与外延

《价格法》首次明确使用了"不正当价格行为"的概念。不过，《价格法》只是通过第 14 条列举了不正当价格行为的类型与表现，并未对何谓"不正当价格行为"作出明确的概念界定。2010 年国务院颁布的《价格违法行为行政处罚规定》将《价格法》第 14 条的用语"不正当价格行为"改为"价格违法行为"。

什么是市场价格违法行为，目前理论界还没有规范的定义。有学者指出，市场价格违法行为是行为人为谋取非法利益或竞争的有利地位，而违反价格规律和市场交易习惯或规则，对商品或服务进行定价，从而危害他人利益或公共利益的行为。也有学者认为，市场价格违法行为是指经营者违反价格法和反不正当竞争法的规定，损害其他经营者和消费者的合法权益，扰乱社会价格秩序的行为。[2] 还有学者认为对于市场价格违法行为，有广义和狭义两种理解。广义上的市场价格违法行为包括垄断、不正当竞争和市场价格违法行为，既包括存在于价格领域中的各种违法行为，也包括存在于垄断和竞争领域的垄断和不正当竞争行为。而狭义上的市场价格违法行为则不包括竞争，只是指企业或经营者在经济活动中一切违背价格政策的行为。[3]

在《反垄断法》已经颁布实施的前提下，价格法中的价格违法行为应该是狭义的。即市场经营者违反法律的规定，违反市场交易公平、公开、诚实信用的原则，违背社会公德，对实行市场调节价的商品和服务，采取不正当竞争等手段，损害其他经营者和消费者的合法权益，损害社会公共利益，扰乱社会经济秩序的行为。此定义包含如下几层含义：①市场价格违法行为是发生在实行市场调节价的市场领域的一种不法行为。②其行为主体是一切参与市场经济活

---

[1] 参见《价格法》第五章的规定。

[2] 参见陈运华：《不正当价格行为的法律分析》，载《当代法学》2001 年第 11 期。

[3] 参见赵全新：《不正当价格行为及治理路径》，载《中国经贸导刊》2010 年第 15 期。

动的有责任能力的经营者，即从事生产、经营商品或者提供服务的法人、其他组织和个人。③市场价格违法行为是违反法律规定的行为，也包括违反商业交易道德的行为。④采取不正当竞争等手段。⑤市场价格违法行为是侵犯其他经营者和消费者的合法权益，牟取不法利益的行为。⑥市场价格违法行为是损害社会公共利益、扰乱社会经济秩序的行为。

（二）价格违法行为的主要类型

在狭义上，价格违法行为主要包括以下几种类型：

1. 价格欺诈。价格欺诈是指经营者为牟取非法利益，利用虚假的或者使人误解的价格手段，故意诱骗消费者或者其他经营者与其进行交易的价格行为。现实生活中价格欺诈的表现形式极为复杂多样，常见的有：①无中生有，虚假标价。即经营者在明码标示的商品品名、产地、规格、等级或服务项目中掺杂虚假成分，并以此为手段诱导消费者或其他经营者购买。②似是而非，模糊标价。明码标价时，故意使用模棱两可、似是而非的语言、文字、图片、计量单位等标识，使人误解，诱导他人交易。③虚拟原价，虚假降价。先是抬高或虚构较高的原价，然后谎称降价，以达到诱骗消费者购买的目的。④谎称厂价、虚夸标价。利用消费者"厂价便宜"的心理，把从市场上购进的商品标上"厂价""批发价"的标识，诱骗消费者购买。⑤价格高定，讨价还价。把售卖的商品价格标高 1～2 倍甚至数倍，然后再与消费者讨价还价，诱骗消费者交易。⑥低价标示，高价结算。对同种商品或服务故意以低价来明码标价，顾客购买后，则按高价结算。⑦以次充好，假冒"官"价。有一定垄断性的行业经营者在制定市场调节价时，对用户谎称政府定价，推销自己的商品。更有甚者，竟把一些假冒伪劣商品充作优质品牌商品并制定高价，打着政府定价的招牌欺骗消费者。⑧通过积分、礼券、兑换券、代金券等折抵价款时，拒不按约定折抵价款。由于有关价格欺诈的法律、法规较为完善，细化规定操作性强，易于定性查处，查处工作最富有成效。价格欺诈较为集中地存在于商品零售、通信及旅游等商业和服务业，是现阶段各类市场价格违法行为中表现较多的违法行为。

2. 哄抬价格、牟取暴利。哄抬价格是指经营者虚构、捏造、散布商品价格上涨或必将上涨的消息、信息、流言等，推动价格大幅度非理性上涨，由此侵害消费者合法权益。哄抬价格具有经营者欺骗消费者和高于正常价格销售商品两个显著特征。仅就欺骗性而言，哄抬价格与价格欺诈有类似的地方，但哄抬价格还带有价格上涨的特点，需要加以区别。此外，哄抬价格行为往往在特定时期发生，也就是要具备一定的客观条件才有可能发生哄抬价格的行为，如2003 年的非典期间。经营者故意捏造和散布涨价信息，目的是制造市场上的紧张气氛，引诱消费者增加购买，然后乘机抬价，牟取超额利润。在商品供不应求时实施这种不正当价格竞争手段，尤其容易推动商品价格迅速上涨，造成市场秩序混乱，引起消费者恐慌。

关于哄抬价格的方式在《价格违法行为行政处罚规定》第 6 条中进行了规定：①捏造、散布涨价信息，扰乱市场价格秩序的；②除生产自用外，超出正常的存储数量或者存储周期，大量囤积市场供应紧张、价格发生异常波动的商品，经价格主管部门告诫仍继续囤积的；③利用其他手段哄抬价格，推动商品价格过快、过高上涨的。

由于我国现阶段市场经济制度还不够完善，一些经营者利用其经营优势或违背公平、公开的市场基本原则，牟取暴利。这种现象确实存在，法律、法规也明文规定予以禁止，但多年来查处牟取暴利有很大的难点。归纳起来，主要有以下原因：①各方认识尚存在分歧，一些观点认为暴利中的大部分是超额利润，是经营者在经营管理、科技创新、经营规模等方面具备的明显优势在经营成果上的体现，应当允许存在；另外一些观点则认为对暴利应当进行制度性防范，消除其产生的基础，而不是查处暴利本身；同时也有相当多的专家学者认为应当查处暴利，但由于法规操作性不强暂时没有较大突破。②部分地方依据《制止牟取暴利的暂行规定》

出台地方细化规定后，由于社会经济发展等而表现出过时或不适应等，导致地方细化规定逐渐废止。因此，对牟取暴利的监督检查，还有待于进一步探索。

3. 捏造、散布虚假价格信息行为。《价格法》第 14 条列举的经营者不得实施的不正当价格行为中的第 3 项行为是"捏造、散布涨价信息，哄抬价格，推动商品价格过高上涨"，此款行为中只涉及了"虚假涨价信息"，而不能囊括其他不正当形式的虚假价格信息。事实上，捏造、散布虚假价格信息是一种独立的市场价格违法行为。理由如下：①对于《价格法》上述规定可以从行为要件与结果要件两个角度来理解：其一，实施了捏造、散布涨价信息行为，但并未引起哄抬价格、推动商品价格过高上涨之后果；其二，捏造、散布涨价信息，致使价格抬高，导致商品价格过高上涨之后果。对于第二种情形可认定为是哄抬价格之市场价格违法行为，捏造、散布涨价信息之举只不过是哄抬价格的手段而已。而第一种情形，虽有捏造、散布涨价信息之举，但并未造成商品价格过高上涨之后果，不应认定为是哄抬价格之市场价格违法行为，而应认定为是独立的"捏造、散布虚假价格信息"之市场价格违法行为。②分析捏造、散布虚假价格信息之行为，不难看出，捏造、散布虚假价格信息，虽然有时没有哄抬价格、推动商品价格过高上涨，但也造成了扰乱市场价格秩序之一般后果，只是该行为的后果比哄抬价格、推动商品价格过高上涨要轻。其符合构成独立的市场价格违法行为所要求的行为要件与结果要件。③从市场表现来看，捏造、散布虚假价格信息作为市场价格违法行为手段时，不光可以作为哄抬价格、推动商品价格过高上涨之手段，还可以作为价格欺诈、变相提价或压价、牟取暴利等市场价格违法行为，而不应只将捏造、散布虚假价格信息与哄抬价格、推动商品价格过高上涨相关联。同时，哄抬价格、推动商品价格过高上涨也可采用其他的手段来达到相应的目的与后果。④在网络信息时代迅速发展的今天，价格信息不容忽视。在电子商务方面，如在网购中利用不正当手段进行价格竞争，捏造、散布虚假价格信息之行为大有所在，且无论是经营者还是消费者，还是提供网络交易平台的第三方运营商都有可能利用虚假价格信息进行不正当价格竞争。

4. 变相提价或压价行为。所谓变相提高或压低价格，也称变相涨价或变相降价，是指不改变商品或服务的标示价格，而用改变商品或服务质和量的办法，形成价格水平的实际上涨或下降。经营者采取抬高等级或者压低等级等手段收购、销售商品或者提供服务，变相提高或者压低价格。这是一种变相涨价或变相降价的价格竞争行为。此行为牟取非法利益，损害国家、其他经营者和消费者的利益。

（1）变相涨价。即经营者不改变商品牌价而用改变商品质量的办法形成的商品价格的实际上涨。其主要手法有：①用"新产品"的名义，重新定价，高于原价；②对老产品偷工减料，降低质量；③粗制滥造，价格不变；④销售商品时掺杂掺假，以次充好，缺斤短两，提级提价；⑤减少服务项目，降低服务质量，而收费不变；等等。

（2）变相降价。即经营者不改变商品牌价而用改变商品质量的办法形成的商品价格的实际降低。其主要手法有：①收购农产品时压级、压秤；②销售商品时实行回扣，在价外给予对方好处；等等。

5. 强迫交易行为。强迫交易，也称强制交易，是指经营者用不正当手段强迫交易对方接受高价商品或者服务。强迫交易可能是处于市场支配地位的经营者所为的市场价格违法行为，也可能是非处于市场支配地位的经营者所为的市场价格违法行为，如处于相对优势地位，或相对强势地位，或利用交易对方不利的地位，或借助行政性权力，或采用其他手段等所为的市场价格违法行为。我国现行《价格法》第 14 条规定的经营者不得有的 8 类市场价格违法行为中没有明确列明强迫交易这项市场价格违法行为，《价格违法行为行政处罚规定》《价格违法行为行政处罚实施办法》等配套价格法规规章也没有对强迫交易这项不正当价格行为进行单独认定与规制，目前更无专项的规制强制交易这项市场价格违法行为的规定、办法等配套价格法规规章。

强制交易市场价格违法行为在实践中并不罕见，如"强制天价理发""饭店强制消费"等事例就是典型的体现。将强迫交易这项市场价格违法行为纳入到市场价格违法行为类别中加以规制也具有可行性，我国很多地方省市对强制交易市场价格违法行为在立法中进行了相关规定，如甘肃省、江西省、江苏省、青海省、陕西省、杭州市、苏州市、太原市等省市关于强迫交易这项市场价格违法行为都有相关的规定，在相关立法中可吸取宝贵的经验。

6. 关于法律、行政法规禁止的其他市场价格违法行为。我国现行《价格法》第 14 条规定的经营者不得有的 8 类市场价格违法行为中所列举的第 8 项市场价格违法行为就是法律、行政法规禁止的其他不正当价格行为，这是一个兜底性的条款，不同的立法有不同的宗旨与目的，兜底性的条款在实践中也有利于面对一些其他法律、行政法规所禁止的其他市场价格违法行为，初步解决当法律相互碰撞时所面临的尴尬境况，以后的《价格法》即使再修订，也宜保留此项条款规定。

三、价格储备制度[1]

价格是市场中的一个核心问题，是运用经营策略和开展市场竞争的基本手段。在市场经济条件下，只有将绝大多数商品的价格放开搞活，才能真正搞活企业，搞活经济，增强国民经济的活力，提高人民的生活质量。因此，在市场经济条件下，经营者根据市场上的供求关系自主定价是商品价格的主要形成方式。但是市场的调节具有滞后性，经营者往往根据供求信息作出决策，从而导致价格不断波动。价格的波动使得市场上存在风险，往往影响着人们的日常生活。因此，如何稳定物价，保证人民安居乐业，维护社会的繁荣稳定就成为摆在我国政府面前的一个关键问题。

（一）价格波动对国民经济发展的影响

改革开放以后，我国商品的价格逐渐放开，除少部分关系国计民生的商品由国家定价或实行政府指导价外，其他都由经营者自主定价。市场经济条件下，经营者往往以利益最大化为自己的目标，并根据供求关系的变化而不断改变自己的经营决策，从而造成某一领域的物价忽升忽降。根据价值规律，价格总是围绕着价值波动，价格或高于价值，或低于价值，而等于价值的情况则十分少见。这不仅是因为市场的调节具有滞后性，还因为价格均衡的出现需要一个完全竞争的环境，而该完全竞争的环境却只存在于理论中。因此，实践中价格的波动也就成为一种正常现象，然而无规制的价格波动会带来很多负面影响。

1. 价格波动可能导致通货膨胀。市场的魅力就在于它可以使投资者盈利，如果投资者不能在市场中盈利，那么投资者必将退出市场。由此可见投资者投资商品市场的目的就是追求市场盈利而非市场供求平衡。人们在投资商品市场时，其所追求的往往也是商品经营利润的最大化，而不是商品销售的轻松状态。虽然抬高物价会增加商品的销售难度，但却可以大幅度提高商品的经营利润，因此商品经营者在选择经营方式时必然选择可以给投资以丰厚利润回报的抬高物价和主动促进商品销售的经营方式。因此，无论市场供求状况如何，通货膨胀都将是市场经济运行的基本表现。

2. 价格波动会导致整体经济萎缩。市场经济的发展不是单一生产的发展，而是生产和需求的共同发展。如果物价上涨幅度不断增加，市场商品的销售量将不断减少，因此市场经济的

---

〔1〕 参见《价格法》第 27 条的规定。

运行状况也就随之不断萎缩；反之，如果物价下降幅度不断增加，经营者获利将越来越少，以致无利可图，最终退出该市场或转向其他领域，则将导致该领域的经济发生萎缩。一般认为，通货膨胀有促进经济发展的作用，其实是市场需求在促进经济增长，而不是通货膨胀在促进经济增长。由于在物价自由波动情况下扩大市场需求会引起通货膨胀，所以被误认为是通货膨胀在促进经济增长。

3. 价格波动会损害广大消费者的利益。价格波动导致同一种商品在不同的时间段具有差异性，这使消费者购买商品时产生不确定性，成为一种变相的价格歧视，造成对各个消费者的不公平待遇，损害了消费者的利益。

此外，价格波动还可能损害货币信用、限制科学技术的发展，而价格储备制度的建立可以及时应对物价过分波动所带来的负面影响，一定程度上有利于保证物价的稳定。

（二）价格储备制度的建立

从1950年开始，我国政府就开始实施稳定物价总水平的方针，然而，政府在稳定物价的手段上却多是直接采取行政手段来调控价格，而较少采用经济、法律手段来间接调控物价总水平。例如，在农产品统购统销中，一律按国家直接规定的统一收购价格，取消批发价格及对合作社的优待价格，并取消收购的季节差，随后又将销售的季节差价也一并取消，同时缩小地区差价。在计划经济时期，这一方式还是起到一定作用的，然而随着改革开放，我国开始了市场经济的时代，契约自由、意思自治、经营者自主的理念要求改变整个大环境，单纯的行政手段不仅不能解决物价的稳定问题，而且还会抑制市场经济的健康发展。

自从商品市场在人类社会诞生以来，就一直面临着物价波动的问题，尤其是在经济高度发达的现代社会，这一问题表现得更为突出。价格的波动不仅使得价格信息不能正确反映市场的供求信息，对人民生活稳定和社会稳定也会造成不良影响。价格波动过大会影响人民的基本生活和生产需求。物价的稳定无非关系到"物"与"钱"，所以针对物采取的措施就是建立重要商品储备制度，针对钱采取的措施就是建立价格调节基金。我国《价格法》第27条就明确规定："政府可以建立重要商品储备制度，设立价格调节基金，调控价格，稳定市场。"因此，重要商品储备制度与价格调节基金制度相辅相成，共同构成了稳定物价的制度，即价格储备制度。

（三）重要商品储备制度

重要商品储备制度作为价格储备制度的表现形式之一，对稳定物价发挥着重要作用。市场上的商品众多，并不是所有的商品都应该储备。不该储备的商品储备了，会造成浪费；该储备的商品没有储备，则会造成损失，因此储备商品的种类至关重要。但是储备的形式不同，储备的商品也会不同，因此，对物价的稳定作用也会不同。储备的形式主要分为四种，即国家储备、地方储备、企业库存及家庭储备。下面分述其对物价稳定的作用。

1. 国家储备。国家处于调控者的地位，时时刻刻都要保证人民生活的稳定、保持经济的持续发展、保障社会秩序的安定，因此对于关系国家利益、具有全局性影响的商品都应该列入国家储备之列。当然，这并不意味着商品的储备需面面俱到。储备商品的种类应尽量少，一旦决定储备，数量就应充足，以便使用时能发挥预期的作用。重要商品储备充足可以在发生产品紧缺时保障供给。因为市场经济的发展是动态的、发展的，不是固定不变的，一旦某些关系国计民生的商品生产不足导致供不应求时，经营者往往会提高价格，引起物价上涨，市场机制的调节作用是滞后的，此时其他经营者进入该领域需要一段时间，一旦经营者对该领域采取措施，限制进入门槛，形成垄断，那么其他经营者就很难进入该市场领域。该种情况如果长此下去，必将影响人们的正常生活，所以此时重要商品的储备就可以发挥作用，及时提供物品，保障供给的平衡，进而稳定物价、稳定社会秩序。除稳定物价以外，国家重要商品储备还可以应对国家出现的紧急的、临时的需要，比如发生自然灾害时，必要的储备可以使受灾的人们迅速恢复生产、减少损失。而对国家安全、社会安定至关重要而国际竞争力不足的商品，重要商品的储备亦可以发挥作用，应付依赖进口的风险。

2. 地方储备。由于地方储备很容易导致地方为谋取地方利益而操纵市场的地方保护主义，因此地方的商品储备应该置于国家的监控之下，以国家的利益为首位。应该说地方商品储备是国家储备的补充，只有在国家储备无法发挥作用的情况下，或者是在国家无法储备某些商品时，地方才可以针对本地区的特点进行储备。我国地域比较广阔，不同地区的情况差别很大，因此，寄希望于由国家储备所有商品是不可能的，而有些商品对某一地区的发展、稳定却又至关重要，所以地方商品储备亦必不可少。地方商品的储备可以保障本地区供给的平衡，保障该地区商品的价格不至于因为其他商品的冲击而产生过度波动，进而损害本地区人民的生活。但是需要注意的是，地方储备不应成为地方保护的借口。其储备的商品应限于本地特有产品生产所需的特有原材料，对本地经济有重要作用的农副产品、原材料以及一些供求关系不稳定或尚未形成稳定关系的商品。

3. 企业库存与家庭储备，由于总体上数量少，因此不属于国家价格控制手段。相比较，企业库存与家庭储备对其自身更有利，国家储备与地方储备则更侧重于整个国家及地区利益的平衡，尤其是国家储备在宏观上对调节物价、稳定供求关系起着不可替代的作用。

（四）价格调节基金

价格调节基金是我国建立社会主义市场经济体制、深化价格改革的产物，是由政府筹集，为防止价格暴涨暴跌、调剂市场供求、保证市场物价基本稳定、增加政府对市场价格调控能力的专项基金。价格调节基金主要包括粮面价格调节基金、副食品价格调节基金、重要生活用品价格调节基金、生产资料价格调节基金等，对市场上的价格风险能起到防范的作用。

1. 价格调节基金制度是调节市场供求、调节价格异常波动的一种经济手段。市场经济条件下，政府管理经济需要具有价格波动意识、风险意识、调节市价意识，否则一旦市场上的供求关系发生变化，引起物价激烈波动时，政府"要物调不来，要钱拿不出"，在价格变动面前将束手无策、无能为力，国家的调控作用也将无法发挥。如果此时单纯依靠行政手段解决问题，则与现下市场经济的实质相违背，最终的结果必将是什么都由政府作主，人们丧失自主权，不利于经济的健康发展，也与国际形势相悖。因此，为了不使供求失衡、价格异动影响整个国民经济的发展，为了不失信于民，有效发挥国家的"守门人"的作用，以间接调控为经济手段的价格调节基金制度发挥了重要作用。价格调节基金自觉运用价值规律，适应市场经济的客观需要，以积累下来的基金调控市场上的供求关系，对抑制物价剧烈波动发挥了重要作用。

2. 价格调节基金制度是保障市场物价稳定的一项重要措施。市场经济对资源配置起调节作用，但其调节却具有一定的滞后性。我国的市场经济还刚刚起步，市场机制还不健全，受到利益的驱动与供求关系的影响，市场上的价格时常出现不稳定的状况，而价格调节基金制度则可以用大量的资金支持价格，抑制价格的上涨和连锁反应，为价格形成和有效运行创造良好的宏观环境，有利于整个市场物价的稳定。

3. 价格调节基金制度对保护经济发展、维护经营者和消费者的利益，具有十分重要的作用。如果价格大起大落，生产经营者为了避免在过程中遭受风险，必定对投资该领域兴趣缺乏，或者是持观望态度，这对经济的发展必将起到阻碍作用。而价格的不稳定，又会损害消费者的消费信心，这会使经营者非基于本身的原因而失去大量顾客，利益受损。与此同时，经营者难以提供更多的商品给消费者，消费者选择的范围也会愈来愈窄，最终价格的不稳定将损害生产者、经营者和消费者的利益。价格调节基金制度可以供应市场、调节物价，可以保护经营者和消费者的利益，保护经济的稳定发展。

价格调节基金制度与重要商品储备制度在调节商品价格上发挥了重大作用，但是它们不是万能的，因为在市场经济条件下，物价总水平的稳定取决于商品的供求平衡和货币发行量等多种因素，即使是某些种类的生活必需品市场价格发生了变动，其形成的因素也是多方面的，所以对价格的调节手段也就多种多样，如财政政策、信贷政策等。因此，各种间接调控手段应该相互结合、互相补充，在"物"储备不足时，可以调用"钱"，在"钱"不足用时，可以调用"物"，以便最大效用地发挥价格储备的作用。

四、违反价格法的法律责任[1]

---

〔1〕　参见《价格法》第六章的规定。

第二十一章
银行业监管法律制度

第一节　银行业监管法概述

一、银行业监管与银行业监管法的概念

就法学的角度而言，银行业监管可以分为广义和狭义两种。广义的银行业监管是为实现银行业发展的稳定性、安全性和效率性所采取的所有措施，包括国家金融监管当局的他律监管、银行业的自律监管、市场约束和银行业机构的内控监管。狭义的银行业监管是指一国银行业监管部门依法对银行业金融机构的组织和经营活动进行监管的行为，是一国金融监管体系的重要部分。

在现代市场经济中，银行业可以说是国民经济的枢纽，银行业的运行态势可谓是一国经济运行的"晴雨表"。银行业的稳健运行既是国民经济实际运行的反映，也是国民经济良性运行不可或缺的保障。自20世纪80年代以来，经济全球化浪潮汹涌澎湃，金融业有了前所未有的长足发展，各种金融创新日新月异，同时，现代金融业完全超越传统金融业，在经济全球化背景下逐步走向了国际化、全能化、网络化，所有这些划时代的发展都极大地推动了世界经济的发展。但是，繁荣的背后也有隐忧，与经济发展相伴随的金融风险时时存在，金融危机在世界范围内此起彼伏。历史和现实都证明，不仅银行业危机是经济危机的前兆，而且银行的信用危机往往有可能成为经济全面衰退的直接诱发因素。因此，如何对银行业的运作实施切实有效的监管，既要保证银行业的健康、积极发展，又要防止银行业风险、预防金融危机，对世界各国政府来说都是一项严峻的挑战，建立和完善银行业监管法律制度更是刻不容缓。

银行业监管法亦有广义和狭义之分。广义的银行业监管法是指调整国家金融监管机构对银行业金融机构的组织及其业务活动实施监管过程中所发生的经济关系的全部法律规范的总称。我国银行业金融机构作为银行业监管的对象，主要包括在中华人民共和国境内设立的各类商业银行、城市信用合作社、农村信用合作社等吸收公众存款的金融机构以及政策性银行。对在中华人民共和国境内设立的金融资产管理公司、信托公司、财务公司、金融租赁公司以及经金融监督管理总局批准设立的其他金融机构的监督管理，也适用银行业监督管理法对银行业金融机构监督管理的规定，即也受金融监督管理总局的监管。金融监督管理总局对经其批准在境外设立的金融机构以及前述金融机构在境外的业务活动也依法实施监督管理。

狭义的银行业监管法是指一国所颁行的银行业监督管理法法典，如《银行业监督管理法》。本章是从广义的角度来讨论银行业监管法的。虽然金融资产管理公司、信托公司、财务公司、金融租赁公司等属于非银行业金融机构，但是由于其同样受《银行业监督管理法》的规制，所以亦将其纳入本章的研究范围。

二、我国现行银行业监管体制的沿革

从我国金融业发展来看，1984年以前，由于实行计划经济和大一统的银行经营管理机制，因此不存在现代意义上的金融监管。从1984年到1992年，我国金融业监管统一由中国人民银

行负责。这一期间随着经济体制改革的推进，金融业发展较快，但由于我们对金融监管工作还比较陌生，风险意识还不强，银行、证券、保险等行业的界限模糊，致使银行、保险业资金大量流入证券市场和房地产市场，导致经济过热，股市、房地产等资产投机盛行，经济发展出现了泡沫。针对这些问题，我国政府决定加强金融监管，对金融业实行分业经营、分业监管。随后，1992 年我国成立了证券监督管理委员会（简称证监会），将证券业监管职能从中国人民银行中分离出来。1997 年亚洲金融危机的爆发，进一步提升了中国政府及社会各界对金融风险的认识，将金融安全上升到国家安全的高度，并推动金融监管改革的进一步深化。1998 年，国家决定将保险业监管职能从中国人民银行中分离出去，成立了保险业监督管理委员会（简称保监会），专司保险业监管职能。[1] 1993 年国务院颁布了《关于金融体制改革的决定》，明确规定对银行业、证券业、保险业实行分业经营、分业监管。之后国家颁布实施了《中国人民银行法》《商业银行法》《证券法》《保险法》，以法律的形式确立了金融业分业经营的精神和原则，也形成了中国金融业分业经营的法律基础。2003 年 3 月，第十届全国人民代表大会第一次会议决定成立中国银行业监督管理委员会（以下简称银监会），履行原来由中国人民银行行使的对银行业金融机构的监管职责。为了加强对银行业的监督管理，防范和化解银行业风险，保证银行业的稳健运行，2003 年 12 月 27 日，第十届全国人民代表大会常务委员会第六次会议通过了《银行业监督管理法》。该法吸收了巴塞尔银行监督管理委员会制定的《有效银行监管核心规则》的有关内容，使我国的银行业监管从过去单一的"合规监管"向"风险监管"和"合规监管"并重的模式转变。该法的颁布为规范我国的银行业监管，促进我国银行业的健康发展提供了有力的制度保障。2018 年 3 月 21 日中共中央印发《深化党和国家机构改革方案》决定组建中国银行保险监督管理委员会（以下简称银保监会），作为国务院直属事业单位。目的是深化金融监管体制改革，解决现行体制存在的监管职责不清晰、交叉监管和监管空白等问题，强化综合监管，优化监管资源配置，更好地统筹系统重要性金融机构监管，逐步建立符合现代金融特点、统筹协调监管、有力有效的现代金融监管框架，守住不发生系统性金融风险的底线。其职责为：依照法律法规统一监督管理银行业和保险业，保护金融消费者合法权益，维护银行业和保险业合法、稳健运行，防范和化解金融风险，维护金融稳定等。同时将中国银行业监督管理委员会和中国保险监督管理委员会拟订银行业、保险业重要法律法规草案和审慎监管基本制度的职责划入中国人民银行。[2] 2018 年 4 月 8 日，中国银行保险监督管理委员会正式挂牌成立，郭树清出任首任委员会主席。2023 年 3 月 16 日中共中央、国务院印发了《党和国家机构改革方案》，决定组建国家金融监督管理总局，作为国务院的直属机构。以强化机构监管、行为监管、功能监管、穿透式监管、持续监管，加强风险管理和防范，维护金融稳定。其在中国银行保险监督管理委员会基础上组建，将中国人民银行对金融控股公司等金融集团的日常监督管理职责、有关消费者保护职责，中国证券监督管理委员会的投资者保护职责划入国家金融监督管理总局。

在此，特别需要说明的是，目前虽然银保监会已经改组为金融监督管理总局，但是，相应的银行业监督管理法和保险业监督管理法均尚未修订，所以，在本书以下的论述中，尤其是在涉及相关法律具体规定的情况下，将继续沿用银监会和保监会的名称。

三、分业监管和混业经营的冲突与协调

在一定的历史时期，金融业相对独立的分业经营和分业监管，有助于国家金融业的安全与

---

[1]　郭田勇主编：《金融监管教程》，中国金融出版社 2005 年版，第 1 页。

[2]　参见《深化党和国家机构改革方案》。

发展。但是，分业经营是把双刃剑，它在尽量避免风险的同时也导致了资本运行效率的降低和监管成本的加大。在国际金融混业经营的趋势下，从全局和长远的利益来看，这种模式并不利于未来我国金融业的发展和国际竞争力的提高。因此，我国金融监管机制应当进行新的探索。

1999 年 10 月，中国人民银行与证监会共同颁布了《证券公司进入银行间同业市场管理规定》和《基金管理公司进入银行间同业市场管理规定》，允许符合条件的证券公司和基金管理公司进入银行间同业市场，进行债券回购和同业拆借业务；1999 年 10 月，保监会发布的《保险公司投资证券投资基金管理暂行办法》，允许保险公司在二级市场买卖已上市的证券投资基金；2000 年 2 月，中国人民银行、中国证监会联合发布《证券公司股票质押贷款管理办法》，允许符合条件的证券公司以自营的股票和证券投资基金券作为抵押，向商业银行借款；2000 年 10 月，《开放式证券投资基金试点办法》开始执行，允许商业银行买卖开放式基金；2001 年 6 月，中国人民银行出台《商业银行中间业务暂行规定》，第一次明确规定允许商业银行代理证券业务，显露出混业经营的端倪。2003 年，党的十六届三中全会对金融业提出了"建立健全货币市场、资本市场、保险市场有机结合、协调发展的机制"的要求。在此背景下，2003 年 12 月，《中华人民共和国商业银行法》经过修订，第 43 条被修改为："商业银行在中华人民共和国境内不得从事信托投资和证券经营业务，不得向非自用不动产投资或者向非银行金融机构和企业投资，但国家另有规定的除外。"这实际上为以后混业经营提供了法律上的空间。2005 年 2 月 20 日，中国人民银行、中国银监会和中国证监会联合制定了《商业银行设立基金管理公司试点管理办法》，该办法鼓励商业银行采取股权多元化方式设立基金管理公司。中国银监会 2006 年 12 月 28 日公布《中资商业银行行政许可事项实施办法》、2014 年 9 月 11 日公布《外资银行行政许可事项实施办法》，鼓励外资入股股份制商业银行与城市商业银行，同时规定了境内机构发起设立商业银行的资格、条件，和商业银行合并、收购的规则。2006 年 6 月 15 日，国务院发布了《关于保险业改革发展的若干意见》，由于该意见共有 10 条，故业界简称"国十条"。"国十条"为保险资金更为广泛地运用以及金融业综合试点经营创造了条件。2015 年 10 月，《商业银行法》再次修订，删除了"贷款余额与存款余额比例不得超过 75%"的规定，进一步为商业银行经营松绑。

金融混业经营给一国的金融监管带来了新的课题和挑战。我国原有的金融监管格局是分业监管，即由银保监会、证监会分别对各自行业领域内的金融机构实施监管，而现实混业经营的现象却突破了这种分业经营、分业监管的模式。这就意味着同一个金融机构可以同时经营不同种类的金融业务，但也同时受到不同监管部门的监管，这必然会导致监管重复、监管冲突、监管低效和资源浪费。为此，通过考察外国的经验，我们可以发现，当代发达国家的监管机制出现了由机构性监管向功能性监管转变的趋势。功能性监管是依据金融体系基本功能而设计的监管体系，关注的重点不再是金融机构本身，而是金融机构的业务活动及其所能发挥的基本功能。例如，银监会对所有经营存款的金融机构实施监管，可以实施跨产品、跨机构、跨市场的协调，从而克服多个监管机构所造成的重复和交叉管理。为了完善和发展功能性监管，在发达国家兴起了实行金融监管部门和中央银行相互分离的倾向，形成单独的金融监管当局，如英国的金融服务局（FSA）、韩国的金融监督院（FSC）和日本的金融监管厅等。[1]

目前，在国家金融监督管理总局组建之中，由其统一负责除证券业之外的金融监管。金融业由原来的银保监会与证监会"两驾马车"分管的格局变为金融监督管理总局与证监会分管的格局。在我国，混业经营在现实中有存在的空间和必要，但混业经营实践面临很多新的困

---

〔1〕 裴桂芬：《银行监管的理论与模式——兼论日本的银行监管》，商务印书馆 2005 年版，第 256 页。

难，这也给金融监管带来了更大的挑战。由此，党中央、国务院顺应金融业发展的现实需要，借鉴国际金融监管的先进经验，组建金融监督管理总局，完善了我国的金融监管体制，有利于更好地保障我国的金融安全与国家安全。

四、中央银行与银监会的监督管理职责

监督管理职责，是指依法享有行政监管权的机构或者部门对于监管对象在执行法律、法规、行政决定等方面的情况进行调查、统计、检查、督促并提出处理意见等行政行为的职权与责任。职责是职权与责任的集合体，既是权力又是责任。这表明国务院银行业监督管理机构可以为而且必须为监管行为。同时其实施的监管行为必须在法律规定的职权范围之内，不能越权，也不能违反实体法和程序法。自从《中国人民银行法》修改和《银行业监督管理法》颁布后，为了更好地发挥中央银行的宏观调控职能，突出其宏观性、社会性职能，即制定和实施货币政策、维护金融稳定，中国人民银行不再担负银行业的市场准入监管、日常业务监管、市场退出监管职能，此类一般性监管职能就转移给了银行业监督管理委员会，在金融监督管理总局设立之后，此类职能又转移给金融监督管理总局。中国人民银行仍然行使对银行间同业拆借市场、银行间债券市场、银行间外汇市场和黄金市场的监管职能。中国人民银行会同银监会制定支付结算规则。中国人民银行有权对金融机构的下列行为进行直接检查：①执行有关存款准备金管理规定的行为；②与中国人民银行特种贷款有关的行为；③执行有关人民币管理规定的行为；④执行有关银行间同业拆借市场、银行间债券市场管理规定的行为；⑤执行有关外汇管理规定的行为；⑥执行有关黄金管理规定的行为；⑦代理中国人民银行经理国库的行为；⑧执行有关清算管理规定的行为；⑨执行有关反洗钱规定的行为。并且，中国人民银行对在上述检查中发现的违法行为有处罚权。同时，中国人民银行根据执行货币政策和维护金融稳定的需要，可以建议中国银监会对银行业金融机构进行检查监督。中国银监会应当自收到建议之日起30日内予以回复。当银行业金融机构出现支付困难，可能引发金融风险时，为了维护金融稳定，中国人民银行经国务院批准，有权对银行业金融机构进行检查监督。因此，中国人民银行与银监会就要做好职责划分、相互协作，建立信息共享机制，共同做好监管工作，维护金融稳定。

《银行业监督管理法》较为详细地规定了银行业监督管理委员会的职责，根据授权，银监会承担着对银行业金融机构的监管，并维护银行业稳健运行的职能。其具体职责主要有：①依照法律、行政法规制定并发布对银行业金融机构及其业务活动监督管理的规章、规则；②依照法律、行政法规规定的条件和程序，审查批准银行业金融机构的设立、变更、终止以及业务范围；③申请设立银行业金融机构，或者银行业金融机构变更持有资本总额或者股份总额达到规定比例以上的股东的，银监会应当对股东的资金来源、财务状况、资本补充能力和诚信状况进行审查；④银行业金融机构业务范围内的业务品种，应按照规定经银监会审查批准或者备案；需要审查批准或者备案的业务品种，由银监会依照有关法律、行政法规作出规定并公布；⑤银监会对银行业金融机构的董事和高级管理人员实行任职资格管理；⑥制定金融机构的审慎经营规则；⑦负责对银行业金融机构业务活动及其风险状况进行现场检查，并负责对银行业金融机构的业务活动及其风险状况进行非现场监管，建立银行业监督管理信息系统，分析、评价银行业金融机构的风险状况；⑧对银行业金融机构的风险进行监管，主要包括对银行业金融机构实行并表监管，建立银行业金融机构监督管理评级体系和风险预警机制，建立银行业突发事件的发现、报告岗位责任制度以及会同中国人民银行与国务院财政部门共同建立银行业突发事件的处置制度；⑨统一编制报表的职责，即负责统一编制全国银行业金融机构的统计数据、报表，并按照国家规定予以公布；⑩对银行业自律组织的指导与监督职责，银行业自律组织的章程应当报银监会备案；代表国家参与国际交流合作的职责，银监会有权开展与银行业监管有关的国际交流、合作活动。

第二节 银行业金融机构的市场准入监管

银行业金融机构的市场准入，是指国家银行业监管部门对银行业金融机构进入金融市场、开展金融业务进行审查和批准，以保证银行业的稳健运行。市场准入是监管的首要环节，严格把握好市场准入这个关键环节是保障银行业稳健运行和整个金融体系安全的重要前提。完善银行业金融机构设立的审批机制和高级管理人员的资格标准，批准高素质的银行业金融机构及其从业人员进入银行业市场，同时依据审慎原则对银行业金融机构的业务范围进行审批，将有利于降低银行业经营风险，提高银行业的经营管理水平，促进银行业的健康发展和国家的金融安全。金融机构的市场准入主要包括三方面，即机构准入、业务准入和管理层人员准入。机构准入，是指监管机构依据法律的规定，批准符合条件的金融机构法人或者其分支机构的设立；业务准入，是指监管机构依据审慎原则，依照法律规定的业务范围，批准金融机构所能从事的业务和允许开办新的业务品种；管理层人员的准入，是指监管机构依据金融从业人员任职资格标准，对银行业金融机构高级管理人员的任职资格进行确认和核准。

历史上，对商业银行的市场准入有过四种不同的原则：①自由主义，即法律对商业银行的市场准入不予规定，商业银行可以自由设立而无需经注册登记的程序；②特许主义，即商业银行的设立必须经过特别批准，每设立一家商业银行就需颁发一道特许批准令；③准则主义，即法律规定商业银行的设立条件，只要符合法律规定的设立条件即可申请注册，无需监管当局批准；④核准主义，又称审批制，是指商业银行的设立除了要具备法律所规定的条件之外，还需报请主管当局审核批准后才能登记成立。[1]

由于银行业的特殊重要性，目前各国对商业银行等银行业金融机构的设立基本上都采取审批制，但是各国对银行业市场准入把握的宽严程度与各国对竞争的态度及监管理念有关。例如，美国崇尚自由竞争，认为不论现在银行业的市场主体有多少，都不能阻止新市场主体的进入，因此，其市场准入相对较为宽松。对我国来说，我国银行业即将全面对外开放，但金融体系还不够完善，正处于发展变革之际。因此，在审批设立银行业金融机构时，要考虑当前银行业的市场竞争状况，符合金融业发展的方向和政策，审慎批准银行业金融机构的设立。我国《银行业监督管理法》《商业银行法》《公司法》和其他有关法律、法规规定了银行业金融机构的市场准入监管。

我国国务院银行业监督管理机构行使对银行业金融机构的市场准入监管。银监会行使这一职能时应遵循以下原则：①合法原则。即银监会审查批准银行业金融机构的设立、变更、终止及其业务范围时必须依据法律、法规、规章和根据国务院的决定、命令或者有关文件，不得与之相抵触。关键是审批权法定，审批行为必须符合实体法和程序法的规定。②效率原则。审核批准应当注重效率，尽可能以最小的资源投入实现最佳的工作目标；必须健全审批机制、节约社会资源。③合理原则。银监会行使审批权应当有利于社会经济的发展及社会的进步，应当考虑经济与社会的需要，有关标准的设定应促进金融业的稳健与繁荣。④责任原则。银监会基于其职权应当承担相应的责任，当其不履行、不正当履行监管职责或违法审批时，就应当承担相

---

〔1〕 郭田勇主编：《金融监管教程》，中国金融出版社 2005 年版，第 195 页。

应的法律责任。为此要建立一定的问责机制，同时还要加强对监管机构及其工作人员的监督，使其监管行为在合法范围内进行。

一、银行业金融机构的设立

银行业金融机构的设立，应当经中国银监会审查批准。未经批准的，任何单位或个人都不得从事银行业金融业务。

（一）商业银行

商业银行是指依照《商业银行法》和《公司法》设立的吸收公众存款、发放贷款、办理结算等业务的企业法人。设立商业银行，应当经银监会审查批准。未经银监会批准，任何单位和个人不得从事吸收公众存款等商业银行业务，任何单位不得在名称中使用"银行"字样。设立商业银行应当具备下列条件：①有符合《商业银行法》和《公司法》规定的章程；②有符合《商业银行法》规定的注册资本最低限额；③有具备任职专业知识和业务工作经验的董事、高级管理人员；④有健全的组织机构和管理制度；⑤有符合要求的营业场所、安全防范措施和与业务有关的其他设施。设立商业银行，还应当符合其他审慎性条件。同时，设立全国性商业银行的注册资本最低限额为 10 亿元人民币。设立城市商业银行的注册资本最低限额为 1 亿元人民币，设立农村商业银行的注册资本最低限额为 5000 万元人民币。注册资本应当是实缴资本。银监会根据审慎监管的要求可以调整注册资本最低限额，但不得少于上述规定的限额。

商业银行有下列变更事项之一的，应当经银监会批准：①变更名称；②变更注册资本；③变更总行或者分支行所在地；④调整业务范围；⑤变更持有资本总额或者股份总额 5% 以上的股东；⑥修改章程；⑦银监会规定的其他变更事项。此外，商业银行更换董事、高级管理人员时，应当报经银监会审查其任职资格。商业银行的分立、合并，适用《公司法》的规定，同时应当经银监会审查批准。

（二）金融资产管理公司

金融资产管理公司是指经国务院决定设立的收购国有银行不良贷款，管理和处置因收购国有银行不良贷款形成的资产的国有独资非银行金融机构。这一定义表明金融资产管理公司名为公司，但不是《公司法》上一般意义的公司，而是负有特殊历史使命、具有浓厚政策性的非银行金融机构，该机构不以营利为目的，而是力求最大限度保全国有资产、减少损失，从而促进国有银行和国有企业的改革和发展。金融资产管理公司拥有独立的权利和法律地位，依法独立承担民事责任。

（三）信托公司

信托公司，是指依照《公司法》和《信托公司管理办法》设立的主要经营信托业务的金融机构。信托，是指委托人基于对受托人的信任，将其财产权委托给受托人，由受托人按委托人的意愿，以自己的名义，为受益人的利益或特定目的，进行管理或处分的行为。

设立信托公司，应当采取有限责任公司或者股份有限公司的形式。设立信托公司，须经中国银监会批准，并领取金融许可证。未经中国银监会批准，任何单位和个人不得经营信托业务，任何经营单位不得在其名称中使用"信托公司"字样，法律、法规另有规定的除外。中国银监会依照法律、法规和审慎监管原则对信托公司的设立申请进行审查，作出批准或者不予批准的决定；不予批准的，应说明理由。信托公司注册资本最低限额为 3 亿元人民币或等值的可自由兑换货币，注册资本为实缴货币资本。申请经营企业年金基金、证券承销、资产证券化等业务，应当

符合相关法律、法规规定的最低注册资本要求。

（四）金融租赁公司

金融租赁公司，是指经中国银监会批准，以经营融资租赁业务为主的非银行金融机构。所谓融资租赁，则是指出租人根据承租人对租赁物和供货人的选择或认可，将其从供货人处取得的租赁物按合同约定出租给承租人占有、使用，向承租人收取租金的交易活动。适用于融资租赁交易的租赁物为固定资产。

（五）财务公司

所谓财务公司，是对企业集团财务公司的简称，是指以加强企业集团资金集中管理和提高企业集团资金使用效率为目的，为企业集团成员单位提供财务管理服务的非银行金融机构。

设立财务公司，应当报经中国银监会审查批准。财务公司名称应当经工商登记机关核准，并标明"财务有限公司"或"财务有限责任公司"字样，名称中应包含其所属企业集团的全称或者简称。未经中国银监会批准，任何单位不得在其名称中使用"财务公司"字样。

设立财务公司，应当具备下列条件：①确属集中管理企业集团资金的需要，经合理预测能够达到一定的业务规模；②有符合《公司法》和银保监会规定的章程；③有符合规定条件的出资人；④注册资本为一次性实缴货币资本，最低限额为 10 亿元人民币或等值的可自由兑换货币；⑤有符合任职资格条件的董事、高级管理人员，并且在风险管理、资金管理、信贷管理、结算等关键岗位上至少各有 1 名具有 3 年以上相关金融从业经验的人员；⑥财务公司从业人员中从事金融或财务工作 3 年以上的人员应当不低于总人数的 2/3、5 年以上的人员应当不低于总人数的 1/3，且至少引进 1 名具有 5 年以上银行从业经验的高级管理人员；⑦建立了有效的公司治理、内部控制和风险管理体系；⑧建立了与业务经营和监管要求相适应的信息科技体系，具有支撑业务经营的必要、安全且合规的信息管理系统，具备保障业务持续运营的技术与措施；⑨具有与业务经营相适应的营业场所、安全防范措施和其他设施；⑩银保监会规章规定的其他审慎性条件。中国银监会根据财务公司的发展情况和审慎监管的需要，可以调整财务公司注册资本金的最低限额。

（六）外资银行

所谓外资银行，是指依照中华人民共和国有关法律、法规，经批准在中华人民共和国境内设立的下列机构：①一家外国银行单独出资或者一家外国银行与其他外国金融机构共同出资设立的外商独资银行；②外国金融机构与中国的公司、企业共同出资设立的中外合资银行；③外国银行分行；④外国银行代表处。上述第①~③项所列机构，属于外资银行营业性机构。其中，所谓的外国金融机构，是指在中华人民共和国境外注册并经所在国家或者地区金融监管当局批准或者许可的金融机构。所谓的外国银行，则是指在中华人民共和国境外注册并经所在国家或者地区金融监管当局批准或者许可的商业银行。

设立外资银行及其分支机构，应当经银监会审查批准。外商独资银行、中外合资银行的注册资本最低限额为 10 亿元人民币或者等值的可自由兑换货币。注册资本应当是实缴资本。外商独资银行、中外合资银行在中华人民共和国境内设立的分行，应当由其总行无偿拨给人民币或者等值的可自由兑换货币的营运资金。外商独资银行、中外合资银行拨给各分支机构营运资金的总和，不得超过总行资本金总额的 60%。外国银行分行应当由其总行无偿拨给不少于 2 亿元人民币或者等值的可自由兑换货币的营运资金。国务院银行业监督管理机构根据外资银行营业性机构的业务范围和审慎监管的需要，可以提高注册资本或者营运资金的最低限额，并规定其中的人民币份额。

拟设外商独资银行、中外合资银行的股东或者拟设分行、代表处的外国银行应当具备下列条件：①具有持续盈利能力，信誉良好，无重大违法违规记录；②拟设外商独资银行的股东、中外合资银行的外方股东或者拟设分行、代表处的外国银行具有从事国际金融活动的经验；③具有有效的反洗钱制度；④拟设外商独资银行的股东、中外合资银行的外方股东或者拟设分行、代表处的外国银行受到所在国家或者地区金融监管当局的有效监管，并且其申请经所在国家或者地区金融监管当局同意；⑤国务院银行业监督管理机构规定的其他审慎性条件。拟设外商独资银行的股东、中外合资银行的外方股东或者拟设分行、代表处的外国银行所在国家或者地区应当具有完善的金融监督管理制度，并且其金融监管当局已经与中国银监会建立良好的监督管理合作机制。

外国银行在中华人民共和国境内设立营业性机构的，除已设立的代表处外，不得增设代表处，但符合国家区域经济发展战略及相关政策的地区除外。代表处经批准改制为营业性机构的，应当依法办理原代表处的注销登记手续。

2018年4月27日，在博鳌亚洲论坛上，国家主席习近平宣布中国将确保已承诺的重大金融改革措施尽快落实，银保监会据此宣布将尽快推进以下措施：

1. 推动外资投资便利化，包括取消对中资银行和金融资产管理公司的外资持股比例限制，实施内外一致的股权投资比例规则；对商业银行新发起设立的金融资产投资公司和理财公司，外资持股比例不设置限制；鼓励信托、金融租赁、汽车金融、货币经纪、消费金融等各类银行业金融机构引进境外专业投资者；将外资人身险公司外方股比放宽至51%，3年后不再设限。

2. 放宽外资设立机构条件，包括允许外国银行在中国境内同时设有子行和分行，以及在全国范围内取消外资保险机构设立前需开设2年代表处的要求。

3. 扩大外资机构业务范围，包括全面取消外资银行申请人民币业务需满足开业1年的等待期要求，允许外国银行分行从事"代理发行、代理兑付、承销政府债券"业务，降低外国银行分行吸收单笔人民币定期零售存款的门槛至50万元，允许符合条件的境外投资者来华经营保险代理业务和保险公估业务。

4. 优化外资机构监管规则，对外国银行境内分行实施合并考核，调整外国银行分行营运资金管理要求。

为了推进以上措施尽快落实，银保监会发布了《中国银行保险监督管理委员会办公厅关于进一步放宽外资银行市场准入有关事项的通知》，明确允许外资银行可以开展代理发行、代理兑付、承销政府债券业务，允许符合条件的外国银行在中国境内的管理行授权中国境内其他分行经营人民币业务和衍生产品交易业务，对外国银行在中国境内多家分行营运资金采取合并计算。宣布废止《境外金融机构投资入股中资金融机构管理办法》，同时修改多部行政许可事项实施办法相关条款，落实取消中资银行和金融资产管理公司的外资持股比例限制的开放措施。

二、银行业金融机构的经营范围

银行业金融机构可以从事的业务范围应当由中国银监会批准，未经银监会批准，任何单位或个人不得设立银行业金融机构或者从事银行业金融机构的业务。业务范围是银行业金融机构市场准入监管的重要内容。

(一) 商业银行的经营范围

商业银行的经营范围由商业银行章程规定，报银监会批准。经过批准，商业银行可以全部或部分从事的业务活动包括：①吸收公众存款；②发放短期、中期和长期贷款；③办理国内外结算；④办理票据承兑与贴现；⑤发行金融债券；⑥代理发行、代理兑付、承销政府债券；⑦买卖政府债券、金融债券；⑧从事同业拆借；⑨买卖、代理买卖外汇；⑩从事银行卡业务，提供信用证服务及担保，代理收付款项及代理保险业务，提供保管箱服务以及从事经银监会批准的其他业务。商业银行经中国人民银行批准，可以经营结汇、售汇业务。

商业银行依法开展业务，不受任何单位和个人的干涉，以其全部法人财产独立承担民事责任。商业银行与客户的业务往来，应当遵循平等、自愿、公平和诚实信用的原则，应当保障存款人的合法权益不受任何单位和个人的侵犯。商业银行开展信贷业务，应当严格审查借款人的资信，实行担保，保障按期收回贷款；其依法向借款人收回到期贷款的本金和利息，受法律保护。商业银行开展业务，应当遵守公平竞争的原则，不得从事不正当竞争；应当遵守法律、行政法规的有关规定，不得损害国家利益、社会公共利益。

（二）金融资产管理公司的经营范围

金融资产管理公司在其收购的国有银行不良贷款范围内，管理和处置因收购国有银行不良贷款形成的资产时，可以从事下列业务活动：①追偿债务；②对所收购的不良贷款形成的资产进行租赁或者以其他形式转让、重组；③债权转股权，并对企业阶段性持股；④资产管理范围内公司的上市推荐及债券、股票承销；⑤发行金融债券，向金融机构借款；⑥财务及法律咨询，资产及项目评估；⑦金融资产管理公司可以向中国人民银行申请再贷款；⑧中国人民银行、中国银监会批准的其他业务活动。

金融资产管理公司按照国务院确定的范围和额度收购国有银行不良贷款；超出确定的范围或者额度收购的，须经国务院专项审批。在国务院确定的额度内，金融资产管理公司按照账面价值收购有关贷款本金和相对应的计入损益的应收未收利息；对未计入损益的应收未收利息，实行无偿划转。金融资产管理公司收购不良贷款后，即取得原债权人对债务人的各项权利。原借款合同的债务人、担保人及有关当事人应当继续履行合同规定的义务。

（三）信托公司的经营范围

信托公司从事信托活动，应当遵守法律、法规的规定和信托文件的约定，不得损害国家利益、社会公共利益和受益人的合法权益。信托公司经过批准可以经营下列部分或者全部外币业务：①资金信托；②动产信托；③不动产信托；④有价证券信托；⑤其他财产或财产权信托；⑥作为投资基金或者基金管理公司的发起人从事投资基金业务；⑦经营企业资产的重组、并购及项目融资、公司理财、财务顾问等业务；⑧受托经营国务院有关部门批准的证券承销业务；⑨办理居间、咨询、资信调查等业务；⑩代保管及保管箱业务；⑪法律、法规规定或中国银监会批准的其他业务。

此外，信托公司可以根据《信托法》等法律、法规的有关规定开展公益信托活动。信托公司可以根据市场需要，按照信托目的、信托财产的种类或者对信托财产管理方式的不同设置信托业务的品种。信托公司管理运用或处分信托财产时，可以依照信托文件的约定，采取投资、出售、存放同业、买入返售、租赁、贷款等方式进行。信托公司固有业务项下可以开展存放同业、拆放同业、贷款、租赁、投资等业务。投资业务限定为金融类公司股权投资、金融产品投资和自用固定资产投资。信托公司可以开展对外担保业务，但对外担保余额不得超过其净资产的50%。信托公司经营外汇信托业务，应当遵守国家外汇管理的有关规定，并接受外汇主管部门的检查、监督。

但是，信托公司不得以卖出回购方式管理运用信托财产。信托公司不得以固有财产进行实业投资，但中国银监会另有规定的除外。信托公司不得开展除同业拆入业务以外的其他负债业务，且同业拆入余额不得超过其净资产的 20%，中国银监会另有规定的除外。

（四）金融租赁公司的经营范围

根据《金融租赁公司管理办法》的相关规定，金融租赁公司经中国银监会批准，可经营下列部分或全部本外币业务：①融资租赁业务；②转让和受让融资租赁资产；③固定收益类证券投资业务；④接受承租人的租赁保证金；⑤吸收非银行股东 3 个月（含）以上定期存款；⑥同业拆借；⑦向金融机构借款；⑧境外借款；⑨租赁物变卖及处理业务；⑩经济咨询。经银监会批准，经营状况良好、符合条件的金融租赁公司可以开办下列部分或全部本外币业务：①发行债券；②在境内保税地区设立项目公司开展融资租赁业务；③资产证券化；④为控股子公司、项目公司对外融资提供担保；⑤中国银监会批准的其他业务。

另外，《金融租赁公司管理办法》还规定，金融租赁公司不得吸收银行股东的存款。金融租赁公司经营业务中涉及外汇管理事项的，需遵守国家外汇管理有关规定。

（五）财务公司的经营范围

财务公司应当依法合规经营，不得损害国家和社会公共利益。财务公司可以依法经营下列部分或者全部本外币业务：①吸收成员单位存款；②办理成员单位贷款；③办理成员单位票据贴现；④办理成员单位资金结算与收付；⑤提供成员单位委托贷款、债券承销、非融资性保函、财务顾问、信用鉴证及咨询代理业务。

此外，符合条件的财务公司，还可以向金融监管总局及其派出机构申请下列本外币业务：①从事同业拆借；②办理成员单位票据承兑；③办理成员单位产品买方信贷和消费信贷；④从事固定收益类有价证券投资；⑤从事套期保值类衍生产品交易。此外，还可以从事金融监管总局批准的其他业务。当然，财务公司从事这些业务，必须严格遵守国家的有关规定和中国金融监督管理局审慎监管的有关要求，并应当符合以下监管指标：①资本充足率不低于金融监管总局的最低监管要求；②流动性比例不低于 25%；③贷款余额不得高于存款余额与实收资本之和的 80%；④集团外负债总额不得超过资本净额；⑤票据承兑余额不得超过资产总额的 15%；⑥票据承兑余额不得高于存放同业余额的 3 倍；⑦票据承兑和转贴现总额不得高于资本净额；⑧承兑汇票保证金余额不得超过存款总额的 10%；⑨投资总额不得高于资本净额的 70%；⑩固定资产净额不得高于资本净额的 20%。除前述指标以外，财务公司还应当满足监管机构规定的其他指标。

财务公司不得从事除中国人民银行或者国家外汇管理局政策规定之外的离岸业务或资金跨境业务。财务公司不得发行金融债券，不得向金融机构和企业投资。财务公司在经批准的业务范围内细分业务品种，应当报监管机构派出机关备案，但不涉及债权或者债务的中间业务除外。财务公司分公司的业务范围，由财务公司在其业务范围内根据审慎经营的原则进行授权，报监管机构派出机关备案。

（六）外资银行的业务范围

外资银行必须遵守中华人民共和国法律、法规，不得损害中华人民共和国的国家利益、社会公共利益。其正当活动和合法权益受中华人民共和国法律保护。外商独资银行、中外合资银行按照国务院银行业监督管理机构批准的业务范围，可以经营下列部分或者全部外汇业务和人民币业务：①吸收公众存款；②发放短期、中期和长期贷款；③办理票据承兑与贴现；④代理发行、代理兑付、承销政府债券；⑤买卖政府债券、金融债券，买卖股票以外的其他外币有价证券；⑥提供信用证服务及担保；⑦办理国内外结算；⑧买卖、代理买卖外汇；⑨代理收付款项及代理保险业务；⑩从事同业拆借；⑪从事银行卡业务；⑫提供保管箱服务；⑬提供资信调查和咨询服务；⑭经国务院银行业监督管理机构批准的其他业务。经中国人民银行批准，可以经营结汇、售汇业务。外商独资银行、中外合资银行的分支机构在总行授权范围内开展业务，其民事责任由总行承担。

外国银行分行按照国务院银行业监督管理机构批准的业务范围，可以经营下列部分或者全部外汇业务以及除中国境内公民以外客户的人民币业务：①吸收公众存款；②发放短期、中期和长期贷款；③办理票据承兑与贴现；④代理发行、代理兑付、承销政府债券；⑤买卖政府债券、金融债券，买卖股票以外的其他外币有价证券；⑥提供信用证服务及担保；⑦办理国内外结算；⑧买卖、代理买卖外汇；⑨代理收付款项及代理保险业务；⑩从事同业拆借；⑪提供保管箱服务；⑫提供资信调查和咨询服务；⑬经中国银监会批准的其他业务。外国银行分行可以吸收中国境内公民每笔不少于 50 万元人民币的定期存款。经中国人民银行批准，可以经营结汇、售汇业务。

外国银行分行及其分支机构的民事责任由其总行承担。外国银行代表处可以从事与其代表的外国银行业务相关的联络、市场调查、咨询等非经营性活动。外国银行代表处的行为所产生的民事责任，由其所代表的外国银行承担。

三、对银行业金融机构高级管理人员资格的监管

银行业金融机构的高级管理人员负责对金融机构的决策和管理，其行为对金融机构的作用十分关键。为了保障银行业的安全和银行业金融机构的稳健运行，银监会应当对银行业金融机构高级管理人员的任职资格进行监督管理。

（一）任职资格审查的范围和原则

银行业金融机构的高级管理人员一般是金融机构的法定代表人和其他对金融机构重大经营活动有决策权或对风险控制起重要作用的人，主要包括：银行及其分支机构的董事长、副董事长、行长、副行长、主任、副主任；城市信用合作社和农村信用合作社的理事长、副理事长、主任、副主任；其他银行业金融机构及其分支机构的董事长、副董事长、总经理、副总经理。对上述人员任职资格的监管是指监管机构对银行业金融机构的高级管理人员是否有资格担任某项职位进行审核的活动，具体包括任职前审查、任职期间审查和离任稽核。

为了有效地防范银行业金融机构高级管理人员成为金融机构风险隐患的诱因，在对其实施监管时要把握好三个原则：①道德品质和专业素养并重原则。高管人员的专业素质固然很重要，但鉴于银行业金融机构高管职位的特殊性，容易发生道德风险，因此高管人员只有专业技能是不够的，必须严格把好道德关，挑选德才兼备的人担此重任。②因岗制宜原则。不同的职位所需要人员的素质不同，应就不同岗位设置不同的任职资格标准，不能一概而论。③动态持续监管原则。对高级管理人员任职资格的监管应当是一个持续的过程，要贯穿其任职始终，不能只在高管人员入职当时进行监管，而应该建立动态的监督评价机制，持续有效地实行监管。

（二）任职资格监管的内容

1. 任职前的资格审查。任职前资格审查是指在该人员担任职务之前审查其是否有资格担任该职务。这方面主要应建立相关的资格考试认证制度，制定评定该人员的专业技能和道德品质的相关标准。对高级管理人员的任职前资格的要求主要包括积极任职资格和消极任职资格。

积极任职资格，即担任董事和高级管理人员应当符合的条件。具体包括：①金融机构法定代表人必须是中华人民共和国公民；②能贯彻执行国家的经济、金融方针政策；③熟悉并遵守有关经济、金融法律、法规；④具有与拟担任职务相适应的专业知识和工作经验；⑤具备与担任职务相称的组织管理能力和业务能力；⑥具有公正、诚实、廉洁的品质。

消极任职资格，是指不得担任高级管理人员的某些人或某些情形。这些消极条件包括：①因犯有贪污、贿赂、侵占财产、挪用财产罪或破坏社会经济秩序罪，被判处刑罚，或者因犯

罪被剥夺政治权利的；②曾经担任因违法经营被吊销营业执照或因经营不善破产清算的企业法定代表人，并对此负有个人责任或直接领导责任的；③对因工作失误或经济案件给所任职金融机构或其他企业造成重大损失，负有个人责任或直接领导责任的；④个人负有数额较大的债务并且到期未清偿的；⑤具有提供虚假材料等弄虚作假行为的；⑥有赌博、吸毒、嫖娼等违反社会道德的不良行为并造成不良影响的；⑦已累计两次被中国人民银行或其他监管当局取消金融机构高级管理人员任职资格的；⑧其他法律、法规规定不能担任金融机构高级管理人员的。

2. 任职期间的资格审核。任职期间资格审核是指对高级管理人员是否有资格继续留任进行审查。这主要是通过现场检查和非现场检查的情况来考核该人员的业绩。对于那些经营业绩欠佳、管理混乱或者严重违法违规、存在个人品质问题，证明已经不适宜继续留任的人员，应当及时取消其任职资格，并严肃追究其法律责任。中国银监会对银行业金融机构的高级管理人员的任职资格审查管理实行分级管理制度。银监会及其分支机构对由其批准的银行业金融机构及其分支机构的董事及高级管理人员的任职资格进行审查与管理。这些人员必须持有银监会颁发的《金融机构高级管理人员任职资格证书》或《金融机构高级管理人员任职资格临时证书》。银监会负责建立金融机构高级管理人员任职资格档案。任职过程中各种重要的文字材料必须存档，作为任职资格管理的重要依据。

3. 离任稽核。离任稽核是指担任银行业金融机构高级管理职务的人员任期届满后，对其任职期间的表现进行综合审核，从而判定其是否有资格继续担任银行业金融机构董事或高级管理人员。在离任稽核中，对于违反国家有关法律、法规规定，依法不适宜再继续担任高管职务的人员，应当依法取消其任职资格。银监会有权取消银行业金融机构董事及高级管理人员一定期限直至终身的任职资格，并同时收回其相应证书。被取消任职资格的人员，在限期内不得继续担任本金融机构的董事或高级管理人员，也不得被拟任为其他金融机构高级管理人员。

第三节　对银行业金融机构日常经营的监管

一、对银行业金融机构的审慎监管

银行业的特殊性决定了银行业存在着大量的风险，这些风险主要包括：信用风险、市场风险、利率风险、流动性风险、操作风险、法律风险和政策风险等。这些风险都可能会成为银行业整体风险的诱因，因此，要及时、持续监控银行业的内在风险。为了有效控制和防范风险，银监会应当制定和利用审慎规则对银行业进行有效监管。审慎性监管即指以审慎会计原则为基础，真实、客观、全面地反映金融机构的资产情况和运营状况，判断和评估金融机构的风险，及时预警和控制银行业金融机构的风险，从而有效防范和化解银行业风险的监管模式。[1] 审慎监管的实质是在实施审慎会计原则的基础上，真实反映银行业金融机构的资产与负债状况，客观评价银行业的风险程度，并及时予以预警和控制，防止金融风险的聚集和蔓延。审慎监管强调银行业金融机构内部风险管理和监管当局对金融风险的审慎评估和监管。我国《银行业监督管理法》在制定过程中，借鉴了巴塞尔委员会的《有效银行监管核心原则》，同时也把审慎监管这一核心原则吸收并确立在该法中。我国《银行业监督管理法》第21条第1款规定："银行业金融机构的审慎经营规则，由法律、行政法规规定，也可以由国务院银行业监督管理机构依照法律、行政法规制定。"这里的审慎经营规则，包括风险管理、内部控制、资本充足率、

---

〔1〕　孙国华、冯玉军主编：《银行法律基础知识》，中国金融出版社 2004 年版，第 248 页。

资产质量、损失准备金、风险集中、关联交易和资产流动性等内容。银行业金融机构应当严格遵守审慎经营规则。但是，这只是法律给金融机构规定了一个最低的审慎经营标准，并不能取代金融机构的管理，只要银行业金融机构达到了这个标准，就符合了审慎经营要求，银监会就不会对其业务进行限制；但是如果银行业金融机构没有达到该标准，银监会就会采取必要的强制措施来降低该金融机构的风险。

二、风险监管

(一) 风险监管概述

风险监管是指银行业金融机构识别、计量、监测和控制信用风险、市场风险、利率风险、流动性风险、操作风险、法律风险和政策风险等各类风险的全过程。随着现代商业银行的不断发展和金融领域竞争的加剧，金融创新使银行业务趋于多样化和复杂化，银行所面临的风险和性质也随之超越了最初的内涵，已经由单一的借贷产生的信用风险演变为包括信用风险、市场风险和操作风险等在内的多类型风险，在性质上也从最初的局部风险演变为全球风险。[1] 银行业风险在广度和深度上不断扩展和深化，影响也日趋扩大。中国是处于转型过程中的发展中国家，外部经济环境较为复杂，银行业发展还很不成熟，风险的表现形式更为特殊，这对风险管理提出了更高的要求。巴塞尔委员会的《有效银行监管核心原则》将商业银行的风险管理作为核心监管原则之一，我国《银行业监督管理法》也规定了要对银行业进行有效的风险监管。

上述各类风险的基本内涵如下：信用风险也称违约风险，是指获得银行信用支持的债务人由于某种原因不能或不愿履行合同而使银行遭受损失的可能性，或者是交易一方不履行义务而给对方带来损失的可能性。市场风险是因市场价格（利率、汇率、股票价格和商品价格）的不利变动而使银行表内和表外业务发生损失的风险，市场风险存在于银行的交易和非交易业务中。流动性风险是指银行所拥有的可以用于即时支付的流动资产不足，不能满足支付需要，从而使银行丧失清偿能力的风险。操作风险是因为银行内部控制不健全、操作失误等原因造成的风险。[2] 法律风险则是指当国家的法律发生变化时，银行正常的业务与法律不符，就面临着因需要改变银行业务以符合法律规定而要承担相应损失的风险。信用风险是我国银行业面临的主要风险，另外，市场风险和操作风险在实践中也很典型。因此，银监会应当把建立银行业金融机构的风险监管体系作为重要工作来抓，针对多种类型的风险进行全面的风险监管。

(二) 商业银行的风险管理

商业银行所面临的风险存在于银行业务的每一个环节，商业银行提供金融服务的过程也就是承担和控制风险的过程。因此，我国商业银行应当建立风险控制管理体系，以防范和化解银行风险。

商业银行应当按照有关规定，制定本行的业务规则，建立、健全本行的风险管理和内部控制制度。商业银行风险管理是指在进行一般性管理的同时，运用系统、规范的风险管理技术和方法，对各种风险进行识别、计量、评价，以有效控制和处置风险，从而以最小的成本获得最大的安全保障利益。商业银行风险管理的目标是通过监测和控制银行风险，将风险控制在商业银行可承受的合理范围之内，以实现商业银行的稳健运行和效益最大化。在现阶段，我国商业银行风险管理的基本任务可以分为两个方面：①从商业银行内部看，为了实现股东利益最大化，尽可能行之有效地防范金融风险，确保银行业的稳健运行，风险管理就需要建立严格的内

---

〔1〕 杨紫烜主编：《经济法》，北京大学出版社、高等教育出版社 2006 年版，第 339 页。

〔2〕 周民源主编：《新编银行业监管手册》，中国金融出版社 2006 年版，第 131 页。

部控制制度和良好的法人治理机制。②从商业银行外部看，为了从本质上更好地防范和化解金融风险，就需要改革和完善现有的金融体系，通过完善的风险管理制度来加强对商业银行的保护。

商业银行的风险管理应当因行制宜，建立起完善、有效的风险管理系统。商业银行的风险管理体系应当包括四个基本要素：①完善的法人治理结构。法人治理结构是银行业金融机构风险管理的组织基础。股东是商业银行风险的主要承担者，股东大会授权董事会制定风险管理制度，经营管理人员又按照董事会的授权对风险进行监控，而监事会则负责对风险管理进行监督。因此，完善的法人治理结构是风险管理的核心。②完善的风险管理政策和程序。前者是指商业银行制定各种应对金融风险的政策措施，后者是指对商业银行出现的风险进行识别、计量、监测与控制的程序。只有具备完善的政策和程序，风险监控才能有据可依、安全进行。③有效的风险识别、计量、监测和控制程序。这是风险管理的具体操作程序，可分为四个阶段，即风险的识别过程、风险的计量过程、风险的监测过程和风险的控制过程，具体由银行金融机构的经营管理层来执行。④完善的内部控制和独立的外部审计。内部控制是经营管理层为了完成既定的工作目标和防范风险，对内采取的控制措施。主要是对其内部职能部门和工作人员的业务活动进行风险控制和管理。独立的外部审计是商业银行聘请外部独立的审计机构对本机构进行审计。这样就把监督权交给了外部人，内外结合，两头控制，既防范了内部监控的失效风险，也保证了风险监控的有效性。

（三）对我国商业银行风险管理的监管

为了维护银行体系的稳定和安全，保护社会公众的利益，中国银监会负责对商业银行的风险水平和风险管理体系实施监管，依法对商业银行的风险水平和风险管理体系实施监督检查，评价商业银行风险管理的有效性。为此，中国银监会分别于 2004 年 12 月 29 日发布了《商业银行市场风险管理指引》、2005 年 3 月 22 日发布了《关于加大防范操作风险工作力度的通知》、2005 年 12 月 31 日发布了《商业银行风险监管核心指标（试行）》、2007 年 5 月 14 日颁布了《商业银行操作风险管理指引》，中国银保监会成立后分别于 2018 年 4 月 24 日发布了《商业银行大额风险暴露管理办法》、2018 年 5 月 30 日发布了《商业银行银行账簿利率风险管理指引》。

商业银行风险监管核心指标分为三个层次，即风险水平、风险迁徙和风险抵补。风险水平类指标包括流动性风险指标、信用风险指标、市场风险指标和操作风险指标，以时点数据为基础，属于静态指标。风险迁徙类指标在于衡量商业银行风险变化的程度，表示为资产质量从前期到本期变化的比率，属于动态指标。风险迁徙类指标包括正常贷款迁徙率和不良贷款迁徙率。风险抵补类指标在于衡量商业银行抵补风险损失的能力，包括盈利能力、准备金充足程度和资本充足程度三个方面。商业银行应建立与上述规定相应的统计与信息系统，以能够准确反映风险水平、风险迁徙和风险抵补能力。同时商业银行应参照《贷款风险分类指导原则》（已废止）将非信贷资产分为正常类资产和不良资产，计量非信贷资产风险，评估非信贷资产质量。而且商业银行应将各项指标体现在日常风险管理中，完善风险管理方法。商业银行董事会应定期审查各项指标的实际值，并督促管理层采取纠正措施。

银监会将通过非现场监管系统定期采集有关数据，分析商业银行各项监管指标，及时评价和预警其风险。银监会也将组织现场检查核实其数据的真实性，根据核心指标实际值有针对性地检查商业银行主要风险点，并进行诫勉谈话和风险提示。

三、内部控制

防范和化解金融风险的关键在于加强银行业金融机构自身内部控制制度的建设。内部控制是银行业金融机构为了实现经营目标，通过制定和实施一系列的制度、程序和方法，对风险进行事前防范、事中控制、事后监督和纠正的动态过程和机制。

四、资本充足率监管

资本充足率（Capital Adequacy Ratio），通常业内人士称之为 CAR，是指银行金融机构持有的、符合法律和监管当局规定的资本与银行风险加权资产之间的比率，是用以衡量银行金融机构的资本充足程度的重要指标。银行资本应保持既能经受坏账损失的风险，又能正常营运并达到盈利的水平。这是衡量一家银行业务经营情况是否稳健的一个重要标志。[1] 资本充足程度直接决定银行业金融机构抵御各种风险和最终清偿的能力，因而各国银行业进行审慎监管都是以此为核心。为了降低存款人、债权人和其他利益相关者利益损失的风险，维护银行业的信誉及整个银行业的稳健运行，国家必须对银行业进行资本监管，使银行保证最低资本充足率。资本充足率既是监管机构审批银行业金融机构增设分支机构、开办新业务、合并重组等所应当考虑的主要因素，也是评估银行业风险状况、依法采取各种监管措施的重要依据。1988 年的《巴塞尔资本协议》规定了资本充足率，其要求商业银行资本应达到风险资产总额的 8%，在衡量单个银行乃至银行体系稳健性问题上，该协议已成为世界公认的国际标准，同时也是维护银行业公平竞争的重要标尺。全世界很多国家和地区都接受和实施了该协议，并把该协议的原则、标准和精神确立在各国的监管体制中。之后随着世界经济形势的不断发展，科技与通讯快速发展、金融市场全球化和自由化使得银行风险计量与管理方式发生了很大变化，仅仅依靠资本充足率监管已经无法保证单一银行乃至整个银行体系的稳定和安全发展。在此背景下，该协议经过不断的修改和补充，最终，巴塞尔委员会于 2004 年 6 月颁布了《新巴塞尔资本协议》。同时，巴塞尔委员会《有效银行监管核心原则》也规定了资本充足率监管原则。我国作为一个发展中国家，应当借鉴国际先进监管模式，通过资本监管的方式，创造合理的激励机制，鼓励和引导银行业不断提高风险管理水平，从而促进我国银行业的稳健运行。

商业银行对资本充足率水平的维持负有首要责任。商业银行在从事经营活动、制定发展战略时，应当首先考虑和关注资本充足率问题，并建立相应的资本充足率管理制度。同时，资本充足率的监管应当贯穿于商业银行设立、持续经营、市场退出的全过程，从而保证银行金融机构的资本充足率水平能满足业务发展的需要和监管当局的要求。资本充足率对商业银行的影响是重大的、全方位的，所以要强化资本充足率监管。我国借鉴了国际先进的资本监管模式，在《银行业监督管理法》《商业银行法》中都规定了要对银行业实行资本充足率监管。中国银监会 2004 年颁布了《商业银行资本充足率管理办法》，2006 年 12 月 28 日中国银监会第五十五次主席会议通过了《关于修改〈商业银行资本充足率管理办法〉的决定》，2007 年 7 月 3 日其又颁布了新的《商业银行资本充足率管理办法》，2012 年中国银监会发布《商业银行资本管理办法（试行）》（部分失效），同时《商业银行资本充足率管理办法》被废止。上述法律规章是我国资本监管的主要法律依据。

第四节 市场退出监管

银行业金融机构的市场退出，是指对于银行业金融机构停止办理金融业务，吊销金融银行

---

[1] 刘毅：《金融监管问题研究》，经济科学出版社 2006 年版，第 127 页。

业许可证，取消其作为金融机构的资格。银行业金融机构的市场退出机制是一个关系到市场主体生存和行业健康发展的重要环节。良好有效的市场退出机制有利于保留下质量好、竞争力强的市场主体，对银行业金融机构形成有效的资源流转和配置，有助于形成健康的市场氛围、促进银行业整体竞争力的提高，也有助于银行业的稳健运行。国家的监管应当贯穿银行业务的始终，对市场退出进行监管具有重要的作用。各国的银行业监管都十分重视这一金融活动的最后环节，我国也是如此。中国国务院银行业监督管理委员会负责对银行业金融机构的市场退出进行监管。

一、市场退出监管的必要性

银行业金融机构的优胜劣汰是市场经济规律作用的必然结果，失去竞争力的银行业金融机构从竞争中退出市场，既是竞争的结果，也是维护良性的竞争秩序、促进银行业稳健发展的客观需要。及时地让那些陷入危机、经营困难的高风险银行业金融机构退出市场，可以尽早阻断金融危机的传导，遏制危机的扩散，锁定危机的损失，从而维护金融体系的安全；果断地让那些经营不善、失去竞争力的问题银行业金融机构退出市场，可以对其他银行业金融机构形成外在压力，激励其不断提高经营管理水平，增强竞争能力，从而保持银行业持续而高效的发展活力；快速有效地让那些缺乏效率、长期亏损的银行业金融机构退出市场，可以优化金融资源配置，从而提高金融市场效率；稳妥地让那些经营失败、难以为继的银行业金融机构退出市场，可以给银行业金融机构的股东、经营者、债权人以及利益相关者以必要的约束，提高社会公众对于风险的认知能力，增强社会公众的风险意识；坚决地让那些恶意经营、损害公众利益的银行业金融机构退出市场，可以有效震慑相关金融犯罪，增强银行业金融机构经营管理者的合规意识，强化市场纪律约束，从而净化金融业公平竞争的环境。建立健全银行业金融机构市场退出机制，有效处置和妥善安排问题金融机构，事关银行业改革、开放、发展和稳定的大局。

当前和今后一个时期，我国银行业金融机构的市场退出工作主要包括：①建立健全银行业金融机构市场退出的法律法规体系。尽快出台与《企业破产法》相配套的《银行业金融机构破产条例》，明确界定金融机构经营者、债权人、监管部门、中央银行、各级政府部门等各利益相关主体权责义务以及市场退出的具体标准、程序、债权债务清偿原则等。②要选择适合我国国情的银行业金融机构市场退出模式。借鉴国际成功经验，参照国际通行规则，结合中国实际，根据问题银行业金融机构的现实状况，选择行政接管、重组、并购、撤销、关闭清算等多种市场退出方式，以尽可能小的社会震动和处置成本、尽可能少的公共资源，最大限度地保护存款人、债权人和纳税人的利益。③建立有效的风险预警和危机救助机制。特别是要尽快大面积地清除尚存的清偿性风险，然后再抓紧建立银行存款保险制度，建立多部门综合配合、缓释和化解系统性风险的机制。④建立市场退出相关责任人的问责制。严厉追究有过错的高级管理人员的行政责任、民事责任和刑事责任，打击金融犯罪，防范银行业金融机构经营和市场退出中的道德风险。

二、市场退出的方式及救助途径

银行业金融机构的市场退出形式多种多样，一般情况下可以分为两种，即自愿退出与强制退出。自愿退出是指由银行业金融机构章程规定或者经过股东大会决议，经银监会批准后，自行终止其各项金融业务活动，并依法注销法人资格的行为。强制退出是指因银行业金融机构严重违法经营，或者出现难以救助的金融风险，银行业监督管理委员会撤销银行业金融机构的行为，或者法院根据《企业破产法》的规定宣告银行业金融机构破产的行为。

以商业银行为例，商业银行市场退出的形式有解散、被撤销和被宣告破产：①商业银行因分立、合并或者出现公司章程规定的解散事由需要解散的，应当向银监会提出申请，并附解散的理由和支付存款的本金和利息等债务清偿计划。经银监会批准后解散。商业银行解散的，应当依法成立清算组，进行清算，按照清偿计划及时偿还存款本金和利息等债务。银监会监督清算过程。②商业银行因吊销经营许可证被撤销的，银监会应当依法及时组织成立清算组，进行清算，按照清偿计划及时偿还存款本金和利息等债务。③商业银行不能支付到期债务，经银监会同意，由人民法院依法宣告其破产。商业银行被宣告破产的，由人民法院组织银监会等有关部门和有关人员成立清算组，进行清算。商业银行破产清算时，在支付清算费用、所欠职工工资和劳动保险费用后，应当优先支付个人储蓄存款的本金和利息。

现代银行业金融机构面临着多重性、混合性的风险，在业务操作中这些风险有可能因为未能被及时预警和防范，给银行带来现实损失，使其陷入危机。当银行业金融机构可能或者已经出现信用危机，有可能严重影响存款人和其他客户合法权益时，如果不及时对其进行救助，导致社会公众对其失去信心，就有可能引发挤兑，造成破产。这样也会导致银行业的震荡，破坏金融市场的稳定。所以在银行业金融机构因为各种除了自愿退出之外的原因退出市场之前，国家监管部门根据不同银行业金融机构的风险、危机情况，会酌情先采取相应的救助措施，促使有希望的银行业金融机构摆脱危机，恢复正常经营，免于市场退出，从而保证银行业、金融市场和整个社会的稳定。只有当银行业金融机构面临无法挽回的危机或者严重违法违规时，才令其退出市场。但要注意的是，这种对银行业金融机构的救助措施并不是每一个银行业金融机构退出市场的必经阶段。银行业金融机构的市场退出是其参与金融市场的最后环节，监管部门进行市场退出监管时应当审慎、严格把关，并且对其市场退出的全过程进行监管。

当银行业金融机构出现信用风险时，监管机构主要通过以下方式来对危机进行处理：

1. 银行业监管部门采取的应急措施。这些措施包括：①当银行业出现金融危机时，由监管部门首先对其注入紧急流动性资金，以挽救危机银行。②在实施了该挽救措施之后仍然无法摆脱危机的银行业金融机构可以由监管部门实行接管。对危机银行的接管是指金融监管部门依法对陷入危机的银行通过成立接管组织强行介入，行使经营管理权，防止其资产和业务进一步恶化，以保护存款人和其他债权人利益，恢复银行经营能力的法律行为。接管与重组是金融机构摆脱危机不可或缺的制度，而且挽救成本较低，不仅可以使危机金融机构避免或扭转危机，恢复正常经营，而且可以保护存款人的利益、维护金融稳定。我国《商业银行法》规定，商业银行可能或已经发生信用危机，严重影响存款人的利益时，银监会可以对该银行实行接管。《银行业监督管理法》也规定，银行业金融机构可能或者已经发生信用危机，严重影响存款人和其他客户合法权益的，银监会可依法对该银行业金融机构实行接管。③监管部门对上述危机银行业金融机构进行重组，即鼓励其他银行业金融机构对危机银行业金融机构进行并购。通过促进银行业金融机构之间的并购和破产制度来重新配置市场资源，优化重组。我国《商业银行法》规定，商业银行的分立、合并，适用《公司法》的规定，因此，我国有关商业银行的并购主要是依《公司法》进行的。

2. 贷款救济。贷款救济包括以下三个方面的制度：①最后贷款人制度。这一制度是一国中央银行履行其职能的表现，中央银行设立的目的和主要职能就是防范和化解银行危机和维护金融稳定。中央银行作为最后贷款人，向可能或已经发生信用危机的银行提供流动性资金支持是世界各国的普遍做法。该制度是指由中央银行向暂时出现流动性困难的银行提供紧急流动性资金援助，使危机银行业金融机构摆脱危机、走出困境，从而防止危机银行业金融机构由暂时流动性危机转化为清偿危机和系统性危机，由此避免可能由单个银行危机引发的挤兑和破产风潮，避免银行业的震荡。②设立特别机构和专项基金间接提供财务援助。典型例子是原联邦德国的清算合作银行"科利银行"和比利时的"银行信用保证局"。当一国银行业金融机构面临严重风险或危机时，为了挽救金融机构，采取救助措施，由中央银行出面设立特别机构或专项基金为其提供财务援助，使其摆脱困境。如在比利时，基于公共利益，中央银行组织银行业共同出资成立"银行信用保证局"，对危机银行提供财务援助。③临时组织大银行集资救援。这种集资救助是在监管部门授意下进行的。如英国一般由伦敦的四大清算银行提供救援。[1]

3. 存款保险制度。这是指由经营存款业务的银行业金融机构按规定费率向法定的专门存款保险机构缴纳保险金，在投保银行业金融机构面临支付风险、破产倒闭情形时，由保险机构向其提供流动性资金救助，或者按规定的限额赔偿存款人的储蓄存款的特殊保险制度。2015年5月1日，我国《存款保险条例》正式实施。实行存款保险制度，有利于保护存款人的权益，维护银行业金融机构的信誉，提升公众对银行业的信心，防止挤兑。它通常与最后贷款人制度一起构成各国拯救危机银行的核心法律制度，并共同构成一国金融体系的最后一道安全防线。

4. 金融同业互助。即当金融同业机构陷入信用危机时，其他金融机构响应和配合监管部门的监管措施，对其进行收购、促进重组，以减轻金融机构破产带来的市场震荡，维护金融稳定。

三、市场退出的程序

市场退出的程序因各类银行业金融机构的性质、资产负债的复杂程度、退出方式不同而不同。我国《企业破产法》第134条第1款规定："商业银行、证券公司、保险公司等金融机构有本法第二条规定情形的，国务院金融监督管理机构可以向人民法院提出对该金融机构进行重整或者破产清算的申请。国务院金融监督管理机构依法对出现重大经营风险的金融机构采取接管、托管等措施的，可以向人民法院申请中止以该金融机构为被告或者被执行人的民事诉讼程序或者执行程序。"上述所谓第2条规定的情形，即"企业法人不能清偿到期债务，并且资产不足以清偿全部债务或者明显缺乏清偿能力的，依照本法规定清理债务"。此外，该法第134条第2款还明确规定："金融机构实施破产的，国务院可以依据本法和其他有关法律的规定制定实施办法。"由此我们可以看出，银行业金融机构重整或破产清算是依据《企业破产法》来实行的，但是由于银行业金融机构的特殊性，法律规定了银行业金融机构破产等的特殊程序和措施。而规制银行业金融机构破产的具体法律、法规尚未制定，所以，银行业金融机构破产的法律适用现在还存在某些空白和模糊地带。目前我国银行业金融机构市场退出机制的法律制度尚比较滞后，主要表现为六个方面：①市场退出的法律、法规尚未健全；②市场退出的操作程序不够明确；③各部门之间的协调配合尚未完善；④市场退出的救助资金来源不明和处置手段较为单一；⑤缺乏责任追究制度；⑥市场退出的成本高、效益差。

尽管我国银行业金融机构市场退出机制的法律制度存在上述诸多滞后的情形，但结合《企业破产法》和《商业银行法》等相关法律的规定，在实务操作中银行业金融机构的市场退出大致可遵循以下基本程序（见二维码）。

第五节　银行业监管措施

一、银行业监管措施概述

银行业监管是一个持续动态的过程，监管贯穿于银行业金融机构组织和活动的始终。银行

---

[1] 郭田勇主编：《金融监管教程》，中国金融出版社2005年版，第219页。

业监管也通过各项监管措施的实施把先进的监管理念、管理制度灌输于银行业金融机构，并促使其合法、合规运行。银行业监管措施是监管制度在实际操作中的具体化，是对银行持续性监管原则的具体落实，因而具有重要作用。我国银行业监管措施体系大致包括对银行业金融机构的非现场监管、现场检查、并表监管、内外审计等。银行业监管要求以安全、稳健为重点，并通过与银行管理人员接触以及现场检查和非现场检查监管，对各银行业金融机构进行深入了解，定期进行分析和评估。银行监管部门能否持续地对被监管机构实施监管，是衡量银行监管有效性的一项重要标准。而改进持续监管的工作重点主要在于完善和强化各项监管措施：①进一步强化现场检查和非现场监管功能；②加强与银行董事会和管理层的接触；③强化并表监管；④进一步强化内外审计功能。

巴塞尔委员会于 2006 年 10 月发布了新的《有效银行监管核心原则》，其中第 19～21 项原则规定了持续监管原则，具体内容有：①监管方式。有效的银行监管体系要求监管部门对单个银行、银行集团、银行体系的总体情况以及银行体系的稳定性有深入的了解，将工作重点放在安全性和稳健性上。②监管技术。有效的银行监管体系应包括现场检查和非现场检查。银行监管机构必须与银行管理层经常接触。③监管报告。银行业监管机构必须掌握在单个和并表基础上收集、审查、分析各家银行的审慎报告和统计报表的方法。监管部门必须有手段通过现场检查或利用外部专家对上述报表独立核对。[1]

对我国而言，在吸收借鉴国际先进经验的同时，银监会也采取了一系列监管措施，加强银行业持续监管。我国的《银行业监督管理法》吸收了《有效银行监管核心原则》的相关内容，规定了银行业监管措施，其主要内容包括：①银行业监督管理机构根据履行职责的需要，有权要求银行业金融机构按照规定报送资产负债表、利润表和其他财务会计、统计报表、经营管理资料以及注册会计师出具的审计报告。②银行业监督管理机构根据审慎监管的要求，可以进行现场检查。③银行业监督管理机构应当责令银行业金融机构按照规定履行信息披露义务，如实向社会公众披露财务会计报告、风险管理状况、董事和高级管理人员变更以及其他重大事项等信息。④银行业金融机构违反审慎经营规则的，银监会或者其省一级派出机构在法律规定的情形下，可以区别情况，采取强制措施。⑤银行业金融机构已经或者可能发生信用危机，严重影响存款人和其他客户合法权益的，银监会可以依法对该银行业金融机构实行接管或者促成机构重组。银行业金融机构有违法经营、经营管理不善等情形的，银监会有权予以撤销。⑥银行业监督管理机构有权查询涉嫌金融违法的银行业金融机构及其工作人员以及关联行为人的账户；对涉嫌转移或者隐匿违法资金的，经银行业监督管理机构负责人批准，可以申请司法机关予以冻结。

二、现场检查

现场检查是指监管人员进入银行业金融机构经营场所，通过实地查阅各类财务报表、文件档案、原始凭证和规章制度等业务资料，对发现的事实加以分析以获得对银行业金融机构整体或部分经营活动的综合评价的行为。通过现场检查，有助于监管部门全面、深入了解银行业金融机构的经营和风险状况，并对银行业金融机构的经营和风险状况作出客观、全面的判断和评价。现场检查是持续性监管的重要组成部分，与非现场监管相互补充。现场检查结束后要提交现场检查报告，向被检查金融机构反馈检查意见，对发现的问题要及时提出监管措施或作出处罚决定，同时要跟踪问题，落实整改情况。

我国《银行业监督管理法》规定，银行业监督管理机构应当对银行业金融机构的业务活

---

〔1〕 张炜主编：《银行业法制年度报告（2006）》，法律出版社 2007 年版，第 188 页。

动及其风险状况进行现场检查。银监会应当制定现场检查程序，规范现场检查行为。银监会还发布了《中国银行业监督管理委员会现场检查规程》《商业银行市场风险监管现场检查手册》，以规范对银行业金融机构的现场检查，统一现场检查标准，规范现场检查程序，提高现场检查的质量和效率。

（一）现场检查的形式

银行业的现场检查形式按不同的标准可划分为不同的种类，按检查的内容和范围，可划分为全面检查和专项检查；按检查的时间间隔和频繁程度，可划分为定期检查和不定期检查。

全面检查是指为了全面系统评价银行业金融机构经营管理和风险状况，对被检查金融机构某一时期内所有业务活动进行全面实地检查的方式。专项检查就是针对被检查金融机构容易出现问题的业务或者已经出现问题的业务进行现场检查的方式，具有较强的针对性和目的性。定期检查是指每隔一段时间，固定地进行一次现场检查的方式。在很多情况下其常与全面检查结合在一起，被称为常规检查。定期检查的时间间隔通常是根据被检查金融机构的风险和经营状况来确定的。不定期检查是指监管部门根据需要不定期、不定时地对金融机构进行现场检查的方式。大多数情况下是针对某一时期的某一特定问题进行的专项检查。

（二）现场检查的内容、阶段和措施

现场检查是银行业金融机构日常工作的一部分，其一般包括五个方面的内容：资本充足性、资产质量、管理水平、盈利水平以及流动性。

现场检查过程可以分为五个阶段：检查准备、检查实施、检查报告、检查处理和检查档案管理。

监管部门根据审慎监管原则可以采取以下措施实施现场检查：①进入银行业金融机构进行检查；②询问银行业金融机构的工作人员，要求其对有关检查事项作出说明；③查阅、复制银行业金融机构与检查事项有关的文件、资料，对可能被转移、隐匿或者毁损的文件、资料予以封存；④检查银行业金融机构运用电子计算机管理业务数据的系统。

进行现场检查，应当经银行业监督管理机构负责人批准。现场检查时，检查人员不得少于2人，并应当出示合法证件和检查通知书；检查人员少于2人或者未出示合法证件和检查通知书的，银行业金融机构有权拒绝检查。

三、非现场监管

非现场监管是指监管部门在定期或不定期采集银行业金融机构的相关经营管理和财务数据的基础上，通过运用一定的技术方法对信息进行分析处理，持续检测银行业金融机构的经营情况和风险状况，及时进行风险评价和预警，对金融机构出现的问题采取相应、适时的监管措施，为现场检查提供依据的行为。非现场监管是银行有效的审慎监管体系中一种重要的持续性监管手段，对银行业金融机构进行风险评级、风险预警以及指导现场检查都有重要的作用。尤其对于现场检查来说，二者在持续监管方面相互补充，非现场监管及时、持续地对银行业金融机构的经营和风险状况进行监管，为现场检查提供监管的对象和重点，使其更有针对性，有利于合理分配监管资源，提高监管的质量和效率。我国《银行业监督管理法》规定，银行业监督管理机构应当对银行业金融机构的业务活动及其风险状况进行非现场监管，建立银行业金融机构监督管理信息系统，分析、评价银行业金融机构的风险状况。为加强银行监管的有效性，强化持续监管手段，完善非现场监管体系，实现对股份制商业银行风险状况的持续监控和动态分析，中国银监会发布了《股份制商业银行非现场监管规程（试行）》，对股份制商业银行非现场监管的工作目标、范围、方式、频率和程序等进行了具体规范。非现场监管主要是通过对银行资产负债表及其他的相关资料的分析、评价来实施监管。该规章目前已经失效。

（一）非现场监管的主要内容

非现场监管的内容主要包括合规性监管和风险性监管。合规性监管要素包括：信贷规模、信贷限额、资产负债比例的执行情况以及其他合规性监管要素。风险性监管要素包括：银行业资本充足性、资产流动性、资产安全性、收益合理性、内控有效性等。其基本框架包括：指标体系、信息收集整理、风险分析评价、监管措施、监管报告等内容。银行业监督管理委员会的日常工作主要包括以下内容：监管信息收集；信息核对、整理；非现场分析和评价；撰写非现场监管报告、非现场监管意见书、行政处罚告知书、行政处罚决定书；根据监管需要，有选择地使用监管提示、监管质询、约见谈话、审慎会议、不定期走访、列席会议等非现场监管手段；非现场资料的保存。[1]

（二）非现场监管的环节

非现场监管主要包括以下四个环节：

1. 信息收集与核实。监管部门为了进行持续监管，需要全面收集银行业的经营状况和风险状况的动态信息。监管部门可以要求银行业金融机构报送非现场监管所需要的数据和非数据信息。信息资料的报送方式可以分为：直接报送报告报表，报送计算机存储介质和进行数据通信等。同时为了及时了解银行业的最新、重要运行情况，还可以建立重大事项报告制度，督促银行业金融机构就特定的重大事项及时向监管部门报告。

2. 信息处理与分析。对于报送的信息资料，监管部门应及时对其进行监测分析和评价，形成非现场监管分析报告。非现场监管分析报告一般包括以下内容：银行业金融机构的总体风险评价；银行业金融机构在报告期内的主要风险、风险变化趋势和应引起注意的问题；银行业金融机构经营管理状况的重大变化，监管意见、建议和监管工作计划；非现场监管人员认为应当提示和讨论的其他问题。

3. 信息反馈与使用。对于非现场监管分析得出的结果，所采取的监管措施应当视具体情况的需要以监管通报的形式通报被监管机构，并要求其报送整改和纠正。非现场监管分析报告作为现场检查的参考和依据，应当提示进行现场检查应采取的频率、力度、范围和重点。在非现场年度分析报告的基础上，结合现场检查、市场准入等年度监管情况对银行业金融机构进行风险评级，实施分类监管。

4. 信息归档与管理。对监管信息要建立非现场监管信息档案。这些档案应当包括：银行业金融机构报送的各类信息及其分析评价意见、与被监管机构的函件往来及电话记录、非现场监管分析报告、会谈记录或纪要、监管日志、工作底稿、相关请示和领导批示等。同时要建立完善的非现场监管信息的保管、查询和保密制度。非现场监管信息档案应当由专人保管，建立查阅登记制度。

（三）非现场监管指标

非现场监管的指标主要包括四个方面：①资本充足性指标，主要包括：资本充足率、核心资本充足率、长期次级债务比率。②资产风险指标，主要包括：资产质量指标、非信贷资产指标、表外业务质量指标、贷款集中度指标。③效益性指标，主要包括：利润总额、资本利润率、资产利润率、利息回收率、各项收支比例等。④流动性指标，主要包括：备付金比率、资产流动性比率、存贷款比例等。

四、并表监管

并表监管是指监管部门以整个银行集团为对象，对银行集团的总体经营和所有风险进行监

---

〔1〕 周民源主编：《新编银行业监管手册》，中国金融出版社 2006 年版，第 259 页。

督。不仅对被监管对象的自身经营和风险管理情况进行监管，而且对于与被监管银行业金融机构有直接联系的附属机构、关联机构，应当根据其对被监管机构的影响和关联程度，将这些机构的经营和风险状况也纳入监管体系内。银行集团既包括银行直接的分支机构和子公司，也包括银行集团内的非银行机构和金融附属公司。并表监管不同于简单的财务会计并表，而是一种定性和定量监管。巴塞尔委员会新的《有效银行监管核心原则》的第24项原则规定了并表监管：监管机构有必要对银行集团进行并表监管，有效地监测并在适当时对集团层面各项业务提出审慎要求。[1] 它要求母国的银行监管者必须实施全球性并表监管，对其银行在世界各地的所有业务，特别是在其他国家的分行、附属机构和合资机构的各项业务，进行充分的监测，并要求其遵守审慎经营的各项原则。受上述原则的影响，我国《银行业监督管理法》对并表监管也作出了规定：国务院银行业监督管理机构应当对银行业金融机构实行并表监督管理。

加入世界贸易组织（WTO）以后，我国金融市场逐渐对外开放，开放程度不断提高，国内外资银行分支机构的数量也不断增多，这就在客观上要求监管部门要及时掌握在华外资银行总体经营情况和风险状况，以利于及时有效地进行监管。随着国际金融一体化和自由化的发展，外资银行在华业务不断扩张，我国金融监管部门面临严峻的监管考验，为了有效地应对外资银行经营策略一体化和业务管理集中化的趋势，监管部门不断完善监管方式和提高监管水平，同时为了满足持续跟踪母行经营风险和母国经营形势的监管需要，并表监管的重要性日益突显出来。为此，银监会发布了《外资银行并表监管管理办法》（已失效），相关制度已纳入《外资银行管理条例》之中。

五、信息披露监管

银行业金融机构的信息披露是指银行业金融机构应当按照监管部门规定的原则、内容、方式和程序，真实、准确、及时、完整地向投资者、存款人和利益相关人披露反映其经营状况的重要信息。银行业金融机构的信息披露有利于投资者、存款人和其他利益相关者了解其公司治理、财务、风险管理等重大事项的信息，有利于保护他们的合法权益。外部监督有利于加强市场约束，有利于对银行业金融机构的全方位监管，可以促使其积极完善公司治理、完善内部控制和风险管理，促进银行业金融机构的改革。同时，适当的信息披露有利于增强银行业金融机构和整个金融业的市场透明度和公信力。信息披露是国际上银行业监管的重要原则。巴塞尔委员会发布的《提高银行透明度》、《披露信贷风险的最佳做法》、新《巴塞尔资本协议》等文件，对银行业信息披露的主要内容、质量要求和方式进行了规范。我国也一直在重视和加强对银行业金融机构的信息披露监管。我国《银行业监督管理法》规定，银行业监督管理机构应当责令银行业金融机构按照规定，如实向社会公众披露财务会计报告、风险管理状况、董事和高级管理人员变更以及其他重大事项等信息。为了加强商业银行的市场约束，规范商业银行的信息披露行为，有效维护存款人、债权人及其他利益相关人的利益，促进商业银行安全、稳健、有效运营，2006年12月8日中国银监会第54次主席会议通过并颁布了《商业银行信息披露办法》，该办法规定商业银行应遵循真实性、准确性、完整性和可比性的原则，规范地披露信息。中国银监会根据有关法律、法规对商业银行的信息披露进行监管。

六、其他监管措施

（一）对银行业金融机构的强制性措施

银行业金融机构从事的是高风险的行业，应当遵守审慎经营规则，银行业监督管理机构有

---

〔1〕　转引自张炜主编：《银行业法制年度报告（2006）》，法律出版社2007年版，第189页。

权对违反规则和法律规定的银行业金融机构实行处罚。采取强有力的强制措施是各国金融监管部门有效实施监管的前提。巴塞尔委员会的新《有效银行监管核心原则》中的第23项原则规定了监管机构的纠正及整改权力：银行监管机构必须具备一整套及时采取纠改措施的工具。这些工具包括在适当情况下监管机构有权吊销银行执照或建议吊销银行执照。[1]

我国《银行业监督管理法》充分借鉴了国外的监管经验，结合我国监管的实际情况，赋予了银监会必要的监管手段和措施。银行业金融机构违反审慎经营规则的，银监会或者其省一级派出机构应当责令限期改正。逾期未改正的，或者其行为严重危及该银行业金融机构的稳健运行、损害存款人和其他客户合法权益的，经银监会或者其省一级派出机构负责人批准，可以区别情形，采取下列措施：①责令暂停部分业务、停止批准开办新业务；②限制分配红利和其他收入；③限制资产转让；④责令控股股东转让股权或者限制有关股东的权利；⑤责令调整董事、高级管理人员或者限制其权利；⑥停止批准增设分支机构。

银行业金融机构整改后，应当向银监会或者其省一级派出机构提交报告。银监会或者其省一级派出机构经验收，符合有关审慎经营规则的，应当自验收完毕之日起3日内解除对其采取的上述有关措施。

（二）银行业金融机构的接管和重组

银行业金融机构可能或者已经发生信用危机，严重影响存款人和其他客户合法权益的，银监会可以依法对该银行业金融机构实行接管或者促成机构重组，接管和机构重组依照有关法律和国务院的规定执行。

银行业金融机构有违法经营、经营管理不善等情形，不予撤销将严重危害金融秩序、损害公众利益的，银监会有权予以撤销。

银行业金融机构被接管、重组或者被撤销的，银监会有权要求该银行业金融机构的董事、高级管理人员和其他工作人员，按照银监会的要求履行职责。

在接管、机构重组或者撤销清算期间，经银监会负责人批准，对直接负责的董事、高级管理人员和其他直接责任人员，可以采取对其出境和财产的限制措施：①直接负责的董事、高级管理人员和其他直接责任人员出境将对国家利益造成重大损失的，通知出境管理机关依法阻止其出境；②申请司法机关禁止其转移、转让财产或者对其财产设定其他权利。

（三）对银行业金融违法机构及人员的处置措施

经银监会或者其省一级派出机构负责人批准，银行业监督管理机构有权查询涉嫌金融违法的银行业金融机构及其工作人员以及关联行为人的账户；对涉嫌转移或者隐匿违法资金的，经银行业监督管理机构负责人批准，可以申请司法机关予以冻结。

银行业监督管理机构依法对银行业金融机构进行检查时，经设区的市一级以上银行业监督管理机构负责人批准，可以对与涉嫌违法事项有关的单位和个人采取下列措施：①询问有关单位或者个人，要求其对有关情况作出说明；②查阅、复制有关财务会计、财产权登记等文件、资料；③对可能被转移、隐匿、毁损或者伪造的文件、资料，予以先行登记保存。

银行业监督管理机构采取上述规定措施时，调查人员不得少于2人，并应当出示合法证件和调查通知书；调查人员少于2人或者未出示合法证件和调查通知书的，有关单位或者个人有权拒绝。对依法采取的措施，有关单位和个人应当配合，如实说明有关情况并提供有关文件、资料，不得拒绝、阻碍和隐瞒。

---

[1]　转引自张炜主编：《银行业法制年度报告（2006）》，法律出版社2007年版，第189页。

第六节　法律责任

第二十二章

保险业监管法律制度

第一节　保险业监管法概述

一、保险的概念、本质及其分类

保险源于风险的存在，中国自古就有"天有不测风云，人有旦夕祸福"的说法，可见对未来不确定性风险的担心，古已有之。对于不确定的风险如何防范，或者说如何将可能发生的风险的损失减少，有两个基本途径：①靠外界的帮助，比如国家的救济、社会的慈善事业；②靠个体之间的互相救助，最为典型的就是保险。保险的历史源远流长，早在远古时代，人类就已经萌生了相互救济和保障的思想，现代的保险业就起源于欧洲中世纪的海上保险。

保险是保险人向投保人收取保险费，建立专门用途的保险基金，并对投保人负有法律规定或合同约定范围内的赔偿和给付责任的一种经济保障制度。[1]

关于保险的本质，我们可以概括出以下三个方面的内容：①保险本质上是一种互助行为。从保险的运行机制看，保险是指面临风险的人们通过保险人组织起来，由保险人组织保险基金，若被保险人发生损失，则可从保险基金中获得补偿，从而使个人风险得以转移、分散。换句话说，一人损失，大家分摊，即"人人为我，我为人人"。可见，保险本质上是一种互助行为。有了保险，人们在投资和日常生活中就会减少对未来的担忧。②从法律的角度看，保险是相关法律主体之间的一种合同关系，即投保人向保险人交纳保费，保险人在被保险人发生合同规定的损失时给予赔偿。保险合同通常又称为保单。③保险也是风险管理的一种方法。保险人将众多面临同一风险的个人或单位集中起来，根据概率和大数法则原理，预估损失发生的可能性，计算出为弥补这些损失每一个别单位应当分担的数额，并收取相对少量的经营费用，建立应付风险损失的保险基金，保险人把自身风险又相对均衡地转移给了全部被保险人。这样一来，通过保险这种经济制度，就可以分散风险、消化损失。

根据不同的标准，我们可以将保险分为若干类型。保险的分类标准很多，但最基本的分类有如下两种：

1. 根据保险标的不同，保险可分为人身保险和财产保险。人身保险是以人的生命、身体或健康作为保险标的的保险。在保险有效期限内，当被保险人死亡、伤残、疾病或者达到保险合同约定的年龄、期限时，保险人依照约定给付保险金。财产保险是以财产及其相关利益作为保险标的，在保险有效期限内，保险人对于因保险合同约定的保险事故发生而造成的保险标的的损失进行补偿的一种保险。

2. 以是否营利为标准，保险可分为商业保险和社会保险。商业保险是指以营利为目的，按照商业经营原则所经营的保险。社会保险是指国家通过立法形式，对社会成员在特定情况下的基本物质生活需要给予帮助的一种社会保障制度。本章所论述的保险业监管制度，是指对商

---

〔1〕　刘树成主编：《现代经济辞典》，凤凰出版社、江苏人民出版社 2005 年版，第 18 页。

业保险进行监管的制度。

二、保险业监管的理论基础

各国保险市场的发展都离不开对保险业的监管，为什么要进行保险业监管？其理论基础是什么？对此，我们可以从经济学和法学两个方面来进行分析。

（一）对保险业进行监管的经济学基础

在市场经济中，有两股最基本的力量推动着经济发展：①市场本身自发的资源配置作用，也就是"看不见的手"的力量；②政府对于经济的介入或者说干预，也就是"看得见的手"的力量。

西方古典经济学理论崇尚的是完全的市场调节，而忽视政府的干预作用，但是市场经济发展所体现的种种弊端，说明政府必须介入到社会经济活动中来，以克服市场自身无法克服的缺陷。作为市场经济的有机组成部分的保险市场，同样存在其不可克服的缺陷。探寻克服这些缺陷的途径，便构成了对保险业进行监管的经济学基础。

1. 信息不对称。只有在完全的市场经济条件下，市场的资源配置作用才能得到充分的发挥而不至于扭曲。完全的市场经济需要四个条件，其中之一便是有关产品的信息是免费的和完全可以获知的。另外三个条件是：有足够数量的消费者和生产者，从而任何一个或者一组消费者或生产者都无法影响市场；生产者可以自由进出市场；生产者的产品是同质的。[1]

可是，事实上交易双方信息的对称是不现实的。也正是因为有了信息的不对称，才有了各种市场欺诈和不正当行为。在保险市场，信息的不对称主要体现在，作为投保人的个人和企业对保险公司的财务状况往往不甚了解，甚至在保险公司经营困难时，投保人仍然不明就里地进行投保，这种信息不对称对于投保人非常不利。此外，保险产品本身也存在信息不对称的问题，尤其是面向普通消费者出售的保单，因为保单在法律意义上就是一份合同，不仅具有很多复杂的保险专业术语，还有很多专业的法律用词，非专业人士很难透过文字的表面理解其真实含义。特别是保单条文中，保险人精心设计的各种免除或减轻自己责任同时加重投保人义务的格式条款，更会让普通消费者处于不利的地位，这是一种很不公平的现象。这种不公平的现象，仅仅依靠市场行为的自发调节是无法解决的，需要外部力量的监管。从实践来看，各国保险监管机构一般是通过强制性的信息披露来解决这一问题的。

2. 外部性。所谓外部性，是指市场上某一主体的行为对其他主体所产生的影响。外部性有正面和负面两种，正面的外部性是指主体的行为对他人产生的积极影响，负面的外部性是指主体的行为对他人产生的消极影响。举例来说，在一个集体宿舍里，某人养了一盆香气扑鼻的花，同居一室的其他人则感到心情愉悦，此行为具有正外部性；某人在屋里抽烟，同居一室的其他人的健康就会受损，此行为具有负外部性。在保险市场上也存在着负外部性的现象，最明显的例子就是人为地制造本不应发生的损失而获取保险赔款的情况，这种情况不仅对保险公司的偿付能力造成了损害，而且造成了其他人的财产损失、健康受损乃至生命丧失。还有一种负外部性现象就是：由于某一保险公司的经营不善，而导致消费者对其他所有保险公司的不信任，使得保险业可能发生"挤提"和破产风险。对于这两种负外部性，必须依靠外部监管的手段予以解决，监管机构通常通过偿付能力监管、设立保险保障基金等监管手段来防范。

（二）对保险业进行监管的法学基础

保险业监管的法学基础源自法的价值。所谓法的价值，就是法律作为客体对于主体——人

---

[1]　参见魏华林、林宝清主编：《保险学》，高等教育出版社 2006 年版，第 424 页。

的意义，是法律作为客体对于人的需要的满足。[1]

一般而言，秩序和公平是法所公认的两个价值。

1. 法的秩序价值。法的秩序价值的发挥可以给社会提供一种稳定性，保险市场和其他市场一样，自然状态下的自由竞争往往会导致无序，而无序的市场就会产生各种不正当或恶性竞争的现象。这种无序性是市场自身所无法克服的，而法却可以提供一种确定性。如果任由保险市场完全自由地发展，会导致市场上各种不正当竞争行为的发生，如商业贿赂、虚假宣传、借助优势地位强行销售保单，这些行为应该通过且只能通过保险监管法来规制。

2. 法的公平价值。保险市场的一个显著特点是：保险市场产品的提供者和消费者之间有着巨大的力量上的差别，即前者是强势主体，而后者则是弱势主体。在这种一强一弱的差别之下，虽然两者在形式上平等，但要真正实现平等交易是非常困难的。保险监管法可以通过在保险人身上加诸更多特别的经营义务来确保消费者的权益，以便在保险市场上实现公平。

三、保险法律关系

（一）保险市场上的主体及其相互关系

保险市场上的主体基本上有以下几类：投保人；被保险人；受益人；保险人（主要指各种类型的保险公司或保险控股公司，包括财产保险公司、人寿保险公司、养老保险公司、再保险公司等）；保险中介机构（主要包括保险代理公司、保险经纪公司、保险公估公司等）；保险监管机构（主要指中国银保监会及其下设机构）。上述主体相互之间所形成的关系大致有以下几类：

1. 投保人、被保险人、受益人与保险公司之间所形成的交易关系。虽然保险从本质上来讲是所有参与保险的人的一种共同互助行为，但是他们之间并不直接发生交易关系，而是通过一个不可或缺的纽带——保险人来实现这种互助。保险人向投保人或被保险人提供各种各样的保险产品，同时从投保人那里获取保费，两者之间因而形成了保险交易关系。这种交易关系是保险市场上最基础的关系。

2. 保险中介机构与保险合同双方当事人之间的交易关系。一个成熟的保险市场，除了保险商品的供给方（保险人）和保险商品的需求方（投保人、被保险人）之外，还需要众多连接供求双方纽带的保险中介机构。保险中介由保险代理人、保险经纪人和保险公估人组成。保险代理人是受保险公司的委托，向保险公司收取代理手续费，并在其授权范围内代为办理保险业务的单位或个人。保险经纪人是基于投保人的利益，为投保人与保险人订立保险合同提供中介服务，并依法收取佣金的单位。此外，还有独立于保险人与投保人之外，以第三者身份处理保险合同当事人委托办理的有关保险业务的公证、鉴定、理算、精算等事项的人，如保险公证人（行）或保险公估人（行）、保险律师、保险理算师、保险精算师、保险验船师等。[2] 所有这些中介机构，通过向保险人和投保人等提供服务来获取收益，相互之间形成的也是一种交易关系。

3. 保险监管机构协调保险市场发展而形成的保险监管关系。如前所述，保险市场不能单纯地依靠市场自身的力量发展，需要监管机构的监管。监管机构对于保险市场的监管主要体现在：对于保险公司的组织形式、准入、变更与退出的监管；对于市场行为的监管；对于偿付能力的监管；对于资金运用的监管；等等。由这些监管行为而形成的监管关系，也是保险市场关系必不可少的组成部分。

---

[1] 卓泽渊主编：《法理学》，法律出版社1998年版，第158页。

[2] 魏华林、林宝清主编：《保险学》，高等教育出版社2006年版，第359页。

（二）保险法与保险法律关系

上述三种关系，在保险市场上按照保险学原理运行的同时，还应当受到保险法的调整。所谓保险法，就是调整因保险而形成的交易关系和监管关系的法律规范的总称。被保险法调整而形成的主体之间的权利义务关系就是保险法律关系。与保险的三类关系相对应，保险法律关系也有三类，即投保人、被保险人、受益人与保险公司之间的保险合同法律关系；保险中介机构与保险合同双方当事人之间的保险中介合同法律关系；保险监管机构与保险市场中各主体之间的保险监管法律关系。这三种关系中，前两种属于平等主体之间的财产法律关系，后一种属于国家干预经济过程中所形成的监管法律关系。

四、保险监管法的概念、体例及其渊源

（一）保险监管法的概念

从总体上看，保险法律关系有两大类，即平等主体之间的保险合同法律关系与非平等主体之间的保险监管法律关系，这对应保险法的两个组成部分，即保险合同法与保险监管法。所谓保险合同法，就是调整保险市场平等主体之间交易关系的民商事法律规范的总称。所谓保险监管法，就是调整保险监管机构对保险市场和保险经营者进行监管所形成的监管社会关系的经济法律规范的总称。

保险监管法的主要内容包括对保险公司的监管以及对市场行为、偿付能力和资金运用的监管等，其出发点是维护保险市场的秩序和安全。保险监管法基本上是强行性规范，具有鲜明的公法特征。

（二）保险监管法的立法体例

如上所述，保险法包括保险合同法和保险监管法两大部分。那么，在规范因保险活动而形成的法律关系上，究竟是将两个部分合并在一个法典中，还是分别制定两个不同的法典呢？在这方面的不同选择，就形成了不同的保险监管法立法体例。许多国家和地区采取的是将保险合同法和保险监管法分别立法的体例，如德国、日本；也有合并在一起的立法体例。为何大部分国家和地区采取分别立法的体例？原因在于保险合同法和保险监管法属性不同，前者是典型的私法，后者则具有公法属性。

我国的保险监管法立法体例采取的是合一模式。采取这种模式的原因是：我国在改革开放后才开始复办保险业，在保险业发展之初，保险立法的最主要目的是对保险业的发展制定出最基本的规范，所以主要的精力放在保险合同法的规范上。而且，由于当时保险业发展不充分，因此保险监管也还处于雏形阶段，不论是在学术研究上，还是在实务上，都还很不成熟。在这种情况下，立法者对于保险监管的理念和制度也都缺乏了解，所以只好在保险法的最后部分简略规定了保险监管的若干制度，其全面性和可操作性十分不足。

抛开对这种立法体例是否完全合适的讨论，从立法者的本意出发，其实这种体例的采取也只是出于方便上的考虑，并不意味着保险法就完全属于民商法的范畴。而且，从以后保险法修改和保险监管法发展的趋势来看，我们认为分别立法应当是比较科学的安排。

（三）保险监管法的法律渊源

1995 年 6 月 30 日，第八届全国人大常委会第十四次会议审议通过了《保险法》，这是新中国成立以来的第一部保险基本法。该法除第二章专门规范保险合同外，其余各章均涉及保险监管法的内容。该法的实施，对于规范我国保险市场、保险活动和保险监管工作均具有十分重大的意义。2002 年 10 月 28 日，第九届全国人大常委会第三十次会议通过了对《保险法》的修正，此次修正主要涉及总则、保险活动、保险经营规则、保险代理人和保险经纪人、法律责任等方面的内容。其中大都是关于保险监管法方面的修改，对保险合同法修改的内容不多。

2009 年 2 月 28 日第十一届全国人大常委会第七次会议通过了对《保险法》的修订，2014 年 8 月 31 日第十二届全国人大常委会第十次会议通过了对《保险法》的第二次修正，2015 年 4 月 24 日第十二届全国人大常委会第十四次会议通过了对《保险法》的第三次修正。

除《保险法》之外，目前我国还有一部规范保险市场的行政法规，即 2001 年 12 月 12 日国务院颁布的《中华人民共和国外资保险公司管理条例》（以下简称《外资保险公司管理条例》）。2019 年 9 月 30 日国务院作出决定将《外资保险公司管理条例》第 20 条第 1 款修改为："除经国务院保险监督管理机构批准外，外资保险公司不得与其关联企业进行资产买卖或者其他交易。除了上述一法一规外，还有相关部委制定和通过的行政规章和其他规范性文件。由此不难看出，我国大量的保险监管活动是依据法律位阶较低的规范性文件来进行的，从而导致其监管活动的法律权威性不够。当然，不仅在保险监管法律领域，在我国其他法律领域，特别是涉及经济管理的立法领域，也有这种法律、法规过少，规章过多的情况，这是由我国行政主导的渐进式改革模式决定的。在这种模式下，必然赋予行政主体更多的自主权去解释法律的规定，乃至在改革时机需要上位法而又无法立刻修改通过时，下位法经常性地突破上位法的规定，且下位法也是多变的；况且我国的经济改革是渐进性、尝试性的，许多新制度是否一定可行，都需要在实践中先行试点，等试点效果不错时再逐步扩大适用范围，这种制度试点当然需要规范，但是由于不是成熟的制度，又不可能直接通过法律的形式来规制，只有通过行政法规、行政规章、行政性的规范性文件乃至其他不具有规范性的行政行为来实现。这种局面应当是暂时的，未来的法治发展肯定要求逐步以法律来取代规章和其他规范性文件。这种情形将通过不断的法律修订和新法律的制定来补正。

五、保险监管法的沿革与我国保险监管存在的不足

任何一部法律的制定，都必须立足于本国的国情。就保险业而言，中国的保险业发展有自己的特点和特定的发展阶段，所以也必须适应这种情况来制定适合于中国国情的保险监管法，即保险监管法在立法中必须遵循与本国保险业发展阶段相一致的原则。西方发达国家最初的保险业务都是由私人经营，初期很多公司常因投机而破产，欺诈投保人的情况更是普遍，导致保险业秩序一片混乱，保险也丧失了信誉。于是，保险业监督管理的法律应运而生。

虽然我国的保险业自清朝末年便随着与外国通商而开始发展，但是发展一直十分缓慢，特别是新中国成立后，在相当长的一段时期内，由于历史原因而人为中止了保险业的发展，所以我国保险业真正的发展实际上始自改革开放后复办保险业。相比西方发达国家一百多年（甚至更长时间）的保险业发展历史，我国保险业发展的时间很短，并且开始发展时是由中国人民保险公司一家 100% 独占保险市场，近十多年来保险市场竞争主体才不断增多。我国保险业发展的这种初级阶段现状，直接导致了我国保险监管法简单、粗放的特点。

虽然我国已初步建立了以 1995 年《保险法》为核心的保险法律体系，保险监管逐步法治化，但是应该看到，我国保险监管仍然存在诸多不足，主要表现在以下三个方面：

1. 保险监管立法相对滞后，可操作性不强。比如，除了主要法律、法规外，缺乏针对各个险种的法律、法规，这就导致了对违纪经营的保险公司缺乏相应的制裁，对责任人员也缺乏严格的处罚制度。再比如，相关法律和制度仍然没有覆盖保险监管的程序问题，如计算偿付能力所需要的数据信息如何收集，其真实性如何保障等问题。这说明我国保险监管制度的可操作性不够强，仍然没有健全的法制环境做保障。另外，对于再保险监管，条款也过于笼统，缺乏相应的实施细则。

2. 保险管制过严。在英国等传统资本主义国家，保险业历史悠久，市场机制成熟，其政府监管就较为宽松，主要依靠行业自律。但是中国的保险业却不相同，保险公司是由全部为国有到逐步放开，不仅向外国的保险公司开放，同时也向国内的非公有制经济成分开放，保险市场的开放发展与整个改革开放的发展轨迹一样，都是由政府主导而逐步开展的，这就注定了我国政府对保险业进行严格监管。这种严格监管主要体现在：实行直接的实体监管方式，即通过一系列法律条文严格规定保险企业的经营准则，并由国务院保险监督管理机构贯彻执行；保险市场准入门槛较高；对保险业务的经营予以严格规定；等等。

当前的保险监管采取严格监管的模式有它的必然性。我国的保险业经营一直处于较封闭状态，随着经济体制的改革和对外开放的扩大，这一经营模式逐渐被打破，但政府的市场参与程度仍然很强。目前，保险业作为我国的幼稚产业刚刚开始由行业垄断转向市场竞争，保险主体的经营能力还非常弱，同时，我国保险市场尚未成熟，保险市场秩序较为混乱，保险行业的自律性较差，因而有必要在保险业发展初期采取较为严格的保险监管模式，对保险业经营者提供一定的宏观指导和保护。

但是，严格的保险监管也存在着一定的问题。我国严格的金融监管为保险市场的开放与发展设置了较大的障碍，至今国内保险市场尚处于高度垄断、费率管制，甚至与金融市场相分离的保险压制状态。比如，我国《保险法》对保险公司的资金运用形式与渠道的严格规定，固然可以保证保险公司资金运用的安全，但并不符合国际惯例，也不利于提高保险公司的盈利能力和偿付能力，制约了保险公司的生存和发展，使其难以发挥对社会经济生活的稳定器作用。

近年来我国保险市场和保险行业的一些新变化和新发展表明，严格的保险监管模式已经逐渐成为我国保险业发展的束缚。一方面，我国保险业的发展必须在一个开放的自由竞争的环境里进行，要想在激烈的竞争中获得长足发展，我国的保险公司必须完全摆脱计划经济的束缚，享有独立的市场主体法律地位，完全从企业自身的角度出发为自己寻找出路，而国家严格规制保险产品的价格和设定保险条款，无疑严重挫伤了这种积极性。另一方面，随着金融市场的不断融合以及我国保险市场和世界保险市场的接轨，特别是我国加入 WTO 后，我国必须从全球金融市场的角度来看待保险业的监管问题。对保险公司资产能力进行严格控制的重要性已经日益凸显，如果我们不注重对保险公司偿付能力的监管，就很难在日趋复杂化的国际金融竞争中立足。但是，保险市场的发展完善以及完全有序竞争的市场秩序的形成不是一蹴而就的，我国的保险行业还没有发展到足以实现行业自律和市场竞争完全有序的较高层次，因而我们不应盲目强调对偿付能力监管的重要性，而应该针对我国目前的具体情况，对保险业进行适度监管。应当说，我国现在正在逐渐放松严格的保险监管模式，在逐渐加强对偿付能力控制的同时，在公平竞争的前提下规制保险公司制定保险费率，从而对保险市场的发展真正起到保护和监督的作用。

需要注意的是，由市场行为监管向偿付能力监管转变，以偿付能力监管为核心，是世界各国和地区保险监管发展的共同趋势和成功经验，我国也应该积极建立偿付能力监管体系，实现从市场行为监管向偿付能力监管的转变。由于我国的保险市场还处在初期发展阶段，所以我们一方面要坚持市场行为监管与偿付能力监管并重，另一方面又要通过逐步减少市场行为监管，使严格的偿付能力监管成为保险业监管的核心，以放开保险公司的手脚，从而促进保险市场的活跃与繁荣，维护保险行业稳定，切实保护被保险人的合法权益。

3. 外部行政监管过多与行业内部缺乏自律。在我国的保险监管中，行政监管手段使用过多。过分集中化、行政化的管理会阻碍保险领域的创新和抑制保险经营者的积极性，从而使保险市场丧失生机和活力，出现"监管失灵"。

我国保险行业协会产生较晚，本身比较弱小，还未建立起完善的、全国性的保险自律组织系统。这对我国建立统一而规范的保险市场产生了一定的制约作用，同时又进一步增强了对保险监管机构行政监管的依赖。

六、保险监管法的宗旨和保险监管机构

（一）保险监管法的立法宗旨

我国保险监管法的立法宗旨主要体现在以下两个方面：①促进保险业的发展。与西方发达国家的保险业不同，我国的保险业还处在一个快速发展的时期，自 1979 年保险业复办以来，保险业一直以较快的速度发展，所以在这个阶段，我国的保险监管法也要以促进整个保险行业的发展作为首要宗旨。在这个立法宗旨下，在具体的法律规定上，要放宽准入的门槛，让更多的力量投入到商业保险领域中来。②保证保险公司的偿付能力，保护投保人、被保险人和受益人的合法利益。保险业属于金融业的部门之一，金融行业的一大特点就是其活动广泛，涉及整个社会的利益，如果某个保险公司因为财务问题而不能偿付全部赔款，就会导致消费者对这个保险公司的不信任，乃至造成社会上对整个保险业的恐慌心理，从而引发严重的社会动荡。所以，准入监管固然重要，但是一个新的保险公司成立之后，对它的偿付能力监管更为重要，只有时刻保持最低标准以上的偿付能力，才能使保险公司的经营处于安全的境地，才能避免大的波动，促进保险行业的平稳发展。

（二）保险监管机构及其职权

保险监管机构是指对保险行业进行监督管理的有权机关。我国的保险业监督管理机构历经多次变迁。自 1979 年恢复办理保险业以来，先是由中国人民银行对保险业进行监督管理。随着银行、证券、保险分业经营的确立，1998 年国务院批准设立中国保险监督管理委员会，专司保险监督管理职能。中国保险监督管理委员会（以下简称保监会，已撤销）是国务院直属正部级事业单位，根据国务院授权履行行政管理职能，依照法律、法规统一监督管理全国保险市场，维护保险业的合法、稳健运行。其主要职责是：①拟定保险业发展的方针政策，制定行业发展战略和规划；起草保险业监管的法律、法规；制定业内规章。②审批保险公司及其分支机构、保险集团公司、保险控股公司的设立；会同有关部门审批保险资产管理公司的设立；审批境外保险机构代表处的设立；审批保险代理公司、保险经纪公司、保险公估公司等保险中介机构及其分支机构的设立；审批境内保险机构和非保险机构在境外设立保险机构；审批保险机构的合并、分立、变更、解散，决定接管和指定接受；参与、组织保险公司的破产、清算。③审查、认定各类保险机构高级管理人员的任职资格；制定保险从业人员的基本资格标准。④审批关系社会公众利益的保险险种、依法实行强制保险的险种和新开发的人寿保险险种等的保险条款和保险费率，对其他保险险种的保险条款和保险费率实施备案管理。⑤依法监管保险公司的偿付能力和市场行为；负责保险保障基金的管理，监管保险保证金；根据法律和国家对保险资金的运用政策，制定有关规章制度，依法对保险公司的资金运用进行监管。⑥对政策性保险和强制保险进行业务监管；对专属自保、相互保险等组织形式和业务活动进行监管；归口管理保险行业协会、保险学会等行业社团组织。⑦依法对保险机构和保险从业人员的不正当竞争等违法、违规行为以及对非保险机构经营或变相经营保险业务进行调查、处罚。⑧依法对境内保险及非保险机构在境外设立的保险机构进行监管。⑨制定保险行业信息化标准；建立保险风险评价、预警和监控体系，跟踪分析、监测、预测保险市场运行状况，负责统一编制全国保险业的数据、报表，并按照国家有关规定予以发布。⑩承办国务院交办的其他事项。

为了工作需要，中国保监会成立之后，又分别在各地设立了派出机构，即各地的保险监督管理局（以下简称保监局）。保监局作为中国保监会的派出机构，主要履行以下职责：①贯彻执行国家有关法律、法规和方针、政策，研究制订辖区内保险业发展战略规划；②依据中国保监会的授权，依法对辖区内保险机构、保险中介机构的经营活动进行监督管理；③根据中国保

监会的规章，制定辖区内保险市场监管的相关实施细则、具体办法和工作措施；④依法查处辖区内保险违法、违规行为，维护保险市场秩序，依法保护被保险人利益；⑤监测、分析辖区内保险市场运行情况，预警、防范和化解辖区内保险风险，并将有关重大事项及时上报；⑥负责辖区内保险公司分支机构、保险中介机构及其分支机构的市场准入、退出等有关事项的审批和管理工作；⑦负责审查核准相关高级管理人员的任职资格；⑧负责管理有关的保险条款及费率；⑨归口管理辖区内保险行业协会、保险学会等行业社团组织；⑩承办中国保监会交办的其他事项。

如前所述，2018 年 3 月 21 日，中共中央印发《深化党和国家机构改革方案》，决定将中国银行业监督管理委员会与保监会整合，组建中国银行保险业监督管理委员会（以下简称银保监会，已撤销）。2023 年 3 月 10 日，十四届全国人大一次会议表决通过了关于国务院机构改革方案的决定。在银保监会的基础上组建国家金融监督管理总局，不再保留银保监会。

第二节　对保险公司的监管

保险公司实际上就是众多投保人的一个组织者，是联结众多投保人的一个纽带，它组织保费交纳、风险发生后的理赔等事宜。如果没有保险公司，仅仅靠投保人，是不可能实现相互之间的互助的，这就是保险公司存在的价值。保险公司是保险市场上的核心主体，对保险公司的主体资格的监管，也是所有国家保险监管的主要内容之一。对保险公司的监管的主要内容包括：组织形式的监管、设立监管、变更监管和退出监管。

一、保险公司的组织形式

对于保险公司的组织形式，目前各国均为法定，也就是说，保险公司的创设和变更只能严格依照法律预定的主体类型和标准进行，法律禁止在法定类型以外任意创设其他形式的保险组织。

一般公司法意义上的公司的组织形式有无限公司、有限公司、股份有限公司、两合公司等。而保险法上保险公司的组织形式大致有国有独资公司、股份有限公司、相互保险公司、有限责任公司等。

二、保险公司的设立

（一）保险公司设立的原则

所谓保险公司的设立，是指有意投资设立保险公司的设立人依照《公司法》和《保险法》的规定，在保险公司成立之前为组建保险公司进行的以取得保险公司主体资格为目的的活动。

从公司的发展历史来看，公司设立的原则大致有以下几种：自由设立主义，特许设立主义，核准设立主义，单纯准则设立主义，严格准则设立主义。从我国《公司法》的规定和实际情况看，我国公司设立的原则是严格准则设立主义和核准设立主义相结合：有限责任公司的设立原则是严格准则主义，股份有限公司的设立原则是核准主义。而在保险业等特殊行业，根据相关法律的规定，设立公司必须经过专门机关的审批。所以保险公司设立的原则是典型的核准设立主义，也就是指公司的设立除了必须具备法律所规定的条件外，还必须经过保险监管机关的审批，否则不得设立。

（二）保险公司设立的条件

总体看来，由于保险行业的特殊性，设立保险公司的条件比设立一般企业更为严格，这是世界各国保险法的普遍做法。对保险公司设立条件的监管也是对保险公司监管的一个重要方

面。在我国，关于保险公司的设立条件，除了《保险法》中有规定外，《保险公司管理规定》等规范性文件都有具体的规定。

1. 有符合《公司法》和《保险法》规定的章程。对于公司来讲，章程是最重要的自治规则，它是公司高效有序运行的重要基础，是维护公司利益、股东利益、债权人利益的自治机制，是公司、公司股东，特别是公司大股东和公司高级管理人员的行为规则。一般来说，保险公司的章程必须载明以下事项：公司名称和住所；公司的经营范围；公司的设立方式；公司的组织形式；公司股份总数、每股金额和注册资本；发起人的姓名或名称、认购的股份数；股东的权利义务；公司法定代表人；董事会的组成、职权、任期和议事规则；监事会的组成、职权、任期和议事规则；公司利润分配方法；公司的解散事由与清算办法；公司的通知和公告办法；股东大会认为需要规定的其他事项。

2. 注册资本的限额和缴纳符合《保险法》及相关法规的规定。公司资本是公司成立的基础条件，是公司进行经营活动的基本物质条件，是公司承担财产责任的基本保障，也是股东承担责任的界限。在公司出资方面，2013 年，我国对《公司法》进行了重大修改，取消了对公司注册资本最低限额的限制，实行公司注册资本认缴制，取消了对公司出资比例和出资期限的限制。

但是，对于保险公司而言，公司的资本具有特别的意义，因为保险公司是高风险的企业，其拥有的资本量越大，偿付能力就越充足，抗风险能力也就越强，所以，对于保险公司的资本，各国保险法中均有明确的、不同于一般公司法的规定。我国《保险法》和《保险公司管理规定》的相关条文对保险公司的注册资本的最低限额、出资方式、出资期限都作了明确规定：①注册资本的最低限额。设立保险公司，其注册资本的最低限额为人民币 2 亿元。若保险公司以人民币 2 亿元最低资本金设立的，在其住所地以外的每一省、自治区、直辖市首次申请设立分公司时，应当增加不少于人民币 2000 万元的注册资本；申请设立分公司时，保险公司注册资本已达到前述增资后额度的，可不再增加相应的注册资本。保险公司的注册资本达到人民币 5 亿元，在偿付能力充足的情况下，设立分公司不需要再增加注册资本。②出资期限。保险公司的注册资本应当为实缴资本，也就是说，必须一次性缴足，而不能像《公司法》规定的那样没有限制。③出资方式。保险公司的股东的出资必须是货币资本，其他方式一律不接受。

3. 高级管理人员具备任职专业知识和业务工作经验。2006 年 7 月 12 日，中国保监会颁布《保险公司董事和高级管理人员任职资格管理规定》，2009 年 12 月 29 日，中国保监会对该规定进行修订，重新颁布《保险公司董事、监事和高级管理人员任职资格管理规定》（以下简称《规定》，此《规定》于 2021 年修改并重新发布），对保险公司的董事、监事和高级管理人员的任职资格作了具体的规定：

（1）关于高管人员的范围。《规定》所称的高级管理人员，是指对保险机构经营管理活动和风险控制具有决策权或者重大影响的下列人员：总公司总经理、副总经理和总经理助理；总公司董事会秘书、总精算师、合规负责人、财务负责人和审计责任人；省级分公司总经理、副总经理和总经理助理；其他分公司、中心支公司总经理；与上述高级管理人员具有相同职权的管理人员。其中需要注意的是，因为目前各保险公司的组织架构、治理机构不尽相同，各公司对高级管理人员也有总经理、总裁、总监、负责人、CEO、CFO 等不同称谓，而不管对这些高管人员的称谓是什么，只要他们在实际上与《规定》中明示的这些高管人员具有相同职权，那么都属于应受监管的高管人员。保险机构董事、监事和高级管理人员，应当在任职前取得保险监管机构核准的任职资格。

（2）高管人员实践年限等方面的条件。《规定》第 9~13 条规定，保险公司董事长应当具有金融工作 5 年以上或者经济工作 10 年以上工作经历。保险公司董事和监事应当具有 5 年以上与其履行职责相适应的工作经历。保险公司董事会秘书应当从事金融工作 5 年以上或者经济工作 8 年以上。保险公司副总经理、总经理助理应当从事金融工作 8 年以上或者经济工作 10 年以上。保险公司总经理应当具有金融工作经历 8 年以上或者经济工作经历 10 年以上（其中金融工作经历不得少于 5 年），并且具有下列任职经历之一：①担任保险公司省级分公司总经理以上职务高级管理人员 5 年以上；②担任保险公司部门主要负责人 5 年以上；③担任金融监管机构相当管理职务 5 年以上；具有 10 年以上金融工作经历且其中保险业工作经历不少于 2 年，并担任国家机关、大中型企业相当管理职务 5 年以上的，可以不受前款关于任职经历的限制。这些要求比以前的规定要大大放宽。对于保险公司其他高管人员的任职条件的要求也有不同程度的放宽。因为公司的高管究竟能否胜任此份工作，虽然会影响保险公司的经营状况，乃至公司的偿付能力，但这毕竟是公司内部可以意思自治的事项，外部监管机构过多干涉公司内部事宜，有损公司的人事任命自主权，这是不适宜的。当然，在对保险公司的高管人员任免条件相对放松的同时，对高管人员违规行为的处罚力度则大大加强了。

（3）不得担任保险公司董事或者高级管理人员的范围。《规定》第 25 条规定了不得担任保险公司高管人员的禁止性条件。

此外，要设立保险公司，还需要具备健全的组织机构和管理制度，符合要求的营业场所和与业务有关的其他设施，这两项要求是设立任何类型的公司都必须具备的条件，保险公司当然不能例外。

（三）保险公司设立的程序

在具备了保险公司设立条件的情况下，申请设立保险公司，需要通过以下程序：

1. 申请人应当向保险监管机构提出书面申请，并提交所需材料一式三份。

2. 保险监管机构对设立保险公司的申请进行审查，自收到完整的申请材料之日起 6 个月内作出批准或者不批准筹建的决定，并书面通知申请人。决定不批准的，应当书面说明理由。

3. 经批准设立的保险公司及其分支机构，凭经营保险业务许可证向工商行政管理机关办理登记，领取营业执照。保险公司及其分支机构自取得经营保险业务许可证之日起 6 个月内，无正当理由未向工商行政管理机关办理登记的，其经营保险业务许可证失效。

三、保险公司的变更

保险公司的变更内容很多，包括保险公司的合并与分立，保险公司组织形式的变更，公司注册资本、业务范围、股东、法定代表人和董事等重大事项的变更。这里我们主要了解一下保险公司合并的监管。

公司合并是指两个或者两个以上的公司订立合并协议，依照《公司法》的规定，不经过清算程序，直接合并为一个公司的法律行为。公司合并分为吸收合并和新设合并两种方式。吸收合并，也称兼并，是指一个公司吸收其他公司，被吸收公司解散的合并方式。新设合并，是指两个以上的公司合并设立一个新的公司，合并后各方解散的合并方式。

与合并的概念类似的是"并购"，并购是指一切涉及公司控制权转移与合并的行为，它包括资产收购、股权收购和公司合并等方式。

近年来，我国在吸收外国资本的方式中，并购所占的比重越来越大。但是，在保险市场领域，外资设立保险公司主要还是通过新设外资保险公司的形式。随着市场经济的发展，外资会越来越多地选择通过并购直接进入中国的保险市场。国内的保险公司之间由于业务发展的需要，国内的机构投资者出于向保险行业拓展的动机，也都会通过并购来实现。并购的方式在保险市场上运用的频率会越来越高，对保险公司并购的监管也将是保险公司监管的一项重要内容。

我国目前对保险公司并购的监管并没有专门的法律规范，更多的是依据其他相关法律规定来规制。根据其他各国经验，对于保险公司并购的特别要求，一般包括以下内容：

1. 并购主体资格的范围确定。也就是说，哪些主体有资格参与并购保险公司。这包括以下几层含义：①参与并购的保险公司需要具备什么样的资格条件和经营条件；②非经营保险业务的公司参与保险公司并购需要具备怎样的条件；③外国保险公司并购中国保险公司有什么特殊的资格条件。

2. 反垄断审查。从国外的经验看，无论是在英美法系国家，还是在大陆法系国家，反垄断审查都是规制企业并购立法的核心和首要原则。反垄断法是市场经济最基本的法律之一，不能保证公平竞争的市场秩序，市场的发展就会走向畸形。从我国保险市场发展现状来看，其目前还处在初级阶段，发展是第一要务。在这个阶段可能暂时还不会形成垄断，但是防微杜渐，要提前做好反垄断的预防工作，因为垄断一旦形成，若要再去打破，各方面所需成本就高多了。

我国《反垄断法》虽然早已正式出台，但是对并购的反垄断审查的标准规定得并不具体。2006年8月8日，商务部等六部委联合发布了《关于外国投资者并购境内企业的规定》，此规定于2009年6月22日修改并重新公布，并在其中第51条明确规定，依据《反垄断法》的规定，外国投资者并购境内企业达到《国务院关于经营者集中申报标准的规定》规定的申报标准的，应当事先向商务部申报，未申报不得实施交易。

3. 对投保人利益的特殊保护。保险公司之间的并购，其目的当然是提高效率，减少成本，扩大市场份额，进入新的保险领域，核心还在于一个"利"字。参与并购的双方公司对于利润的合理追逐应当受到保护，但是如果双方在并购中或并购后在盈利冲动的驱使下改变公司的经营状况、削弱公司的偿付能力、增加公司的经营风险，那么投保人的利益就会受到损害，这也就伤害到了保险市场的根基。所以，参与并购的公司必须在提出并购申请之时向监管机构清楚地解释自己未来的经营安排，并且这种安排不仅应对公司的发展有利，而且应不会损害投保人的利益。这种解释同时也是一种承诺，保险公司有义务遵守。只有在监管机构确信安排的有效性的情况下，并购的申请才能获得批准。

4. 保险并购的程序要求。作为特殊的行业，保险行业的并购在程序上也应当不同于一般企业并购的要求，目前我国保险业并购法律规范尚须在这方面进一步完善。

四、保险公司的退出

优胜劣汰是市场经济的基本法则，保险市场也不例外。经营好的公司就会不断地壮大，经营状况不好的公司，就要被市场淘汰，因而，要通过法定的方式退出市场。一般而言，公司退出市场的方式有破产和解散两种。破产是指在债务人不能清偿到期债务时，依据其自身或债权人的申请，由法院按法定程序强制对其全部财产清算并进行清偿和分配的法律制度。解散是指公司因发生章程规定或法律规定的除破产以外的解散事由而停止业务活动，并进行清算的状态和过程。解散分为两类：任意解散和强制解散，前者是指依公司章程或者股东决议而为的解散，后者是指因有关机关决定而发生的解散，在我国也就是撤销。

（一）保险公司的破产

基于保险行业的特殊性，在任何一个国家，保险公司的退出都应当是相当谨慎的事，但是这并不意味着保险公司永远不会破产，永远不能解散。如果没有退出机制的制约，市场经济体制就不够完善。以日本为例，二战以后的50年间，日本保险业飞速发展，保险公司不断壮大，从未发生破产事件，但是自 1997 年开始，在短短的几年间，竟然有 9 家公司破产，特别是 2000 年一年就有 5 家公司破产。[1]

关于保险公司的破产，在我国除了适用《保险法》《保险公司管理规定》外，还应当适用《中华人民共和国企业破产法》（以下简称《企业破产法》）。《企业破产法》首次明确规定了金融机构的破产事宜，这意味着包括保险公司在内的金融机构如经营不善达到破产界限，也一样会被清退出市场，这就为金融机构平稳、有序退出市场提供了有力的法律依据。根据上述法律，我国保险公司破产主要有以下内容：

1. 保险公司破产的条件：①不能清偿到期债务。《企业破产法》第 2 条规定，不能清偿到期债务，是指"企业法人不能清偿到期债务，并且资产不足以清偿全部债务或者明显缺乏清偿能力的……或者有明显丧失清偿能力可能的"。②经保险监督管理机构同意。这不仅规定在《保险法》第 90 条，也规定在《企业破产法》。出于保险行业的特殊性考虑，保险公司的破产申请，必须经过监管机构的同意，这是对投保人利益的保护，同时也是为了维护社会经济秩序。

2. 管理人的指定。《企业破产法》中规定了管理人制度，破产管理人负责债务人财产的保管、清理、估价、处理与分配，管理人由人民法院指定，管理人主要由依法设立的律师事务所、会计师事务所、破产清算事务所等社会中介机构担任。这不同于原来《企业破产法（试行）》中规定的由政府组成的清算组来承担各种破产事宜的机制。在原来的制度安排下，清算组的工作既不够专业，也往往带有强烈的政府干预色彩，导致债权人的合法权益无法得到保护。但是在保险公司破产方面，应该如何确定管理人的资格，《企业破产法》没有规定，相关保险法规也还没有制定实施细则，这个问题有必要在今后的立法工作中解决。

3. 经营有人寿业务的保险公司破产时保单的转移。《保险法》第 92 条规定，经营有人寿保险业务的保险公司被依法撤销或者被依法宣告破产的，其持有的人寿保险合同及责任准备金，必须转让给其他经营有人寿保险业务的保险公司；不能同其他保险公司达成转让协议的，由国务院保险监督管理机构指定经营有人寿保险业务的保险公司接受转让。转让或者由国务院保险监督管理机构指定接受转让前款规定的人寿保险合同及责任准备金的，应当维护被保险人、受益人的合法权益。

4. 破产清偿顺序的特殊规定。由于破产企业已经是资不抵债了，所以，所有债权人的全部债权不可能得到全部、足额的清偿，在这种情况下，破产财产的清偿顺序就具有特别重要的意义了。顺序在前的主体，其债权可以优先于其他债权得到满足，而顺序在后的债权可能不得不与其他债权一起只获得部分满足，甚至分文不得。根据《企业破产法》第 113 条的规定，破产财产在优先清偿破产费用和共益债务后，依照下列顺序清偿：①破产人所欠职工的工资和医疗、伤残补助、抚恤费用，所欠的应当划入职工个人账户的基本养老保险、基本医疗保险费用，以及法律、行政法规规定应当支付给职工的补偿金；②破产人欠缴的除前项规定以外的社会保险费用和破产人所欠税款；③普通破产债权。而根据《保险法》第 91 条的规定，比较特别的是排在第二顺序获得清偿的是"赔偿或者给付保险金"，规定这一款的原因毫无疑问在于维护投保人的利益。

（二）保险公司的解散

《保险法》第 89 条对保险公司的解散作了如下规定：保险公司因分立、合并需要解散，或者股东会、股东大会决议解散，或者公司章程规定的解散事由出现，经国务院保险监督管理机

---

[1] 冯占军：《日本保险公司破产风潮及启示》，载《当代亚太》2005 年第 7 期。

构批准后解散。经营有人寿保险业务的保险公司，除因分立、合并或者被依法撤销外，不得解散。保险公司解散，应当依法成立清算组进行清算。

关于保险公司的解散，需要特别注意以下两点：

1. 关于人寿保险公司的解散。根据《保险法》第89条第2款的规定，经营有人寿保险业务的保险公司，除分立、合并或者被依法撤销外，不得解散。同时，如前所述，根据《保险法》第92条的规定，经营有人寿保险业务的保险公司被依法撤销或者被依法宣告破产的，其持有的人寿保险合同及责任准备金，必须转移给其他经营有人寿保险业务的保险公司；不能同其他保险公司达成转让协议的，由国务院保险监督管理机构指定经营有人寿保险业务的保险公司接受转让。

2. 保险公司解散或者被撤销，其资产处分的方式。《保险公司管理规定》第32条规定，保险公司依法解散或者被撤销的，其资产处分应当采取公开拍卖、协议转让或者监管机构认可的其他方式。

第三节　保险业务监管

一、资本金和各种保险责任准备金

保险公司的经营活动就是凭借所聚集的资本金以及各种准备金而建立起来的保险基金，来实现其组织风险分散、进行经济补偿的职能。保险公司要随时面对不确定性风险的发生，并且及时进行理赔。所以保险公司必须具备足够的资金，这既包括各种形式的资本金，也包括从投保人所缴纳的保费中提取的各种保险责任准备金。

（一）资本金

保险公司的资本金包括注册资本（实收资本）和公积金。注册资本或者实收资本在开业时可视作初始准备金，在经营期间又是保险公司偿付能力或承保能力的标志之一。

保证金是注册资本金的一部分，是用于保险公司经营失败后清算的偿债准备金。《保险法》第97条规定，保险公司应当按照其注册资本总额的20%提取保证金，存入国务院保险监督管理机构指定的银行，除公司清算时用于清偿债务外，不得动用。

保险公司在经营过程中，应当按照有关法律、行政法规及国家财务会计制度的规定提取公积金。公积金可以分为法定公积金和任意公积金。法定盈余公积金按税后利润的10%提取，法定盈余公积金累计达到注册资本的50%时，可以不再提取。任意盈余公积金按公司章程或股东会的决议提取和使用。公司的法定盈余公积金可用于弥补亏损或转增资本金，但转增资本金时，转增后留存公司的法定盈余公积金不得少于转增前公司注册资本的25%。

（二）保险责任准备金

保险责任准备金是指保险公司为了承担未到期责任和处理未决赔款而从保险费收入中提存的一种资金准备。保险责任准备金不是保险公司的收入而是保险公司的负债。《保险法》第98条第1款规定："保险公司应当根据保障被保险人利益、保证偿付能力的原则，提取各项责任准备金。"保险责任准备金包括：

1. 未到期责任准备金。未到期责任准备金是指在准备金评估日为尚未终止的保险责任而提取的准备金，包括保险公司为保险期间在1年以内（含1年）的保险合同项下尚未到期的保险责任而提取的准备金，以及为保险期间在1年以上（不含1年）的保险合同项下尚未到期的保险责任而提取的长期责任准备金。

未到期责任准备金的提取，应当采用 1/24 法、1/365 法或者其他更为谨慎、合理的方法。不管采用什么方法，一经确定，不得随意更改。

2. 未决赔款准备金。未决赔款准备金是指保险公司为尚未结案的赔案而提取的准备金。未决赔款准备金包括已发生已报案未决赔款准备金、已发生未报案未决赔款准备金和理赔费用准备金。

已发生已报案未决赔款准备金是指为保险事故已经发生并已向保险公司提出索赔，保险公司尚未结案的赔案而提取的准备金。

已发生未报案未决赔款准备金是指为保险事故已经发生，但尚未向保险公司提出索赔的赔案而提取的准备金。

理赔费用准备金是指为尚未结案的赔案可能发生的费用而提取的准备金，其中包括：为直接发生于具体赔案的专家费、律师费、损失检验费等而提取的直接理赔费用准备金；为非直接发生于具体赔案的费用而提取的间接理赔费用准备金。

（三）保险保障基金

保险公司的经营，相对其他行业更具有风险性，所以稳妥经营是保险公司经营中的一个基本要求。即便是这样，保险公司经营风险性的增大、困境的出现还是难以避免的，极端情况下甚至会出现破产的情况。此时监管机构就要采取各种手段保护整个市场的秩序和消费者的利益，而保险保障基金就是其中经常用到的一种手段。《保险法》第 100 条规定，保险公司应当缴纳保险保障基金。保险保障基金应当集中管理，并在下列情形下统筹使用：①在保险公司被撤销或者被宣告破产时，向投保人、被保险人或者受益人提供救济；②在保险公司被撤销或者被宣告破产时，向依法接受其人寿保险合同的保险公司提供救济；③国务院规定的其他情形。保险保障基金筹集、管理和使用的具体办法，由国务院制定。2004 年保监会等部委发布《保险保障基金管理办法》，2008 年将其修订后重新发布，2022 年由银保监会等部委最新修订后发布。该办法具体规定了保险保障基金的相关制度。

1. 定义。保险保障基金，是指依照《保险法》和《保险保障基金管理办法》规定缴纳形成，在保险公司被依法撤销或者依法实施破产且其清算财产不足以偿付保单利益，国务院保险监督管理机构经商有关部门认定保险公司存在重大风险、可能严重危害社会公共利益和金融稳定或国务院批准的其他情形下，用于救助保单持有人、保单受让公司或者处置保险业风险的非政府性行业风险救助基金。

2. 缴纳。保险保障基金费率由基准费率和风险差别费率构成。缴纳保险保障基金的保险业务纳入保险保障基金救助范围。基准费率和风险差别费率的确定和调整，由国务院保险监督管理机构提出方案，商有关部门，报经国务院批准后执行。

保险公司应当及时、足额地将保险保障基金缴纳到保险保障基金公司的专门账户，有下列情形之一的，可以暂停缴纳：①财产保险保障基金余额达到行业总资产 6% 的；②人身保险保障基金余额达到行业总资产 1% 的。

保险保障基金余额，是指行业累计缴纳的保险保障基金金额加上投资收益，扣除各项费用支出和使用额以后的金额。

3. 管理。

（1）管理方式。在《保险保障基金管理办法》出台之前，虽然《保险法》中也规定了保险保障基金制度，但是那时基金是由各保险公司自行管理，这就很难杜绝保险公司在资金短缺时擅自动用的可能。而现在保险保障基金由国务院保险监督管理机构依法集中管理，统筹使用，保险保障基金账实不符的可能就被杜绝了。

（2）产权。保险保障基金是各保险公司为防止经营风险而出资形成的财产的集合。虽然基金是由国务院保险监督管理机构集中管理，但是这并不意味着国务院保险监督管理机构对其拥有所有权。从所有权角度上来说，保险保障基金实际上是各保险公司的共有财产。既然各保险公司是基金的所有权人，那么各保险公司对基金就有使用、收益、处分的权利，当然，这种权利的行使必须受到基金目的的限制，不是任意的。

（3）运营机构及其职能。保险保障基金公司依法建立健全公司治理结构、内部控制制度和风险管理制度，依法运营，独立核算。保险保障基金公司和保险保障基金应当各自作为独立会计主体进行核算，严格分离。

保险保障基金公司依法从事下列业务：①筹集、管理、运作保险保障基金；②监测保险业风险，发现保险公司经营管理中出现可能危及保单持有人和保险行业的重大风险时，向国务院保险监督管理机构提出监管处置建议；③对保单持有人、保单受让公司等个人和机构提供救助或者参与对保险业的风险处置工作；④在保险公司被依法撤销或者依法实施破产等情形下，参与保险公司的清算工作；⑤管理和处分受偿资产；⑥国务院批准的其他业务。保险保障基金公司按照上述第②项规定向国务院保险监督管理机构提出监管处置建议的，应当及时将有关情况同时抄报财政部、中国人民银行。

保险保障基金公司设立董事会，董事会成员由国务院保险监督管理机构、财政部、中国人民银行、国家税务总局、司法部推荐。董事长为公司法定代表人，由国务院保险监督管理机构推荐，报国务院批准。保险保障基金公司应当依照《公司法》的规定设立有关组织机构，完善公司治理。

为满足依法救助保单持有人和保单受让公司、处置保险业风险的需要，经国务院保险监督管理机构商有关部门制订融资方案并报国务院批准后，保险保障基金公司可以以多种形式融资。

保险保障基金公司应当与国务院保险监督管理机构建立保险公司信息共享机制。国务院保险监督管理机构定期向保险保障基金公司提供保险公司财务、业务等经营管理信息。国务院保险监督管理机构认定存在风险隐患的保险公司，由国务院保险监督管理机构向保险保障基金公司提供该保险公司财务、业务等专项数据和资料。保险保障基金公司对所获悉的保险公司各项数据和资料负有保密义务。

二、偿付能力的监管

任何经营者如果在经营过程中不能偿还到期的债务，都会发生经营困难，甚至破产，保险公司也不例外。由于保险行业的特殊性，保险公司的破产会给整个金融市场带来巨大的打击，保险公司的经营困难也可能导致严重的市场危机，所以，经营良好的保险公司必须时刻保持足够的偿债能力。而保险公司的债务分为两类，一个是基于保险合同而对保单持有人所负的债务，一个是在经营过程中的其他债务，如租赁场地的租金、物业管理费等。保险公司的偿付能力所指向的是保险公司的全部债务，但主要针对前者。

《保险法》第101条明确规定，保险公司应当具有与其业务规模和风险程度相适应的最低偿付能力。保险公司的认可资产减去认可负债的差额不得低于国务院保险监督管理机构规定的数额；低于规定数额的，应当按照国务院保险监督管理机构的要求，采取相应措施达到规定的数额。第137条也规定，国务院保险监督管理机构应当建立健全保险公司偿付能力监管体系，对保险公司的偿付能力实施监控。2008年9月1日，中国保监会又实施了《保险公司偿付能力管理规定》，2021年中国银保监会将其修订后重新发布。这些规定以及银保监会的一系列规则指引，构成了我国的保险公司偿付能力监管制度。

在保险公司的偿付能力监管方面有三个基本的指标：核心偿付能力充足率，综合偿付能力充足率与风险综合评级。核心偿付能力充足率，即核心资本与最低资本的比值，衡量保险公司高质量资本的充足状况。综合偿付能力充足率，即实际资本与最低资本的比值，衡量保险公司资本的总体充足状况。风险综合评级，即对保险公司偿付能力综合风险的评价，衡量保险公司总体偿付能力风险的大小。在这三项指标中，核心资本，是指保险公司在持续经营和破产清算状态下均可以吸收损失的资本。实际资本，是指保险公司在持续经营或破产清算状态下可以吸收损失的财务资源。最低资本，是指基于审慎监管目的，为使保险公司具有适当的财务资源应对各类可量化为资本要求的风险对偿付能力的不利影响，所要求保险公司应当具有的资本数额。核心资本、实际资本、最低资本的计量标准等监管具体规则由中国银保监会另行规定。

根据《保险公司偿付能力管理规定》第12条的规定，保险公司应当按照保险公司偿付能力监管具体规则，定期评估公司的偿付能力充足状况，计算核心偿付能力充足率和综合偿付能力充足率，按规定要求报送偿付能力报告，并对其真实性、完整性和合规性负责。

另外，根据《保险公司偿付能力管理规定》第21～22条的规定，中国银保监会及其派出机构定期对保险公司偿付能力风险管理能力进行监管评估，识别保险公司的控制风险。保险公司根据评估结果计量控制风险的资本要求，并将其计入公司的最低资本。通过评估保险公司操作风险、战略风险、声誉风险和流动性风险，结合其核心偿付能力充足率和综合偿付能力充足率，对保险公司总体风险进行评价，确定其风险综合评级，分为A类、B类、C类和D类，并采取差别化监管措施。风险综合评级具体评价标准和程序由中国银保监会另行规定。中国银保监会可以根据保险业发展情况和监管需要，细化风险综合评级的类别。

此外，中国银保监会及其派出机构建立以下偿付能力数据核查机制，包括：①每季度对保险公司报送的季度偿付能力报告的真实性、完整性和合规性进行核查；②每季度对保险公司公开披露的偿付能力季度报告摘要的真实性、完整性和合规性进行核查；③对保险公司报送的其他偿付能力信息和数据进行核查。核心偿付能力充足率低于60%或综合偿付能力充足率低于120%的保险公司为重点核查对象。对于核心偿付能力充足率低于50%或综合偿付能力充足率低于100%的保险公司，中国银保监会应当采取以下全部措施：①监管谈话。②要求保险公司提交预防偿付能力充足率恶化或完善风险管理的计划。③限制董事、监事、高级管理人员的薪酬水平。④限制向股东分红。中国银保监会还可以根据其偿付能力充足率下降的具体原因，采取以下措施：①责令增加资本金。②责令停止部分或全部新业务。③责令调整业务结构，限制增设分支机构，限制商业性广告。④限制业务范围、责令转让保险业务或责令办理分出业务。⑤责令调整资产结构，限制投资形式或比例。⑥对风险和损失负有责任的董事和高级管理人员，责令保险公司根据聘用协议、书面承诺等追回其薪酬。⑦依法责令调整公司负责人及有关管理人员。⑧中国银保监会依法根据保险公司的风险成因和风险程度认为必要的其他监管措施。对于采取上述措施后偿付能力未明显改善或进一步恶化的，由中国银保监会依法采取接管、申请破产等监管措施。中国银保监会可以视具体情况，依法授权其派出机构实施必要的监管措施。

三、保险资金运用

（一）保险资金运用的含义和意义

保险资金运用，是指保险公司将经营过程积聚的资金用于各种投资或融资，以获得增值的经营活动。保险业的经营模式是先收取保费，然后在保险事故发生时再进行理赔，这中间有一段时间资金是一直停留在保险公司内部的。利用保费流入与保险赔付之间的时间差，保险人将暂时闲置的部分保险资金，以投资形式注入社会生产和生活过程，一方面扩大了生产规模和消费规模，另一方面在投资期满时不仅使投资资金能够回流，而且还带回投资收益，使保险资金实现自身的保值和增值。[1]

保险业的利润来源主要有两个方面：承保利润和投资利润。而随着竞争的日趋激烈，保险公司收取的保费已经很低，承保利润甚至已是负数，所以投资利润就非常重要了。世界各国保险业发展的趋势表明，承保利润呈下降趋势，投资利润已经成为主要的利润来源，所以保险资金的运用对于保险公司乃至保险行业的发展壮大具有特别重要的意义。

（二）保险资金运用的原则

1. 法定性原则。如前所述，保险合同法的私法属性较强，有较多的意思自治空间，在保险合同法领域，法律没有禁止的行为，就是当事人可为的行为。而保险监管法其公益性更强，公法色彩更浓，保险监管法律规范也多为强行性规范，法律没有规定的就是不可为的行为。在保险资金运用法律监管领域，这一点也有非常明显的体现。

保险公司用于投资的资金，是属于保险公司所有的财产，或者保险公司拥有支配权的财产，但是如果保险公司资金运用失败，那么不仅其本身的利润将会减少，公司经营会受到影响，更为重要的是，这会影响到保险公司的偿付能力，进而可能造成保险市场的混乱。近年来日本许多保险公司的破产，究其原因，在于其在经营上过于依赖资本市场的资金运用，结果在资本市场投资利润下滑后无法承担赔偿义务，从而导致严重的危机。由此可见，对于保险资金运用的监管一定要非常慎重。

对于保险资金运用的监管，体现在资金运用的各个方面，从可运用的资金的来源，到许可的资金运用方式的种类，再到资金运用的比例限制，均需要有法律的明确规定。

2. 安全性、收益性、流动性原则。

（1）安全性原则。安全性原则就是必须保证保险公司资金运用能起到保值增值的效果，而不能是无效的投资乃至形成坏账和不同系统间的经营风险的互相燃点，即多米诺效应。

（2）收益性原则。收益性原则是指保险资金运用必须要能取得收益，这是很自然的道理。问题在于收益性原则和安全性原则有相互矛盾之处：低风险就意味着低收益，反之，高收益的背后是高风险。由于保险行业的特殊性，虽然保险公司是营利性组织，但是不能过于强调其收益性，所以在收益性原则和安全性原则上应该追求一个适当的平衡。这种平衡可以通过对保险资金运用的不同方式进行不同限制来达到。例如，对于安全性较高的资金运用方式，就不作限制或者作比较宽松的限制，比如许多国家对于银行存款、国债和金融债券的投资，限制就比较少。

（3）流动性原则。由于赔付发生的不确定性（特别是财产保险），保险资金的运用应当保证投资的很大一部分是可以很便利地变现的投资品种，以便于对可能发生的不确定性风险随时进行及时、足额的赔付。

3. 人寿保险资金运用与财产保险资金运用的不同要求。关于保险资金运用的实体原则，必须注意的一个问题是，鉴于财产保险和人寿保险的不同特点，两者在实体原则的应用上应当有所区别，而不应当整齐划一。人寿保险的合同期限较长，资金可使用时间长，并且一定时期内所有投保人总体的死亡和生存概率可以通过科学的方法相对准确地估算出，保险金的给付时间和数量可以比较准确地预测到。所以寿险资金对流动性的要求并不苛刻，可长期稳定使用，进行中长期的投资，寿险业投资关注更多的是资金的营利性和安全性。而财产保险一般期限短，保险事件的发生具有很大的偶然性，保险金的赔付时间和数量具有很大的随机性，必须随

---

[1] 魏华林、林宝清主编：《保险学》，高等教育出版社 2006 年版，第 317 页。

时留足偿付金。所以财险资金的运用过程对流动性的要求特别强，相比寿险资金更适合短期投资。

因此有关法律、法规必须区别这两种不同性质的保险资金而作出不同的规定，对这两种不同的资金运用应进行分类管理，确定不同的投资原则。

（三）保险资金运用的方式与比例限制

1. 保险资金运用的方式。从世界各国的经验来看，保险资金运用的方式大致有以下几种：银行存款、债券、股票、贷款、不动产、投资实业、黄金及其他金融工具等。具体而言：①银行存款。世界上许多国家并不把银行存款作为保险投资的一种方式，国外保险公司的银行存款只是留作必要的临时性的资金，以备支付日常开支。对于一些监管能力不足或金融市场不发达的国家，一般要求保险公司须持有一定比例的银行存款，我国《保险法》也将银行存款作为保险资金运用的主要方式之一。[1]　②债券。包括政府债券、央行或金融机构债券（包括中央银行票据、政策性银行金融债券、政策性银行次级债券、商业银行金融债券、商业银行次级债券、商业银行次级定期债务、保险公司次级定期债务、国际开发机构债券等）、企业债等。③股票。包括普通股和可转换债。④贷款。包括不动产抵押贷款、银行存款单抵押贷款、金融机构（如银行）担保贷款、信用贷款（风险性高，一般不允许）等。⑤不动产。⑥投资实业。⑦黄金、其他金融工具等。

对于保险资金的运用原则和方式，我国《保险法》第106条规定："保险公司的资金运用必须稳健，遵循安全性原则。保险公司的资金运用限于下列形式：①银行存款；②买卖债券、股票、证券投资基金份额等有价证券；③投资不动产；④国务院规定的其他资金运用形式。保险公司资金运用的具体管理办法，由国务院保险监督管理机构依照前两款的规定制定。"从我国保险市场发展的趋势看，在保险资金运用的方式上不断赋予其更大的自由，是一个不可避免的发展趋势，这有它的合理性，但问题是在这个过程中，要特别注意风险的防范。

2. 保险资金运用的比例限制。其内容包括：①每一种投资方式的总金额占全部资产的最高比例限制。一般而言，各国对投资风险比较高的方式，如股票投资，都规定有一个严格的限制；同时，对于风险比较低的方式，如银行存款、国债等，往往没有明确的限制，保险公司可自行决定。②具体某一项投资占保险公司该类投资的总金额的比例限制。这可以防止某一投资对象的经营困难导致保险公司的资金运用的失败。例如，在某一银行的存款，不应当超过保险公司全部资产的一定比例；对某一公司的贷款、债券持有、股票和可转债持有，均不要超过保险公司全部资产的一定比例。③保险公司的某项投资占该投资项目总金额的比例限制。也就是说，保险资金一般不允许通过资金运用的方式直接成为所投资项目的主要权益方。例如，我国《保险机构投资者股票投资管理暂行办法》第13条第1款规定："保险机构投资者持有一家上市公司的股票不得达到该上市公司人民币普通股票的30%。"此项限制的主要目的是确保保险资金运用的主要目的为获取适当的收益，而不是通过资本市场的投资盲目进行多元化，这样可以确保保险公司集中精力经营保险主业。

保险资金运用的方式和比例限制，是随着保险业的发展而不断地进行适时调整的，并不是一成不变的。对于我国更是这样，投资的方式在不断拓宽，投资的比例也不断地调整。这是根据宏观金融形势进行的调整，有其必要性，不可能一经确定，就永不修改。

---

[1]　任燕珠：《保险资金运用的监管法律制度研究》，厦门大学2006年硕士学位论文。

第四节　保险监管法的法律责任

第二十三章

证券监管法律制度

第一节　证券监管法概述

一、证券监管的含义

证券监管乃证券监督和证券管理的合称。"监督"一词，汉语的含义是察看并督促;[1]与之相对应的英文是"supervise"，按《布莱克法律辞典》的解释，其词义为照看、主管或检查[2]。而"管理"一词就其本身的词义来看则是指照管并约束,[3]以及管辖、处理的意思。就其基本含义来看，是指把人力和资源通过计划、组织、控制来完成一定的组织目标的过程。[4]管理是人类生存、社会延续、生产发展、经济繁荣的必要条件之一，它存在于整个人类历史时期。与"监管"相对应的英文是"regulate"[5]，相关词典将其解释为"control or direct (sth) by means of rules and restriction"，即以规章制度控制或者管理某事物[6]。

证券监督是指国家的证券主管机关依法对证券的发行和交易等活动以及参与证券市场活动的主体进行经常性督促和检查，以使证券市场有序运行的行为。而证券管理则除了指对证券的发行和交易等活动以及证券市场主体实施督促、检查之外，还包括进行组织、领导、协调和控制等行为。可见证券监督侧重于对证券市场的督促和检查;而证券管理则较前者范围要宽，除含有督促和检查的内容之外，更侧重于对有关证券发行、交易和证券市场主体的组织、领导、协调和控制。所以，证券监督与证券管理既相互区别、各有侧重，又紧密联系，共同组成证券监管的整体含义。因此，在实践中这两个词一般并称为证券监管。

综合以上分析，我们将证券监管定义为：证券主管机关依法对证券的发行、交易等活动和对参与证券市场活动的主体实施监督和管理，以维护证券市场秩序并保障其合法运行为目的的行为的总和。对此定义可作以下三个方面的解析：

1. 实施证券监管的主体是一国的证券监管机关和自律监管机构，其证券监管权的行使实质上是国家行政权力和社会公法[7]权力在证券业领域的运用和实施，具有强制性。证券监管机关权力的取得须经国家根据有关法律规定而授权，而自律监管机构的公权力则需基于社会公法而产生。例如，我国《证券法》第7条规定，国务院证券监督管理机构依法对全国证券市场

---

〔1〕　中国社会科学院语言研究所词典编辑室编：《现代汉语词典》，商务印书馆 1978 年版，第 539 页。

〔2〕　Henry Campbell Black，*Black's Law Dictionary*，Fifth Edition，West Publishing Co.，1979，p. 1290.

〔3〕　中国社会科学院语言研究所词典编辑室编：《现代汉语词典》，商务印书馆 1978 年版，第 403 页。

〔4〕　单宝：《中国管理思想史》，立信会计出版社 1997 年版，第 1 页。

〔5〕　"中国证监会"的英文表达为：China Securities Regulatory Commission（CSRC），其中的 regulatory 的动词形式即为"regulate"。

〔6〕　[英] 霍恩比著，李北达译：《牛津高阶英汉双解词典》，商务印书馆、牛津大学出版社（中国）有限公司 1997 年版，第 1259 页。

〔7〕　关于"社会公法"的论述见李东方：《上市公司监管法论》，中国政法大学出版社 2013 年版，"前言"第 3 页和第 536 页。

实行集中统一监督管理。国务院证券监督管理机构根据需要可以设立派出机构，按照授权履行监督管理职责。第164条规定，证券业协会是证券业的自律性组织，是社会团体法人。该法第十二章还具体规定了我国证券监管机构的权限范围和行使职权的法定程序，第十一章则对自律监管机构即证券业协会作了具体规范。

2. 证券监管的实施对象是证券的发行、交易活动和参与证券市场活动的主体。证券的发行和交易是一种十分复杂的融资活动，它涉及面广、内容复杂、影响广泛。因此，各国都对证券的发行和交易实施程度不同的监管。对证券发行的监管，主要通过证券发行审核制度和证券发行信息披露制度来实现；而对证券交易则主要通过证券上市制度和上市公司信息持续性披露制度来实施监管；同时还采取诸如禁止操纵市场、禁止内幕交易和禁止欺诈客户等禁止性行为来实施对证券发行和交易的监管。

证券监管的另一类监管对象是参与证券市场活动的主体，这些主体主要包括：证券发行人、证券投资者、证券经营机构、证券从业人员和证券交易所等。对证券市场主体的监管一般采取国家监管和自律监管两种方式。前者指国家证券监管机关按照法律、法规及各种行政命令来规范和约束各类证券市场主体，该规范和约束具有强制力。后者指证券交易所及证券经营机构成立同业公会等自律组织，通过该自律组织制定的章程、规则来进行自我约束。这种监管具有私法性质。但是，大多数国家和地区都要求自律组织的规章必须根据国家和地区的证券法授权而制定，[1] 可见，自律监管在一定程度上也体现了国家实施干预的意志。另外，证券自律监管机构有单方面决定对自律组织的会员行使监督、审查、奖励、处罚等的权力，这种权力的表现形式与公法的权力形式（即监管者意志的单方性和强制性）基本上是一致的。

3. 证券监管的目的在于保障合法的证券交易活动，督促证券经营机构依法经营，禁止违法交易行为，防止少数机构垄断操纵和扰乱证券市场，防范证券业的整体风险，从而保护投资者和社会公众的利益，维护证券市场秩序，保障证券业的健康发展。

二、证券监管的必要性

要想说明证券监管的必要性，必须以揭示证券业独有的特征为基本前提。我们认为，证券业的独有特征主要表现在以下两个方面：

（一）证券业是一个高风险产业，具有内在不稳定性

证券业之所以风险高、易于动荡、缺乏内在稳定性，主要是由以下因素所决定的：

1. 证券市场容易产生过度投机。证券市场上的投机是相对于投资而言的。投资者购买股票的目的是取得股息，他们希望从公司的发展中获得长期回报；而投机者购买股票的目的则是在短期内获取不同股票之间的差价，从低买高卖中获得较高的利润。对于股票市场来说，投资者与投机者都是不可缺少的，众多的投资者使市场具有稳定性，而投机者的投机活动则使市场充满流动性。不仅如此，适度的、理性的投机还有利于形成市场的均衡价格和社会平均利润。在实际的市场运行过程中，投资与投机并没有实质性的界限，这二者在一定的条件下经常会相互转化。例如，当股价暴涨时，所有的投资者在高额收益下都难免有投机的冲动，此时说整个市场都为投机也不为过；反之，当股价暴跌或低迷时，被套牢的投机者也被迫成为投资者。

投机，作为一种状态，我们很难通过涨跌幅度、股价指数、市盈率等数量指标来界定和量化。但是，如果证券市场价格长期地、普遍地、严重地背离其内在的投资价值，市场上多数投资者的主导性行为倾向于短期操作，致使证券市场的固有功能无法正常发挥，这种状态可被认为是过度投机。适度的、理性的投机对证券市场是有益的，而过度的、非理性的投机则是有害

---

〔1〕 参见我国台湾地区"证券交易法"第四、五章各条，我国《证券法》第8条和第九章各条。

无益的。因为证券市场的过度投机必然造成股市价格的暴涨暴跌，从而引起整个证券市场的动荡。证券监管法的"另一主要干预就是要减少股票投机""证券法歧视那些趁证券市场不景气时进行投机的人。其措施是，禁止以低于交易股票最近期价的价格卖空股票。法律的这一态度就像古代处罚谣言的传播者一样"。[1]

2. 证券市场上的同向预期性。所谓"预期"，即"预先期待"。[2] 同向预期则是指众多的投资者共同预先期待证券价格的上涨或下跌。不论是单向预期，还是共同预期，它们都是建立在市场信息的基础之上。在证券市场上，所公开的多种证券的信息相对于每一个投资者而言都是相同的，在这些相同的不完全信息（信息偏在性所决定）面前，投资公众依据一般的投资原则，常常得出相同或相近的预测结果。当股市行情看涨时，投资者往往会盲目购进；当股市行情看跌时，他们又往往会盲目抛售。很显然，这种盲目的购进或抛售进一步加深了行情的涨跌。因此，股票市场的同向预期性很容易造成过度投机，导致股市的动荡，这是证券市场风险增大的重要原因。

3. 证券市场易被少数人操纵。投资者对预期利益的判断是建立在分析现期的信息基础之上的，但是，不论证券市场的发育多么成熟，它所提供的信息总是有限的而不可能是完全的，并且由于不同投资者自身的证券知识和交易能力的差异，使得各投资者获得证券市场信息的能力也不相同，而从所获取的诸多信息中，尽快地甄别出有价值信息的能力更是相差悬殊。由于在证券市场上获取信息的时间价值非常大，预先获知信息，可以预先作出预测，从而先于他人采取相应的行动。这样，在证券市场上，少数人便得以利用预先获知的信息从事非法的投机活动，进行内幕交易或操纵市场，从而给市场制造扭曲的信号。广大投资者被市场扭曲的信息所欺骗，操纵人则从中牟取暴利。由于普通投资者互不相识，人数众多，十分分散而又无组织性，不可能协调一致地对抗这种市场操纵行为，因此，少数人操纵证券市场是完全可能实现的。由于操纵证券市场的行为人为地扭曲了证券市场的正常价格，给证券市场的秩序造成极大危害，因此，法律必须加以禁止。

4. 虚拟资本具有相对独立的运动形态。证券是货币资金或真实资本的转化形态，是一种虚拟资本，代表着一定的财产权。股份公司通过发行股票筹集的资金是真实资本，真实资本投入公司的生产经营活动并有可能在运行中增值，而所有者（购买股票的投资者）在注入资本后，并不直接参与公司的生产经营活动，而仅仅是持有虚拟化资本——股票，或称纸制的资本副本。虚拟资本一方面受制于真实资本，证券与资本的关系是表象与实质、代表物与被代表物的关系；另一方面，虚拟资本又有相对的独立性。这种独立性表现在：①虚拟资本在量上与真实资本有可能相背。股票的数量是不会在流通过程中减少的，而真实资本在经营中却可能出现亏损、渗漏和贬值。②虚拟资本的"价值"是由市场来评价或预期的，它可能与真实资本的实际价值不一致，与公司的经营状况不一致。③虚拟资本有其相对独立的运行轨迹。真实资本的运行轨迹是生产过程和流通过程，而虚拟资本主要在投资者之间不断转手。因此，对股价的确定就带有很大的主观性和随意性。这就使股价并不总等于其所代表的资产价值，其在相当程度上受到人们的未来预期以及市场供求关系的影响，股票价格很容易背离其代表的真实价值，导致股票市场震荡，股市风险由此产生。[3]

---

〔1〕 ［美］理查德·A. 波斯纳著，蒋兆康译：《法律的经济分析》（下），中国大百科全书出版社 1997 年版，第 580 页。

〔2〕 中国社会科学院语言研究所词典编辑室编：《现代汉语词典》，商务印书馆 1978 年版，第 1043 页。

〔3〕 金德环主编：《证券市场规范化建设研究》，上海财经大学出版社 1998 年版，第 215 页。

5. 现代科学技术的发展在促进证券业更加迅速发展的同时，也使证券业本身的弊端暴露得更加充分，使其弊端带来的危害性可能更大。现代证券市场一般采用先进的科学技术，尤其是计算机和互联网技术的运用给证券业的发展带来了革新，这一革新不仅使许多证券交易能在瞬间完成，而且还使得国内甚至国际的证券业联为一体。如此迅速且联系紧密的证券市场，一方面能够加快信息的传递速度，使证券交易额、资本流通、社会资源配置和组合的规模越来越大；另一方面，也可能会在错误信息的引导下造成极大交易风险。由于交易量大、交易迅速，可能在分秒之间出现巨额赔赚。例如，巴林银行新加坡分行的交易员里森利用计算机网络进行金融衍生工具交易，在很短的时间里，就亏损了 10 多亿美元，造成震惊全球的巴林银行倒闭事件。

上述诸多证券业的高风险和内在不稳定因素，客观上需要国家在遵循经济规律的前提下，依法干预，化解市场风险，维护市场稳定，从而保护投资公众的合法利益。

（二）证券业是一种带有浓厚公益性的产业

证券业作为一种带有浓厚公益性的产业，主要表现在：

1. 无论是股票还是债券，由于其投资额的起点都很低，投资者只要持有少量货币就可以购买证券，从事投资活动，所以证券投资主体遍及社会各行各业，具有显著的社会性和公共性。在发达资本主义国家更是如此，"公司形态之企业于所有企业之中占有极为重要之地位，故证券已成为公民私有财产之重要构成部分，而与大众利益息息相关"[1]。我国学者陈春山也认为证券业"乃一方面培养巨型企业以从事国际竞争，另一方面则以股权分散及股利分享以达到全民均富之目标"。[2]

2. 随着社会的进步，各国的保险制度及退休年金制度日益发达，而保险基金及退休基金的大部分均投资于证券市场，且投资公司中的共同基金（mutual funds）也多投资于证券，其股东为众多小额投资人，因此，如果放任证券市场而不加监管，将间接地影响社会上大多数人的利益。

3. 除直接或间接与投资者及一般大众的利益有关之外，证券市场的盛衰将直接影响企业资金的筹集，进而也将影响国家的经济增长率。

4. 证券市场的过度投机、操纵以及不合理的价格波动，极可能引起贸易、交通、工业及社会福利方面的严重问题，产生影响社会的不安定因素，进而还可能引发国家的政治或经济危机，直接影响百姓安居乐业。

从以上各点可以看出，证券市场绝非纯然自律、不受外界干预的"私人俱乐部"。在 1930 年美国联邦立法前，美国高等法院根据契约说（contract theory），承认纽约证券交易所是自治组织（voluntary organization），纯然自律不受外界干涉。[3] 事实上，证券市场深具公益性，为保护一般投资人的利益及公共利益，证券市场确有监管之必要。

可见，在市场经济条件下，证券业的内在特点，决定了必须有一个规范而又具有权威的证券监管机关代表国家来对证券业实施监督和管理，以协调和解决证券市场因缺陷所产生的各种矛盾。

---

〔1〕 赖源河：《证券管理法规》，成阳印刷股份有限公司 1996 年版，第 2~3 页。

〔2〕 陈春山：《证券交易法论》，五南图书出版有限公司 1989 年版，第 4 页。

〔3〕 See Richard W. Jennings, "Self-Regulation in the Securities Industry: The Role of the Securities and Exchange Commission", *Law and Contemporary Problems*, 29（1964），p. 663.

三、证券监管法的概念及其与证券法的关系

证券监管必须以法律为依据，证券监管机关的设立及其监管权力的取得和行使都离不开证券法律。离开了证券法律，不仅证券市场失去了控制、规范、指引和保障，而且证券监管机关也失去了监管的标准、权威、手段和基本前提。[1] 我们认为，证券监管法是调整国家在实施对证券业的监督和管理过程中所发生的社会关系的法律规范的总称。它是证券法的组成部分，因为证券法是调整国家在管理证券市场、证券在平等主体之间流通转让过程中所发生的社会关系的法律规范的总称[2]（此为广义的证券法，狭义的证券法仅指国家权力机关颁布的证券基本法或证券交易基本法，如《证券法》）。透过证券法的概念，我们可以看出，对证券法的界定主要包含两个方面的因素：①监管因素。例如，政府主管机关对证券的发行与上市交易进行审查，对参与证券市场活动的某些主体进行资格监控等，其目的在于保护社会公共利益。②便利证券流通转让因素。例如，设立证券经营机构与交易所制度，为证券交易提供交易媒介与市场；确立证券承销合同与上市合同制度，为证券交易提供有利、迅速的交易工具；设立证券登记与托管制度，以保证证券交割过户的迅速实现等。上述前一方面具有经济行政管理的性质，后一方面具有调整平等主体之间证券交易关系的性质。在理论上，学者通常都是把证券法归入商法这一法律部门中，作为商法的一个组成部分进行研究。[3] 而我国台湾地区学者则更具体地将其归属于"商法中公司法之特别法"[4]。

综上可见，证券监管法是证券法的一部分，即证券法中具有经济行政管理性质的那一部分，本书是将其作为经济法的范围来进行研究的。需要说明的是，到目前为止，我国在证券立法上并不存在一个单独的证券监管基本法，以囊括所有的证券监管的法律规范。同时，国家权力机关颁布的某一部证券基本法（即狭义证券法）或其他证券法规也不能够穷尽证券监管的所有法律规范。所以，一方面，目前尚不存在一个单独的证券监管基本法；另一方面，证券监管法不仅指某一部证券法律、法规，而是每部证券法律、法规中具有证券监管性质的法律规范的总和。

四、证券监管的适度性分析

（一）证券监管法的法律负成本分析

要把握证券监管的适度性，首先要对证券监管法的法律负成本进行分析。证券监管法的法律成本有两层含义：①为实施证券监管法，在任何时候都存在的人、财、物的合理付出。例如，执法者调查内幕交易行为就必须付出相应的人力、财力和物力；在制裁证券违法的诉讼中，法院也必须付出相应的成本。这种成本我们称之为法律付出的正成本，或者称之为法律的有效成本。②证券监管法在实施过程中经常会发生与立法宗旨相背离的负效应，或者产生不合理的执法成本，对此我们称之为法律的负成本或无效成本。由于这里我们的目的在于研究证券监管法的适度性，而研究法律的负成本，对把握证券监管法的"度"大有神益，所以，在此我们主要讨论证券监管法的负成本。证券监管法的负成本，主要反映在以下四个方面：

1. 执法负成本。公共选择学派认为，即使通过公共选择制定的监管法律符合社会利益，也不能保证这样的法律能够得到不折不扣的执行。问题出在执行这些法律的各级监管者身上，他们不能排除自身利益对法律实施的干扰，可能对法律作出偏向于自身利益的理解，在法律界

〔1〕　张忠军：《金融监管法论——以银行法为中心的研究》，法律出版社 1998 年版，第 5 页。

〔2〕　李双元、李晓阳主编：《现代证券法律与实务》，湖南师范大学出版社 1995 年版，第 1 页。

〔3〕　王连洲等主编：《中华人民共和国证券法实务全书》，中国法制出版社 1999 年版，第 321 页。

〔4〕　陈春山：《证券交易法论》，五南图书出版有限公司 1989 年版，第 3 页。

限比较模糊的情况下更是如此，导致法律在执行过程中变了样。例如，过去在公司上市的审批过程中，由于证券监管机关手中的权力极大，监管者在决定是否批准某一公司上市时，完全可能根据自身的某种利益或偏好而作出取舍。不仅一般的证券监管执法者有可能发生执法的负成本，就是掌握证券纠纷最终司法解决权力的法官也有这种可能，美国监管理论的权威学者波斯纳认为："经济学家们假设，法官像其他人一样，寻求的是包括金钱和非金钱因素（后者包括闲暇、声望和权力）在内的效用函数最大化。但我们已认识到，司法程序规则的目标就在于防止法官在审理一个特定的案件时，以这样或那样的方法取得金钱报酬，并使有政治作用的利益集团对其判决所产生的影响最小化。这些隔离规则（insulating rules）的有效性有时是值得怀疑的。"[1] 法官可能经常"设法将其个人的偏好和价值加于社会"[2]，而不是纯粹按照法律的公平和正义来审案。执法负成本的后果，即为法律规则的低效率，甚至无效，而"法律的低效率规则将会被当事人之间的明示协议所废除，而如果司法判决不断地无视经济逻辑，那么契约当事人就会用私人手段代替司法方法以解决契约争端"[3]，从而造成法律条文形同虚设。

2. 守法负成本。即证券市场上被监管的主体为遵守有关监管规定而额外承担的成本。[4] 例如，当被监管对象遵守那些本身缺乏公平性的证券法律、法规或政策时，所付出的守法成本，就是一种负成本。正如我国存在过的某些现象（下列现象有的已经改变，有的正在改变）："同股"而不"同权、同利"，上市公司和投资者的所得税分三五九等，不同的地区（如内地和沿海）所享有的政策不同等。但是对于国家的法律、法规和政策，即使是受到不公平待遇的经济主体也必须遵守。换言之，他们的守法成本是负的。守法负成本给我们的启示是：政府干预应尽可能少，必要的干预要力求中性，即不偏向任何部门、地区和人群。

3. 证券监管立法宽严失度时所产生的负效应。在证券市场上，如果监管法超过一定的限度，就会压制证券业的成长。因为在过度监管的环境下，一方面，无效率的证券机构不仅不会被淘汰，反而会被保护起来；另一方面，颇具竞争实力的证券机构由于缺乏自由竞争的空间，而无法做出高效的业绩。而且，"监管越紧，成本也越高，不仅是监管自身的直接成本，而更重要的是对金融机构提供更低廉、更富创新性和丰富多样产品与服务的竞争力施加了限制，这最终将有损于这些产品和服务的消费者"。[5]

4. 道德风险。道德风险是指由于某些制度性的或其他的变化，引发的私人部门行为的变化并产生有害的（通常是不利于生产的）作用。经典的例子是火灾保险：当某人购买了火灾保险以后，就会变得对火灾隐患不那么注意，这就使火灾风险比未保险时高得多。因此，有学者认为，监管会导致私人部门去冒较大的风险，或者是随意的，或者在更多的情况下是无意的，换句话说，监管会降低正常的谨慎程度。[6]

证券监管法所产生的道德风险主要发生在证券发行市场和证券交易市场。我们首先考察在发行市场上证券监管法可能产生的道德风险，根据我国《股票发行与交易管理暂行条例》第12条的规定，我国股份有限公司申请公开发行股票，必须经过规定的程序、报经地方政府或中央企业主管部门审批；被批准的发行申请，还要送中国证券监督管理委员会（以下简称证监会）复审，并将审查意见书抄报国务院证券委员会；经证监会复审同意的，申请人应当向证券

---

〔1〕 ［美］理查德·A. 波斯纳著，蒋兆康译：《法律的经济分析》，中国大百科全书出版社1997年版，第694页。

〔2〕 ［美］理查德·A. 波斯纳著，蒋兆康译：《法律的经济分析》，中国大百科全书出版社1997年版，第695页。

〔3〕 ［美］理查德·A. 波斯纳著，蒋兆康译：《法律的经济分析》，中国大百科全书出版社1997年版，第695页。

〔4〕 贝多广主编：《证券经济理论》，上海人民出版社1995年版，第148页。

〔5〕 转引自张忠军：《金融监管法论——以银行法为中心的研究》，法律出版社1998年版，第73页。

〔6〕 贝多广主编：《证券经济理论》，上海人民出版社1995年版，第145~146页。

交易所上市委员会提出申请，经上市委员会同意接受上市，方可发行股票。这就容易给公众投资者一个印象："既然经过政府严格程序的审批，那么，上市公司所公布的招股说明书的内容一定会是真实、准确、完整和可靠的"，从而对上市公司充满信任感和安全感，大大降低了在一般市场上应有的谨慎标准。实际上，按照我国《股票发行与交易管理暂行条例》的规定，招股说明书内容真实、准确、完整性的保证人和责任人是申请人或发行人本身以及主承销商；同时，对其资信、资产和财务状况进行审定、评估并出具有关法律意见书的会计师、审计师和律师也负有相应的责任。而对申请文件进行审批的政府主管机关对这些文件内容的真实性、准确性和完整性是不负保证责任的。因此，为了抵消《股票发行与交易管理暂行条例》第 12 条可能给公众投资者带来的道德风险负效应，该条例在第 16 条明确规定，招股说明书的封面应当载明："发行人保证招股说明书的内容真实、准确、完整。政府及国家证券管理部门对本次发行所作出的任何决定，均不表明其对发行人所发行的股票的价值或者投资人的收益作出实质性判断或保证。"

在证券交易市场上，证券监管法可能产生的道德风险有两种情形，一种情形是，在一个完全自由的市场中，投资者必须去评价或考察委托代理商的安全性，但是在一个受监管的证券市场中，投资者认为证券监督管理机关会确保那些证券机构或证券代理商的安全性，或者至少能够确保在发生违约时会偿还保证金，因而寻找证券代理商时不多加考虑。这就会使那些不良的证券公司很容易获得客源，而这些客户（投资者）则给自己增加了一种投资风险之外的风险。另一种情形是，由于对证券监管法和证券机构的充分信赖，投资公众往往容易对证券市场上经常存在的证券欺诈、过度投机、操纵行情和内幕交易等行为掉以轻心或失去应有的谨慎。

（二）政府监管缺陷理论和法律负成本分析给我们的启示

政府监管缺陷理论和法律负成本分析说明监管并非包治百病的灵丹妙药，它自身也存在失灵的问题。不仅如此，"政治权力"在特定的情形下还会"给经济发展造成巨大的损害，并能引起大量的人力和物力的浪费"[1]。当然，政府监管主要还在于其有极大促进经济发展的一面，因此，探讨监管缺陷问题并不是否定政府监管的必要性，而只是强调监管要适度，要使用好政府权力来实现社会的经济目标。那么怎样才能把握监管的适度性呢？我们认为要把握政府监管的适度性，就应当遵守以下三项原则：

1. 将政府监管严格限制在市场失灵的领域。发达国家和发展中国家的实践都已证明，尽管市场机制存在缺陷，并且其缺陷在很大程度上只有依靠政府的干预才能克服，但是市场机制是迄今为止人类所拥有的最有效的资源配置工具，因为市场机制能以最低廉的费用、最快的速度和最简单的形式把资源配置的信息传递给相关的决策者。而且，对于消费品的最佳分配、生产要素的最佳配置以及社会经济的发展，市场机制基本可以圆满解决。在这种情况下，如果政府监管过度，就会破坏上述的"自然生态"，所以，凡是市场能自行调节好的经济活动，政府就没有必要插手，否则不仅是多余的，而且是有害的。

2. 将政府监管限定在对市场缺陷干预能起积极作用的领域。上面已经明确分析，政府监管应当严格限制在市场失灵的领域。但这还不足以界定政府监管的适度范围，因为我们还会面临这样一个问题，政府在市场失灵领域的干预全都有效吗？人们往往有一种错觉，即认为政府对所有市场失灵的现象实施的干预都会有效。一旦发现市场失灵，马上就想到颁布一个条例，发布一条行政命令，或者实施一项监管措施，而不去分析一下，这些行政行为到底能不能奏效。结果有些政府干预不仅没有达到预期的效果，反而使问题更糟。例如，市场是通过周期性

---

〔1〕《马克思恩格斯选集》（第四卷），人民出版社 1995 年版，第 483 页。

经济波动来调整产品结构和产业结构的，这种周期性波动会造成一定量的资源损失，此可谓市场缺陷。过去在我国，人们认为通过计划经济的干预措施就能够解决市场经济所固有的周期性的波动问题，可是政府一旦干预却又使国民经济发生由政府政策而引起的周期性波动，而政策性的周期波动同样会造成资源损失，甚至损失更惨重。实践证明，对于某些市场失灵，政府干预能够起到积极作用，而对于另一些市场失灵，政府干预却是不能奏效的。如果硬性干预，就会造成"政府失灵"或"政策失效"。而"政府失灵"所造成的后果比"市场失灵"的后果更为严重。所以，政府监管只能限于那些监管有效的市场缺陷范围。

3. 政府监管应当限定在监管能产生效益的范围内。也就是说，政府监管要遵循"成本—效益"的法则。这里所指的效益主要是指社会的宏观经济效益或公共效益，从本质上讲，在经济领域的政府监管也是一种经济活动，既然是经济活动，就要计较成本，只有当监管后的效益超过其成本时，才符合经济理性。如果某项政府干预增进的资源配置效益为100，而为此却要付出110的资源成本，一个理性的政府是不会实施这项政府干预的。[1] 因此，在考虑是否实施某项政府干预时，必须要作成本与效益的权衡。

（三）证券监管适度性的把握

根据政府监管缺陷一般理论给我们的启示，证券监管的立法和证券监管法的实施同样也存在一个适度的问题。我们认为，要把握证券监管的适度性，实际上就是要正确界定证券监管法的任务和证券监管法干预的范围，即证券市场机制能够自行完成的任务，证券监管法就不去涉足；证券监管法干预无效，甚至干预会产生负成本的范围，证券监管法就不去干预。根据上述指导思想，我们认为证券监管法的基本任务及其干预证券业的适度范围，包括以下四个方面的内容：

1. 制裁证券市场的违规违法行为，以规范证券发行和交易行为。由于自身的缺陷，证券市场容易发生过度投机、操纵行情、内幕交易、官商勾结以及欺诈舞弊等扰乱证券业的行为，对此，证券监管机关应当以裁决者的身份代表国家实施严厉监管。然而，在我国，要真正达到这一点尚有一定距离，因为在证券市场上我国政府很大程度上既是运动员又是裁判员，即目前我国政府仍然尚未完全摆脱其证券市场参与者的身份，这样政府就容易直接面对投资者、面对企业、面对市场。而作为经济活动的直接参加者，一旦证券市场出现利益冲突或纠纷，政府必然成为被责难的对象。因此，政府应离市场稍远一点，尽量居于超脱的地位，不直接参与证券活动，一旦证券市场发生重大纠纷或违规违法行为，政府应当以裁决者的身份着手化解矛盾，处理纠纷，追究违规违法行为人的法律责任，从而使证券发行和交易市场按照证券监管法的指引实现规范化。

2. 增强投资公众的投资信心，保护投资者的合法权益。证券发行和交易市场的正常运营是公司和政府筹集资金的重要途径，也是促进一国经济繁荣和稳定的主要金融手段。政府和公司发行证券的目的是把社会公众手中的闲散货币资金集中起来，充分发挥其增值效用，这一目的的实现必须依赖于社会公众对所发行的证券的购买，而公众购买证券与否，又取决于其对投资是否有信心、是否具有安全感。在此，证券监管法便担负着树立投资公众的投资信心和增强其安全感的使命。正如我国台湾地区学者所指出的："证券管理之主要任务，即在于使证券市场之效能圆满发挥，消除人为操纵等缺点，从而培养投资大众之信心，使国民储蓄能流向工业以促进经济发展。"[2] "故建立完善之证券管理制度，使投资人获得充分保障而乐于投资，实

〔1〕 胡家勇：《政府干预理论研究》，东北财经大学出版社 1996 年版，第 129～130 页。
〔2〕 余雪明：《证券管理》，台湾编译馆 1988 年版，第 16 页。

乃发展经济之要务。"[1]

可见投资者的投资信心和安全感有赖于国家为证券的发行和交易提供良好的法律环境，保障投资者作为分散的、无组织的个人不致受到有着严密组织性的发行者的欺骗和非法诱惑，同时，一旦投资者受到欺骗，法律将给予被欺骗的投资者适当的救济途径，以切实保护投资者的合法权益。当然，保护投资者的合法权益并不是说保证投资者都能从证券投资中获利，证券监管法的任务在于确保投资者有一个公开、公平、公正的证券交易环境，并严厉打击各种违法投资的行为。有一点需要说明的是，证券监管法保护投资者的合法权益，并不是说不保护证券市场上其他主体的利益，而是考虑到投资公众在证券市场上处于相对弱小的地位，他们的合法权益容易受到侵害。即法律应当正视个人与社会的差异，应当支援社会弱者，而牵制社会的强者，使之达到真正的平等。[2] 因此根据保护弱者的经济立法原则，证券监管法应当将保护投资者合法权益的任务确定下来。

3. 宏观引导社会资金和资本合理分流，以实现资本和资金的优化配置。证券业的主要职能是筹集、融通和配置资金，国家的产业结构和经济结构制约着社会资金和资本的分配，但是证券业作为资金配置的行业，反过来又可以影响国家的产业结构和经济结构。可是，仅靠证券市场的自发调节，往往不能实现社会资金的最优配置和产业结构的合理布局，投资者更多的是考虑自己眼前的利益，因而容易被证券市场的虚假繁荣所迷惑，他们很难透过证券市场的表面现象将自己的利益与证券发行者经营、生产的优劣联系起来，这就有可能造成社会资金通过证券市场盲目流动，这种盲目性只有依靠国家的合理干预才能够克服。这种合理干预的方式，便是国家通过制定证券监管法来设立专门的证券管理机构，使其依法对证券的发行与上市进行管理，对发行人资格和证券发行额进行审查或审核，以及国家通过其他机构对利率、税收政策进行调整，从而引导社会资金和资本合理分流，支持重点产业和基础产业，使管理完善、经济效益好的发行者能够尽快获得投资。国家的这种宏观管理，与证券的发行者及投资者的自由决策和自由选择结合起来，能够较好地克服证券业市场自身的缺陷。因为，发行者和投资者的自由意志都不得不受整个经济形势的制约，而只有国家才可能从全局上掌握一国的经济状况，能够从客观上为证券的发行行为与投资行为提供引导和协调等服务。国家通过实施证券监管法，实现对证券市场稳定、均衡的管理，这样就能使国家的宏观经济政策得以最终实现。[3]

4. 维护公共利益。证券监管法的这一任务是由其社会本位法的法律本质所决定的。"国家作为凌驾于社会的力量，并不意味着它的权力必须伸向经济生活的每一个方面和每一角落。它表明国家对经济生活进行干预的时候，它总是要出于种种考虑，自己设定它对社会经济生活进行干预的方面和程度。这种设定主要是通过制定体现它的意志的法律来完成的，这决定了国家在制定法律的时候，首先就要确立通过什么法律形式来规范自己对经济生活干预的范围和程度。这就是立法的本位思想。"[4] 证券监管法乃是以社会的公共利益为其立法之本位的，这就决定了它要求任何市场主体在进行证券市场行为时，都不得一味追求自身利益最大化，而忽视或危害社会公共利益。证券市场作为现代社会高级的市场形式和生产要素市场的重要组成部分，对整个社会经济秩序有重大的影响。也就是说，证券市场秩序的好坏直接影响到整个社会经济秩序的好坏，进而影响到整个社会公共利益的实现。因此，以社会为本位的证券监管法，

[1] 赖源河：《证券管理法规》，成阳印刷股份有限公司1996年版，第4页。
[2] 郑玉波：《民法总则》，中国政法大学出版社2003年版，第5页。
[3] 王连洲等主编：《中华人民共和国证券法实务全书》，中国法制出版社1999年版，第706页。
[4] 李昌麒：《经济法——国家干预经济的基本法律形式》，四川人民出版社1995年版，第210页。

就是要从社会公共利益出发，加强对证券发行和交易行为的监管，使个体的发行和交易行为符合社会整体利益，从而形成良好的证券市场秩序，维护社会公共利益。

从以上证券监管法的基本任务及其干预的范围可以看出，这些基本任务之间存在一定的逻辑层次，前者是后者的基础和前提条件，后者则是前者的实质性理由，即只有规范了证券的发行和交易行为，才可能有效地保护投资者的合法权益，才可能实现社会资本金的优化配置，最终才可能维护社会公共利益，从而促进整个市场经济的发展。这些也正是证券监管立法的宗旨所在。

五、证券监管法的基本原则

证券监管法的基本原则，是贯穿于证券监管法始终的，对全部证券监管法律规范起统率作用的基本准则。它集中体现了证券监管法的本质特征和根本价值，具有抽象性、宏观指导性和基础性的特征。所谓抽象性，是指该基本原则主要体现为证券监管法的精神和理念，从其形式上看，它本身并不一定表现为法律规范，并不直接对监管主体的职责和被监管对象的权利和义务以及相应的法律后果作出具体的、相应的规定，而是表现了证券监管法立法的目的和宗旨，其存在有助于人们准确地理解和正确地适用证券监管法。所谓宏观指导性，是指它对证券监管机关开展各项监管活动具有根本性的指导意义，并为证券监管法的运作指明方向。所谓基础性，是指它是证券监管法最基本和最重要的规定，是证券监管法有效运作的基础，舍弃或违背这些基本原则，证券监管法的目的便难以实现。基于以上认识，我们认为证券监管法的基本原则应当包括公开、公正、适度和高效四项基本原则。

（一）公开原则

公开是实现证券市场监督与管理的有效手段，是证券监管法的精髓之所在。公开原则有两层含义，第一层含义是指国家证券监管机关应当依法保证证券发行人的资格及其基本经营情况、证券的性质及发行量、上市证券的各种详细信息，以及各类证券得以发行的条件能够完全地公之于众，使得广大投资者都能充分地掌握不同发行者发行的不同证券的所有能够公开的市场信息。证券监管部门应确保证券市场各种信息的真实性，防止弄虚作假。国家的证券管理机构只有充分保障发行公开、上市公开、上市后其信息持续公开的公开原则，才能为投资者和发行者提供全面、准确的证券业信息，才能使投资者在作出投资的判断和选择时能获得公平的信息资源，才能从根本上堵塞内幕交易的漏洞。公开原则的第二层含义是指在证券市场上监管法律、法规及相关政策的公开，市场监管活动与执法活动的公开。"法律作为一种行为指南，如果不为人知而且无法为人所知，那么就会变成为空话。"[1] 所以，法律、法规只有为公众所知晓的时候才能成为人们的行为准则。综上所述，公开原则不仅是市场、市场主体及其行为的公开，而且还是相关的法律、法规和监管执法活动的公开。对于公开原则的意义，我们借用一位美国学者的思想来概括：公开原则可矫正社会及企业之弊病，公开原则犹如太阳，是最佳之防腐剂；犹如电灯，是最有能力之警察。

（二）公正原则

在证券市场中，"公正"常常被误认为与"公平"同义。的确，"公正"源自拉丁语"justitia"，系由"jus"一词演化而来，从词源学上说，它具有正直、正当、公平、不偏不倚的含义；另外，从哲学意义上说，公正源于正义与平等。因此，公正与公平有相似乃至相同的含义。但是，作为一种法律原则，公正的立意与公平是有很大区别的。公平作为证券监管法的一

---

〔1〕 ［美］本杰明·N. 卡多佐著，李红勃、李璐怡译：《法律的成长》，北京大学出版社 2014 年版；转引自［美］E. 博登海默著，邓正来、姬敬武译：《法理学——法哲学及其方法》，华夏出版社 1987 年版，第 311 页。

种价值目标，主要指的是证券市场主体的权利平等、地位平等和机会平等；而公正原则则是针对证券市场的监管者和执法者而言的，是对证券监管者、执法者权力或职责的赋予与约束。

公正原则既是实现公开原则的保障，也是公平价值得以实现的前提。证券市场不仅需要完善的法律体系，更重要的是这些法律规范能够得到公正的执行。因此，公正原则要求证券市场的监管者和执法者正确地行使法律赋予的职责，通过自身执行职务的行为使法律的公平正义价值得以实现。公正原则的具体内容至少包括三个方面：①监管者在履行职责时，必须根据法律赋予的权限进行，既不能超越权限，也不能懈怠职责，否则证券市场就可能由于监管者的行为不当而丧失公正。②监管者对所有被监管对象都应给予公正待遇，不偏护任何人，在适用法律上当事人一律平等；在依据证券法和有关行政法规来制定各项规章制度时，证券监管机关必须站在公正的立场上，不得将利益向任何单位和个人倾斜；在审核股票债券发行上市时，应严格按照法定条件和程序进行，不得暗箱操作；在对证券纠纷与争议进行调解或对证券违法行为进行处罚时，应当秉公执法，不徇私情。③就监管者的权力因素而言，"法律制度最重要的意义之一就是它可以被视为一种限制和约束人们的权力欲的一个工具"。"由于法律对权力无限制的行使设定了障碍，并试图维持一定的社会平衡，所以在许多方面都必须将它视为社会生活中的限制力量。"[1] 在向法治社会迈进的中国，用法律来限制行政权力的扩张，已经取得了一定程度的成功。之所以要限制权力的过度扩张，是因为行政权力因素过多渗入证券市场领域，势必干预证券市场行为主体的民事权利，否定证券市场行为主体的独立性、自由性。同时，行政权力滥用还容易造成在过度保护一部分证券市场主体利益的同时损害另一部分证券市场主体的利益，使证券市场缺乏公正性。因此，公正原则要求必须对监管者的权力进行制约，防止监管者权力过度膨胀和滥用权力。

（三）适度原则

政府对市场干预的程度无非有三种情况：一是"过多"干预，二是"过少"干预，三是"适度"干预。从社会主义国家和资本主义国家历史的经验教训来看，对市场的"过多"或"过少"干预，其教训都是深刻的，当今实行市场经济的国家都纷纷走出这两个极端，而采取政府干预的适度性原则。作为被看成是市场经济状况晴雨表的证券市场，国家在制定和实施证券监管法时，理所当然地应当将监管适度作为一项基本原则。

适度原则要求将证券监管严格限制在证券市场可能失灵的范围内。由于自身的缺陷，在证券市场容易发生过度投机、操纵行情、内幕交易以及欺诈舞弊等扰乱证券业的行为，对此，证券监管机关应当以裁决者的身份代表国家实施严厉监管。而对于证券市场能自行调节好的经济活动，政府就没有必要插手，否则，不仅多余，而且有害。适度原则还要求监管者应避免直接微观管制证券机构，因为证券监管者不是证券机构的经营管理者，不能对证券机构的具体事务进行直接管理，否则，就可能对这些机构的自主经营权造成侵害。另外，要做到监管适度，还必须充分发挥证券业自律机制和社会中介机构的作用，因为证券交易所、证券业协会等自律性机构对证券监管目标的实现具有很大的作用，而会计师事务所、律师事务所、信用评级机构等社会中介机构则可以起到社会监督的作用，这无疑有利于监管目标的实现。

（四）高效原则

高效监管不仅是指监管者要以价值最大化的方式来实现证券监管的目标，降低监管成本，而且要通过监管来促进证券业高效发展。"没有合适的法律和制度，市场就不会体现任何价值

---

〔1〕　〔美〕E. 博登海默著，邓正来、姬敬武译：《法理学——法哲学及其方法》，华夏出版社 1987 年版，第 348 页。

最大化意义上的'效率'。"[1] 证券业是为市场经济提供服务、为各产业和经济部门筹集资金的金融业分支行业，其最直接的目的是促进社会资金的高速流动和高效利用，因此，证券监管法理应为促进和提高证券市场的高效运转、增强证券业的规范性和有序性发挥积极的作用。高效原则应当贯穿证券监管法的始终。证券监管机构对证券发行的审核、注册，对证券市场的监督和管理，对证券机构设立的审批，以及证券机构和经营人员的经营行为，都应当以证券监管法为依据高效率地完成。

高效原则要求监管机构既要对证券业进行必要的监督与管理，又不能束缚证券业应有的活力。证券业是一个充满各种活跃因素的行业，这些活跃因素有的是积极的、合法的，有的则是消极的、违法的。证券监管法就是要通过保护合法的证券业行为，制止非法的证券业行为，来促进整个证券业的高效运转。证券业的各个环节，如发行、交易等往往相互制约，一个环节的低效率或者违法活动都可能导致整个证券业的混乱瘫痪。可见，效率是证券业的生命之所在，证券业的运行必须符合经济发展的节奏，必须能够及时满足投资者筹集资金的需要，经济发展需要的是高效而不是低效的证券业。与此相适应，对证券业实施监督与管理的法律也必须是高效的，证券监管法必须及时为合法的证券活动提供保护，及时地遏制证券市场的非法行为，防止其扰乱证券业的正常秩序，从而提高证券业的效率。

第二节 证券发行监管

一、证券发行的基本条件

公开发行证券，必须符合法律、行政法规规定的条件，并依法报经国务院证券监督管理机构或者国务院授权的部门核准；未经依法核准，任何单位和个人不得公开发行证券。有下列情形之一的，为公开发行：①向不特定对象发行证券；②向累计超过 200 人的特定对象发行证券（依法实施员工持股计划的员工人数不计算在内）；③法律、行政法规规定的其他发行行为。非公开发行证券，不得采用广告、公开劝诱和变相公开方式。发行人申请公开发行股票、可转换为股票的公司债券，依法采取承销方式的，或者公开发行法律、行政法规规定实行保荐制度的其他证券的，应当聘请证券公司担任保荐人。保荐人应当遵守业务规则和行业规范，诚实守信，勤勉尽责，对发行人的申请文件和信息披露资料进行审慎核查，督导发行人规范运作。

（一）股票发行的基本条件

1. 股票发行的概念和种类。股票发行是指符合发行条件的股份有限公司，以筹集资金为目的，依法定程序，以同一条件向特定或不特定的对象招募或出售股票的行为。股票发行是股份发行的表现形式。股票发行人必须是具有股票发行资格的股份有限公司，包括已成立的股份有限公司和经核准拟设立的股份有限公司。股票发行一般有两种：①为设立新公司而首次发行股票，即设立发行；②为扩大已有的公司规模而发行新股，即增资发行。

2. 股票发行的条件。

（1）设立发行的条件。设立发行或称首次发行，是指发起人通过发行公司股票来募集经营资本，成立股份有限公司的行为。设立股份有限公司公开发行股票，应当符合《公司法》规定的条件和经国务院批准的国务院证券监督管理机构规定的其他条件，向国务院证券监督管

---

[1] ［美］布坎南著，吴良健、桑伍、曾获译：《自由、市场和国家》，北京经济学院出版社 1988 年版，第 89 页。

理机构报送募股申请和相关文件：①公司章程；②发起人协议；③发起人姓名或者名称，发起人认购的股份数、出资种类及验资证明；④招股说明书；⑤代收股款银行的名称及地址；⑥承销机构名称及有关的协议。依照《证券法》规定聘请保荐人的，还应当报送保荐人出具的发行保荐书。法律、行政法规规定设立公司必须报经批准的，还应当提交相应的批准文件。此外，根据《股票发行与交易管理暂行条例》的规定，设立发行还应当符合下列条件：①股份有限公司的生产经营符合国家的产业政策。这是为了保证国家对社会资金投向的基本流向作宏观调控而提出的要求，涉及国家安全、国防尖端技术等行业不得设立股份有限公司发行股票，其他大部分生产经营行业设立股份有限公司，发行股票，均应符合国家产业政策。②发行的普通股限于一种，同股同权。设立股份有限公司申请发行普通股时，只能申请发行一种，每一股份数额相等，持有相同股份数额的股东，具有同等权利。③发起人认购的股本数额不少于公司拟发行的股本总额的35%。本条件是为了维护股份有限公司设立和股票发行的严肃性，使发起人的利益和新设立公司的利益紧密地联系起来，强化发起人设立、经营新公司的责任感，规范发起人的发起行为，使发起人尽力履行职责，因此对发起人规定一定比例的股份认购。④在公司拟发行的股本总额中，发起人认购的部分不少于人民币3000万元，但国家另有规定的除外。该规定旨在通过对发行公司的最小规模的限制，达到在一定程度上提高发行公司规模效益的目的。⑤向社会公众发行的部分不少于公司拟发行股本总额的25%，其中公司职工认购的股本数额不得超过拟向社会公众发行的股本总额的10%；公司拟发行的股本总额超过人民币4亿元的，证监会按规定可酌情降低向社会公众发行的部分的比例，但最低不得少于公司拟发行股本总额的10%。规定社会公众的持股比例，其作用在于保障公司股票的市场流通性，扩大公司的利益。通过公众参与投资，有效地利用社会闲散资金，同时加强对公司经营管理行为的严格监督。⑥发起人在近3年内没有重大违法行为。⑦证券委规定的其他条件。

（2）发行新股的条件。股份有限公司成立后，基于增资目的而再次申请公开发行股票，在《公司法》中称为发行新股。公开发行新股，应当符合下列条件：①具备健全且运行良好的组织机构；②具有持续经营能力；③最近3年财务会计报告被出具无保留意见审计报告；④发行人及其控股股东、实际控制人最近3年不存在贪污、贿赂、侵占财产、挪用财产或者破坏社会主义市场经济秩序的刑事犯罪；⑤经国务院批准的国务院证券监督管理机构规定的其他条件。上市公司发行新股，应当符合经国务院批准的国务院证券监督管理机构规定的条件，具体管理办法由国务院证券监督管理机构规定。

（二）公司债券发行的基本条件

所谓公司债券，是指公司依照法定程序发行的、约定在一定期限后还本付息的有价证券。股份有限公司、有限责任公司，为筹集生产经营资金，可以依照《证券法》规定的条件发行公司债券。这些条件主要包括：①具备健全且运行良好的组织机构；②最近3年平均可分配利润足以支付公司债券1年的利息；③国务院规定的其他条件。公开发行公司债券筹集的资金，不得用于弥补亏损和非生产性支出。上市公司发行可转换为股票的公司债券，除应当符合上述规定的条件外，还应当符合经国务院批准的国务院证券监督管理机构规定的条件，具体管理办法由国务院证券监督管理机构规定。但是，按照公司债券募集办法，上市公司通过收购本公司股份的方式进行公司债券转换的除外。

公开发行公司债券，应当符合《证券法》《公司法》的相关规定，经中国证监会注册。申请公开发行公司债券，应当向国务院授权的部门或者国务院证券监督管理机构报送下列文件：①公司营业执照；②公司章程；③公司债券募集办法；④国务院授权的部门或者国务院证券监督管理机构规定的其他文件。依照《证券法》规定聘请保荐人的，还应当报送保荐人出具的发行保荐书。

存在下列情形之一的，不得再次公开发行公司债券：①对已公开发行的公司债券或者其他债务有违约或者延迟支付本息的事实，仍处于继续状态；②违反《证券法》规定，改变公开发行公司债券所募资金的用途。[1]

二、发行公告

发行公告是指发行人在证券发行前必须依法向社会公众公告其招股说明书等募集文件的活动。发行人所公告的招股说明书应当附有发起人制订的公司章程，招股说明书应当按照证监会规定的格式制作，并载明下列事项：公司的名称、住所；发起人、发行人简况及其认购的股份数；筹资目的；公司现有股本总额，本次发行的股票种类、总额，每股票面金额和发行价格，发行前每股净资产值和发行结束后每股预期净资产值，发行费用和佣金；初次发行的发起人认购股本的情况、股权结构及验资证明；承销机构的名称、承销方式与承销数量；发行的对象、时间、地点及股票认购和股款缴纳的方式；所筹资金的运用计划及收益、风险预测，公司最近发展规划和经注册会计师审核并出具审核意见的公司下一年的盈利预测文件；涉及公司经营的重要合同；涉及公司的重大诉讼事项；公司董事、监事名单及其简历；公司近3年或者成立以来的生产经营状况和有关业务发展的基本情况；经注册会计师事务所审计的公司最近3年或者成立以来的财务报告和由2名以上注册会计师及其所在事务所签字、盖章的审计报告；增资发行的公司前次公开发行股票所筹资金的运用情况；本次募股的起止期限及逾期未募足时认股人可撤回所认股份的说明；以及证监会要求载明的其他事项。发行人申请首次公开发行股票的，在提交申请文件后，应当按照国务院证券监督管理机构的规定预先披露有关申请文件。

另外，招股说明书的封面还应当载明："发行人保证招股说明书的内容真实、准确、完整。政府及国家证券管理部门对本次发行所作出的任何决定，均不表明其对发行人所发行的股票的价值或者投资人的收益作出实质性判断或者保证。"

三、发行中介机构

（一）律师事务所

1. 律师与律师事务所从事证券法律业务的规范性文件。为了加强对律师事务所从事证券法律业务活动的监督管理，规范律师在证券发行、上市和交易等活动中的执业行为，完善法律风险防范机制，维护证券市场秩序，保护投资者的合法权益，根据《证券法》和《律师法》，中国证券监督管理委员会主席办公会议和司法部部务会议审议通过了《律师事务所从事证券法律业务管理办法》（以下简称《证券业务管理办法》），此办法自2007年5月1日起施行。

2. 证券法律业务的内容。证券法律业务，是指律师事务所接受当事人委托，为其证券发行、上市和交易等证券业务活动提供制作、出具法律意见书等文件的法律服务。律师事务所从事证券法律业务，可以为下列事项出具法律意见：①首次公开发行股票及上市；②上市公司发行证券及上市；③上市公司的收购、重大资产重组及股份回购；④上市公司实行股权激励计划；⑤上市公司召开股东大会；⑥境内企业直接或者间接到境外发行证券、将其证券在境外上市交易；⑦证券公司、证券投资基金管理公司及其分支机构的设立、变更、解散、终止；⑧证券投资基金的募集、证券公司集合资产管理计划的设立；⑨证券衍生品种的发行及上市；⑩中国证监会规定的其他事项。

（二）会计师事务所

根据《注册会计师执行证券、期货相关业务许可证管理规定》（已废止）的规定，财政部

---

[1] 《公司债券发行与交易管理办法》第15条。

和中国证监会对注册会计师、会计师事务所执行证券、期货相关业务实行许可证管理。注册会计师、会计师事务所执行证券、期货相关业务，必须取得证券、期货相关业务许可证。注册会计师、会计师事务所依法执行证券、期货相关业务，不受行政区域、行业的限制，任何单位和个人不得干预。证券、期货相关机构有权自主选择有证券许可证的会计师事务所。但是，证券、期货相关机构一旦确定了有证券许可证的会计师事务所，无正当理由不得任意更换。

（三）资产评估机构

2019年12月28日十三届全国人大常委会第十五次会议审议通过了修订后的《证券法》，新修订的《证券法》要求，将资产评估机构等证券服务机构从事证券业务由行政审批改为备案管理。为加强对资产评估机构从事证券服务业务的监督管理，规范资产评估机构从事证券服务业务备案行为，根据《资产评估法》《证券法》等规定，财政部会同证监会制定了《资产评估机构从事证券服务业务备案办法》，该办法作了如下规定：

1. 资产评估机构从事证券服务业务，应当遵守《资产评估行业财政监督管理办法》有关规定。

2. 资产评估机构从事证券服务业务备案应当贯彻落实国务院"放管服"改革要求，根据《国务院关于加快推进"互联网+政务服务"工作的指导意见》（国发〔2016〕55号文），优化办事服务，加强信息共享，资产评估机构无需重复提交材料。

3. 资产评估机构从事下列证券服务业务，应当按照该办法进行备案：①为证券发行、上市、挂牌、交易的主体及其控制的主体、并购标的等制作、出具资产评估报告。②为证券公司及其资产管理产品制作、出具资产评估报告。③财政部、证监会规定的其他业务。

4. 资产评估机构从事证券服务业务备案按业务环节分为首次从事证券服务业务备案、重大事项备案、年度备案。

四、证券承销

（一）承销业务的种类

根据我国《证券法》的规定，我国证券承销业务分为代销和包销两种方式。

1. 证券代销，又称代理发行，是指证券公司代发行人发售证券，在承销期结束时，将未售出的证券全部退还给发行人的承销方式。对发行人而言，这种承销方式风险较大，但承销费用相对较低。

2. 证券包销，是指证券公司将发行人的证券按照协议全部购入或者在承销期结束时将售后剩余证券全部自行购入的承销方式。包销又可分为全额包销和余额包销两种形式。证券包销合同签订后，发行人将证券的所有权转移给证券承销人。因此，证券销售不出去的风险由承销人承担，但其费用高于代销的费用。

（二）承销协议的主要内容

证券公司承销证券，应当同发行人签订代销或者包销协议，该协议载明的主要事项如下：①当事人的名称、住所及法定代表人姓名；②代销、包销证券的种类、数量、金额及发行价格；③代销、包销的期限及起止日期；④代销、包销的付款方式及日期；⑤代销、包销的费用和结算办法；⑥违约责任；⑦国务院证券监督管理机构规定的其他事项。

（三）承销团及主承销人

1. 承销团，又称联合承销，是指2个以上的证券经营机构组成承销人，为发行人发售证券的一种承销方式。过去规定，向社会公开发行的证券票面总值超过人民币5000万元的，必须采取承销团的形式来销售，这实际上是关于巨额证券销售与承销团的规定。而此次《证券法》修订，改变了此做法。这就意味着向不特定对象发行证券，可以由承销团承销，也可以不聘请承销团承销。聘与不聘承销团承销，都不再受证券票面总值是否超过人民币5000万元的限制。此次修订，给了发行人更多的自主权。承销团承销尽管具有分散风险的作用，但其会增加发行人的成本。相反，单独承销可以降低发行人的成本。

2. 主承销商，是指承销团在承销过程中，其他承销团成员均委托其中一家承销人为承销团负责人，该负责人即主承销商。主承销商与其他各家承销商的关系属于民法上的委托代理关系，主承销商的行为后果由承销团承担。根据《证券发行与承销管理办法》第28条的规定，证券发行由承销团承销的，组成承销团的承销商应当签订承销团协议，由主承销商负责组织承销工作。证券发行由2家以上证券公司联合主承销的，所有担任主承销商的证券公司应当共同承担主承销责任，履行相关义务。承销团由3家以上承销商组成的，可以设副主承销商，协助主承销商组织承销活动。

（四）证券的销售期限

各国证券法之所以对证券的销售期限作出规定，是因为销售证券是一种从社会中直接融资的活动，而直接融资对资金市场有可能产生较大的影响，包括负面影响。为了减少出现负面影响的机会，有必要对证券的销售期限作出合理的规定，从而达到维护证券市场秩序基本稳定的目的。我国《证券法》规定，证券的代销、包销期最长不得超过90日。

（五）代销发行失败

股票发行采用代销方式，代销期限届满，向投资者出售的股票数量未达到拟公开发行股票数量70%的，为发行失败。发行人应当按照发行价并加算银行同期存款利息返还股票认购人。

第三节　证券上市监管

证券上市，是指已公开发行的股票、债券等有价证券，符合法定条件，经证券交易所依法审核同意，并由双方签订上市协议后，在证券交易所集中竞价交易的行为。

一、证券上市

随着我国证券发行制度的改革，注册制的逐步实施，2019年新修订的《证券法》对证券上市部分的规定作了大幅的删减，并通过授权性规范将相关权力下放给了证券交易所。

（一）证券上市的申请

申请证券上市交易，应当向证券交易所提出申请，由证券交易所依法审核同意，并由双方签订上市协议。证券交易所根据国务院授权部门的决定安排政府债券上市交易。

（二）证券上市的条件

申请证券上市交易，应当符合证券交易所上市规则规定的上市条件。证券交易所上市规则规定的上市条件，应当对发行人的经营年限、财务状况、最低公开发行比例和公司治理、诚信记录等提出要求。

二、信息公开制度

信息公开制度是指上市公司在证券发行和交易过程中，必须真实、准确、完整、及时地按照法律规定的形式向公众投资者公开一切有关公司重要信息的制度，从而使上市公司的证券能够在有效、公开、知情的市场中进行交易。

（一）公开文件

1. 发行股票、公司债券的公司，必须依照《公司法》的规定，经中国证监会注册后，公开必须具备的文件，发行人必须根据真实、完整的原则公告招股说明书、公司债券募集办法。

发行人在此过程中，不得在文件上有虚假记载、误导性陈述或者重大遗漏。

2. 招股说明书。股份有限公司发行股票应按规定编制招股说明书，向社会公开披露有关信息，其股票获准在证券交易所上市时，上市公司应当编制上市公告书，向社会公开披露有关信息。

3. 公司债券募集办法。这是发行公司在发行公司债券时，根据法律规定制作的记载与公司债券发行相关的实质性重大信息的一种规范性文件。公司债券募集办法应当载明的事项包括：公司名称；债券募集资金的用途；债券总额和债券的票面金额；债券利率的确定方式；还本付息的期限和方式；债券担保情况；债券的发行价格、发行的起止日期；公司净资产额；已发行的尚未到期的公司债券总额；公司债券的承销机构。

（二）公开报告

1. 定期报告。所谓定期报告，是指上市公司定期公布其财务和经营状况的文件，包括年度报告、中期报告和季度报告。上市公司董事、高级管理人员应当对公司的定期报告签署书面确认意见。监事会应当进行审核并提出书面审核意见，说明董事会的编制和审核程序是否符合法律、行政法规和中国证监会的规定，报告的内容是否能够真实、准确、完整地反映上市公司的实际情况。董事、监事和高级管理人员对定期报告内容的真实性、准确性、完整性无法保证或者存在异议的，应当在书面确认意见中发表意见并陈述理由，并予以披露。

2. 临时报告。当发生可能对上市公司股票、债券交易价格产生较大影响，而投资者尚未得知的重大事件时，上市公司应当立即将有关重大事件的情况向国务院证券监督管理机构和证券交易所提交临时报告，并予以公告，说明事件的实质。

（三）信息公开不实的法律后果

根据《证券法》的规定，信息披露义务人未按照规定披露信息，或者公告的证券发行文件、定期报告、临时报告及其他信息披露资料存在虚假记载、误导性陈述或者重大遗漏，致使投资者在证券交易中遭受损失的，信息披露义务人应当承担赔偿责任；发行人的控股股东、实际控制人、董事、监事、高级管理人员和其他直接责任人员以及保荐人、承销的证券公司及其直接责任人员，应当与发行人承担连带赔偿责任，但是能够证明自己没有过错的除外。

第四节　证券交易监管

一、证券交易的条件及方式

（一）证券交易的条件

证券交易的条件是指在证券市场上公开进行交易的证券必须符合的法律规定的相关条件。按照《证券法》的规定，证券交易的条件主要包括以下内容：

1. 证券交易当事人依法买卖的证券，必须是依法发行并交付的证券。非依法定程序发行的证券，不得买卖。

2. 依法发行的证券，《公司法》和其他法律对其转让期限有限制性规定的，在限定的期限内不得转让。如我国《公司法》将股份有限公司发起人持有的股份有限公司的股份限定为1年之内不得转让。上市公司持有5%以上股份的股东、实际控制人、董事、监事、高级管理人员，以及其他持有发行人首次公开发行前发行的股份或者上市公司向特定对象发行的股份的股东，转让其持有的本公司股份的，不得违反法律、行政法规和国务院证券监督管理机构关于持有期限、卖出时间、卖出数量、卖出方式、信息披露等规定，并应当遵守证券交易所的业务规则。

3. 公开发行的证券，应当在依法设立的证券交易所上市交易或者在国务院批准的其他全国性证券交易场所交易。

（二）证券交易的方式

对于证券交易的方式，《证券法》规定必须采用公开的集中交易方式，或者国务院证券监督管理机构批准的其他方式。

1. 场内市场采用集中竞价交易方式。集中竞价交易分为集合竞价和连续竞价，每个交易日的前10分钟，集合竞价产生开盘价。接着股市进入连续买卖阶段，市场买卖双方进行连续竞价。公开的集中竞价，是所有有关购售该证券的买主和卖主集中在证券交易所内公开申报、竞价交易，每当买卖双方出价相吻合就构成一笔买卖，交易依买卖组连续进行，每个买卖组形成不同的价格。有关集中竞价交易的操作程序、成交办法、交易单位、交易价格升降单位、交易的清算交割日期等证券交易运作规则，由证券交易所制定，报中国证监会批准。

集中竞价交易实行价格优先、时间优先原则。价格优先，是指同时有2个或2个以上的买（卖）方买卖同种证券时，买方中出价最高者，应处在优先购买的地位；而卖方中出价最低者，应处在优先卖出的地位。时间优先，是指出价相同时，以最先出价者优先成交。

2. 场外市场一般采用做市交易或协议交易方式。我国目前建立起了以全国中小企业股份转让系统（简称"新三板"）为代表的证券场外市场，新三板采用做市交易与协议交易方式。做市交易，是指由具备一定实力和信誉的证券公司或其他机构作为特许交易商，不断向公众投资者报出特定证券的买卖价格（即双向报价），并在该价位上接受公众投资者的买卖要求，以其自有资金和证券与投资者进行证券交易的方式，公众投资者之间不会互为交易对手方。做市商通过这种不断买卖来维持市场的流动性，满足公众投资者的投资需求，同时也能够从做市活动中获利。做市商具有垄断的寡头的性质，为防止市场操纵，新三板规定股票采取做市转让方式的，应当有2家以上做市商为其提供做市报价服务。协议交易，是指证券买卖双方在线下达成股票转让协议之后，再向新三板进行成交申报的一种交易方式。证券交易当事人买卖的证券可以采用纸面形式或者中国证监会规定的其他形式。

二、证券交易的暂停和终止

证券交易的暂停，是指已获准上市的证券，因公司一定事由的发生，由证券主管机关或证券交易所决定或自动停止其在交易所的集中竞价交易的情形。证券交易的终止则是指已获准上市的证券，因发生法定事由，由证券主管机关或证券交易所决定终止其上市资格的情形。证券交易的暂停和终止主要包括股票和债券交易的暂停和终止。

2019年新修订的《证券法》规定，上市交易的证券，有证券交易所规定的终止上市情形的，由证券交易所按照业务规则终止其上市交易。证券交易所决定终止证券上市交易的，应当及时公告，并报国务院证券监督管理机构备案。对证券交易所作出的不予上市交易、终止上市交易决定不服的，可以向证券交易所设立的复核机构申请复核。比如上交所就在《上海证券交易所股票上市规则》（2023年修订）中规定了股票上市暂停、上市终止的各类情形。

三、限制和禁止的证券交易行为

（一）限制和禁止的证券交易行为的一般规定

证券交易的限制和禁止行为是指我国《证券法》《公司法》等法律、法规规定的，证券市场的参与者在证券交易过程中限制或者禁止从事的行为。

我国《证券法》除在第三章的第三节专门规定"禁止的交易行为"外，还对限制和禁止的证券交易行为作了一般性的规定，这些规定包括：①证券交易当事人依法买卖的证券，必须是依法发行并交付的证券。非依法发行的证券，不得买卖。依法发行的证券，法律对其转让期限有限制性规定的，在限定的期限内，不得买卖。②依法发行的证券，《公司法》和其他法律对其转让期限有限制性规定的，在限定的期限内不得转让。上市公司持有 5% 以上股份的股东、实际控制人、董事、监事、高级管理人员，以及其他持有发行人首次公开发行前发行的股份或者上市公司向特定对象发行的股份的股东，转让其持有的该公司股份的，不得违反法律、行政法规和国务院证券监督管理机构关于持有期限、卖出时间、卖出数量、卖出方式、信息披露等规定，并应当遵守证券交易所的业务规则。③证券交易场所、证券公司和证券登记结算机构的从业人员，证券监督管理机构的工作人员以及法律、行政法规规定禁止参与股票交易的其他人员，在任期或者法定限期内，不得直接或者以化名、借他人名义持有、买卖股票或者其他具有股权性质的证券，也不得收受他人赠送的股票或者其他具有股权性质的证券。任何人在成为前述所列人员时，其原已持有的股票或者其他具有股权性质的证券，必须依法转让。实施股权激励计划或者员工持股计划的证券公司的从业人员，可以按照国务院证券监督管理机构的规定持有、卖出本公司股票或者其他具有股权性质的证券。④为证券发行出具审计报告或者法律意见书等文件的证券服务机构和人员，在该证券承销期内和期满后 6 个月内，不得买卖该证券。除前述规定外，为发行人及其控股股东、实际控制人，或者收购人、重大资产交易方出具审计报告或者法律意见书等文件的证券服务机构和人员，自接受委托之日起至上述文件公开后 5 日内，不得买卖该证券。实际开展上述有关工作之日早于接受委托之日的，自实际开展上述有关工作之日起至上述文件公开后 5 日内，不得买卖该证券。⑤上市公司、股票在国务院批准的其他全国性证券交易场所交易的公司持有 5% 以上股份的股东、董事、监事、高级管理人员，将其持有的该公司的股票或者其他具有股权性质的证券在买入后 6 个月内卖出，或者在卖出后 6 个月内又买入，由此所得收益归该公司所有，公司董事会应当收回其所得收益。但是，证券公司因购入包销售后剩余股票而持有 5% 以上股份，以及有国务院证券监督管理机构规定的其他情形的除外。公司董事会不按照上述规定执行的，股东有权要求董事会在 30 日内执行。公司董事会未在上述期限内执行的，股东有权为了公司的利益以自己的名义直接向人民法院提起诉讼。公司董事会不按照上述规定执行的，负有责任的董事依法承担连带责任。⑥通过计算机程序自动生成或者下达交易指令进行程序化交易的，应当符合国务院证券监督管理机构的规定，并向证券交易所报告，不得影响证券交易所系统安全或者正常交易秩序。

（二）四类典型的证券禁止交易行为

四类典型的证券禁止交易行为是指内幕交易行为、虚假陈述行为、操纵证券市场行为和欺诈客户行为。对于这四类典型的证券禁止交易行为，我们将在本章的证券监管法律责任一节进行详细研讨，故在此不作赘述。

（三）其他禁止行为

在证券交易中的其他禁止行为，是指除上述所列禁止行为之外的其他可能影响正常证券交易或损害投资者利益的行为。例如，在证券交易中，严禁账外交易、另立非法账户；禁止法人以个人名义开立账户，买卖证券；禁止任何人挪用公款买卖证券；以及国有独资企业、国有独资公司、国有资本控股公司买卖上市交易的股票，必须遵守国家有关规定；等等。

另外，关于禁止的证券交易行为，《证券法》还规定，证券交易场所、证券公司、证券登记结算机构、证券服务机构及其从业人员对证券交易中发现的禁止交易行为，应当及时向国务院证券监督管理机构报告。

第五节 上市公司收购监管

一、上市公司收购的概念和方式

（一）上市公司收购的概念

上市公司收购是指投资者依法定程序公开收购股份有限公司已经发行上市的股份以达到对该公司控股或兼并目的的行为。实施收购行为的投资者称为收购人，作为收购目标的上市公司称为被收购公司。

（二）上市公司收购的方式

按照《证券法》的规定，投资者可以采取要约收购、协议收购及其他合法方式收购上市公司。采取要约收购方式的，收购人必须遵守《证券法》规定的程序和规则，在收购要约期限内，不得采取要约规定以外的形式和超出要约的条件买卖被收购公司的股票。采取协议收购方式的，收购人可以依照法律、行政法规的规定同被收购公司的股东以协议方式进行股权转让。以协议方式收购上市公司时，达成协议后，收购人必须在 3 日内将该收购协议向国务院证券监督管理机构及证券交易所作出书面报告，并予公告。在作出公告前不得履行收购协议。

二、上市公司收购的程序和规则

（一）报告和公告持股情况

通过证券交易所的证券交易，投资者持有或者通过协议、其他安排与他人共同持有一个上市公司已发行的有表决权股份达到5%时，应当在该事实发生之日起 3 日内，向国务院证券监督管理机构、证券交易所作出书面报告，通知该上市公司，并予公告，在上述期限内不得再行买卖该上市公司的股票，但国务院证券监督管理机构规定的情形除外。

投资者持有或者通过协议、其他安排与他人共同持有一个上市公司已发行的有表决权股份达到5%后，其所持该上市公司已发行的有表决权股份比例每增加或者减少5%，应当依照前述规定进行报告和公告，在该事实发生之日起至公告后 3 日内，不得再行买卖该上市公司的股票，但国务院证券监督管理机构规定的情形除外。

投资者持有或者通过协议、其他安排与他人共同持有一个上市公司已发行的有表决权股份达到5%后，其所持该上市公司已发行的有表决权股份比例每增加或者减少1%，应当在该事实发生的次日通知该上市公司，并予公告。

违反上述规定买入上市公司有表决权的股份的，在买入后的 36 个月内，对该超过规定比例部分的股份不得行使表决权。

（二）收购要约

所谓收购要约，是指根据《证券法》的规定，通过证券交易所的证券交易，投资者持有一个上市公司已发行的有表决权股份达到30%时，继续进行收购的，应当依法向该上市公司所有股东发出收购要约。依照规定发出收购要约，收购人必须公告上市公司收购报告书。收购要约约定的期限不得少于 30 日，并不得超过 60 日。在收购要约确定的承诺期限内，收购人不得撤销其收购要约；收购人需要变更收购要约的，应当及时公告，载明具体变更事项，且不得存在下列情形：①降低收购价格；②减少预定收购股份数额；③缩短收购期限；④国务院证券监督管理机构规定的其他情形。

（三）终止上市交易和应当收购

所谓终止上市交易，是指根据《证券法》的规定，收购期限届满，被收购公司股权分布不符合证券交易所规定的上市交易要求的，该上市公司的股票应当由证券交易所依法终止上市交易。

所谓应当收购，是指根据《证券法》的规定，其余仍持有被收购公司股票的股东，有权向收购人以收购要约的同等条件出售其股票，收购人应当收购。

（四）报告和公告收购情况

收购上市公司的行为结束后，收购人应当在 15 日内将收购情况报告国务院证券监督管理机构和证券交易所，并予公告。

三、上市公司收购的法律后果

上市公司收购完成后，将产生一系列的法律后果。这些后果包括：

（一）在一定期限内禁止转让股份

《证券法》第 75 条规定，收购人持有的被收购的上市公司的股票，在收购行为完成后的 18 个月内不得转让。这是因为，以获得或者巩固上市公司的控制权为目的的收购行为，在收购行为完成后，收购人不会在很短的时间内而是要在一定期间内支配被收购的上市公司。但是有的投资者可能会进行恶意收购，利用收购来操纵上市公司股票行情，阻碍与其存在竞争关系的上市公司的正常经营。因此，为了遏制操纵市场行为，维护证券市场的交易秩序，保护投资公众的利益，法律有必要规定在一定期限内禁止转让股份。

（二）目标公司的股票终止上市交易

根据《证券法》的规定，申请证券上市交易，应当符合证券交易所上市规则规定的上市条件。以上海证券交易所为例，股票上市的一个重要条件是公司公开发行的股份达到公司股份总数的 25% 以上，如果公司的股权结构发生变化不再符合上市条件，在证券交易所规定的期限内又不能扭转局面，说明公司已丧失了公众性，其股票就应当终止上市交易。

在上市公司的收购中，收购期限届满时，若收购人持有的被收购公司的股票在 75% 以上，股权结构就不再符合上市条件，由于 18 个月内不得转让，意味着短期内无法改变股权结构，则该公司的股票应由证券交易所依法终止上市交易。

（三）余额股东享有强制性出售权

强制性出售权是指上市公司的收购导致被收购公司的股票终止上市交易时，法律赋予被收购公司的其余股东以收购要约的同等条件出售其所持有的被收购公司股票给收购人的权利。强制性出售权是法律为了避免控股股东对少数股东可能的劫掠与压榨，为少数股东提供的一条退出通道。

依据《证券法》第 74 条第 1 款的规定，强制性出售权的行使条件是收购期限届满后被收购的上市公司的股票终止上市交易；行使时间是收购期限届满后；行使主体是收购期限届满后仍持有被收购公司股票的股东；行使的权利内容是要求收购人按照收购要约的同等条件购买其股票；行使的法律效力是收购人必须按照收购要约的同等条件收购其股票。

（四）变更企业形式

收购行为完成后，被收购公司不再具备股份有限公司条件的，应当依法变更其企业形式。例如，经过收购，收购人已经持有了被收购的上市公司的全部股份，被收购的上市公司的股东就只有收购人一人，该公司将不再是股份有限公司，而要变更为其他形式的企业。变更的企业形式，可以是有限责任公司，也可以是有限公司以外的企业形式。

（五）更换股票

收购行为完成后，需要更换被收购的上市公司的股票的情形是，收购人购入被收购的上市公司的具有控制权的股份，通过股东大会决议，将被收购的上市公司与收购人合并，解散被收购的上市公司。

收购人兼并被收购的上市公司后，被收购的上市公司成为收购人的一部分，被收购的上市公司的股东成为收购人的出资人，收购人应给这部分出资人签发证明其对本企业出资的出资证明，并注销这部分人持有的被收购的上市公司的股票。

（六）收购结束后的报告与公告

收购行为完成后，收购人应当在 15 日内将收购情况报告国务院证券监督管理机构和证券交易所，并予公告。

第六节 证券机构监管

一、证券交易所

（一）证券交易所的概念

证券交易所是为证券集中交易提供场所和设施，组织和监督证券交易，实行自律管理的法人。证券交易所有公司制和会员制之分。我国的证券交易所是不以营利为目的，仅为证券的集中和有组织的交易提供场所、设施，并履行国家有关法律、法规、规章、政策规定的职责，实行自律性管理的会员制的事业法人。目前，我国有两家证券交易所，即 1990 年 12 月设立的上海证券交易所和 1991 年 7 月设立的深圳证券交易所。证券交易所的设立、变更和解散，由国务院决定。

（二）证券交易所的职能

根据《证券法》的相关规定，证券交易所具有以下职能：①为组织公平的集中交易提供保障，实时公布证券交易即时行情，并按交易日制作证券市场行情表，予以公布。②按照业务规则的规定，决定上市交易股票的停牌或者复牌。③因不可抗力、意外事件、重大技术故障、重大人为差错等突发性事件而影响证券交易正常进行时，为维护证券交易正常秩序和市场公平，证券交易所可以按照业务规则采取技术性停牌、临时停市等处置措施，并应当及时向国务院证券监督管理机构报告。因前述规定的突发性事件导致证券交易结果出现重大异常，按交易结果进行交收将对证券交易正常秩序和市场公平造成重大影响的，证券交易所按照业务规则可以采取取消交易、通知证券登记结算机构暂缓交收等措施，并应当及时向国务院证券监督管理机构报告并公告。④对证券交易实行实时监控，并按照国务院证券监督管理机构的要求，对异常的交易情况提出报告。证券交易所根据需要，可以按照业务规则对出现重大异常交易情况的证券账户的投资者限制交易，并及时报告国务院证券监督管理机构。⑤加强对证券交易的风险监测，出现重大异常波动的，证券交易所可以按照业务规则采取限制交易、强制停牌等处置措施，并向国务院证券监督管理机构报告；严重影响证券市场稳定的，证券交易所可以按照业务规则采取临时停市等处置措施并公告。⑥依照法律、行政法规和国务院证券监督管理机构的规定，制定上市规则、交易规则、会员管理规则和其他有关业务规则，并报国务院证券监督管理机构批准。对违反业务规则的证券交易人给予纪律处分或者采取其他自律管理措施。

二、证券公司

（一）证券公司的设立

1. 证券公司的概念。证券公司是指依照《公司法》的规定并经国务院证券监督管理机构审查批准而成立的专门经营证券业务，具有独立的法人地位的金融机构。

2. 证券公司的设立。证券公司的设立必须经中国证监会依照法定的程序审查批准，未经中国证监会批准，不得经营证券业务。而且，如果证券公司变更证券业务范围，变更主要股东或者公司的实际控制人，以及合并、分立、停业、解散、破产，也必须经中国证监会核准。设立证券公司，应当具备下列条件：①有符合法律、行政法规规定的公司章程；②主要股东及公司的实际控制人具有良好的财务状况和诚信记录，最近 3 年无重大违法违规记录；③有符合《证券法》规定的公司注册资本；④董事、监事、高级管理人员、从业人员符合《证券法》规定的条件；⑤有完善的风险管理与内部控制制度；⑥有合格的经营场所、业务设施和信息技术系统；⑦法律、行政法规规定的和经国务院批准的国务院证券监督管理机构规定的其他条件。

（二）证券公司的组织形式及业务范围

1. 证券公司的组织形式。证券公司的组织形式为有限责任公司或者股份有限公司，证券公司必须在其名称中标明"证券有限责任公司"或者"证券股份有限公司"字样。

2. 证券公司的业务范围。经国务院证券监督管理机构核准，取得经营证券业务许可证，证券公司可以经营下列部分或者全部业务：①证券经纪；②证券投资咨询；③与证券交易、证券投资活动有关的财务顾问；④证券承销与保荐；⑤证券融资融券；⑥证券做市交易；⑦证券自营；⑧其他证券业务。证券公司经营上述第①～③项业务的，注册资本最低限额为人民币 5000 万元；经营第④～⑧项业务之一的，注册资本最低限额为人民币 1 亿元；经营第④～⑧项业务中两项以上的，注册资本最低限额为人民币 5 亿元。证券公司的注册资本应当是实缴资本。国务院证券监督管理机构根据审慎监管原则和各项业务的风险程度，可以调整注册资本最低限额，但不得少于上述规定的限额。

（三）对证券公司的监管

证券公司依法享有自主经营的权利，其合法经营不受干涉。但是，由于其在证券市场中的特殊地位，《证券法》对其规定了较为周密的监管制度，其主要内容如下：

1. 国务院证券监督管理机构应当对证券公司的净资本和其他风险控制指标作出规定。证券公司除依照规定为其客户提供融资融券外，不得为其股东或者股东的关联人提供融资或者担保。

2. 证券公司的从业人员应当符合法律要求。证券公司的董事、监事、高级管理人员，应当正直诚实，品行良好，熟悉证券法律、行政法规，具有履行职责所需的经营管理能力。有《公司法》第 146 条规定的情形或者下列情形之一的，不得担任证券公司的董事、监事、高级管理人员：①因违法行为或者违纪行为被解除职务的证券交易场所、证券登记结算机构的负责人或者证券公司的董事、监事、高级管理人员，自被解除职务之日起未逾 5 年；②因违法行为或者违纪行为被吊销执业证书或者被取消资格的律师、注册会计师或者其他证券服务机构的专业人员，自被吊销执业证书或者被取消起未逾 5 年。证券公司从事证券业务的人员应当品行良好，具备从事证券业务所需的专业能力。因违法行为或者违纪行为被开除的证券交易场所、证券登记结算机构、证券服务机构、证券公司的从业人员和被开除的国家机关工作人员，不得招聘为证券公司的从业人员。国家机关工作人员和法律、行政法规规定的禁止在公司中兼职的其他人员，不得在证券公司中兼任职务。

3. 国家设立证券投资者保护基金。证券投资者保护基金由证券公司缴纳的资金及其他依法筹集的资金组成，其规模以及筹集、管理和使用的具体办法由国务院规定。

4. 证券公司从每年的业务收入中提取交易风险准备金，用于弥补证券经营的损失，其提取的具体比例由国务院证券监督管理机构会同国务院财政部门规定。

5. 证券公司应当建立健全内部控制制度，采取有效隔离措施，防范公司与客户之间、不同客户之间的利益冲突。证券公司必须将其证券经纪业务、证券承销业务、证券自营业务、证券做市业务和证券资产管理业务分开办理，不得混合操作。

三、证券登记结算机构

（一）证券登记结算机构的概念与设立

证券登记结算机构是为证券交易提供集中登记、存管与结算服务，不以营利为目的的法人。

设立证券登记结算机构，必须经国务院证券监督管理机构批准，并应具备下列条件：①自有资金不少于人民币2亿元；②具有证券登记、托管和结算服务所必需的场所和设施；③主要管理人员和业务人员必须具有证券从业资格；④国务院证券监督管理机构规定的其他条件。证券登记结算机构的名称中应当标明"证券登记结算"字样。

（二）证券登记结算机构的职能

证券登记结算机构履行下列职能：①证券账户、结算账户的设立；②证券的存管和过户；③证券持有人名册登记；④证券交易的清算和交收；⑤受发行人的委托派发证券权益；⑥办理与上述业务有关的查询、信息服务；⑦国务院证券监督管理机构批准的其他业务。

（三）证券登记结算机构的责任

证券登记结算机构的责任包括：①应当向证券发行人提供证券持有人名册及其有关资料；②应当根据证券登记结算的结果，确认证券持有人持有证券的事实，提供证券持有人登记资料；③应当保证证券持有人名册和登记过户记录真实、准确、完整，不得隐匿、伪造、篡改或者毁损；④应当妥善保存登记、托管和结算的原始凭证及有关文件和资料，其保存期限不少于20年；⑤应当采取下列措施保证业务的正常进行：具有必备的服务设备和完善的数据安全保护措施，建立完善的业务、财务和安全防范等管理制度，建立完善的风险管理系统。

四、证券业协会

（一）证券业协会的性质与机构设置

1991年8月28日，我国成立了中国证券业协会。它是中国证券发展史上第一个全国性的证券行业自律性管理组织，是证券经营机构依法自行组织的自律性会员组织，具有独立的社团法人资格。按照《证券法》的规定，证券业协会是证券业的自律性组织，是社会团体法人。证券公司应当加入证券业协会。

证券业协会的权力机构是全体会员组成的会员大会。证券业协会设理事会，理事会成员依章程的规定由选举产生。证券业协会的章程由会员大会制定，并报国务院证券监督管理机构备案。

（二）证券业协会的职责

证券业协会履行下列职责：①教育和组织会员及其从业人员遵守证券法律、行政法规，组织开展证券行业诚信建设，督促证券行业履行社会责任；②依法维护会员的合法权益，向证券监督管理机构反映会员的建议和要求；③督促会员开展投资者教育和保护活动，维护投资者合法权益；④制定和实施证券行业自律规则，监督、检查会员及其从业人员行为，对违反法律、行政法规、自律规则或者协会章程的，按照规定给予纪律处分或者实施其他自律管理措施；⑤制定证券行业业务规范，组织从业人员的业务培训；⑥组织会员就证券行业的发展、运作及有关内容进行研究，收集整理、发布证券相关信息，提供会员服务，组织行业交流，引导行业创新发展；⑦对会员之间、会员与客户之间发生的证券业务纠纷进行调解；⑧证券业协会章程规定的其他职责。

五、证券监督管理机构

（一）证券监督管理机构的性质

按照《证券法》的规定，国务院证券监督管理机构依法对我国证券市场实行监督管理。从目前国务院机构设置的情况来看，国务院证券监督管理机构即证监会。根据国务院 1998 年 9 月批准的《中国证券监督管理委员会职能配置、内设机构和人员编制规定》，证监会属于国务院正部级事业单位，是全国证券期货市场的主管部门，它根据国务院的授权履行其行政监管职能，依法对全国证券业和期货业进行集中统一监管。2023 年 3 月 10 日，十四届全国人大一次会议表决通过了关于国务院机构改革方案的决定，证监会由国务院直属事业单位调整为国务院直属机构，强化了其资本市场监管职责，并划入了原属于国家发展和改革委员会的企业债券发行审核职责，现由证监会统一负责公司（企业）债券发行审核工作。

（二）证券监督管理机构的职责

《证券法》规定：国务院证券监督管理机构在对证券市场实施监督管理中履行下列职责：①依法制定有关证券市场监督管理的规章、规则，并依法进行审批、核准、注册，办理备案；②依法对证券的发行、上市、交易、登记、存管、结算等行为，进行监督管理；③依法对证券发行人、证券公司、证券服务机构、证券交易场所、证券登记结算机构的证券业务活动，进行监督管理；④依法制定从事证券业务人员的行为准则，并监督实施；⑤依法监督检查证券发行、上市、交易的信息披露；⑥依法对证券业协会的自律管理活动进行指导和监督；⑦依法监测并防范、处置证券市场风险；⑧依法开展投资者教育；⑨依法对证券违法行为进行查处；⑩法律、行政法规规定的其他职责。国务院证券监督管理机构可以和其他国家或者地区的证券监督管理机构建立监督管理合作机制，实施跨境监督管理。国务院证券监督管理机构工作人员必须忠于职守，依法办事，公正廉洁，不得利用职务便利牟取不正当利益，不得泄露所知悉的有关单位和个人的商业秘密。

第七节　违反证券监管法的法律责任

第二十四章
城市房地产管理法律制度

第一节 房地产管理法概述

一、房地产的概念和特征

房地产，即房产和地产的合称。房地产有广义和狭义之分。狭义的房地产，是指土地和土地上永久性的建筑物及其衍生的权利；广义的房地产，除上述内容外，还包括诸如水坝、码头、港口、地下矿藏和森林等自然资源。《城市房地产管理法》第2条第2款规定："本法所称房屋，是指土地上的房屋等建筑物及构筑物。"可见，除房屋等建筑物外，房产的外延还可以包括水塔、烟囱、堤坝、道路、桥梁等构筑物。地产主要是指土地及其上下一定空间，包括地下的各种基础设施、地面道路等。本书所讨论的房地产是狭义的房地产，即土地和土地上永久性建筑物及构筑物及其衍生权利。由于农村的房地产不属于《城市房地产管理法》的调整范围，因而，我们研究的房地产主要是城市房地产。

现实生活当中，房地产又与不动产、物业在某些场合作为同义语使用。房地产一般也称不动产，但不动产是指土地及土地上的附着物或内含物，土地的附着物除房屋外，还包括树木、庄稼及地上或地下的矿藏等，所以不动产的外延大于房地产。"物业"一词源于东南亚和我国香港地区，是指单元性的房地产，目前这一概念在我国已被广泛使用。但物业多用于建成房屋的买卖交易中，对于房地产开发，我们不能说物业开发。可见物业的外延小于房地产的外延。

房地产作为不动产，相对于动产具有以下特征：

1. 固定性。房地产是最典型的不动产，相对于动产最明显的特征就是不可移动性。房地产的所有人无法轻易改变土地及房产的位置，以适应市场或自身的需要。房地产的固定性决定了房地产所在场所的排他性和唯一性，从而决定了空间位置对于房地产开发的重要性。

2. 耐久性。相比于一般动产，建筑物一般不会轻易损坏，其寿命长得多。如居住用地，其土地使用权期限是70年，《民法典》物权编又规定，住宅建设用地使用权期限届满的，自动续期。正是由于房地产不会轻易损坏的这一特点，它才会成为商业交易中担保的重要标的，也正是基于此，法律才规定房地产的所有权与使用权可以分离，在房地产上可以设定不同的权利。

3. 异质性。由于房地产的固定性，不同的房地产其地理位置是不一样的，同时由于建筑材料、类型、建设年限、周围环境等因素不同，不同的房地产具有各自不同的特点。虽然在现实中，也存在移动房屋的事例，但是当同一房屋从一个位置被移到另一个位置时，由于所在的位置、方向等发生了变化，它已经不是原来的房屋了。由于房地产的异质性，在房地产交易中，充分了解房地产的信息就显得十分重要。

4. 稀缺性。房地产是人类生存及生产所必须依赖的财产。人类日常生活居住需要房屋，而土地则被称为财富之母，一切生活用品及工业用品的生产都直接或间接来源于土地。人类对房地产的需要日益增加，然而土地是有限的，是不可再生资源，不可能满足人类的全部需要，这就决定了房地产的稀缺性。自然资源部公布的第三次全国国土调查主要数据公报显示，截至2019年末，全国耕地面积为19.18亿亩，比2017年末数据净减少耕地面积1.05亿亩[1]，进一步逼近18亿亩这条红线。这意味着，我国目前人均耕地只有1.37亩，不足世界人均的40%。土地资源总量多、人均占有量少、优质耕地少、耕地后备资源少是我国土地资源的基本国情，这就决定了我国要实施更加严格的土地政策，否则会导致土地更加稀缺。

5. 资本价值性。由于房地产具有上述固定性、耐久性、异质性和稀缺性的特点，决定了房地产具有保值和增值性，这也就使房地产成为一种较佳的投资对象。它不仅可以为投资者带来收益，而且由于其耐久性和固定性，对其投资的风险也相对较小。

二、房地产管理法的概念和房地产管理法律关系

房地产管理法，是调整国家在管理房地产开发和经营过程中所发生的社会关系的法律规范的总称。房地产管理法有狭义和广义之分。狭义的房地产管理法，是指房地产管理法法典，在我国一般认为是指《城市房地产管理法》。广义的房地产管理法则包括了调整房地产管理法律关系的所有规范，其中既有宪法规范，也有基本法律规范等，还包括国务院以及中央部委颁发的条例、规章、规定等。

房地产管理法律关系，是指房地产管理法在调整房地产开发和经营的过程中形成的以权利义务为内容的关系，它是房地产管理法的调整对象。房地产管理法律关系包括房地产财产型法律关系和房地产管理型法律关系。

1. 房地产财产型法律关系，是指房地产管理法在调整房地产开发和经营过程中所形成的具有直接物质利益内容的房地产关系，它具有主体的平等性和直接的物质利益性等特征。具体包括：①房地产产权关系，其又可分为房产关系和地产关系、房地产所有权关系和房地产他物权关系；②房地产开发关系，它涉及房地产融资、工程招标、合资开发等内容；③房地产交易关系，它涉及房地产的转让、抵押、租赁等内容；④物业服务关系，它是物业公司在为业主提供有偿综合性服务的过程中与业主形成的法律关系，具有财产型和管理型双重性质，并以财产型关系为主。

2. 房地产管理型法律关系，是指房地产管理法在调整房地产开发和经营过程中所形成的不具有直接物质利益内容的房地产关系，它具有主体的不平等性及非直接的物质利益等特征。具体包括房地产行政管理关系、房地产行业管理关系、房地产企业管理关系及物业管理中非物质利益关系等。作为房地产管理法的两大方面的内容，房地产财产型法律关系与房地产管理型法律关系是紧密联系在一起的。房地产财产型法律关系是通过一定的管理型关系来确认的，同时房地产管理型法律关系也要以一定的房地产财产型关系为基础。

房地产管理法律关系具有以下特征：①主体的多元性。房地产管理法律关系中的主体包括：房地产开发主体、交易主体、中介服务主体、物业服务主体、行政管理主体等。有些主体甚至可以身兼两职，如在国有土地用地出让中，国家作为土地的所有者，既是合同关系的民事主体，又是土地和房地产业的管理者，地位具有双重性。②种类的多样性。房地产管理法律关系的内容繁多，既有财产型的法律关系，也有管理型的法律关系；既有动态型的法律关系，也有静态型的法律关系。③客体的确定性。房地产管理法律关系的客体只能是房产或地产，具有确定性，而一般的法律关系的客体具有不确定性，如民事法律关系的客体就有可能是物、行为或智力成果，也可能是某些权益（如生命、荣誉、名誉等）。④法律关系的相对稳定性。房地

---

〔1〕《第三次全国国土调查主要数据公报》，载自然资源部网站，https：//www.mnr.gov.cn/dt/ywbb/202108/t20210826_2678340.html，2023年5月30日访问。

产作为不动产，具有较强的稳定性，因此在房地产的流转过程中，只有主体的变化，没有客体的变化。房地产管理法律关系的这一特征在房地产的权属登记、使用期限管理等方面都有体现。⑤程序性。公示公信是不动产物权的一个重要原则，其宗旨是保障不动产交易的安全。根据这一原则，立法机构为房地产管理法律关系的产生、变更和消灭设定了严格的程序，如房地产的转让、抵押、租赁等，相关主体都要以法定的形式，通过法定程序向主管机关备案或经其批准。

三、房地产管理法的法律渊源

房地产管理法的法律渊源，是指房地产管理法律规范效力的来源和依据，或其外在表现形式。具体包括以下五个组成部分：

1. 房地产宪法性规范。我国《宪法》第9、10、12、13条的规定都与房地产管理法相关，尤其是第10条规定了两种不同性质的土地所有形式及关于这两种形式土地的范围、集体土地的征用和土地使用权的流转等方面的内容。《宪法》的这些相关规定，为我国的房地产管理立法提供了基本依据，奠定了房地产管理法的基本原则。

2. 房地产管理法律规范。房地产管理法律规范是由全国人大及其常委会制定的法律，如《城市房地产管理法》（1994年颁布，2007年、2009年、2019年修正）、《土地管理法》（1986年颁布，1988年、1998年、2004年、2019年修订）、《民法典》物权编（2021年1月1日实施）等。

3. 房地产管理行政法规。即国务院颁布的有关房地产管理方面的法规，如《城镇国有土地使用权出让和转让暂行条例》《城市房地产开发经营管理条例》《土地管理法实施条例》《住房公积金管理条例》等。

4. 房地产管理部门规章和地方性法规及规章。由于房地产管理具有较强的区域性以及我国对房地产业实行条块管理，建设部（现改为"住房和城乡建设部"，下同）、国土资源部（现改为"自然资源部"，下同）、人民银行、银监会（现改为"国家金融监督管理总局"，下同）、监察部（现已并入国家监察委员会）、国家税务总局等部门及享有立法权的地方人大及其常委会和地方政府也制定了不少部门规章及地方性法规及规章，对于规范房地产业起着重要的作用。如《国家发展和改革委员会、建设部关于印发〈物业服务收费明码标价规定〉的通知》；《国家税务总局关于房地产开发企业土地增值税清算管理有关问题的通知》（已被修改）、《国家税务总局关于加强房地产交易个人无偿赠与不动产税收管理有关问题通知》（部分失效）；银监会发布的《商业银行房地产贷款风险管理指引》；国土资源部发布的《招标拍卖挂牌出让国有建设用地使用权规定》《国土资源部关于开展全国城镇存量建设用地情况专项调查工作的紧急通知》《国土资源部关于加强土地供应管理促进房地产市场持续健康发展的通知》（已被修改）；建设部、国家发改委、国土资源部、中国人民银行、财政部、国家税务总局、监察部发布的《经济适用住房管理办法》等。

5. 相关司法解释。如《最高人民法院关于审理商品房买卖合同纠纷案件适用法律若干问题的解释》等。

四、《物权法》与《民法典》物权编对房地产管理法的影响

物权法的起草工作始于1993年。2002年12月，第九届全国人大常委会对民法典草案的物权法编进行了初次审议，2005年7月将物权法草案向社会全文公布，充分听取各方面的意见，并对草案进行了七次审议，审议次数之多在我国立法史上是空前的。2007年3月16日，第十届全国人民代表大会第五次会议表决通过了《物权法》，该法于2007年10月1日生效。《民法典》于2021年1月1日生效后，《物权法》随之失效。但《物权法》的颁布曾对房地产管理法

产生了重大影响，且其中大部分内容为《民法典》物权编所承继。

《物权法》明确了物权相关概念，强化了对私人财产的保护，对我国房地产业的健康发展和房地产管理法的进一步完善起到了积极的推动作用，主要有以下几个方面的影响：

1. 统一房地产登记制度，创新登记方式，促进房地产登记制度的完善。《土地管理法》《城市房地产管理法》对土地、房屋权属登记均作出了规定。《城市房地产管理法》第 60 条规定："国家实行土地使用权和房屋所有权登记发证制度。"而《物权法》第 10 条（现行《民法典》第 210 条）则明确规定："不动产登记，由不动产所在地的登记机构办理。国家对不动产实行统一登记制度。统一登记的范围、登记机构和登记办法，由法律、行政法规规定。"当时《物权法》并未明确确立统一的不动产登记机构，而于 2015 年 3 月 1 日起施行的《不动产登记暂行条例》对于统一房地产登记制度具有重要意义。该条例第 6 条规定："国务院国土资源主管部门负责指导、监督全国不动产登记工作。县级以上地方人民政府应当确定一个部门为本行政区域的不动产登记机构，负责不动产登记工作，并接受上级人民政府不动产登记主管部门的指导、监督。"第 7 条规定："不动产登记由不动产所在地的县级人民政府不动产登记机构办理；直辖市、设区的市人民政府可以确定本级不动产登记机构统一办理所属各区的不动产登记。跨县级行政区域的不动产登记，由所跨县级行政区域的不动产登记机构分别办理。不能分别办理的，由所跨县级行政区域的不动产登记机构协商办理；协商不成的，由共同的上一级人民政府不动产登记主管部门指定办理。国务院确定的重点国有林区的森林、林木和林地，国务院批准项目用海、用岛，中央国家机关使用的国有土地等不动产登记，由国务院国土资源主管部门会同有关部门规定。"

国家实行统一登记制度的规定，将杜绝重复登记、错误登记等资源浪费的现象，使交易过程更加清晰、统一，产权更明晰，同时能够在一定程度上减少由地区差异造成的市场分割，提高登记效率，降低交易成本。

《物权法》还明确了房地产权属的登记生效原则。《物权法》出台前，《土地管理法》《城市房地产管理法》也明确规定国家建立土地所有权、使用权、房屋所有权登记制度。《物权法》第 9 条第 1 款（现行《民法典》第 209 条第 1 款）进一步明确规定："不动产物权的设立、变更、转让和消灭，经依法登记，发生效力；未经登记，不发生效力，但法律另有规定的除外。"这强化了房地产交易主体的登记意识，规范了房地产登记行为，促进了房地产业的健康发展。

《物权法》新创设了房地产的预告登记、异议登记、地役权登记，同时还确定了登记过错赔偿制度。这些制度的创设和实施，对保护房地产权利人合法权益，防止出现一房两卖及其他侵犯房地产权利人合法权益的现象，促进房地产业的健康发展起到了有力的推动作用。

2. 住宅建设用地使用权期满后自动延期，有利于稳定民心。我国现行法律规定了建设用地使用权的最高期限：居住用地 70 年，工业用地 50 年，商业用地 40 年，综合用地 50 年。20世纪 70 年代末，我国实施改革开放政策，起初出让的一些土地使用权期限较短，一些只有 30年，很快就要到期，而且目前绝大多数城市居民都拥有了自己的住房，房产所占土地使用权期满后，房屋的权利归属存在诸多不确定性，使得土地使用权期满后引发的问题更加引人关注。《民法典》第 359 条规定："住宅建设用地使用权期限届满的，自动续期。续期费用的缴纳或者减免，依照法律、行政法规的规定办理。非住宅建设用地使用权期限届满后的续期，依照法律规定办理。该土地上的房屋以及其他不动产的归属，有约定的，按照约定；没有约定或者约定不明确的，依照法律、行政法规的规定办理。"住宅用地满 70 年后，业主不需要办理相关的审批手续，该土地自动续期，房产所有人相当于对房产享有无限期的权利。这一政策的实施，将会解除人们的后顾之忧，提高人们投资房地产的热情。

3. 明确建筑物共有部分及其附属设施的归属，有利于减少房产纠纷，同时促进物业服务规范化。《物权法》与《民法典》物权编对建筑区划内的道路、绿地、车位及车库公共场所、公用设施等的归属作了明确的规定，而且还明确了物业公司的管理权限来源于业主的委托，并赋予了业主依法更换物业公司的权利。这样一来，有利于减少业主、开发商和物业管理公司三方产权纠纷和管理混乱，同时规范了住宅房改为商用房的行为，极大地促进了物业管理的市场化、透明化和规范化。

4. 健全房地产行业的税收体系，有利于发挥国家宏观调控的指导作用。《物权法》的出台是物业税征收的前奏，为物业税的征收奠定了法律基础。目前我国房地产市场的现状是流通环节税费较多且杂，而保有成本相对较低，从某种程度上制约了房地产业的健康发展。物业税的征收可以起到规范税收体系的作用；在一定程度上抑制了购房需求，特别是投资和投机性需求，有助于缓解房地产市场供应紧张的局面，抑制房价的进一步上涨；通过税收手段的调整，可以有效调整住房供应结构，加大普通住宅、中小套型住宅的供应，通过市场化的手段达到调控目的。但随着房地产市场的不断变化以及我国财税体制的新一轮改革，不动产税的政策目的逐步转向财政目的，立法部门放弃了物业税而转向推进房地产税立法。2010 年 5 月，为有效应对房价不断攀升的局面，国务院在《关于 2010 年深化经济体制改革重点工作的意见》（现已失效）中明确提出逐步推行房产税改革。2011 年 1 月 26 日，国务院常务会议同意沪、渝两市进行房产税改革试点，并于 1 月 28 日正式实施。2013 年 11 月，中共十八届三中全会通过的《中共中央关于全面深化改革若干重大问题的决定》提出"加快房地产税立法并适时推进改革"。2015 年 3 月 1 日国务院发布的《不动产登记暂行条例》正式实施，其配套制度的推进为房地产税征收奠定了制度基础。2016 年 5 月 1 日，我国全面推进营业税改增值税试点，营业税将全部纳入增值税的范围，房产交易环节征收增值税。目前，我国房产税改革的思路是：在立法程序上走税收法定主义的道路，在立法内容上通盘考虑保有环节与交易环节的房产税制改革。在房产保有环节，将积极推进房产税改革；在房产交易环节，实行营业税改增值税。

第二节　房地产开发用地制度

一、我国房地产开发用地基本制度

我国土地实行公有制度，其基本分类是：以土地所有者为划分标准可以分为国有土地与集体土地，以地理区域为划分标准可以分为城市土地与农村土地。我国传统的土地使用制度是以行政划拨、土地无偿使用为特点的，相应地，房地产开发用地也限于城市国有土地，这种土地使用管理模式不利于合理配置土地、充分发挥土地效用。改革开放以来，我国土地使用制度变革不断深化，逐步形成了以土地的使用权为核心，以出让为主、土地有偿使用、促进市场流通为特点的土地使用制度。在此过程中，形成了征收土地使用费、土地使用税、土地储备制度等合理方式和有效形式。我国《宪法》确立了我国土地基本制度，明确了土地的基本分类、土地使用权的转让等。《民法典》物权编进一步明确了农村土地适用现有的土地制度，即宅基地使用权的取得、行使和转让，适用土地管理法等法律和国家有关规定。同时《民法典》物权编还进一步明确了国有土地的出让方式和征收补偿制度。

总之，我国目前的房地产开发用地限于城市国有土地，在长期的实践中，形成了房地产开发用地有偿、有期限使用，以土地使用权为核心，房地产开发用地使用权的获得以出让为主、以划拨为辅，以国有土地租赁为出让的补充，并可以依法在市场上自由流通的基本制度。

二、国有土地使用权出让法律制度

取得土地使用权是进行房地产开发的前提，要使房地产成为一种可交易的不动产，土地使用权必须可交易，而取得土地使用权最直接的途径是土地使用权的出让。《城市房地产管理法》第 8 条规定："土地使用权出让，是指国家将国有土地使用权（以下简称土地使用权）在一定年限内出让给土地使用者，由土地使用者向国家支付土地使用权出让金的行为。"具体而言，土地使用权出让是指由国家按照土地所有权与土地使用权相分离的原则，依法授权市、县人民政府作为本行政区域内国家土地所有权者的代表，将指定的国有土地使用权以一定期限、用途和其他条件，让与土地使用者，由使用者占有、使用、经营和管理，并向使用者一次性收取一定数额的出让金。从国家土地所有权中分离出的土地使用权实质上是物权设定行为，是土地所有人对国有财产的一种处分行为。

（一）土地使用权出让的法律特征

土地使用权出让不同于土地使用权转让和土地使用权出租，它具有以下法律特征：

1. 土地使用权出让方具有特定性。国有土地市场分一级市场与二级市场。一级市场是指土地使用权出让市场；二级市场是指土地使用权交易市场，交易类型包括土地使用权的转让、出租、抵押等。土地一级市场由国家垄断经营，其他任何单位和个人不得擅自经营。只有享有土地所有权的国家才能在土地使用权出让法律关系中充当出让主体，其他任何主体无权出让国有土地使用权。

2. 土地使用权出让是一种民事法律行为。①土地使用权出让双方是平等的民事主体。国家只是以国有土地所有权人的身份出现，不是以行政管理主体的身份出现，双方不存在任何管理或隶属关系。②双方的意思是自由的，不存在一方强制另一方接受自己的意思，双方通过合同行为，以协议、招标、拍卖等方式，自由地设定双方的权利义务关系。

3. 土地使用权出让是一种设权行为。土地使用权出让制度是参考香港地区"批租"制度，并结合我国的基本国情所创造的一种土地有偿使用制度。土地使用权的出让，是国有土地所有者作为土地使用权的出让方，为国有土地使用者设定的一种他物权。从法律性质上讲，土地使用权是从土地所有权分离出来的一项对世物权，它们都具有物权所拥有的一般特征，受到法律的同等保护。

4. 土地使用权出让是一种有偿、有限期的行为。土地使用权出让以一定期限为准，其中土地使用的最高年限由国家根据土地的不同用途规定，土地的实际使用年限由双方当事人在土地使用权出让合同中约定，不得超过法定最高年限。土地使用权年限届满后，受让方可以申请续期。土地使用权出让是一种民事法律行为，而民事法律行为遵循等价有偿原则，所有土地使用者以向土地出让方支付出让金为代价取得土地使用权。《城市房地产管理法》将国有土地的有偿、有限期使用制度确定为一项基本原则。

5. 土地使用权有限性。土地使用权出让的客体是土地使用权，而不是土地，所以土地使用者不得以土地使用权对抗矿藏的国家所有权以及埋藏物主人的所有权，土地使用者也不得凭先占取得无主埋藏物的所有权。

（二）国有土地使用权出让的范围、权限和期限

1. 土地使用权出让的范围。其一，土地使用权出让有一个地域范围，即土地使用权在什么空间地域内出让。《城市房地产管理法》第 2 条第 1 款规定："在中华人民共和国城市规划区国有土地（以下简称国有土地）范围内取得房地产开发用地的土地使用权，从事房地产开发、房地产交易，实施房地产管理，应当遵守本法。"该条确定了土地使用权出让的范围为城市规

划区。规划区是指由城市人民政府依法编制，并经批准的城市总体规划所划定的城市市区及城市郊区等特定区域范围。其二，土地使用权的出让还有一个性质范围，即只有特定性质的土地才能出让。根据《城市房地产管理法》第9条的规定，只有城市规划区域内的国有土地才能进行土地使用权的出让。城市规划区域内的集体所有土地，只有经依法征收转为国有土地后，才可能进行土地使用权出让。

2. 土地使用权出让的权限。国有土地使用权的出让，需要由有关政府部门在自己权限内批准。我国《土地管理法》第53条规定："经批准的建设项目需要使用国有建设用地的，建设单位应当持法律、行政法规规定的有关文件，向有批准权的县级以上人民政府自然资源主管部门提出建设用地申请，经自然资源主管部门审查，报本级人民政府批准。"《城市房地产管理法》第12条第1款规定："……出让的每幅地块、用途、年限和其他条件，由市、县人民政府土地管理部门会同城市规划、建设、房产管理部门共同拟订方案，按照国务院规定，报经有批准权的人民政府批准后，由市、县人民政府土地管理部门实施。"

3. 土地使用权出让的期限。我国土地使用权的出让是有时间限制的，同时考虑到不同用途的土地的收益具有较大的差别，另外结合国家产业政策，对不同用途的土地规定了不同的最高出让年限。《城市房地产管理法》第14条规定："土地使用权出让最高年限由国务院规定。"按照《城镇国有土地使用权出让和转让暂行条例》第12条的规定，土地使用权出让最长期限视土地不同用途确定：①居住用地70年；②工业用地50年；③教育、科技、文化、卫生、体育用地50年；④商业、旅游、娱乐用地40年；⑤综合或其他用地50年。土地使用权出让的期限自该宗土地使用权证颁发之日起计算，而不是自土地出让合同生效之日起计算。土地使用权年限届满后，使用者可以依法申请续期。

（三）土地使用权出让的方式

土地使用权的出让方式，就是国家作为土地所有者选择土地使用权受让人，并与之签订土地使用权出让合同的方式。我国《城市房地产管理法》第13条第1、2款规定："土地使用权出让，可以采取拍卖、招标或双方协议的方式。商业、旅游、娱乐和豪华住宅用地，有条件的，必须采取拍卖、招标方式；没有条件，不能采取拍卖、招标方式的，可以采取双方协议的方式。"《民法典》第347条第2款规定："工业、商业、旅游、娱乐和商品住宅等经营性用地以及同一土地有两个以上意向用地者的，应当采取招标、拍卖等公开竞价的方式出让。"原国土资源部2002年4月3日发布的《招标拍卖挂牌出让国有建设用地使用权规定》（2007年修订），不仅对招标、拍卖方式操作流程予以进一步规范，而且创设了一种新的公开出让方式，即国有土地使用权的挂牌出让。与上述三种方式结合在一起，国有土地使用权就有招标、拍卖、协议和挂牌出让四种出让方式，同时，对于特定用途的国有土地使用权出让必须采取招标、拍卖等公开竞价的方式。

1. 招标方式。根据原国土资源部发布的《招标拍卖挂牌出让国有建设用地使用权规定》，招标出让国有土地使用权，是指代表国家行使土地所有权的市、县级人民政府土地行政主管部门发布招标公告，在一定期限内邀请符合条件的公民、法人或其他组织参加投标，根据投标结果确定土地使用者出让国有土地使用权的方式。根据该规定第14条，投标参加人中，能够最大限度地满足招标文件中所规定的各项综合评价指标，或者能够满足招标文件实质性要求且价格最高的投标人，应当确定为中标人。招标又分为两种：①邀请招标，即由招标人向符合条件的单位发出招标文件，招标内容由招标人确定，既可以仅出标价，也可以在出标价的同时，提交一份规划设计方案。本方式适用于符合招标条件的单位或个人范围比较小的情形，但我国相关法规要求，招标采取邀请招标方式进行的，应当向3个以上具备承担招标项目能力、资信良好的法人或其他组织发出投标邀请书。②公开招标，即由招标人通过报刊、广播、电视、网络等媒体发布招标广告，面向不特定多数符合条件的单位或个人招标，通过招标择优确定中标人。本方式适用于符合招标条件的单位或个人范围比较大，同时开发要求高、区域面积大或将来受城市发展规划严格制约的投资项目。通常情况下，招标出让国有土地使用权的程序如下：

（1）发布招标。发布招标是土地使用权出让方向社会发布招标公告或向有意受让人发出招标通知书，公布订立合同的意思表示。招标通知和公告在法律上属要约邀请，即邀请符合条件的单位或个人参加招标。公告或通知书应当包括出让土地的位置、面积、出让年限、投标者应具备的资格、投标地点、截止日期以及其他要求等。随后，招标人对投标人进行资格审查后，向被确定的申请人发送招标文件和有关资料。招标文件一般包括下列内容：①《招标须知》，明确投标人所应具备的资格、投标书的内容、投标要求和开标方式等；②《土地使用权合同》，主要确定签订合同的投标人、地块面积、土地使用权期限等；③《土地投标书》，用于说明投标人的投标价款，投标人的资信情况以及规划设计方案、图纸等；④《土地使用规则》，对土地利用的要求、土地使用年限届满后的处理等方面的内容进行说明。另外招标文件还应当说明投标截止日期或开标时间、地点，投标保证金的预交时间、方式和数额等方面的内容。

（2）投标。投标是指经审查合格的投标人按照投标文件的要求向招标人交纳投标保证金后，在招标截至目前将密封的投标书投入指定的标箱，向招标人发出订立土地使用权出让合同的意思表示。投标书一旦投入标箱，就不得再行取出，投标者在招标截止日期前需要修改、补充标书的，可以另投修改、补充后的标书，修改、补充后的内容构成标书的组成部分。如果投标人要撤回标书，要在投标截至目前通知招标人。标书在法律上具有要约性质，投标在投标有效期内对投标人具有法律约束力，如果中标，投标人负有与招标人签订出让合同的义务。《民法典》合同编规定要约的生效时间是到达被要约人之时，但在招标人确定的投标文件截止时间前，可以修改、补充或撤回，故投标生效的时间不是投标书到达招标人时，而是招标人确定的投标文件截止时间。[1]

（3）定标。定标是招标人公布所有投标，公开进行评比，选择投标人中的最优者为中标人，并承诺与其签订合同的意思表示。在投标日期届满后，招标人邀请房地产、城建、规划、财税、银行、法律等部门的专家组成评标委员会，主持定标工作。评标委员会对有效标书实行公开评审，决定中标人，并由公证人对此过程予以公证。如果开标后发现所有标书均未按照招标文件编写、投标人过少而使投标失去竞争意义等情况，招标人则会拒绝全部投标，该投标为废标。评标委员会签发定标意见后，由招标人向中标者发出中标通知书。定标的法律性质要视不同情况而定：①定标是对投标的完全同意，定标即为承诺，合同即告成立，任何一方不得违反合同，否则要承担违约责任；②定标不是对投标完全同意，而是选定中标人作为签订合同的对象，在这种情况下，定标不是承诺，尚需经过签约阶段，合同才为成立。

（4）签约。签约是招标人与中标人就土地使用权出让达成合意，并以书面形式签订合同。中标人在规定时间持中标通知书与招标人签订土地使用权出让合同，并支付规定数额的定金。中标人交纳的投标定金可以冲抵土地使用权价款，中标人逾期不与招标人签订合同，视为放弃中标权，所付定金不予退还。

（5）登记与颁证。中标人按照土地使用权出让合同缴付了全部土地使用权出让金后，向土地管理部门办理登记手续，领取土地使用权证书。

---

〔1〕 符启林：《房地产法》，法律出版社 2004 年版，第 112 页。

2. 拍卖方式。拍卖方式是指由土地使用权出让人发布公告，由竞买人在指定时间、地点进行公开竞价，根据出价结果确定土地使用权受让人的出让方式。拍卖土地使用权是政府对某块土地有了明确的规划后，由第三方或专业的拍卖机构主持，在指定的时间、地点，组织符合条件的有意受让人到场，对出让使用权的土地公开竞价，按照"出价最高者得"的原则确定受让人。这种方式一般适用于竞争激烈的商业用地、高档住宅用地、娱乐用地等。拍卖出让的一般程序是：

（1）拍卖委托。是指土地出让方委托拍卖人拍卖准备出让的土地使用权，并提供出让土地的地点、面积、四至等相关资料。

（2）拍卖公告。拍卖人接受委托后，应于拍卖日 7 日前通过报纸或者其他新闻媒体发布拍卖公告。拍卖公告应当载明拍卖时间、地点、拍卖标的位置、拍卖标的察看时间和地点、参与竞买应当办理的手续、拍卖规则及其他相关事项。

（3）拍卖。即拍卖的实施，包括竞买和拍定两个阶段。竞买是在拍卖场所内，竞买人以报价方式向拍卖人所作的竞买意思表示。竞买人的竞买意思表示属于要约，竞买意思表示一旦被作出，在其他人报出更高价格前，此意思表示对竞买人有拘束力，竞买人不得撤回。拍卖实施时，在公告的时间、地点，由主持人介绍拍卖土地的基本情况。《招标拍卖挂牌出让国有建设用地使用权规定》第 16 条规定："竞买人的最高应价或者报价未达到底价时，主持人应当终止拍卖。拍卖主持人在拍卖中可以根据竞买人竞价情况调整拍卖增价幅度。"主持人报出起叫价后，由竞买人举牌应价或者报价，主持人连续三次宣布同一应价而没有再应价时，主持人落槌表示拍卖成交，即为拍定。拍定是拍卖人同意与最高报价的竞买人成交的意思表示。拍卖成交后，买受人和拍卖人应当签署成交确认书。

（4）登记颁证。拍卖结束后，买受人应当持拍卖人出具的成交证明和有关材料，向有关行政管理部门办理相关手续，买受人在支付全部土地使用权出让金后，办理相关登记手续，由房地产管理部门向买受人提供出让土地，并颁发土地使用权证。

3. 协议方式。协议出让土地使用权方式，是指土地使用权受让人直接向土地所有者提出有偿使用土地的意愿，由土地所有者即出让方与受让人在没有第三方参与的情况下，通过谈判、协商达成出让土地使用权协议的土地使用权出让方式。由于协议出让方式与招标、拍卖方式相比，缺乏公开性、竞争性，受当事人的主观因素影响比较大，土地真实价值很难体现出来，容易出现出让金偏低、腐败现象滋生等弊端，故法律、法规对这种方式作严格的限制，其适用范围较小，一般只适用于市政工程、公益事业、非营利单位或项目用地。《城市房地产管理法》第 13 条第 2 款规定："商业、旅游、娱乐和豪华住宅用地，有条件的，必须采取拍卖、招标方式；没有条件，不能采取拍卖、招标方式的，可以采取双方协议的方式。"《招标拍卖挂牌出让国有建设用地使用权规定》第 4 条扩大了招标、拍卖或者挂牌的竞价方式的适用范围，只要有两个以上潜在受让人的，就应当采取公开方式，不受土地用途的限制。根据《民法典》第 347 条第 2 款的规定，"工业、商业、旅游、娱乐和商品住宅等经营性用地以及同一土地有 2 个以上意向用地者的，应当采取招标、拍卖等公开竞价的方式出让"，也对协议出让方式进行了限制。协议出让土地使用权方式的程序是：

（1）申请。协议出让土地使用权，首先要由有意使用人向政府提出申请，提交用地意向书等相关文件。

（2）协商。用地申请经政府同意后，用地者与政府协商出让土地的用地面积、使用年限、出让地价等条件，明确双方的权利义务内容。

（3）签约。土地使用权的出让方与受让方就双方的权利义务关系达成协议后，通过签订协议的方式将双方的权利义务关系明确下来。

（4）登记颁证。土地使用权受让人按合同约定的数额和方式支付出让金后，由政府按合同约定提供土地使用权，双方办理土地使用权登记的有关手续，土地使用权受让人领取土地使用权证。

4. 挂牌方式。挂牌方式是指土地使用权出让人发布挂牌公告，按公告确定的期限，将拟出让使用权的土地的交易条件在指定的土地交易场所挂牌公布，接受竞买人的报价申请并更新挂牌价格，根据挂牌期限截止时的出价结果确定土地使用权受让人的出让方式。挂牌也是一种公开确定受让人的方式，其在受让人的遴选上更加灵活。挂牌出让土地使用权的程序是：

（1）挂牌公告。在挂牌公告规定的挂牌起始日，出让人将挂牌宗地的位置、面积、用途、使用年限、规划要求、起始价、增减规则及增价幅度等，在挂牌公告规定的土地交易场所挂牌公布，挂牌时间不得少于 10 日。

（2）竞买报价。由符合条件的人填写报价单报价，出让人确认报价后，更新显示挂牌价格。在挂牌期间，出让人可根据竞价情况调整增减幅度。出让人根据竞买人的报价继续更新挂牌价格。

（3）成交。根据《招标拍卖挂牌出让建设用地使用权规定》第 19 条的规定，按照以下原则确定竞得人：①在挂牌期限内只有一个竞买人报价，且报价不低于底价，并符合其他条件的，挂牌成交。②在挂牌期限内有两个或者两个以上的竞买人报价的，出价最高者为竞得人；报价相同的，先提交报价单者为竞得人，但报价低于底价者除外。③在挂牌期限内无应价者或者竞买人的报价均低于底价或者均不符合其他条件的，挂牌不成交。竞得人确定后，出让人要与竞得人签订成交确认书，并在交易场所和有关媒体上公布。

（4）登记颁证。在挂牌出让成交后，竞得人要按照土地使用权出让合同履行缴纳出让金等义务，由行政管理部门为竞得人办理土地使用权登记，并颁发土地使用权证。

（四）土地使用权的终止与续期

1. 土地使用权的终止。土地使用权的终止，是指由于某种法定事由的出现，使土地使用权归于结束或停止。根据有关法律、法规的规定，土地使用权终止的原因有：

（1）因土地的灭失而导致土地使用权终止。土地的灭失，是指因不可抗拒的事由，造成原有土地性质或面貌的彻底改变，如地震、洪水等自然灾害对原有土地造成严重破坏。土地的灭失已经完全改变了原土地的社会意义，使其丧失了原来的利用价值，故国家将该土地的使用权收回，予以重新规划与安排。

（2）土地使用权期限届满，国家将土地使用权收回。土地使用权是他物权，是有时间限制的，当土地使用权期限届满，土地使用权自动复归土地所有权人，土地所有权人的所有权也恢复原来状态。《土地管理法》第 58 条规定，土地出让等有偿使用合同约定的使用期限届满，土地使用者未申请续期或者申请续期未获批准的，由有关人民政府自然资源主管部门报经原批准用地的人民政府或者有批准权的人民政府批准，可以收回国有土地使用权。《民法典》物权编确立了住宅用地使用权期限自动续期的原则，住宅用地在使用权期限届满后，不用申请，自动续期。但对其他性质的用地仍适用原来法律、法规的规定。

（3）土地使用权期限届满前因社会公共利益的需要，而由国家提前收回土地使用权。《土地管理法》第 58 条及《城市房地产管理法》第 20 条规定，在特殊情况下，根据社会公共利益的需要，国家可以依照法律程序提前收回土地使用权，但国家应根据土地使用者的使用年限和开发、利用土地的实际情况给予相应的补偿。《民法典》第 243 条第 1~3 款规定："为了公共利益的需要，依照法律规定的权限和程序可以征收集体所有的土地和组织、个人的房屋以及其他不动产。征收集体所有的土地，应当依法及时足额支付土地补偿费、安置补助费以及农村村民住宅、其他地上附着物和青苗等的补偿费用，并安排被征地农民的社会保障费用，保障被征地农民的生活，维护被征地农民的合法权益。征收组织、个人的房屋以及其他不动产，应当依法给予征收补偿，维护被征收人的合法权益；征收个人住宅的，还应当保障被征收人的居住条件。"

（4）土地使用者未在法律规定或土地使用权出让合同规定的期限内开发利用土地的，由国家强制收回土地使用权。《城市房地产管理法》第26条规定："以出让方式取得土地使用权进行房地产开发的，必须按照土地使用权出让合同约定的土地用途、动工开发期限开发土地。超过出让合同约定的动工开发日期满1年未动工开发的，可以征收相当于土地使用权出让金20%以下的土地闲置费；满2年未动工开发的，可以无偿收回土地使用权；但是，因不可抗力或者政府、政府有关部门的行为或者动工开发必需的前期工作造成动工开发迟延的除外。"

（5）为实施城市规划进行旧城改建，需要调整使用土地的。《土地管理法》第58条规定，为实施城市规划进行旧城区改建，需要调整使用土地的，政府可以收回土地使用权，但对土地使用权人应当给予适当补偿。

2. 土地使用权的续期。相关法律、法规确定了不同性质的土地使用权的最高使用期限，但这一期限是一次性申请最高期限，此期限届满后，土地使用权人可以申请续期。

《城市房地产管理法》第22条规定："土地使用权出让合同约定的使用年限届满，土地使用者需要继续使用土地的，应当至迟于届满前1年申请续期，除根据社会公共利益需要收回该幅土地的，应当予以批准。经批准准予续期的，应当重新签订土地使用权出让合同，依照规定支付土地使用权出让金。土地使用权出让合同约定的使用年限届满，土地使用者未申请续期或者虽申请续期但依照前款规定未获批准的，土地使用权由国家无偿收回。"可见，我国虽然规定土地使用权可以申请续期，但又规定续期必须经国家的批准，这实质上人为地造成了主体间地位的不平等，代表国家的政府处于优势地位，不利于对土地使用权人（尤其是住宅用地使用权人）合法权益的保护。《民法典》第359条对建设用地使用权届满后的续期专门作了规定："住宅建设用地使用权期限届满的，自动续期。续期费用的缴纳或者减免，依照法律、行政法规的规定办理。非住宅建设用地使用权期限届满后的续期，依照法律规定办理……"《民法典》物权编确立了住宅建设用地使用权期限届满后的自动续期原则，消除了住宅用地期满后土地使用权的不确定状况，这有利于保护住宅用地土地使用者的合法权益。

三、国有土地使用权的划拨法律制度

（一）国有土地使用权划拨的概念、分类和特征

1. 国有土地使用权划拨的概念。《城市房地产管理法》第23条规定："土地使用权划拨，是指县级以上人民政府依法批准，在土地使用者缴纳补偿、安置等费用后将该幅土地交付其使用，或者将土地使用权无偿交付给土地使用者使用的行为。依照本法规定以划拨方式取得土地使用权的，除法律、行政法规另有规定外，没有使用期限的限制。"

2. 国有土地使用权划拨的分类。

（1）根据划拨过程中土地使用者是否缴纳费用，可以将国有土地使用权划拨划分为低偿划拨与无偿划拨。

第一，低偿划拨。低偿划拨是指经县级以上人民政府依法批准，在土地使用者缴纳补偿、安置等费用后将该幅土地交付其使用。这种土地划拨方式一般适用于：①在原集体土地上的土地使用权划拨，这种形式的划拨必须以国家征地为前提条件。《土地管理法》第48条第1款规定："征收土地应当给予公平、合理的补偿，保障被征地农民原有生活水平不降低、长远生计

有保障。"同时该条又明确了补偿的项目和标准。国家建设征用土地，如用地单位要利用集体土地的，应先由国家以征地方式，将集体土地变为国有土地后，才能由国家划拨给用地单位使用。②在原属其他单位使用的国有土地上的使用权划拨。用地单位要使用其他单位使用的国有土地，须按照国家建设征用集体土地的程序和审批权限办理，在用地单位向原土地使用权单位交纳补偿、安置费用和搬迁费等费用后，国家将该幅土地划拨给其使用。

第二，无偿划拨。无偿划拨是指经县级以上人民政府依法批准，将土地使用权无偿交付给土地使用者使用的行为。这种土地划拨方式一般适用于以下两种情况：①在原有荒山、荒地、滩涂等地块上的土地使用权划拨。县级以上人民政府依据审批权限，可以将此类土地无偿划拨给土地使用者使用。②在原有空地上的土地使用权划拨。[1]

（2）以土地使用权的划拨是否以公益为目的，可以将国有土地使用权划拨分为公益划拨和非公益划拨，其中以公益划拨最为典型，而且随着我国土地利用市场化的进一步深入，可以预见，非公益划拨将逐渐消失，划拨制度只能是政府为公益事业的健康发展而保留的特殊土地使用权配置方式。

第一，公益划拨。此类划拨的土地严格限于公益目的，土地使用的范围为国家机关和军事用地，城市基础设施和公益事业用地，国家重点扶持的能源、交通、水利等项目用地和法律、法规规定的其他用地。

第二，非公益划拨。这是我国计划经济条件下的划拨方式，也称传统的划拨。它不考虑土地的使用性质，一律采取划拨方式取得土地使用权。[2]

3. 国有土地使用权划拨的特征。土地使用权划拨具有以下法律特征：

（1）土地使用权的划拨是一种具体行政行为。土地使用权划拨是国家行使社会经济管理者的行政权力，对土地使用权进行分配。在行政划拨法律关系中，一方是享有行政权力的国家行政机关，另一方是用地申请人，双方当事人法律地位不平等、权利义务不对等。国家行政机关单方决定是否批准划拨，不受对方意志左右。土地使用者只能消极地申请，而不能通过讨价还价决定是否划拨。

（2）土地使用权的划拨具有无偿性。取得土地使用权的有偿与否，是区别出让与划拨行为的一个重要特征。土地使用权的出让是有偿的，而土地使用权的划拨是无偿的。但划拨的无偿是相对的，划拨分为低偿划拨与无偿划拨，而且随着荒地、空地的日益减少，现实当中，越来越多的土地划拨是采取低偿的方式，在缴纳了补偿、安置等费用后才能够取得划拨用地使用权，无偿划拨土地使用权的情况越来越少。但是，划拨土地使用者缴纳的补偿、安置等费用不属于地价性质，而是对原先土地使用者的损失和重新安置的补偿。另外，根据国务院颁布的《城镇土地使用税暂行条例》第6条的规定，划拨土地的土地使用税一般属于免缴的范围。

（3）土地使用权划拨的无期限性。由于以划拨方式取得土地使用权一般用于公益事业，而公益事业往往具有长期性，因此除非公益用地的使用目的完成或由国家根据公共利益的需要收回外，一般是无期限的。但也存在划拨用地使用权有期限的规定，如合作经营外资企业的划拨用地即有期限的限制。另外，《城市房地产管理法》第23条第2款规定："依照本法规定以划拨方式取得土地使用权的，除法律、行政法规另有规定外，没有使用期限的限制。"

（4）土地使用权划拨的适用范围限定性。根据《土地管理法》第54条和《城市房地产管理法》第24条的规定，下列用地适用以划拨的方式取得土地使用权：①国家机关用地和军事

---

〔1〕　高旭军等：《房地产法》，上海财经大学出版社2004年版，第39页。

〔2〕　高富平、黄武双：《房地产法学》，高等教育出版社2003年版，第49页。

用地；②城市基础设施用地和公益事业用地；③国家重点扶持的能源、交通、水利等项目用地；④法律、行政法规规定的其他用地。可见，相对于土地使用权的出让方式，以划拨方式取得土地使用权的适用范围是受严格限制的。

（5）划拨土地使用权的处分受限性。相对于以出让方式取得的土地使用权，以划拨方式取得的土地使用权的处分受到严格限制。这也是与划拨用地的适用范围相适应的，因为划拨用地多适用于公益目的，故常见于商业目的使用权的转让、出租、抵押等方式不应适用于划拨土地使用权上。《城镇国有土地使用权出让和转让暂行条例》第 44 条规定："划拨土地使用权，除本条例第 45 条规定的情形外，不得转让、出租、抵押。"该条例第 45 条第 1 款规定的情形如下："符合下列条件的，经市、县级人民政府土地管理部门和房产管理部门批准，其划拨土地使用权和地上建筑物、其他附着物所有权可以转让、出租、抵押：（一）土地使用者为公司、企业、其他经济组织和个人；（二）领有国有土地使用证；（三）具有地上建筑物、其他附着物合法的产权证明；（四）依照本条例第二章的规定签订土地使用权出让合同，向当地市、县人民政府补交土地使用权出让金或者以转让、出租、抵押所获收益抵交土地使用权出让金。"

在严格限制的同时，又有条件地允许划拨土地使用权的处分行为，这是为了解决我国传统的非公益划拨土地使用权大量存在的问题。我国传统的非公益土地使用权的划拨，使许多经营性企业或事业单位无偿取得了划拨用地使用权，不允许其处分土地使用权，不利于充分发挥土地价值、有效配置现有土地资源，也不符合这些使用单位的商业运营性质。所以国家应当有限地允许划拨用地使用权的处分行为。

（二）土地使用权划拨的程序

根据《土地管理法》及其实施条例的规定，土地使用权的划拨需要经过以下程序：

1. 预审。用地申请前，在进行建设项目可行性研究论证时，应由土地行政主管部门对建设项目用地有关事项进行审查，提出建设项目用地预审报告。可行性研究报告报批时，必须附有土地行政主管部门出具的项目用地预审报告。

2. 申请。由建设单位持建设项目的批准、核准或者备案文件向拟划土地所在地有批准权的市、县级人民政府自然资源主管部门提出建设用地申请。建设单位原则上应当一次申请，办理建设用地审批手续，确需分期建设的项目，可以根据可行性研究报告确定的方案，分期申请建设用地，分期办理建设用地审批手续。

3. 审查。由市、县级人民政府自然资源主管部门审查，划定用地范围，组织商定用地补偿或拆迁安置方案。建设项目占有土地需要征用集体用地的，还应依照《土地管理法》第 44 条的规定办理集体用地转用手续。

4. 批准。由县级以上人民政府自然资源主管部门按照规定权限报县级以上人民政府批准，供地方案等经过批准后，由市、县级人民政府向建设单位颁发建设用地批准书。

5. 划拨。由用地所在地市、县级人民政府自然资源主管部门向土地使用者核发国有土地划拨决定书，由用地所在地的县级以上地方人民政府自然资源主管部门根据批准用地文件所确定的面积和范围，到实地核查后划拨建设用地。

6. 登记。由市、县级人民政府自然资源主管部门核查实用地，经认可后，办理土地登记手续，核发国有土地使用权证，确认土地使用权。

（三）划拨土地使用权的收回

划拨土地使用权虽然一般没有期限限制，但出现法定事由时，划拨土地使用权可以被收回。划拨土地使用权收回的情形有以下几种：

1. 土地灭失。土地是划拨土地使用权的物质载体，如果由于不可抗力，如地震、洪水、山体滑坡等自然原因，或人为事件，造成土地物质形态的严重改变，不再适合原有的土地使用用途，则土地使用权随着土地的原有形态的灭失而消失，国有土地使用权也随之被收回。

2. 因公共利益的需要或实施旧城改造而收回划拨土地使用权。《土地管理法》第58条第1款第1项规定，为实施城市规划进行旧城区改建以及其他公共利益需要，确需使用土地的，由有关人民政府自然资源主管部门报经原批准用地的人民政府或者有批准权的人民政府批准，可以收回国有土地使用权。

3. 划拨土地使用权期限届满，土地使用权人没有申请续期或申请续期而没有得到批准。划拨土地使用权一般没有期限的限制，但特殊情况下，双方签订的土地使用权合同对划拨土地使用权也规定了期限，当这一期限届满时，土地使用权人要按照法律的规定申请续期，否则土地使用权被收回；如果土地使用权人依照法律的规定提出了续期申请，但未获得批准的，土地使用权同样会被收回。

4. 原使用单位不再需要划拨土地使用权。如果出现特定事由，原土地使用权人对划拨土地已不再需要，则相应的土地使用权应当收回。根据《土地管理法》第58条第1款第3项的规定，"因单位撤销、迁移等原因，停止使用原划拨的国有土地的"，国有土地使用权可以收回。

5. 项目报废。为特定项目而划拨的土地使用权，当该项目报废时，其划拨的合理目的已不复存在，划拨土地使用权理应被收回。根据《土地管理法》第58条第1款第4项的规定，"公路、铁路、机场、矿场等经核准报废的"，可以收回国有土地使用权。

四、土地有偿使用的其他方式

根据《城镇国有土地使用权出让和转让暂行条例》的规定，国有土地有偿使用的其他方式包括土地使用权的转让、出租、抵押等。

（一）国有土地使用权的转让

1. 国有土地使用权转让的概念。根据《城镇国有土地使用权出让和转让暂行条例》的规定，国有土地使用权的转让，是指土地使用者将土地使用权再转移的法律行为，包括出售、交换和赠与。在土地使用权转让法律关系中，原土地使用者是转让人，受让土地使用权的人是受让人。转让人享有的土地使用权是土地转让的法律基础。转让人只能在自己土地使用权剩余年限范围内转让土地使用权。

2. 国有土地使用权的转让有如下特点：

（1）土地使用权的转让是一种平等主体间的民事法律关系。在土地使用权转让的过程中，转让人与受让人的法律地位是平等的，不存在身份的隶属或管理与被管理关系。双方通过意思自治，平等地决定土地使用权转让合同的相关内容。土地行政主管部门的批准与登记行为只起到监督管理作用，不直接决定双方土地使用权转让的具体内容。

（2）土地使用权的转让以土地使用权出让为基础。土地使用权转让是以转让人拥有转让的土地使用权为基础的，同时转让人转让的土地使用权年限为原土地使用权年限减去已使用年限后的剩余年限。

（3）土地使用权转让过程中遵循"房随地走"的原则。由于房地一体的特点，土地使用权转让时，其地上建筑物、其他附着物所有权随之转让，除非将地上的建筑物或附着物作为动产拆除转让。

3. 国有土地使用权转让的种类。《城镇国有土地使用权出让和转让暂行条例》第19条第1款规定："土地使用权转让是指土地使用者将土地使用权再转移的行为，包括出售、交换和赠与……"同时，《城市房地产管理法》第37条规定："房地产转让，是指房地产权利人通过买卖、赠与或者其他合法方式将其房地产转移给他人的行为。"故国有土地使用权的转让有以下几种方式：

（1）土地使用权的出售。土地使用权的出售，是指土地使用权人从国家手中取得土地使用权并对其进行一定程度的开发，或把具有土地使用权的地上建筑物及其他附着物一并出卖给受让人，由受让人支付对价，由此取得土地使用权的民事法律行为。

土地使用权的出售的法律特征为：①土地使用权出售是一种双务、有偿和要式法律行为；②土地使用权的出售是有一定期限的，其期限为原土地使用权期限减去已使用年限的剩余年限，超过这一时间限制，要么申请续期，要么被国家收回（住宅用地的土地使用权自动续期）；③国家对土地使用权的转让实施适度监管。《城镇国有土地使用权出让和转让暂行条例》第26条第1款规定，土地使用权转让价格明显低于市场价格的，市、县级人民政府有优先购买权。为了维护土地使用权交易市场的良好秩序，维护土地所有权人的合法权益，国家要对土地使用权交易进行监督，但这一监督是有限度的，不能干预转让双方的自由协议，不能直接决定合同的内容，只能对价格进行适度监督。

（2）土地使用权的交换。土地使用权的交换，是指两个土地使用权者将各自的土地使用权进行交换的民事法律行为。双方交换的过程不涉及现金价款，或仅涉及部分现金价款。土地使用权交换的法律特征，除不涉及或仅部分涉及现金价款外，其他和土地使用权的出售相同。

（3）土地使用权的赠与。土地使用权的赠与，是指赠与人将土地使用权无偿转移给受赠与人的民事法律行为。土地使用权的赠与是一种单务、无偿和要式法律行为。

（4）其他合法方式。根据《城市房地产管理法》《民法典》《公司法》等相关法律、法规的规定，土地使用权转让的其他方式包括土地使用权的继承、土地使用权的作价入股等。

4. 土地使用权转让的条件和程序。土地使用权的转让是一种民事法律行为，在转让的过程中要遵循意思自治、平等自愿的原则。但由于土地使用权涉及国计民生和社会公共利益，因此国家要对其加以调控。一方面，国家对土地使用权转让设定一些条件，只有满足这些条件才可以转让；另一方面，国家对土地使用权转让的程序加以规范，要求土地使用权的转让要得到原出让人的批准，并进行登记。

（1）土地使用权转让的条件。土地使用权转让的条件包括积极条件与消极条件，积极条件是指具备一些条件的土地，其使用权就可以转让；而消极条件是指具备一些条件的土地，其使用权就不可以转让。

土地使用权转让的积极条件为：《城市房地产管理法》第39条规定："以出让方式取得土地使用权的，转让房地产时，应当符合下列条件：（一）按照出让合同约定已经支付全部土地使用权出让金，并取得土地使用权证书；（二）按照出让合同约定进行投资开发，属于房屋建设工程的，完成开发投资总额的25%以上，属于成片开发土地的，形成工业用地或者其他建设用地条件。转让房地产时房屋已经建成的，还应当持有房屋所有权证书。"

土地使用权转让的消极条件为：《城市房地产管理法》第38条规定："下列房地产，不得转让：（一）以出让方式取得土地使用权的，不符合本法第三十九条规定的条件的；（二）司法机关和行政机关依法裁定、决定查封或者以其他形式限制房地产权利的；（三）依法收回土地使用权的；（四）共有房地产，未经其他共有人书面同意的；（五）权属有争议的；（六）未依法登记领取权属证书的；（七）法律、行政法规规定禁止转让的其他情形。"

另外，《城镇国有土地使用权出让和转让暂行条例》第19条第2款规定，未按土地使用权出让合同规定的期限和条件投资开发、利用土地的，土地使用权不得转让。

《城市房地产管理法》第 40 条规定，以划拨方式取得土地使用权的，转让房地产时，应当按照国务院的规定，报有批准权的人民政府审批。有批准权的人民政府准予转让的，应当由受让方办理土地使用权出让手续，并依照国家有关规定缴纳土地使用权出让金。以划拨方式取得土地使用权的，转让房地产报批时，有批准权的人民政府按照国务院的规定决定可以不办理土地使用权出让手续的，转让方应当按照国务院规定将转让房地产所获收益中的土地收益上缴国家或者作其他处理。

（2）土地使用权转让的程序。土地使用权转让一般遵循以下程序：①申请。是指由土地使用权的原受让人或再受让人提出土地使用权转让申请。②批准。是指土地使用权的原受让人或再受让人提出土地使用权转让申请后，由土地使用权出让人予以批准。③签约。由原受让人或再受让人通过招标、拍卖或协议等方式确定新受让人后，与之订立土地使用权转让合同。《城镇国有土地使用权出让和转让暂行条例》第 20 条规定："土地使用权转让应当签订转让合同。"④登记过户。公示公信是不动产转让的一个重要原则，土地使用权转让也不例外。《城镇国有土地使用权出让和转让暂行条例》第 25 条规定："土地使用权和地上建筑物、其他附着物所有权转让，应当依照规定办理过户登记。土地使用权和地上建筑物、其他附着物所有权分割转让的，应当经市、县人民政府土地管理部门和房产管理部门批准，并依照规定办理过户登记。"

（二）国有土地的租赁

我国的《城市房地产管理法》和《城镇国有土地使用权出让和转让暂行条例》都没有明确规定国有土地租赁这一有偿使用方式。但现实中大量存在以租赁方式替代出让而取得国有土地使用权的现象，这在某种意义上是为了规避出让方式，因此，1998 年国务院制定的《土地管理法实施条例》确认了国有土地租赁制度，该条例于 2021 年修订后在第 17 条第 2 款规定，国有土地有偿使用的方式包括：①国有土地使用权出让；②国有土地租赁；③国有土地使用权作价出资或者入股。1999 年 7 月原国土资源部颁布了《规范国有土地租赁若干意见》，确立了土地租赁法律制度。

1. 国有土地租赁的概念和特征。

（1）国有土地租赁的概念。国有土地租赁，是指国家作为土地所有人将国有土地使用权在一定期限内租赁给使用者，由使用者与县级以上人民政府土地行政主管部门签订一定期限的土地租赁合同，并支付租金的法律行为。国有土地所有权人是出租人，国有土地使用权承租方是承租人。根据《规范国有土地租赁若干意见》，国有土地的租赁是国有土地有偿使用的一种形式，是对出让方式的补充。承租人取得承租土地使用权，承租人在按规定支付土地租金后，经土地行政主管部门同意或根据租赁合同约定，可将承租土地使用权出租、转让或抵押。

（2）国有土地租赁的特征：①国有土地租赁的出租人具有特定性。国有土地租赁的出租人只能是国有土地的所有人，即国家。实践中，由代表国家行使所有权的市、县级人民政府与承租人签订国有土地租赁合同。②国有土地租赁的土地范围具有有限性。根据有关法规规定，对因发生土地使用权转让、场地出租、企业改制和改变土地用途后依法应当有偿使用的土地，可以实行租赁。对于房地产的经营性开发用地和划拨用地，不适用租赁。③国有土地的租赁期限具有限定性。依据国有土地租赁期限的长短，可以将其分为长期租赁与短期租赁。短期租赁适用于短期使用或用于修建临时性建筑物，其使用期限一般不超过 5 年；对需要在地上构筑建筑物和其他附着物后长期使用的土地，应当适用长期租赁，具体期限由租赁合同规定，但最长期限不得超过同类用途土地的最高使用年限。同时我国《民法典》合同编规定租赁合同的最高年限不得超过 20 年，故国有土地长期租赁合同的期限不得超过 20 年，期满后可以续订。

2. 国有土地租赁的程序。国有土地租赁的程序主要如下：

（1）申请。是指由国有土地拟租赁人向国有土地管理行政主管部门提出申请。

（2）批准。由国有土地行政主管部门对申请人主体资格和申请理由等进行审查，确定是否符合相关法律、法规的规定。在此基础之上决定是否批准申请。

（3）签约。国有土地行政主管部门批准申请人的申请后，与申请人签订国有土地租赁合同。

（4）登记。由国有土地行政主管部门对国有土地租赁进行登记，并颁发相应的证书。

（三）国有土地使用权的出租

1. 国有土地使用权出租的概念和特征。《城镇国有土地使用权出让和转让暂行条例》第28条第1款规定："土地使用权出租是指土地使用者作为出租人将土地使用权随同地上建筑物、其他附着物租赁给承租人使用，由承租人向出租人支付租金的行为。"相对土地使用权的出让、土地使用权的转让，土地使用权出租具有债权性质，承租人只享有土地的占有、使用和有条件的收益权，而不享有处分权，这是土地使用权出租最大的特征。土地使用权出让多限于新开发和利用，而土地使用权租赁的适用范围更广，它可以适用于兴建商业项目用以营利，也可以将土地作为经营条件进行联营、合作开发等。相对于国有土地出让，国有土地使用权租赁的出租人是获得国有土地使用权的单位或个人。

2. 土地使用权出租的条件：①土地使用权租赁的出租人必须拥有法律、法规规定可出租的土地使用权，以划拨方式取得的土地使用权必须办理土地出让手续，缴纳土地出让金后方可出租或以出租所获收益抵交土地使用权出让金。②土地使用权的出租只能在土地使用权剩余使用年限内出租，超过土地使用权剩余年限的那部分租赁关系无效。③出租的土地已按照达到土地使用权出让合同规定的期限和条件进行了开发和利用。《城镇国有土地使用权出让和转让暂行条例》第28条第2款规定："未按土地使用权出让合同规定的期限和条件投资开发、利用土地的，土地使用权不得出租。"④出租双方必须签订土地使用权出租合同。土地使用权的出租是要式法律行为。《城镇国有土地使用权出让和转让暂行条例》第29条规定："土地使用权出租，出租人与承租人应当签订租赁合同。租赁合同不得违背国家法律、法规和土地使用权出让合同的规定。"

3. 土地使用权出租的程序。通常情况下，土地使用权出租的程序如下：

（1）公告。土地使用权出租人将欲出租土地的意图及基本情况和要求进行公告。

（2）协商签约。在出租土地公告后，有意承租方与出租人就租赁事项进行协商，并最终达成协议，签订土地使用权租赁合同。以招标或拍卖形式出租的，按照招标、拍卖的程序进行。

（3）登记。双方签约后，由土地行政主管部门与房地产管理部门办理土地使用权、地上建筑物和其他附着物所有权出租登记。一般租赁合同不需要登记，自合同成立时生效。而土地和地上建筑物、其他附着物出租，出租人应当依照规定办理登记，不登记的无效。

第三节　房地产开发制度

一、房地产开发制度概述

房地产开发，也称房地产综合开发，它是一项以土地开发和房屋建造为投资对象的经济活动。《城市房地产管理法》第2条第3款规定："本法所称房地产开发，是指在依据本法取得国有土地使用权的土地上进行基础设施、房屋建设的行为。"房地产开发有广义和狭义之分。广义的房地产开发，一般是指从工程勘察、规划设计、征地搬迁、土地开发到房屋开发项目建设的全过程；狭义的房地产开发，多是指建设前期的开发工作，即包括工程勘察、规划设计、征地拆迁和土地的"三通一平"或"七通一平"。我们通常讲的房地产开发是指广义的房地产开发，包括土地开发和房屋开发两个基本内容。

（一）房地产开发的分类

1. 以开发主体的不同为标准，可以分为政府开发与非政府开发。政府房地产开发通常是由政府组织人力和物力进行土地开发，然后在此基础之上进行房屋建设。非政府开发主要是由房地产开发公司进行的房屋开发，属房地产开发的典型方式。

2. 以开发规模的大小为标准，可以分为单项开发、小区开发和成片开发。单项开发，是指开发规模小，占地不大，项目功能单一，配套设施简单的开发形式。这种形式往往在新城区总体开发和旧城区总体改造中形成一个相对独立的项目，但其风格要与总体开发项目的风格相协调，并要求在较短时间内完成。小区开发，是指某一独立小区的开发或旧城改造中某一局部区域的改建。小区开发要求配套项目齐全、基础设施完善。与单项开发相比，其规模较大，占地较广，投资较多，建设的周期也较长，一般要分期、分批开发完成。成片开发，一般是指范围广阔、项目众多、投资资金巨大、建设周期较长的综合性开发，这种项目多是在政府主导下，由多个开发商共同参与完成。

3. 以开发的目的为标准，可以分为经营性开发与自用性开发。经营性开发，是指由开发商通过房地产投资开发形成开发产品，并将开发产品投放市场以谋取利益的开发活动。自用性开发，是指为自用而进行的房地产开发，开发者亦即使用者，开发产品不进入房地产市场流通，只是满足开发者进行生产、经营或者使用之需，其目的不是通过转让开发产品进行营利。

4. 以房地产开发的基础为标准，可以分为房地产开发与再开发。房地产开发，是指在原有城市建设区之外进行的房地产开发，一般是把农地开发为熟地，亦被称为新区开发。再开发，是指对原有房地产的更新改造，在原有城市建设区范围内进行的开发，亦称旧区开发。可见房地产开发是在生地基础上进行的开发，而房地产再开发是在原有房地产开发的基础之上进行的开发。房地产开发是再开发的基础，再开发是对原有房地产开发的更新。

（二）房地产开发的程序

房地产开发是一项综合系统工程，它涉及面广，工程量大，建设周期长，对社会的影响较大。房地产开发的一般程序如下：

1. 投资决策。房地产开发的投资决策，是针对特定区域或房地产项目进行可行性研究，主要包括房地产投资的市场分析与项目财务分析，以便取得预期的经济效益与社会效益。在投资决策阶段，开发商要填报《建设项目建议书》，在获得批准后，制作《建设项目选址意见书》，进行可行性研究，向有关部门报送《建设项目可行性研究报告》。在此基础之上，选定开发地点，向政府有关部门申报建设用地。

2. 投资的前期准备。房地产开发的前期准备，是指在开发项目动工前的一系列准备活动。主要包括：送审建筑设计方案，办理《建设用地规划许可证》；进行征地拆迁，对土地进行"七通一平"或"三通一平"；进行资金融通，为建设项目准备资金；进行开发项目的规划设计和工程设计等。

3. 施工管理。施工管理是指开发商在寻找建筑承包商并签订承包合同，将项目交由建筑商进行建设后，对现场整理、材料准备、施工队伍、现场施工、工程监理等进行管理，确保建设项目保质保量地完成。

4. 竣工验收。工程竣工后，开发商会同有关部门严格验收，把好质量关；做好工程财务决算和资料归档工作。只有在工程验收后，方可办理产权证并交付使用。

5. 租售管理。在项目开发完毕后，开发商的主要任务是将物业租售出去，以最终获取利润。这也是开发与经营衔接的一个交叉阶段，必须做好包括出售、出租、交付使用和租售后管理服务等在内的各个环节。

二、房地产开发企业

（一）房地产开发企业的概念及分类

房地产开发企业，是以营利为目的，从事房地产开发和经营的企业法人。其又被称为开发商、发展商等。

房地产开发企业种类繁多，依据不同标准，可以将其分为不同的种类。依据房地产开发企业的经营性质，可以将房地产开发企业分为专营房地产开发企业、兼营房地产开发企业和项目公司；根据开发对象的不同，可以将其分为专门开发土地和基础的房地产开发企业、专门开发地上建筑物的房地产开发企业和地产与房产开发为一体的房地产开发企业；根据房地产开发企业的权属性质，可以分为全民所有的房地产开发企业、集体所有的房地产开发企业、外商投资房地产开发企业和民营房地产开发企业等。

（二）房地产开发企业的设立条件

房地产开发涉及面广，占用资金多，事关国计民生，所以相关法律对房地产开发企业的设立规定了严格的条件。《城市房地产管理法》第30条第1款规定房地产开发企业应具备五个条件：①有自己的名称和组织机构。②有固定的经营场所。③有符合国务院规定的注册资本。④有足够的专业技术人员。⑤法律、行政法规规定的其他条件。

（三）房地产开发企业资质等级管理

房地产开发企业的资质等级，是根据房地产开发企业的经营时间、专业技术人员和开发经营业绩等确定的级别，是政府管理部门对房地产开发市场经营调控的重要工具。根据住房和城乡建设部2022年修订的《房地产开发企业资质管理规定》，房地产开发企业按照企业条件分为一、二两个资质等级。一级资质的房地产开发企业承担房地产项目的建筑规模不受限制，二级资质的房地产开发企业可以承担建筑面积25万平方米以下的开发建设项目。

三、房地产开发的规划管理

（一）城市规划的概念和分类

《城市房地产管理法》第25条规定："房地产开发必须严格执行城市规划，按照经济效益、社会效益、环境效益相统一的原则，实行全面规划、合理布局、综合开发、配套建设。"这一规定，既体现了房地产开发规划的基本原则，又强调了房地产开发规划的重要性。城市规划，是指城市人民政府为了实现一定时期城市的经济和社会发展目标，确定城市性质、规模和发展方向，合理和节约使用城市土地，协调城市空间布局和各项建设的综合布置与具体安排。城市规划是城市开发、建设和管理的主要依据，是城市发展的基础。城市房地产的工程选址、建设用地的审批和建设工程的建设等都要符合城市规划的管理。

城市规划，根据其利用内容的不同可分为城市总体规划、分区规划和详细规划三个层次。城市总体规划是从宏观上对城市土地利用和空间布局进行的布置；城市规划的分区规划，是城市总体规划在分区范围内的进一步深化和补充，其主要内容是对城市不同地区的土地利用、人口分布以及公共设施、基础设施的配置作出的进一步的规划安排；城市规划的详细规划以城市总体规划和分区规划为依据，是城市规划的进一步具体化，是范围较小的街区规划，详细规划又可分为控制性详细规划和修建性详细规划。

（二）房地产开发项目的选址规划管理

房地产开发项目的选址规划管理，主要是针对国家对大、中型建设项目的规划管理而言。房地产开发项目的选址规划管理必须符合城市规划，必须有城市规划主管部门批准的选址意见书，没有签发建设项目的选址意见书的建设项目不得立项，这也是防止房地产开发项目与规划管理脱节的关键环节和重要措施。

建设项目选址管理的基本内容如下：①城市规划区内的建设工程选址必须符合城市规划，必须得到城市规划主管部门的批准；②建设项目的选址意见书应当提供建设项目的基本情况；③国家对建设项目的选址意见书的审批和发放实行分级管理，只有得到法定规划行政主管部门的签署后，建设项目才能立项。

（三）房地产开发的建设用地规划管理

建设用地规划管理，是指土地行政主管部门根据规划和建设项目的用地需要，依据法律规定进行审查，并通过颁发许可证的方式，确定建设用地的位置、面积和界限。

（四）建设工程的规划管理

建设工程的规划管理，是对房地产开发中各项工程项目的安排和布局，主要包括建设工程的规划许可制度和对房屋开发建设工程的规划检查、验收制度。建设单位在规划区内新建或扩建、改建建筑物、构筑物、道路、管线和其他工程设施的，应当持设计任务书、土地使用证书和建设用地规划许可证向城市规划行政主管部门提出申请，城市规划行政主管部门受理申请、核发规划设计通知书后，由建设单位委托设计部门进行规划设计，规划设计经规划行政主管部门核查，核发设计方案通知书，建设单位根据设计方案通知书，委托设计单位进行施工图设计，再报规划行政主管部门审查批准后，核发建设工程规划许可证，建设单位根据规划进行开工建设。建设过程中，规划行政主管部门有权对建设工程是否符合规划要求进行现场检查，在工程竣工验收时，有权参加重要建设工程的竣工验收。

第四节　房地产交易法律制度

一、房地产交易的概念和特征

（一）房地产交易的概念

房地产交易，是指以房地产为商品而进行的房地产转让、租赁、抵押等各种经营活动的总称，它是房地产流转的法律形式。《城市房地产管理法》规定的房地产交易的主要形式有房地产的转让、抵押和租赁等。

（二）房地产交易的特征

由于交易对象的特殊性，房地产交易存在以下不同于其他商品交易的特征：

1. 交易对象的固定性与异质性。由于房地产是不动产，其位置一般不能随意移动，这就形成了房地产交易对象的固定性。同时，不同的房地产有其不同的特性，也就是说房地产交易的对象是特定物，不是种类物。没有完全相同的房地产交易对象，即使是同一小区、同一单元、同一楼层的房屋，由于其朝向、通风、采光等不同也会导致不动产的互不相同，即房地产交易对象具有异质性。

2. 房地产交易的金额大、定价专业性强。由于房地产自身的稀缺性、耐久性，其价格明显超过一般商品价格，尤其是大宗房地产交易，其交易金额更是巨大。由于房地产交易对象的异质性，不同房地产，受区位、供求状况、支付能力、经济形势等诸多因素的影响，使得其价格的确定具有较强的专业性。因此，我国《城市房地产管理法》第 34 条规定："国家实行房地产价格评估制度。房地产价格评估，应当遵循公正、公平、公开的原则，按照国家规定的技术标准和评估程序，以基准地价、标定地价和各类房屋的重置价格为基础，参照当地的市场价格进行评估。"

3. 房地产交易的要式性。由于房地产是不动产，无论是房地产转让，还是房地产抵押、租赁，都要求进行登记，以保证交易的安全。

二、房地产转让制度

（一）房地产转让的概念和特征

《城市房地产管理法》第 37 条规定："房地产转让，是指房地产权利人通过买卖、赠与或者其他合法方式将其房地产转移给他人的行为。"房地产的转让具有以下法律特征：

1. 房地产转让是要式法律行为。我国相关法律、法规规定房地产的转让要签订书面合同，并以到房地产行政主管部门办理过户手续为房地产转让生效要件。因此，房地产转让是一种要式法律行为。

2. 房地产转让遵循"房地一体"原则。房屋转让的，其所依附的土地使用权一并转让；土地使用权转让的，其上建造的建筑物和附着物一并转让。这是房地产交易的一项重要原则。

3. 房地产权利的转让中，其土地使用权出让行为所设定的权利义务具有承接性。房地产权利是有一定期限的，权利人在转让房地产权利时，只能在自己权利的有效范围内转让，不得超过自己权利剩余时间，超过部分无效。

（二）房地产转让的条件和程序

为了有效规范房地产转让行为，国家对房地产转让的管理主要是对房地产转让设定了一系列条件，包括转让的积极条件、消极条件以及限制条件。

房地产转让的积极条件是：①转让人已按照合同约定支付全部土地使用权出让金，并获得了土地使用权证书。②已按照合同的约定进行了投资开发，属于房屋建设工程的，应完成开发投资总额的 25%以上；属于成片开发的，须形成工业用地和其他建设用地条件。转让时已建成房屋的，还应持有房屋所有权证书；若是商品房屋预售，则应取得商品房预售许可证。

房地产转让的消极条件是：①以划拨方式取得的土地使用权，原则上不得进行转让，但如经过有权人民政府批准的，在补交土地出让金的基础上（或以上缴土地收益的方式），可以转让；②司法或行政机关依法查封、扣押或以其他方式限制房地产的转让的；③依法收回土地使用权的；④共有房地产未经其他共有人同意的；⑤权属存在争议的；⑥未经依法登记取得权属证书的；⑦除依人民法院判决外，在城市改造规划范围内，在国家建设征地范围内的城市房屋，不得转让，但禁止期限不得超过 1 年；⑧寺庙、道观房地产产权归宗教团体所有，一般不得转让。

房地产转让的限制条件是：①机关、团体、部队、企事业单位不得购买或变相购买城市私有房屋；如因特殊需要必须购买的，须经县级以上人民政府批准。②以享受国家或企事业单位补贴低价购买或建造的城市私有房屋出卖时，只能卖给原补贴单位或房管机关。③房屋所有人出卖租出的城市私有房屋的，须提前 3 个月通知承租人，承租人在同等条件下享有优先购买权。④城市私有房屋共有人出卖共有房屋的，在同等条件下，共有人享有优先购买权。⑤公有旧房出售时，原住户在同等条件下享有优先购买权；职工以成本价购买公房，或居民以成本价购买安居房的，一般住用 5 年后可以依法进行买卖；职工以标准价购买的公房住用 5 年后，也允许其出售，但原出售单位在同等条件下享有优先购买权。⑥著名建筑物或者具有文物古迹性质需要保护的建筑物，其转让亦受到法律严格限制。

依据《城市房地产转让管理规定》，房地产转让的程序为：①签约。由房地产转让当事人签订书面转让合同。②申请。房地产转让当事人在房地产转让合同签订后 90 日内持房地产权属证书、当事人合法身份证明、转让合同等有关文件向房地产所在地的房地产主管部门提出申请，并申报成交价格。③审核。房地产主管部门对提交的有关文件进行审查，决定受理后，对转让双方约定的成交价进行审核，并根据需要对转让的房地产进行现场勘查和评估。④缴费。房地产转让当事人根据法律规定缴纳有关税费。⑤登记。由房地产主管部门办理房地产过户手续。

（三）商品房预售

商品房是由开发公司综合开发，建成后出售的住宅、商业用房以及其他建筑物。商品房预售，是指房地产开发经营单位将建设中的商品房预先出售给预购人，由预购人根据预售合同支付房款并在房屋竣工验收合格后取得房屋所有权的房屋买卖形式。商品房预售是一种远期商品交易，是房地产转让的一种特殊形式。

1. 商品房预售具有以下特征：

（1）合同标的的特定性。商品房预售合同的标的是正在建造的房屋，而不是现实中已经建造成的房屋。合同双方通过约定房屋的未来交付的方法，使预购人获得了房屋建成之后取得所有权的期权，当房屋建成后预购人可依照合同及有关法律的规定获得房屋所有权。

（2）商品房预售主体的特殊性。商品房预售的主体有别于一般的主体，是取得房地产开发资质等级证书的房地产开发企业，并已经取得商品房预售许可。

（3）预售商品房的可转让性。由于从签订商品房预售合同到房屋的正式交付还有一定的期限，而在这一期限中，房屋的价格处于不断变动当中，商品房预售中的预购人可能会将预售的商品房再行转让，以谋取差价。《城市房地产管理法》第 46 条规定："商品房预售的，商品房预购人将购买的未竣工的预售商品房再行转让的问题，由国务院规定。"

（4）国家对商品房预售的较强干预性。由于预购人在商品房预售中获得的只是一个期权，商品房的交付还有一定期限，商品房开发企业的资信、商品房将来的质量等都存在风险。为了保护预购人的合法权益，规范商品房预售秩序，国家对商品房预售作出了许多要求，如要求商品房预售前必须获得土地使用证、规划许可证，同时对商品房的资金投入程度、施工进度等方面都作出了规定，只有满足法定条件，才可以取得商品房预售许可。

2. 商品房预售的条件。对于商品房预售的条件，《城市房地产管理法》第 45 条规定："商品房预售，应当符合下列条件：（一）已交付全部土地使用权出让金，取得土地使用权证书；（二）持有建设工程规划许可证；（三）按提供预售的商品房计算，投入开发建设的资金达到工程建设总投资的 25% 以上，并已经确定施工进度和竣工交付日期；（四）向县级以上人民政府房产管理部门办理预售登记，取得商品房预售许可证明。商品房预售人应当按照国家有关规定将预售合同报县级以上人民政府房产管理部门和土地管理部门登记备案。商品房预售所得款项，必须用于有关的工程建设。"另外原建设部发布了《城市商品房预售管理办法》，该办法要求，进行商品房预售的，预售方必须拥有房地产开发资质，商品房建设用地已经落实，已经取得建设用地土地使用权证，获得了建设规划设计方案的批准文件，做好了建筑房屋的场地准备工作，施工图纸制作完成。在此基础之上向县级以上人民政府房产管理部门办理商品房预售登记，取得商品房预售许可证明。

3. 商品房预售的程序。根据《城市商品房预售管理办法》及有关法规的规定，商品房预售的基本程序如下：

（1）申请商品房预售许可证。由房地产开发企业向房产管理部门提出商品房预售申请。开发企业在提出申请时应向房产管理部门提供开发企业的资质证书和营业执照，预售项目的立项、可行性研究，规划、用地和施工批准文件，工程施工进度计划，商品预售方案，工程建设资金和预售商品房所得资金监管协议等。

（2）商品房预售许可证的公示。开发企业在得到商品房预售许可证后，要通过登报、广告等方式宣传，公之于众，同时还要向预购人出示。

（3）签约与备案。房地产开发企业与预购人签订商品房买卖合同，并持商品房买卖合同到商品房所在地县级以上人民政府房地产开发主管部门和土地行政主管部门办理登记备案手续。

（4）登记过户。预售商品房竣工后，开发商按预售合同的要求与预购人签订商品房销售合同，并及时办理房屋交接手续。预购人持有关凭证到房产管理部门和土地管理部门办理登记过户手续。

（四）房地产转让的其他合法方式

《城市房地产管理法》规定的房地产交易方式有买卖、交换、赠与或者其他合法方式。《城市房地产转让管理规定》中规定，其他合法方式主要包括：①以房地产作价入股、与他人成立企业法人，房地产权属发生变更的；②一方提供土地使用权，与他人合资、合作开发经营房地产，房地产权属发生变更的；③因企业被收购、兼并或合并，房地产权属随之转移的；④以房地产抵债；⑤法律、法规规定的其他情形。

以其他合法方式进行房地产转让的，除了要遵守房地产转让的一般规定外，还必须遵守其他相关法律的规定。

三、房地产抵押

（一）房地产抵押的概念和特征

1. 房地产抵押的概念。所谓房地产抵押，是指以房地产作为担保物的抵押。《城市房地产管理法》第 47 条规定："房地产抵押，是指抵押人以其合法的房地产以不转移占有的方式向抵押权人提供债务履行担保的行为。债务人不履行债务时，抵押权人有权依法以抵押的房地产拍卖所得的价款优先受偿。"

2. 房地产抵押的特征。房地产抵押具有以下特征：

（1）房地产抵押的从属性。同一般抵押一样，房地产抵押也是为了担保债务的履行，具有从属性。

（2）房地产抵押是要式法律行为。房地产抵押的要式性，首先，表现为抵押双方要签订房地产抵押合同；其次，抵押双方还要依照法律的规定办理抵押登记。《城镇国有土地使用权出让和转让暂行条例》第 35 条规定："土地使用权和地上建筑物、其他附着物抵押，应当依照规定办理抵押登记。"《城市房地产管理法》也作了类似规定。

（二）房地产抵押的范围

无论是房产的抵押，还是地产的抵押，都受到一定的限制，尤其是对于地产的抵押，限制更加严格。

1. 可抵押的土地使用权。

（1）以出让方式取得的国有土地使用权可以抵押。《城市房地产管理法》第 48 条第 2 款规定，以出让方式取得的土地使用权，可以设定抵押权；《城镇国有土地使用权出让和转让暂行条例》第 32 条规定，土地使用权可以抵押；《民法典》物权编也规定，依法有处分权的国有土地使用权可以抵押。

随着我国土地制度改革的不断深入，以土地使用权为核心的土地利用制度逐渐形成，土地使用权已成为我国独特的财产权，也成为我国土地利用的核心。在商业融资过程中，其也逐渐成为重要的融资担保客体。

（2）以划拨方式取得的土地使用权，其抵押受到限制。划拨土地一般用于社会公益目的，而不是以经营为目的，故相关法律、法规对划拨土地使用权的抵押予以严格限制。由于在我国传统的划拨制度下，对企事业单位用地一律采取划拨形式，如果不加区分地禁止划拨土地的转让、抵押、租赁等，也不利于土地资源的合理利用，于是我国对划拨土地的转让、抵押、租赁采取有条件允许的原则。根据《城镇国有土地使用权出让和转让暂行条例》第44～45条的规定，划拨土地使用权，一般情况下不得转让、出租、抵押。但是符合下列条件的，经市、县人民政府土地管理部门和房产管理部门批准，其划拨土地使用权和地上建筑物、其他附着物所有权可以出租、转让、抵押：①土地使用者为公司、企业、其他经济组织和个人；②领有国有土地使用证；③具有地上建筑物和其他附着物合法的产权证明。与此同时，土地使用权人还必须依法与国家签订土地使用权出让合同，向当地市、县人民政府补交土地使用权出让金或者以转让、出租、抵押所获收益抵交土地使用权出让金。

（3）承包经营的集体荒地使用权可以抵押。原《中华人民共和国担保法》（以下简称《担保法》）第34条第1款第5项确定了抵押人依法承包并经发包人同意抵押的荒山、荒沟、荒丘、荒滩等荒地的土地使用权，可以抵押。依据此规定，集体土地使用权中，荒地在经过发包人同意的情况下可以抵押。法律如此规定的目的是鼓励开发利用荒地资源。

（4）集体企业建筑物占用的土地使用权可与其土地上的建筑物同时抵押。农村集体土地不得抵押，是对我国农村集体土地进行保护的一个重要原则，但如果乡（镇）、村企业的厂房等建筑物抵押时，由于房地一体，土地使用权从属于建筑物一并抵押。这一例外是为了促进乡（镇）、村企业融资，促进乡（镇）、村企业发展。原《担保法》规定，乡（镇）、村企业的土地使用权不得单独抵押。以乡（镇）、村企业的厂房等建筑物抵押的，其占用范围内的土地使用权同时抵押。

2. 不得抵押的房地产。根据《城市房地产抵押管理办法》（已被修改）等的规定，下列房地产不得设定抵押：①权属有争议的房地产。由于房地产权属尚未确定，如果允许其设定抵押，则势必会影响抵押的效力，损害抵押权人的利益，也不利于交易的稳定性。②用于教育、医疗、市政等公共福利事业的房地产。③列入文物保护的建筑物和有重要纪念意义的其他建筑物。④已依法公告列入拆迁范围的房地产。⑤被依法查封、扣押、监管或者以其他形式限制的房地产。⑥其他依法不得抵押的房地产。

（三）抵押权的设定程序

由于抵押行为是一个要式民事法律行为，同时房地产抵押合同的目的是创设抵押物权，在完成抵押登记前，该合同仅在当事人之间产生债的效力，只有在完成抵押登记后，才能产生合法的抵押物权。因此要设定抵押权，必须签订书面抵押合同，同时还要向房地产行政主管部门办理抵押权登记。抵押物权设定的程序是：

1. 签订抵押合同。由抵押人与抵押权人在自由协商的基础上签订书面抵押合同。根据《民法典》第400条的规定，抵押合同的内容有：①被担保债权的种类和数额；②债务人履行债务的期限；③抵押财产的名称、数量等情况；④担保的范围。

《民法典》第214条规定："不动产物权的设立、变更、转让和消灭，依照法律规定应当登记的，自记载于不动产登记簿时发生效力。"《民法典》第215条规定："当事人之间订立有关设立、变更、转让和消灭不动产物权的合同，除法律另有规定或者当事人另有约定外，自合同成立时生效；未办理物权登记的，不影响合同效力。"可见《民法典》将物权设定合同的生效时间与物权设定的时间明确区分开来，厘清了物权设定与物权设定合同之间的区别。

2. 抵押登记。房地产抵押权的设定除了要签订书面抵押权合同外，还必须到房地产行政主管部门办理抵押登记，这是物权变动公示的要求，也是物权设定生效的前提。

四、房屋租赁管理制度

（一）房屋租赁的概念及其法律特征

房屋租赁，是指出租人将房屋出租给承租人使用，由承租人向出租人支付租金的行为，是房地产交易的形式之一。房屋租赁具有以下法律特征：

1. 房屋租赁是双务、有偿和诺成民事法律行为。在房屋租赁法律关系中，出租人享有收取租金的权利，但负有按照约定向承租人提供出租房屋的义务；承租人享有使用出租房屋的权利，但负有支付租金的义务。双方签订的房屋租赁合同，一经双方达成一致即产生法律效力，租赁期限在 6 个月以上的，应当签订书面合同，并向房地产管理部门备案。

2. 房屋租赁受租赁期限限制。根据我国《民法典》合同编的规定，租赁期限不得超过 20 年，超过 20 年的，超过部分无效。

3. 在房屋租赁法律关系中，出租人让渡的是出租房屋的使用权。这是房屋租赁区别于房屋转让的重要特征。在房屋转让法律关系中，转让人让渡的是房屋的所有权。

4. 房屋租赁的出租人必须是合法的房屋处分权人，否则不得出租房屋。房屋的所有人当然享有房屋的出租权，除此之外，房屋的经营管理人、所有人授权的代理人、房屋典权人、经出租人同意的承租人等，也可以享有房屋的出租权。

5. 房屋租赁不受房屋买卖的影响。对此民法上又称买卖不破租赁原则，它是合同债权物权化的表现。《民法典》第 725 条赋予租赁权对抗第三人的效力。在房屋租赁期间，即使房屋的所有权发生转移，原租赁合同确立起来的租赁关系仍然有效，这样有利于维护租赁关系的稳定性，保护承租人的合法权益。

（二）房屋租赁的条件

房屋租赁法律关系的生效，除了一般民事法律关系生效所必须具备的条件外，还必须符合房地产管理相关法律、法规的规定。根据《商品房屋租赁管理办法》第 6 条的规定，房屋有以下情形之一的，房屋不得出租：①属于违法建筑的；②不符合安全、防灾等工程建设强制性标准的；③违反规定改变房屋使用性质的；④法律、法规规定禁止出租的其他情形。

（三）房屋租赁的登记备案管理

为了加强对房屋租赁的管理，规范房屋租赁关系，保证国家税费的正常征收秩序，我国对房屋租赁实行登记备案管理制度，其程序如下：

1. 登记申请。房屋租赁当事人签订房屋租赁合同后 30 日内，应当向直辖市、市、县人民政府房地产管理部门办理备案手续。申请房屋租赁备案应提交书面租赁合同、房屋所有权证书、当事人的合法证件和城市人民政府规定的其他文件。

2. 审核。由房地产登记备案主管部门对租赁合同进行审核。审核的主要内容有：合同主体是否合格；所出租房屋是否符合出租条件；租赁合同内容是否完备；租赁当事人是否缴纳了有关税费。

3. 颁证。房屋租赁经直辖市、市、县人民政府房地产管理部门审查合格后，颁发房屋租赁证。房屋租赁证可以作为生产经营场所或居住办理户口的合法凭证。

（四）房屋租金管理

房屋租金是房屋的租赁价格，是房屋承租人为取得一定期限内房屋的使用权，依据租赁合同的约定而支付给出租人一定数量的对价。房屋租金是房屋租赁合同的核心，也是我国房地产管理的重要内容。房屋租金必须符合法律规定。《城市房地产管理法》第55条对租金的确定作了原则性规定："住宅用房的租赁，应当执行国家和房屋所在城市人民政府规定的租赁政策。租用房屋从事生产、经营活动的，由租赁双方协商议定租金和其他租赁条款。"

无论是国家政策的制定还是当事人的协议，一般都依据一定的基本构成来计算租金，房屋的租金基本构成因素包括以下几个方面：房屋的折旧费、维修费、管理费、投资利息、税金、地租和利润等。目前我国实行的房屋租金构成形式，由政府根据租赁的实际情况给予不同的租赁政策而确定。如在公有住房租赁方面实行国家限制租金标准；对其他经营性房屋和私有房屋则由租赁当事人双方协商租金。相应地就形成了福利租金、准成本租金、成本租金和市场租金等四种房屋租金的构成形式。

1. 福利租金。这是我国传统的公有住房出租的租金形式，租金价格低于价值，不足部分由国家补贴。

2. 准成本租金。其由折旧费、维修费和管理费构成。这是我国在对租赁制度进行改革，使租赁逐步走向市场的过程中所采用的租金形式。

3. 成本租金。这是按照出租房屋的经营成本确定的租金标准，其由折旧费、维修费、管理费、房屋投资利息、房产税费等五项因素构成。这种租金形式也是在我国租赁市场化过程中所采用的租金形式，其目的是通过收取成本租金，实现以租养房的目的。

4. 市场租金。又称协议租金，是指以房屋的价值为基础，根据市场供求关系，由租赁当事人自由协商确定租金的形式。市场租金是在房屋租赁完全市场化的情况下房屋租赁的价格形式。在我国目前的房屋租赁中，对于公有住宅的租金，绝大多数城镇仍实行福利租金或准成本租金，其租金价格由当地政府确定。私有住宅的租金较公有房屋灵活，租金实行自由协商，对于非住宅用房实行自由协商，适用市场租金形式。

（五）房屋租赁的其他管理

1. 房屋租赁中土地收益的征收管理。《城市房地产管理法》第56条规定："以营利为目的，房屋所有权人将以划拨方式取得使用权的国有土地上建成的房屋出租的，应当将租金中所含土地收益上缴国家。具体办法由国务院规定。"

2. 房屋出租的综合管理。由于房屋的分散性和房屋出租涉及管理事项的多样性，单靠租赁管理部门的力量是远远不够的，因此，工商、税务、公安等部门都应参与进来，在自己的职权范围内加强对房屋租赁相关事项的管理，同时各部门之间应建立沟通联系机制，以提高管理的效率。

第五节　房地产权属登记管理

一、房地产权属登记的概念和功能

（一）房地产权属登记的概念

房地产权属登记，简称房地产产权登记，是指房地产管理部门依其职权对房地产所有权、使用权及他项权利的主体、性质、范围和种类等作出的有关房地产权属状况的持续性记录。其性质是房地产管理部门依职权实施的行政行为。

（二）房地产权属登记的功能

房地产权属登记具有如下功能：

1. 权属的确认功能。房地产管理部门依法对房地产权利进行登记，表明房地产产权权属状况得到法律的认可，任何国家机关不得对已经确认的房地产权属进行任意变更，房地产权利人以外的任何单位或个人不得侵害这一权利。非经法定机关、依据法定事由并经过法定程序，这一权属状况不得变更。

2. 房地产物权生效要件。在房地产交易中，房地产登记是房地产物权生效的要件。

3. 公示功能。公示原则是不动产的变更过程中所必须遵循的原则。房地产管理部门在对房地产变动情况进行登记后，要将这一情况向社会公示，以使房地产利害关系人及时行使自己的权利。房地产管理部门的公示具有公信力，善意第三人依据此公示产生的交易受到法律的保护。

4. 管理功能。房地产权属登记是房地产行政管理部门对房地产交易行为进行管理的重要工作。通过权属登记了解房地产市场的状况，维护正常的房地产交易秩序，保护房地产权利人的合法权益。

二、房地产权属登记的分类

依据不同标准，可以将房地产权属登记划分为以下不同类别：

（一）土地登记与房屋登记

依据房地产权属登记的对象不同，可以分为土地登记和房屋登记。土地登记，是指国家依法对国有土地使用权、集体土地所有权、集体土地使用权和土地他项权进行的登记。因为我国土地所有制度分为国家所有与集体所有，因此集体所有之外的土地皆为国家所有，所以国家土地所有权不需要以登记发证形式进行确认，不属于土地登记的范围。房屋登记，是指房地产行政主管部门代表政府对房屋所有权以及由上述权利产生的抵押权、房屋典权、房屋租赁及房屋他项权等进行登记的行为。

（二）初始登记、变更登记和注销登记

依据登记发生的时间顺序，可以将房地产权属登记分为初始登记、变更登记和注销登记。初始登记，又称新建登记，是指因土地使用权的获取，或者是房屋及其附属物的新建等依法办理的登记。如新建房屋的申请人应当在竣工后法定期限内向登记机关申请房屋所有权初始登记。变更登记是指房地产自身用途改变、面积增减、坐落变化或房地产权人发生变化而进行的登记。发生房地产变更登记事由的，应由申请人于法定期限内向房地产行政管理部门申请变更登记。注销登记是指因房屋灭失、土地使用权期限届满、他项权利终止等原因，权利人在法定期限内申请注销登记。

另外，房地产登记还有一种总登记，它是指县级以上人民政府根据需要，在一定期限内对原行政区域内的房屋进行统一权属登记。需要进行总登记的事由有：①从未进行过产权登记，没有产权产籍资料，需要从头开始建立和编制；②需要全面核实，换发房屋产权证；③由于历史原因造成产权产籍管理混乱，需要重新进行整顿核实登记。

三、房地产权属登记的程序

由于房地产权属登记种类的复杂性，不同的权属登记的要求与程序不一样，但通常都要经过以下几个程序：

（一）登记申请

登记申请是指房地产权属登记申请人在法定的登记事由发生后一定期限内，向房地产权属登记机关提出申请，并提交房地产权属登记申请书、申请人身份证明、申请登记的证明文件

（如土地使用权权属证明、房地产买卖合同、遗嘱、法院判决和仲裁机构裁决书等）以及其他房地产权属登记机关要求提交的证明文件。

（二）受理、审核和核准

登记机关审查申请人提交的申请文件后，认为手续齐全符合受理条件的，决定受理。登记部门对受理的登记申请要进行实质性审查，审查的内容包括查阅产权档案、审查提交的各种证件、核实房地产现状及权属来源等。登记机关认为需要公开征询异议的，应公开征询，公开期限为 30 日。经过审核批准确认房地产权属的，核准登记；经过审查未批准确认的，予以延期登记或者不予登记。

（三）登记

登记机关经过核准申请后，应当在法律规定的期限内颁发房地产权属证书；属撤销申请的，登记机关应当撤销登记，并注销房地产权属证书。

四、房地产权属统一登记制度

《土地管理法》《城市房地产管理法》对土地、房屋权属登记均作出了规定。《城市房地产管理法》第 60 条规定：“国家实行土地使用权和房屋所有权登记发证制度。”《民法典》第 210 条明确规定：“不动产登记，由不动产所在地的登记机构办理。国家对不动产实行统一登记制度。统一登记的范围、登记机构和登记办法，由法律、行政法规规定。”

不动产登记是建立物权制度的重要基础，2014 年 11 月 24 日国务院签署发布《不动产登记暂行条例》，明确由国土资源部负责指导、监督全国不动产登记工作，同时要求县级以上地方人民政府确定一个部门负责本行政区域不动产登记工作，并接受上级不动产登记主管部门的指导和监督。2016 年 1 月 1 日，原国土资源部发布了《不动产登记暂行条例实施细则》。不动产统一登记制度正逐步建立，实现不动产登记机构、登记簿册、登记依据和信息平台“四统一”。此前我国涉及不动产登记的规定主要散见于《土地管理法》《城市房地产管理法》《中华人民共和国森林法》《中华人民共和国草原法》《担保法》《中华人民共和国土地管理法实施条例》等多部法律、法规中，涉及的管理部门主要有土地管理部门、房产管理部门、农业主管部门、林业主管部门、运输工具登记部门、工商行政管理部门等多个部门，造成多头管理、重复登记、遗漏登记，资料分散、资源浪费等现象，给当事人增加了很多负担，统一登记机构势在必行。《不动产登记暂行条例》主要遵循四项原则：①统一规范，明确一个部门负责登记，并对机构设置、簿册管理、基本程序、信息共享与保护提出统一要求。②严格管理，重点规范登记行为，强化政府责任，提高登记质量，增强不动产登记的严肃性、权威性和公信力。③物权稳定，明确已经发放的权属证书继续有效，已经依法享有的不动产权利不因登记机构和程序的改变而受到影响。④简明扼要，主要围绕实现“四统一”作出原则规定，对一些操作性规定，在以后的配套实施细则和技术规程中予以细化。

第六节　房地产物业管理

第二十五章

会计和审计法律制度

第一节　会计法

一、会计法概述

（一）会计的概念

会计是指以货币为主要计量形式，通过记账、算账、报账等手段，核算和分析各国家机关、社会团体、企事业单位、个体工商户和其他组织的经济活动和财务开支，反映和监督其经济过程以及成果的一种活动。会计工作的基本任务是会计核算和会计监督，前者是基础，要求核算准确；后者是保障，要求监督有力。二者相辅相成，共同构成会计工作的整体。

（二）会计法的概念

会计法的概念有广义和狭义之分。广义的会计法是指调整会计关系的法律规范的总称。会计关系是指会计机构、会计人员在办理会计事务过程中发生的经济关系，以及国家在监督管理会计工作过程中发生的经济关系。会计法是会计工作的基本法律依据，它以法律的形式确定了会计工作的地位、任务和作用，规定了会计工作的基本原则，属于经济法体系的组成部分。狭义的会计法是指一国的会计法法典，在我国即指第六届全国人民代表大会常务委员会第九次会议于 1985 年 1 月 21 日通过的《会计法》。2017 年修订后的《会计法》共分 7 章 52 条，其内容主要包括：总则，会计核算，公司、企业会计核算的特别规定，会计监督，会计机构和会计人员，法律责任等。

（三）《会计法》的立法宗旨和适用范围

根据《会计法》第 1 条的规定，我国《会计法》的立法宗旨为：①规范会计行为；②保证会计资料真实、完整；③加强经济管理，提高经济效益；④维护社会主义市场经济秩序。

根据《会计法》第 2 条的规定，我国《会计法》适用于国家机关、社会团体、公司、企业、事业单位和其他组织办理会计事务。个体工商户设置会计账簿，进行会计核算，由国务院财政部门依据《会计法》的原则另行规定。

二、会计管理法律规定

（一）会计工作的管理体制

根据《会计法》第 7 条的规定，我国会计工作的管理体制为：国务院财政部门管理全国的会计工作；县级以上地方各级人民政府财政部门管理本行政区域内的会计工作。

（二）制定会计制度的权限

1. 国家实行统一的会计制度。国家统一的会计制度由国务院财政部门根据《会计法》制定并公布。

2. 国务院有关部门可以依照《会计法》和国家统一的会计制度，制定对会计核算和会计监督有特殊要求的行业实施国家统一的会计制度的具体办法或者补充规定，报国务院财政部门审核批准。

3. 中国人民解放军总后勤部可以依照《会计法》和国家统一的会计制度，制定军队实施国家统一的会计制度的具体办法，报国务院财政部门备案。

（三）会计机构和会计人员的管理体制

1. 会计机构和会计人员的设置。《会计法》第36条规定："各单位应当根据会计业务的需要，设置会计机构，或者在有关机构中设置会计人员并指定会计主管人员；不具备设置条件的，应当委托经批准设立从事会计代理记账业务的中介机构代理记账。国有的和国有资产占控股地位或者主导地位的大、中型企业必须设置总会计师。总会计师的任职资格、任免程序、职责权限由国务院规定。"《会计法》第37条规定："会计机构内部应当建立稽核制度。出纳人员不得兼任稽核、会计档案保管和收入、支出、费用、债权债务账目的登记工作。"

2. 会计机构、会计人员的职责。会计机构、会计人员依照《会计法》的规定，进行会计核算，实行会计监督。任何单位或者个人不得以任何方式授意、指使、强令会计机构、会计人员伪造、变造会计凭证、会计账簿和其他会计资料，提供虚假财务会计报告。任何单位或者个人不得对依法履行职责、抵制违反《会计法》规定行为的会计人员实行打击报复。

3. 会计人员的从业资格。从事会计工作的人员，必须取得会计从业资格证书。担任单位会计机构负责人（会计主管人员）的，除取得会计从业资格证书外，还应当具备会计师以上专业技术职务资格或者从事会计工作3年以上。因有提供虚假财务会计报告，做假账，隐匿或者故意销毁会计凭证、会计账簿、财务会计报告，贪污，挪用公款，职务侵占等与会计职务有关的违法犯罪行为被追究刑事责任的人员，不得取得或者重新取得会计从业资格证书。因违法违纪行为被吊销会计从业资格证书的人员，自被吊销会计从业资格证书之日起5年内，不得重新取得会计从业资格证书。会计人员从业资格的取得实行考试制度。

会计人员调动工作或者离职，必须与接管人员办清交接手续。一般会计人员办理交接手续，由会计机构负责人（会计主管人员）监交；会计机构负责人（会计主管人员）办理交接手续，由单位负责人监交，必要时主管单位可以派人会同监交。

4. 总会计师。总会计师是在单位主要领导人的领导下，主管经济核算和财务会计工作的负责人。建立总会计师制度，是我国加强经济核算、发挥会计职能作用的一项重要经验。根据《会计法》的规定，国有的和国有资产占控股地位或者主导地位的大、中型企业必须设置总会计师，总会计师的任职资格、任免程序、职责权限由国务院规定。

根据《总会计师条例》的规定，总会计师的职责主要有两个方面：①由总会计师负责组织的工作。主要有：组织编制和执行预算、财务收支计划、信贷计划，拟订资金筹措和使用方案，开辟财源，有效地使用资金；建立、健全经济核算制，强化成本管理，进行经济活动分析，精打细算，提高经济效益；负责对本单位财务会计机构的设置和会计人员的配备，组织会计人员进行业务培训和考核；支持会计人员依法行使职权，保护会计人员的职权不受侵犯；承办单位领导人交办的其他工作。②由总会计师协助、参与的工作。主要有：协助单位领导人对单位的生产经营、业务管理等问题作出决策；参与新产品开发、技术改造、科技研究、商品（劳务）价格和工资奖金方案的制定；参与重大合同和经济协议的研究、检查。

总会计师的权限主要有四个方面：①对违法违纪问题的制止和纠正权。《总会计师条例》第10条第1款规定："总会计师对违反国家财经法律、法规、方针、政策、制度和有可能在经济上造成损失、浪费的行为，有权制止或者纠正。制止或者纠正无效时，提请单位主要行政领导人处理。"②对建立健全经济核算制的组织指挥权。各单位建立健全经济核算制，开展会计管理、成本管理、经济活动分析等，涉及单位内部许多职能部门及直属单位，必须要单位内部各职能部门协同进行。总会计师是负责经济核算和财务会计工作的单位领导成员，必须赋予其对与这方面工作有关的职能部门及直属基层组织的指挥权，才能有效地保证经济核算工作的顺利开展。③对财务收支的审批签署权。总会计师负责财务收支计划等各项经济计划的编制和执行，为了保证各项经济计划切实可行和有效地执行，总会计师必须对各项经济计划进行认真的审查，并主管审批财务收支工作，对各项经济开支是否符合国家规定进行严格把关，除一般的财务收支可以由总会计师授权的财会机构负责人或者其他指定人员审批外，重大的财务收支，须经总会计师审批或者由总会计师报单位主要领导人批准。④对会计机构人员的管理权。总会计师直接领导财务会计机构，应有权负责本单位会计机构的设置、会计人员的配备、会计人员的培训和考核，保障会计人员依法行使职权，从而有效地调动会计人员的积极性，搞好本单位的会计队伍建设。

三、会计核算制度

会计核算是对生产经营活动实施全过程、全方位的预测、计算、比较、分析和考核。但就《会计法》规范的会计核算而言，是指会计工作中事后的记账、算账、报账。会计核算的基本内涵，是指以货币为主要量度，对各单位的生产经营活动或者预算执行的过程及其结果进行连续的、系统的记录、计算、分析，定期编制会计报表，形成一系列会计指标，据以考核目标或计划的完成情况，为制定经营决策和宏观经济管理提供可靠的信息和资料的一项管理活动。会计核算的方法主要有：设置会计科目和账户、复式记账、填制和审核会计凭证、登记会计账簿、成本计算、财产清查、编制财务会计报表。

（一）会计核算的内容

会计核算的内容是指哪些经济业务必须进行会计核算。根据《会计法》的规定，下列事项应当办理会计手续，进行会计核算：

1. 款项和有价证券的收付。款项即货币资金，主要包括现金、银行存款，以及其他视同现金和银行存款使用的外埠存款、银行汇票存款、银行本票存款、在途货币资金、信用证存款、保函押金和各种备用金等。款项和有价证券的收付直接影响单位资金的增减变化，因此，必须及时进行核算。

2. 财物的收发、增减和使用。财物是指各项资产，它是指因过去的交易事项形成的并由企业拥有或者控制的资源，该资源预期会给企业带来经济效益，包括原材料、燃料、包装物、低值易耗品、外购商品、自制半成品、产成品、固定资产等。这些财产物资大都是单位的重要生产设备、生产资料或生活资料，它们的价值较大，在单位的资产总额中占有非常重要的比重。因此，必须进行会计记录和会计核算，全面反映单位财物的收、发、结存和使用情况。

3. 债权和债务的发生和结算。债权包括应收账款、应收票据、其他应收款、短期投资、长期投资等。债务主要包括短期借款、应付票据、应付账款、预收账款、应付工资、应交税金、应付利润、其他应付款、长期借款、应付债券、长期应付款等。债权、债务是单位日常生产经营和业务活动中不可缺少的，是会计核算的一项重要内容。

4. 资本、基金的增减。资本是指所有者在企业资产中享有的经济利益，其金额为资产减去负债后的余额，包括实收资本（或者股本）、资本公积、盈余公积和未分配利润等。基金，主要是指机关、事业单位某些特定用途的资金，如事业发展基金、集体福利基金、后备基金、修理基金等。经费，主要是指机关、事业单位在执行预算或计划过程中的各项实际支出，如工资、职工福利费、业务费等。资本、基金的增减和经费的收支都会引起单位的资金变化。因此，会计上必须及时对资本、基金的流动进行核算。

5. 收入、支出、费用、成本的计算。收入是指企业在销售商品、提供劳务及让渡资产使用权等日常活动中所形成的经济利益的总流入，包括主营业务收入和其他业务收入。支出，是指单位在生产经营活动和业务活动中资金或者款项的支付。费用，是指企业为销售商品、提供劳务等日常活动所发生的经济利益的流出，如管理费用、财务费用、事业费用等。成本，是指企业为生产产品、提供劳务而发生的各种耗费，包括直接工资、直接材料、商品进价以及其他直接支出，直接计入生产经营成本。收入、支出、费用、成本是互相联系、密不可分的，产生收入，必然要发生一定的成本和费用。因此，必须对其按照一定的标准进行会计核算。

6. 财务成果的计算和处理。财务成果，主要是企业单位在一定时期内全部生产经营过程在财务上获得的成果，具体表现为盈利或者亏损。由于对财务成果的计算和处理涉及有关方面的经济利益，因此，会计上必须严格按照规定进行核算。

7. 需要办理会计手续、进行会计核算的其他事项。

（二）会计年度

我国《会计法》第 11 条规定：“会计年度自公历 1 月 1 日起至 12 月 31 日止。”这是对我国会计年度的规定。

会计年度是以年度为单位进行会计核算的时间区间。划分会计期间是会计上的重要假设之一。每一个会计年度还应当具体划分为月份、季度。月份的起讫日期都采用公历日期。按照《企业会计制度》的规定，会计期间分为年度、半年度、季度和月度，半年度、季度和月度均称为会计中期。我国的会计年度之所以采用公历制，主要是与我国的财政计划年度一致，便于国家国民经济的计划管理和财政管理。

（三）记账本位币

记账本位币是指日常登记账簿和编制会计报表用以计量的货币。我国《会计法》第 12 条规定：“会计核算以人民币为记帐本位币。业务收支以人民币以外的货币为主的单位，可以选定其中一种货币作为记帐本位币，但是编报的财务会计报告应当折算为人民币。”

（四）会计电算化

会计电算化是将电子计算机为主的当代电子和信息技术应用到会计工作中的简称，它主要是应用电子计算机代替人工记账、算账、报账以及替代部分由大脑完成的对会计信息的处理、分析和判断的过程。《会计法》第 13 条第 2 款规定：“使用电子计算机进行会计核算的，其软件及其生成的会计凭证、会计帐簿、财务会计报告和其他会计资料，也必须符合国家统一的会计制度的规定。”

（五）核算的方法、程序和要求

1. 对会计核算的基本要求。《会计法》第 5 条第 1 款规定：“会计机构、会计人员依照本法规定进行会计核算，实行会计监督。”《会计法》第 9 条规定：“各单位必须根据实际发生的经济业务事项进行会计核算，填制会计凭证，登记会计帐簿，编制财务会计报告。任何单位不得以虚假的经济业务事项或者资料进行会计核算。”

2. 对会计凭证的要求。会计凭证，必须符合国家统一的会计制度的规定。使用电子计算机进行会计核算的，其软件及其生成的会计凭证、会计账簿、财务会计报告和其他会计资料，也必须符合国家统一的会计制度的规定。任何单位和个人不得伪造、变造会计凭证、会计账簿及其他会计资料，不得提供虚假的财务会计报告。根据《会计法》的规定，办理会计核算，必须填制或者取得原始凭证并及时送交会计机构。会计机构、会计人员必须对原始凭证进行审核，对不真实、不合法的原始凭证不予受理，并向单位负责人报告；对记载不准确、不完整的原始凭证予以退回，并要求按照国家统一的会计制度的规定更正、补充。原始凭证记载的各项内容均不得涂改。原始凭证有错误的，应当由出具单位重开或者更正，更正处应当加盖出具单位印章。原始凭证金额有错误的，应当由出具单位重开，不得在原始凭证上更正。记账凭证应当根据经过审核的原始凭证及有关资料编制。

3. 对会计账簿的要求。各单位必须依法设置会计账簿，并保证其真实、完整。根据《会计法》的规定，对会计账簿有下列要求：①会计账簿登记，必须以经过审核的会计凭证为依据，并符合有关法律、行政法规和国家统一的会计制度的规定。②各单位发生的各项经济业务事项应当统一核算，不得违反《会计法》和国家统一的会计制度的规定，私设会计账簿登记、核算。③各单位应当定期将会计账簿记录与实物、款项及有关资料相互核对，保证会计账簿记录与实物、款项的实有数额相符，会计账簿记录与会计凭证的有关内容相符，会计账簿之间相对应的记录相符，会计账簿记录与会计报表的有关内容相符。

4. 对财务会计报告的要求。《会计法》第 20 条第 2 款规定："财务会计报告由会计报表、会计报表附注和财务情况说明书组成……"《企业财务会计报告条例》第 2 条第 2 款规定："本条例所称财务会计报告，是指企业对外提供的反映企业某一特定日期财务状况和某一会计期间经营成果、现金流量的文件。"财务会计报告包括会计报表（资产负债表、利润表、现金流量表及相关附表）、会计报表附注和财务情况说明书。

资产负债表是反映企业在某一特定日期财务状况的报表。由于其主要是在某一特定日期揭示企业的资产、负债、所有者权益，以及它们之间相互关系的状态，因而又称财务状况表，是反映企业财务状况的静态报表。附注和财务情况说明书须经注册会计师审计的，注册会计师及其所在的会计师事务所出具的审计报告应当随同财务会计报告一并提供。财务会计报告应当由单位负责人和主管会计工作的负责人、会计机构负责人（会计主管人员）签名并盖章；设置总会计师的单位，还须由总会计师签名并盖章。单位负责人应当保证财务会计报告真实、完整。

5. 对会计记录的文字和会计档案的要求。①《会计法》第 22 条规定："会计记录的文字应当使用中文。在民族自治地方，会计记录可以同时使用当地通用的一种民族文字。在中华人民共和国境内的外商投资企业、外国企业和其他外国组织的会计记录可以同时使用一种外国文字。"②会计档案是指会计凭证、会计账簿、会计报表和其他会计资料，是记录和反映经济业务的重要史料和证据。充分利用会计档案资料，对于总结经济工作经验，指导生产经营管理和事业管理，查证经济财务问题，研究经济发展的方针、战略等都起到重大的作用。为此，《会计法》第 23 条规定："各单位对会计凭证、会计帐簿、财务会计报告和其他会计资料应当建立档案，妥善保管。会计档案的保管期限和销毁办法，由国务院财政部门会同有关部门制定。"

四、公司、企业会计核算的特别规定

根据《会计法》的有关规定，企业会计核算除遵守上述规定外，还应遵守下列规定：

1. 公司、企业必须根据实际发生的经济业务事项，按照国家统一的会计制度的规定确认、计量和记录资产、负债、所有者权益、收入、费用、成本和利润。

2. 公司、企业进行会计核算不得有下列行为：①随意改变资产、负债、所有者权益的确认标准或者计量方法，虚列、多列、不列或者少列资产、负债、所有者权益；②虚列或者隐瞒收入，推迟或者提前确认收入；③随意改变费用、成本的确认标准或者计量方法，虚列、多列、不列或者少列费用、成本；④随意调整利润的计算、分配方法，编造虚假利润或者隐瞒利润；⑤违反国家统一的会计制度规定的其他行为。

五、会计监督

会计监督是会计的基本职能之一，是经济监督的重要组成部分。《会计法》强调加强单位内部监督、政府监督和社会监督三位一体的监督体系。

（一）单位内部的会计监督

根据《会计法》的规定，各单位应当建立、健全本单位内部会计监督制度。单位内部会计监督制度应当符合下列要求：①记账人员与经济业务事项和会计事项的审批人员、经办人员、财物保管人员的职责应当明确，并相互分离、相互制约；②重大对外投资、资产处置、资金调度和其他重要经济业务的决策和执行的相互监督、相互制约程序应当明确；③财产清查的范围、期限和组织程序应当明确；④会计资料定期进行内部审计的办法和程序应当明确。

单位负责人应当保证会计机构、会计人员依法履行职责，不得指使、强令会计机构、会计人员违法办理会计事项。会计机构、会计人员对违反《会计法》和国家统一的会计制度规定的会计事项，应当拒绝办理或者予以纠正。会计机构、会计人员发现会计账簿记录与实物、款项及有关资料不相符的，应当按照国家统一的会计制度的规定进行处理；无权自行处理的，应当立即向单位负责人报告，请求查明原因，作出处理。会计机构、会计人员和其他人员对违反《会计法》和国家统一的会计制度规定的行为，有权检举。收到检举的部门有权处理的，应当依法按照职责分工及时处理；无权处理的，应当及时移送有权处理的部门处理。收到检举的部门、负责处理的部门应当为检举人保密，不得将检举人的姓名和检举材料转给被检举单位和被检举人个人。

（二）国家监督

国家监督是指财政、审计、税收、人民银行、证券监管、金融监管等部门代表国家对各单位的财务会计工作实行监督。《会计法》第 32 条规定："财政部门对各单位的下列情况实施监督：（一）是否依法设置会计帐簿；（二）会计凭证、会计帐簿、财务会计报告和其他会计资料是否真实、完整；（三）会计核算是否符合本法和国家统一的会计制度的规定；（四）从事会计工作的人员是否具备专业能力、遵守职业道德。在对前款第（二）项所列事项实施监督，发现重大违法嫌疑时，国务院财政部门及其派出机构可以向与被监督单位有经济业务往来的单位和被监督单位开立账户的金融机构查询有关情况，有关单位和金融机构应当给予支持。"

财政、审计、税务、人民银行、证券监管、金融监管部门按照各自的职责分工，依照有关法律、行政法规的规定，对有关单位的会计资料实施监督检查。以上各监督部门在对有关部门的会计资料依法实施监督检查后，应当出具检查结论。有关监督检查部门已经作出的检查结论能够满足其他监督检查部门履行本单位职责的需要的，其他监督检查部门应当加以利用，避免重复查账。依法对有关单位的会计资料实施监督检查的部门及其工作人员对在监督检查中知悉的国家秘密和商业秘密负有保密义务。

（三）社会监督

社会监督，是指社会中介机构依法对单位的经济活动进行审计，并据实作出客观评价的一种监督形式。《会计法》第 31 条规定："有关法律、行政法规规定，须经注册会计师进行审计的单位，应当向受委托的会计师事务所如实提供会计凭证、会计帐簿、财务会计报告和其他会计资料以及有关情况。任何单位或者个人不得以任何方式要求或者示意注册会计师及其所在的会计师事务所出具不实或者不当的审计报告。财政部门有权对会计师事务所出具审计报告的程序和内容进行监督。"

六、法律责任

会计法律责任对于保证会计法律规范的有效实施具有十分重要的意义。修改后的《会计法》，虽然在法律责任制度方面作了一些修订，但仍存在会计法律责任界定不明的情况，缺乏操作性，难以按《会计法》的条文实施。例如，《会计法》第 42 条第 3 条规定，对"未按照规定填制、取得原始凭证或者填制、取得的原始凭证不符合规定的"行为，应对有关人员及有关单位依法给予行政处罚。在实践中，对原始凭证填制、取得的"规定"内容相当多，从原始凭证的填制来讲，包括填制的形式及使用范围，其范围十分广泛。因此，在这么广泛的一个范围内，不讲违法的内容与形式，不管凭证要素内容的哪个方面，不论造成后果的大小，就以一个"规定"论"责任"，未免太过原则，令执法者难以把握分寸。同样，该条规定的其他几种违法行为的法律责任，也有类似的情况，难以操作实施。另外，《会计法》轻视民事责任的追究，在会计法律责任中没有任何关于民事责任的规范。如何进一步完善会计法律责任制度，真正树立会计法的权威，是会计法治建设中十分重要的课题。

（一）会计单位、会计人员、主管人员和直接责任人员违反会计法的责任

1. 《会计法》第 42 条第 1 款规定："违反本法规定，有下列行为之一的，由县级以上人民政府财政部门责令限期改正，可以对单位并处三千元以上五万元以下的罚款；对其直接负责的主管人员和其他直接责任人员，可以处二千元以上二万元以下的罚款；属于国家工作人员的，还应当由其所在单位或者有关单位依法给予行政处分：（一）不依法设置会计帐簿的；（二）私设会计账簿的；（三）未按照规定填制、取得原始凭证或者填制、取得的原始凭证不符合规定的；（四）以未经审核的会计凭证为依据登记会计帐簿或者登记会计帐簿不符合规定的；（五）随意变更会计处理方法的；（六）向不同的会计资料使用者提供的财务会计报告编制依据不一致的；（七）未按照规定使用会计记录文字或者记帐本位币的；（八）未按照规定保管会计资料，致使会计资料毁损、灭失的；（九）未按照规定建立并实施单位内部会计监督制度或者拒绝依法实施的监督或者不如实提供有关会计资料及有关情况的；（十）任用会计人员不符合本法规定的。"

会计人员有上述所列行为之一，财政部门责令限期改正；逾期不改正的，给予通报；情节严重的，由县级以上人民政府财政部门吊销其会计从业资格证书。对直接负责的主管人员和其他直接责任人员，由其所在单位或者有关单位依法给予行政处分或者纪律处分。有上述所列行为之一，构成犯罪的，依法追究刑事责任。

2. 伪造、变造会计凭证、会计账簿或者编制虚假财务会计报告，构成犯罪的，依法追究刑事责任。有前述行为，尚不构成犯罪的，由县级以上人民政府财政部门予以通报，可以对单位并处 5000 元以上 10 万元以下的罚款；对其直接负责的主管人员和其他直接责任人员，可以处 3000 元以上 5 万元以下的罚款；属于国家工作人员的，还应当由其所在单位或者有关单位依法给予撤职直至开除的行政处分；对其中的会计人员，并由县级以上人民政府财政部门吊销会计从业资格证书。

3. 隐匿或者故意销毁依法应当保存的会计凭证、会计账簿、财务会计报告，构成犯罪的，依法追究刑事责任。有前述行为，尚不构成犯罪的，由县级以上人民政府财政部门予以通报；可以对单位并处 5000 元以上 10 万元以下的罚款；对其直接负责的主管人员和其他直接责任人员，可以处 3000 元以上 5 万元以下的罚款；属于国家工作人员的，还应当由其所在单位或者有关单位依法给予撤职直至开除的行政处分或者纪律处分；对其中的会计人员，并由县级以上人民政府财政部门吊销会计从业资格证书。

4. 授意、指使、强令会计机构、会计人员及其他人员伪造、变造会计凭证、会计账簿，编制虚假财务会计报告或者隐匿、故意销毁依法应当保存的会计凭证、会计账簿，构成犯罪的，依法追究刑事责任；尚不构成犯罪的，可以处 5000 元以上 5 万元以下的罚款；属于国家工作人员的，还应当由其所在单位或者有关单位依法给予降级、撤职、开除的处分。

5. 单位负责人对依法履行职责、抵制违反会计法规定行为的会计人员以降级、撤职、调离工作岗位、解聘或者开除等方式实行打击报复，构成犯罪的，依法追究刑事责任；尚不构成

犯罪的，由其所在单位或者有关单位依法给予行政处分。对受打击报复的会计人员，应当恢复其名誉和原有职务、级别。

（二）财政部门及其他有关部门的工作人员违反会计法的责任

1. 财政部门及其他有关行政部门的工作人员在实施监督管理中滥用职权、玩忽职守、徇私舞弊或者泄露国家秘密、商业秘密，构成犯罪的，依法追究刑事责任；尚不构成犯罪的，依法给予行政处分。

2. 收到检举的部门和负责处理的部门违反规定，将检举人姓名和检举材料转给被检举单位和被检举人个人的，由其所在单位或者有关单位依法给予行政处分。

第二节　审计法

一、审计法概述

（一）审计的概念

审计乃详细审查会计账目之意。审计现为各国监督和管理国民经济活动的重要方式。它是指专职从事审计工作的机关和人员，根据国家的法律、法规，运用专门的程序和方法，对国家财政收支、国有金融机构和企业、事业单位的财务收支及其他依法应接受审计的财政和财务收支进行审查，以维护国家财政经济秩序，从而保障国民经济的健康发展。

审计具有独立性、间接性和强制性等特征。独立性，即它与被审计单位没有行政上的领导或管理关系，审计机关依法独立行使监督权，不受外界干涉；间接性，即它不直接干预而只是进入被审计单位内部进行监督；强制性，即审计由国家的强制力作保证，不以被审计单位的意志为转移。

（二）审计法的概念

审计法的概念有广义和狭义之分。广义的审计法是指调整审计关系的法律规范的总称。所谓审计关系，是指从事审计工作的专职机构和人员在审计过程中以及国家在管理审计工作过程中发生的经济关系，它包括国家审计关系，也包括民间审计关系和内部审计关系。鉴于 1995 年 12 月国务院对审计体制的改革措施及 2002 年 11 月财政部对注册会计师行业管理发布的意见，注册会计师审计已按行业自律进行管理。为此，本节使用的审计法概念是狭义的审计法。狭义的审计法是指调整国家审计关系的法律规范，具体指 1994 年 8 月 31 日第八届全国人民代表大会常务委员会第九次会议通过的《审计法》，这部法律于 1995 年 1 月 1 日起施行，于 2006 年 2 月 28 日和 2021 年 10 月 23 日经历了两次修订。

（三）审计法的宗旨与适用范围

根据《审计法》第 1 条的规定，审计法的宗旨在于加强国家的审计监督，维护国家财政经济秩序，提高财政资金使用效益，促进廉政建设，保障国民经济和社会健康发展。其适用范围包括，国务院各部门和地方各级人民政府及其各部门的财政收支，国有的金融机构和企业事业组织的财务收支以及其他依照该法规定应当接受审计的财政收支、财务收支。

二、审计法的基本原则

审计法的基本原则是指在审计活动中依法应当遵守的基本准则。它包括：①合法性原则。《审计法》第 3 条第 1 款规定："审计机关依照法律规定的职权和程序，进行审计监督。"②独立性原则。《审计法》第 5 条规定："审计机关依照法律规定独立行使审计监督权，不受其他行政机关、社会团体和个人的干涉。"③客观公正，实事求是，廉洁奉公，保守秘密的原则。

《审计法》第6条规定："审计机关和审计人员办理审计事项，应当客观公正，实事求是，廉洁奉公，保守秘密。"

三、审计工作领导体制

《审计法》第2条第1~2款规定："国家实行审计监督制度。坚持中国共产党对审计工作的领导，构建集中统一、全面覆盖、权威高效的审计监督体系。国务院和县级以上地方人民政府设立审计机关。"具体包括以下几种：

1. 国家审计机关。《审计法》第7条规定："国务院设立审计署，在国务院总理领导下，主管全国的审计工作。审计长是审计署的行政首长。"

2. 地方审计机关。《审计法》第8条规定："省、自治区、直辖市、设区的市、自治州、县、自治县、不设区的市、市辖区的人民政府的审计机关，分别在省长、自治区主席、市长、州长、县长、区长和上一级审计机关的领导下，负责本行政区域内的审计工作。"《审计法》第9条规定："地方各级审计机关对本级人民政府和上一级审计机关负责并报告工作，审计业务以上级审计机关领导为主。"

3. 派出机构。《审计法》第10条规定："审计机关根据工作需要，经本级人民政府批准，可以在其审计管辖范围内设立派出机构。派出机构根据审计机关的授权，依法进行审计工作。"

四、审计机关的职责和权限

（一）审计机关的职责

根据《审计法》第三章的有关规定，审计机关有以下职责：①对本级各部门（含直属单位）和下级政府预算的执行情况和决算，以及预算外资金的管理和使用情况，进行审计监督。②审计署在国务院总理领导下，对中央预算执行情况进行审计监督，向国务院总理提出审计结果报告。地方各级审计机关分别在省长、自治区主席、市长、州长、县长、区长和上一级审计机关的领导下，对本级预算执行情况进行审计监督，向本级人民政府和上一级审计机关提出审计结果报告。③对中央银行的财务收支，进行审计监督。对国有金融机构的资产、负债、损益，进行审计监督。④对国家的事业组织和使用财政资金的其他事业组织的财务收支，进行审计监督。⑤对国有企业的资产、负债、损益，进行审计监督。⑥对国有资产占控股地位或者主导地位的企业的审计监督，由国务院规定。⑦对政府投资和以政府投资为主的建设项目的预算执行情况和决算，进行审计监督。⑧对政府部门管理的和其他单位受政府委托管理的社会保障基金、社会捐赠资金以及其他有关基金、资金的财务收支，进行审计监督。⑨对国际组织和外国政府援助、贷款项目的财务收支，进行审计监督。⑩除审计法规定的审计事项外，审计机关对其他法律、行政法规规定应当由审计机关进行审计的事项，依照审计法和有关法律、行政法规的规定进行审计监督。对与国家财政收支有关的特定事项，向有关地方、部门、单位进行专项审计调查，并向本级人民政府和上一级审计机关报告审计调查结果。根据被审计单位的财政、财务隶属关系或者国有资产监督管理关系，确定审计管辖范围。审计机关之间对审计管辖范围有争议的，由其共同的上级审计机关确定。上级审计机关可以将其审计管辖范围内的审计事项，授权下级审计机关进行审计；上级审计机关对下级审计机关审计管辖范围内的重大审计事项，可以直接进行审计，但是应当防止不必要的重复审计。国务院各部门和地方人民政府各部门、国有的金融机构和企业事业组织，应当按照国家有关规定建立健全内部审计制度。各部门、国有的金融机构和企业事业组织的内部审计，应当接受审计机关的业务指导和监督。可以依法对独立进行社会审计的机构进行指导、监督、管理，但应依照有关法律和国务院的规定执行。

（二）审计机关的权限

根据《审计法》第34~40条的规定，审计机关有下列权限：①审计机关有权要求被审计单位按照规定报送预算或者财务收支计划、预算执行情况、决算、财务报告，社会审计机构出具的审计报告，以及其他与财政收支或者财务收支有关的资料，被审计单位不得拒绝、拖延、谎报。②审计机关进行审计时，有权检查被审计单位的会计凭证、会计账簿、会计报表以及其他与财政收支或者财务收支有关的资料和资产，有权检查被审计单位信息系统的安全性、可靠性、经济性，被审计单位不得拒绝。③审计机关进行审计时，有权就审计事项的有关问题向有关单位和个人进行调查，并取得有关证明材料。有关单位和个人应当支持、协助审计机关工作，如实向审计机关反映情况，提供有关证明材料。④审计机关进行审计时，被审计单位不得转移、隐匿、篡改、毁弃会计凭证、会计账簿、会计报表以及其他与财政收支或者财务收支有关的资料，不得转移、隐匿所持有的违反国家规定取得的资产。审计机关对被审计单位正在进行的违反国家规定的财政收支、财务收支行为，有权予以制止；制止无效的，经县级以上审计机关负责人批准，通知财政部门和有关主管部门、单位暂停拨付与违反国家规定的财政收支、财务收支行为直接有关的款项。已经拨付的，暂停使用。采取该两项措施不得影响被审计单位合法的业务活动和生产经营活动。⑤审计机关认为被审计单位所执行的上级主管部门、单位有关财政收支、财务收支的规定与法律、行政法规相抵触的，应当建议有关主管部门、单位纠正；有关主管部门、单位不予纠正的，审计机关应当提请有权处理的机关、单位依法处理。⑥审计机关可以向政府有关部门通报或者向社会公布审计结果，审计机关通报或者公布审计结果，应当依法保守国家秘密和被审计单位的商业秘密，遵守国务院的有关规定。

五、内部审计

内部审计是指单位内部的审计机构或者审计工作人员在本单位负责人的领导下，依照国家法律、法规和政策的规定，对本单位的财政、财务收支及有关的经济活动进行审核、评价的监督活动。

（一）可以设立内部审计的单位

根据《审计法》及《审计署关于内部审计工作的规定》的相关规定，下列单位可以设立内部审计机构：①审计机关未设立派出机构的政府部门；②国家金融机构；③全民所有制大中型企业；④有国有资产的其他大中型企业；⑤全民所有制大型基本建设项目的建设单位；⑥财务收支金额较大的全民所有制事业单位；⑦其他需要设立内部审计机构的单位。

（二）内部审计机构的职责

根据《审计署关于内部审计工作的规定》，内部审计机构对本单位及所属单位的审计事项包括：①贯彻落实国家重大政策措施情况；②发展规划、战略决策、重大措施以及年度业务计划执行情况；③财政财务收支；④固定资产投资项目；⑤自然资源资产管理和生态环境保护责任的履行情况；⑥境外机构、境外资产和境外经济活动；⑦经济管理和效益情况；⑧内部控制及风险管理情况。

同时，内部审计机构还有以下职责：①对本单位内部管理的领导人员履行经济责任情况进行审计；②协助本单位主要负责人督促落实审计发现问题的整改工作；③对本单位所属单位的内部审计工作进行指导、监督和管理。

（三）内部审计机构的主要权限

内部审计机构应有以下权限：①要求被审计单位按时报送战略、财务相关的有关资料（含相关电子数据，下同），以及必要的计算机技术文档；②参加单位有关会议，召开与审计事项有关的会议；③参与研究制定有关的规章制度，提出制定内部审计规章制度的建议；④检查有关财政财务收支、经济活动、内部控制、风险管理的资料、文件和现场勘察实物；⑤检查有关计算机系统及其电子数据和资料；⑥就审计事项中的有关问题，向有关单位和个人开展调查、询问和取证；⑦对正在进行的严重违法违规、严重损失浪费行为及时向单位主要负责人报告，经同意作出临时制止决定；⑧对可能转移、隐匿、篡改、毁弃的会计凭证、会计账簿、会计报表以及与经济活动有关的资料，经批准，有权予以暂时封存；⑨对本单位内部管理的领导人员履行经济责任情况进行审计；⑩协助本单位主要负责人督促落实审计发现问题的整改工作；⑪对本单位所属单位的内部审计工作进行指导、监督和管理。

（四）内部审计的程序

内部审计大致要经过拟订审计项目计划、进行审计、审计终结、申诉、建立审计档案等程序。

六、审计程序

根据《审计法》第42~45条的规定，审计程序如下：

1. 组成审计组织，送达审计通知书。《审计法》第42条第1款规定："审计机关根据经批准的审计项目计划确定的审计事项组成审计组，并应当在实施审计三日前，向被审计单位送达审计通知书……"

2. 进行审计。《审计法》第43条第1款规定："审计人员通过审查财务、会计资料，查阅与审计事项有关的文件、资料，检查现金、实物、有价证券和信息系统，向有关单位和个人调查等方式进行审计，并取得证明材料。"

3. 提出审计报告。《审计法》第44条规定："审计组对审计事项实施审计后，应当向审计机关提出审计组的审计报告。审计组的审计报告报送审计机关前，应当征求被审计单位的意见。被审计单位应当自接到审计组的审计报告之日起十日内，将其书面意见送交审计组……"

4. 出具审计意见书，作出审计决定。根据《审计法》第45条第1款的规定，审计机关审议审计组的审计报告，经研究后，提出审计机关的审计报告。对违反国家规定的财政收支、财务收支行为，需要依法给予处理、处罚的，在法定职权范围内作出审计决定或者请有关主管机关提出处理、处罚意见。

5. 送达。审计机关应当将审计报告和审计决定送达被审计单位和有关主管机关单位，并报上一级审计机关。审计决定自送达之日起生效。

七、法律责任

审计法律责任主要包括被审计单位的违法责任和审计人员的违法责任。

（一）被审计单位的违法责任

1. 被审计单位违反审计法规定，拒绝或者拖延提供与审计事项有关的资料的，或者提供的资料不真实、不完整的，或者拒绝、阻碍检查、核实有关情况的，由审计机关责令改正，可以通报批评，给予警告；拒不改正的，依法追究责任。

2. 被审计单位违反审计法规定，转移、隐匿、篡改、毁弃会计凭证、会计账簿、财务会计报告以及其他与财政收支或者财务收支有关的资料的，审计机关认为对负有直接责任的主管人员和其他直接责任人员依法应当给予处分的，应当提出给予行政处分的建议，被审计单位或者其上级机关、监察机关应当依法及时作出决定，并将结果书面通知审计机关；构成犯罪的，由司法机关依法追究刑事责任。

3. 被审计单位违反审计法规定，转移、隐匿所持有的违反国家规定取得的资产的，审计机关认为对负有直接责任的主管人员和其他直接责任人员依法应当给予行政处分的，应当提出给予处分的建议，被审计单位或者其上级机关、监察机关应当依法及时作出决定，并将结果书面通知审计机关；构成犯罪的，由司法机关依法追究刑事责任。

4. 对本级各部门（含直属单位）和下级政府违反预算的行为或者其他违反国家规定的财政收支行为，审计机关、人民政府或者有关主管部门在法定职权范围内，依照法律、行政法规的规定作出处理。

5. 对被审计单位违反国家规定的财务收支行为，审计机关、人民政府或者有关主管部门在法定职权范围内，依照法律、行政法规的规定，责令限期缴纳应当上缴的款项，限期退还被侵占的国有资产，限期退还违法所得，按照国家统一的财务、会计制度的有关规定进行处理，以及采取其他纠正措施。

6. 对被审计单位违反国家规定的财政收支、财务收支行为负有直接责任的主管人员和其他直接责任人员，审计机关认为依法应当给予行政处分的，应当提出给予行政处分的建议或者移送监察机关和有关主管机关、单位处理，被审计单位或者其上级机关、监察机关应当依法及时作出决定，并将结果书面通知审计机关。

7. 被审计单位的财政收支、财务收支违反法律、行政法规的规定，构成犯罪的，依法追究刑事责任。

8. 报复陷害审计人员，构成犯罪的，依法追究刑事责任；不构成犯罪的，依法给予行政处分。

（二）审计人员的违法责任

审计人员的违法责任主要是指审计人员滥用职权、徇私舞弊、玩忽职守或者泄露、向他人非法提供所知悉的国家秘密、工作秘密、商业秘密、个人隐私和个人信息，构成犯罪的，依法追究刑事责任；不构成犯罪的，给予行政处分。

第四编　宏观调控法

第二十六章
宏观调控法的基础理论

第一节　宏观调控概述

一、宏观调控的规定性

宏观调控法是经济法体系的重要构成要素之一。宏观调控法，要而言之，是关于宏观调控方面的法律规范的总称。要认识宏观调控法，关键是要正确认识何谓宏观调控、宏观调控具有何种规定性。归结起来，我们认为，宏观调控应具有以下规定性：

（一）宏观调控是对市场的宏观调控

在过去，传统的计划经济是一种按计划指令运行的经济，一切资源配置都是按照"五年早知道"的计划进行的，具有明显的预期性和先导性；它要求高度集权，统一计划，以至于"统收统支、统购统销、统分统配、统盈统亏"；而且计划就是法令，必须严格贯彻遵守执行。应该说，这种计划经济体制不乏宏观调控。但由于这种计划包罗万象、具体而微，因而蜕变为微观管理；它事先计划，主观臆断，难免脱离实际；它高度集权，命令服从，实质上是一种行政干预；它排斥市场，缺乏市场基础，不是对市场的宏观调控。所有这些都说明，计划经济体制下的各种所谓的"宏观调控"其实并不是真正的宏观调控，恰恰相反，大多是变相的、冒牌的宏观调控，它给宏观调控带来了污名。市场能够打破一切樊篱，无所不至，无所不在，可以社会化、宏观化，因而本身就具有宏观性。只有在市场经济体制下，才能提出宏观调控的客观要求，才会有真正的宏观调控，市场机制与宏观调控是相互依存、相得益彰的。市场经济内在地要求宏观调控，如果没有市场，宏观调控就没有了对象和基础，也没有了立足的根基。宏观调控是对市场失灵的调控，市场失灵的地方往往就是宏观调控的领域，市场失灵为宏观调控指明了方向、划定了范围。宏观调控与市场经济，是手段与目的的关系，宏观调控要服务于市场，是为了使市场更加稳定有序、健康协调、安全持续地发展。如果没有市场，宏观调控就失去了服务的目标，不服务于市场的宏观调控往往会蜕变为粗暴拙劣的行政干预。总之，宏观调控必须也只有立足市场、结合市场、通过市场、利用市场、服务市场，才能有所成就。如果没有市场，就没有真正的宏观调控。从根本上说，宏观调控实质上就是对市场的宏观调控。

（二）宏观调控是对宏观领域的调控

尽管对何谓宏观领域、宏观调控的范围多大，人们认识不一，但尚可就其共识概括如下：

1. 宏观领域不是私人领域。由于每个私人都是或自以为是自己私事的最为关切者、最佳判断者和最好实现者，因此，凡是私人能够自治的地方无需也不应进行宏观调控。依法划定私人自治领域，尊重私人自治权利，是进行宏观调控所应铭记的重要准则。对于这一点，亚当·斯密早就指出："关于可以把资本用在什么种类的国内产业上面，其生产才能有最大价值这一问题，每一个人处在他当时的地位，显然能判断得比政治家或立法家好得多。如果政治家企图指导私人应如何运用他们的资本，那不仅是自寻烦恼地去注意最不需注意的问题，而且是僭取了一种不能放心地委托给任何个人，也不能放心地委之于任何委员会或参议院的权力。把这种权力交给一个大言不惭地、荒唐地自认为有资格行使的人，是再危险也没有了。"[1] 但是宏观领域与私人领域是相互依存、相得益彰的，私人领域是宏观领域的基础，宏观领域要立足于私人领域，在私人领域的基础上才能有宏观领域。其实，宏观领域就是由众多的私人领域所构成的。

2. 宏观领域是私人力量所不及的领域。之所以如此，是因为：一是私人在私人领域尚能自治，但私人是私主体，仅有私权，只能自治私事，无权管理他人事务和公共事务，因而对宏观调控无能为力，这就需要政府出面担当此任。李斯特指出："关于国民个人知道得更清楚、更加擅长的那些事，国家并没有越俎代庖；相反地，它所做的是，即使个人有所了解，单靠他自己力量也无法进行的那些事。"[2] 宏观调控就是一种私人不能做或做不了而只好由政府来做的大事，因为只有政府才具有做这种大事的能力和权力，"政府的一个主要经济作用就是协调个人行为以获得更大的效益。它能把个人团结起来并用个人所不能的方法促成满意的结果"。[3] 二是私人是经济人，考虑私人利益的得丧变更，计较投入产出，追求私人利益极大化，一般不愿从事无利可图的事业，尤其是公益事业，这方面只能由政府负责。关于这一点，即使是对那只"看不见的手"顶礼膜拜的亚当·斯密也承认，"建设并维持某些公共事业及某些公共设施"，是政府的重要职能。[4] 主张政府干预折中主义的约翰·穆勒更是明确地指出："在某一时期或某一国家的特殊情况下，那些真正关系到全体利益的事情，只要私人不愿意做（而并非不能高效地做），就应该而且也必须由政府来做。"[5] 宏观领域就是与全体利益密切相关，但私人从中无利可图因而不愿为之的大事，它需要政府进行宏观调控。

3. 宏观领域是市场失灵的领域。市场机制是资源配置极为有效的机制，创造了许多经济奇迹，无论是过去、现在还是将来，人们都必须通过市场、利用市场才能获致繁荣并保持繁荣。但市场机制并非完美无缺，"看不见的手"有时会引导经济走上错误而危险的道路。市场机制有时会出现种种失灵的情况，在这些情况下，会导致许多严重的经济和社会问题，如经济波动、经济危机、社会动荡，甚至爆发战争，而仅靠市场自身又无法解决这些问题，从而需要政府对这些失灵的领域进行宏观调控。[6] 政府的职能之一就是通过宏观调控防范和克服市场

---

〔1〕 ［英］亚当·斯密著，郭大力、王亚南译：《国民财富的性质和原因的研究》（下卷），商务印书馆1972年版，第27~28页。

〔2〕 ［德］弗里德里希·李斯特著，陈万煦译：《政治经济学的国民体系》，商务印书馆1961年版，第169~170页。

〔3〕 Dieter Helm, *The Economic Borders of the State*, New York: Oxford University Press, 1989, p. 43.

〔4〕 ［英］亚当·斯密著，郭大力、王亚南译：《国民财富的性质和原因的研究》（下卷），商务印书馆1972年版，第253页。

〔5〕 ［英］约翰·穆勒著，胡企林、朱泱译：《政治经济学原理及其在社会哲学上的若干应用》（下卷），商务印书馆1991年版，第570页。

〔6〕 ［美］保罗·A. 萨缪尔森、威廉·D. 诺德豪斯著，高鸿业等译：《经济学》（上），中国发展出版社1992年版，第78~79页。

失灵，有人认为，"宏观经济学是关于协调失灵的，政府的宏观经济作用就是避免协调失灵"。[1]

4. 宏观领域是关系国计民生、影响国泰民安的领域，宏观领域是整体全局。"宏观经济运行的表现对国家兴衰极为重要"，虽然"我们不能影响天气，但是公共经济政策的明智与否却可以对我们未来的生活水平产生重大的影响"。[2] 因此，任何一个负责任的政府都要义不容辞地采取明智而得力的宏观调控政策（包括法律）对关系国计民生、影响国泰民安的宏观领域进行宏观调控。具体来说，这些宏观领域主要包括发展规（计）划、财政政策、货币政策、产业政策等方面，它们被认为是宏观经济分析与政策的中心目标或目的。[3] 在很大程度上可以说，政府调控好了上述各个方面，就调控好了宏观领域，就实现了宏观调控。

（三）宏观调控是有限调控

漫无边际、深度干预的宏观调控大概率会蜕变成高度集权的行政管理，会抑制经济民主和经济自由。弗里德曼就曾尖刻地批评过高度法律化的美国以法律名义出现的各种所谓的"宏观调控"。他根据沃尔特·盖尔霍恩的调查报告指出：到 1952 年，除了个体经营的业务，像旅馆和出租汽车公司外，有 80 多个不同职业已经被法律规定发给执照，以至于打谷机的操作者和碎烟草的商人以及鸡蛋分等员、驯狗员、消灭害虫的人员、游艇推销员、修剪树木人员、挖井匠、砌砖匠和种植土地的人都同样要求取得执照。更有甚者，有的州对理发师取得执照的条件也作了详细的规定，要求其必须学习下列课程：理发的科学基础，卫生学，细菌学，毛发、皮肤、指甲、肌肉和神经的组织学，头、脸和颈的结构，有关消毒和防腐的基本化学，皮肤、毛发、腺体及指甲的疾病，理发、修面和整容，化妆、着色、漂白和染发。其细微、苛刻令人吃惊。[4] 弗里德曼认为这种繁琐的法律规定实质上是微观管理，严重侵犯了个人的择业自由，根本不是宏观调控。

其实，宏观调控到底应是全面调控还是有限调控，从根本上取决于宏观调控机构所拥有的国民经济信息。宏观调控关涉国民经济的方方面面，要全面地进行宏观调控，必须拥有全面、详尽而准确的信息，但要做到这一点，往往是不可能的，因为这已经远远超过了人类的能力。在这种情况下，宏观调控就只能是有限调控，把宏观调控限制在具有较为全面详尽准确信息的国民经济的宏观方面，而把其余的微观方面赋予私人和市场，让私人意思自治和市场调节是必然的选择。因为私人事务涉及面小，所需信息更少，易于收集分析和处理；私人处在当时当地的境遇，直面市场，更了解具体情况，决策更加快捷、正确、便利，并更有针对性，能更好地抓住时机，因地制宜，灵活应对；私人关切私人利益，会更加勤勉、谨慎、负责地处理自己的私事，所以由私人自治比宏观调控更为适当，也更为有效。真正的宏观调控是有限调控，把宏观调控限制到必须的程度，对必须加以宏观调控的方面或领域进行宏观调控。如果宏观调控面面俱到，那就不是宏观调控而是微观管理，而且会因小失大，因精力分散而不能把主要的事情做好。实践证明，只有宏观调控得少，才能宏观调控得好，这正如马尔萨斯所指出的："管制过多的倾向肯定是无知的鲁莽的标志，最能干的医师最能节约药物的使用，最相信自然的治疗

---

〔1〕　Dieter Helm, *The Economic Borders of the State*, New York：Oxford University Press, 1989, p. 182.

〔2〕　［美］保罗·A. 萨缪尔森、威廉·D. 诺德豪斯著，高鸿业等译：《经济学》（上），中国发展出版社 1992 年版，第 130 页。

〔3〕　［美］保罗·A. 萨缪尔森、威廉·D. 诺德豪斯著，高鸿业等译：《经济学》（上），中国发展出版社 1992 年版，第 131 页。

〔4〕　［美］米尔顿·弗里德曼著，张瑞玉译：《资本主义与自由》，商务印书馆 1986 年版，第 113 页。

力量。同样，最了解自己的工作的政治家最不愿意干涉企业与资本的自然趋向。"[1]

（四）宏观调控是民主调控

宏观调控涉及国民经济全局，关系国计民生，影响国泰民安，是一项相当繁复艰难的事情，要很好地进行宏观调控并完成其使命，绝非仅凭某个人或某些人的聪明才智所能做到，必须走群众路线，发动群众，集思广益。宏观调控是大众的事业，必须贯彻民主，凝心聚力，不能一意孤行。宏观调控的实现必须贯彻经济民主，其中最重要的一条就是激发、尊重和维持私人的主动性、积极性和创造性，只有建立在这一基础之上的宏观调控才能有所作为并达到既定目标。因为"一般说来，生活中的事务最好是由那些具有直接利害关系的人自由地去做，无论是法令还是政府官员都不应对其加以控制和干预。那些这样做的人或其中的某些人，很可能要比政府更清楚采用什么手段可以达到他们的目的。即使政府能够最全面地掌握个人在某一时期内积累的有关某一职业的全部知识（这实际上是不可能的），个人也要比政府对结果具有更强烈得多、更直接得多的利害关系，因而如果听凭他们选择，而不加以控制的话，则手段会更有可能得到改进和完善"。[2] 这一点，即使是信奉国家干预的凯恩斯，在强调投资应由国家宏观调控的同时，也指出："仅仅依赖银行政策对利率的影响，似乎还不足以达到最适度的投资量。故我觉得，要达到离充分就业不远的境界，其唯一办法，乃是投资这件事情，由社会来综揽；但这也不是毫无妥协折中的余地，还有许多办法，可以让国家的权威同私人首创精神互相合作。"[3] 实践证明，能否贯彻经济民主、保障经济民主，关系到宏观调控的得失成败。

（五）宏观调控主要是法律调控

宏观调控措施多种多样，主要包括经济、行政和法律三种手段，其中应以法律手段为主，其他手段也应法律化、法治化，并依法进行。这是因为：一是尽管我们经常把经济手段、行政手段和法律手段相提并论，但不能认为这三种手段是并列的、等量齐观的，因为经济手段和行政手段本身也要采用合法形式，要依法进行，要实现法治化。在一个法治社会，经济手段和行政手段也要法治化，并没有脱离法律和法治化的经济手段和行政手段，更没有与宪法和法律相违背的经济手段和行政手段。二是只有建立在法律基础上的宏观调控才能像法律制定一样充分发扬民主，广泛进行论证，听取各方意见，集思广益，从而使宏观调控的政策和法律更能认识和体现客观经济规律的要求，更好地进行宏观调控。仅靠个人能力、个人专断从来不可能较好地进行宏观调控。三是只有依据法律的宏观调控才能严格依据法定权限和法定程序进行宏观调控，从根本上杜绝主观臆断、盲目调控、任意调控。四是只有法律化的宏观调控才是制度化的宏观调控，才能持续稳定，不因领导人的改变而改变，不因领导人的看法和注意力的改变而改变，不会因人而异、朝令夕改，避免引起社会经济的动荡和混乱。五是只有通过法律，宏观调控的内容，尤其是政府宏观调控的权力范围和宏观调控行为才能规范化、精确化，实现宏观调控的法治化。科斯认为"明确各级政府机构的权力范围是非常重要的……这是法律改革中的至关重要的一环"。[4] 如果不能依法界定宏观调控的权力义务、规范宏观调控的行为、明确宏观调控的法律责任、实现宏观调控的法治化，那就不能调控好调控者。"正人先正己"，只有

---

〔1〕 ［英］马尔萨斯著，厦门大学经济学系翻译组译：《政治经济学原理》，商务印书馆1962年版，第20页。

〔2〕 ［英］约翰·穆勒著，胡企林、朱泱译：《政治经济学原理及其在社会哲学上的若干应用》（下卷），商务印书馆1991年版，第535页。

〔3〕 ［英］凯恩斯著，徐毓枬译：《就业利息和货币通论》，商务印书馆1983年版，第321页。

〔4〕 经济学消息报社编：《诺贝尔经济学奖得主专访录——评说中国经济与经济学发展》，中国计划出版社1995年版，第48~49页。

调控好了调控者，调控者才能调控好国民经济和社会发展。

从不依法宏观调控到依法宏观调控的转变，是宏观调控的根本变革和重大进步，至此，才谈得上是真正的宏观调控，才会有真正的法治经济。现代宏观调控都应是依法宏观调控，应该是以法律为主导的宏观调控，宏观调控法的根本宗旨就是要实现宏观调控的法治化。

二、宏观调控法的特征

宏观调控法与其他法律相比，大体说来，具有如下主要特征：

（一）宏观调控法是一种国家（政府）干预法

宏观调控是对宏观领域的调控，是对国民经济和社会整体的调控，因而只有作为整个社会总代表的政府才能胜任。尽管政府并不能完全代表国民经济和社会整体或完全等同于国民经济和社会整体，但相比较而言，还是政府更具代表性，也更能代表国民经济和社会整体，更适合也更能有效地对国民经济和社会整体进行宏观调控。所以，一般说来，政府是宏观调控的主体，宏观调控主要是通过政府调控来进行和完成的，宏观调控法实质上是一种政府干预法。不过，这只是问题的一个方面，还必须指出的是，政府干预是一把"双刃剑"，它既可能促进经济发展，也可能阻碍经济发展。这正如恩格斯所指出的："国家权力对于经济发展的反作用可以有三种：它可以沿着同一方向起作用，在这种情况下就会发展得比较快；它可以沿着相反方向起作用，在这种情况下，像现在每个大民族的情况那样，它经过一定的时期都要崩溃；或者是它可以阻止经济发展沿着既定的方向走，而给它规定另外的方向——这种情况归根到底还是归结为前两种情况中的一种。但是很明显，在第二和第三种情况下，政治权力会给经济发展带来巨大的损害，并造成人力和物力的大量浪费。"[1] 实践证明，要保证政府干预从正面促进经济发展，同时防止政府干预从反面阻碍经济发展，政府干预就必须依法进行，既要依法树立政府干预的权威，又要依法约束政府干预的权力。具体说来，宏观调控是政府干预的一种，宏观调控法就是政府在宏观调控中必须遵循的法律，它以规定政府宏观调控的主体、权限、范围、程序、措施及责任为核心，目的是为政府宏观调控立章建制，以便界定政府宏观调控的权限，规范政府宏观调控的行为，明确政府宏观调控的责任，实现政府宏观调控的法治化。

（二）宏观调控法是一种社会本位法

按照传统的法律分类方法，法律经常被分为两类，一类是公法，另一类是私法。但宏观调控法作为经济法的核心组成部分之一，无论是根据划分公私法标准的"主体说""意思说"还是"利益说"，都只能说明它具有某些公法、私法的性质和特点，但难以把它完全划归于公法或私法。原因有以下几个方面：

1. 在宏观调控法中，虽然政府是宏观调控的主体，有关政府机构是宏观调控的直接主体（如中央银行等），私人和其他主体是宏观调控的间接对象，但不能根据通常所依据的主体说，即主体有一方是国家机构的，就认为是宏观调控法公法。宏观调控法的主体不能这样简单化，因为它具有自身的一些特殊性。如在宏观调控法律关系中，作为国家机构的政府并不像在一般公法关系中的国家机构那样，处于决定支配地位，政府作为宏观调控的主体，在进行宏观调控时，不能采取直接的行政命令措施，而必须利用市场机制和通过市场机制来进行；同时，被调控的对象如企业或产业，是间接的、独立的、自治的，它们并不隶属于作为宏观调控主体的政府机构，而是由市场引导，即"政府调控市场，市场引导企业"。所有这些都决定了在宏观调控法律关系中，大多数情况下，政府机构的地位和性质主要是引导者而非决定者，是协调者而非命令者，是服务者而非领导者，是辅助者而非主导者，是局外人而非当事人。宏观调控法所

---

[1] 《马克思恩格斯选集》（第4卷），人民出版社2012年版，第610页。

调控的主要内容是市场中各私人之间的总体性、结构性、公共性的权利义务。政府机构所具有的权力义务立足于上述权利义务、服务于上述权利义务，并最终落实于上述权利义务，这是由宏观调控的基础——市场经济的性质所决定的。市场经济本质上是市场本位而非政府本位，宏观调控法只有如此安排，才能体现出市场经济的本质要求，维系市场经济的基本属性，巩固市场经济的决定地位。否则，就会喧宾夺主，导致政府本位、政府主治，甚至回归到过去的统制经济、计划经济。

2. 宏观调控法体现的不是私人意志，调控的不是私人与私人之间的平等自由意志。因为宏观调控法中的宏观调控关系不是私人意志的产物，甚至不是私人意志所能左右得了的。宏观调控关系不尽是私人间的平等自由关系，还有明显的、因进行宏观调控所必需的政府对私人的间接的调控关系，所以宏观调控法不是私法。

宏观调控法体现的也不是政府的意志，调控的也不是权力者与服从者之间的意志服从关系。因为在宏观调控法的宏观调控关系中，基本模式是"政府调控市场，市场引导企业"，政府对调控对象如企业（经营者）进行宏观调控，但政府并不直接针对具体的企业，也不直接控制和强制企业，而是通过各种调控措施如发展规（计）划、财政政策、货币政策、产业政策等调控市场，进而引导企业；企业也不隶属服从于政府，企业不是按政府意志行事而是按自己的意志经营，所以宏观调控法也不是公法。

3. 宏观调控法追求的不是私法意义上的私人利益。由于按照市场优胜劣汰的法则，只有市场的优胜者才能获得市场利益，而市场的劣汰者在市场上无利可获。因此，私法的私人利益本质上是一种预设的、需要经过市场竞争才能获得的私人利益，归根到底是只有极少数市场优胜者才能获得的利益，而不是普遍的私利，即人人有份的私利。宏观调控法追求的也不是政府利益，因为政府利益是一种抽象性、中介性、再分配、政治性的但未必公共性的利益，政府利益可能主要是统治集团的利益。宏观调控法追求的是社会公共利益，这种利益是普遍性、终极性、全局性、公共性的利益，社会公共利益本质上是一种与每个人的利益有关、能为人人普遍享有的利益。由上所述，宏观调控法既不是私法，也不是公法，而是属于一类新质的法律，这类新质的法律具有公私法融合的某些性质和特点，人们通常称其为社会法，或具有社会法的某些属性和特征。这正如著名法学家拉德布鲁赫所指出的："如果要用法律语言来表述我们所见证的社会关系和思潮的巨大变革，那么可以说，由于对'社会法'的追求，私法与公法、民法与行政法、契约与法律之间的僵死划分已越来越趋于动摇，这两类法律逐渐不可分地渗透融合，从而产生了一个全新的法律领域，它既不是私法，也不是公法，而是崭新的第三类：经济法与劳动法。"[1] 宏观调控法作为经济法的核心构成部分之一，进一步具体说明了经济法的某些社会法的属性和特征。

（三）宏观调控法是一种中介性的法律

这是由宏观调控的性质所决定的。宏观调控是全局性的，宏观调控法要调整这种全局性的社会关系，必须比一般的法律更抽象、更一般，因为只有这样的法律才能涵盖整个宏观经济全局，并具有广泛的普适性。如果法律规定得太具体、太详尽，就无法涵盖整个宏观经济全局，也没有相应的普适性，而且会导致因小失大、顾此失彼，从而不可能进行宏观调控。宏观调控往往是指向未来的，具有超前性，但未来的宏观经济形势是变幻莫测的，宏观调控法要调整这种变幻莫测的社会关系，也必须比一般的法律更抽象、更一般，因为只有这样的法律才能有更大的伸缩和回旋的余地，才能更灵活、更机动，从而才能着眼未来，因应变化，相机调控。如

---

〔1〕 ［德］拉德布鲁赫著，米健、朱林译：《法学导论》，中国大百科全书出版社 1997 年版，第 77 页。

果法律规定得太具体、太详尽，就会太死板、太僵硬，就不能审时度势。

宏观调控法作为一种比较抽象的法律，它的抽象性既不同于私法的抽象性，也不同于公法的抽象性。它的抽象性比私法的抽象性更低。私法是高度意思自治的法律，必须更为抽象，尽可能少作规定甚至不作规定，多作形式规定，少作或不作实质规定，贯彻"凡是法律未禁止的都是允许的"这一私法自治原则，推行私人本位而不是国家本位，法律关系的具体内容由当事人去自由协商确定。私法的抽象性由私人意思自治作具体的补充和完善，这样才能保障私人意思自治，并有利于私权推定。宏观调控法的抽象性比公法的抽象性要高。公法是国家强制法，公法规范应更为具体明确，使公权力的享有和行使规定得尽可能严格、具体、详尽，贯彻"凡是法律未允许的都是禁止的"这一法治原则，这样才能制约权力、规范行为、明确责任、防止滥用。宏观调控法如果像私法那样高度抽象，不对宏观调控的一般条件、大致范围、有关权限、必要程序、某些措施和相应责任作出适当规定，宏观调控就无法可依，就会导致滥加调控、任意调控和瞎指挥。但如果像公法那样十分具体，对宏观调控规定特定的条件、固定的范围、明确的权限、详细的程序、具体的措施，并严格"依法进行"，那么就会限制宏观调控的必要自由度和灵活性，就会导致束手束脚，根本不能主动、积极、创造性地发挥宏观调控的作用，宏观调控就不能见机行事、及时决策、灵活应对。因此，宏观调控法的抽象性介于私法和公法的抽象性之间，这正如特鲁贝克所认为的：在市场体制下国家对经济进行干预的典型形式是"管理法"（regulatory law）。这种"管理法"（他所谓的"管理法"就是包括宏观调控法在内的经济法）是"纯粹市场的普遍规则与纯粹计划的特殊指令的混合形式：与建立契约、侵权和财产权利的一般规则相比，它更为特殊；而与计划经济的特殊指令相比，它更为一般"[1]。这就是说，宏观调控法是介于抽象性与具体性、一般性与特殊性、原则性与灵活性、自治性与强制性之间的一种中介性的法律。

（四）宏观调控法是一种政策性法律

这也是由宏观调控的性质所决定的。宏观调控是对国民经济的宏观调控，而国民经济是不断变化发展的，有时甚至是瞬息万变的，这就决定了宏观调控法要有效地因应国民经济和社会发展的变化进行宏观调控，就要具有相当的灵活性，要因时、因地、因事制宜。但这正是法律的不足和短处，是政策的属性和特长。宏观调控法必须充分运用政策的灵活性。宏观调控深受国家或政府的宏观调控政策的影响，是一项政策性很强的工作或行为，在很大程度上可以说，宏观调控政策是宏观调控的灵魂，不了解、无视、拒斥宏观调控政策就不可能很好地进行宏观调控。宏观调控政策是宏观调控法的指南，对宏观调控法的制定、解释和执行都具有重要的指导作用和参考价值。宏观调控政策是前宏观调控法或准宏观调控法，是宏观调控法的先行先试，可为制定宏观调控法进行有效尝试并积累经验，可弥补宏观调控法的不足和空白。宏观调控法是宏观调控政策的法律化，是成熟定型的宏观调控政策，是升华后的宏观调控政策，为贯彻落实宏观调控政策提供了一套法律程式，有利于依法贯彻落实宏观调控政策。宏观调控法是与宏观调控政策结合最为密切的法律之一，在很多情况下，宏观调控法与宏观调控政策是合二为一的。如宏观调控法中的发展规（计）划、财政政策、货币政策和产业政策很难说是政策还是法律，有时政策是内容，法律是形式；有时法律是内容，政策是形式；有时两者不分你我，合二为一。

---

〔1〕 David M. Trubek，"Toward a Social Theory of Law: An Essay on the Study of Law and Development"，*The Yale Law Journal*，Vol. 82，Number 1，November 1992，pp. 29~31.

（五）宏观调控法是一种综合性的法律

宏观调控涉及国民经济和社会发展全局，包罗万象，内容极为综合，包括国民经济和社会发展规（计）划、财政政策、金融政策、产业政策等方面的内容。要对国民经济和社会发展全局进行宏观调控必须采用综合手段，多管齐下，协同作业，综合调整，既要做好国民经济和社会发展规（计）划，又要运用财政政策、金融政策和产业政策，并且在运用这些宏观调控政策时，也要对这些政策加以协调，使其有机匹配，做到相得益彰。这就决定了宏观调控法是一种综合性的法律，宏观调控法实质上是一个由多个法律部门构成并且相互之间内在统一的法律体系。这一点，从后面关于宏观调控法体系的论述中可以得到更为详细的说明。

三、宏观调控法的调整方法

一个独立的法律部门不仅有其独立的调整对象，也应有其独特的调整方法，经济法亦然。经济法的产生意味着法律调整方法的变革和发展，宏观调控法作为经济法的核心构成部分之一，其调整方法就有独特性。具体表现如下：

（一）宏观调控法的调整方法是一种社会整体调节方法

法的调整方法是由其调整对象决定的，法有什么样的调整对象往往就有什么样的调整方法。宏观调控法的社会整体调节方法是由宏观调控的性质和要求所决定的。宏观调控要立足社会整体而不是个别部分，要着眼宏观经济而不是微观经济，要强调社会公共性而不是个体私人性，要寻求社会公共利益而不是个别私人利益，要追求全局的稳定协调安全持续发展而不必计较局部的利害关系得丧变更，这些要求在宏观调控法的调整方法上的具体反映就是宏观调控法的社会整体调节方法。这一点金泽良雄在论述经济法的本质时就曾指出："经济法不外是适应经济性即社会协调性要求的法，也就是主要为了以社会协调的方式来解决有关经济循环所产生的矛盾和困难的法律。换句话说，经济法也就是在资本主义社会，为了以'国家之手'（代替'无形之手'）来满足各种经济性的，即社会协调性要求而制定之法。"[1] 具体说来，社会整体调节方法是社会本位、整体着想、统筹兼顾、通盘考虑、宏观调控、协调平衡。

实质上，宏观调控法的调整方法是一种独特的调整机制，这种调整机制区别于私法和公法的调整机制。私法的目的是保障私人享有最广泛的自由去追求自己的私利，它的调整机制是私人意思自治，私法本质上是一种私人自律调整的法律，这是由市场调节的本质所决定的，是市场调节在法律中的具体反映。公法的目的是维护权力的正当行使，它的调整机制是命令服从，公法本质上是一种他律调整的法律，这是由权力支配的本质所决定的，是权力支配在法律中的具体反映。而宏观调控法的目的是通过政府对国民经济的宏观调控，使国民经济保持稳定协调安全持续地发展，它的调整机制是自治与他律的内在统一，这是由混合经济的性质所决定的，是市场调节与政府干预相结合的产物和在法律中的具体反映。具体而言，宏观调控法的调整方法的社会整体性体现如下：

1. 宏观调控法必须着眼于社会整体，体现社会公意，维护社会公益，宏观调控法的根本目的之一，在于促使和保证市场调节机制沿着社会整体要求的方向运行，使市场调节优化成有宏观调控的市场调节。那种着眼于个人局部的调节必然是微观的、盲目的、无序的、失控的，宏观调控法的调整机制具有突出的社会整体性的性质和要求。同时，为了使市场调节优化成有宏观调控的市场调节，政府就必须进行具有干预限制性质的宏观调控，这是宏观调控法调整机制的他律方面。

2. 宏观调控法的调节机制必须立足于市场，在市场体制下，要着眼于社会整体，就必须

---

〔1〕〔日〕金泽良雄著，满达人译：《经济法概论》，甘肃人民出版社1985年版，第28页。

立足于市场，立足于市场社会整体。市场打破一切樊篱，把所有的经济因素都卷入其中，从整体上把经济联系起来，成为经济关系最集中、最活跃、最关键的地方，真正的社会整体只能是市场社会整体。宏观调控法的根本目的之一，在于督促和保证宏观调控通过市场调节而进行，使宏观调控完善为以市场调节为基础的宏观调控，那种僭越市场调节的宏观调控必然是具体的、直接的、强制的，宏观调控法的调整机制也具有突出的社会整体性的性质和要求。同时，要使宏观调控完善为以市场调节为基础的宏观调控，政府在宏观调控中就必须高度尊重市场、充分利用市场，保持市场调节的自由本性，这是宏观调控法调整机制的自治方面。例如，宏观调控法的一个核心内容是保证国家产业结构的优化，但国家并不能直接指令某个企业从事什么产业或不从事什么产业，企业对于从事什么产业仍然享有高度的自由权或选择性。不过，这种自由权或选择性并不是毫无限制的，企业并不能完全放任地从事各种产业，企业从事什么产业受到市场的制约和引导，而市场又是由政府通过发展规（计）划、财政政策、货币政策和产业政策等宏观调控的政策和法律加以塑造和引导的。这里存在着政府调控市场、市场引导企业的连锁关系。这充分地说明宏观调控法的调整机制是自治和他律的内在统一，并且，无论是宏观调控法调整机制的自治方面还是宏观调控法调整机制的他律方面，都充分地体现了社会整体性的性质和要求。总之，宏观调控法的调整方法是一种社会整体调节机制，宏观调控法本质上是一种社会整体调整机制的法律。拉德布鲁赫指出："经济法产生于立法者不再满足于从公平调停经济参与人纠纷的角度考虑和处理经济关系，而侧重于从经济的共同利益、经济生产率，即从经济方面的观察角度调整经济关系的时候。经济法产生于国家不再任由纯粹私法保护自由竞争，而寻求通过法律规范以其社会学的运动法则控制自由竞争的时候——而这种法律规范本身就是可能在社会学运动中有效干预的社会学事实。因此，经济法是组织起来的经济之法。"[1] 宏观调控法是经济法的核心组成部分之一，经济法的性质也正是宏观调控法的性质，在宏观调控法中得到了具体体现。

（二）宏观调控法的调整方法是一种自觉调整方法

市场调节是一种自发调节、偶发调节、事后调节，它在微观调节上功效神奇，但在宏观调控上力不从心，因为自发调节无法克服宏观经济的盲目性、无序性，偶发调节无法实现人们的经常目标，事后调节无法未雨绸缪、防患于未然。作为克服市场调节缺陷的宏观调控，并不是收拾市场调节的后果和残局。宏观调控要为市场调节奠定基础和创造条件，对市场条件加以预先调控和先行引导，使其朝着预期的方向和确定的目标运行。宏观调控法的调整方法是一种自觉调整、常规调整、事先调整。李斯特曾形象地指出："经验告诉我们，风力会把种子从这个地方带到那个地方，因此荒芜原野会变成稠密森林；但是要培养森林因此就静等着风力作用，让它在若干世纪的过程中来完成这样的转变，世上岂有这样愚蠢的办法吗？如果一个植树者选择树秧，主动栽培，在几十年内达到了同样目的，这倒不算是一个可取的办法吗？历史告诉我们，有许多国家，就是由于采取了那个植树者的办法，顺利实现了它们的目的。"[2] 宏观调控的政策工具如发展规（计）划、财政政策、货币政策、产业政策等都具有预先性、主动性、目的性、引导性，这就决定了宏观调控法的调整方法是一种自觉的调整方法，没有这种自觉的调整方法，宏观调控就根本无法调控市场和引导市场。

（三）宏观调控法的调整方法是一种统制方法

大体说来，法的调整方法历来有两种，一种是私法的自治方法，一种是公法的他律方法，

〔1〕［德］拉德布鲁赫著，米健、朱林译：《法学导论》，中国大百科全书出版社 1997 年版，第 77~78 页。

〔2〕［德］弗里德里希·李斯特著，陈万煦译：《政治经济学的国民体系》，商务印书馆 1983 年版，第 101 页。

这正如凯尔森在其名著《法与国家的一般理论》中所指出的那样。[1] 私法的自治方法是当事人根据自己的自由意志独立自主、平等协商地设立、变更和终止自己的权利义务，这种方法的核心是独立自主、自由自愿、平等协商、等价有偿，本质上是一种自律的调整方法，目的在于赋予私人以尽可能大的自由。这种调整方法适合于微观层次、私人领域、自由市场的调整，但不完全适合于宏观层次、公共领域、控制性质的调控。公法的他律方法是严格依照法律的规定设立、变更和终止有关当事人的权利（力）义务，这种方法的核心是隶属服从、强制命令，本质上是一种他律的调整方法。这种调整方法适合于公权力介入、存在和运作的领域，目的在于为公权力的行使划定范围和规定准则，达到制约公权力、防止其滥用、赋予私人权利、保护社会自由的目的。这种方法与宏观调控有密切的关系，因为宏观调控必须运用公权力，没有公权力的介入，就不可能进行宏观调控。但这种公权力本质上并不完全适用于宏观调控，因为宏观调控所要求和运用的公权力并不是隶属服从和强制命令的，在宏观调控中运用公权力也不是严格遵循"凡是法律未允许的都是禁止的"公权力运用原则，它要求必要的灵活性和一定的自由度。

宏观调控法的调整方法既不是私法的自治方法，也不是公法的他律方法，而是一种统制的方法。这里的"统制"，具有"将经济纳入一定的方针"或"为引导经济以实现特定目的"的含义，[2] 是"国家对确定了的某种方向所施加的权力干预而形成的一个独特的概念"。[3] 这就是说，统制的方法是为国民经济规定方向，确立目标，制定方针，部署战略。实际上，宏观调控的各种政策法律所采用的正是这种统制的方法，这正如艾哈德所指出的："通常所采取的经济、金融和货币政策，其目的在于影响发展的趋势，使它向着指定的方向前进。"[4]

（四）宏观调控法的调整方法是一种间接调整的方法

1. 这是由宏观的性质所决定的。宏观应是高层次的，而微观是低层次的，中观是中层次的，宏观立足于微观和中观，但超越于微观和中观，宏观与微观和中观是有距离、间隔的，从宏观到中观再到微观是间接的。

2. 这是由宏观调控的性质所决定的。宏观调控是对市场的宏观调控，而不是直接作用于个别的市场主体和具体的市场事务，宏观调控是通过调控市场进而调控市场主体和市场经济，市场是宏观调控的中介，宏观调控必须通过市场、利用市场，而不能僭越市场、排斥市场，否则就不是宏观调控而是直接的行政干预。这种通过市场中介的宏观调控只能是一种间接调整方法。

3. 这是由法律的性质所决定的。法律作为一种社会调整机制，本身就是一种调整方法，并且法律这种调整方法与经济、行政等调整方法有着重大的不同，这种不同就是法律是通过设定相关的行为模式、规定一定的权利（力）义务并通过权利（力）的享有和义务的履行以及责任的承担来达到对社会的调整目的，而不是直接作用于调整对象。现代法律，尤其是调整市场经济关系的法律一般只规定当事人行为的范围，而不明确规定当事人具体何为，从这个角度看，法律是一种间接的调整方法。依据法律进行的宏观调控更是一种间接调整方法。

4. 这是由宏观调控法的性质所决定的。法律调整是一种间接调整方法，宏观调控法更是如此。宏观调控法规定的不是微观主体的具体权利义务，而是宏观领域中关于宏观调控的权利

〔1〕　［奥］凯尔森著，沈宗灵译：《法与国家的一般理论》，中国大百科全书出版社1996年版，第230页。

〔2〕　［日］金泽良雄著，满达人译：《经济法概论》，甘肃人民出版社1985年版，第46页。

〔3〕　［日］金泽良雄著，满达人译：《经济法概论》，甘肃人民出版社1985年版，第47页。

〔4〕　［德］路德维希·艾哈德著，祝世康、穆家骥译：《来自竞争的繁荣》，商务印书馆1983年版，第175页。

（力）义务，这种权利（力）义务更为抽象，与有关市场主体的联系更为间接，这种权利（力）义务要通过若干中介环节才能最终化解为和归属到有关市场主体，通过这种更为抽象、更为间接的权利（力）义务进行的宏观调控法更是一种间接的调整方法。如为了实现社会财富再分配的公平，政府不能搞平均主义，具体要求某一部分人救济另一部分人，也不能直接攫取一部分人的财富分配给另一部分人，而只能按照既定的税法规定向一部分人征税，然后把所征得的税收通过财政转移支付分配给另一部分人，以此缩小贫富差距，实现共同富裕。至于谁要纳税、谁应救济，并不具体规定，而由法律一般规定，即达到了纳税标准的就要纳税，符合救济条件的就应救济，这就是一种抽象的间接的方法。其他宏观调控法的调整方法也具有类似的特征。

第二节　宏观调控法的构成及其功能

宏观调控法属于综合性的法律。它到底包括哪些构成要素，应有一个具体客观的考量标准，这些标准主要包括：

1. 涉及宏观方面。宏观调控法，顾名思义是宏观方面的法律。其一，宏观方面不是私人方面。私人方面，与他人无关，应由私人自治，凡是私人能做到的，凡是私人做得更好的，都不必宏观调控，否则不仅是多管闲事，还会侵犯私权。宏观调控作为国家权力干预，应超越私人事务。其二，宏观方面不是微观层次。微观层次具体而微、面面俱到，会分散精力、因小失大，加上微不足道、无关宏旨、不碍大局，可以放开放活，不必宏观调控。宏观调控作为大政国是，应抓大放小，拨冗去繁，放弃微观层次。其三，宏观方面不属于市场有效调节领域。如果市场调节运行自如、极其有效，那么就应任由市场调节，不必宏观调控，否则就会动摇市场调节的基础地位。宏观调控作为对市场失灵的补救，应着力于市场失灵的领域。根据以上排除，宏观方面应是关系国计民生、影响国泰民安、关乎大政方针的方面，如发展规（计）划、财政税收、货币金融、产业政策等方面。

2. 具有调控的功能。宏观调控法是具有调控功能的法律。所谓调控，是指有调有控、可调可控，是灵活性和原则性、应变力和拘束力的有机统一，不能只调不控，或不调只控。某一因素要具有调控的功能，就应上下传导、左右关联，具有深切的贯通力和广泛的渗透性，构成经济体系的关键参数，成为重要的调节杠杆。政府通过启动该因素，能够纲举目张，引起连锁反应，牵一发而动全身，灵敏地对整个国民经济发生效应。如通过修订发展规（计）划，调节财政分配，改变货币政策，调整产业政策就能达到对国民经济的调控功能。

3. 能进行法律调整。宏观调控法是宏观经济关系的记载和表述，但宏观经济关系内容丰富、繁杂多样，宏观调控法并不是都可以对其予以记载和表述，也不是都有必要记载和表述，这涉及宏观调控法记载和表述宏观经济关系的可能性和必要性。就可能性来说，法律的对象是普遍的，只有具有普遍性的宏观经济关系，有共性可言、有规律可循，才能进行立法。法律是一套行为模式，它以权利（力）义务为内容，以法律责任为惩戒，以诉讼程序为保障，只有那些能够抽象为一定的行为模式、具结为某些权利（力）义务、明确为各种法律责任、在程序上可诉的宏观经济关系才能上升为法律。就必要性来说，法律不苛细小、不理琐事，法律宏观着眼、大处着手。只有那些关系国计民生，影响国泰民安，涉及大政国是的宏观经济关系才有必要进行宏观调控立法。从宏观调控的已有立法来看，主要是发展规（计）划法、财政法、金融法和产业政策法。

因此，宏观调控法具体由以下几类各具功能的法律综合构成。

一、发展规（计）划法

发展规（计）划是未来的行为纲领，表明人们在一定时期内要采取一定措施去达到一定目标，它具有预见性、政策性和指导性。

经济活动作为人的一种理性活动，一个根本特征就是它的规（计）划性。发展规（计）划是人们从事经济活动的基本举措，也是政府进行宏观调控的根本措施。没有人愿意盲目地、无规（计）划地从事经济活动，说白了，没有人会毫无根据地拿自己的有限资源去做盲目的和无谓的冒险。人们有时候会盲目地从事经济活动，但并不是自愿如此，而是由于各种客观原因的制约不得已和不可避免如此。

发展规（计）划是一种重要的宏观调控措施。宏观调控是必要的，还因为"需求与供给调节的结果并不一定完全为社会所接受"。[1] 也许有人会认为市场经济是一种"不可知经济"，没有人能对它全面认识、正确判断、详尽规划，因而反对发展规（计）划，但这只是反对计划经济的理由而不是反对发展规（计）划的根据。虽然人们对市场经济处于"无知状态"，但这种无知并不是一无所知，虽然人的理性是有限的，但人们并非毫无理性，人的有限理性可以认识和预见许多未来的事情并加以预先规（计）划。这正如刘易斯所说的："虽然我们无法预见未来，但如果我们没有根据当时所得到的信息而制订未来的计划，我们就无法合理地行事。"[2] 因此，重要的不是否定发展规（计）划而是如何对待发展规（计）划，作为经济方法的发展规（计）划是否定不了的。

发展规（计）划作为宏观调控的措施不仅是必要的而且是可能的。刘易斯指出："对一个经济来说，作出一个全面的计划并说明政府想把国家的资源用在何处是可能的。"[3] 他甚至认为："无论是不是为了制订整个经济的计划，即使只是为了控制公共官员，有一个公共开支计划也是必要的。实际上，世界上的每一个政府都要制订编入预算的年度支出计划。"[4] 在某种意义上可以说，没有发展规（计）划，就没有宏观调控，发展规（计）划、发展规（计）划法是宏观调控之纲，真正有效的宏观调控离不开科学的发展规（计）划和发展规（计）划法。发展规（计）划法是宏观调控的构成要素之一。

发展规（计）划法具有如下功能：

1. 发展规（计）划法确立经济体制的性质。一个国家经济体制的性质在很大程度上是由发展规（计）划调控的范围和性质所决定的。如果发展规（计）划调控的范围包揽一切、具体而微，并且要求强制服从，那么这个国家的经济体制的性质就是计划经济体制；反之，就是市场经济体制。不过，当今世界绝大部分国家的经济体制既不是纯粹的计划经济体制，也不是完全的市场经济体制，而是一种混合经济体制。在这种混合经济体制中，由于发展规（计）划是预先规定的、有强力支持的、会自我扩张的，发展规（计）划与市场调节并非势均力敌和并驾齐驱，在相当大的程度上是发展规（计）划决定市场调节、发展规（计）划支配市场调节。因此，如果不依法界定发展规（计）划调控的范围和性质，那么发展规（计）划势必会挤占、侵吞市场调节，混合经济体制迟早会纯化为计划经济体制。实践证明，要真正确立和

〔1〕　［英］阿瑟·刘易斯著，周师铭、沈丙杰、沈伯根译：《经济增长理论》，商务印书馆1983年版，第485页。

〔2〕　［英］阿瑟·刘易斯著，周师铭、沈丙杰、沈伯根译：《经济增长理论》，商务印书馆1983年版，第497页。

〔3〕　［英］阿瑟·刘易斯著，周师铭、沈丙杰、沈伯根译：《经济增长理论》，商务印书馆1983年版，第484页。

〔4〕　［英］阿瑟·刘易斯著，周师铭、沈丙杰、沈伯根译：《经济增长理论》，商务印书馆1983年版，第495～496页。

维持以市场为主导和本位的混合经济体制，必须依法界定发展规（计）划范围、权限、程序和性质及责任。而这个法律就是发展规（计）划法，这是发展规（计）划法的重要功能。

2. 发展规（计）划法保障国民经济按比例协调发展。马克思指出："要想得到和各种不同的需要量相适应的产品量，就要付出各种不同的和一定量的社会总劳动量。这种按一定比例分配社会劳动的必要性，绝不可能被社会生产的一定形式所取消，而可能改变的只是它的表现形式，这是不言而喻的。"[1] 马克思指出的是一切社会化大生产的必然要求和客观规律，在当今市场经济体制下仍然适用，宏观调控就是要保证社会化大生产依照既定的计划按比例协调地发展。市场机制并不能解决社会总供给与社会总需求的矛盾，经济利益的差别和收入分配的不均，社会需求结构和社会生产结构的矛盾等问题。[2] 要解决这些问题必须通过发展规（计）划和发展规（计）划法。刘易斯指出："宏观经济规划有助于保证计划的内在一致性；在私人消费、公共服务和投资方面预计的增长所产生的资本需求，不能超过资源可用量；各个部门产出量的预期增长必须与投入量的预期增长保持一致；供给和需要必须保持平衡，同时保证人们所需要的正是生产体系所生产的；进口不能比出口增长得更快；预期的经济增长率必须与可利用的熟练劳动力和资本相一致等。人们从目前已经公开发表的发展计划中就能看出宏观经济规划是多么的有用。"[3]

3. 发展规（计）划法保障社会稳定。市场经济受那只"看不见的手"指引，有时神奇美妙，有时却引向邪路。马克思曾批评道："在资本主义社会，社会的理智总是事后才起作用，因此可能并且必然会不断发生巨大的紊乱。"[4] 历史和现实也不断表明，"资本主义自从产生以来，就不时受到通货膨胀（价格上升）和萧条（很高的失业率）的周期性困扰。有时这些事件非常剧烈，像本世纪20年代德国的超级通货膨胀那样，以至于紧接着就发生了社会动乱、革命和战争"。[5] 资本主义国家如此，不发达国家同样如此，刘易斯断言："目前，听任市场经济自由放任地发展，这在不发达国家毫无疑问是一个错误的答案。"[6] 经验告诉人们，要保障社会稳定，就应事先进行预测，作出发展规（计）划，防患于未然、除患于已然，对经济发展、通货膨胀、社会就业、社会公平等问题通盘考虑、科学规（计）划、事先预防，这就需要发展规（计）划和发展规（计）划法。

4. 发展规（计）划法能够引导企业。市场中的企业只能根据自己所拥有的知识、信息和所处的环境条件进行决策，这就难免具有片面性、局限性和盲目性、无序性，无法预测和把握整个宏观经济态势，这不利于企业的生存和发展。在这种情况下，企业要生存发展，就需要一个处于中央地位、能代表整个社会、拥有全面知识、能够高瞻远瞩的宏观调控发展规（计）划，对其加以引导。科学的发展规（计）划是在充分占有有效信息的基础上作出的，是对客观经济规律的正确反映，是对经济发展趋势的科学预测，是对国家经济政策的明确昭示，科学的发展规（计）划对企业决策具有重要的参考和引导作用。刘易斯指出："对整个经济的预测有助于所有企业都充分了解由总体发展所产生的各种可能性。预测并不总是能够为总的动向提

---

〔1〕《马克思恩格斯选集》（第4卷），人民出版社2012年版，第473页。

〔2〕[日]百百和、夏目隆、福田亘著，魏杰、王浩清译：《经济计划论》，陕西人民出版社1986年版，第11～14页。

〔3〕[美]刘易斯著，何宝玉译：《发展计划——经济政策的本质》，北京经济学院出版社1988年版，第141页。

〔4〕《马克思恩格斯选集》（第2卷），人民出版社2012年版，第379页。

〔5〕[美]保罗·A. 萨缪尔森、威廉·D. 诺德豪斯著，高鸿业等译：《经济学》（上），中国发展出版社1992年版，第85页。

〔6〕[美]刘易斯著，何宝玉译：《发展计划——经济政策的本质》，北京经济学院出版社1988年版，第6页。

供充分保证，但如果它是由公共部门和私人部门的决策共同进行的，对各个决定性的阶段都进行了认真的磋商，那么，这种特殊的计划过程将会有利于得到投资者的信赖。为达到上述目的而进行的宏观经济预测，称为'指导性计划'。"〔1〕所谓指导性计划，就是要为企业提供有效的指导，发展规（计）划是企业行动的指南，发展规（计）划法对于企业来说是具有法律效力的行动指南。企业的命运跟国家的大政方针和发展规（计）划息息相关，企业只有自觉地同国家发展规（计）划保持一致才能生存和发展。因此，一个驰骋市场的企业，一个畅游商海的企业，必须一只眼睛瞄准市场，另一只眼睛盯住发展规（计）划，两眼并重，不可偏废。

5. 发展规（计）划法与经济政策联系紧密。这是由发展规（计）划的性质所决定的。长期以来，我们总是把发展规（计）划当作数字算术，这是对发展规（计）划的重大误解。刘易斯认为："发展计划中至关重要的不是数字，而是政策。把主要精力集中在政策上——这些政策将刺激整个经济向前运动，人们完全可能编制一个很好的发展计划而无需采用任何数字；同样也有可能制订一个完全数量化的发展计划，但因为缺乏必要的政策，这类计划很可能是一无所获。"〔2〕他直言经济政策是发展计划的本质，"发展计划的质量取决于它所提出的政策的质量，而不是它的计算工作的数量和质量"。〔3〕发展规（计）划以经济政策为本质，发展规（计）划本身就是经济政策，并且是国民经济和社会发展的总政策，发展规（计）划法是经济政策的法律化、具体化和现实化，有什么样的发展规（计）划法，就有什么样的经济政策。

二、财政法

财政法是宏观调控法的重要构成要素之一，是调整财政关系的法律规范的总称。

财政法是宏观调控必不可少的法律手段，这是由财政之于市场经济的重要性所决定的。市场经济是一种具有较高微观效率的经济形式，但市场经济无法在宏观上保证社会总供给与社会总需求的平衡，萨伊定律所谓的"供给创造它自己的需求"已经成为经不起现代经济分析的破灭了的神话。〔4〕要使社会总供给与社会总需求保持平衡，政府必须利用财政政策进行宏观调控。如对不能满足社会需求的社会生产给予减税或免税以刺激其生产从而扩大社会供给，对不合乎社会需求的社会生产进行征税或增税以抑制其生产从而减少社会供给。由于国家或政府的预算是巨大的收支，对社会总供给和社会总需求会产生巨大的影响，因此，政府必须对预算加以调控，萨缪尔森认为，放任不管，预算绝对不会平衡，要求放弃财政政策就像是在要求死亡。〔5〕市场经济无法解决社会分配正义，"物品跟随的是货币选票，而不是最大的需要。一个富人的猫喝到的牛奶，也许正是一个穷人的孩子维护健康所必需的"。因此，萨缪尔森提出："价格机制的辩护者应当认识到，有效率的市场制度可能产生极大的不平等。"〔6〕要解决市场分配不公的问题，必须依靠财政政策，如通过财政转移支付为社会弱者提供社会保障。财政政策也是政府对市场经济进行干预的必要手段，任何政府干预都需要财政支持。财政政策是政府对市场经济进行宏观调控的基本工具，没有财政政策或者不运用财政政策，政府就不可能有效

---

〔1〕　〔美〕刘易斯著，何宝玉译：《发展计划——经济政策的本质》，北京经济学院出版社 1988 年版，第 7 页。

〔2〕　〔美〕刘易斯著，何宝玉译：《发展计划——经济政策的本质》，北京经济学院出版社 1988 年版，第 11 页。

〔3〕　〔美〕刘易斯著，何宝玉译：《发展计划——经济政策的本质》，北京经济学院出版社 1988 年版，第 12 页。

〔4〕　〔美〕保罗·A. 萨缪尔森、威廉·D. 诺德豪斯著，高鸿业等译：《经济学》（上），中国发展出版社 1992 年版，第 614 页。

〔5〕　〔美〕保罗·A. 萨缪尔森、威廉·D. 诺德豪斯著，高鸿业等译：《经济学》（下），中国发展出版社 1992 年版，第 1171 页。

〔6〕　〔美〕保罗·A. 萨缪尔森、威廉·D. 诺德豪斯著，高鸿业等译：《经济学》（上），中国发展出版社 1992 年版，第 83 页。

地进行宏观调控。

财政法具有如下功能：

1. 财政法有利于保证社会总供给与社会总需求的平衡。财政法的这一功能是这样实现的：一是财政法调控财政支出。当社会总供给不足时，政府扩张财政支出；当社会总需求膨胀时，政府收缩财政支出。二是财政法调控财政收入。当社会总需求不足时，政府收缩财政收入；当社会总需求膨胀时，政府扩张财政收入。三是财政法调控财政收支。当社会总需求不足时，政府可以使财政收入与财政支出形成一种前者小于后者的比例关系以刺激社会总需求；当社会总需求膨胀时，政府可以使财政收入与财政支出形成一种前者大于后者的比例关系以抑制社会总需求。

2. 财政法有利于减轻经济波动，熨平经济周期，稳定宏观经济。这一功能在税法中表现得特别明显。政府通过调整税种、税率能自动减轻波动。税收制度具有高度的自动伸缩性，它的收入在通货膨胀时会趋向提高，在经济萧条时会趋于下降。"这是一个稳定经济和缓和经济周期的强有力的因素"，"目前的税收制度是一个强有力的和迅速的内在的自动稳定器"，"税收稳定器既制止上升的运动也制止下降的运动"。[1] 萨缪尔森曾风趣地说："现行财政政策具有巨大的内在的自动稳定性质，不管白天黑夜，不管总统是睡是醒，财政体制一直在保持着我们经济的稳定。"[2]

3. 财政法有利于促进社会的平稳运行。这主要是通过财政转移支付的自动增减来实现的。在经济繁荣时期，社会能提供更多的就业，失业救济金的支付减少、税收增加，有利于抑制需求的继续膨胀；在经济萧条时期，失业者可从政府那里领到失业救济金，以维持一定的消费需求，从而防止社会经济的继续下滑。"我们看到现有的福利计划，像失业补助和老年退休金支付，确实起着自动稳定器的作用，当收入下降和需要提高时它们会自动增减。"[3] 更为重要的是，财政在起"自动稳定器"的作用的同时，还使得财政支付如失业救济金等的支付能够恰到好处，合情合理，而不是滥加支付，胡乱领取，这有利于避免社会分配不公，消除社会矛盾，促进社会的平稳运行。

4. 财政法有利于实现社会正义。财政法是国家资源配置法，是国民财富分配法，它的基本职能就是通过对国家资源、国民财富进行再分配，在不牺牲效益的前提下，通过转移支付，实现从富人向穷人、从发达地区向贫困地区的再分配。通过社会财富的再分配，政府和社会对穷人和贫困地区给予必要的人道关怀和人权保障，以避免贫富悬殊，缩小地区差别。它的根本宗旨之一是达到共同富裕，促进协调发展，实现社会正义。财政政策特别能够体现一个国家的性质和特征。熊彼特指出："一个民族的精神，它的文化水平、它的社会结构、它的政策所部署的行动，所有这些以及更多的东西都被写进它的财政史之中……谁懂得如何倾听它的信使的声音，谁就能在这里比其他任何地方更加明了地识别世界历史的雷鸣。"[4] 他对财政的高度认可，充分说明财政的重要性。正是财政的重要性决定了财政法的重要性。

---

〔1〕 ［美］保罗·A. 萨缪尔森、威廉·D. 诺德豪斯著，高鸿业等译：《经济学》（上），中国发展出版社1992年版，第287页。

〔2〕 ［美］保罗·A. 萨缪尔森、威廉·D. 诺德豪斯著，高鸿业等译：《经济学》（上），中国发展出版社1992年版，第286页。

〔3〕 ［美］保罗·A. 萨缪尔森、威廉·D. 诺德豪斯著，高鸿业等译：《经济学》（上），中国发展出版社1992年版，第290页。

〔4〕 ［美］保罗·A. 萨缪尔森、威廉·D. 诺德豪斯著，高鸿业等译：《经济学》（下），中国发展出版社1992年版，第1214页。

三、金融法

金融法是宏观调控法的重要构成要素之一。现代市场经济是一种货币经济，货币是现代市场经济的"血液"，货币之于现代市场经济的重要性，犹如血液之于人的重要性，当货币出了问题，就像人的血液出了问题，后果是不堪设想的。还有，市场经济无法克服经济周期波动，"今天，没有人坚持这种把经济周期送入历史书的幼稚的乐观观点。经济周期依然伴随着我们"。[1] 要真正解决经济周期问题，无论是抑制通货膨胀还是扩大就业，都必须运用货币政策，减少货币供应或增加货币供应。现代货币主义的杰出代表弗里德曼宣称："货币的确是重要的，如果忽视货币的变化，对经济积极性暂时变化的任何估计，看来都包含着严重错误……"[2] 正是因为货币如此重要，所以管理经营货币的金融机构，尤其是中央银行在国民经济中的地位就显得极其重要和独特，以致维尔·罗杰斯把"中央银行"连同"火"和"轮子"视为是自从开天辟地以来，人类曾经有过的三件伟大的发明。[3]

为了使金融机构尤其是中央银行能够谨慎、妥善、规范、负责地管理经营货币和运用货币政策，从而对宏观经济进行调控，金融法就必不可少。萨缪尔森认为货币不能控制它自己，"自有文字记载的历史开始以来，政府就一直拥有对货币的法定的权力"。要求放弃货币政策就像是在要求死亡。[4] 货币的重要性决定了金融法的重要性。

金融法具有如下功能：

1. 金融法有利于稳定货币。货币稳定是经济稳定和社会稳定的关键因素之一，没有货币的稳定，就没有经济和社会的稳定。因此，要发展经济、稳定社会，货币必须保持稳定从而赢得信任，因为整个经济制度都是在这个基础上运行的。"我们持有货币，并不是基于对个人的信任，而是隐含着对制度或国家的信任。"[5] 货币稳定是平衡经济发展和确定社会进步的基本条件。没有稳定的货币，就没有确定的价值评判尺度，就没有科学的经济计量标准，就没有有效的激励机制，就没有有力的财富保障手段，就会导致金融危机、经济危机和社会危机。法律具有明确性、肯定性，法律由国家强制力保障实施，法律"无信不立"，法律是社会的稳定器，作为法律一部分的金融法的根本功能之一就是稳定货币，保证币值稳定。

2. 金融法有利于保证社会总需求与社会总供给的平衡。由于货币供应形成社会购买力进而构成社会总需求，社会总供给以商品和劳务的形式对货币发生需求，货币是社会总需求和社会总供给的关联因素和共同载体。因此，货币供应量与货币需求量影响甚至最终决定着社会总需求与社会总供给的平衡，保证社会总需求与社会总供给的平衡，关键是调节货币供应量和货币需求量的平衡。金融法通过依法制定和执行货币政策，调控货币供应量这一最终决定因素有利于达到上述目标。

3. 金融法有利于抑制通货膨胀。通货膨胀产生的最根本原因就是货币发行过度，这正如弗里德曼所指出的，"通货膨胀是发生在货币量增加的速度超过产量增加的速度"，通货膨胀

---

〔1〕　[美] 保罗·A. 萨缪尔森、威廉·D. 诺德豪斯著，高鸿业等译：《经济学》（上），中国发展出版社 1992 年版，第 284 页。

〔2〕　[美] 弗里德曼：《货币数量论的重新表述》，转引自傅殷才、颜鹏飞：《自由经营还是国家干预——西方两大经济思想概论》，经济科学出版社 1995 年版，第 302~303 页。

〔3〕　[美] 保罗·A. 萨缪尔森、威廉·D. 诺德豪斯著，高鸿业等译：《经济学》（上），中国发展出版社 1992 年版，第 481 页。

〔4〕　[美] 保罗·A. 萨缪尔森、威廉·D. 诺德豪斯著，高鸿业等译：《经济学》（下），中国发展出版社 1992 年版，第 1171 页。

〔5〕　[英] G. M. 霍奇逊著，向以斌等译：《现代制度主义经济学宣言》，北京大学出版社 1993 年版，第 195 页。

"是与印钞机有联系的现象","如果货币增长不快于产量的增长,那就不可能发生通货膨胀"。[1] 因此,抑制通货膨胀的根本措施在于依法制定和执行货币政策,严格控制货币发行量,使货币发行量等于实际货币需求量,进而有利于抑制通货膨胀。

4. 金融法有利于稳定价格,刺激实际增长和减少失业。这实际上是中央银行的重要目标。如果总需求膨胀,以至于价格上升,在这种情况下,"假如你要控制物价和收入,货币供应就提供杠杆"。[2] 即中央银行就可以采取紧缩性货币政策以减少货币供给的增长,从而使价格回落并保持稳定。如果失业过多而且社会生产萎缩,在这种情况下,就应增加货币供给。马克思曾指出:"资本主义的生产——无论是社会地考察还是个别地考察——要求货币形式的资本或货币资本作为每一个新开办的企业的第一推动力和持续的动力。"[3] 这就是说,一定数量的货币供给,是生产的首要条件。为了扩大社会生产、刺激实际增长、减少失业,中央银行可以考虑采取扩张性(宽松的)货币政策以增加货币供给。

5. 金融法有利于保证国际收支平衡。有些货币具有世界货币的职能,是国家或地区之间通用的交换媒介,对于促进国际贸易及国际交往起着重要的作用。货币关系是重要的国际关系,无论是贸易往来、财政援助还是政治交易,甚至战争赔款都要用货币来计算和完成,所以很早以前,近代国际法的奠基人格老秀斯就明确提出"货币解决一切问题"。[4] 在现代,经济日益全球化,市场日益国际化,国际经贸往来必然带来各国货币的汇兑,这样汇率就出现了。在现实中,允许自己的货币汇率自由浮动的国家很少,一般都实行有管制的汇率,即由中央银行依法调节汇率,目的就是保证国际收支的平衡,金融法有助于实现这一目的。

四、产业政策法

产业政策法是宏观调控法的重要构成要素之一。一国要谋求经济社会的持续稳定发展,必须促使和保证产业规划科学、产业组织有效、产业结构优化、产业技术先进和产业布局合理。实践证明,要实现上述目标,既不能依靠集权式的行政干预(如统一计划),因为集权式的行政干预不能保证产业规划科学,不能使产业组织自然成长,会束缚产业组织的活力,无法反映市场需求结构信号,因而无法根据市场需求结构调节生产结构进而实现社会供求结构平衡;也不能仅靠市场机制,因为仅靠市场机制,通过市场竞争优胜劣汰去达到产业政策目标要经历一个长期的、痛苦的、动荡的过程。尽管通过市场机制有可能使生产结构得到调整从而促进社会供给结构与需求结构的平衡,但由于市场信号迟滞、掺假、扭曲以及市场信号传递失灵和市场本身的功能缺陷,难免出现偏差失衡。要真正促进和保证产业规划科学、产业组织有效、产业结构优化、产业技术先进和产业布局合理,应该依靠产业政策,具体包括产业规划政策、产业组织政策、产业结构政策、产业技术政策和产业布局政策。产业政策在克服了集权式行政干预和市场机制缺陷的同时又综合了两者的优点,美国社会学家阿密塔伊奥利指出,产业政策是计划"温和的、更加悦目的名词"[5] (其实不仅是名词,也是做法)。产业政策在市场经济中具

---

〔1〕 [美] 米尔顿·弗里德曼著,杨培新译:《米尔顿·弗里德曼论通货膨胀》,中国社会科学出版社1982年版,第18页。

〔2〕 [美] 弗里德曼:《货币最优数量和其他论文》,转引自盛愉、周学:《货币理论与法律实践》,法律出版社1989年版,第64页。

〔3〕 《马克思恩格斯选集》(第2卷),人民出版社2012年版,第384页。

〔4〕 [荷] 格老秀斯:《战争与和平法》,转引自盛愉、周学:《货币理论与法律实践》,法律出版社1989年版,第81页。

〔5〕 《美国经济学和社会学杂志》1985年1月号,转引自杨沐:《产业政策研究》,上海三联书店1989年版,第2页。

有重要作用，日本经济学家小宫隆太郎认为："产业政策的中心课题，就是针对资源分配方面出现的'市场失败'采取对策。"[1] 美国学者查默斯·约翰逊认为："作为一个政策体系，产业政策是经济政策三角形的第三条边，它是对货币政策和财政政策的补充。"[2] 产业政策的重要性决定了产业政策法的重要性。这种为了促使产业规划科学、产业组织有效、产业结构优化、产业技术先进和产业布局合理的法律主要就是产业政策法，它主要包括产业规划政策法、产业组织政策法、产业结构政策法、产业技术政策法和产业布局政策法。

产业政策法具有以下功能：

1. 产业规划政策法有利于保证产业规划的科学。产业不能任由市场自然自发，那样的产业发展具有盲目性、无序性，难以达到科学性；也不能仅仅诉诸市场竞争，那样的产业发展时间漫长、过程曲折，会贻误时机。实践证明，人们完全可以借鉴已有的经验、根据已经掌握的信息和立足本国的实际去制定科学的产业发展规（计）划。产业规划是产业政策的基础、核心和关键，产业规划科学才能保证产业组织有效、产业结构优化、产业技术先进和产业布局合理。产业规划政策法旨在保证产业规划科学，它通过规定产业规划主体、产业规划权限、产业规划程序和产业规划责任等来保证产业规划科学。如产业规划的制定要充分发扬民主，听取各方意见，集思广益；要经过严格的程序，反复地讨论修改，不断地加以完善；要严肃产业规划纪律，追究产业规划中的违法责任；等等。所有这些有利于保证产业规划的科学性。

2. 产业组织政策法有利于提高产业组织的效率。马歇尔曾指出："劳动和资本的增加，一般导致组织的改进，而组织的改进增大劳动和资本的使用效率。"[3] 诺思和托马斯通过对历史的考察更是明确地认为："有效率的经济组织是经济增长的关键。"[4] 实践证明，要促进经济增长必须提高经济组织的效率，培育强大企业。企业是社会经济的细胞，是产业的基础和载体，有了强大的企业，才会有强大的产业和经济，进而才会有强大的国家，从这个角度看，国家的事业是企业，国家应把搞好企业、做大做强企业作为主要的工作来抓。但是要提高经济组织的效率、造就强大企业，必须由产业组织政策法来规范和引导，产业政策法为企业和社会提供了一个信息交换体系，使政府和企业能够互相传递有价值的信息，从而建立起一种互相信任的机制，打消互相之间的猜疑，降低经济发展的信息费用和交易成本，[5] 给企业以科学正确的引导和积极有效的支持，避免企业"小而全"，即企业规模狭小、效率低下；促使企业组织合理、形成规模经济、提高经济效益；避免"大而全"，即企业规模过大、形成垄断。保证企业自由竞争。避免企业"窝里斗"，"产业政策是经济民族主义的反映"，[6] 有利于提高本国企业的国际竞争力，是民族企业自强的政策。

3. 产业结构政策法有利于促进产业结构优化。产业结构是国民经济各产业之间的比例关系和结合状况，经济社会发展必须保证产业结构优化，即各产业之间比例协调、发展平衡。

---

〔1〕 ［日］小宫隆太郎、奥野正宽、铃村兴太郎编，黄晓勇等译：《日本的产业政策》，国际文化出版公司1988年版，第5页。

〔2〕 ［美］查默斯·约翰逊主编：《产业政策争论》，转引自杨沐：《产业政策研究》，上海三联书店1989年版，第3页。

〔3〕 ［英］马歇尔著，朱志泰译：《经济学原理》（上卷），商务印书馆1964年版，第328页。

〔4〕 ［美］道格拉斯·诺思、罗伯特·托马斯著，厉以平、蔡磊译：《西方世界的兴起》，华夏出版社1999年版，第1页。

〔5〕 ［日］小宫隆太郎、奥野正宽、铃村兴太郎编，黄晓勇等译：《日本的产业政策》，国际文化出版公司1988年版，第352页。

〔6〕 ［美］詹鹠著，姜雪影、李定健译：《推动日本奇迹的手——通产省》，台湾经济与生活出版事业股份有限公司1985年版，第32页。

"这种按一定比例分配社会劳动的必要性，绝不可能被社会生产的一定形式所取消，而可能改变的只是它的表现形式。"[1] 实践证明，要保证产业结构优化，应该由产业结构政策法来规范和引导，具体而言，就是根据本国的实际情况和经济社会发展的要求，把握生产结构的中长期演变趋势和发展方向，确定一定时期的主导产业、支柱产业和瓶颈产业，进行合理规划，确定鼓励、扶持、新增哪些产业，限制、削弱、淘汰哪些产业，做到科学引导，实现转型升级、有序发展，避免蜂拥而上、遍地开花，促使企业布局合理、产业结构优化，进而带动国民经济各产业部门按比例协调持续地高质量发展。

4. 产业技术政策法有利于促进产业技术进步。众所周知，科技是第一生产力，要促进产业发展进步，关键是促进产业的科技进步。而要促进产业的科技进步，就必须要有正确的产业技术政策。长期以来，我们没有重视产业的技术问题，更没有从产业技术政策法的高度去对待和解决产业技术问题，结果我们的很多产业都在为跨国企业"贴牌生产"，许多国民都在为外商打工，存在许多"卡脖子"的科技问题，这严重地制约着我国的产业技术进步和国际竞争力。庆幸的是，近来我们已经高度认识到，只有当自己拥有科技尤其是高科技时，这种科技才是第一生产力，才能成为本国的第一生产力；产业要发展进步，要有国际竞争力，必须要有自己的先进技术、核心技术和关键技术，而先进技术、核心技术和关键技术是用金钱买不来的，也是用市场换不来的，只有采取一系列的产业技术政策去鼓励、引导和支持人们通过自主创新、自创品牌和拥有自主知识产权才能获得。

5. 产业布局政策法有利于促进产业布局合理。产业不是空中楼阁，而是布局在地域中的。所谓的产业发展进步，不是指一地一域产业的发展进步，而是全国各地产业的协同发展进步，这就要求产业布局合理。我们过去存在的、现在也未彻底改观的东、中、西部差异和大、中、小城市差异以及城乡差别，就是产业布局不合理的结果和表现，它已成为制约我国产业协同发展进步的一个障碍。实践证明，产业布局不能任由市场调节，也不能自然自发地进行，更不能盲目无序地进行，而必须统筹规划，合理布局，而要做到这一点，就离不开产业布局政策的规范。近年来，我国通过实施"西部大开放""中部崛起"和"全面振兴东北老工业基地"以及"京津冀""长三角""珠三角""大湾区"等区域政策措施，已有效地改进了我国的产业布局。但要想不断地改善我国的产业布局，使之更加合理，还要继续采取有效的产业布局政策。

---

[1] 《马克思恩格斯选集》（第4卷），人民出版社1995年版，第580页。

第二十七章

发展规（计）划法

发展规（计）划法是经济法体系中宏观调控法的一个重要构成要素。

第一节　发展规（计）划法的调整对象及其主要特征

发展规（计）划法的调整对象，要而言之，就是一种发展规（计）划关系。这种社会关系具有以下主要特征：

一、规（计）划性

一种社会关系是否应由发展规（计）划法来调整，关键是看这种社会关系是否内在地具有发展规（计）划的特性，要求进行发展规（计）划调控。具体来说：一是这种社会关系是未来的，至少是现在的，只有未来的或现在的社会关系才需要发展规（计）划。刘易斯指出："发展计划实质上是对未来的一系列推测"，"发展计划是预言未来的"。[1] 发展规（计）划具有超前性，发展规（计）划本质上是对未来的预测和未来的行动方案。二是这种社会关系内在地要求进行科学预测、事先规划、巧作安排、合理调整，有规（计）划、按比例地发展，这是发展规（计）划的客观性。发展规（计）划不是主观想象的，不是人为强加的，而是社会关系客观要求的。三是这种社会关系具有战略性、政策性，关系到大政方针和国计民生，如果不进行发展规（计）划调控的话，会影响整个国民经济和社会的稳定、有序、协调、健康、持续地发展，这是发展规（计）划的必要性。至于那些细枝末节、无关宏旨的社会关系，无需进行发展规（计）划调控，尤其是全国发展规（计）划调控。四是对所要调控的社会关系有足够的信息，这些信息能够比较准确地反映这种社会关系的历史和现状，并能从中预测其未来的发展趋势。"制订（或修订）发展计划的一个主要工作是在各级管理组织之间准备并交换所需要的情报。"[2] 信息是发展规（计）划的根本条件，只有在拥有充分、确切信息的基础上才能制订科学的发展规（计）划，这是发展规（计）划的可能性或可行性。"发展计划人员的主要贡献是在以地区为基础的发展计划中提出尽可能多的数字证据，以便使讨论具有切实可能的实际材料。"[3] 随着互联网、大数据、云计算和移动终端等数字信息技术的不断发达，信息的搜集、分析和处理已越来越容易，制订科学的发展规（计）划也越来越有可能。

二、宏观性

一般说来，发展规（计）划是人们从事经济活动的基本举措，因而几乎所有的经济活动和经济关系都具有某种程度的发展规（计）划特性。但发展规（计）划法不可能、也没有必要对所有的经济活动和经济关系都一一加以调整，发展规（计）划法只能调整那些涉及国民

〔1〕　〔美〕刘易斯著，何宝玉译：《发展计划——经济政策的本质》，北京经济学院出版社1988年版，第13、141页。

〔2〕　〔美〕莫里斯·博恩斯坦编，朱泱等译：《东西方的经济计划》，商务印书馆1980年版，第19页。

〔3〕　〔美〕刘易斯著，何宝玉译：《发展计划——经济政策的本质》，北京经济学院出版社1988年版，第66页。

经济全局、处于宏观层次、关系国计民生、影响国泰民安的社会关系，即那些具有宏观性、战略性、政策性的社会关系。所谓宏观性：一是指非私人性，私人关系是微观性的社会关系，具体而微，细枝末节，千差万别，无关宏旨，特事特办，应由也可由私人自行规（计）划，私人规（计）划是私人自治。而且私人立足基层，直面微观，知悉详情，易于应变，决策准确，私人微观规（计）划往往优于宏观发展规（计）划。宏观发展规（计）划应名副其实，不应涉及微观，不应深陷细小，因为没有任何人能够掌握方方面面的微观领域的信息，这种发展规（计）划根本制订不出来，制订出来也不准确，实施起来也不会有效，还会严重束缚私人自治，会削减社会经济发展的动力和活力。二是指涉及国民经济全局，覆盖面广，超出了局部、部门和微观，是内在关联的、一体化的，不能分而治之，不能头痛医头、脚痛医脚，而必须统一规划、整体部署。所以这里的发展规（计）划，全称都是"国民经济和社会发展规（计）划"。三是指非私人力量所能及，必须由政府加以组织，政府是对私人的一种替代和补充，去做私人不愿做或不能做的大事。私人没有能力去制订宏观发展规（计）划，即使私人能够制订宏观发展规（计）划，他们所制订的宏观发展规（计）划也不能充分反映国民经济和社会发展的要求，并最终获得国家或政府的认可和批准。政府处于社会的中心，是整个社会的代表，它着眼整体、把握全局，它拥有公权力，能够动用社会资源，制订宏观发展规（计）划是政府重要的职能。宏观发展规（计）划由政府尤其是中央政府去组织制订和执行，这也就决定了宏观发展规（计）划主要是政府发展规（计）划，尤其是中央政府发展规（计）划。举例而言，具有宏观性的社会关系主要有发展战略、财税问题、金融问题、产业问题等。

三、国家意志性

发展规（计）划是人们有意识地对国民经济和社会发展进行预测、设计、规划和干预的活动，发展规（计）划体现着人的意志，是人的意志的具体化和系统化。但这种意志不是某（些）人的意志而是国家意志，发展规（计）划的要义是国家（政府）以整个社会代表的身份和名义，集中全社会各个方面的意见形成国家意志，并负责依此制订和执行各种国民经济和社会发展规（计）划。国家（具体由中央政府代表）本身是发展规（计）划关系最主要的主体之一，发展规（计）划体现着强烈的国家意志，国家统率国民经济和社会发展的意向蓝图、目标模式和战略部署等都集中体现在发展规（计）划中。可以说，没有国家和中央政府，也就没有发展规（计）划。克劳德·赛贝尔认为，"法国的计划工作，是各发达国家中现行的全国经济管理工作的一种特殊形式"，"计划实质上已成为政府的中期行动方案"，"它明确或含蓄地提出国家在全面指导经济发展方面的作用的问题"。[1] 也正因为发展规（计）划体现的是国家意志，所以发展规（计）划才有相应的约束力。小宫隆太郎认为，尽管"国民经济发展计划是没有约束力的"，"是一种预报，而不是必须忠实执行的严格的计划"，但"这并不意味着日本经济是不大受政府计划干预的。日本政府广泛地干预个体的部门、工业或地区，而且对于地区的基础以及工业都是很有计划的"，"不应当据此认为战后日本的经济主要是没有政府计划或不受政府干预的自由企业的市场经济"。[2]《中华人民共和国国民经济和社会发展第十个五年计划纲要》（以下简称《"十五"规划纲要》）明确地指出：本纲要"主要阐述国家战略意图，明确政府工作重点，引导市场主体行为方向"，"政府将运用经济政策等手段加以引导，

---

〔1〕［美］莫里斯·博恩斯坦编，朱泱等译：《东西方的经济计划》，商务印书馆1980年版，第208、222、223页。

〔2〕［美］莫里斯·博恩斯坦编，朱泱等译：《东西方的经济计划》，商务印书馆1980年版，第231、243、263页。

在基础设施、科技和教育、生态环境、社会保障以及公共服务等领域提出的任务，政府将运用所掌握的公共资源，切实履行职责，努力完成"。与之一脉相承的《中华人民共和国国民经济和社会发展第十一个五年规划纲要》（以下简称《"十一五"规划纲要》）指出，本纲要"主要阐明国家战略意图，明确政府工作重点，引导市场主体行为，是未来五年我国经济社会发展的宏伟蓝图，是全国人民共同的行动纲领，是政府履行经济调节、市场监管、社会管理和公共服务职责的重要依据"。《中华人民共和国国民经济和社会发展第十二个五年规划纲要》（以下简称《"十二五"规划纲要》）指出，本纲要"主要阐明国家战略意图，明确政府工作重点，引导市场主体行为，是未来五年我国经济社会发展的宏伟蓝图，是全国各族人民共同的行动纲领，是政府履行经济调节、市场监管、社会管理和公共服务职责的重要依据"。《中华人民共和国国民经济和社会发展第十三个五年规划纲要》（以下简称《"十三五"规划纲要》）指出，本纲要"主要阐明国家战略意图，明确经济社会发展宏伟目标、主要任务和重大举措，是市场主体的行为导向，是政府履行职责的重要依据，是全国各族人民的共同愿景"。这些都说明，发展规（计）划是国家意志的体现和贯彻。

四、综合性

国民经济和社会发展规（计）划是由许多因素和许多方面综合构成的。

1. 发展规（计）划关系涉及国民经济和社会发展的诸多方面，包括各种经济成分（如国有、集体、私有经济）、各种经济要素（如人口、技术、资源和环境等）、各种社会关系（如产业结构关系、地域布局关系、公平与效益关系等）、各种发展要求、各种利益主张以及政府采用的各种政策。可以说，发展规（计）划是"百科全书"。国民经济和社会发展的多元性是发展规（计）划的基础，没有多元性就不必协调，不必协调也就不必要发展规（计）划。有多元性才需要发展规（计）划，因为多元性的国民经济和社会发展会相互矛盾、互相制约，从而需要分清轻重缓急、先后次序，按照一定比例加以统筹规划，做好综合平衡。刘易斯指出："一个发展计划应该包括下列各个部分，或者至少包括其中的几个部分：①考察目前的经济状况；②列出预计的公共支出；③讨论私人部门可能的发展；④对整个经济的宏观规划、政府政策的评价。"因此，"对人口、国民总产值、投资、储蓄、政府支出、税收等方面的变化，以及收支平衡状况和各个主要产业部门的成就，都要加以详细的考察"。[1]

2. 发展规（计）划关系本身是多层次的，包括发展规（计）划决策关系、发展规（计）划管理关系、发展规（计）划程序关系、发展规（计）划实施关系等，也具有明显的综合性。可见，多元的视角、综合的思维、协调的方法、平衡的原则是发展规（计）划的应有之义。也正因为如此，《"十一五"规划纲要》特别强调要"全面贯彻落实科学发展观"，要落实"五个统筹"，即统筹城乡发展、统筹区域发展、统筹经济社会发展、统筹人与自然和谐发展、统筹国内发展和对外开放。《"十二五"规划纲要》"坚持把经济结构战略性调整作为加快转变经济发展方式的主攻方向。构建扩大内需长效机制，促进经济增长向依靠消费、投资、出口协调拉动转变。加强农业基础地位，提升制造业核心竞争力，发展战略性新兴产业，加快发展服务业，促进经济增长向依靠第一、第二、第三产业协同带动转变。统筹城乡发展，积极稳妥推进城镇化，加快推进社会主义新农村建设，促进区域良性互动、协调发展"。《"十三五"规划纲要》特别强调"协调发展"，将"协调"确立为新发展理念，认为"协调是持续健康发展的内在要求。必须牢牢把握中国特色社会主义事业总体布局，正确处理发展中的重大关系，重点促进城乡区域协调发展，促进经济社会协调发展，促进新型工业化、信息化、城镇化、农业现代

---

〔1〕　［美］刘易斯著，何宝玉译：《发展计划——经济政策的本质》，北京经济学院出版社 1988 年版，第 1 页。

化同步发展，在增强国家硬实力的同时注重提升国家软实力，不断增强发展整体性"。《"十四五"规划纲要》要求坚定不移地贯彻"协调"的发展理念。必须坚持系统观念。加强前瞻性思考、全局性谋划、战略性布局、整体性推进，统筹国内国际两个大局，办好发展安全两件大事，坚持全国一盘棋，更好发挥中央、地方和各方面积极性，着力固根基、扬优势、补短板、强弱项，注重防范化解重大风险挑战，实现发展质量、结构、规模、速度、效益、安全相统一。这些都是发展规（计）划综合性的客观要求和具体表现。

第二节　发展规（计）划法的指导思想、主要目标和基本原则

一、发展规（计）划法的指导思想

发展规（计）划是一种有意识的活动，是一种周密的思考，人的意识和思考总是受某种理念的指导，具有意向性、指导性，因而发展规（计）划总是有其指导思想，以表明发展规（计）划的原则、任务、重点以及路线和策略。发展规（计）划法应对其加以确认并使之法律化。如《"十一五"规划纲要》规定的指导思想是："'十一五'时期促进国民经济持续快速协调健康发展和社会全面进步，要以邓小平理论和'三个代表'重要思想为指导，以科学发展观统领经济社会发展全局。坚持发展是硬道理，……坚持以经济建设为中心，坚持用发展和改革的方法解决前进中的问题……坚持以人为本……落实'五个统筹'，把经济社会发展切实转入全面协调可持续发展的轨道。"上述总的指导思想又可细化为以下具体内容：①"必须保持经济平稳较快发展"；②"必须加快转变经济增长方式"；③"必须提高自主创新能力"；④"必须促进城乡区域协调发展"；⑤"必须加强和谐社会建设"；⑥"必须不断深化改革开放"。《"十二五"规划纲要》的指导思想是："高举中国特色社会主义伟大旗帜，以邓小平理论和'三个代表'重要思想为指导，深入贯彻落实科学发展观，适应国内外形势新变化，顺应各族人民过上更好生活新期待，以科学发展为主题，以加快转变经济发展方式为主线，深化改革开放，保障和改善民生，巩固和扩大应对国际金融危机冲击成果，促进经济长期平稳较快发展和社会和谐稳定，为全面建成小康社会打下具有决定性意义的基础。"《"十三五"规划纲要》的指导思想是："高举中国特色社会主义伟大旗帜，全面贯彻党的十八大和十八届三中、四中、五中全会精神，以马克思列宁主义、毛泽东思想、邓小平理论、'三个代表'重要思想、科学发展观为指导，深入贯彻习近平总书记系列重要讲话精神，坚持全面建成小康社会、全面深化改革、全面依法治国、全面从严治党的战略布局，坚持发展是第一要务，牢固树立和贯彻落实创新、协调、绿色、开放、共享的新发展理念，以提高发展质量和效益为中心，以供给侧结构性改革为主线，扩大有效供给，满足有效需求，加快形成引领经济发展新常态的体制机制和发展方式，保持战略定力，坚持稳中求进，统筹推进经济建设、政治建设、文化建设、社会建设、生态文明建设和党的建设，确保如期全面建成小康社会，为实现第二个百年奋斗目标、实现中华民族伟大复兴的中国梦奠定更加坚实的基础。"以及"实现发展目标，破解发展难题，厚植发展优势，必须牢固树立和贯彻落实创新、协调、绿色、开放、共享的新发展理念"。《"十四五"规划纲要》要求"坚定不移贯彻创新、协调、绿色、开放、共享的新发展理念，坚持稳中求进工作总基调，以推动高质量发展为主题，以深化供给侧结构性改革为主线，以改革创新为根本动力，以满足人民日益增长的美好生活需要为根本目的，统筹发展和安全，加快建设现代化经济体系，加快构建以国内大循环为主体、国内国际双循环相互促进的新发展格局，推进国家治理体系和治理能力现代化，实现经济行稳致远、社会安定和谐，为全面建设

社会主义现代化国家开好局、起好步。"发展规（计）划法的指导思想是发展规（计）划工作的思想指导和实践指南，是发展规（计）划法要规定的首要内容。

二、发展规（计）划法的主要目标

发展规（计）划是一种有意识、有目标的活动，发展规（计）划的功能在于立足现实，着眼未来，审时度势，科学合理地提出目标、确立目标、实现目标，发展规（计）划的目标是发展规（计）划指导思想和基本原则的贯彻落实和具体细化。发展规（计）划法要把经过严格程序、充分讨论、民主协商、科学决策以后所提出和确立的科学合理的发展规（计）划目标法律化，并依法加以贯彻落实。如《"十一五"规划纲要》规定的主要目标是："宏观经济平稳运行""产业结构优化升级""资源利用效率显著提高""城乡区域发展趋于协调""基本公共服务明显加强""可持续发展能力增强""市场经济体制比较完善""人民生活水平继续提高""民主法制建设和精神文明建设取得新进展"。《"十二五"规划纲要》规定的主要目标是："经济平稳较快发展""结构调整取得重大进展""科技教育水平明显提升""资源节约环境保护成效显著""人民生活持续改善""社会建设明显加强""改革开放不断深化"。《"十三五"规划纲要》规定的主要目标是："经济保持中高速增长""创新驱动发展成效显著""发展协调性明显增强""人民生活水平和质量普遍提高""国民素质和社会文明程度显著提高""生态环境质量总体改善""各方面制度更加成熟更加定型"。《"十四五"规划纲要》的主要目标是"经济发展取得新成效""改革开放迈出新步伐""社会文明程度得到新提高""生态文明建设实现新进步""民生福祉达到新水平""国家治理效能得到新提升"。这些目标进一步具体化，成为各个"五年"规划时期全国各族人民共同奋斗的目标。

三、发展规（计）划法的基本原则

发展规（计）划的基本原则是制定和实施发展规（计）划中必须遵循和贯彻的基本要求。总结发展规（计）划理论和发展规（计）划实践，发展规（计）划应该包括以下基本原则：

（一）科学原则

发展规（计）划的生命在于它的科学性，科学地反映现实，预测未来，指导行为。为此，必须认真分析国内外不断变化的新形势，切实摸清国情家底，准确把握目前所处的发展阶段和将来前进的方向，真切了解社情民意，牢牢抓住国民经济和社会发展的主要矛盾和突出问题，而这一切都必须依靠科学、做到科学。为此，必须加强调查研究，做到实事求是，既要看到成绩，也要看到问题；既要抓住机遇，又要面对挑战；反对弄虚作假、报喜不报忧；切忌主观臆断、盲目制订发展规（计）划。建立在主观臆断和虚假信息基础上的发展规（计）划就像建立在流动沙丘上的高楼大厦一样，必然会倾倒坍塌，危害严重。这方面的教训是深刻的，应认真吸取。

（二）民主原则

发展规（计）划是国民经济和社会发展规（计）划，是国家大计、社会大业，是大政国是，关系国计民生，影响国泰民安，只能也必须由社会来办，由全民来办。这就要求贯彻民主原则，制订发展规（计）划必须走群众路线，充分发挥民主，集思广益，大众智慧。法国在编制第一个计划时就明确指出："由于计划的贯彻需要各方面的合作，所以全国所有重要部门都参加计划制订工作是极为必要的。这就是提出这样一种工作方法的原因，这种方法要求政府有关部门的官员、著名专家和工商业团体的代表（工人、管理人员和资方）对每个经济部门的问题共同进行讨论。"[1] 实践证明，"由于它能灵活地根据政治和社会辩论而进行修订，法

---

[1] ［美］莫里斯·博恩斯坦编，朱泱等译：《东西方的经济计划》，商务印书馆1980年版，第204~205页。

国的由公众参与制订的国家计划才具有力量"。[1] 我国在编制《"十一五"规划纲要》的过程中，先是对《"十五"规划纲要》的实施情况进行评估，发现问题，为《"十一五"规划纲要》提供参考；通过委托、招标和合作研究等方式，由国家发改委组织国内研究机构和世界银行等国际组织，对160多个重大课题进行了研究，形成了500多万字的研究报告；先后召开了东部、西部、中部和东北地区的专题调研和地方片会，形成基本思路；组成起草组；组织专家委员会对《"十一五"规划纲要》进行了4次论证和咨询，并形成论证报告；《"十一五"规划纲要》起草后，送中央及国务院所属78个部门征求意见，形成《"十一五"规划纲要（送审稿）》；中共中央政治局常委会和国务院全体会议讨论审议《"十一五"规划纲要（草案）》；起草组向全国人大和全国政协汇报并听取意见。[2] 据有关权威机构报道，我国的《"十二五"规划纲要》编制过程是一个公共政策决策过程，它反映了在中国特有的政治体系内所发生的一系列政治行为或过程，不同的机构和参与者之间相互作用的过程，也是一个逐步制度化、规范化和程序化的过程。《"十二五"规划纲要》的制定过程，大体可以分为以下相互连接的几个步骤：中期评估、前期研究、形成《"十二五"规划纲要》的基本思路、中央《建议》起草阶段、通过中央《建议》、制定《"十二五"规划纲要》、国家规划专家委员会论证、广泛争取内外部意见、全国人大审议并批准《"十二五"规划纲要（草案）》、正式公布《"十二五"规划纲要》、规划实施阶段。《"十三五"规划纲要》编制在《"十二五"规划纲要》实施中期就开始了，历时3年，共分为四个阶段、十个步骤。第一个阶段为中期评估（2013年3月~12月），第二阶段为基本思路研究（2014年），第三阶段为党中央《建议》编制（2015年初到五中全会），第四个阶段为正式编制（2015年10月~2016年3月）。《"十三五"规划纲要》共经历十个步骤：中期评估、前期调研、形成基本思路、党中央《建议》起草、通过中央《建议》、起草《"十三五"规划纲要（草案）》、公众建言献策、衔接论证、广泛征求内外部意见、审批与发布《"十三五"规划纲要》。[3]《"十四五"规划纲要》也大致如此。这些已经成为"五年规划"的一贯流程和步骤。所有这些流程和步骤都是为了民主地制订发展规（计）划，也都贯彻了发展规（计）划的民主原则。发展规（计）划的实施也必须贯彻民主原则，只有让社会各界了解发展规（计）划、信从发展规（计）划，才能把国家的战略意图变为广大民众的自觉行动，民主是发展规（计）划的力量之源、实现之本。实践证明，那种独断的发展规（计）划、专制的发展规（计）划，由于没有民众的智慧和支持，是没有力量的，也是不可能成功的。

发展规（计）划法要确立上述发展规（计）划的基本原则。

---

[1] ［美］莫里斯·博恩斯坦编，朱泱等译：《东西方的经济计划》，商务印书馆1980年版，第191页。
[2] 贺劲松、赵承、刘铮：《宏伟的蓝图，美好的前景："十一五"规划纲要起草记》，载《光明日报》2006年3月17日，第6版。
[3] 参见王绍光、鄢一龙：《大智兴邦：中国如何制定五年规划》，中国人民大学出版社2015年版，有关章节。

第二十八章

财政法

财政法是经济法体系中宏观调控法的一个重要构成要素。

第一节 财政法概述

一、财政法的概念

财政法，要而言之，就是调整财政关系的法律规范的总称。但要深入理解财政法，还必须对财政关系加以深入分析。

1. 财政关系具有财产性。财政，是"财"在前，"政"在后，有"财"才有"政"，因"财"而设"政"，"政"由"财"而来，"政"服务于"财"，是"财"主"政"辅。因此，财政关系的核心是一种财产关系，是财产的筹集和支出关系，是财产归属的变更和移转关系，是利益的分配与再分配关系。无论中央政府在筹集和支出财产中同地方政府、企业、社团和公民发生什么样的社会关系，核心总是财产利益关系。从根本上说，没有无"财"之"政"。

2. 财政关系具有管理性。财政，不仅有"财"，还有"政"，是有"政"之"财"，以"政"理"财"。"政"就表征着财政关系的管理性，使财政不同于一般的"财"，尤其不同于无"政"之"财"，如私人财产。只有政府才有权力强制进行国民收入的分配和再分配，才能强制筹集和支出财产，并令相对方服从。从这个角度看，"政"是"财"的必要条件，"财"因"政"才可能被筹集和支出，没有"政"就没有"财"，可以说，没有必要的权力和强制，就没有财政。筹集和支出财产不仅需要政府的权力和强制，而且需要政府的管理，即统筹兼顾，有理有节，量入为出，合理安排，协调平衡，公平有效，如果没有政府的管理，或政府管理不当，就会"破财乱政"，无财政可言。在财政关系中，政府与其他主体相比，地位突出，政府是管理者、权利（力）主体，而相对方是被管理者、义务主体，它们的地位不是平等的，权利（力）不是平向的。此外，在财政关系中政府取得财政收入是无偿地征收，无需对等的给付；政府支出财政收入也是无偿地拨付，无需同等的返还，这说明财政关系具有无偿性。财政关系的强制性、不平等性和无偿性是其管理性的具体表征。

3. 财政关系具有社会性。财政的"财"虽然来源于私人和社会，一旦脱离私人和社会收归国库以后，就不再是私人财产和社会财产而是公共财产了。财政是公共财产的筹集和支出，是国民收支。财政的"政"是政府，尤其是中央政府，只有政府才能代表社会，以社会的名义筹集和支出财政资产。中央财政是在一国范围内、全社会中筹集和支出财政资产，不局限于一地一域，无政府则无财政，政府是财政的社会性标志。财政关系是一个社会最基本、最广泛的社会关系之一，它涉及全社会成员，不是某些人或少数人之间的私人关系。财政的目的是服务于社会公共利益，如提供公共物品或服务、调节社会分配、满足社会需要、实现社会公正等，不同于提供私人物品或服务于私人需的私人财务。这些都说明财政关系的社会性。

二、财政法的性质

(一) 财政法是一种强行法

财政实现的基础和前提条件是"政",即国家权力的依据和运用,这就决定了财政的强制性。这种强制性表现在财政的许多方面:如政府对公民和企业征税,是强行取得公民和企业的财产,凭借的就是国家权力。由于征税是财产的转移和利益的分配,直接导致人们财产利益的得丧变更,如果没有国家权力作后盾,根本就不可能征税,就不会有税收。如财政支出,公民和企业对财政支出的规模和方向的安排肯定会有不同意见,但不能各行其是,必须通过一定的法律程序由政府权威集中公民和企业的意见并作出合理决策,然后强制实施。在这方面,如果没有政府权威,就无法集中意见、协调利益、统一行动,也就没有财政支出。如在财政关系中,主体地位不是平等的,权利义务不是平向的,主要体现的是国家单方面的意志,像税收开征停征、税率确定、税收减免等,主要就是政府命令而公民和企业服从,强行征税,违者处罚。如财政关系具有固定性,像预算,一旦确定,是一种硬约束,非有充分理由和非经法定权限和程序不得变更;像税收,一旦固定,"任何机关、单位和个人不得违反法律、行政法规的规定,擅自作出税收开征、停征以及减税、免税、退税、补税的决定"。财政关系的固定性(法定性)是其强制性的加强和体现。如财政法律责任中的税法责任,违反税法的法律责任是行政责任和刑事责任,法律责任具有法定性和严肃性,这正是财政法强制性的显著表现。从财政的职能来看,在于纠正市场失灵、弥补市场缺陷,运用的是与自由市场机制不同的调整机制,它是一种政府干预、政府影响、政府管制和政府强制。

法律是经济关系的记载和表述,财政法是财政关系的记载和表述,有什么样的财政关系就有什么样的财政法。上述财政关系的强制性决定了财政法是一种强行法。

(二) 财政法是一种确认和规范政府财政行为之法

财政的右边是"政",即"管理众人之事",财政的主体是政府,财政是一种政府"管理众人之事"的行为。政府要"管理众人之事",就必须确认政府的权力和权威;而另一方面,政府要管理好"众人之事",又必须规范政府的权力和行为。这就决定了财政法是一种确认和规范政府财政行为之法。

1. 财政法是确认政府财政行为之法。由于市场经济客观存在外部性、垄断、分配不公、信息不充分和"滞胀"等各种问题,会导致市场失灵,所以必须有政府的干预和介入,以纠正市场失灵,克服市场缺陷,进而有效配置资源。因此,必须反对市场万能论,确认政府必要论,其中之一就是确认政府的财政行为,如确认政府权力。财政与一般财产活动的不同之处就在于它以国家权力为后盾;财政与一般侵权行为的不同之处就在于它拥有国家权力,因而是公然的、合法的;财政与一般分配行为的不同之处就在于它是政府依照权力进行的分配。如果没有政府权力,人们不会自愿把自己的财产利益转移、集中到政府手里,也不会自觉认同政府的财政支出方案,可以说,不确认政府权力就没有财政。财政是一种社会活动,在全社会贯彻实施,服务于社会公共需要,实践证明,任何社会化的联合活动都需要一定的权威。这正如恩格斯所指出的:"联合活动就是组织起来,而没有权威能够组织起来吗?"[1] 在社会化的大工业中,"想消灭大工业中的权威,就等于想消灭工业本身"[2]。所以,"一方面是一定的权威,不管它是怎样形成的,另一方面是一定的服从,这两者都是我们所必需的"[3]。财政亦然,如果

---

〔1〕《马克思恩格斯选集》(第3卷),人民出版社1995年版,第224~225页。
〔2〕《马克思恩格斯选集》(第3卷),人民出版社1995年版,第225页。
〔3〕《马克思恩格斯选集》(第3卷),人民出版社1995年版,第226页。

不确认政府权威，就无法代表社会公众、集中社会公意、具有社会权威、协调社会利益、统一社会行为，就不能全局着眼、整体筹划、宏观调控，进而也就无财政可言。

2. 财政法是规范政府财政行为之法。由于信息不足、官僚决策、权力滥用等原因，也会导致政府财政行为失控，必须予以规范。由于政府较之于市场，具有强势的特点，如果不加规范，不但不能弥补市场缺陷，反而会造成更大的缺陷。实践证明，不规范政府行为，政府行为必然会失灵。财政是政府对人们财产的强制无偿地取得和分配，直接导致人们财产利益的得丧变更，涉及人们的切身利益，影响社会根本大局，关系十分重大，必须加以规范，依法进行。如税收，"税收的开征、停征以及减税、免税、退税、补税，依照法律的规定执行"。财政是筹集和支出公共财产，关切国计民生，影响国泰民安，财政的本义就是"公共事务公众办"，公共财产按照大众意见办，财政是民主财政，不可独断专行，而必须根据法定权限、法定程序，依法进行。如国家预算，必须按法定权限和程序编制、审查、批准和执行。这也是法治的要求。法治的核心和关键是政府守法，财政制度法治化，正如哈耶克所指出的："法治意味着政府的全部活动应受预先确定并加以宣布的规则的制约——这些规则能够使人们明确地预见到在特定情况下当局将如何行使强制力，以便根据这种认识规划个人的事务。"[1] 财政行为是政府行为的重要组成部分，不规范政府的财政行为就不可能规范政府行为，不依法理财就不可能依法治国。

（三）财政法是一种宏观调控法

财政是政府筹集和支出公共财产的行为，财政政策是一种重要的宏观调控政策，对宏观经济具有巨大影响。如政府通过税收征管、发行国债筹集财政收入，财政收入构成政府集中掌握的财力和统一动员的资源，财政收入的多少意味着政府宏观调控能力的高低。如果财政收入提高，意味着更多的社会收入从私人部门流向政府部门，相应地，私人部门的需求将下降，其产出将减少；如果财政收入降低，意味着更少的社会收入从私人部门流向政府部门，相应地，私人部门的需求将上升，其产出将增加，财政收入的多少调控着宏观经济的运行状态。如政府通过购买性支出和转移性支出等财政支出，直接构成社会总需求，如果财政支出增加，那么就会扩大社会总需求；如果财政支出减少，那么就会缩减社会总需求，最终都会影响到社会总供求的平衡，进而也会调控着宏观经济的运行状态。如政府通过财政投资于具有公共设施、自然垄断、外部效应、关联度高、基础瓶颈等特性的产业，其投资规模、投资比例和投资方向对经济结构的调整起着关键性的作用。此外，政府通过税收杠杆，对"短线"产业减税、免税以鼓励其发展；对"长线"产业加税、重税以限制其发展，从而在产业结构上对宏观经济进行调控。如政府通过对进出口货物征收不同关税，对出口货物减税、免税、退税以鼓励出口，对进口货物课征高额进口关税、反补贴税和反倾销税以限制进口，这样可以影响货物在国内外的流通，从而影响国内外贸易的平衡，实现对宏观经济的调控。

法律作为一种抽象性、普遍性的规范，它无视特殊性，抽象规定，普遍适用，本质上是一种宏观调控措施，这与财政的宏观调控职能是相适应的。财政政策是一种重要的宏观调控措施，财政法是一种宏观调控法，财政法就是作为宏观调控措施的财政政策的法律化，目的是实现作为宏观调控措施的财政政策的法治化。

三、财政法的原则

（一）公平与效益相结合原则

财政的本质是社会财富的再分配，由于可供分配的社会财富总是有限的，难以同时满足所

---

[1]　[奥]哈耶克著，滕维藻等译：《通向奴役的道路》，商务印书馆1962年版，第71页。

有人的要求，所以分配很容易出现社会矛盾。为了把社会矛盾减少到最低程度，根本的办法之一就是保证分配公平。而之所以需要财政对社会财富进行再分配，就是因为社会财富的市场分配、初次分配不能保证公平，需要通过财政的再分配对市场分配、初次分配的不公平加以矫正，以实现社会公平。财政的职能之一就是实现社会财富再分配的公平，如果财政不公平，那么财政就没有履行其应尽的职能。

与此同时，财政作为一种资源配置机制，也要讲究效益。任何资源配置都是为了使有限的资源得到最大化的利用和取得最大化的效益。只有讲究效益，才能创造出更多的可供分配的社会财富，才能使人们分得更多的财富，才能在更大程度上和更高水平上实现社会公平，才能更有效地减少社会矛盾。财政的功能在于克服市场配置资源的局限，弥补其配置资源的缺陷，实现资源的优化配置。无论是决定财政收入还是安排财政支出都要讲究效益，如果财政没有效益，杀鸡取卵，竭泽而渔，那么财政也没有尽到其应尽的职责。

上述两个方面要求财政贯彻公平与效益相结合的原则。法律自古就被视为是"善良公平之术"，同时也要关注效益，财政的原则与法律的原则是统一的，财政法也应贯彻公平与效益相结合的原则。这一原则在作为财政法核心的税法中表现得特别显著。

1. 公平是税法的追求目标，也是检验税法好坏的标准，还是税法遵循的根本原则。税法公平包括两个方面：一是纳税人与政府之间的公平，这正如亚当·斯密所指出的："一切赋税的征收，须设法使人民所付出的，尽可能等于国家所收入的。"[1] 纳税人税负太轻，政府财政空虚，无能为力；政府征税过重，纳税人不堪重负，伤及税本，无所作为，两者都有欠公平。税法必须寻求纳税人与政府之间的公平，区别两者之间的需要，这也是财政职能的核心所在。诚如马斯格雷夫所认为的："以资源利用的决定为转移并以私人需要与公共需要之间的区别为基础。这种区别是我们所关心的，因为这是财政职能的核心。"[2] 二是纳税人之间的公平，包括普遍纳税和平等纳税。所谓普遍纳税，如我国《宪法》第 56 条规定："中华人民共和国公民有依照法律纳税的义务。"具体是指一切有纳税能力的人都应纳税，反对税收特权，不允许某些人有能力纳税而不纳税，不可避税、偷税漏税等。所谓平等纳税，具体有两方面的含义：一是纳税能力相同的人同等纳税；二是纳税能力不同的人不同等纳税。由于纳税能力一般归结为所得，因此上述两方面的含义可以解释为，同等所得者同等纳税，所得多者多纳税，所得少者少纳税，无所得者不纳税。实现社会成员之间的税负公平是税法的根本宗旨之一。

2. 效益是税法的宗旨，也是税法的基础，还是税法的价值所在。税法应是有效益的，税法的效益包括两个方面：一是指征税过程本身要有效益，如较少的征管费用、便利的征管方法等。亚当·斯密早就指出："各种赋税交纳的日期以及完成的方法，须予纳税人以最大的便利。"[3] 二是指征税对社会经济运行要有效益，如通过税收促进资源有效配置，优化经济结构，刺激经济发展，合理分配社会收入，稳定经济秩序等。

公平与效益密切相关，在总体上是统一的，如效益是公平的前提，公平是效益的保障，公平与效益必须两相结合、同时兼顾。但这种兼顾并不是不分轻重的，而是根据特定的社情民意、具体的经济目标、长远的发展战略、整体的组合税制，有所侧重，来选择公平型税制、效

---

〔1〕 〔英〕亚当·斯密著，郭大力、王亚南译：《国民财富的性质和原因的研究》（下卷），商务印书馆 1974 年版，第 385 页。

〔2〕 〔美〕理查德·A. 马斯格雷夫著，董勤发译：《比较财政分析》，上海人民出版社 1996 年版，第 4 页。

〔3〕 〔英〕亚当·斯密著，郭大力、王亚南译：《国民财富的性质和原因的研究》（下卷），商务印书馆 1974 年版，第 385 页。

益型税制还是兼顾型税制。

实践证明，公平与效益相结合作为税法的原则是必要的，只有贯彻这一原则，税法才能发挥其积极有效的宏观调控职能，否则危害甚大。皮尔特罗·维里指出："一个国家可能由于两种课税方式而趋于破败。第一种情况是税收款额超过国民能力而且与总财富不相称。第二种情况是税收款额在总量上虽然与国民能力成正比，但其分配却不尽合理。"[1] 他把税收不公平和税收无效益提升到引起国家破败的原则高度，令人警醒。

（二）财政收支基本平衡原则

财政的要义是收支活动，收入支出是财政运行的重要内容，收入与支出是财政运行过程中相互制约的两个方面，收支是否平衡构成财政运行的基本矛盾，收支状况反映着政府与私人、私人与私人、中央与地方、地方与地方之间的利益关系，收支是否平衡直接影响着社会供给与社会需求在总量和结构上的平衡，属宏观经济的核心。如果收入长期大于支出，财政大量结余，那就意味着政府集中的资源没有得到有效的配置，导致经济萧条，束缚经济发展；如果支出长期大于收入，财政大量赤字，那就意味着政府财政失控，导致通货膨胀，引起经济动荡，两者都会严重阻碍社会经济的发展。因此，财政收支平衡就成了制定财政政策法律的核心问题。早在1776年，亚当·斯密就指出，"唯一的好预算是一个平衡的预算"，此后长期以来，"平衡预算——事实上是略有盈余可以用于还债的预算——依然是财政上的基本信条"，"大体说来，赤字预算仍然被鄙薄为儿戏，是受人尊敬的政府所不屑为之的"。[2] 财政收支基本平衡，这既是财政法产生和存在的一个原因，也是财政法必须贯彻的一个原则。

当然，所谓的财政收支平衡不是静态的某一时点上的平衡，而是一个时期内的动态平衡；不是就财政而言的局部平衡，而是国民经济的全局平衡；不是绝对的平衡，而是基本平衡，略有结余或略有赤字也是平衡，并且这往往是财政平衡的常态。

财政法的基本任务在于规定财政收入和规范财政支出。一方面规定财政收入，使财政收入具有稳定性、预见性、保障性，防止流失浪费，保证财政收入及时、足额解缴入库；另一方面规范财政支出，使财政支出依法进行，有序作出，防止任意列支、增支，控制财政支出的规模和结构。从这里可以看出，财政法是保障财政收支平衡的重要法律制度和法律机制。

（三）财政公共选择原则

财政是通过政府筹集和支出公共财产以管理公众之事。这里包含着两个问题：一是筹集和支出公共财产以管理公众之事，很显然这直接涉及社会公众利益，关切国计民生，影响国泰民安，因此必须公共事务公众办。二是公共事务公众办，但"公众办"不可能人人亲自去办，那样不仅成本高昂，而且还可能因为意见不集中、相互制约而不便行事，因此只能由作为社会公众代表的政府代为进行。这两个问题最终又可归结为这样一个问题：政府是否能够代表社会公众？怎样保证政府能够代表社会公众？公共选择理论揭示，政府也像私人一样，是经济人，追求自身利益的极大化，有自己的偏好，未必能够始终追求社会公众利益，满足社会公众偏好，如果没有有效的法律规范和法律约束，那就更是如此。因此，如何使个人偏好转化为社会偏好，使政府偏好依从社会偏好，就成了公共选择的关键。实践证明，要有效解决这一问题，不能依靠劝说忠告，早在1896年维克塞尔就提出警告："不要设想：我们作为经济学家向仁慈的专制君主提出忠告，对这个实体提出忠告，它就真的会作出努力，最大地扩充社会福利机

〔1〕 ［美］哈维·S. 罗森著，平新乔等译：《财政学》，中国人民大学出版社2000年版，第296页。
〔2〕 ［美］约瑟夫·熊彼特著，朱泱等译：《经济分析史》（第三卷），商务印书馆1994年版，第26、28页。

能。"〔1〕 要有效地解决这一问题，必须制定法律规则，依法加以规范。维克塞尔声言："如果希望在经济政策里进行改革，要着眼于作出经济政策决定的规则，着眼于宪法本身。"〔2〕 布坎南也明确指出："公共选择观点直接导致人们注意和重视规则、宪法、宪法选择和对规则的选择。"〔3〕 政治经济学必须法制化，"法制政治经济学家的任务是帮助个人不断寻求能最好地服务于他们的目的（无论是何目的）的政治博弈规则，这些个人，作为公民，最终控制着他们自己的社会地位"。〔4〕

公共选择理论应用于财政决策领域，导致的法律规则主要包括以下内容：一是依法确定公共项目的种类，包括公共支出项目和公共投资项目；二是依法确定公共项目成本的分摊方式，即确定税种、税率、纳税人等事项；三是依法确定国家预算规模，实现国家预算效益最大化的目标；四是依法确定财政决策程序；等等。上述法律规则的宗旨在于确保财政民主化和法治化，真正实现财政"取之于民，用之于民"。这已成为一条世界性的原则，如1789年的《法国人权宣言》第14条就规定："所有公民都有权亲身或由其代表来确定赋税的必要性，自由地加以认可，注意其用途，决定税额、税率、客体、征收方式和时期。"1958年的《法兰西共和国宪法》第47条第1款规定："议会根据组织法规定的条件，表决通过财政法律草案。"我国《宪法》第62条规定，全国人民代表大会"审查和批准国家的预算和预算执行情况的报告"。这些都说明财政决策应依法实行公共选择。

四、财政法的体系

财政法的体系是指由各种财政法律规范所组成的有机系统，是由财政的内容和财政法的调整对象所决定的。财政的内容主要是财政收入和财政支出以及为了实现财政收支平衡所作的预算，自然，财政法的调整对象主要就是财政收入关系和财政支出关系以及预算关系，进而财政法的体系主要就是由财政收入法、财政支出法和预算法构成的有机系统。

具体说来，财政法的体系主要包括：一是预算法。二是财政收入法。由于财政收入主要是税收和国债，所以财政收入法具体来说就是税法和国债法。三是财政支出法。由于财政支出主要就是购买性支出和转移性支出，所以财政支出法具体来说就是购买支出法和转移支出法，与政府采购法和社会保障法等密切相关。

第二节　预算法

一、预算的含义

预算是政府的基本财政收支计划。从形式上看，是按照一定标准将一个财政年度的财政收入和财政支出分门别类地列入特定的表格，形成财政收支结构一览表，成为反映政府财政活动的一面镜子，使人们能清楚地了解政府的财政活动〔5〕；从内容上看，预算的编制是政府对财政收支的计划安排，预算的执行是财政收入的筹集和财政支出的使用，预算执行的总结是决

---

〔1〕 ［美］布坎南著，吴良健、柔伍、曾获译：《自由市场和国家》，北京经济学院出版社1988年版，第23页。

〔2〕 ［美］布坎南著，吴良健、柔伍、曾获译：《自由市场和国家》，北京经济学院出版社1988年版，第23页。

〔3〕 ［美］布坎南著，吴良健、柔伍、曾获译：《自由市场和国家》，北京经济学院出版社1988年版，第22页。

〔4〕 布坎南1986年获诺贝尔奖时的获奖演说，罗汉等译，载《经济学奖》（下），上海人民出版社1999年版，第709页。

〔5〕 邓子基、邱华炳主编：《财政学》，高等教育出版社2005年版，第272页。

算；从性质上看，预算是对政府行为的确认和规范，预算是政府行为的财政保障，一切政府行为都是以预算为前提的，只有在有预算保障的前提下，政府才能有所作为，所以，提供了预算就确认了政府行为，控制了预算就控制了政府行为，约束了预算就约束了政府行为。预算反映着政府介入社会经济生活的广度和深度，一本政府预算，就是一本政府活动的详细计划和记录，所以美国经济学家指出："要发现联邦政府将要做些什么或已经做了什么，看一看联邦政府预算就足够了。"[1] 从这里也可以看出，预算反映着一个国家的财政收支状况，反映着社会财富的分配流向，反映着政府行为的性质和意图，反映着政府宏观调控的广度和深度，可以说一个国家或政府的主要方面都能在预算中充分地反映出来。正是在这个意义上，著名经济学家葛德雪认为，"只有预算才是国家的骨骼"。[2] 预算的上述性质决定了预算具有宏观调控的功能，是一种重要的宏观调控工具。

二、预算法的概念

预算法，要而言之，就是调整预算关系的法律规范的总称。所谓预算关系，是指国家在预算资金的筹集、支出、管理和监督过程中所形成的各种社会关系，具体包括各级国家机关之间以及中央和地方政府之间划分预算管理职权的预算管理体制关系，编制、审查、批准、执行和监督预算的预算程序关系，筹集、支出和管理预算资金的预算实体关系。

由上可知，预算在国家和社会中占有极其重要的地位，在法治国家和法治社会，预算必须法治化，这是因为，"预算问题绝不仅仅是个无关紧要的数字汇总问题，而是关系到民主制度是否名副其实的大问题。没有预算的政府是'看不见的政府'（Invisible Government），而'看不见的政府'必然是'不负责任的政府'（Irresponsible Government）。'不负责任的政府'不可能是民主的政府。而预算改革的目的就是要把'看不见的政府'变为'看得见的政府'（Visible Government）。'看得见'，人民才有可能对它进行监督。在这个意义上，预算是一种对政府和政府官员'非暴力的制度控制方法'（Institutional Method of Control without Violence）"[3]。只有将预算上升为法律，使预算法治化，成为具有法律效力的刚性指标和硬性约束，才能确认和规范政府行为，保证政府行为在财政约束、民主监督的制度下进行。从这个角度看，预算法是关涉和保障民主政治的法律。

由于预算资金涉及面广、规模巨大、影响深远，所以预算资金的筹集和支出，会塑造政府的干预行为，会改变社会财富的再分配，会影响社会生产结构，会调节社会的总供求，预算的这些性质决定了预算具有宏观调控的功能，是一种重要的宏观调控工具。而预算法就是通过依法控制预算，使预算有效地对经济社会进行宏观调控，所以预算法是一种宏观调控法。

三、预算体系

一般来说，国家实行一级政府一级预算，由于政府的多级化，也就有了多级预算，从而就产生了预算体系问题。

我国《预算法》第3条第1款规定："国家实行一级政府一级预算，设立中央，省、自治区、直辖市，设区的市、自治州，县、自治县、不设区的市、市辖区，乡、民族乡、镇五级预算。"其中，中央预算由中央各部门（含直属单位）的预算组成，包括地方向中央上缴的收入数额和中央对地方返还或者给予补助的数额。地方预算由各省、自治区、直辖市的总预算组成；地方各级总预算由本级政府预算和汇总的下一级总预算组成；下一级只有本级预算的，下

---

〔1〕 ［美］阿图·埃克斯坦著，张愚山译：《公共财政学》，中国财政经济出版社1983年版，第31页。

〔2〕 姜维壮主编：《当代财政学主要论点》，中国财政经济出版社1987年版，第465页。

〔3〕 王绍光：《美国"进步时代"的启示》，载《读书》2001年第8期。

一级总预算即指下一级的本级预算；地方各级政府预算由本级各部门的预算组成；地方各级政府预算包括下级政府向上级政府上缴的收入数额和上级政府对下级政府返还或者给予补助的数额；各部门预算由本部门所属各单位预算组成；单位预算是指列入部门预算的国家机关、社会团体和其他单位的收支预算。

四、预算的原则

预算的原则是预算的指导思想和基本方针。人们在长期的预算活动中形成了以下影响较大并为世界大多数国家所接受和遵循的原则：

（一）公开性

即公众有获取政府预算信息、参与政府预算编制和审议的权利，政府预算的执行情况要公之于众，让公众了解，并接受公众的监督。1974 年美国国会通过的《国会预算与截流控制法案》第二章第 3 条明确规定："国会预算办公室应该确认任何人都可以在正常工作时间内要求复制与预算相关的信息、数据、评估和统计表，并且申请人只需支付复制文件所花费的成本而不用提供其他的证明或者理由。"实践也证明，预算的公开性原则行之有效。如巴西的阿雷格里市，1989 年全市的财政总收入仅为 2 亿美元，由于该市开展地方财政预算改革，由公众讨论和决定地方政府的预算，到 1998 年，全市的财政总收入迅速增加到 5 亿美元。根据世界银行组织的分析，阿雷格里市财政收入增长的重要原因是"公开性对公民纳税动机有积极影响"。[1] 我国的浙江省温岭市从 2000 年开始在全市各个县镇实行预算"民主恳谈"制度。其具体做法是，首先，地方镇政府在听取了包括镇人大代表、政协委员在内的各方面人士关于年度城镇建设项目的意见后，提出需要建设的项目，并对建设项目进行优先排序。其次，镇政府通过随机抽样的方式，从全镇人口中抽选出一定比例的民意代表，在会前把相关建设项目的材料和专家意见书送给各位代表，这些代表经过充分的讨论和协商后，对建设项目按照优先顺序进行投票，选出纳入预算的建设项目。最后，镇政府将预算建设项目提交镇人民代表大会进行审批。温岭市的"民主恳谈"制度在 2004 年第二届"中国地方政府创新奖"的评选活动中获得优胜奖，它为我国公众参与地方预算、保证预算的公开性树立了典范。

（二）完整性

政府的预算必须包括其全部公共收支，反映它的全部财政活动。不得在预算外另列预算，不允许有预算外的政府财政活动。国家允许的预算外收支，也应在预算中有所反映。其实，之所以需要政府预算，就是因为有预算（当然是完整的预算）以后才能监督约束政府的财政收支情况。在 13~17 世纪之间，封建地主阶级日趋没落，但依然控制着政府的财权，并利用手中的财权滥收、滥支，这严重地侵犯了新兴的已逐渐成为社会财富主体的资产阶级的权益。为了制止政府滥收、滥支，保护自己的财产权益，资产阶级提出"无代表，不纳税"的口号，要求限制政府财权，政府的一切财政收支必须编列预算，并且预算要经议会批准以后方能生效。经过长期的斗争，这一要求才最终得以实现。英国于 17 世纪编制了世界历史上第一个政府预算，并为其他国家所效仿。可见，预算的目的就是监督约束政府的财政收支活动。预算的性质决定了预算必须是完整的。只有完整的政府预算才能全面地反映政府的财政收支情况，才有利于接受公众的监督。没有完整的政府预算，也就意味着有些政府财政收支活动处于公众的监督之外或者不受公众监督，这就无法防止和杜绝财政收支中的贪污挪用、滥收滥支、挥霍浪费等违反民主财政的现象，也无法实现预算的目的。

---

[1]　许峰：《巴西阿雷格里市参与式预算的基本原则》，载《国外理论动态》2006 年第 6 期。

（三）真实性

每一项预算收支项目的数字指标都必须依据充分，方法科学，资料确实，计算准确，客观真实，不得主观臆断，假定估算，弄虚作假。真实性是预算的生命所在，预算不真实就不需要预算，这种预算也是一张废纸。真实性也是预算审计的核心所在，预算审计就是为了监督检查预算的真实性。

（四）统一性

尽管一级政府一级财政，预算体系由多级政府预算所组成，但预算必须设立统一的科目、依据统一的口径、按照统一的程序去计算和编制，各级政府都只有一个预算，所有地方政府预算连同中央预算一起共同组成统一的国家预算。统一性是预算的基本要求。历史上的资产阶级之所以要求封建君主专制国家编制预算，最初目的就是统一政府的财政收支，统一以后的政府财政收支才便于公众监督。预算的统一性包括预算组织的统一性、预算程序的统一性和预算方法的统一性。所谓预算组织的统一性，是指由统一的组织去编制预算，一般来说主要由财政部门去负责统一编制预算，其他组织不得擅自编制预算，这有利于避免预算中任意"开口子""批条子"，使预算编制陷入无政府状态。所谓预算程序的统一性，是指一切预算都要经过编制、审批、执行、决算、监督等统一的预算程序，程序面前，预算一律平等，这是预算统一性的程序保障，有利于杜绝把违法违规的预算"统一"到合法的预算中来。所谓预算方法的统一性，是指预算要按照统一的科目、统一的口径、统一的方法去统计，这是预算统一性的科学保障，有利于防止预算中的矛盾和冲突。预算的统一性是预算的公开性、完整性和真实性的基础。如果预算不统一，有些预算没有"统一"到国家总预算中来，这就意味着有些预算还处于"暗中收支"状态，那就无公开性可言；如果预算不统一，不能形成一个预算的"总盘子"，不清楚国家总的财政收支情况，那就没有预算的完整性可言；如果预算统计的科目、口径、程序不统一，那就没有预算的真实性可言。

（五）年度性

任何一个国家的预算，其编制、执行和决算都有时间上的限定，即所谓的预算年度，起讫的有效时限通常为一年（365天）。预算年度性原则要求政府按照法定的预算年度编制预算，列出整个一年的公共收支，不允许将一个年度的公共收支列为另一个年度的公共收支。目前，世界各国普遍采用的预算年度有两种：一种是跨年制预算年度，即从每年某月某日起至次年某月某日止，中间历经12个月，但跨了两个年度。如美国的预算年度就是从每年的10月1日起到次年的9月30日止。一种是历年制预算年度，即从每年1月1日起至同年12月31日止。《预算法》第18条规定："预算年度自公历一月一日起，至十二月三十一日止。"可见，我国的预算年度是历年制预算年度。但由于我国每年的预算要经每年召开的全国人民代表大会审批，所以严格说来，我国预算的真正执行时间应该是从每年全国人民代表大会结束以后才开始的，这与我国的预算年度是不一致的。这种不一致会导致不少问题。我国的全国人民代表大会是每年3月初召开的，而预算是从每年的1月1日开始的，也就是说，前3个月的预算或者说1/4的年度预算是未经全国人民代表大会审批而擅自执行的。尽管这种执行是参照上一预算年度的预算执行的，但毕竟每年有每年的不同情况，之所以要实行预算年度性原则，根本原因就是要使预算能够针对每年的不同情况。我们目前这种做法不但与预算年度性原则不符，而且与公共财政、民主预算和法治政府的原则和要求也是不相符的。我国预算中存在的先执行后审批、已经执行不得不审批、"以支定收"、监督不力等问题与此不无关系。要改变这种情况，建议把我国的预算年度改为跨年制预算年度，即从每年4月1日起至次年3月31日止。

五、预算管理职权

由于实行一级政府一级预算，预算呈多级化，为了统一领导、分级管理、明确职权，必须依法划分国家各级权力机关、各级政府、各级财政部门以及各部门和各单位在预算管理中的职权。

（一）全国人民代表大会及其常务委员会的预算管理职权

根据我国《预算法》第 20 条的规定，全国人民代表大会的预算管理职权主要有：一是审查权，即审查中央和地方预算草案及中央和地方预算执行情况的报告；二是批准权，即批准中央预算和中央预算执行情况的报告；三是变更撤销权，即改变或者撤销全国人民代表大会常务委员会关于预算、决算的不适当的决议。

全国人民代表大会常务委员会的预算管理职权主要有：一是监督权，即监督中央和地方预算的执行；二是审批权，即审查和批准中央预算的调整方案，审查和批准中央决算；三是撤销权，即撤销国务院制定的同宪法、法律相抵触的关于预算、决算的行政法规、决定和命令，撤销省、自治区、直辖市人民代表大会及其常务委员会制定的同宪法、法律和行政法规相抵触的关于预算、决算的地方性法规和决议。

（二）地方各级人民代表大会及其常务委员会的预算管理职权

根据我国《预算法》第 21 条的规定，县级以上地方各级人民代表大会的预算管理职权主要有：一是审查权，即审查本级总预算草案及本级总预算执行情况的报告；二是批准权，即批准本级预算和本级预算执行情况的报告；三是变更撤销权，即改变或者撤销本级人民代表大会常务委员会关于预算、决算的不适当的决议，撤销本级政府关于预算、决算的不适当的决定和命令。

县级以上地方各级人民代表大会常务委员会的预算管理职权主要有：一是监督权，即监督本级总预算的执行；二是审批权，即审查和批准本级预算的调整方案，审查和批准本级政府决算；三是撤销权，即撤销本级政府和下一级人民代表大会及其常务委员会关于预算、决算的不适当的决定、命令和决议。

设立预算的乡、民族乡、镇的人民代表大会的预算管理职权主要有：一是审批权，即审查和批准本级预算和本级预算执行情况的报告，审查和批准本级预算的调整方案，审查和批准本级决算；二是监督权，即监督本级预算的执行；三是撤销权，即撤销本级政府关于预算、决算的不适当的决定和命令。

（三）国务院的预算管理职权

根据我国《预算法》第 23 条的规定，国务院的预算管理职权主要有：一是编制权，即编制中央预算、决算草案；编制中央预算调整方案。二是报告权，即向全国人民代表大会作关于中央和地方预算草案的报告，将省、自治区、直辖市政府报送备案的预算汇总后报全国人民代表大会常务委员会备案；向全国人民代表大会、全国人民代表大会常务委员会报告中央和地方预算的执行情况。三是执行权，即组织中央和地方预算的执行。四是决定权，即决定中央预算预备费的动用。五是监督权，即监督中央各部门和地方政府的预算执行。六是变更撤销权，即改变或者撤销中央各部门和地方政府关于预算、决算的不适当的决定、命令。

（四）地方各级政府的预算管理职权

根据我国《预算法》第 24 条的规定，县级以上地方各级政府的预算管理职权主要有：一是编制权，即编制本级预算、决算草案；编制本级预算的调整方案。二是报告权，即向本级人民代表大会作关于本级总预算草案的报告；将下一级政府报送备案的预算汇总后报本级人民代表大会常务委员会备案；向本级人民代表大会、本级人民代表大会常务委员会报告本级总预算的执行情况。三是执行权，即组织本级总预算的执行。四是决定权，即决定本级预算预备费的动用。五是监督权，即监督本级各部门和下级政府的预算执行。六是变更撤销权，即改变或者撤销本级各部门和下级政府关于预算、决算的不适当的决定、命令。

乡、民族乡、镇政府的预算管理职权主要有：一是编制权，即编制本级预算、决算草案；编制本级预算的调整方案。二是报告权，即向本级人民代表大会作关于本级预算草案的报告。向本级人民代表大会报告本级预算的执行情况。三是执行权，即组织本级预算的执行。四是决定权，即决定本级预算预备费的动用。

（五）国务院财政部门的预算管理职权

根据我国《预算法》第25条第1款的规定，国务院财政部门的预算管理职权主要有：一是编制权，即具体编制中央预算、决算草案；具体编制中央预算的调整方案。二是执行权，即具体组织中央和地方预算的执行。三是提案权，即提出中央预算预备费动用方案。四是报告权，即定期向国务院报告中央和地方预算的执行情况。

（六）地方各级政府财政部门的预算管理职权

根据我国《预算法》第25条第2款的规定，地方各级政府财政部门的预算管理职权主要有：一是编制权，即具体编制本级预算、决算草案；具体编制本级预算的调整方案。二是执行权，即具体组织本级总预算的执行。三是提案权，即提出本级预算预备费动用方案。四是报告权，即定期向本级政府和上一级政府财政部门报告本级总预算的执行情况。

（七）各部门、各单位的预算管理职权

根据我国《预算法》第26条的规定，各部门、各单位的预算管理职权主要有：一是编制权，即编制本部门预算、决算草案。二是组织和监督权，即组织和监督本部门预算的执行。三是报告权，即定期向本级政府财政部门报告预算的执行情况。

由上可见，预算管理职权既统一又分立。如果预算管理职权不统一，那么就无法统一掌握全国的总收入和总支出，总收支就是一笔糊涂账，这不是预算，也根本无法实现预算的职能和达到预算的目的。哈维·罗森就曾批评美国预算缺乏统一性，他指出："在1970年以前，国会程序缺乏一致性。总统向国会提交了一份预算文件。关心不同类型的支出的那些小组委员会对预算进行独立的审查。在各个委员会之间，几乎没有什么相互协调，在没有考虑到共同的预算的总和的前提下，就作出了决策。这就好比是丈夫进行食品决策，妻子负责住宅决策，互不咨询，也没有考虑家庭收入规模有多大。"[1] 但由于预算大到国计民生，小到衣食住行，情况复杂，非置身其中，不可能知悉把握，这就要求预算管理职权又必须分立，实行分级管理。分立的预算管理能够职权明确，相互制约，使庞大繁杂的预算工作化大为小，化繁为简，能使预算更准确、更真实。此外，预算是国家的收支计划、社会的行动蓝图，对国民经济和社会发展影响深远。错误的预算是盲目行动，会祸国殃民；正确的预算是未雨绸缪，能正确指引，利国利民。实践证明，只有既统一又分立的预算管理职权才能做到后一点，因为这样的预算管理职权既着眼宏观又立足微观；既上下统一又上下分立；既集中统一又民主自由；既统筹规划又因地制宜；既宏观调控又微观自治。

六、法律责任

预算工作关系国计民生，影响国泰民安，对当代后世都责任重大，不可马虎草率，而必须严肃认真，兢兢业业。预算法必须规定法律责任，才能使预算工作纳入法治轨道，并实现预算的宏观调控职能。我国《预算法》第十章第92~96条对预算的法律责任作出了如下具体规定：

---

[1] ［美］哈维·S.罗森著，平新乔等译：《财政学》，中国人民大学出版社2000年版，第130页。

1. 各级政府未经依法批准擅自变更预算，使经批准的收支平衡的预算的总支出超过总收入，或者使经批准的预算中举借债务的数额增加的，对负有直接责任的主管人员和其他直接责任人员追究行政责任。

2. 违反法律、行政法规的规定，擅自动用国库库款或者擅自以其他方式支配已入国库的库款的，由政府财政部门责令退还或者追回国库库款，并由上级机关给予负有直接责任的主管人员和其他直接责任人员行政处分。

3. 隐瞒预算收入或者将不应当在预算内支出的款项转为预算内支出的，由上一级政府或者本级政府财政部门责令纠正，并由上级机关给予负有直接责任的主管人员和其他直接责任人员行政处分。

第三节 税 法

一、税收概述

（一）税收的概念

税收是国家为了实现其职能，依照有关法律，凭借其权力，强制地、无偿地、固定地向社会征集收入。这一概念具有以下具体内涵：

1. 征税主体是国家（政府）。税收是社会生产力发展到一定程度，有了剩余产品、产生了所有制特别是私有制、出现了阶级、建立了国家以后的产物。税收是国家机器存在和运行的物质基础，所以马克思认为："赋税是政府机器的经济基础，而不是其他任何东西"，[1]"国家存在的经济体现就是捐税"。[2] 这些都说明税收与国家有着直接的联系，税收是国家存在的物质基础，国家离不开税收；国家是税收得以征集的权力凭借，税收也离不开国家。

2. 税收是财政范畴。在历史上，税收是最古老的财政范畴，那时财政就是税收，税收就是财政。在现代社会中，税收已经成为最典型、最主要的财政范畴，它具有显著的财政属性。税收活动是筹集财政收入的基本手段，税收收入是主要的财政收入，财政的职能主要通过税收的职能去完成和实现。因此，在很大程度上可以说，税收与财政并无二致。

3. 税收是分配范畴。征税的过程就是国家按照有关法律，依据权力把原本属于他人所有的产品或收入征集、收归自己所有并重新加以分配，这样就改变了社会财富的原有性质和原初分配，而形成了一种以国家为主导的社会财富再分配关系。税收是国家参与并调节社会财富分配的一种重要形式，它直接影响社会财富和国民收入在社会各领域和社会各成员之间的分配。

4. 税收具有国家干预的职能。税收是一种以国家权力为后盾所进行的国家行为，它的强制性使税收具有了国家干预的基础和性质。税收的实质是对社会财富进行再分配，它能够影响社会财富在社会成员之间的分配状况，而分配又反过来影响生产、交换、消费等经济环节。国家征税的多少和对社会财富再分配的方向及比例，能够调节经济活动，影响国民经济的运行。这些都说明，税收已成为国家对国民经济进行宏观调控的重要杠杆，日益发挥着国家干预和宏观调控的功能。

---

〔1〕《马克思恩格斯全集》（第19卷），人民出版社1963年版，第32页。

〔2〕《马克思恩格斯全集》（第4卷），人民出版社1958年版，第342页。

（二）税收的特征

税收的内涵决定了税收具有以下特征：

1. 强制性。税收是国家依据国家权力公然地、强制地课征社会成员和企业的财产或收入，如果不依靠国家权力排除一切偷税、漏税和抗税行为，强制征收，就不可能完成征税。税收的强制性是国家意志在税收上的集中体现，是国家权力在税收上的具体贯彻，是国家权力对私人权利、政治权力对财产权利的超越和凌驾，国家权力是课征税收的根本保证。那么，税收强制性的合理基础何在呢？这个基础归根结底就是税收为国家提供和保障了物质基础，使得国家能以之为社会公众提供公共物品和公共服务。可见，税收的强制性根源于税收的社会性、公共性和公益性。

2. 无偿性。列宁指出："所谓税收，就是国家向居民无偿地索取。"[1] 这就是说，国家征税以后，税收归国家所有，既无需直接偿还，也无需对具体的纳税人付出任何代价，是纯收入。税收的无偿性使税收区别于国债和规费，也使税收具有纯正性和彻底性，能更好地实现财政的职能。当然，税收的无偿性是相对的，相对于某个具体的纳税人来说，在其纳税后并未获得任何直接的回报，在这个意义上，税收是无偿的。但若从财政活动的整体来看，税收的无偿性和财政支出的无偿性是一致的，并且税收和财政的目的和功能是提供公共物品和公共服务以满足社会公众的需要，包括纳税人的需要，它"取之于民，用之于民"，在这个意义上，税收又是有偿的。

3. 固定性。即以法律的形式预先对税收的内容，如征税对象、税种、税率、税收减免等作出明确规定，除了法定的例外情况，一般必须按照已有法律规定纳税和征税。纳税人只要取得了应税收入、发生了应税行为、拥有了应税财产，就必须按照已有的规定纳税，不得违反；同样，国家也只能按照已有的法律规定征税，不得随意更改。税收的固定性具有以下功能：一是能够保障纳税的经常性，防止偷漏税，进而保证税收收入的稳定性；二是使得税收具有可预见性，能够未雨绸缪，对税收早作规划，能够以收定支；三是国家只能按照已有的规定征税，不得滥用征税权，侵害纳税人的合法权益，给纳税人以预知和安全。不过，税收的固定性也不是绝对的，税收深受经济社会等条件的影响，它随着经济社会等条件的变化而变化。只有如此，才能保证税收的科学性和合理性，并对经济社会更有效地发挥宏观调控的作用。

（三）税收的宏观调控职能

税收的上述内涵和特征，决定了税收具有以下重要的宏观调控职能：

1. 税收对生产的影响。税收直接导致人们收入的减少，人们为了弥补因征税而减少的收入可能会多工作，也可能为了少纳税而少工作，这直接影响人们工作的努力程度和生产的积极性。由于开征或增加所得税、财产税、利息税，会直接减少人们所拥有的财产，对人们的储蓄影响很大，过高的税收会减少人们的储蓄，而减免利息税，人们会增加储蓄。对投资收入如何征税会影响投资，如税收优惠政策会直接影响投资的方向和扩大投资的规模，投资损失是否计税会影响人们是进行风险性投资还是安全性投资，税收优惠的地区或行业比税收较高的地区或行业更能吸引投资。所有这些都说明税收对社会生产具有重要影响。

2. 税收对分配的影响。税收本质上是社会收入的再分配，会直接影响社会收入在社会成员之间的分配和社会财富在社会各阶层之间的流转以及社会资源在社会各部门之间的配置，这对于防治市场配置失灵和社会分配不公、消除两极分化、实现共同富裕、缓和社会矛盾、稳定社会秩序、都意义重大。通过税收实现社会再分配是政府的重要职能之一，伏尔泰甚至认为：

[1]《列宁全集》（第41卷），人民出版社1986年版，第140页。

"一般说来，政府的艺术就在于，从一个公民阶级中拿走尽可能多的钱，把它给予另一个阶级。"[1] 在一定意义上说，政府的管理艺术就是通过税收调节社会财富分配、实现社会公平的艺术。

3. 税收对消费的影响。由于税收导致纳税人收入的减少和商品价格的变化，必然会对消费产生重要影响。如对纳税能力不同的主体征税，会影响人们的消费能力。一般说来，税收提高，人们的收入就会减少，消费能力就会降低；税收降低，人们的收入就会增多，消费能力就会提高。对需求不同的商品征税，会导致商品价格的变化进而导致商品消费量的变化，如对某些商品征税，会提高这些商品的价格，人们就会减少对这些商品的消费；如对某些商品少征或不征税，可以降低其价格，人们就会增加对这些商品的消费。税收已成为影响消费的重要因素。

税收正是通过影响生产、分配和消费发挥着对国民经济和社会发展的宏观调控功能。

二、税法的概念

税法，要而言之，就是调整税收关系的法律规范的总称。所谓税收关系，是指在税收活动中形成的各种社会关系，主要包括以下两大类：

（一）税收体制关系

这是因税收权限的划分而形成的社会关系，实质上是一种税收权限分配关系。税收权限具体包括税收立法权、税收征管权和税收分配权。税收体制是经济体制的核心内容之一，税收权限是经济职权的基本方面之一，它影响经济全局，涉及社会整体，关系国计民生，影响国泰民安，必须依法调整，做到有法可依、有法必依、执法必严、违法必究，从而形成税收体制法律关系。

当今世界各国普遍实行的税收体制是分税制税收体制。我国在改革开放前，财政管理体制虽几经变动，但基本上是"统一领导，分级管理"的体制。1980~1993年，我国主要实行的是以"包干"为主要特征的财政管理体制。从1994年开始，我国实行分税制财政管理体制，其具体内容为：一是中央与地方的事权和支出划分。中央财政主要承担国家安全、外交和中央国家机关运转所需经费，调整国民经济结构、协调地区发展、实施宏观调控所必需的支出以及由中央直接管理的事业发展支出；地方财政主要承担本地区政权机关运转所需支出以及本地区经济、事业发展所需支出。二是中央与地方的收入划分。根据事权与财权相结合的原则，将税种划分为中央税、地方税和中央与地方共享税，将维护国家权益、实施宏观调控所必需的税种划为中央税；将同经济发展直接相关的主要税种划为中央与地方共享税；将适合地方征管的税种划为地方税，并充实地方税税种，增加地方财政收入。三是分设中央与地方两套税务机构，中央税务机构征收中央税和中央与地方共享税，地方税务机构征收地方税。四是中央财政对地方税收返还数额的确定。五是原体制下中央补助、地方上解及有关决算事项的处理。六是过渡期转移支付制度。科学核定地方收支数额，逐步实行比较规范的中央财政对地方的税收返还和转移支付制度；建立和健全分级预算制度，强化各级预算约束。

分税制的核心是中央与地方收入的划分。具体划分如下：

中央固定收入包括：关税，海关代征消费税和增值税，消费税，中央企业所得税，地方银行和外资银行及非银行金融企业所得税，铁道部门、各银行总行、各保险总公司等集中缴纳的收入（包括营业税、所得税、利润和城市维护建设税），中央企业上缴利润等。

---

〔1〕　[美] 哈维·S. 罗森著，平新乔等译：《财政学》，中国人民大学出版社2000年版，第138页。

地方固定收入包括：营业税（不含铁道部门、各银行总行、各保险总公司集中缴纳的营业税），地方企业所得税（不含上述地方银行和外资银行及非银行金融企业所得税），地方企业上缴利润，个人所得税，城镇土地使用税，固定资产投资方向调节税，城市维护建设税（不含各银行总行、铁道部门、各保险总公司集中缴纳的部分），房产税，车船税，印花税，屠宰税，农牧业税（已取消），农林特产税（已取消），耕地占用税，契税，遗产和赠与税，土地增值税，国有土地有偿使用收入等。

中央与地方共享收入包括：增值税、资源税、证券交易税。其中，增值税中央分享 75%，地方分享 25%；资源税按不同的资源品种划分，大部分资源税作为地方收入，而海洋石油资源税作为中央收入；证券交易税，地方分享逐步降为 3%。

必须指出的是，把税收划分为中央税和地方税，是由国家的政治体制和经济体制决定的。我国长期实行"统一领导、分级管理"的税收体制，税收的立法权和征管权主要集中在中央，形成中央税。但为了财政管理的需要，特别是为了调动地方的积极性，中央政府划出一部分税种给地方，由其管理和使用，从而形成地方税。因此，把税收划分为中央税和地方税并不意味着中央与地方具有同等的征税权力。

分税制的指导思想是：逐步提高中央财政收入的比重，适当增加中央财力，增强中央政府的宏观调控能力；合理调节地区之间的财力分配，缩小地区差别，加强对地方财政支出的约束；坚持统一政策与分级管理相结合的原则，中央税、中央与地方共享税以及地方税的立法权都要集中在中央，以保证中央政令统一，维护全国统一市场和企业公平竞争，但同时也要兼顾地方；划分税种不仅要考虑中央与地方的收入分配，也要考虑税收对经济发展和社会分配的调节作用。可见，分税制能更加自觉地把税收置于宏观调控的地位。

但分税制也有弊端。2018 年 3 月 20 日时任国务院总理李克强在答中外记者问时说："我参加一次座谈会，有专家跟我说他去调研时发现，在餐馆里边吃饭是由地税向餐馆收'营业税'，而要打包带走就由国税来收增值税。他就问当地的有关方面，说我要是站在饭店门槛中间吃该由哪个部门来收税啊？当时对方给他的回答是'你这是抬杠'。但的确实施当中有这样的事情。我们这几年通过推进营改增、取消营业税，实现了税收以共享税为主，这样国税、地税合并就有了基础，这样可以避免多头收税、干扰企业的行为。"十三届全国人民代表大会第一次会议通过机构改革方案，对国税和地税实行了合并，又取消了分税制。

所以，税制随着经济社会情况的变化而变迁，并非固定不变。

（二）税收征纳关系

税收征纳关系是在税收征纳过程中形成的社会关系，主要是税收征纳双方之间的关系，其实质是私人与国家、财产权利与政治权力、个人权利与国家权力、个人自由与社会秩序之间的关系，是一种重要的社会关系。必须加强法治，依法调整，有法可依，依法进行，从而形成税收征纳法律关系。

税收征纳法律关系的核心是税收征纳双方的权（力）利义务关系。根据我国《税收征收管理法》的有关规定，征税主体的权力主要有：税收立法权，税务管理权，税收征收权，税务检查权和违法处理权。征税主体的义务主要有：不准违反法律、法规的规定开征、停征、多征或者少征税款，或擅自决定税收优惠；应当依照法定程序征税，依法确定有关税收征收管理的事项；应当严格按照法定程序实施和解除税收保全措施，如因税务机关的原因，致使纳税人的合法权益遭受损失的，应当承担赔偿责任；必须秉公执法、忠于职守，不得索贿受贿、徇私舞弊、玩忽职守、不征或者少征应征税款，不得滥用职权多征税款或者故意刁难纳税人和扣缴义务人等。纳税主体的权利主要有：按税法规定请求减税、免税的权利；请求征税机关退回多纳或多征税款的权利；提起税务行政复议和行政诉讼的权利；因征税机关采取税收保全措施不当等原因，致使纳税人合法权益遭受损害时，有依法请求得到赔偿的权利；有检举违反税收法律、行政法规行为的权利等。纳税主体的主要义务有：依法办理税务登记、变更或注销税务登记；进行账簿、凭证管理；按期进行纳税申报，按时足额缴纳税款；主动接受和配合征税机关的税务检查；依法及时提供各种税务信息等。

依法调整税收征纳关系，明确征纳双方的权利（力）义务关系，有利于解决个体营利性与社会公益性、私人权利与公共权力、经济效益与社会公平、市场调节与政府干预、个人自由与社会秩序、私人自治与宏观调控之间的矛盾。

三、税法的基本原则

税法的基本原则是税法的指导思想和实践纲领，它反映税收规律，体现国家意志，统率税法规范，贯彻税收法治，指导税法实践。总结世界各国的税法原则，概其要者，主要有税收公平原则、税收效率原则和税收法定原则。

（一）税收公平原则

公平是人类追求的理想，也是社会财富分配的基本原则，还是宏观调控的基本目标。可以说，哪里有社会财富分配，哪里就应做到公平，公平在社会财富分配领域的要求和表现格外强烈和显著。而税收的本质是社会财富的分配和再分配，因而要求税收公平，在税法中确立公平原则就是必然的了。早在 18 世纪，亚当·斯密在《国民财富的性质和原因的研究》中，就把公平原则列为税收四大原则之首[1]，尔后这一原则一直为后人所重申，诺贝尔经济学奖得主詹姆斯·米德也指出："在任何一个时点上，都应该在社会的全体人民之间比较公平地分配社会的收入和财富。"[2] 以至于把税收公平原则写入各国的宪法和法律当中，如法国《人权宣言》规定"税收应在全体公民间平等分摊"，《卢森堡大公国宪法》第 101 条规定"在税收问题上不得规定任何特权"，我国《宪法》第 56 条规定"中华人民共和国公民有依照法律纳税的义务"。时至今日，税收公平原则早已成为"当今世界各国制定税收制度的首要准则"[3]。

税收公平原则，具体包括以下内容：

1. 普遍纳税。即同处一国管辖之内的任何公民都负有纳税的义务，也就是说，所有有纳税能力的人都应毫无例外地纳税，不得享有非法的税收豁免权。以至于有人形象地指出，纳税与死亡是任何人都逃避不了的。税收公平原则的一个起因就是过去皇室、贵族等特权阶级享有不合理的税收豁免权，要求对所有人一视同仁地征税。后来这一原则演变为对所有人征税。只有人人纳税才能保证全体公民之间的公平，也才有公平可言。由于只有普遍性的东西才能联结一切、网罗一切，才能成为宏观调控的杠杆，普遍纳税决定了税收的普遍性，税收的普遍性使税收成为宏观调控的杠杆。它通过普遍纳税、公平纳税能够实现社会成员之间的公平，达到宏观调控的目的。

2. 平等纳税。即国家根据公民的纳税能力征税，亚当·斯密曾指出："一国国民，都须在可能的范围内，按照各自能力的比例，即按照各自在国家保护下享得的收入的比例，缴纳国赋，维持政府。"[4] 具体可分为"横向平等"和"纵向平等"，前者是指纳税能力相同的人同

---

〔1〕 ［英］亚当·斯密著，郭大力、王亚南译：《国民财富的性质和原因的研究》（下卷），商务印书馆 1974 年版，第 384 页。

〔2〕 ［英］詹姆斯·E. 米德著，施仁译：《效率、公平与产权》，北京经济学院出版社 1992 年版，第 12 页。

〔3〕 金鑫、许毅主编：《新税务大辞海》，九洲图书出版社 1995 年版，第 39 页。

〔4〕 ［英］亚当·斯密著，郭大力、王亚南译：《国民财富的性质和原因的研究》（下卷），商务印书馆 1974 年版，第 384 页。

等纳税；后者是指纳税能力不同的人不同等纳税，纳税能力大的多纳税，纳税能力小的少纳税，无纳税能力的不纳税。这里的关键因素是纳税能力，用什么标准来考量公民的纳税能力呢？目前国际上主要以公民所拥有的财富数量（包括收入、财产和支出）和公民纳税以后所感觉到的牺牲程度来测定。平等纳税是普遍纳税的深化，普遍纳税只是公民都要纳税上面的平等，还不足以真正实现和保障公民的实质平等。平等纳税要求公民根据纳税能力纳税，这是普遍纳税的深化，进一步实现和保障了社会成员之间的公平。所谓公民的平等，说到底要依靠纳税能力大的公民通过多纳税提携纳税能力小，尤其是无纳税能力的公民，这是实现和保障公民平等和社会公平的必由之路。

无论是普遍纳税还是平等纳税，指的都是纳税人之间的公平。但除此之外，还有国家与纳税人之间的公平，即国家在征税时要公平地对待纳税人。亚当·斯密指出："一切赋税的征收，须设法使人民所付出的，尽可能等于国家所收入的。"[1] 这就要求国家在征税时要依据公民的财富状况、纳税能力、国家财政支出等情况全面权衡决定征税的幅度，国家在分配纳税人财富时要适度、要公平，国家在保证国库充足的情况下，也要藏富于民。国家征税并不是国家依据国家暴力横征暴敛，滥征滥收，而是要充分注意纳税人的承受能力、税收的稳定增长。如果国家横征暴敛，滥征滥收，税种过多，税率过高，就会严重侵犯纳税人的利益，损害纳税人的纳税能力和纳税积极性，这无异于杀鸡取卵、竭泽而渔，其结果就会影响经济持续稳定地发展，也会阻碍财政收入的长期增长，于国于民都不利。国家之所以要对税收进行宏观调控，目的就是要保证国家征税公平，以防止出现上述情况。

（二）税收效率原则

任何经济活动都应讲究效率，作为经济活动的税收自然也应讲究效率，效率还是税收作为宏观调控措施的目标之一，因此，税收效率原则应是税法的基本原则。诺贝尔经济学奖得主斯蒂格利茨指出，判断一个良好税收体系的"第一标准是公平……第二个重要标准是效率"[2]。税收效率原则包括税收的征管效率和税收的运行效率。

1. 税收的征管效率，是指征管成本与征管税收之间存在一定的比值。这个比值越小，就说明税收征管越有效率。征管效率要求税收征管过程本身要有效率，要以最小的征管成本、最便利的征管方法征管最大化的税收。为此，税收征管部门和征管人员在保证及时、足额征收税收以及有效管理税收的情况下，要尽量节约税务开支，降低税收成本，不给纳税人或社会带来除税款以外的其他额外的损失或负担。此外，征管效率也要求便利纳税人，亚当·斯密早就指出："各种赋税完纳的日期及完纳的方法，须予纳税者以最大便利。"[3] 为此，税务机关的设置要便民利民，征税方法要简便易行，让纳税人"最多跑一次"或"只需跑一次"，甚至一次都不用跑，纳税费用要低廉节省。税收征管效率的要求有利于节省税收的征管成本，节省了税收征管成本就等于扩大了税收收入，扩大了税收收入就使得国家有更充足的财力去完成其宏观调控的职能。如果税收大量地被消耗、浪费在税收征管的过程中，征税一千自损八百，结果所剩无几，这不仅使国家征税的目的落空，而且使国家无法完成其宏观调控的职能。

2. 税收运行效率，是指税收对国民经济运行效率的影响。当税收政策能够达到促进资源

──────────

〔1〕［英］亚当·斯密著，郭大力、王亚南译：《国民财富的性质和原因的研究》（下卷），商务印书馆1974年版，第385页。

〔2〕［美］斯蒂格利茨著，姚开建等译：《经济学》（下册），中国人民大学出版社1997年版，第517页。

〔3〕［英］亚当·斯密著，郭大力、王亚南译：《国民财富的性质和原因的研究》（下卷），商务印书馆1974年版，第385页。

有效配置，刺激经济稳定增长，保证社会公平的结果时，税收政策的运行就是有效率的。在市场体制下，市场对资源的配置起决定性作用，税收作为对社会财富的分配，自然也是对资源的配置，但税收对资源的配置应在市场配置的基础上进行。如果市场配置有效，国民经济运行良好，那么税收就应保持"中性"，即税收活动不干扰国民经济的良好运行，如是就有效率。但市场并非十全十美，当市场配置失灵时，税收政策就要对国民经济的不良运行进行干预，如通过税种、税率和税收优惠政策的设计或调整，引导国民经济稳定协调、健康有序、安全持续地发展，防止市场调节的大起大落；如对垄断企业或行业征收高额税收以补贴公众或补助受害者，阻止社会财富向垄断企业或行业集中；如用税收去投资组建足以与垄断企业或行业相竞争的企业或行业，以消除垄断，促进市场竞争；如用税收去提供公共物品和公共服务，以克服市场在这些方面配置的无效；如通过征税及财政转移支付，矫正市场配置所导致的两极分化，实现社会公平等，在这些方面，税收都将对国民经济的运行发挥效率。税收的运行效率也是税收宏观调控作用的具体体现。

（三）税收法定原则

税收法定原则又称税收法定主义，它指的是征税和纳税都必须依法进行，易言之，凡是法律规定要纳税的，必须依法纳税，反之，则不得纳税。关于税收法定原则，亚当·斯密有过详尽的论述。他说："各国民应当完纳的赋税，必须是确定的，不得随意变更。完纳的日期、完纳的方法、完纳的数额，都应当让一切纳税者及其他的人了解得十分清楚明白。如果不然，每个纳税人，就多少不免为税吏的权力所左右；税吏会借端加重赋税，或者利用加重赋税的恐吓，勒索赠物或贿赂。赋税如不确定，哪怕是不专横不腐化的税吏，也会由此变成专横与腐化；何况他们这类人本来就是不得人心的。据一切国家的经验，我相信，赋税虽再不平等，其害民尚小，赋税稍不确定，其害民实大。确定人民应纳的税额，是非常重要的事情。"〔1〕税收法定原则已写入各国的宪法和法律之中。我国《税收征收管理法》第3条规定："税收的开征、停征以及减税、免税、退税、补税，依照法律的规定执行；法律授权国务院规定的，依照国务院制定的行政法规的规定执行。任何机关、单位和个人不得违反法律、行政法规的规定，擅自作出税收开征、停征以及减税、免税、退税、补税和其他同税收法律、行政法规相抵触的决定。"这一规定正是税收法定原则的体现。

税收法定原则具有丰富的内容：一是税法的全部要素必须由法律明确规定，如税制、税种、税率、纳税环节、纳税期限、税收优惠政策和法律责任等，法律要规定得明确无误，不生歧义；一是征税、纳税的程序要由法律规定得明确完整，如税务登记、税票管理、纳税申报、税务检查、退税补税、税务纠纷的解决等，都必须有一套完整的法定程序，并要依据法定程序进行；二是法定是对意定的否定，任何机关、单位和个人不得违反法律、行政法规的规定，擅自作出税收开征、停征以及减税、免税、退税、补税和其他同税收法律、行政法规相抵触的决定。税法是强行法，是对意思自治的否定，不允许征纳双方私下通过所谓的"意思自治"变更税法关于税收实体和程序方面的有关规定。

税收法定原则具有重要意义。国家与公民对社会财富的分配历来是民主法治的核心内容，税收法定原则，一方面，保证了国家征得稳定的财政税收，使国家有财力去履行其职能，包括宏观调控职能；另一方面，保护了公民的财富不受税收以外的侵犯，使国家权力受到制约，税收法定原则有利于实现法治。历史上的许多革命如法国大革命、美国的独立战争等，其导火索

---

〔1〕　［英］亚当·斯密著，郭大力、王亚南译：《国民财富的性质和原因的研究》（下卷），商务印书馆1974年版，第385页。

都是征税。税收法定原则是税收固定性的内在要求和法律表现，也是税收强制性的保障和税收无偿性的实现。正是因为借助税收的法定原则，才使得税收能够发挥其宏观调控的作用。也正因为如此，税收法定原则被奉为税法的最高原则。

四、税法的意义

税收是国家权力对个人权利的凌驾，是公权力对私权利的侵犯，这种凌驾和侵犯必须合法，税收与法律天然具有密切的联系，有税收就必须有税法，这也是世界各国普遍实行税收法定主义原则的根本原因。税收法定主义原则包括课税要素法定原则、课税要素明确原则和依法稽征原则，目的就是要求税法的构成要素依法规定且明确无异，征纳双方的权利义务以法律为根据，税收征纳依法进行。

税法确定了国家税收权力的行使范围和行使方式，确认和规范了国家的税收活动；同时也确定了人们纳税的义务和纳税的限度，防止横征暴敛，保障了人们的合法权益。由此不难看出，税法调整着国家权力与个人权利、政治权力与财产权利、社会公益与个体营利、社会秩序与个人自由这些存在于税收中的最基本的社会矛盾。要解决这些社会矛盾，必须讲究征税艺术，法国政治家科尔伯特指出："征税的艺术就是拔最多的鹅毛又使鹅叫声最小的技术。"[1]税法是对征税行为的规范、节制、改良和完善，是对征税的法治化和艺术化。实践证明，这些社会矛盾如果没有税法就难以得到有效解决，而这些社会矛盾得不到有效解决，国民经济和社会就不能稳定协调、健康有序、安全持续地发展。

税收是对社会成员财产的无偿攫取，必然会遭到社会成员的反抗，税收没有强制性和权威性就无税收可言，但税收的强制性和权威性只有建立在法律的基础上才是合法的强制和公认的权威。没有税法，税收的强制性和权威性就会丧失或削弱，就不能保证税收的稳定增长，进而会直接危及国家的存在及其职能的发挥，这正如马克思所说的："废除捐税的背后就是废除国家。"[2]从这个角度看，税法是税收的法律保障。

前已论及，税收对生产、分配和消费等都具有重大影响，对资源配置、产业结构和宏观经济运行都具有调控职能（即税收效应），这些职能主要是通过税种设置、税率设计和税收减免等来实现的。只有慎选税种、税率适度、减免得当才能有效地实现税收的调控职能，而要做到慎选税种、税率适度、减免得当，就必须依据法律。因为法律要求权利义务对等、各方利益均衡，能恰当地处理好社会公益与个体营利的矛盾，做到既征集税收，又保护税源，并以此为据慎选税种；法律是民主参与，集思广益，能更全面地搜集税务信息，更好地应对市场变化，更合理地设计税率；法律程序严格，依法减免税收可以避免徇私舞弊、玩忽职守、滥用职权、有失公平的现象。只有税收法治化，依法征税，才能保证"税收中性"，既尽量不给纳税人和社会带来额外负担，又避免干扰市场经济的正常运行。

第四节　国债法

一、国债法的概念

国债法，要而言之，是指由国家制定的调整国债关系的法律规范的总称。

所谓国债关系，是指在国债发行、流通、使用、偿还和管理等过程中所发生的社会关系，

---

〔1〕　［美］哈维·S. 罗森著，平新乔等译：《财政学》，中国人民大学出版社2000年版，第248页。

〔2〕　《马克思恩格斯全集》（第7卷），人民出版社1959年版，第339页。

这种社会关系始终有一方主体是国家（主要是中央政府），它处于主导地位，目的是取得财政收入，履行公共职能，满足社会需要，这使得国债法属于财政法，而不同于民法中的债法。这种社会关系是以国家作为债务人与其他主体如国债中介机构、国债购持者之间发生的具有平等性质的债权债务关系，这使国债法与民法中的债法又有密切联系，而又不同于同属于财政法的税法。据此，有人认为，国债法是具有公法属性的私法。

制定和贯彻国债法是世界各国管理国债的普遍做法。美国是国债市场较发达、国债职能较充分、国债法治较健全的国家。早在 1917 年，美国就制定了《自由公债法》，主旨是授权财政部发行债券、限制债券面值余额的数量；1942 年又颁布了《公共债务法》，主旨是授权财政部制定政府债券的法律条款；1986 年再次制定了《政府债券法》，主旨是在以前国债法的基础上，针对国债二级市场的中间商和交易商作出规范；1993 年制定了《国债修订案》，主旨是对国债自营商、中间商及其客户、交易商、国债交易大户的持仓量、国债拍卖过程和国债限额作出新的规定。韩国为了保障国债的发行、运用以及国债投资各方当事人的合法权益，于 1949 年专门制定了《国债法》，并根据国债市场的发展和金融改革的需要，于 1994 年对该法进行了修订。[1]

我国自 1950 年起就发行了"人民胜利折实公债"，1954~1958 年连续 5 年发行了"国家建设公债"。但国债的法治建设是改革开放以后的事情。1992 年国务院公布了《中华人民共和国国库券条例》，对国库券的发行、转让等问题作了原则性的规定，成为调整国债关系的一个基本法律规定。目前，我国的国债法还处于草拟阶段。在国债法颁行前，我们应对以下方面作出规范：一是在宪法中对政府举债、国债的使用和还本付息等问题作出原则性的规定，作为国债法专门立法的依据；二是对国债的规模、国债报告、审定程序、国债的使用、审计监督、国债的担保以及国债的偿还等事宜——作出具体而明确的规定；三是授权财政部在选择国债发行方式、国债债券形式、确定国债发行价格以及还本付息方式等具体管理方面的权限；四是规范国债监管体制；五是对国债的自营者、经纪人、交易商的审批、注册登记、财务审计、业务报告等方面作出明确规定，规范其国债投资、经营和交易行为；六是规定对违法、违规行为的查处。[2]

二、国债法的基本内容

虽然国债具有许多重要的、积极的职能，我们不能像 19 世纪主流经济学家那样对它一概加以反对，但国债毕竟是借债行为，是"寅食卯粮""超前消费"，是一种负担，需要还本付息，总有这样或那样的弊端。因此必须对国债的发行、流通、使用和监管等内容作出法律规定。

（一）国债发行的方式

国债的发行主要有直接发行、委托发行、招标发行、包销发行等几种方式。其中，直接发行是政府有关部门直接向社会公众发行国债；委托发行是政府有关部门委托金融机构或证券经纪人在银行网点或证券市场发行国债；招标发行是在金融市场上以公开招标的方式发行国债；包销发行是政府有关部门将国债包销给金融机构，再由金融机构发售给公众。

（二）国债发行的条件

国债的发行不能想当然，更不能无节制，而必须量情而为，量力而行，国债发行是有条件的，应具备相应的条件才可以发行国债。国债法应规定国债发行的条件：一是发行的数量，要

---

〔1〕 袁东：《试论国债立法的独立性》，载袁东主编：《国债、金融创新与利率市场变化》，学林出版社 1996 年版。

〔2〕 卢炯星主编：《宏观经济法》，厦门大学出版社 2005 年版，第 251~252 页。

根据财政资金的需求、社会闲置资金的规模、市场的承受能力、政府的信誉以及债券的种类等因素决定。二是国债的期限，即从国债发行之日起到还本付息日止的这段时间，国债期限要根据政府使用资金的周转期、投资人的投资意向、市场利率的发展趋势和流通市场的发达程度来确定。三是国债的发行价格，其发行价格受证券市场供求关系、市场利率等因素的影响，可能等于、大于或小于债券面值，等于为平价发行，大于为溢价发行，小于为折价发行。四是国债的利率，即国债利息与本金的比率，国债的利率要考虑国债发行的需要、发行的成本与收益以及政府的财力和偿还的能力，要根据国债的期限、市场利率水平、社会闲置资金的规模以及认购者的接受程度等因素决定。

（三）国债发行的权限

国债发行关系到财政收支，调控着经济社会的运行，关切国计民生，影响国泰民安，是一项重要的权限。国债发行权限具体包括决定国债发行种类、国债发行方式、国债发行对象、国债发行数额、国债发行价格、国债发行利率、国债券面金额、国债付息方式、国债偿还期限、国债流动条件等方面的权限。这些权限由谁来动议，由谁来审批，由谁来执行，由谁来监管，国债法必须明确规定。

（四）国债的偿还

国债到期以后，就要依照发行时的规定如期还本付息。其中还本的方式主要有以下几种：一是分期逐步偿还方式，即对某种债券规定几个偿还期，每期偿还一定比例，至债券到期时，本金全部偿清。这种偿还方式，还本越迟，利率越高，以鼓励债券持有人推迟还本期。二是抽签轮次偿还方式，即在国债偿还期内，通过定期按债券号码抽签对号偿还一定比例债券，直至偿还期结束，全部债券都中签偿清为止。三是到期一次偿还方式，即集中一次偿还国债本金。这种方式会造成政府支出急剧上升，给国库带来较大压力。四是市场赎回偿还方式，即在债券期限内，通过定期或不定期地从证券市场上赎回一定比例的债券，赎回后不再卖出，使这种债券期满时，为政府全部持有。这种方式有利于投资者兑现，但工作量大、工作繁杂。五是以新替旧偿还方式，即通过发行新债券兑换到期的旧债券，以达到偿还的目的。付息方式主要有：一是按期分次支付方式，一般债券附有息票，债券持有者可按期剪下息票兑付息款，这种方式适用于期限较长的国债。二是到期一次支付方式，即在债券到期时连本带息一次偿清，这种方式适用于期限较短的国债。偿还的途径主要有：一是设立偿债基金；二是通过预算列支；三是举借新债。

国债的偿还，不仅关系到国家的信用和以后的举借，而且关切债券持有者的利益，还会影响国债及其他债券的行情。国家不但必须依法偿还国债，而且要依法慎重地选择偿还的方式，无论是偿还的方式还是偿还的途径，都应由法律加以规范。

（五）规范国债的管理

国债对宏观经济社会的调控具有重要作用，必须依法管理。

1. 规范国债的规模管理。国债规模是指国家负债的总水平，通常可用年度国债发行额、国债累积发行额、国债余额等绝对指标和国债依存度（在一定时期内国债发行额占国家财政支出额的比例）、国债负担率（在一定时期内国债余额与国内生产总值的比率）和国债偿债率（在一定时期内国债还本付息额与国内生产总值的比率）等相对指标来反映。

要发挥国债的宏观调控职能，国债规模自然不应过大，因为国债规模过大，超过国债限度，不仅是当前的负担，而且可能向后推移，甚至酿成债务危机。当然国债规模也不应过小，因为国债管理是以较大规模的国债为前提的。这正如萨缪尔森所指出的："大量的公债给'联邦'（指美国的联邦储备银行）提供大面积的回旋余地来从事大规模的公开市场业务……广阔的政府债券市场的存在使得广泛的稳定性的公开市场业务成为可能，从而具有增加货币政策的效果的倾向。"[1] 国债规模过小，国家就没有回旋余地，宏观调控就会乏力。因此，应根据上述反映国债规模的绝对和相对指标来适度扩大国债规模，使国债规模与国债管理的宏观调控能力大小相当。就我国来说，目前国民储蓄率较高，社会闲置资金较多，国债购买潜力较大，国债负担率不高，随着财政体制改革特别是中央财力的增加，国债依存度尚能降低，国债偿还率还能提高，因此，可以依法适度扩大国债规模，方能有效地发挥国债的宏观调控职能。

2. 规范国债的期限结构管理。合理的国债期限结构，不仅能够促使国债年度还本付息的均衡化，避免形成偿债高峰，也有利于国债的认购，满足不同类型投资的需要。而且，由于不同期限的国债有不同的流动性和货币效应，因此相应调整国债期限能实现国债的宏观调控职能。从这里可以看出，国债宏观调控职能的发挥是以不同期限的国债多样并存和合理搭配为前提的。国债品种单一，结构失衡，期限集中，尤其是没有对国债管理具有关键意义的短期债券，会使得国债管理丧失基础，从而使国债的宏观调控职能无从谈起。就我国来说，应尽快改变国债期限单一化的格局，增加国债种类，做到短、中、长期国债共存并重，种类多样，期限分散，结构合理，这样既便于国债投资者广泛选择以满足其对资金期限多样化的需求，防止在同一时间形成还债高峰，造成债务危机，也有利于增强国债的吸引力以促销国债，还可以增加国债的调控力以对经济社会施加有效影响。从 1996 年开始，我国发行了为期 3 个月、6 个月、1 年、3 年、5 年、7 年和 10 年等 7 种不同期限的国债，增加了国债品种，改进了国债结构，也完善了国债职能。

3. 规范国债的利率结构管理。国债利率水平及其结构是否合理，不仅直接关系到偿债成本的高低，而且影响金融市场利率的升降，从而对经济社会施加紧缩性或扩张性影响。国债的宏观调控职能是以不同利率的国债和利率市场化为基础的。如果金融市场利率由行政命令直接决定，那么其他债券的利率也不能摆脱行政干预，如果没有利率市场化的形成机制，就不能指望通过国债利率结构的管理影响金融市场利率，进而对经济社会施加紧缩性或扩张性影响。就我国来说，应依法规范、限制乃至尽可能取缔对利率的行政命令干预，加快资金商品化、利率市场化改革，使国债的利率多样化和弹性化。

4. 规范国债应债主体结构管理。应债主体的存在是国债发行的前提，应债主体的结构对国债发行具有较大的制约作用。合理的应债主体结构不仅可以使国债的发行具有不竭的源泉和持续的动力，而且国债应债主体不同，对经济社会施加扩张性或紧缩性的影响也不同。当然，这要以广泛多样的应债主体为前提，如果应债主体单一，国债的上述影响就不可能产生。就我国来说，应取消对商业银行和中央银行买卖国债的限制，让它们成为国债的应债主体。商业银行买入国债可以获得利息收入，并可以作为自己的第二线储备资产；国债尤其是短期国债流动性强，随时可以在金融市场上出售换取现金，以补充第一线储备资产（现金）的不足。不难看出，买卖国债与商业银行的性质是吻合的，应成为商业银行的一项有利的投资行为，也正因为如此，商业银行在许多国家都是国债的重要应债主体。至于中央银行，只要我们清醒地注意到它作为应债主体会产生货币的乘数效应、防止诱发通货膨胀，加快金融体制改革，它也应该成为国债的应债主体。

5. 规范国债管理机构。国债管理机构是国债的管理主体，在宏观经济调控中扮演着关键角色。有什么样的国债管理机构就有什么样的国债职能，国债管理机构的质量直接决定着国债职能的效应。国债法应该规范国债管理机构，具体说来：一是依法定位国债管理机构，国债管

---

〔1〕 ［美］萨缪尔森著，高鸿业译：《经济学》（上册），商务印书馆 1979 年版，第 534~535 页。

理机构不是营利机构，不能充当"经销商"，它是一个调控机构，始终以国家宏观经济政策为最终目的。二是明确国债管理机构的权限和职责，如国债种类的设计、国债利率的决定和应债主体的选择以及国债市场的管理等方面的权限和职责。三是对我国国债市场的监管体制作出规定，对财政部、中国人民银行和证监会管理国债的权限进行合理分工，以保证国债市场的安全健康运行。四是规范国债管理机构的行为，不得擅设债种，囤积国债，私立主体，钻营利率，违法操作。五是依法追究违法行为的法律责任。六是要规定国债的日常监管机构及其权限，使其有权查处各种违法违规行为并给予制裁，同时为相对人规定各种救济程序。

6. 依法规范国债的使用。国债是借钱消费，必须精打细算；是借用社会资金，必须接受社会监督；要还本付息，必须讲究效益；会影响财政收支，应加强管理。这些都说明，必须依法规范国债的使用。具体说来：一是规范国债立项管理。对于每一个欲使用国债的项目都须进行严格的可行性研究和充分的论证评估，把国债投向有明显经济效益或显著社会效益的项目上去，严格控制投向消费性或奢侈性项目。二是规范国债资金用途。根据不同项目安排适当来源的资金，对于基础设施和重点建设项目，应主要使用长期国债和尽量使用外国政府贷款和国际金融组织贷款；对于周期短、效益明显的项目可使用短期国债和国际商业贷款。三是依法监督国债使用。监督审查是否符合可行性研究报告批准的投向或转贷款协议的规定，是否违反财经纪律，有无挥霍浪费等情况。四是依法健全国债的统计监管。使用国债尤其是外债必须到主管机关登记，便于统计，接受监管，不得规避登记，非法借用，逃避监管。只有依法合理地使用国债，才能有效地发挥国债的宏观调控职能。

第二十九章

金融法

第一节　货币与货币政策

金融法是经济法体系中宏观调控法的一个重要构成要素。金融以货币为基础，货币是经济的核心因素，是社会的重要方面，货币政策是重要的宏观调控政策，对经济社会影响巨大。因此，要研究金融法，首先必须研究货币的性质和效应。

一、货币的性质和效应

（一）货币的正面性质和效应

货币是社会分工和市场交易以及商品经济发展的产物。"社会分工使商品所有者的劳动成为单方面的，又使他的需要成为多方面的。"[1] 社会分工使得一个人只能从事某种特定的工作，其生产物只能满足自己的极小部分需要，有的甚至根本无法或不能直接用来满足自己的需要，他（她）的大部分需要须用自己的生产物或剩余的生产物同其他人的生产物或剩余的生产物相交换，互通有无，才能得到满足。但刚开始时，这种交换是物物交换，只能偶然发生，只有当甲拿来交换的物品恰巧是乙所需要的物品，而乙用来交换的物品又恰巧是甲所需要的物品的情况下，甲、乙双方的交换才能成功实现。但这种双方在需要上的巧合是一种非常不寻常的巧合，恰如"一个饿着肚子的裁缝恰巧遇到一个持有食物而又想做衣服的一丝不挂的人"，实属难得的巧合。没有这种巧合，交换就不能实现，可见物物交换极不方便。人们"为了避免这种不便，除带着自己的劳动生产物外，随时身边带有一定数量的某种物品，这种物品，在他想来，拿去和任何人的生产物交换，都不会被拒绝"[2]。"这种一般人都不会拒绝的物品"成了一般等价物，这种一般等价物经过不断演化最后结晶为货币。这正如马克思所说的："只有社会的活动才能使一种特定的商品成为一般等价物。因此，其他一切商品的社会的行动使一种特定的商品分离出来，通过这种商品来全面表现它们的价值。于是这一商品的自然形式就成为社会公认的等价形式。由于这种社会过程，充当一般等价物就成为被分离出来的商品的特殊社会职能。这种商品就成为货币。"[3]

自从有了货币，就克服了交换的不灵便，人们的交易方式发生了根本性的变革，从原来的用商品交易商品（W—W）变革为后来的先用商品换取货币、再用货币换取所需要的商品（W—M—W），以至于除了偶尔简单的物物交换以外，绝大部分的市场交易都是通过货币媒介来完成的。货币把不同的需要结合起来，把买和卖两种原本分离对立的行为统一协调起来，打破了商品交易的时间、空间以及商品和个人属性的限制，"发展了广泛而普遍的人类劳动的物质交

---

[1]　[德]马克思：《资本论》（第1卷），人民出版社1975年版，第124页。

[2]　[英]亚当·斯密著，郭大力、王亚南译：《国民财富的性质和原因的研究》（上卷），商务印书馆1972年版，第20~21页。

[3]　[德]马克思：《资本论》（第1卷），人民出版社1975年版，第104~105页。

换"，"形成了整整一系列不受当事人控制的天然的社会联系"〔1〕也就是说，货币扩大了交易，扩大了市场，加强了联系。没有货币，商品交易就只能局限于非常狭小的时空和非常有限的人群以及非常惊人的巧合上，就没有广阔的、真正的交易，市场和社会。从这个角度看，货币又是交易和市场的助产婆，交易和市场又是货币的衍生物，货币是社会联系的纽带，货币操纵着交易、市场和社会的决定性因素。

此外，由于商品天生是用来交易的，而要真正实现交易又取决于商品能否变现为货币，这样，商品对货币就有一种强烈的渴望、深深的依赖和本能的追逐，因而"商品爱货币"，但货币未必爱商品，尤其是众多供选择中的某种商品，这样，"商品价值从商品体跳到金体上……是商品的惊险的跳跃"〔2〕因为，"如果商品被投入流通的炼金炉，没有炼出货币，没有被商品所有者卖掉，也就是没有被货币所有者买去，商品就会变成无用的东西"〔3〕从这里也可以看出，货币是交易和市场的关键，抓住了货币就抓住了商品，抓住了交易和市场，也掌控了社会，对货币进行宏观调控就是对商品、交易和市场及社会进行宏观调控。

"货币，因为具有购买一切东西、占有一切对象的特性，所以是最突出的对象。货币的这种特性的普遍性是货币的本质的万能，所以它被当成万能之物。货币是需要和对象之间、人的生活和生活资料之间的牵线人。"〔4〕在万物货币化、人人要货币的境况下，货币必然会成为人们心目中的崇拜物、行为上的目的物，人们对货币的追逐是其内在的动机和根本的目的，是人们尤其是经济人的本性。从这个角度看，货币体现了人的本质。因此，抓住了货币，就抓住了人的根本。此外，"金和银，一从地底下出来，就是一切人类劳动的直接化身。货币的魔术就是由此而来的"〔5〕货币代表着等值的商品和社会财富，人们追逐货币正是在追逐货币所能购买到的商品和财富，人们追逐到了货币也就追逐到了商品和财富，货币就是这样一种魔术。它本是人的身外之物却深入人心，能把人们最深层的欲望和最内在的动力激发出来；它满身铜臭却光彩夺目，人们正是通过对货币的追逐而持久地、强劲地激发出自身的主动性、积极性和创造性，在健全的市场体制下，人们追逐货币就是在创造商品和财富，人们追逐到了货币也就创造了等值的商品和财富，这是人们"长于、精于某种天职的结果和表现"〔6〕而且，人们正是在追逐货币中创造了文明、富裕和美好的世界。这正如凯恩斯所指出的："我们还会有稍长一段时间要把贪婪、高利剥削、防范戒备奉为信条。只有它们才能把我们从经济必然性的地道里引领出来见到天日。"〔7〕反之，一个废弃货币的社会，必然是一个人心慵懒、动力衰竭、无所进取、普遍贫穷的社会。从这里可以看出，货币是人心所向，是动力之源，是财富之本，不懂得运用货币就不懂得人心世事，就不懂得国家治理、社会管理和宏观调控。

货币是不具名的，是天生的平等派，它消灭一切差别，"正如商品的一切质的差别在货币上消灭了一样，货币作为激进的平均主义者把一切差别都消灭了"〔8〕货币消灭了一切差别，也就消灭了一切障碍，它渗透到社会的各个角落，货币才是真正具有社会性的东西。正像人的

---

〔1〕　［德］马克思：《资本论》（第 1 卷），人民出版社 1975 年版，第 131~133 页。

〔2〕　［德］马克思：《资本论》（第 1 卷），人民出版社 1975 年版，第 124 页。

〔3〕　［德］马克思：《资本论》（第 1 卷），人民出版社 1975 年版，第 132 页。

〔4〕　《马克思恩格斯全集》（第 42 卷），人民出版社 1979 年版，第 150 页。

〔5〕　［德］马克思：《资本论》（第 1 卷），人民出版社 1975 年版，第 111 页。

〔6〕　［德］马克斯·韦伯著，于晓等译：《新教伦理与资本主义精神》，生活·读书·新知三联书店 1987 年版，第 38 页。

〔7〕　［英］E. F. 舒马赫著，虞鸿钧、郑关林译：《小的是美好的》，商务印书馆 1984 年版，第 9 页。

〔8〕　［德］马克思：《资本论》（第 1 卷），人民出版社 1975 年版，第 152 页。

血液流遍人的全身一样，货币流遍整个社会，其实货币就是市场流通的血液、市场经济的血液。正如控制了人的血液，就控制了整个人身一样，控制了货币也就控制了整个市场经济。只有通过这种能够触及社会各个角落、控制整个市场经济的货币才能真正对市场和社会进行宏观调控。此外，经济调控和社会发展的进程是一个从实物分配到货币选择的过程。"如果所有报酬，不是采取提供货币的形式，而采取提供公开荣誉或特权、凌驾别人之上的有权力的位置或较好的住宅或较好的食物、旅行或受教育的机会等形式，这只不过是意味着，接受报酬的人不再能自行选择，而任何决定报酬的那个人，不仅决定报酬的大小，而且也决定了享有报酬的特定形式。"[1] 实践证明，货币分配比实物分配更具有无可比拟的优越性。在当今市场社会，应尽可能地把实物变现为货币，使之货币化，用货币分配取代实物分配，让人们用货币去选择自己所需要的东西，这样既可以向人们开放自由选择的广阔范围，又可以杜绝实物分配所导致的种种弊端。正是在这个意义上，哈耶克认为："钱是人们所发明的最伟大的自由工具之一。"[2] 随着实物货币化，分配货币化，货币选择范围的不断扩大，货币在经济社会中的宏观杠杆作用日益加强。这也就说明，要对经济社会进行宏观调控，必须利用货币和货币政策。

货币是一种流通工具，它从一个人手里流到另一个人手里，从一个领域流到另一个领域，具有传导、递进和关联效应，它环环相扣，息息相关，可谓"牵一发而动全身"，牵货币而动全局。货币是商品这个"物的神经"，[3] 控制了货币就控制了商品，由于商品是市场的载体，商品经济就是市场经济，所以控制了商品进而也就控制了市场和社会。货币是"社会的抵押品"，[4] 货币多多益善，一般来说，人们"贮藏货币的欲望按其本性是没有止境的"，[5] 货币贮藏形成了一个潜在的货币供应源泉——货币贮藏的"蓄水池"，它"对于流通中的货币来说，既是排水渠，又是引水渠"。[6] 正像蓄水池可以通过蓄水排水来调节余缺、保障供水一样，货币这个"蓄水池"通过调节货币供给进而调节经济社会。货币是价值尺度，是评判商品价值的尺度，是价值的价值，是"财富的随时可用的绝对社会形式"，[7] 因而是绝对的价值，为人们视为绝对理念和终极关怀。货币是一种支付手段，支付货币就能购买人们所需的东西，货币具有强大的购买力，是一切买卖的媒介，是"人们和各民族的普遍牵线人"，[8] 牵住了货币，就牵住了经济和社会的"牛鼻子"。从这里不难看出，货币成了一切的纽带，这正如马克思所说的："如果货币是把我同别人的生活、把我同社会、把我同自然界和人们联结起来的纽带，那么货币难道不是一切纽带的纽带吗？它难道不是能够解开和系紧任何纽带吗？"[9] 货币的性质决定了货币是对经济社会进行宏观调控的重要杠杆机制，甚至可以说，"在某些方面它是宏观经济决策人所能支配的最有力和最有用的工具"。[10]

（二）货币的负面性质和效应

商品本是人类的劳动产品，却表现为富有生命的独立存在的东西，为人们所崇拜，并反过

---

〔1〕 [奥] 哈耶克著，滕维藻、朱宗风等译：《通向奴役的道路》，商务印书馆 1962 年版，第 87 页。

〔2〕 [奥] 哈耶克著，滕维藻、朱宗风等译：《通向奴役的道路》，商务印书馆 1962 年版，第 87 页。

〔3〕 [德] 马克思：《资本论》（第 1 卷），人民出版社 1975 年版，第 151 页。

〔4〕 [德] 马克思：《资本论》（第 1 卷），人民出版社 1975 年版，第 151 页。

〔5〕 [德] 马克思：《资本论》（第 1 卷），人民出版社 1975 年版，第 153 页。

〔6〕 [德] 马克思：《资本论》（第 1 卷），人民出版社 1975 年版，第 154 页。

〔7〕 [德] 马克思：《资本论》（第 1 卷），人民出版社 1975 年版，第 151 页。

〔8〕 《马克思恩格斯全集》（第 42 卷），人民出版社 1979 年版，第 153 页。

〔9〕 《马克思恩格斯全集》（第 42 卷），人民出版社 1979 年版，第 153 页。

〔10〕 [美] 保罗·A. 萨缪尔森、威廉·D. 诺德豪斯著，高鸿业等译：《经济学》（上），中国发展出版社 1992 年版，第 432 页。

来对人起支配作用，这就是马克思所说的"商品拜物教"。[1] 而货币是"商品之王"，"商品拜物教"必然会导致"货币拜物教"，"货币拜物教的谜就是商品拜物教的谜，只不过变得明显了，耀眼了"。[2] 人们崇拜货币，从根本上说，是因为货币具有公信力、购买力，公认的购买力，可以买卖一切，能满足人们的需要。"一切东西都可以买卖。流通成了巨大的社会蒸馏器，一切东西抛到里面去，再出来时都成为货币的结晶。连圣徒的遗骨也不能抗拒这种炼金术，更不用说那些人间交易范围之外的不那么粗陋的圣物了。"[3] 这样一来，货币就把一切社会关系都变成了自己交易和宰制的对象，"它使人和人之间除了赤裸裸的利害关系，除了冷酷无情的'现金交易'，就再也没有任何别的联系了"，它"抹去了一切向来受人尊崇和令人敬畏的职业的神圣光环"，"撕下了罩在家庭关系上的温情脉脉的面纱，把这种关系变了纯粹的金钱关系"，"把人的尊严变成了交换价值，用一种没有良心的贸易自由代替了无数特许的和自力挣得的自由"。[4] 人们崇拜货币，货币成了"有形的神明"，具有"神力"，"金子！黄黄的、发光的、宝贵的金子！……这东西，只这一点点儿，就可以使黑的变成白的，丑的变成美的，错的变成对的，卑贱变成尊贵，老人变成少年，懦夫变成勇士……可以使异教联盟，同宗分裂……可以使鸡皮黄脸的寡妇重做新娘，即使她的尊容会使那身染恶疮的人见了呕吐，有了这东西也会恢复三春的娇艳"。[5] 货币成了一种"颠倒黑白的力量"，"它把坚贞变成背叛，把爱变成恨，把恨变成爱，把德行变成恶行，把恶行变成德行，把奴隶变成主人，把主人变成奴隶，把愚蠢变成明智，把明智变成愚蠢"，"货币能使冰炭化为胶漆，能迫使仇敌互相亲吻"，可见货币"把一切事物都混淆和替换了"。[6] 货币崇拜，人们狂热地追逐货币，以至于"唯一的比爱情更能使人发狂的事情是货币问题"[7]，"货币在世上称霸王"，使人见钱眼开，利令智昏，利欲熏心，见利忘义，对货币的狂热造成社会的狂乱，所以列宁说，"毁灭一个社会的最有效的方法是毁灭其货币，这一格言戏剧性地表现了货币的力量"[8]。凯恩斯认为："列宁当然是正确的。要推翻现存社会基础，没有比损害货币声誉更巧妙更可靠的手段了。"[9] 货币的拜物教性质，说明货币具有严重的社会危害性，必须对货币进行宏观调控。如果不对货币进行宏观调控，那么货币就可能会引起社会狂乱，甚至使社会毁灭。

由于人的欲望是不断膨胀的，总是认为货币多多益善。通货有膨胀的本能和惯性，特别是由于需求拉动和成本推动，导致通货膨胀更是难以避免。通货膨胀尤其是奔腾式通货膨胀和超级通货膨胀，对经济社会会造成灾难性的影响，如货币贬值，"在过去，我们把钱放在衣服口袋里到商店去，而用篮子装回食物。现在，我们把钱放到篮子里到商店去，而用衣服口袋装回食物，什么都是缺乏的，除了货币以外！价格混乱，生产趋于崩溃"。[10] 如果通货膨胀的势头得不到有效遏制，进而会摧毁社会甚至引发战争。英国经济学家莱昂内尔·罗宾斯曾指出：

〔1〕［德］马克思：《资本论》（第 1 卷），人民出版社 1975 年版，第 89 页。

〔2〕［德］马克思：《资本论》（第 1 卷），人民出版社 1975 年版，第 111 页。

〔3〕［德］马克思：《资本论》（第 1 卷），人民出版社 1975 年版，第 151 页。

〔4〕《马克思恩格斯选集》（第 1 卷），人民出版社 2012 年版，第 402 页。

〔5〕《马克思恩格斯全集》（第 42 卷），人民出版社 1979 年版，第 151 页。

〔6〕《马克思恩格斯全集》（第 42 卷），人民出版社 1975 年版，第 155 页。

〔7〕［美］保罗·A. 萨缪尔森、威廉·D. 诺德豪斯著，高鸿业等译：《经济学》（上），中国发展出版社 1992 年版，第 432 页。

〔8〕［美］米尔顿·弗里德曼著，张瑞玉译：《资本主义与自由》，商务印书馆 1986 年版，第 38~39 页。

〔9〕［英］J. M. 凯恩斯著，赵波、包晓闻译：《预言与劝说》，江苏人民出版社 1997 年版，第 62 页。

〔10〕［美］保罗·A. 萨缪尔森、威廉·D. 诺德豪斯著，高鸿业等译：《经济学》（上），中国发展出版社 1992 年版，第 374 页。

"马克的贬值……摧毁了德国社会中较坚实的组成部分的财富；而且它留下了精神上和经济上的不平衡，由此导致了合适的灾难的孕育场所。希特勒就是通货膨胀的养子。"[1] 集中地说，通货膨胀对经济社会的巨大负面影响表现在以下几个方面：一是对收入和财富分配的影响。"通货膨胀主要的再分配效果产生于它对于财富的实际价值起了未被预见到的影响。一般说来，通货膨胀倾向于将财富从持有固定名义利息率资产的人再分配到负有固定名义利息率债务人那里去。"[2] 凯恩斯说得更直白："政府凭借通货膨胀的连续过程，可以暗中神不知鬼不觉地没收其国民的大量财富。它们运用这种方法不但进行没收，而且是随心所欲地没收，在这一过程使许多人陷入贫困时，它实际上使某些人富了。这种任意重置财富的现象不仅影响经济生活的安全，而且使人们对现存财富分配的公平失去了信心……一般而言，债务人与债权人之间持久稳定的关系是资本主义制度存在的主要基础；而通货膨胀的不断进行使通货的实际价值波动剧烈，从而使这种信用关系完全被打乱，结果是获取财富的整个过程堕落为全凭时运的赌博行为。"[3] 二是对产量和就业的影响。实践证明，"一个国家没有任何方法可以使失业率维持在自然率以下而不发生通货膨胀的螺旋上升"[4]，时至今日，"现代经济面临着一个根本的宏观经济困难：没有一个国家能够在自由企业，低通货膨胀率和充分就业方面长时期地同时取得成功。正如今天的市场经济不能使大炮和黄油都达到最大产量一样，宏观经济也不能同时获得充分就业和零值通货膨胀"[5]。由于通货膨胀具有巨大的负面影响，所以"各个国家在今天都不会长期容忍高的通货膨胀率。或迟或早，它们要采取步骤减轻通货膨胀——通过限制实际产量的增长以及增加失业，或者有时通过对价格和工资加以控制。结果总是一个充满痛苦的停滞时期，因为工人苦于被解雇、工作时间短和就业前景暗淡"，"为抑制通货膨胀而必须损失的产量和就业数量是很大的"。[6] 三是其他负面影响。如通货膨胀由于扭曲了价格而破坏了信息，"在急剧的通货膨胀中，价格标签经常改变。消费者因此可能并不确切地知道哪一个是低价商店并因此弄错，而从一个高价商店购买"[7]。价格难以正确地引导人们的市场行为。急剧的通货膨胀就像急剧的电话号码膨胀一样，快速改变，查找起来极其麻烦。通货膨胀还增加成本，如上述因生产者和销售者必须不断修订所售产品或服务的销售价格而发生的"价签成本"；由于担心货币在通货膨胀中不断贬值，人们将更多地把货币放在手边而不存放于银行，于是不得不经常往来于银行提取货币以购买所需的商品和服务，这就形成了"磨鞋底成本"和"时间成本"，今天则是"手机成本""健康成本"；由于通货膨胀，扭曲了收入的衡量标准，把人们推进到较高的纳税等级，基于名义而非实际数额征税，加重了人们的实际税负[8]，

〔1〕　[美] 保罗·A. 萨缪尔森、威廉·D. 诺德豪斯著，高鸿业等译：《经济学》（上），中国发展出版社 1992 年版，第 375 页。

〔2〕　[美] 保罗·A. 萨缪尔森、威廉·D. 诺德豪斯著，高鸿业等译：《经济学》（上），中国发展出版社 1992 年版，第 379 页。

〔3〕　[英] J. M. 凯恩斯著，赵波、包晓闻译：《预言与劝说》，江苏人民出版社 1997 年版，第 61～62 页。

〔4〕　[美] 保罗·A. 萨缪尔森、威廉·D. 诺德豪斯著，高鸿业等译：《经济学》（上），中国发展出版社 1992 年版，第 415 页。

〔5〕　[美] 保罗·A. 萨缪尔森、威廉·D. 诺德豪斯著，高鸿业等译：《经济学》（上），中国发展出版社 1992 年版，第 86 页。

〔6〕　[美] 保罗·A. 萨缪尔森、威廉·D. 诺德豪斯著，高鸿业等译：《经济学》（上），中国发展出版社 1992 年版，第 385 页。

〔7〕　[美] 保罗·A. 萨缪尔森、威廉·D. 诺德豪斯著，高鸿业等译：《经济学》（上），中国发展出版社 1992 年版，第 385 页。

〔8〕　[英] 莱昂纳尔·普赖斯等著，赵卫华等译：《现代中央银行业务》，经济科学出版社 2000 年版，第 2～3 页。

这些都是由通货膨胀所导致的巨大的负面影响。

为了克服上述通货膨胀的种种巨大的负面影响，必须对货币加以调控，"在现代经济中，控制通货膨胀是宏观经济政策的主要目标之一"[1]。只有调控好了货币，才能调控好经济社会，只有好的货币政策才能对经济社会进行有效的宏观调控。

二、货币政策

货币政策是中央银行为实现特定目标，运用各种工具调控货币进而影响宏观经济的方针和措施的总称。货币政策的变化会引起价格水平、社会总供求、经济结构、经济增长速度、国际收支的变化，因而成为宏观调控的重要措施，货币政策在宏观调控政策中处于重要地位。

货币政策主要包括货币政策工具和货币政策目标。

（一）货币政策工具

货币政策工具是中央银行为实现其职责和货币政策目标所采用的各种宏观调控策略手段。通观世界各国中央银行的具体做法和《中国人民银行法》的有关规定，货币政策工具主要有以下几种：

1. 法定存款准备金政策。法定存款准备金，是各商业银行和其他金融机构按照中央银行的规定和要求，向中央银行交存的一定比率的存款，这笔存款叫作法定存款准备金；这个比率叫作法定存款准备金比率，是指各商业银行和其他金融机构交存中央银行的款额占其全部存款的比率。交存中央银行的这部分存款，各商业银行和其他金融机构不能动用。中央银行通过调整法定存款准备金比率以增加或减少商业银行的存款数量，进而收缩或扩张其信用能力，实现中央银行的货币政策目标。

法定存款准备金，最初的目的是为各商业银行和其他金融机构提供准备金，以增强其支付能力，保障存款安全和取款自由，防止挤兑，避免造成恐慌。这种做法由来已久，1842年美国路易斯安那州银行法开始对它作出规定，而将存款准备金集中于中央银行的做法则始于英国。1913年，美国联邦储备法规定，商业银行必须向中央银行上缴存款准备金并规定了法定存款准备金比率。1935年，美联储首次获得了调整法定存款准备金比率的权力，使得法定存款准备金政策演化成为现在的一种货币政策工具。

这一货币政策工具除了保证商业银行和其他非银行金融机构的流动性和支付能力以外，其核心是中央银行依照法律规定调整各商业银行和其他金融机构向其交存的法定存款准备金的比率。一旦法定存款准备金比率确定以后，各商业银行和其他非银行金融机构都得向其中央银行交存一定比率的法定存款准备金，据此，中央银行就能调控各商业银行和其他非银行金融机构的货币数量和信用能力，对货币供应起到调控作用。例如，当中央银行提高法定存款准备金比率时，各商业银行和其他非银行金融机构交存中央银行的法定存款准备金数额增加，从而自身拥有的货币数量减少，信贷能力降低，达到紧缩银根、减少货币供应的目的，这有助于抑制经济过热和通货膨胀；当中央银行降低法定存款准备金比率时，各商业银行和其他非银行金融机构交存中央银行的法定存款准备金数额减少，从而自身拥有的货币数量增加，信贷能力提高，达到放松银根、增加货币供应的目的，这有助于阻止经济衰退，扩大投资，促进经济复苏增长。

由于法定存款准备金比率的变动会引起货币供应的乘数效应，影响货币加倍扩张或收缩，所以它是一种影响货币供应的强有力的手段。从20世纪30年代起，美联储就开始运用这一货

---

〔1〕　〔美〕保罗·A.萨缪尔森、威廉·D.诺德豪斯著，高鸿业等译：《经济学》（上），中国发展出版社1992年版，第389页。

币政策工具，1980 年美国《存款机构放松管制和货币控制法》为其制定法定存款准备金比率提供了简明的法案。法定存款准备金比率有其优点，如对所有商业银行和其他非银行金融机构的影响是平等的，并且力度大，速度快，效果明显，对货币供应影响强烈。但也正因为如此，这一货币政策工具也具有一些缺点：一是法定存款准备金比率稍作微调就会引起货币供应的巨大变动，而且变化太突然、太剧烈，难以对货币供应巧作微调，米什金曾形象地指出，用法定存款准备金比率对货币供应作微调，用力过大过猛，"如同用一个气锤来切割金刚石一样"〔1〕。二是由于各商业银行和其他金融机构一般是无偿向中央银行交存法定存款准备金，不但没有收益，而且还有损失，其损失额就是如果将这笔存款用作贷款可能收取的利息。这种损失加重了它们的经营成本，削弱了它们的竞争能力，并且这些损失和成本大部分将转嫁给存款人和贷款人。有时提高法定存款准备金比率还有可能使商业银行和其他非银行金融机构陷入流动性困境。三是由于各商业银行和其他非银行金融机构已向保险公司投保，支付已有相当保障，一般不会发生挤兑，银行恐慌已经消除，存款准备金的意义已经不大，而交存中央银行的法定存款准备金"存而不用"，大笔资金被闲置，没有得到充分有效的利用，实属浪费。

由上可见，法定存款准备金比率作为一种货币政策工具是利少弊多，应当少用甚至不用，即使用也要十分慎重。如美联储分别于 1990 年 12 月和 1992 年 4 月取消了定期存款的法定准备金，并将可签发支票存款的法定存款准备金比率从 12% 降至 10%；加拿大从 1992 年 4 月起取消了所有 2 年以上期限存款的法定准备金；瑞士、新西兰、澳大利亚的中央银行完全取消了法定存款准备金。〔2〕 从世界范围来看，法定存款准备金比率都呈降低趋势。

2. 再贴现政策。要理解再贴现，必须先理解贴现。所谓贴现，是票据持有人在票据到期日之前，向各商业银行和其他非银行金融机构转让票据，后者扣除自转让日至到期日之间的利息和手续费以后，将票面余额变现给持票人。票据到期后，各商业银行和其他非银行金融机构再凭票向付款人（承兑人）按票面金额收取票款。各商业银行和其他非银行金融机构赚取自转让日至到期日之间的票据利息和手续费，因而贴现是商业银行和其他非银行金融机构的一项重要的经营业务和项目。所谓再贴现，是各商业银行和其他非银行金融机构将其所持有的未到期的票据，再向中央银行贴息转让以获取现款的行为。

所谓再贴现政策，是指中央银行通过调整再贴现率影响再贴现贷款的数量，进而影响货币供应，以实现对宏观经济的调控作用。再贴现率是中央银行对各商业银行和其他非银行金融机构申请再贴现所规定的贴息或借款成本比率，再贴现率的调整是再贴现政策的核心之一。当中央银行降低再贴现率时，各商业银行和其他非银行金融机构向中央银行再贴现的成本降低，会激励它们增加向中央银行再贴现贷款，增加自身的货币数量，扩大信贷能力，会降低市场利率，加大社会对货币的需求，促使流动性增加，经济扩张；当中央银行提高再贴现率时，各商业银行和其他非银行金融机构向中央银行再贴现贷款的成本上升，会抑制它们向中央银行再贴现贷款，从而减少自身的货币数量，缩小信贷能力，会提高市场利率，削减社会对货币的需求，导致流动性减少，经济收缩。

由于再贴现率与市场利率可能不一致，当再贴现率低于市场利率时，各商业银行和其他非银行金融机构就可能以低再贴现率取得中央银行的贷款，再把这笔贷款以较高的市场利率发放贷款或购买利率较高的证券。为了防止再贴现贷款被滥用并加以规制，中央银行还得运用再贴现政策的另一个核心政策，这就是管理再贴现窗口，以此影响再贴现贷款的规模和结构。如美

〔1〕 ［美］米什金著，李扬等译：《货币金融学》，中国人民大学出版社 1998 年版，第 425 页。

〔2〕 ［美］米什金著，李扬等译：《货币金融学》，中国人民大学出版社 1998 年版，第 426 页。

联储把再贴现贷款分为三类：一是调整性贷款（Adjustment Credit Loan），目的在于帮助各商业银行和其他非银行金融机构解决因暂时性存款流出可能带来的短期流动性需要。这类贷款最为普遍，往往一个电话就可得到，但要快速归还。二是季节性贷款（Seasonal Credit Loan），用于那些具有季节性特点的少数商业银行和其他非银行金融机构的季节性需要。三是持续性贷款（Extended Credit Loan），发放给那些因存款流出而面临严重流动性需要的银行。这类贷款不要求迅速归还，但必须提交阐明需要持续性贷款理由的申请和恢复流动性的计划。美联储根据上述三种情况制定有关规则，对各商业银行和其他非银行金融机构的信誉进行调查，对其再贴现贷款的频率作出限制，对于过于频繁者予以拒绝，并加以劝告，因此，对于各商业银行和其他非银行金融机构来说，应当认识到，再贴现窗口不是一种权利而是一种优惠。[1]

中央银行对各商业银行和其他非银行金融机构办理再贴现，其实是充当它们的最后贷款人，为它们提供准备金，因而具有防范金融恐慌的重要作用。在发生金融恐慌时，中央银行通过再贴现向各商业银行和其他非银行金融机构提供准备金，把一定的货币立刻送到它们手中。如1930~1933年发生金融恐慌时，美联储应该运用再贴现政策而没有运用，造成大批银行倒闭，致使经济社会从衰退滑向大萧条。1974年和1984年，美联储成功运用再贴现政策向富兰克林国民银行和伊利诺斯国民银行提供巨额贷款，使它们化险为夷。[2]此外，再贴现政策还是一种表明中央银行未来货币政策意向的信号，具有告示声明的效应。当中央银行决定提高再贴现率时，传出的信号可能是经济收缩，将减少货币供应；当中央银行降低再贴现率时，传出的信号是经济扩张，将扩大货币供应。而且，通过告示货币政策的变动方向和力度，能够影响公众预期，引导经济活动，调整信贷结构，并使之与产业政策相适应。

但再贴现政策的优点也是缺点，主要表现在：一是正因为中央银行充当各商业银行和其他非银行金融机构的最后贷款人，各商业银行和其他非银行金融机构也知道中央银行会救助它们，不会见死不救，因而在发放贷款时更加肆无忌惮，更加敢冒风险。这就说明，中央银行不应频繁地、无原则地充当最后贷款人。二是中央银行调整再贴现率的信号和声明是相对准确的，但并不是确切无误的，有时不能准确反映中央银行货币政策的意向，也可能导致公众对中央银行货币政策意向的误解，并引起不必要的混乱。例如，当市场利率相对于再贴现率正在上升导致再贴现贷款增加时，中央银行为了控制再贴现贷款的规模、调整基础货币的结构，它也会提高再贴现率使之与市场利率保持一致，公众可能会据此认为中央银行有紧缩银根的意向，但其实中央银行并无此意。三是中央银行虽然能通过调整再贴现率调控货币供应量，但并不能直接严格控制，因为愿不愿意再贴现，主动权还是在各商业银行和其他非银行金融机构手里，这就像一句古谚所说的那样，"牵马河边易，逼马饮水难"[3]，中央银行并不能强迫它们进行再贴现贷款。四是有人认为，保险公司的存在，大大消除了金融恐慌的可能性，再贴现已意义不大。五是如果再贴现率与市场利率脱钩，一般只能影响市场利率水平，但并不能改变市场利率结构，即使这样，如前所述，也会导致滥用再贴现贷款，当市场利率与再贴现率之间的"利差"随市场利率的变化发生较大波动时，这种波动可能会导致再贴现贷款规模乃至货币供应量发生非政策意向的较大波动。这些都有相应的道理，因而弗里德曼等人甚至建议取消再贴现这一货币政策工具，改用其他更有效的货币政策工具，但大多数人并不赞同，他们依然认为再贴

---

〔1〕　［美］米什金著，李扬等译：《货币金融学》，中国人民大学出版社1998年版，第418~419页。

〔2〕　［美］米什金著，李扬等译：《货币金融学》，中国人民大学出版社1998年版，第420页。

〔3〕　［美］保罗·A.萨缪尔森、威廉·D.诺德豪斯著，高鸿业等译：《经济学》（上），中国发展出版社1992年版，第500页。

现政策仍有其重要作用。不过，这种争论本身也说明，再贴现并不是最理想的货币政策工具。

3. 公开市场业务。所谓公开市场，是指有价证券自由公开买卖的市场，主要是证券交易市场。所谓公开市场业务，是指中央银行在公开市场上买卖有价证券从而调控货币供应量的一种活动。其中的有价证券主要是政府债券（国库券），因为政府债券规模最大且流动性最强。中央银行在公开市场上买卖政府债券，主要就是与各商业银行和其他非银行金融机构以及大公司买卖政府债券。

中央银行运用公开市场业务有以下作用：一是当金融市场出现资金短缺时，中央银行可买进债券，向社会投放货币，增加货币供应量，扩大投资，扩张经济；当金融市场出现资金富余时，中央银行可卖出债券，从社会回笼货币，减少货币供应量，缩小投资，收缩经济。二是通过公开市场操作，买卖债券吞吐货币引起货币供应量的增减，进而影响市场利率，配合再贴现政策的运用。三是中央银行在收入旺季买入债券，可扩大市场资金量；在支出旺季卖出债券，可吸收社会资金，这样可以调节市场资金余缺，维护金融市场稳定，减轻政府财政收支对金融环境的影响。

与法定存款准备金、再贴现政策相比，公开市场业务具有以下优点：一是它完全由中央银行控制，其操作规模的大小和时机可由中央银行主动进行调整；二是可以通过斟酌买卖或多或少的债券应对市场的微妙变化，极其灵活精巧，能够准确地达到政策目标；三是当公开市场操作出现错误时易于逆转使用，买多了可用多卖来矫正，卖多了可用多买去抵销，有利于纠正错误；四是只要向证券交易商发出买卖的指令，交易就可立即进行，迅速快捷，不会延误。[1]正因为如此，所以公开市场业务被公认为是"中央银行稳定经济最重要的武器"[2]，是"最重要的货币政策工具"，是"决定基础货币变动的基本因素，也是货币供应波动的主要根源"[3]。

当然，公开市场业务要有效地发挥作用，需要有发达的证券交易市场，如果证券市场发育程度不够，交易工具太少，就会制约公开市场业务的效果。此外，还要注意的是，公开市场业务技术性较强，操作较为微妙，政策意向的告示作用较弱。

（二）货币政策目标

上述货币政策工具是服务于货币政策目标的。这些货币政策目标主要是：保持币值稳定，防止通货膨胀，实现充分就业，促进经济增长。

1. 保持币值稳定。这是中央银行首要而直接的目标，也是实现中央银行其他目标的前提条件。如《中国人民银行法》第3条规定："货币政策目标是保持货币币值的稳定，并以此促进经济增长。"

所谓币值，具体是指货币的价值，主要是指货币的购买力，也就是说货币的价值体现在它所能购买的商品（包括劳务）的价值上。这正如凯恩斯所指出的："人们持有货币不是为了货币本身而是为了它的购买力，也就是为了它所能购买的东西。因此，他所需要的便不是若干单位的货币本身而是若干单位的购买力。"[4]也正是因为货币具有购买力，人们才愿意持有货币，而人们愿意持有货币正是货币的价值所在。"由于一定条件下的货币购买力决定于一单位

〔1〕［美］米什金著，李扬等译：《货币金融学》，中国人民大学出版社1998年版，第417~418页。

〔2〕［美］保罗·A. 萨缪尔森、威廉·D. 诺德豪斯著，高鸿业等译：《经济学》（上），中国发展出版社1992年版，第493页。

〔3〕［美］米什金著，李扬等译：《货币金融学》，中国人民大学出版社1998年版，第415页。

〔4〕［英］凯恩斯著，何瑞英译：《货币论——货币的纯理论》（上卷），商务印书馆1986年版，第45页。

货币所能购买的货物与劳务量，所以这种购买力便可以用各种单位货物与劳务按其作为支付对象的重要性的比例构成一种综合商品来加以衡量。"[1] 这样，货币的价值与商品的价值就联系起来了，而商品的价值又表现为商品的价格，即物价，所以，币值稳定的直观表现就是物价稳定。

所谓物价稳定，并不是说物价固定不变，而是使一般物价水平在短期内不发生显著或急剧的变动，能被控制在合理的幅度之内。这样，便于人们从稳定的物价中捕捉到准确的信息，合理预期，减少损失。相反，如果物价变动不居，商品的价格所包含的信息就捉摸不定，难以理解，从而导致人们决策困难，造成经济社会的不确定性，带来不应有的损失。

影响物价稳定的因素很多，如生产力水平、经济发展状况、平均就业程度、人们的消费习惯、社会总求求以及币值稳定与否等。其中，社会总供求平衡与币值稳定是保证物价稳定的根本因素，在特定条件下，尤以币值稳定为最。因为货币供应形成社会购买力进而构成社会总需求，而社会总供给以商品的形式对货币产生需要。可见，货币是社会总供求的共同载体，没有货币供应就没有社会需求，同样，没有货币引导就没有社会供给，因此，社会总供求关系是以货币为媒介和核心的关系，社会总供求的平衡不是实物量的平衡而是货币量的平衡，货币供应量与货币需求量带动社会总供给与社会总需求并最终决定着社会总供给与社会总需求是否平衡。要保证社会总供给与社会总需求的平衡，关键是调控货币供应量与货币需求量的平衡，只有把货币供应量控制在货币需求所能容许的范围内，保持货币供应量与货币需求量在动态上的平衡，才能保持币值稳定。币值稳定是物价稳定的根本保证，币值稳定进而才能保证物价稳定。

保持币值稳定，要采取许多措施：一是防止通货膨胀。二是防止通货紧缩。通货紧缩会抑制投资需求，使企业倒闭或开工不足，失业率上升；也会抑制消费需求，使企业销售下降，存货增加，利润减少，导致经济增长停滞甚至引发经济危机，在这种情况下，是无法保持币值稳定的。三是保持国际收支的平衡。无论是国际收支顺差还是逆差都会影响本币币值的稳定，长期的巨额国际收支顺差，使大量的外汇储备闲置，造成资源的浪费，为了购买外汇又要增发本币，可能导致或加剧国内通货膨胀；巨额的国际收支逆差，会使外汇市场对本币失去信心，资本大量外流，外汇储备减少，本币大幅贬值，会酿成金融危机。只有国际收支基本平衡的情况下，才能保持币值稳定。四是保持金融稳定。如通过法定存款准备金、再贴现、公开市场业务等货币政策工具保障银行和其他非银行金融机构的支付能力，避免其出现流动性问题，尤其是防止它们破产倒闭。金融稳定是保持币值稳定的重要条件；币值稳定是整个金融稳定的一个方面，在金融不稳定的情况下，币值不可能稳定。

2. 防止通货膨胀。这是与保持币值稳定密切相关和相提并论的货币政策目标。所谓通货膨胀，从根本上说，是由于货币供应总量超过社会所能供给的商品的价值总量，使得较多的货币追逐较少的商品，导致商品价格上升，货币价值下降，结果与正常相比，较多的货币只能购买较少的商品。

通货膨胀危害甚大：一是通货膨胀导致货币的购买力下降，减少了人们可购买的商品，人们的生活水平因此而下降，而当人们的生活水平下降时，就容易使社会矛盾激化。二是通货膨胀突然加速时，贷款人将受到额外损失；通货膨胀突然减速时，借款人会受到额外损失，正常的借贷关系会遭受破坏，使社会财富分配不公。三是通货膨胀破坏价格机制，扭曲价格信号，不能正确地传导经济信息，增加了交易成本，会影响资源的有效配置。四是严重的通货膨胀会

---

[1] [英] 凯恩斯著，何瑞英译：《货币论——货币的纯理论》（上卷），商务印书馆 1986 年版，第 45 页。

导致货币的严重贬值，可能会破坏货币体系，甚至会酿成社会灾难，如许多经济危机、战争都与严重的通货膨胀有关。所以弗里德曼严正地指出："通货膨胀是一种疾病，一种危险的、有时是致命的疾病，如不及时制止，会摧毁整个社会。"[1] 如第一次世界大战后德国发生恶性通货膨胀，为纳粹主义奠定了基础；1954 年巴西通货膨胀率高约 100%，由此产生了军人政府；1973 年智利阿连德政府和 1976 年阿根廷庇隆政府都因通货膨胀而倒台。[2] 正因为如此，"政治家和中央银行的银行家天天对通货膨胀危险作判断。民意测验投票时常发现通货膨胀是头号经济大敌……被标明为危险物"[3]。

造成通货膨胀的原因很多，如需求拉动和成本推动等。但弗里德曼认为："所有这些可以使个别商品的价格上涨，但它们不会造成物价的普遍上涨。它们可以造成通货膨胀率的一时涨落，但它们不会造成持续的通货膨胀。理由很简单：这些被指控的罪犯没有哪一个拥有印钞机，能印出那些装在我们口袋里的纸片，也没有哪一个可以合法地授权会计在账册上记入与那些纸片相等的项目。"[4] 在他看来，"在当今世界上，通货膨胀是印钞机带来的现象"[5]。他还一针见血地指出："严重的通货膨胀无论在哪里都总是一种货币现象。"[6] 因为，商品的增加受到可资利用的资源、技术和人力等客观因素的限制，至多只能缓慢地增加，而货币却不受这些限制，可以以任何速度增长，只要开动印钞机就可以，因此货币增长的速度总是快于商品增长的速度，通货膨胀就是"由货币量比产量增加得更快造成的"，其中"货币量的作用为主，产量的作用为辅"[7]。

既然明确了货币增长过快是造成通货膨胀的罪魁祸首，那么医治通货膨胀的有效方法就是放慢货币增长率，这正如弗里德曼指出的："货币量的过度增加是通货膨胀的唯一重要原因，因而降低货币增长率是医治通货膨胀的唯一方法。"[8] 而当今各国，货币增长率主要是由中央银行掌握的，所以降服通货膨胀这个经济恶魔、医治通货膨胀这个经济顽症，就成了中央银行的根本目标。

那么中央银行怎样掌控货币增长率呢？具体来说就是：在社会总需求不足的情况下，社会经济处于萎缩或萧条状态，企业开工不足，资源闲置，失业增加，货币量减少，购买力下降。这时，中央银行就应适度提高货币增长率，适当增加货币供应量，降低市场利率，刺激社会总需求，带动社会总供给，恢复生产，促进经济增长，使社会总供求趋于平衡。在社会总需求过热的情况下，社会经济处于过度膨胀状态，生产发展过快，投资急剧增加，市场供给不足，物

〔1〕 ［美］米尔顿·弗里德曼、罗斯·弗里德曼著，胡骑、席学媛、安强译：《自由选择——个人声明》，商务印书馆 1982 年版，第 265 页。

〔2〕 ［美］米尔顿·弗里德曼、罗斯·弗里德曼著，胡骑、席学媛、安强译：《自由选择——个人声明》，商务印书馆 1982 年版，第 265 页。

〔3〕 ［美］保罗·A. 萨缪尔森、威廉·D. 诺德豪斯著，高鸿业等译：《经济学》（上），中国发展出版社 1992 年版，第 377 页。

〔4〕 ［美］米尔顿·弗里德曼、罗斯·弗里德曼著，胡骑、席学媛、安强译：《自由选择——个人声明》，商务印书馆 1982 年版，第 266 页。

〔5〕 ［美］米尔顿·弗里德曼、罗斯·弗里德曼著，胡骑、席学媛、安强译：《自由选择——个人声明》，商务印书馆 1982 年版，第 266 页。

〔6〕 ［美］米尔顿·弗里德曼、罗斯·弗里德曼著，胡骑、席学媛、安强译：《自由选择——个人声明》，商务印书馆 1982 年版，第 266 页。

〔7〕 ［美］米尔顿·弗里德曼、罗斯·弗里德曼著，胡骑、席学媛、安强译：《自由选择——个人声明》，商务印书馆 1982 年版，第 275 页。

〔8〕 ［美］米尔顿·弗里德曼、罗斯·弗里德曼著，胡骑、席学媛、安强译：《自由选择——个人声明》，商务印书馆 1982 年版，第 275 页。

价飞涨。这时，中央银行就应适度降低货币增长率，减少货币供应量，提高市场利率，抑制社会总需求，平抑物价，减缓经济增长，促使社会总供求趋于平衡。

3. 实现充分就业。人具有能动性，这种能动性具体而集中地表现为人的劳动，劳动是最有意义的能动，因而人是一种劳动者。从现实来看，一国的公民绝大部分是劳动者，他们以劳动为生，以就业为本，就业是他们生存和发展的根本依赖。只有实现充分就业，他们的生存和发展才有保障；只有实现充分就业，才能人尽其才，物尽其用，有效利用资源；只有就业才能激发人们的事业心、自尊心和成就感，可见，就业是人性的基本要求。

相反，如果社会失业率很高，那就意味着许多人无法就业，失去了生活的依靠和来源，沮丧绝望，甚至滋生违法犯罪现象。而且在社会失业率很高的情况下，存在大量的人员闲置，资源浪费，产出低下的问题。可以说，失业几乎就是失去一切。所以凯恩斯严正地指出，不能提供充分就业乃是我们生存其中的经济社会的显著缺点[1]，失业率也成为人们关注的焦点，以至于"失业率的变动在每月都是头条新闻"[2]。

正因为如此，就业是最大的民生，就业已成了一种权利甚至是人权，也成了政府的一项神圣的职责。一个负责的政府应当把实现充分就业作为其根本目标，实现充分就业也是其宏观调控的重要目标。

就业水平受经济发展的规模、速度、周期和经济结构等众多因素的影响。失业也有很多原因，有因迁徙而失业的，有因离职而失业的，有因新就业而失业的，有自愿失业的，也有摩擦失业的，还有季节性失业和结构性失业，这些复杂的原因使得一定水平的失业率在任何社会都是在所难免的。因此，实现充分就业不等于没有一个人失业，不是说失业率为零，而是力求做到让任何一个有工作能力并愿意工作的人都能有一份有合理报酬的工作，最起码要求保持劳动力供求平衡，使失业保持在自然失业率水平之上，也即国家在不引起通货膨胀螺旋式上升的条件下所能具有的最低比率，要尽量避免因总需求不足所引起的失业。

政府要实现充分就业可以采取许多措施，如职业介绍、提供培训、创造职位、改进制度等。但由于劳动力总是同资本相关联，在一切投入的生产要素中，货币是先决的生产条件，"只有在充分就业情形之下……才利于资本生长"[3]要实现充分就业就必须扩大资本，增加投资，所以凯恩斯觉得："要达到离充分就业不远之境，其唯一办法，乃是把投资这件事情，由社会来总揽，以达到最适度的投资量。"[4]为此，他提出："在充分就业限度以内，鼓励投资者乃是低利率。故我们最好参照资本之边际效率表，把利率减低到一点，可以达到充分就业。"[5]凯恩斯实现充分就业的主张也许有许多可以质疑之处，但他无疑提供了一种重要的思路和方法，那就是，在实现充分就业方面，中央银行大有作为。时至今日，实现充分就业已成为中央银行的根本目标之一。

具体说来就是，为了实现充分就业，中央银行可适度增加货币供应，降低利率，刺激投资，扩大劳动力需求。但要警惕和防范通货膨胀。

4. 促进经济增长。这是人类经济活动的终极目标，也是上述保持币值稳定、防止通货膨

---

〔1〕　[英]凯恩斯著，徐毓枏译：《就业利息和货币通论》，商务印书馆1983年版，第321页。

〔2〕　[美]保罗·A. 萨缪尔森、威廉·D. 诺德豪斯著，高鸿业等译：《经济学》（上），中国发展出版社1992年版，第340页。

〔3〕　[英]凯恩斯著，徐毓枏译：《就业利息和货币通论》，商务印书馆1983年版，第321页。

〔4〕　[英]凯恩斯著，徐毓枏译：《就业利息和货币通论》，商务印书馆1983年版，第326页。

〔5〕　[英]凯恩斯著，徐毓枏译：《就业利息和货币通论》，商务印书馆1983年版，第323页。

胀和实现充分就业的目标，自然也是中央银行货币政策的目标。[1]

对于中央银行来说，经济增长才是硬道理，这既是中央银行货币政策的出发点和落脚点，也是中央银行货币政策的指导思想，还是评价中央银行货币政策的价值尺度。

所谓经济增长，内涵丰富，定义不一，有许多考量标准，如人均产出增加、人均收入增长、生产要素扩大、生产效率提高、GDP 或 GNP 的增长等。[2] 也有许多促进经济增长的因素，如资源、人力、资金、技术、制度等。[3] 无论是经济增长的考量标准还是促进经济增长的因素，都可以看出，中央银行在其中具有重要地位，中央银行实行怎样的货币政策直接影响着经济能否增长、怎样增长以及增长的幅度。

就经济增长的考量标准来说，无论是人均产出增加、人均收入增长还是生产要素扩大、生产效率提高、GDP 或 GNP 的增长，都必须用货币去统计和计算，货币是衡量尺度和计价单位，如果币值不稳定，就不可能客观真实地考量经济增长。所以，保持币值稳定是正确考量经济增长的重要条件。

就经济增长的促进因素来说，劳动力是一个重要因素，如果存在着大量失业，人们无所事事，既没有收入，又不能充分发挥他们的聪明才智，也不能让他们在工作中得到锻炼提高，谈何经济增长？可以说，没有人的发展，就谈不上其他发展和经济增长。只有充分就业，人尽其才，物尽其用，人们不仅增加收入，而且有所作为，在工作中还得到了锻炼提高，这样才会有经济增长。而要做到这一点，就必须增加货币供应，扩大投资。这就涉及另一个因素——资金。资金短缺构成经济增长的瓶颈，没有适度增长的资金供应，经济增长是缓慢的甚至是不可能的。许多经济增长都源于投资增长的拉动。

当然，实践证明，在影响经济增长的各种因素中，制度处于最核心的地位，国际经济增长中心主任尼古拉斯·阿尔迪托·巴莱塔在为该中心出版的《制度分析与发展的反思》一书所写的前言中指出："本书是对以资源、技术和人的偏好来解释经济增长的传统经济思想提出挑战。本书编者……注意到过去经济学家们之所以不能够充分理解经济增长，关键是由于第四个因素——制度——受到忽略。正如十三位作者所证明，制度的影响是相当大的。"[4] 在各种制度中，"一种稳定的货币"被视为"制度前提"之一种。[5] 之所以如此，是因为，我们的制度广泛地使用货币，货币流通是我们制度的血液，社会严重地依赖货币。稳定的货币是稳定的秩序和稳定的社会的重要因素和保证力量，货币不稳定，秩序就不稳定，社会就不稳定；货币出了问题，秩序和社会肯定要出问题，"社会拥有的发明物，哪一件出毛病时也没有货币造成的危害大"[6]。在一个货币不稳定、货币出了问题的社会是不可能有什么经济增长的，"几百年来的经验告诉我们，金融市场的稳定在整个经济中所发挥的作用是多么的关键"[7]。此

〔1〕 邓小平同志指出：《发展才是硬道理》，载《邓小平文选》（第3卷），人民出版社 1993 年版，第 377 页。

〔2〕 ［美］道格拉斯·诺思、罗伯特·托马斯著，厉以平、蔡磊译：《西方世界的兴起》，华夏出版社 1999 年版，第 6 页。

〔3〕 ［英］阿瑟·刘易斯著，周师铭、沈丙杰、沈伯根译：《经济增长理论》，商务印书馆 1983 年版，第 6~7 页。

〔4〕 ［美］V. 奥斯特罗姆、D. 菲尼、H. 皮希特编，王诚等译：《制度分析与发展的反思——问题与抉择》，商务印书馆 1992 年版，第 134 页。

〔5〕 ［美］V. 奥斯特罗姆、D. 菲尼、H. 皮希特编，王诚等译：《制度分析与发展的反思——问题与抉择》，商务印书馆 1982 年版，第 26 页。

〔6〕 ［美］米尔顿·弗里德曼、罗斯·弗里德曼著，胡骑、席学媛、安强译：《自由选择——个人声明》，商务印书馆 1982 年版，第 261 页。

〔7〕 ［美］戴维·B. 西西利亚、杰弗里·L. 克鲁克香克著，谢毅斌等译：《格林斯潘效应》，机械工业出版社 2000 年版，第 335~336 页。

外，经济增长还需要一个制度保障，那就是信心。格林斯潘曾提醒过，我们生活在一种新经济当中，涉及人类心理学的知识，市场的命运掌握在人们的心理变化中。当人民对国家及国民经济怀有信心时，他们就相信未来的经济必定有很强的生产能力。仅仅是由于人民有了这种信心，并且依此行事，他们才能促成这种未来变成现实。[1] "信心比黄金更重要"，人们对货币和货币制度有信心，这样才会有经济增长。具体说来，这种信心建立在信用的基础之上，而信用是由中央银行和其他银行及非银行金融机构提供和保证的，所以它们的别名和通用名就是信用机构。格林斯潘指出："我们应该认识到银行业就其本质而言，完全是信心问题。银行系统内爆发的危机无一例外都是由于民众对该银行丧失了信心。"[2] 有效的货币政策是实现经济增长的灵丹妙药，"我们必须力求建立这样一种货币条件。在此条件下，价格稳定有助于最大限度地实现可持续的长远的发展。这种有序的政策最能帮助我们鉴别时机，引导不断增长的知识、革新和资本投资用于创造财富，从而尽可能地提高生活水平"。[3]

需要指出的是，上述货币政策目标有相互一致的一面，如保持币值稳定与防止通货膨胀、实现充分就业与促进经济增长。但也有彼此冲突的一面，如防止通货膨胀与实现充分就业以及促进经济增长，这是"现代经济面临的一个根本的宏观经济困境"，"没有一个国家能够在自由企业，低通货膨胀率和充分就业方面长时期地同时取得成功"[4]。弗里德曼也指出："就我们所知，历史上没有这样的例子：通货膨胀不经过一段经济增长放慢和失业率增长的时期而结束。"[5] 这些矛盾是一个"在混合经济中到处使人心神不宁的幽灵"[6]，也成为宏观经济调控中最艰难的抉择，中央银行应该统观全局，分清主次，明确先后，审时度势，相机抉择，精准施策。

（三）货币政策的法治化

由上可见，货币政策是国民经济和社会发展的重要宏观调控工具，对经济社会具有重大影响，为了保证货币政策的科学性、合法性和权威性，使有关机构能依法运用货币政策工具，更好地服务于货币政策目标，必然要求货币政策的法治化，要依法制定和实施货币政策。

1. 依法设立决策机构。货币政策是由决策机构作出的，决策机构对货币政策有根本性的影响，在某种程度上可以说，有什么样的决策机构就有什么样的货币政策，决策机构要作出科学、合理和有效的货币政策，必须要求其成员素质很高、机构相对独立、内部运行良好、自律监管有效。由于国情不同，各国的货币政策决策机构有别。在中央银行高度独立的国家，中央银行的最高管理层即是决策机构，如德国的联邦银行理事会、美国的美联储理事会。在中央银行相对独立的国家，中央银行是隶属于中央政府的决策机构，如英格兰银行理事会、法兰西银行理事会。

---

〔1〕 ［美］戴维·B. 西西利亚、杰弗里·L. 克鲁克香克著，谢毅斌等译：《格林斯潘效应》，机械工业出版社2000年版，第59、305、306页。

〔2〕 ［美］戴维·B. 西西利亚、杰弗里·L. 克鲁克香克著，谢毅斌等译：《格林斯潘效应》，机械工业出版社2000年版，第321页。

〔3〕 ［美］戴维·B. 西西利亚、杰弗里·L. 克鲁克香克著，谢毅斌等译：《格林斯潘效应》，机械工业出版社2000年版，第260页。

〔4〕 ［美］保罗·A. 萨缪尔森、威廉·D. 诺德豪斯著，高鸿业等译：《经济学》（上），中国发展出版社1992年版，第86页。

〔5〕 ［美］米尔顿·弗里德曼、罗斯·弗里德曼著，胡骑、席学媛、安强译：《自由选择——个人声明》，商务印书馆1982年版，第288页。

〔6〕 ［美］保罗·A. 萨缪尔森、威廉·D. 诺德豪斯著，高鸿业等译：《经济学》（上），中国发展出版社1992年版，第393页。

在人事任免方面，《中国人民银行法》第 2 条第 2 款规定："中国人民银行在国务院领导下，制定和执行货币政策……"第 10 条规定："中国人民银行设行长一人，副行长若干人。中国人民银行行长的人选，根据国务院总理的提名，由全国人民代表大会决定；全国人民代表大会闭会期间，由全国人民代表大会常务委员会决定，由中华人民共和国主席任免。中国人民银行副行长由国务院总理任免。"第 11 条规定："中国人民银行实行行长负责制……"

在业务方面，《中国人民银行法》第 5 条规定："中国人民银行就年度货币供应量、利率、汇率和国务院规定的其他重要事项作出的决定，报国务院批准后执行。中国人民银行就前款规定以外的其他有关货币政策事项作出决定后，即予执行，并报国务院备案。"第 6 条规定："中国人民银行应当向全国人民代表大会常务委员会提出有关货币政策情况和金融业运行情况的工作报告。"第 7 条规定："中国人民银行在国务院领导下依法独立执行货币政策，履行职责，开展业务，不受地方政府、各级政府部门、社会团体和个人的干涉。"

2. 依法规定决策程序。货币政策决策必须遵循一定的程序，严格的决策程序是科学决策的重要保障。美国联邦公开市场委员会在公开市场操作方面要遵循严格的程序。如它一般每年要召开 8 次会议，在 2 月和 7 月的会议上讨论决策长期货币政策，其余 6 次讨论决策短期货币政策。每次会议前，公开市场委员会将有关文件包括经济分析报告、货币分析报告和地区经济分析报告等分送与会人员，并进行研究；然后进入会议议程，共 6 项，分别为上次会议政策纪要、外汇市场操作、公开市场操作、经济形势、较长时期政策目标、短期政策目标；最后向公开市场委员会的业务机构下达指示，指示包括在每月的"FOMC 政策指令"之中，共由两部分组成，第一部分是经济情况的总评价，第二部分是货币政策的总目标。这些决策程序具有重要的借鉴意义。《中国人民银行法》第 12 条第 1 款规定："中国人民银行设立货币政策委员会。货币政策委员会的职责、组成和工作程序，由国务院规定，报全国人民代表大会常务委员会备案。"

3. 依法确立决策依据。正确的决策建立在客观的依据上，货币政策决策的依据必须依法确立，客观真实，全面综合。这些依据主要有：一是国内经济运行状况的预测分析，包括社会总供求、经济增长率、失业率、投资和消费倾向等经济景气状况，通货膨胀和币值稳定状况，进出口变动、经常项目平衡、国际资本流动、国际储备变动、汇率变动等，国际收支情况方面的宏观经济运行状况和变动趋势以及企业生产能力的利用程度、经济效益情况、财务状况等微观经济运行状况和变动趋势；二是世界经济金融形势及其对国内经济金融影响的预测分析；三是国内货币金融形势的预测分析，包括货币需求预测分析和货币供给预测分析。货币决策必须根据上述依据进行，坚决杜绝主观臆断和凭空决策。对此，《中国人民银行法》第 35 条规定："中国人民银行根据履行职责的需要，有权要求银行业金融机构报送必要的资产负债表、利润表以及其他财务会计、统计报表和资料。中国人民银行应当和国务院银行业监督管理机构、国务院其他金融监督管理机构建立监督管理信息共享机制。"第 36 条规定："中国人民银行负责统一编制全国金融统计数据、报表，并按照国家有关规定予以公布。"

4. 依法选择货币政策目标。前已提及，货币政策目标是多元的，它们之间既相互统一又存在矛盾，有时货币政策可能无法同时兼顾多元目标，这样就出现了货币政策目标的选择问题。到底应如何选择货币政策目标？何种货币政策目标优先？理由何在？这些问题都事关重大，不能随意选择，而必须依法进行。《中国人民银行法》第 3 条规定："货币政策目标是保持货币币值的稳定，并以此促进经济增长。"这一规定，就在"币值稳定"与"经济增长"之间，明确了两者的先后顺序。当然，货币政策的目标并不是唯一的，也不是一成不变的，要根据经济、金融、社会和国际环境来决定究竟应以何种货币政策目标优先，在某种货币政策目标优先的情况下，要尽量兼顾其他货币政策目标。如在经济过热的时候，保持币值稳定是货币政策的首要目标；在经济紧缩的时候，保持经济增长和充分就业就是货币政策的主要目标；在国际收支失衡、汇率急剧波动和金融动荡时，保持国际收支平衡、汇率稳定和金融稳定则成为该时期货币政策的重要目标。对货币政策目标的选择进行法律规范，根本目的在于使货币政策目标的选择建立在有理有据和规范法治的基础之上，使货币政策目标的选择能够客观真实、及时有效地随着国内国际经济、金融和社会环境的变化而调整。

第二节　中央银行及其公共服务职能

一、中央银行的设立

随着商品经济和市场经济的发展以及货币的出现，在 13~14 世纪，经营"天生就是货币"之金银的金匠店逐渐演化为经营不具名性质之货币的商业银行，货币兑换商和银钱业也开始发展成为商业银行。如 1397 年成立的麦迪西银行（Bank of Medici），1407 年建立的热那亚圣乔治银行（Bank of St George）。15~16 世纪，伴随着欧洲商品经济的快速发展和资本主义生产方式的兴起，银行业的设立和发展出现了一个新的高潮，1587 年设立了威尼斯银行（Bank of Venice），1593 年设立了米兰银行（Bank of Milan）。17~18 世纪是欧洲资本主义制度的确立时期，银行业得到了飞速发展，1609 年设立了阿姆斯特丹银行（Bank of Amsterdam），1616 年设立了米德尔堡银行（Bank of Middelburg），1619 年设立了汉堡交换银行（Hamburg Girobank），1621 年设立了德夫特银行（Bank of Delft）和纽伦堡银行（Bank of Nuremberg），1635 年设立了鹿特丹银行（Bank of Rotterdam）。这些银行开始发行债券、为企业开立账户、办理转账、提供融资和其他服务，已经初步具备了现代银行的性质和功能。[1]

随着银行的大量设立和银行业务的不断开展，带来了一系列新的问题。

1. 信用问题。由于各银行的资金实力、信用等级、经营状况和分布情况不尽相同，它们所发行的银行券被人们接受的程度也不相同，有的广为接受，有的大受限制。这种分散发行、性质不一的银行券与作为"一般等价物"之货币的本质属性是矛盾的，也使金融秩序混乱。此外，多种银行券分别发行，同时流通，相互竞争，有的银行无法及时兑现自己的银行券，会破产倒闭，并因银行与企业、银行与银行之间的紧密联系而发生连锁效应，对经济社会造成巨大影响。要解决上述问题，客观上就要求集中统一货币发行权，由资金雄厚并有信用权威的银行来发行全社会流通的货币。

2. 随着银行收受的票据不断增多，各银行之间的债权债务关系日趋复杂紧密，票据的交换和结算业务日益繁重，由单个或少数银行自行处理票据的交换结算业务，已不能满足各方面的需要。这就客观上要求建立一个全国统一、公正和权威的结算机构，作为银行的结算中心，以便快速清算银行之间的各种票据，从而使资金顺畅地流通起来。

3. 银行为了自身利益的极大化，面对日益增长的贷款需求，往往都会扩大贷款的数量和期限，而一旦遇到存款人挤兑，银行的支付就会发生困难。这时，如果向其他银行拆借，由于其他银行也只是把支付准备金保持在一个尽可能低的水平上，不可能拆借出太多资金，加上由于存在竞争关系，其他银行也未必愿意拆借。在这种情况下，一些银行的倒闭在所难免。但一家银行的倒闭常常会波及数家银行甚至使整个银行系统发生支付危机，造成系统性风险，给银

---

〔1〕　参见王广谦主编：《中央银行学》，高等教育出版社 1999 年版，第 2 页。

行和存款人造成巨大损失。为了避免这种情况的发生，就要求建立一个共同的机构，它适当集中各银行一定比例的准备金，充当银行的"最后贷款人"，当某个银行出现支付困难时，给予必要的贷款支持。

4. 随着银行数量的增多和银行业务的扩大，银行经营风险日益增加，银行之间的竞争日趋激烈，金融秩序动荡不定，仅靠各银行之间的约定和自律不足以保证金融秩序的稳定、协调、有序、安全和健康，为了保证银行的公平竞争，减少金融运行的风险，维护金融秩序的稳定，促使金融业的健康发展，要求建立一个专门的机构对金融业进行监管。

5. 随着政府职能的不断扩大，政府支出日益加大，政府融资就成了一个重要问题。虽然政府与各银行都有联系，也能向它们融资，但毕竟分散、零星、不便融资。为了方便和保证政府融资，最好是建立一个由政府直接控制的银行。

上述各种原因是中央银行建立的客观条件。当国家通过法令授权某家银行或新建一家银行履行上述职能时，中央银行就诞生了。一般认为，世界上最早的中央银行是瑞典银行和英格兰银行。瑞典银行成立于1656年，最初是一家较好的私营银行，1668年，由政府出面将其改组为国家银行，1897年，瑞典政府通过法案，将货币发行权集中于瑞典银行，其发行的货币为瑞典唯一的法定货币。英格兰银行成立于1694年，它是由英国议会批准设立的一家私人股份银行，成立之初，最主要的业务是为政府筹款、接受政府存款和向政府提供贷款，并享有一些特权，1694年被改组为国家银行。法兰西银行成立于1800年，1848年法国政府将各省银行并入法兰西银行，由其独享统一的货币发行权，于19世纪70年代完成了向中央银行的过渡。德国的国家银行由原来的普鲁士银行改组而成，至1912年基本上由其独享货币发行权。日本银行成立于1882年，1889年独享统一的货币发行权后发展成为中央银行。美国最早具有中央银行职能的银行是美国第一银行（1791~1811年）和美国第二银行（1816~1836年）。在经历了19世纪银行恐慌的困扰，特别是1907年严重的银行恐慌之后，美国开始鼓动和讨论设立联邦储备制度，1913年后半年通过的《联邦储备法案》（*Federal Reserve Act*），决定在全国建立12个地方性联邦储备银行区，加上位于华盛顿的中央协调机构，这样，美国的中央银行——美联储就诞生了。时至今日，世界各国一般都设立了自己的中央银行。中央银行的诞生，意义重大，影响深远，以至于维尔·罗杰斯认为："自从开天辟地以来，曾经有三件伟大的发明：火、轮子以及中央银行。"[1] 因为火的发明，标志着人类告别了茹毛饮血的野蛮时期，进入了文明时代；轮子的发明，标志着机器的制造和使用，人类进入了工业时代；而中央银行的发明，标志着人类进入了金融时代。

中央银行是金融的主宰，也是当今时代的主宰。"今天在美国，中央银行——我们的联邦储备系统——是制定宏观经济政策的最重要部门。"[2] 美联储的绝对重要性，决定了居于该系统最高位置的美联储主席的绝对重要性，他担任理事局和联邦公开市场委员会（FOMC）的主席，充当Fed的公开发言人，极具话语权威和话语分量。如美联储前主席保罗·沃尔克常常被人准确地称作是"美国第二个最有权力的人"[3] 1998年7月27日《欧洲日报》称："格林斯潘一开口，整个世界都打仗"；1998年9月8日《纽约时报》称："格林斯潘的话一字千

〔1〕〔美〕保罗·A. 萨缪尔森、威廉·D. 诺德豪斯著，高鸿业等译：《经济学》（上），中国发展出版社1992年版，第481页。

〔2〕〔美〕保罗·A. 萨缪尔森、威廉·D. 诺德豪斯著，高鸿业等译：《经济学》（上），中国发展出版社1992年版，第481页。

〔3〕〔美〕保罗·A. 萨缪尔森、威廉·D. 诺德豪斯著，高鸿业等译：《经济学》（上），中国发展出版社1992年版，第481页。

金"；1999 年 5 月 7 日《金融时报》称："格林斯潘一番话，下午股票大跌价"；1998 年 9 月 26 日《经济学家》称："全都盯着格林斯潘"；1999 年 5 月 4 日《纽约时报》称："有了格林斯潘，谁还需要黄金？"凡此种种，都说明中央银行的重要性，以及中央银行负责人通过对货币政策的影响，进而影响整个宏观经济所能达到的重要程度。

中央银行对宏观经济具有巨大的影响，中央银行是否采取有效的货币政策以及采取什么样的货币政策，对宏观经济甚至会产生截然不同的影响。中央银行不适当或无效的货币政策会把国民经济推向灾难的深渊。货币学大师弗里德曼的研究就指出，1929～1933 年美国大萧条并不是由于私有经济的任何固有的不稳定性造成的，而是政府管理不当促成的，具体地说，就是掌管货币政策的联邦储备系统没有正当地履行它的职责促成的——当经济社会开始出现萧条时，美联储本应抓住时机及时放松银根增加货币供给（如有人反复敦促它在公开市场上大规模购进债券），可它南辕北辙，在最不适宜的时机紧缩银根，结果，把原本或许会是一次缓和的经济收缩却推入了一场重大灾难的深渊。[1] 美联储酿成大错，当时的财政部长和美联储委员会成员的奥格登·米尔斯就指出："一个拥有 70% 黄金储备的大中央银行系统，在这样的形势下站在一边，不采取积极步骤，这几乎是不可想象的、几乎是不可饶恕的。"[2] 时任美国总统胡佛也在自己的回忆录中不无愤慨地说："我的结论是，它（联邦储备委员会）在全国发生困难的时候，的确是一根不中用的稻草。"[3] 2008 年由美国次贷危机引发的全球金融危机，也与格林斯潘放松金融监管密切相关。格林斯潘在美国众议院监督和政府改革委员会召集的作证会上，公开承认缺乏监管的自由市场存在缺陷，并无奈地说，自己的理念是银行出于自身利益应该会在放贷时谨小慎微，因为它们得保护股东的利益，然而眼下的危机证明，这一理念是不对的，这一点让自己"震惊"。

二、中央银行的地位

中央银行自从设立以来，就在国民经济体系中占有极其重要的地位。

随着经济的货币化和信用的发展，现代经济已经成为货币经济和信用经济，金融已处于现代经济体系的核心地位。由于中央银行垄断了统一的货币发行权，成为经济体系中唯一的货币供应者，经济体系对货币的需求就必须通过中央银行来实现。中央银行处于整个社会资金运动的中心环节，是国民经济运行的枢纽，是货币政策的制定者和执行者。中央银行对货币的供应、对信用的保障和对金融的监管，为经济体系提供了稳定的货币环境和稳定的金融秩序，对国民经济发挥着重要的宏观调控作用。

尽管大家都高度认同中央银行在现代经济体系中的重要地位，但对这种重要地位的具体理解却一直争论不休，尤其是对它的独立性问题，人们依然见仁见智。

从中央银行的产生来看，它与政府密切相关，可以说它是由政府创设的，自然与政府相连，要受政府控制。但在第一次世界大战时期，受政府控制的银行沦为了为政府筹集战争经费的工具，战后充当了为政府恢复经济而广发货币的机构，严重地损害了货币制度和金融秩序。面对这种情况，在 1920 年的布鲁塞尔和 1922 年的日内瓦召开的两次国际会议上，许多国家的中央银行提出了减少政府干预、实行中央银行独立的主张。如当时的英格兰银行总裁诺曼、德

---

〔1〕［美］米尔顿·弗里德曼等著，张瑞玉译：《资本主义与自由》，商务印书馆 1986 年版，第 38 页。

〔2〕［美］米尔顿·弗里德曼、罗斯·弗里德曼著，胡骑、席学媛、安强译：《自由选择——个人声明》，商务印书馆 1982 年版，第 89 页。

〔3〕［美］米尔顿·弗里德曼、罗斯·弗里德曼著，胡骑、席学媛、安强译：《自由选择——个人声明》，商务印书馆 1982 年版，第 87 页。

国国家银行行长薛查德、美联储主席司特朗都持这一主张。后来人们对这一主张进行了充分的理论说明，认为中央银行是特殊的金融机构，它负责制定和执行货币政策以及对金融秩序的监管，与政府所处的法律地位、行为目标、利益需求和制约因素都有所不同，中央银行应保持自己的独立性。这样才能与政府形成一个合作、互补和制约的机制，也有利于中央银行更好地制定和执行货币政策，并对金融秩序进行监管。

但也有人反对中央银行的独立性。如弗里德曼虽然认为："我们需要使用政府为自由经济制度提供一个稳定的货币机构——这是提供一个稳定的法律机构的一部分职能。"[1] 他也承认美联储"已成为能决定美国货币量和影响全世界的国际金融情况的一个有自行运用权力的权威机关"[2] 但他根据自己保守主义的信念，"凡是赋予少数人如此大的权力和如此多的伸缩余地以致其错误能有如此深远影响的任何制度都是一个坏制度"[3]，认为中央银行独立，意味着"它赋予少数人这样的权力而没有对它施加限制的政治机构——这是反对'独立的'中央银行制度的关键性的政治论点"[4]。他同时指出："在一个分散责任而却把大权赋予少数人从而使重要政策行为在很大的程度上取决于带有偶然性的个人性格和作风的这一制度中，错误是不能避免的。这是反对'独立的'中央银行制度的关键性的技术性的论点。"[5] 他通过对美国大萧条历史的深入研究后认为，可以证明："当少数人对一个国家的货币制度拥有巨大的权力时，他们的错误可以造成多么大的损失。"[6] 弗里德曼反对中央银行独立性的观点是十分直白的，用克莱门梭的话说就是："货币重要到如此的程度，以至不能让它为中央银行所管理。"[7]

弗里德曼直言："根据我在货币理论方面的研究成果，我认为让电脑取代中央银行的功能会更有好处——我们只需在电脑上设定一个稳定的货币数量增长率就可以了。"[8] 但中央银行本身是政府创设的，其"出身"就决定了它与政府是"骨肉相连"的。金融系统尽管很重要，但依然是经济体系的一个子系统，金融系统的运行要与整个经济体系的运转协调一致；中央银行是国家的金融监管当局，具有行政管理部门的性质和职能，中央银行的负责人往往由政府任命，并成为政府内阁成员，中央银行也要与其他政府部门密切合作配合；中央银行是政府宏观调控的一个重要部门，其货币政策要符合国家的整体宏观调控政策，要与其他宏观调控政策相衔接、相配套。这些都说明，中央银行要接受政府的领导和制约。

那么，"我们怎么能建立一个既稳定、同时又不受不负责的政府的摆布，既能对自由企业经济提供必要的货币体系而又不可能被用来作为威胁经济和政治自由权利的货币制度呢"？[9] 弗里德曼提出了他自认为是"唯一有希望的方法"，"通过立法而成立一个法治的政府，而不是人治的政府来执行货币政策。这种货币政策能使公众通过政治当局对货币政策进行控制，同时又可使货币政策不受政治当局的经常出现的胡思乱想的支配"[10] 简而言之，在他看来，中

〔1〕 ［美］米尔顿·弗里德曼等著，张瑞玉译：《资本主义与自由》，商务印书馆1986年版，第39页。

〔2〕 ［美］米尔顿·弗里德曼等著，张瑞玉译：《资本主义与自由》，商务印书馆1986年版，第43～44页。

〔3〕 ［美］米尔顿·弗里德曼等著，张瑞玉译：《资本主义与自由》，商务印书馆1986年版，第50页。

〔4〕 ［美］米尔顿·弗里德曼等著，张瑞玉译：《资本主义与自由》，商务印书馆1986年版，第50页。

〔5〕 ［美］米尔顿·弗里德曼等著，张瑞玉译：《资本主义与自由》，商务印书馆1986年版，第50页。

〔6〕 ［美］米尔顿·弗里德曼等著，张瑞玉译：《资本主义与自由》，商务印书馆1986年版，第50页。

〔7〕 参见 ［美］米尔顿·弗里德曼等著，张瑞玉译：《资本主义与自由》，商务印书馆1986年版，第50页。

〔8〕 ［美］罗格·斯宾塞、大卫·麦克弗森编，颜超凡、邹方斌译：《23位诺贝尔经济学奖得主的瑰丽人生》，中信出版集团2017年版，第51页。

〔9〕 ［美］米尔顿·弗里德曼等著，张瑞玉译：《资本主义与自由》，商务印书馆1986年版，第51页。

〔10〕 ［美］米尔顿·弗里德曼等著，张瑞玉译：《资本主义与自由》，商务印书馆1986年版，第51页。

央银行应隶属于一个法治政府但又具有相当的独立性，不受政府的非法支配。我们不妨把这种独立性称为"相对独立性"或"半独立性"，这更符合中央银行的实际地位。

实践证明，这种"相对独立性"或"半独立性"的中央银行更能通过运用货币政策和加强金融监管来发挥其对宏观经济的调控职能。因为它是独立的，"不受政治当局经常出现的胡思乱想的支配"，所以能够根据自己的预测判断和对经济最有利的方式制定货币政策，不会像靠选举而得到职位的部门那样为了短期的当选机会而牺牲长远的经济福利，能始终把保持币值稳定和低通货膨胀率作为自己的最终目标。又因为它是受制约的，不是完全独立的，应听取有关部门的意见和建议，集思广益；要接受权力部门的监督并对其负责，依法从事；要保持同经济与社会现实相联系，不"闭门造车"，不一意孤行地制定和执行货币政策。绝对独立的中央银行与隶属依附的中央银行都难以有效地履行通过货币政策和金融监管而进行的宏观调控职能，理想的中央银行的地位，应该是独立但不独裁，自治但不任性，受到制约但不被制止，受到监督但不是监禁，能在两者之间寻求必要的张力，并保持微妙的平衡。这正如美联储前主席格林斯潘所指出的："为了有效支持本国货币稳定，该国央行需要自成一体，独立运作，也就是说其货币政策不应当受制于某些政治权威人士。东亚和许多其他地区的央行屈服于政治权力，只关注眼前利益。"[1]

不过，中央银行的独立性或半独立性到底有多大，不能一概而论，而要具体分析，每个国家的中央银行的独立性都是由本国特定的经济政治和社会环境所决定的，因而中央银行的独立性呈现出多元模式。

其中独立性较强的中央银行，如德国国家银行、美联储和瑞典银行，其特点是中央银行直接向国会负责。1957年通过、1992年修订的德国《联邦银行法》明确规定，联邦银行的基本职责是保持货币稳定，在行使授予的权力时不受政府指令的干涉；联邦银行虽然也有义务在保证完成自身职责的前提下支持总统的经济政策，但当两者发生矛盾时，联邦银行则以完成自己的职责为主；联邦银行的行长由总统任命，任期8年，一般不得中途罢免；联邦银行严格限制用货币发行弥补财政赤字；联邦政府的成员虽有权参加联邦银行理事会的会议并可提出动议，但没有表决权。1913年通过的美国《联邦储备法案》规定，联邦储备委员会有权独立地制定和执行货币政策，总统未经国会批准，不得对联邦储备委员会发布指令；联邦储备体系没有向政府提供长期融资的义务，财政融资只能通过公开市场发行债券。瑞典《国家银行法》规定，瑞典国家银行直属于国会，银行理事会只接受来自国会的指示，而不受政府的干预。

独立性居中的中央银行，如英格兰银行和日本银行，其共同的特点是中央银行隶属于政府，但拥有较大的决策管理权，独立性较大。按照英国有关法律的规定，英格兰银行理事会是最高决策机构，财政部在认为必要时，可在与英格兰银行总裁磋商后直接向英格兰银行发布命令，但实际上财政部从未如此做过。依照日本有关法律的规定，日本银行隶属于大藏省，其基本职责是调节货币及金融，追求物价稳定以利国民经济的健康发展，日本银行独立地制定和执行货币政策，原则上不承担向政府提供长期贷款和认购长期政府债券的义务。

独立性较弱的中央银行，如意大利银行和法兰西银行。这类中央银行的共同特点是中央银行隶属于政府，中央银行在制定和执行货币政策以及履行职责时都要较多地服从政府的指令。根据意大利有关法律的规定，意大利银行受财政部统辖，财政部代表可以出席意大利银行的理事会，并且在认为会议决议与政府意图不符时，可以要求暂停决议的执行；当意大利银行的意

---

〔1〕　〔美〕戴维·B. 西西利亚、杰弗里·L. 克鲁克香克著，谢毅斌等译：《格林斯潘效应》，机械工业出版社2000年版，第314页。

见与政府不一致时，一般以政府的指令为准。根据法国有关法律的规定，法兰西银行的理事会成员大都由财政部提名，内阁会议通过后由总统任命。

至于我国的中国人民银行的地位，《中国人民银行法》第 2 条规定："中国人民银行是中华人民共和国的中央银行。中国人民银行在国务院领导下，制定和执行货币政策，防范和化解金融风险，维护金融稳定。"第 7 条规定："中国人民银行在国务院领导下依法独立执行货币政策，履行职责，开展业务，不受地方政府、各级政府部门、社会团体和个人的干涉。"大体上说，这些规定还是比较恰当的。

三、中央银行的性质

中央银行的性质与中央银行的地位相适应，两者相辅相成，相得益彰。前已论及，中央银行的地位，就其与权力机关和中央政府的关系来说，具有一定的隶属性，但又相对独立；就其在整个金融系统中的地位来说，它居于最核心最顶层，是各商业银行的银行。中央银行的这种地位决定了中央银行具有以下性质：

（一）中央银行是国家（政府）的银行

许多国家的中央银行都是由国家出资设立，归家所有或由国家控股，如《中国人民银行法》第 8 条规定："中国人民银行的全部资本由国家出资，属于国家所有。"中央银行是国家的银行，如《中国人民银行法》第 2 条第 1 款规定："中国人民银行是中华人民共和国的中央银行。"

中央银行由中央政府领导，如《中国人民银行法》第 2 条第 2 款规定："中国人民银行在国务院领导下，制定和执行货币政策……"第 7 条规定："中国人民银行在国务院领导下依法独立执行货币政策，履行职责，开展业务……"中央银行在组织机构上隶属于中央政府，有的中央银行直接是中央政府的核心组成部门，中央政府依法享有对中央银行的领导权，许多国家中央银行的主要负责人由中央政府任命。

中央银行作为国家（政府）的银行，具有以下职责：参与国家政府决策，依据法律授权制定和实施货币政策；代表国家政府参与国际金融组织，签订国际金融协定，开展国际金融活动；代表政府经理国库，统一管理国库收支；经办政府财政预算，在法定限度内，直接向政府提供贷款或透支；经营国债，从事公开市场业务，为政府融通资金；持有、管理和经营国家外汇储备和黄金储备；对金融业进行监督管理，负有保持货币币值稳定和保障金融业稳健运行的责任；负责为政府提供金融信息情报和决策建议，向社会公众发布经济金融信息等。这些都是中央银行的主要业务，也是只有中央银行才能从事的业务。中央银行作为国家（政府）的银行，履行着国家和政府赋予它的宏观调控职能。

（二）中央银行是银行的银行

从中央银行的设立可以看出，中央银行是为商业银行提供准备金而设立的，充当的是商业银行的"最后贷款人"，所以美国的中央银行就直接叫作联邦储备银行。这就是说，从一开始中央银行就是作为银行的银行而设立的，这一点最能体现中央银行作为特殊金融机构的性质和构成金融体系核心的基本条件。

中央银行的业务关系对象不是一般的企业和个人，而是各商业银行和其他非银行金融机构（以下简称商业银行）及特定的政府部门。各商业银行向中央银行交存法定存款准备金，中央银行成为法定存款准备金的唯一保管者，当各商业银行资金周转困难时，中央银行充当商业银行的最后贷款人；中央银行出面组织、参与和管理全国的清算；中央银行位于各商业银行之上和之后，它是各商业银行的管理者和监督者，有权制定金融规章，监管金融业务，制定金融政策，调控金融市场；同时它又是各商业银行的支持者和保障者，负责充当个别商业银行的最后屏障和保护伞。

中央银行作为银行的银行，通过开展上述金融业务，履行着稳定金融秩序、管理金融业务、调控经济社会的职能。

（三）中央银行是发行的银行

中央银行享有国家赋予的集中垄断发行货币的特权，在许多国家，中央银行是唯一有权发行货币的银行，所以中央银行是"发行的银行"，这是中央银行最基本最重要的标志。《中国人民银行法》第 4 条第 3 款规定，中国人民银行履行发行人民币、管理人民币流通的职责。第 18 条第 1 款规定："人民币由中国人民银行统一印制、发行。"第 20 条规定："任何单位和个人不得印制、发售代币票券，以代替人民币在市场上流通。"为了发行货币，中央银行设立货币发行库，成立发行基金。《中国人民银行法》第 22 条规定："中国人民银行设立人民币发行库，在其分支机构设立分支库。分支库调拨人民币发行基金，应当按照上级库的调拨命令办理。任何单位和个人不得违反规定，动用发行基金。"发行货币是一切货币活动的开始，是中央银行全部职能的基础，是货币政策的首要基础，与经济社会关系重大。中央银行通过发行货币，创造信用货币供应，控制货币流量，保持货币币值基本稳定，实现货币政策目的，对经济社会进行宏观调控。

四、中央银行的公共服务职能

中央银行的公共服务职能，是指中央银行作为国家金融监管机关，为国家和社会公众提供金融服务的职责。具体包括以下内容：

（一）为政府提供金融服务

1. 经理国库。根据《中国人民银行法》第 4 条的规定，经理国库是中国人民银行的职责之一。该法第 24 条规定："中国人民银行依照法律、行政法规的规定经理国库。"国家的财政收入支出，一般不另设国库机构，而由中央银行经理，即由中央银行办理财政预算收入的缴纳、划分和留用，办理财政预算支出的拨付，协助财税部门收缴库款等。财政收入所形成的财政存款，以及由财政部门拨款给国家机关和事业单位后所形成的财政性存款，均存放在中央银行，但中央银行不支付利息。经理国库，需要为政府机构开立各种账户，办理政府预算收支划拨和清算业务，执行国库出纳职能。这些均需要专门的人力、物力和组织制度。经理国库本身还沟通了财政与银行的联系，便利了资金的融通。这种服务唯有由中央银行提供才显得合理和经济。

2. 为政府提供融资服务。原则上，中央银行不应为财政垫支。但是财政收入与支出在时间上具有不一致性，有时财政收入没有入库，而财政支出又必须拨付出去，否则可能造成国家机构无法运转或导致政府运作的不利后果。因此，中央银行有义务在政府资金周转不灵时，在法律允许的范围内为政府提供资金。为政府融资一般有以下四种途径：

（1）向政府提供贷款，这种贷款一般是无息或低息的短期周转贷款，数额和时间上均有严格限制，中央银行一般不对政府提供长期信贷，政府应通过其他途径解决自己的长期资金需要。《中国人民银行法》第 30 条规定："中国人民银行不得向地方政府、各级政府部门提供贷款，不得向非银行金融机构以及其他单位和个人提供贷款，但国务院决定中国人民银行可以向特定的非银行金融机构提供贷款的除外。中国人民银行不得向任何单位和个人提供担保。"

（2）直接购买政府债券，即在一级市场（Primary Market）上直接买入政府债券，这实际上相当于向政府提供贷款，一般有时间和数额上的限制。《中国人民银行法》第 29 条规定："中国人民银行不得对政府财政透支，不得直接认购、包销国债和其他政府债券。"

（3）透支，即财政在中央银行开立透支账户，当财政支出大于财政收入时，直接向中央银行透支以求达到收支平衡，这实际上也相当于向中央银行贷款。《中国人民银行法》第29条中规定"中国人民银行不得对政府财政透支"，第26条规定"中国人民银行可以根据需要，为银行业金融机构开立账户，但不得对银行业金融机构的账户透支"。

（4）协助推销政府债券，或是在二级市场购买政府债券，或是对商业银行买进政府债券进行抵押贷款，这实际上也达到了间接向政府提供融资的目的。《中国人民银行法》第25条规定："中国人民银行可以代理国务院财政部门向各金融机构组织发行、兑付国债和其他政府债券。"

从我国现行法律规定中可以看出，上述中央银行向政府直接融资在我国法律上是禁止的。中国人民银行只能为政府提供所谓的间接融资服务，即在公开市场上买卖国债和其他政府债券及外汇，向商业银行买进政府债券进行抵押贷款。

3. 担任政府的金融代理人。《中国人民银行法》第4条第7款规定中央银行持有、管理和经营国家的外汇储备及黄金储备。第25条规定："中国人民银行可以代理国务院财政部门向各金融机构组织发行、兑付国债和其他政府债券。"《中国人民银行法》第4条第12款规定，中国人民银行"作为国家的中央银行，从事有关的国际金融活动"，中国人民银行代表政府参加国际金融组织，出席国际金融会议，进行国家间或国际性的金融事务谈判、协调和磋商及进行其他国际金融活动。这些都是中央银行担任政府金融代理人的具体表现。

4. 充当政府的金融顾问。中央银行拥有广泛的分支机构及发达的信息网络，《中国人民银行法》第31条规定："中国人民银行依法监测金融市场的运行情况，对金融市场实施宏观调控，促进其协调发展。"第35条规定："中国人民银行根据履行职责的需要，有权要求银行业金融机构报送必要的资产负债表、利润表以及其他财务会计、统计报表和资料。中国人民银行应当和国务院银行业监督管理机构、国务院其他金融监督管理机构建立监督管理信息共享机制。"中央银行的性质和法律授权，使得中央银行能够及时对经济形势作出客观分析和判断，可以为政府宏观经济决策提供信息、资料、建议和方案，有利于实现政府的宏观调控。

（二）为金融机构提供金融服务

1. 担当全国金融业的资金清算中心。《中国人民银行法》第4条第9款规定，中国人民银行履行维护支付、清算系统的正常运行的职责。第27条规定："中国人民银行应当组织或者协助组织银行业金融机构相互之间的清算系统，协调银行业金融机构相互之间的清算事项，提供清算服务。具体办法由中国人民银行制定。中国人民银行会同国务院银行业监督管理机构制定支付结算规则。"

各商业银行在开展业务过程中必然会经常发生资金往来关系，正如企业间的资金往来要通过商业银行这一中介进行结算一样，商业银行之间的资金往来也要通过中央银行这一中枢进行结算。一般而言，中央银行通过集中办理票据交换，集中结算交换的差额及办理各商业银行的异地资金转移等方式，为金融机构提供结算服务，以减少各商业银行之间运送现金的麻烦，节省结算时间，提高结算效率和质量。中央银行也可通过结算余额和结算服务，全面了解金融运行情况和银行的资金流向，增加中央银行对经济运行形势分析的可靠性。

2. 担当全国银行业的最后贷款人。《中国人民银行法》第23条第3~4款规定，中国人民银行为执行货币政策，可以为在中国人民银行开立账户的金融机构办理再贴现，可以向商业银行提供贷款。第28条规定："中国人民银行根据执行货币政策的需要，可以决定对商业银行贷款的数额、期限、利率和方式，但贷款的期限不得超过一年。"

企业需要资金，由商业银行提供，而商业银行需要资金，则由中央银行提供。商业银行资金不足时，可以向其他商业银行和市场提出融资要求，当这一要求无法得到满足时，则可向中央银行申请融资。中央银行向商业银行提供融资的方式有两种：一种是再贷款，即由中央银行向商业银行提供贷款；另一种是再贴现，即商业银行将自己贴现过的商业票据交给中央银行办理再贴现，以取得所需资金。

3. 为社会提供金融服务。《中国人民银行法》第 4 条第 11 款规定，中国人民银行负责金融业的统计、调查、分析和预测。中央银行通过发行货币，为社会提供价值尺度、流通手段、贮藏手段和支付手段，以使市场经济得以正常运行。它通过各种业务活动，对金融业进行统计、调查、分析、研究和预测，并向社会公布，使公众及时了解金融和经济形势。

中央银行的公共服务职能与中央银行的宏观调控职能是密切相关的，中央银行的宏观调控职能是中央银行的公共服务职能的核心部分；中央银行的公共服务职能是中央银行货币政策和金融监管职能的补充和延伸。中央银行通过履行和完成上述公共服务职能，才能了解和掌握全国的经济和金融形势，正确地制定和执行货币政策，完成金融监管的职能。中央银行通过履行和完成上述公共职能，才能更好地配合和协助政府履行和完成政府公共职能，使政府有效地对国民经济和社会发展进行宏观调控。因此，中央银行的公共服务职能有利于中央银行宏观调控职能的发挥。

第三节　数字货币法律制度

党的二十大报告指出："加快发展数字经济，促进数字经济和实体经济深度融合""发展数字贸易"。作为数字经济的基础设施，数字货币有力地支撑数字贸易，提升经济运行效率，同时也滋生了新型金融风险。加快建设具有中国特色的数字货币法律制度，加强数字货币治理，能够防范系统性金融风险，实现二十大报告提出的"网络强国、数字中国"目标。

一、数字货币的含义

（一）数字货币的概念

数字货币，指完全数字化的、基于区块链等技术的电子加密货币。

数字货币与货币的数字化存在区别。从人民币的发展阶段来看数字货币与货币的数字化的区别。人民币 1.0 指人民币以纸币为主要形态。人民币 2.0 指人民币的数字化，或更准确地称为人民币的电子化，指银行等金融体系内的现金和存款已通过电子化系统实现数字化，流通中的现钞比重逐渐降低，第三方支付平台成为主要支付工具。人民币 2.0 的典型表现是银行账户，其本质是一种"数字符号"，是货币信息化的过程，与纸币是形式转化的关系。人民币3.0 指主权数字货币，主要功能是作为电子支付手段。主权数字货币的本质是货币，具有货币的职能，与纸币是补充、替代的关系。

数字货币与第三方支付平台存在差别。数字货币是支付工具本身，类似于血液，只不过其需要依赖数字货币钱包等完成支付；第三方支付平台是用来存储货币并用来支付的通道，类似于血管。

第三方支付平台可以使用人民币 1.0、人民币 2.0、人民币 3.0 等众多类型的货币支付，而经过人民银行确认的数字货币，本身就是人民币。

（二）数字货币的价值

得益于"数字"特征，数字货币发行流通成本低、难以伪造、不会遗失、交易安全、使用方便。

二、数字货币的分类

（一）私人数字货币

私人数字货币，即虚拟货币或加密货币，指以区块链为底层技术，以分布式记账为信用基础，非由主权机构发行，具有去中心化特性，能够在市场上交易的虚拟财产。

私人数字货币的本质是虚拟财产。私人数字货币虽被称为"货币"，但其不是由货币当局发行，不具有法偿性与强制性等货币属性，并不是真正意义的货币。

私人数字货币分为以比特币为代表的去中心化数字货币与以稳定币为代表的机构数字货币。

1. 去中心化数字货币。去中心化数字货币，又称匿名币，指采用密码学原理，确保交易过程中的交易金额、交易双方身份得以隐藏的交易媒介。

去中心化数字货币的底层技术是区块链。去中心化数字货币的信用基础依赖分布式记账，所有节点都要完全同步，透明地形成共识，因而每个节点都是"同权平等"，实现了去中心化、平等化。去中心化数字货币产生完全匿名性、使用不受地域限制、难以被追踪等特点，其不受任何银行、企业、政府的控制，可在世界范围内各个数字货币交易平台上自由流通。

去中心化数字货币的典型代表是比特币。比特币由中本聪于 2008 年发表的《比特币：一种点对点的电子现金系统》一文中提出。比特币没有特定的发行机构，由各个节点挖矿产生并发行。比特币使用密码技术和分布式记账技术，让所有节点都具有知情权和验证权，无需银行或第三中介的信用背书，支持货币点对点的交易。比特币的产生和比特币社区的维系依靠工作量证明机制（PoW）的经济激励实现：比特币由矿工"挖矿"产生，矿工因此获得比特币作为奖励；在交易过程中，矿工可通过争夺交易记账权以获得作为交易奖励的比特币。由此，比特币的开采需要耗费大量电力、矿工购买矿机等成本。比特币的总量被控制在 2100 万个，无法再被突破。随着比特币开采数量的增加，"挖矿"难度增加而挖出速度降低。

2. 机构数字货币。机构数字货币是指由商业机构发行，以企业内部和业务场景使用为主的货币。机构数字货币的代表是稳定币。

稳定币，指以现金货币或资产抵押发行并锚定法定货币计价的虚拟财产。稳定币虽仍由私人机构发行，但因其有真实财产作为抵押，币值相对稳定。

典型的稳定币是 Facebook 发布的天秤币（Libra），其类似特别提款权（SDR），锚定的是一篮子不同国家的主权货币，使用一篮子银行存款和短期国债作为储备资产，采用 100% 储备金发行方式。天秤币旨在建立一套简单的、无国界的货币，试图成为为数十亿人服务的超主权数字货币。

（二）主权数字货币

1. 概念。主权数字货币（Central Bank Digital Currencies），又称央行数字货币或数字法币，是指一国中央银行发行的、用于支付和结算的数字化工具。主权数字货币在我国被称为数字人民币。主权数字货币的特征是：

（1）法定性。主权数字货币具有法定地位，以国家主权信用维持其价值稳定，具有无限法偿能力。

（2）相对匿名性。与第三方支付平台相比，主权数字货币的匿名程度较高。第三方支付平台均要求实名制，支付数据已然成为第三方支付平台的资源，成为它们利用算法进行广告、商品推送的依据。但是，主权数字货币对商业银行等金融机构以及与交易相对方而言具有匿名性。只不过与现金相比，其匿名性较弱，持币人对政府监管机构而言相对透明，每一笔交易均

可被记录追踪，他们在使用主权数字货币从事贪污腐败等违法犯罪行为时会被监测识别。

2. 类型。关于主权数字货币的分类，较为重要的学说是"货币之花"模型与"CBDC 金字塔"模型。2017 年 Morten Bech 和 Rodney Garratt 发表《央行加密货币》，首次提出"货币之花"的概念模型，以货币的发行人、货币的形态、货币的通用性、货币的转移四个维度为货币划分不同种类，并提出了央行数字货币的主要属性。随着对央行数字化货币研究的推进、比特币等私人加密货币的运用，2018 年 Bech 对原有的模型作出一定修改。在"货币之花"研究的基础上，国际结算银行用"CBDC 金字塔"表明针对消费者对零售央行数字货币的需求，应当如何设置零售央行数字货币的方案。

3. 基础设施。作为数字人民币流通的重要载体和公众与中央银行、商业银行等链接的渠道，数字人民币钱包指专门存储数字人民币的软件或硬件空间。其中，"软钱包"指存储在智能设备上的一种电子空间；"硬钱包"指以实物为载体，即将数字人民币存储在卡片等物理设备上。数字人民币钱包多为"软钱包"。可以简单地将数字人民币钱包理解为存放人民币的钱包，只不过里面存储的是数字货币，除了具有财产属性外，也因为实名认证而具有人身属性。[1]

三、私人数字货币的监管

私人数字货币的非中心化特质，致使行政机关难以时时监管私人数字货币的发行情况，难以阻止超发情况；私人数字货币的交易双方不再采取中心化的清算系统，而是采取点对点交易，致使行政机关无法掌握真实的交易信息。因此，世界各国对私人数字货币的交易、获取、发行多采取限制乃至禁止的态度。

（一）交易的限制

比特币的匿名性，致使其面临洗钱、投机、被违法交易的风险。其一，洗钱风险。因具有匿名、跨境流通便利等特征，比特币的资金流向难以监测，成为洗钱的重要工具。其二，被违法交易的风险。比特币往往被犯罪组织利用作为毒品、枪支交易或恐怖融资活动的工具。其三，投机风险。比特币总量有限的特征使得其交易市场容量小，再加上其缺乏涨跌幅限制等机制，使得其价格易被炒作，致使投资者遭受损失。

我国要求各金融机构和支付机构不得以比特币为产品或服务定价，不得买卖或作为中央对手买卖比特币，不得承保与比特币相关的保险业务或将比特币纳入保险责任范围，不得直接或间接为客户提供其他与比特币相关的服务，包括：为客户提供比特币登记、交易、清算、结算等服务；接受比特币或以比特币作为支付结算工具；开展比特币与人民币及外币的兑换服务；开展比特币的储存、托管、抵押等业务；发行与比特币相关的金融产品；将比特币作为信托、基金等投资的投资标的等。

（二）获取的限制

虚拟货币"挖矿"活动指通过专用"矿机"计算生产虚拟货币的过程，能源消耗和碳排放量大，对国民经济贡献度低，对产业发展、科技进步等带动作用有限，加之虚拟货币生产、交易环节衍生的风险越发突出，其盲目无序发展对推动经济社会高质量发展和节能减排带来不利影响。因此，应当全面梳理排查虚拟货币"挖矿"项目，严禁新增项目投资建设，加快存量项目有序退出。通过整治虚

---

〔1〕　李晶：《数字货币与日常生活》，上海人民出版社 2021 年版，第 150~151 页。

拟货币"挖矿"活动，以促进我国产业结构优化，推动节能减排，如期实现碳达峰、碳中和目标。

（三）发行的限制

首次代币发行（Initial Coin Offering，简称ICO）指一家公司通过出售自己设计的私人数字货币（称为"代币"）以换取比特币等主流私人数字货币，实现为该企业募集资本的目的。不同于证券首次发行（Initial Public Offering，简称IPO），首次代币发行中，发行人无须履行法定程序也就无须受到监管便能够获得融资，这使得投资者容易因发行人跑路、欺诈发行等遭到损失。

代币或"虚拟货币"不由货币当局发行，不具有法偿性与强制性等货币属性，不具有与货币等同的法律地位，不能也不应作为货币在市场上流通使用。代币发行融资，本质上是一种未经批准非法公开融资的行为，涉嫌非法发售代币票券、非法发行证券以及非法集资、金融诈骗、传销等违法犯罪活动。代币融资交易平台不得从事法定货币与代币、"虚拟货币"相互之间的兑换业务，不得买卖或作为中央对手方买卖代币或"虚拟货币"，不得为代币或"虚拟货币"提供定价、信息中介等服务。各金融机构和非银行支付机构不得直接或间接为代币发行融资和"虚拟货币"提供账户开立、登记、交易、清算、结算等产品或服务，不得承保与代币和"虚拟货币"相关的保险业务或将代币和"虚拟货币"纳入保险责任范围。

在首次代币发行的融资道路被堵塞后，一些投资者希望主动寻求将发行代币的行为置入证券法的监管体系之下，发行符合证券法要求的代币，以获得发行的合法化。这种符合证券法规定的私人数字货币称为证券型通证（Security Token），它们的发行称为（Security Token Offering，简称STO）。由于《证券法》第2条没有直接规定证券型通证，国务院也未有相关规定，因此在我国，证券型通证的发行根本没有法律规定，也就谈不上符合证券法规定的说法，证券型通证的发行当属违法行为。

实践中，还存在花样翻新的代币发行方式，以共享经济为名进行虚拟货币炒作的行为，他们与首次代币发行行为没有本质区别，均打着"金融创新""区块链"旗号，通过发行所谓"虚拟货币""虚拟资产""数字资产"等方式吸收资金，侵害公众合法权益。此类活动并非真正基于区块链技术，而是炒作区块链概念行非法集资、传销、诈骗之实。

（四）反逃税

私人数字货币容易成为逃税手段。一些国家对私人数字货币的税收作出规定。比如，美国要求纳税人有义务准确报告每次使用或处置比特币的收益和损失，并要求在使用比特币进行支付时，需要缴纳相应税收。[1] 我国对私人数字货币的税收监管尚处于空白。

四、主权数字货币的监管

（一）法定地位的赋予

《人民币管理条例》规定"人民币……包括纸币和硬币"，《中国人民银行法》规定"以人民币支付中华人民共和国境内的一切公共的和私人的债务，任何单位和个人不得拒收"。当前，数字人民币并不具有法定地位，央行发行数字人民币于法无据，数字人民币并无法偿地位，往往在实践中充当"消费券"的角色。2020年《中国人民银行法（修订草案征求意见稿）》中首次将数字人民币纳入了人民币的范围。《中华人民共和国中国人民银行法（修订草案征求意见稿）》中关于数字人民币的规定明确指出，人民币包括实物形式和数字形式，制作、发售

---

〔1〕　姚前、陈华：《数字货币经济分析》，中国金融出版社2018年版，第127页。

数字代币的权力仅限于中国人民银行。

（二）基础设施的搭建

主权数字货币的发行与交易需要特定设备、网络等支持，在实际应用中可能出现因缺少设备配合等客观条件无法使用的问题。2023 年 4 月，国务院发布《商用密码管理条例》，6 月，中国人民银行数字货币研究所等单位起草了我国首个区块链技术领域国家标准《区块链和分布式记账技术参考架构》，但是，与主权数字货币直接相关的技术标准和安全管理标准尚存空白，衍生的技术问题会影响主权数字货币的法偿性。因此，除规定拒收主权数字货币的豁免情形外，更应对支撑主权数字货币的技术、设备制定严格的安全技术标准和管理标准。

应当建立确保老年人、低收入群体等"数字弱势群体"能够使用主权数字货币的基础设施，解决"数字鸿沟"问题。

（三）持有人的个人信息保护

在主权数字货币生成、发行和流转过程之中，中央银行和商业银行能够实时掌控主权数字货币及数字钱包的用户信息、资金流转轨迹以及持有人的全部财富余额，使得持有人信息存在盗窃、泄露或滥用的风险。

应当强化央行在数字货币的发行程序、用户管理、流通上对持有人个人信息的保护。具体而言，应当明确央行记录主权数字货币发行与交易过程信息的范围，强调央行在主权数字货币与交易环节应履行的保护职责。央行应在主权数字货币发行前设置多重保护手段和验证机制，在主权数字货币发行和流转过程中主动打击违法行为。在持有人数字钱包的开户环节，央行应遵循"最少够用原则"，严格限制获取持有人信息的范围并设置多重保护手段。在数字钱包的使用环节，要增加密钥验证等识别手段，确保数字钱包不被盗用、冒用，对于异常查询和大批量查询进行重点关注，建立风险预警机制。[1]

（四）伪造主权数字货币的防范

主权数字货币的伪造是通过供给央行数字货币认证系统或者破解数字货币算法等数字化技术实现的，而当前法律仅局限于对物理形态伪造的防范。此外，银行在办理业务过程中，对伪造的主权数字货币无法当面收缴或处理。因此，需要界定法定数字货币伪造的含义，并提出相应的反假工作程序。[2]

（五）反洗钱

主权数字货币的流通范围不再局限于传统金融体系，还可能涉及移动服务供应商等非金融机构。应当扩大主权数字货币反洗钱的义务主体范围，对他们提出相应的反洗钱要求和监测手段。

---

〔1〕 姚哲轩、唐俊峰：《我国主权数字货币发行权的法律确认及规制》，载《应用法学评论》2020 年第 1 期。

〔2〕 姚前：《数字货币初探》，中国金融出版社 2018 年版，第 262～263 页。

第三十章

产业法律制度

第一节　产业法概述

一、产业与产业政策

产业是国民经济中按照一定的社会分工原则，为满足社会某种需要而划分的从事产品和劳务生产以及经营的各个部门。[1] 一个产业是具有某种同一属性的经济活动的集合。产业的概念是介于微观经济细胞（企业和家庭消费）与宏观经济单位（国民经济）之间的若干"集合"。相对于企业来说，它是同类企业的集合体；相对于国民经济来说，它是国民经济的一个部分。产业的形成是一个历史过程，是随着社会生产力的发展和社会分工的不断细化而产生和不断深化发展的。工业在产业发展史上有着重要的意义，故产业的内涵有时特指工业，如标志着资本主义生产进入机器大工业阶段的工业革命，有时又称产业革命。目前人们一般认为，产业不仅包括第一、第二产业，而且包括第三产业。

产业发展，除了在根本上依赖于市场内在的驱动，还需要"看得见的手"的调节，这就是政府对产业发展的干预。所谓产业政策，就是一国政府为了其全局和长远利益而主动干预产业活动的各种政策的总和。产业政策的本质是国家对产业经济活动的主动干预。[2] 产业政策（industrial policy）一词出现的标志，是 1970 年日本通产省代表在经济合作与发展组织（OECD）大会上所做的题为《日本的产业政策》的演讲。但实际上，国家对产业活动实施政策干预的史实，在人类文明的早期就有。进入资本主义机器大生产阶段后，主要国家在促进产业发展上采取的政策措施更多。德国和美国从 19 世纪开始，就对民族产业采取过关税保护与扶持政策。20 世纪 30 年代，为应对严重的经济危机，美国推出罗斯福新政，这是在整个经济体系中普遍制定与推行的产业政策，也是西方社会制定与实施产业政策的典范。日本自明治维新时起，即有组织地执行产业政策。第二次世界大战后，日本作为战败国，能够在一片废墟上迅速恢复、振兴经济，重新成为经济强国，可以说日本政府一以贯之的产业政策，发挥了巨大的作用。所以关于产业经济、产业政策的研究，也在日本得到了充分的发展。

应当说，各国经济发展实践中，产业政策的兴起和存续，是有其理论根源的。一是"市场失灵"理论，即仅仅依靠市场机制不可能实现产业资源的最优配置，所以需要运用产业政策，发挥政府经济职能去弥补市场机制的缺陷。二是"赶超战略"理论，即发展中国家想要实现赶超目标，需要政府在市场机制基础上实施产业政策。三是"国际竞争"理论，即各国政府都需要通过制定和实施产业政策来增强本国产业的国际竞争力，从而维持或争取本国产业在国际竞争中的有利地位。

---

〔1〕　史忠良主编：《产业经济学》，经济管理出版社 2005 年版，第 1 页。

〔2〕　苏东水主编：《产业经济学》，高等教育出版社 2006 年版，第 278 页。

二、产业法的概念与特征

（一）产业政策与产业法

由于产业政策关系到整个经济的中长期目标、各产业间合理的发展比例、一定时期重点产业发展的途径和支撑政策，也关系到全国地区经济的布局和引进国外先进技术及发展民族工业的政策，它所涉及的关系具有长期性和广泛性的特点，因此在强调依法治国、依法管理经济的条件下其仅以纯粹的政策形式存在是不够的，还需要有相应的法律加以调整，以对产业政策的制定和实施进行规范并提供保障。所以，对于产业政策的研究，不仅要从产业经济学的角度展开，也需要从法学特别是经济法学的角度展开。对产业政策进行法律调整就是要将产业政策的主要方面法律化，将重要的产业政策上升到法律的形式，将产业政策法治化，也就是将产业政策的制定、实施和监督切实建立在法治的基础上。法治化后的产业政策具有更强的规范性和强制性。产业政策法治化主要有以下几方面的内容：

1. 产业政策的制定、实施、监督主体法律化。依法确定哪些机关、组织、团体有权参加产业政策的制定，哪些机构有权监督产业政策的实施，哪些机构有权对产业政策的实施效果作出评价。

2. 产业政策主体行为确定化。通过依法对产业政策的行为主体的权利、义务进行规定来明确行为主体、行为的范围和行为方式，使权利的行使有法律保障，权力的运用受到法律的制约。

3. 产业政策实施手段的法律化。产业政策的实施手段包括法律手段、经济手段和行政手段三种。法律手段往往是将行政手段和经济手段披上法律的外衣，也就是说，法律手段的调整内容是行政手段和经济手段。但应注意的是，法律手段不能使经济手段原有的灵活性僵化，这要求有较高的立法技术。

4. 产业政策的法律责任明晰化。产业政策作为国家的一种经济政策，大多是指导性和提倡性的，当然对于具体的鼓励、扶植、限制产业政策而言，它有明确的鼓励、允许、限制、禁止的规定，而对违反这些规定应承担什么责任则很少论及。但是，一旦将产业政策上升到了法律层面，就应明确规定违反产业法的法律责任，以体现法律的强制性。

（二）产业法的概念

关于产业政策法律化后所形成的法律制度的名称，目前学界观点不同。大致有产业调节法[1]、产业政策法[2]、产业法等几种。实际上，任何一部法律都是对一定社会关系的调整，所以名称中的"调节"二字似乎并无必要；同时，产业法律制度虽然与产业政策密切相关，但是毕竟是法律，而非政策，在一个部门法的名称中加上"政策"二字，难免会给人以法与政策不分的错觉。所以，还是直接以"产业法"作为产业政策法律化后的相关法律制度的总称为宜。

产业法是调整国家产业政策制定和实施过程中发生的经济关系的法律规范的总称。它包括体现产业政策实体性内容的法律规范与产业政策制定和实施程序的法律规范。前者规定国家整体上或某类产业的基本发展方向、发展目标与重点及产业政策实施保障措施。例如，1994年我国的《90年代国家产业政策发展纲要》从整体上对上述内容作了规范；而我国《农业法》则主要规定了农业产业发展中的基本问题。后者将产业政策的制定和实施纳入法治化的轨道，保障其正确地制定和实施。产业法是产业实体法和产业程序法的统一与结合。

---

〔1〕 李昌麒主编：《经济法学》，法律出版社2007年版，第480页。

〔2〕 漆多俊主编：《经济法学》，武汉大学出版社2004年版，第419页。

（三）产业法的特征

1. 政策性。政策性是产业法在内容方面的特征。产业法以国家的产业政策为其基本的规范内容。产业法的政策性特征主要表现为产业法的制定、修改与国家的经济政策密切相关，而产业政策具有很强的阶段性，所以产业法较其他宏观调控法，在立法和执法以及法律的表现形式等诸多方面，具有很强的灵活性，不同的国家以及同一个国家的不同时期的产业政策在内容和侧重点上往往差别很大。这种灵活性的特点决定了产业法以行政法规为其基本的表现形式。同时，产业法在实施过程中往往也会受到产业政策变化的影响。

2. 社会本位性。产业法保护的既不是单纯的国家利益、政府利益，也不是完全的社会个体的利益，而是同这两者既有密切联系又有明显区别的社会公共利益。虽然政府应当是社会公共利益的代表，但政府并非没有其自身的独立利益。在产业政策的制定与实施过程中，一般说来，政府代表的是社会共同利益，但这并非在任何时候都能够自动实现，它需要在产业法中得到体现和保障。以社会利益为本位的产业法的调整方式，包括对某些行业、企业进行规划、引导、扶持、保护和限制等，其所要达到的直接目的都是维护社会整体利益，而不是直接为了维护某个或某些私人（企业）的利益，尽管它在客观上会间接地对个体利益产生某种积极或消极的影响。

3. 综合系统性。产业法的内容是多方面的，但其各部分内容不是孤立存在的，而是相互关联、相互作用的。技术的发展可能引起产业外延的变化，产业布局政策也离不开各地方的产业结构政策、产业技术政策、产业组织政策，产业的发展则离不开产业环境。在产业法制定过程中，不仅要注意搞好产业组织、产业结构、产业布局、产业技术内容以及它们相互之间的动态协调关系，还要注意处理好通用产业政策、特殊（部门、行业或企业）产业政策、特殊环节的产业政策的综合系统性。产业法的综合系统性还体现在它的程序性规定中，既包括事前协商程序、实施中的保障制度，也包括实施后的监督、检查及评价制度。

三、我国产业法的立法现状

我国比较明确和自觉地提出和实行产业政策是从 20 世纪 80 年代后半期开始的。自 20 世纪 90 年代以来，我国陆续制定了一些包含或体现相关产业政策的法律、法规、规章和其他规范性文件。主要有《科学技术进步法》（1993 年通过，2007 年、2021 年修订）、《农业法》（1993 年通过，2002 年修订，2009 年、2012 年修正）、《促进科技成果转化法》（1996 年通过，2015 年修正）、《清洁生产促进法》（2002 年通过，2012 年修正）、《中小企业促进法》（2002 年通过，2017 年修订）等。

虽然我国制定了一些产业调节的法律、法规，但是我国的产业立法还是存在着明显的问题。这主要表现为产业政策的法律化程度不高，现有的很多产业政策并没有被纳入到严格的法律调整中来，产业发展的调整更多的是依靠行政性的政策，而不是法律手段。我国目前很多重要方面的产业政策仅表现为政府或其职能部门的法规或规章，有些甚至连规章的形式都未采取，只是以某种规范性文件形式存在的"纯粹的"政策，缺少体现法律性质的责任制度作保障，难以实现产业政策法治化的基本要求——政府本身也要受到相应的法律约束。当然，由于产业法的特殊性，不能要求所有的产业政策都要采取法律的形式，但是一些基本的、重要领域的产业政策还是要上升到法律的高度，特别是由最高国家权力机关制定的"法律"。例如，支柱产业发展法、高新技术产业促进法、产业布局调整法等。因此，必须加强和完善产业立法，同时应加强产业法律体系的研究，进一步指导产业立法。

四、产业法的地位及其与相关法律部门的关系

产业法的地位，也就是产业法在经济法体系中的位置及其独立存在的理由和价值。产业法的各项具体制度，鲜明地体现了经济法的特色和理念。产业法在根本上着眼的是社会整体利益，它强调社会性、公共性，在每一个具体的产业法律规范性文件背后，都有协调各种社会利益关系，维护社会整体利益、长远利益的目的，这完全符合经济法的社会本位理念。同时，产业法律制度通过对产业结构、产业组织、产业技术、区域发展的协调等方面的制度规定，对各个产业的发展进行规范和引导，也充分表明了其宏观调控法的属性。所以，在经济法体系中，产业法是宏观调控法的重要组成部分。为深化对产业法的这一地位的认识，我们有必要比较产业法与相关法律部门的关系来深化认识。

（一）产业法与计划法

计划法是调整在制定和实施国家计划的过程中发生的社会关系的法律规范的总称，与产业法一样，它也是宏观调控法体系中的一个重要部门法。但两者存在着重大差别：

1. 调整对象不同。计划法的调整对象是国家在计划制定和实施过程中发生的社会关系，即计划关系。而产业法的调整对象是国家在产业政策制定和实施过程中发生的经济关系。

2. 法律关系客体不同。计划法律关系的客体是单一的计划行为。而产业法律关系的客体包括物、行为和与人身相联系的精神财富或其他非物质财富。

3. 调节手段不同。计划法的调节手段主要是规定计划体系、指标体系以及计划程序。产业法的手段则相当多，有财政手段、金融手段、直接干预手段、政策手段、行政指导手段等多种形式。

（二）产业法与财税金融法

财税金融法包括财政法、税法、金融法三部分。财政法是调整国家为了满足公共需求而在取得、使用和管理资财的过程中所发生的社会关系的法律规范的总称；税法是调整在税收活动中发生的社会关系的法律规范的总称；金融法则是调整金融关系的各种法律规范的总称。财税金融法，是宏观调控法的重要组成部分。

应当说产业法和财税金融法有着密切的联系。产业政策的实施方式包括财税手段和金融手段，这种用以实施产业政策的财税措施和金融措施属于财税金融法的体系。从行业的角度来看，财政、税收、金融产业的各种发展政策也是产业政策的一个组成部分。

虽然财税金融法与产业法在调整内容上有交叉之处，但它们的宗旨、调整对象、调整方式等各不相同。

（三）产业法与竞争法

竞争法与产业法都是经济法中重要的部门法。竞争法是市场监管法的重要组成部分，它通过对市场主体的权利义务的确定和对市场行为的规范实现其维护市场竞争秩序的功能，在法律规范上以强制性规范为主。产业法是宏观调控法的重要组成部分，它以社会利益为核心，从宏观的高度对市场主体及其市场行为进行规制，主要采取间接或引导性的调控方式。国家一方面要为市场主体提供一个公平竞争的经济环境；另一方面，亦要在日益激烈的国际竞争中通过有效的产业政策来维护本国的经济安全，对本国企业实施必要的和适当的保护。二者均不可偏颇。但是，产业法在制定和实施过程中，对社会利益的倾斜必然要剥夺和削弱一些市场主体的利益或限制他们的行为，这些都有悖于竞争法所弘扬的自由、平等、公平的市场环境和秩序的目的。故二者的冲突不可避免。从本质上说，竞争法与产业法的冲突也就是效益与公平的冲突，二者始终是经济发展过程中一对不可回避的矛盾。

五、产业法的体系

产业法覆盖面宽，调整范围大，内容相当广泛，但其并非杂乱无章，而是有着自己相对独立的体系。关于产业法的体系，目前理论界存在不同的观点。有学者认为，"产业政策主要由产业结构政策和产业组织政策所构成；相应地，产业政策法体系的基本构成应是产业结构政策法和产业组织政策法"。[1] 有学者认为，产业法"应由产业结构调节法、产业组织调节法、产业技术调节法和区域经济促进法几个部分组成"。[2] 有的学者认为："我国产业调节法的法律体系应分为两部分：一部分是综合性的产业调节法（产业政策纲要）；另一部分则由专项产业调节法和产业促进法构成。专项产业调节法包括产业结构法、产业组织法、产业技术法和产业布局法等。"[3] 有的学者认为，产业法的体系包括产业结构政策法律制度、产业组织政策法律制度、产业技术政策法律制度和产业布局政策法律制度。[4] 我们认为，由于产业政策主要由产业结构政策、产业组织政策、产业技术政策和区域经济协调发展政策所构成，产业法的基本制度体系也主要由产业结构法、产业组织法、产业技术法、区域经济协调发展法几部分构成。

产业结构法，是促进产业之间资源合理配置的法律制度，主要内容包括整体产业结构规划制度、保护和扶植战略产业制度、调整和援助衰退产业制度以及促进产业结构合理化的其他相关制度。

产业组织法，是政府对产业组织进行调节的法律制度。其内容主要包括一系列保障经济自由和资源最佳配置以实现社会经济效益为目的的法律制度。

产业技术法，是规定产业技术发展目标、途径、措施的法律制度。其主要内容包括产业技术结构的选择和技术发展方面的法律制度、促进资源向技术开发领域投入的制度以及基础性研究的资助与组织制度。

区域经济协调发展法，是促进区域间经济协调和均衡发展的一种法律制度。其主要内容包括经济特区法律制度、贫困地区发展支持制度、中西部地区优惠制度和东部沿海地区与中西部地区合作制度。

第二节　产业法的基本制度

一、产业结构法

（一）产业结构法的概念和特征

产业结构，是指国民经济各产业部门之间以及各产业部门内部的关系结构。产业结构是在社会分工的基础上产生和发展起来的。在经济发展过程中产生的不同的生产部门，在对经济增长的推动作用等方面有很大的差异。国民经济在每个不同的发展阶段是由不同的产业部门所组成的，相应地，各个产业部门内部的构成和相互之间的关系不同，对国民经济发展的作用也是不同的。所以，产业结构状况对于一国国民经济的发展至关重要。一直以来，各国政府都在采取各种措施来促进本国产业结构的协调和优化发展，以利于国民经济的增长。在调整产业结构的过程中，国家会制定各种产业政策和相关法律来调整在产业结构的协调和优化过程中所发生的问题。这些法律规范就构成了一国的产业结构法。

〔1〕　漆多俊主编：《经济法学》，武汉大学出版社 2004 年版，第 424 页。

〔2〕　李昌麒主编：《经济法学》，法律出版社 2007 年版，第 484 页。

〔3〕　卢炯星：《论宏观经济法中产业调节法理论及体系的完善》，载《政法论坛》2004 年第 1 期。

〔4〕　王先林：《产业政策法若干基本问题初探》，载王全兴主编：《经济法前沿问题研究》，中国检察出版社 2004 年版，第 248 页。

产业结构法是关于促进产业之间资源合理配置，规定各产业部门在社会经济发展中的地位和作用，确定国家进行宏观调控的基本手段的法律规范的总称。就广义而言，产业结构法包括了所有对产业结构进行调整的法律规范。产业结构法的最终目的在于促进国民经济的持续、快速、健康发展，其通过各种产业政策和法律法规来实现对产业结构的宏观调控，在充分发挥市场机制作用的基础上，优化配置各种产业资源。产业结构法具有以下基本特征：

1. 经济集中与经济民主的对立统一性。在产业结构的调整关系中，产业结构的调控就是由有调控权的主体对国民经济各产业和市场主体进行规制和调节。产业结构的调整必须有一个全局的视角，要立足于促进国民经济整体的发展，这就需要国家各有权机关和其他调控主体做好宏观调控，从经济大局出发集中统一管理。同时，由于市场在经济发展中始终是起基础性作用的，所以，要充分发挥地方和各市场主体的积极性，在集中原则下给予其一定的经济自主权，这样就更能充分发挥各方的主观能动性。

2. 政策性。与其他法律不同，产业结构法有极强的政策性，这也是其经济法属性的一大特点。由于一国的产业部门和产业结构是具有变动性的，而且在不同的历史时期，为了适应经济发展的需要，国家要采取不同的产业政策来进行应对，所以一国产业结构法的政策性很强，有很大的灵活性。

3. 经济性。产业结构法调整的是经济关系，在对国民经济各产业进行调整时，必然要体现现实经济状况，运用经济原理来进行规制。对经济规制的产业结构法必然与现实经济和经济学紧密联系，这样才能有效调控，起到实际作用。

（二）产业结构法的内容

产业结构法作为一种法律制度而存在，是国家为了实现产业结构合理优化的目标，采取必要的调控手段，发布相应的产业政策和相关法律法规所形成的。一国的产业政策是随着经济发展状况和国家政策重点倾向变化而变化的，各个产业在国民经济中的比重、相互关系和对国民经济增长的贡献程度在不同的历史时期也是不同的。因此，为了促进经济合理化增长，国家就会因时因势制定各种措施和政策法规来调整产业结构，以期构建优化合理的产业结构。对于那些朝阳产业、对国民经济贡献巨大的支柱和战略产业，国家一般都会有政策倾斜，以促进其成长壮大，使其更有竞争力。对于容易成为薄弱环节的基础产业，国家也会予以重视，以巩固和促进基础产业的发展以及产业结构的和谐。对于那些衰退产业或者夕阳产业，国家同样会采取调整措施。

无论是国民经济发展，还是社会主义市场经济体制的建立，都需要产业结构的调整，而产业结构法规定了产业结构调整关系的基本准则。"十五"期间，我国经济快速增长，产业结构优化升级步伐加快，但经济结构不合理的问题仍比较突出，成为制约经济持续、快速、协调、健康发展的重要原因。党的十六届五中全会明确提出，要把加快经济结构战略性调整，作为需要紧紧抓住的一条主线，在结构调整中实现较快发展。实施产业结构调整，在充分发挥市场机制作用的同时，政府要运用经济、法律和必要的行政手段加强引导。虽然，此前国务院有关部门发布实施了国家重点鼓励、限制和淘汰的三类产业目录，但许多内容已不适应当前产业结构优化升级和宏观调控的需要，也缺乏一个系统性、纲领性、综合性的产业结构调整指导文件。因此，我国于2005年初颁布并实施了《促进产业结构调整暂行规定》和《产业结构调整指导目录》（2005年本、2011年本已废止，2019年本于2021年修订，现行有效），这对全面落实科学发展观，加强和改善宏观调控，进一步转变经济增长方式，推进产业结构调整和优化升级，保持国民经济平稳较快发展具有重要意义。2016年发布的《中华人民共和国国民经济和社会发展第十三个五年规划纲要》、2021年发布的《中华人民共和国国民经济和社会发展第十四个五年规划和 2035 年远景目标纲要》对产业结构的调整也作了规定。"十三五"期间，应当摒弃以往追求产业间数量比例关系优化的指导思想，产业结构调整的主线是提高生产率，通过培育工业创新驱动和高端要素承载功能实现从经济增长引擎到可持续发展引擎的定位转变，推进国有经济的产业布局从重化工领域转向高端和新兴制造业、公共服务业等领域，经营业务从整个自然垄断领域集中到具有自然垄断性的网络环节。"十四五"期间，应当深入实施制造强国战略，发展壮大战略性新兴产业，促进服务业繁荣发展，建设现代化基础设施体系。

从不同的角度对产业结构法有不同的分类，在这里我们采取综合性产业结构法和单项产业结构法的基本分类来对产业法的内容进行阐述。

1. 综合性产业结构法。到目前为止，我国还没有制定综合性的产业结构法基本法律。只有某些政策法规对之进行一定程度的规定。例如，1994 年国务院曾经制定颁布过《90 年代国家产业政策纲要》以及与之相配套的《当前国家重点鼓励发展的产业、产品和技术目录（试行）》，这两个行政法规相对比较全面地规定了综合性产业结构相关问题。2005 年我国出台并实施《促进产业结构调整暂行规定》和《产业结构调整指导目录》。同时，2021 年颁布的《中华人民共和国国民经济和社会发展第十四个五年规划和 2035 年远景目标纲要》对国家经济结构和产业结构的调整作了新的规定。依据我国现有的政策法规，并借鉴国外有关立法，产业结构法有以下基本内容。

（1）产业结构法的长期政策和总体规划。国家和政府会依据本国一定时期内社会经济发展的状况及进一步发展的需要，依据产业发展的一般规律，提出在以后较长一段时期内产业结构的长期设想、产业发展的目标和方向。《促进产业结构调整暂行规定》规定产业结构调整的目标是：推进产业结构优化升级，促进第一、二、三产业健康协调发展，逐步形成以农业为基础、高新技术产业为先导、基础产业和制造业为支撑、服务业全面发展的产业格局，坚持节约发展、清洁发展、安全发展，实现可持续发展。《中华人民共和国国民经济和社会发展第十四个五年规划和 2035 年远景目标纲要》规定了产业结构调整的目标是：坚持把发展经济着力点放在实体经济上，加快推进制造强国、质量强国建设，促进先进制造业和现代服务业深度融合，强化基础设施支撑引领作用，构建实体经济、科技创新、现代金融、人力资源协同发展的现代产业体系。

（2）对战略产业的保护和扶持的规定。这是产业结构法的核心内容。战略产业是指具有较高需求弹性和收入弹性，能够带动国民经济其他部门发展的产业。战略产业对国民经济的整体发展有重要意义。战略产业主要包括三个部分：①新兴产业，即那些在新技术基础上发展起来的朝阳产业。②成长产业，即那些得益于技术革新而取得飞跃发展，并在国民经济中举足轻重的传统产业。③出口产业，即已经或可能具有国际竞争力的出口产业。对于战略产业，国家必须采取相应的保护和扶植措施，以促进其发展，实现产业结构的合理化、高级化。保护措施主要是限制所保护产业的同类外国产品的进口、限制国外私人直接投资等。而扶植措施主要是指财政投资、金融倾斜、税收优惠以及行政干预等。

（3）对衰退产业的调整和援助规定。衰退产业也被称为夕阳产业，这是相对于朝阳产业来说的，其是指经过一段发展时间以后某一产业处于衰退或处于困境的状况。由于这些产业对于国民经济的发展和社会的稳定还起到一定的作用，而不能马上让其退出市场，所以国家必须采取一定措施对其进行援助。对衰退产业的保护、援助和调整，有利于减少损失，避免社会动荡，缓解过度压力。一般的援助措施主要包括：限制进口、财政补贴、减免税负等。

2. 单项产业结构法。只有总体产业结构调整的规定在具体的实施过程中还是远远不够的，为了贯彻国家总的产业结构政策，就需要对各个产业结构进行单独立法，以有针对性地进行规制，促进产业部门的发展和产业结构的优化。目前，我国已经制定了一些单项产业结构法，如《中华人民共和国农业法》《中华人民共和国铁路法》《中华人民共和国民用航空法》等。

单项法律或法规更有针对性、目的性地调整那些需要重点扶持或者重点限制的产业。需要扶持的产业主要有两类：一类是国民经济中薄弱环节或基础环节的产业，如农业、交通、邮电、能源等；另一类是可以带动国民经济现代化或者全面发展的支柱产业，如机械电子、石油化工、汽车制造和建筑业等。对于这两类需要扶持的具体产业部门的产业结构立法，主要包括两类：一类是全国人大及其常委会制定的法律，另一类是国务院颁布的行政法规。需要限制的产业是指那些供给远远大于需求的产业，如纺织业等。

《产业结构调整指导目录》把产业分为三大类：鼓励、限制和淘汰三类目录，并规定了配套政策措施。《产业结构调整指导目录》是《促进产业结构调整暂行规定》的配套文件，涉及农业、水利、煤炭、电力、交通、信息产业、钢铁、有色金属、石油化工、建材、机械、轻纺、服务业、环境和生态保护、资源节约及综合利用等20多个行业，其中鼓励类821条，限制类215条，淘汰类441条。

在市场经济条件下，各个产业部门的产业结构立法应反映依法运用经济手段优化产业结构的特点，即依法对不同的产业，采取有差异的财政、税收、信贷、利率、工资等经济手段，同时政府也要采取指引、劝导、协调的方式，必要时还要依法采取行政手段。

在我国的市场经济条件下，不同产业各有特点，因此也就需要制定不同的产业政策和法规来进行规制和调整。这些产业结构法律规范大致可分为农业、工业、第三产业管理法律规范。从表现形式上看，这几类产业的管理规范以行政法规和部门规章为主。

二、产业组织法

产业组织法是同一产业组织政策的法律化，产业组织法调整的是同一产业内企业的组织形态和企业之间的关系。所谓同一产业，实际上是指具有竞争关系的卖方企业的集合。产业组织法调整的目标是促进本产业内部企业的合理和良性竞争，实现本产业内的协作专业化和规模经济。产业组织法的主要内容是鼓励企业进行规模经营以获得规模效益，同时也涵盖反垄断的内容，具体包括对市场秩序、产业合理化、产业保护的规制和调整。

产业组织法除了采取法律的形式以外，更多的是采用行政法规的形式，从而能够更迅速、有效地进行产业组织调整。产业组织法不仅体现在综合性产业法中，如《90年代国家产业政策纲要》《促进产业结构调整暂行规定》和《产业结构调整指导目录》以及《中华人民共和国国民经济和社会发展第十四个五年规划和2035年远景目标纲要》，同时也体现在单项立法中，如《中华人民共和国保险法》《中华人民共和国铁路法》。

产业组织法的具体内容还存在争议，不同的学者对此有不同的见解，目前还未有定论。有的观点认为，产业组织法包括企业合并法、企业集团法、反垄断法、中小企业法、国有资产重组法、外商投资企业产业政策法。[1] 有的观点认为，产业组织法包括鼓励竞争反垄断法、企业兼并法、企业集团法、中小企业促进法等。[2] 有的观点认为，产业组织法包括反垄断法、中小企业政策法和直接管制法。[3] 总之，不论如何划分，对产业组织法的基本内容还是可以取得以下共识：

1. 对产业组织的政策目标的规定。我国产业组织的政策目标主要是：促进企业合理竞争，

---

〔1〕 符启林主编：《经济法学》，中国政法大学出版社2005年版，第292页。

〔2〕 卢炯星：《论宏观经济法中产业调节法理论及体系的完善》，载《政法论坛》2004年第1期。

〔3〕 漆多俊主编：《宏观调控法研究》，中国方正出版社2002年版，第148页。

实现规模经济和专业协作化；规模经济效益显著的产业，应该形成以少数大型企业集团为主体的市场结构。

2. 对同一产业内企业规模合理化与企业竞争规则的规定。为了防止过度竞争，依法控制同一产业内部企业组织的规模和数量，确保规模经济的充分发展，要提高企业规模经济水平和产业集中度，加快大型企业发展，形成一批拥有自主知识产权、主业突出、核心竞争力强的大公司和企业集团。充分发挥比较优势，积极推动生产要素合理流动和配置，引导产业集群化发展。

一个产业必须要有竞争才能发展，既要鼓励产业内的良性竞争，又要防止过度竞争，防范垄断的出现。这就需要国家依据反垄断法设置产业内的竞争规则，以保证竞争的良性促进作用。在处理竞争和垄断的关系上，要处理好垄断和合理垄断的关系，对于某些关系国民经济命脉的产业的垄断是合理的，在限制违法垄断的同时要鼓励和促进规模经济的发展。

3. 保护幼稚产业和中小企业的规定。对于新产生的幼稚产业，我们要采取各种保护和扶持的优惠政策，促使其在少受国外企业竞争冲击的环境里逐渐成长壮大。另外，在鼓励规模经济、发展企业集团、增强国际竞争力的同时，要充分发挥中小企业的作用，推动中小企业与大企业形成分工协作关系，提高生产专业化水平，促进中小企业技术进步和产业升级。提升产业的总体竞争力，形成和谐产业环境。

4. 对行业协会的规定。行业协会是指在同一行业、企业内自愿参加并参与民主管理的非营利性的自律组织。行业协会作为一种非政府组织，是政府和企业之间的桥梁和纽带，其作用是政府和企业自身所不能替代的。这也正迎合了有学者提出的由政府、协会、企业共同组成市场经济成员才是健康的经济发展道路之说。国家发改委提出行业协会的宗旨是为会员服务，具有"开展行业调查研究，掌握行业动态，提出有关经济社会发展政策和立法方面的建议"等十三项主要职能。发达的行业协会已普遍成为各个国家行业信息的集散地，成为各种行业技术标准、游戏规则的制定者，甚至是国家制定产业政策的主要参谋和建议者。有关行业协会对其行为规则一般不单独制定法律，而是将其规定在有关的法律之中，如证券业协会的相关制度就规定在证券法中。但是，对于一些带有全局性的行业协会，也可制定单行法律，如商会法。

三、产业技术法

产业技术法是规定产业技术发展目标、途径、措施的法律规范的总称，其目的在于促进产业技术的进步。关于产业技术法的体系，一般认为应该包括科学技术进步法、产业技术创新法、落后技术淘汰法、技术成果转换制度、技术引进制度等。还有观点认为，产业技术法的体系还应当包括产业技术保护法、信息技术保护法和技术设备更新与改造制度等。[1]

（一）我国产业技术法的现状及存在的问题

1993 年 7 月 2 日经第八届全国人民代表大会常务委员会第二次会议审议通过的《中华人民共和国科学技术进步法》（以下简称《科学技术进步法》）（2007 年、2021 年进行了修订），被认为是目前有关我国产业技术政策的综合性法律，具有这一领域基本法的性质。其内容主要包括国家鼓励科学技术进步的基本方针和具体的措施。其具体措施又主要包括科学技术规划制度、科学技术转换制度、科学技术进步保障制度、科学技术创新优惠制度、科学技术进步奖励制度等。其他还有许多关于产业技术的法律规范，则散见于国家相关的法律法规或国家政策当中。法规如我国曾经制定过的《技术引进合同管理条例》（现已失效），国家的政策如国家发改委和商务部联合发布的《外商投资产业指导目录》等。

---

〔1〕 杨紫烜主编：《经济法》，北京大学出版社、高等教育出版社 2006 年版，第 469 页。

《科学技术进步法》的颁布及实施对促进我国科技进步、产业技术的创新和技术成果的引进和转化都发挥了重要作用。但随着我国经济、社会的发展，科技进步工作的一些问题逐步凸显出来，具体表现为：①企业科技投入积极性不够高，尚未真正成为技术创新的主体；②科技投入特别是财政性科技投入的效益有待提高；③对引进技术进行消化、吸收和再创新不够；④学术界存在急功近利的现象，甚至有不端行为发生；⑤青年科学技术人员的作用有待进一步发挥。这都要求我们立足于本国国情，总结《科学技术进步法》和我国科技创新中的一些成功做法，并借鉴国际成功经验，对我国现行法律进行修订。

（二）《科学技术进步法》的第一次修订

《科学技术进步法》于 2007 年 12 月 29 日由第十届全国人大常委会第三十一次会议修订通过，于 2008 年 7 月 1 日起施行。该法分为总则、科学研究技术开发与科学技术应用、企业技术进步、科学技术研究开发机构、科学技术人员、保障措施、法律责任、附则，共计 8 章 75 条，比修订前的规定更加具体，可操作性更强。该法将新时期国家发展科学技术的目标、方针、战略上升为法律，强化了科技工作的统筹协调和资源共享，突出了企业的技术创新主体地位，明确了科技创新知识产权工作的目标和措施，确立了科研诚信和宽容失败的制度，完善了科研机构管理制度和对科技人员的激励机制，从财政、金融、税收、政府采购等各方面构建促进自主创新的制度体系。《科学技术进步法》为《国家中长期科学和技术发展规划纲要（2006～2020 年）》的顺利实施，为我国自主创新能力的提高和创新型国家的建设提供了重要的法律保障。该法在吸收旧的《科学技术进步法》的基础之上又有许多创新，其主要内容如下：

1. 激励引导企业加大科技投入。主要激励措施包括：①允许企业技术开发费税前列支，允许研究开发设备的加速折旧。②国家利用财政性资金设立基金，为企业自主创新与成果产业化贷款提供贴息、担保，引导商业金融机构支持自主创新与产业化。③建立创业板股票交易市场，建立和完善促进创新的多层次资本市场。④国务院设立科技型中小企业技术创新基金，支持科技型中小企业开展技术创新活动，同时引导科学技术研究仪器、设备、设施和企业技术研究中心等为中小企业技术创新提供服务。⑤将技术创新投入、创新能力建设和企业无形资产的保值、增值等纳入国有企业负责人业绩考核的范围。⑥规定政府有义务率先购买首次投放市场的自主创新产品。借鉴美国、欧盟等的做法，规定对境内公民、法人和其他组织自主创新的产品、服务或者国家需要重点扶持的产品、服务，在性能、技术等指标相同或者相近的条件下，政府采购应当优先购买。⑦促进企业同科学技术研究开发机构、高等学校的结合。有关科技计划项目，鼓励由企业联合研发机构、高等学校共同实施；同时鼓励企业设立内部研发机构，同其他企业或者研发机构、高等学校联合建立联合研发机构，或者以委托等方式开展科学技术研究开发。

2. 提高财政性科技投入效益。相关的制度和措施有：①建立对利用财政性资金设立的科学技术基金，确立科学技术计划项目的协调机制。②利用财政性资金设立的科学技术基金确定资助项目，应当采取宏观引导、自主申请、平等竞争、同行评审、择优支持的机制；确定科学技术计划项目的承担者应当采取招标投标的方式；项目评审应当发挥专家作用。③要求对利用财政性资金设立的科学技术项目的实施情况进行抽查或者验收；抽查或者验收时应当查看项目实施情况的原始记录；项目产生的研究成果及其相关信息应当向社会公布。④明确利用财政性资金设立的科学技术基金项目、科学技术计划项目产生的知识产权，由项目承担者享有；项目承担者 2 年内未运用知识产权的，该知识产权归国家所有。⑤利用财政性资金购置大型科学仪器、设备，应当遵守规划，并接受国务院有关主管部门的联合评议。⑥规定国务院科学技术行政部门应当建立信息系统，推动科学技术基础条件资源的共享使用。

3. 加强对引进技术的消化、吸收和再创新。要求利用财政性资金引进重大技术、装备的，应当制订消化、吸收和再创新方案，报有关部门审批并由其监督实施；有关部门根据实际情况建立协调机制，对重大技术、装备的引进和消化、吸收、再创新实行统筹协调。国务院有关主管部门审批引进重大技术、装备时，应当对技术消化、吸收、再创新方案一并进行审查。没有消化、吸收、再创新方案的，就不能用财政资金引进技术。

4. 完善科技评价制度，防治学术不端行为。相关的制度和措施有：①明确科技人员的职业道德标准。要求科技人员应当弘扬科学精神，遵守学术规范，恪守职业道德，提高科学技术研究开发能力；不得在科学技术活动中弄虚作假，不得参加、支持迷信活动和伪科学活动。②建立科学技术人员学术诚信档案，作为对科学技术人员进行评价、聘任科学技术人员担任专业技术职务和审批科学研究申请、技术开发项目等事项的依据。

5. 鼓励大胆创新，营造宽松学术环境。科学研究的不确定性是普遍的，很难预期研究的最后成果，有时设定项目的目标是达成某个目的，但是结果可能是达成了别的目的或者证明研究目标本身有问题。此时，如果简单地评价为研究失败显然不科学。为此，《科学技术进步法》规定了宽容失败制度，规定对于探索性强、失败风险高的科研项目，原始记录证明承担项目的科研人员已经履行了勤勉尽责义务仍不能完成的，不影响该项目结题。

同时相关法律还规定：科学技术人员享有开展学术争鸣、竞聘岗位和获得专业技术职务或者职称、获得工资和福利、接受继续教育、依法创办或者加入科学技术社会团体的权利。要求所在单位和县级以上人民政府人事、科技等主管部门应当保障其权利。解决回国科技人员的特殊困难。在国外工作的杰出科学技术人员回国从事科学技术研究开发工作，不受户籍限制；到利用财政性资金举办的科学技术研究开发机构、高等学校从事科学技术研究开发工作的，不受用人单位编制和工资总额的限制。外国的杰出科学技术人员到中国从事科学技术研究开发工作的，按照国家有关规定，可以依法优先获得在华永久居留权。国家鼓励科学技术人员在企业、科学技术研究开发机构、高等学校之间流动。

6. 进一步发挥青年科学技术人员的作用。相关的制度和措施有：①在论证科学技术发展规划、重大科学技术政策和计划、科学技术重大项目等以及评审利用财政性资金设立的科学技术基金资助项目和科学技术计划项目承担者中，应当有相当比例的青年科学技术人员参加；②国家设立专项资金资助青年科学技术人员的科学研究、技术开发；③有关部门和机构建立学术交流和评价制度，应当平等对待青年科学技术人员，不得歧视；④将发现、培养和使用青年科学技术人员作为评价资深科学技术人员的重要内容。

（三）《科学技术进步法》的第二次修订

《科学技术进步法》由第十三届全国人民代表大会常务委员会第三十二次会议于 2021 年 12 月 24 日第二次修订通过，自 2022 年 1 月 1 日起施行。修订后该法共 12 章 117 条，包括总则、基础研究、应用研究与成果转化、企业科技创新、科学技术研究开发机构、科学技术人员、区域科技创新、国际科学技术合作、保障措施、监督管理、法律责任、附则等章。本次修订通过新增设立单独章节的方式，重点从基础研究、区域科技创新、国际科技合作和监督管理等方面全面升级我国科技治理体系。本次修订不仅将党和国家的创新论断和创新战略确定为法律规定，如将科技自立自强作为国家发展的战略支撑等写入法律；同时，将国家创新体系建设调整为科技进步法的制度主线，在总则部分新增创新体系建设专门条款。其主要内容如下：

1. 完善立法宗旨和指导方针。强调坚持党对科学技术事业的全面领导，坚持新发展理念，坚持科技创新在国家现代化建设全局中的核心地位，把科技自立自强作为国家发展的战略支撑。体现"四个面向"的战略要求，支撑实现碳达峰、碳中和目标，催生新发展动能，实现高质量发展。

2. 加强基础研究能力建设。强化项目、人才、基地系统布局，国家财政建立稳定支持基础研究的投入机制，提高基础研究经费在全社会研究开发经费总额中的比例。设立自然科学基金，资助基础研究，支持人才培养和团队建设，完善学科和知识体系布局，支持基础研究基地建设。

3. 强化国家战略科技力量。着力解决制约国家发展和安全的重大难题，强化以国家实验室、科技领军企业等为国家战略科技力量，在事关国家安全和经济社会发展全局的重大科技创新领域设立国家实验室，完善稳定支持机制；推进科研院所、高校和企业科研力量优化配置和资源共享，形成体系化能力。

4. 推动关键核心技术攻关。完善社会主义市场经济条件下关键核心技术攻关新型举国体制。聚焦国家重大战略任务，推动关键核心技术攻关，实现自主可控。支持基础研究、前沿技术研究和社会公益性技术研究持续、稳定发展。国家构建和完善高效、协同、开放的国家创新体系，建立和完善科研攻关协调机制。

5. 强化企业科技创新。建立以企业为主体、以市场为导向、企业同科学技术研究开发机构、高等学校紧密合作的技术创新体系，引导和扶持企业技术创新活动。培育具有影响力和竞争力的科技领军企业。国家加强引导和政策扶持，多渠道拓宽创业投资资金来源，对企业的创业发展给予支持。

6. 加大科技人才培育。营造尊重人才、爱护人才的社会环境。采取多种措施，提高科学技术人员的社会地位，培养和造就专门的科学技术人才。各级人民政府、企业事业单位和社会组织应当采取措施，完善体现知识、技术等创新要素价值的收益分配机制，应当为青年科学技术人员成长创造环境和条件，激发科学技术人员创新动力。

7. 强化科技创新保障。国家加大财政性资金投入，逐步提高科学技术经费投入的总体水平，国家财政用于科学技术经费的增长幅度应当高于国家财政经常性收入的增长幅度。全社会科学技术研究开发经费应当占国内生产总值适当的比例，并逐步提高。国家采取多种方式支持区域科技创新，县级以上地方各级人民政府应当支持科学技术研究和应用。

四、区域经济协调发展法

（一）区域经济协调发展法的概念

区域经济是指由于地理、政治、经济等环境不同而形成的具有一定区域性特征的经济形态。根据不同标准可以将区域经济作出不同划分。依据地理因素可以将我国区域经济划分为东部、中西部、东北部等区域经济。依据政治因素可以将我国区域划分为经济特区与非经济特区区域经济。以经济发展水平标准可以将我国划分为经济发达区域、经济发展中游水平地区与经济欠发达地区等。城市与乡村经济也属于广义的区域经济范围内，但由于城乡同位于一个大的区域之内，同时城乡之间往往存在一定的交叉，所以城乡区域经济不属于我们所讨论的区域经济范围之内。区域经济协调发展是政府为了改善本国范围内经济的空间结构，促进经济优势互补和良性发展而采取的一系列干预措施。区域经济协调发展法是调整政府在实施区域经济协调发展过程中产生的社会关系的法律规范的总称，是政府区域经济协调发展政策的法律化。

（二）我国区域经济协调发展法的发展历程

自 1978 年 12 月中国共产党十一届三中全会决定实施改革开放以来，随着一系列改革措施的实施，我国的区域开发逐步展开。我国先后设立深圳、珠海等经济特区和对外开放的城市，东部沿海地区利用政府的改革开放政策和地理上的优势，实现了经济的高速发展。在此期间，我国在东部沿海地区实行优惠政策，并在有关法律、法规及政策中予以体现。在特定历史时期，这有利于发挥东部沿海地区的经济技术优势，并使改革开放政策在东部沿海地区得以落实。但长期以来也拉大了东部与中西部之间的经济差距，不利于中西部经济资源的合理利用和国民经济的协调发展，进而成为制约国民经济发展和市场经济深化的重要因素。为此，党中央和国务院在1996年就提出将"坚持区域经济协调发展，逐步缩小地区发展差距"作为其后15年我国经济和社会发展必须贯彻的一个重要方针。此后为了协调区域经济发展，促进落后地区和重点地区的经济发展，国务院又分别于1999年和2002年提出了西部大开发战略和振兴东北老工业基地的重大战略。2006年，国务院又制定了《中共中央国务院关于促进中部地区崛起的若干意见》，以充分发挥中部地区"东引西进"的作用。与上述区域经济发展规划相适应，我国相应的产业法规及政策也对区域经济发展协调作出了规定，如《国务院关于实施西部大开发若干政策措施的通知》《振兴东北老工业基地科技行动方案》等。《西部开发促进法》早已列入国家立法规划，这也将是目前我国区域经济协调发展法中效力最高的法律。

（三）我国区域经济协调发展的特点

纵观我国区域经济及协调区域经济发展的法律、法规发展的历程，我们可以看出，我国区域经济协调发展存在以下特征：①明显的政策性。我国区域经济发展依靠的基本上是党中央或国务院的相关政策，而鲜有正式的法律法规。②一定的随意性。在个别地区，经济发展方面存在一定的随意性。往往一个政策出台后，个别区域受益于所赋予的优惠政策，迅速发展起来。如深圳特区的发展和天津滨海新区的发展，都是出于一些政策上的考虑，而没有充分考虑相关地区之间的协调和地区之间的公平发展。没有制定相应的法律，没有立足于依法促进区域经济和社会的全面发展。③行政主导性。区域经济的确立和繁荣无不留下政府干预的痕迹，无论是上海浦东新区的开发政策，还是西部大开发和东北振兴，都是以政府为主导的，市场机制和立法机关在其中所起到的作用不大。

（四）我国区域经济协调发展法的内容

综合我国规范区域经济协调发展的政策和法律法规，我国区域经济协调发展法的内容应当包括以下几个方面：

1. 区域经济立法制度。国家要加大区域经济协调发展立法制度，促进区域经济协调发展立法的科学性、民主性和公正性。首先，要改变过去"先试验，后规范"的做法，促进区域经济协调发展制度的法治化，以法律为先导，以法律规范区域经济协调发展。其次，要制定区域经济协调发展的全国性的规范，不断提高区域经济立法的权威性。再次，要对区域经济协调发展立法的程序作出规定，要求在立法过程中，对相关内容进行充分论证，减少随意性。最后，要淡化区域经济发展的政治因素，以不同区域特殊的地理、资源、人文等条件为基础，充分发挥市场机制在区域经济协调发展过程中的作用，体现区域经济发展中的公正性，避免出现个别地区因政策优惠受益，而另一些地区因此而受损的现象。

2. 区域经济总体规划制度。这在我国主要表现为党中央制定的国民经济和社会发展计划。2021年3月11日第十三届全国人民代表大会第四次会议批准通过的《中华人民共和国国民经济和社会发展第十四个五年规划和2035年远景目标纲要》指出要推动区域协调发展。推动西部大开发形成新格局，推动东北振兴取得新突破，促进中部地区加快崛起，鼓励东部地区加快推进现代化。支持革命老区、民族地区加快发展，加强边疆地区建设，推进兴边富民、稳边固边。推进京津冀协同发展、长江经济带发展、粤港澳大湾区建设、长三角一体化发展，打造创新平台和新增长极。推动黄河流域生态保护和高质量发展。高标准、高质量建设雄安新区。坚持陆海统筹，发展海洋经济，建设海洋强国。健全区域战略统筹、市场一体化发展、区域合作互助、区际利益补偿等机制，更好促进发达地区和欠发达地区、东中西部和东北地区共同发展。完善转移支付制度，加大对欠发达地区财力支持，逐步实现基本公共服务均等化。

3. 区域经济发展的具体制度。区域经济发展的具体制度主要包括：①区域经济发展金融制度。如对欠发达地区在信贷资金使用上放宽条件，以优惠利率对中西部地区的农业综合开发、基础设施、资源综合开发项目重点发放贷款，落实外债清偿责任制等。②区域经济发展财政制度。如对欠发达地区、贫困地区进行财政倾斜，提高中央财政支出用于支持这些地区的比重，实施规范的财政转移支付制度、财政补贴制度、税收减免、扶贫资金使用和管理制度等。③区域经济发展贸易制度。如对欠发达地区的生产用进口物品规定比较低的关税以及放松配额限制，鼓励外商向这些地区投资和从事贸易活动，并给予相关的优惠政策。④区域经济发展投资和开发制度。如建立中央和地区投资基金，重点支持经济欠发达地区的农业综合开发、基础设施、资源综合利用扶贫项目的建设，鼓励发达地区和外商向经济欠发达地区投资等，建立专门的区域开发权威机构，专门负责区域经济开发政策的贯彻落实。⑤区域经济发展劳动力制度。如建立和健全有利于经济欠发达地区吸引和培养劳动力的制度，并在职业培训、教育政策、学生分配等方面给予相应的政策优惠。⑥区域经济发展市场制度。如制定适当的有利于市场公平竞争和规范经营的市场规则，特别是对本地区内人民生活稳定具有重要影响且易产生价格波动的产品，要制定相应的保护性市场规则。